中華大藏經編輯局編

中華大藏經

漢文部分

四六

中華書局

圖書在版編目(CIP)數據

中華大藏經:漢文部分.第46册/《中華大藏經》編輯局編. —
北京:中華書局,1984.4(2023.11重印)
ISBN 978-7-101-00833-3

Ⅰ.中…　Ⅱ.中…　Ⅲ.大藏經　Ⅳ.B941

中國版本圖書館CIP數據核字(2016)第050264號

内封題簽:李一氓
裝幀設計:伍端端

中華大藏經(漢文部分)

第四六册

《中華大藏經》編輯局 編

*

中華書局出版發行

(北京市豐臺區太平橋西里38號　100073)

http://www.zhbc.com.cn

E-mail:zhbc@zhbc.com.cn

北京建宏印刷有限公司印刷

*

787×1092毫米 1/16 · 65¾印張 · 2插頁

1984年4月第1版　2023年11月第4次印刷

定價:600.00元

ISBN 978-7-101-00833-3

阿毗達磨大毗婆沙論卷第一百一十一　退
五百大阿羅漢等造
三藏法師玄奘奉　詔譯
智蘊第三中七聖納息第五之三

若成就法智彼類智耶荅若得此中得者已得名得謂苦類智現前以後後諸得言皆准此釋設成就類智彼法智耶荅如是謂苦法智現前以後法智若智恒成就故若成就法智彼他心智耶荅若得不失此中得者謂已離欲染不失者謂不退起欲界煩惱設成就他心智彼法智耶荅若得謂苦法智現前以後若成就法智彼世俗智耶荅如是一切有情無不成就世俗智故設成就世俗智彼法智耶荅若得謂苦法智現前以後餘智一行如文廣說然法智類智及四諦智若得以後恒時成就他心智有漏者已離欲染若不退起欲界煩惱及不生無色界恒時成就無漏者已離欲染若不退起欲界煩惱恒時成就世俗智一切有情恒時成就是謂此處略毗婆沙

若成就過去法智彼未來耶荅如是此成就過去者必成就未來故此在何位謂已入正性離生苦現觀後二心須集滅現觀各四心須道現觀三心須得四沙門果及學無學練根已若法智已滅不失設成就未來彼過去耶荅若已滅不失則成就謂前所說諸位若未滅設滅已失則不成就此在何位謂已入正性離生苦現觀一心須謂苦法智時得四沙門果及學无學練根已法智未滅設滅已失謂得果練根或退故失若成就過去法智彼現在耶荅若現在前謂若不起類智諸忍或世俗智非無心位介時法智定現在前此在何位謂已入正性離生集滅道現觀各一心須謂三法智時得四沙門果及學無學練根已若法智已滅不失及現在前設成就現在彼過去耶荅已滅不失則成就此如次前所說諸位若未滅設滅已失則不成就此在何位謂已入正性離生苦現觀一心須謂苦法智

時得四沙門果及學无學練根已若法智未已滅設滅已失而法智現在前若成就未來法智彼現在耶荅若現在前此在何位謂已入正性離生苦集滅道現觀各一心須謂四法智時得四沙門果及學无學練根已若法智現在前設成就現在彼未來耶荅如是若成就現在法智者必成就未來故若成就過去法智彼未來現在耶荅未來定成就現在若現在前此如前成就過去現在說設成就未來現在彼過去耶荅若已滅不失則成就若未滅設滅已失則不成就此如前說成就現在彼過去耶設若成就未來法智彼過去現在耶荅有未來非過去現在謂彼已得未滅設滅已失不現在前此中已得者顯有未來未滅設滅已失者顯無過去不現在前者顯無現在此在何位謂得四沙門果及學无學練根已若法智未已起滅先已起滅者已失及不現在前有未來及過去非現在謂彼已滅不失不現在前此中已滅不失者顯

有過去不現在前者顯无現在但有過去必有未來此在何位謂已入正性離生苦現觀後二心須集滅現觀各三心須除法智時道現觀二忍心須得四沙門果及學无學練根已若法智已滅不失不現在前有未來及現在非過去謂彼現在前未滅設滅已失此中現在前者顯有現在未滅設滅已失者顯無過去但有現在必有未來此在何位謂已入正性離生苦現觀一心須謂苦法智時得四沙門果及學無學練根已若法智未滅先滅已失而現在前有未來及過去現在謂彼已滅不失亦現在前此中已滅不失者顯有過去亦現在前者顯有現在若有過去現在必有未來此如前成就過去現在說設成就過去現在彼未來耶荅如是但成就過去現在必成就未來故若成就現在法智彼過去未來耶荅未來定成就過去若已滅不失則成就如前成就三世位說若未滅設滅已失則不成就如前成就未來現在非過去說設

成就過去未來彼現在耶若現在前成就三世位說如法智歷六類苦集滅道智亦介者如法智依三世有六句問荅類苦集滅道智亦介有差別者各說自名隨應而說

若成就過去他心智彼未來耶荅如是但成就過去必成就未來故此在何位謂生欲界已離欲染若生色界若學者在欲色界已起无漏他心智不失生無色界未得無學果設成就未來彼過去耶荅若已滅不失則成就此如次前所說諸位若未滅設滅已失則不成就此在何位謂學者在欲色界未起無漏他心智設起已失生無色界設起不失生無色界得无學果若成就過去他心智彼現在耶荅若現在前謂若不起餘智諸忍非無心位介時此智定現在前此在何位謂諸聖者或諸異生生欲色界此他心智現在前時設成就現在彼過去耶荅如是此如次前所說諸位若他心智現在前時必成就過去有漏他心智無漏者則不定若成就未來

他心智彼現在耶荅若現在前此如前成就過去現在說設成就現在彼未來耶荅如是但成就現在必有未來故若成就過去他心智彼未來現在耶荅未來定成就現在若現在前此在何位謂他心智現在前時即欲色界異生聖者設成就未來現在彼過去耶荅如是此如次前所說諸位若成就未來他心智彼過去現在耶荅有未來非過去現在謂彼已得不失未滅設滅已失不現在前此中已得不失者顯有未來未滅設滅已失者顯无過去不現在前者顯無現在此在何位謂若學者在欲色界未起無漏他心智設起已失生無色界設起不失生無色界得无學果有未來及過去非現在謂彼已滅不失不現在前此在何位謂生欲界已離欲染他心智不現在前若生色界他心智不現在前若學者在欲色界已起無漏他心智不失生無色界未得无學果有未來及過去現在謂彼現在前即生欲色界異生聖者他心智現在

前時設成就過去現在彼未來耶荅如是此如次前所說諸位若成就現在他心智彼過去未來耶荅如是亦如次前所說諸位設成就過去未來彼現在耶荅若現在前此亦如前所說諸位

若成就過去世俗智彼未來耶荅如是設成就未來彼過去耶荅如是一切有情無不成就過去未來世俗智故若成就過去世俗智彼現在耶荅若現在前謂若不起諸無漏慧非無心位此世俗智定現在前設成就現在彼過去耶荅如是此等准前應知其相

若成就過去法智彼過去類智耶荅若已滅不失則成就此在何位謂已入正性離生集滅現觀各四心須道現觀三心須得四沙門果及學无學練根已起法類智已滅不失若未滅設滅已失則不成就此在何位謂已入正性離生苦現觀後二心須得一來不還果及學者練根已若法智已滅不失類智未滅設滅已失設成就

過去類智彼過去法智耶荅若已滅不失則成就此如前成就過去法智及類智位說若未滅設滅已失則不成就此在何位謂得四沙門果及學無學練根已類智已滅不失法智未滅設滅已失若成就過去法智彼未來類智耶荅若得謂苦類智已生此在何位謂已入正性離生苦現觀後一心須集滅現觀各四心須道現觀三心須得四沙門果及學无學練根已若法智已滅不失設成就未來類智彼過去法智耶荅若已滅不失則成就此如次前所說諸位若未滅設滅已失則不成就此在何位謂得四沙門果及學無學練根已法智未滅設滅已失若成就過去法智彼現在類智耶荅若現在前謂若不起餘智諸忍悲無心位此定現前此在何位謂已入正性離生苦集滅現觀各一心須謂類智時得四沙門果及學无學練根已若法智已滅不失類智現在前時設成就現在類智彼過去法智耶荅若已滅不失則成就此如次

前所說諸位若未滅設滅已失則不成就此在何位謂得四沙門果及學無學練根已法智未滅設滅已失而類智現在前若成就過去法智彼過去現在類智耶荅有過去法智非過去現在類智謂法智已滅不失類智未滅設滅已失不現在前此在何位謂已入正性離生苦現觀一心須謂類智忍時得一来不還果及學練根已若法智已滅不失類智未滅先滅已失不現在前有過去法智及過去類智非現在謂法類智已滅不失類智不現在前此在何位謂已入正性離生集滅道現觀各三心須除類智時得四沙門果及學无學練根已法智類智已滅不失而類智不現在前有過去法智及現在類智非過去謂法智已滅不失類智現在前未滅設滅已失此在何位謂已入正性離生苦現觀一心須謂苦類智時得一来不還果及學練根已若法智已滅不失類智未滅先滅已失而現在前有過去法智及過去現在類智謂法類

智已滅不失類智現在前此在何位謂已入正性離生集滅現觀各一心須謂類智時得四沙門果及學无學練根已法類智已滅不失而類智現在前設成就過去現在類智彼過去法智耶荅若已滅不失則成就此如次前所說諸位若未滅設滅已失則不成就此在何位謂得四沙門果及學無學練根已若類智已滅不失法智未滅設滅已失而類智現在前若成就過去法智彼未来現在類智耶荅有過去法智非未来現在類智謂法智已滅未得類智此在何位謂已入正性離生苦現觀一心須謂苦類智忍時有過去法智及未来類智非現在謂法智已滅不失已得類智不現在前此在何位謂已入正性離生集滅道現觀各前三心須得四沙門果及學无學練根已若法智已滅不失類智不現在前有過去法智及未来現在類智謂法智已滅不失類智現在前此在何位謂已入正性離生苦集滅現觀各後一心須得四沙門

果及學無學練根已若法智已滅不失類智現在前設成就未来現在類智彼過去法智耶荅若已滅不失則成就此如次前所說諸位若未滅設滅已失則不成就此在何位謂得四沙門果及學无學練根已法智未滅設滅已失而類智現在前若成就過去法智彼過去未来類智耶荅有過去法智非過去未来類智謂法智已滅未得類智此在何位謂已入正性離生苦現觀一心須謂苦類智忍時有過去法智及未来類智非過去謂法智已滅不失已得類智未滅設滅已失此在何位謂已入正性離生苦現觀後一心須得一来不還果及學練根已若法智已滅不失類智未滅設滅已失有過去法智及過去未来類智謂法類智已滅不失此在何位謂已入正性離生集滅現觀各四心須道現觀三心須得四沙門果及學无學練根已法智類智已滅不失設成就過去未来類智彼過去法智耶荅若已滅不失則成就此如次前所

說諸位若未滅設滅已失則不成就此在何位謂得四沙門果及學無學練根已類智已滅不失法智未滅設滅已失若成就過去法智彼過去未來現在類智耶答有過去法智非過去未來現在類智謂法智已滅未得類智此在何位謂已入正性離生苦現觀一心頃謂苦類智忍時有過去法智及未來類智非過去現在謂法智已滅不失已得類智未滅設滅已失不現在前此在何位謂得一來不還果及學練根已若法智已滅不失類智未滅設滅已失不現在前有過去法智及未來現在類智非過去謂法智已滅不失類智現在前未滅設滅已失此在何位謂已入正性離生苦現觀後一心頃得一來不還果及學練根已若法智已滅不失類智未滅設滅已失而現在前有過去法智及過去未來類智非現在謂法類智已滅不失類智不現在前此在何位謂已入正性離生集滅道現觀各前三心頃得四沙門果及學無學練根

已法智類智已滅不失類智不現在前有過去法智及過去未來現在類智謂法類智已滅不失類智現在前此在何位謂已入正性離生集滅現觀各後一心頃得四沙門果及學無學練根已法智類智已滅不失而類智現在前設成就過去未來現在類智彼過去法智耶答若已滅不失則成就此如次前所說諸位若未滅設滅已失則不成就此在何位謂得四沙門果及學無學練根已若類智已滅不失亦現在前法智未滅設滅已失如對類智作小七對集滅道智亦介者如法智對類智作小七對集滅道智作小七亦介有差別者各說自名隨應而說若成就過去法智彼過去他心智耶答若已滅不失則成就此在何位謂已離欲染入正性離生苦現觀後二心頃集滅現觀各四心頃道現觀三心頃得後二沙門果及已離欲染學无學練根已法智已滅不失若學者法智無漏他心智已滅不失生無色界未得无學果若未滅

設滅已失則不成就此在何位謂未離欲染入正性離生苦現觀後二心頃集滅現觀各四心頃道現觀三心頃得初二沙門果及未離欲染學練根已若法智已滅不失若學者法智已滅不失無漏他心智未滅設滅已失生無色界未得無學果設成就過去他心智彼過去法智耶答若已滅不失則成就此如前俱成就說若未滅設滅已失則不成就此在何位謂諸異生生欲界已離欲染及生色界若已離欲染入正性離生苦現觀初二心頃得後二沙門果及已離欲染學無學練根已法智未滅設滅已失若學者無漏他心智已滅不失法智未滅設滅已失生無色界未得無學果若成就過去法智彼未來他心智耶答若已得不失此中已得者謂已離欲染不失者謂不退起欲染此在何位謂已離欲染入正性離生苦現觀後二心頃集滅現觀各四心頃道現觀三心頃得後二沙門果及已離欲染學无學練根已法智已滅不失

阿毗達磨大毗婆沙論第一百十一卷　第十五張　退字号

若學者在欲界法智已滅不失生色無色界未得无學果設成就未來他心智彼過去法智耶荅若已滅不失則成就此如次前所說諸位若未滅設滅已失則不成就此在何位謂諸異生已得他心智不失若已離欲染入正性離生苦現觀初二心須得後二沙門果及已離欲染學无學練根已法智未滅設滅已失若學者在欲界法智未滅設滅已失生色無色界設滅已不失生彼得無學果若成就過去法智彼現在他心智耶荅若現在前此在何位謂得後二沙門果及已離欲染學無學練根已法智已滅不失他心智現在前設成就現在他心智彼過去法智耶荅若已滅不失則成就此如次前所說諸位若未滅設滅已失則不成就此在何位謂諸異生起他心智現在前時若得後二沙門果及已離欲染有學无學練根已法智未滅設滅已失而他心智現在前時若成就過去法智彼過去現在他心智耶荅若有過去法智非過去現

阿毗達磨大毗婆沙論第一百十一卷　第十六張　退字号

在他心智謂法智已滅不失他心智未滅設滅已失不現在前此在何位謂未離欲染入正性離生苦現觀後二心須集滅現觀各四心須道現觀三心須得初二沙門果及未離欲染學練根已法智已滅不失若學者法智已滅不失无漏他心智未滅設滅已失生無色界未得無學果有過去法智及過去他心智非現在謂法他心智已滅不失他心智不現在前此在何位謂已離欲染入正性離生苦現觀後二心須集滅現觀各四心須道現觀三心須得後二沙門果及已離欲染學无學練根已法智已滅不失他心智不現在前若學者無漏他心智已滅不失生無色界未得无學果有過去法智及過去現在他心智謂法智已滅不失他心智現在前此在何位謂得後二沙門果及已離欲染學无學練根已法智已滅不失他心智現在前設成就過去現在他心智彼過去法智耶荅已滅不失則成就此如次前所說諸位若未滅設滅

阿毗達磨大毗婆沙論第一百十一卷　第十七張　退字号

已失則不成就此在何位謂諸異生起他心智現在前時若得後二沙門果及已離欲染學無學練根已法智未滅設滅已失而他心智現在前時若成就過去法智彼未來現在他心智耶荅有過去法智非未來現在他心智謂法智已滅不失未得他心智設得已失此在何位謂未離欲染苦現觀後二心須集滅現觀各四心須道現觀三心須得初二沙門果及未離欲染學練根已法智已滅不失有過去法智及未來他心智非現在謂法智已滅不失他心智已得不失不現在前此在何位謂已離欲染入正性離生苦現觀後二心須集滅現觀各四心須道現觀三心須得後二沙門果及已離欲染學无學練根已法智已滅不失他心智不現在前有過去法智及未來現在他心智謂法智已滅不失他心智現在前此如前成就過去法智現在他心智說設成就未來現在他心智彼過去法智耶荅若已滅不失則成就此如次前所說

諸位若未滅設滅已失則不成就此如前成就現在他心智不成就過去法智說若成就過去法智彼過去未来他心智耶荅有過去法智非過去未来他心智謂法智已滅不失未得他心智設得已失此如前有過去法智非未来現在他心智說有過去法智及未来他心智非過去謂法智已滅不失他心智已得不失未滅設滅已失此在何位謂學者法智已滅不失無漏他心智未滅設滅已失生无色界未得无學果有過去法智及過去未来他心智謂法他心智已滅不失此如前成就過去法智他心智說設成就過去未来他心智彼過去法智耶荅若已滅不失則成就若未滅設滅已失則不成就此如前設成就過去他心智彼過去法智耶說若成就過去法智彼過去未来現在他心智耶荅有過去法智非過去未来現在他心智謂法智已滅不失未得他心智設得已失此如前有過去法智非未来現在他心智說有過去法智及未来他心智非過去現在謂法智已滅不失他心智已得不失未滅設滅已失不現在前此如前有過去法智及未来他心智非過去說有過去法智及過去未来他心智非現在謂法他心智已滅不失他心智不現在前此如前有過去法智及過去他心智非現在說有過去法智及過去未来現在他心智謂法智已滅不失他心智現在前此如前有過去法智及過去現在他心智說設成就過去未来現在他心智彼過去法智耶荅若已滅不失則成就若未来設滅已失則不成就此如前設成就過去現在他心智彼過去法智耶設若成就過去法智彼過去世俗智耶荅如是以過去未来世俗智一切有情皆成就故此在何位謂已入正性離生苦現觀後二心頃集滅現觀各四心頃道現觀三心頃得四沙門果及學无學練根已若法智已滅不失設成就過去世俗智彼過去法智耶荅若已滅不失則成就此如次前所說諸位若未滅設滅已失則不成就此在何位謂一切異生若已入正性離生苦現觀初二心頃得四沙門果及學无學練根已法智未滅設滅已失若成就過去法智彼未来世俗智耶荅如是此如前若成就過去法智彼過去世俗智耶說設成就未来世俗智彼過去法智耶荅若已滅不失則成就若未滅設滅已失則不成就此如前設成就過去世俗智彼過去法智耶說若成就過去法智彼現在世俗智耶荅若現在前謂若不起諸無漏慧非無心位此定現前此在何位謂得四沙門果及學无學練根已若法智已滅不失起世俗智現在前時設成就現在世俗智彼過去法智耶荅若已滅不失則成就此如次前所說諸位若未滅設滅已失則不成就此在何位謂一切異生若得四沙門果及學无學練根已法智未滅設滅已失起世俗智現在前時餘文准前應知其相若成就過去法智彼過去苦智耶荅若已滅不失則成就此在何位謂已

入正性離生苦現觀後二心頃集滅現觀各四心頃道現觀三心頃得四沙門果及學无學練根已若法智苦智已滅不失若未滅設滅已失則不成就此在何位謂得四沙門果及學無學練根已若非苦法智已滅不失苦智未滅設滅已失設成就過去苦智彼過去法智耶荅若已滅不失則成就此如前成就過去法智苦智說若未滅設滅已失則不成就此在何位謂得四沙門果及學无學練根已若苦類智已滅不失法智未滅設滅已失若成就過去法智彼未來苦智耶荅如是若成就過去法智者必成就未來苦智故此在何位謂已入正性離生苦現觀後二心頃集滅現觀各四心頃道現觀三心頃得四沙門果及學無學練根已若法智已滅不失設成就未來苦智彼過去法智耶荅若已滅不失則成就此如次前所說諸位若未滅設滅已失則不成就此在何位謂已入正性離生苦現觀一心頃謂苦法智時得四沙門果及學无學練根已法智未滅設滅已失若成就過去法智彼現在苦智耶荅若現在前謂若不起餘智諸忍非无心位此定現前此在何位謂已入正性離生苦現觀一心頃謂苦類智時得四沙門果及學無學練根已若法智已滅不失而苦智現在前設成就現在苦智彼過去法智耶荅若已滅不失則成就此如次前所說諸位若未滅設滅已失則不成就此在何位謂已入正性離生現觀一心頃謂苦法智時得四沙門果及學无學練根已法智未滅設滅已失而苦智現在前時餘文准前應知其相如法智對後作小七乃至滅智對道智隨其所應作小七亦尒者謂如法智對後類智等作小七如是類智對後他心智等乃至滅智對後道智應知亦尒如小七大七亦尒者謂如八智以前對後作小七如是八智以前對後作大七應知亦尒差別者以二或多對一或以一對二或多者謂前小七中定以一對一今大七中或以二或多對一或以一對二或多是謂小七大七差別如過去為首有七未來乃至過去未來現在為首亦各有七如應當知者謂如過去法智等為首問三世類智等有小大七差別如是未來法智等為首問三世類智等乃至過去未來現在法智等為首問三世類智等亦各有小大七差別皆如所應當知其相此中一行歷六小七大七差別等義如前結嗢廣說應知

說一切有部發智大毗婆沙論卷第一百十一

阿毗達磨大毗婆沙論卷第一百一十一校勘記

一 底本，金藏廣勝寺本。一頁中、下原版缺，以麗藏本補。

一 一頁下末行第五字「苦」，資、磧、普、南、徑、清作「若」。次頁中一一行首字同。

一 二頁上一四行「如前說」，資、磧、普、南、徑、清作「如前設」；麗作「如前說設」。

一 二頁下二行「成就」，諸本(不含石，下同)作「如前成就」。

一 三頁下一八行第三字「悲」，諸本作「非」。

一 五頁下一二行首字「苦」，諸本作「若」。

一 六頁上七行第一一字「心」，麗無。

一 六頁上末行第六字「若」，諸本無。

一 六頁中九行第一三字「法」，麗作「法智」。

一 六頁中一三行第九字「二」，磧作「三」。

一 七頁中一三行「未來」，麗作「未滅」。

一 七頁中一五行第九字「設」，麗作「說」。

一 八頁上一四行第五字「若」，徑作「苦」。

一 八頁中一一行第七字「生」，諸本作「生苦」。

一 八頁中一九行第八字「諸」，諸本作「謂」。

阿毗達磨大毗婆沙論卷第一百一十二　退

五百大阿羅漢等造

三藏法師玄奘奉　詔譯

業蘊第四中惡行納息第一之一

三惡行三不善根為前攝後後攝前耶如是等章及解章義既領會已次應廣釋問何故作此論答為欲分別契經義故如契經說有三惡行三不善根契經雖作是說而不廣辯亦未說三惡行攝三不善根三不善根攝三惡行契經是此論根本彼未說者今應說之故作斯論

三惡行者謂身惡行語惡行意惡行云何身惡行如世尊說何者身惡行謂斷生命不與取欲邪行何者語惡行謂虛誑語離間語麁惡語雜穢語何者意惡行謂貪欲瞋恚邪見應知此中世尊唯說根本業道所攝惡行不應業道加行後起所攝惡行此發智論通說所有不善身業若是業道所攝若非業道所攝如是一切名身惡行通說所有不善語業若是業道所攝若非業道所攝如是一切名語惡行通說所有不善意業若是業道所攝若非業道所攝如是一切名意惡行

如此論中攝諸惡行集異門論亦作是說故彼論言何者身惡行謂斷生命不與取欲邪行如是所說隨順契經又言復次斷生命不與取非梵行如是復攝前所不攝於自妻室所起欲行又言有餘不善身業如是復攝所有業道加行後起又言有餘諸有非理所引身業問何者非理所引身業前所未攝今更攝耶答前說自性今說等起此誰所等起謂非理作意復有說者此是一切有覆無記及一分無覆無記身業一切有覆無記身業者謂初靜慮地諂誑等所起一分無覆無記身業者謂應如是去來如是行住如是坐臥如是裁割如是縫綴而不如是去來行住乃至縫綴此等身業作不應作不應理故攝在非理所引品中由此名身惡行若作是說身惡行則通不善無記欲界色界

然惡行唯不善唯欲界是故前說者好又彼論言何者語惡行謂虛誑語離間語麁惡語雜穢語如是所說隨順契經又言有餘不善語業如是復攝所有業道加行後起又言有餘諸有非理所引語業問何者非理所引語業前所未攝今更攝耶荅前說自性今說等起此誰所等起謂非理作意復有說者此是一切有覆無記及一分無覆無記語業一切有覆无記語業者謂初靜慮地諂愛等所起一分無覆无記語業者謂應說一言二言多言男言女言非男女言去来今言而不如是說一乃至去来今言此等語業說不應說不應理故攝在非理所引品中由此名語惡行若作是說語惡行則通不善無記欲界色界然惡行唯不善唯欲界是故前說者好又彼論言何者意惡行謂貪欲瞋恚邪見如是所說隨順契經又言有餘不善意業如是復攝諸不善思又言有餘諸有非理所引意業問何等非理所引意業前所未攝今更攝耶荅

前說自性今說等起此誰所等起謂非理作意復有說者此是一切有覆无記及一分無覆无記意業名非理所引意業一切有覆無記非理所引意業者謂欲界薩迦耶見邊執見相應意業及色無色界一切煩惱相應意業一分无覆無記非理所引意業者謂諸意業起如前說无覆无記非理所引身業語業若作是說意惡行則通不善及以無記又通三界然惡行唯不善唯欲界是故前說者好

如發智論集異門論攝身惡行及語惡行施設論中所說亦尒唯除意惡行別有所攝故彼論言問為身三惡行攝一切身惡行為一切身惡行攝身三惡行耶荅一切攝三非三攝一切不攝者何謂非斷命以手杖等捶擊有情及非邪行於所應行作不淨行起飲酒等諸放逸業由不正知失念受用諸飲食等及不能避諸犯戒者諸如是等所起身業非三所攝問諸犯戒者無量去何能避雖復捨此還近彼故荅所在皆有欲離實難能

不隨涂是為真避故有說言身雖在遠而隨彼習即名親近身雖在近不隨彼習即名遠離問為說四惡行攝一切語惡行為一切語惡行攝語四惡行耶荅一切攝四非四攝一切不攝者何謂如有一獨處空閑作如是說無有惠施無有親愛無有祠祀如是等語惡行世間有情不生領解非四所攝問為意三惡行攝一切意惡行為一切意惡行攝意三惡行耶荅一切攝三非三攝一切不攝者何謂貪欲瞋恚邪見俱生受想行識非三所攝彼論中意惡行攝四蘊自性如是施設五蘊自性為諸惡行

問此發智論集異門論與佛契經及施設論攝諸惡行何故不同荅依二種門說諸惡行一依世俗二依勝義謂佛契經及施設論依世俗門說諸惡行此發智論集異門論依勝義門說諸惡行如依世俗勝義分別如是依不了義了義有別意趣无別意趣有別因緣無別因緣世俗諦現觀勝義諦現觀等應知亦尒復有說者由

三緣故所攝不同謂自性故相雜故世識嫌故此發智論集異門論說其自性施設論中說其相雜若法雖非惡行自性而與惡行相和雜故亦得其名於契經中說世識嫌以諸世間於根本業道多生識嫌非於業道加行後起由此緣故攝諸惡行經論不同如是名為惡行自性

已說自性所以今當說問何故名惡行惡行有何義荅可猒毀故名惡逆發依處故名行可猒毀故名惡者如有說言惡妻子惡衣食惡人惡處惡往来等逆發依處故名惡行者謂斷生命麁惡語及瞋恚行有情處不與取欲邪行及貪欲行資具處虛誑語離間語雜穢語行於名處邪見行名色處復有說者感苦受果故名惡動轉捷利故名行問沈溺諸惡云何捷利荅彼惡行者有如是巧便雖行惡行而令世間不知其惡故名捷利復有說者習近惡人故能招惡趣故名惡行復有說者有三因緣故名惡行謂惡思所思故惡說所說故惡作所

作故惡思所思謂意惡行惡說所說謂語惡行惡作所作謂身惡行復有說者有三因緣故名惡行謂惡作義故可猒毀故決定能感非愛果故惡作義者行身語意諸惡行故名為惡行可猒毀者謂行惡行毀犯尸羅常為諸天大師有智同梵行者共所猒毀決定能感非愛果者謂諸所有身語意惡行無處無容能感可愛果有處有容感非愛果集異門論亦作是說有何因緣名為惡行謂彼能感非愛樂非適悅不可意果此顯等流果復言能感非愛樂非適悅不可意異熟此顯異熟果

三不善根者謂貪瞋癡問此三以何為自性荅貪不善根有五即欲界繫五部所斷瞋不善根有五即五部所斷恚癡不善根有五即欲界繫見集滅道及修所斷并見苦所斷一分然見苦所斷無明有十此中除有身見邊見相應取餘無明故言一分此十五法唯是不善遍生不善法名不善根應知此三皆與六識身相應是

名三不善根自性已說自性所以今當說問何故名不善根不善根有何義荅能生不善義是不善根義能養不善義能增不善義能長不善義能益不善義能持不善義能令不善法廣流布義是不善根義尊者世友作如是說諸不善因義是不善根義諸不善種義等起不善義能為轉因引不善義為隨轉因生不善義為隨轉因生不善義攝益一切不善法義是不善根義大德說曰依止此物遍能生長諸不善法能為轉因為隨轉因攝益不善故名不善根

問若不善因義是不善根義者是即前生不善五蘊與後一切已生未生不善五蘊為因前生十不善業道與後一切已生未生十不善業道為因前生不善三十四隨眠俱生品與後一切已生未生不善三十四隨眠俱生品如應為因如是一切不善法皆應名不善根如是三種有何殊勝不共因緣世尊獨立為不善根荅此是世尊有餘之說大師觀彼所化有情

心行願樂簡略而說勝尊者曰唯佛世尊究竟了達諸法性相亦知勢用非餘所知若法有不善根相即便立之無者不立尊者妙音亦作是說大師知此三不善根有如是勢用如是強威如是親近能與一切不善為因除此不善根餘不善法无如是事復有說者如是三種能生一切不善諸法難斷難滅難起難度是故獨立為不善根復有說者如是三種多諸過患謂生一切現法後法衆多憂苦是故獨立為不善根復有說者如是三種於出欲界極為障礙如壯獄卒守於獄門是故獨立為不善根復有說者如是三種於不善中最為殊勝最為上首前行前導如最勝軍將導一切此不善根增上力故能令一切不善增廣是故獨立為不善根復有說者如是三種與三善根為近對治怨敵障导是故獨立為不善根復有說者如是三種能與一切不善為因為根為眼為集為緣發起一切不善諸法障礙一切諸功德法不善法中最為殊勝是故獨立為不善根復有說者如是三種遍攝一切不善諸法謂諸不善或是貪品或是瞋品或是癡品是故獨立為不善根又此三種具足五義謂通五部遍在六識是隨眠性能起麤惡身業語業作斷善根牢強加行是故獨立為不善根通五部者遮五見疑遍六識者遮其諸慢隨眠性者遮纏垢等能起麤惡身業語業作斷善根牢強加行者示現根義又此五義遮一切法成立根義謂不染汙法有遍六識无餘四善染汙色蘊全無五義染汙受蘊想蘊及除煩惱纏垢所餘相應染汙行蘊雖通五部亦遍六識而非隨眠性雖能起麤惡身語二業而非斷善牢強加行所有染汙不相應行蘊雖通五部無餘四義染汙識蘊中眼等五識全无五義意識雖通五部亦能起麤惡身業語業而无餘三義十煩惱中五見及疑有隨眠性无餘四義慢通五部是隨眠性能起麤惡身業語業无餘二義於十纏中惛沉掉舉无慚無愧雖通五部亦遍六識而非隨眠性雖起麤惡身業語業而非斷善牢強加行睡眠一種雖通五部無餘四義所餘五纏雖起麤惡身語二業无餘四義六煩惱垢雖亦有時能起麤惡身語二業無餘四義唯貪瞋癡具足五義非所餘法是故獨立為不善根又此三種多於三受隨逐隨增是故獨立為不善根又此三種欲界有情多分現起能發十種不善業道生十惡處是故獨立為不善根

如是三種通五部與六識俱起諸不善品為根此中貪相應品由二根故說名有根謂貪及彼相應无明瞋相應品亦二根故說名有根謂瞋及彼相應无明除此所餘不善心品由一根故說名有根所謂无明

問世尊處處說根不同謂或說有身見邊執見為根或說世尊為根或說樂欲為根或說不放逸為根或說自性為根如是等有何義荅有身見邊執見由能發起六十二見故說為根世尊能說雜染清淨繫縛解脫生死

涅槃起正教法故說為根樂欲能引一切善法故說為根諸不放逸攝護一切所修善法令不散失故說為根自性能持自體不失故說為根如是無為能持自體故說為根亦无有過復有說者為同類因持等流果或是同類因性所持是故有為自性名根復有說者相應俱有因力任持是故有為自性名根名能顯了諸法自性故亦說彼為自性根此貪瞋癡能生能長諸不善法故說為根三不善根如結蘊廣說

已說三惡行三不善根自性今當顯示雜无雜相三惡行三不善根為前攝後後攝前耶荅應作四句有惡行非不善根謂身語惡行邪見不善思由此唯有惡行相无不善根相故有不善根非惡行謂癡不善根由此唯有不善根相無惡行相故有惡行亦不善根謂貪欲瞋恚不善根由此具有二種相故有非惡行非不善根謂除前相相謂所名除前三句名所顯義所餘諸法為第四句謂色蘊中除不善色取餘色蘊於行蘊中除三不善根不善邪見及不善思取餘相應不相應行蘊及三蘊全并無為法如是一切作第四句是故說言謂除前相復次於眼識貪俱生不善品中或有惡行非不善根應作四句有惡行非不善根謂不善思有不善根非惡行謂癡不善根有惡行亦不善根謂貪不善根有非惡行非不善根謂除前相如於眼識作四句乃至於意識亦尒如於貪俱生不善品作六四句於瞋俱生品亦尒於邪見俱生不善品中唯意地故作一四句有惡行非不善根謂邪見及不善思有不善根非惡行謂癡不善根有惡行亦不善根者無也有非惡行非不善根謂除前相於不共無明俱生不善品中亦以唯意地故作一四句有惡行非不善相謂不善思有不善根非惡行謂癡不善根有惡行亦不善根者無也有非惡行非不善根謂除前相

三妙行三善根為前攝後後攝前耶乃至廣說問何故作此論荅為欲分別契經義故如契經說有三妙行三善根契經雖作是說而未廣辯廣說如前三妙行者謂身妙行語妙行意妙行云何身等妙行如世尊說何者身妙行謂離斷生命離不與取離欲邪行何者語妙行謂離虛誑語離離間語離麁惡語離雜穢語何者意妙行謂无貪無瞋正見應知此中世尊唯說根本業道所攝妙行不說業道加行後起所攝妙行

此發智論通說所有善身業若是業道所攝若非業道所攝如是一切名身妙行通說所有善語業若是業道所攝若非業道所攝如是一切名語妙行通說所有善意業等若是業道所攝若非業道所攝如是一切名意妙行如此論中攝諸妙行集異門論亦作是說故彼論言何者身妙行謂離斷生命離不與取離欲邪行如是所說隨順契經又言復次離斷生命離不與取離非梵行如是復攝前所不攝於自妻室離起欲行又言有餘善身業如是復攝所有業道加行後

起又言有餘諸有如理所引身業問何等如理所引身業前所未攝今更攝耶答前說自性今說等起此誰所等起謂如理作意復有說者此是一分无覆無記身業謂應如是去來如是行住如是坐卧如是裁割如是縫綴而皆如是如應去来乃至縫綴此等身業作所應作應正理故攝在如理所引品中由此名身妙行若作是說身妙行則通善及无記然妙行唯善是故前說者好又彼論言何者語妙行謂離虛誑語離離間語離麁惡語離雜穢語如是所說隨順契經又言有餘善語業如是復攝所有業道加行後起又言有餘諸有如理所引語業問何等如理所引語業前所未攝今更攝耶答前說自性今說等起此誰所等起謂如理作意復有說者此是一分无覆無記語業謂應說一言二言多言男言女言非男女言去来今言而皆如是說一乃至去来今言此等語業說所應說應正理故攝在如理所引品中由此名語妙行若作是說語妙行則通善及無記然妙行唯善是故前說者好又彼論言何者意妙行謂無貪無瞋正見如是所說隨順契經又言有餘善意業如是復攝所有善思又言有餘諸有如理所引意業問何等如理所引意業前所未攝今更攝耶答前說自性今說等起此誰所等起謂如理作意復有說者此是一分無覆無記意業名如理所引意業謂諸意業起如前說無覆無記如理所引身業語業若作是說意妙行則通善及無記然妙行唯善是故前說者好

如發智論集異門論攝身語妙行施設論中所說亦尒唯除意妙行別有所攝故彼論言

問為身三妙行攝一切身妙行為一切身妙行攝身三妙行耶答一切攝三非三攝一切不攝者何謂離前說以手杖等捶擊有情及所應行諸不淨行若飲酒等諸放逸業而能安住正知正念受用食等復能正避諸犯戒者諸如是等所起身業非三所攝所餘問答如前應知問為語四妙行攝一切語妙行為一切語妙行攝語四妙行耶答一切攝四非四攝一切不攝者何謂如有一獨處空閑作如是說有恵施有親愛有祠祀如是等語妙行於世有情不生領解非四所攝問為意三妙行攝一切意妙行為一切意妙行攝意三妙行耶答一切攝三非三攝一切不攝者何謂無貪无瞋正見俱生受想行識非三所攝彼論中意妙行攝四蘊自性如是施設五蘊自性為諸妙行

問此發智論集異門論與契經施設論攝諸妙行何故不同答依二種門說諸妙行一依世俗二依勝義謂契經施設論依世俗門說諸妙行此發智論集異門論依勝義門說諸妙行如依世俗勝義分別如是依不了義了義等廣說如前復有說者由三緣故所攝不同謂自性故相雜故世所欣讚故此發智論集異門論說其自性施設論中說其相雜若法雖非妙行自性而與妙行相雜故亦得其名

於契經中說世欣讚以一切世間於根本業道多起欣讚非於業道加行後起由此緣故攝諸妙行經論不同如是名為妙行自性已說自性所以今當說問何故名妙行妙行有何義答可欣讚故名妙遊履所依處故名行可欣讚故名妙者如有說言妙妻子好衣食妙人妙處妙往來等遊履所依處故名行者謂即於前三種惡行所依之處與彼相違起三妙行復有說者感樂受果故名為妙動轉捷利故名為行問於妙行中云何捷利答行妙行者有如是巧便雖不希求世間名譽而為勸他修妙行故所修妙行皆令他知故名捷利復有說者習近善人能招善趣故名妙行復有說者有三因緣故名妙行謂善思所思故善說所說故善作所作故善思所思謂意妙行善說所說謂語妙行善作所作謂身妙行復有說者有三因緣故名妙行謂善作義故可欣讚故決定能感可愛果故善作義者行身語意諸善行故名為妙行可欣讚義

謂行善行守護尸羅常為諸天大師有智同梵行者共所欣讚決定能感可愛果者謂所有身語意妙行无處无容能感非愛諸果異熟有處有容能感可愛諸果異熟集異門論亦作是說有何因緣名為妙行謂彼能感可愛可樂適意悅意甚可喜果此顯等流果復言能感可愛可樂適意悅意可喜異熟此顯異熟果

三善根者謂無貪无瞋無癡善根云何无貪善根謂心所法與心相應是貪對治是名無貪善根性云何無瞋善根謂心所法與心相應是瞋對治是名無瞋善根性云何无癡善根謂心所法與心相應是癡對治是名無癡善根性此三善根於一心中具足可得三不善根非於一心具足可得又三善根具足防衛一切善心通六識身有漏无漏三不善根不能具足防衛一切諸不善心又三善根遍與善心相應三不善根不遍與不善心相應又三善根能遍發起一切善心三不善根不能遍起一切不善心如

是隨轉不隨轉等皆應廣說是名三善根自性

已說自性所以今當說問何故名善根善根有何義答能生善義是善根義能養善義能增善義能長善義能益善義能持善義能令善法廣流布義是善根義尊者世友作如是說善法因義是善根義善法種義等起善義能為轉因引諸善義為隨轉因生諸善義攝益一切諸善法義是善根義大德說曰依心此物遍能生長一切善法能為轉因為隨轉因攝益諸善故名善根

問若善法因義是善根義者前生善五蘊與後一切已生未生善五蘊為因前生十善業道與後一切已生未生十善業道為因前生三十七菩提分法與後一切已生未生三十七菩提分法為因如此則一切善法皆應名善根如是三種有何殊勝不共因緣立為善根答此是世尊有餘之說大師觀彼所化有情心行願樂簡略而說脇尊者曰唯佛世尊究竟了達

阿毗達磨大毗婆沙論第百十二卷　第十張　淨字号

諸法性相亦知勢用非餘能知若法有善根相者即便立之無者不立尊者妙音亦作是說大師知此三種善根如是勢用如是強盛如是親近能與一切善法為因其餘善法无如是事復有說者此三善根於諸善法㝡為殊勝以殊勝故立為善根復有說者此三善根於諸善法㝡為上首前行前導如㝡勝軍將導一切如是善根增上力故能令一切善法增廣故立為善根復有說者此三善根能與一切善法為因為根為眼為集發起一切善法障㝵一切不善諸法於善法中㝡為殊勝故立為根復有說者以三善根能遍發起十善業道生十善處故立為根由如是等諸因緣故於善法聚唯此三種立為善根已說三妙行三善根自性今當顯示雜无雜相三妙行三善根為前攝後後攝前耶答應作四句有妙行非善根謂身語妙行及善思由此唯有妙行相無善根相故有善根非妙行謂正見所不攝无癡善根由此唯有善根相

阿毗達磨大毗婆沙論第百十二卷　第十一張　淨字号

無妙行相故有妙行亦善根謂无貪无瞋正見由此是有二種相故有非妙行非善根謂除前相相謂所名除前三句名所顯義所餘諸法為第四句謂色蘊中除諸善色取餘色蘊於行蘊中除三善根及諸善思取餘相應不相應行蘊及三蘊全幷无為法如是一切作第四句故言謂除前相復次於眼識俱生善法品中或有妙行非善根應作四句有妙行非善根謂善思有善根非妙行謂无癡善根有妙行亦善根謂无貪無瞋有非妙行非善根謂除前相如於眼識俱生善品如是乃至於身識俱生善品亦介於正見俱生品中或有妙行非善根應作四句有妙行非善根謂善思有善根非妙行者無也有妙行亦善根謂無貪无瞋正見有非妙行非善根謂除前相盡智無生智俱生品中或有妙行非善根應作四句有妙行非善根謂善思有善根非妙行謂无癡善根有妙行亦善根謂無貪無瞋有非妙行非善根謂除前相

說一切有部發智大毗婆沙論一百十二

阿毗達磨大毗婆沙論第百十二卷　第十二張　淨字号

阿毗達磨大毗婆沙論卷第一百一十二

校勘記

一　底本，金藏廣勝寺本。

一　一〇頁中一一行「契經」，資、磧、普、南、徑、清作「彼契經」。

一　一〇頁中一九行「不應」，諸本（不含石，下同）作「不說」。

一　一一頁上二二行「何等」，資、磧、普、南、徑、清作「何者」。

一　一一頁中一〇行末字「惡」，資、磧、普、南、徑、清作「意惡」。

一　一一頁下三行「說四惡」，諸本作「語四惡」。

一　一一頁下一四行「諸惡行」，資、磧、普、南、徑、清作「語惡行」。

一　一二頁中一九行「修所」，諸本作「修所斷」。

一　一二頁中二一行「邊見」，諸本作「邊執見」。

一　一二頁下九行第一二字至次行第五字「爲隨轉因生不善義」，諸本作「無」。

一　一三頁中一二行「四善」，諸本作「四義」。

一　一三頁中一三行第一一字「薀」，資、磧、普、南、徑、清無。又第一二字「及」，磧、普、南、徑、清作「又」。

一　一四頁上二行第九字「諸」，資、磧、普、南、徑、清作「者」。

一　一四頁中一九行首字「相」，諸本作「根」。

一　一五頁上二行「何等」，資、磧、普、南、徑、清作「何者」。

一　一五頁上一七行第三字「更」，磧、南、徑、清作「便」。

一　一五頁中二一行第三字「若」，諸本作「並」。

一　一五頁下一〇行第七字「愛」，諸本作「受」。

一　一六頁上八行首字「好」，諸本作「妙」。

一　一六頁上末行末字「義」，麗作「者」。

一　一六頁下一一行「依心」，諸本作「依止」。

一　一七頁中二行「是有」，諸本作「具有」。

阿毗達磨大毗婆沙論卷第一百一十三　退

五百大阿羅漢等造

三藏法師玄奘奉　詔譯

業蘊第四中惡行納息第一之二

三惡行十不善業道為三攝十十攝三耶乃至廣說問何故作此論答為欲分別契經義故如契經說有三惡行十不善業道契經雖作是說而不廣辯廣說如前復有說者前已分別三種惡行而未分別十不善業道今欲分別故作斯論

此中三惡行名略事廣十不善業道名廣事略故三惡行攝十不善業道非十不善業道攝三惡行以諸惡行攝業道已而更有餘譬如大器覆於小器而更有餘是故三攝十非十攝三不攝者何謂除業道所攝餘身語意惡行何者是餘身語惡行謂身語業道加行後起及施設論所說諸業并一切遮罪所攝業何者是餘意惡行謂不善思

今當顯示十不善業道根本加行後起三種差別彼斷生命三種者謂若屠羊者彼先詣羊所若買若牽若縛若打乃至命未斷尒時所有不善身語業是斷生命加行若以煞心正斷他命尒時所有不善身表及此剎那無表是斷生命根本從是以後即於是處所有剝皮斷截支宍或賣或食所起不善身語表無表業是斷生命後起不與取三種者謂初起盜心往彼彼處畜謀伺察攻牆斷結取他財寶乃至舉物未離本處尒時所有不善身語業是不與取加行若以盜心正取他物舉離本處尒時所有不善身表及此剎那無表是不與取根本從是以後或物主覺乃至相繫相害則以煞生加行為偷盜後起若主不覺分張受用尒時所起不善身語表無表業是不與取後起欲邪行三種者謂以欲火所燒逼故若信若書若飲食財寶以表愛相彼或摩或觸乃至未和合前所有不善身語業是欲邪行加行若於尒時彼此和合所起不善身表及此剎那無表是欲邪行

根本此中有說纔和合時即成業道有說暢熱惱時方成業道從是以後即依此事所有不善身語表無表業是欲邪行後起虛誑語三種者謂以財利名譽等故對一有情或大衆會矯為明證覆想而說乃至未發所攝受虛誑語言尒時所有不善身語業是虛誑語加行若正發所攝受虛誑語言尒時所有不善語表及此剎那無表是虛誑語根本從是以後即依此事所起不善身語表無表業是虛誑語後起離間語三種者謂以財利名譽等故種種方便於他親友破壞離間乃至未發正破壞言尒時所有不善身語業是離間語加行若以壞意正發壞言尒時所有不善語表及此剎那無表是離間語根本從是以後即依此事所起不善身語表無表業是離間語後起此中有說若離間語令他沮壞方成業道若尒者破壞聖人應非業道然離間語壞聖者重如是說者但起壞心作離間語若壞不壞皆成業道麁惡語三種者謂彼

本性多瞋恚故將出語時先現憤發身掉色變怒目叱吒住彼人所乃至未發正毀辱言尒時所有不善身語業是麁惡語加行若至其所發毀辱言尒時所有不善語表及此剎那無表是麁惡語根本從是以後即依此事所起不善身語表無表業是麁惡語後起此中有說令彼瞋惱方成業道若尒者罵離欲者應非業道然麁惡語罵離欲者重如是說者但懷憤恚發麁惡言若惱不惱悉成業道雜穢語三種者謂以財利恭敬名譽及戲樂故樂作種種非義非時不應法語或俳優者欲作愚者歡笑語時指顧跳躍作諸言笑乃至未發彼根本語尒時所有不善身語業是雜穢語加行若正發起諸無義說雜戲語時所有不善語表及此剎那無表是雜穢語根本從是以後即依此事所起不善身語表無表業是雜穢語後起其餘貪欲瞋恚邪見意三業道起即根本非有加行後起差別有說亦有加行後起謂不善思

此中根本七不善業道諸有表業及此剎那諸無表業各具五義一惡行二犯戒三不律儀四業五業道從是已後諸無表業各唯有四義謂除業道唯於思究竟時名業道故

問由幾不善業道俱生思究竟轉荅於身業自性三不善業道中或時由一思究竟轉謂身三業一一而起或時由二思究竟轉謂如有一盜他羊等有是希望即於盜時亦斷其命或自行欲邪行遣使作煞盜隨一以欲邪行唯自所究竟故若有如是種類法生一剎那頃由二不善業道俱生思究竟轉或時由三思究竟轉謂如有一先遣二使煞生偷盜自行欲邪行若有如是種種法生一剎那頃三皆究竟尒時三不善業道俱生思究竟轉猶如群賊相期一處劫掠他時於剎那頃有牽彼車有斷彼命有婬彼婦當知尒時彼諸盜者有由三不善業道俱生思究竟轉於語業自性四不善業道中或時由一思究竟轉謂語四業一一而起有說一者唯雜

穢語或時由二思究竟轉謂作虛誑語非時故有雜穢語或作離間語非時故有雜穢語或作麁惡語非時故有雜穢語或時由三思究竟轉謂作虛誑語離間語非時故有雜穢語或作虛誑語麁惡語非時故有雜穢語或作離間語麁惡語非時故有雜穢語或時由四思究竟轉謂作虛誑語離間語麁惡語非時故有雜穢語若揔論之或時由五思究竟轉或乃至由八思究竟轉謂遣六使作六業道自行欲邪行若有如是種類法生一剎那頃七皆究竟及意三業道隨一現前如是八種業道俱生思究竟轉當知意三各別現起思究竟轉無俱生義無二心故無遣他故由此不說或九或十俱生之義

問於何界中有幾不善業道可得荅唯於欲界一切具足可得或不律儀所攝或非律儀非不律儀所攝色無色界一切都不可得

問於何趣中有幾不善業道可得荅捺落迦趣有後五非律儀非不律儀

所攝无断生命者由彼無能断他命故如說於彼乃至所有恶不善業未盡滅吐定不命終無不與取者由彼無有受財分故無欲邪行者由彼無有攝受妻室故無虛誑語及離閒語者无攝受虛誑語事故常無和合故有麁恶語者苦受所逼故有雜穢語者非時說故貪欲瞋恚邪見具有未離欲故傍生鬼趣皆具十種非律儀非不律儀所攝人趣三洲具十不善業道或不律儀所攝或非律儀非不律儀所攝北拘盧洲有後四非律儀非不律儀所攝无断生命者定壽千歲無中夭故及性淳善定𤄊進故无不與取者彼無攝受自他分故無欲邪行者無攝受妻室故彼若欲作非梵行時與彼女人共詣樹下若所應者樹枝低覆令彼和合若不覆者並愧而離無虛誑語者無有攝受虛誑語事故無離閒語者由彼有情恒和好故無麁恶語者由彼常說爽美言故有雜穢語者由彼非時歌詠戲笑故貪欲瞋恚邪見具有未離欲故欲

阿毗達磨大毗婆沙論第一百十三卷　第張　退

界天中具十不善業道非律儀非不律儀所攝問彼天為有断命事不答彼雖不自相害而害餘趣復有說者亦自相害故如是說諸天手足隨断隨生斬首中截即便殞沒有不與取乃至雜穢語者由彼亦有刼盗他物侵他所受作矯妄言說破壞語憤恚罵辱非時歌詠等故貪欲瞋恚邪見具有未離欲故

問若盗命過苾芻財物於誰處得根本業道耶答若已作羯磨者於羯磨衆處得若未作羯磨者普於一切善說法衆處得

問若得伏藏物作盗想而自用者彼於誰處得根本業道答於王處得大地所有皆屬王故復有說者於其田宅所屬處得所以者何彼於此中被稅利故如是說者於王處得大地所有王為主故其田宅主唯輸地利非伏藏利問若取兩國中閒伏藏作盗想者復於誰處得根本業道答若轉輪王出現世時輪王處得若無輪王都無處得

阿毗達磨大毗婆沙論第一百十三卷　第張　退

問若盗如來窣堵波物於誰處得根本業道有說亦於國王處得有說於施主處得有說於守護人處得有說於能護彼天龍藥叉非人處得如是說者於佛處得所以者何如世尊言阿難當知若我住世有於我所恭敬供養及涅槃後乃至千歲於我馱都如芥子許恭敬供養我說若住平等之心感異熟果平等平等由此言故世尊滅度雖經千歲一切世閒恭敬供養佛皆攝受

問若於受學禁戒女人所行不淨行謂苾芻尼鄔波斯迦勤修梵行及熾然修外道苦行毀犯彼者於誰處得根本業道或有說者於彼各別所師處得復有說者於彼同梵行處得如是說者於王處得彼是國王所防護故問於寄客女人行不淨行彼於誰處得根本業道或有說者於所寄主人處得如是說者於王處得彼是國王所防護故

問於自貨女行不淨行於誰處得根本業道答若與其價都無處得若不

阿毗達磨大毗婆沙論第一百十三卷　第九張　退

與價於王處得
問於未嫁女行不淨行於誰處得根本業道答若已許他於夫處得若未許他於其父母諸親處得
問若有女人為其父母兄弟姊妹親族等護有罰有导是他妻妾他所攝受乃至或有贈一花鬘若於彼所行不淨行於誰處得根本業道答於能攝護乃至贈一花鬘處得如施設論說贍部洲人形交成婬東毗提訶西瞿陁尼北拘盧洲四大王衆天三十三天亦介夜摩天相抱成婬覩史多天執手成婬樂變化天歡笑成婬他化自在天相顧眄成婬
問地居所起婬事加行即是空居根本業道空居業道有加行不答皆有加行謂夜摩天即以執手歡笑顧眄為加行覩史多天即以歡笑顧眄為加行樂變化天即以顧眄為加行
問唯相顧眄成業道處有加行不答於彼亦有先對一方為眄他女迴顧餘方未覩加行見成根本先坐一宮為顧他女起趣餘宮未覩加行見成

根本問何緣地居形交成婬空居不介答此煩惱麁彼煩惱細此煩惱重彼煩惱輕此煩惱勤彼煩惱利又彼諸天境界纖盛境界明淨境界勝妙由如是境界所牽引故纔觸對時即令醉悶是故於彼欲火易息復有說者以上諸天近離欲道是故於彼欲火漸微如是說者一切婬事必二形交欲火方息
問若介施設論說當云何通答彼說時量遲速差別謂夜摩天如相抱時量欲火便息乃至他化自在天如顧眄時量欲火便息施設論中但依時量故作是說
三妙行十善業道為三攝十十攝三耶乃至廣說問何故作此論答為欲分別契經義故如契經說有三妙行十善業道契經雖作是說而未廣辯廣說如前復有說者前已分別三種妙行而未分別十善業道今欲分別故作斯論
此中三妙行名略事廣十善業道名廣事略故三妙行攝十善業道非十

善業道攝三妙行說瑜如前不攝者何謂除業道所攝身語意妙行所餘身語意妙行此中何等身語妙行非業道攝謂身語業道加行後起及施設論所說諸業并離遮罪所攝諸業何等意妙行非業道攝謂善思今應顯示十善業道根本加行後起三種差別謂離十不善業道根本即十善業道根本離不善業道加行後起即善業道加行後起此復云何猶如勤策受具戒時先整衣服入受戒場頂礼僧足求親教師受持衣鉢往問遮處來至衆中重問遮難白一羯磨乃至第三羯磨未竟是名善業道加行若至第三羯磨究竟介時表業及此剎那無表是名善業道根本從是以後為說四依四重等事是名善業道後起
此中根本七善業道若表及此剎那無表各具七義一尸羅二妙行三律儀四別解脫五別解脫律儀六業七業道從此已後諸无表業各唯有五義謂除別解脫及業道已得究竟解

脫諸惡非寂初故亦唯於思究竟時名業道故問由幾善業道俱生思究竟轉荅於受八戒及五戒時若住五識善心由六善業道俱生思究竟轉若住意識善心由七善業道俱生思究竟轉若住染汙心或無記心由四善業道俱生思究竟轉受十戒時亦尒受具戒時若住五識善心由九善業道俱生思究竟轉若住意識善心由十或九善業道俱生思究竟轉若住染汙心或無記心或無心時由七善業道俱生思究竟轉受非律儀非不律儀時身語七善業道隨所要期多少不定意三善業道或有或无或多或少生欲界者若起欲界五識善心由二善業道俱生思究竟轉若起欲界意識善心由三善業道俱生思究竟轉若起色界善心及彼地無漏正見俱生心由十善業道俱生思究竟轉若起彼地盡智无生智俱生心由九善業道俱生思究竟轉若起無色界善心及彼地无漏正見俱生心由三善業道俱生思究竟轉若起彼

地盡智無生智俱生心由二善業道俱生思究竟轉生初靜慮者若起三識善心由二善業道俱生思究竟轉若起自地意識不定善心由三善業道俱生思究竟轉若起自地意識有漏定心及自地無漏正見俱生心由十善業道俱生思究竟轉若起自地盡智无生智俱生心由九善業道俱生思究竟轉若起第二第三第四靜慮善心及彼地无漏正見俱生心由十善業道俱生思究竟轉若起彼地盡智無生智俱生心由九善業道俱生思究竟轉若起無色界善心及彼地無漏正見俱生心由三善業道俱生思究竟轉若起彼地盡智無生智俱生心由二善業道俱生思究竟轉如生初靜慮如是生第二靜慮乃至生無色界皆應廣說差別者除三識身生無色界亦除前七業道

問於何界何趣有幾善業道可得荅欲界具十或律儀或非律儀非不律儀所攝色界亦具十皆律儀所攝無色界中成就有十現前唯三於諸趣中

那落迦有後三傍生鬼趣具十皆非律儀非不律儀所攝人趣三洲及欲界天皆具有十或律儀或非律儀非不律儀所攝北拘盧洲唯有後三皆非律儀非不律儀所攝色無色天如前已說

三業十業道為三攝十十攝三耶乃至廣說問何故作此論荅為欲分別契經義故如契經說有三業十業道契經雖作是說而未廣辯廣說如前復有說者欲顯業趣寂甚深寂微細難見難覺故所以者何一切如來所說經中無有甚深如業經者十二轉中無有甚深如業轉者佛十力中無有甚深如業力者於八蘊中無有甚深如業蘊者四不思議中無有甚深如業不思議者由是緣故世尊一時極善安住慇懃作意攝心思惟入閑靜處默然宴坐審諦觀察摩揭陁國諸輔佐臣為在何趣為受何生為往何處由此作意方能了知彼諸臣等在如是趣受如是生往如是處問諸佛法尒纔舉心時於一切法殊勝智

見無障礙轉為何義故極善安住慇懃作意廣說乃至默然而坐或有說者為顯業趣寂甚深故寂微細故寂難見故寂難覺故復有說者為審觀察摩揭陁國諸輔佐臣種種因性種種果性種種相續性種種對治性及命終心續生心等由此觀察如應悉知復次世尊為欲委知彼諸臣等生處差別故極作意復有說者為待當來所化生故有所化生應聞說法作饒益事於此衆中猶未集會復有說者為待展郍栗連婆故彼是先世頻毗婆羅於此衆中猶未集會復有說者欲令阿難生尊重意慇懃恭敬無倒受持思量觀察復有說者為欲除斷諸邪慢人憍傲心故謂有於法少分知已便生憍慢而不修學為除彼意顯佛世尊不由加行於一切法殊勝智見無障㝵轉尚於一切問記事中慇懃觀察況於汝小智而當不學生憍慢耶復有說者欲顯成就正士法故諸有正士法尒皆應善思所思善說所說善作所作復有說者世尊

時入閑靜處默然宴坐尊者阿難請問斯事世尊未荅便入寂定從定起已乃為記別由是因緣故作斯論復有說者由三因緣所以作論一為分別契經義故二為遮止他所說故三為顯了世間現見所行事故為分別契經義者謂契經說業有二種一思業二思所起業彼所說業今欲廣釋是名分別契經義為遮止他所說者如勝論外道說五種業謂取捨屈申行為第五業數論外道說九種業謂取捨屈申舉下開閉行為第九業或有外道說十二處皆是業性彼作是言眼作何業謂見色色作何業謂眼所行廣說乃至意作何業謂能知法法作何業謂意所行欲止如是邪宗所立顯示無倒諸業自性又辟喻者說身語意業皆是一思為遮彼意顯除思體別有身語二業自性又分別說部建立貪欲瞋恚邪見是業自性彼何故作是說依契經故如契經說故思所造身三種業已作已集是惡不善能生衆苦感苦異熟故思所

造語四種業意三種業已作已集是惡不善能生衆苦感苦異熟意三業者謂貪恚邪見由此經故說貪等三是業自性為遮彼意顯貪欲等非業自性故作斯論問若貪欲等非業性者分別說部所引經云何通荅是業資粮故說名業如薄伽梵處處經中說彼資粮名為彼法如前廣說樂資粮等名為樂等此中亦尒於業資粮說名為業尊者法救作如是說此中世尊唯攝其業就所依處顯示業性故作是說謂若依此階梯殊勝思究竟轉則於此處宣說業名如是一切名為遮止他所說故為顯了世間現見所行事者謂諸世間於其業果立業名想如見彩畫錦繡等物說言如是奇巧作業此實非業但是業果是名顯了世間現見所行事故由此三緣故作斯論

三業者謂身業語業意業問此三業云何建立為自性故為所依故為等起故若自性者應唯一業所謂語業語即業故若所依者應一切業皆名

身業以三種業皆依身故若等起者應一切業皆名意業以三皆是意等起故答具由三緣建立三業一自性故建立語業二所依故建立身業三等起故建立意業復有說者由三緣故建立三業一依自處故二依他處故三依相應處故依自處故建立語業依他處故建立身業依相應處故建立意業如是名為三業自性

已說自性所以今當說問何故名業業有何義答由三義故說名為業一作用故二持法式故三分別果故作用故者謂即作用說名為業持法式者謂能任持七衆法式分別果者謂能分別愛非愛果

問若尒者彼俱有相應法亦能分別愛非愛果忩名業耶答此中唯說勝者名業此三種業於諸俱有相應法中最為勝故辟如世間於種種勝處得種種名此亦如是如世間說樂師作樂此中非無樂具樂器及樂人等但於其中樂師最勝故得其名又如書者非無種種紙墨筆等及勤方便

阿毗達磨大毗婆沙論第一百一十三卷　第十九張　退

和合成字然隨最勝人得其名染者鍛者喻亦如是今此亦然雖有種種自性俱有及相應法一切皆能感異熟果然於其中能分別果業為最勝是故偏說復有說者由三義故說名為業一有作用故二有行動故三有造作故有作用者即是語業如是評論我當如是如是所作有行動者即是身業雖實无動如往餘方有造作者即是意業造作前二由此義故說名為業十業道者謂身三業道語四業道意三業道

問十善業道十不善業道豈不合說有二十耶何故此中但說有十答不過十故謂依惡行所依止處發起十種不善業道即依此處由遠離故即能發起十善業道復有說者略說十種廣說二十如略廣如是無差別差別揔別遍不遍无異有異俱時次第應知亦尒復有說者隨利根者故說有十隨鈍根者故說二十如利根鈍根如是因力緣力內力外力內如理作意所任持力外他言音多修習力

阿毗達磨大毗婆沙論第一百十三　二十張　退

略開智力廣辯智力應知亦尒是名十業道自性

已說自性所以今當說問何故名業道業道有何義答思名為業思所遊履究竟而轉名為業道問若思名業思所遊履究竟而轉名業道者餘善不善一切無記無不皆為思所遊履究竟而轉一切皆應說名業道有何殊勝不共因緣唯說此十以為業道答此是世尊有餘之說大師觀彼所化有情心行願樂簡略而說勝尊者曰唯佛世尊究竟了達諸法性相亦知勢用非餘所知若法有業道相者即便立之無者不立尊者妙音亦作是說大師知此十種業道有如是勢用如是強盛如是親近能與業思作所行路令究竟轉除此業道餘一切法無如是事復有說者由二因緣建立業道一世所訶毀二世所稱歎即是十種不善業道及善業道問若世所訶毀名業道者是則惡心出佛身血一切世間皆共訶毀何故不說以為業道答若世所訶毀如來出世及

阿毗達磨大毗婆沙論第一百十三卷

不出世一切時有者立為業道出佛身血有佛世有無佛世無故不立業道於稱歎中遠離出血所有問荅應知亦介復有説者由三因緣建立業道一由依處二由施設三由分別愛非愛果復有説者若由此故令内外物有時衰損有時增盛建立業道當知此中所居為外壽等為内云何由此外物衰損謂斷生命業道增時一切外物皆少光澤不久堅住若不與取業道增時一切外物有災有患多遭霜雹塵穢等障若欲邪行業道增時一切外物多有怨競若虛誑語業道增時一切外物多諸臭穢若離間語業道增時一切外物多不平正丘陵坑坎嶮阻懸隔若麁惡語業道增時一切外物麁弊鄙惡毒刺沙礫設有金銀等寶少而無光不調難用若雜穢語業道增時一切外物時候乖變速疾磨滅多不成實若貪欲業道增時一切外物多分損減微細尠少若瞋恚業道增時一切外物多分枯悴果實苦澁若邪見業道增時一切

阿毗達磨大毗婆沙論第一百一十三卷　第二十三張　退

外物多分零落乏少花果或全无果是名由此令外物減云何復知由此業道故令壽量等内物減耶謂若十不善業道具增長時此贍部洲有四衰損出現於世謂壽量衰損有情衰損資具衰損善品衰損壽量衰損者謂劫初時此贍部洲人壽无量歲至劫末時人壽十歲有情衰損者謂劫初時此贍部洲廣博嚴淨多諸淳善福德有情城邑次比人民充滿至劫末時唯餘万人資具衰損者謂劫初時此贍部洲安隱豊樂種種地味帝竹稻米為上妙食至劫末時人民飢饉唯稊稗等為上妙食善品衰損者謂劫初時此贍部洲十善業道增上圓滿於劫減時十惡業道增上圓滿云何由此令諸外物有時增耶謂若離斷生命業道增時一切外物悉多光澤長時堅住離不與取業道增時一切外物不為災患霜雹等障之所侵損離欲邪行業道增時一切外物無諸怨競離虛誑語業道增時一切外物皆多香潔離離間語業道增時

阿毗達磨大毗婆沙論第一百一十三卷　第二十三張　退

一切外物嚴好易求地平如掌廣博嚴淨離麁惡語業道增時一切外物微妙豊饒無有鹻澁毒刺沙礫金銀等寶調柔光淨多所堪任離雜穢語業道增時一切外物時无乖變堅固成實無貪業道增時外物充足圓滿增盛無瞋業道增時外物光澤果實甘美正見業道增時外物豊饒花果繁實是名由此令外物增云何復知由此業故令壽量等内物增耶謂若十善業道具增長時此贍部洲有四增盛出現於世謂壽量增盛有情增盛資具增盛善品增盛壽量增盛者謂劫末時此贍部洲人壽十歲至劫增時壽八万歲有情增盛者謂劫末時此贍部洲唯餘万人至劫增時廣博嚴淨多諸淳善福德有情城邑次比人民充滿資具增盛者謂劫末時此贍部洲人民飢饉以稊稗等為上妙食至劫增時安隱豊樂種種地味帝竹稻米為上妙食善品增盛者謂劫末時世間十惡業道增盛至劫增時世間十善業道增盛復有説者由

阿毗達磨大毗婆沙論第一百一十三卷　第二十四張　退

三果故立十業道一異熟果二等流果三增上果謂斷生命若習若修若多修習生那落迦傍生鬼趣是異熟果從彼處没来生人中多病短命是等流果彼增上故所感外物皆少光澤不久堅住是增上果諸不與取若習若修若多修習生那落迦傍生鬼趣是異熟果從彼處没来生人中財寶匱乏是等流果彼增上故所感外物有灾有患多遭霜雹塵𡸁等障是增上果諸欲邪行若習若修若多修習生那落迦傍生鬼趣是異熟果從彼處没来生人中妻不貞良是等流果彼增上故所感外物多有怨競是增上果諸虚誑語若習若修若多修習生那落迦傍生鬼趣是異熟果從彼處没来生人中多遭誹謗是等流果彼增上故所感外物多諸臭穢是增上果諸離間語若習若修若多修習生那落迦傍生鬼趣是異熟果從彼處没来生人中親友乖離是等流果彼增上故所感外物多不平正丘陵坑坎嶮阻懸隔是增上果諸麁悪

語若習若修若多修習生那落迦傍生鬼趣是異熟果從彼處没来生人中恒聞種種不如意聲是等流果彼增上故所感外物麁弊鄙悪毒刺沙礫鉾有金等少而無光不調難用是增上果諸雜穢語若習若修若多修習生那落迦傍生鬼趣是異熟果從彼處没来生人中言不威肅是等流果彼增上故所感外物時候乖變速疾磨滅多不成實是增上果諸有貪欲若習若修若多修習生那落迦傍生鬼趣是異熟果從彼處没来生人中貪欲猛利是等流果彼增上故所感外物多分損減微細尠少是增上果諸有瞋恚若習若修若多修習生那落迦傍生鬼趣是異熟果從彼處没来生人中瞋恚猛利是等流果彼增上故所感外物多分枯悴果實苦澁是增上果諸有邪見若習若修若多修習生那落迦傍生鬼趣是異熟果從彼處没来生人中愚癡猛利是等流果彼增上故所感外物多分零落乏少花果或全无果是增上果離

斷生命若習若修若多修習生人天趣是異熟果從彼處没来生此間無病長壽是等流果彼增上故所感外物皆多光澤長時堅住是增上果由此道理其餘白品九善業道與上相違皆應廣說故由三果立十業道

問何故不說思為業道荅思即是業思所行故名為業道當知業道非即是思是故不說如王所行說名王路而王路非王此亦如是思所行故說名業道而業道非思王座等喻亦復如是復有說者若法與思辟如三事和合而生有作用轉立為業道思不與思辟如三事和合而生有作用轉故非業道復有說者若法與思俱時而生有作用轉立為業道思不與思俱時而生有作用轉不立業道復有說者若法與思同在現在與思為路立為業道思不與思同在現在與思為路不立業道問若遣他斷生命乃至作雜穢語彼使或經多日乃作時遣他者思滅巳久云何得名與思同在現在為路令思究竟立業道耶荅

說可得義建立業道謂若餘法可得與思同時為路故立業道非一刹那二思可得現在為路是故不立思為業道問思亦與思同在現在謂他相續思何故不說荅依自相續建立業道不依他立

已說三業十業道自性今當顯示雜无雜相三業十業道為三攝十十攝三耶荅應作四句有業非業道謂業道所不攝身語業及意業全有業道非業謂後三業道有業亦業道謂前七業道有非業非業道謂除前相相謂所名如前廣說謂色蘊中除業取餘色蘊行蘊中除不善貪瞋邪見及無貪無瞋正見并一切思取餘相應不相應行蘊及三蘊全并無為法如是一切作第四句故言謂除前相問十業道中何故前七建立業及業道後三唯業道非業耶荅如施設論說諸斷生命是業是作用與能發起斷生命思為因為道為跡為路廣說乃至諸雜穢語是業是作用與能發起雜穢語思為因為道為跡為路所有

不善貪恚邪見非業非作用唯與即彼俱生品思為因為道為跡為路離斷生命是業是作用與能發起離斷生命思為因為道為跡為路廣說乃至離雜穢語是業是作用與能發起離雜穢語思為因為道為跡為路所有無貪无瞋正見非業非作用唯與即彼俱生品思為因為道為跡為路由此證知彼義應尒

說一切有部發智大毗婆沙論卷第一百十三

甲辰歲高麗國大藏都監奉
勑彫造

阿毗達磨大毗婆沙論卷第一百一十三
校勘記

一　底本，麗藏本。
一　一九頁中四行「正斷」，諸本（不含石，下同）作「所斷」。
一　一九頁中一五行「相繫」，資作「相擊」。
一　一九頁下六行第六字「想」，徑、清作「相」。
一　一九頁下一〇行末字「依」，磧、南作「後」。
一　一九頁下一二行「三種」，徑作「二種」。
一　二〇頁中一六行「種種」，諸本作「種類」。
一　二〇頁中一七行「三不善」，諸本作「由三不善」。
一　二〇頁中二〇行首字「彼」，磧、普、南、徑、清作「欲」。
一　二一頁上八行第一二字「具」，南、徑、清作「其」。

一　二二頁上九行第五字「贈」，資作「不贈」。
一　二二頁上一一行「四大王」，諸本作「四天王」。
一　二三頁上二一行「九善」，諸本作「二善」。
一　二三頁中九行「第二」，資、磧、南作「由第二」。
一　二三頁中一六行「二善」，磧、普、南、徑、清作「三善」。
一　二四頁上八行「委知」，諸本作「悉知」。
一　二四頁上一二行「連婆」，諸本作「蓮婆」。
一　二四頁上一三行「婆羅」，徑、清作「娑羅」。
一　二四頁上一四行第九字「意」，諸本作「意由」。
一　二四頁上二〇行第七字「於」，諸本無。
一　二六頁上八行第六字「爲」，徑作「於」。

一　二八頁上一三行第一三字「業」，諸本作「業色」。

阿毗達磨大毗婆沙論卷第一百一十四　退

五百大阿羅漢等造

三藏法師玄奘奉　詔譯

業蘊第四中惡行納息第一之三

三業謂身語意業四業謂黑黑異熟業白白異熟業黑白黑白異熟業非黑非白無異熟業能盡諸業爲三攝四四攝三耶問何故作此論荅爲欲分別契經義故如契經說三業四業契經雖作是說而未廣辯亦未曾說爲三攝四爲四攝三乃至廣說復有說者前雖分別三業而未分別四業今欲分別故作斯論此中云何黑黑異熟業謂不善業能感惡趣異熟問異熟不應名黑所以者何如品類足說云何黑法謂不善法及有覆无記法云何白法謂善法及无覆無記法諸異熟果无覆無記何故名黑荅此中但應說云何黑業謂不善業能感嶮惡趣不應更說黑異熟言應如是說而不尒者有何意趣謂如是說已成立黑是因非果如說賊兒此所出言罵父非子此中亦尒復有說者此中依止不可意黑故作是說黑有二種一染汙黑二不可意黑此中業由二黑故說名爲黑異熟但由不可意黑故亦名黑問黑業亦感人天中黑熟何故但說感惡趣異熟耶荅亦應說而不說者當知此義有餘復有說者彼不決定謂人天中若處有黑業異熟此處必有白業異熟无處唯有黑業異熟无白業異熟者諸惡趣中若處有白業異熟此處必有黑業異熟有處唯有黑業異熟无白業異熟者由惡趣中有決定黑異熟處是故偏說集異門論復作是說云何黑黑異熟業謂不善業感那落迦趣問諸不善業亦感傍生鬼趣異熟何故唯說感那落迦不說餘耶荅應說而不說者當知此義有餘復有說者彼不決定謂傍生鬼趣亦受不善業異熟亦受善業異熟那落迦趣決定唯受不善業異熟是故偏說復有說者世尊經中以重惡業怖諸有情爲順彼經是故但說感那落迦諸不善業

阿毗達磨大毗婆沙論第一百十四卷　第十三張　退字号

名黑黑異熟業為顯此義應引彼經有二外道一名布剌拏憍雉迦受持牛戒二名頞鞞羅栖你迦受持苟戒此二外道於一時間同集會坐作如是言世間所有難行禁戒我等二人修學已滿誰能如實記別我等所感異熟聞釋迦種生一太子顏貌端正以三十二大丈夫相八十隨好莊嚴其身觀無猒足身真金色常光一尋言音清亮和雅悅意過妙音鳥羯羅頻迦智見無㝵辯才無滯猒捨家法出趣非家勤修苦行復還猒離修處中行證得無上正等菩提具一切智如實證見諸法性相斷一切疑網施一切決定究達一切問論原底我等二人今應往問若得記別我等禁戒所感異熟則當依學豈不快哉於是二人來至佛所種種愛語相慰問已退坐一面時布剌拏先為他問而白佛言此栖你迦受持苟戒修學已滿當何所趣當何所生世尊告曰汝布剌拏止不須問勿因此事汝等皆當不忍不信心懷恥恨如是至三彼猶

阿毗達磨大毗婆沙論第一百十四卷　第十四張　退字号

慇懃請問不止佛以慈愍告言諦聽吾當為汝如實記別受持狗戒若無缺犯當生狗中若有缺犯當墮地獄時布剌拏聞佛語已心懷憂怖悲泣哽咽不能自勝世尊告曰吾先豈不數告汝言止不須問勿因此事汝等皆當不忍不信心懷恥恨今果如是時布剌拏便自抑止而白佛言不以世尊記栖你迦當生狗趣故我悲泣然我長夜受持牛戒修學已滿恐亦當介所以憂怖唯願大慈為我宣說受持牛戒當何所趣當何所生世尊告曰受持牛戒若無缺犯當生牛中若有缺犯當墮地獄如是等事如經廣說問云何受持狗戒牛戒名無缺犯答持狗戒一如狗法名無缺犯若持牛戒一如牛法名無缺犯若不介者名有缺犯是故世尊以重惡業怖諸有情故說能感那落迦趣諸不善業為順彼經故集異門作如是說感那落迦諸不善業名黑黑異熟業復有說者見道所斷諸不善業名黑黑異熟業自種類中無白雜故如是說

阿毗達磨大毗婆沙論第一百十四卷　第十五張　退字号

者一切不善業皆名黑黑異熟業由欲界中不善強盛不為善法之所陵雜以不善法能斷白地善故善業羸劣而為不善之所陵雜以欲界善不能斷不善故

云何白白異熟業謂色界繫善業問無色界繫善業亦感白異熟何故唯說色界繫善業名白白異熟業不說無色界繫善業耶答應說而不說者當知此義有餘復有說者若說色界繫善業名白白異熟業當知已說無色界繫善業亦是彼業同是定地修地法故若說此當知亦說彼復有說者若諸善業能感二種異熟果謂中有生有此善業名白白異熟業無色界業唯感生有不感中有是故不說如中有生有如是起受生受起異熟生異熟起果生果細果麁果應知亦尔復有說者若業能感二種異熟謂色非色此諸善業名白白異熟業無色界業唯感非色不感於色是故不說復有說者若具二業能感異熟謂色非色此中善業名白白異熟業無色界

唯有非色業無有色業是故不說如色非色如是相應不相應有所依無所依有行相無行相有所緣无所緣有作意無作意二種業應知亦尒復有說者若具三業能感異熟謂身語意此淨善業名白白異熟業無色界中唯有意業能感異熟是故不說復有說者若具以五藴能感異熟此淨善業名白白異熟業無色界中唯有四藴能感異熟是故不說復有說者若有具足十善業道能感異熟此淨善業名白白異熟業无色界中唯有三善業道能感異熟是故不說復有說者若此界中有二鮮淨有二明白一因二果此界善業名白白異熟業無色界中有一鮮淨明白謂因是故不說由如是等種種因緣唯色界繫善業名白白異熟業非無色界繫善業云何黑白黑白異熟業謂欲界繫善業能感人天趣異熟業問無有一業亦黑亦白何故名黑白黑白異熟業耶荅為欲顯示一依止中一相續中受二種業所感異熟一黑二白是

故說名黑白黑白熟業問諸惡趣中亦受黑白二業異熟何故唯說能感人天趣異熟業名黑白黑白異熟業不說能感惡趣異熟業耶荅應說而不說者當知此義有餘復有說者若說能感人天善業名黑白黑白異熟業當知已說能感惡趣善業亦是彼業以雜雜相無差別故若說此當知已說彼復有說者彼不决定是故不說謂在欲界人天趣中無有一處而不雜受黑白業異熟者諸惡趣中雖有雜受黑白業異熟處而更有處一向純受黑業異熟謂一分傍生鬼及一切地獄由惡趣中有不决定是故不說復有說者欲界繫修所斷善不善業名黑白黑白異熟業一種類中二業雜故復有說者若善不善業能感欲界人天傍生鬼趣異熟名黑白黑白異熟業於一趣中雜受二業異熟故如是說者欲界一切善業名黑白黑白異熟業以彼善業體雖是白而為不善黑所凌雜以不善能斷自地善故不善不尒

不為自地善所凌雜自地善不能斷自地不善故由此欲界善業名第三業云何非黑非白無異熟業能盡諸業謂能永斷諸業學思問諸无漏業是勝義白何故乃名非黑非白荅集異門論施設論皆說此業不同不善染汙黑及感不可意異熟黑故說非黑又亦不同善有漏白及感可意異熟白故說非白復有說者此依果白故說非白白有二種一因白二果白善有漏業具二白故名白諸無漏業唯有因白而無果白故不名白復有說者依異熟白故名非白白有二種一自體白二異熟白善有漏業具二白故名白無漏業唯有自體白无異熟白故不名白復有說者此無漏業能斷世間所愛異熟非世所愛無有白相故不名白以是義故名非黑白此無漏業非如前三感異熟果是故說名無異熟業此無漏業令前三業畢竟滅盡等盡遍盡永斷永害弃捨變吐離欲寂滅是故說名能盡諸業如是則說十七學思謂見道中四法智

忍相應學思離欲界染八無間道相應學思此十二思能盡黑黑異熟業離欲界染第九無間道相應學思能盡黑黑異熟業及黑白黑白異熟業離初靜慮染第九無間道相應學思乃至離第四靜慮染第九無間道相應學思能盡白白異熟業如是十七無漏思說名能斷諸業學思復有說者一切無間道無漏思皆名能斷諸業學思以一切无間道皆能斷諸業故復有說者一切學思皆名能斷諸業學思以諸學思皆能對治有漏業故如是說者謂初說唯十七無漏思正能對治前三業故問諸無漏慧相應俱有皆能正斷前三種業何故唯說無漏學思名思能發動諸法令斷是故偏說復有說者雖皆能斷此中辦業故唯說思問若尒亦應說隨轉身語業何故唯說思耶答由此學思與無漏慧相應而轉同一所緣同一行相同一所依相助有力能斷諸業非身語業得有是事是故不說

已說三業四業自性今當顯示雜無

雜相三業四業為三攝四四攝三耶答三攝四非四攝三不攝者何謂除能斷諸業學思餘无漏業無色界繫善業一切無記業此中除能斷諸業學思餘無漏業者諸說十七無漏思為第四業者彼說除十七思餘無漏加行無間解脫勝進道相應思及學隨轉業幷一切無學業是名餘無漏業諸說一切無間道相應學思為第四業者彼說除一切無間道餘無漏加行解脫勝進道相應學思及學隨轉業幷一切無學業是名餘無漏業諸說一切學思為第四業者彼說學隨轉業一切無學業是名餘無漏業如是說者謂初說除無色界繫善業者謂無色界繫一切善業除無記業者謂三界繫諸无記業由此道理三業具攝學無學非學非無學業四業唯攝學非學非無學業三業具攝欲界色界無色界繫業四業唯攝欲色界繫業三業具攝善不善無記業四業唯攝善不善業三業具攝見所斷修所斷無斷業四業唯攝三種一分

三業具攝有漏无漏業染汙不染汙業有異熟無異熟業相應不相應業有隨轉无隨轉業表無表業四業唯攝諸二業少分如是等門皆應廣說是故說言三攝四非四攝三不攝者何謂除能斷諸業學思餘無漏業无色界繫善業一切無記業三業謂身語意業復有三業謂順現法受業順次生受業順後次受業問何故作此論答為欲分別契經義故如契經說順現法受等三業而不廣辯廣說如前復有說者前雖分別身等三業而未分別順現法受等三業今欲分別故作斯論

云何順現法受業謂若業此生造作增長則於此生受異熟果是名順現法受業問若業此時造作增長則於此時受異熟果耶答不尒所以者何諸善惡業要待相續或度相續方受異熟謂若此業造作增長或則於此一相續中或則於此一時分中或則於此一衆同分中受異熟果如是名為順現法受業必無有業此刹那造

則此及次剎那熟義由異類故親引發故此中所有世所現見順現法受業者曾聞有採樵者入山遇雪迷失途路時會日暮雪深寒凍將死不久即前入一叢密林中乃見一羆先在林內形色青紺眼如雙炬其人惶恐分當失命此實菩薩現受羆身見其憂恐尋慰喻言汝今勿怖父母於子或有異心吾今於汝終無惡意即前捧取將入窟中溫煖其身令蘇息已取諸根果勸隨所食恐冷不消抱持而卧如是恩養經於六日至第七日天晴路現人有歸心羆既知已復取甘果飽而餞之送至林外慇懃告別人跪謝曰何以報恩羆言我今不須餘報但如比日我護汝身汝於我命亦願如是其人敬諾擔樵下山逢二獵師問言山中見何虫獸樵人答言我亦不見餘獸唯見一羆獵師求請能相示不樵人答曰若能與我三分之二吾當示汝獵師依許相與俱行竟害羆命分肉為三樵人兩手欲取羆肉惡業力故雙臂俱落如珠縷斷

如截藕根獵師荒忙驚問所以樵人恥愧具述委曲是二獵師責樵人曰他既於汝有此大恩汝今何忍行斯惡逆怪哉汝身何不糜爛於是獵師共持其肉施僧伽藍時僧上座得妙願智則時入定觀是何肉則知是與一切眾生作利樂者大菩薩肉尋時出定以此事白眾眾皆驚歎共取香薪焚燒其肉收其餘骨起窣堵波禮拜供養如是惡業要待相續或度相續方受其果

復次昔有販牛人驅牛涉路人多糧盡飢渴熱乏息而議曰此等群牛終非己物宜割取舌以濟飢虛則時以鹽塗諸牛口牛貪鹹味出舌舐之則用利刀一時截取以火暗炙而共食之食已相與臨水澡漱俱嚼楊枝揩齒既了擘以刮舌惡業力故諸人舌根猶如爛果一時俱落如是惡業要待相續或度相續方受其果

復次聞昔有暴惡者令母執器自搆牛乳搆便過量母止之言餘者可留以乳犢子其人既聞忽生瞋忿以手

搠乳散其母面隨著母身乳滴多少惡業力故則令彼人身上還生尒所白癩如是惡業要待相續或度相續方受其果是為略引順現法受三種惡業昔憍薩羅國有王名勝軍生其一女具十八醜貧賤者不與富貴者不求有長者子財位皆失王聞遣使召至告言吾有小女少乏容色卿若不恥厚俸珍財其人許之王聞歡喜多賜財寶田宅僕使恣其所欲降嬪以禮密令歸第其人慚恥出則閉鑰親知莫見有諸密友責言何故不示我妻長者子言何遽之有眾人怪其推延遂共立約却後七日各將室家會其園林歡娛讌賞違者當罰金錢五百至第七日皆如所約唯長者子不將婦來自恃財富任罰多少其婦獨在家中自責自恨我宿何罪受此惡身眾人皆樂唯我獨苦不如早死一心念佛便欲自害佛知時至則於此沒踊出其前女見如來深生悲喜發殷淨心觀佛相好善業力故須臾變身猶如天女倍增踊躍佛為說法

遠塵離垢得預流果世尊既還彼女獨坐端正無比安隱快樂時彼朋類既見其人不將妻室便醉以酒竊其户鑰共往其家遇見其婦端嚴無比如帝釋妃於是衆人深生讚仰因相謂曰比不示人誠由於此則馳園所共謝其夫并慶讚之其人慙赧謂相譏弄及還見之深生疑怪問言聖女為是幻術為鬼魅耶我婦安在其妻具以上事荅之於是其夫得未曾有歸依三寶如是善業要待相續或度相續方受其果

昔健馱羅國迦膩色迦王有一黄門恒監内事蹔出城外見有群牛數盈五百来入城内問駈牛者此是何牛荅言此牛將去其種於是黄門則自思忖我宿惡業受不男身今應以財救此牛難遂償其價悉令得脱善業力故令此黄門則復男身深生慶悦尋還城内佇立宮門附使啓王請入奉覲王令喚入恠問所由於是黄門具奉上事王聞驚喜厚賜珍財轉授高官令知外事如是善業要待相續或度相續方受其果

昔怛叉尸羅國有一女人至月光王捨千頭處礼無憂王所起靈廟見有猶糞在佛座前尋作是思此處清淨如何猶糞穢汙其中以手捧除香泥塗飾善業力故令此女人遍體生香如栴檀樹口中常出青蓮華香如是善業要待相續或度相續方受其果

是為略引順現法受三種善業

云何順次生受業謂若業此生造作增長於第二生受異熟果是名順次生受業

云何順後次受業謂若業此生造作增長隨第三生或隨第四或復過此受異熟果是名順後次受業

問諸順現法受業定於現法受耶順生順後為問亦尒辟喻者説此不决定以一切業皆可轉故乃至無間業亦可令轉問若尒云何説名順現法受業等耶彼作是説諸順現法受業不定於現法中受異熟果若受者定於現法非餘故名順現法受業順生順後所説亦尒彼説一切業皆可轉乃至無間業亦可轉若無間業不可轉者應无有能越第一有然有能越第一有者是故無間業亦應可轉阿毗達磨諸論師言諸順現法受業决定於現法中受異熟果故名順現法受業順生順後所説亦尒是故若問何故名順現法受業乃至順後次受業應以此荅

復有餘師説四種業謂順現法受業順次生受業順後次受業順不定業諸順現法受業乃至順後次受業此業不可轉諸順不定受業此業可轉唯為轉此第四業故受持禁戒勤修梵行彼作是思願我由是當轉此業

復有餘師説五種業謂順現法受業順次生受業順後次受業各唯一種順不定受業中復有二種一異熟决定二異熟不决定諸順現法受業順現法受業順次生受業順後次受業順不定受業中異熟决定業皆不可轉順不定受業中異熟不决定業此業可轉唯為轉此第五業故受持禁戒勤修梵行彼作是思願我由是當

轉此業復有餘師說八種業謂順現法受業有二種一異熟決定二異熟不決定順次生受業順後次業順不定受業亦各有二一異熟決定二異熟不決定是謂八業於中諸異熟定業皆不可轉諸異熟不定業皆可轉為轉此故受持禁戒勤修梵行是故此中應作四句謂或有業異熟決定異熟不定或有業異熟決定時分不定或有業時分決定異熟亦定或有業時分不定異熟不定云何業時分決定異熟不定謂順現法受業順次生受業順後次受業中異熟不定業云何業異熟決定時分不定謂順不定受業中異熟定業云何業時分決定異熟亦定謂順現法受業順次生受業順後次受業中異熟定業云何業時分不定異熟亦不定謂順不定受業中異熟不定業如是名為八業四句

問頗有一時一剎那頃能起三種業耶謂順現法受業順次生受業順後次受業荅有謂先遣一使斷生命不

與取後自行欲邪行以此自所究竟非由他故若有如是種類法生三業同時皆得究竟於中初業於現法中受異熟果第二業於無間生受異熟果第三業於隨第三生以後諸生受異熟果其餘業道自作教他差別亦尒

問此順現法受業等幾能引衆同分果幾能滿衆同分果或有說者三能引衆同分果亦能滿衆同分果謂順次生受業順後次受業二能滿衆同分果不能引衆同分果謂順現法受業順不定業復有說者三能引衆同分果亦能滿衆同分果謂除順現法受一能滿衆同分果不能引衆同分果謂順現法受復有欲令順現法受業亦能引衆同分果若作是說此四種業一切皆能引衆同分果及滿衆同分果問如是諸業何者㝡勝或有說者順現法受業㝡勝所以者何近得果故復有說者順後次受業㝡勝所以者何一切菩薩業㝡為勝而皆是順後次受故問順現法受業能近

得果於諸業中可說為勝順後次受業去果懸遠云何㝡勝耶荅順現法受業雖近得果而果下劣不名㝡勝順後次受業雖去果遠而果殊勝難盡故名㝡勝如外種子有近得果而果下劣有去果遠而果㝡勝如有秋苗經三半月則便結果㝡近而㝡下劣如稻麥等經於六月其果乃熟去果次遠而次為勝如佉梨樹經五六年或十二年方結其果此果次勝如多羅樹經於百年方結其果此果㝡勝如外種子去果㝡近其果㝡劣去果次遠其果次勝去果㝡遠其果㝡勝種隨其果勝劣差別內業亦尒順現法受業去果㝡近而果㝡劣順次生受業去果次遠而果次勝順後次受業去果㝡遠而果㝡勝業隨其果勝劣差別故順後次受業㝡勝非餘

問於何界中能造幾業有說欲界能造四種善不善業色無色界能造三種善業除順現法受所以者何於欲界中依佛菩薩聲聞獨覺父母師長諸有德邊發起增上善惡業故此業

速疾受異熟果色無色界無此勝緣是故於彼不能起此順現法受業問若尒品類足說當云何通如彼說言順現法受業順次生受業順後次受業一切隨眠之所隨增荅於彼論中應作是說順現法受業欲界一切隨眠之所隨增順次生受業順後次受業欲界一切隨眠色無色界遍行隨眠及修所斷隨眠之所隨增應作是說而不說者有何意趣當知彼文是摠略而說問若尒集異門說復云何通如彼說言順現法受業順次生受業順後次受業欲界一切隨眠色無色界遍行隨眠及修所斷隨眠之所隨增荅彼文應作是說順現法受業欲界一切隨眠之所隨增順次生受業順後次受業欲界一切隨眠色無色界遍行隨眠及修所斷隨眠之所隨增應作是說而不說者有何意趣當知彼中言勢所引故作是說如是說者色無色界亦能引起順現法受業問前說欲界依佛菩薩等勝緣能起順現法受業上二界無此勝緣云何能起荅彼處但以因力任持亦能引起順現法受業欲界亦有但由因力起此業者謂或有人開門大施供養賢聖而不能引順現法受業或復有人以一摶食施一傍生而能引起順現法受業如是等故知不必皆依勝緣而起此業然其要由因力任持方能引起是故往昔阿毗達磨迦濕弥羅諸大論師咸作是說若愁淨心持一把草施他牛食當知能引順現法受業

問於何趣中能造幾業荅那落迦中能造四種不善業三種善業除順現法受傍生餓鬼及三洲人欲界天中能造四種善不善業北拘盧洲能造四種善業三種不善業除順次生受色無色界天中能造多少如前已說

問於何生中能造幾業荅四生中皆能造四種善不善業

問誰於何地能造幾業荅若諸異生生在欲界未離欲界染能造欲界四種善不善業若已離欲界染未離初靜慮染若退法者彼能造欲界四種業能造初靜慮三種業除順現法受有能造初靜慮二種業謂順後次受及不定受若不退法者彼能造欲界三種善業除順次生受能造初靜慮三種業除順現法受若已離初靜慮染未離第二靜慮染若退法者彼能造欲界四種業能造初二靜慮三種業除順現法受有說彼能造第二靜慮二種業謂順後次受及不定受若不退法者彼能造欲界三種善業除順次生受能造初靜慮二種業謂順後次受及不定受能造第二靜慮三種業除順現法受廣說乃至若已離無所有處染若退法者彼能造欲界四種業能造四靜慮四無色三種業除順現法受有說彼能造非想非非想處二種業謂順後次受及不定受若不退法者彼能造欲界三種善業除次生受能造四靜慮三無色二種業謂順後次受及不定受能造非想非非想處三種業除順現法受如是已說異生生在欲界若諸異生生初靜慮未離初靜慮染彼能造初靜慮四種業

若已離初靜慮染未離第二靜慮染彼能造初靜慮三種業除順次生受能造第二靜慮三種業除順現法受廣說乃至若已離無所有處染彼能造初靜慮三種業除順次生受能造三靜慮三無色二種業謂順後次受及不定受能造非想非非想處三種業除順現法受如說生初靜慮如是乃至生非想非非想處亦應廣說如是已說諸地異生若諸聖者在欲界未離欲界染彼能造欲界四種善不善業已離欲界染未離初靜慮染彼能造欲界二種業謂順現法受及不定受能造初靜慮三種業除順現法受已離初靜慮染未離第二靜慮染若退法者彼能造欲界二種業謂順現法受及不定受能造初二靜慮三種業除順現法受有說彼能造第二靜慮二種業謂順後次受及不定受若不退法者彼能造欲界二種善業謂順現法受及不定受能造初靜慮一種業謂不定受能造第二靜慮三種業除順現法受乃至若已離無所有處染未離非想非非想處染若退法者彼能造欲界二種業謂順現法受及不定受能造四靜慮三種業除現法受能造四無色三種業除順現法受此則惣說若別說者四無色中若造順次生受業則不造順後次受業若造順後次受業則不造順次生受業有說彼能造非想非非想處二種業謂順後次受及不定受若不退法者彼能造欲界二種善業謂順現法受及不定受能造四靜慮三無色一種業謂不定受能造非想非非想處二種業謂順次生受及不定受若已離非想非非想處染彼能造欲界二種業謂順現法受及不定受能造四靜慮四無色一種業謂不定受如是已說聖者生在欲界若諸聖者生初靜慮未離初靜慮染彼能造初靜慮三種業除順後次受若已離初靜慮染未離第二靜慮染彼能造初靜慮二種業謂順現法受及不定受能造第二靜慮三種業除順現法受若已離第二靜慮染未離第三靜慮染彼能造初靜慮二種業謂順現法受及不定受能造第二靜慮一種業謂不定受能造第三靜慮三種業除順現法受廣說乃至若已離無所有處染未離非想非非想處染彼能造初靜慮二種業謂順現法受及不定受能造三靜慮三無色一種業謂不定受能造非想非非想處二種業謂順次生受及不定受若已離非想非非想處染彼能造初靜慮二種業謂順現法受及不定受能造三靜慮四無色一種業謂不定受如說聖者生初靜慮如是生第二第三第四靜慮廣說亦尒除未離自地染彼能造自地四種業與前差別若諸聖者生空无邊處未離空無邊處染彼能造空无邊處二種業謂順現法受及不定受若已離空无邊處染未離識无邊處染彼能造空無邊處二種業謂順現法受及不定受能造識无邊處二種業謂順次生受及不定受若已離識无邊處染未離無所有處染彼能造空無邊處二種業謂順現法受及不定受

能造識无邊處一種業謂不定受能造無所有處二種業謂順次生受及不定受若已離无所有處染未離非想非非想處染彼能造空無邊處二種業謂順現法受及不定受能造識无邊處無所有處一種業謂不定受能造非想非非想處二種業謂順次生受及不定受若已離非想非非想處染彼能造空無邊處二種業謂順現法受及不定受能造三無色一種業謂不定受如說聖者生空无邊處如是乃至生非想非非想處廣說亦尒住欲界中有位能造二十二種業謂中有位異熟定業及不定業如是羯剌藍遏部曇閉尸鍵南鉢羅奢佉初生嬰孩童子少壯衰老位各有異熟定及不定業是名二十二業住羯羅藍位能造二十種業謂除中有業二如是乃至住衰老位能造二業謂則老位定及不定業問若中有位所造諸業至本有位受異熟者此業當言是順現法受順次生受耶荅此是順現法受業非順次生受所以者何中有本有揔衆同分無差别故已說前後三業自性今當顯示雜无雜相為前攝後後攝前耶荅前攝後非後攝前不攝者何謂不定業無記業无漏業此中前三通攝定不定業後三唯攝定業前三通攝善不善無記業後三唯攝善不善業前三通攝有漏無漏業後三唯攝有漏業如是廣說有無量門前後差别今爾略說故言前攝後非後攝前不攝者何謂不定業无記業無漏業

說一切有部發智大毗婆沙論卷第一百一十四

阿毗達磨大毗婆沙論卷第一百一十四

校勘記

一　底本，金藏廣勝寺本。

一　三〇頁中一八行第二字「諸」，資、磧、普、南、徑、清作「謂」。

一　三〇頁下六行首字「黑」，諸本（不含石，下同）作「異」。

一　三〇頁下一三行第一〇字「黑」，資、磧、普、南、徑、清作「黑黑」。

一　三一頁上三行「苟戒」，諸本作「狗戒」。二〇行同。

一　三一頁中一六行第三字「持」，諸本作「若持」。

一　三一頁下三行「能斷」，諸本作「能伏能斷」。

一　三二頁中一行「黑熟業」，諸本作「異熟業」。

一　三二頁下一一行末字「唯」，資、磧、普、南、徑、清作「雖」。

一　三三頁中一六行第四字「色」，資、磧、普、南、徑、清作「彼」。

一　三四頁上一三行「天晴」，徑、清作「天清」。

一　三四頁上一六行「比日」，麗作「此日」。

一　三四頁中二行「委曲」，麗作「委由」。

一　三四頁中八行第九字「皆」，資、磧、普、南、徑、清作「聞」。

一　三四頁下一五行第二字「其」，諸本作「某」。

一　三五頁上二〇行「附使」，清作「即使」。

一　三五頁上二一行「奉覲」，資、磧、普、南、徑、清作「奉現」。

一　三五頁上二二行「具奉」，諸本作「具奏」。

一　三五頁中一九行「云何」，資、磧、普、南、徑、清作「何故」。

一　三五頁下一〇行末字「業」，諸本作「受業」。次頁中一三行第五字同。

一　三五頁下一八行末字至次行第四字「順現法受業」，諸本無。

一　三六頁上一一行第八、九字「不定」，諸本作「亦不定」。

一　三六頁上一七行第一一字「定」，麗作「之」。

一　三六頁上末行「一使」，諸本作「二使」。

一　三六頁中九行「三能」，資、磧、普、南、徑、清作「二業能」；麗作「二能」。

一　三六頁下七行「最近」，諸本作「此果最近」。

一　三七頁中一八行「四生中」，諸本作「於四生中」。

一　三七頁下二行首字「有」，諸本作「有説彼」。

一　三七頁下一八行末字「次」，諸本作「順次」。

一　三八頁上一〇行「在欲界」，諸本作「生在欲界」。

一　三八頁上二二行第六字「受」，資、磧、普、南、徑、清無。

一　三八頁中三行末字「現」，資、磧、普、南、徑、清作「順現」。

一　三九頁上一九行「二業」，南、徑、清作「三業」。

一　三九頁中末行經名，資作「阿毗達磨大毗婆沙論百十四」。

阿毗達磨大毗婆沙論卷第一百一十五　退

五百大阿羅漢等造

三藏法師玄奘奉　詔譯

業蘊第四中悪行納息第一之四

三業謂身語意業復有三業謂順樂受業順苦受業順不苦不樂受業問何故作此論荅為欲分別契經義故如契經說順樂受等業契經雖作是說而不廣辯廣說如前復有說者前雖分別身等三業而未分別順樂受等三業今欲分別故作斯論所說受名捴有五種一自性受二現前受三所緣受四相應受五異熟受自性受者如說三受謂樂受苦受不苦不樂受現前受者如大因緣法門經說阿難當知受樂受時餘二受便滅應知如是所受樂受是無常苦滅壞之法離我我所如是苦受不苦不樂受應知亦尒所緣受者如識身論說眼色為緣生於眼識三和合故觸觸為緣故受當知此受能領受色非數取趣色是眼觸所生受緣非數取趣如是乃至意法廣說亦尒相應受者如說有樂受法有苦受法有不苦不樂受法云何樂受法謂樂受相應法云何苦受法謂苦受相應法云何不苦不樂受法謂不苦不樂受相應法異熟受者如此中說順樂受業順苦受業順不苦不樂受業於此五受中依異熟受而作此論云何順樂受業謂欲界繫善業乃至第三靜慮地善業云何順苦受業謂不善業云何順不苦不樂受業謂廣果繫善業及無色界繫善業問順樂受業決定能感樂受異熟果耶餘二受業為問亦尒若決定者此後所說當云何通如後論言頗有業不感身心受異熟而感異熟耶荅有謂諸業感色心不相應行異熟若不定者何故說名順樂受業順苦受業順不苦不樂受業有說定感謂順樂受業決定能感樂受異熟由此故名順樂受業乃至順不苦不樂受業決定能感不苦不樂受異熟由此故名順不苦不樂受業問若尒後所說云何通如說頗有業不感身心

受異熟而感異熟耶乃至廣說荅彼業定感彼受異熟及感色心不相應行然所感受不常現前所感色等則恒相續於所感受不現前時說彼受業唯感色心不相應行是故無過如此則二文善通復有說者順樂受業不定能感順樂受異熟乃至順不苦不樂受業不定能感不苦不樂受異熟問若尒何故此業名順樂受等耶荅順樂受業雖不定感樂受異熟然感樂受異熟者唯此業非餘故說此為順樂受業餘二受業所說亦尒復有說者順樂受業雖不定感樂受異熟然如樂受能與喜樂作所依止令喜樂生相續而轉作安足處餘異熟果亦能如是故名順樂受業順苦受業雖不定感苦受異熟然如苦受能與憂苦作所依止令憂苦生相續而轉作安足處餘異熟果亦能如是故名順苦受業順不苦不樂受業雖不定感不苦不樂受異熟然如不苦不樂受不能與喜樂憂苦作所依止不能令喜樂憂苦生相續而轉作安足

處餘異熟果亦復如是故名順不苦不樂受業復有說者如樂受能長養所依餘異熟亦尒故名順樂受業如苦受能損害所依餘異熟亦尒故名順苦受業如不苦不樂受非能長養亦非損害所依餘異熟亦尒故名順不苦不樂受業問欲界乃至第三靜慮有不苦不樂受異熟不若有者此中所說云何通如說云何順不苦不樂受業謂廣果繫善業及無色界繫善業若無者靜慮中間所有善業當言能感何受異熟或有說者下地無有不苦不樂受異熟所以者何下地法麁此受微細下地不寂靜此受寂靜復有說者下地有情所起善業皆為求樂受故起無有希求不苦不樂受者是故下地所有善業不感此受異熟問彼亦無有求苦受者何故下地感此異熟答欲界有情為求樂故多造苦因故雖不求而感彼異熟捨受寂靜無有求樂受而造捨受業者是故無彼異熟問靜慮中間所有善業當言能感何受異熟答感初靜慮喜

根異熟復有說者感初靜慮樂受異熟問若尒後文云何通如說頗有業感心受異熟非身耶答有謂善无尋業答彼文應作是說謂善無尋無伺業而不作是說者有何意耶應知此中言勢減少或有說者靜慮中間所有善業雖不感受異熟果而能感色心不相應行問若尒何故此後論言善无尋業感心受耶答但言能感心受非身不言唯感心受異熟非感色心不相應行復有說者下地亦有不苦不樂受異熟問此中所說當云何通如說云何順不苦不樂受業謂廣果繫善業及無色界繫善業答此中但顯順不苦不樂受業異熟最後邊際謂第四靜慮是有色地邊無色界是三界邊復有說者此中但顯此受異熟不共田器誰是此受異熟不共田器謂第四靜慮及無色界復有說者下地雖有此受異熟然為餘受所覆相不明了不久相續從廣果上更無餘受唯有此受明了相續是故偏說諸說下地無不苦不樂受異熟者彼說欲

界下三靜慮阿羅漢等住威儀心入涅槃廣果阿羅漢住威儀心異熟心入涅槃無色界阿羅漢住異熟心入涅槃諸說下地亦有不苦不樂受異熟者彼說欲界四靜慮阿羅漢等住威儀心異熟心入涅槃無色界阿羅漢住異熟心入涅槃

已說前後三業自性今當顯示雜無雜相為前攝後後攝前耶答前攝後非後攝前不攝者何謂無記業無漏業此中前三業通有記無記後三業唯有記前三業通有漏无漏業後三業唯有漏是故言前攝後非後攝前不攝者何謂無記業及無漏業三業謂身語意業復有三業謂過去未來現在業復有三業謂善不善无記業復有三業謂學无學非學非無學業復有三業謂見所斷修所斷无斷業為前攝後後攝前耶答隨其事展轉相攝所以者何以身語意業自性或過去或未來或現在或善或不善或無記或學或無學或非學非無學或見所斷或修所斷或无斷故言隨其

事展轉相攝

三業謂身語意業復有三業謂欲色無色界繫業為前攝後後攝前耶答前攝後非後攝前不攝者何謂无漏業此中前三業通有漏無漏後三業唯有漏是故言前攝後非後攝前不攝者何謂无漏業

四業如前說三業謂順現法受等業為四攝三三攝四耶答應作四句有四非三謂能斷諸業學思欲界繫善不善不定業色界繫善不定業有三非四謂無色界繫善决定業有四亦三謂欲界繫善不善决定業及色界繫善决定業有非四非三謂除能斷諸業學思餘無漏業無色界繫善不定業及無記業四業如前說三業謂順樂受等業為四攝三三攝四耶答應作四句有四非三謂能斷諸業學思有三非四謂無色界繫善業有四亦三謂欲界繫善不善業色界繫善業有非四非三謂除能斷諸業學思餘無漏業及無記業

四業如前說三業謂過去等業復有

三業謂善等業復有三業謂學等業復有三業謂見所斷等業為四攝三三攝四耶答三攝四非四攝三不攝者何謂除能斷諸業學思餘無漏業無色界繫善業及无記業

四業如前說三業謂欲界繫等業為四攝三三攝四耶答應作四句有四非三謂能斷諸業學思有三非四謂無色界繫善業一切無記業有四亦三謂欲界繫善不善業色界繫善業有非四非三謂除能斷諸業學思餘无漏業三業謂順現法受等業復有三業謂順樂受等業為前攝後後攝前耶答後攝前非前攝後不攝者何謂不定業此中前三唯攝定業後三通攝定不定業是故言後攝前非前攝後不攝者何謂不定業

三業謂順現法受等業復有三業謂過去等業復有三業謂善等業復有三業謂學等業復有三業謂見所斷等業為前攝後後攝前耶答後攝前非前攝後不攝者何謂不定業無記業无漏業此中前三業唯攝定唯有

記唯有漏業後諸三業通攝定不定有記無記有漏無漏業是故言後攝前非前攝後不攝者何謂不定業无記業無漏業

三業謂順現法受等業復有三業謂欲界繫等業為前攝後後攝前耶答後攝前非前攝後不攝者何謂不定業無記業此中前三業唯攝定唯有記業後三通攝定不定有記無記業是故言後攝前非前攝後不攝者何謂不定業無記業

三業謂順樂受等業復有三業謂過去等業復有三業謂善等業復有三業謂學等業復有三業謂見所斷等業為前攝後後攝前耶答後攝前非前攝後不攝者何謂無記業無漏業此中前三業唯有記唯有漏後諸三業通有記無記有漏無漏是故言後攝前非前攝後不攝者何謂無記業无漏業問何故無記及无漏業不感樂受等異熟耶答諸无記業自性羸劣勢不堅住故無異熟諸无漏業離諸煩惱非三界繫故無異熟所以者何若

所起業自性堅強煩惱所繫者能感異熟辟如外種若體堅實有水所潤糞土所覆乃能生芽若不堅實雖有水潤糞土所覆不能生芽若雖堅實无水所潤糞土所覆亦不生芽內業亦尒若體堅強愛水所潤餘煩惱覆能感異熟諸無記業雖愛水潤餘煩惱覆而性劣不堅不感異熟諸無漏業雖體堅強无愛水潤餘煩惱覆不感異熟諸不善業有漏善業具足二義能感異熟是故無記及无漏業非前所攝

三業謂順樂受等業復有三業謂欲界繫等業為前攝後後攝前耶荅後攝前非前攝後不攝者何謂無記業此中前三業唯有記後三通有記無記是故言後攝前非前攝後不攝者何謂無記業

三業謂諸過去等業復有三業謂善等業復有三業謂學等業復有三業謂見所斷等業為前攝後後攝前耶荅隨其事展轉相攝義異體不異故

三業謂過去等業復有三業謂欲界

阿毗達磨大毗婆沙論第一百一十五卷　第十張　退

繫等業為前攝後後攝前耶荅前攝後非後攝前不攝者何謂无漏業此中前三業通有漏无漏後三唯有漏是故言前攝後非後攝前不攝者何謂无漏業

三業謂善等業復有三業謂欲界繫等業為前攝後後攝前耶荅前攝後非後攝前不攝者何謂无漏業此中前三業通有漏无漏後三業唯有漏是故言前攝後非後攝前不攝者何謂无漏業三業謂善等業復有三業謂學等業復有三業謂見所斷等業為前攝後後攝前耶荅隨其事展轉相攝義異體不異故三業謂欲界繫等業復有三業謂學等業復有三業謂見所斷等業為前攝後後攝前耶荅後攝前非前攝後不攝者何謂无漏業此中前三業唯有漏後三業通有漏無漏是故言後攝前非前攝後不攝者何謂无漏業三業謂學等業復有三業謂見所斷等業為前攝後後攝前耶荅隨其事展轉相攝如前

頗有業感身受非心耶荅有謂不

阿毗達磨大毗婆沙論第一百一十五卷　第十一張　退

善業謂以不善業唯感苦根異熟故問何故不善業不感心受耶荅彼類心受所謂憂根而憂根非異熟故不感心受問何故憂根非異熟耶荅憂根作意生故分別強故離欲捨故異熟不尒

頗有業感心受非身耶荅有謂善無尋業此中諸有欲令下地無不苦不樂受異熟果者此善無尋業所感心受異熟謂第二靜慮喜根第三靜慮樂根第四靜慮及無色界捨根有說亦感初靜慮喜根同一地故而不感三識相應樂根以此業微細故諸有欲令下地亦有不苦不樂受異熟果者此善无尋業所感心受異熟謂第二靜慮喜根捨根第三靜慮樂根捨根第四靜慮及無色界捨根有說亦感靜慮中間捨根有說亦感初靜慮喜根樂根麁故非此業感

頗有業感身心受耶荅有謂善有尋業諸有欲令下地無不苦不樂受異熟果者此善有尋業若在欲界感五識身相應樂根身受異熟及感意識

阿毗達磨大毗婆沙論第一百一十五卷　第十二張　退

相應喜根心受異熟若在初靜慮感三識身相應樂根身受異熟及感意識相應喜根心受異熟諸有欲令下地亦有不苦不樂受異熟果者此善有尋業若在欲界感五識身相應樂根捨根身受異熟及感意識相應喜根捨根心受異熟若在初靜慮感三識身相應樂根捨根身受異熟及感意識相應喜根捨根心受異熟問何故喜根是異熟果非憂根耶答喜受行相有麁有細不必恒時作意而起不必恒時是強分別微細定中亦得有故又此喜根非離欲捨與異熟法不相違故有是異熟憂根不尒故非異熟問何故捨根唯善業感非不善耶答捨根行相微細寂靜智者所樂故善業感諸不善業性是麁動故不能感捨受異熟頗有業不感身心受而感異熟耶答有謂諸業感色心不相應行異熟色異熟者謂九處除聲處心不相應行異熟者謂命根衆同分得生住老無常有說及無想事

問此中何者名身受何者名心受答

若受在五識身名身受在意地名心受復有說者諸受中無分別者名身受有分別者名心受復有說者若受緣自相境名身受緣自相共相境名心受復有說者若受緣現在境名身受緣三世及無為境名心受復有說者若受緣實有境名身受緣實有假有境名心受復有說者若受於境一性取者名身受數數取者名心受復有說者若受於境暫緣即了者名身受推尋乃了者名心受復有說者諸受中若依色緣色名身受若依非色緣色非色名心受如色非色如是有對無對積聚非積聚和合非和合說亦尒尊者世友說曰佛說二受謂身受心受何者名身受何者名心受此中無有身受諸所有受皆是心受何以故心相應故然所有受若依五根轉名身受恒以身為增上緣故若依意根轉名心受恒以心為增上緣故有作是說無有身受諸所有受皆是心受何以故心相應故然所有受若依三根轉取和合境名身受恒作想故

若依三根轉取不和合境名心受非恒作想故大德說曰受有二種一者身受二者心受若是身受亦是心受有是心受而非身受謂所有受不取外事而起分別但依內事執取其相而起分別謂緣一切補特伽羅及緣法處所攝色心不相應行無為法等名心受大德欲令如是心受無實境界唯分別轉

如說三障謂煩惱障業障異熟障問何故作此論答為欲分別契經義故如契經說若諸有情成就六法雖聞如來所證所說法毗柰耶而不堪任遠塵離垢於諸法中生淨法眼何等為六一煩惱障二業障三異熟障四不信五不樂六惡慧雖說成就如是六法而未廣辯亦未曾說云何名煩惱障云何業障云何異熟障彼契經是此論緣起根本彼所未說者今應說之故作斯論復有說者前雖分別諸業而未分別彼業等障今欲分別故作斯論

如是三障揔以熾然猛利煩惱五無

閒業鄔落迦等種種異熟為其自性已說自性所以今當說問何故名障答如是三種能礙聖道及聖道加行善根是故名障云何煩惱障謂如有一本性具足熾然貪瞋癡煩惱由如此故難生猒離難可教誨難可開悟難得免離難得解脫此中本性具足熾然猛利貪煩惱者如難陁等具足熾然猛利瞋煩惱者如指鬘等具足熾然猛利癡煩惱者如迦葉波等問若介者如說難生猒離難可教誨難可開悟難得免離難得解脫此言善通由彼精勤方便教化皆見諦故如說能礙聖道及聖道加行善根此云何通答彼雖能尋聖道及聖道加行善根然由佛力巧化方便彼得見諦於舍利子等諸大聲聞非所化境復有說者具足熾然猛利貪煩惱者如黄門等具足熾然猛利瞋煩惱者如氣噓等具足熾然猛利癡煩惱者如六師等問若介如說能尋聖道及聖道加行善根此言善通由彼畢竟不見諦故如說難生猒離難教誨等此

阿毗達磨大毗婆沙論第一百十五卷　第十六張　退

云何通由彼畢竟不得見諦不名難故答應作是說不生猒離不可教誨等而不作是說者有何意趣謂即不生猒離名難生猒離乃至即不得解脫名難得解脫

問云何建立此煩惱障為依成就為依現行答此依現行不依成就若依成就者則一切有情無有差別等具成就諸煩惱故由依現行而建立故煩惱差別則成四句或有煩惱熾然非猛利或有煩惱猛利非熾然或有煩惱亦熾然亦猛利或有煩惱非熾然亦非猛利煩惱熾然非猛利者謂下品煩惱數行者是猛利非熾然者謂上品煩惱不數行者是熾然亦猛利者謂上品煩惱數行者是非熾然非猛利者謂下品煩惱不數行者是此中熾然非猛利煩惱亦是煩惱障由此煩惱雖是下品以數行故依下生中依中生上漸次乃至能斷善根彼猛利非熾然煩惱亦非煩惱障由此煩惱雖是上品不數行故漸可損減乃至能入正性離生究竟斷滅彼

阿毗達磨大毗婆沙論第一百十五卷　第十七張　退

熾然亦猛利煩惱是煩惱障一切為重彼非熾然非猛利煩惱非煩惱障一切為輕如是善根亦有四句或有善根熾然非猛利或有善根猛利非熾然或有善根熾然亦猛利或有善根非熾然非猛利熾然非猛利者謂下品善根數行者是猛利非熾然者謂上品善根不數行者是熾然亦猛利者謂上品善根數行者是非熾然非猛利者謂下品善根不數行者是此中熾然非猛利善根不為煩惱障所障由此雖是下品善根以數行故依下生中依中生上漸次增長能速趣證一切結斷彼猛利非熾然善根則為煩惱障所障由此雖是上品善根不數行故或容煩惱數數現行漸次增長能斷善根彼熾然亦猛利善根一切為勝彼不熾然不猛利善根一切為劣

云何業障謂五無間業何等為五一害母二害父三害阿羅漢四破僧五惡心出佛身血問如前所說能尋聖道及聖道加行善根故名為障除五

阿毗達磨大毗婆沙論第一百十五卷　第十八張　退

无間業復有其餘妙行惡行所謂决定第八有業及上瞋恚纒害捃多蟻等由此為障不能於現法中趣入聖道何故不説為業障耶荅亦應説此以為業障而不説者當知此義有餘此中三障皆有餘説復有説者五無間業定能為障是故偏説餘妙行惡行或能為障或不為障是故不説復有説者五無間業具五因緣易見易知是故偏説何等為五一自性故二趣故三生故四果故五補特伽羅故自性故者謂此五種性是决定極重悪業趣故者此五决定於地獄受不於餘趣生故者此五决定順次生受非順現法受非順後次受非順不定受果故者謂此五種定感世間極不愛果補特伽羅故者謂能造此五補特伽羅易見易知謂此能害母此能害父乃至此能出佛身血除此五種所餘一切妙行惡行皆無如是五種因緣易見易知是故不説

問諸無間加行能滿彼果業此於彼果為定不定若言定者此中何故不

説又尊者指鬘室利趣多云何能轉若不定者害生命納息所説云何通如説頗有未害生煞生未滅此業異熟定生地獄耶荅有如作無間業加行時命終或有説者此業於彼果定問害生命納息則為善通而此中何故不説荅此中應説五無間業及彼加行而不説者有何意耶荅此已説在五無間中五無間業用此為加行故若説果當知已説加行問尊者指鬘云何能轉荅彼猶未作无間加行是故彼説我今且未煞母且當飯食問豈非欲害一切智耶荅尒時彼於非一切智起害加行非於一切智由是因緣世尊化作凡流苾芻入踏婆林勿彼尊者於一切智起煞加行不可救療若諸有情於一切智起煞加行如殑伽沙數如來應正等覺亦不能救令脱地獄故知彼於非一切智起煞加行非於一切智問室利趣多云何能轉荅彼亦不作無間加行是故彼雖窑設火穽及雜毒食而心念言如来若是一切智者自當避之若

非一切智者便當殄滅勿令幻惑食噉世間故彼非於一切智所起煞加行是以可轉復有説者此業於彼果不定問此中不説則為善通尊者指鬘室利趣多業亦可轉害生命納息當云何通荅諸無間加行能滿彼果業此於彼果有定有不定害生命納息説彼定者尊者指鬘室利趣多所可轉易是不定者如是二説俱為善通云何異熟障謂諸有情處那落迦傍生鬼界北拘盧洲无想天處問餘洲亦有異熟為障如扇搋迦半擇迦無形二形等此中何故不説荅此中應説而不説者當知此是有餘之説是以前説此中三障皆有餘説復有説者此中但説决定為障彼非决定由彼有情所有異熟或有為障或不為障是以不説

問如是三障於一相續可成就幾荅或但成一謂於三種隨一成就或成就二謂煩惱障業障或煩惱障異熟障無有成就業障異熟障非煩惱障者由此亦無成就三者

問如是三障何者最重或有說者異熟障重所以者何因時可轉果時不可轉故復有說者業障最重所以者何業障能引異熟障故如是說者煩惱障重以煩惱障能引業障業障復能引異熟障如是皆以煩惱為本是故最重

三惡行中何者最大罪謂破僧虛誑語此業能取無間地獄一劫壽量異熟苦果餘業不定故問此說破僧虛誑語為最大罪餘處復說意業為最大罪餘處復說邪見為最大罪此三大罪有何差別或有說者罪有三種一業二煩惱三惡行業中意業為大罪煩惱中邪見為大罪惡行中破僧虛誑語為大罪復有說者惱亂大衆故意業為大罪滅一切善根故邪見為大罪能感大苦異熟果故破僧虛誑語為大罪復有說者三業中意業為大罪五見中邪見為大罪五無間業中破僧虛誑語為大罪復有說者見所斷業道中邪見為大罪修所斷業道中破僧虛誑語為大罪見修

阿毗達磨大毗婆沙論第一百十五卷　第二十二張　退

所斷業中意業為大罪復有說者依思業故說意業為大罪依思所造業故說破僧虛誑語為大罪依非業故說邪見為大罪復有說者依能起業故說意業為大罪依所起業故說破僧虛誑語為大罪依非業故說邪見為大罪復有說者依能轉業故說意業為大罪依所轉業故說破僧虛誑語為大罪依非業故說邪見為大罪是名三種大罪差別

問彼破僧時亦有身業往來加行思惟及餘語業何故但說虛誑語能破僧耶荅若破僧時加行究竟一切時有者此中說之於諸業中唯虛誑語加行究竟一切時有能令僧壞是故偏說餘業不尒是故不說

問如說能取無間地獄果何故名無間地獄耶荅此假立名假立想不必如名患有其義又此地獄亦名無間亦名熱鐵猛焰熾然攢射支體亦名常於六觸處門受諸苦惱亦名自受業所招苦復有說者以於此中無間無隙可令樂受蹔現在前故名無間

阿毗達磨大毗婆沙論第一百十五卷　第二十三張　退

問餘地獄中為有歌儛及飲食等喜樂事耶荅餘地獄中雖無異熟喜樂而有等流喜樂如施設論說等活地獄有時有分涼風蹔吹或聞如是音聲唱言等活等活時彼有情忽然還活支節血肉平復如本蹔生喜樂无間地獄無如是事故名無間復有說者生彼有情其數甚多無間無隙故名无間此說不然所以者何上品惡行生彼地獄世間有情不皆能起上品惡行如要修習上品妙行方生有頂世間有情不皆能起上品妙行是故生有頂者少生無間者亦尒故彼非說問若尒云何名无間荅依異熟果說名无間以諸有情造大惡業生彼地獄得廣大身一一身形悉皆廣大遍彼多處中無間隙故名無間

說一切有部發智大毗婆沙論卷第一百一十五

甲辰歲高麗國大藏都監奉
勑雕造

阿毗達磨大毗婆沙論第一百十五卷　第二十四張　退

阿毗達磨大毗婆沙論卷第一百一十五

校勘記

一　底本，麗藏本。

一　四四頁上一九行第四字「諸」，諸本（不含石）無。

一　四五頁下八行第七字「令」，清作「今」。

一　四六頁上一行「皆性」，諸本作「自性」。

一　四七頁中七行第四字「答」，徑、清作「若」。

一　四八頁中一八行第一二字「想」，諸本作「相」。

一　四八頁下五行末字「還」，徑作「遠」。

趙城縣廣勝寺

阿毗達磨大毗婆沙論卷第一百十六　退

五百大阿羅漢等造

三藏法師玄奘奉　詔譯

業蘊第四中惡行納息第一之五

問此業能取一劫壽果為是何劫或有說者是成劫復有說者是壞劫復有說者是大劫如是說者此是中劫由彼亦有不盡中劫而得脫故如毗柰耶說提婆達多當於人壽四万歲時来生人中必定當證獨覺菩提舍利子等所不能及問如是伽他當云何通

諸有破僧人　破壞和合僧　生無間地獄
壽量經劫住

尊者世友作如是說減一劫住亦名一劫如世間人於減一日任持所作亦名直日此亦如是

問此破僧罪亦能取地獄五蘊異熟何故但言取一劫壽或有說者以壽為先世尊揔說取五蘊果復有說者此中世尊說寂勝法謂五蘊中壽命寂勝是故偏說復有說者壽命能持一切五蘊令不散壞是故偏說復有說者壽從初生盡衆同分無有間斷令衆同分亦無間斷餘法不尒是故不說復有說者由壽量故表知世間或增或減或進或退或興或衰是故偏說

問何故破僧得劫住罪非起惡心出佛身血耶荅若起惡心出佛身血壞佛生身若破壞僧壞佛法身一切如來應正等覺敬重法身不重生身復有說者若起惡心出佛身血但毀尊重若破壞僧即名毀壞尊重所重若起惡心出佛身血但傷大師若破壞僧即名傷損大師所師如大師如是法王歸依依趣亦尒有說彼起救心出佛身血但是加行罪以佛法尒不可害故破僧不尒是根本罪如加行根本如是加行究竟亦尒復有說者若起惡心出佛身血不多發起廣大加行但由尒卒暴而傷破僧不尒要由發起廣大加行或經一月乃至四月方便誘誑諸雜學苾芻令彼順已然後能破是以罪重復有說者若起

惡心出佛身血不惱亂大衆雖傷佛身不能令佛生惱亂心亦不諠擾以作此事世間衆生或有聞者或不聞故若破壞僧極大諠擾惱亂大衆以破僧時應得入正性離生者不得入正性離生應得果證者不得果證應欲離者不得離欲應盡漏者不得盡漏不得誦持思惟三藏不得靜慮思惟諸法修習靜慮無色等至不種殖三乘種子三千大千世界法輪不轉展轉聲至淨居諸天令其覺慧不得安靜明了現行若所破僧還和合時應入正性離生者即入正性離生應得果證者即得果證應離欲者得離欲應盡漏者得盡漏便有誦持思惟三藏在空閑處思惟諸法修習靜慮無色等至亦能種殖三乘種子三千大千世界法輪復轉展轉聲至淨居諸天令其覺慧復得安靜明了現行由是因緣若起惡心出佛身血不能生起經劫住罪若破壞僧便能生起經劫住罪

問僧破以何為自性答以不和合無

覆无記不相應行為自性是不相應行蘊所攝即餘處說復有所餘如是種類不相應行是故僧破異破僧罪異僧破是不和合性無覆无記是不相應行蘊所攝破僧罪是虛誑語不善語業色蘊所攝如退體異退法亦異退體是不成就性无覆無記不相應行蘊所攝退法是不善有覆无記五蘊所攝此亦如是僧破異破僧罪異由此僧破僧所成就破僧罪破僧人成就

問何處破僧答在欲界人趣若破羯磨僧通在三洲若破法輪僧唯贍部洲所以者何若處有大師可得及道可得即於是處有破法輪餘洲無有大師及道是故亦无破法輪者辟如世間若處有王是處有偽王起若處有力士是處有捔力者起此亦如是若於是處有大師是處有邪師起若處有道是處有邪道起法介邪正同處相違

問破羯磨僧破法輪僧有何差別答破羯磨者謂一界內有二部僧各各別

住作布灑陁羯磨說戒破法輪者謂立異師異道如提婆達多言我是師非沙門憍答磨五法是道非憍答磨所說八支聖道所以者何若能修習法者速證涅槃非八支道云何五法一者盡壽著糞掃衣二者盡壽常乞食食三者盡壽唯一坐食四者盡壽常居迥露五者盡壽不食一切魚血味鹽蘇乳等是謂破羯磨僧破法輪僧差別

問於破僧時極少幾人成破僧事答破羯磨僧極少八人四人已上方名為僧三人不介於一界內有二部僧各各別住作布灑陁羯磨說戒乃得名為羯磨壞故破法輪僧極少九人以一界內有二部僧各各別住於无慙愧部中定別有一衆所尊重能教誨者當知則是提婆達多於正衆中極少四人於邪衆中極少五人如是極少下至九人則法輪僧壞問齊何當言法輪僧壞答施設論說提婆達多自為第五皆共受籌齊此當言法輪僧壞復有說者作表白已復有說

者離所聞處復有說者離所見處復有說者離見聞處如是說者若由意樂攝受餘師謂彼愚癡諸苾芻衆由定意樂發如是心作如是語提婆達多是我大師非佛世尊齊此當言法輪僧壞問何等種類補特伽羅破法輪僧答補特伽羅有二種一者愛行二者見行諸見行者破法輪僧非愛行者以見行者所有意樂堅固猛利於雜染清淨品所作決定無有退轉諸愛行者無如是事故不能破又唯男子破法輪僧非諸女人亦非扇搋半擇迦等所以者何破法輪時法尒自安立為大師而諸女人非增上器於大師非分故不能破然能廣作破僧方便猶如慶喜苾芻尼等諸扇搋半擇迦無形二形皆是愛行諸愛行者所有意樂不堅不猛於染淨品皆不決定是故彼類不能破僧

問於何時分破法輪僧答於六時中不能破僧餘時則能謂非初時亦非後時非於二皰未出現時非未和合共結界時非未建立第一雙時非於大師涅槃後時非初後者由此二時諸苾芻衆於聖教中和合一味不可破壞非於二皰未出時者謂聖教中未生戒見二種皰時非未和合共結界時者要一界內有二部僧別住異忍方名破僧故非未建立第一雙者謂未建立第一雙時定无能破法輪僧者諸佛法尒皆有第一雙賢聖弟子若有破壞法輪僧已不經日夜此第一雙還令和合非於大師涅槃後者若於大師般涅槃後作如是言我是大師非如来者咸共責言大師在世汝何不言我是大師今涅槃後乃作是語是故決定於此六時法輪不壞於所餘時法輪可壞

問住何等心僧破或有說者住於眼識復有說者住於耳識復有說者住於意識如是說者六識身中隨住一識皆容僧破問住何等受僧破或有說者住於樂根復有說者住於苦根復有說者住於喜根復有說者住於憂根復有說者住於捨根如是說者於五受中隨住一受皆容僧破

問僧破是何心果或有說者是出家心果所以者何在家無有僧破壞故復有說者受具心果所以者何勤策無有僧破壞故復有說者若取隣近受具心果若取懸遠出家心果如是說者若住此心僧破壞者即此心果

問何等種類補特伽羅可破壞耶答唯是異生非諸聖者所以者何世尊記說无處無容一切聖者可破壞故

問諸有已得順決擇分為可破不或有說者除此所餘是可破壞復有說者此亦可破所以者何世尊唯記无處無容一切聖者是可破壞不記餘故

問如提婆達多能破壞僧何故說言世尊眷屬不可破壞尊者世友說曰此中說四向四果名世尊眷屬是真弟子是真實僧不可破壞復次佛眷屬有二一是異生二是聖者提婆達多唯破異生由此故說彼能破僧一切聖者皆不可破由此故說世尊眷屬不可破壞大德說曰佛眷屬有二一內二外內謂聖者無動无壞外

謂異生可動可壞此中異生可動壞故提婆達多能破壞僧聖无動壞故說世尊眷屬不壞

問破僧時佛在衆不荅佛時住彼彼界內而不在衆云何知耶曾聞提婆達多欲破僧時佛以慈愍故呵制之言提婆達多汝勿破僧勿起極重惡不善業勿趣非愛大苦果處佛雖如是慇懃呵制而彼都无止息之心尒時世尊起正智見審觀前際勿我昔時破他眷屬即自觀見昔我无量無數劫前曾破壞他仙人眷屬彼業異熟今現在前觀見是已知此僧衆定當破壞便入靜室默然宴坐提婆達多便破壞僧故知世尊在於界內而不在衆

問為一切佛皆有如是破僧事耶有說不尒所以者何若有如是破壞他業造作增長便有破僧若無是業則无破僧唯世尊釋迦牟尼曾有此業造作增長故今僧破餘佛不尒有說餘佛亦有破僧曾聞迦葉波佛時有苾蒭名曰花上是譽上子造五無間

斷滅善根

問提婆達多為先破僧後斷善根先斷善根後破僧耶或有說者彼先破僧後斷善根所以者何要具尸羅多聞端正貴族威肅言詞善巧乃能破僧若斷善根便失淨戒非增上故不能破僧尊者世友亦作是說提婆達多先破壞僧後斷善根若先斷善後破僧者於破僧時應不能生一劫住罪所以者何非斷善根補特伽羅於非法中起非法想於破僧中起有罪想若於非法起於法想於破僧中起無罪想而破僧者終不能生一劫住罪要於非法起非法想於破僧中起有罪想如是破僧方能生起一劫住罪由此道理諸破壞僧一切皆生劫住罪耶設有能生劫住罪者一切皆能破僧耶應作四句或有破僧非能生起一劫住罪謂於非法起於法想及於破僧起非罪想而破壞僧或有能生一劫住罪而非破僧謂斷善根或有破僧亦能生起一劫住罪謂於非法起非法想於破僧中起有罪想而破壞僧或有不能破壞於僧亦不能生一劫住罪謂除前相大德說曰彼起破僧加行時亦起斷善加行起斷善加行時亦起破僧加行是故彼破僧時則斷善斷善時則破僧彼由俱時造二罪故成就極重惡不善業而無一念悔愧之心

問諸造无間業彼斷善耶設斷善彼造無間業耶荅應作四句或有造無間業非斷善如未生怨王等或有斷善非造無間業如六師等或有造無間業亦斷善如提婆達多始褰持等或有不造無間業亦不斷善謂除前相三妙行中何者感大果謂第一有等至中思此業能取非想非非想處八万劫壽果當知唯依離繫果為問應作是荅謂金剛喻定相應思此思能證一切結盡斷遍知果由此中意問異熟果故作是荅

問為一思能感八万劫壽為多思耶若一思者云何少業能感多果若多思者云何不名一衆同分果分分別感或有說者一思能感問云何少業

能感多果答先以一思捴感後以多思成滿辟如畫者先以一色作摸後塡衆彩此亦如是復有說者多思能感問太何不名一衆同分果分分別感答於彼定中緣一境界一類行相有衆多思相續而起或有能感十千劫壽或有能感二十千劫或有能感三十千劫或有能感四十千劫等壽如是多思分分別感然依一種定前加行起一類定緣一境界一類行相多思相續現前而感故名一身如是說者一思捴感多思成滿

問此思為是近分地攝為根本地攝耶或有說者是近分地復有說者是根本地如是說者此則不定或近分地或根本地所以者何以一切思同一地故問八万劫者是何劫耶或有說者此是中劫復有說者此是成劫復有說者此是壞劫如是說者此是大劫

問此業能取四蘊異熟何故唯說取壽果耶或有說者以壽為先世尊捴說取四蘊果復有說者此中世尊說寂勝法謂四蘊中壽為寂勝是故偏說有說唯壽能持四蘊令不散壞是故偏說有說壽於一期無斷令衆同分亦无間斷餘法不尒是故偏說復有說者由壽量故表知世間或增或減或進或退或興或衰由此因緣故偏說壽

如說惡行妙行感愛非愛寂大果如是善不善根并十善道亦應廣說謂三不善根中何者寂大罪謂能起破僧虛誑語此不善根能取无間地獄一劫壽果十不善業道中何者寂大罪謂破僧虛誑語此業能取無間地獄一劫壽果三善根中何者寂大果謂能起第一有等至中思此善根能取非想非非想處八万劫壽果十善業道中何者寂大果謂與第一有等至中思俱者此業道能感非想非非想處八万劫壽果應知此中以略說故但說惡行妙行寂大果非餘

業蘊第四中邪語納息第二之一

諸邪語彼邪命耶設邪命彼邪語耶如是等章及解章義既領會已次應廣釋問何故作此論答為欲止他宗顯己義故謂辟喻者說離語及業別有正命邪命體性彼何故作是說由契經故如契經說八支聖道彼作是說佛說八支者各有體性不相雜乱由此便說正命邪命離語業外有體可得為遮彼意顯正命等皆即語業故作斯論如於不善語業道中若貪所起名為邪語亦名邪命為命起故瞋癡所起但名邪語不名邪命不為命而起故於不善身業道中若貪所起名為邪業亦名邪命瞋癡所起但名邪業不名邪命所以如前於善語業道中無貪所起名為正語亦名正命邪命對治故无瞋癡所起名為正語不名正命所以如前於善身業道中无貪所起名為正業亦名正命无瞋癡所起名為正業不名正命所以如前由此即顯正命邪命皆攝語業而體性是謂此處略毗婆沙諸邪語彼邪命耶設邪命彼邪語耶答應作四句有邪語非邪命謂除趣邪命語四惡行諸餘語惡行即瞋癡所起

語業是語業性故非為命起故有邪命非邪語謂起邪命身三惡行即命所起身業為命起故非語業性故後語句中應准此釋有邪語亦邪命謂起邪命語四惡行有非邪語非邪命謂除趣邪命身三惡行諸餘身惡行諸邪業彼邪命耶設邪命彼邪業耶荅應作四句有邪業非邪命謂除趣邪命身三惡行諸餘身惡行即瞋癡所起身業是身業性故非為起故有邪命非邪業謂趣邪命語四惡行即貪所起語業為命起故非身業性故後二句准此釋有邪業亦邪命謂趣邪命身三惡行有非邪業非邪命謂除趣邪命四惡行諸餘語惡行此中諸貪所起皆以趣向邪命故名邪命諸正語彼正命耶設正命彼正語耶荅應作四句有正語非正命謂除趣正命語四妙行諸餘語妙行即無瞋无癡所起語業是語業性故非邪命對治故有正命非正語謂趣正命身三妙行即無貪所起身業是邪命對治故非語業性故後二句准此釋有

正語亦正命謂趣正命語四妙行有非正語非正命謂除趣正命身三妙行諸餘身妙行諸正業彼正命耶設正命彼正業耶荅應作四句有正業非正命謂除趣正命身三妙行諸餘身妙行即無瞋無癡所起身業是身業性故非邪命對治故有正命非正業謂趣正命語四妙行即無貪所起語業邪命對治故非身業性故後二句准此釋有正業亦正命謂趣正命身三妙行有非正業非正命除趣正命語四妙行諸餘語妙行此中諸無貪所起皆以趣向正命故名正命

已略顯示雜無雜相今當廣說彼差別相謂若有為利活命因緣起諸惡行此名邪語邪業亦名邪命是語業性故為命所起故若有為餘種種因緣起諸惡行名邪語邪業不名邪命是語業性故非為命起故餘門准此釋復次若有隨其種種傍生明呪邪活命緣起諸惡行名邪語業亦名邪命若有為餘種種因緣起諸惡行名邪語業不名邪命復次若以四愛因

緣起諸惡行名邪語業亦名邪命若以餘緣起諸惡行名邪語業不名邪命復次若有矯詐現相以利求利五邪命緣起諸惡行名邪語業亦名邪命若為餘緣起諸惡行名邪語業不名邪命復次若起惡行加行名邪語業亦名邪命若起惡行根本業道名邪語業不名邪命所以者何加行難除非根本故復次若起種種遮罪名邪語業亦名邪命若起性罪名邪語業不名邪命所以者何遮罪難防非性罪故由如是等六門七門所說道理決定無能離語業外別立邪命問若尒何故說邪語等三種及於經中說八支聖道正語業外別說正命耶荅佛以邪命誑惑於人微細難覺故與語業俱時示現復別示現如賊軍將同衆誅戮復別梟首復有說者以諸邪命難可淨除故與語業俱時呵責復別呵責猶如女人與諸事欲及煩惱欲俱時諸過復別呵責云何邪命難可淨除謂有二法難除難捨即在家者邪見及出家者邪命諸在家

人雖極聰慧受持五戒若苦所逼則以種種香花飲食祠禱天神諸出家人雖極聰慧受持具戒資身命緣繫屬他故見施主時便整威儀現親善相是故別說邪命正命契經及施設論皆作是說斷生命及至邪見皆有三種一從貪生二從瞋生三從癡生云何斷生命從貪生謂如有一以貪皮肉筋骨等故害他有情或為所愛悅意親友曾當於已作饒益者而行殺事或他以財及諸饒益求已行殺如國王等以諸財位招募驍勇令討未伏如是等殺名從貪生云何從瞋生謂如有一於他有情有損惱心怨嫌之心惡意樂心而斷彼命或復害彼親屬朋友以絕怨路如是等殺名從瞋生云何從癡生如有一類起如是見立如是論駝馬牛羊雞豬鹿等皆為祠祀人所食用是以殺之無罪復有一類起如是見立如是論虎豹豺狼蟒蚣虺等傷害於人為人除患殺亦无罪又此西方有蔑戾車名曰目迦起如是見立如是論父母衰老及遭痼疾若能殺者得福無罪所以者何夫衰老者諸根朽敗不能飲食若死更得新勝諸根飲新煖乳若遭痼疾多受苦惱死便解脫故殺無罪如是等殺名從癡生以迷業果起邪謗故

云何不與取從貪生謂如有一欲他財物不與而取或為所愛悅意親友曾當於已作饒益者而行盜竊或他以財及諸饒益求已行盜如募將士掠他財寶如是等盜名從貪生云何從瞋生謂如有一於諸有情有損惱怨嫌惡意樂心而盜彼物令其困惱或復盜彼親友財物以憎彼故如是等盜名從瞋生云何從癡生如有一類諸婆羅門起如是見立如是論大地所有本是梵王神力化作施諸婆羅門今婆羅門勢力羸弱剎帝利等侵奪受用故婆羅門取受用時是取已物皆無盜罪然彼取時作他物想如是等盜名從癡生迷於業果起邪謗故

云何欲邪行從貪生謂此多分以躭染心或以財利諸饒益事於彼彼所行欲邪行是名從貪生云何從瞋生謂如有一於他有情有損惱怨嫌惡意樂心欲令汙辱受諸衰損便於彼所行欲邪行是名從瞋生云何從癡生謂婆羅門起如是見立如是論諸婆羅門應畜四婦剎帝利三吠舍應二戍達羅一婆羅門等數若未滿姪他妻室亦无有罪然彼姪時起屬他想又此西方有蔑戾車名曰目迦起如是見立如是論母女姊妹及兒妻等於彼行欲悉無有罪所以者何一切母色皆如熟果已辦飲食道路橋船階梯臼等法尒有情共所受用是故於彼行欲无罪此等邪行名從癡生所以如前

云何虛誑語從貪生謂如有一為名利故於他有情覆想而說若為已若為他如國王等招募辯士令行遊說為誘未伏彼人尒時以財位故或依內誑外或依外誑內或依二誑二此等虛誑語名從貪生云何從瞋生謂如於他有損惱心怨嫌惡意樂心欲

陷彼故行虛誑語或復於彼所愛親友作虛誑語以惜彼故此等虛誑語名從瞋生云何從癡生謂如有一起如是見立如是論諸為自他身難命難而妄語者不得妄語罪如獵師問鹿所在及賊軍問王軍所在雖實見實知恐害彼故雖不實答而無有罪當知彼類非不有罪彼謂都无便數數作此等虛誑語名從癡生所以如前

云何離間語從貪生謂如有一為名利故於彼有情或彼親友作離間語若為己若為他如國王等招募辯士令行離間覘令他伏彼人尒時以財位故或依內離外或依外離內或依二離二又婆羅門有二施主一施衣二施食婆羅門念言若二施主共和好者我於二所各得一事若彼乖違則一一處皆得二事由是因緣行離間語是名從貪生云何從瞋生如有於他有損惱心怨嫌惡意樂心而離間彼或彼親友壞彼故是名從瞋生云何從癡生如有一類婆羅門等起如是見立如是論諸不律儀家若和好者為惡滋多若乖離者作惡便少是故若有於彼類中作離間語終無有罪是名從癡生所以如前云何麤惡語從貪生如以名利於他有情罵詈毀辱若為己若為他如國王等委酷法人令主辭獄及令軍佐制造書檄由此等緣作麤惡語是名從貪生云何從瞋生謂如於他有損惱心怨嫌惡意樂心便罵辱彼或彼親友若為己若為他是名從瞋生云何從癡生謂如大臨外道名事火天性甚麤暴多麤惡語彼諸弟子以為善妙皆習麤語是名從癡生所以如前

云何雜穢語從貪生謂如有一為已及他名利等故作雜穢語如排優者為財利故於大集處種種詞詠戲調離說又諸男女以愛染心作雜穢語復有制造世俗文章受持諷誦是名從貪生云何從瞋生謂如於他有損惱心怨嫌惡意樂心輕調彼故作雜穢語或輕調彼所愛親友以憎彼故是名從瞋生云何從癡生如有一類婆羅門起如是見立如是論諸有祀火或祀餘神或誦吠陁諸呪術等云何貪從貪生謂貪纏无間貪纏現前是名貪從貪生云何從瞋生謂瞋纏无間貪纏現前是名貪從瞋生云何從癡生謂癡纏无間貪纏現前是名貪從癡生

云何瞋從貪生謂貪纏无間瞋纏現前是名瞋從貪生云何從瞋生謂瞋纏无間瞋纏現前是名瞋從瞋生云何從癡生謂癡纏无間瞋纏現前是名瞋從癡生

云何邪見從貪生謂貪纏无間邪見纏現前是名邪見從貪生云何從瞋生謂瞋纏无間邪見纏現前是名邪見從瞋生云何從癡生謂癡纏無間邪見纏現前是名邪見從癡生問已知十不善業道一切皆從貪瞋癡起於中一一幾為加行幾為究竟而能起耶或有說者斷生命麤惡語及瞋恚三為加行由瞋究竟不與取欲邪行及貪欲三為加行由貪究竟餘語業道三為加行由三究竟邪見一種

三爲加行由癡究竟復有説者欲邪行不定謂若欲令要出不淨方成業道者則三爲加行由貪究竟若有欲令纔入𢵧門便成業道者則三爲加行由三究竟所餘業道一切皆以三爲加行由三究竟

阿毗達磨大毗婆沙論第一百一十六卷 第十五張 退字號

說一切有部發智大毗婆沙論卷第一百一十六

阿毗達磨大毗婆沙論卷第一百一十六

校勘記

一 底本，金藏廣勝寺本。

一 五〇頁中一六行「任持」，磧、徑、清作「住持」。

一 五〇頁下二〇行第五字「尒」，磧、普、南、徑、清、麗作「率爾」。

一 五〇頁下二二行「雜學」，諸本（不含石，下同）作「新學」。又第一二字「彼」，資、磧、普、南、徑、清作「敬」。

一 五一頁上七行「欲離」，諸本作「離欲」。

一 五一頁上九行第一二字「不」，諸本作「不得」。

一 五一頁中一行第五字「相」，磧、南、徑、清作「能」。

一 五一頁下二行末字「師」，諸本作「大師」。

一 五一頁下五行首二字「法者」，諸本作「是五法者」。

一 五一頁下八行第一三字「魚」，諸本作「魚肉」。

一 五二頁下二行「在家」，磧、南、徑、清作「出家」。

一 五二頁下一八行「復次」，資、磧、普、南、徑、清作「復有」。

一 五三頁上四行「彼彼」，諸本作「彼」。

一 五三頁中八行第一三字「善」，麗作「善根」。

一 五三頁中一一行「有罪」，資、磧、普、南、徑、清作「於法」。

一 五三頁中一二行第一一字「破」，資、磧、普、南、徑、清作「彼」。

一 五三頁中一三行「無罪」，資、磧、普、南、徑、清作「於法」。

一 五三頁下二行第一〇字「相」，麗作「想」。一四行首字同。

一 五三頁下一二行第一三字「持」，磧、徑作「得」。

一 五三頁下一六行「當知」，諸本作「當知此中依異熟果爲問故作此答若依五果或」。

一 五四頁中九行「十善道」，諸本作「十業道」。

一 五四頁下一行第一一字「欲」，麗無。

一 五四頁下二行「已義」，資、普作「正義」。

一 五四頁下二〇行首字「而」，諸本作「而爲」。

一 五五頁上二行第六字「起」，資、磧、普、南、徑、清作「趣」，五行首字同。又末字「命」，諸本作「貪」。

一 五五頁上四行首字「語」，資、磧、普、南、徑、清作「諸」。

一 五五頁上一〇行第一一字「爲」，諸本作「爲命」。

一 五五頁上一一行第六字「諸」，諸本作「謂」。

一 五五頁上一五行「四惡行」，諸本作「語四惡行」。

一 五五頁中一一行第一二字「除」，諸本作「謂除」。

一 五五頁中一七行第三字「爲」，資、磧、普、南、徑、清作「非爲」。

一 五五頁下一〇行「亦名」，磧、普、南、徑、清作「不名」。

一 五五頁下一八行「杲首」，諸本作「冩首」。

一 五五頁下二一行第六字「諸」，麗作「說」。

一 五六頁上六行「及至」，諸本作「乃至」。

一 五六頁中二〇行第八字「彼」，資、磧、普、南、徑、清作「後」。

一 五六頁下一三行「母色」，資、磧、普、南、徑、清作「女色」；麗作「母邑」。

一 五六頁下一八行第八字「想」，徑、清作「相」。

一 五七頁上二二行第七字「壞」，資、磧、普、南、徑、清作「欲壞」。

一 五七頁中一二行「大髻」，麗作「文髻」。

一 五七頁中一六行「排優」，諸本作「俳優」。

一 五七頁下二行第一三字「等」，諸本作「等一切皆得清淨解脱是名從癡生所以如前」。

阿毗達磨大毗婆沙論卷第一百一十七　退

五百大阿羅漢等造

三藏法師玄奘奉　詔譯

業蘊第四中邪語納息第二之三

有律儀有不律儀有住律儀者有住不律儀者云何律儀謂有七種即離斷生命乃至離雜穢語云何不律儀謂亦有七種即斷生命乃至雜穢語云何住律儀者謂有七衆一苾芻二苾芻尼三正學四勤策男五勤策女六近事男七近事女云何住不律儀者謂有十二種不律儀家一屠羊二屠鷄三屠猪四捕鳥五捕魚六遊獵七作賊八魁膾九縛龍十守獄十一煑狗十二婆具履迦此中屠羊者爲活命故懷煞害心若買若賣若養飼若斷命如是一切皆名屠羊屠鷄屠猪亦復如是捕鳥者爲活命故採捕衆鳥捕魚等亦如是縛龍者爲活命故習呪龍虵或言縛象煑狗者謂栴荼羅等諸穢惡人婆具履迦者謂有傍生名婆具羅即是蛛類恒於曠野吞食商侶有人專能煞之取商侶價以自活命由此故名婆具履迦有說置穽名婆具羅有人爲活命故恒設置穽取諸衆生故名婆具履迦有說獵主名婆具履迦如有頌言

鹿出婆具履迦苦　終不還投婆具羅
智者棄凡俗出家　終不還歸苦迫迮

尊者妙音作如是說若受上命許問獄囚肆情暴虐加諸苦楚或非理斷事或毒心賦稅如是一切皆名住不律儀者

問如是諸律儀要受方得此不律儀亦如是耶或有說者亦由受得謂手執煞具誓從今日乃至命終常作此業以自活命尒時便得此不律儀復有說者雖執煞具自立誓言然彼不得此不律儀由二緣得一由作業二由受事由作業者謂生不律儀家最初作彼煞生等業尒時便得此不律儀由受事者謂生餘家爲活命故懷煞害心往屠羊等不律儀所作是誓言我從今者乃至命終常作汝等所作事業以自活命尒時便得此不律

阿毗達磨大毗婆沙論卷第百十七卷　第六張　退字号

儀復有說者此亦最初作彼業時方乃獲得此不律儀彼說不律儀唯一緣得

若有以下品心起有表業受諸律儀盡衆同分彼諸律儀下品隨轉雖於後時勵力發起身語意攝惡行妙行然彼律儀常下品轉更不增長若有以中品心起有表業受諸律儀盡衆同分彼諸律儀中品隨轉雖於後時勵力發起身語意攝惡行妙行然彼律儀常中品轉不增不減若有以上品心起有表業受諸律儀盡衆同分彼諸律儀上品隨轉雖於後時勵力發起身語意攝惡行妙行然後律儀常上品轉更不損減故如是問頗有新學苾芻成就上品律儀而阿羅漢成就下品律儀耶答有謂有新學苾芻以上品心起有表業受諸律儀有阿羅漢以下品心起有表業受諸律儀如是新學苾芻成就上品律儀而阿羅漢成就下品律儀

若有最初以下品纏斷衆生命於此衆生得下品斷生命所攝及不律儀所攝表无表業於餘一切有情身上唯得下品不律儀所攝无表業若彼後時隨以下中上品纏斷衆生命於此衆生唯得下中上品斷生命所攝表無表業更不得不律儀所攝表無表業先已得故如是最初以中品纏以上品纏廣說亦尒斷生命等隨別漸得不律儀業普頓得故問如屠羊者不欲煞餘衆生何故此人普於一切有情所得不律儀耶答雖於羊處起不律儀然諸有情一切皆有羊濫界處又彼惡心境界寬遍故於一切得不律儀无有是處為分別故設諸有情皆作羊像来住前者於彼一切皆起惡心皆欲煞害是故於一切有情所得不律儀

住不律儀者有於一切有情得不律儀非由一切支非由一切因有於一切有情得不律儀由一切支非由一切因有於一切有情得不律儀由一切因非由一切支有於一切有情得不律儀由一切支由一切因若由一切支由一切因得不律儀非於一切有情者此類無有一切有情者即是一切有情之類一切支者謂斷生命乃至說雜穢語一切因者謂下中上纏或貪嗔癡有於一切有情得不律儀非由一切支非由一切因者謂以下纏斷衆生命或中或上非餘亦不起餘支有於一切有情得不律儀由一切支非由一切因者謂以下纏斷衆生命乃至說雜穢語或中或上非餘有於一切有情得不律儀由一切因非由一切支者謂以下中上纏斷衆生命不起餘支有於一切有情得不律儀由一切支由一切因者謂以下中上纏斷衆生命乃至說雜穢語住律儀者有於一切有情得律儀非由一切支非由一切因有於一切有情得律儀由一切支非由一切因有於一切有情得律儀由一切支由一切因若於一切有情得律儀由一切因非由一切支者此類無有若由一切支由一切因得律儀非於一切有情者此亦無有一切有情者即是一切有情之類一切支者謂離斷生命

乃至離雜穢語一切因者謂下中上品心或無貪无瞋無癡有於一切有情得律儀非一切支非一切因者謂以下心受近事勤策戒或中或上或二非餘有於一切有情得律儀亦一切支非一切因者謂以下心受近事乃至苾芻戒或中或上或二非餘有於一切有情得律儀亦一切支亦一切因者謂以下中上心如次受近事勤策苾芻戒問若以下中上心如次受近住近事勤策戒時即名於一切有情得律儀亦一切因非一切支何以言無答此中但依盡壽律儀作論不依晝夜所以者何彼名為齋於律儀中非決定故

問如受律儀於下品後復得中品於中品後復得上品諸不律儀亦如是耶或有說者如得律儀不律儀亦介所以者何諸善律儀作大功用作大加行尚數數得况不律儀如是說者律儀漸得非不律儀所以者何律儀難得以難得故漸受漸得不律儀易得以易得故頓受頓得

問如善律儀有支不具諸不律儀亦如是耶荅健駄羅國諸論師言不律儀業有支不具若諸有情生在種種不律儀家生便瘖瘂盡衆同分不能言說彼但可得身三業性不律儀業不得語四迦濕弥羅國諸大論師咸作是說諸不律儀無支不具如善律儀漸次受者有支不具諸不律儀則不如是無漸受故易可得故問住不律儀者受八戒齋時捨不律儀得律儀至明旦時捨律儀還得不律儀耶荅健駄羅國諸論師言住不律儀者受八戒齋時捨不律儀得律儀至明旦時捨律儀還得不律儀得律儀故不律儀斷捨律儀故不律儀續迦濕弥羅國諸大論師咸作是說住不律儀者受八戒齋時捨不律儀得律儀至明旦時捨律儀不得不律儀得律儀故捨不律儀分齋極故又捨律儀是故介時名非律儀非不律儀若彼有情盡衆同分不復作者不得不律儀若復作者還得不律儀盡壽律儀由四緣捨一捨所學二二形生三斷善根四捨衆同分諸持律者說法滅沒時為第五緣謂法滅沒時一切所學出家受具結界羯磨悉皆息滅是故介時律儀亦捨如是說者當於介時先得律儀不捨已出家者猶名出家已受具者猶名受具未出家者無復出家未受具者無復受具依此故言一切息滅

諸不律儀由四緣捨一受別解脫律儀二得静慮律儀三二形生四捨衆同分問如善律儀捨所學捨此不律儀亦如是耶荅或有說者若能決定捨諸煞具介時捨不律儀如是說者雖復決定捨諸煞具若不受戒得善律儀終不得名捨不律儀

三惡行三曲穢濁乃至廣說問何故作此論荅為欲分別契經義故如契經說有三惡行三曲穢濁契經雖作是說而不廣辯廣說如前復有說者前納息中已分別三惡行而未分別三曲穢濁今欲分別故作斯論

三曲穢濁謂身曲身穢身濁語曲語穢語濁意曲意穢意濁三曲云何謂

諂所起身語意業所以者何諂名為曲由曲相法所起三業說名為曲是彼果故問復何因緣諂名為曲荅直相違故如有頌言

諸盤迴屈曲　不平直不正　嶮坑澗稠林
是皆喻其諂

復有說者以諸有情諂所損汙難出生死難入涅槃猶如曲木難出稠林難入聚落此亦如是故名為曲復有說者以諸有情諂所損汙諸所作事將現將在前復還棄背將欲出言復還內止其性嶮惡難得意趣難可共交故名為曲復有說者以諸有情諂所損汙諸聰慧者皆應遠離如樂淨人避避塚間死屍臭穢正直所厭故名為曲復有說者以諸有情諂所損汙諸佛於彼亦捨大悲如諂病人良醫所棄障身正化故名為曲問諂在何處荅在欲界初靜慮非上地問何故上地無諂荅上地於諂非田非器非地非依以非田器非地依故於彼不有復有說者為除其諂往趣上地若於上地復有諂者不應加行求趣上地若下地法上地亦有不應施設漸次滅法若不施設漸次滅法則應無有究竟滅法若無究竟滅法便無解脫若無解脫亦无生死則一切法無欲令無如是過是故上地無諂復有說者若於是處安立王臣安立衆主尊卑差別則有其諂非於上地得有斯事故無有諂諸有王臣衆主尊卑差別必懷諂曲更相接事復有說者若於是處有諸識身有尋有伺及有自性身語表業則有其諂如是諸法上地皆无故無有諂三穢云何謂瞋所起身語意業所以者何瞋名為穢由穢相法所起三業說名為穢是彼果故問諸煩惱皆是其穢如有頌言

世間諸穢草　能穢汙良田　如是諸穢穢
穢汙諸含識

慢愛无明餘煩惱頌說亦如是何故此中唯瞋名穢荅雖諸煩惱皆名為穢然唯瞋恚有二穢名故獨名穢如上頌言如是諸穢穢穢汙諸含識復有說者由此瞋恚穢自相續穢他相續勝餘煩惱故說名穢云何穢自相續謂若瞋恚現在前時舉身麁強惱悴嚬蹙戰掉不安如鬼所著人不喜見云何穢他相續謂若瞋恚惱亂他時令他塵坌或受鞭捶乃至喪命問瞋在何處荅在欲界非上二界問何故上二界無瞋耶荅非田非器乃至廣說復有說者為除瞋故求趣上界廣說如前復有說者若於是處有慳嫉結則有瞋恚所以者何以諸有情依慳嫉結於他相續起瞋恚故上界不尒故無瞋恚復次若處有無慚無愧則有瞋恚上界不尒復次若處有苦憂根則有瞋恚上界不尒復次若處有男女根則有瞋恚上界不尒復次若處有段食愛及婬欲愛則有瞋恚上界不尒釋皆如前是故上界無有瞋恚復有說者若於是處有怨害因則有瞋恚怨害因者名九惱事色無色界無怨害因故无有瞋是故尊者妙音說言怨害因緣則令瞋轉或有說者若所依身乾燥麁強則有瞋

恚上界依身潤澤柔濡故无瞋恚復有說者色無色界有瞋對治謂等引慈故無有瞋如於是處若有吠藍婆風是處雲塲終不得住上界亦尒有瞋對治等引中慈吠藍婆風故瞋雲塲於彼不住

三濁云何謂貪所起身語意業所以者何貪名為濁由濁相法所起三業說名為濁是彼果故問何因緣故貪名為濁荅能染濁故世間染色說名為濁如世間說根濁枝濁葉濁花濁果濁此皆能染故名為濁復次濁者是鄙下義世間並謂多貪欲者名為鄙濁復次濁者是不清淨義由貪蔽心習近染法捨淨法故問貪在何處荅在欲界乃至非想非非想處已說自性今當顯示雜无雜相為三惡行攝三曲穢濁三曲穢濁攝三惡行耶荅應作四句有惡行非曲穢濁謂除欲界諂瞋貪所起身語意惡行諸餘身語意惡行有曲穢濁非惡行謂初靜慮諂貪所起身語意業及餘色無色界貪所起意業有惡行亦曲穢濁謂欲界諂瞋貪所起身語意惡行有非惡行非曲穢濁謂除前相謂所名如前說謂於色蘊中除不善色及諂貪所起有覆無記色取餘色蘊於行蘊中除不善思貪瞋邪見及諂貪所起有覆无記思取餘相應不相應行蘊及三蘊全并无為法如是一切作第四句故言謂除前相

此中有二種等起謂因等起及剎那等起因等起名能轉心剎那等起名隨轉心問五識亦能作二等起發身語業不或有說者五識不能發身語業所以者何唯有意識於身語業作轉隨轉令彼業現前五識不能作轉亦不作隨轉不能令彼業現前問若尒如說自見身表業自聞語表業三識識此云何通荅不見身表但見餘相不聞語表但聞餘音即由此義名見名聞三識識者緣他身業非自身業復有說者五識亦能發身語業以意識作能轉亦作隨轉五識雖不作能轉而作隨轉發彼業故若作是說即為善通自見身表自聞語表所以者何若以意識作能轉及隨轉亦以眼識作隨轉者便見身表若以意識作能轉及隨轉亦以耳識作隨轉者便聞語表三識識者亦緣自業亦緣他業尊者僧伽伐蘇說曰五識亦能發身語業作因等起及剎那等起所以者何如有士夫先不作意欻被他打即還打彼非於尒時得起我當打彼思念當知即是住身識打是故五識亦能發起身語二業作因等起及剎那等起如是說者五識不能作因等起發身語業所以者何意識於身語業作能轉及隨轉五識唯作隨轉不作能轉故

此中若善心作能轉即善心作隨轉若染汙心作能轉即染汙心作隨轉若威儀路心作能轉即威儀路心作隨轉若工巧處心作能轉即工巧處心作隨轉發身語業問若威儀路心作能轉即彼心作隨轉者如有行時遇見佛像等起善眼識或見婬女等起染眼識如是豈非善染隨轉起彼業耶尊者世友作如是說此由覺慧速

疾迴轉起增上慢謂於行位起此眼識而實行時則善心染心不現在前若善心染心現在前時即止不行此善心染心但如伴者不名等起復有說者威儀路心發起業時善染心等相助發起是故威儀路心轉時其隨轉心容有三種謂善染无記問若工巧處心作能轉即彼心作隨轉者如畫師畫作佛時起善眼識畫女人時起染眼識如是豈非善染隨轉發彼業耶尊者世友作如是說覺慧速疾起增上慢謂於畫時起此眼識而實畫時善心染心不現在前若善心染心現在前時便止不畫此善心染心但如伴者不名等起復有說者工巧處心發起業時善心染心相助發起是故工巧處心為能轉時其隨轉心容有三種謂善染無記問異熟生心何故不能作二等起發身語業耶荅強盛心發身語業異熟生心其性羸劣故不能發復有說者若身語業異熟生心為二等起而發起者此身語業當言是何為威儀路為工巧處為

異熟生若威儀路或工巧處異熟生心去何能發若異熟生此身語業應是異熟然身語業定非異熟加行起故亦不可說為善染汙執異熟生心所起故由此異熟生心不能發身語業復次若見所斷心作轉修所斷心作隨轉或修所斷心作能轉即修所斷心作隨轉發身語業斯有是處若見所斷心作能轉即見所斷心作隨轉或修所斷心作能轉見所斷心作隨轉發身語業無有是處何以故以見所斷心不能作剎那等起發身語業故今於此中因論生論問何故住見所斷心不能作剎那等起發身語業耶荅要麁散心能作剎那等起發身語業此心微細故不能發復次外門轉心能作剎那等起發身語業此心內門轉故不能發復有說者若見所斷心能作剎那等起發身語業者此業當言是何為見所斷為修所斷為俱所斷若見所斷者此身語業應非修所斷法為方便依謂修所斷四大所造若修所斷者不應以見所斷

心為剎那等起若俱所斷者隨所起一業應成二分如是則一法有二自性但不尒故見所斷心非剎那等起問若見所斷心不能作剎那等起發身語業契經所說當云何通如契經說邪見人所有身語意業若思若求若所造作一切皆得不可愛不可樂非悅意果所以者何此見暴惡所謂邪見荅依因等起作如是說非剎那等起是故无過復次若此衆同分心作能轉即此衆同分心作隨轉或餘衆同分心作能轉即餘衆同分心作隨轉發身語業斯有是處若此衆同分心作能轉餘衆同分心作隨轉發身語業无有是處復有說者亦有是處謂如有人發願當作五年大會中間命終乘此願力生富貴家自憶宿命如昔所願一切皆作如是則名此衆同分心作能轉餘衆同分心作隨轉發身語業

三妙行三清淨謂身語意清淨乃至廣說問何故作此論荅為欲分別契經義故如契經說有三妙行三清淨

雖作是說而不廣辯廣說如前復有說者前納息中已分別三妙行未分別三清淨今欲分別故作斯論

為三妙行攝三清淨三清淨攝三妙行耶答隨其事展轉相攝所以者何諸身妙行即身清淨諸語妙行即語清淨諸意妙行即意清淨問无漏妙行永離垢離穢離濁可名清淨有漏妙行既是有垢有穢有濁云何名清淨答有漏妙行以分清淨故名清淨所以者何有漏妙行亦能離乃至無所有處諸煩惱垢故得名清淨復有說者有漏妙行能引發隨順第一義清淨故亦名清淨

三妙行三寂默謂身語意寂默乃至廣說問何故作此論答為欲分別契經義故如契經說有三妙行三寂默雖作是說而不廣辯廣說如前復有說者前納息中已分別三妙行未分別三寂默今欲分別故作斯論

三妙行三寂默為三妙行攝三寂默三寂默攝三妙行耶答應作四句有妙行非寂默謂除無學身語妙行諸餘身語妙行及一切意妙行有寂默非妙行謂无學心有妙行亦寂默謂無學身語妙行有非妙行非寂默謂除前相相謂所名如前廣說謂於色蘊中除善色行蘊中除無貪無瞋正見及諸善思識蘊中除無學心取餘色行識蘊及二蘊全并无為法如是一切作第四句故言謂除前相

三清淨三寂默為三清淨攝三寂默三寂默攝三清淨耶答應作四句有清淨非寂默謂除无學身語清淨諸餘身語清淨及一切意清淨此復云何謂學非學非無學身語清淨及三種意清淨以意寂默唯无學心故有寂默非清淨謂无學心非業性故有清淨亦寂默謂無學身語清淨有非清淨非寂默謂除前相相謂所名如前廣說

問何故於五蘊中唯色識二蘊建立寂默非餘蘊耶答應具建立而不立者當知此義有餘復有說者此中顯示冣初冣後故作是說初謂色蘊後謂識蘊如說初後如是入出趣向已度方便究竟當知亦尒復有說者此中顯示冣麁冣細於五蘊中色蘊冣麁識蘊冣細復有說者真實寂默唯无學心此無學心由誰比度謂身語業故唯無學心身語業建立寂默問何故寂默唯在無學答唯无學身中寂默可得學及非學非無學身中皆不可得因論生論何故唯無學身中寂默可得非餘耶答由此寂默是冣勝法非劣身中有勝法可得所以者何若說勝法則無學法勝非學法等若說勝補特伽羅則无學補特伽羅勝非有學等復有說者無學身中煩惱意言究竟息滅寂默圓滿故立寂默餘身不尒故不建立

問妙行清淨寂默有何差別或有說者名即差別謂名妙行名清淨名寂默復有說者義亦差別謂善巧作義是妙行義體絜白義是清淨義離癡乱義是寂默義復有說者能感愛果故名妙行不雜煩惱故名清淨究竟靜息故名寂默是謂妙行清淨寂默三種差別諸身惡行彼盡非理所引

身業耶設非理所引身業彼盡身惡行耶乃至廣說問何故作此論答為欲分別契經義故如契經說有非理所引身語意業契經雖作是說而不廣辯廣說如前復有說者前納息中雖已分別三種惡行而未分別非理所引身語意業今欲分別故作斯論諸身惡行彼盡非理所引身業耶設非理所引身業彼盡身惡行耶答諸身惡行彼盡非理所引身業何以故以諸惡行皆違理故非理作意所等起故有非理所引身業非身惡行謂有覆無記身業及無覆无記非理所引身業有覆無記身業者謂初靜慮地諂愛等所起身業無覆無記非理所引身業者謂應如是去來而不如是去來等廣說如前諸語惡行彼盡非理所引語業耶設非理所引語業彼盡語惡行耶答諸語惡行彼盡非理所引語業何以故以諸惡行皆違理作意所等起故有非理所引語業非語惡行謂有覆無記語業及無覆無記非理所引語業有覆无記語業

者謂初靜慮地諂愛等所起語業無覆無記非理所引語業者謂應作一言而不作等廣說如前

諸意惡行彼盡非理所引意業耶設非理所引意業彼盡意惡行耶答應作四句有意惡行非非理所引意業謂貪欲瞋恚邪見三種意惡行有非理所引意業非意惡行謂有覆無記意業及無覆無記非理所引意業有覆無記意業者謂欲界繫薩迦耶見邊執見相應思及色無色界一切煩惱相應思无覆無記非理所引意業者謂思能起如前所說無覆无記非理所引身語二業有意惡行亦非理所引意業謂不善意業有非意惡行亦非非理所引意業謂除前相相謂所名如前廣說謂於行蘊中作四句於中除貪瞋邪見及染汙思并無覆無記非理所引思取餘相應不相應行蘊及四蘊全并無為法如是一切作第四句故言謂除前相

諸身妙行彼盡如理所引身業耶設如理所引身業彼盡身妙行耶答諸

身妙行彼盡如理所引身業何以故一切妙行不違理故如理作意所等起故有如理所引身業非身妙行謂無覆无記如理所引身業此復云何謂應如是去來而能如是去来等廣說如前

諸語妙行彼盡如理所引語業耶設如理所引語業彼盡語妙行耶答諸語妙行彼盡如理所引語業何以故一切妙行不違理故如理作意所等起故有如理所引語業非語妙行謂无覆無記如理所引語業此復云何謂應作一言而作一言等廣說如前

諸意妙行彼盡如理所引意業耶設如理所引意業彼盡意妙行耶答應作四句有意妙行非如理所引意業謂無貪無瞋正見三種意妙行有如理所引意業非意妙行无覆無記如理所引意業即思謂能起如前所說无覆無記如理所引身語二業有意妙行亦如理所引意業謂善意業有非意妙行亦非如理所引意業謂除前相相謂所名如前廣說謂於行蘊

中作四句於中除無貪无瞋正見及善思并無覆无記如理所引思取餘相應不相應行蘊及四蘊全并無爲法如是一切作第四句故言謂除前相

說一切有部發智大毗婆沙論卷第一百一十七

阿毗達磨大毗婆沙論卷第一百一十七

校勘記

一　底本，金藏廣勝寺本。

一　六〇頁下一二行第三字「是」，資、磧、普、南、徑、清無。

一　六一頁上一四行第一二字「後」，諸本(不含石，下同)作「彼」。

一　六一頁中一四行「前者」，資、磧、普、南、徑、清作「其前」。

一　六一頁下一九行第三字「若」，磧、南、徑、清作「有」。

一　六二頁中五行第五字「可」，磧作「訶」。

一　六二頁中一九行「分齊」，諸本作「分齋」。

一　六三頁上一一行第二字「將」，諸本無。

一　六三頁中一行「亦有」，諸本作「亦有者」。

一　六三頁中六行「衆主」，麗作「衆生」。

一　六三頁中一一行第九字「其」，磧作「具」。

一　六三頁中一八行「穢穢」，諸本作「貪穢」。

一　六三頁中一九行「穢汙諸含識」下，諸本有五言頌四句「世間諸穢草　能穢汙良田　如是諸穢穢　穢汙諸含識」。

一　六四頁上四行第九字「住」，徑作「往」。

一　六四頁上一一行「根濁」，諸本作「根濁莖濁」。

一　六四頁中一五行第二字「不」，諸本作「不能」。

一　六五頁中六行第一〇字「轉」，諸本作「能轉」。

一　六五頁下五行「語業」，諸本作「語業者」。

一　六五頁下六行「邪見」，諸本作「諸邪見」。

一　六五頁下九行第一二字「非」，諸本作「非依」。

一　六七頁上一五行第四字「等」，資、磧、普、南、徑、清作「煩惱等」；麗作「等煩惱」。

一　六七頁上二一行首字「理」，諸本作「理故非理」。

一　六七頁下一八行「妙行」，諸本作「妙行謂一分」。

阿毗達磨大毗婆沙論卷第一百一十八　　遜

五百大阿羅漢等造

三藏法師玄奘奉　詔譯

業蘊第四中邪語納息第二之三

諸法由業得彼法當言是善不善無記耶乃至廣說問何故作此論答為止他宗顯已義故謂犢子部分別論者欲令音聲是異熟果問彼由何量作如是說答由聖言故如施設論說何緣菩薩感得梵音大士夫相菩薩昔餘生中離麁惡語此業究竟得梵音聲由此說故彼便計聲是異熟果為遮此意顯一切聲非異熟故作斯論

諸法由業得彼法當言是善不善無記耶答依異熟果諸法由業得彼法是無記問何故作是說答或有諸法雖由業得而非無記如諸律儀不律儀等為簡彼法故作是說依異熟果諸法由業得彼法是無記

此中犢子部分別論者問應理論者言定作是說依異熟果諸法由業得彼法是無記耶此是審定他宗之言

若不審定他所立宗便難他者則無有能與他作過亦是徵難他所不說故審定言汝今忍可定作是說依異熟果諸法由業得彼法是無記耶應理論者答言如是彼復問言為何所欲如來善心說語妙音美音和雅音悅意音此語是善耶應理論者答言如是彼便難言聽我說汝負處失處違自言處若作是說依異熟果諸法由業得彼法是無記則不應言如來善心說諸妙音美音和雅音悅意音此語是善作是說者不應道理若作是說如來善心說諸妙音美音和雅音悅意音此語是善則不應言依異熟果諸法由業得彼法是無記而作是說不應道理應理論者釋彼難言應作是說菩薩昔餘生中造作增長感異熟果大宗蕠業由是因緣展轉出生如來咽喉微妙大種從此能生妙語音聲而聲非異熟

問若一切聲非異熟果施設論說當云何通答依展轉因作如是說然一切聲非異熟果問何故諸聲非異熟

果或有說者聲屬第三傳謂最初業生諸大種大種生聲聲屬第三故非異熟果復有說者聲屬第五傳謂初業生異熟大種異熟大種生長養大種長養大種生等流大種從此等流大種生聲聲屬第五故非異熟果復有說者聲隨欲轉非異熟法可隨欲轉有說聲復生聲非從異熟復生異熟有說聲是現在加行所發異熟果是先業所起復有說者離初靜慮染時語表便斷若是異熟者應離三界染時方斷復有說者聲有三種謂善不善無記異熟果唯無記有說若聲是異熟者生可愛趣應一切時出如意聲生非可愛趣應一切時出不如意聲現見有時與此相違是故聲非異熟復有說者聲有間斷異熟色無間斷是故聲非異熟然諸菩薩由二因緣發願求佛大士夫相微妙梵音一由曾見二由曾聞由曾見者謂彼菩薩曾見諸佛處大集會為諸有情以梵音聲宣說正法摧伏異論微妙深遠具丈夫相由曾聞者謂彼菩薩

具聞如來以梵音聲宣說正法乃至具丈夫相介時菩薩見聞歡喜深心愛樂則便攝受順彼正因我諸禁戒梵行精進皆當迴向願於未來得住如是大士行類由此意樂復以種種上妙香花供具音樂供養諸佛獨覺聲聞制多形像承事供養父母師長同梵行者修如是等殊勝福時一一迴求此梵聲相又勤淨除二種業道謂麁惡語及雜穢語由勤淨除麁惡語故得大士相微妙梵音由此梵音摧伏一切外道他論由勤淨除雜穢語故感得言詞威肅清亮由此言詞映奪一切世俗異論辟如有人見他處在華妙堂閣陳列五樂歡娛自恣聞他拊奏五樂音聲作是思惟我於何時當得如是處妙堂閣陳列五樂歡娛自適既思惟已勤加功力積集財寶如其所願皆能辦之菩薩亦介由見及聞發願求佛梵音聲相諸業過去乃至廣說問何故作此論答諸有不願去來愚三世者欲令過去未來是無唯說現在無為是有為遮彼

執顯過去未來是實有法故作斯論復次所以作此論者為欲遮止外道所說故彼說言一切諸法後為前因猶如泉水後逼於前令涌令注如是後水為前水因諸法亦介由後念法所推逼故令從未來起入現在復從現在滅入過去是故未來為現在因現為過因為遮彼執明一切法前為後因非後前因若說後法為前因者便違內外諸法緣起違內法緣起者謂應行緣無明乃至老死緣生因於子息而有父母眼識為緣生於眼色乃至意識為緣生於意法從頞部曇生羯邏藍乃至從老生於中年違外法緣起者謂應芽為種因乃至果為花因如是等若介則有大過謂未作應得應先受善惡異熟後造善惡業先墮無間獄後造五逆罪先受輪王位後造輪王業先證阿耨多羅三藐三菩提然後修菩薩行若未作而得亦應已作而失如此則無繫縛出離勿有此過是故諸法前為後因非後前因由是因緣故作斯論

諸業過去彼果過去耶答彼果或過去或未來或現在果謂異熟果由已滅等差別故成三種諸業未來彼果未來耶答如是以非果先因在後故諸業現在彼果現在耶答彼果或現在或未來所釋如前此中有說依剎那現在作論依此所說諸業過去彼果隨在何世而彼業皆有四種謂順現法受乃至順不定受諸業未來諸業現在隨所有果彼業亦四而不應言諸業現在彼果現在非此剎那造業即此剎那受異熟果故或有說者此中依分位現在而作論依此所說諸業過去彼果過去未來現在諸業未來諸業現在彼果未來皆如前說諸業現在彼果現在者彼業有二謂順現法受順不定受復有說者此中依一眾同分現在作論依此所說諸業過去彼果或過去者如前說或未來者彼業有二謂順後次受不順不定受或現在者彼業有三除順現法受諸業未來亦如前說諸業現在彼果或現在者彼業有二謂順現法受及順不定受或未來者彼業有三除順現法受問頗有順現法受業因在過去果在未來耶答有謂依剎那分位現在不依一眾同分現在而說復有說者亦依一眾同分現在而說謂如有人造作增長順現法受業已未獲與果奄尒命終尒時即名因在過去果在未來頗有順現法受業因在過去果在現在或因在現在果在未來耶若依一眾同分現在為問應答言無尊者妙音說有謂如前說頗有如身業感異熟果語業意業不尒耶乃至廣說今於此中方便顯示三業所感愛非愛果後見藴中方便顯示分位差別此中所問先答黑品後答白品是名此處略毗婆沙頗有如身業感異熟果語業意業不尒耶答有如身不護語護彼於尒時有善心或無記心謂於今時起不善身表業由此發起无表業隨轉及於今時或先時起善語表業由此發起無表業隨轉即於尒時善心現起或无記心此中身業感非愛異熟語業感愛異熟意業若善心起感愛異熟若無記心起不感愛非愛異熟又如身護語不護彼於尒時有不善心或無記心謂於今時起善身表業由此發起无表業隨轉及於今時或由先時起不善語表業由此發起無表業隨轉即於尒時不善心現起或無記心此中身業感愛異熟語業感非愛異熟意業若不善心起感非愛異熟若無記心起不感愛非愛異熟是名如身業感異熟果語業意業不尒

頗有如語業感異熟果身業意業不尒耶答有如身護語不護彼於尒時有善心或無記心謂於今時或由先時起善身表業由此發起无表業隨轉及於今時起不善語表業由此發起無表業隨轉即於尒時善心現起或無記心此中身業感愛異熟語業感非愛異熟意業若善心起感愛異熟若無記心起不感愛非愛異熟如身不護語護彼於尒時起不善心或無記心謂於今時或由先時起不善身表業由此發起无表業隨轉及於

今時起善語表業由此發起无表業隨轉即於尒時起不善心或無記心此中身業感非愛異熟語業感愛異熟意業若不善心起感非愛異熟若無記心起不感愛非愛異熟是名如語業感異熟果身業意業不尒

諸有欲令有缺減律儀不律儀者依彼意起此諸句中身護語不護語護身不護皆得依三種說謂若住律儀若住不律儀若住非律儀非不律儀諸有欲令無缺減律儀不律儀者依彼意趣此等唯依住非律儀非不律儀者說非餘

頗有如意業感異熟果身業語業不尒耶荅有如身護語護彼於尒時有不善心此相違說亦尒此相違等如前准釋此中若意業感非愛異熟身語業便感愛異熟若意業感愛異熟身語業便感非愛異熟是名如意業感異熟果身業語業不尒

頗有如身業語業感異熟果意業不尒耶荅有如身不護語不護彼於尒時有善心或無記心此相違說亦尒

如前准釋此中若語業感非愛異熟意業便感愛異熟或都不感若身語業感愛異熟意業便感非愛異熟或都不感是名如身業語業感異熟果意業不尒

諸有欲令有缺減律儀不律儀者及有欲无缺減律儀不律儀者依彼意趣此諸句中身護語護身不護語不護皆得依三種說謂若住律儀若住不律儀若住非律儀非不律儀頗有如身業意業感異熟果語業不尒耶荅有如身不護語護彼於尒時有不善心此相違說亦尒如前准釋

頗有如語業意業感異熟果身業不尒耶荅有如身護語不護彼於尒時有不善心此相違說亦尒如前准釋

頗有如身業語業感異熟果意業亦尒耶荅有如身不護語不護彼於尒時有不善心此相違說亦尒如前准釋此中或三業皆感非愛異熟或三業皆感愛異熟是名如身業語業感異熟果意業亦尒

頗有非身業語業意業感異熟果而

感異熟果耶荅有謂心不相應行感異熟果色心心所法心不相應行此復云何謂无想定滅盡定得及彼生老住無常

問無想定感何異熟或有說者无想定感無想及色異熟命根衆同分是彼有心靜慮異熟所餘諸蘊是俱異熟復有說者无想定感無想及色異熟命根是彼有心靜慮異熟所餘諸蘊是俱異熟復有說者无想定感無想異熟所餘諸蘊是俱異熟問若尒命根便非是業所感異熟品類足說當云何通如說一法是業異熟非業所謂命根荅一切命根是異熟果諸異熟果多由業感故作是說然此不無非業感者復有說者若有心時亦感無心諸蘊異熟若無心時亦感有心諸蘊異熟問若尒應有心因感無心果應无心因感有心果荅此亦无過如有色因感無色果或無色因感有色果業果差別不違正理此亦如是評曰應作是說無想異熟唯无想定感一切命根及衆同分眼等色根

皆業所感餘蘊俱感問滅盡定感何異熟荅感非想非非想處四蘊異熟問得感何異熟荅感色心心所法心不相應行問得能感衆同分不或有說者不感所以者何衆同分者是業所感此得非業故不能感諸說得不能感衆同分者彼說諸得感色異熟者能感四處謂色香味觸亦感心所法異熟者謂樂受苦受不苦不樂受及相應法感心不相應行異熟者謂得生住老無常尊者僧伽伐蘇說曰得亦能感衆同分果謂衆多得積集能感一衆同分所得依身愚鈍羸劣不明不利猶如蚯蚓蚰蜒象等彼衆同分是得所感諸說得亦能感衆同分者彼說此得感色異熟者謂九處除聲處感心心所法異熟者謂樂受苦受不苦不樂受及相應法感心不相應行異熟者謂命根衆同分得生住老無常彼不應作是說所以者何得得相望不同一果假使積集數過俱胝復何所益若同一果可有是事是故如前所說者好尊者妙音作如

是說得不能感衆同分果餘業感得衆同分時於其眼處乃至意處得亦能感相狀異熟即彼諸法生住老無常此中亦攝依附彼法不自在故頗有順現法受等三業非前非後受異熟果耶荅有乃至廣說此中非前者遮過去非後者遮未來受異熟果者謂三業同於一刹那須受異熟果依此立問是以荅言有謂順現法受業色者此業能感四處異熟謂色香味觸順次生受業心心所法者此業能感樂受不苦不樂受及彼相應異熟順後次受業心不相應行者此業能感四類異熟謂命根衆同分得生住老无常又順現法受業心不相應行者此業能感二類異熟謂得生住老无常順次生受業色者此業能感九處異熟除聲處順彼次受業心心所法者此業能感樂受苦受不苦不樂受及彼相應異熟又順現法受業心心所法者此業能感樂受苦受不苦不樂受及彼相應異熟順次生受業心不相應行者此業能感四類異熟

謂命根衆同分得生住老无常順後次受業色者此業能感九處異熟謂除聲處頗有順樂受等三業非前後受異熟果耶荅有謂順樂受業色者此業能感人天九處異熟謂除聲處能感惡趣四處異熟謂色香味觸順苦受業心心所法者此業能感苦受及彼相應異熟順不苦不樂受業心不相應行者此業能感人天四類異熟謂命根衆同分得生住老无常能感惡趣二類異熟謂得生住老無常又順樂受業心不相應行者此業能感人天四類異熟謂命根衆同分得生住老无常能感惡趣二類異熟謂得生住老無常順苦受業色者此業能感惡趣九處異熟謂除聲處能感人天四處異熟謂色香味觸順不苦不樂受業心心所法者此業能感不苦不樂受及彼相應異熟又順樂受業心心所法者此業能感樂受及彼相應異熟順苦受業心不相應行者此業能感惡趣四類異熟謂命根衆同分得生住老無常能感人天二類異

熟謂得生住老无常順不苦不樂受業色者此業能感人天九處異熟除聲處能感惡趣四處異熟謂色香味觸

頗有三界業非前非後受異熟果耶荅有乃至廣說此中道理應荅言無以異熟果界地斷故而言有者有何理耶有說此中以問非理是故隨彼作非理何故須作非理問耶欲試驗他故為此問聞迦濕弥羅國有一論師至北印度闍林僧伽藍知衆事者差為僧使彼不受言我是論師應免斯事其知事者往白衆首阿羅漢言迦濕弥羅國有一苾蒭至此僧伽藍次當僧使彼不受言我是論師應免斯事阿羅漢言汝應往問頗有三界業非前非後受異熟果耶知僧事者便往問之彼得此問荅言無有知僧事者還往衆首阿羅漢所白言巳問彼荅言無阿羅漢言定是論師應免僧事故今於此還述彼問欲有試驗故亦復作非理而荅復有說者依增上果為此問荅亦不違理以三界業容有一時受此果故謂欲界繫業色者此業亦感欲界繫九處異熟謂除聲處色界繫業心心所法者謂婆羅門長者居士諸淨信者聞有苾蒭證得靜慮便施種種衣服飲食諸資身具彼受施巳發生樂受及相應法無色界繫業心不相應行者謂婆羅門長者居士諸淨信者聞有苾蒭得無色定便施種種衣服飲食諸資身具彼受施巳命根不斷又欲界繫業心不相應行者此業亦感欲界四類異熟謂命根衆同分得生住老无常色界繫業色者謂婆羅門長者居士諸淨信者聞有苾蒭證得靜慮便施種種衣服飲食諸資身具彼受施巳長養諸根增益大種無色界繫業心心所法者謂婆羅門長者居士諸淨信者聞有苾蒭證無色定便施種種衣服飲食諸資身具彼受施巳發生樂受及相應法又欲界繫業心心所法者此業亦感樂受苦受不苦不樂受及相應法色界繫業心不相應行者謂婆羅門長者居士諸淨信者聞有苾蒭證得靜慮便施種種衣服飲食諸資身具彼受施巳命根不斷無色界繫色者謂婆羅門長者居士諸淨信者聞有苾蒭證無色定便施種種衣服飲食諸資身具彼受施巳長養諸根增益大種由此道理令於此中依增上果作此問荅亦不違理以增上果一切界地無隔斷故

頗有善不善業非前非後受異熟果耶荅有乃至廣說謂善業色者此業能感人天九處異熟除聲處能感惡趣四處異熟謂色香味觸不善業心心所法者此業能感苦受及彼相應異熟心不相應行者此業能感惡趣四類異熟謂命根衆同分得生住老无常能感人天二類異熟謂得生住老無常又善業心心所法者此業能感樂受不苦不樂受及彼相應異熟心不相應行者此業能感人天四類異熟謂命根衆同分得生住老无常能感惡趣二類異熟謂得生住老无常不善業色者此業能感惡趣九處異熟除聲處能感人天四處異熟謂色香味觸

頗有見修所斷業非前非後受異熟果耶荅有乃至廣說謂見所斷業色者此業能感惡趣九處異熟除聲處能感人天四處異熟謂色香味觸修所斷業心心所法心不相應行者此業有二種謂善不善業心心所法者此業能感樂受不苦不樂受及彼相應異熟心不相應行者此業能感人天四類異熟謂命根衆同分得生住老无常能感惡趣二類異熟謂得生住老無常不善業心心所法者此業能感苦受及彼相應異熟心不相應行者此業能感惡趣四類異熟謂命根衆同分得生住老無常能感人天二類異熟謂得生住老無常又見所斷業心心所法者此業能感苦受及彼相應異熟心不相應行者此業能感惡趣四類異熟謂命根衆同分得生住老無常能感人天二類異熟謂得生住老無常修所斷業色者此業有二種謂善不善善業色者此業能感人天九處異熟除聲處能感惡趣四處異熟謂色香味觸不善業色者此業能感惡趣九處異熟除聲處能感人天四處異熟謂色香味觸異熟因果如雜蘊智納息中已廣說

業蘊第四中害生納息第三之一

頗有已害生殺生未滅耶如是等章及解章義既領會已次應廣釋此中有非殺生以殺生聲說有非加行以加行聲說謂殺生加行亦名殺生殺生後起亦名加行是謂此處略毗婆沙頗有已害生殺生未滅耶荅有如已斷他命彼加行未息謂如有人為害他命以刀杖等加害加行未息而彼命已斷遣使呪藥廣說亦尒頗有未害生殺生已滅耶荅有如未斷他命彼加行已息謂如有人為害他命以刀杖等加害其命未斷彼謂已斷斷不復加害遣使呪藥廣說亦尒頗有已害生殺生已滅耶荅有如已斷他命彼加行已息謂如有人為害他命以刀杖等加害即命斷時加行亦息遣使呪藥廣說亦尒頗有未害生殺生未滅耶荅有如未斷他命彼加行未息謂如有人為害他命以刀杖等加害其命未斷彼加行亦未息遣使呪藥廣說亦尒

頗有未害生殺生未滅此業異熟定生地獄耶荅有如作無間業加行時命終其事云何謂如有人欲害其母適起加行或為官司所獲或母有力反害其子或母福德天神為殺子墮地獄而母猶存或起加行致母必死而便中悔自害其命亦生地獄如害母如是造餘无間應知亦尒問唯法無衆生云何而有殺罪尊者世友說曰如雖无衆生而有衆生想如是雖無衆生而有煞罪復次此蘊界處能起我想有情想命者生者養者補特伽羅想是故若斷壞破得殺生罪復次蘊界處能起我想常樂淨想是以若斷壞之彼得殺生罪大德說言此蘊界處是有執受起三時覺謂我當殺正煞已殺是故若斷壞彼得殺生罪然衆生是世俗有殺生罪是勝義有此殺生罪由二緣得一起加行二果究竟若起加行果不究竟或果究竟不起加行皆不得殺罪若起加行

果亦究竟方得殺罪問頗有亦起加行果亦究竟不得殺罪耶答有如能煞所殺俱時捨命或能殺者前死

問殺何蘊名殺生過去耶未來耶現在耶過去已滅未來未至現在不住應無殺義云何名殺生耶答殺未來蘊非過去現在問未來未至云何可殺答彼住現在遮未來世諸蘊和合說名為殺由遮他蘊和合生緣故得殺罪有說殺現在未來蘊但非過去問未來可尒現在不住設彼不殺亦自然滅云何殺耶答斷彼勢用說名為殺所以者何先現在蘊雖不住而滅然不能令後蘊不續令現在蘊不住而滅則能令其後蘊不續故於現蘊亦得殺罪問諸蘊中何蘊可殺於彼得殺罪有說色蘊所以者何唯色可為刀杖等所觸故有說五蘊

問四蘊無觸云何可殺答彼依色轉色蘊壞時彼便不轉故亦名殺如缾破時乳等亦失又彼都於五蘊起惡心而殺故於彼得殺罪問為殺無記於彼得罪為三種耶有說無記所以者何唯无覆無記可為刀杖等所觸故有說三種問善染汙法無觸云何可煞答善染汙法依無記轉无記壞時彼便不轉故亦名殺餘廣說如前

問如以一加行俱時殺母及餘女人彼於母得殺生及無間无表罪於餘女人唯得煞生無表罪而此表業為但得一為得二耶有作是說但得一表所以者何以一加行俱時而殺无差別故尊者妙音說曰彼得二表所以者何此身表業極微所成害母及餘極微各異如無表得二表亦應尒

問如一以加行殺多衆生隨尒所衆生得尒所無表罪而此表業為但得一為得多耶有說得一所以者何以一加行俱時而殺無差別故尊者妙音說曰彼得多表廣說如前

問殺壽應盡者得殺罪不答若此剎那壽應盡即尒時加害者不得殺罪若由加害乃至令彼一剎那壽住不生法皆得殺罪況多剎那問殺斷末摩者得殺罪不答若此剎那正應捨命即尒時加害者不得殺罪若由加害乃至令彼一剎那命住不生法皆得殺罪況多剎那

問若有害他令定當死便自害命得殺罪不答不得所以者何以彼果未究竟便自失命無後衆同分可成就後罪故問若戰鬬時手相加害俱時死者各得殺罪不答不得所以者何以二皆忘果未究竟便俱失命無後衆同分可成就彼罪故問若為王等逼令行殺得殺罪不有說不得所以者何他力所制非彼意樂故如是說者亦得殺罪除自要心寧捨己命終不害他如是則無罪問若依先王所制法令刑罰有過得殺罪不答得王及法司若遣他殺得殺先無表罪彼所遣人及若自殺俱得殺生表無表罪若衆多有情謀害一命彼起加行親斷命者得殺生攝表無表罪餘同謀及作聲援者但得殺生無表若彼多人等設加行斷一命當知皆得表无表罪頗有非身作而得殺生罪耶答有謂語遣殺頗有不發語而得虛誑語罪耶答有謂身表頗有非身作

不發語而得二罪耶荅有謂仙人意
憤及布灑他時穀默然表淨

說一切有部發智大毗婆沙論卷第一百一十八

阿毗達磨大毗婆沙論卷第一百一十八
校勘記

一　底本，金藏廣勝寺本。
一　六九頁下一一行第四字「諸」，資、磧、普、南、徑、清作「語」。一三行第八字同。
一　六九頁下二二行第四字「荅」，磧、南、徑、清作「若」。
一　七〇頁上八行「有説」，諸本（不含石，下同）作「復有説者」。上九行資、磧、普、南、徑、清同。
一　七〇頁上二一行第一一字「爲」，資、磧、普、南、徑、清無。
一　七一頁上二〇行第一一字「不」，諸本作「及」。
一　七二頁上八行第三字「起」，諸本作「趣」。
一　七二頁中一行「若語」，諸本作「若身語」。
一　七二頁中七行第二字「欲」，諸本作「欲令」。
一　七二頁下四行「老住」，資、磧、普、南、徑、清作「住老」。
一　七三頁上八行「心所」，諸本作「心心所」。
一　七三頁中一二行「樂受」，諸本作「樂受苦受」。
一　七三頁中一八行第八字「彼」，諸本作「後」。
一　七三頁下三行「非前後」，諸本作「非前非後」。
一　七四頁上二行末字至次行首二字「除聲處」，諸本作「謂除聲處」。下同。
一　七四頁上九行「何故」，諸本作「荅何故」。
一　七四頁上一〇行第六字「聞」，諸本作「曾聞」。
一　七四頁上一四行第一一字「此」，資、磧、普、南、徑、清無。
一　七四頁中二一行末字「及」，諸本作「及彼」。
一　七四頁下三行第二字「色」，諸本

作「業色」。

一　七四頁下二〇行第四字「得」，資、磧、普、南、徑、清作「得此」。

一　七五頁上六行第八字「善」，諸本作「善善」。

一　七五頁中一七行首字「斷」，諸本無。

一　七五頁下一五行第九字「破」，諸本作「彼」。

一　七五頁下一六行第二字「薀」，資、磧、普、南、徑、清作「此蘊」。

一　七六頁上二行「不得」，諸本作「而不得」。

一　七六頁上二一行第九字「都」，資、磧、普、南、徑、清作「部」。

一　七六頁中一三行「一以」，諸本作「以一」。

一　七六頁下五行第三字「便」，磧、普、南、徑、清作「使」。

一　七六頁下六行「後罪」，諸本作「彼罪」。

一　七六頁下一五行第一〇字「先」，諸本作「生」。

一　七六頁下二〇行「斷一命」，諸本作「斷彼一命」。

一　七七頁上二行第七字「殺」，麗無。

趙城縣廣勝寺

阿毗達磨大毗婆沙論卷第一百一十九　過

五百大阿羅漢等造

三藏法師玄奘奉　詔譯

業蘊第四中害生納息第三之二

頗有業不善順苦受異熟未熟乃至廣說問何故作此論答為止他義顯已義故謂或有說無有中有或復有說雖有中有而生惡趣者无或復有說生惡趣者雖有中有而生地獄者無或復有說生地獄者雖有中有而先造無間業者无或復有說先造無間業者雖有中有而中有中不受無間異熟或復有說雖住中有亦受無間異熟而但受四蘊不受色蘊欲遮此等種種僻執顯有中有於有色界一切生處无不皆有於中亦受色蘊異熟由是因緣故作斯論

頗有業不善順苦受異熟未熟非不初受異熟果而起染汙心耶答有如造作增長无間業已此業審初地獄中有異熟果生問造作增長何差別

有說無差別有說名則差別此名造作此名增長有說義亦有差別謂或有由一惡行墮諸惡趣或有由三若由一惡行墮惡趣者彼加行時但名造作不名增長若至究竟名為造作亦名增長若具由三墮惡趣者造一二時但名造作不名增長若具造三名為造作亦名增長如三惡行三妙行亦尒差別者生善趣復次或有由一無間墮於地獄或具由五若由一者彼加行位但名造作不名增長若至究竟名為造作亦名增長若具由五造一至四但名造作不名增長若具造五名為造作亦名增長復次或有由一不善業道墮諸惡趣或具由十若由一者彼加行位但名造作不名增長若至究竟名為造作亦名增長若具由十造一至九但名造作不名增長若具造十名為造作亦名增長如十不善業道十善業道亦尒差別者生善趣復次或有由多妙行感一衆同分如諸菩薩審後衆同分由三十二百福所感若造一百福至三

十一百福但名造作不名增長若時具造三十二百福名為造作亦名增長復次或有業故思所造或有業非故思造若故思所造名為造作亦名增長若非故思所造但名造作不名增長審思而造率尒而造說亦尒復次或有業順三時受或有業順不定受順三時受名為造作亦名增長順不定受但名造作不名增長順决定受順不定受說亦尒

復次或有業順別定受或有業順不別定受順別定受者名為造作亦名增長順不別定受者但名造作不名增長復次或有業時分定異熟亦定或有異熟定時分不定二俱定者名為造作亦名增長唯一定者但名造作不名增長復次有不善業順惡趣受有不善業順善趣受前名造作亦名增長後名造作不名增長善業與此相違說亦尒復次有不善業不善為助伴有不善業善業為助伴前名造作亦名增長後名造作不名增長善業與此相違說亦尒復次有不善業無作見邪見迷因果相續中生有不善業有作見正見不迷因果相續中生前名造作亦名增長後名造作不名增長善業與此相違說亦尒復次有不善業壞戒壞見有不善業壞戒不壞見前名造作亦名增長後名造作不名增長善業與此相違說亦尒復次有不善業加行壞意樂壞有不善業加行壞意樂不壞前名造作亦名增長後名造作不名增長善業與此相違說亦尒復次有業作已不捨不變不吐不依對治有業作已捨變吐依對治前名造作亦名增長後名造作不名增長如是有業三時覺察三時不覺察作已無悔作已有悔作已隨念作已不隨念數數憶念不數數憶念說亦尒復次若業能取果與果名為造作亦名增長若業取果不能與果但名造作不名增長尊者世友說曰若所作業意樂迴向意樂顯示為同類者稱讚顯說是名造作亦名增長若所作業與此相違但名造作非名增長有作是說若所作業一切種圓滿一切種究竟如造御多嚴飾周畢此名造作亦名增長若所作業與此相違但名造作不名增長大德說言若所作業衆緣和合必定感果名為造作亦名增長若所作業與此相違但名造作不名增長如是等有無量門是名造作增長差別

無間業有五種一害母二害父三害阿羅漢四破和合僧五起惡心出佛身血問此五无間業以何為自性荅以身語業為自性前三後一身業為自性第四一種語業為自性是故此五三界三處一蘊所攝三界者色聲法界三處者色聲法處一蘊者色蘊是名無間業自性已說自性所以今當說問何故名無間荅由二緣故說名無間一遮現後二遮餘趣遮現後者此五但是順次生受非順現法受及順後次受故名無間遮餘趣者謂此决定於地獄受非雜餘趣故名無間由二因緣建立無間一背恩養二壞德田背恩養者謂害母害父壞德田者謂餘三種由二因緣得无間罪

阿毗達磨大毗婆沙論第一百十九卷　第六張　退字号

一起加行二果究竟雖起加行果不究竟彼不得无間罪雖果究竟不起加行亦不得无間罪雖起加行果不究竟者謂如有人欲害其母母覺知已藏穀積中有餘女人在母寢處其人既至謂是已母以刀害之害已方更往穀積中揩拭刀刃刀觸母身因玆殞命起加行時果未究竟果究竟時巳無加行由此不成無間之罪有果究竟不起加行者謂如有人扶持父母經嶮路過恐其賊来推逼令進父母顛仆因即喪命果雖究竟非加行起是故要起加行及果究竟方成无間問頗有起加行及果究竟而不得無間罪耶荅有謂與所殺俱時命終無後衆同分可成就彼罪故有兄遣弟自往害母弟依兄教俱得无間若弟遣他及共他害唯弟得无間有兄遣弟令他害母弟依兄教俱得無間若弟自害及共他害唯弟得无間有兄遣弟共他害母弟依兄教俱得無間弟若自害及但令他唯弟得无間有兄遣弟母来當害弟依兄教俱

阿毗達磨大毗婆沙論第一百十九卷　第七張　退字号

得無間若母去方害唯弟得無間如兄遣弟兄遣於妹弟遣於兄遣姊亦尒如遣害来遣害去住坐卧亦尒如害母害父亦尒害阿羅漢出佛身血遣使差别類此應知若非人煞非人父母不得無間罪非人煞人人煞非人應知亦尒唯有人類煞人父母方得无間問若扇搋半擇迦無形二形煞害父母得無間不荅不得所以者何彼身法尒志力微劣不能作律儀不律儀器故尊者世友作如是説扇搋迦等煞害父母不得無間所以者何彼於父母無愛敬心可先現前令滅壞故復次彼於父母無勝慙愧可先現前令滅壞故大德説言扇搋迦等煩惱增故定惡趣攝惡趣攝故无無間罪問諸傍生類煞害父母得無間不荅不得所以者何彼身法尒志力微劣不能作律儀不律儀器故尊者世友説曰諸傍生類煞害父母不得無間所以者何彼於父母無愛敬心可先現前令滅壞故復次彼於父母無勝慙愧可先現前令滅壞故大

阿毗達磨大毗婆沙論第一百十九卷　第八張　退字号

德説言諸傍生類煞害父母於無間罪有得不得謂聡慧者得非聡慧者不得曽聞有聡慧龍馬人貪其種令與母合馬後覺知断勢而死問如以一加行俱時煞母及餘女人彼所有無表巳如前説彼有表業於誰邊得耶荅於母邊得所以者何以於彼中無間罪為勝故尊者妙音説曰諸有表業極微所成害母及餘極微各異故有表罪於二人邊得問如有女人羯剌藍墮有餘女人收置身中後所生子以誰為母煞害何者得无間罪荅前為生母後為養母唯害生母得無間罪以羯賴藍依前生故諸所作事應諮養母於非母作母想害及於母作非母想害俱不得無間罪要於母作母想害方得無間罪於父及餘應知亦尒頗有女人非母非阿羅漢害之得无間罪耶荅有謂害轉根為女父頗有男子非父非阿羅漢害之得無間罪耶荅有謂害轉根為男母問若母是阿羅漢或父是阿羅漢彼害一一時為但得一無間罪為得二

耶若言但得一者彼背恩養及壞德田云何得一經說復云何通如佛告始寋持言汝今已得二無間罪謂害父及阿羅漢若言得二者彼害一命云何而得二罪答應言得一彼背恩養及壞德田俱於一身轉故契經應說汝由二緣得無間罪謂害父及阿羅漢而言得二罪者欲以二罪訶責彼故有餘師言罪體雖一所感苦倍是以說二

問如害阿羅漢得無間罪害諸有學亦得是罪耶答不得所以者何前說無間由二緣得一背恩養二壞德田害諸有學非壞德田以彼有功德亦有過失有妙行亦有惡行有善根亦有不善根故問退失阿羅漢果者害之得無間耶答不得還是有學故如前說問此於審後命將斷時必住无學云何不得無間耶答於無學身無惡心故謂彼但於學者身中起煞意及加行非於無學由無無間因故不得無間罪

毗柰耶說娑羅林中有衆多苾蒭為群賊所煞刼奪衣物有近住官皆悉捉獲送至王所王勑依法其中有一賊逃至勝林求欲出家時苾蒭衆不審檢察度令出家為受具戒時典刑者將餘群賊至於塚間欲屠割之苾蒭聞已為知世間可猒事故皆共往觀向出家者亦在其中見諸罪人支節分解各各異處彼新出家者即時惶恐悶絶躃地久而乃穌衆問其故答言死者是我朋侶我昨與其同為此事若不出家亦遭斯苦苾蒭聞已更相謂言今此惡人如何處置便往白佛佛言此人煞苾蒭衆得无間罪不合出家若已出家衆應駈擯勿與同止所以者何造無間者於我正法毗柰耶中不能生長諸善法故問彼不了知是阿羅漢何故得无間罪答不以知故得罪以壞德田故得罪彼於苾蒭衆中起無簡擇等煞意樂由此極惡之心害及阿羅漢是故得無間罪

問若先造餘無間後乃破僧彼生地獄先受何果若先受餘无間果者破僧應成順後次受若先受破僧果者餘無間應成順後次受答若先造餘无間業彼後不能破僧若先破僧後便能造餘无間業彼後所造皆由破僧增上力故同招无間地獄果餘順次生受惡行隨無間業准此應知又先破僧後造餘無間業彼後所造皆由破僧增上力故同招無間乃至極受一刼壽果更無增壽餘順次生受惡行隨无間業壽量長短亦准此知

問若因破僧生無間地獄壽命未盡世界便壞者彼中夭不若中夭者彼極重業所引壽量云何中斷若不夭者云何不與世界壞而作留難如契經說若處乃至一有情在災便不壞答若壽量定彼無中夭問若尒云何不於世界壞而作留難答彼由業力引置餘世界地獄中受如王都内欲有恩赦先移重囚置於邊獄然後放赦彼亦如是有說此世界將欲壞時若諸有情造无間業者彼命終法尒更不生此間而必生於餘世界地獄中受此業果有說世界將欲壞時定

無有情造極惡業
問頗有具造五無間耶有說无所以者何此業極重無器能勝而容受故有餘師說有具造五如迦葉波佛時有苾蒭名花上是磐上子彼具造五無間業及斷善根問由一無間與乃至由五墮於地獄有何差別荅由一無間墮地獄者其身狹小苦具不多苦受現前非極猛利若乃至由五無間墮地獄者其身廣大苦具增多苦受現前極為猛利
問五無間業何者㝡重荅破和合僧壞法身故次出佛身血次害阿羅漢次害母後害父母之恩養於父為重德田勢力於恩田為勝故問世尊所有諸无學法說名為佛此不可害去何惡心出血得無間罪耶尊者世友說曰以於能成大菩提法起惡意樂欲毀壞故雖害生身而於彼得无間罪復次成諸佛無學法依生身轉若壞所依當知亦壞能依如𤬪破乳則失是以得無間罪問如起惡心出佛身血得無間罪頗有起惡心不至出血亦得此无間罪耶荅有是故應作四句有起惡心出佛身血不得无間罪謂起欲打心而出血有起惡心不至出血而得無間罪謂起欲煞心乃至令血移處有起惡心出佛身血亦得無間罪謂起欲煞心而出血有起惡心不至出血不得无間罪謂起欲打心乃至令血移處問佛身為有瘡穴等不荅無所以者何一切如來相好圓滿身毛皮等殊妙齊平是故无有瘡穴等事問此何業果荅如來昔於三無數刼修菩薩行時若見有情身分缺壞便起深悲方便救濟要令圓滿若見佛像菩薩像聖僧像靈龕制多僧伽藍等彫落破壞方便修治要令如本由此業故今得如是相好莊嚴無瘡穴等
頗有故思害生命後不受遠離而於一切有情得防護耶荅有如起煞加行中間證見法性此顯不因受諸學處但由入正性離生時得不作律儀名為防護其事去何掣迦契經是此論根本昔有釋種名掣迦先是世尊祖父僮僕因事迸叛住雪山所產育男女各數十人姻親強感舍宅嚴好雖倉庫盈溢而以畋獵為事曾於一時少壯丈夫皆出遊獵時薄伽梵欲往天宮為報母恩安居說法先以佛眼遍觀世間勿有衆生佛應親度由不見佛失獲益時尊見掣迦及諸眷屬善根已熟見諦時至尒時世尊為度彼故從住處沒現彼門前老父遥見則知是佛歡喜迎逆恭敬作礼白言聖子今是何日降至我家善逝法王今是何日得垂顧念則命掃灑敷飾淨座燒香散花請佛世尊入家就座時彼老父率諸女人稽首佛足合掌恭敬取家所有乾濕淨宍調和香味以奉世尊尒時世尊告言止止諸佛如來不食血肉時彼老父及諸女人承命慚恥却坐一面有說佛於是日虛中而過有說取北洲食以濟中時佛應彼機為說法要合家大小同證離生得預流果生淨法眼深心歡喜瞻仰世尊佛顧餘機重為說法時諸少年收捕禽鹿恣行煞害更設撥

穽擔內而歸至諸婦人常所迎處忽於是日特佐不來咸作是思勿有他故登高覘望遥見家中有非常人威光赫弈如鑄金臺父及女人前後圍遶便生忿恚共相謂言此等不迎必由彼制恚怒既深不遑釋擔持刀直進親欲害佛父叱之言汝止止此是聖子善逝法王來度我等宜各慶幸勿起惡心諸子既聞咸生悔愧棄刀釋擔稽首求哀恭敬合掌却坐一面佛應彼機為説法要諸子聞已亦證離生得預流果生淨法眼深心歡喜瞻仰世尊時林野中無量蟲鹿衝諸機穽死傷非一由聖道力令諸子等煞生業道無表不生問煞何等生於加行位可入聖道有作是説煞傍生等但非煞人有作是説亦通煞人唯除已起無間加行故作是説如起煞加行中間證見法性

若於一切有情得防護彼於一切有情受遠離耶荅應作四句有於一切有情得防護非受遠離如不受學處而證見法性此顯不受別解脱律儀

名不受學處有於一切有情受遠離非得防護如受學處而犯遠離此顯雖受別解脱律儀而由不如理作意及貪等煩惱故於所防護不能遠離有於一切有情得防護亦受遠離如受學處不犯遠離此顯已受別解脱律儀復能如理作意思擇乃至為命亦不故犯如聞昔有乞食苾芻次第巡里到珠師舍正逢彼匠為王穿珠見苾芻来歡喜持鉢入家取食苾芻衣赤日照光生遥映寶珠亦同赤色有鵝在側謂肉便吞苾芻見之遮護不及珠師持鉢成滿食来授與苾芻交謝而去其人於後覺少一珠竊謂苾芻盜而持去尋則奔逐擒獲將還責言沙門汝既釋子何无廉恥盜我王珠苾芻荅言我无此事其人竊念若不苦治珠不可得便加考楚觸處血流彼吞珠鵝復来唼血其人恚憤以杖擊之鵝因致死苾芻便請看鵝死活彼尋叱言且理出珠何預鵝事苾芻固請彼乃為看報言已死苾芻告曰鵝吞汝珠其人不信猶疑假託

苾芻謂曰我實見吞彼遂持刀以剖鵝腹乃於腹內得所失珠彼生慙恥悲喜交集礼謝苾芻白言尊者何不早示使我盲愚苦楚尊身造斯惡業長夜受苦無有出期苾芻告言我受禁戒寧捨身命不傷蟻卵若先示汝必定害鵝不護衆生豈名持戒如此等類名於有情亦得防護亦受遠離有非於一切有情得防護亦非受遠離謂除前相相謂所名如前廣説謂除成就三律儀人二律儀天趣餘人天及餘趣令作第四句故言除前相有四種律儀名為防護一別解脱律儀二靜慮律儀三无漏律儀四斷律儀別解脱律儀者謂欲界尸羅靜慮律儀者謂色界尸羅无漏律儀者謂无漏尸羅斷律儀者謂於靜慮无漏二律儀中各取少分離欲界涂九無間道中世俗隨轉戒二律儀攝謂靜慮律儀及斷律儀无漏隨轉戒亦二律儀攝謂无漏律儀及斷律儀問何何故唯此名斷律儀荅能與破戒及起破戒煩惱作斷對治故謂前八無

閒道中二隨轉戒唯與起破戒煩惱作斷對治第九無閒道中二隨轉戒通與破戒及起破戒煩惱作斷對治是故靜慮无漏律儀對斷律儀應作四句靜慮律儀對斷律儀作四句者有是靜慮律儀非斷律儀謂除離欲界染九無閒道中世俗隨轉戒諸餘世俗隨轉戒有是斷律儀非靜慮律儀謂離欲界染九無閒道中無漏隨轉戒有是靜慮律儀亦是斷律儀謂離欲界染九無閒道中世俗隨轉戒有非靜慮律儀亦非斷律儀謂除離欲界染九無閒道无漏隨轉戒諸餘無漏隨轉戒無漏律儀對斷律儀作四句者有是無漏律儀非斷律儀謂除離欲界染九無閒道中无漏隨轉戒諸餘無漏隨轉戒有是斷律儀非無漏律儀謂離欲界染九無閒道中世俗隨轉戒有是無漏律儀亦是斷律儀謂離欲界染九无閒道中無漏隨轉戒有非無漏律儀亦非斷律儀謂除離欲界染九無閒道中世俗隨轉戒諸餘世俗隨轉戒

問此四律儀誰成就幾答或有但成就一謂除斷律儀餘三律儀一一成就而無但成就斷律儀者或有成就二謂或別解脫靜慮二或靜慮無漏二或靜慮斷二而無成就无漏斷二者或有成就三謂或別解脫靜慮无漏三或別解脫靜慮斷三或靜慮无漏斷三無有成就別解脫無漏斷三者或有具成就四此中但成就別解脫律儀者謂異生生欲界受學處未得色界善心但成就靜慮律儀者謂異生生欲界不受學處得色界善心而猶具縛及生第二第三第四靜慮但成就无漏律儀者謂聖者生無色界或成就別解脫靜慮二者謂異生生欲界受學處得色界善心而猶具縛或成就靜慮无漏二者謂聖者生欲界不受學處未離欲界染及生第二第三第四靜慮或成就靜慮斷二者謂異生生欲界不受學處而離欲界一品乃至九品染及生初靜慮或成就別解脫靜慮無漏三者謂聖者生欲界受學處未離欲界染或成就別解脫靜慮斷三者謂異生生欲界受學處離欲界一品乃至九品染或成就靜慮无漏斷三者謂聖者生欲界不受學處離欲界一品乃至九品染及生初靜慮或具成就四者謂聖者生欲界受學處離欲界一品乃至九品染

問此四律儀幾隨心轉幾不隨心轉答三隨心轉一不隨心轉謂別解脫律儀問何故別解脫律儀不隨心轉答別解脫律儀麁而重隨心轉律儀細而輕故有說別解脫律儀為惡戒所損伏隨心轉律儀不為惡戒所損伏故有說別解脫律儀為惡意樂及害意樂所損伏隨心轉律儀不為彼所損伏故有說別解脫律儀勢用蹇鈍行不及心隨心轉律儀勢用捷利行及心故有說別解脫律儀依表隨心轉律儀依無表故有說別解脫律儀是表果隨心轉律儀是無表果故有說別解脫律儀依表是表果隨心轉律儀依心是心果故有說別解脫律儀依部衆人和合受得隨心轉律

儀但依法得故有說別解脫律儀依他得隨心轉律儀依自得故有說別解脫律儀不與心一生一住一滅隨心轉律儀與心一生一住一滅故有說別解脫律儀不與心一果一等流一異熟隨心轉律儀與心一果一等流一異熟故有說別解脫律儀不與心俱生隨心轉律儀與心俱生故有說隨心轉法理應如是心若善彼亦善不善無記亦尒別解脫律儀唯是善若隨心轉者善心起時彼可隨轉不善無記心起時彼應斷故有說隨心轉法理應如是若心欲界彼亦欲界色無色界不繫亦尒別解脫律儀唯是欲界若隨心轉者欲界心起時彼可隨轉色無色界不繫心起時彼應斷故有說隨心轉法理應如是若心學彼亦學无學非學非無學亦尒別解脫律儀唯非學非无學若隨心轉者非學非无學心起時彼可隨轉學無學起時彼應斷故有說隨心轉法理應如是若心見所斷彼亦見所断修所斷不斷亦尒別解脫律儀唯修所斷若隨轉者修所斷心起時彼可隨轉見所斷心非所斷心起時彼應斷故有說若別解脫律儀隨心轉者應未來修未來成就然別解脫律儀无未来修及未来成就故有說若此律儀隨心轉者應不施設住戒長幼故有說若此律儀隨心轉者應不施設戒品決定故有說若此律儀隨心轉者應非四緣五緣而捨言四緣者一捨學處二二形生三善根斷四捨衆同分言五緣者謂上四緣及夜盡故有說若此律儀隨心轉者應從上界生欲界時得若尒便應无住律儀不律儀等三種差別故有說若別解脫律儀隨心轉者有心時可有无心時應斷故勿有此等諸過失故別解脫律儀不隨心轉

問住別解脫律儀者犯律儀時捨律儀不外國諸師作如是說彼捨律儀得非律儀非不律儀若時發露无覆蔵心如法悔除便捨非律儀非不律儀還得律儀若作是說便為善通發露悔過還住律儀作法悔除亦非無用有餘師說彼犯律儀時捨律儀得非律儀非不律儀若時發露无覆蔵心如法悔除便捨非律儀非不律儀而不得律儀問如說發露悔過還住律儀當云何通如法悔除豈非無用答住善意樂名住律儀尒時捨惡意樂發善意樂故非无用然實此位不得律儀復有說者彼犯律儀時現在律儀斷得非律儀非不律儀而成就過去律儀若時發露无覆蔵心等如第二說或有說者彼犯律儀時初刹那斷次後復續迦濕弥羅國諸論師言彼犯律儀時不捨律儀而得非律儀非不律儀是故尒時名住非律儀非不律儀亦名住律儀者若時發露无覆蔵心如法悔除便捨非律儀非不律儀但名律儀者如有富者負他債時名負債者亦名富者後還債已但名富者若如是說便為善通發露悔過還住律儀作法悔除亦非無用問善戒云何能治惡戒答由揞受心為助伴故無始數習諸惡尸羅受善戒則能除捨猶如室中久時積闇明

燈纔至則便除遣又如於淡久習鹹想纔嘗鹽味彼想則除善戒治惡亦復如是道治煩惱應知亦然

阿毗達磨大毗婆沙論卷第一百一十九　第二十四張　退字号

說一切有部發智大毗婆沙論卷第一百一十九

阿毗達磨大毗婆沙論卷第一百一十九

校勘記

一　底本，金藏廣勝寺本。

一　七九頁中六行「他義」，資、磧、普、南、徑、清作「他宗」。

一　八一頁上一一行「恐其」，資、磧、普、南、徑、清作「恐有」。

一　八一頁上一六行第三字及次頁下七行第四字「後」，資、磧、普、南、徑、清作「彼」。八三頁上一四行第四字同。

一　八一頁上末行第八字「當」，徑作「嘗」。

一　八一頁中一八行第一〇字「彼」，資、磧、普、南、徑、清作「殺」。又末字「悉」，諸本（不含石，下同）作「志」。

一　八一頁下三行第五字「有」，資、磧、普、南、徑、清作「有一」。

一　八一頁下七行末字「中」，資、磧、普、南、徑、清無。

一　八一頁下一四行「鵄賴藍」，諸本作「鵄剌藍」。

一　八二頁中九行「躃地」，麗作「擗地」。

一　八三頁上末行「頗有」，資、磧、普、南、徑、清作「問頗有」。

一　八三頁中一七行第五字「害」，諸本作「穴」。

一　八三頁中一八行第五字「穴」，諸本作「害」。

一　八三頁下一九行「虛中」，資、磧、普、南、徑、清作「空中」。

一　八四頁上一一行「婦人」，資、磧、普、南、徑、清作「婦女」。

一　八四頁上三行「覘望」，資、磧作「現望」。

一　八四頁上七行第二字「親」，諸本作「規」。又第一〇字「汝」，諸本作「汝等」。

一　八四頁上一九行「中間」，資、磧、普、南、徑、清作「而於中間」。

一　八四頁中一三行「成滿」，諸本作

「盛滿」。

一　八四頁中一八行「孝楚」，資、磧、普、南、徑、清作「榜楚」，

一　八四頁中一九行「唼血」，資、磧、普、南、徑、清作「噆血」。

一　八四頁下一〇行「謂除前相相」，資、磧、普、南、徑、清無。

一　八四頁下一一行「二律儀」，資、磧、普、南、徑、清作「三律儀」。

一　八四頁下一二行第五字「令」，諸本作「全」。

一　八四頁下二一行末字「何」，諸本無。

一　八五頁上四行「對斷律儀」，資、磧、普、南、徑、清作「對斷律儀相對寬狹」。

一　八五頁上一三行第七字「道」，諸本作「道中」。

一　八五頁中二二行「三者」，磧作「二者」。

一　八六頁中一行第五字「隨」，諸本作「隨心」。

一　八六頁中六行首字「此」，諸本作「此別解脱」。八行第一一字、一二行第六字同。

一　八六頁下一七行第五字「名」，諸本作「名住」。

一　八六頁下二二行第一三字「受」，諸本作「暫受」。

阿毗達磨大毗婆沙論卷第一百二十

五百大阿羅漢等造

三藏法師玄奘奉　詔譯

業蘊第四中害生納息第三之三

問別解脫律儀為但從所能有情處得為亦從非所能處得耶若但從所能處得者則此律儀應有增減謂從非所能處生所能處時律儀應增即從所能處生非所能處時律儀應減又此律儀應少分處受而世尊說無少分受又應成立離繫所宗謂彼外道為誘他故作如是言善來男子有衆生去此過百踰繕那若起善心棄捨刀杖擯不害彼於彼便得不殺律儀若言亦從非所能處得者法救論所說當云何通如彼說尸羅從所能處得慈從所能非所能處得答應作是說律儀從所能非所能處得問前三種難此為善通法救論云何通耶答當知彼尊者以密意說佛亦以密意說諸契經況彼尊者无密意言密意者何謂彼尊者說現在世蘊界處名為所能過去未來名非所能別解脫戒名曰尸羅靜慮無漏二戒名慈彼說別解脫戒唯於現在有情數蘊界處得不於過未以過去未來墮法數故靜慮无漏二種律儀通於三世蘊界處得故彼所說理亦无違是故別解脫律儀與靜慮无漏二種律儀有差別相謂別解脫律儀唯於現在有情處得靜慮无漏二種律儀通於三世境界處得別解脫律儀通於業道根本加行後起處得靜慮无漏二種律儀唯於業道根本處得由此差別應作四句有蘊界處於彼得別解脫律儀非靜慮无漏謂現在業道加行後起有蘊界處於彼得靜慮無漏律儀非別解脫謂過去未來根本業道有蘊界處於彼得別解脫律儀亦靜慮无漏謂現在世根本業道有蘊界處不從彼得別解脫律儀亦非靜慮无漏謂過去未來業道加行後起問若別解脫律儀唯於現在有情處得非於去來蘊界處者則諸如來應正等覺律儀不等所以者何過去諸

佛出現世時无量有情為律儀境彼有情類已入涅槃釋迦牟尼於彼境上不得律儀今釋迦佛出現世時無量有情為律儀境彼有情類已入涅槃慈氏如來於彼境上不得律儀境有寬狹律儀亦尒豈非諸佛律儀不等荅應作是說律儀境界雖有多少而律儀體前後無異俱從一切有情境處捴發得故有作是說三世如來律儀不等亦无有失問若尒施設論說當云何通如彼說一切如來應正等覺皆悉平等荅由三事等故名平等一修行等謂諸如來皆於過去三無數劫勤修四種波羅蜜多究竟圓滿得菩提故二利益等謂諸如來等於無量應化有情作利樂事皆究竟故三法身等謂諸如來皆得十力四無所畏三念住大悲十八不共法等勝功德故由此三義故言平等非律儀體無多少異又由根等故說等言以一切如來皆住上品根故又由戒等一切如來皆得上品戒故有餘師說一切如來應正等覺所有律儀皆

於一切有情處得故說等言非體無異謂過去佛律儀所從諸有情境設今猶在釋迦牟尼從彼境上亦得律儀然无此理釋迦如來應正等覺律儀所從諸有情境設當在者慈氏如來從彼境上亦得律儀然无此理故說等言亦无有失然諸律儀應說有一如說戒蘊戒修戒學或應說二謂表无表或應說三謂下中上或從無貪無瞋无癡所生差別或應說四謂身語業各有表無表或應說六謂表無表各有下中上或三根所生或應說七謂離斷生命乃至離雜穢語或應說九謂從下下乃至上上或應說十二謂身語表無表各有三品或三根生或應說十四謂離斷生命乃至離雜穢語各有表無表或應說十八謂表無表各有九品或應說二十一謂離斷生命乃至離雜穢語皆有三品或三根生或應說四十二謂離斷生命乃至離雜穢語各有表无表皆從三品或三根生若以相續剎那分別則有無量律儀今捴說七種謂離

斷生命乃至離雜穢語此中有說彼七支戒一一於一切有情處得而所得是一彼說於一有情所犯一支戒時於一切有情處此一支戒斷餘六猶轉此則善通世尊所說若犯學處非苾芻非沙門非釋種子有說此七支戒一一於一切有情處得而所得各異如有情數量所得戒亦尒彼說於一有情所犯一支戒時即此一有情處一支戒斷餘六猶轉餘有情處七支皆轉問若尒云何通世尊所說若犯學處非苾芻等荅依勝義苾芻言非苾芻以不能趣彼故有餘師說別解脫律儀隨因差別成二十一此中有說二十一種一一於一切有情處得而所得不異彼說由貪煩惱於一有情所犯一支戒時於一切有情處无貪所生一支戒斷餘二十種如先猶轉此則善通世尊所說若犯學處非苾芻等有說此二十一種一一於一切有情處得而所得各異如有情數量所得戒亦尒彼說由貪煩惱於一有情所犯一支戒時即此一有情處

無貪所生一支戒斷餘二十種如先猶轉餘有情處二十一種具足皆轉問若尒云何通世尊所說若犯學處非苾芻等荅依勝義苾芻言非苾芻如前說依如是理故作是說寧作出家犯諸學處不為五戒鄔波索迦所以者何彼若毀犯五種學處身中便空諸出家者設犯五處而更有餘衆多猶轉迦濕弥羅國諸論師言雖犯律儀而律儀不斷如法悔除還名持戒无有頻受別捨得故未悔除位具得二名若已悔除但名持戒

問於外物中得律儀不若有得者所得律儀應有增減謂生草枯時酒味壞時應減即彼生時熟時應增如是等事其類寔繁是故律儀應有增減若無得者即此律儀境應少分處受而世尊說如是律儀无少分受又斷生草等悔除應無用有作是說雖有得者而不名律儀但是順律儀法問此順律儀法為是律儀攝為非律儀攝若是律儀攝說為律儀或說順律儀竟有何異若非律儀攝此有何相而言順律儀非律儀攝如是說者於外法中亦得律儀問若尒律儀應有增減荅無增減以捴得故謂此律儀捴於一切生草等上得一无表而世間無有无生草等時捴於一切蒲桃等酒則不壞時得一無表世間無有無諸酒時是故律儀无有增減餘亦如是問別解脫律儀由何等心得荅由普於一切有情起善意樂无損害心得若起此心於某處受某處不受不得律儀由此律儀遍於一切所應受處得防護故是故說若此律儀有方域者大地所不受由此律儀於有情處得有情界多地界少故

若成就身非身業耶荅應作四句有成就身非身業謂處卵𣫘若諸異生住胎藏中若生欲界住非律儀非不律儀都無身表設有而失彼住卵𣫘及胎藏中者雖成就身未能發表先所發表死時已失此表依前衆同分故問何故此位未能發表荅以身微劣未能與表為所依故有餘師言麁心能發身語表業彼心細故又外門心能發表業尒時彼心內門轉故又外事心能發表業彼心緣內事起故不能發表有說此位中迫迮不得自在尚不能動況起表業如為怨賊縛置籠中擲龍牙上尚不能動況有所趣問若尒何故亦說胎中有轉動耶荅風力所轉非心所為表業必由心力所起若生欲界住非律儀非不律儀無身表者謂眠醉悶捨諸加行不求起表設有而失者謂三緣故雖起表而失一意樂息故二捨加行故三限勢過故有成就身業非身謂諸聖者生無色界此中學成就學隨轉身業无學成就无學隨轉身業生無色故不成就身有成就身亦身業謂諸聖者住胎藏中若生欲界住律儀若住不律儀若住非律儀非不律儀現有身表或先有不失若生色界此中聖者住胎藏中時亦未能起表但成就靜慮无漏無表若生欲界住律儀者謂於三種律儀或一或二或具而住即別解脫靜慮无漏住不律儀者謂屠羊等住非律儀非不律儀

現有身表者謂不眠不酔不悶不捨加行求起表業或先有不失者謂三緣故先所起表不失一意樂不自故二不捨加行故三限勢未過故此說由慇重信或猛利纏起表无表乃至未捨若生色界者彼决定成就身無表業或亦成就身表有非成就身亦非身業謂諸異生生無色界彼无色故不成就身異生故不成就身業有漏者度界地已捨故無漏者未得故問何故有漏色業度界地捨非无漏耶答有漏色業被縛有繫无漏色業解脫離繫故有說有漏色業墮界墮地無漏墮地而不墮界故有說有漏色業同類大種造能造所造俱有漏故无漏色業異類大種造大種有漏業無漏故由此因縁度界地時有漏業捨无漏不捨

問得忍異生命終時捨忍法不若捨者何故不墮惡趣又若捨者何故異生命終時捨聖者不捨若不捨者何故此文及大種蘊皆不說耶答應言捨問若尒彼何故不墮惡趣荅由此善根勢力大故自有善根勢力微劣雖復成就不障惡趣況不成就如生得善或有善根勢力強盛雖不成就而障惡趣況復成就如此忍法是故雖捨不墮惡趣復有說者由此善根身中生故令招惡趣諸業煩惱遠離於身畢竟不起因尚不起況墮惡趣如人秋時服於下藥藥雖不住彼人身中而彼身中病亦不生此亦如是復有說者由此善根勢力威猛熏習身故令招惡趣諸業煩惱於此身中永不復起因不起故不墮惡趣如師子王所居窟穴王雖不在餘氣尚在諸小禽獸無能入者此亦如是復次此善根身中如主勢力強盛不善如客勢力衰微復次此善根意樂增上樂斷惡法樂修善法復次此善根身中生巳一切惡趣得非擇滅非擇滅法無有生者是以不墮復次由此善根身中生故令彼行者墮大法流由如此義不墮惡趣復有說者由此善根隣近聖道依聖道力不墮惡趣如怖怨賊依附於王依王力故令諸怨賊不敢正視況能為害此亦如是近聖道故令招惡趣諸業煩惱尚不現行況墮惡趣復有說者由此善根守護聖道所住身器義言此身聖道當住能招惡趣諸業煩惱應永遠離如有勝處王應居止所司守掌餘無能住此亦如是復有說者由此善根身中生故令彼行者定處人天不居惡趣如富貴者定居勝處不居甲陋此亦如是有說此善根加行正勝令招惡趣諸業煩惱勢力衰微不復能招惡趣異熟是故雖捨不墮惡趣有說由此善根增上力故令彼行者見惡行過失妙行功德由此惡業必不復生況墮惡趣有說由此善根增上力故令彼行者住善意樂見生死過涅槃勝德不造惡業不墮惡趣有說由此善根增上力故令彼行者其心調柔隨順涅槃信根深固由此雖捨不墮惡趣尊者妙音說曰由此善根增上力故令彼行者意樂殊勝於般涅槃心常隨順趣向臨入欲樂忍可希求敬愛由此因緣不造惡業是故雖

捨不墮惡趣問何故異生命終時捨所得忍法聖者不捨答異生无有無漏對治以自持御故此善根命終時捨聖有無漏對治以自持御是故不捨有說異生定力羸劣勢不堅牢以有漏故如無膠水雜諸彩色隨所畫物不得久住是以故捨聖者无漏定力堅強持此善根命終不捨所說辟喻翻上應知有說異生無勝止觀故命終捨聖者相違命終不捨有餘師說異生命終亦不捨忍問若尒此文及大種蘊何故不說答應說而不說者當知此義有餘有說已說在第三句中謂諸聖者住胎藏中成身及業聖有二種一世俗二勝義得此善根名世俗聖若入聖道名勝義聖發心出家尚名聖者况得忍法有餘師說此不决定異生命終有捨不捨若於忍法恒時加行殷重加行修習堅牢彼命終時不捨忍法若不尒者命終時捨如所聽習若極淳熟經久不忘不尒便忘如慈授子於初生時便能唱言結有二部乃至廣說如是說者異生命終定捨忍法善根劣故異生依此地起此類善根命終還生此地捨同分故尚决定捨况色界法經欲界生而當不捨

契經中說生有四種謂卵生胎生濕生化生云何卵生謂諸有情由卵鷇生當住卵鷇已住今住卵鷇藏裹破壞卵鷇生等生起現起出已出謂鵝鴈孔雀鸚鵡舍利迦俱枳羅命命鳥等及一類龍一類妙翅一類人趣復有所餘由卵鷇生廣說如上是名卵生云何胎生謂諸有情由胎膜生當住胎膜已住今住胎膜藏裹破壞胎膜生等生起現起出已出謂象馬牛羊駝驢鹿等及一類龍一類妙翅一類鬼一類人趣復有所餘由胎膜生廣說如上是名胎生云何濕生謂諸有情由濕氣生或依草木諸叢窟聚或依腐肉食糞穢等或依陂池河海展轉相閏相逼相依生等生起現起出已出謂蚊蚋蠛蠓百足蚰蜒蚑行蜂等及一類龍一類妙翅一類人趣復有所餘由濕氣生廣說如上是名濕生云何化生謂諸有情生無所託諸根無缺支體圓具依處頓生頓出謂諸地獄天趣一切中有及一類龍一類妙翅一類鬼一類人趣復有所餘諸有情類生無所託廣說如上是名化生問欲界天中諸妙色鳥為卵生為化生耶若卵生者彼命終已應有尸骸是則諸天應見穢色然諸天衆於六處門常對妙境如契經說彼眼所見一切可愛適意平等乃至意所知亦尒若是化生前化生中何故不說答彼皆卵生問若尒彼命終已應有尸骸云何諸天見穢色耶答彼命終未久有暴風飄舉其尸遠棄他處有餘師說彼皆化生中間前化生何故不說答應說而不說者當知此義有餘有說彼已攝在前所說一類妙翅鳥中是以無過問如是四生以何為自性答四蘊五蘊以為自性謂欲色界五蘊无色界四蘊此中有說唯異熟蘊以為自性有說亦通長養是名四生自性已說自性所以今當說問何故名生答諸有情類和合而

起故名為生問三界五趣皆和合起亦名生耶荅此四唯令有情數起亦遍攝有情數界趣不尒以界雖遍有情數而非但有情數起通非情故趣雖但有情起而非遍有情數不攝中有故由此但四說名為生問生是何義荅有情現義是生義有情起義有情出義是生義

問於何界趣有幾生可得荅於欲界中四生可得色無色界唯有化生彼受生時無所託故於五趣中天及地獄唯有化生有說鬼趣亦唯化生有說鬼趣亦有胎生如餓鬼女白目連曰

我夜生五子　隨生皆自食　晝生五亦然
雖盡而无飽

傍生人趣皆具四生人卵生者昔於此洲有商人入海得一雌鶴形色偉麗竒而悅之遂生二卵於後卵開出二童子端正聡慧年長出家皆得阿羅漢果小者名鄔波世羅大者名世羅又如毗舍佉母生三十二卵般遮羅王妃生五百卵等人胎生者如今世人濕生者如曼馱多遮盧鄔波遮盧鴿鬘菴羅衛等人化生者如劫初人四生有情皆受生已容得聖法得聖法已必更不受卵濕二生問何故尒耶荅卵濕二生性多愚昧聖者聡慧故不受彼生有說卵濕二生法尒與聖性相違故聖者不受有餘師說彼二生類多恶意樂多害意樂聖者不尒意樂唯善有說彼二生類多行恶戒況溺苦海聖者已得聖所愛戒堅固浮囊能越度彼有說卵濕二生是傍生類聖者已得彼非擇滅有說卵濕二生多相迫迮聖者不尒多寬太業由如此義聖者不受彼二生類有餘師說聖樂獨處猒怖重生而濕生者類多繁雜諸卵生者類經再生謂出母胎及出卵鷇故世間說梵志沙門鳥名再生象名再飲是以聖者不受彼生有餘師說卵濕二生多無依怙聖者成就勝依怙法故不受彼生由此有如說若菴羅衛有勝依怙則不應為摩健地迦之所陵辱尊者妙音說曰父所生趣子還生中此說意言如近佛地諸大菩薩是衆聖之父彼定不受卵濕二生得果聖子亦復如是由此所說諸因緣故聖必不受卵濕二生

問如是四生何者㝡廣有作是說卵生㝡廣如聞外國諸山谷中隨所在處卵皆充滿象等踐蹈都不覺知有餘師言胎生㝡廣如聞外國有一蝦蟇生七畦子一魚遊歷七陂池中生子充滿有餘師說濕生㝡廣所以者何若於雨際設有聚集腐宍糞等下自金輪上至梵世而彼一切悉可為虫如是諸虫皆濕生攝如是說者化生㝡廣攝二趣全三趣少分及一切中有皆化生故又二界全一界少分皆化生故於欲界中三生加行亦化生故問如是四生何者㝡勝荅化生㝡勝問若尒何故㝡後身菩薩不受化生荅二出世時不和合故謂劫初時人受化生尒時佛不出世至劫減時佛出于世尒時人無化生復有說者化生輕飄不堪與佛力无畏等功德山王作依止故復有說者一切化

生其身微弱不能荷負阿耨多羅三藐三菩提之重擔故復有說者若受化生便无親族眷屬等事而彼皆是妙業之果菩薩長夜勤修妙業極圓滿故不受化生復有說者菩薩長夜精進熾然造作增長感父母業菩薩父母亦於長夜修習感聖子業若受化生則二所修俱空無果是以不受有說欲顯菩薩一切尊勝所謂智見族姓位等以是義故不受化生有說為斷衆生族姓慢故依勝族姓不受化生有說欲攝引樂在家者令入法故不受化生若受化生彼當說言佛無親屬故毀家法豈比我等若菩薩生刹帝利家宗親強盛而能猒捨如棄涕唾開甘露門成等正覺則彼皆生希有之想所說敬受有說菩薩欲為法幢作內外護故不受化生諸佛皆有內護外護內謂菩提分法外謂親屬若無外護當為外道惡黨所壞故佛世尊度諸釋種以護正法由此乃至六群苾蒭亦言若有外道來惱佛者佛若不制我等亦能以力伏彼

有說欲止外道謗故不受化生謂佛觀從覩史多宮歿身光赫奕照大千世界入於母胎十月滿已從母胎出即行七步自稱獨尊出家苦行詣菩提樹成等正覺尚被謗言過百劫後大幻當出無父無母食噉世間若受化生便增誹謗是故菩薩不受化生有說為欲饒益當來諸有情故不受化生所以者何若受胎生便有遺身般涅槃後雖越千載无量有情乃至若能於遺身界如芥子許起淨心恭敬供養獲无邊福生天受樂得般涅槃若受化生便無是事所以者何化生命終如燈光滅无遺餘故此中因論生論問何故化生命終無遺餘耶荅由彼生時諸根頓起所以歿時亦復頓滅如人戲水乍出乍沒復有說者化身輕妙如雲如電亦如風焰滅已無餘莫知方所復次化生造色增餘三生大種增由造色增故滅則頓滅復次化生根法增餘三生非根法增由根法增故滅則頓滅謂化生者所受身形髮爪等物無根法少問若

化生死无遺餘者何故經說化生妙翅鳥取化生龍為食耶荅以不知故取之為食然不充飢有說彼龍未死之頃暫得充飢死已還飢飢復取食无違經過復有說者諸化生龍其身精妙如酥油等纔吞入腹便成食事或有說者化妙翅鳥多諸巧便化生龍以足案頭從尾吞之命未絕來能作食事死則不尒有餘師說彼妙翅鳥食化生龍時涎液先流爛腦隨下與龍俱咽食事便成非化生龍獨成食事

問餘經所說復云何通如說大地獄中有黑駮狗肥壯暴惡撲諸有情卧鐵地上摑裂其腹噉食腹肚荅由彼腹肚未離身來暫得充飢故說為食有說由彼受罪有情惡業力故但令受苦非作食事

若成就身彼成就語業耶荅應作四句有成就身非語業有成就語業非身有成就身亦語業有非成就身亦非語業此皆如前身對身業中說差別者此說語表以身業語業繫地有

無必無別故若成就身彼成就意業耶答諸成就身彼定成就意業有成就意業非身謂生無色界若成就身彼成就身業語業耶答有成就身非身業語業謂處卵鷇若諸異生住胎藏中若生欲界住非律儀非不律儀无身語表設有而失有成就身及身業非語業謂生欲界住非律儀非不律儀現有身表或先有不失无語表設有而失有成就身及語業非身業謂生欲界住非律儀非不律儀現有語表或先有不失無身表設有而失有成就身及身業語業謂諸聖者住胎藏中若生欲界住律儀若住不律儀若住非律儀非不律儀現有身語表或先有不失若生色界設成就身業語業彼成就身耶答或成就或不成就云何成就謂如前說云何不成就謂諸聖者生無色界若成就身彼成就身業意業耶答有成就身及意業非身業謂處卵鷇若諸異生住胎藏中若生欲界住非律儀非不律儀無身表設有而失有成就身及身業

阿毗達磨大毗婆沙論第百二十卷　第十二張　退字号

意業謂諸聖者住胎藏中若生欲界住律儀若住不律儀若住非律儀非不律儀現有身表或先有不失若生色界設成就身業意業彼成就身耶答或成就或不成就云何成就謂如前說云何不成就謂諸聖者生無色界若成就身彼成就語業意業耶答有成就身及意業非語業有成就身及語業意業此皆如前身對身業意業中說差別者此說語表設成就語業意業彼成就身耶答或成就或不成就亦如彼說若成就身彼成就身業語業意業耶答有成就身及意業非身業語業有成就身及身業意業非語業有成就身及語業意業非身業有成就身及身業語業意業此皆如前對身業語業中說以意業一切時皆成就故設成就身業語業意業彼成就身耶答或成就或不成就亦如彼說

若成就身業彼成就語業耶答應作四句有成就身業非語業謂生欲界住非律儀非不律儀現有身表或先

阿毗達磨大毗婆沙論第百二十卷　第十三張　退

有不失無語表設有而失有成就語業非身業謂生欲界住非律儀非不律儀現有語表或先有不失無身表設有而失有成就身業亦語業謂諸聖者住胎藏中若生欲界住律儀若住不律儀若住非律儀非不律儀現有身語表或先有不失若生色界若諸聖者生無色界有非成就身業亦非語業謂卵鷇若諸異生住胎藏中若生欲界住非律儀非不律儀无身語表設有而失若諸異生生無色界若成就身業彼成就意業耶答諸成就身業彼成就意業有成就意業非身業謂處卵鷇若諸異生住胎藏中若生欲界住非律儀非不律儀无身表設有而失若諸異生生無色界若成就身業彼成就語業意業耶答有成就身業及意業非語業謂生欲界住非律儀非不律儀現有身表或先有不失無語表設有而失有成就身業及語業意業謂諸聖者住胎藏中若生欲界住律儀若住不律儀若住非律儀非不律儀現有身語表或先

阿毗達磨大毗婆沙論第百二十卷　第十四張　退字号

有不失若生色界若諸聖者生無色界設成就語業意業彼成就身業耶荅或成就或不成就云何成就謂如前說云何不成就謂生欲界住非律儀非不律儀現有語表或先有不失无身表設有而失

若成就語業彼成就意業耶荅諸成就語業彼成就意業有成就意業非語業此如前身業對意業說差別者此說語表此上所說揔略義者所謂彼身若生無色界定不成就生欲色界則定成就彼身業語業若在卵𣪠異生處胎藏中及諸異生生無色界定不成就一切聖者色界異生及欲界異生住善惡戒者皆定成就餘或成就或不成就意業一切皆定成就

說一切有部發智大毗婆沙論卷第一百二十

阿毗達磨大毗婆沙論卷第一百二十
校勘記

一　底本，金藏廣勝寺本。

一　九〇頁中一行首字「於」，資、磧、普、南、徑、清作「有」。

一　九一頁上一三行首字「問」，資、磧、普、南、徑、清作「問有」。

一　九二頁上三行第一三字「自」，諸本（不含石，下同）作「息」。

一　九二頁中一三行「尚在」，諸本作「尚存」。

一　九三頁上一六行首字「名」，磧、普、南、徑、清作「多」。

一　九三頁中一八行第一二字「葉」，資、磧、普、南、徑、清作「業」。

一　九三頁中二〇行第四字「閏」，諸本作「潤」。

一　九三頁下二行「頓出」，資、磧、普、南、徑、清作「頓起出」；麗作「頓起頓出」。

一　九三頁下一〇行「及至」，諸本作「乃至」。

一　九三頁下一五行第一〇字「中」，諸本無。又末字「生」，諸本作「生中」。

一　九四頁上二行「亦名生耶」，諸本作「亦名爲生何獨此四」。

一　九四頁中一行第二字「人」，資、磧、普、南、徑、清作「人人」。

一　九四頁中一〇行第一三字「受」，諸本作「愛」。

一　九四頁中二一行第四字「如」，諸本作「如是」。又第六字「若」，資、磧、普、南、徑、清作「苦」。

一　九五頁中一六行第一二字「殁」，資、磧、普、南、徑、清作「終」。

一　九五頁下七行「化妙翅鳥」，資、磧、普、南、徑、清作「化生妙翅」；麗作「化生妙翅鳥」。又「化生」，諸本作「得化生」。

一　九五頁下一五行「腹肚」，諸本作「腸肚」。一六行同。

一　九六頁中一七行首字「前」，諸本

作「前身」。

一　九六頁下九行第四字「謂」，諸本作「謂處」。

一　九七頁上六行第六字「而」，㊂、㊅作「不」。

阿毗達磨大毗婆沙論卷第一百二十一　䪼

五百大阿羅漢等造

三藏法師玄奘奉　詔譯

業蘊第四中害生納息第三之四

若業未離染彼業異熟未離染耶乃至廣説問何故作此論答為止他宗顯已義故謂犢子部説五部業所得異熟亦通五部欲止彼意顯業雖通五部而彼異熟唯脩所斷故作斯論若業未離染彼業異熟未離染耶答諸業未離染彼業異熟定未離染或有業異熟未離染彼業已離染謂預流者見所斷業已離染彼業異熟未離染應知此中或有業先離染後異熟方離染或有業與彼異熟俱時離染必無異熟先得離染後時彼業方得離染謂四法忍時令四部所攝諸不善業先得離染非彼異熟又離欲界染前八無間道時令前八品脩所斷諸不善業先得離染非彼異熟彼諸異熟要至第九無間道時方得離染是名業先離染後彼異熟方得離染若離欲界染第九無間道時令第九品諸不善業一切不善身業語業欲界善業及彼諸異熟俱時離染離初靜慮染第九無間道時令初靜慮業及彼異熟俱時離染如是乃至離非想非非想處染第九無間道時令非想非非想處業及彼異熟俱時離染如是名為業與異熟俱時離染以非色不善業五部所攝亦九品道斷諸不善色業有漏善業一切異熟唯脩所斷唯上上品道斷故是名此處略毗婆沙然此中依二業作論謂見所斷脩所斷故作是説若依五業作論者則不應言謂預流者見所斷業乃至廣説應作是説謂未離欲染者苦智已生集智未生見苦所斷業已離染彼業異熟未離染集智已生滅智未生見苦集所斷業已離染彼業異熟未離染滅智已生道智未生見苦集滅所斷業已離染彼業異熟未離染道智已生未離欲界染者見苦集滅道所斷業已離染彼業異熟未離染離欲界染一品乃至八品時彼

阿毗達磨大毗婆沙論第一百二十一卷　第二張　䪼

八品業已離染彼業異熟未離染離欲界染第九無間道時彼第九品業一切不善身語業欲界善業及彼諸異熟俱時離染離初靜慮乃至非想非非想處染第九無間道時諸地善業及彼異熟俱時離染而不作是說者由依二業而作論故

若業已離染彼業異熟已離染耶答諸業異熟已離染彼業定已離染或有業已離染彼業異熟未離染謂預流者見所斷業已離染彼業異熟未離染此中分別廣如前說若業有果彼業皆有異熟耶乃至廣說問何故作此論答為止邪宗顯正義故謂有外道執一切善惡業無果異熟為止彼意顯一切業無不有果諸有漏善及不善業皆有異熟故作斯論然契經中說果有五種一等流果二異熟果三離繫果四士用果五增上果等流果者謂善生善不善生不善無記生無記異熟果者謂諸不善有漏善法所招異熟因是善惡果唯無記異類而熟故立異熟名離繫果者謂無間道

阿毗達磨大毗婆沙論第一百二十三卷第三張　類

斷諸煩惱此無間道以煩惱等斷為離繫果及士用果以解脫道為等流果及士用果以後等勝自類諸道為等流果若無間道以能於先來諸煩惱斷集得作證此無間道以彼煩惱斷但為士用果此則總說若別說者苦法智忍以彼欲界見苦所斷十隨眠等斷為離繫果及士用果以苦法智品為等流果及士用果以後等勝諸無漏道為等流果如是乃至道類智忍以色無色界見道所斷十四隨眠等斷為離繫果及士用果以道類智品為等流果及士用果以後等勝諸無漏道為等流果以三界見苦集滅所斷及欲界見道所斷諸隨眠等斷集得作證此道類忍以彼諸斷為士用果諸預流者於一來果求作證時初五無間道以彼五品隨眠等斷為離繫果及士用果以五解脫道為等流果及士用果以後等勝自類諸道為等流果第六無間道以第六品隨眠等斷為離繫果及士用果以第六解脫道為等流果及士用果以後

阿毗達磨大毗婆沙論第一百二十三卷第四張　類

阿毗達磨大毗婆沙論第一百二十三卷第五張　類

等勝自類諸道為等流果以三界見所斷及欲界修所斷前五品隨眠等斷集得作證此第六無間道以彼諸斷為士用果諸一來者於不還果求作證時無間道起能斷欲界修所斷四隨眠若斷第七及第八品此無間道以彼二品隨眠等斷為離繫果及士用果以二解脫道為等流果及士用果以後等勝自類諸道為等流果若斷第九品一無間道以第九品隨眠等斷為離繫果及士用果以第九解脫道為等流果及士用果以後等勝自類諸道為等流果以三界見所斷及欲界修所斷前八品隨眠等斷集得作證此第九無間道以彼諸斷為士用果諸不還者於無學果求作證時無間道起能斷色無色界修所斷六隨眠若斷初靜慮染一品乃至九品此九無間道以彼九品隨眠等斷為離繫果及士用果以九解脫道為等流果及士用果以後等勝自類諸道為等流果如是乃至離非想非非想處染前八無間道以彼八品隨

眠等斷為離繫果及士用果以八解脫道為等流果及士用果以後等勝諸無漏道為等流果金剛喻定以第九品隨眠等斷為離繫果及士用果以初盡智品為等流果及士用果以後等勝諸無漏道為等流果以三界見所斷及下八地修所斷并非想非非想處修所斷前八品隨眠等斷集得作證此金剛喻定以彼諸斷為士用果若諸異生離欲界乃至無所有處見修所斷染諸無間道以彼諸斷諸解脫道及後等勝自類諸道為果多少如理應思士用果者若法由彼士用故成此法說為彼士用果增上果者若法由彼增上所起當知此法是彼增上及增上果是餘增上非增上果謂後生諸法是前法增上及增上果前生諸法是後法增上非增上果未來諸法是過現法增上及增上果過現諸法是未來法增上非增上果未來現在法是過法法增上及增上果過去諸法是未來現在法增上非增上果問士用果增上果何差別答諸所作

事於能作者是士用果及增上果於能受者唯增上果如稼穡等所作諸事於農夫等是士用果及增上果於受用者唯增上果士用力起名士用果增上力起名增上果增上力寬不障礙故士用力狹能引證故是名二果差別西方諸師說果有九種謂於前五更加四種一安立果二加行果三和合果四修習果安立果者謂依風輪安立水輪復依水輪安立金輪復依金輪安立大地復依大地安立一切情非情數此中後後是前前果餘安立果類此應知加行果者謂不淨觀或持息念為加行故漸次引起盡無生智餘加行果類此應知和合果者謂眼色和合生眼識乃至意法和合生意識餘和合果類此應知修習果者謂由色界道起欲界化及欲界語此化及語是修習果餘修習果亦介迦濕弥羅國諸論師言此中後四即前五攝彼即士用增上果故

應知世俗對治道業具由五果說名有果彼加行解脫勝進道業及餘不

善善有漏業由四果故說名有果除離繫果若諸無漏對治道業亦由四果說名有果除異熟果彼加行解脫勝進道業及無記業由三果故說名有果除離繫果及異熟果是名此處

略毗婆沙

若業有果彼業皆有異熟耶答諸業有異熟彼業皆有果應知此業或由五果或由四果說名有果或有業有果彼業無異熟謂無記業無漏業應知此業或由四果或由三果說名有果然無異熟不堅實故无愛潤故

若業無果彼業皆無異熟耶答無有業無果謂一切業或由五果或由四果或由三果說有果故或有業無異熟謂無記業無漏業如前說問若一切業皆有果者佛所說頌當云何通如說

如花雖可愛　有色而無香　如是有妙語
無果無所作

答依說法者佛說此頌謂說法時彼聽法者不能信受如教奉行名為無果或說法者雖復善說而不能行故

阿毗達磨大毗婆沙論第一百二十卷 第九張

言無果或先有所言許施他物後不能惠故言無果問餘經所說復云何通如說

有命樂惛眠　空無果無義　無味無勝利

都無有出生

荅有覺寤時能逮勝德樂睡眠故虛越此時世尊依彼說如是頌問若樂睡眠空無果者餘經所說復云何通如說寧可睡眠勿餘尋伺若有覺寤時起惡尋伺鬬諍惱乱無量有情佛為誡彼故作是說由此義故經有別意非謂諸業都無有果

若業不善彼業皆顛倒耶荅應作四句有業不善彼業非顛倒謂如有一見有因果起如是見立如是論有業有業果異熟而行身語意惡行問何因緣故彼行惡行荅三因緣故一由時故二由處故三由補特伽羅故由時故者謂五濁增時諸有情類威德損減喜造諸惡在彼時故亦行惡行由處故者謂生達絮篾戾車中諸有情類其性愚鄙多造惡業生彼處故亦行惡行由補特伽羅故者謂有一

阿毗達磨大毗婆沙論第一百二十卷 第十張

類得惡行衆同分其性獷暴多造惡業如屠羊等諸不律儀親近彼故亦行惡行應知此業由自性故說名不善是身語意惡行攝故由所依故名非顛倒是有作見不愚因果正見身中所等起故如寶器中盛諸真穢有業顛倒彼業非不善謂如有一見無因果起如是見立如是論無業無業果異熟而行身語意妙行問何因緣故彼行妙行荅三因緣故一由時故二由處故三由補特伽羅故由時故者謂五濁不增時諸有情類具大威德好修諸善在彼時故雖不樂為亦行妙行由處故者謂生中國諸有情類其性聰慜志意調柔多修善業生彼處故雖不樂為亦行妙行由補特伽羅故者謂有一類得妙行衆同分其性和雅多修善業如住律儀親近彼故雖不樂為亦行妙行應知此業由所依故說名顛倒是無作見愚於因果邪見身中所等起故由自性故名非不善是身語意妙行攝故如穢器中盛諸珎寶有業亦不善亦顛倒

阿毗達磨大毗婆沙論第一百二十卷 第十一張

謂如有一見無因果起如是見立如是論無業無業果異熟復行身語意惡行問何因緣故彼行惡行荅三因緣故如前說應知此業由自性故說名不善以身語意惡行攝故由所依故復名顛倒是无作見愚於因果邪見身中等所起故如穢器中盛諸真穢有業非不善非顛倒謂如有一見有因果起如是見立如是論有業有業果異熟復行身語意妙行問何因緣故彼行妙行荅三因緣故如前說應知此業由自性故名非不善以身語意妙行攝故由所依故名非顛倒是有作見不愚因果正見身中等所起故如寶器中盛諸珎寶

若業是善彼業不顛倒耶荅應作四句謂前第二句作此第一句前第一句作此第二句前第四句作此第三句前第三句作此第四句廣如前說復次於此有異解釋若業不善彼業皆顛倒耶荅作四句有業不善彼業非顛倒謂如有一於見有不見想他問言汝見不彼或自為或為他或為

名利便覆此想此忍此見此欲荅言我見應知此業由想力故名為不善以覆想說故由所說事名非顛倒於見言見故有業顛倒彼業非不善謂如有一於見有不見想他問言汝見不彼不自為不為他不為名利不覆此想此忍此見此欲荅言不見應知此業由所說事名為顛倒以於見言不見故由想力故名非不善以不覆想而說故有業亦不善亦顛倒謂如有一於見有見想他問言汝見不彼或自為或為他或為名利便覆此想此忍此見此欲荅言不見應知此業由想力故名為不善以覆想而說故由所說事復名顛倒以於所見言不見故有業非不善非顛倒謂如有一於見有見想他問言汝見不彼不自為不為他不為名利不覆此想此忍此見此欲荅言我見應知此業由想力故名非不善以不覆想而說故由所說事名非顛倒以於所見說言見故如於所見作四句如是於所聞覺知亦各作四句如於所見聞覺知各作

四句如是於所不見聞覺知亦各作四句如以不善對顛倒作八四句如是以善對不顛倒應知亦尒是則合成十六四句及前二四句成十八四句復捴以不善九小四句及善九小四句各為一大四句是故捴別有二十四句

此中眼識所受名見耳識所受名聞三識所受名覺意識所受名知說四境故見聞覺知是根非識然舉識者顯眼等根必由識助方能取境以同分根能有作用非彼同分故問何故眼等三識所受各立一種而鼻舌身三識所受合立一種名為覺耶尊者世友說曰三識所緣皆唯無記境無記故根立覺名又以三根唯取至境與境合故立以覺名大德說言唯此三根境界鈍昧猶如死尸故發識時說名為覺有餘師言眼耳二識依自界緣自他界意識依自他界緣自他界故彼所受各立一種鼻等三識唯依自界唯緣自界故彼所受合立一種如自界他界同分不同分說亦尒

有餘師言眼耳二識依同分緣同分不同分意識依同分不同分緣同分不同分故彼所受各立一種鼻等三識唯依同分唯緣同分故彼所受合立一種此說界同分有說眼耳二識依無記緣三種意識依三種緣三種故彼所受各立一種鼻等三識唯依無記唯緣無記故彼所受合立一種有說眼耳二識依近緣近遠意識依近遠緣近遠故彼所受各立一種鼻等三識依近緣近故彼所受合立一種此三根境無間而住方能發識故名為近有說眼耳二識或所依大所緣小或所緣大所依小或所依所緣等眼識所依大所緣小者如見毛端等所緣大所依小者如見山等所依所緣等者如見蒲桃果等如是耳識如量應知意識所依雖不可說其量大小而所緣境或小或大故彼所受各立一種鼻等三識所依所緣大小量等故彼所受合立一種隨所依根極微多少與尒所境極微合時方能發生鼻等識故有說眼等三識緣業

非業故彼所受各立一種鼻等三識唯緣非業故彼所受合立一種有說眼等三識緣持戒犯戒及緣餘法故彼所受各立一種鼻等三識唯緣餘法故彼所受合立一種有餘師言眼等三識通緣律儀不律儀及餘法故彼所受各立一種鼻等三識唯緣餘法故彼所受合立一種有說眼等三識通緣表及餘法故彼所受各立一種鼻等三識唯緣餘法故彼所受合立一種有說眼等三識通緣染不染法故彼所受各立一種鼻等三識唯緣不染故彼所受合立一種有說眼等三識通緣妙行惡行及緣餘法故彼所受各立一種鼻等三識唯緣餘法故彼所受合立一種由此所說見聞覺知隨識依緣有別有說若成就不善業彼成就色無色界繫業耶答諸成就不善業彼定成就色無色界繫業謂生欲界若斷善根彼定成就不善業及色無色界繫一業謂染汙業不斷善根未得色界善心者亦尒若已得色界善心未離欲界染彼成就不

善業及色界繫二業謂善染汙無色界繫一業謂染汙有成就色無色界繫業非不善業謂生欲界已離欲界染若生色界謂生欲界已離欲界染若未得無色界善心彼成就色界繫三業謂善染汙無覆無記無色界繫一業謂染汙若已得無色界善心未離色界染彼成就色界繫三業謂善染汙無覆無記無色界繫二業謂善染汙若已離色界染未離無色界染彼成就色界繫二業謂善無覆無記無色界二業謂善染汙若已離無色界染彼成就色界繫二業謂善無覆無記無色界繫一業謂善若生色界者謂若未得無色界善心彼成就色界繫三業謂善染汙無覆無記無色界繫一業謂染汙若已得無色界善心未離色界染彼成就色界繫三業謂善染汙無覆無記無色界繫二業謂善染汙若已離色界染未離無色界染彼成就色界繫二業謂善無覆無記無色界繫二業謂善染汙若已離無色界染彼成就色界繫二業謂

善無覆無記無色界繫一業謂善若成就欲界繫善業彼成就色无色界繫業耶答諸成就欲界繫善業彼定成就色無色界繫業有成就色無色界繫業非欲界繫善業謂斷善根補特伽羅若生色界謂若成就欲界善業未得色界善心彼成就色界繫一業若已得色界善心未離欲界染彼成就色界繫二業無色界繫一業若已離欲界染未得無色界善心彼成就色界繫三業無色界繫一業若已得無色界善心未離色界染彼成就色界繫三業無色界繫二業若已離色界染未離無色界染彼成就色界繫二業及成就無色界繫二業若已離無色界染彼成就色界繫二業無色界繫一業若斷善根彼成就色無色界繫一業若生色界未得無色界善心彼成就色界繫三業無色界繫一業若已得無色界善心未離色界染彼成就色界繫三業無色界繫二業若已離色界染未離無色界染彼成就色界繫二業無色界繫二業

若已離無色界染彼成就色界繫二業無色界繫一業前斷善根此生色界俱不成就欲界繫善業已斷善根故已捨彼善故若成就欲界繫善業彼成就色無色界繫善業耶荅應作四句有成就欲界繫善業非色無色界繫善業謂生欲界不斷善根未得色界善心有成就色無色界繫善業非欲界繫善業謂生色界得無色界善心有成就欲界繫善業亦色無色界繫善業謂生欲界得無色界善心有非成就欲界繫善業亦非色無色界繫善業謂斷善根補特伽羅若成就欲界繫業彼成就色界繫業耶荅如是設成就色界繫業彼成就欲界繫業耶荅如是謂生欲界若斷善根彼成就欲界繫二業色界繫一業若不斷善而未得色界善心彼成就欲界繫三業色界繫一業若已得色界善心未離欲界染彼成就欲界繫三業色界繫二業若已離欲界染未離色界染彼成就欲界繫二業色界繫三業若已離色界染彼成就欲界繫

二業色界繫二業若生色界未離色界染彼成就欲界繫一業色界繫三業若已離色界染彼成就欲界繫一業色界繫三業

若成就欲界繫業彼成就無色界繫業耶荅諸成就欲界繫業彼成就無色界繫業謂生欲界若斷善根彼成就欲界繫二業無色界繫一業若不斷善根未離欲界染彼成就欲界繫三業無色界繫一業若已離欲界染未得無色界善心彼成就欲界繫二業無色界繫一業若已得無色界善心未離無色界染彼成就欲界繫二業無色界繫二業若已離無色界染彼成就欲界繫二業無色界繫一業若生色界未得無色界善心彼成就欲界繫一業無色界繫一業若已得無色界善心未離無色界染彼成就欲界繫一業無色界繫二業若已離無色界染彼成就欲界繫一業無色界繫一業有成就無色界繫業非欲界繫業謂生無色界補特伽羅謂生彼界若未離彼界染起異熟生心彼

成就無色界繫三業若不起異熟生心彼成就無色界繫二業若已離無色界染起異熟生心彼成就無色界繫二業若不起異熟生心彼成就無色界繫一業俱不成就欲界繫業已捨彼故若成就欲界繫業彼成就不繫業耶荅應作四句有成就欲界繫業非不繫業謂諸異生生欲色界有成就不繫業非欲界繫業謂諸聖者生無色界有成就欲界繫業亦不繫業謂諸聖者生欲色界有非成就欲界繫業亦非不繫業謂諸異生生無色界

若成就色界繫業彼成就無色界繫業耶荅諸成就色界繫業彼定成就無色界繫業謂生欲界若未得色界善心彼成就色界繫一業無色界繫一業若已得色界善心彼成就色界繫一業無色界繫一業若已得色界善心未離欲界染彼成就色界繫二業無色界繫一業若已離欲界染未得無色界善心彼成就色界繫三業無色界繫一業若已得無色界善心

未離色界染彼成就色界繫三業無色界繫二業若已離色界染未離無色界染彼成就色界繫二業無色界繫二業若已離無色界染彼成就色界繫二業無色界繫一業若生色界未得無色界善心彼成就色界繫三業無色界繫一業若已得無色界善心未離色界染彼成就色界繫三業無色界繫二業若已離色界染未離無色界染彼成就色界繫二業無色界繫二業若已離無色界染彼成就色界繫二業無色界繫一業有成就無色界繫業非色界繫業謂諸有情生無色界謂生彼界若未離無色界染起異熟生心彼成就無色界繫三業若不起異熟生心彼成就無色界繫二業若已離無色界染起異熟生心彼成就無色界繫二業若不起異熟生心彼成就無色界繫一業

若成就色界繫業彼成就不繫業耶荅應作四句有成就色界繫業非不繫業謂諸異生生欲色界有成就不繫業非色界繫業謂諸聖者生無色界有成就色界繫業亦不繫業謂諸聖者生欲色界有非成就色界繫業亦非不繫業謂諸異生生無色界

若成就無色界繫業彼成就不繫業耶荅諸成就不繫業彼定成就無色界繫業謂諸聖者生欲色界若未得無色界善心彼成就不繫學業無色界繫一業若已得無色界善心未離無色界染彼成就不繫學業無色界繫二業若已離無色界染彼成就不繫无學業無色界繫一業若諸聖者生無色界未離無色界染起異熟生心彼成就不繫學業無色界繫三業若不起異熟生心彼成就不繫學業無色界繫二業若已離無色界染起異熟生心彼成就不繫無學業無色界繫二業若不起異熟生心彼成就不繫無學業無色界繫一業有成就無色界繫業非不繫業謂諸異生若生欲色界未得無色界善心彼成就無色界繫一業若已得無色界善心彼成就无色界繫二業若諸異生生無色界若起異熟生心彼成就無色

阿毗達磨大毗婆沙論第一百五十卷 第二十三張 顛字号

界繫三業若不起異熟生心彼成就無色界繫二業

若成就欲界色界無色界繫不繫業彼命終生何處荅或欲界或色界或無色界或無生處謂諸聖者若生欲界未離欲界染彼成就欲界繫三業色界繫二業無色界繫一業不繫學業彼命終生欲界若已離欲界染未得無色界善心彼成就欲界繫二業色界繫三業無色界繫一業不繫學業彼命終生色界若已得無色界善心未離色界染彼成就欲界繫二業色界繫三業無色界繫二業不繫學業彼命終亦生色界若已離色界染未離無色界染彼成就欲界繫二業色界繫二業無色界繫二業不繫學業彼命終生無色界若已離無色界染彼成就欲界繫二業色界繫二業無色界繫一業不繫無學業彼命終無生處若諸聖者生色界未得無色界善心彼成就欲界繫一業色界繫三業無色界繫一業不繫學業彼命終生色界若已得無色界善心未離色界染彼成就欲界

繫一業色界繫三業無色界繫二業不繫學業彼命終亦生色界若已離色界染未離無色界染彼成就欲界繫一業色界繫二業無色界繫二業不繫學業彼命終生無色界若已離無色界染彼成就欲界繫一業色界繫二業無色界繫一業不繫無學業彼命終無生處由此故說成就四業者彼命終或生欲界或生色界或生無色界或無生處

說一切有部發智大毗婆沙論卷第一百二十一

阿毗達磨大毗婆沙論卷第一百二十一

校勘記

一　底本，金藏廣勝寺本。九九頁中至次頁中原版缺，以麗藏本補。

一　一〇〇頁上八行首字「若」，磧作「苦」。

一　一〇一頁上二一行「過法法」，諸本（不含石，下同）作「過去法」。

一　一〇二頁上六行第七字「逮」，清作「遠」。

一　一〇二頁上九行第一一字「若」，麗作「答」。

一　一〇二頁下二一行第六字「作」，諸本作「應作」。

一　一〇三頁中二行第四字「以」，徑作「此」。

一　一〇四頁中一行「二業」，磧、普、南、徑、清作「三業」。

一　一〇四頁中六行「三業」，徑作「二業」。

一　一〇四頁中一二行第三字「界」，諸本作「界繫」。

一　一〇四頁中二〇行「染汙」，資、磧、普、南、徑、清作「汙染」。

一　一〇四頁下七行第一二字「色」，諸本作「色無色」。

一　一〇四頁下一六行「二業」，諸本作「二業及成就」。

一　一〇五頁中四行「三業」，諸本作「二業」。下二二行磧同。

一　一〇五頁下二行「成就」，資、磧、普、南、徑、清作「成熟」。次頁中一四行同。

一　一〇五頁下一八行至二〇行「彼成就色界繫一業無色界繫一業若已得色界善心」，諸本無。

一　一〇六頁中二二行「二業」，徑、清作「三業」。

一　一〇七頁上四行末二字「二業」，麗作「一業」。七行同。

阿毗達磨大毗婆沙論卷第一百二十二　䫌

五百大阿羅漢等造

三藏法師玄奘奉　詔譯

業蘊第四中表無表納息第四之一

若成就身表彼成就此無表耶如是等章及解章義既領會已次應廣釋問何故作此論答為止他宗顯已義故謂譬喻者說表無表業無實體性所以者何若表業是實可得依之令無表有然表業無實云何能發無表令有且表業尚無無表云何有而言有者是對法諸師矯妄言耳如人遇見美女為染近故語言汝可解去人服吾衣汝天衣女聞歡喜如言為解彼人即前種種摩觸恣心意已語言天衣已為汝著女言我今體露如是寧死不露天衣何在彼荅之言天服微妙唯我見之非汝能見如是愚人本無天衣況為他著諸對法者所說亦尒本無表業況有依表所起無表故對法者妄興此論又表無表若是色者青黃赤白為是何耶復云何成

善不善性若因搖動成善惡性花葉等動何故不尒為止如是譬喻者意顯自所宗表無表業皆是實有故作斯論若諸表業無實體者則與契經相違如契經言愚夫希欲說名為愛愛所發表說名為業又契經言在夜尋伺猶如起煙旦動身語猶如發焰若無表業無實體者則亦與契經相違如契經說色有三攝一切色一有色有見有對有色無見有對有色無見無對若無無表色者則應無有三種建立無第三故又若撥無表無表色吠題呬子未生怨王應當不觸害父無間謂發表位父命猶存父命終時表業已謝由先表力得後無表故未生怨觸無間業又彼杖髻出家外道亦應不觸害應無間謂發表位目連命猶存目連涅槃時表業已謝由先表力得後無表故彼外道觸無間業又若撥無表無表業應無建立三品有異謂住律儀品住不律儀品住非律儀非不律儀品然彼所言此表無表體若是色青黃赤白為是何耶

此責不然非顯色外無別色故當知身表是形非顯語表是聲亦非顯色二種無表法處色攝故不可責以同青等然諸色處惣有四種一有色處唯顯可了非形二有色處唯形可了非顯三有色處顯形俱可了四有色處顯形俱不可了顯可了非形者謂青黃赤白影光明闇形可了非顯者謂身表色顯形俱可了者謂所餘若顯若形俱可了色顯形俱不可了者謂空界色又如所說若身搖動成善惡性花劒等動何不尒者此亦不然有根法異無根法異身是有情數攝由心運動能表有善惡心心所法花劒等不尒故表無表決定實有然表無表依身而起有依一分如彈指舉足等一分動轉作善惡業有依具分如礼佛逐怨等舉身運動作善惡業此中隨所依身極微數量表業亦尒如表數量無表亦尒問隨彼彼業若有表即有無表耶若有無表即有表耶或有說者七根本業道決定具有表與無表加行後起表業定有無表

不定唯猛利纏及殺重信所作發無表非餘有說七根本業道無表定有表則不定若自作者有表若遣他作唯得無表加行後起如前說評曰應作是說除欲邪行餘根本業道無表定有表則不定若自作即時究竟者彼有表業若遣他作或究竟時表巳息者則唯有無表若欲邪行表亦定有加行位決定有表無表不定如前說後起位定有無表表則不定若作則有不作則無當知此說散心所作若隨支分定散差別有表無表如理應思

後非律儀非不律儀所攝妙行惡行由三因緣無表不斷一由意樂不息二由加行不捨三由限勢未過由意樂不息加行不捨者如於佛像窣堵波等起淳淨心恭敬供養所發無表從初剎那乃至意樂未息或加行未捨巳來相續不斷若意樂息及加行捨無表便斷限勢未過者謂淳淨心及猛利纏所作善惡隨彼勢力無表不斷如猛利纏煞捃多蟻所發無表

盡形相續淳淨心所作亦尒謂如有人起殺重信修營供具奉施衆僧燒香散花種種供養或於佛說如是日月五年會等請諸衆僧種種供養起淳淨心發身語業乃至意樂未息或加行未捨無表不斷若意樂息及捨加行無表便斷餘處中行廣說亦尒復有處中妙行惡行盡衆同分無表不斷妙行者如有立願若不供養諸佛形像窣堵波等終不先食彼於日日隨力所能下至一花一香供養盡衆同分無表不斷或有立願若不施他資具命緣終不先食彼於日日隨力所能下至施他一摶之食半磔手衣盡衆同分無表不斷或有立願若於三寶不先供養終不先食彼於日日隨力所能下至施僧一器之食或復塗掃一足之地盡衆同分無表不斷或有立願每年某日施諸貧乏或供養僧即取少物以供彼用留所餘財以為備擬盡衆同分無表不斷如是等是名妙行惡行者如有立願我當日日於彼惡所作諸衰損若不作

者終不先食即於日日下至一打或一惡言訶罵毀辱盡衆同分無表不斷如是等是名惡行

或有造作諸佛形像窣堵波等諸供養具書寫三藏所攝正法造聖僧像建僧伽藍給施衣藥諸資身具安立福舍種殖樹林造井橋船階道處等此諸表業所發無表具由三緣相續不斷一由意樂二由所依三由事物由意樂者謂緣彼事深生歡喜意樂不息由所依者謂所依身同分相續命未終位由事物者謂所修建佛像等事未都壞滅如是三緣隨闕一種由前所發無表便斷是名妙行惡行者謂造罟網刀箭等事應准前說是謂所說表無表業略毗婆沙

若成就身表彼成就此無表耶答應作四句有成就身表非此無表謂生欲界住非律儀非不律儀現有身表不得此無表或先有身表不失不得此無表現有身表者謂不眠不醉不悶不捨加行求起身表不得此無表者謂非殺重信非猛利纏雖發身表

不得此無表或先有身表不失者謂三緣故不捨表業一意樂不息故二不捨加行故三限勢未過故不得此無表者義如前說有成就身無表非此表謂諸聖者住胎藏中若生欲界住律儀不得別解脫律儀無身表設有而失若生色界無身表設有而失若諸聖者生無色界此中聖者住胎藏時不能起表前生表業已失但成就靜慮無漏無表住律儀者謂住靜慮無漏律儀無身表者謂或眠或醉或悶捨諸加行不求起表故設有而失者謂由三緣捨身表業一意樂息故二捨加行故三限勢過故若生色界無身表者謂捨加行不求起表故設有而失者如前說若諸聖者生無色界者學成就學無表無學成就無學無表有成就身表亦此無表謂生欲界住律儀不得別解脫律儀現有身表亦得此無表或先有此表不失亦得此無表若住別解脫律儀若住不律儀若住非律儀非不律儀現有身表亦得此無表或先有身表不失

亦得此無表若生色界現有身表或先有身表不失此中現有身表亦得此無表等者謂以殺重信或猛利纏發表亦得無表若住別解脫律儀若住不律儀彼定成就身表無表若生色界現有身表者謂不捨加行求起表業餘如前說有非成就身表亦非此無表謂處卵𣪘若諸異生住胎藏中若生欲界住非律儀非不律儀無身表設有而失若諸異生生無色界諸異生類住胎卵中已失前生表無表業現不能起如前應知生無色界已捨有漏未得無漏彼地無色故餘如前說若成就善身表彼成就此無表耶答應作四句有成就善身表非此無表謂生欲界住不律儀及住非律儀非不律儀現有善身表不得此無表或先有此表不失不得此無表現有善身表者謂不眠等故不得此無表者謂非殺重信所起故或先有此表不失者謂前說三緣故不得此無表者謂彼亦非殺重信所起故問住不律儀者有何善身表答

彼亦於父毋師長佛獨覺諸佛弟子等供養恭敬起善表故有成就善身無表非此表謂諸聖者住胎藏中若生欲界住律儀不得別解脫律儀無善身表設有而失若生色界無善身表設有而失若諸聖者生無色界此中住律儀者謂住靜慮無漏律儀不得別解脫律儀者謂住此律儀定成就善身無表故餘如前說有成就善身表亦此無表謂生欲界住律儀不得別解脫律儀現有善身表亦得此無表或先有此表不失亦得此無表若住別解脫律儀若住不律儀及住非律儀非不律儀現有善身表亦得此無表或先有此表不失亦得此無表若生色界現有善身表或先有此表不失此中一切義如前說有非成就善身表亦非此無表謂處卵鷇若諸異生住胎藏中若生欲界住不律儀及住非律儀非不律儀無善身表設有而失若諸異生生無色界

若成就不善身表彼成就此無表耶

荅諸成就不善身無表彼定成就此表有成就不善身表非此無表謂生欲界住律儀及住非律儀非不律儀現有不善身表不得此無表或先有此表不失不得此無表現有不善身表者謂不眠等故不得此無表者謂非猛利纏所起故先有此表不失者謂前說三緣餘如前說問住何等律儀有不善身表荅住三律儀皆容得有問住靜慮無漏律儀者有何等不善身表荅有於有情起撾打等不善身表問亦應有成就不善身無表非身表謂遣他煞等是則此中應作四句何故作順後句耶有作是說應作四句有成就不善身表非此無表謂生欲界住律儀及住非律儀非不律儀現有不善身表不得此無表或先有此表不失不得此無表有成就不善身無表非此表謂生欲界住律儀及住非律儀非不律儀遣他煞等有成就不善身表及此無表謂生欲界住不律儀若住律儀及住非律儀非不律義現有不善身表亦得此無表

或先有此表不失亦得此無表有非成就不善身表亦非此無表謂處卵鷇若諸異生住胎藏中若生欲界住律儀及住非律儀非不律儀無不善身表設有而失不得此無表若生色無色界應作是說而不說者應知此文但依同類表無表說不依異類謂從身表發身無表是名同類若由語表發身無表是名異類應作是說無有唯成就不善身無表者故此但應作順後句所以者何若能發語遣他煞等由此發得身無表者必亦成就不善身表以必能動身手等故若不尒者前說成就善身無表非此表中亦應作是說若住不律儀及住非律儀非不律儀以善語言遣他施等由此發得善身無表前於善中既無此說故知發言遣他施等由此發得身無表者必亦能動身手等故由此成就善身表業是故二處皆無此說若成就有覆無記身表彼成就此無表耶荅無成就有覆無記身表有成就此表謂生色界現有有覆無記身

表問何故欲界無有覆無記身表耶答欲界煩惱能為等起發身語者皆是不善唯薩迦耶見及邊執見彼相應無明雖是有覆無記而皆是見所斷非見所斷心能發身語業以內門起極微細故問若生欲界已離欲界染起初靜慮煩惱現前何故不發有覆無記身語表業答生欲界中唯能起彼等至煩惱非生煩惱諸煩惱中發身語業唯生煩惱有餘師說法性應尒若起此地煩惱現前還能轉動此地異熟相續發起此地表業諸染汙業必以自地異熟相續為所依止非生欲界容有色界異熟相續是故唯生色界初靜慮中得起此有覆無記身語表業

若成就無覆無記身表彼成就此無表耶答無成就無覆無記身無表有成就此表謂生欲色界現有無覆無記身表於中差別如理應知

若成就過去身表彼成就此無表耶答應作四句有成就過去身表非此無表謂生欲界住非律儀非不律儀先有身表不失不得此無表先有身表不失者謂三緣故如前所說不得此無表者謂非殺重信及猛利纏所等起故有成就過去身無表非此表謂諸聖者住胎藏中若生欲界住律儀不得別解脫律儀先無身表設有而失若生色界先無身表設有而失若諸學者生無色界無身表等准前應知問若諸學者以世俗道得不還果曾不現起無漏律儀便生無色彼云何成就過去身無表業若不成就何故此文作如是說若諸學者生無色界耶有作是說亦有學者生無色界不成就過去身無表業然此文中但依成就者說是以無過有餘師說得聖果已必起勝果聖道現前故諸學者生無色界必定成就過去身無表業有成就過去身表亦此無表謂生欲界住律儀不得別解脫律儀先有身表不失亦得此無表若住別解脫律儀若住不律儀若住非律儀非不律儀先有身表不失亦得此無表若生色界先有身表不失此中若住別解脫律儀若住不律儀者有說此文唯說第二刹那以後初刹那頃未有過去表無表故有作是說即初刹那亦成就過去表無表業前加行業彼成就故有非成就過去身表亦非此無表謂處卵鷇若諸異生住胎藏中若生欲界住非律儀非不律儀先無身表設有而失若阿羅漢及諸異生生無色界

若成就過去善身表彼成就此無表耶答應作四句有成就過去善身表非此無表謂生欲界住不律儀及住非律儀非不律儀先有善身表不失不得此無表有成就過去善身無表非此表謂諸聖者住胎藏中若生欲界住律儀不得別解脫律儀先無善身表設有而失若生色界先無善身表設有而失若諸學者生無色界有成就過去善身表亦此無表謂生欲界住律儀不得別解脫律儀先有善身表不失亦得此無表若住別解脫律儀若住不律儀及住非律儀非不律儀先有善身表不失亦得此無表

若生色界先有善身表不失若住別解脫律儀者此中二說如前應知問生色界者云何成就過去善身表荅如佛一時往至梵世梵衆諸天礼拜旋遶乃至彼加行未捨以來成就過去善身表業有非成就過去善身表亦非此無表謂處卵㲉若諸異生住胎藏中若生欲界住不律儀及住非律儀非不律儀先無善身表設有而失若阿羅漢及諸異生生無色界

若成就過去不善身表彼成就此無表耶荅諸成就過去不善身無表彼成就此表有成就過去不善身表非此無表謂生欲界住律儀及住非律儀非不律儀先有不善身表不失不得此無表此中二說如前應知

若成就過去有覆無記身表彼成就此無表耶荅無成就過去有覆無記身表及此無表

若成就未來身表彼成就此無表耶荅無成就未來身表有成就此無表謂諸聖者住胎藏中生欲界已得色界善心若生色界若諸聖者生無色界問何故無有成就未來身語表業荅無有預造未來表業非已生故若成就未來身語表業應未造業而有受用何故成就未來無表彼與心俱隨心修故

若成就未來善身表彼成就此無表耶荅無成就未來善身表有成就此無表謂諸聖者住胎藏中若生欲界已得色界善心若生色界若諸聖者生無色界

若成就未來不善身表彼成就此無表耶荅無成就未來不善身表及此無表

若成就未來有覆無記身表彼成就此無表耶荅無成就未來有覆無記身表及此無表

若成就未來無覆無記身表彼成就此無表耶荅無成就未來無覆無記身表及此無表問何故無有成就去來有覆無覆無記表業荅彼成就得勢力唯尒但能成就同刹那業無力能成已滅未至彼業過去得亦過去彼業未來得亦未來彼業現在得亦現在有說彼業習氣不堅牢故無成就去來世者如善惡業習氣堅牢則能成就去來二世無記不尒

若成就現在身表彼成就此無表耶荅應作四句有成就現在身表非此無表謂生欲界住律儀不得別解脫律儀現有身表不得此無表設先有身表不失而不得此無表若住非律儀非不律儀現有身表不得此無表設先有身表不失而不得此無表若生色界現有身表此中生欲界住律儀者謂住靜慮無漏律儀現有身表者即顯尒時心不在定及不眠等不得此無表者顯過現表非殷重信非猛利纏所等起故不發無表故現在無有成就現在身無表非此表謂生欲界住律儀不得別解脫律儀正在定設不在定現無身表先有身表不失得此無表若住別解脫律儀及住不律儀現無身表若住非律儀非不律儀現無身表先有身表不失得此無表若生色界正在定此中正在定者顯有無表亦遮有表得此無表者

顯有過去身表所發身無表業現在隨轉若住別解脫律儀及住不律儀現無身表者有作是說此說第二剎那以後彼初剎那必有表故有作是說彼初剎那亦是所說有現無身表受不律儀故及在定中得具戒故有成就現在身表亦此無表謂生欲界住律儀不得別解脫律儀現有身表亦得此無表或先有身表不失得此無表若住別解脫律儀及住不律儀現有身表若住非律儀非不律儀現有身表亦得此無表先有身表不失得此無表此中若住別解脫律儀及住不律儀現有身表者有作是說唯取初剎那以後諸剎那無身表故有說亦取諸餘剎那後位身表亦容起故有非成就現在身表亦非此無表謂處卵𣪘及住胎藏中若生欲界住律儀不得別解脫律儀不在定現無身表設先有身表不失而不得此無表若住非律儀非不律儀現無身表設先有身表不失而不得此無表若生色界不在定現無身表若生無色

界此中不在定者顯不成就現在無表餘如前說若成就現在善身表彼成就此無表耶荅應作四句有成就現在善身表非此無表謂生欲界住律儀不得別解脫律儀現有善身表不得此無表設先有善身表不失而不得此無表若住不律儀及住非律儀非不律儀現有善身表不得此無表設先有善身表不失而不得此無表若生色界現有善身表此中若生色界現有善身表者必不成就現在無表以必不在定故餘如前說有成就現在善身無表非此表謂生欲界住律儀不得別解脫律儀正在定設不在定現無善身表先有善身表不失而得此無表若住別解脫律儀現無善身表若住不律儀及住非律儀非不律儀現無善身表先有善身表不失而得此無表若生色界正在定若住別解脫律儀現無善身表者有作是說此說第二剎那以後有作是說通初剎那如前說故

有成就現在善身表亦此無表謂生

欲界住律儀不得別解脫律儀現有善身表亦得此無表先有善身表不失得此無表若住別解脫律儀現有善身表若住不律儀及住非律儀非不律儀現有善身表亦得此無表先有善身表不失得此無表有非成就現在善身表亦非此無表謂處卵𣪘及住胎藏中若生欲界住律儀不得別解脫律儀不在定現無善身表設先有善身表不失而得得此無表若住不律儀及住非律儀非不律儀現無善身表設先有善身表不失而不得此無表若生色界不在定現無善身表若生無色界若成就現在不善身表彼成就此無表耶荅應作四句有成就現在不善身表非此無表謂生欲界住律儀及住非律儀非不律儀現有不善身表不得此無表設先有不善身表不失而不得此無表住律儀者謂住三種律儀不得此無表者非猛利纏所等起故餘皆如前說有成就現在不善身無表非此表謂生欲界住不律儀現無不善身表若

住律儀及住非律儀非不律儀現無不善身表先有不善身表不失得此無表住不律儀現無不善身表者有作是說除初刹那有說通初有但由語發身不律儀故

有成就現在不善身表亦此無表謂生欲界住律儀及住非律儀非不律儀現有不善身表亦得此無表先有不善身表不失得此無表若住不律儀現有不善身表皆如前說有非成就現在不善身表亦非此無表謂處卵𣪊若住胎藏中若生欲界住律儀及住非律儀非不律儀現無不善身表設先有不善身表不失而不得此無表若生色無色界皆如前說

若成就現在有覆無記身表彼成就此無表耶答無成就現在有覆無記身無表有成就此表謂生色界現有覆無記身表

若成就現在無覆無記身表彼成就此無表耶答無成就現在無覆無記身無表有成就此表謂生欲色界現有無覆無記身表如廣說身表無表

如是語表無表廣說亦尒但說語聲與前有異此中所說決定義者欲界必無隨心轉無表色界必無依表發無表問何故尒耶荅法應尒故復有說者欲界中有依表發無表是故必無隨心轉無表色界中有隨心轉無表是故必無依表發無表復有說者欲界表業能發無表是故必無隨心轉無表色界表業不發無表是故得有隨心無表復有說者欲界生得能發業心麁重猛利故所發表能發無表色界生得能發業心非麁重猛利故所發表不能發無表復有說者若生欲界無定心故不定心勝故所發表能發無表若生色界有定心故不定心劣故所發表不能發無表以如是等諸因緣故色界必無依表無表欲界定無隨心無表

問隨語響聲是語業不荅彼非語業但名語聲由語起故問簫笛等聲是語業不荅彼非語業但名語聲由風氣等所起故問諸鸚鵡聲是語業不有作是說彼非語業但名語聲聞彼

不能解了義故有餘師說彼是語業人雖不了彼所說義而彼同類互相領解又如解禽獸語者聞彼音聲知所說故問諸化語是語業不有作是說彼是語業由心發故有餘師說彼非語業但名語聲以所化身無執受故

若業欲界繫彼業果欲界繫耶乃至廣說應知此中依四果作論除增上果以增上果不決定故極寬慢故謂生一一果各有三界果及四果業一一各以四界諸法為增上果若業欲界繫彼業果欲界繫耶荅諸業欲界繫彼業果亦尒謂三果或二果有業果欲界繫非彼業謂由色界道作欲界化發欲界語此化及語是色界道士用果若業色界繫彼業果色界繫耶荅諸業果色界繫彼業亦尒謂三果或二果有業色界繫非彼業果謂由色界道作欲界化發欲界語此化及語是色界道士用果及由色界道證諸結斷即諸靜慮近分世俗道彼諸斷是此道離繫果士用果約地分別準前應知若業無色界繫彼業果

無色界繫耶答諸業果無色界繫彼業亦尒謂三果或二果有業無色界繫非彼業果謂由無色界道證諸結斷即諸無色近分道彼諸斷是此道離繫果士用果約地分別准前應知若業不繫彼業果不繫耶答諸業不繫彼業果亦尒謂三果或二果有業果不繫非彼業謂由色無色界道證諸結斷即諸近分世俗道彼諸斷是此道離繫果士用果約地分別准前應知若業非欲界繫彼業果非欲界繫耶答諸業果非欲界繫彼業亦尒有業非欲界繫非彼業果謂由色界道作欲界化發欲界語此化及語是色界道士用果若業非色界繫彼業果非色界繫耶答諸業非色界繫彼業果亦尒有業果非色界繫非彼業謂由色界道作欲界化發欲界語此化及語是色界道士用果及由色界道證諸結斷彼諸斷是此道離繫果士用果約地分別准前應知若業非無色界繫彼業果非無色界繫耶答諸業非無色界繫彼業果亦尒有業

果非無色界繫非彼業謂由無色界道證諸結斷彼諸斷是此道離繫士用果約地分別准前應知若業非不繫彼業果非不繫耶答諸業果非不繫彼業亦尒有業非不繫非彼業果謂由色無色界道證諸結斷彼諸斷是此道離繫士用果約地分別准前應知

問諸所化事由誰化作為由道耶為由化心耶若由道者何故化心說名能化若由化心者此中所說當云何通如說由色界道作欲界化發欲界語有作是說諸所化事由道化作問若尒何故化心說名能化答應名所化心不應名能化然由道力作化事已化心與所化俱時起故名能化心實非能化有餘師說諸所化事由化心作問若尒此說當云何通如說由色界道作欲界化發欲界語答依展轉因故作是說如子孫法謂神境通道無間而滅化心與所化俱時而起化心即是此道近士用果所化事復是化心近士用果所化事謂四處或二處

如是說者諸所化事由道化作亦由化心謂神境通道無間而滅化心與所化俱時而起雖俱時起而能化心唯是道果諸所化事是前道果及化心果

問離所化身發化語不有說不發問若尒此說當云何通如說由色界道作欲界化發欲界語答所化身有二種一者有語二者無語由色界道作欲界化者顯無語化身發欲界語者顯有語化身有說離化身亦發化語如在空界不見化身但聞化語而此中所說由色界道作欲界化者揔顯有語無語化身發欲界語者揔顯依身離身化語如是說者離所化身不發化語語者必由麁四大種相擊起故

說一切有部發智大毗婆沙論卷第一百二十二

甲辰歲高麗國大藏都監奉
勅雕造

阿毗達磨大毗婆沙論卷第一百二十二

校勘記

一 底本，金藏廣勝寺本。一一六頁上、中、下原版殘缺，以麗藏本補。

一 一〇八頁下四行首字「斯」，磧、普、南、徑、清作「所」。

一 一〇八頁下七行第七字「且」，諸本（不含石，下同）作「旦」。

一 一〇八頁下九行第八字「三」，資、磧、普、南、徑、清作「三種」。又第一三字「一」，諸本無。

一 一〇八頁下一三行第五字「子」，麗作「字」。

一 一〇八頁下一五行第一〇字「得」，資、磧、普、南、徑、清作「起」。一九行第四字同。

一 一〇九頁中一〇行「表表」，磧、普、徑作「表衣」。

一 一〇九頁中一四行首字「後」，諸本作「彼」。

一 一〇九頁下一四行第一三字「磔」，諸本作「搩」。

一 一〇九頁下末行第六字「惡」，諸本作「怨」。又第一二字「若」，磧、南作「者」。

一 一一〇頁上七行第四字「殖」，徑作「種」。

一 一一〇頁上八行第二字「諸」，磧作「說」。

一 一一〇頁下九行末字「無」，資、磧、普、南、徑、清作「無有」。

一 一一〇頁下一二行首字「表」，資、磧、普、南、徑、清無。

一 一一〇頁下一三行首字「已」，磧、普、南、徑、清作「色」。

一 一一〇頁下二一行第六字「失」，資、磧、南、徑、清作「得」。

一 一一一頁中一三行「是則」，磧作「是問」。

一 一一三頁上一九行末字「表」下，諸本有「若成就過去無覆無記身表彼成就此無表耶答無成就過去無覆無記身表及此無表」三十四字。

一 一一三頁上二二行第九字「生」，資、磧、普、南、徑、清作「若生」。

一 一一三頁中一行第一二字「語」，資、磧、普、南、徑、清作「諸」。

一 一一三頁中三行第二字「就」，資、磧、普、南、徑、清無。

一 一一四頁上一二行第九字「先」，諸本作「或先」。

一 一一四頁下一〇行「得得」，諸本作「不得」。

一 一一五頁上一八行末字「有」，諸本作「有有」。

一 一一五頁上末行第八字「如」，麗作「如前」。

一 一一五頁下九行第一二字「慢」，徑、清、麗作「漫」。

一 一一五頁下一〇行「一一果」，諸本作「一一界」。又「四果業」，諸本作「四界業」。

一 一一五頁下末行第八字「無」，資、

磧、普、南、徑、清無。

一一一六頁下一行第六字「所」，南作「於」。

一一一六頁下四行首字「唯」，磧作「准」。

一一一六頁下一六行第一二字「擊」，資、磧、普、南、徑、清作「繫」。

趙城縣廣勝寺

阿毗達磨大毗婆沙論卷第一百二十三　𮊈

五百大阿羅漢等造

三藏法師玄奘奉　詔譯

業蘊第四中表無表納息第四之二

頗有業有漏有漏果耶乃至廣說應知此中依三果作論除士用果及增上果以士用果多雜乱故多法為因得一法故以增上果不決定故極寬漫故如前已說迦濕弥羅國諸論師言此中依一因多果作論若依此說頗有業有漏有漏果耶荅有謂等流異熟果頗有業有漏無漏果耶荅有謂離繫果頗有業有漏有漏無漏果耶荅有謂等流異熟離繫果頗有業無漏無漏果耶荅有謂等流離繫果頗有業無漏有漏果耶荅無頗有業無漏有漏無漏果耶荅無頗有業有漏無漏有漏無漏果耶荅無所以者何此中依一因多果而作論故無如是因體是有漏亦是無漏如無此因亦無此果故荅言無頗有業有漏無漏有漏果耶荅無頗有業有漏無漏無漏果耶荅無西方諸師作如是說此中依多因一果而作論若依此說頗有業有漏有漏果耶荅有謂等流異熟果頗有業有漏無漏果耶荅有謂離繫果頗有業有漏有漏無漏果耶荅無所以者何此中依多因一果而作論故無如是果體是有漏亦是無漏如無此果亦無此因故荅言無頗有業無漏無漏果耶荅有謂等流離繫果頗有業無漏有漏果耶荅無頗有業無漏有漏無漏果耶荅無頗有業有漏無漏有漏無漏果耶荅無頗有業有漏無漏有漏果耶荅無頗有業有漏無漏無漏果耶荅有謂離繫果評曰應知此中前說為善以本論文多同前故依一體業為問荅故無一業體通染淨故

頗有業學學果耶荅有謂等流果頗有業學無學果耶荅有謂等流果頗有業學非學非無學果耶荅有謂離繫果頗有業無學果耶荅有謂等流果頗有業無學學果耶荅無頗有業無學非學非無學果耶荅無問時辭

脱阿羅漢練根作不動第九無間道頻證三界見修所斷一切結斷彼諸結斷是此道果應荅言有何故言無荅雖是此道士用果而非離繫果前已說此中除士用增上果故荅言無頗有業非學非無學非學非無學果耶荅有謂等流異熟離繫果頗有業非學非無學學果耶荅無問世第一法無間引生苦法智忍此忍應是世第一法所引生果應荅言有何故言無荅彼雖是士用果而非三果所攝前已說此中依三果作論故荅言無頗有業非學非無學無學果耶荅無

如世尊說不修身不修戒不修心不修慧乃至廣說修有四種謂得修習修對治修除遣修如智蘊等廣說此中依二修作論謂對治修除遣修若於身戒心慧對治道未生名不修身乃至不修慧此依對治修說又緣身戒心慧所有煩惱未斷未遍知名不修身乃至不修慧此依除遣修說若於身戒心慧對治道已生名為修身乃至修慧此依對治修說又緣身戒心慧所有煩惱已斷已遍知名為修身乃至修慧此依除遣修說是謂此處略毗婆沙

云何不修身荅若於身未離貪欲潤憙渴又無間道能盡色貪彼於此道未修未安若於身未離貪者謂未離愛未離欲者謂於愛欲未斷未遍知未離潤者謂於愛潤未斷未遍知未離憙者謂於愛憙未斷未遍知未離渴者謂於愛渴未斷未遍知又無間道能盡色貪者謂無間道盡色界愛彼於此道未修未安者謂未修習及未安息修謂習修安謂得修又起名修滅名安又已生名修已滅名安應知此中若於身未離貪欲潤憙渴名不修身者依除遣修說又無間道修盡色貪彼於此道未修未安名不修身者依對治修說有餘師說若於身未離貪欲潤憙渴名不修身者謂於緣身愛未斷未遍知又無間道能盡色貪彼於此道未修未安名不修身者諸於緣身謂餘煩惱未斷未遍知有作是說若於身未離貪等者顯未斷繫得又無間道能盡色等者顯未證離繫得如未斷繫得未證離繫得如是未損減過失未修習功德未棄下劣未證勝妙未捨無義未得有義未除有愛熱惱未受無愛快樂應知亦爾或有說者若於身未離貪等者顯無間道未起作用又無間道能盡色貪等者顯解脫道未起作用復有說者若於身未離貪等者顯未離欲界乃至第三靜慮染又無間道能盡色貪等者顯未離第四靜慮染此等差別如理應知云何不修戒荅若於戒未離貪廣說如身云何不修心荅若於心未離貪欲潤憙渴又無間道能盡無色貪彼於此道未修未安若於心未離貪等如前說又無間道能盡無色貪者謂無間道能盡無色界愛未修未安如前說應知此中若於心未離貪欲潤憙渴名不修心者依除遣修說又無間道能盡無色貪彼於此道未修未安名不修心者依對治修說有餘師說若於心未離貪等者謂於緣心愛未斷未遍知又無間

道能盡無色貪等者謂於緣心諸餘煩惱未斷未遍知餘廣說如前復有說者若於心未離貪等者顯未離欲界乃至無所有處染又無間道能盡無色貪等者顯未離非想非非想處染此等差別如理應知云何不修慧答若於慧未離貪廣說如心已說不修身等自性雜無雜相今當說若不修身彼不修戒耶答如是設不修戒彼不修身耶答如是以身與戒俱於離第四靜慮染時方斷盡故若不修身彼不修心耶答諸不修身彼不修心有不修心非不修身謂已離色染未離無色染若不修身彼不修慧耶答諸不修身彼不修慧有不修慧非不修身如前說若不修戒彼不修心耶答諸不修戒彼不修心有不修心非不修戒如前說若不修戒彼不修慧耶答諸不修戒彼不修慧有不修慧非不修戒如前說此中諸如前說者俱謂已離色染未離無色染以對治處同故若不修心彼不修慧耶答如是設不修慧彼不修心耶答如是以心與慧俱於離非想非非想處染時方斷盡故

如世尊說修身修戒修心修慧云何修身答若於身已離貪欲潤憙渴又無間道能盡色貪彼於此道已修已安云何修戒答若於戒已離貪廣說如身云何修心答若於心已離貪欲潤憙渴又無間道能盡無色貪彼於此道已修已安云何修慧答若於慧已離貪廣說如心略毗婆沙及釋諸句翻前黑品如理應思

已分別修身等自性雜無雜相今當說若修身彼修戒耶答如是設修戒彼修身耶答如是以身與戒俱於離第四靜慮染時方斷盡故若修身彼修心耶答諸修心彼修身有修身非修心謂已離色染未離無色染若修身彼修慧耶答諸修慧彼修身有修身非修慧如前說若修戒彼修心耶答諸修心彼修戒有修戒非修心如前說若修戒彼修慧耶答諸修慧彼修戒有修戒非修慧如前說此中諸句如前說者俱謂已離色無色染以對治處同故若修心彼修慧耶答如是設修慧彼修心耶答如是以心與慧俱於離非想非非想處染時方斷盡故

已隨本論文句差別釋不修身戒心慧等當復隨義釋此差別有作是說不修身者謂於不淨淨想顛倒未斷未遍知不修戒者謂於苦樂想顛倒未斷未遍知不修心者謂於無常常想顛倒未斷未遍知不修慧者謂於無我我想顛倒未斷未遍知有餘師說不修身者謂於段食未斷未遍知不修戒者謂於觸食未斷未遍知不修心者謂於識食未斷未遍知不修慧者謂於意思食未斷未遍知或有說者不修身者謂於色蘊未斷未遍知不修戒者謂於受蘊未斷未遍知不修心者謂於識蘊未斷未遍知不修慧者謂於想蘊行蘊未斷未遍知復有說者不修身者謂於色隨識住未斷未遍知不修戒者謂於受隨識住未斷未遍知不修心者謂於能住識未斷未遍知不修慧者謂於想隨

識住行隨識住未斷未遍知有作是
言不修身者謂未修身念住不修戒
者謂未修受念住不修心者謂未修
心念住不修慧者謂未修法念住有
餘師言不修身者謂未修身修不修
戒者謂未修戒修不修心者謂未修
心修不修慧者謂未修慧修有餘復
說不修身者謂身於覺支未能隨順
不修戒者謂戒於覺支未能隨順不
修心者謂心於覺支未能隨順不修
慧者謂慧於覺支未能隨順或復有
說不修身者謂身未能為戒所依不
修戒者謂戒未能為奢摩他所依不
修心者謂奢摩他未能為毗鉢舍那
所依不修慧者謂毗鉢舍那未能害
諸煩惱如不修身等如是諸說差別
如是修身等翻此應知
若成就過去戒彼成就未來現在此
類戒耶乃至廣說類有四種一修類
二律儀類三界類四相似類修類者
如前智蘊說謂未曾得道現在前時
能修未來自類諸道此中有說諸有
漏道有漏為類諸無漏道無漏為類

復有說者諸有漏道通以有漏無漏
為類諸無漏道通以無漏有漏為類
若有漏道現在前時通修有漏及無
漏道此由有漏道力修故俱名彼類
若無漏道現在前時通修無漏及有
漏道此由無漏道力修故俱名彼類
律儀類者如此業蘊說謂有成就過
去戒非未來現在此類戒等此中律
儀律儀為類謂別解脫律儀別解脫
律儀為類靜慮律儀靜慮律儀為類
無漏律儀無漏律儀為類律儀加行
律儀加行為類律儀根本律儀根本
為類律儀後起律儀後起為類表戒
表戒為類無表戒無表戒為類界類
者如後根蘊說謂有成就此類眼根
非此類身根等此中若法於此界有
即說此為彼類謂欲界法欲界為類
色界法色界為類無色界法無色界
為類相似類者如毗奈耶說謂物攢
子左手放光右手分僧卧具與同類
者諸持經者持經者共諸持律者持
律者共諸說法者說法者共諸閑居
者閑居者共分配同類非異類者欲

令展轉相隨順故善法增進惡法損
減如說有情諸界各別有同類者更
相隨順惡勝解者惡勝解俱善勝解
者善勝解俱更相隨順作所應作今
於此四類中依律儀類而作論
若成就過去戒彼成就未來現在此
類戒耶荅有成就過去戒非未來現
在此類戒謂表戒已滅不失此類戒
不現前有及未來非現在謂靜慮無
漏戒已滅不失此類戒不現前有及
現在非未來謂表戒已滅不失此類
戒現前有及未來現在謂靜慮無漏
戒已滅不失此類戒現前成就過去
戒非未來現在此類戒謂表戒已滅
不失此類戒不現前者此說表戒表
戒為類如先已受近事戒勤策表戒
不現前或先已受勤策戒苾芻表戒
不現前近事女等說亦尒若說無表
戒即以無表戒為類諸有欲令若犯
戒時現在戒類斷過去不失者彼說
此中更應作是說及無表戒已滅不
失此類戒不現前如已受近事戒而
毀犯或已受勤策戒苾芻戒而毀犯

近事女等說亦介諸有欲令若犯戒時現在戒不斷過去亦不失者彼說此中更無餘說無有唯成過去無表戒而非現在此類無表故及未來非現在謂靜慮無漏戒已滅不失此類戒不現前者此說靜慮無漏律儀已起已滅雖成就而不現前及現在非未來謂表戒已滅不失此類戒現前此說表戒表戒為類如先已受近事戒勤策表戒現在前或先已受勤策戒苾芻表戒現在前此中復應作如是說及無表戒已滅不失此說無表戒無表戒為類諸說犯戒時現在戒斷過去不捨者彼說受近事等戒已乃至第二剎那無犯彼成就現在無表亦成就過去諸說犯戒時現在戒不斷過去亦不捨者彼說近事等受戒已至第二剎那即犯者亦成就現在何況無犯近事女等說亦介及未來現在謂靜慮無漏戒已滅不失此類戒現前者此說靜慮無漏律儀已起已滅亦成就現前

若成就未來戒彼成就過去現在此類耶答有成就未來戒非過去現在此類戒謂阿羅漢生無色界有及過去非現在謂靜慮無漏戒已滅不失此類戒不現前有及現在非過去謂無漏戒初現前有及過去現在謂靜慮無漏戒已滅不失此類戒現前有成就未來戒非過去現在此類戒謂阿羅漢生無色界及過去非現在謂靜慮無漏戒已滅不失此類戒不現前者此說靜慮無漏律儀已起已滅雖成就不現前及現在非過去謂無漏戒初現前者此說苦法智忍及得果轉根初剎那現前位及過去現在謂靜慮無漏戒已滅不失此類戒現前者皆如前說

若成就現在戒彼成就過去未來此類戒耶答有成就現在戒非過去未來此類戒謂表戒初現前有及過去非未來謂表戒已滅不失此類戒現前有及未來非過去謂無漏戒初現前有及過去未來謂靜慮無漏戒已滅不失此類戒現前成就現在戒非過去未來此類戒謂表戒初現前者此說別解脫律儀初受得位問此位亦成就過去加行戒云何說非過去耶答此中依根本律儀類而作論彼但是律儀加行而非根本律儀是故不說及過去非未來者謂表戒已滅不失此類戒現前此說表戒表戒為類如先已受近事戒勤策表戒現在前或先已受勤策戒苾芻表戒現在前近事女等說亦介若說無表戒無表戒為類二說差別如前應知及未來非過去謂無漏戒初現前者此說苦法智忍及得果轉根初剎那現前位及過去未來者謂靜慮無漏戒已滅不失此類戒現前者此說靜慮無漏律儀已起已滅亦成就亦現前

此中三種律儀謂別解脫律儀靜慮律儀無漏律儀唯依別解脫律儀安立七眾差別不依餘二七衆者一苾芻二苾芻尼三式叉摩那四室羅摩拏洛迦五室羅摩拏理迦六鄔波索迦七鄔波斯迦問何故唯依別解脫律儀安立七衆差別不依餘耶答以別解脫律儀漸次而得漸次安立故

謂若能離四性罪一遮罪名鄔波索迦若復能離四性罪多遮罪名索羅摩拏洛迦若有能離一切性罪一切遮罪名苾芻苾芻尼等准此應知靜慮無漏七支律儀頓得頓起頓安立若依靜慮無漏律儀安立七衆是則七衆安立差別應頓非漸有作是說別解脫律儀從初表業發得巳後於一切時現在成就若眠若醉若狂若悶若思不思若染汙心無記心若無心等一切位中現在相續隨轉不斷故可依之立七衆別靜慮無漏律儀若正在定現在成就現在隨轉出則不然故不依之立七衆別若依靜慮無漏律儀立七衆別則七衆安立應不決定入出定時無期限故有餘師說別解脫律儀七衆差別俱唯欲界可得安立靜慮無漏律儀通上界得若當依此立七衆者則七衆安立應通上界有餘復說別解脫律儀七衆差別俱唯人趣可得安立靜慮無漏律儀亦通天趣若當依此立七衆者則七衆安立應通天趣復有說者別解脫律儀七衆差別俱由有佛出世可得安立靜慮無漏律儀若佛出世若不出世俱可安立若當依此立七衆者是則七衆安立差別亦應通在無佛出世有餘師說何故不依靜慮律儀以立七衆唯依別解脫者以別解脫律儀七衆差別俱內道有外道則無靜慮律儀通內外道有若當依此立七衆者則七衆安立應通外道復何故不依無漏律儀以立七衆但依別解脫者以別解脫律儀七衆差別俱通凡聖無漏律儀唯聖非凡若當依此立七衆者則七衆安立應唯在聖由此所說諸因緣故唯依別解脫律儀安立七衆不依餘二

如世尊說鄔波索迦有五學處謂離煞生離不與取離欲邪行離虛誑語離飲諸酒問何故名鄔波索迦答親近修事諸善法故謂彼身心狎習善法故名鄔波索迦問若尒者諸不斷善皆名鄔波索迦耶以彼身心亦修善故答不尒此依律儀所攝妙行善法以立名故問若尒者諸住律儀皆名鄔波索迦耶以彼皆修律儀善故答此以在初故得名餘律儀更以餘緣建立復次此是律儀初入加行為能近事餘律儀與此相違故彼非難有餘師說親近承事諸善士故謂彼恒時親承善士故名鄔波索迦有作是說親近修事精進行故謂彼恒時愛樂修習速捨生死速證涅槃精進之行故名鄔波索迦復有說者親近承事諸佛法故謂彼至誠受持守護諸佛法律不惜身命故名鄔波索迦問何故此五名為學處答是近事者所應學故有說此應名為學迹若有遊此便升無上智慧殿故如尊者阿奴律陁告諸苾芻我依戒住戒為梯橙巳能升陟無上慧殿汝等應學勿生放逸有說此應名為學害由學此五害惡戒故有說此應名為學路此為徑路一切律儀妙行善法皆得轉故有說此應名為學禁如諸外道所受禁法種種差別以為標幟如是聖衆以此五種所學禁法為初標幟有說此應名為學本諸所應學此為

本故有說此五應名學基於涅槃城為基趾故

問何故於非梵行中唯依離犯他妻建立學處而不依離犯自妻耶答舊對法諸師及迦濕弥羅國諸論師說離欲邪行是近事者所受律儀家族本地離非梵行則不如是故此唯立離犯他妻脇尊者曰法王法主知此律儀有法能為障礙遮止有法不為障礙遮止謂欲邪行於此律儀最極能為障礙遮止如守門者禁門不開餘非梵行則不如是故此唯立離犯他妻有作是說犯欲邪行性罪所攝世所譏嫌餘非梵行雖性罪攝非世譏嫌故此不制有作是說於他妻等遠離則易非於自妻謂處居家妻子圍遶晝夜習近恩愛纏心不能受持遠離習近內真不淨外假莊嚴如畫真事自妻骸骨離欲邪行易防護者諸求他妻難遂心故有餘師說若犯他妻即是根本惡業道攝非於自妻是故不說有餘師言於自妻室生喜足者亦得名為純一圓滿清白梵行故此不立有說此是諸佛方便令他入法謂佛先觀若作如是立近事戒者彼於惡行能離幾許即如實知彼所離者如四海水餘未離者如草端露彼既能見犯他是罪能遠離之不久亦見犯自有罪亦當遠離故此唯立離犯他妻復有說者此是諸佛善權方便若佛為其制自妻者則諸國王宰官長者不能棄捨自妻室故便白佛言我不能受如來禁戒復求請除離自妻室我等由斯得有繼嗣故佛唯立離犯他妻有餘師言若諸聖者經生不犯立近事戒於自妻不尒所以者何犯自妻有三謂從貪瞋癡生經生聖者雖不犯從癡所生癡見品攝故聖者已斷而犯貪瞋所生是故不立

問鄔波索迦若更受持遠離非梵行等五種學處彼為別得異先所受諸律儀不答更不別得然名最勝鄔波索迦以別受持遠離禁故如苾蒭等若更受持十二杜多功德更不別得異先所受苾蒭等戒然名最勝大苾蒭等以別受持遠離行故彼亦如是

問何故語四善業道中離虛誑語獨立學處而非餘耶答舊對法諸師及迦濕弥羅國諸論師說離虛誑語是近事者所受律儀家族本地離離間等則不如是故此唯立離虛誑語脇尊者曰法王法主知此律儀有法能為障礙遮止有法不為障礙遮止謂虛誑語於此律儀最極能為障礙遮止如守門者禁門不開離間語等則不如是有作是說虛誑語性罪所攝譏嫌最重離間語等雖性罪攝譏嫌少輕故不立為近事學處有作是說虛誑語易可防護非餘三謂處居家御僮僕等難可遠離離間等三及身業中捶撻等事復有說者作虛誑語業道最重餘三少輕故不立為近事學處有餘師說唯虛誑語能破壞僧故立學處餘三不尒有餘復說若諸聖者經生不犯立近事戒聖者經生必定遠離虛誑語業非餘語業所以者何餘語有三謂從貪瞋癡生經生聖者雖不犯從癡所生癡見品攝故

聖者已斷而犯貪所生是故不立問世尊何故於遮罪中唯離飲酒立為學處荅舊對法諸師及迦濕弥羅國諸論師說唯離飲酒是近事者所受律儀家族本地離餘遮罪則不如是故此唯立離飲諸酒𦝠尊者曰法王法主知此律儀有法能為障礙遮止有法不為障礙遮止謂飲諸酒於此律儀最極能為障礙遮止如守門者禁門不開離餘遮罪則不如是故此唯立離飲諸酒有作是說離飲諸酒易可防護非餘遮罪謂酪清漿沙糖水等足能止渴何用酒為有餘師言離飲酒戒能揔防護諸餘律儀如塹垣城能揔防護復有說者若不防護離飲酒戒則揔毀犯諸餘律儀餘則不介曾聞有一鄔波索迦稟性仁賢受持五戒專精不犯後於一時家屬大小當為賓客彼獨不往留食供之時至取食醎味多故須臾增渴見一器中有酒如水為渴所逼遂取飲之介時便犯離飲酒戒時有隣雞來入其舍盜心捕煞烹煑而噉於此復犯離煞盜戒隣女尋雞來入其室復以威力强逼交通緣此更犯離邪行戒隣家憤怒將至官司時斷事者訊問所以彼皆拒諱因斯又犯離虛誑語如是五戒皆因酒犯故遮罪中獨制飲酒有餘師說酒令失念增無慚愧其過深重故偏制立如律中說制地國中有一毒龍性極暴惡為稼穡害其所居池水陸空飛無敢近者時有尊者名曰善来以巧方便令其調伏因此名稱流布八方於是信心覺興供養漸次遊化至失羅筏值彼城中請僧設會有近事女家不豐饒獨請善来奉上飲食食多塩味須臾增渴為渴所逼現相求飲時近事女作是思惟尊者所食極為肥膩若飲冷水或當致疾遂設方便授以清酒彼不審察便取飲之讃慰收衣趣勝林寺將至酔悶酩酊便倒衣鉢錫杖狼藉在地露體而卧無所覺知佛將阿難經行遇見知而故問此卧者誰何為此閒醉酒而卧阿難白佛此是善来佛告阿難可集僧衆僧衆集已佛在衆中敷如常座結加趺坐介時世尊告苾芻衆汝等聞見苾芻善来曾以巧便伏毒龍不諸苾芻衆隨已見聞各白佛言我曾聞見佛言汝等於意云何善来今能伏蝦蟇不苾芻皆曰不也世尊介時如来種種方便呵毀酒過告諸苾芻汝等若稱佛為師者自今已往下至茅端所沾酒滴亦不得飲故遮罪中獨制飲酒有作是說飲酒能令智慧衰退說長者智慧衰退是第六失故遮罪中獨制飲酒有餘師說聖者經生必不飲酒雖嬰孩位養母以指強滴口中不自在故而無有失纔有識别設遇強緣為護身命亦終不飲故遮罪中獨立酒戒

說一切有部發智大毗婆沙論卷第一百二十三

阿毗達磨大毗婆沙論卷第一百二十三

校勘記

一　底本，金藏廣勝寺本。一一九頁中原版殘缺，以麗藏本補。

一　一一九頁中九行首字「漫」，資、磧、普、南作「慢」。

一　一一九頁中一〇行第八字「果」，資、磧、普、南作「未」。

一　一一九頁下二一行「無學果」，資、磧、普、南、徑、清作「無學無學果」。

一　一一九頁下二二行「無學學果」，麗作「無學無學學果」。

一　一二〇頁中一一行第一一字「盡」，諸本（不含石，不同）作「能盡」。

一　一二〇頁中一六行末字「修」，諸本作「能」。

一　一二〇頁中二二行第二字「諸」，諸本作「謂」。又第六字「謂」，諸本作「諸」。

一　一二〇頁下一行第一〇字「色」，諸本作「色貪」。

一　一二〇頁下五行「未愛」，諸本作「未受」。

一　一二〇頁下九行第六字「表」，諸本作「未」。

一　一二一頁中一一行「應思」，資、磧、普、南、徑、清作「廣思」。

一　一二一頁中末行「離色無色染」，諸本作「離色染未離無色染」。

一　一二二頁中一九行末字「攢」，麗作「特」。

一　一二二頁下二〇行第六字「類」，資、磧、南、徑、清無。

一　一二三頁上八行末字「前」，資、磧、普、南、徑、清作「前者」。本頁下六行第七字同。

一　一二三頁上一〇行「先已」，南、徑、清作「已先」。

一　一二三頁上一一行第一三字「作」，資、磧、普、南、徑、清無。

一　一二三頁中一行首字「類」，諸本作「類戒」。

一　一二三頁中一五行第三字「皆」，資、磧、普、南、徑、清無。

一　一二四頁上二行「索羅」，諸本作「室羅」。

一　一二四頁上一〇行第一〇字「無」，諸本作「若無」。

一　一二四頁上一五行「衆別」，諸本作「衆別者」。

一　一二四頁中一行第九字「俱」，麗作「但」。七行第九字同。

一　一二四頁中一九行首字「近」，資、磧作「所」。

一　一二四頁下一六行「梯橙」，磧、普、南、徑、清作「隥」。

一　一二五頁上二行「基趾」，徑作「基址」。

一　一二五頁上二〇行首字「諸」，諸本作「謂」。

一　一二五頁中二二行「十二」，資、磧、普、南、徑、清作「十三」。

一　一二五頁下一一行「虛誑」，資、磧、普、南、徑、清作「以虛誑」。

一　一二五頁下一四行「虛誑」，諸本作「離虛誑」。又第八字「非」，諸本作「非離」。

一　一二六頁上一行第七字「貪」，諸本作「貪瞋」。

一　一二六頁中六行第四字「有」，資、磧、普、南、徑、清無。

一　一二六頁中七行第七字「偏」，磧作「徧」。

一　一二六頁中八行首字「地」，麗作「他」。

一　一二六頁中一二行「失羅筏」，諸本作「室羅筏」。

一　一二六頁下八行第一一字「沾」，普、南、徑、清作「沽」。

一　一二六頁下一〇行第一〇字「説」，諸本作「如説」。

阿毗達磨大毗婆沙論卷第一百二十四　蕆

五百大阿羅漢等造

三藏法師玄奘奉　詔譯

業蘊第四中表無表納息第四之三

問頗有唯受三歸成近事不為有律儀缺減成近事不若言有者契經所說文句差別豈非無義如說我某甲歸佛法僧願尊憶持我是近事我從今日乃至命終護生歸淨亦應說有律儀缺減勤策苾芻等若無者即前契經文句差別寧非無義何故安立一分少分多分滿分近事耶健馱羅國諸論師言唯受三歸及律儀缺減悉成近事問若唯受三歸成近事者契經文句寧非無義經說近事受律儀時於戒師前作如是說我某甲歸佛法僧願尊憶持我是近事我從今者乃至命終於其中間護生歸淨荅彼由此表但得三歸名為近事而未得律儀後說學處方得律儀然彼文句非為無義由後自誓令前三歸得堅牢故若不護生歸非淨故問若缺減律儀成近事者便為善順一分等言所以者何若受一名一分受二名少分受三受四名多分具受五名滿分故云何不有律儀缺減勤策苾芻等耶荅佛觀所化機宜不同授與律儀亦不一種如諸近事不樂捨家為攝引故佛隨其意於五學處多少受得故彼律儀有缺減受苾芻勤策意樂捨家為安立故制具律儀具受乃得故彼律儀無缺減受以是世尊內眷屬故迦濕弥羅國諸論師言無有唯受三歸及缺減律儀名為近事問若介契經寧非無義如說我某甲歸佛法僧乃至廣說荅彼由此表既得三歸亦得律儀故成近事問此唯自誓離於煞生云何由此具得五種荅由此自誓離煞為依五種律儀亦俱時得五學處中彼為勝故以受戒者為不損生於損生中煞為上首故以離煞為五所依又護生言非唯離煞謂不損惱一切有情彼自誓言我從今者乃至命盡於諸有情不害其命不盜其物不侵其妻不行虛誑為護前

四亦不飲酒故護生言非唯離煞然有別誦言捨生者此言意說捨煞生等略去煞等但說捨生又捨生言顯於生類捨損惱事即五律儀皆為遮防損生事故由此自誓方得律儀故彼契經非為無義問若唯自誓便得律儀何故復說五種學處荅雖由自誓已得律儀而未了知彼差別相欲令知故說五學處故彼所說皆非無義問若尒何故說有一分等鄔波索迦耶荅此說持位非說受位謂於五中持一不持四名一分持二不持三名少分持三持四名多分具持五名滿分尊者僧伽筏蘇分同前二師說彼說無有唯受三歸便成近事然有缺減五種律儀亦成近事謂彼將受近事戒時先與戒師共詳審議如是學處我能受持如是學處我不能受既詳議已歸佛法僧自誓要期得尒所戒隨先詳議能受少多今得律儀其數亦尒由此故說近事律儀名詳議戒非勤策等戒得有此名如是說者無但三歸即成近事亦無缺減近事律儀成近事者如無缺減勤策等律儀名勤策等彼亦如是

問諸有但受近事律儀不受三歸得律儀不有說不得以受三歸與此律儀為門為依為加行故有說不定謂若不知先受三歸後方受戒信戒師故便受律儀彼得律儀戒師得罪若彼解了先受三歸後受律儀是正儀式但憍慢故不受三歸作如是言且應受戒何用歸信佛法僧為彼慢纏心雖受不得問若先不受近事律儀便受勤策律儀得勤策律儀不有說不得以近事律儀與此律儀為門為依為加行故有說不定若不了知先受近事律儀後方受勤策律儀信戒師故受此律儀彼得律儀戒師得罪若彼解了先受近事律儀後受勤策律儀是正儀式但為憍慢故不欲受學近事律儀作如是言何用受此近事劣戒彼慢纏心雖受不得如說不受近事律儀而受勤策律儀如是不受勤策律儀而受苾芻律儀廣說亦尒

問諸近事受勤策律儀及勤策受苾芻律儀彼為捨前律儀得後律儀不若捨前得後者何故施設論說前後律儀彼俱成就又若捨者後捨勤策為近事時及捨苾芻為勤策時更來受戒云何得彼近事勤策二律儀耶若不捨者彼既成就二種律儀或復三種何故得名唯依後戒又親教師彼既有二何故佛說後是前非荅受後律儀不捨前戒謂近事受勤策律儀不捨近事五更得勤策十尒時成就十五律儀若勤策受苾芻律儀不捨前十五更得苾芻過二百五十尒時成就過二百六十五律儀有餘師說若近事受勤策律儀不捨近事五更得勤策五尒時成就十種律儀若勤策受苾芻律儀不捨前十更得苾芻過二百四十尒時成就過二百五十律儀問彼既成就二種律儀或復三種何故得名唯依後戒荅就勝立名不應為難如得勝位捨本劣名問彼親教師既有二種何故佛說後是前非荅以勝律儀依後師得不依前故如不依彼律儀得名彼師亦尒復

有說者捨前律儀問若尒何故施設論說前後律儀彼俱成就荅彼論意說由前律儀資後令勝前戒勢力令時猶轉故說成就而先律儀實不成就問後捨苾芻為勤策時及捨勤策為近事時復云何得彼二戒耶荅即由語表自擔我今還為勤策或近事故得二律儀非成舊戒如是說者不捨前戒而得後戒彼後所受非前所受相違法故又前後戒因緣各別不應相合成十數等

問若童子時受近事戒至少年位方娉妻室彼於此妻先得戒不若先得者今應犯戒若先不得則此律儀應從少分有情處得荅應言先得問若尒今應犯戒荅得由別分非惣相續先所受得離欲邪行非非梵行令如何犯習近自妻非邪行故謂一相續別分有多所遮所行別故無犯

問若童子位得不作律儀至少年時方娉妻室彼於此妻先得律儀不若先得者今應犯律儀然不作律儀得必無犯若先不得則此律儀應從少分有情處得荅應言先得廣說如前

問近事律儀依何處有荅依欲界有非色無色界依人趣有非餘趣依三洲有除北洲問若此律儀唯依人趣契經所說當云何通如契經說時天帝釋來詣佛所作如是言願佛憶持我是近事我從今者乃至命終於其中間護生歸淨荅彼自顯示是信等流非受律儀不應為難

如契經說近住律儀具足八支何等為八謂離害生命離不與取離非梵行離虛誑語離飲諸酒諸放逸處離歌儛倡伎離塗飾香鬘離高廣牀離非時食問此有九支何以言八荅二合為一故說八支謂離塗飾香鬘與離歌儛倡伎同於莊嚴處轉故合立一支問云何名近住云何近住支荅離非時食名為近住離害生等名近住支問此近住支應唯有七荅離非時食名為近住亦近住支故不唯七如正見名道亦道支餘名道支非道擇法名覺亦覺支餘名覺支非覺三摩地名靜慮亦靜慮支餘名靜慮支非靜慮如是離非時食名近住亦近住支餘名近住支非近住故說近住具足八支尊者妙音衆世說曰應言近住或全无支或一二三乃至或七非要具八方名近住如是說者非全无支乃至或七得名近住名近住者要具八支問近律儀云何而得荅從他教得謂隨師教自發誠言恭敬受得問受律儀者或先自發言或與師俱說得律儀不荅不得要隨師語如師語而說方受得故問近住律儀從誰應受荅從七衆受皆得非餘所以者何若无盡壽戒者則不堪任為戒師故問著何服飾受此律儀荅常所受用衣服嚴具著之皆得受此律儀若為暫時嚴莊身者必須棄捨方受此戒床座等具准此應知問齋何時受荅齋一晝夜不增不減謂清旦時從師受得至明清旦律儀便捨問若有頻受半月一月或復多時得律儀不荅應言不得所以者何一晝夜時分限定故光闇往來易了知故一齋食時非

時定故非一晝夜近住律儀可使頓經二晝夜受況多晝夜可頓受得如近事等盡壽律儀不可頓受眾同分況多同分可頓受得晝夜律儀理亦應尒律儀分齊唯有二故問受晝非夜受夜非晝得此戒不有說不得所以者何佛說此為晝夜戒故問若尒者尊者迦多行那所說因緣當云何通如說時彼尊者告屠兒言汝等皆應離此惡業勿於來世受大苦果屠兒荅言我以此業而自存活如何能離尊者告言汝等所作屠羊等業何時分造屠兒荅言唯於晝分尊者告日汝等可於夜分受持近住八戒諸屠兒輩歡喜奉行命終皆生曠野鬼趣每於晝日有黑駮狗欻然而現敢食其肉唯餘骸骨俄須肉生平復如舊還被食敢受諸苦惱如地獄趣每至夜分五欲自娛遊戲受樂猶如天趣尊者復詣諸欲邪行婬女等處告言汝等應離此業勿於來世受大苦果彼人荅言我等久習如是事業非卒能離尊者告言汝等所作姧穢重

業在何時分彼人荅言唯於夜分尊者告曰汝等可於晝分受持近住八戒諸邪行者歡喜奉行命終皆生曠野鬼趣每於夜分有百足虫欻尒而生唼食其肉唯餘骸骨俄須肉生平復如舊還被唼食受諸苦惱如地獄趣每至晝分五欲自娛遊戲受樂猶如天趣如是所說當云何通荅彼妙行攝非是律儀受妙行果非律儀果是以無過有餘師言是彼尊者神力化作非是真實令俱胝耳猒世間故化為彼事故不須通有說亦得謂有要期月八日等恒受齋戒有緣礙故得如是受評曰前說為善晝夜戒故問若至午後受此戒者亦得戒不荅應言不得除先要期月八日等恒受齋戒彼有餘緣午前不憶食已方憶深生悔愧即請戒師如法受者亦得此戒

問扇搋半擇迦無形二形受近住律儀得律儀不荅應言不得所以者何彼所依身志性羸劣非律儀器亦不能為不律儀器如鹹鹵田嘉苗穢草

俱不生長然應授彼近住律儀令生妙行當受勝果或扇搋等國王委任令知要務苦楚多人若受律儀毒心暫息饒益多人故亦應為受然實不得近住律儀

如是所說近住律儀或有根本業道淨而近分不淨如自在者受此律儀有彼廚人欲害生命擬充所食彼便告曰我今受戒不得煞生留待明朝煞充所食復有捕獲怨敵將來請欲加害彼便告曰我今受律儀不得煞害留待明旦依法刑戮如是名為根本業道淨而近分不淨世尊說彼所受律儀雖是勝業而不獲大果或有根本業道淨近分亦淨非惡尋思之所損害謂欲尋思恚尋思害尋思世尊說彼所受律儀雖是勝業而不獲大果或有根本業道淨近分亦淨非惡尋思之所損害而不攝受正念謂佛隨念法隨念僧隨念戒隨念捨隨念天隨念世尊說彼所受律儀雖是勝業而不獲大果或有根本業道淨近分亦淨非惡尋思之所損害攝受

阿毗達磨大毗婆沙論第一百二十四卷　第十二張　頡字号

正念而不迴向解脫謂求生天欲樂等故受持禁戒世尊說彼所受律儀雖是勝業而不獲大果若有根本業道淨近分亦淨非惡尋思之所損害攝受正念迴向解脫世尊說彼所受律儀是殊勝業能獲大果世尊依後所受律儀告毗舍佉鹿子母曰若有成就此八近住律儀十六大國所有珍寶欲比其價十六分中不能及一如是百分千分百千分數分筭分乃至鄔波尼煞曇分亦不及一十六大國者謂泱伽國摩揭陁國迦尸國憍薩羅國佛栗氏國末羅國奔噠羅國蘇嗡摩國頞濕縛迦國頞飯底國葉筏那國劍跋闍國俱盧國般遮羅國筏蹉國戍洛西那國此十六國豊諸珍寶故偏說之諸珍寶者謂末尼真珠吠琉璃寶螺貝璧玉珊瑚金銀摸娑洛揭拉婆寶頞濕摩揭婆寶赤珠右旋寶等又佛依後所說律儀訶天帝釋所說讚頌如天帝釋聞佛所說近住律儀功德殊勝便以伽他而讚歎曰

阿毗達磨大毗婆沙論第一百二十四卷　第十三張

六齋神變月　受持八戒齋　彼功德殊勝
則為與我等

介時世尊告苾芻衆此天帝釋所說伽他違於道理若阿羅漢可作是說所以者何此天帝釋貪瞋癡等未能永離未得解脫生老病死愁憂悲苦纏縛身心如何可言受持此戒所獲功德與我等耶諸阿羅漢諸漏已盡所作已辦捨諸重擔自利已滿盡諸有結心善解脫不受後有彼可說言受持此戒所獲功德則與我等天帝功德唯感天帝受持八戒證三菩提故不應言但與其等

問誰應受此近住律儀有作是說唯聖者非異生唯是近事非非近事誰有為暫時捨盡壽然有為盡壽捨盡壽為盡壽捨暫時誰有為暫時受盡壽然有為盡壽受暫時如是說者亦聖者亦異生亦近事亦非近事然薄伽梵為毗舍佉鹿子母說及天帝釋所說伽他唯依聖者

問近住律儀依何處有答唯依欲界有非色無色界依人趣有非餘趣依

阿毗達磨大毗婆沙論第一百二十四卷　第十四張

三洲有除北洲問若此律儀唯依人趣契經所說當云何通如契經說有海居龍從大海出於六齋日受八戒齋放捨身心寂然而住徐發吟韻作如是言今於世間無所惱害答彼得妙行不得律儀自慶暫時離諸惡行彼自憶念昔在人中受八戒齋不能清淨有毀犯故墮龍趣中作是思惟我本人趣若能清淨持八戒齋今應生天受諸快樂何期毀犯墮斯惡趣猒惡行故數從海出受八戒齋吟韻自慶然實彼龍唯得妙行不得律儀

問何故此律儀名為近住答近阿羅漢住故名近住以受此律儀隨學彼故有說此近盡壽戒住故名近住有說此戒近時而住故名近住如是律儀或名長養長養薄少善根有情令其善根漸增多故有說長養在家善根令近出家善根住故問如是所說八支律儀幾是尸羅支幾是不放逸支幾是遠離支答五是尸羅支謂離害生命乃至離飲酒一是不放逸支謂離非時食餘二是遠離支又前四

是尸羅支離性罪故第五是不放逸支雖受尸羅若飲諸酒心便放逸不能護故後三是遠離支以能隨順猒離心故猒離能證律儀果故由此近住具有八支而於五增三於十減一合二為一故開一為二故

業蘊第四中自業納息第五之一

云何自業自業是何義如是等章及解章義既領會已次應廣釋問何故作此論荅為欲分別契經義故如契經說佛告摩納婆世間有情皆由自業皆是業分皆從業生業為所依業能分判諸有情類彼彼處所高下勝劣契經雖作是說而未廣辯自業之義契經是此論所依根本彼不說者今應說之故作斯論尊者世友說曰世間有情皆由自業者謂自作業還自受異熟皆是業分者謂如所作業受如是異熟皆從業生者謂業為生因取異熟果生於彼彼所應生處業為所依者謂業為依因受彼彼有異業能分判諸有情類彼彼處所高下勝劣者謂如前說彼彼生處由業分判高下勝劣

云何自業荅若業已得今有異熟及業異熟已生正受若業已得今有異熟者此句顯示順中有受業及業異熟已生正受者此句顯示順生有受業如順中有受順生有受應知順起受異熟順生受異熟順起受果順生受果順細果順麁果業亦尒問為由因故名自業為由果故名自業耶若由因故名自業者後句所說當云何通後句說言及業異熟已生正受若由果故名自業者前句所說當云何通謂業已得今有異熟有作是說但由因故名為自業由前句故有作是說但由果故名為自業由後句故如是說者但由因故名為自業問若尒何故復說及業異熟已生正受荅於住果位彼因方得自業之名是故尊者妙音說曰若愛非愛果已起現前彼業尒時名為自業非未造業及造業時有能現前受異熟果要業滅已果方起故

自業是何義荅是得自果自等流自異熟義此中有說自果者士用果自等流者等流果自異熟者異熟果有說諸句皆顯異熟果此中說感異熟業名自業故有處等流以異熟聲說如說何等名受異熟荅言愛是有處異熟以等流聲說如此中說復次此業所招異熟於自相續現熟非餘故名自業問為此造業即此受果為異造業異受果耶荅有緣故說此造此受有緣故說異造異受有緣故說無造無受有緣故說此造此受者謂蘊處界展轉相續剎那雖異可說一故有緣故說異造異受者謂人趣造業餘趣受果餘趣造業亦尒有緣故說無造無受者謂一切法無我無有情無命者無養育者無補特伽羅空無內士夫離作者受者唯有生滅諸行聚故於自相續養隨養育隨育護隨護轉隨轉益隨益故名自業問善業異熟可於自相續能為養等不善業異熟於自相續但為損害如那落迦十三猛焰纏燒其身彼寧有養等耶荅養等有二種一令增長二令不斷

善業異熟於自相續由二事故說名養等惡業異熟於自相續但令不斷說名養等非令增長故無有過

若業是自業此業當言過去耶未來耶現在耶答此業當言過去問何故此業不當言未來答非先受果後造因故問何故此業不當言現在答異熟因果不俱時故

若業是自業此業成就耶答應作四句有業是自業此業不成就謂業已得今有異熟及業異熟已生正受此業已失如無間業已現在前已牽異熟果正現前此業已失由捨所依衆同分故若律儀業已現在前已牽異熟此有四種謂順現法受順次生受順後次受順不定受果正現前此業已失由四緣故或五緣故謂捨所學二形生斷善根捨衆同分或明相出若不律儀業已現在前已牽異熟此有四種謂順現法受等如前說果正現前此業已失由四緣故謂受律儀得靜慮二形生捨衆同分若非律儀非不律儀諸有餘身語妙行惡行已現在前已牽異熟此有四種謂順現法受等如前說果正現前此業已失由三緣故謂意樂息捨加行限勢過若欲界繫善不善思已現在前已牽異熟此有四種謂順現法受等如前說果正現前此業已失謂若善者由斷善根或由捨衆同分等故若不善者由離染故若惡作憂根俱生善思已現在前已牽異熟此有四種順現法受等如前說果正現前此業已失由斷善根故或已離染故若初靜慮順退分順勝進分順決擇分等業已現在前已牽異熟此有四種謂順現法受等如前說果正現前此業已失由已離染故或易界地等故如是乃至非想非非想處順退分等業廣說應知有業成就此業非自業謂業非已得今有異熟及業異熟非已生正受此業不失如無間業已現在前已牽異熟果未現前此業不失由未捨所依衆同分故若律儀業若不律儀業若非律儀非不律儀諸餘身語妙行惡行若欲界繫善不善思若惡作憂根俱生善思已現在前已牽異熟皆有四種謂順現法受等如前說果未現前此業不失由無前所說諸失緣故若初靜慮順退分順住分順勝進分順決擇分等業已現在前已牽異熟此有四種謂順現法受等如前說果未現前此業不失由未全離染不易界地等故如是乃至非想非非想處順退分等業廣說應知有業是自業此業亦成就謂業已得今有異熟及業異熟已生正受此業不失如律儀業若不律儀業若非律儀非不律儀諸餘身語妙行惡行已現在前已牽異熟此有二種謂順現法受順不定受果正現前此業不失由無前所說諸失緣故若欲界繫善不善思若惡作憂根俱生善思已現在前已牽異熟此有四種謂順現法受等如前說果正現前此業不失由無前所說諸失緣故若諸靜慮無色順退分順住分順勝進分順決擇分等業已現在前已牽異熟此有四種謂順現法受等如前說果正現前此業不失

由無前所説諸失緣故有業非自業此業亦不成就謂業非已得令有異熟及業異熟非已生正受此業已失如無間業餘衆同分中已消已受已作所作已與果已無能異熟已熟若律儀業若不律儀業若非律儀非不律儀諸餘身語妙行惡行若欲界繫善不善思若惡作憂根俱生善思若諸靜慮無色順退分順住分順勝進分順決擇分等業餘衆同分中已消已受已作所作已與果已無能異熟已熟此業已失由有前説諸失緣故非亦有四句翻是應知謂前第二句作此第一句前第一句作此第二句前第四句作此第三句前第三句作此第四句廣説如前

説一切有部發智大毗婆沙論卷第一百二十四

阿毗達磨大毗婆沙論卷第一百二十四

校勘記

一 底本，金藏廣勝寺本。

一 一三〇頁上一五行「便成」，清作「更成」。

一 一三〇頁中一八行第八字「爲」，諸本（不含石，下同）無。

一 一三〇頁下四行末字「來」，資、磧、普、南、徑、清作「未」。

一 一三一頁中一行第九字「先」，磧、南作「生」。

一 一三一頁下七行第六字「近」，諸本作「近住」。

一 一三一頁下一六行「嚴症」，諸本作「莊嚴」。

一 一三二頁上三行第四字「晝」，諸本作「盡」。

一 一三二頁上八行首字「者」，資、磧、普、南、徑、清無。

一 一三二頁上末行「奸穢」，麗作「邪穢」。

一 一三二頁下一五行第一〇字「非」，諸本作「而」。

一 一三三頁上六行末字「後」，南作「彼」。

一 一三三頁上一五行「俱慮國」，諸本作「俱盧國」。

一 一三四頁上六行第七字「一」，資、磧、普、南、徑、清作「一名」。

一 一三四頁上二一行「彼彼有」，資、磧、普、南、徑、清作「彼彼有彼彼有」。

一 一三四頁中一六行末字「尒」，資、磧、普、南、徑、清作「爾者」。

一 一三四頁下二二行第六字「燒」，資、磧、普、南、徑、清作「繞」。

一 一三五頁上末行第六字「有」，諸本無。

一 一三五頁中九行第一三字「順」，諸本作「謂順」。

一 一三六頁上末行卷末經名，資、磧、普、南作「阿毗達磨大毗婆沙論卷第一百二十四」。

阿毗達磨大毗婆沙論卷第百二十五　蕆

五百大阿羅漢等造

三藏法師玄奘奉　詔譯

業蘊第四中自業納息第五之二

若業是自業此業定當受異熟耶答應作四句有業是自業此業定當不受異熟謂業已得令有異熟及業異熟已生正受此業異熟已至寂後位此寂後言義有多種謂有寂後千劫有寂後百劫有寂後劫有寂後千歲有寂後百歲有寂後歲有寂後月有寂後晝夜有寂後剎那云何寂後千劫謂如一業能引非想非非想處八十千劫壽量彼住寂後千劫時此業是自業此業定當不受異熟已至寂後異熟位故云何寂後百劫謂如一業能引無煩天處十百劫壽量彼住寂後百劫時此業是自業此業定當不受異熟已至寂後異熟位故云何寂後劫謂如一業能引遍淨天處六十四劫壽量彼住寂後劫時此業是自業此業定當不受異熟已至寂後異熟位故云何寂後千歲謂如一業能引他化自在天處十六千歲壽量彼住寂後千歲時此業是自業此業定當不受異熟已至寂後異熟位故云何寂後百歲謂如一業能引北俱盧洲十百歲壽量彼住寂後百歲時此業是自業此業定當不受異熟已至寂後異熟位故云何寂後歲謂如一業能引南贍部洲百歲壽量彼住寂後歲時此業是自業此業定當不受異熟已至寂後異熟位故云何寂後月謂如一業能引十二月壽量彼住寂後月時此業是自業此業定當不受異熟已至寂後異熟位故云何寂後晝夜謂如一業能引三十晝夜壽量彼住寂後晝夜時此業是自業此業定當不受異熟已至寂後異熟位故云何寂後剎那謂如一業能引百剎那壽量彼住寂後剎那時此業是自業此業定當不受異熟已至寂後異熟位故有業定當受異熟此業非自業謂業非已得令有異熟及業異熟非已生正受此業異熟未熟如

無間業已現在前已牽異熟果未現前若律儀業若不律儀業若非律儀非不律儀諸餘身語妙行惡行若欲界繫善不善思若惡作憂根俱生善思若諸靜慮無色順退分順住分順勝進分順決擇分等業已現在前已牽異熟此有三種謂順現法受順次生受順後次受果未現前有業是自業此業定當受異熟謂業已得今有異熟及業異熟已生正受此業異熟未至最後位此最後言義有多種謂有最後千劫乃至最後剎那最後千劫者謂如一業能引非想非非想處八十千劫壽量彼住最初千劫時此業是自業此業定當受異熟謂定當受七十九千劫異熟乃至彼住第七十九千劫時此業是自業此業定當受異熟謂定當受千劫異熟最後百劫者謂如一業能引無煩天處十百劫壽量彼住最初百劫時此業是自業此業定當受異熟謂定當受九百劫異熟乃至彼住第九百劫時此業是自業此業定當受異熟謂定當受

百劫異熟最後劫者謂有一業能引遍淨天處六十四劫壽量彼住最初劫時此業是自業此業定當受異熟謂定當受六十三劫異熟乃至彼住第六十三劫時此業是自業此業定當受異熟謂定當受一劫異熟如是最後千歲乃至最後剎那隨其所應廣說亦尒如是諸業果正現前故名為自業未至最後異熟位故名定當受異熟有業非自業此業定當不受異熟謂業非已得今有異熟及業異熟非已生正受此業異熟已熟謂諸無間業餘衆同分中已消已受已作所作已與果已無能異熟已熟如律儀業若不律儀業廣說乃至若諸靜慮無色順退分順住分順勝進分順決擇分等業已消已受已作所作已與果已無能異熟已熟非亦有四句翻是應知謂前第二句作此第一句前第一句作此第二句前第四句作此第三句前第三句作此第四句廣說如前若業成就此業定當受異熟耶答應作四句有業成就此業定當

不受異熟謂業過去不善善有漏異熟已熟此業不失若業未來不善善有漏已得而定不生若業無記無漏成就此中謂業過去不善善有漏異熟已熟此業不失者如律儀業若不律儀業若非律儀非不律儀諸餘身語妙行惡行已現在前已牽異熟此有二種謂順現法受順不定受果已現前此業不失無前所說諸失緣故若欲界繫善不善思若惡作憂根俱生善思已現在前已牽異熟此有四種謂順現法受等如前說果已現前此業不失無前所說諸失緣故若靜慮無色順退分乃至順決擇分等業已現在前已牽異熟此有四種謂順現法受等如前說果已現前此業不失無前所說諸失緣故若業未來不善善有漏已得而定不生者謂欲界繫善不善思未來已得而定不生定不生故此業定當不受異熟若惡作憂根俱生善思若諸靜慮無色順退分乃至順決擇分等業未來已得而定不生定不生故此業定當不受異

阿毗達磨大毗婆沙論第一百二十五卷第六張　頓字號

熟若業無記無漏成熟者謂無記無漏業雖成就而性不貞實及無受闕故此業定當不受異熟有業定當受異熟此業不成就謂業過去不善善有漏異熟未熟此業已失若業未來不善善有漏不得而定當生此中謂業過去不善善有漏異熟未熟此業已失者如律儀業已現在前已牽異熟此有三種謂順現法受順次生受順後次受果未現前此業已失由前所說諸失緣故若不律儀業若非律儀非不律儀諸餘身語妙行惡行若欲界繫善不善思若惡作憂根俱生善思若諸靜慮無色順退分乃至順決擇分等業已現在前已牽異熟此有三種謂順現法受等如前說異熟未現前此業已失由前所說諸失緣故若業未來不善善有漏不得而定當生者謂諸無間業未來未得而定當生定當生故定當受異熟若律儀業若不律儀業若非律儀非不律儀諸餘身語妙行惡行若欲界繫善不善思若惡作憂根俱生善思若諸靜

阿毗達磨大毗婆沙論第一百二十五卷第七張　頓字號

慮無色順退分乃至順決擇分等業未來未得而定當生受當生故定當受異熟此有三種謂順現法受等如前說有業成就此業定當受異熟謂業過去不善善有漏異熟未熟此業不失若業未來不善善有漏已得亦定當生若業現在不善善有漏此中謂業過去不善善有漏異熟未熟此業不失者謂諸無間業已現在前已牽異熟果未現前若律儀業若不律儀業若非律儀非不律儀諸餘身語妙行惡行若欲界繫善不善思若惡作憂根俱生善思若諸靜慮無色順退分乃至順決擇分等業已現在前已牽異熟此有三種謂順現法受等如前說果未現前此業不失由無前所說諸失緣故若業未來不善善有漏已得亦定當生者謂欲界繫善不善思未來已得亦定當生定當生故定當受異熟此有三種謂順現法受等如前說若惡作憂根俱生善思若諸靜慮無色順退分乃至順決擇分等業未來已得亦定當生定當生故

阿毗達磨大毗婆沙論第一百二十五卷第八張　頓字號

定當受異熟此有三種謂順現法受等如前說若業現在不善善有漏者謂諸無間業正現在前若律儀業若不律儀業若非律儀非不律儀諸餘身語妙行惡行若欲界繫善不善思若惡作憂根俱生善思若諸靜慮無色順退分乃至順決擇分等正現在前此有三種謂順現法受等如前說有業不成就此業定當不受異熟謂業過去不善善有漏異熟已熟此業已失若業未來不善善有漏不得亦定不生若業無記無漏不成就此中謂業過去不善善有漏異熟已熟此業已失者謂諸無間業餘衆同分中已消已受廣說如前若律儀業若不律儀業若非律儀非不律儀諸餘身語妙行惡行若欲界繫善不善思若惡作憂根俱生善思若諸靜慮無色順退分乃至順決擇分等業已在過去已消已受廣說如前此業已失由有前說諸失緣故若業未來不善善有漏不得亦定不生者謂諸無間業未來未得定當不生定不生故定當不受異

熟若律儀業廣説乃至若諸靜慮無色順退分乃至順決擇分等業未來未得定當不生定不生故定當不受異熟若業無記無漏不成就者謂由不貞實及無愛潤故或先未得或得已失故非亦有四句翻是應知謂前第二句作此第一句前第一句作此第二句前第四句作此第三句前第三句作此第四句廣説如前

若預流者有不善業能順苦受乃至廣説問何故作此論答欲令疑者得決定故如説二因令墮惡趣謂見所斷修所斷業諸預流者雖已永斷見所斷業而未能斷修所斷業或有生疑諸預流者應墮惡趣或復生疑彼應已斷修所斷業欲令彼疑得決定故顯預流者雖未永斷修所斷業而彼決定不墮惡趣故作斯論若預流者有不善業能順苦受異熟未熟彼既成就應墮惡趣何道障故而不墮耶答由二部結縛諸有情令墮惡趣謂見所斷修所斷結諸預流者雖未永斷修所斷結而已永斷見所斷結

闕一資粮不墮惡趣如車具二輪有所運載鳥有二翼能飛空虛闕一不然此亦如是故預流者不墮惡趣隨本輪文所釋如是然有説者愚墮惡趣智則不然一切預流是智者故凡墮惡趣聖則不然一切預流是聖者故有惡意樂害意樂者墮惡趣有善意樂無害意樂者不然一切預流有善意樂無害意樂故犯戒者墮惡趣持戒者不然一切預流是持戒者由彼已得聖所愛戒堅牢船故復有説者一切預流於諸惡趣得非擇滅諸法若得非擇滅者彼法畢竟不現在前是故預流不墮惡趣有餘師説若有不見惡行過失妙行功德彼墮惡趣一切預流如實知見善惡得失由失念故雖蹔起惡業而不墮惡趣有作是説薩迦耶見未斷未遍知造惡業者容墮惡趣一切預流薩迦耶見已斷已遍知雖蹔起惡業而不墮惡趣如世尊説若有身見已斷已遍知具五功德一者障三惡趣二者遮五無間業三者解脱種種諸惡見趣四

者無際生死已作分齊五者臨命終時心神明了有説預流智腹淨故雖有惡業不墮惡趣如有二人食不應食一內火劣所食不消便致大苦一內火盛所食易消不增大苦如是異生及預流者雖俱受境作不善業而諸異生智腹不淨無聖道火故便墮惡趣受諸劇苦諸預流者智腹淨故於人天中但受微苦有説預流從無量殑伽沙等如來應正等覺聖種中生故雖有惡業不墮惡趣如有二人俱犯王法一是凡庶便致重刑一是王子但遭訶責如是異生及預流者俱作惡業而諸異生非聖種故所造惡業招惡趣苦一切預流是聖種故惡業但招人天輕苦有説預流見境過故雖有惡業不墮惡趣如有二魚俱貪鉤餌一無善巧為食吞鉤喪失身命一有善巧以尾擊餌接取食之不失身命如是異生及預流者雖俱受境作不善業而諸異生無聖智故於所受用不見過失深生躭著便招重苦諸預流者有聖智故於所受用見

諸過失不深躭著但受輕苦有說預流具止觀故雖有惡業不墮惡趣如矍陁與烏俱於水上共食死屍有人箭射之矍陁無翼便沒水中烏有翼故即時飛去如是異生及預流者雖俱受境作不善業為無常箭所中射時異生無止觀翼故即便沉沒惡趣水中預流有止觀翼故便升天人涅槃空界有說預流及一來者心調柔故順涅槃故信種堅故信根深故雖有惡業不墮惡趣譬如大海義勑衆流汝今便可漂拔諸樹同集我所衆流對曰餘悉能漂唯除楊柳海問其故衆流復言柳具二德不可漂至一躶根深固二柔軟隨流設鼓波濤不能漂拔如是惡趣義勑感流汝今可漂諸受欲者同集我所感流對曰餘悉能漂唯除二果惡趣問其故感流復言彼具二德不可漂至一信根深固二心行調柔鼓業波濤不能漂拔故預流者不墮惡趣

如世尊說我聖弟子應自審記已盡地獄傍生餓鬼嶮惡趣坑乃至廣說

問何故作此論荅欲令疑者得決定故如世尊說若有苾芻苾芻尼等能隨觀察見自身中有四證淨現在前者應自審記已盡地獄傍生餓鬼嶮惡趣坑又世尊說若有多聞諸聖弟子能隨觀察見自身中有四證淨現在前者彼聖弟子應自審記已盡地獄傍生餓鬼嶮惡趣坑有於此疑諸預流者於自已盡地獄傍生餓鬼等事有現量智能正知耶為令彼知諸預流者於前說事但由比量非現量知故作此論諸預流者為有現智能自審知已盡地獄傍生餓鬼嶮惡趣坑而自記耶荅不能若尒彼云何知荅信佛語故謂世尊說若有苾芻苾芻尼等如前廣說又世尊說若有多聞諸聖弟子廣說乃至已盡地獄傍生餓鬼嶮惡趣坑問此中地獄傍生餓鬼已攝惡趣何故復說嶮惡趣坑荅前廣後略前別後捴前開後合無重說過有作是說地獄言顯地獄傍生言顯傍生餓鬼言顯餓鬼嶮惡趣坑言顯扇搋半擇迦無形二形以彼

是人中嶮惡趣坑故復有說者地獄等言顯地獄等嶮惡趣坑言顯造無間業者以彼於無間生必墮地獄故有餘師說地獄等言顯地獄等嶮惡趣坑言顯斷善根者以彼若不續必墮地獄故有餘師說地獄等言顯地獄等嶮惡趣坑言顯不律儀者以彼當墮諸惡趣故或有說者地獄等言顯惡趣果嶮惡趣坑言顯往彼因如世尊說汝等苾芻若見有行三惡行者當知已見地獄傍生餓鬼惡趣有餘復說地獄等言顯三惡趣嶮言重顯地獄以地獄中無善異熟不安隱故惡趣言顯餓鬼以彼資具恒時匱乏所趣皆惡故坑言顯傍生以彼劫成時生劫壞時歿難可出故有餘師言嶮言捴顯三惡趣以三惡趣極危險故惡趣言亦捴顯三惡趣以彼所趣皆穢惡故坑言亦捴顯三惡趣以彼身心皆極下劣居鄙穢法如糞坑故問地獄等處有無量種苦具現在如何可言已盡地獄傍生鬼等荅一切聖者不生彼故更不受彼蘊界處故

說名已盡非全令彼苦具亦無方名丹本遠廣大毗婆沙論第一百二十五卷第十五張 顏字號
已盡問亦有異生不墮惡趣何故但
說聖者已盡荅異生不定或有不墮
亦有墮者以不定故不說已盡一切
聖者決定不墮是故偏說問諸預流
者於人天趣亦少分盡何故但說盡
地獄等荅諸預流者於人天趣有生
不生於地獄等決定不生是故偏說
又預流者已得四智謂苦集滅道智
未得盡智無生智故問何故復作此
論荅欲令疑者得決定故謂有生疑
諸預流者於已盡中但比知故於四
聖諦亦應比知復有生疑諸預流者
已斷見所斷煩惱及果故亦應已得
盡無生智為除彼疑顯預流者已得
四智未得盡智及無生智得四智故
於四諦中現智證知未得盡智無生
智故比知已盡故作斯論問何故預
流未得盡智及無生智荅盡一切生
斷一切惑辦一切事方起盡智及無
生智非預流者盡一切生斷一切惑
辦一切事是故未得盡無生智有餘
師說永盡一切界趣生處生老病死

方可證得盡無生智非預流者永盡阿毗達磨大毗婆沙論第一百二十五卷第十六張
一切界趣生處生老病死是故未得
盡無生智
如世尊說由學謀害那伽諦觀却後
七日憍薩羅家必當殄滅云何學謀
害乃至廣說問何故作此論荅為欲
分別契經義故如契經說苾芻當知
以害濕器壞尸羅威由學謀害那伽
諦觀却後七日憍薩羅家必當殄滅
云何名為害濕器耶謂憍薩羅主毗
盧擇迦放縱癡狂害諸釋種此諸釋
種是彼毋親自小已來數同器食世
間說此為濕器親彼背此親而行煞
害害濕器親故說害濕器言有說應
言以害濕面謂諸釋種雨淚求哀不
矜濕面而行煞戮有說應言以害濕
眼謂諸釋種悲淚盈目不生慈哀反
害其命以此業故必當殄滅云何名
曰壞尸羅威謂壞世俗無漏戒故學
謀害者學謂預流及一來果彼行謀
害由謀害故令彼王種不久當滅云
何名曰那伽諦觀此那伽言目阿羅
漢諸阿羅漢審諦觀彼或薄伽梵名

大那伽謂佛世尊當審諦觀察却後阿毗達磨大毗婆沙論第一百二十五卷第十七張 顏字號
七日憍薩羅家必當殄滅學謀害故
毗盧擇迦却後七日種族皆盡西方
諸師作如是說由學謀害憍薩羅家
第七日中必當殄滅今欲分別彼契
經中所說義故而作斯論
云何學謀害荅如有學者未離欲染
他加害時便作念言當令喪壞毋失
愛子問何縁學者被他害耶荅由三
縁故謂非時非處非道行故非時行
者謂夜分中遊於聚落村亭閑邏為
巡候者之所捉獲縛録推問種種加
害非處行者謂入酒家婬家王家博
戲家等為監察者之所捉獲鞭靼考
訐種種苦切非道行者謂營農月輙
入園田踐他苗稼為守護者之所捉
獲加諸苦楚以苦逼故便作念言當
令喪壞毋失愛子喪壞者謂死滅毋
子乖離故名毋失愛子問學者已得
不作律儀何故乃作如是謀害荅彼
由苦逼便於自身起如是念寧當令
我喪壞失愛勿令我為斯苦所逼不
於他身是以無過有說於他亦不起

斯念然但欲訶責不欲加害所以者
何若彼了知由此謀害下至能煞一
蟻卵者設救自命亦不起此心故此
所念但為訶責問此學謀害為但作
念為亦發言有說但念而不發言有
說發言亦無有過為訶責故非加害
故所以者何若彼了知由此語業下
至能害一蟻卵者設救自命尚不起
心況起語業問若城邑等父母所居
學者於中起謀害不有說不起有說
亦起但為訶責廣說如前又如學者
已離欲染他加害時從離欲退作是
念言當令喪壞母失愛子問彼為退
已發此心言為未退時起此謀害若
彼退已發此心言便無威力所作謀
害云何速成若未退時起此謀害既
無欲恶如何起此謀害心言答應作
是言彼必退已問既無威力如何速
成答未離欲時威力微劣起多心念
謀害方成離欲退時勝道餘勢資彼
心願謀害速成有作是說彼未退位
天龍神鬼敬德歸誠彼遇苦緣退行
謀害天等助力令事速成問不還退

時既行謀害阿羅漢退亦謀害耶答
無學退時不行謀害由果殊勝雖暫
退時行相作業不同學退問無學退
已謀害尚無況未退時得有謀害若
尒經說當云何通如說羯洛迦孫馱
佛訶叱度使魔羅應時彼魔陷入地
獄答但為訶責不欲加害然彼業盡
自墮地獄曾聞彼佛將一侍者名曰
至遠入婆羅村次第乞食時魔度使
化作少年擲石選打侍者頭破血流
被面隨佛後行時佛右旋如象王顧
見如是事訶叱魔言汝何非分造斯
恶業魔時業盡便墮地獄故但訶責
非欲加言
問諸學謀害為但自為亦為他耶答
有亦為他如昔於此迦濕弥羅國有
王都名娘邏吒去城不遠有僧伽藍
名曰石崖中有苾芻是阿羅漢僧伽
藍側自染袈裟城中人有失一犢子
尋訪至此遥問苾芻見犢子不答言
不見彼漸前行苾芻業力令彼人見
衣似牛皮染汁如血煑札似肉器如
牛頭見已驚怒叱言大賊如何苾芻

盜我犢子而復屠煞遂加楚撻縛送
王所王付法司禁閉牢獄以彼業力
令諸門人雖歷多時而無憶者恶業
盡已彼諸門人皆生憶念我師何在
尋訪乃知禁在牢獄便共白王我師
無辜枉禁多歲願王照察放我等師
王勑法司速宜放出彼阿羅漢在禁
多時衣壞鬚長無沙門像法司巡察
不見苾芻尋還白王無此囚類門人
重啓師定在中囚繫多年失沙門相
願於禁所令宣告言誰是沙門王恩
放出王如其語尋令宣告彼阿羅漢
恶業既盡纔聞喚聲如睡夢覺以神
通力上昇虛空猶如鴈王翔空而住
王見是已投身悶絕冷水灑面良久
乃穌自傷無知枉禁聖者當墮恶趣
無有出期遂與群臣仰空礼謝唯願
聖者哀恕我愆時阿羅漢俯而告曰
吾於汝曾不生瞋王曰若然請垂攝
受尊者慈愍下降王宮王及群臣歡
喜讚礼為剃鬚髮奉上新衣并彼門
人廣設供養香花翼從送往伽藍彼
門徒中多諸聖者時阿羅漢勗衆而

阿毗達磨大毗婆沙論第一百二十五卷　第二十張　類字號

言以我宿殃横遭拘縶勿以悪意觀彼王都時有勤策得預流果其身在遠不聞此言後隨苾芻入王都邑見師禁處竊起害心此非法城枉禁親教綿歷歳序備受艱辛哀哉苦毒誠為難忍時有非人敬信三寶知勤策念於此夜中雨土滿城一切堙滅又即此國昔有王都名曰善堅去城不遠有僧伽藍名戰主中有苾芻是阿羅漢入深靜處不掩戶扇城中有人妻叛投寺見僧入定藏竄床下其夫尋後入寺問僧僧不審察荅言不見夫遂遍求床下捉得夫乃瞋罵云賊苾芻如何沙門輙藏我婦縱情楚撻縛送王所王付法司廣如前說與前別者有晩出家證預流果而行謀害非人縱火燒滅王都故知亦有為他謀害

問諸學謀害其體是何荅瞋相應思是謀害體内法名謀害外法名意憤外仙意憤令村無村令城無城令國無國由斯彼觸害生命罪問何故俱令村等殄滅外仙得罪内則不尒荅

阿毗達磨大毗婆沙論第一百二十五卷　第二十一張　類字号

外無聖道内有聖道外闕止觀内具止觀外為加害内為訶責外亦起加行内但發心言是故外仙得罪非内

問諸學謀害必果遂耶荅此不決定若諸有情造作增長大威勢業異熟現前便不果遂如昔有一婆羅門王名補沙友憎嫉佛法焚燒經典壞窣堵波破僧伽藍害苾芻衆於迦濕弥羅國一邊境中破五百僧伽藍況於餘處悪魔方便鳩叛荼藥叉鬼神賓助威勢令所往處無能拒者漸滅佛法至菩提樹菩提樹神名為諦語作如是念今此悪王甚大愚暴將欲毀壞殑伽沙等諸佛世尊破悪魔軍成妙覺處即自化現殊勝女身佇立其前彼王見已尋生貪染護法善神遂得其便煞王及軍并悪神衆無得免者時佛法中有多學者雖作謀害無一得成由彼國王福力大故又如昔者達剌陁王入迦濕弥羅國毀滅佛法煞苾芻衆壞窣堵波破僧伽藍焚燒經典尒時彼國有多賢聖雖起謀害亦無成者由彼悪王福力大故由此

阿毗達磨大毗婆沙論第一百二十五卷　第二十二張　類字号

故說若諸有情造作增長大威勢業異熟現前便不果遂

說一切有部發智大毗婆沙論卷第一百二十五

阿毗達磨大毗婆沙論卷第一百二十五

校勘記

一　底本，金藏廣勝寺本。

一　一三八頁中一九行「第二句」，清作「第三句」。

一　一三八頁下一三行末字「静」，諸本(不含石，下同)作「諸静」。

一　一三九頁上一行「成熟」，諸本作「成就」。

一　一三九頁上二行末字「閏」，諸本作「潤」。

一　一三九頁上一六行「異熟」，麗作「果」。

一　一三九頁上一八行第二字「若」，資、磧、普、南、徑、清作「若異熟」。

一　一三九頁中二行第九字「受」，諸本作「定」。

一　一三九頁下七行第一一字「等」，諸本作「等業」。

一　一四〇頁上四行末字「貞」，南、徑、清作「真」。

一　一四〇頁中二行「空虚」，諸本作「虚空」。

一　一四〇頁中四行第二字「輪」，諸本作「論」。

一　一四〇頁中一九行第三字「容」，南、徑、清作「當」。

一　一四一頁上四行首字「箭」，諸本作「以箭」。

一　一四一頁中一四行「自記」，清作「目記」。

一　一四一頁中二一行首字「重」，資、磧、普、南、徑、清作「量」。

一　一四一頁下一九行第五字「坑」，資、磧、普、南、徑、清作「説」。

一　一四二頁下一行第八字「當」，資、磧、普、南、徑、清無。

一　一四二頁下一四行「鞭靼」，諸本作「鞭撻」。

一　一四二頁下末行第一三字「不」，諸本無。

一　一四三頁上八行第三字「害」，資、磧、普、徑、清作「殺」；南作「救」。

一　一四三頁上九行第七字「若」，磧作「共」。

一　一四三頁中一四行末字「言」，諸本作「害」。

一　一四三頁中一七行「娓邏吒」，資、磧、普、南、徑、清作「娓邏吒」。

一　一四三頁下一九行第三字「汝」，諸本作「汝等」。

一　一四四頁上九行「戰主」，諸本作「戰主迦」。

一　一四四頁中一〇行「鳩㲉荼」，諸本作「使鳩㲉荼」。

趙城縣廣勝寺

阿毗達磨大毗婆沙論卷第一百二十六　蘋

五百大阿羅漢等造

三藏法師玄奘奉　詔譯

業蘊第四中自業納息第五之三

云何苾芻留多壽行乃至廣說問何故作此論答為欲分別契經義故如契經說時薄伽梵留多命行捨多壽行又欲分別毗奈耶義故如毗奈耶說大生主為首五百苾芻尼留多命行捨多壽行經毗奈耶雖有是說而未分別留捨因緣彼經及毗奈耶是此論根本彼未說者今應說之故作斯論又諸造論皆為分別諸所有法自相共相今此亦然不應為問

云何苾芻留多壽行答謂阿羅漢成就神通得心自在若於僧衆若別人所以衣以鉢或以隨一沙門命緣衆具布施施已發願即入邊際第四靜慮從定起已心念口言諸我能感富異熟業願此轉招壽異熟果時彼能招富異熟業則轉能招壽異熟果問彼有何緣留多壽行答留多壽行略有二緣謂為饒益他及住持佛法為饒益他者謂教弟子修諸觀行彼審觀察齊我壽住此諸門人逮勝法不設我壽盡為更有餘能善開示道非道不若見無能便留壽行為住持佛法者謂營佛像僧房等事彼審觀察齊我壽住此所營事得成辦不設我壽盡為更有餘善巧方便能成辦不若見無能便留壽行又彼觀見當有國王大臣長者等欲毀滅佛法便審觀察齊我壽住當有方便令不毀滅不設我壽盡為更有餘善巧方便能住持不若見無能便留壽行

為留壽行以衣鉢等施僧別人依契經說謂世尊說若有施主能施他物名施五事由此還當得五事果一壽二色三力四樂五辯彼審觀察為施僧衆當獲大果為施別人若見施僧當獲大果便施與僧若施別人當獲大果便施別人是故於僧或別人所以衣以鉢或以隨一沙門命緣衆具布施施已發願即入邊際第四靜慮從定起已心念口言諸我能感富異

熟業願此轉招壽異熟果時彼能招富異熟業則轉能招壽異熟果

問理無富異熟果可成壽異熟果何故乃說富異熟業則轉能招壽異熟果若無轉果體有轉業力謂由布施邊際定力轉富異熟業招壽異熟果雖俱可轉而彼今時不顧富果析壽果故有餘師說有業先感壽異熟果然有灾障由今布施邊際定力彼灾障滅壽異熟起雖俱可轉而彼今時不顧富果析壽果故有作是說有業先招壽異熟果然不決定由今布施邊際定力令招壽業決定與果復有欲令由施定故引取宿世殘壽異熟謂阿羅漢有餘生中殘壽異熟由今布施邊際定力引令現前定力不思議令久斷還續

問所留壽行正由誰引為由施力為定力耶若由施力不應入定若由定力不應行施有說由施有說由定如是說者俱由二種雖多行施若不入定彼終不能引壽果故雖數入定若不行施彼終不能引壽果故然施力

能引定力令決定由此故言俱由二種

云何苾蒭捨多壽行苔謂阿羅漢成就神通得心自在如前布施施已發願即入邊際第四靜慮從定起已心念口言諸我能感壽異熟業願此轉招富異熟果時彼能招壽異熟業則轉能招富異熟果問彼有何緣捨多壽行苔自利利他俱究竟故已得盡智故名自利究竟於利他事若有堪能此事成已便歸圓寂若無堪能亦名究竟有作是說彼猒自身猶如毒器故願棄捨如有頌言

梵行妙成立　聖道已善修　壽盡時歡喜
猶如捨毒器

為捨壽行以衣鉢等施僧別人依契經說謂世尊說諸福業事略有三種一施性福業事二戒性福業事三修性福業事於施性事若習若修若多所作感大富果乃至廣說彼審觀察為施僧衆當獲大果為施別人若見施僧當獲大果便施與僧若施別人當獲大果便施別人故於僧衆或別人所以衣以鉢或以隨一沙門命緣

衆具布施施已發願即入邊際第四靜慮從定起已心念口言諸我能感壽異熟業願此轉招富異熟果時彼能招壽異熟業則轉能招富異熟果

問理無壽異熟果可成富異熟果何故乃說壽異熟業則轉能招富異熟果若無轉果體有轉業力謂由布施邊際定力轉壽異熟業招富異熟果雖俱可轉而彼今時不顧壽果析富果故有餘師說有業先感富異熟果然有灾障由今布施邊際定力彼灾障滅富異熟起雖俱可轉而彼今時不顧壽果析富果故有作是說有業先招富異熟果然不決定由今布施邊際定力令招富業決定與果復有說者有業先招富異熟果麤而非妙由今布施邊際定力令感麤業轉招妙果謂彼先引長時麤果今由施定祈願力故令彼轉招今時妙果復有欲令由施定故引取宿世殘富異熟謂阿羅漢有餘生中殘富異熟由今布施邊際定力引令現前定力不思議令久斷還續

問此富異熟正由誰引為由施力為定力耶若由施力不應入定若由定力不應行施有說由施有說由定如是說者俱由二種雖多行施若不入定彼終不能引富果故雖數入定若不行施彼終不能引富果故然施力能引定力令決定由此故言俱由二種

問若諸有情壽果富果不決定者可有留捨若俱決定如何留捨答但作分限無留捨事辟如良醫所記分限無能過者此亦應然尊者妙音作如是說彼阿羅漢由起邊際第四定力引色界大種令身中現前而彼大種有順壽行有違壽行由此因緣或留或捨有作是說彼阿羅漢由此自在三摩地力轉去曾有宿業所生諸根大種住時勢分引取未曾定力所起諸根大種住時勢分彼說不然命根別有非根大種為自性故

經說世尊留多命行捨多壽行其義云何有作是說諸佛世尊捨第三分壽有作是說諸佛世尊捨第五分壽若說諸佛捨第三分壽者彼說世尊

釋迦牟尼壽量應住百二十歲捨後四十但受八十問佛出世時此洲人壽不過百歲何故世尊釋迦牟尼壽百二十答如佛色力種姓富貴徒衆智見勝餘有情壽量亦應過衆人故若說諸佛捨第五分壽者彼說世尊釋迦牟尼所感壽量應住百歲捨後二十但受八十問諸佛色力種姓富貴徒衆智見勝餘有情何故壽量與衆人等答生在尒所壽量時故由此經言捨壽行者謂捨四十或二十歲留命行者謂留三月問何故世尊留捨尒所命行壽行不增減耶答諸佛事業善究竟故齊尒所時諸佛事業得善究竟故不增減有說法尒諸佛世尊唯捨唯留尒所壽命有說欲顯諸佛世尊不貪壽命能早棄捨諸餘有情貪壽命故不能棄捨勤求圓寂勿有生疑佛亦如是故捨壽行顯異有情化事未終復留三月有說欲顯諸佛世尊善住聖種故捨壽行謂如世尊於有有具深生喜足於壽亦然有說世尊避衰老位故捨壽行所化

有情事未究竟復留三月如鄔陁夷一時為佛按摩支體見異常相而白佛言今者世尊支體舒緩諸根變異容貌改常今位尚然況過八十故避衰老捨多壽行有說欲顯得定自在故佛世尊留捨壽命如世尊說我善修行四神足故欲住一劫或一劫餘如意能住有說欲顯諸佛世尊能伏衆魔留捨壽命謂證無上妙菩提時已伏二魔謂天煩惱今將證入涅槃界時又伏二魔謂蘊及死伏蘊魔故捨多壽行伏死魔故留多命行問命行壽行有何差別有說無別如品類足說云何命根謂三界壽有說此二亦有差別謂名即差別名為命行名壽行故有說由此故活名命行由此故死名壽行有說所留名命行所捨名壽行有說可生法名命行不可生法名壽行有說暫時住名命行一期住名壽行有說同分名命行彼同分名壽行有說修果名命行業果名壽行有說無漏業果名命行有漏業果名壽行有說明果名命行無明果名壽

行有說新業果名命行故業果名壽行有說與果業果名命行不與果業果名壽行有說近業果名命行遠業果名壽行尊者妙音作如是說順現受業果名命行順次生受順後次受順不定受業果名壽行命行壽行是謂差別

問多行言有何義荅多言顯示所留所捨非一剎那行言顯示所留所捨是無常法問何處留捨命行壽行荅在欲界非餘界在人趣非餘趣在三洲非北洲問誰能留捨命行壽行荅是聖者非異生是無學非有學是不時解脫非時解脫亦男亦女

云何心狂乱乃至廣說問何故作此論荅為釋契經毗奈耶故如契經說婆私瑟搋婆羅門女喪六子故心發狂乱露形馳走見世尊已還得本心毗奈耶說室利茂蹉心狂乱故行無量種非沙門法不順法行毗奈耶中又作是說苦受所逼若心狂乱及初業位皆無有犯契經毗奈耶雖作是說而不廣辯今為廣辯故作斯論

云何心狂乱荅謂由四緣勢力所逼令心狂乱一由非人現惡色像遇已驚恐令心狂乱謂有非人變作象馬駞牛羊等可畏色相來現其前心便狂乱問彼曽不見象馬等耶何故今時見便驚恐荅彼雖曽見而今非時非處非道忽然見故言非時者謂於夜分見象馬等便作是念何故今時有象馬等來至我所定是非人來相逼害由此驚恐心便狂乱言非處者謂於堂閣房閤等處見象馬等便作是念何緣此處有象馬等定是非人來相逼害由此驚恐心便狂乱言非道者謂於塚閒非象馬等嘗所行路見象馬等便作是念何緣於此有象馬等定是非人來相逼害由此驚恐心便狂乱二由非人忿打支節苦受所逼令心狂乱謂於大衆遊止處所以輕慢心棄諸便穢或於諸佛獨覺聲聞精舍等中行不淨行善神忿恚打觸支節人有支節如芥子許若打觸時心便狂乱三由大種乖違令心狂乱謂有多食胡桃麻子巨勝等時

發熱風等大種乖反心便狂乱四由先業異熟令心狂乱謂有先時歡喜踊躍傳驚怖事令他憂惱或作坑穽陷墜衆生或縱猛火焚燒山澤或以強力逼他飲酒或以倒想解釋契經如是等業令心狂乱然此狂乱非異熟果但從惡業異熟所生以惡業不招意地異熟故有說狂乱由五種緣前四如前愁憂第五謂因喪失所愛子等愁毒纏心遂發狂乱

問此心狂乱於何處有荅於欲界有非色無色界然地獄無心常乱故心狂乱者謂時非恒鬼及傍生有心狂乱人天亦有除北俱盧彼無罪業增上果故問此心狂乱誰有誰無荅聖者異生俱容得有聖通衆聖唯除諸佛佛無心乱無壞音聲無斷末磨無漸捨命異生心乱具由五緣聖者但由大種乖適聖無驚恐超五畏故無非人打無穢事故亦無先世惡業異熟以決定業必先受已方入聖故不決定業由聖道力已轉滅故亦無愁憂證法性故有說聖者乱由二緣謂

大種乖違及非人所打問聖者已得不作律儀定無殺事非人何忿荅信佛法者敬重衆聖終不惱觸有不信者憎嫉衆聖伺便惱觸故聖亦為非人所打

問住何等心得有狂乱荅住有漏非無漏住意識非五識問若尒何縁見二月等荅此等皆是意識分別非五識中有斯乱解問為未狂心說有狂乱為已狂心說有狂乱荅非未狂心說有狂乱亦非已狂心說有狂乱然有狂乱心無狂乱心住未来世若遇狂乱縁則無狂心滅有狂心起若遇不狂乱縁則有狂心滅無狂心起

問若心狂乱亦散乱耶荅應作四句有心狂乱非散乱謂狂者無染心有心散乱非狂乱謂不狂者有染心有心狂乱亦散乱謂狂者有染心有心非狂乱亦非散乱謂不狂者無染心現前

何纏相應法皆是不善耶荅謂無慚無愧問纏有十種何故唯說無慚無愧荅是作論者意欲尒故乃至廣說

有說此二唯是不善亦與一切不善心俱忿覆慳嫉但不善而非一切不善心俱惛沉掉舉雖與一切不善心俱非唯不善以通不善無記性故睡眠惡作非唯不善亦非一切不善心俱睡眠通三性惡作通二性故覺無悔惡心此二不行故諸不善心中皆有無慚無愧諸無慚無愧皆不善心俱乎不相離是故偏說此中亦應問何善相應法皆是善耶荅謂慚愧以慚愧與善心更乎相隨不相離故而不說者非獨此二唯善性攝遍善心故

佛教云何乃至廣說問何故作此論荅為止於非佛教起佛教想故如今有言我說佛教我聞佛教彼於非佛教中起佛教想為欲遮止如是想故及為顯示佛所說者是真佛教餘所說者非真佛教故作斯論問今時何故有作是言我說佛教我聞佛教荅彼依根本故作是說謂今所說染淨縛解生死涅槃因果等法根本皆是佛所說故有說彼依相似而說謂佛

先依如是次第名句文身為他演說今亦復依如是次第名句文身而宣說故有說彼依隨順而說謂佛先依如是隨順名句文身為他演說今亦復依如是隨順名句文身而宣說故有說彼依辦事處同故作是說謂如佛邊親聞法要入聖得果離染盡漏聞今所說亦辦斯事

佛教云何荅謂佛語言唱詞評論語音語路語業語表是謂佛教問何故佛教唯是語表非無表耶荅生他正解故名佛教他正解生但由表業非無表故有說佛教耳識所取非無表業可耳識取故非佛教有說佛教二識所取諸無表業唯一識取故非佛教有說世尊三無數劫精勤苦行求佛語表今得成滿非無表故謂佛世尊昔於無量正等覺所精勤苦行求無上智為他說法依蘊界處求蘊界處展轉相續令得成佛為諸有情演說法要令捨生死得般涅槃此事皆由佛語表業是故佛教唯佛語表

問如是佛教以何為體為是語業為

阿毗達磨大毗婆沙論第百二十六卷　第十五張　頴字号

是名等若是語業次後所說當云何通如說佛教名何法荅謂名身句身文身次第行列次第安布次第連合伽他所說復云何通如說欲為頌因文即是字頌依名轉造者為依若是名等此文所說當云何通如說佛教云何謂佛語言乃至語表是謂佛教荅應作是說語業為體問若尒次後所說當云何通如說佛教名何法荅謂名身句身乃至廣說荅後文為顯佛教作用不欲開示佛教自體謂次第行列安布連合名句文身是佛教用問伽他所說復云何通荅有於名轉有於義轉此中且說於名轉者有說佛教名等為體問若尒此文所說當云何通如說佛教云何謂佛語言乃至廣說荅依展轉因故作是說如世子孫展轉生法謂語起名名能顯義如是說者語業為體佛意所說他所聞故

佛教當言善耶無記耶乃至廣說問何故復作此論荅前雖顯示佛教自體而未顯示佛教等起今欲顯示故

阿毗達磨大毗婆沙論第百二十六卷　第十六張　頴字号

作斯論佛教當言善耶無記耶荅或善或無記云何善謂佛善心所發語言乃至語表云何無記謂佛無記心所發語言乃至語表問於佛教中何者善何者無記荅阿毗達磨素怛纜藏多分是善毗柰耶藏多分無記如世尊說門應關閉衣鉢應置竹架龍牙如是等言皆無記故有說佛教若為所化說應知是善若為餘事說是則無記如世尊告阿難陁言汝往觀天為雨不雨園中何故高聲大聲如是等言皆無記故有說佛教若用功說應知是善若任運說是則無記有說佛教力無畏等所攝受者應知是善力無畏等不攝受者是則無記

聲聞獨覺善心發語善無記心俱得究竟無記心發語無記善心俱得究竟佛善心發語善心究竟無記心發語無記善心俱得究竟無善心發語無記心究竟諸佛說法有增無減故佛所作業定無萎退故

佛教名何法乃至廣說問何故復作此論荅前雖顯示佛教自體而未顯

阿毗達磨大毗婆沙論第百二十六卷　第十七張　頴字号

示佛教作用今為顯示故作斯論

佛教名何法荅謂名身句身文身次第行列次第安布次第連合此則揔顯佛教作用契經應頌記說伽他自說因緣譬喻本事本生方廣希法論議名何法荅謂名身句身文身次第行列次第安布次第連合是名佛教作用差別契經云何謂諸經中散說文句如說諸行無常諸法無我涅槃寂靜等問契經有何義荅此略說有二義一結集義二刊定義結集義者謂佛語言能攝持義如花鬘縷如結鬘者以縷結花冠眾生首久無遺散如是佛教結集義門冠有情心久無忘失刊定義者謂佛語言能裁斷義如匠繩墨如工巧者繩墨眾材易了正邪去曲留直如是佛教刊定義門易了是非去惡留善應頌云何謂諸經中依前散說契經文句後結為頌而諷誦之即結集文結集品等如世尊告苾芻眾言我說知見能盡諸漏若無知見能盡漏者無有是處世尊散說此文句已復結為頌而諷誦言

有知見盡漏 无知見不然 達蘊生滅時
心解脫煩惱
記說云何謂諸經中諸弟子問如来記說或如来問弟子記說或弟子問弟子記說化諸天等問記亦然若諸經中四種問記若記所證所生處等
伽他云何謂諸經中結句諷頌彼彼所說即麟頌等如伽他言
習近親愛與怨憎 便生貪欲及瞋恚
故諸智者俱遠避 獨處經行如麟角
自說云何謂諸經中因憂喜事世尊自說因喜事者如佛一時見野象王便自頌曰
象王居曠野 放暢心無憂 智士處閑林
逍遥志恬寂
因憂事者如佛一時見老夫妻便自頌曰
少不修梵行 喪失聖財寶 今如二老鶴
共守一枯池
因緣云何謂諸經中遇諸因緣而有所說如義品等種種因緣如毗奈耶作如是說由善財子等最初犯罪是故世尊集苾芻僧制立學處

譬喻云何謂諸經中所說種種衆多譬喻如長譬喻大譬喻等如大涅槃持律者說
本事云何謂諸經中宣說前際所見聞事如說過去有大王都多有香茅王名善見過去有佛名毗鉢尸為諸弟子說如是法過去有佛名為式企毗濕縛浮羯洛迦孫馱羯諾迦牟尼迦葉波為諸弟子說如是法如是等
本生云何謂諸經中宣說過去所經生事如熊鹿等諸本生經如佛因提婆達多說五百本生事等
方廣云何謂諸經中廣說種種甚深法義如五三經梵網幻網五蘊六處大因緣等脇尊者言此中般若說名方廣事用大故
希法云何謂諸經中說三寶等甚希有事有餘師說諸弟子等讚歎世尊希有功德如舍利子讚歎世尊無上功德尊者慶喜讚歎世尊甚希有法
論議云何謂諸經中決判默說大說等教又如佛一時略說經已便入静室宴默多時諸大聲聞共集一處各

以種種異文句義解釋佛說
書名何法乃至廣說問何故作此論荅欲令疑者得決定故謂此論中廣辯勝義自性差別勿有生疑作此論者唯善勝義不閑世俗為顯論者勝義世俗俱善了達故作斯論
書名何法荅謂如理轉變身業及此所依諸巧便智此中書者非所造字但是所有能造字法此能成字故說為書如理轉變身業者顯所起果即是色蘊所依巧便智者顯能起因即是四蘊如是五蘊為書自性
數名何法荅如理轉變意業及此所依諸巧便智此中數者非謂所數稻麻等物百千等數但是所有能數之法此能數法故說為數佛弟子中尊者慶喜善解數法餘所不過曾於一時為乞食故執持衣鉢趣廣嚴城時城門前有一外道遇見慶喜竊作念言承此沙門解數第一吾今當試為實介耶時城門邊有一大樹枝葉繁茂名諾瞿陁外道趣前指樹而問汝今知此葉數幾何尊者仰顧尋荅之

曰今此樹葉若干百千言已入城於後外道作是思惟何理驗知彼言虛實便取少葉而藏匿之慶喜出城外道重問仁向所數為定幾何慶喜報言吾前已說外道復曰請重陳之尊者看樹尋復荅曰先有尒所今少若干外道欣然謝而歎曰知數第一信唯其人又如波羅衍拏幾見佛領便言此決定有妙齒四十如斯解數其類寔多如理轉變意業者顯所起果所依巧便智者顯能起因如是四蘊為數自性

筭名何法荅謂如理轉變語業及此所依諸巧便智此中筭者非謂所筭一十百千万億等法但是所有能筭之法此能筭法故說為筭如理轉變語業者顯所起果即是色蘊所依巧便智者顯能起因即是四蘊如是五蘊為筭自性

印名何法荅謂如理轉變身業及此所依諸巧便智此中印者非所造印但是所有能造印法此能成印故說為印如理轉變身業者顯所起果即是色蘊所依巧便智者顯能起因即是四蘊如是五蘊為印自性

詩名何法荅謂如理轉變語業及此所依諸巧便智此中詩者非所述詠但是所有能成詠法此能成詠故說為詩如理轉變語業者顯所起果即是色蘊所依巧便智者顯能起因即是四蘊如是五蘊為詩自性問於諸文頌何者是詩何者非詩有作是說佛語非詩餘語是詩有餘師說內教非詩外教是詩如是說者文義相稱能引義利不名為詩詩謂翻此世間文頌

世間種種工巧業處名何法乃至廣說問何故作此論荅欲以略文攝多義故謂若隨諸工巧業處而廣說者生多言論欲以略言類攝彼故而作斯論世間種種工巧業處名何法荅謂慧為先造作彼彼工巧業處及此所依諸巧便智此中不辯所造作事但為顯示能造作法造作彼彼工巧業處者顯所起果身語意業隨其所應所依巧便智者顯能起因如是或以五蘊或以四蘊為其自性

處處說威儀路及起威儀路威儀路者謂色香味觸四處為體起威儀路者謂能起彼意法二處為體眼鼻舌身四識是威儀路加行非起威儀路意識是威儀加行亦是起威儀路又眼等四識能緣威儀路不能緣起威儀路意識能緣威儀路亦能緣起威儀路有餘由此所引意識具能緣十二處處處說工巧處及起工巧處工巧處者謂色聲香味觸五處為體起工巧處者謂能起彼意法二處為體眼等五識是工巧處加行非起工巧處意識是工巧處加行亦起工巧處又眼等五識能緣工巧處不能緣起工巧處意識能緣工巧處亦能緣起工巧處有餘由此所引意識具能緣十二處

若成就學戒彼成就非學非無學戒耶荅應作四句有成就學戒非非學非無學戒謂學者生無色界彼世俗戒越界地捨故有成就非學非無學戒非學戒謂阿羅漢及諸異生生欲

色界諸阿羅漢在欲色界定成就非學非無學戒定不成就學戒已捨故若諸異生在欲色界或成就非學非無學戒一切異生定不成就學戒未得故有成就學戒亦非學非無學戒謂學者生欲色界一切學者在欲色界定成就非學非無學戒及學戒未捨故有非成就學戒亦非非學非無學戒謂阿羅漢及諸異生生無色界生彼阿羅漢定不成就學戒已捨故生彼異生定不成就學戒未得故彼二世俗戒俱不成就越界地捨故

若成就無學戒彼成就非學非無學戒耶荅應作四句有成就無學戒非非學非無學戒謂阿羅漢生無色界彼世俗戒越界地捨故有成就非學非無學戒非無學戒謂諸學者及諸異生生欲色界學者在欲色界定成就世俗戒異生在欲色界或成世俗戒彼俱不成就無學戒俱未得故有成就無學戒亦非學非無學戒謂阿羅漢生欲色界有非成就無學戒亦非非學非無學戒謂諸學者及諸異生生無色界彼無學戒俱未得故彼世俗戒俱已捨故

問諸是戒彼業耶荅諸是戒彼即業有是業非戒謂意業等問若處有戒彼有業耶荅若處有戒彼有業或處有業無戒謂無色界等問若成就戒彼成就業耶荅若成就戒彼成就業有成就業非戒謂異生生無色界等問若有戒彼有業耶荅若有戒彼有業或有業無戒謂諸異生生無色界等

說一切有部發智大毗婆沙論卷第一百二十六

阿毗達磨大毗婆沙論卷第一百二十六

校勘記

一 底本，金藏廣勝寺本。

一 一四八頁中二二行「有有」，資、磧、普、南、徑、清作「有情」。

一 一四九頁中一二行第一〇字「等」，資、磧、普、南、徑、清作「等來現我前」。

一 一四九頁下一七行「心亂」，資、磧、普、南、徑、清作「亂心」。又第一二字「未」，諸本（不含石，下同）作「末」。

一 一四九頁下一九行第五字「適」，徑、清作「達」。

一 一五〇頁上四行第二字「憎」，資、磧、南作「增」。

一 一五〇頁上六行第四字「等」，資、磧、普、南、徑、清作「業」。

一 一五〇頁上二一行首字「何」，南、徑作「問」。

一 一五〇頁中二行第七字「妬」，麗

作「雖」。

一　一五一頁上一〇行「名身句身乃至廣説」，資、磧、普、南、徑、清作「名身句身文身次第連合」。

一　一五一頁上一七行「乃至廣説」，資、磧、普、南、徑、清作「乃至語表是謂佛教」。

一　一五一頁中二行「所發」，麗作「所教」。

一　一五一頁下五行「希法」，磧作「布法」。

一　一五二頁上八行第四字「驎」，資、磧、普、南、徑、清作「麟」。一〇行第一三字同。

一　一五二頁上一一行第一二字「事」，資、磧、普、南、徑、清無。

一　一五二頁上一八行末字「鸛」，資、磧、普、南、徑、清作「鶴」。

一　一五二頁中五行第一一字「多」，諸本作「名」。

一　一五二頁中一一行第四字「熊」，資、磧、普、南、徑、清作「羆」。

一　一五二頁下一行「佛説」，資、磧、普、南、徑、清作「語」。

一　一五二頁下二二行首字「茷」，諸本作「茂」。

一　一五三頁上一三行末字「此」，資、磧、普、南、徑、清無。本頁中一九行末字同。

一　一五三頁上一四行第三字「諸」，資、磧、普、南、徑、清無。本頁中二〇行第三字同。

一　一五三頁上一九行第四字「自」，資作「目」。

一　一五三頁上二一行第三字「諸」，資、磧、普、南作「謂」。

一　一五四頁上一九行第一二字「成」，麗作「成就」。

阿毗達磨大毗婆沙論卷第一百二十七　顛

五百大阿羅漢等造

三藏法師玄奘奉　詔譯

大種蘊第五中大造納息第一之一

大種所造處幾有見幾無見如是等章及解章義既領會已應廣分別問何故作此論荅為欲分別契經義故如契經說諸所有色皆是四大種及四大種所造雖作是說而未廣辯大種所造處幾有見幾無見乃至廣說經是此論所依根本彼未說者今應說之故作斯論有說為止餘師所說謂此部內有二論師一者覺天二者法救覺天所說色唯大種心所即心彼作是說造色即是大種差別心所即是心之差別彼何故作是說依契經故如契經說眼肉團中若內各別堅性堅類近有執受名內地界乃至各別動性動類近有執受名內風界彼依此經故說造色即是大種又契經說云何等持謂善心一境性由此故說心所即心問彼復云何立界處

阿毗達磨大毗婆沙論卷第一百二十七　第二張　顛

蘊耶荅彼作是說諸四大種有是能見有是所見乃至有是能觸有是所觸諸能見者眼界諸所見者立為色界乃至諸能觸者立為身界諸所觸界心中有依眼根乃至有依意根依眼根者立眼識界乃至依意根者立意識界即六識身無間已滅立為意界即心差別有名為受有名為想有名為思并三無為立為法界如界處亦尒蘊者諸四大種立為色蘊諸心差別有名為受有名為想有名為思有名為識立為四蘊問彼云何通契經所說諸所有色皆是四大種及四大種所造荅彼作是說非所造聲離四大種別有所因即於大種立所造聲云何知然如契經說苾芻當知觸由二緣所謂眼色乃至意法有六觸處是先所為是先所造我說即是故業應知無聞異生由此所觸受樂受苦由此所造或此隨一非離前六觸處別有第七觸處而可於中立所造聲即於前六說為所造前經亦然非離大種別有所造即於大種立所造

聲於我非難阿毗達磨諸論師言彼所引經別有密意不可引證前所引經彼經前說六觸處者謂密意說未明了位後言由此所造或此隨一者謂密意說已明了位如未明了位已明了位如是無分別位有分別位未可顯位已可顯位未可說位已可說位應知亦介又六觸處者說中有位由此所造等者說本有位尊者妙音說曰彼經前說六觸處者謂密意說根無缺位後說由此所造等者謂密意說根有缺位脇尊者言有六觸處者密意說欲界由此所造者密意說色界或此隨一者密意說無色界經義如是云何可證前經所說所造色言又所造言若無異者餘經所說復云何通如契經說尊者圓滿告尊者慶喜言具壽當知所有我執誰之所造是色所造是受想行識所造我執即是薩迦耶見若所造言无別義者豈可身見即是色等然離色等別有我執故知經說所造色者非即大種問若離大種別有造色如何會釋彼所引

經於眼肉團中有地界等答彼經說眼根所依大種不說眼體又彼經說世所共知肉團名眼非說眼根世於肉團眼想轉故尊者妙音亦作是說世於大種立眼根名以是眼根所依止故有餘師說彼所引經於義無妨彼經但說眼肉團中有地等界不言地等即是眼根於義何妨尊者法救說離大種別有造色說心所法非即是心然說色中二非實有謂所造觸及法處色立蘊處界如對法宗彼亦不然諸所造觸如餘造色應別有故若無法處所攝色者無表戒等不應有故欲止如是二師所說故作斯論有說為止外道所說謂外道說大種有五即前四及虛空今但說四明虛空非大種問何故虛空不立大種尊者世友作是釋言以虛空無大種相故謂有增有減是大種相無增無減是虛空相有損有益是大種相無損無益是虛空相有興有衰是大種相無興無衰是虛空相是故虛空不立大種尊者妙音作如是釋虛空大種

其相各異謂有情身中所有大種多是先業異熟所生虛空體無異熟生義由此虛空不立大種大德說曰虛空雖大而體非種不能生故餘有為法雖能為種而體非大相不遍故由此虛空不立大種為止如是外道所執及顯自宗故作斯論有餘師說非但為止他執顯自宗故而作此論但於法相應義中應顯所明故作斯論問何故此中先辯大造答彼作論者意欲介故謂本論師隨自意欲不違法相先辯大造有說有情觀此二種為入佛法真甘露門一不淨觀二持息念不淨觀觀造色持息念觀大種有說若觀大種造色漸次能證佛獨覺聲聞三種菩提謂若以上智觀察彼者起上品身念住從此次起上品受念住次心次法次起雜緣次煖頂忍世第一法次起見道乃至起无學道皆以上品介時名為上品善士證得無上正等菩提若以中智觀察彼者起中品身念住廣說乃至起無學道皆以中品介時名為中品善士證

得中品獨覺菩提若以下智觀察彼者起下品身念住廣說乃至起無學道皆以下品介時名為下品善士諸得下品聲聞菩提有說若觀大種造色便能降伏一切憍逸謂諸有情以色族姓財寶自在眷屬等故生諸憍逸若未觀察大種等時隨一現前勢力強盛若觀察已便能降伏所以者何如輪王身所有大造猗等所有大造亦然由觀此故便捨憍逸以如是等所說因緣故此蘊中先辨大造

契經中說諸所有色皆是四大種及四大種所造諸所有言捴有二種一有餘義二無餘義有餘義者如世間說諸所有食我盡欲噉此但欲噉隨得少分無餘義者如世間說諸所有法我盡欲知此捴欲知一切法相此中所說諸所有言捴顯一切色法皆盡謂所有色捴有二種一四大種二所造色除此更無第三色體問何故大種唯四脇尊者曰此不應責所以者何若增若減俱亦生疑不以疑故便違法相但隨聖教唯說四種有餘

師言若減四者功用便闕若過四者則亦無用如方床座唯有四足問何故名大種荅大而種故名大種如言大地如言大王義別體同應持業釋問云何大義云何種義荅能減能增能損能益體有起盡是為種義體相形量遍諸方域成大事業是為大義問此四云何成大事業荅與大積聚造色為依令壞令成是大事業由此唯四不增謂減不能成大事業增於事業復為無用問餘法何緣不名大種荅餘無如是大種相故謂無為法大而非種其餘有為種而非大故唯此四得名大種

問造是何義為是因義是緣義耶設介何失俱見其過若是因義此四大種於所造色五因皆無如何可言能造諸色若是緣義諸所造色各除自體餘一切法無不皆是此增上緣如何但言大種所造荅應作是說造是因義問此於造色五因皆無如何因義荅雖同類等五因皆無而別有餘五種因義謂生因依因立因持因養因由此能造有餘師言造是緣義問諸所造色各除自體餘法皆是此增上緣如何但言大種所造荅增上緣義有親有踈有近有遠有合不合有在此生有在餘生諸親近合在此生者說名為因踈遠不合在餘生者說名為緣由此義故說諸大種與所造色為因增上亦不違理

問地水火風何相何業荅堅是地相持是地業濕是水相攝是水業煖是火相熟是火業動是風相長是風業問地是堅相亦是色相廣說乃至風是動相亦是色相如何一法有二相耶荅有亦無失由此理趣於一法中可得施設有多相故如一有漏法即有如病如癰等廣說乃至百四十句諸過患相而無有失此亦如是有餘師言相有二種一自相二共相堅濕煖動相是自相色相是共相如是二相互不相違於一法立亦無有過

問此四大種於一切時不相離耶荅如是云何知然如入胎經說佛告慶喜初羯邏藍若有地界無水界者便

應乾散令不散者水所攝故若有水界無地界者便應流治令不流者地所持故若有地水無火界者便應臭爛令不爛者火所熟故若有三界無風界者應不增長令增長者風所動故問餘經所說當云何通地界擾亂或令至死或令有情受次死苦乃至風界亦復如是荅此說大種隨一增時能為擾亂非謂四種有時相離

問此四大種品類有幾荅品類有四謂異熟生長養等流變化有餘師說品類有三謂異熟生長養等流其變化者長養所攝復有說者品類有二謂異熟生及長養變化大種入長養中等流攝入異熟長養評曰於前三說中說為善有四大種非二攝故

問一四大種為但造一造色極微為能造多若但造一如何不成因四果一因多果少理不應然若能造多則一四大種所造色有多極微云何展轉非俱有因對法者說有對造色展轉相望無俱有因許則便違對法宗義荅應作是說一四大種但能造一

造色極微問如何不成因四果一因多果少理不應然荅果少因多理亦無失世現見有如是類故因四果一於理無違有說造多問若尒者一四大種所造色有多極微云何展轉非俱有因荅非一果故非俱有因以俱有因法必同一果故此不成因同猶豫故評曰如前說者好

問大種造色云何而住為大種在下造色在上為大種在上造色在下為大種造色相雜而住大種在外造色處中耶設尒何失一切有過若大種在下造色在上則諸造色近大種者可以大種為能造因所造色中有隔遠者如何可以大種為因若大種在上造色在下則應造色為大種因不應大種為造色因若大種造色相雜而住大種在外造色處中者應斷截時見諸孔隙猶如斷藕有說在下為因所依法應尒故問若尒於逼近色可說能造於隔遠者云何造耶荅不說一樹所有大種都在其下造諸造色但說一樹分分皆有大種在下造

色在上有作是說相雜而住大種在外造色處中問若尒應斷截時見諸孔隙猶如斷藕荅雖有孔隙而不可見以諸大種非有見故所見孔隙是造色故問諸內外事其相各別內事別者謂諸衆生若百若千集會一處威儀形相各各不同外事別者謂果石等或青或黃或赤或白香味等相各各不同如是相別為由業異為由大種異為由造色異荅俱由三種依異熟因故說由業異依生因依因立因持因養因故說由大種異依同類因故說由造色異問外事差別由何業異荅若諸有情行諸妙行感得外事形相平直色香味觸皆悉美妙若諸有情行諸惡行感得外事形相險曲色香味觸皆悉麤弊問諸果石等其相各別青黃赤白形貌等異或有相似由何威力荅由三威力然大種強謂諸大種不平等者便有種種顯形等異若平等者則便相似

問諸有情類口所發聲當言何處大種所造有說喉邊大種所造有說心

邊大種所造有說齊邊大種所造評曰捴說此聲一切身支大種所造若別說者輕小語聲應言喉邊大種所造叱吒哮吼號叫等聲應言遍身大種所造現見此等舉身掉動故

問頗有色非四大種亦非四大種所造耶荅有謂一二三大種此雖是色而非四大種唯一二三故亦非四大種所造以諸大種非所造故問何故大種非所造耶荅能造所造性各別故因果異故能成所成性各別故如能成所成如是能引所引能生所生能作所作能和合所和合能轉所轉能相所相當知亦尒有說大種若是所造為三造一為四造一若三造一體用闕少云何能造若四造一應地界等造地界等則有自性觀自性過然一切法他性為緣能有所作不顧自體由此大種不名所造

諸四大種有十一種謂眼處所依乃至身處所依色處所依乃至法處所依諸所造色亦有十一種謂眼處乃至身處色處乃至法處問眼處所依

大種能造幾造色乃至法處所依大種能造幾造色荅應作是說眼處所依大種唯造眼處乃至法處所依大種唯造法處有作是說眼處所依大種能造三種謂眼處身處觸處耳鼻舌處所依大種亦尒身處所依大種能造二種二種謂身處觸處色聲香味法處所依大種亦尒觸處所依大種唯造觸處復有欲令一切大種皆能造色聲觸欲界大種皆造香味彼說眼處所依大種能造七種謂眼處身處色聲香味觸處耳鼻舌處所依大種亦尒身所依大種能造六種謂身處色聲香味觸處法處所依大種亦尒色處所依大種能造五種謂色處聲香觸處聲香味觸處所依大種亦尒有餘師說眼處所依大種能造十一種乃至法處所依大種亦尒評曰此諸說中初說為善謂眼處所依大種唯造眼處乃至法處所依大種唯造法處

問云何異相大種能造同相造色荅觀別義故說亦無失謂觀別義故說

異相大種造同相造色觀別義故說同相大種造異相造色觀別義故說異相大種造異相造色觀別義故說同相大種造同相造色觀別義故說異相大種造同相造色者謂堅濕煖動相大種造觸相造色有說此造見相造色等觀別義故說同相大種造異相造色者謂觸相大種造十一種造色觀別義故說異相大種造異相造色者謂堅濕煖動相大種造十一種造色觀別義故說同相大種造同相造色者謂觸相大種造觸相造色有說此造見相造色等

問大種造色相別云何尊者世友作如是說因是大種果是造色能生是大種所生是造色所依是大種能依是造色能相是大種所相是造色和合是大種和合所生是造色能建立是大種所建立是造色大德說曰堅濕煖動相是大種若色大種為因而無大種相是造色有餘師說大種如天帝造色如天衆大種如自在造色如眷屬大種如王造色如自大種如

日月輪造色如日光月明大種如樹身造色如枝等大種如牆造色如影大種如燈焰造色如燈明大種如藕造色如花大種如鏡造色如像是故尊者時毗羅言

根生從大種　如燈焰生明　如藕生蓮花
如鏡生衆像

阿毗達磨諸論師言大種無見造色有見無見大種有對造色有對無對大種有漏造色有漏無漏大種無記造色善不善無記大種欲色界繫造色欲色界繫及不繫大種非學非無學造色學無學非學非無學大種修斷斷造色修斷不斷大種苦集諦攝造色苦集道諦攝大種無異熟造色有異熟無異熟大種不染造色染不染大種非業造色業非業諸如是等大種造色二相差別有無量門

觸處實事有十一種謂四大種及七種造觸七種造觸者謂滑澀輕重冷飢渴滑謂細軟澀謂麁強輕謂不可稱重謂可稱冷謂此所逼便起暖求飢謂此所逼便起食欲渴謂此所逼便起飲欲問何大種增故滑乃至渴耶有作是說不由大種偏增故滑乃至渴但由大種性類差別有生滑果乃至有生渴果有餘師言水火增故滑地風增故澀火風增故輕地水增故重故施設論作是問言何緣活時身輕調順死便身重不調順耶答言活時火風未滅故身輕調順死後身中火風已滅故重不調順水風增故冷風增故飢謂風增故擊動食消引飢觸生便發食欲火增故渴謂火增故煎迫飲消引渴觸生便發飲欲問十一觸中極多緣幾發生身識有作是說一一別緣發生身識以十一種相用增故有餘師言極多緣五發生身識謂四大種滑等隨一復有說者捴緣十一亦生身識問豈不五識唯取自相境耶答自相有二種一事自相二處自相依事自相說緣十一種觸生於身識依處自相說五識身取自相境是故無過如是說者緣十一事亦生身識如緣色處二十種事亦生眼識此亦應尒故五識身通緣捴別而無五識取共相過多事自相一識能緣然不明了

問緣五色根所依大種發身識不有說不發如五色根不可觸故不發身識所依大種理亦應然問若尒何故說為身識所識答依法性說身識所識未來世中身識境故然无現在發身識義有說除身根所依大種皆能發身識以身根所依極隣近故不能發身識然他身識所緣境故亦得名為身識所識問十一種觸幾在欲界幾在色界答二唯在欲界謂飢與渴九通欲色界問若色界中有重觸者以何義故施設論說北俱盧洲衣重一兩四大王衆天衣重半兩三十三天衣重一銖夜摩天中衣重半銖覩史多天衣重一銖中四分之一樂變化天衣重一銖中八分之一他化自在天衣重一銖中十六分之一此上天衣皆不可稱耶有說色界衣雖不可稱而餘物可稱有說彼界一衣雖不可稱多衣積集即可稱如細縷輕毛積集便重問若色界中有冷觸者

彼施設論何故復說如人欲天所有冷暖可了知者上界俱無耶荅冷有二種一能為益二能為損彼無能損有能為益又即彼說所有冷暖上界俱無豈以此言即說彼界亦無暖觸若介則彼大種應唯有三非闕切用而能造色故色界中冷暖俱有問飢渴二觸為是長養為是等流為是異熟健陁羅國西方師言通長養等流非異熟生以飲食能斷故阿毗達磨者不許異熟色斷已復續有說飢渴亦通異熟生性以飲食暫斷非永斷故斷有二種謂永斷暫時斷永斷不可續非暫時斷如地獄中暫截身分異熟生色斷已續生迦濕弥羅國諸論師言飽時彼亦不斷飲食障故不可覺知飲食消已還可覺知問若是異熟者為善業果惡業果耶荅是二種果是故富者飢渴是善業果貧者飢渴是惡業果

問飢渴何處大種所造有說腹邊大種所造入胎經說在母腹中有時腐邊彼有情類有業異熟微風初起即彼處大種能造飢渴有餘師說遍身分中大種能造於飢渴時遍身擾惱故

說一切有部發智大毗婆沙論卷第一百二十七

阿毗達磨大毗婆沙論卷第一百二十七

校勘記

一　底本，金藏廣勝寺本。

一　一五六頁中九行「所造」，資、磧、普、南、徑、清作「所造契經」。又「廣辯」，資、磧、普、南、徑、清作「廣辯其義」。

一　一五六頁下三行「眼界」，諸本（不含石，下同）作「立爲眼界」。

一　一五六頁下五行首字「界」，諸本作「者立爲觸界」。

一　一五六頁下一九行第五字「聞」，磧、徑作「間」。

一　一五七頁下三行第二字「由」，資作「田」。

一　一五八頁中三行第七字「而」，諸本作「而是」。

一　一五八頁中七行第二字「量」，資、磧、普、南、徑、清作「重」。

一　一五八頁中一〇行「不增」，諸本作「不減不增」。

一　一五九頁上一行第四字「令」，磧、普、南、徑、清作「令」。二行第一〇字及四行第二字徑、清同。

一　一五九頁上二行第九字「治」，南、徑、清作「洽」。

一　一五九頁上五行第八字「令」，麗作「今」。

一　一五九頁上二〇行第六字「造」，資、磧、普、南、徑、清作「造造」。

一　一五九頁中一行首字「造」，資、磧、普、南、徑、清作「所造」。

一　一五九頁中四行第一二字「者」，資、磧、普、南、徑、清無。

一　一五九頁下一四行第五字「諸」，磧、南、徑、清作「説」。

一　一六〇頁中一行第六字「造」，諸本作「所造」。二行第五字同。

一　一六〇頁中七行「二種二種」，諸本作「二種」。

一　一六〇頁中一三行第六字「身」，諸本作「身處」。

一　一六〇頁中一六行第四字「香」，諸本作「香味」。

一　一六一頁上一四行第二字「斷」，諸本無。

一　一六一頁下一六行第九字「中」，資、磧、普、南、徑、清無。

一　一六二頁上七行第一二字「有」，資、磧、普、南、徑、清作「有引」。

一　一六二頁上一四行第一一字「暫」，資、磧、普、南、徑、清作「斬」。

趙城縣廣勝寺

阿毗達磨大毗婆沙論卷第一百二十八　顛

五百大阿羅漢等造

三藏法師玄奘奉　詔譯

大種蘊第五中大造納息第一之二

大種所造處幾有見幾無見問何故不問幾有色幾無色荅彼作論者意欲尒故隨彼意欲而造論但不違法性便不應責有說所造無無色故不得問言幾有色幾無色問亦無無為後不應問幾有為幾無為荅亦不應問而後問者當知彼是有餘之說有說欲以種種文種種說莊嚴於義令易解故復次欲以二門二階二略二明二炬二影二光乎相顯示如無所造是無色故不問如是無所造是無為故亦不應問如無所造是無為而得問如是雖無所造是無色亦應問如是二門乎相影示令知前後問荅理通有餘師言此中分別所造諸色幾有見等既舉所造諸色為章必復可問幾有色等以諸色言即顯有色色體皆有變礙義故有彼色義故名有色非如有衣及有子等

大種所造處幾有見荅一謂色處問何故色處名為有見荅眼根名見有見用故所有色處有能見眼故名有見如有主等或復見者是能顯示色處相麁可相顯示在此在彼相狀差別所顯示色有能顯示故名有見如有名等或復見者是諸影像唯有色處可有影像故名有見餘則不尒幾無見荅八二少分八者謂眼耳鼻舌身聲香味處二少分者謂觸處法處雖諸觸處皆無見攝而非一切是所造色若所造色亦無見者是此所問餘非所問故說少分法處亦尒

大種所造處幾有對荅九一少分九者謂五內處及外四處一少分者謂觸處雖諸觸處皆有對攝而非一切是所造色若所造色亦有對者是此所問餘非所問故說少分幾無對荅一少分謂法處雖諸法處皆無對攝而非一切是所造色若所造色亦無對者是此所問餘非所問故說少分然有對有三種一障礙有對謂十色

處二境界有對謂五色根及心心所三所緣有對謂心心所此中說障礙有對非餘

大種所造處幾有漏答九二少分九者如前說二少分者謂觸處法處雖諸觸處皆有漏攝而非一切是所造色若所造色亦有漏者是此所問餘非所問故說少分非諸法處皆有漏攝亦非一切是所造色若所造色亦有漏者是此所問餘非所問故說少分幾無漏答一少分諸法處非諸法處皆無漏攝亦非一切是所造色若所造色亦無漏者是此所問餘非所問故說少分

大種所造處幾有為答九二少分九者如前說二少分者謂觸處法處雖諸觸處皆有為攝而非一切是所造色若所造色亦有為者是此所問餘非所問故說少分非諸法處皆有為攝亦非一切是所造色若所造色亦有為者是此所問餘非所問故說少分幾無為答無彼皆有為故

大種所造處幾過去答十一少分謂

除意處雖諸眼處皆所造攝而非一切皆在過去有在未來現在世故若是所造亦過去者是此所問餘非所問故說少分耳鼻舌身色聲香味處亦尒非諸觸處皆所造攝亦非一切皆在過去若是所造亦過去者是此所問餘非所問故說少分法處亦尒如說過去未來現在說亦如是有數等故

大種所造處幾善答三少分謂色聲法處雖諸色處皆所造攝而非一切皆是善性若是所造亦善性者是此所問餘非所問故說少分聲處亦尒非諸法處皆所造攝亦非一切皆是善性若是所造亦善性者是此所問餘非所問故說少分幾不善答三少分如前說幾無記答七三少分七者謂五內處及香味處三少分者謂色聲觸受雖諸色處皆所造攝而非一切皆是無記若是所造亦無記者是此所問餘非所問故說少分聲處亦尒雖諸觸受皆無記攝而非一切皆是所造若是無記亦所造者是此所

問餘非所問故說少分

大種所造處幾欲界繫答二九少分二者謂香味處九少分者謂五內處及色聲觸法處雖諸眼處皆所造攝而非一切皆欲界繫若是所造亦欲界繫者是此所問餘非所問故說少分耳鼻舌身色聲處亦尒非諸觸處皆所造攝亦非一切皆欲界繫若是所造亦欲界繫者是此所問餘非所問故說少分法處亦尒幾色界繫答九少分如前說幾無色界繫答無彼無色故

大種所造處幾學答一少分謂法處非諸法處皆學所攝亦非一切皆是所造若是所造亦學攝者是此所問餘非所問故說少分幾無學答一少分如前說幾非學非無學答九二少分九者謂內五處及外四處二少分者謂觸處法處雖諸觸處皆非學非無學攝而非一切皆是所造若是非學非無學亦所造者是此所問餘非所問故說少分非諸法處皆非學非無學攝亦非一切皆是所造若是非

學非無學亦所造者是此所問餘非
所問故說少分
大種所造處幾見所斷若無必無諸
色見所斷故幾修所斷若九二少分
九者如前說二少分者謂觸處法處
雖諸觸處皆修所斷攝而非一切皆
是所造若修所斷亦所造者是此所
問餘非所問故說少分非諸法處皆
修所斷攝亦非一切皆是所造若修
所斷亦所造者是此所問餘非所問
故說少分幾不斷若一少分謂法處
非諸法處皆不斷攝亦非一切皆是
所造若是所造亦不斷者是此所問
餘非所問故說少分
若成就大種彼所造色耶答諸成就
大種彼成就所造色有成就所造色
非大種謂諸聖者生無色界誰成就
大種及所造色謂欲色界一切有情
此則揔說若別說者或有有情成多
大種及多造色或有有情成少大種
及少造色成多大種及多造色者如
大海中有諸有情所得身形或百二
百三百四百五六七百踰繕那量如

曷邏呼阿素洛王所得身形其量廣
大如色究竟所得身形一万六千踰
繕那量成少大種及少造色者猶如
蚊蠛水中虫等乃至極細非人眼境
問何故聖者生無色界唯成就造色
非大種耶答彼界無色又不成就他
界大種以有漏法越地捨故造色不
介通無漏故異地成就無有聖者不
成就無漏戒是故聖生彼界唯成就
造色於中學成就學隨轉色無學成
就無學隨轉色
若不成就大種彼所造色耶答諸不
成就所造色彼不成就大種有不成
就大種非所造色謂諸聖者生無色
界誰不成就所造色及大種謂生無
色界一切異生彼界無有一切色故
又不成就下界色故有漏諸色生上
失故無漏諸色彼未得故問順前句
中何所不攝而復須立順後句耶答
順前句中唯攝欲色界一切有情及
攝無色界一切聖者未攝無色界一
切異生為欲攝彼故復立順後句
若成就大種彼善色耶答應作四句

有成就大種非善色謂處卵縠若諸
異生住胎藏中若生欲界住不律儀
及非律儀非不律儀無善身語表設
有而失彼處卵縠住胎異生前生所
有表無表色由失所依衆同分故一
切已捨今於此位未能起表又無入
定理故不成就一切善色問何故此
位未能起表答以所依身極羸弱故
要身強盛能起表業又此位心極微
劣故心麁勝者能發表業又此位心
內門轉故心外門轉能起表業又此
位中胎卵迫迮尚不能動況能起表
然有時胎動轉者此由風力非心所
為表業必由心力所起問何緣此位
無入定理耶答此位身心俱羸劣故
又無入定加行緣故得忍異生命終
捨忍如前業蘊已廣決擇四生廣說
亦如業蘊若生欲界住不律儀及非
律儀非不律儀無善身語表者謂睡
眠醉悶及捨加行不求起表設有而
失者謂由三緣故失一意樂息二捨
加行三限勢過此亦如業蘊廣說有
成就善色非大種謂諸聖者生無色

界是聖者故成就善色生無色故不成就大種彼諸聖者通學無學學成學善色無學成無學善色有成就大種亦善色謂諸聖者住胎藏中若生欲界住律儀若住不律儀及非律儀非不律儀現有善身語表或先有不失若生色界住胎聖者定成有漏無漏無表道力強故若生欲界住律儀者謂隨所應住三律儀住不律儀及非律儀非不律儀現有善身語表者謂不睡眠不醉不悶不捨加行求起表業或先有不失者謂三緣故如前說若生色界者彼定成就靜慮律儀故有善色有非成就大種及善色謂諸異生生無色界生無色故不成大種有漏善色越界捨故無漏善色彼未得故

若成就大種彼不善色耶荅諸成就不善色彼定成就大種有成就大種非不善色謂處卵鷇及住胎藏若生欲界住律儀及非律儀非不律儀無不善身語表設有而失若生色界謂若成就不善色者定在欲界無在欲界不成大種必有身故由此得為順後句荅釋餘文句准上應知

若成就大種彼有覆無記色耶荅諸成就有覆無記色彼定成就大種有成就大種非有覆無記色謂生欲界若生色界現無有覆無記身語表謂若成就有覆無記色者定在色界無有在色界不成大種必有身故由此得為順後句荅無有生欲界起有覆無記表善染表業依自他身故

若成就大種彼無覆無記色耶荅如是設成就無覆無記色彼大種耶荅如是以成就大種者必成就身根等故若成就身根等者必成就大種故生欲色界一切有情皆成就大種及無覆無記色故生無色界二俱無故

若成就大種彼善不善色耶荅有成就大種非善不善色謂處卵鷇若諸異生住胎藏中若生欲界住非律儀非不律儀無善不善身語表設有而失有成就大種亦善色非不善色謂諸聖者住胎藏中若生欲界住律儀無不善身語表設有而失若住非律儀非不律儀現有善身語表或先有不失無不善身語表設有而失若生色界有成就大種亦不善色非善色謂生欲界住不律儀無善身語表設有而失若住非律儀非不律儀現有不善身語表或先有不失無善身語表設有而失有成就大種亦善不善色謂生欲界住律儀現有不善身語表或先有不失若住不律儀現有善身語表或先有不失若住非律儀非不律儀現有善不善身語表或先有不失設成就善不善色彼大種耶荅如是謂成就善不善色者必在欲界在欲界者定成就大種故若成就大種彼善有覆無記色耶荅有成就大種非善有覆無記色謂處卵鷇若諸異生住胎藏中若生欲界住不律儀及非律儀非不律儀無善身語表設有而失有成就大種亦善色非有覆無記色謂諸聖者住胎藏中若生欲界住律儀若住不律儀及非律儀非不律儀現有善身語表或先有不失若生色界現無有覆無記身語表有

成就大種亦善有覆無記色謂生色界現有有覆無記身語表設成就善有覆無記色彼大種耶答如是謂成就善有覆無記色者必在色界在色界者定成就大種故

若成就大種彼善無覆無記色耶答有成就大種亦無覆無記色非善色謂處卵㲉若諸異生住胎藏中若生欲界住不律儀及非律儀非不律儀無善身語表設有而失有成就大種亦善無覆無記色謂諸聖者住胎藏中若生欲界住律儀若住不律儀及非律儀非不律儀現有善語表或先有不失若生色界設成就善無覆無記色彼大種耶答如是謂成就善無覆無記色者必在欲色界在欲色界者定成就大種故

若成就大種彼不善有覆無記色耶答無謂成就不善色者必在欲界成就有覆無記色者必在色界無一有情俱生二界故

若成就大種彼不善無覆無記色耶答有成就大種亦無覆無記色非不善色謂處卵㲉及住胎中若生欲界住律儀及非律儀非不律儀無不善身語表設有而失若生色界有成就大種亦不善無覆無記色謂生欲界住不律儀若住律儀及非律儀非不律儀現有不善身語表或先有不失設成就不善無覆無記色彼大種耶答如是謂成就不善無覆無記色者必在欲界在欲界者定成就大種故

若成就大種彼有覆無記無覆無記色耶答有成就大種亦無覆無記色非有覆無記色謂生欲界若生色界現無有覆無記身語表有成就大種亦有覆無記無覆無記色謂生色界現有有覆無記身語表設成就有覆无記無覆無記色彼大種耶答如是謂成就此二無記色者必在色界在色界者定成就大種故

若成就大種彼善不善有覆無記色耶答無謂成就善不善色者必在欲界成就善有覆無記色者必在色界無一有情俱生二界故

若成就大種彼善不善無覆無記色耶答有成就大種亦無覆無記色非善不善色謂處卵㲉若諸異生住胎藏中若生欲界住非律儀非不律儀無善不善身語表設有而失有成就大種亦善無覆無記色非不善色謂諸聖者住胎藏中若生欲界住律儀無不善身語表設有而失若住非律儀非不律儀現有善身語表或先有不失無不善身語表設有而失若生色界有成就大種亦不善無覆無記色非善色謂生欲界住不律儀無善身語表設有而失若住非律儀非不律儀現有不善身語表或先有不失無善身語表設有而失有成就大種亦善不善無覆無記色謂生欲界住律儀現有不善身語表或先有不失若住不律儀現有善身語表或先有不失若住非律儀非不律儀現有善不善身語表或先有不失設成就善不善無覆無記色彼大種耶答如是謂成就此三色者必在欲界在欲界者定成就大種故

若成就大種彼善有覆無記無覆無

記色耶荅有成就大種亦無覆無記
色非善有覆無記色謂處卵鷇若諸
異生住胎藏中若生欲界住不律儀
及非律儀非不律儀無善身語表設
有而失有成就大種亦善無覆無記
色非有覆無記色謂諸聖者住胎藏
中若生欲界住律儀若住不律儀及
非律儀非不律儀現有善身語表或
先有不失若生色界現無有覆無記
身語表有成就大種亦善有覆無記
無覆無記色謂生色界現有有覆無
記身語表設成就善有覆無記無覆
無記色彼大種耶荅如是謂成就此
三色者必在色界在色界者定成就
大種故

若成就大種彼不善有覆無記無覆
無記色耶荅無謂成就不善無覆無
記色者必在欲界成就有覆無記無
覆無記色者必在色界無一有情俱
生二界故

若成就大種彼善不善有覆無記無
覆無記色耶荅無謂成就善不善無
覆無記色者必在欲界成就善有覆

無記無覆無記色者必在色界無一
有情俱生二界故

若成就善色彼不善色耶荅應作四
句有成就善色非不善色謂諸聖者
住胎藏中若生欲界住律儀無不善
身語表設有而失若住非律儀非不
律儀現有善語表或先有不失無不
善身語表設有而失若生色界若諸
聖者生無色界有成就不善色非善
色謂生欲界住不律儀無善身語表
設有而失若住非律儀非不律儀現
有不善身語表或先有不失無善身
語表設有而失有成就善色亦不善
色謂生欲界住律儀現有不善身語
表或先有不失若住不律儀現有善
身語表或先有不失若住非律儀非
不律儀現有善不善身語表或先有
不失有非成就善色及不善色謂處
卵鷇若諸異生住胎藏中若生欲界
住非律儀非不律儀無善不善身語
表設有而失若諸異生生無色界

若成就善色彼有覆無記色耶荅諸
成就有覆無記色彼定成就善色或

成就善色非有覆無記色謂諸聖者
住胎藏中若生欲界住律儀若住不
律儀及非律儀非不律儀現有善身
語表或先有不失若生色界現無有
覆無記身語表若諸聖者生無色界

若成就善色彼無覆無記色耶荅應
作四句有成就善色非無覆無記色
謂諸聖者生無色界有成就無覆無
記色非善色謂處卵鷇若諸異生住
胎藏中若生欲界住不律儀及非律
儀非不律儀無善身語表設有而失
有成就善色亦無覆無記色謂諸聖
者住胎藏中若生欲界住律儀若住
不律儀及非律儀非不律儀現有善
身語表或先有不失若生色界有非
成就善色及無覆無記色謂異生生
無色界

若成就善色彼不善有覆無記色耶
荅無謂成就不善色者必在欲界成
就有覆無記色者必在色界無一有
情俱生二界故

若成就善色彼不善無覆無記色耶
荅有成就善色非不善無覆無記色

阿毗達磨大毗婆沙論第一百二十八卷　第十八張　暇字號

謂諸聖者生無色界有成就善色亦無覆無記色非不善色謂諸聖者住胎藏中若生欲界住律儀無不善身語表設有而失若住非律儀非不律儀現有善身語表或先有不失無不善身語表設有而失若生色界有成就善色亦不善無覆無記色謂生欲界住律儀現有不善身語表或先有不失若住不律儀現有善身語表或先有不失若住非律儀非不律儀現有善不善身語表或先有不失設成就不善無覆無記色彼善色耶荅或成就或不成就云何成就即如上說云何不成就謂生欲界住不律儀無善身語表設有而失若住非律儀非不律儀現有不善身語表或先有不失無善身語表設有而失

若成就善色彼有覆無記無覆無記色耶荅有成就善色非有覆無記無覆無記色謂諸聖者生無色界有成就善色亦無覆無記色非有覆無記色謂諸聖者住胎藏中若生欲界住律儀若住不律儀及非律儀非不律儀現有善身語表或先有不失若生色界現無有覆無記身語表有成就善色亦有覆無記無覆無記色謂生色界現有有覆無記身語表設成就有覆無記無覆無記色彼善色耶荅如是謂成就有覆無記無覆無記色者必在色界在色界者定成就善色故

阿毗達磨大毗婆沙論第一百二十八卷　第十九張　暇字號

若成就善色彼不善有覆無記無覆無記色耶荅無謂成就不善無覆無記色者必在欲界成就有覆無記無覆無記色者必在色界無一有情俱生二界故

若成就不善色彼有覆無記色耶荅無謂成就不善色者必在欲界成就有覆無記色者必在色界無一有情俱生二界故

若成就不善色彼無覆無記色耶荅諸成就不善色彼定成就無覆無記色有成就無覆無記色非不善色謂處卵㲉及住胎中若生欲界住律儀及非律儀非不律儀無不善身語表設有而失若生色界

若成就不善色彼有覆無記無覆無記色耶荅無如上說

阿毗達磨大毗婆沙論第一百二十八卷　第二十張　暇字號

若成就有覆無記色彼無覆無記色耶荅諸成就有覆無記色彼定成就無覆無記色有成就無覆無記色非有覆無記色謂生欲界若生色界現無有覆無記身語表如上所說捴略義者謂四大種生欲色界必定成就生無色界定不成就無覆無記色亦尒善色生色界定成就生欲無色界或成就或不成就不善色生色無色界定不成就生欲界或成就或不成就有覆無記色生欲無色界定不成就生色界或成就不成就

說一切有部發智大毗婆沙論卷第一百二十八

阿毗達磨大毗婆沙論卷第一百二十八

校勘記

一　底本，金藏廣勝寺本。

一　一六四頁下四行第五字「有」，諸本（不含石，下同）作「見」。

一　一六五頁上一一行第九字「諸」，諸本作「謂」。

一　一六五頁中一九行第三字「受」，諸本作「處」。二二行第五字同。

一　一六七頁中一〇行第一〇字「他」，資、磧、普、南、徑、清作「地」。

一　一六八頁上一三行第一〇字「善」，諸本作「善身」。次頁中七行第五字同。

一　一六八頁中一行第九字「胎」，資、磧、普、南、徑、清作「胎藏」。一七〇頁中二〇行第六字同。

一　一六九頁下一六行「異生」，諸本作「諸異生」。

一　一七〇頁下一三行「不成就」，諸本作「或不成就」。

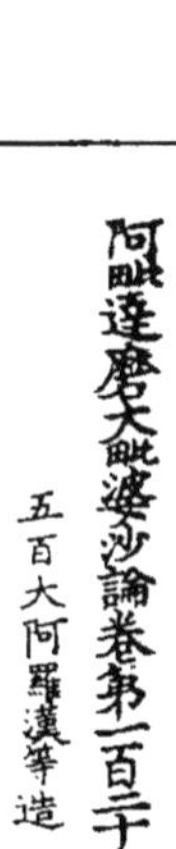

阿毘達磨大毗婆沙論卷第一百二十九　頗

五百大阿羅漢等造

三藏法師玄奘奉　詔譯

大種蘊第五中大造納息第一之三

諸四大種依何定滅乃至廣說問何故作此論答欲顯諸佛出現世間有大功德故如施設論說贍部洲邊繞大海際有轉輪王路廣一踰繕那諸轉輪王若不出世水所覆沒無能遊履若出世時海水周減一踰繕那此路乃現平飾清淨底布金砂旃檀香水自然灑潤輪王每欲巡此洲時導從四軍而遊此路如是諸佛未出世時無有能依諸根本地斷煩惱者若佛十力大法輪王出世間時根本地現平等清淨布覺分砂灑戒定水佛與無數那庾多眷屬依之趣入無畏涅槃宮問此中云何顯佛出世有大功德答佛不出世此問尚無况有能答如佛昔在室羅筏城住誓多林時有苾芻名曰馬勝是阿羅漢獨於靜室作是思惟諸四大種何處永滅爲欲知故入勝等持即以定心於誓多林没欻然出在四大王衆天從定而起問彼天衆諸四大種何處永滅天衆答曰我等不知是四大種何處永滅然我所事四大天王智慧威德並皆殊勝彼或能了可往問之尊者即時詣四王所作如上問皆曰不知復共仰推三十三天衆三十三天衆復推帝釋帝釋仰推夜摩天衆夜摩天衆推蘇夜摩天子蘇夜摩天子推覩史多天衆覩史多天衆推珊覩史多天子珊覩史多天子推樂變化天衆樂變化天衆推妙變化天子妙變化天子推他化自在天衆他化自在天衆推妙自在天子妙自在天子推梵天衆如是尊者遍問欲天竟不能知大種滅處欲往梵世入勝等持復以定心自在宮没梵衆天出從定而起作如上問梵衆咸曰我等不知有大梵王是梵大梵作者化者爲一切父自在生育具大威德無與等者無有不見不了不識彼定能知仁應往問尊者即問大梵所在梵衆答曰我亦

不知大梵天王定所在處仁欲見者隨處諦求即有光明於中而現尊者馬勝遂發誠心願大梵王於此眾現應時大梵即放光明便自化身為童子像首分五頂形貌端嚴在梵眾中隨光而現尊者前進問曰大仙諸四大種何處永滅梵王不達作矯乱言苾芻當知我是大梵是自在者作者化者生者養者為一切父此是諂誑所發語業尊者告曰我不問仁梵非梵等但問大種何處永滅尒時大梵知此苾芻非矯乱言不能酬遣便執兩手引出眾外此是諂誑所發身業出眾外已謝尊者言我實不知大種滅處然諸梵眾咸謂我是自在作者無不知見若我眾中云不知者是諸梵眾便見輕蔑尊者自失近捨如來遠勞見問致無所獲今可速還詣佛請問如佛所說應正受持馬勝既聞梵王推佛歡喜辞退復入等持即以定心於梵世沒欻然還出播多林中從定而起整理衣服往世尊前恭敬作礼問四大種何處永滅尒時世尊為說不見邊際鳥喻云汝亦然乃至梵宮遍請所問不得邊際還至此中猶如彼鳥不得邊際然汝所問不合問儀隨此而荅亦乖荅理汝欲問者當如是問

四大與短長　細麁淨不淨　於何處永棄
名色滅無餘

此問隨順應如是荅

識不見無邊　周遍廣大性　更無餘廣大
能映奪此者　四大與短長　細麁淨不淨
於是處永棄　名色滅無餘

有說此中佛說聖道世尊於此說識聲故有說此中佛說涅槃以說無邊識不見故若無佛出世說正法者則雖梵王亦多愚惑若佛出世宣說正法則八歲勤策亦能解了設有來問長老知耶諸四大種何處永滅彼若誦持大種蘊者即言依四定或依未至滅世若無佛此等便無故佛出世有大功德

諸四大種及所造色依何定滅荅依四定或依未至滅定或名道或名行迹或名對治或名作意義無異別滅或名斷或名離染或名為盡或名離繫義亦無別昔於此部有二論師一名時毗羅二名瞿沙伐摩尊者時毗羅作如是說此中但說永斷無餘斷無隨縛斷無少分斷無影像斷說聖者斷非異生斷說聖道作用非世俗道作用所以者何依七依經以立斯論彼經但說根本地故無有異生或諸聖者依根本地起世俗道能離染故尊者瞿沙伐摩作如是說此中但說永斷無餘斷無隨縛斷無少分斷無影像斷此說應理餘則不然所以者何此中通說諸聖者斷及異生斷聖道作用及世俗道作用故問依七依經以立此論彼經唯說諸根本地無有異生或諸聖者依根本地起世俗道能離諸染云何說通荅由此故言阿毗達磨是諸經鏡燈焰光明諸契經中未宣說者此中宣說未示現者此中示現經說有餘此中無餘經說有異意此中無異意阿毗達磨中言多盡理由此經論二說善通

大種造色依四定滅者謂依四靜慮

依未至滅者謂依初靜慮近分及靜慮中間空無邊處近分此中靜慮無色近分靜慮中間皆名未至並未能入勝根本地而能現前斷煩惱故問契經唯說根本名依何故此中說依未至有作是說此中應言依四定或未至滅不應言依未至而言依者有何意耶此文再說根本地故依四定者說四依定依未至者謂舉諸依顯諸未至非即說此未至為依如說入城未入城耶雖再說城言無別城事彼亦如是有餘師說此中依言惣說諸定非但根本皆能與道作所依故然七依定就勝而說大種造色五地所繫謂欲界四靜慮是故離第四靜慮染時乃究竟斷然離彼染或依初靜慮近分或依四靜慮或依靜慮中間或依空無邊處近分若依空無邊處近分離彼染時通聖者及異生唯世俗道非聖道若依餘地離彼染時唯聖者非異生唯聖道非世俗道此中說究竟所滅大種造色謂第四靜慮所繫故言依四定或依未至滅若欲界所繫大種造色但應言依未至滅依初靜慮近分滅故初靜慮所繫大種造色應言依初定或依未至滅依初靜慮靜慮中間及前二靜慮近分滅故第二靜慮所繫大種造色應言依二定或依未至滅依前二靜慮靜慮中間初及第三靜慮近分滅故第三靜慮所繫大種造色應言依三定或依未至滅依前三靜慮靜慮中間初及第四靜慮近分滅故應知此中諸依前三靜慮及靜慮中間滅者唯聖者非異生唯聖道非世俗道諸依初靜慮近分滅者通聖者及異生通聖道及世俗道諸依餘三靜慮近分滅者通聖者及異生唯世俗道非聖道上七近分無聖道故

尋伺有對觸依何定滅荅依初定或依未至滅依初定滅者謂依初靜慮依未至滅者謂依前二靜慮近分及靜慮中間尋伺有對觸二地所繫謂欲界初靜慮是故離初靜慮染時乃究竟斷然離彼染或依初靜慮或依靜慮中間或依前二靜慮近分若依第二靜慮近分離彼染時通聖者及異生唯世俗道非聖道若依餘地離彼染時唯聖者非異生唯聖道非世俗道此中說究竟所滅尋伺有對觸謂初靜慮所繫故言依初定或依未至滅若欲界所繫尋伺有對觸但應言依未至滅依初靜慮近分滅故此通聖者及異生通聖道及世俗道

樂根依何定滅荅依三定或依未至滅依三定滅者謂依前三靜慮依未至滅者謂依初靜慮近分及靜慮中間第四靜慮近分樂根三地所繫謂欲界初靜慮第三靜慮是故離第三靜慮染時乃究竟斷然離彼染或依前三靜慮或依靜慮中間或依初及第四靜慮近分若依第四靜慮近分離彼染時通聖者及異生唯世俗道非聖道若依餘地離彼染時唯聖者非異生唯聖道非世俗道此中說究竟所滅樂根謂第三靜慮所繫故言依三定或依未至滅若欲界所繫樂根但應言依未至滅依初靜慮近分滅故初靜慮所繫樂根應言依初定

或依未至滅依初靜慮靜慮中間及前二靜慮近分滅故此中諸依初靜慮及靜慮中間滅者唯聖者非異生唯聖道非世俗道諸依初靜慮近分滅者通聖者及異生通聖道及世俗道依第二靜慮近分滅者通聖者及異生唯世俗道非聖道

喜根依何定滅荅依二定或依未至滅依二定滅者謂依前二靜慮依未至滅者謂依初靜慮近分及靜慮中間第三靜慮近分喜根三地所繫謂欲界前二靜慮是故離第二靜慮染時乃究竟斷然離彼染或依前二靜慮或依靜慮中間或依初及第三靜慮近分若依第三靜慮近分離彼染時通聖者及異生唯世俗道非聖道若依餘地離彼染時唯聖者非異生唯聖道非世俗道此中說究竟所滅喜根謂第二靜慮所繫故言依二定或依未至滅若欲界所繫喜根但應言依未至滅依初靜慮近分滅故初靜慮所繫喜根應言依初定或依未至滅依靜慮靜慮中間及前二靜慮近分滅故此中依靜慮靜慮中間滅者唯聖者非異生唯聖道非世俗道依初靜慮近分滅者通聖者及異生通聖道及世俗道依第二靜慮近分滅者通聖者及異生唯世俗道非聖道

苦根憂根段食依何定滅荅依未至滅謂初靜慮近分以苦根等唯欲界繫是故離彼染時即究竟斷然離彼染時唯依初靜慮近分此通聖者及異生通聖道及世俗道

捨根觸思識食依何定滅荅依七定或依未至滅依七定滅者謂依四靜慮及前三無色依未至滅者謂依初靜慮近分及靜慮中間此捨根等九地所繫謂從欲界乃至非想非非想處是故離非想非非想處染時乃究竟斷然離彼染或依初靜慮近分或依靜慮中間或依四靜慮或依前三無色此唯聖者非異生唯聖道非世俗道此中說究竟所滅捨根三食謂非想非非想處所繫故言依七定或依未至滅若欲界所繫捨根二食但應言依未至滅依初靜慮近分滅故初靜慮所繫捨根三食應言依初定或依未至滅依初靜慮靜慮中間及前二靜慮近分滅故第二靜慮所繫捨根三食應言依二定或依未至滅依前二靜慮靜慮中間初及第三靜慮近分滅故第三靜慮所繫捨根三食應言依三定或依未至滅依前三靜慮靜慮中間初及第四靜慮近分滅故第四靜慮所繫捨根三食應言依四定或依未至滅依四靜慮靜慮中間初靜慮近分空無邊處近分滅故空無邊處捨根三食應言依五定或依未至滅依四靜慮空無邊處靜慮中間初靜慮近分識無邊處近分滅故識無邊處捨根三食應言依六定或依未至滅依四靜慮前二無色靜慮中間初靜慮近分無所有處近分滅故無所有處捨根三食應言依七定或依未至滅依四靜慮前三無色靜慮中間初靜慮近分非想非非想處近分滅故此中諸依七定靜慮中間滅者唯聖者非異生唯聖道非世俗道諸依初靜慮近分滅者通聖

者及異生通聖道及世俗道諸依上七地近分滅者通聖者及異生唯世俗道非聖道

諸四大種及所造色已斷已遍知當言住何果荅阿羅漢果或無所住住阿羅漢果者謂彼補特伽羅大種造色已斷遍知住無學果或無所住者謂彼補特伽羅大種造色已斷遍知猶未住果即諸異生已離色界染及先離彼染入正性離生住見道中十五心頃若漸次者離第四靜慮染寂後解脱道離空無邊處染諸加行道九無間道九解脱道乃至離無所有處染應知亦尒離非想非非想處染諸加行道九無間道八解脱道住此諸位補特伽羅大種造色已斷遍知於四沙門果而猶未住問先離色界染入正性離生道類智時大種造色已斷遍知此補特伽羅住不還果此中何故不說荅應說而不說者當知此義有餘有說此中依漸次說謂說具縛入正性離生者非超越者故不說

尋伺有對觸已斷已遍知當言住何果荅阿羅漢果或無所住住阿羅漢果者謂彼補特伽羅尋伺有對觸已斷遍知住無學果或無所住者謂彼補特伽羅尋伺有對觸已斷遍知猶未住果即諸異生已離初靜慮染或先離彼染入正性離生住見道中十五心頃若漸次者離初靜慮染寂後解脱道離第二靜慮染諸加行道九無間道九解脱道乃至離無所有處染應知亦尒離非想非非想處染諸加行道九無間道八解脱道住此諸位補特伽羅尋伺有對觸已斷遍知於四沙門果而猶未住問先離初靜慮染入正性離生道類智時尋伺有對觸已斷遍知此補特伽羅住不還果此中何故不說荅應說而不說者當知此義有餘有說此中依漸次說廣說如前

樂根已斷已遍知當言住何果荅阿羅漢果或無所住住阿羅漢果者謂彼補特伽羅樂根已斷遍知住無學果或無所住者謂彼補特伽羅樂根已斷遍知猶未住果即諸異生已離第三靜慮染或先離彼染入正性離生住見道中十五心頃若漸次者離第三靜慮染寂後解脱道離第四靜慮染諸加行道九無間道九解脱道乃至離無所有處染應知亦尒離非想非非想處染諸加行道九無間道八解脱道住此諸位補特伽羅樂根已斷遍知於四沙門果而猶未住問先離第三靜慮染入正性離生道類智時尒時樂根已斷遍知此補特伽羅住不還果此中何故不說荅應說而不說者當知此義有餘有說此中依漸次說廣說如前

喜根已斷已遍知當言住何果荅阿羅漢果或無所住住阿羅漢果者謂彼補特伽羅喜根已斷遍知住無學果無所住者謂彼補特伽羅喜根已斷遍知猶未住果即諸異生已離第二靜慮染或先離彼染入正性離生住見道中十五心頃若漸次者離第二靜慮染寂後解脱道離第三靜慮染諸加行道九無間道九解脱道乃至離無所有處染應知亦尒離非想非非想處染諸加行道九無間道八

解脫道住此諸位補特伽羅喜根已斷遍知於四沙門果而猶未住問先離第二靜慮染入正性離生道類智時尒時喜根已斷遍知此補特伽羅住不還果此中何故不說答應說而不說者當知此義有餘有說此中依漸次說廣說如前

苦根憂根段食已斷已遍知當言住何果答不還果或阿羅漢果或無所住住不還果者謂彼補特伽羅苦根等三已斷遍知住學第三果住阿羅漢果者謂彼補特伽羅苦根等三已斷遍知住無學果無所住者謂彼補特伽羅苦根等三已斷遍知猶未住果即諸異生已離欲界染或先離彼染入正性離生住見道中十五心頃住此諸位補特伽羅苦根等三已斷遍知於四沙門果而猶未住此中不說漸次諸位名無所住以離欲界染寂後無間道生尒時苦根等三究竟斷盡寂後解脫道時此補特伽羅必住不還果故

捨根觸思識食已斷已遍知當言住何果答阿羅漢果此中不說或無所住所以者何離非想非非想處染寂後無間道生尒時捨根三食究竟斷盡寂後解脫道時此補特伽羅必住阿羅漢果故餘師於此作別意釋謂此意問四大種等已斷已遍知當言何果攝由此不說四大種等已斷遍知住不還果先離色染後入正性離生道類智時雖得不還果而彼離繫非不還果攝以不還果但攝見所斷及欲界修所斷斷為斷果故評曰初說為善所以者何此中但問補特伽羅四大種等已斷遍知得住何果不問果攝故

契經中說食有四種一段食二觸食三意思食四識食云何段食謂由麤細分段為緣長養諸根增益大種云何觸意思識食謂有漏觸意思識為緣長養諸根增益大種此中長養諸根者顯長養諸法增益大種者顯異熟諸法問諸根亦可增益有異熟故大種亦可長養有長養故何故此中唯作是說答諸根大種俱應作二種說而不說者當知此義有餘復次欲以種種文種種說莊嚴於義令易解故復次欲現二門二階二略二明二炬二影二光平相顯示如根說長養大種亦應尒如大種說增益根亦應尒由二門等平相影故則所說理通文要義顯

問如所說長養增益為於長益法長益為於不長益法長益耶若於長益法長益者彼長益法復何長益若於不長益法長益者不長益法云何長益答非於長益法長益亦非於不長益法長益然長益不長益法先住未來若遇長益緣則不長益法滅長益法生若遇不長益緣則長益法滅不長益法生雖無轉作而義俱立

問頗有有漏觸思識為緣長養諸根增益大種而非食耶答有謂異界觸思識能長養增益諸根大種問頗有同界觸思識為緣長養諸根增益大種而非食耶答有謂異地觸思識能長養增益諸根大種問頗有同地觸思識為緣長養諸根增益大種而非

食耶荅有謂無漏觸思識能長養增益諸根大種問何故無漏不立食耶荅諸無漏法無食相故又法現前增益諸有攝受諸有任持諸有可說為食無漏諸法損減違害破壞諸有故不說食又法現前連續諸有連續老死能令生死輪轉無窮可說為食無漏諸法斷息諸有斷息老死能令生死不復輪轉故不說食又法現前隨順苦集隨順老死能令生死諸有世間流轉不息可說為食無漏諸法隨順苦集滅隨順老死滅能令生死諸有世間不復流轉故不說食又法現前是身見事是顛倒事是貪愛事是隨眠事是貪瞋癡安立足處有垢有毒有穢有濁有刺有怨諸有所攝墮苦集諦可說為食無漏諸法非身見事非顛倒事非貪愛事非隨眠事非貪瞋癡安立足處無垢無毒無穢無濁無刺無怨非諸有所攝不墮苦集諦故不說食又無漏法不能究竟長養諸有雖暫長養非究竟故不說為食尊者妙音亦作是說非無漏法長

養諸有雖暫長養而非究竟終違有故不說為食夫說為食終能長養

問食體是何荅是十六事於中十三事是段食體即十一觸及香味處觸思識三是餘食體蘊界處攝者是十一界五處三蘊少分所攝十一界者謂七心界及香味觸法界五處者謂香味觸處意處法處三蘊者謂色行識蘊是謂四食自體我物性相

已說自體所以今當說何故名食食是何義荅牽有義是食義續有義持有義生有義養有義增有義是食義此四於有能牽乃至能增故名為食問若牽有乃至增有是食義者諸有漏法皆應名食何故但說四耶脇尊者言唯佛世尊究竟了達諸法性相亦知勢用非餘能知若法有食相作用可立食者即便立之無者不立尊者世友作如是言此是世尊有餘之說略說影說有觀待說佛觀化宜而說法故尊者妙音說曰佛知此四牽有續有持有生有養有增有體相勢用強盛隣近故立為食餘法不尒故

不說食有餘師言如是四法極能長養諸界趣生老死世間令其流轉故立為食餘則不尒或有說者食有二相一牽引當有令現在前二任持令有令相續住有餘師說食有三種一者業食二者生食三者長養食業食謂思生食謂識長養食者謂段與觸

說一切有部發智大毗婆沙論卷第一百二十九

阿毗達磨大毗婆沙論卷第一百二十九

校勘記

一　底本，金藏廣勝寺本。

一　一七二頁中一九行第一二字「呪」，諸本（不含石，下同）作「況」。

一　一七二頁下三行第一二字「永」，徑作「水」。

一　一七二頁下一六行第四字「是」，資、磧、普、南、徑作「世」。

一　一七二頁下一九行第八字「曰」，資、磧、普、南、徑、清作「謂」。

一　一七三頁上一二行第六字「矯」，資、磧、普作「譎」。

一　一七三頁中四行第七字「亦」，資、普作「珍」。

一　一七三頁下一五行第四字「立」，磧作「方」。

一　一七四頁上二一行「聖道」，資、磧、普、南、徑、清作「非道」。

一　一七五頁上四行第八字「諸」，資、磧、普、南、徑、清無。

一　一七五頁上末行第四、五字「静慮」，諸本作「初静慮」。

一　一七五頁中一行「依静慮」，資、磧、普、南、徑、清作「諸初静慮」；麗作「諸依初静慮」。

一　一七五頁中二二行「二食」，諸本作「三食」。

一　一七六頁上二二行第一三字「故」，諸本作「是故」。

一　一七六頁中八行「第二」，磧作「第一」。

一　一七六頁中一九行第三字「荅」，麗作「答住」。

一　一七七頁上一三行第一二字「謂」，資、磧、普、南、徑、清作「諸」。

一　一七八頁上四行「任持」，麗作「住持」。

一　一七八頁上五行「損減」，諸本作「損減」。

一　一七八頁中二二行第一三字「相」，徑作「有」。

阿毗達磨大毗婆沙論卷第一百三十　蘋

五百大阿羅漢等造

三藏法師玄奘奉　詔譯

大種蘊第五中大造納息第一之四

問如是四食幾牽當有令現在前幾持令有令相續住有作是說一牽當有令現在前謂意思食三持令有令相續住謂餘三食或有說者二牽當有謂意思識二持令有謂餘二食有餘師說三牽當有謂觸思識一持令有所謂段食如是說者四食盡牽當有令現在前盡持令有令相續住

問諸食於有幾未生令生幾生已長養有作是說諸食於有一未生令生謂意思食三生已長養謂餘三食復有說者二未生令生謂意思識二生已長養謂餘二食有餘師說三未生令生謂觸思識一生已長養所謂段食如是說者四食於有皆未生令生生已長養問何食於何法食事偏增荅段食養色根大種勝故於色根大種食事偏增觸食養心心所勝故於心心所食事偏增思食養後有勝故於諸後有食事偏增識食養名色勝故於諸名色食事偏增

問如說牽有義是食義等此言為是因義是緣義耶設尒何失二俱有過若是因義者外香味觸於內諸處五因皆無云何為食若是緣義者除內自性餘法皆是此增上緣何故但說四種為食有說是因義問若尒外香味觸於內諸處五因皆無云何為食荅外香味觸為覺發因令內香等得成食事內香味觸於內諸處有因義故說之為食謂眼唯以觸處為食耳鼻舌身色聲亦尒香用香處觸處為食味以味處觸處為食觸處唯以觸處為食心心所法三食為食此中因義如理應思有說是緣義問若尒除內自性餘法皆是此增上緣何故但說四種為食荅於內諸處增上緣法有親有疎有近有遠有合不合有在此生有在餘生諸親近合在此生者說之為食疎遠不合在餘生者不說為食故食唯四此四皆於內十一處

能為食事然有增微如前所說
問何故色處不立為食有作是說無食相故有說色處取時麤重若於取時細輕者名食要微細輕滋養身故有說色處不至而取食唯至取非身不合成食事故有說色處至變壞位食事方成謂水所浸爛火所熟變風所動搖然後方成食所作事非色未變得名為食故色非食香等不介有餘師言若色是食眼見色時應除飢渴若然施主所費則為唐捐有餘復言若色是食諸出家者眼見色時應犯遠離非時食法或有說者若色是食則色界天應受段食取諸色故當知後三所說乖理香觸亦有如斯過故應知前四所說者好問若色非食經云何通如世尊言長者汝所施食色香味具甚為妙好苔色雖非食為欲發起施主思故佛作是說謂佛讚美所施食時施主便發殊勝思願快哉如來讚受我食我當必獲殊勝福利問若讚已具色非食者亦讚香等俱應非食彼既是食此亦應然苔佛

於此中不欲簡別是食非食但欲發起施主思願說此契經若此讚說即是食者觸非所讚便應非食
問段食是何義苔分段而食故名段食問若尒所飲吮等非段食耶苔從多分說是故無過復有說者飲吮等時亦作分段有餘師言從初而說謂刧初時人受用地味皆作分段而吞敢之因名段食
問佛說段食有麤有細云何應知麤細差別苔集異門說段食麤細手相觀待而可了知謂水族中小為大食傳相觀待麤細得成如底民者羅者羅所食是麤底民者羅所食為細底民者羅所食是麤底民所食為細底民所食是麤大魚鼉鼈及未羯羅失獸摩羅等所食為細大魚鼉鼈等所食是麤餘水行重所食為細諸陸族中象馬駝等所食是麤羊鹿豬等所食為細羊鹿豬等所食是麤兎猫狸等所食為細兎猫狸等所食是麤餘陸行重所食為細空行族中諸妙翅鳥所食是麤鵝鴈孔雀鸚鵡舍利命命

鳥等所食為細鵝鴈孔雀等所食是麤餘空行類所食為細有作是說若諸有情以草木等而為食者所食是麤以餅飯等而為食者所食是細有餘師說以餅飯等而為食者所食是麤以酥油等而為食者所食是細有餘復說面門吞敢諸食是麤齊毛孔入諸食為細謂胎藏中諸有情類食從齊入唯諸菩薩食從一切毛孔而入有作是言若食敢已有等流者此食是麤無等流者此食為細如蘇陁味香為食等
問觸思識食有麤細不若有者何故契經唯說段食有麤細若無者何故段食有麤細非餘耶苔觸思識食亦有麤細界地相待故謂欲界是麤色界為細色界是麤無色界為細初靜慮是麤第二靜慮為細乃至無所有處是麤非想非非想處為細問若尒何故契經不說苔應說而不說者當知此義有餘有說契經舉初顯後巳說段食有麤細當知餘食亦有麤細有說段食由四因緣有多少故麤細

可知餘食不介一追求故二積集故三受用故四等流故追求故者謂諸有情追求段食有多有少所求多者是麁所求少者為細積集故者謂諸有情積集段食有多有少所集多者是麁所集少者是細受用故者謂諸有情受用段食有多有少所受多者是麁所受少者是細等流故者謂諸有情段食等流有多有少等流多者所食是麁等流少者所食是細有說段食觀待諸處可說麁細餘食不介謂香味觸觀待色聲可說為細觀待意法可說為麁觸思識三意法處攝此於諸處唯細非麁無異觀待不說麁細

問於何界有幾食荅欲界具四段食偏增色界有三觸食偏增無色亦三下三無色思食偏增非想非非想處識食偏增有說非想非非想處亦思食增一思能感八十千劫壽量果故

問於何趣有幾食荅地獄具四識食偏增問地獄之中有何段食荅飲鎔銅汁吞熱鐵丸以為段食問夫為食

者有所滋益此物入身燒脣舌咢咽喉胷腹從下出已焰赫轉增舉身燋然云何名食荅雖為燒惱而有食相初入身時暫除飢渴故傍生具四隨一偏增種類處所有差別故鬼趣具四思食偏增曾聞一時尊者滿願為乞食故將入布色羯邏伐底城於城門前忽然見一老餓鬼女問言汝今何為住此鬼女反問尊見我耶尊荅如是鬼女便曰我夫入城希此城中有長者等癰腫潰爛當因擠搦收取膿血還共食之為是我今於此住待復問汝夫入來久近鬼女荅曰飢渴所迷不憶我夫入城久近然唯記此城邊大河七移城南七移城北于今未還尊者愍傷悒然捨去如是鬼女飢渴多時希望所持身相續住故知鬼趣思食偏增人及欲天皆具四食然彼種類段食偏增色無色天如界中說

問於何生有幾食荅卵生具四觸食偏增有說思食增云何知然如集異門說海中有獸時出海濱於沙潬中

產生諸卵以沙埋覆還入海中彼在卵𣪊憶念母故身不爛壞謂憶念母先孚煖時所有觸故若忘其母身便爛壞有餘師說若母憶念卵中子者卵則不壞母若忘之彼卵便壞此不應理所以者何勿以他食能持自命是故前說於理為善胎生具四段食偏增濕生具四觸食偏增化生具四隨一偏增種類處所有差別故

所說食聲有二差別一世俗二勝義世俗者如世間言有殘食瓶無殘食瓶又如世間說城邑食所謂此食出吉祥城此食出咀叉翅羅城此食出奢羯羅城此食出寂靜宮如是等又如讚者說諸食名謂剌雉多食牟地多食佛所讚食四方食等又如經說順食逆食言順食者如世尊言苾芻當知一切有食謂天暴雨其滴洪澍諸山谿谷寂先盈滿谿谷滿已小溝澗滿小溝澗滿已大溝澗滿大溝澗滿已小江河滿小江河滿已大江河滿大江河滿已大海盈滿言逆食者如世尊言苾芻當知一切有食大海

有食謂大江河大江河有食謂小江河小江河有食謂大溝澗大溝澗有食謂小溝澗小溝澗有食所謂谿谷谿谷有食謂天暴雨勝義食者謂此四食真實資益諸有情故

問諸段皆食耶答應作四句有段非食謂以段為緣不能長益諸根大種有食非段謂以觸思識為緣而能長益諸根大種有段亦食謂以段為緣而能長益諸根大種有非段非食謂以觸思識為緣不能長益諸根大種如段食有四句如是識思觸食各有四句皆應廣說如是差別成十六句問不能長益諸根大種便非食耶答如是所以者何前說長益是食相故問令現見有食已痛逼乃至或令捨於身撦云何長益是食相耶答雖所飲食有損有益但令說食謂益非損益有二時一初食時二消化時或有消化時損初食時益如食美毒此亦名食或有初食時損消化時益如服苦藥此亦名食由此二種隨於一時作食事故皆得名食故說長益名為

食相有說彼類食已初雖不安後變吐時還能為益故先所說食自相成

經說苾芻如是四食能令部多有情安住及能攝益求有有情問此經所說部多求有二種有情云何差別答住本有名部多住中有名求有於六處門求當有故有說聖名部多異生名求有彼類多求當來有故有說無學名部多學名求有彼容希求當來有故問部多有情亦可攝益求有有情亦可安住如何但說能令部多有情安住及能攝益求有有情答此契經文俱應作二種說而不說者當知此義有餘有說此中欲以種種文種種說莊嚴於義令易解故有說此中欲現二門二略乃至廣說有說本有安住寂經多時聖與無學求暫安住於此義顯說安住言餘不如是不說安住

經說苾芻如是四食是衆病本是癰瘡本是毒箭本是老死因是老死緣問食亦能為安樂根本如世尊說道依資糧涅槃依道由道樂故得樂涅

槃道之資糧食為上首何故說是病等本耶答為止有情段食欲故彼由貪食起諸惡行招感劇苦是故世尊作如是說設諸段食唯現樂因智者尚應不生耽嗜以起惡業招當苦故況為現身衆病本等是故智者不應深着佛為此故說是契經

經說苾芻應觀段食如曠野子肉應觀觸食如新剝皮牛應觀思食如火坑火炭應觀識食如三百利鉾問云何苾芻應觀段食如曠野子肉答譬如夫妻唯有一子面皃端正憐愛情深值國飢荒欲詣他土行至曠野遂絕糇糧前路尚遥不食數日皆困將死其夫竊念路遠糧絕命在須臾我等三人理不俱濟豈得相守俱喪此中令若一人充食則死一存二猶勝俱亡若以我供慮妻志懷悲恨自絕不能出難若以妻供恐兒失母亦不存活便為兩失然所愛子我等所生夫妻若存子容可得宜捨子命度茲曠野作是念已悲不自勝妻便怪之前問其故夫乃具以所念告之妻聞

哽咽悶絶擗地良久乃甦號哭呼天稱寃酷毒夫乃徐喻久而許之於是夫妻抱子嗚咽失聲悲叫何期苦哉涕咽多時乃盡子命破析為脯充路資糧每欲食時夫妻相哭稱言子子雨淚而食食已塈惋自責自咎然彼夫妻自初籌議乃至食已隨路行時曾無歡情唯念愛子如是行者住空閑處終不放逸正思惟妻生一可愛妙善法子心常念之初無捨離猒生死境趣涅槃方於長時修資緣匱乏為持聖道所依苦身捨所專修入城乞食與不放逸正思惟俱自捨空閑乃至食已曾無染著歡樂之心唯念所捨專修之法苾芻如是於段食中應觀如前曠野子肉若於段食已斷遍知者於五欲愛亦斷遍知同一制伏一對治故若五欲愛已斷遍知則無一結未斷遍知能繫縛彼還生欲界此依離欲愛得不還果順下分結盡密意而說問云何苾芻觀觸食如新剥皮牛荅假如其牛有過於主欲令苦故生剥去皮其牛尒時以無皮

故隨所住止若地若空所有諸虫蜸來唼食為去虫故揩觸墻籬草木壁等轉增苦痛彼牛尒時寧有少樂觸與未觸皆受大苦如是諸有寧有少樂生與未生無不皆苦苾芻如是應觀觸食猶如所說新剥皮牛若於觸食已斷遍知者便於三受亦斷遍知諸受以觸為緣生故如經言觸緣受若於三受已斷遍知則所作已辦故應思擇求斷觸食此依越有頂得阿羅漢果一切結盡密意而說

云何苾芻應觀思食如火坑焰炭荅如近城邑有大火坑無焰無煙焰炭盈滿有不愚稚非騃智人見已念言此大火坑焰炭盈滿我若墮者必死無疑作是念已便起思願求欲遠之即便捨去諸有癡幼頑無智人見已念言此坑之中紅赫可愛便即投趣受苦命終如彼智者見大火坑怖而遠避如是諸聖於後有思深生猒捨如無智者投大火坑受苦喪命如是異生起後有思受無邊苦失於慧命苾芻如是應觀思食如上所說焰炭

火坑若於思食已斷遍知者便於三愛亦斷遍知以彼三愛是起因故如契經說業為因故生受為因故起若於三愛已斷遍知則所作已辦故應思擇求斷思食此亦依越有頂得阿羅漢果一切結盡密意而說

問云何苾芻應觀識食如三百利鉾荅假如有人於日初分被百鉾穳日中分時亦百鉾穳於日後分亦百鉾穳如是日日受三百鉾乃至盡壽其人尒時舉體皆瘡無少皃全如芥子許如是行者於日日中恒為三百異境所引如利鉾心於所專修而為侵害乃至盡壽令所修習多諸瘡疣苾芻如是應觀識食如上所說三百利鉾若於識食已斷遍知者則於名色亦斷遍知以識是彼名色緣故如契經說識緣名色若於名色已斷遍知則所作已辦故應思擇求斷識食此依越有頂得阿羅漢果一切結盡密意而說

問餘食亦如三百鉾不若亦如三百鉾者何故但說觀識食耶若不如三

阿毗達磨大毗婆沙論第一百三十卷　第十五張

百鉢者何故唯識食如三百鉢非餘食耶答餘食亦應如三百鉢如以此觀識食亦應以此觀餘三食而契經但說觀識食者當知此是有餘之說有說此經示寂後邊顯前所說諸食亦介有餘師言心性對强寂難調伏佛為呵責以三百鉢而為譬喻餘食自以餘門說喻有說此經隨顯勝說是故無過前三喻中理有通者皆以此釋如契經說此吠羅摩婆羅門以如是諸妙飲食布施摩訶婆羅婆羅門衆有以飲食布施贍部林中異生此獲施福果大於彼問此契經中為說何等名為贍部林中異生有作是說贍部洲中諸有腹者皆此所說有說諸有外仙已離欲染是此所說有言此是近佛菩薩理不應然諸有布施近佛菩薩所獲施福勝施俱胝阿羅漢衆如是說者此說已得順決擇分善根異生其德勝彼婆羅門故此經復言若以飲食布施贍部林中異生有以飲食施一預流此獲施福果大於彼由此已斷諸惡見故三結盡

阿毗達磨大毗婆沙論第一百三十卷　第十六張

故離見所斷惡趣因故作有邊際故得預流果故此經復言若以飲食施百預流有飲食施一一來此獲施福果大於彼離修所斷惡趣因故薄貪嗔癡故得一來果故此經復言若以飲食施百一來有以飲食施一不還此獲施福果大於彼由此已斷順下分結故越欲界生故得不還果故此經復言若以飲食施百不還有以飲食施一阿羅漢此獲施福果大於彼此由已斷一切結故越有頂生故得阿羅漢果故此經復言若以飲食施百阿羅漢有以飲食施一獨覺此獲施福果大於彼自能覺故此經復言若以飲食施百獨覺有以飲食施一如來此獲施福果大於彼自能遍覺故亦能覺他故此經復言若以飲食奉施如來有造僧伽藍施四方僧衆此獲施福果大於彼以僧伽藍無障礙故問施佛功德勝於施僧此中施福皆先舉劣後舉其勝何故此中先佛後僧答即以是故先佛後僧所以者何若聲聞僧便不攝佛若四方僧

阿毗達磨大毗婆沙論第一百三十卷　第十七張

則亦攝佛是福田僧並蓄僧故若唯施佛但佛應受僧衆不受故福為劣若施僧衆僧衆與佛俱應納受故福為勝無障礙故獲福無限故雖所舉先佛後僧而猶得名先劣後勝

問所得果勝亦由勝思何故世尊唯讚田勝答世尊所化有二差別一信慧具足二有信無慧於信慧具佛不讚田彼自能知田非田故於信無慧佛則讚田彼不能知田非田故然彼施果或有欲令思勝故勝或有欲令田勝故勝而實果勝俱由二種由此得成四句差別謂有由田不由思勝或有由思不由田勝或有俱由二種故勝或由二種俱劣故劣問佛施舍利子舍利子施佛此二施福何者為多答諸有欲令果由思勝者彼說佛施福多以佛施思於現前位舍利子等尚不能知何況能及諸有欲令果由田勝者彼說舍利子施福多以佛福田三界中最勝故

問預流果向為可施不若可施者前經何故不說若不可施餘經所說復

云何通如說

四向與四果　是真福田僧　具戒慧等持　施者獲大果

有說可施謂衣服等非諸飲食問若可施者前經何故不說答前所引經說施飲食非衣服等是故不說有說此向亦可施食但有攝取而無受用謂毗呵羅中有入見道者餘人為受所施食分或將食時有入見道施主以食置其膝上或復安置曼荼羅中問前所引經何故不說答彼經唯說能受用者此據攝取故不相違有餘師言此向不可施是故前經不說問若尒者所引經頌當云何通答彼頌欲顯補特伽羅由道差別成福田義謂顯成就無漏道者施獲大果名真福田不說尒時能受他施前問可施不可施者意問能受不能受故

說一切有部發智大毗婆沙論卷第一百三十

阿毗達磨大毗婆沙論卷第一百三十

校勘記

一　底本，金藏廣勝寺本。一八〇頁中、下原版缺，以麗藏本補。

一　一八〇頁下末行「十一」，資、磧、普、南、徑、清作「十二」。

一　一八一頁上四行第一〇字「輕」，資、磧、普、南、徑、清作「轉」。

一　一八一頁上二二行第五字「已」，諸本（不含石，下同）作「色」。

一　一八一頁中一六行第一一字「未」，麗作「末」。

一　一八二頁中一行第一三字「㖾」，資、磧、普、南、徑、清作「嘮」。

一　一八二頁中九行第九字及第一三字「尊」，資、磧、普、南、徑、清作「尊者」。

一　一八二頁中二一行「何生」，資、磧、普、南、徑、清作「傍生」。

一　一八二頁下五行「毋若」，資、磧、普、南、徑、清作「若毋」。

一　一八二頁下九行第七字「處」，資、磧、普、南、徑、清無。

一　一八三頁中七行末字「生」，資、磧、普、南、徑、清作「住」。

一　一八三頁下一〇行「火炭」，諸本作「炎炭」。

一　一八三頁下一四行第二字「唉」，徑、清作「餱」；麗作「糇」。又第一三字「因」，諸本作「困」。

一　一八三頁下一八行「志泿」，資、磧、普、南、徑、清作「志悷」。

一　一八四頁上一一行「擗地」，資、磧、普、南、徑、清作「躃地」。

一　一八四頁上一〇行「妙善」，徑作「妙喜」。

一　一八四頁上二一行第一一字「觀」，諸本作「應觀」。

一　一八四頁下三行第九字「受」，諸本作「愛」。

一　一八四頁下五行第一〇字「起」，諸本作「越」。

一　一八五頁中三行第四字「有」，諸本作「有以」。

一　一八五頁中一一行「此由」，麗作「由此」。

阿毗達磨大毗婆沙論卷第一百三十二　沛

五百大阿羅漢等造

三藏法師玄奘奉　詔譯

大種蘊第五中大造納息第一之五

如契經說鄔揭羅長者白佛言世尊我於一時自手執杓施僧飲食時有天神空中語我長者當知此阿羅漢果此阿羅漢向此不還果此不還向此一來果此一來向此預流果此預流向此持戒犯我於尒時雖聞彼語自省無有不平等心於僧衆中等心而施問彼天神者為是誰耶復何因緣来語長者有作是說是魔衆天欲為長者善品留難有說是鬼以虛誑言惑乱長者有餘師說彼是長者常所祭天故來空中示導長者福田差別有餘復言彼是長者過去親屬生在天中以誠實言汲引長者問若是長者過去親屬於預流向云何能知見道迅速非其境故荅預流向有二種一者世俗二者勝義得順決擇分名為世俗已入見道名為勝義住世俗向是彼天境若勝義向舍利子等尚不盡知況彼天等彼天所示但是世俗能受長者所施食故亦有餘經說勝義向如世尊告婆拖利言若有苾芻是俱解脫我說告彼汝來以身於此濘渠為我作彴婆拖梨聽於意云何彼聞我命為拒逆不將登蹈時為退避不正践蹈時為轉側不婆拖梨曰不也世尊復告婆拖梨置俱解脫若有苾芻是慧解脫我說告彼乃至廣說復置慧解脫說於身證復置身證說於見至復置見至說信勝解置信勝解說隨法行置隨法行說隨信行佛問彼荅一一如前有說此經亦說世俗預流果向以見道中不能聽受佛語義故評曰此中說勝義向於理為善以說隨信隨法行故問住見道時無能聽受佛語義者無異心故如何世尊以言告彼荅世尊依彼志樂而說無如是事為分別故假在見道有異分心能受如來此言義者必捨見道作所勅事佛意呵責婆拖梨言住見道中尚從我命況汝遠離

一切功德而於我所生違逆心是故
此中說勝義句
問長者何故雖聞天語猶於僧中平
等心施有說僧衆皆是長者一揵椎
聲所召集故彼作是念此皆是我一
揵椎聲之所召集無宜於此不等心
施有說僧衆受此飲食皆除飢渴無
差別故彼作是念我施飲食為除飢
渴如阿羅漢受我施已飢渴得除具
縛異生受我飲食亦復如是無宜於
此不等心施有說長者施僧飲食本
意但欲饒益他故彼作是念我施飲
食為饒益他不欲自利如阿羅漢受
我飲食所得饒益毀戒亦然是故我
今應等心施有說長者避愛恚故彼
作是念若施不等僧或於我起愛恚
心猶此當招不如意果我即於彼便
作怨酬何得名為真淨施主有說長
者隨佛教故彼作是念如來常說若
有於一補特伽羅偏心敬養有五過
失若有一失尚不應為何況於五有
說長者不望報故彼作是念施果異
熟唯欲界受我若命終當生色界施

果於我便為無益設當有益尚不希
求況復無益故我但應平等心施有
說長者欲出家故彼作是念我離欲
染得不還果猶於居家眷屬珍財不
能棄捨諸出家者雖有具縛而於居
家眷屬財產能棄能捨能不積集受
佛禁戒盡壽修行純一圓滿清淨梵
行設有失念毀犯戒者深生慚恥常
希清淨若在居家不能如是故我於
此應等心施有說長者重儀相故彼
作是念諸出家人剃鬚染衣儀相同
佛持戒破戒俱令世間瞻覩生福為
作福田故我於中應等心施有說長
者荷佛恩故彼作是念我依佛法獲
得忍智金剛杵劍摧破二十身見山
峯斷截無邊惡趣根本作有邊際定
趣涅槃於四諦中慧眼清淨盡下分
結出欲淤泥故我不應於佛弟子心不
平等而行惠施有說長者顯自所得
覺慧堅牢不可轉故彼作是念我慧
堅牢豈隨天言輕有轉變故於僧衆
施心平等顯已如是故來白佛
如契經中佛告慶喜施食有二果無

差別一者菩薩受彼食已證得無上
正等菩提二者如來受彼食已入於
無餘大涅槃界問初受食者有貪瞋
癡後受食者貪瞋癡盡何緣施果無
差別耶答由思及田有偏勝故佛依
偏勝說果無差謂初難陀難陀跋羅
姊妹二人聞說菩薩受十六轉甘味
乳糜必當得成無上等覺歡喜勇躍
發殊勝思持上乳糜奉施菩薩菩薩
食已即於是夜降伏魔軍成等正覺
女聞倍喜更起勝思彼所施田雖非
殊勝由思勝故能招勝果准陀於佛
將涅槃時見佛身形少如衰變又聞
不久必入涅槃戀慕不堪其心擾亂
殊勝思願不能現前然由勝田能招
勝果佛依此故說無差別有作是說
欲遮准陀變悔心故如彼經說佛告
阿難若彼准陀工巧之子或他所引
或自尋思於施食中而生變悔於難
得事便為不得難得事者所謂諸佛
將涅槃時最後供養彼若生變悔者
汝便應以六處而勸諭之謂施食因
緣能招長壽色力樂譽富貴臣僚我

從世尊親聞是事施食有二果無差別一者菩薩受彼食已證得無上正等菩提二者如來受彼食已入於無餘大涅槃界復應告彼准陁當知於施食中若生變悔汝於如是難得事中便為不得如失菩薩將成佛時奉施乳糜所生勝福慎莫變悔由此故言二果無別有說二時俱能資益離染身故謂食於消化時能作食事佛於後夜成正覺時彼食消化如成正覺涅槃亦尒故說二施果無差別有說初受食已證得佛法後受食已受用佛法得修習修說亦如是有說初受食已便入一切静慮解脫等持等至後受食已亦入一切静慮解脫等持等至有說初受食已渡煩惱河後受食已渡生死河有說初受食已涸煩惱海後受食已涸生死海如是拔煩惱樹拔生死樹破煩惱山破生死山越煩惱依越生死依說亦如是有說初受食已棄捨集諦後受食已棄捨苦諦有說初受食已證入道諦後受食已證入滅諦有說初受食已捨集入道後受食已捨苦入滅有說初受食已超越諸漏後受食已超順漏法有說初受食已超四暴流後受食已超順流法如流順流說超差別如是扼順扼取順取身繫順身繫諸蓋順諸蓋說超亦尒有說初受食已摧破二魔謂煩惱魔自在天魔後受食已亦破二魔謂蘊魔死魔有說初受食已入有餘大涅槃界後受食已入無餘大涅槃界佛依如是種種因緣說二種施果無差別

大種蘊第五中緣納息第二之一

大種與大種為幾緣如是等章及解章義既領會已當廣分別問何故作此論答欲止譬喻者所說故彼說緣性非實有法問彼何故作是說答依契經故如契經說無明緣行行相有異無明一相如何一相無明為緣生異相行而緣是實尊者亦說緣是諸師假立名号體非實有亦為遮止如是所說顯示諸緣體是實有若諸緣性非實有者則一切法皆非實有以因緣攝一切有為法等無間緣攝過去現在除阿羅漢最後心聚餘心心所法所緣緣增上緣攝一切法故又若緣性非實有者應不施設諸法甚深謂不依因緣觀察則諸法性麁淺易知若以因緣而觀察者則甚深義過四大海唯佛能知非餘所測又若緣性非實有者應不施設有三菩提謂以上智觀因緣故得佛菩提以中智觀得獨覺菩提以下智觀得聲聞菩提又因緣性非實有者應不施設有三品慧謂下品慧應常下品中應恒中上應恒上無實緣力令增減故若尒便無師徒教習又師徒性應無改轉尊者妙音亦作是說若緣非實師不應令弟子覺慧轉下作中轉中作上無修習緣令增長故師徒教誨應不得成師應常師弟子亦尒由如是等所說理故知緣自性決定實有問若緣實有當云何通譬喻論師所引經義答無明雖一作用有多多用為緣生異相行以有為法隨託衆緣有無量門作用別故譬如一士而有五能而不相違彼亦如是有說為顯

諸有為法自性羸劣不能自起必藉他緣無實作用無有自在故作斯論此中自性謂法自體或云此顯所生諸法自性羸劣以羸劣故有藉四緣或三或二方得生起尚無有法藉一緣生況無所藉如羸病者必假若四若三若二所倚任緣而得起轉尚無假一況全不假或云此顯能生因緣自性羸劣以羸劣故或四或三或二相資方能生法如羸劣者或四或三或二相假能辦一事如契經說色是無常色之因緣亦無常性無常所起色云何常由諸有為性羸劣故不能自起謂彼無力可能自生由不自生故藉他起要假緣力方得生故由藉他緣故無作用謂法無欲作是念言我應作誰誰令我作無作用故則無自在謂我勿起我勿滅中諸有為法不自在故有說為遣諸緣起愚故作斯論緣起愚者謂彼聞說無明緣行乃至生緣老死便謂唯此是緣起法令欲決定顯示從緣所生內外諸法皆是緣起由此等緣故作斯論

大種與大種為幾緣荅因增上因者二因謂俱有同類俱生互相望為俱有因前生與後生為同類因增上者謂不礙生及唯無障此依種類揔相而說然四大種有十一種謂眼處所依乃至法處所依眼處所依與眼處所依為因增上與餘所依但一增上乃至法處所依與法處所依為因增上與餘所依但一增上眼處所依大種復有二種謂左與右左與左所依為因增上與右所依但一增上右與右所依為因增上與左所依但一增上左眼所依大種復有二種謂所長養及異熟生長養與長養為因增上與異熟生但一增上異熟與異熟為因增上與所長養但一增上異熟大種復有二種謂善業異熟及不善業異熟善業異熟與善業異熟為因增上與不善業異熟但一增上不善業說亦尒善業異熟大種復有二種謂天及人天與天為因增上與人但一增上人說亦尒天大種復有二種謂欲界及色界欲界與欲界為因增上

與色界但一增上色界說亦尒色界大種復有四種謂初靜慮乃至第四靜慮初靜慮與初靜慮為因增上與餘靜慮但一增上乃至第四靜慮說亦尒不善業異熟大種復有三種謂地獄傍生餓鬼地獄與地獄為因增上與餘二但一增上傍生餓鬼說亦尒如說異熟長養亦尒如說左右亦尒如說眼處所依大種乃至法處所依大種亦尒此中異者謂五外處有自他身情非情等差別應思問同趣同地處所差別展轉相望為有因不有說無因此不應理應有大種是刹那故謂五淨居所有大種無始生死曾未起故諸所造色十一種等准前大種廣說應知大種與所造色為幾緣荅因增上因者五因謂生因依因立因持因養因增上者謂不礙生及唯無障有說大種與所造觸為同類因此不應理大種所造觸非同類故所造色與所造色為幾緣荅因增上因者三因謂俱有同類異熟增上者謂不礙生及唯無障此揔相說差別

說者准前大種如理應思所造色與大種為幾緣荅因增上因者一因謂異熟因增上者謂不礙生及唯無障有說造觸與諸大種為同類因此不應理造觸大種非同類故

大種與心心所法為幾緣荅所緣增上所緣者謂與身識彼相應法及與意識彼相應法為所緣身識及相應法取自相意識及相應法取自相共相增上者如前說心心所法與心心所法為幾緣荅因等無間所緣增上因者五因謂相應俱有同類遍行異熟等無間者謂心心所法等無間心心所法現在前所緣者謂心心所法與心心所法為所緣增上者如前說心心所法與大種為幾緣荅因增上因者一因謂異熟因增上者如前說大種與眼處為幾緣荅因增上因者五因謂生等五增上者如前說眼處與眼處為幾緣荅因增上因者一因謂同類因增上者如前說眼處與大種為幾緣荅一增上增上義如前說如眼處耳鼻舌身香味處亦介大種

與色處為幾緣荅因增上因者五因謂生等五增上者如前說色處與色處為幾緣荅因增上因者二因謂同類異熟增上者如前說色處與大種為幾緣荅因增上因者一因謂異熟因增上者如前說如色處聲觸處亦介摠說雖然而義有異謂大種與聲處為因增上因者五因謂生等五增上者如前說聲處與聲處為因增上因者一因謂同類因增上者如前說觸處與觸處為因增上因者七因謂生等五及俱有同類增上者如前說大種與意處為幾緣荅所緣增上所緣者謂與身識意識為所緣身識取自相意識取自相共相身識取時若一若多廣如前說意處與意處為幾緣荅因等無間所緣增上因者三因謂同類遍行異熟等無間者謂意處等無間意處現在前所緣者謂意處與意處為所緣增上者如前說此依種類摠相而說然意處有六種謂眼識乃至意識此中略識與眼識為因等無間增上非所緣因者二因謂同

類異熟等無間者謂眼識等無間眼識現在前增上者如前說非所緣者以眼識唯緣色眼識非色故如眼識與眼識眼識與耳鼻舌身識亦介眼識與意識為因等無間所緣增上因者二因謂同類異熟等無間者謂眼識等無間意識現在前所緣者謂眼識與意識為所緣增上者如前說如眼識對六識耳鼻舌身識對六亦介意識與意識為因等無間所緣增上因者三因謂同類遍行異熟等無間者謂意識等無間意識現在前所緣者謂意識與意識為所緣增上者如前說意識與眼識為因等無間增上非所緣因者三因即同類遍行異熟等無間者謂意識等無間眼識現在前增上者如前說非所緣者以眼識唯緣色意識非色故如意識對眼識意識對餘識亦介問眼等五識展轉無間現在前不荅諸瑜伽師說眼等五識展轉無間不現在前皆從意識無間生故阿毗達磨諸論師言眼等五識展轉皆得無間而起若不介者

違根蘊說如彼說苦根與苦根為因等無間增上非所緣意處與大種為幾緣答因增上因者一因謂異熟因增上者如前說大種與法處為幾緣答因所緣增上因者七因謂生等五及俱有同類所緣者謂與身識相應法及意識相應法為所緣增上者如前說法處與法處為幾緣答因等無間所緣增上因者五因即相應等五等無間者謂法處等無間法處現在前所緣者謂法處與法處為所緣增上者如前說法處與大種為幾緣答因增上因者三因謂俱有同類異熟增上者如前說

大種與眼根為幾緣答因增上因者五因謂生等五增上者如前說眼根與大種為幾緣答一增上增上義如前說如眼根耳鼻舌身男女根亦尒大種與命根為幾緣答一增上增上義如前說命根與大種為幾緣答一增上增上義如前說大種與意根為幾緣答所緣增上所緣增上義皆如前說意根與大種為幾緣答因增上

因者一因謂異熟因增上者如前說如意根樂苦喜憂捨信精進念定慧根亦尒大種與未知當知根為幾緣答所緣增上所緣者謂諸大種與苦忍苦智集忍集智及相應根為所緣增上者如前說未知當知根與大種為幾緣答一增上增上義如前說如未知當知根已知根具知根亦尒問大種對處問答有三何故對根問答一答彼造論者意尒故謂所造論隨彼意欲而造論但令不違法相不應責其所以有說此是有餘之說有說此中現種種文種種說莊嚴於義令易解故有說此中現二門二略乃至廣說有說諸根即處所攝若說處當知已說根是以不問有說此中廣略漸次謂初四問次三後二由前廣說後可准知為去繁文漸略而說問色法於色法有同類因耶答西方諸師譬喻尊者說色於色無同類因對法諸師說色於色有同類因如前雜蘊同類因中已廣分別

何故四大種一生一住一滅而不相

應心心所法一生一住一滅說名相應答如四大種或減或增心心所法則不如是此中生者謂生所生住者謂住所住及異所異滅者謂滅所滅問諸有為法各有生住滅何故乃言一生一住一滅答有因緣故說各有生住滅謂各別有諸相故有因緣故說一生一住一滅謂皆不離一刹那時等於一時生住滅故問四大種體有增減不設尒何失二俱有過若有增減寧不相離所以者何若堅物中地極微多水火風少地微隨與水等量雜餘則相離乃至動物說亦如是若無增減水石等物不應得成堅軟等異答應言大種體有增減問若尒云何名不相離答雖有增減而不相離以展轉相資同作所作故如堅物中雖地微多水火風少然離水等地微不能作所作事乃至動物說亦如是如多村邑共營一事雖有人數多少不同而互相須不可相離問心心所體亦有增減如何乃言則不如是謂心所法於三界三性有漏無漏

諸心聚中有多有少答由事等故不名增減若一心中有二想一受等可名增減然一心一想一受等故異大種有說大種體無增減問石等云何堅軟等異答大種勢力有增微故如堅物中四大極微體數雖等而其勢力地極微增乃至動物說亦如是如一兩鹽和一兩麨置於舌上鹽生識猛麨生識微此亦如是水酢均和生舌識酢針鋒鳥翻生身識酢廣說亦尒問心心所法亦用有增微如指鑠利根鈍奴根鈍如何言不如是耶答如四大種勢力麁顯增微易了是以說之心心所法則不如是由此大種不說相應又心心所法皆有所緣四大種無所緣非無所緣法可說相應所以者何心心所法有所依有行相有發悟故必有所緣有所緣故恒相應不相離四大種與此相違故無所緣無所緣故雖不相離而不相應不相離有二種一大種不相離共造一色故二心心所法不相離共緣一境故五蘊雖復同在一身無此二事非不相離是故大種不說相應

問云何得知此四大種恒不相離答自相作業一切聚中皆可得故謂堅聚中地界自相現可得故有義極成於此聚中若無水界金銀錫等應不可銷又水若無彼應分散若無火界石等相擊火不應生又火若無無能成熟彼應腐敗若無風界應無動搖又若無風應無增長於濕聚中水界自相現可得故有義極成於此聚中若無地界至嚴寒位應不成冰又地若無船等應沒若無火界應無煖時又火若無彼應腐敗若無風界應不動搖又風若無應無增長於煖聚中火界自相現可得故有義極成於此聚中若無地界燈燭等焰應不可迴又地若無不應持物若無水界應不生流又火若無焰不應聚若無風界應不動搖又若無風應無增長於動聚中風界自相現可得故有義極成於此聚中若無地界觸牆等障應不折迴又地若無應不持物若無水界應無冷風又水若無彼應分散若無火界應無煖風又火若無彼應腐敗

問此四大種其相各異展轉相違云何一時不相離起尊者世友作如是說言異相相違因緣各別非諸相異皆必相違諸不相違而相異者容俱時起乎不相離如四大種及香味觸青黃色等諸有異相而乎相違必無一時不相離起如薪與火雹與稼穡邏呼月輪藥病明闇

說一切有部發智大毗婆沙論卷第一百三十一

阿毗達磨大毗婆沙論卷第一百三十一

校勘記

一　底本，金藏廣勝寺本。

一　一八七頁中一三行第六字「有」，麗作「答有」。

一　一八七頁下一八行第九字「語」，麗作「説」。

一　一八八頁上一八行「怨酬」，諸本（不含石，下同）作「怨讎」。

一　一八八頁中四行第四字「還」，清作「是」。

一　一八八頁下八行「乳麋」，資、磧、普、南、徑、清作「乳糜」。下同。

一　一八九頁中五行「扼順扼取」，資、磧、普、南、徑、清作「栀順栀取」。

一　一八九頁中一四行第五字「會」，資、磧、普、南、徑、清無。

一　一八九頁下四行第二字「謂」，資、磧、普、南、徑、清作「謂法」。

一　一九〇頁下一三行首字「有」，麗作「答有」。

一　一九一頁中一一行首字至次行第一一字「觸……者」，諸本作「聲處與大種爲因增上因者一因謂異熟因增上者如前説大種與觸處爲因增上因者七因謂生等五及俱有同類增上者如前説觸處與觸處爲因增上因者七因謂生等五及俱有同類增上者如前説觸處與大種爲因增上因者二因謂俱有同類增上者」。

一　一九二頁中一〇行首字「一」，諸本作「惟二」。又第七字「意」，諸本作「意欲」。

一　一九二頁下七行第一一字「故」，諸本作「故非一相」。

一　一九三頁上三行「一心」，諸本作「一心中」。

一　一九三頁上一二行「根鈍」，資、磧、普、南、徑、清作「鈍根」。

一　一九三頁上二〇行第二字「無」，徑作「故」。

一　一九三頁中七行第四字「擊」，資、南作「繫」。

一　一九三頁中一八行第四字「火」，麗作「水」。

阿毗達磨大毗婆沙論卷第一百三十二　沛

五百大阿羅漢等造

三藏法師玄奘奉　詔譯

大種蘊第五中緣納息第二之二

問若堅不堅物轉相作者諸法云何不捨自相云何相作如水性軟至冬凝結斧斫猶難金等性堅若置炎鑪便銷如水如是等豈非諸法捨自相耶答非諸堅物轉作不堅亦非不堅轉成堅物然堅不堅法住未來世若遇堅緣則不堅法滅堅法續生遇不堅緣則堅法滅不堅續生餘亦如是故無諸法捨自相過

問大種等聚中有間隙不設尒何失二俱有過若有間隙寧不相離間隙若無何不成一答有說此有間隙空界於中相雜住故問若尒云何名不相離答空界於中能自隱匿令於諸物見不相離如叢中女自蔽其身有說此無間隙展轉相逼無間住故問若尒云何不成一耶答雖無間隙而不成一如蘊處界三世等中間隙雖無而不成一彼亦如是又大種等自體作用各各異故不可成一

問諸極微乎相觸不設尒何失二俱有過若相觸者寧不成一或成有分若不相觸擊時應散或應無聲答應作是說極微乎不相觸若觸則應或遍或分遍觸則有成一體過分觸則有成有分失然諸極微更無細分問聚色相擊寧不散耶答風界攝持故令不散問豈不風界能飄散耶答有能飄散如壞劫時有能攝持如成劫時問若不觸者即相擊時云何發聲答即由此因故使聲發若相觸者如何發聲謂諸極微體相觸者手等相扣體應相糅中無間隙如何發聲尊者世友作如是說若諸極微乎相觸者彼應得住至後剎那大德說言實不相觸但於合集無間生中隨世俗諦假名相觸問諸是觸物為是觸為因故生為非觸為因故生諸非觸物為非觸為因故生為是觸為因故生答有時是觸為因生於非觸謂和合物正離散時有時非觸為因生於是

觸謂離散物正和合時有時是觸為因生於是觸謂和合物復和合時有時非觸為因生於非觸謂向遊塵同類相續

問極微當言可見不可見耶答尊者妙音作如是說極微當言可見慧眼境故阿毗達磨諸論師言極微當言不可見非肉天眼所能見故此中不依慧眼作問以於諸法無差別故頗有過去大種造過去色耶乃至廣說問何故作此論答欲止他義顯已義故謂有餘部撥無去來說現在世是無為法欲止彼意顯有去來亦明現在是有為法廣如前說復有外道依世現智執有為法後為前因彼作是言現見泉水前為後逼令其涌流如是諸法由未來法逼令現在復由現法逼令過去故有為法後為前因令欲止彼外道所說顯有為法前能生後非後前因不尒便違內外緣起謂世父母應從子生眼色應從眼識而起應無明等從行等生種等應從芽等而起先受苦樂報後造善惡業先得

菩提然後修行既未作而得應已作
而失若尒便無得解脫理又欲遮說
大種造色必同世者顯有異世由此
因緣故作斯論諸有對所造色及隨
心轉無表色隨在何世即彼世大種
造謂過去造過去現在造現在未來
造未來若表所起諸無表色復有三
類造時不等謂初刹那如有對等各
為同世大種所造第二刹那若在過
現俱為過去大種所造若在未來通
為現未大種所造後諸刹那過現如
前若在未來通為三世大種所造所
以者何諸有依表發起律儀及不律
儀非二無表初刹那頃表無表色與
此及餘能造大種現在俱滅至第
二刹那以後表及大種俱在過去諸
無表色有在過去有在未來有在現
在是謂此處略毗婆沙
頗有過去大種造過去色耶答有謂
過去一切有對所造色隨心轉無表
表所起無表唯為過去大種所造頗
有過去大種造未來色耶答有謂有
未來表所起無表唯為過去大種所

造頗有過去大種造現在色耶答有
謂有現在表所起無表唯為過去大
種所造頗有未來大種造未來色耶
答有謂未來一切有對所造色隨心
轉無表及有未來表所起無表唯為
未來大種所造頗有未來大種造過
去現在色耶答無謂無果先因後理
故頗有現在大種造現在色耶答有
謂現在一切有對所造色隨心轉無
表及有現在表所起無表唯為現在
大種所造頗有現在大種造過去色
耶答無謂無果先因後理故頗有現
在大種造未來色耶答有謂有未來
表所起無表唯為現在大種所造諸
隨心轉無表是等流無執受有情數
攝彼能造大種是長養無執受有情
數攝諸表所起無表是等流無執受
有情數攝彼能造大種是等流有執
受有情數攝諸隨心轉無表有二種
一靜慮律儀所攝二無漏律儀所攝
此各有七謂離害生命乃至離雜穢
語靜慮律儀所攝七種共一四大種
所造無漏律儀七種亦尒諸表所起

無表有三種一律儀所攝二不律儀
所攝三非律儀非不律儀所攝律儀
所攝復有七種謂離害生命乃至離
雜穢語如是七種各一四大種所造
離害生命復有二種謂表無表此二
各一四大種所造有餘師說此表無
表共一四大種所造故彼問言頗有
一四大種造二處色耶答有謂色處
法處及聲處法處尊者妙音亦作是
說阿毗達磨諸論師言彼說非理不
可一四大種造麤細二果是故如前
所說者好如離害生命表與無表各
一四大種所造如是乃至離雜穢語
亦尒不律儀所攝亦有七種謂害生
命乃至雜穢語非二所攝有二七種
謂害生命離害生命乃至雜穢語離
雜穢語此諸七種各一四大種所造
如是諸七各復有二謂表無表此亦
各一四大種造餘師說等如前應知
若成就過去大種彼過去所造色耶
乃至廣說問何故作此論答欲止撥
無去來二世及說成就不成就體非
實有者意顯去來世及成就等是實

有法故作此論若成就過去大種彼過去所造色耶答無成就過去大種有成就過去所造色謂諸聖者住胎藏中若生欲界住律儀若住不律儀若住非律儀非不律儀先有身語表不失若生色界若諸學者生無色界問亦有學者生無色界不成就過去所造色謂彼先在欲色界時未起示滅諸無漏道命終生無色界都不成就過去所造色如何乃說若諸學者生無色界成就過去所造色耶答依成就者作如是說謂有學者先欲色界已起已滅諸無漏道彼成就過去所造色故有說彼在欲色界時必已起滅諸無漏道如勝進道必起現前無有住果而命終故

若成就過去大種彼未來大種耶答無成就過去未來大種問何故無成就過去未來大種耶答由彼大種但有介所成就勢力刹那現前則有成就已滅未現無成就者謂諸大種與成就得必同一世今時彼得不現在前故不成就有說大種習氣不堅故

無成就去來世者以是羸劣無記性故謂善惡等習氣堅牢故有成就去來世者劣無記法則不如是如暫執持極香花物雖加洗拭習氣猶隨非如執持餘木石等手纔放捨此氣便無有說若成就去來世大種者則一趣成就五趣大種如是一身即五趣身是則趣壞所依亦壞欲令無如是過是故大種不成就去來問如生一趣成就五趣諸業煩惱而非趣壞此亦應然答以異熟果故說諸趣差別不以業煩惱故然諸大種或有是異熟果者則有趣壞及所依壞過失故彼非難

若成就過去大種彼未來所造色耶答無成就過去大種有成就未來所造色謂諸聖者住胎藏中若生欲界得色界善心若生色界若諸聖者生無色界以彼定成就未來所造色故若成就過去大種彼現在大種耶答無成就過去大種有成就現在大種謂生欲色界無有生欲色界不成就大種故若成就過去大種彼現在所

造色耶答無成就過去大種有成就現在所造色謂生欲色界無有生欲色界不成就所造色故

若成就過去所造色彼未來大種耶答無成就未來大種有成就過去所造色謂諸聖者住胎藏中若生欲界住律儀若住不律儀若住非律儀非不律儀先有身語表不失若生色界若諸學者生無色界若成就過去所造色彼未來所造色耶答應作四句有成就過去所造色非未來所造色謂生欲界住律儀不得色界善心若住不律儀若住非律儀非不律儀先有身語表不失有成就未來所造色非過去所造色謂阿羅漢生無色界有成就過去所造色亦未來所造色謂諸聖者住胎藏中若生欲界得色界善心若生色界若諸學者生無色界有非成就過去所造色亦非未來所造色謂處卵㲉若諸異生住胎藏中若生欲界住非律儀非不律儀先無身語表設有而失若諸異生生無色界

若成就過去所造色彼現在大種耶荅應作四句有成就過去所造色非現在大種謂諸學者生無色界有成就現在大種非過去所造色謂處卵𣪘若諸異生住胎藏中若生欲界住非律儀非不律儀先無身語表設有而失有成就過去所造色亦現在大種謂諸聖者住胎藏中若生欲界住律儀若住不律儀若住非律儀非不律儀先有身語表不失若生色界有非成就過去所造色亦非現在大種謂阿羅漢若諸異生生無色界若成就過去所造色彼現在所造色耶荅應作四句有成就過去所造色非現在所造色謂諸學者生無色界有成就現在所造色非過去所造色謂處卵𣪘若諸異生住胎藏中若生欲界住非律儀非不律儀先無身語表設有而失有成就過去所造色亦現在所造色謂諸聖者住胎藏中若生欲界住律儀若住不律儀若住非律儀非不律儀先有身語表不失若生色界有非成就過去所造色亦非現在所造色謂阿羅漢若諸異生生無色界過去已捨故現在無色身故

若成就未來大種彼未來所造色耶荅無成就未來大種有成就未來所造色謂諸聖者住胎藏中若生欲界得色界善心若生色界若諸聖者生無色界若成就未來大種彼現在大種耶荅無成就未來大種有成就現在大種謂生欲色界無有生欲色界不成就大種故若成就未來大種彼現在所造色耶荅無成就未來大種有成就現在所造色謂生欲色界無有生欲色界不成就現在所造色故若成就未來所造色彼現在大種耶荅應作四句有成就未來所造色非現在大種謂諸聖者生無色界有成就現在大種非未來所造色謂處卵𣪘若諸異生住胎藏中若生欲界不得色界善心有成就未來所造色亦現在大種謂諸聖者住胎藏中若生欲界得色界善心若生色界有非成就未來所造色亦非現在種謂諸異生生無色界若成就未來所造色彼現在所造色耶荅應作四句有成就未來所造色非現在所造色謂諸聖者生無色界有成就現在所造色非未來所造色謂處卵𣪘若諸異生住胎藏中若生欲界不得色界善心有成就未來所造色亦現在所造色謂諸聖者住胎藏中若生欲界得色界善心若生色界有非成就未來所造色亦非現在所造色謂諸異生生無色界

若成就現在大種彼現在所造色耶荅如是設成就現在所造色彼現在大種耶荅如是以非現在大種無果故亦非現在所造色無因故

過去大種與過去大種為幾緣荅因增上因者二因謂俱有同類俱生互相望為俱有因前生與後生為同類因增上者謂不礙生及唯無障過去大種與過去所造色為幾緣荅因增上因者五因謂生因依因立因持因養因增上者如前說過去所造色與過去所造色為幾緣荅因增上因者三因謂俱有同類異熟增上者如前

說過去所造色與過去大種為幾緣答因增上因者一因謂異熟因增上者如前說

過去大種與未來大種為幾緣答因增上因者一因謂同類因增上者如前說未來大種與未來大種為幾緣答因增上因者一因謂俱有因增上者如前說未來大種與過去大種為幾緣答一增上增上義如前說過去大種與未來所造色為幾緣答因增上因者五因謂生等五增上者如前說未來所造色與未來所造色為幾緣答因增上因者二因謂俱有因異熟因增上者如前說未來所造色與過去大種為幾緣答一增上增上義如前說

過去大種與現在大種為幾緣答因增上因者一因謂同類因增上者如前說現在大種與現在大種為幾緣答因增上因者有說此中依剎那現在為論故唯一因謂俱有因有說此中通依剎那分位一生現在為論故有二因謂俱有同類增上者如前說現在大種與過去大種為幾緣答一增上增上義如前說過去大種與現在造色為幾緣答因增上因者五因生等五增上者如前說現在所造色與現在所造色為幾緣答因增上因者有說此中依剎那現在為論故唯一因謂俱有因有說此中通依剎那分位一生現在為論故有三因謂俱有同類異熟增上者如前說現在所造色與過去大種為幾緣答一增上增上義如前說

過去所造色與未來大種為幾緣答因增上因者一因謂異熟因增上者如前說未來大種與過去所造色為幾緣答一增上增上義如前說過去所造色與未來所造色為幾緣答因增上因者二因謂同類異熟增上者如前說未來所造色與過去所造色為幾緣答一增上增上義如前說

過去所造色與現在大種為幾緣答因增上因者一因謂異熟因增上者如前說現在大種與過去所造色為幾緣答一增上增上義如前說過去所造色與現在造色為幾緣答因增上因者二因謂同類異熟增上者如前說現在所造色與過去所造色為幾緣答一增上增上義如前說

未來大種與未來所造色為幾緣答因增上因者五因即生等五增上者如前說未來造色與未來大種為幾緣答因增上因者一因謂異熟因增上者如前說

未來大種與現在大種為幾緣答一增上增上義如前說現在大種與未來大種為幾緣答因增上因者一因謂同類因增上者如前說未來大種與現在所造色為幾緣答一增上增上義如前說現在所造色與未來大種為幾緣答因增上因者一因謂異熟因增上者如前說

未來所造色與現在大種為幾緣答一增上增上義如前現在大種與未來所造色為幾緣答因增上因者五因謂生等五增上者如前說未來所造色與現在所造色為幾緣答一增上增上義如前說現在所造色與未

來所造色為幾緣答因增上因者三因謂同類異熟增上者如前說現在大種與現在所造色為幾緣答因增上因者五因謂生等五增上者如前說現在所造色與現在大種為幾緣答因增上因者一因謂異熟因增上者如前說諸說此中依剎那分位一生現在為論者則符此答諸說此中但依剎那現在為論者則應答言但一增上便與本論答不相應

若成就欲界繫大種彼欲界繫所造色耶答如是設成就欲界繫所造色彼欲界繫大種耶答如是以無成就欲界繫大種而非果故亦無成就欲界繫所造色而非因故若成就欲界繫大種彼色界繫大種耶答應作四句有成就欲界繫大種非色界繫大種謂生欲界色界大種不現在前有成就色界繫大種非欲界繫大種謂生色界不作欲界化不發欲界語有成就欲界繫大種亦色界繫大種謂生欲界色界大種現在前若生色界作欲界化發欲界語有非成就欲界繫

大種亦非色界繫大種謂生無色界

若成就欲界繫大種彼色界繫所造色耶答應作四句有成就欲界繫大種非色界繫所造色謂生欲界不得色界善心有成就色界繫所造色非欲界繫大種謂生色界不作欲界化不發欲界語有成就欲界繫大種亦色界繫所造色謂生欲界得色界善心若生色界作欲界化發欲界語有非成就欲界繫大種亦非色界繫所造色謂生無色界

若成就欲界繫所造色彼色界繫大種耶答應作四句有成就欲界繫所造色非色界繫大種謂生欲界色界大種不現在前有成就色界繫大種非欲界繫所造色謂生色界不作欲界化不發欲界語有成就欲界繫所造色亦色界繫大種謂生欲界色界大種現在前若生色界作欲界化發欲界語有非成就欲界所造色亦非色界大種謂生無色界

若成就欲界繫所造色彼色界繫所造色耶答應作四句有成就欲界繫

所造色非色界繫所造色謂生欲界不得色界善心有成就色界繫所造色非欲界繫所造色謂生色界不作欲界化不發欲界語有成就欲界繫所造色亦色界繫所造色謂生欲界得色界善心若生色界作欲界化發欲界語有非成就欲界繫所造色亦非色界繫所造色謂生無色界

若成就色界繫大種彼色界繫所造色耶答諸成就色界繫大種彼定成就色界繫所造色有成就色界繫所造色非色界繫大種謂生欲界得色界善心色界大種不現在前問生欲界若住色界何等心令彼大種現在前為一向住善為三種耶設爾何失俱見其過若一向住善心者施設論說當云何通如說住此無間異生由起色貪纏所纏故五蘊色有於現法中以取為緣趣當來有若住三種心者善心可爾有隨轉色為彼果故染及無記為有何果令彼現前有作是說唯住善心問施設論說當云何通答彼說身中所增長色問若爾彼說復

云何通如說住此無間異生由起無色貪纏所纏故四蘊無色有於現法中以取為緣趣當來有彼身亦有所增長色何故不說有作是說應說而不說者當知此義有餘有說起彼界纏時無增長色，是以不說復有說者住三種心間善心可尒有隨轉果故餘二有何果令彼現前答彼生欲界者起色界善心時由隨轉色故令彼現前起染汙心時由有彼地空界色在此身中相雜住故令彼現前起無記心時由有彼地化色令彼現前故住三種心皆能起彼地大種

說一切有部發智大毗婆沙論卷第百三十二

甲辰歲高麗國大藏都監奉

勑雕造

阿毗達磨大毗婆沙論卷第百三十二　第十九張　沽

阿毗達磨大毗婆沙論卷第一百三十二

校勘記

一　底本，麗藏本。金藏廣勝寺本多所殘缺，今採用其中可用者七版，即一九七頁下至一九九頁下。

一　一九五頁上四行「第二之二」，清作「第一之二」。

一　一九五頁上一六行第七字「答」，資、磧、普、南、徑、清無。本頁下五行第一二字同。

一　一九五頁下一三行「彼意」，資、磧、普、南、徑、清作「徹意」。

一　一九六頁上三行第三字「造」，資、磧、普、南、徑、清作「所造」。

一　一九六頁上五行「彼世」，資、磧、普、南、徑、清作「後世」。

一　一九六頁上一五行「滅至」，資、磧、普、南、徑、清作「彼至」。

一　一九七頁中四行第二字「極」，南作「持」。

一　一九八頁中二二行第一一字「種」，諸本(不含石，下同)作「大種」。

一　一九九頁中三行「造色」，諸本作「所造色」。本頁下一行第七、八字及七行同。

一　一九九頁中四行首字「生」，資、磧、普、南、徑、清作「謂生」。

一　一九九頁下一九行「如前」，諸本作「如前說」。

一　二〇〇頁下一七行「無間」，資、磧、普、南、徑、清作「無間」。次頁上一行同。

一　二〇一頁上一一行「相雜」，資、磧、普、南、徑、清作「相離」。

阿毗達磨大毗婆沙論卷第一百三十三　渚

五百大阿羅漢等造

三藏法師玄奘奉　詔譯

大種蘊第五中緣納息第二之三

欲界繫大種與欲界繫大種為幾緣答因增上因者二因謂俱有同類俱生互相望為俱有因前生與後生為同類因增上者謂不礙生及唯無障欲界繫大種與欲界繫所造色為幾緣答因增上因者五因謂生因依因立因持因養因增上者如前說欲界繫所造色與欲界繫所造色為幾緣答因增上因者二因謂同類異熟增上者如前說欲界繫所造色與欲界繫大種為幾緣答因增上因者一因謂異熟增上者如前說

欲界繫大種與色界繫大種為幾緣答一增上增上義如前說色界繫大種與色界繫大種為幾緣答因增上因者二因謂俱有同類增上者如前說色界繫大種與欲界繫大種為幾緣答一增上增上義如前說

欲界繫大種與色界繫所造色為幾緣答一增上增上義如前說色界繫所造色與色界繫所造色為幾緣答因增上因者三因謂俱有同類異熟增上者如前說色界繫所造色與欲界繫大種為幾緣答一增上增上義如前說

欲界繫所造色與色界繫大種為幾緣答一增上增上義如前說色界繫大種與欲界繫所造色為幾緣答一增上增上義如前說欲界繫所造色與色界繫所造色為幾緣答一增上增上義如前說色界繫所造色與欲界繫所造色為幾緣答一增上增上義如前說色　界繫大種與色界繫所造色為幾緣答因增上因者五因謂生等五增上者如前說色界繫所造色與色界繫大種為幾緣答因增上因者一因謂異熟因增上者如前說

諸色欲界繫彼色一切欲界繫大種所造耶答應作四句有色欲界繫非欲界繫大種所造謂欲界繫大種以諸大種非所造故有色欲界繫大種

所造非欲界繫謂色不繫欲界繫大種所造此復云何謂一切法智品隨轉色及依欲界身現前類智品隨轉色有色欲界繫欲界繫大種所造謂色欲界繫欲界繫大種所造此復云何謂欲界繫有對所造色及表所起無表有色非欲界繫非欲界繫大種所造謂色界繫大種若色色界繫色界繫大種所造若色不繫色界繫大種所造

諸色色界繫彼色一切色界繫大種所造耶答應作四句有色色界繫非色界繫大種所造謂色界繫大種所以如前有色色界繫大種所造非色界繫謂色不繫色界繫大種所造此復云何謂依色界身現前類智品隨轉色有色色界繫色界繫大種所造謂色色界繫色界繫大種所造此復云何謂色界繫有對所造色及有漏隨心轉無表有色非色界繫非色界繫大種所造謂欲界繫大種若色欲界繫欲界繫大種所造若色不繫欲界繫大種所造

諸色過去過去彼色一切過去大種所造耶答應作四句有色過去非過去大種所造謂過去大種所以如前有色過去大種所造非過去謂色未來現在過去大種所造此復云何謂未來現在表所起無表過去大種所造以依過去表故有色過去過去大種所造謂色過去過去大種所造此復云何謂過去一切有對所造色隨心轉無表表所起無表有色非過去非過去大種所造謂未來現在大種若色未來現在現在大種所造若色未來未來大種所造

諸色未來彼色一切未來大種所造耶答諸色未來大種所造彼色一切未來此復云何謂未來一切有對所造色隨心轉無表若表所起無表未來大種所造以依未來表故有色未來非未來大種所造謂未來大種若色未來過去現在大種所造此復云何謂未來表所起無表過去現在大種所造以依過去現在表故

諸色現在彼色一切現在大種所造耶答應作四句有色現在非現在大種所造謂現在大種若色現在過去大種所造此復云何謂現在表所起無表過去大種所造所以如前問此無表色亦有現在所依大種何故不說耶答彼是轉依非造依故此無表色有二種依一是轉依謂現在大種由彼力轉故二是造依謂過去大種由彼力造故此中但說造依不說轉依是故不說能造五因皆過去故有色現在大種所造非現在謂色未來現在大種所造此復云何謂未來表所起無表現在大種所造所以如前有色現在現在大種所造謂色現在現在大種所造此復云何謂現在一切有對所造色隨心轉無表若現在表所起無表現在大種所造以依現在表故有色非現在非現在大種所造謂過去未來大種若色過去未來過去大種所造若色未來未來大種所造

地云何乃至廣說問何故作此論答欲令疑者得決定故謂此論中多說

勝義或有生疑彼作論者唯善勝義
下善世俗為令彼疑得決定故顯地
界等與地等別故作斯論
地云何答顯形色此是世俗想施設
地謂諸世間於顯形色依共假想施
設地名如世間說青黃地等長短地
等地界云何答堅性觸此是勝義能
造地體
水云何答顯形色此是世俗想施設
水謂諸世間於顯形色依共假想施
設水名如世間說青黃等水長短等
水水界云何答濕性觸此是勝義能
造水體
火云何答顯形色此是世俗想施設
火謂諸世間於顯形色依共假想施
設火名如世間說青黃等火長短等
火又如梵志觀火頌云
赤焰多疾疫　黃丘綠飢饉　綠豐青退減
白黑主興滅
火界云何答煖性觸此是勝義能造
火體風云何答即風界風界云何答
動性觸問何故不說世俗風耶答世
間於風無假想故有餘師說世間於

風亦起假想少故不說如世間說此
有塵風此無塵風毗濕縛風吠嵐婆
風小風大風塵輪風等
地水火風幾處所攝乃至廣說問何
故作此論答欲令疑者得決定故謂
聞說世俗地等便謂無體非處所攝
非識所識或謂假實同一處攝同一
識識為除彼疑顯假地等亦實有體
但假立名於五處中隨一處攝於五
識中隨一識識又顯假實不同處攝
不同識識由此等緣故作斯論
地水火風幾處所攝幾識所識答地
水火一處所攝謂色處眼所見故二
識所識謂眼識意識眼識取自相意
識取自相共相風一處所攝謂觸處
身所得故二識所識謂身識意識取
自共相如前應知有說此亦通色處
攝及眼識識少故不說
地水火風界幾處所攝幾識所識答
一處所攝謂觸處身所得故二識所
識謂身識意識取自共相如前應知
問幾處和合說為能牽幾處和合說
為所牽答若有情數於有情數則九

處能牽九處所牽若有情數於非有
情數則九處能牽四處所牽若非有
情數於非有情數則四處能牽四處
所牽若非有情數於有情數則四處
能牽九處所牽如說牽持運等亦尒
問幾處和合說為能量幾處和合說
為所量答四處能量四處所量五根
微妙非量法故問幾處和合說為能
稱幾處和合說為所稱有作是說四
處能稱四處所稱有餘師說四處能
稱重是所稱問幾處和合說為能燒
幾處和合說為所燒有作是說四處
能燒四處所燒有餘師說煖是能燒
四是所燒問幾處和合說為能斷幾
處和合說為所斷有作是說四處能
斷四處所斷有餘師說堅性是能斷
四處是所斷問幾處和合說為能洗
幾處和合說為所洗有作是說四處
能洗四處所洗有餘師說四處能洗
色處所洗如說洗已鮮白或如金色
復有說者四處能洗觸是所洗如說
杯盛澡豆往某池邊揩洗其身令去
塵垢或有說者四處是能洗十二處

是所洗由洗浴故內十二處皆悉明
淨離諸垢濁
問此四大種幾能為災答三除地問
何故地不能為災答非其田非其器
乃至廣說有說猛利方能為災地性
遲鈍不能為災有說若能損壞內事
彼於外事亦能為災謂斷末摩名壞
內事此唯三大故地非災有說為壞
地故立災三大於地能燒浸擊故說
為災地則不爾有說若地亦為災者
應從風輪乃至第四靜慮皆令堅固
合為一摶此乃成劫非謂能壞有說
若地能為災者便應壞及第四靜慮
然無諸災壞及彼者此中因論生論
何故彼地災不及之有說即由地非
災故有說彼地若為災及是則應無
寂上災頂謂上三靜慮如次能為三
災之頂若第四靜慮災所壞者便更
無處為上災頂以諸無色無方處故
有說欲避淨居諸天由彼更無上生
義故若彼處所災所及者則淨居天
無有盡壽而涅槃者若爾云何知彼
壽量若言亦有盡壽涅槃是則彼地

災無由起如說若處乃至尚餘一蟻
卵在災便不壞有說若處有內災者
便有外災第四靜慮無內災故外災
不及謂初靜慮內有如火尋伺故外
有火災第二靜慮內有如水喜悅故
外有水災第三靜慮內有入出息風
故外有風災第四靜慮更無內災是
故外災皆不能及
問火災起時火從何出有作是說世
界成時有七日輪俱時而起持雙山
後隱伏而住然後彼處一日輪昇遶
蘇迷盧而為照耀至劫將末火災起
時餘六日輪漸次而出由彼勢力世
界便壞有說世界將欲壞時即一日
輪分為七日由彼勢力世界便壞有
說即一日輪至劫將末成七倍熱焚
燒世界有說七日先藏地下後漸出
現作用如前如是說者諸有情類業
增上力令世界成至劫末時業力盡
故隨於近處有災火生乃至梵宮皆
被焚燎
問水災起時水從何出有作是說第
三靜慮邊雨熱灰水由此乃至極光

淨天皆被浸蕩有說從下水輪涌出
由彼勢力世界便壞如是說者諸有
情類業增上力令世界成至劫末時
業力盡故隨於近處有災水生由彼
因緣世界便壞
問風災起時風從何出有作是說第
四靜慮邊有毗嵐婆大風卒起百俱
胝界妙高山王金輪圍等皆被傾拔
令手相擊上下翻騰如麨麪摶空中
散滅有餘師說從下風輪有猛風起
吹散世界如是說者諸有情類業增
上力令世界成至劫末時業力盡故
隨於近處有災風生至遍淨天皆被
散壞
問三災起時一切外物為皆轉變順
彼災耶有作是言物皆變順謂此世
界火災起時一切外物皆悉輕燥猶
如乾草疊絮樺皮火纔觸時即燒即
盡若水災起一切外物皆將融液如
沙糖等水纔觸時隨即消壞若風災
起一切外物皆將離散如沙麨摶風
纔觸時即便散壞若爾諸法應捨自
相如是說者三災起時堅濕等物亦

無轉變但由有情業增上力令三災起能壞難壞

如是三災與所壞事必是同分界地所攝謂欲界災能壞欲界初靜慮災壞初靜慮乃至第三靜慮亦尒問若尒經說當云何通如說大地妙高山等皆悉洞然風吹絕焰展轉乃至上燒梵宮極光淨天有生未久於劫成壞不善了知見已驚恐便作是念勿彼火焰燒盡梵宮當復燒此荅當知彼經依相續說謂色界火續欲界生彼燒梵宮非欲界火水風相續准此應知

問此三災起先後云何荅火水風三如次先後然非三種降次而生謂七火災先次第起然後方有一水災生如是經於七七火劫及七水劫復七火災從彼無間一風災起故風水劫皆次火生火劫從三以數起故由此善釋遍淨天壽六十四劫如是所說是大劫量一一各有八十中劫成住壞空各二十故且初火劫時燒壞時贍部洲人壽八万歲安隱豐樂人衆甚多國邑村城雞飛相及人多修習十善業道從此以後捺落迦中有情命終不復生彼尒時已度二十住劫二十壞劫此為最初地獄有情從此漸減乃至最後無一為餘名為地獄有情界壞次壞傍生次壞餓鬼二壞相如地獄說次贍部洲諸有情壞問傍生鬼趣先人壞者人中所須乳酪等味耕駁等事如何得有非情物似傍生現出乳等味作諸事業問人身今有八户虫作住持緣令身相續彼時既闕身云何存荅尒得入身法尒時住如諸菩薩轉輪王身雖無諸虫而法尒住如是說者諸大海中是諸傍生本所住處若彼無有一傍生時即名傍生有情界壞若傍生類人等雜居人等壞時彼方隨壞鬼有情壞類此應知然贍部洲人趣將壞尒時法尒有一有情無師自思入初靜慮從彼定起唱如是言此初靜慮甚樂甚靜展轉宣告遍贍部洲聞者攝心皆入初定從此捨壽上生梵天贍部洲中有情漸減乃至無一有情為餘名贍部洲有情界壞次壞毗提訶洲次壞瞿陁尼洲一一壞相如贍部說北拘盧洲如三惡趣無得靜慮生梵世者然彼壽盡必生欲天乃至彼處有情界盡名北拘盧有情界壞人趣壞已四大王衆天法尒有一得初靜慮從彼定起宣告如前乃至彼處有情界盡名彼天中有情界壞次壞三十三天次壞夜摩天次壞覩史多天次壞樂變化天次壞他化自在天一一壞相如初天說欲界有情次第壞已時初靜慮有一有情法尒能入第二靜慮從彼定起唱如是言第二靜慮甚樂甚靜如是展轉聲遍梵宮聞者攝心入第二定命終皆往生彼天中初靜慮天有情漸減乃至無一有情為餘名為梵天有情界壞如是欲界及諸梵宮久遠空虛無有情類贍部洲等大地諸山經歷多時天不降雨一切草木皆悉乾燋更不復生乃至都盡久時復有第二日輪出現世間炎赫倍熱由此枯涸坑澗泉池乃至令其都無津潤久時復有第三日輪出現世間炎

赫倍熱由此枯竭一切江河乃至令
其都無津潤久時復有第四日輪出
現世間炎赫倍熱由此枯涸無熱惱
池即四大河所從出者謂殑伽信度
縛芻私多乃至令其都無津潤久時
復有第五日輪出現世間炎赫倍熱
由此漸次枯涸大海乃至令其都無
津潤久時復有第六日輪出現世間
炎赫倍熱由此大地妙高山等皆悉
焦熱發煙燵烽久時復有第七日輪
出現世間炎赫極熱由此大地妙高
山王一時焰發中表洞然乃至梵宮
悉皆焚蕩上從梵世下至風輪周遍
燒燃無餘灰燼如蘇油等燒燃盡時
無有遺餘此亦如是介時欲界初靜
慮中皆悉空虛都無所有二十壞劫
此時已度二十空劫從此為初問幾
劫壞有情幾劫壞器有說十劫壞有
情十劫壞器有說十五劫壞有情五
劫壞器如是說者十九劫壞有情一
劫壞器別業難轉非共業故
如是世界壞經久時於下空中有微
風起二十空劫此時已度二十成劫

從此為初所起微風漸廣漸厚時經
久遠盤結成輪厚十六億踰繕那量
廣則無數其體堅密假設有一大諾
健那以金剛輪奮威懸擊金剛有碎
風輪無損次有雨起雨風輪上滴如
車軸積水成輪如是水輪於未凝結
位深十一億二万踰繕那有說廣量
與風輪等有言俠小分百俱胝百俱
胝輪其量皆等謂徑十二億三千四
百半圍量三倍謂三十六億一万三
百五十踰繕那此不傍流由有情業
力有餘師說由風力所持次於水輪
有別風起搏擊此水上結成金此即
金輪厚三億二万水輪遂減唯深八
洛叉有說金輪廣如水量有師復說
少廣水輪次有雨起雨金輪上滴如
車軸經於久時積水浩然深過八万
猛風攢擊寶等變生復有異風析令
區別謂分寶土成諸山洲分水甘鹹
為內外海初四妙寶成蘇迷盧挺出
海中處金輪上謂四面如次北東南
西金銀吠琉璃頗胝迦寶隨寶威德
色現於空故贍部洲空似吠琉璃色

此山出水八万踰繕那水中亦然端
嚴可愛次以金寶成七金山遶蘇迷
盧住金輪上在水中量同蘇迷盧出
水相望各半半減次以土等成四大
洲下據金輪遶金山外最後以鐵成
輪圍山在四洲外如牆圍遶出水半
減第七金山在水量同蘇迷盧等諸
山廣量皆與出水量同七金山間有
七內海八功德水盈滿其中七金山
外有鹹外海此八大海各深八万前
七廣量如所遶山第八有說廣三億
二万二千踰繕那有說更增千二百
八十七踰繕那半蘇迷盧山有四層
級初層傍出一万六千次上三層各
半半減四層相去量各十千有說初
層下齊水量次二去下量各十千其
第四層去下二万四層面如妙高山
四寶所成莊嚴殊妙四層如次堅手
持鬘恒憍四王天衆居止持雙山等
七金山上亦有四王所部村邑七山
四級日月等天皆是四大王衆天攝
故欲天中此天衆廣從第四層級復
有四万踰繕那至蘇迷盧頂是三十

三天住處山頂四面各二十千若據周圍數成八万有餘師說面各八十千與下際四邊其量正等山頂四角各有一峯其高廣量各有五百有藥叉神名金剛手於中止住守護諸天於山頂中有城名善見面二千半周万踰繕那金城量高踰繕那半其地平坦真金所成俱用百一雜寶嚴飾地觸柔軟如妬羅綿蹋時齊膝隨足高下有微風起吹去萎華引新妙華弥散其地是天帝釋所都大城城有千門嚴飾壯麗門有五百青衣藥叉勇健端嚴踰繕那量各各嚴鎧仗防守城門於其城中有殊勝殿種種妙寶具足莊嚴蔽餘天宮故号殊勝面二百五十周千踰繕那其城四隅有四臺觀以金銀等四寶所成種種莊嚴甚可愛樂城外四面四苑莊嚴是彼諸天共遊戲處一衆車苑謂此苑中隨天福力種種車現二麁惡苑天欲戰時隨其所須甲仗等現三雜林苑諸天入中所翫皆同俱生勝喜四喜林苑極妙欲塵殊類皆集歷觀無猒如是四苑形皆正方一一周千踰繕那量中央各有一如意池面各五十踰繕那量八功德水盈滿其中隨欲妙花寶舟好鳥一一奇麗種種莊嚴四苑四邊有四妙地中間去苑各二踰繕那地一一邊量皆二百是諸天衆勝遊戲所諸天於彼捔勝歡娛城外東北有圓生樹是三十三天受欲樂處樂根深廣五踰繕那聳幹上昇枝條傍布高廣量等百踰繕那舒葉開花妙香芬馥順風熏滿百踰繕那若逆風時猶遍五十城外西南角有大善法堂三十三天常於半月八日十四日十五日集此堂中詳辯人天及制伏阿素洛等如法不如法事如是等類餘處廣說

說一切有部發智大毗婆沙論卷第一百三十三

阿毗達磨大毗婆沙論卷第一百三十三

校勘記

一 底本，金藏廣勝寺本。

一 二〇二頁中五行首字「欲」，資、磧、普、南、徑、清作「問欲」。

一 二〇二頁中一六行第三字「熟」，資、磧、普、南、徑、清作「熟因」。

一 二〇三頁中一行「過去過去」，徑、清、麗作「過去」。

一 二〇四頁上二行首字「下」，諸本（不含石，下同）作「不」。

一 二〇四頁上一八行「黄丘」，南、徑、清、麗作「黄兵」。

一 二〇四頁中六行第二字「說」，諸本作「所說」。

一 二〇四頁中一三行末字「二」，磧、南作「一」。

一 二〇五頁中一七行「七日」，磧作「十山」。

一 二〇五頁下四行「灾水」，磧、南作「水災」。

一　二〇五頁下一一行第九字「諸」，資、磧、普、南、徑、清作「說」。
一　二〇六頁上七行「洞然」，資、磧、普、南、徑、清作「烔然」。
一　二〇六頁上八行第八字「有」，磧作「六」。
一　二〇六頁上二〇行「如是」，資、磧、普、南、徑、清作「知如是」。
一　二〇六頁上二二行第一一字「時」，諸本作「將」。
一　二〇六頁中九行第四字「耕」，諸本作「耕」。又「有有」，諸本作「有有說由人業增上力有」。
一　二〇六頁中一〇行「八户蟲」，諸本作「八萬户蟲」。
一　二〇六頁中一一行首字「住」，資、麗作「任」。
一　二〇六頁中一二行第四字「得」，諸本作「時」。又第九字「時」，麗作「得」。
一　二〇六頁下一二行「第二」，磧作「第三」。

一　二〇七頁上一二行第二字「王」，資、磧、普、南、徑、清作「等」；麗作「王等」。
一　二〇七頁上二〇行第七字「者」，資、磧、普、南、徑、清作「有」。
一　二〇七頁中五行「有雨」，徑、清、麗作「有雲」。一六行同。
一　二〇七頁中九行第八字「徑」，資作「經」。
一　二〇七頁下一〇行第四字「外」，資、磧、南、徑、清作「水」。
一　二〇七頁下一七行第一〇字「面」，諸本作「四面」。
一　二〇八頁上一三行「各各」，諸本作「各」。
一　二〇八頁中六行首字「二」，諸本作「二十」。
一　二〇八頁中八行「園生樹」，麗作「圓生樹」。

阿毗達磨大毗婆沙論卷第一百三十四　沛

五百大阿羅漢等造

三藏法師玄奘奉　詔譯

大種蘊第五中緣納息第二之四

已說成立風水金輪諸海山洲地居器已次辨成空居諸天大梵天等所居宮地然彼宮殿有說依空有說空中密雲彌布如地為彼宮殿所依外器世間至色究竟上無色故不可施設問從夜摩天至色究竟所依雲地其量如何有說從夜摩至他化自在雲地皆等妙高頂量色界雲地下狹上廣謂初二三四靜慮地如次等彼四洲小千中千大千諸世界量有餘師說夜摩天宮雲地倍於妙高山頂乃至他化自在天宮雲地望前展轉相倍初二三定如次等於小千中千大千界量第四靜慮其量無邊由此若依第四靜慮起有身見極難除斷以執無邊地為我故問第四靜慮地若無邊災所不及寧非常住荅剎那無常故無此失有說第四靜慮地中宮殿所依俱無常定謂彼宮地隨彼諸天生時死時俱起沒故此說非理所以者何應無有情共器業故由此如前所說者好諸器世間既成立已最初有一極光淨天由壽業福隨一盡故從彼歿已生大梵宮後諸有情亦從彼歿有生梵輔有生梵衆有生他化自在天宮漸漸下生乃至人趣北洲為始次瞿陀尼次毗提訶後生贍部次生鬼趣次生傍生後生地獄由法尒力若處後空彼必先住若處先空彼必後住若大地獄一有情生尒時已度二十成劫二十住劫此為最初問幾劫器世間成幾劫有情漸住有說十劫器世間成十劫有情漸住有說五劫器世間成十五劫有情漸住如是說者一劫器世間成十九劫有情漸住

問齊幾世界俱壞俱成有說齊百俱胝四大洲界有說無數世界俱壞俱成云何知然經為量故如契經說佛告苾芻我眼清淨過於人眼見東方等無數世界或有正壞或壞已空或

有正成或成已住如天大雨滴如車軸無間無缺此亦如是問何故一切世界不俱壞俱成荅以諸有情業不等故謂有情類於此處所共業增長世界便成共業若盡世界便壞又有情類於彼處所淨業若增此界便壞淨業若減此界便成問若諸有情於劫將壞餘半劫在破和合僧墮無間獄有中夭不若有中夭彼業云何感一劫壽若不中夭彼於劫壞寧不稽留如契經言若處乃至一蟻卵在灾便不壞況彼在耶有作是說彼無中夭若介彼於劫壞寧不稽留劫欲壞時業增上力飄置餘界大地獄中辟如王都有嘉喜事先移極罪置邊獄中後於王都方降恩赦有餘師說劫欲壞時法介有情其心調善於餘重罪尚能不為況有破壞和合僧者復有說者劫欲壞時若造破僧無間業者命終便墮他界獄中法介不生將壞處故如說火劫世間壞時有情上生灾起時分水劫風劫廣說亦然但水風灾壞相有異謂水能浸爛能飄

擊所壞勢力遠近不同復如火劫世間成時先後時分水風亦介

如彼大劫有大三灾如是中劫小三灾現一刀兵二疾疫三飢饉初刀兵劫將欲起時贍部洲人極壽十歲為非法貪染汙相續不平等愛映蔽其心邪法縈纏瞋毒增上相見便起猛利害心如今獵師見野禽獸隨手所執皆成刀杖各逞凶狂互相殘害七日七夜死亡略盡贍部洲內纔餘万人各起慈心漸增壽量介時名為度刀兵劫次疾疫劫將欲起時贍部洲人極壽十歲由具如前諸過失故非人吐毒疾疫流行遇輒命終難可救療都不聞有醫藥之名時經七月七日七夜疾疫流行死亡略盡贍部洲內纔餘万人各起慈心漸增壽量介時名為度疾疫劫後飢饉劫將欲起時贍部洲人極壽十歲亦具如前諸過失故天龍忿責不降甘雨由是世間久遭飢饉由飢饉故便有聚集白骨運籌三種言異由二因故名有聚集一人聚集謂彼時人由極飢羸聚

集而死二種聚集謂彼時人為益後人輒其所食置於小篋擬為種子故飢饉時名有聚集言有白骨亦由二因一彼時人身形枯燥命終未久白骨便現二彼時人飢饉所逼聚集白骨煎汁飲之有運籌言亦二因故一由糧少傳籌食之謂一家中從長至幼隨籌至日得少麁食二謂以籌挑故塲蘊得少穀粒多用水煎分共飲之以濟餘命如是飢饉經七年七月七日七夜飢饉所逼死亡略盡贍部洲內纔餘万人各起慈心漸增壽量介時名為度飢饉劫此三灾横雖復難除然有聖言說彼對治謂若有能一日一夜持不殺戒於未來生決定不逢刀兵灾起若能以一訶梨怛雞起殷淨心奉施僧衆於當來世決定不逢疾疫灾起若有能以一摶之食起殷淨心奉施僧衆於當來世決定不逢飢饉灾起問如是三灾餘洲有不荅無根本灾而有相似謂瞋增盛身力羸劣數加飢渴此說二洲北拘盧洲亦無相似以無罪業而生彼故

又彼無有瞋增感故

大種蘊第五中具見納息第三之一

巳具見諦世尊弟子未離欲染所成就色界繫身語業色何大種所造如是等章及解章義既領會巳當廣分別問何故作此論荅欲令疑者得決定故謂契經說佛告苾芻若此身中離生喜樂滋潤遍滋潤適悅遍適悅於此身中無有少分離生喜樂而不遍滿此契經中說根本地勿謂唯此根本地中有能離法非近分地斷此疑故顯近分中亦有相似能離善法有餘師說欲止分別論者說預流一來亦得根本靜慮彼何故作是說依契經故如說慧闕無靜慮靜慮闕無慧是二具足者去涅槃不遠預流一來無不有慧故彼亦有根本靜慮為遮彼執顯初二果未得靜慮問若介彼所引頌當云何通尊者世友作如是說彼說正思擇名靜慮若不介者外道亦得根本靜慮豈便許彼亦有慧耶分別論者作是說言許彼有慧復有何過彼說不然所以者何具是二者便於涅槃巳為不遠非諸外道去涅槃近以彼無有解脫法故有說為止辟喻者意彼說諸近分地唯有善法今明近分具有三種謂善染無記若近分地唯有善者世尊弟子未離欲貪依未至定起世俗道彼隨轉律儀何地大種造辟喻尊者作如是言是初靜慮大種所造豈不汝等說預流一來未得靜慮彼作是說我遮善靜慮非染無記彼說非理未離欲貪尚不能起初善靜慮況能起彼無覆無記是故為止他宗及顯正理故作斯論

問巳說巳具見諦何故復言世尊弟子荅巳具見諦者欲差別隨信隨法行故世尊弟子者欲差別諸異生故此是誰耶荅此是預流及一來果非餘以說未離欲染故問隨信法行何故不名巳具見諦有作是說巳見四諦及巳害邪見者名巳具見諦隨信隨法行非巳見四諦今正見故非巳害邪見今正害故由此不名巳具見諦有餘師說若相續中巳除一切見倒惡行惡趣煩惱方得名為巳具見諦隨信隨法行今正能除不名巳除由成就故由此不名巳具見諦如良田中無有一切塵雹災横名具足田致諸稼穡復有說者若相續中巳除四疑生四決定介時名巳具見隨信隨法行今除四疑生四決定不名巳具有說若身中巳除四闇巳起四明巳除四無智巳起四智名巳具見隨信隨法行則不如是不名巳具有說巳伏四諦洲渚巳除其中煩惱怨敵及名巳具隨信隨法行今伏今除不名巳具問何故異生不名世尊弟子荅若唯順佛語不受餘教名世尊弟子異生或順佛語或順邪言故不名世尊弟子有說諸有正聞非邪聞所伏乃名世尊弟子異生不介有說若成就四種證淨名世尊弟子異生無四證淨故不名世尊弟子有說若唯稱佛以為大師名世尊弟子異生或稱外道邪魔以為師故不名世尊弟子有說若唯歸趣三寶以為福田名世尊弟子諸異生類或以邪神諸外

道等以為福田不名世尊弟子有說若信唯佛是一切智唯佛所說法能度生死唯苾芻僧是梵行者名世尊弟子諸異生類與此相違是故不名世尊弟子有說於佛聖教其心堅牢如天帝幢名世尊弟子諸異生類於佛教中心不堅牢猶如疊絮隨風上下轉動無恒故不名為世尊弟子

已具見諦世尊弟子未離欲染所成就色界繫身語業色何大種所造荅色界繫此依種類捴相而說若別說者應言未至地大種所造此則遮說預流一來亦得靜慮者意說未離欲染故無有未離欲染而能得靜慮者又亦遮說未至地中無無記者意說色界大種造故無有未得靜慮地而能起彼大種者問何故此中但問隨世俗道身語業非無漏耶荅彼造論者意欲尒故隨彼意欲而作斯論但令不違法相不應責其所以有說應具足問而不問者當知此義有餘有說無漏身語業決定不離隨世俗道身語業若問世俗當知已問無漏有說無漏律儀以世俗戒為加行為門為依為安足處若問彼加行則已問彼有說無漏戒依世俗戒得故問世俗則問無漏有說隨世俗道身語律儀必與能造同其種類令但問同類隨地差別無漏異類是以不問有說此隨世俗道色有異諍論謂有說是未至地大種所造有說是初靜慮大種所造是以問之無漏定是欲界大種所造是以不問由此等緣唯問世俗身語業不問無漏

生欲界入有漏四靜慮身語業色何大種所造荅色界繫此依種類捴相而說若別說者隨初靜慮世俗道色即初靜慮繫大種所造乃至隨第四靜慮世俗道色即第四靜慮繫大種所造

生欲界入無漏四靜慮身語業色何大種所造荅欲界繫依欲界身現在前故問何故有漏所依大種必與所造同一地繫無漏所依隨何身起即彼繫耶荅有漏律儀有縛有繫故為同地大種所造無漏律儀離縛離繫然依身起故隨何地身中現前即彼大種所造有說有漏律儀墮界墮地故自界地大種所造無漏律儀雖墮於地而不墮界然依身起故隨所依大種所造有說有漏律儀為同類大種所造故地必同無漏律儀為異類大種所造故隨身別以必依身現在前故

生色界入有漏四靜慮身語業色何大種所造荅色界繫此依種類捴相而說若別說者隨初靜慮世俗道色即初靜慮繫大種所造乃至隨第四靜慮世俗道色即第四靜慮繫大種所造

生色界入無漏四靜慮身語業色何大種所造荅色界繫此亦依捴相說若別說者若生初靜慮入無漏四靜慮彼身語業皆初靜慮大種所造若生第二靜慮入無漏三靜慮彼身語業皆第二靜慮大種所造若生第三靜慮入無漏二靜慮彼身語業皆第三靜慮大種所造若生第四靜慮入無漏第四靜慮彼身語業第四靜慮大種所造此中應知生下地上地定

現前生上地下定不現前問何故尒耶荅下地定劣上地定勝於勝生欣尚故起於劣生猒背故不起有說下起於上上不趣下如臣朝王王不朝臣有說生下地者於上地法更有所作故起現前生上地者於下地法更無所作是故不起如阿羅漢不起三界斷對治道以無用故有說加行善法由功用起生上地者下地法無用非於無用法更起功力令現在前非如無記

問大種隨地有五類別幾無間滅幾無間現前荅生欲界者若欲界心無間有漏初靜慮現在前彼一類大種滅謂欲界二類大種無間現前謂欲界初靜慮若有漏初靜慮無間有漏初靜慮現在前彼二類大種滅二類大種無間現前謂欲界初靜慮若有漏初靜慮無間無漏初靜慮現在前彼二類大種滅謂欲界初靜慮一類大種無間現前謂欲界若無漏初靜慮無間無漏初靜慮現在前彼一類大種滅一類大種無間現前謂欲界

若無漏初靜慮無間有漏初靜慮現在前彼一類大種滅謂欲界二類大種無間現前謂欲界初靜慮若有漏初靜慮無間欲界心現在前彼一類大種滅謂欲界初靜慮一類大種無間現前謂欲界若欲界善心無間無漏初靜慮現在前若無漏初靜慮無間欲界善心現在前俱一類大種滅一類大種無間現前謂欲界如入出初靜慮乃至入出第四靜慮隨其所應皆應廣說如生欲界乃至生第四靜慮隨其所應廣說

問若生欲界色界大種現在前時何處現前有說眉間有說鼻端有說心邊有說臍邊有說足指有作是說隨先加行安心處所是處現前有餘師說欲界大種麤色界大種細細入麤隙如油入沙然根本靜慮現在前時色界大種遍身內起若近分定現在前時色界大種唯心邊起有說近分定現在前時色界大種亦遍身起然長養身不如根本如有二人俱詣池浴一在池側掬水浴身一入池中沒

身而洗二人用水雖俱遍身然長養身入池者勝問欲界身中先有間隙色界大種來入中耶荅不尒未來欲界身自有二種一唯欲界大種二色界大種雜若時過入色界定緣彼唯欲界者便滅色界雜者便生故不可言先有間隙彼來住中

世尊弟子生無色界所成就無漏身語業色何大種所造荅或欲界繫或色界繫問此中何故復作斯論荅欲令疑者得決定故謂無色界無有諸色或有生疑世尊弟子生無色界所成就無漏色非大種所造為除此疑故說或欲界繫或色界繫大種所造問彼所成就色定欲色界大種所造何故言或荅應決定說而言或者欲顯界無雜乱無漏對治有雜乱由界無雜乱故欲界大種所造異色界大種所造異無有一色二界大種所造是故說或此即揔說然無漏色隨起依地能造大種有五類別謂欲界四靜慮繫大種所造世尊弟子生無色界若阿羅漢唯成就未來五地大種

所造無漏色非現在不起故非過去
已捨故若不還者亦成就未來五地
大種所造無漏色非現在不起故過
去不定依五地身起有多少或全無
故由此應說或有學者生無色界成
就未來五地依戒過去全無謂先依
欲界四靜慮身於第三果及第四向
諸無漏道未起未滅從彼命終生無
色界或有學者生無色界成就未來
五過去一謂先欲界四靜慮時隨依
一身於第三果或第四向諸無漏道
已起已滅從彼命終生無色界或有
學者生無色界成就未來五過去二
謂先欲界四靜慮時隨依二身於第
三果或第四向諸無漏道已起已滅
從彼命終生無色界或有學者生無
色界成就未來五過去三謂先欲界
四靜慮時隨依三身於第三果或第
四向諸無漏道已起已滅從彼命終
生無色界或有學者生無色界成就
未來五過去四謂先欲界四靜慮時
隨依四身於第三果或第四向諸無
漏道已起已滅從彼命終生無色界

或有學者生無色界成就未來五過
去五謂具依欲界四靜慮身於第三
果或第四向諸無漏道已起已滅從
彼命終生無色界有作是說無有學
者生無色界不成就過去色以彼先
在欲色界時於第三果或第四向必
已起滅方命終故是故本論說言若
諸學者生無色界成就過去未來所
造色若於彼得阿羅漢果成就未來
所造色非過去所造色若謂不介本
論應說學者生無色界有不成就過
去所造色尊者僧伽伐蘇說曰或有
學者生無色界都不成就過去未來
五地身中無漏業色謂先依欲界四
靜慮身於第三果及第四向諸無漏
道未起未滅從彼命終生無色界或
有學者生無色界成就過去未來各
一謂先欲界四靜慮時隨依一身於
第三果或第四向諸無漏道已起已
滅從彼命終生無色界如是成二成
三成四成五准前廣說如理應思若
生彼界得阿羅漢果別得未來五地
依戒此說非理無得果時唯得無為

非有為故又與本論所說相違如說
聖者生無色界成就未來所造色非
過去大種若如彼意本論應說聖者
生無色界有不成就未來所造色故
前所說於理為善

無色界歿生欲界㝡初所得諸根大
種何大種為因乃至廣說問何故復
作斯論荅欲令疑者得決定故謂無
色界都無諸色或有生如是疑欲色
界歿生無色界彼色或經八万六万
四万二万劫斷從彼命終生欲色界
㝡初所得諸根大種無因而生為除
彼疑顯彼諸色非無因生故作斯論
無色界歿生欲界㝡初所得諸根大
種何大種為因荅欲界繫此依種類
揔相而說若別說者應作是說無色
界沒來生欲界㝡初所得諸根大種
若生地獄還以地獄大種為因乃至
若生天趣還以天趣大種為因若眼
根及彼大種還以眼根所依大種為
因餘根及境類此應知眼中左眼及
彼大種還以左眼所依大種為因左
中異熟還以異熟為因長養還以長

養為因如左右亦介餘根及境廣說

阿毗達磨大毗婆沙論卷第百三十四　第十八張　沛字號

亦介然續生心俱起大種展轉為俱有因於眼等為生等因無始生死久滅大種與今大種為同類因問何故此中不問眼等與初所得根大為因有說此是要略之言故不問耳有餘師說大種通與根大為因是以問之眼等不與大種為因是以不問有說大種久滅及今並有因義眼等但有久滅為因是故不說

無色界歿生色界寂初所得諸根大種何大種為因荅色界繫此亦依種類揔說若別說者應作是說無色界歿來生色界寂初所得諸根大種若生初靜慮還以初靜慮大種為因乃至若生第四靜慮還以第四靜慮大種為因若眼根及彼大種還以眼根所依大種為因眼中左右異熟長養廣說如前餘根及境廣說亦介然續生心俱起大種展轉為俱有因如是等廣說如前

色界歿生欲界寂初所得諸根大種何大種為因荅欲界繫此亦揔說若差別說如前應知餘義亦如前廣說

阿毗達磨大毗婆沙論卷第百三十四　第十九張　沛字號

說一切有部發智大毗婆沙論卷第一百三十四

阿毗達磨大毗婆沙論卷第一百三十四

校勘記

一　底本，金藏廣勝寺本。

一　二一〇頁中四行「緣納息」，磧作「緣細息」；徑、清作「緣納想」。

一　二一〇頁中六行第五字「成」，諸本（不含石，下同）作「成立」。

一　二一〇頁中一九行第三字「第」，資、磧、普、南、徑、清作「等」。

一　二一〇頁下一行第一二字「地」，麗作「池」。

一　二一〇頁下四行第七字「諸」，南、徑、清作「謂」。

一　二一〇頁下八行第二字「化」，磧作「他」。

一　二一一頁上九行末字「感」，資、磧、普、南、徑、清作「減」。

一　二一一頁上末行「能飄」，諸本作「風能飄」。

一　二一一頁中六行末字「其」，磧作「見」。

一　二一一頁下七行第二字「橦」，清作「種」。

一　二一一頁下二二行第六字「加」，資、磧作「如」。

一　二一二頁上四行第一〇字「大」，資、磧無。

一　二一二頁下一二行首字「及」，諸本作「乃」。

一　二一二頁下二一行「邪魔」，南作「邪見」。

一　二一三頁中三行首字「彼」，南、徑、清作「律」。

一　二一三頁中一七行第一一字「語」，磧作「説」。

一　二一三頁中一九行首字「前」，資、磧作「道」。

一　二一四頁上一行第六字「下」，諸本作「下地」。

一　二一四頁上四行首字「起」，諸本作「趣」。

一　二一四頁中四行「一類」，諸本作「二類」。

一　二一四頁中一二行「廣説」，諸本作「亦應廣説」。

一　二一四頁下七行第六字「彼」，諸本作「後」。

一　二一五頁上二二行「第三」，南作「第二」。

一　二一五頁中三行末字「從」，資、磧、普、南、徑、清作「得從」。

一　二一五頁下二〇行「眼根」，資、磧、普、南、徑、清作「左眼根」。

一　二一五頁下二二行第二字「大」，資、磧、普、南、徑、清無。

一　二一五頁下末行第四字「還」，磧、南作「遠」。

一　二一六頁上九行第六字「全」，諸本作「令」。

阿毗達磨大毗婆沙論卷第一百三十五　　沛

五百大阿羅漢等造

三藏法師玄奘奉　詔譯

大種蘊第五中身見納息第三之二

生欲界作色界化乃至廣說問何故作此論答欲止他義顯已義故如辟喻者作如是說諸所化物皆非實有若實有者云何名化大德亦言化非實有是假所現如晃起作鬼呪所為為止如是所說意趣顯諸化事皆是實有由此等緣故作斯論

生欲界作色界化發色界語彼身語色何大種所造答色界繫生色界作欲界化發欲界語彼身語色何大種所造答欲界繫以有漏所造色皆同分界地大種所造故然所化身差別有八謂生欲界作欲界化有二種一似自身二似他身作色界化亦有此二及生色界作色界化有二種一似自身二似他身作欲界化亦有此二是謂八此中但依二種作論謂生欲界作色界化及生色界作欲界化似他身者問何故此中但依二身作論答彼作論者意欲尒故隨彼意欲而造論但令不違法相不應責其所以有說唯此二身微細難見難了是故偏說有說唯此二身審難現前藉多加行方能起故有說此於世間難可信受謂誰能作他界他身有說此二眾為希有謂能化作異界異身是故偏說諸變化心惣有二種一欲界繫二色界繫或為五謂欲界四靜慮繫或為十二則十二種能化者心謂得初靜慮果者乃至得第四靜慮果者各有三種何等為三一異生二有學三無學復有說三一外法異生二內法異生三聖者復有說三謂三位得一離染時得謂離下染得靜慮時二得果時得謂得無學果時三練根時得謂轉根作見至不動時或分十四謂欲界繫有四則四靜慮果初靜慮亦有四如欲界說第二靜慮繫有三則上三靜慮果第三靜慮繫有二則上二靜慮果第四靜慮繫有一則第四靜慮果以下地心羸劣故不能於

上地化或分十五謂五地繫諸變化心各有上中下品有說得五地變化心者各有三類謂異生等如前說或復分為四十二種謂前十四各有上中下品有說得十四種變化心者各有三類謂異生等如前說

諸作欲界化彼身還似欲界有情諸作色界化彼身還似色界有情問所作化身幾處所攝答若生欲界作欲界化自身他身皆四處攝謂色香味觸作色界化自身他身皆二處攝謂色觸若生色界作色界化自身他身皆二處攝作欲界化自身他身皆四處攝如前說有說若作他身則四處攝若作自身唯二處攝勿彼成就香味處故如是說者雖化香味無成就失如人衣服嚴具花香雖復在身而不成就

問若生欲界作欲界化初靜慮果作色界化初靜慮果如是二種誰劣誰勝答此二運轉等無差別然色界者界勝故勝問若生欲界作欲界化第二靜慮果作色界化初靜慮果如是二種誰劣誰勝答欲界者運轉勝以彼從欲界乃至第二靜慮能往還故色界者界勝以色界法勝欲界故問若生欲界作欲界化初靜慮果作色界化第二靜慮果如是二種誰劣誰勝答色界者二事勝一界勝二運轉勝如說生欲界作欲色界化初第三靜慮果相對辯勝劣如是生欲界作欲色界化初第三靜慮果初第四靜慮果第二第三靜慮果第二第四靜慮果第三第四靜慮果相對辯勝劣准前問答如理應思如生欲界如是生初靜慮生第二靜慮生第三靜慮隨其所應當思廣說

問如生初靜慮者有能發起身語表心故令所化身作往來等種種作用上諸靜慮無如是心化主生彼所化云何有往來等用答如生初靜慮以發起表心令化身轉作往來等用如是生上諸靜慮亦以初靜慮發起表心令所化身起往來等用如眼識等有餘師說諸所化身無往來等種種作用但默然住由化主力令彼似有往來等事如帝網戲非有現有問化事起時為必有依託方得現耶為復不尒有說化事必有依託謂必依於木石塊等化主方能作所化事有餘師說若初起通者所起化事要有所假若通慧滿者無所依假能起化事

問為一心一化為一心多化若一心一化經頌所說當云何通如說

一化主語時　諸所化皆語　一化主若默
諸化皆默然

若一心多化施設論說復云何通如說神境智證通云何加行以何方便起神境智證通答彼初業者習世俗定令極自在極自在已起令現前由現前故於神境通便能引發從彼乃能隨起一化起一化事尚尒許心况復多耶有作是說一心一化問所引經頌當云何通答先以多心祈多化語後以一心令語俱發前多心是轉後一心隨轉有餘師說一心多化問彼施設論當云何通答若初起通者一心一化若通慧滿者一心多化問於一心中所起化事為必同類亦異

類耶有説必同類化謂作象時不作馬等有説亦異類化謂初起通者一心但能作一類物若通慧滿者一心能作象等四軍

問已知修所成化事為亦有生得化耶有説無以生得勢用劣故但能轉變令似異本有説亦有然唯能作自身非餘問若尒云何通經所説如契經説有三魔女各各化作多百女身所謂童女産未産女中女老女其數各百又自化身種種嚴飾為惑媚故詣菩薩所謂菩薩曰可起沙門我等今来願相適事菩薩不受尋令彼身作衰老形羞慙而退荅即依魔女異熟身上化作前説多百女身如拘執毛不離拘執如是説者生所得心自身他身俱能化作云何知然曾聞尊者鄔波毱多端身靜慮魔為嬈擗便以花鬘冠尊者頂尊者出定驚㥘念言此誰所作尋則知此是魔所為為調彼故則以神力化作三屍繫魔王頸所謂死虵死狗死人於是魔王極懐慙耻種種方便欲去不能所繫三屍纒遶其頸轉急轉臭魔旣無聊詣增惶恐為脱屍故便陷入地更出騰空又沒大海水中復入蘇迷盧腹盡力擺突終不能去魔旣困弊自度力窮漸歷六天求欲免脱旣不能得往梵宫邊請大梵言唯願哀愍解我頸上仙人所辱梵王告曰吾不能去可還歸依本繫汝者魔聞此已下贍部洲五體歸誠礼尊者足白言大徳唯願慈悲赦我前愆去尊所報尒時尊者鄔波毱多徐告魔言吾知時矣魔重稽首謝過求哀請示何時為除所辱尊者告曰汝能從今乃至如来聖教未滅更不惱亂諸苾芻不魔曰唯然當如教勅請更誨示唯尊所為尊者復言向為佛法然有私願今欲請為魔曰唯命尊者告曰佛涅槃後經于百歳我身乃生如来法身吾今已見所未見者謂佛生身仁今頗能為我現不魔曰此事甚易我能為之願尊見時勿便致敬令我獲罪尊者曰尒則時為魔解去三屍魔王歡喜謝尊者已便入林中即自化身作如来像三十二相八十種好威光赫弈過千日輪復更化作諸苾芻衆右舍利子左大目連尊者阿難持鉢隨後與阿若多憍陳那等千二百五十人俱如半月形從林而出時尊者鄔波毱多見已歡喜得未曾有以淳淨意如斷根樹莫能自持不覺投身礼魔雙足魔王悚懼尋滅化身由此故知生所得慧亦能化作自身他身

問則彼尊者鄔波毱多於他事中所得自在過倶胝倍勝彼魔王尊者何縁不自化作而苦求請魔王作耶荅於修所成尊者自在於生得化不及魔王欲試魔王生得化力是故請彼化作佛身有説修所得化尊者自得不生希有生所得化尊者不得生希有心欲寄魔王觀生得化是故求彼令作佛身有説尊者深心敬佛若自化作恐敬心不勝是以令魔作之有説尊者少欲若自化作恐天人等謂已是佛極加敬養般涅槃後諸天世人供養悲哀同佛滅度是以但請魔作問修得生得二種變化云何差別

荅所化無別但修得者淨達圓妙非生所得有說生得心化唯依自界身修得心化通依自他界身

問有留化事不若有者佛何故般涅槃時不留化身令於滅後住持說法饒益有情若無者何故尊者大迦葉波已般涅槃留身久住曾聞尊者大迦葉波入王舍城乞食食已未久登雞足山山有三峯如仰雞足尊者入中結跏趺坐作誠言曰願我此身并納鉢杖久住不壞乃至經於五十七俱胝六十百千歲慈氏如來應正等覺出現世時施作佛事發此願已尋般涅槃時彼三峯便合成一掩蔽尊者儼然而住及慈氏佛出現世時將無量人天至此山上告諸衆曰汝等欲見釋迦牟尼佛杜多功德弟子衆中第一大弟子迦葉波不舉衆咸曰我等欲見慈氏如來則以右手撫雞足山頂應時峯坼還為三分時迦葉波將納鉢杖從中而出上昇虛空無量天人覩斯神變歎未曾有其心調柔慈氏世尊如應說法皆得見諦若無留化如此之事云何有耶有說有留化事問若尒世尊何故不留化身至涅槃後住持說法荅所應作者已究竟故謂佛所應度皆已度訖所未度者聖弟子度之有說無留化事問若尒迦葉波事云何得有荅諸信敬天神所住持故有說迦葉波尒時未般涅槃慈氏佛時方取滅度此不應理寧可說無不說彼默然多時虛住如是說者有留化事是故大迦葉波已入涅槃問經說一時作雙示導謂身下出火身上出水身下出水身上出火此為一心為二心作若一心作云何一心有相違二果若二心作云何一時有二心俱起有說一心所作問云何一心有相違二果荅先以二心別祈水火後住一心令其俱發前二心是轉後一心隨轉有說二心所作問云何一時有二心俱起荅由勝定力水火二心速疾迴轉似俱時發如物擲子左手放光右手隨言分僧卧具若時發表無容放光若時放光無容發表由勝定力光表二心速疾迴轉似俱時發水火二心應知亦尒

施設論說佛於一時化作化佛身真金色相好莊嚴世尊語時化身亦語化身語時世尊亦語弟子一時作化弟子剃除鬚髮著僧伽胝弟子語時所化便默所化語時弟子便默所以者何佛於心定俱得自在入出速疾不捨所緣發自語已便發化語發化語已復發自語以極速故似俱時發弟子心定非極自在入出遲緩數捨所緣發自語已發於化語化語起時自語已滅發化語已復發自語自語起時化語已滅非極速故覺知前後問諸大聲聞亦能如是世尊於此有何不共荅佛以一心能發二語謂自及化自語已化則語化語已自則語極迅速故非俱謂俱聲聞一心亦發二語謂自及化自語滅已化乃語化語滅已自乃語非極迅速故非俱覺非俱又佛世尊於諸智境皆得自在非諸聲聞故佛此中亦有不共彼復翻說佛於一時化作化佛身真

金色相好莊嚴世尊語時所化便默所化語時世尊便默弟子一時作化弟子剃除鬚髮著僧伽胝弟子語時所化亦語所化語時弟子亦語問諸大聲聞亦能如是世尊於此有何不共荅佛於心定俱得自在入出速疾不捨所緣能以一心發於二語謂自及化於中欲令語者便語不令語者便默聲聞心定非極自在入出遲緩數捨所緣雖能一心發於二語語自及化然於其中欲令一語第二亦語欲令一默第二亦默不能令其一默一語又佛世尊於諸智境皆得自在非語聲聞故佛此中亦有不共

契經中說佛告阿難我之神力能以意所成身倐尒至於梵世阿難白佛何其劣哉此事聲聞亦能世尊何足自歎謂所化作名意所成身聲聞亦能以此至於梵世佛若尒者有何不共世尊頗能離神通力以麁大種父母生身於倐忽間至梵世不世尊告曰此我亦能阿難復言此事實難願說譬喻令我信解佛言諦聽如世間鐵或餅或團置炎鑪中漸輕漸軟漸調漸淨隨意所為如是如來身隨心轉繫心於身作輕軟等想身隨心力成輕軟等事由能繫心相續勢力令所繫身運轉隨意此中有說佛盡智時得欲界無覆無記未曾得心心所法由此勢力不入靜慮不起神通纔發心時則能舉身至色究竟何況梵世有作是說世尊尒時起緣風心令身轉舉有餘師說起緣空心能令佛身所往無㝵有言佛意則說此身名意所成由隨意力成輕軟等運轉事故離定通力能運此身至梵世故與聲聞別有言佛說意所成身則所化身不假定通能至梵世與聲聞別有言佛說由意勢通令所化身速至梵世此擬疾力二乘等無故佛依此自顯殊勝

問頗有變化心一刹那頃斷而不得得而不斷俱不俱耶荅有謂離欲染寂後無間道時於變化心有此四句斷而不得者謂欲界繫上三靜慮果得而不斷者謂初靜慮繫初靜慮果亦斷亦得者謂欲界繫初靜慮果不斷不得者謂初靜慮繫上三靜慮果第二靜慮繫上三靜慮果第三靜慮繫上二靜慮果第四靜慮繫第四靜慮果如離欲界染寂後無間道作四句如是離初靜慮染寂後無間道乃至離第三靜慮染寂後無間道隨其所應各有四句

化當言有大種無大種耶荅當言有大種無有現色離大種故化當言有所造色無所造色耶荅當言有所造色化有二種一修得二生得修得化若欲界繫四處攝若色界繫二處攝生得化若欲界繫九處攝若色界繫七處攝由如是法成化身故化當言有心無心耶荅當言無心然化有二種一修得此無心二生得此有心此中說修得化非心依故又有二種一作他身此無心二作自身此有心此中說他身化非心依故若變化他有情身者如自身說化當言誰心所轉耶荅當言化主由化主心令有表故然修得化由化主心轉若生得化由

自心轉此中說修得化又作他身由化主心轉若作自身由自心轉此中說他身化

問諸化皆滅耶荅修得化滅生得化有滅不滅謂天龍藥叉等自身化時有異色等起此於後時異色等滅而自身在又作他身者滅作自身有滅不滅若變化他有情身者如自身說

問諸化所食誰腹中消荅此若化主所須所宜食者即化主腹中消若非化主所須所宜食者如草木等聚置一處若化他有情令欲食者隨化主意有消不消

問化身由何出煙焰等荅由化主力謂諸化主欲於是處起煙起焰起煙焰峯起煙焰合則於是處煙焰等起

問由何化身有燒者有不燒者復以何故有燒身不燒衣燒衣不燒身俱不俱耶荅由化主力謂諸化者隨意所欲或燒不燒

如契經說尊者達臘婆末羅子以神通力上昇虛空火界焚身無餘灰燼

問彼尊者火炎身時為涅槃前為涅槃後荅諸說有留化者彼說涅槃後火起焚身謂彼獲得心定自在將取滅度神力昇空於虛空中化作牀座及種種薪便以願力入火界定纔發火已則般涅槃由此焚身令無灰燼諸說無留化者彼說命未盡火起焚身謂彼獲得心定自在將欲滅度神力昇空入火等持令身漸死隨無根處火起焚之乃至最後唯有心命依處如極細毛端許乃入涅槃火亦隨滅餘毛端量所不燒者由細難知謂無灰燼

中有當言有大種無大種耶乃至廣說問何故次化明中有荅是作論者意欲尒故乃至廣說有說化與中有俱是微細難可了知有餘師說此二俱是意所成身有說此二多諸誹謗謂譬喻者說化非實分別論者撥無中有前明化是實有今明中有非無以是故次化明中有

中有當言有大種無大種耶荅當言有大種無有現色離大種故中有當言有所造色無所造色耶荅當言有所造色欲界九處攝色界七處攝由如是法成彼身故中有當言有心無心耶荅當言有心中有當言誰心所轉耶荅當言自心由自心力起表業故中有義如結蘊廣說

世名何法荅此增語所顯行問何故作此論荅為止他宗顯自宗故謂譬喻者分別論師執世與行其體各別行體無常世體是常諸無常行行常世時如諸器中果等轉易又如人等歷入諸舍為遮彼執顯三世體則是諸行行無常故世亦無常由是等緣故作斯論三世義亦如結蘊廣說

劫名何法荅此增語所顯半月月時年

問何故作此論荅為釋經故如契經說有一苾芻來詣佛所頂礼雙足卻住一面白世尊言佛恒說劫此為何量佛言苾芻劫量長遠非百千等歲數可知苾芻復言有譬喻不世尊言有今為汝說如近城邑有全段石山縱廣高量各踰繕那迦尸細縷百年一拂山已磨滅此劫未終苾芻當知汝等長夜經此劫數無量百千在於

地獄傍生鬼趣及人天中受諸劇苦
生死輪轉未有盡期何得安然不求
解脱彼經則是此論所依經雖説劫未
分別劫體是何今欲分別故作斯論
問何故但説半月月時年為劫不説
刹那臘縛牟呼栗多晝夜以為劫耶
荅應説而不説者當知此義有餘有
説此中舉麁攝細謂刹那等細半月
月等麁若説麁當知已説細由積細
時為麁時故有説此中舉近攝遠謂
劫近為半月等所成半月等復為刹
那等成故説近時亦已説遠
劫體是何有説是色處云何知然如
施設論説劫初時人身光恒照以貪
味故光滅闇生於是東方有日輪起
光明輝朗同於晉照見已喜曰天光
來來以天光來故名為晝須臾未幾
日輪西沒闇起如先見已歎言天光
沒沒以天光沒故名為夜由此證知
劫體是色劫體皆積晝夜成故如是
説者晝夜等位無不皆是五蘊生滅
以此成劫劫體亦然然劫既通三界
時分故用五蘊四蘊為性

已説自性所以今當説何故名劫劫
是何義荅分別時分故名為劫謂分
別刹那臘縛牟呼栗多時分以成晝
夜分別晝夜時分以成半月月時年
分別半月等時分以成於劫以劫是
分別時分中極故得摠名聲論者言
分別位故説名為劫所以者何劫是
分別有為行中究竟位故
劫有三種一中間劫二成壞劫三大
劫中間劫復有三種一減劫二增劫
三增減劫減者從人壽無量歲減至
十歲增者從人壽十歲增至八万歲
增減者從人壽十歲增至八万歲復
從八万歲減至十歲此中一減一增
十八增減有二十中間劫經二十中
劫世間成二十中劫成已住此合名
成劫經二十中劫世間壞二十中劫
壞已空此合名壞劫摠八十中劫合
名大劫成已住中二十中劫初一唯
減後一唯增中間十八亦增亦減問
此三誰寂久有説減劫寂久增劫為
中增減寂促謂身有光時所經時久
非身光滅乃至于今食地味時所經

時久非地味滅乃至于今食地餅時
所經時久非地餅盡乃至于今食林
藤時所經時久非從彼盡乃至于今
食自然稻時所經時久非從彼盡乃
至于今故此減劫時寂為久如是説
者初減後增中間十八此二十劫其
量皆等唯於減時佛出于世於唯增
時輪王出世於增減時獨覺出世
問施設論説人中四洲由日月輪以
辯晝夜欲天晝夜云何得知荅因相
故知謂彼天上若時鉢特摩花合殟
鉢羅花開衆鳥希鳴涼風從起少欣
遊戲多樂睡眠當知尒時説名為夜
若時殟鉢羅花合鉢特摩花開衆鳥
和鳴微風徐起多欣遊戲少欲睡眠
當知尒時説名為晝

説一切有部發智大毗婆沙論卷第一百三十五

阿毗達磨大毗婆沙論卷第一百三十五

校勘記

一　底本，金藏廣勝寺本。

一　二一八頁中一八行「二似」，磧、南作「一似」。

一　二一八頁下一九行末字「慮」，諸本（不含石，下同）作「慮繫」。

一　二一九頁上一二行首字「攝」，麗無。

一　二一九頁中七行「第三」，諸本作「第二」。

一　二一九頁下九行第一三字「主」，磧作「王」。

一　二一九頁下一一行「多化」，磧作「安化」。

一　二一九頁下一五行第三字「故」，磧作「上」。

一　二二〇頁上六行第七字「得」，資、磧、普、南、徑、清作「得心」。

一　二二〇頁中一八行首字「于」，徑作「千」。又末字「已」，南作「所」。

一　二二〇頁下三行末字「與」，諸本作「又與」。

一　二二〇頁下一〇行第一一字「他」，麗作「化」。

一　二二一頁中七行第六字「住」，麗作「任」。

一　二二一頁下二〇行首字「語」，資、磧、普、南、徑、清作「說」。

一　二二二頁上一〇行第一三字「語」，諸本作「謂」。

一　二二二頁上一四行第二字「語」，諸本作「諸」。

一　二二二頁中一行第八字「鑑」。南、徑、清作「鑪」。

一　二二二頁中一〇行第二字「轉」，資、磧、普、南、徑、清作「輕」。

一　二二二頁下五行「欲界」，磧、南、徑、清作「欲果」。

一　二二三頁上七行第一二字「身」，諸本作「身者」。

一　二二三頁上一二行「欲食者」，諸本作「飲食者」。

一　二二三頁上末行第六字「炎」，諸本作「焚」。

一　二二三頁下二〇行第一二字「叚」，清作「假」。

一　二二四頁上一九行第三字「以」，資、磧、普、南、徑、清作「故」。

一　二二四頁下六行「二十」，資、磧作「一十」。

一　二二四頁下七行「唯於」，資、磧、普、南、徑、清作「於惟」。

一　二二四頁下一一行第四字「彼」，資、磧、普、南、徑、清作「從」。

一　二二四頁下一二行第一一字「從」，諸本作「疾」。

阿毗達磨大毗婆沙論卷第百三十六　沛

五百大阿羅漢等造

三藏法師玄奘奉　詔譯

大種蘊第五中具見納息第三之三

心起住滅分名何法荅此增語所顯剎那臘縛牟呼栗多間此應半月等前說所以者何由剎那等積成晝夜晝夜積成半月月等半月月等積成劫故何故前說麁後說細耶荅彼作論者意欲尒故乃至廣說有作是說阿毗達磨應以相求不以先後但不違法相隨說無失有餘師說此作論中先說麁後說細令諸學者漸次入故此中起分謂生住分謂老滅分謂無常有為法有三分齊謂時色名時之極少謂一剎那色之極少謂一極微名之極少謂依一字積此以為漸多分齊名分齊如雜蘊說

問彼剎那量云何可知有作是言施設論說如中年女絹績𣯛時抍擻細毛不長不短齊此說為怛剎那量彼不欲說𣯛縷短長但說𣯛毛從指間出隨所出量是怛剎那問前問剎那何緣乃引施設論說怛剎那量荅此中舉麁以顯於細以細難知不可顯故謂百二十剎那成一怛剎那六十怛剎那成一臘縛此有七千二百剎那三十臘縛成一牟呼栗多此有二百一十六千剎那三十牟呼栗多成一晝夜此有少二十不滿六十五百千剎那此五蘊身一晝一夜經於尒所生滅無常有說此麁非剎那量如我義者如壯士彈指頃經六十四剎那有說不然如我義者如二壯夫掣斷衆多迦尸細縷隨尒所縷斷經尒所剎那有說不然如我義者如二壯夫執挽衆多迦尸細縷有一壯士以至那國百練剛刀揮疾而斷隨尒所縷斷經尒所剎那有說猶麁非剎那量實剎那量世尊不說云何知然如契經說有一苾芻來詣佛所頂礼雙足却住一面白世尊言壽行云何速疾生滅佛言我能宣說汝不能知苾芻言頗有譬喻能顯示不佛言有今為汝說譬如四善射夫各執弓箭相

背擔立欲射四方有一捷夫來語之曰汝等今可一時放箭我能遍接俱令不墮於意云何此捷疾不苾芻白佛甚疾世尊佛言彼人捷疾不及地行藥叉地行捷疾不及空行藥叉空行捷疾不及四大王眾天彼天捷疾不及日月輪二輪捷疾不及堅行天子此是道引日月輪車者此等諸天展轉捷疾壽行生滅捷疾於彼剎那流轉無有暫停由此故知世尊不說實剎那量問何故世尊不為他說實剎那量答無有有情堪能知故問豈舍利子亦不知耶答彼雖能知而於彼無用是故不說佛不空說法故

一歲有十二月晝夜增減略為二時由減及增各六月故然晝與夜增減相違雖各二時而無四位晝夜增減各一臘縛月則各一牟呼栗多三十牟呼栗多成一晝夜於中晝夜多少四類不同增位極長不過十八減位極短唯有十二晝夜停位各有十五謂羯栗底迦月白半第八日晝夜各十五牟呼栗多從此以後晝減夜增各一臘縛至末伽始羅月白半第八日夜有十六牟呼栗多晝十四至報沙月白半第八日夜有十七晝十三至磨伽月白半第八日夜有十八晝十二從此以後夜減晝增各一臘縛至頗勒窶拏月白半第八日夜有十七晝十三至制怛羅月白半第八日夜有十六晝十四至吠舍佉月白半第八日晝夜各十五從此以後夜減晝增各一臘縛至揞瑟搋月白半第八日夜有十四晝十六至阿沙荼月白半第八日夜有十三晝十七至室羅伐拏月白半第八日夜有十二晝十八從此以後晝減夜增各一臘縛至婆達羅鉢陁月白半第八日夜有十三晝十七至阿濕縛庾闍月白半第八日夜有十四晝十六如是復至羯栗底迦月白半第八日晝夜停等是名略說時之分齊

問彼極微量復云何知答應知極微是最細色不可斷截破壞貫穿不可取捨乘履摶掣非長非短非方非圓非正不正非高非下無有細分不可分析不可覩見不可聽聞不可嗅嘗不可摩觸故說極微是最細色此七極微成一微塵是眼眼識所取色中最微細者此唯三種眼見一天眼二轉輪王眼三住後有菩薩眼七微塵成一銅塵有說此七成一水塵七銅塵成一水塵有說此七成一銅塵七水塵成一兔毫塵有說七銅塵成一兔毫塵七兔毫塵成一羊毛塵七羊毛塵成一牛毛塵七牛毛塵成一向遊塵七向遊塵成一蟣七蟣成一虱七虱成一穬麥七穬麥成指一節二十四指節成一肘四肘為一弓去村五百弓名阿練若處從此已去名邊遠處則五百弓成摩揭陁國一俱盧舍成北半俱盧舍所以者何摩揭陁國其地平正去村雖近而不聞聲北方高下遠猶聲及是故北方俱盧舍大八俱盧舍成一踰繕那贍部洲人身長三肘半或有過者毗提訶人身長八肘瞿陁尼人身長十六肘俱盧洲人身長三十二肘四大王眾天身長俱盧舍四分之一三十三天身長

半俱盧舍天帝釋身長俱盧舍夜摩天身長俱盧舍四分之三覩史多天身長俱盧舍樂變化天身長俱盧舍及俱盧舍四分之一他化自在天身長俱盧舍半梵衆天身長半踰繕那梵輔天身長一踰繕那大梵天身長一踰繕那半少光天身長二踰繕那無量光天身長四踰繕那極光淨天身長八踰繕那少淨天身長十六踰繕那無量淨天身長三十二踰繕那遍淨天身長六十四踰繕那無雲天身長百二十五踰繕那福生天身長二百五十踰繕那廣果天身長五百踰繕那無想天身亦尒無煩天身長千踰繕那無熱天身長二千踰繕那善現天身長四千踰繕那善見天身長八千踰繕那阿迦膩瑟搋天身長十六千踰繕那如是名為色之分齊

頗有法四緣生耶乃至廣說問何故作此論荅為止說緣無實者意顯諸緣性皆是實有故作斯論從緣生法有三種一色二心心所法三心不相應行色復有三謂善染汙無覆無記心心所法心不相應行亦尒此中善色及異熟所不攝無覆無記色生時一緣一少分於此有作用一緣者增上一少分者因緣則同類因則此滅時一緣一少分於此有作用一緣者增上一少分者因緣則俱有因染汙色生時一緣一少分於此有作用一緣者增上一少分者因緣則同類因遍行因則此滅時一緣一少分於此有作用一緣者增上一少分者因緣則俱有因異熟色生時一緣一少分於此有作用一緣者增上一少分者因緣則同類因異熟因則此滅時一緣一少分於此有作用一緣者增上一少分者因緣則俱有因善心心所法及異熟所不攝無覆無記心心所法生時二緣一少分於此有作用二緣者增上等無間一少分者因緣則同類因則此滅時二緣一少分於此有作用二緣者增上所緣一少分者因緣則俱有因相應因染汙心心所法生時二緣一少分於此有作用二緣者增上等無間一少分者因緣則同類因遍行因則此滅時二緣一少分於此有作用二緣者增上所緣一少分者因緣則俱有因相應因異熟心心所法生時二緣一少分於此有作用二緣者增上等無間一少分者因緣則同類因異熟因則此滅時二緣一少分於此有作用二緣者增上所緣一少分者因緣則俱有因相應因善心不相應行中無想等至滅盡等至生時二緣一少分於此有作用二緣者增上等無間一少分者因緣則同類因則此滅時一緣一少分於此有作用一緣者增上一少分者因緣則俱有因餘善及異熟所不攝無覆無記心不相應行生時一緣一少分於此有作用一緣者增上一少分者因緣則同類因則此滅時一緣一少分於此有作用一緣者增上一少分者因緣則俱有因染汙心不相應行生時一緣一少分於此有作用一緣者增上一少分者因緣則同類因遍行因則此滅時一緣一少分於此有作用一緣者增上一少分者因緣

則俱有因異熟心不相應行生時一緣一少分於此有作用一緣者增上一少分者因緣則同類因異熟因則此滅時一緣一少分於此有作用一緣者增上一少分者因緣則俱有因是謂此處略毗婆沙

頗有法四緣生耶荅有謂一切心心所法問此法生時但由二緣半於此有作用云何乃說四緣生耶荅生位滅位合說四緣起未已滅揔名生故問生時滅時各三緣半若合說者應有五緣何故說四荅依種類說不過四故謂一緣唯於生時作用一緣唯於滅時作用二緣通於二時作用故合說四頗有法三緣生耶荅有謂無想等至滅盡等至問此法生時但由二緣半於此有作用云何乃說三緣生耶荅生位滅位合說三緣起未已滅揔名生故問此於生時有二緣半滅時有一緣半若合說者應有四緣何故說三荅依種類說不過三故謂一緣唯於生時作用二緣通於二時作用故合說三頗有法二緣生耶荅有謂除無想滅盡等至諸餘心不相應行及一切色問此法生時但由一緣半於此有作用云何乃說二緣生耶荅生位滅位合說二緣起未已滅揔名生故問此於生時有一緣半滅時有一緣半應有三緣何故說二荅依種類說不過二故謂二緣俱於生時滅時有作用故頗有法一緣生耶荅無所以者何諸有為法性羸劣故不自依故依止他故無作用故不自在故彼有為法最極少者謂一剎那一極微法生位滅位除其自體餘一切法為增上緣於滅位中生等為彼俱有因故說為因緣由此定無一緣生者

此中因緣攝一切有為法等無間緣攝過去現在除阿羅漢最後心聚餘心心所法所緣緣增上緣攝一切法又因緣攝五蘊等無間緣攝無色四蘊少分所緣緣增上緣攝五蘊及非蘊又因緣攝三世等無間緣攝二世少分所緣緣增上緣攝三世及非世問如是四緣誰勝誰劣有說因緣勝餘劣以因增長有生滅故有說等無間緣勝餘劣以能開闢聖道門故有說所緣緣勝餘劣諸心心所所依仗故有說增上緣勝餘劣諸法生滅皆不障故如是說者皆勝皆劣功能差別故問諦與忍智為所緣緣於與三乘誰為親勝荅無偏親勝如亞聚等但由忍智上中下故施設所緣有三差別如三力士射堅洛叉摩訶諾健那中而不破鉢羅塞建提破而不度那羅延箭破已直度更穿餘物非彼洛叉有堅軟異但由射者勢力不同故說洛叉亦有差別

問何緣闕故便般涅槃有說因緣流轉生死由因緣力因緣斷故生死則斷有說等無間緣以阿羅漢後心不續便涅槃故有說所緣緣以諸尒焰不起此後心心所法便涅槃故有說增上緣以阿羅漢最後心後無不障导便斷絕故如是說者四緣闕故而般涅槃以涅槃時四緣攝法於彼相續皆無作用便般涅槃

云何因相應法乃至廣說問何故作

此論荅欲止愚於相應法者執相應法體非實有顯相應法體是實有故作斯論於此義中有作是說此中但依一因作論謂相應因由此中說相應言故依彼意趣釋此文者云何因相應法荅一切心心所法此是相應因自體法與相應因自體法相應故名因相應云何因不相應法荅色無為心不相應行問色等既非相應因自體如何乃說因不相應荅色等雖非相應因自體而與相應因自體不相應故說為因不相應斯有何失云何因相應因不相應法荅則心心所法少分因相應少分因不相應少分因相應者謂自於他少分因不相應者謂自於自云何非因相應非因不相應法荅則心心所法少分非因相應少分非因不相應少分非因相應者謂自於自少分非因不相應者謂自於他有說此中依二因作論謂相應因俱有因由此二因恒與彼法不相離故有說此中依三因作論謂相應因俱有因同類因由此三因通三

性故有說此中依四因作論除同類因遍行因由此因通三世故有說此中依五因作論除能作因以通無為非親勝故有說此中依六因作論由此所說因言摠故然相應法或有具作六因自體或有但作五因自體或有但作四因自體何等具作六因自體謂不善遍行心心所法何等但作五因自體謂不善非遍行心心所法若有覆無記遍行心心所法若善有漏心心所法何等但作四因自體謂有覆無記非遍行心心所法若無覆無記心心所法若無漏心心所法依彼意趣釋此文者云何因相應法荅一切心心所法謂六因自體法與六因自體法相應五因自體法與五因自體法相應四因自體法與四因自體法相應故名因相應後三問荅准前應知

云何緣有緣法乃至廣說問何故作此論荅欲止愚於所緣緣性執所緣緣非實有法者意顯所緣緣體是實有故作斯論云何緣有緣法荅若意

識并相應法緣心心所法由有所緣法為此所緣故說此為緣有緣法如明眼者見明眼人彼明眼人復有所見緣有緣法應知亦尒云何緣無緣法荅五識身并相應法若意識并相應法緣色無為心不相應行由無所緣法為此所緣故說此為緣無緣法如明眼者見生盲人彼生盲人更無所見緣無緣法應知亦尒云何緣有緣緣無緣法荅若意識并相應法緣心心所法及色無為心不相應行由有所緣無所緣法為此所緣故說此為緣有緣緣無緣法如明眼者見明眼人及生盲人彼明眼人復有所見彼生盲人更無所見緣有緣緣無緣法應知亦尒有餘謂此第三句義則合初二更無異體此不應理與本論相違故如本論說緣有緣法是有為緣隨眠隨增緣無緣法是一切隨眠隨增緣有緣緣無緣法是有為緣隨眠隨增非緣有緣非緣無緣法是有漏緣隨眠隨增然有意識并相應法一刹那項摠緣有緣及無緣法是故

如前所說者好云何非緣有緣非緣無緣法荅色無為心不相應行由此法不緣有所緣無所緣法故說此為非緣有緣非緣無緣法如生盲人都無所見此亦如是

如世尊說內無色想觀外色乃至廣說問何故作此論荅為欲分別契經義故如契經說內無色想觀外色雖作是說而不分別云何內無色想觀外色乃至廣說今欲分別故作斯論云何內無色想觀外色耶荅謂有苾芻起如是勝解令我此身將死已死將上轝已上轝將往塚間已往塚間將置地已置地將為種種蟲食已為種種蟲食彼於寂後不見內身唯見外蟲是名內無色想觀外色謂彼由先多勝解力不見身相但見違逆損害內身外諸蟲相復有苾芻起如是勝解令我此身將死已死將上轝已上轝將往塚間已往塚間將置薪積已置薪積將為火焚已為火焚彼於寂後不見內身唯見外火是名內無色想觀外色謂彼由先多勝解力不見身相但見違逆損害內身外諸火相復有苾芻起如是勝解令我此身甚為虛偽如雪或雪摶如沙糖或沙糖摶如生熟酥或生熟酥摶將為火炙已為火炙將融銷彼於寂後不見內身唯見外火是名內無色想觀外色謂彼由先多勝解力不見身相但見違逆損害內身外諸火相此中如雪或雪摶者謂北方諸瑜伽師如沙糖或沙糖摶者謂南方諸瑜伽師如生熟蘇或生熟蘇摶者謂一切處諸瑜伽師問若時作內無色想則時觀外色耶為爾時但觀外色不作內無色想耶設爾何過若時作內無色想則時觀外色者云何一覺不作二解差別解耶如是一覺便成多體若爾時但觀外色不作內無色想者此文所說內無色想觀外色復云何通荅應說爾時但觀外色不作內無色想問若爾此文所說內無色想觀外色當云何通荅依瑜伽師意樂而說謂觀行者有如是意樂我當內無色想觀外色隨彼而說然於爾時唯觀外色有說依彼先時分別行相故作是說謂瑜伽師先起如是分別行相我當如是如是作內無色想觀外色觀及修觀時唯觀外色有說此文依修加行成滿時說謂內無色想者說此善根加行時觀外色者說此善根成滿時非於一時有二種解有說此文依義至說謂若內無色想義至觀外色若觀外色義至內無色想非於一覺有二種解有說內無色想者說所依觀外色者說所緣非於所緣俱起二解有餘師說若時作內無色想則時亦觀外色問若爾云何一覺不作二解差別解耶荅雖作二解而不相違故無有失此不應理有無二相互相違故是故如前所說者好

如世尊說有除色想乃至廣說問何故復作此論荅彼作論者意欲爾故乃至廣說有說為欲分別契經義故謂契經中說除色想而不廣辯今欲辯之故作斯論云何除色想耶荅謂有苾芻起如是勝解令我此身將死已死將上轝已上轝將往塚間已往

塚間將置地已置地將為種種蟲食已為種種蟲食此種種蟲將散已散彼於寂後不見自身亦不見蟲是名除色想謂彼由先多勝解力不見身相亦復不見遶宮内身外諸蟲相復有苾芻起如是勝解今我此身將死已死將上轝已上轝將往塚間已往塚間將置薪積已置薪積將為火焚已為火焚此焚屍火將滅已滅彼於寂後不見自身亦不見火是名除色想謂彼由先多勝解力不見身相亦復不見遶宮内身外諸火相復有苾芻起如是勝解今我此身甚為虛偽如雪或雪摶如沙糖或沙糖摶如生熟酥或生熟酥摶將為火炙已為火炙將融銷已融銷此能銷火將滅已滅彼於寂後不見自身亦不見火是名除色想謂彼由先多勝解力不見身相亦復不見遶宮内身外諸火相如雪摶等三種譬喻隨方差別如前應知

問彼瑜伽師何處曾見如是諸相而今觀耶荅由彼曾與同梵行者作瞻病人曾見苾芻大種乖適斷諸飲食呻吟苦痛雖加醫藥轉復增劇乃至漸困暴汗交流喘息奔急須臾命盡為縛牀轝安置其屍同學悲酸送至葬所若所至處薪難得者便置坑中悒然捨去後日重往見彼屍骸已為狐狼鵄梟鵰鷲烏鵲餓狗之所噉食須臾遠觀骨肉都盡倏忽四散其處寂然若處柴薪易可得者便積薪木安置其屍以火焚之俄須皆盡須臾火滅寂無所有彼瑜伽師善取如是種種相已疾還所住洗足敷座結跏趺坐謂直身心令無熱惱遠離諸蓋有所堪能憶念先時所取諸相以勝解力想見已身次第有前所見衆相若不曾作瞻養病人彼於一時見雪摶等漸次為火之所銷融乃至後時都無所見取是相已以勝解力想見已身次第有前所見衆相由此緣故諸瑜伽師於其自身起斯勝解問如是觀察分位不同於諸觀門何等所攝荅是除色想及此加行并此加行加行所攝謂不見身不見蟲火此寂後位除色想攝若不見身而見蟲火是除色想加行所攝若猶見身亦見蟲火是此加行加行所攝有作是說是除色想及第二初解脫所攝謂不見身不見蟲火是除色想若不見身而見蟲火是第二解脫若猶見身亦見蟲火是初解脫有餘師說顯三善根謂不見身不見蟲火此顯上品若不見身而見蟲火此顯中品若猶見身亦見蟲火此顯下品

說一切有部發智大毗婆沙論卷第一百三十六

阿毗達磨大毗婆沙論卷第一百三十六

校勘記

一　底本，金藏廣勝寺本。

一　二二六頁中五行首字「心」，資、磧、普、南、徑、清作「問心」。

一　二二六頁中二〇行第九字「績」，資、磧、普、南、徑、清作「積」。

一　二二七頁上一六行第三字「及」，南作「乃」。

一　二二七頁中六行「頗勒窶那」，資、磧、普、南、徑、清作「頗勤窶那」。

一　二二七頁中一六行第一一字「闇」，麗作「闇」。

一　二二七頁下一六行第三字「北」，諸本（不含石，下同）作「北方」。

一　二二八頁上一行第一〇至一二字「俱盧舍」，麗作「一俱盧舍」。

一　二二九頁上一一行「三緣半」，諸本作「二緣半」。

一　二二九頁上一七行第九字「云」，資、磧、南作「於」。

一　二二九頁中二行第五字「切」，資作「劣」。

一　二二九頁中九行第七字「諸」，資、磧、普、南、徑、清作「謂」。

一　二二九頁中一〇行「自依」，資、磧、普、南、徑、清作「自體」。

一　二二九頁中一一行第六字「法」，資、磧、普、南作「滅」。

一　二二九頁中一二行第八字「位」，資、磧、普、南作「皆」。

一　二二九頁下九行「三力士」，南作「二力士」。

一　二三〇頁上一行第五字「止」，磧作「上」。

一　二三〇頁中二行「由此因」，諸本作「由此四因」。

一　二三一頁上二二行「名內」，徑作「內名」。

一　二三一頁中五行「融銷」，諸本作「融銷已融銷」。

一　二三一頁中八行「火相」，磧作「火根」。

一　二三二頁上一九行第七字「違」，南作「進」。

一　二三二頁中一行「飲食」，資、磧、普、南、徑、清作「餘食」。

一　二三二頁中三行第四字「汗」，諸本作「汙」。

一　二三二頁中一三行第三字「謂」，諸本作「調」。

阿毗達磨大毗婆沙論卷第百三十七　涉

五百大阿羅漢等造

三藏法師玄奘奉　詔譯

大種蘊第五中具見納息第三之四

問此除色想自體云何答慧為自體
若爾何故以想為名由此聚中想用
增故如持息念身等念住本性念住
宿住隨念皆慧為體以念為名念用
增故彼亦如是已說自體應釋其名
此以何故名除色想由此能違諸積
集色令不現前名除色想界者色界
地者第四靜慮所依者依欲界身行
相者不明了行相所緣者緣欲界問
此緣欲界何法答有說即緣積集等處
有說即緣彼處空界如是說者即緣所
除所有諸色於中有說唯緣所除自身
諸色念住者身念住智者世俗智等
持者非等持俱根者捨根相應世者
通三世過去緣過去現在緣現在未
來可生者緣未來未來不生者緣三世善
不善無記者是善緣三種有說唯緣
無記三界繫不繫者是色界繫緣欲
界繫學無學非學非無學者是非學
非無學緣非學非無學見所斷修所
斷不斷者是修所斷緣修所斷緣自
身他身非身者有說唯緣自身有說
緣自他身有說通緣三種緣名緣義
者唯緣義加行得離染得者是加行
得非離染得已離第四靜慮染者若
不加行求此想時終不能起令現前
故有說佛離染得離有頂染時得故
餘加行得有說餘亦離染得而加行
現前佛不加行獨覺下加行聲聞或
中或上起處者在欲界非色無色界
在人三洲非北洲問此誰所起答有說
唯聖者非異生有說異生亦起異生
有二種一內法異生二外法異生內
法者能起非外法以外法異生長夜
執我怖畏無我不樂遠除內所依色
故已說此想自性等門復應顯示有
雜無雜問諸無除色想皆未離色染耶
答諸未離色染皆無除色想有無除
色想非未離色染謂已離色染而未
入彼定問諸有除色想皆已離色染耶
答諸有除色想皆已離色染有已離

色染非有除色想謂已離色染而未
入彼定所以者何前說彼定唯加行
得非離染得故雖已離第四靜慮染
若不加行求此定時終不能起令現
前故有說此定雖離染得而獨覺等
要起加行方令現前此依現前有無
作論故作是說

問除色想言有多處說謂此處說雜
蘊亦言入無色定除去色想波羅衍
拏亦作是說

諸有除色想　能除一切身　於內外法中
無有不見者

眾義品中亦作是說

於想有想非即離　亦非無想非除想
如是平等除色想　無有染著依因緣

如是諸說義有何異答此說能違諸
積集色令不現前名除色想波羅衍
拏眾義品說斷色界愛名除色想雜
蘊中說不緣下地流轉諸色名除色
想有說此除色想在第四靜慮波羅
衍拏眾義品說除色想者在七地謂
未至中間四靜慮空無邊處近分雜
蘊所說除色想者亦在七地謂四無

色上三近分有說此除色想是身念住波羅衍拏眾義品說除色想者是法念住雜蘊所說除色想者通四念住有說此除色想是不共餘三是共有說雜蘊所說是共餘三不共是名諸說異義

四識住七識住為四攝七七攝四耶乃至廣說問何故作此論答為欲分別契經義故謂契經說四識住七識住九有情居而不廣分別亦不明攝今欲廣解并顯相攝故作斯論四識住者如契經說一色隨識住二受隨識住三想隨識住四行隨識住色隨識住者謂色有漏隨順於取有情數攝行隨識住亦尒受隨識住者謂受有漏隨順於取想隨識住亦尒有餘師說色隨識住者謂色有漏隨順於取有情數非有情數攝行隨識住亦尒受想隨識住如前說問有情數蘊說為識住此事可尒非有情數蘊去何名識住答有多種識住謂相應識住俱有識住所依識住所緣識住所行識住非有情數蘊是識所緣故名

識住已說自性應說因緣何因緣故說名識住答識於此中住等住近住故名識住如馬等所住名馬等住有說此中喜所潤識增長廣大故名識住有說此中愛所潤識攝受不離故名識住有說此中諸有漏識隨順取識生起執著安住增長故名識住

問何故無漏法不立識住答諸無漏法無識住相故復次若法能增益有能攝受有能住持有立為識住諸無漏法能損減有能違害有能破壞有故非識住復次若法乃至是身見事乃至墮苦集諦立為識住諸無漏法乃至非身見事乃至不墮苦集諦故非識住有說若法喜所潤識於中增長廣大立為識住諸無漏法與此相違故非識住有說若法愛所潤識於中攝受不離立為識住諸無漏法則不如是故非識住有說若法諸有漏識隨順取識於中生起執著安住增長立為識住諸無漏法與此相違故非識住

問何故識非識住答為識故立識住

如為王故立王座如王座王牀王路亦尒如王非路路非王是王所行故名王路如是識非住住非識是識所止故名識住是故識非識住有說若法識所乘御如象馬船人所乘御彼法立識住非識乘御於識故識非識住復次若法與識俱生俱住俱滅於識有用立為識住識於識不尒有說識住法尒與識俱在現在是識所住非識與識得有此事問自識他識俱在現在何不展轉立識住耶答自識於自識非識住故於他識亦非無異相故復次於自識親尚非識住況於踈遠有說若法與識三和合生乎有作用立為識住非識與識三和合生乎有作用故非識住

由自分識於中住故自分諸蘊得識住名謂欲界蘊欲界識所住色界蘊色界識所住無色界蘊無色界識所住初靜慮蘊初靜慮識所住乃至非想非非想處蘊非想非非想識所住問生欲界起色無色界無漏心現在前現在二蘊是識住不答應言是識

住問無同分識於中止住云何名識住答得識住相故謂同分識餘緣故不生非此不能生故亦名識住如泉池側置象馬魚師子等口以為注道水不行時非此為障水若行者為作所依雖水不行亦名注道彼亦如是七識住者如契經說有色有情身異想異如人一分天是第一識住有色者謂彼有情有色可了有色身有色界處蘊有色施設故名有色有情者謂諦義勝義有情不可得非實有體然於界處蘊中假想施設說為有情捺落迦生儒童養者補特伽羅命者生者故名有情身異者謂彼有情有種種身種種顯形狀貌差別故名身異想異者謂彼有情有樂想苦想不苦樂想故名想異如人一分天者人則一切人一分天謂欲界天是第一識住者第一則次第中冣初數識住謂彼所繫色受想行識釋識住義已如前說有色有情身異想一如梵衆天謂彼初起是第二識住有色等如前說想一者謂彼有情染想無異如

梵衆天者此顯梵世諸天謂彼初起者謂彼初生同起染想後便想異是第二識住者第二淮前識住如前說有色有情身一想異如極光淨天是第三識住有色等如前說身一者謂彼有情有一類身一類顯形狀貌無別想異者謂彼有情有樂想不苦不樂想由彼諸天猒根本地喜根已起近分地捨根現前猒近分地捨根已起根本地喜根現前如富貴人猒欲樂已欣住法樂猒法樂已欣住欲樂如極光淨天者此顯第二靜慮諸天有色有情身一想一如遍淨天是第四識住有色等如前說想一者謂彼有情有無覆無記無差別想如遍淨天者此顯第三靜慮諸天無色有情一切色想皆超越故諸有對想皆隱沒故於別異想不作意故入無邊空空無邊處具足住如前空無邊處天是第五識住無色有情一切空無邊處皆超越故入無邊識識無邊處具足住如前識無邊處天是第六識住無色有情一切識無邊處皆超越故入

無少所有無所有處具足住如前無所有處天是第七識住此中諸無色者謂彼有情無色可了無有色身無色界處蘊無色施設故名無色有情等如前說一切空無邊處皆超越等如餘處說識住者謂彼所繫受想行識問何故初靜慮有異身非上地答以初靜慮立王臣衆有差別故謂大梵王與諸梵輔及諸梵衆數數集會於中種種顯形狀貌衣服語言各有差別上地不尒有說初靜慮受上中下無別異業異熟故身有異上地不尒有說初靜慮受有尋伺業異熟故身有異上地不尒有說初靜慮受表無表業異熟故身有異上地不尒有說初靜慮受四識身相應業異熟故身有異上地不尒有說初靜慮受三受相應業異熟故身有異上地不尒由如是等種種因緣初靜慮身異上地身一又初靜慮由染汙想說為想一第二靜慮由善想說為想異第三靜慮由無覆無記異熟想說為想一問何故惡趣第四靜慮非想非非想

處皆不立識住耶答有作是說彼亦應立在識住中而不立者是有餘說尊者世友作如是說此是世尊要略而說然惡趣等攝在此中謂諸惡趣當知攝在初識住中第四靜慮攝次三中非想非非想處攝後三中所以者何以界同故有說若處有二種識多分可得立為識住一愛所攝受識二見所攝受識惡趣及非想非非想處愛所攝受識多分不可得第四靜慮見所攝受識多分不可得故非識住有說若處有三種識多分可得立為識住一見所斷識二修所斷識三不斷識惡趣非想非非想處不斷識俱不可得第四靜慮見所斷識多分不可得故非識住問豈不第四靜慮異生皆有見所斷識可得耶答雖有而於彼地非多分可得五淨居天全無有故問人欲界天不斷識亦不可得應非識住答可得有二一自性可得二所依可得人欲界天不斷識雖非自性可得而所依可得故立識住問豈不非想非非想處不斷識亦所依

可得耶生彼有得阿羅漢故答雖有而非多分以生彼中暫起聖道取無學果已乃至涅槃不現前故有說若處有六種識多分可得立為識住謂見苦所斷識乃至修所斷識及不斷識惡趣非想非非想處不斷識俱不可得第四靜慮前四所斷識多分不可得故非識住問答分別如前應知有說若處識所樂住立為識住諸惡趣中苦所逼故識不樂住第四靜慮樂還動故識不安住謂諸異生或樂入無色或樂入無想或樂令識滅若諸聖者或樂入無色或樂入淨居或樂入無餘非想非非想處極寂靜故心微劣故識不樂住有說若處無壞識法而可得者立為識住諸惡趣中有極苦受第四靜慮有無想定無想異熟非想非非想處有滅盡定能壞識法故非識住有說若處由二事故發起殊勝異分諸識令現在前立為識住一由定故二由生故惡趣非想非非想處二事俱無第四靜慮雖有定故而無生故有言惡趣二事俱無第四靜慮雖有定故而

無生故非想非非想處雖有生故而無定故由如是等種種因緣惡趣等非識住

問何故四識住中識非識住七識住中識是識住答由別因故立四識住由別因故立七識住謂若有法識所乘御與識俱行親近和合立四識住識望於識無如是事故不立在四識住中若法與識為因為果展轉相資立七識住識望於識有如是事是故立在七識住中

九有情居者如契經說有色有情身異想異如人一分天是第一有情居有色有情身異想一如梵眾天是第二有情居有色有情身一想異如極光淨天是第三有情居有色有情身一想一如遍淨天是第四有情居有色等如前說有情居者謂彼所繫色受想行識又是有情所居所住所止生處故名有情居有色有情無想無別想如無想有情天是第五有情居有色等如前說無想者彼處長時想等滅故則由此義名無想有情天無

色有情一切色想皆超越故諸有對想皆隱沒故於別異想不作意故入無邊空空無邊處具足住如隨空無邊處天是第六有情居無色有情一切空無邊處皆超越故入無邊識識無邊處具足住如隨識無邊處天是第七有情居無色有情一切識無邊處皆超越故入無少所有無所有處具足住如隨無所有處天是第八有情居無色有情一切無所有處皆超越故入非想非非想處具足住如隨非想非非想處天是第九有情居無色等如前說一切無所有處皆超越等如餘處說

問何緣惡趣及無想所不攝廣果天等非有情居荅有作是說彼亦應立為有情居而不立者是有餘說尊者世友作如是說此是世尊要略而說然惡趣等攝在此中謂諸惡趣當知攝在初有情居無想所不攝廣果天等當知攝在第五有情居所以者何以地同故有說若處餘樂來居已居其中不樂遷動是處可立為有情居諸

惡趣中二俱不然但由業力令往令住若隨意欲剎那不住故不建立第四靜慮除無想天餘雖樂來而好遷動如邊城邑人不樂居謂彼異生或樂無色或樂無想若諸聖者或樂淨居或趣涅槃如國邊城恒為盜賊隣敵侵故貴族生財樂轉餘處雖留少分以充鎮守有諸商人來求資貨鎮人謂曰此處多災無以相瞻商旅咸曰此非城邑如是無想所不攝天感業所駈恒樂遷動故不說彼為有情居

已分別三種自性今當說雜無雜相

問四識住七識住為四攝七七攝四耶荅應作四句有四非七謂地獄傍生鬼界廣果色受想行及非想非非想處受想行有七非四謂人欲界天梵衆極光淨遍淨空無邊處識無邊處無所有處心有亦四亦七謂人欲界天梵衆極光淨遍淨色受想行及空無邊處識無邊處無所有處受想行有非四非七謂地獄傍生鬼界廣果非想非非想處心此中所以如前廣說

問四識住九有情居為四攝九九攝四耶荅應作四句有四非九謂地獄傍生鬼界無想天所不攝廣果色受想行有九非四謂人欲界天梵衆極光淨遍淨無想天四無色心有亦四亦九謂人欲界天梵衆極光淨遍淨無想天色受想行及四無色受想行有非四非九謂地獄傍生鬼界無想天所不攝廣果心此中所以亦如前說

問七識住九有情居為七攝九九攝七耶荅九攝七非七攝九何所不攝荅二處謂無想天處及非想非非想處此中所以亦如前說

問世尊何故於無想天及有頂天多說為處荅有諸外道執此二處以為解脫佛為遮彼說為生處有說外道執此二處為最寂靜佛說為處明是喧動而非寂靜是界趣生流轉處故有說外道執此二處是真解脫永無退還故佛說彼是退還處非真解脫謂從非想非非想處沒多生下地無想天沒必生欲界有說彼二天壽量長遠外道多執為真涅槃謂無想天於

唯異生生處壽量寂遠非想非非想天於一切生處壽量寂遠故佛說彼是無常處有作是說九有情居世尊皆以二名宣說於其七種作二名說謂名識住及有情居於餘二種亦二名說謂名為處及有情居有餘師說佛以識住與有情居展轉相攝餘不盡者唯有二處不應異釋空無邊等亦名處故有說生處精勤果中此居後邊故說名處謂唯異生生處精勤果中無想天為後邊一切生處精勤果中有頂天為後邊

大種蘊第五中執受納息第四之一

有執受大種與有執受大種為幾緣如是等章及解章義既領會已應廣分別問何故作此論荅彼作論者意欲尒故隨彼意欲而作論但不違法相便不應責復次欲止說因緣法及去来世非實有者意顯諸因緣去来實有故作斯論此中有執受大種者謂現在剎那有情數攝心心所法所執受大種無執受大種者謂過去未来及現在一分有情數攝并三世一

切非情數攝所有大種是謂此處略毗婆沙

有執受大種與有執受大種為幾緣荅因增上因者一因謂俱有因增上者謂不礙生及唯無障然有差別謂一果者異類相望為因增上非一果者但一增上有執受大種與無執受大種為幾緣荅因增上因者一因謂同類因增上者如前說然有差別謂有執受大種與未来有情數大種為因增上與餘無執受大種但一增上無執受大種與無執受大種為幾緣荅因增上因者二因謂俱有同類增上者如前說然有差別謂過去有情數大種與過去有情數大種為因增上因者二因謂俱有同類增上者如前說與未来有情數大種及現在有情數無執受大種為因增上因者一因謂同類因增上者如前說與餘無執受大種但一增上過去非有情數大種與過去非有情數大種為因增上因者二因謂俱有同類增上者如前說與未来現在非有情數大種為

因增上因者一因謂同類因增上者如前說與過去未来有情數大種及現在有情數無執受大種但一增上未来有情數大種與未来有情數大種為因增上因者一因謂俱有因增上者如前說與餘無執受大種但一增上未来非有情數大種與未来非有情數大種為因增上因者一因謂俱有因增上者如前說與餘無執受大種但一增上現在有情數無執受大種與現在有情數無執受大種為因增上因者一因謂俱有因增上者如前說與未来有情數大種為因增上因者一因謂同類因增上者如前說與餘無執受大種但一增上現在非有情數大種與現在非有情數大種為因增上因者一因謂俱有因增上者如前說與未来非有情數大種為因增上因者一因謂同類因增上者如前說與餘無執受大種但一增上無執受大種與有執受大種為幾緣荅因增上因者一因謂同類因增上者如前說然有差別謂過去有情數

大種與有執受大種為因增上因者一因謂同類因增上者如前說餘無執受大種與有執受大種但一增上

已說大種當說所造所造亦二謂有執受及無執受現在剎那有情數攝心心所法所執受者是有執受過去未來及現在一分有情數攝三世一切非情數攝是無執受是謂此處略毗婆沙有執受所造色與有執受所造色為幾緣答一增上增上義如前說無因者有對所造色展轉相望非俱有因故有執受所造色與無執受所造色為幾緣答因增上因者二因謂同類異熟增上者如前說然有差別謂有執受所造色與未來有情數所造色為因增上與餘無執受所造色但一增上無執受所造色與無執受所造色為幾緣答因增上因者三因謂俱有同類異熟因增上者如前說然有差別謂過去有情數所造色與過去有情數所造色為因增上因者三因謂俱有同類異熟因增上者如前說與未來有情數所造色為因增

阿毗達磨大毗婆沙論卷第一百三十七　第十九張　沛

上因者二因謂同類異熟增上者如前說與現在有情數無執受所造色為因增上因者一因謂同類增上者如前說與餘無執受所造色但一增上過去非有情數所造色與過去未來現在非有情數所造色為因增上因者一因謂同類因增上者如前說與餘無執受所造色但一增上未來有情數所造色與未來有情數所造色為因增上因者二因謂俱有異熟增上者如前說與餘無執受所造色但一增上未來非有情數所造色與一切無執受所造色但一增上現在有情數無執受所造色與現在有情數無執受所造色為因增上因者一因謂俱有因增上者如前說與未來有情數所造色為因增上因者二因謂同類異熟增上者如前說與餘無執受所造色但一增上現在非有情數所造色與未來非有情數所造色為因增上因者一因謂同類因增上者如前說與餘無執受所造色但一增上無執受所造色與有執受

阿毗達磨大毗婆沙論卷第一百三十七　第二十張　沛

所造色為幾緣答因增上因者二因謂同類異熟增上者如前說然有差別謂過去有情數所造色與有執受所造色為因增上因者二因謂同類異熟增上者如前說餘無執受所造色與有執受所造色但一增上

說一切有部發智大毗婆沙論卷第一百三十七

甲辰歲高麗國大藏都監奉
勅雕造

阿毗達磨大毗婆沙論卷第一百三十七　第二十一張　沛

阿毗達磨大毗婆沙論卷第一百三十七

校勘記

一　底本，麗藏本。

一　二三四頁上七行第一一字「本」，磧作「不」。

一　二三四頁上九至一〇行「應釋其名此以何故」，諸本（不含石，下同）作「應說因緣何因緣故」。

一　二三四頁上一四行第七字及中一三行第一三字「答」，諸本無。二三七頁上一一行第八字及二三八頁上一六行第六字同。

一　二三四頁上二一行「三種」，資、磧、普作「二種」。

一　二三四頁中一八行第九字「門」，諸本作「問」。

一　二三四頁中一九行第四字「問」，諸本無。二二行第四字同。

一　二三五頁上一一行首字「今」，磧、南作「令」。

一　二三五頁上二一行第七字「多」，磧作「名」。

一　二三五頁中末行「答爲識」，諸本作「答爲識住」。

一　二三五頁下一行第六字「王」，磧、南作「主」。

一　二三五頁下三行第八字「住」，磧、普、南、徑、清作「識」。

一　二三五頁下七行「俱住」，諸本作「俱生」。

一　二三六頁上四行「魚師子」，磧作「色師子」；南、徑、清作「牛師子」。

一　二三六頁中二行第六字「同」，諸本作「同是」。

一　二三六頁中二一行「具足」，資作「其足」。

一　二三七頁中一二行「或樂令識滅」，諸本無。

一　二三七頁中一四行「無餘」，諸本作「涅槃」。

一　二三七頁中一六行「而可得者」，諸本無。

一　二三八頁中六行「或趣涅槃」，諸本作「或樂無色或樂入涅槃」。

一　二三八頁中一〇行首字「瞻」，諸本作「贍」。

一　二三八頁中一三行「三種」，資、磧、南、徑、清作「三動」。又第一〇字「説」，諸本作「顯説」。

一　二三八頁中一四行首字「問」，諸本無。本頁下一行首字、一〇行首字同。

一　二三八頁下二二行第一二字「天」，諸本無。

一　二三九頁上二行「一切」，諸本作「異生聖者」。

一　二三九頁上一九行第二字「來」，資、磧、普作「未」。

一　二三九頁下三行第一一字「但」，資、磧、普、徑作「爲」。

一　二三九頁下一六行「大種」，諸本均作「無執受大種」。

一　二三九頁下二〇行末字「上」，諸本作「上現在非有情數大種」。

一　二四〇頁上七行第五字「在」，諸本無。

一　二四〇頁中三行「同類」，諸本作「同類因」。

阿毗達磨大毗婆沙論卷第百三十八　沛

五百大阿羅漢等造

三藏法師玄奘奉　詔譯

大種蘊第五中執受納息第四之三

因相應法與因相應法為幾緣答因等無間所緣增上因者五因謂相應俱有同類遍行異熟等無間者謂因相應法等無間因相應法現在前所緣者謂因相應法與因相應法為所緣增上者謂不礙生及唯無障因相應法與因不相應法為幾緣答因等無間增上因者四因謂俱有同類遍行異熟等無間者謂因相應法等無間因不相應法現在前即無想等至滅盡等至是心心所等無間法故增上者如前說非所緣者因不相應法無所緣故因不相應法與因不相應法為幾緣答因增上因者四因謂俱有同類遍行異熟增上者如前說因不相應法與因相應法為幾緣答曰所緣增上因者四因謂俱有同類遍行異熟所緣者謂因不相應與因相應法為所緣增上者如前說非等無間者因不相應法非等無間緣故有所緣法與有所緣法為幾緣答因等無間所緣增上因者五因謂相應俱有同類遍行異熟等無間者謂有所緣法等無間有所緣法現在前所緣者謂有所緣法與有所緣法為所緣增上者如前說有所緣法與無所緣法為幾緣答因等無間增上因者四因謂俱有同類遍行異熟等無間者謂有所緣法等無間無所緣法現在前即無想等至滅盡等至是心心所等無間法故增上者如前說非所緣者無所緣法無所緣故無所緣法與無所緣法為幾緣答因增上因者四因謂俱有同類遍行異熟增上者如前說無所緣法與有所緣法為幾緣答因所緣增上因者四因謂俱有同類遍行異熟所緣者謂無所緣與有所緣法為所緣增上者如前說非等無間者無所緣法非等無間緣故有色法與有色法為幾緣答因增上因者三因謂俱有同類異熟增上者

阿毗達磨大毗婆沙論卷第百三十八　第二張　沛字号

如前說有色法與無色法為幾緣荅因所緣增上因者三因謂俱有同類異熟所緣者謂有色法與無色法為所緣增上者如前說非等無間者以有色法非等無間緣故無色法與無色法為幾緣荅因等無間所緣增上因者五因謂相應等五等無間者謂無色法等無間無色法現在前所緣者謂無色法與無色法為所緣增上者如前說無色法與有色法為幾緣荅曰增上因者四因謂俱有同類遍行異熟增上者如前說有見無見有對無對說亦如是差別者有見法與有見法為二因謂同類異熟餘皆如前說有漏法與有漏法為幾緣荅因等無間所緣增上因者五因謂相應等五等無間者謂有漏法等無間有漏法現在前所緣者謂有漏法與有漏法為所緣增上者如前說有漏法與無漏法為幾緣荅等無間所緣增上等無間者謂有漏法等無間無漏法現在前所緣者謂有漏法與無漏法為所緣即苦集忍智品心心所法增上者如前說非因者以因如種子非有漏法與無漏法為種子故無漏法與無漏法為幾緣荅因等無間所緣增上因者三因謂相應俱有同類等無間者謂無漏法等無間無漏法現在前所緣者謂無漏法與無漏法為所緣即滅道忍智品心心所法增上者如前說無漏法與有漏法為幾緣荅等無間所緣增上等無間者謂無漏法等無間有漏法現在前所緣者謂無漏法與有漏法為所緣增上者如前說非因者以因種子非無漏法與有漏法為種子故有為法與有為法為幾緣荅因等無間所緣增上因者五因謂相應等五等無間者謂有為法等無間有為法現在前所緣者謂有為法與有為法為所緣增上者如前說有為法與無為法為幾緣荅無無為法與無為法為幾緣荅無無為法與有為法為幾緣荅所緣增上所緣者謂無為法與有為法為所緣增上者如前說問何故有為法有因有緣無為法無因無緣耶荅諸有為法性羸劣故藉諸因緣無為法強盛不藉因緣如劣者依他強者不依此亦如是有說諸有為法有作用故假藉因緣無為法無作用故不假因緣如刈者須鐮掘者須揷無所作用則無所須此亦如是有說諸有為法行世取果作用了境故須因緣無為法無如是事故不須因緣如遠行者則須資粮不行不須此亦如是有說有為如王亦如眷屬故有因緣無為如王不如眷屬故無因緣如王王眷屬富貴者富貴者眷屬帝釋帝釋眷屬當知亦尒

問諸有為法有時不生誰作留難為有為法無為法耶荅諸有為法為作留難非無為法以無為法恒與有為作能作因及增上緣於生不生俱無障故如泉池側師子口等水不流時自有餘緣非此為障問諸無為法與有為法作增上緣及所緣緣於能緣不能緣作增上緣有勝劣不荅增上緣義等無差別若緣不緣皆無障故所緣緣義則有差別於能緣者作所

緣緣於不能緣則便不作諸纏所纏續地獄有乃至廣說所說有聲義有多種如結蘊廣說此中說續衆同分有情數五蘊名有然相續有五一中有相續二生有相續三分位相續四法相續五刹那相續中有相續者謂死有蘊滅中有蘊起中有續死有名中有相續生有相續者謂中有蘊滅生有蘊起生有續中有名生有相續分位相續者謂羯邏藍位蘊滅頞部曇位蘊起乃至中年位蘊滅老年位蘊起皆以後位續前位名分位相續法相續者謂善法等無間染或無記法現在前染法等無間善或無記法現在前無記法等無間善或染法現在前皆以後法續前法名法相續刹那相續者初刹那蘊等無間第二刹那蘊現在前後刹那續前刹那名刹那相續此五皆入二相續中謂法相續刹那相續皆不離法及刹那故界分別者欲界具五色界有四除分位無色界有三又除中有趣分別者地獄有四除分位餘趣具五生分別者一切具五於此五相續中依二相續而作論謂中有生有

諸纏所纏續地獄有寂初所得諸根大種彼諸根大種與彼心心所法為幾緣答一增上彼心心所法與彼諸根大種為幾緣答一增上諸纏所纏續傍生有鬼有人有天有寂初所得諸根大種彼諸根大種與彼心心所法為幾緣答一增上彼心心所法與彼諸根大種為幾緣答一增上問若彼心心所法不緣彼諸根大種而結生者可說彼諸根大種與彼心心所法但一增上若彼心心所法緣彼諸根大種而緣生者彼諸根大種與彼心心所法便為二緣謂所緣增上何故定答但一增上答亦應說二而不說者當知有餘有說此中說決定者謂增上緣則定所緣不定是以不說有說此中說互有者謂根大種與心心所展轉為增上緣是以則說非心心所與根大種為所緣緣是故不說有說此中說相資者謂彼根大與心心所更互相資增上義勝所緣不尒隨緣何法皆得起故是以不說

生欲界入有漏初靜慮乃至非想非非想處長養諸根增益大種彼諸根大種與彼心心所法為幾緣答一增上彼心心所法與彼諸根大種為幾緣答一增上問彼心心所法若緣餘法而入定者可如所說若即緣彼諸根大種而入定者則有二緣何故乃說但一增上答應說而不說者當知此義有餘有說此中說決定者所緣不定是故不說有說此中說互有者所緣不尒是故不說有說此中說相資者謂心心所與彼根大更互相資增上義勝所緣不尒隨緣何法皆得生起是故不說問入諸靜慮長益根大與入無色差別云何答靜慮長益多而非妙如縛喝國食無色長益妙而非多如中印度食

生欲界入無漏初靜慮乃至無所有處長養諸根增益大種彼諸根大種與彼心心所法為幾緣答一增上彼心心所法與彼諸根大種為幾緣答一增上此中不說所緣緣義及靜慮

無色長益差別如前應知問入有漏靜慮無色長益根大與入無漏差別云何荅有漏長益多而非妙無漏長益妙而非多二俱如前

生色界入有漏初靜慮乃至非想非非想處長養諸根增益大種彼諸根大種與彼心心所法為幾緣荅一增上彼心心所法與彼諸根大種為幾緣荅一增上生色界入無漏初靜慮乃至無所有處長養諸根增益大種彼諸根大種與彼心心所法為幾緣荅一增上彼心心所法與彼諸根大種為幾緣荅一增上此中不說所緣及靜慮無色有漏無漏長益差別皆如前說

有執受是何義荅此增語所顯隨自體法無執受是何義荅此增語所顯非隨自體法然多處說有執受言謂此中說有執受是何義謂隨自體法契經復說

有執受苦蘊　便引生衆苦　謂生苦老苦
病苦及死苦

有經復說無聞異生長夜修治有執受我餘經復說況於此身暫停住中有執受品類足說九處少分名有執受識身論說有執受蘊是慈所緣問如是諸說義有何異荅此中說內身所攝五蘊名有執受初契經說續衆同分有情數五蘊名有執受次契經說無始時來身見事五蘊名有執受後契經說內身所攝色蘊名有執受品類足說一刹那九處少分名有執受識身論說一刹那五蘊少分名有執受有說品類足識身論說一刹那有情數九處少分名有執受有說二論說一刹那有根所攝九處少分名有執受有說二論說一刹那異熟所攝九處少分名有執受是名差別問慈何故但緣色荅初修時緣色成時緣五蘊西方師說有執受有四種一身有執受二相續有執受三衆同分有執受四世俗施設有執受身有執受者謂初經所說有執受苦蘊相續有執受者如說我有根身相續執受衆同分有執受者如說我有根身衆同分執受世俗施設有執受者如說我執受如是重擔如是事業此中說內身五蘊名有執受此所不攝法是無執受

問如前所說有執受無執受其相云何有說若與血肉筋骨相雜住者名有執受與此相違名無執受有說於彼斫刺破裂時生苦痛者名有執受與此相違名無執受尊者妙音作如是說若法已生未滅有情數是有對非所聞名有執受已生者簡未來未滅者遮過去有情數者遮非有情數是有對者遮意處法處非所聞者遮聲處與此相違名無執受尊者左取作如是言若法有方分有情數繫屬身是有對可牽可斥名有執受有方分者遮過去未來有情數者遮非有情數繫屬身者遮身所出謂髮毛等是有對者遮意處法處可牽可斥者遮聲處與此相違名無執受

問十二處中幾有執受幾無執受荅若生欲界九處少分是有執受三處全九處少分是無執受三處謂聲處意處法處若生色界七處少分是有

執受三處全十處少分是無執受三
處如前說
問於此身中三十六種諸不淨物幾
有執受幾無執受答髮毛爪齒根有
執受餘無執受皮膚肉血生有執受
朽無執受骨肉筋脉心肺脾腎肝膽
胃腸脂髓腦膜生熟二藏皆有執受
膏膿痰癊涕唾淚汗屎尿塵垢皆無
執受順取是何義答此增語所顯有
漏法非順取是何義答此增語所顯
無漏法問何故有漏法名順取有說
此法從取生能生取故名順取有說
此法從取轉能轉取故名順取有說
此法取所引能引取故名順取有說
此法取所長養能長養取故名順取
有說此法取所增廣增廣於取故名
順取此增廣言顯滋茂義有說此法
繫屬於取故名順取如屬王者名為
順王由內無我若有問言汝屬於誰
答言屬取有說諸取於此法中將生
已生將執已執將住已住故名順取
有說諸取於此法中將長養已長養
故名順取有說諸取於此法中將增
廣已增廣故名順取有說諸取於此
堅著如濕膩物塵垢隨著故名順取
有說諸取於此樂住如魚蝦蟇樂處
水中故名順取有說此法為取舍宅
安立足處故名順取謂依此法一切
愛慢見疑瞋癡諸纏垢等皆生長故
諸有漏法由同分取得順取名非異
分取謂欲界法由欲界取色界法由
色界取無色界法由無色界取初靜
慮地法由初靜慮地取乃至非想非
非想地法由非想非非想地取以有
漏法界地無雜故若依相續則有雜
義謂由自身取他身法得順取名由
他身取自身法得順取名若不尒外
法應非順取外無取故
順結是何義答此增語所顯有漏法
非順結是何義答此增語所顯無漏
法廣釋順結非順結義如前順取非
順取說
見處是何義答此增語所顯有漏法
非見處是何義答此增語所顯無漏
法然見處聲說有多處謂此中說見
處是何謂有漏法俱迦捺陀契經復
說諸所有見諸所有見處諸所有見
纏諸所有見等起諸所有見損害世
尊一切智知智見此中見者謂五見
見處者謂見所緣見纏者謂見現行
見等起者謂見因見損害者謂見滅
世尊一切智知智見者謂見對治有
作是說見見處見纏謂苦諦見等起
謂集諦見損害謂滅諦世尊一切智
知智見謂道諦阿羅揭陁喻經復說
有六見處謂諸所見色若過去若未
來若現在廣說乃至苾芻應以正慧
觀彼一切非我我所勿起我慢諸所
有受乃至廣說諸所有想乃至廣說
諸有見聞覺知若得若求意隨尋伺
乃至廣說諸有此見有我有有情有
世間常恒堅住無變易法正如是住
乃至廣說諸有此見我應不有我應
非有我當不有我當非有苾芻應以
正慧觀彼一切非我我所勿起我慢
苾芻應於如是見處取處等隨觀察
無我我所若能如是則於世間無所
執受乃至廣說此中諸所有色受想
若即色受想蘊諸有此見有我有情

乃至廣說諸有此見我應不有乃至廣說者謂行蘊諸有見聞覺知等謂識蘊問見聞覺知其義已具若得若求意隨尋伺更何所顯答前廣今略前別今揔前開今合前漸今頓是謂所顯防諸漏經復作是說於六見處不正思惟則於內身隨起一執諦故住故我有我諦故住故我無我我見我我見無我無我見我或此有我有有情有命者有生者有養者有補特伽羅有意生有摩納婆或無曾當現於彼彼處已作未作諸善惡業受異熟果問如是四處說是處聲有何差別有說此中所說見處顯一切有漏法初經所說見處揔顯五見第二經所說見處顯見及離見法第三經所說見處顯有身見邊執見有說此及初二經所說見處揔顯五取蘊第三經所說見處但顯行蘊少分有說此及初二經通顯相應不相應法第三經唯顯相應法如相應不相應有所依無所依有行相無行相有所緣無所緣有警覺無警覺亦尒有說此及

初二經通顯有色無色法第三經唯顯無色法如有色無色有見無見有對無對亦尒有說此及初二經通顯染不染法第三經唯顯染法如染不染有罪無罪有覆無覆黑白纏非纏亦尒有說此及初二經通顯見脩所斷法第三經唯顯見所斷法如見所斷脩所斷無事有事忍對治智對治亦尒有說此及初二經通顯善不善無記法第三經唯顯無記法有說此及初二經通顯有異熟無異熟法第三經唯顯無異熟法

問諸有漏法由何見故說名見處有說由有身見邊執見故說為見處此二但緣自地境故有說由四見故謂除邪見由此四種有漏緣故如是說者由五見故得見處名問若尒滅道應名見處邪見境故答見處有二所緣處二隨眠處見此二義乃名見處滅道雖是邪見所緣處非隨眠處故不名見處有說見處有二一所緣處二相應處具此二義立見處名滅道雖是見所緣處非相應處由此不

得名為見處

若法是內彼法內處攝耶乃至廣說

問何故作此論答彼作論者意欲尒故隨彼意欲而作論但不違法相便不應責有作是說為止他宗顯已義故謂有異宗說內外法皆非實有今遮彼意明內外法皆是實有故作斯論然內外法差別有三一相續內外謂在自身名為內在他身及非有情數名為外二處內外謂心心所所依名內所緣名外三情非情內外謂有情數法名內非有情數法名外此中但依相續為論

若法是內彼法內處攝耶答應作四句有法是內非內處攝如說於內受內法住循法觀彼法是內者在自身故非內處攝者非心心所所依故應知此中亦攝自身色等五境有法內處攝非內如說於外身外心住循心觀彼法內處攝者是心心所所依故非內者非在自身故應知此中亦攝他身眼耳鼻舌有法是內亦內處攝如說於內身內心住循心觀彼法是

內者在自身故亦內處攝者心心所所依故應知此中亦攝自身眼耳鼻舌有法非內非內處攝如說於外受外法住修法觀彼法非內者非在自身故非內處攝者非心心所所依故應知此中亦攝他身等色等五境

若法是外彼法外處攝耶荅應作四句有法是外非外處攝如說於外身外心作修心觀彼法是外者在他身故非外處攝者非唯心心所所緣故應知此中亦攝他身眼耳鼻舌有法外處攝非外如說於內受內法住修法觀彼法外處攝者唯心心所所緣故非外者非在他身及非有情數故應知此中亦攝自身色等五境有法是外亦外處攝如說於外受外法住修法觀彼法是外者在他身及非有情數故亦外處攝者唯心心所所緣故應知此中亦攝他身等色等五境有法非外非外處攝如說於內身內心住修心觀彼法非外者非在他身及非有情數故非外處攝者非唯心心所所緣故應知此中亦攝自身眼耳鼻舌

說一切有部發智大毗婆沙論卷第一百三十八

阿毗達磨大毗婆沙論卷第一百三十八

校勘記

一　底本，金藏廣勝寺本。

一　二四二頁中二〇行「答曰」，諸本（不含石，下同）作「答因」。次頁上一一行同。

一　二四二頁中末行「相應與因」，資、磧、普、南、徑、清作「相應與法因」；麗作「相應法與因」。

一　二四二頁下二行小字「志五叉」，諸本無。

一　二四二頁下一九行第一三字「緣」，資、磧、普、南、徑、清作「緣法」。

一　二四三頁中一二行「種子」，諸本作「如種子」。

一　二四三頁下五行第一〇字「插」，諸本作「鍤」。又末字「用」，諸本作「者」。

一　二四四頁中五行「彼心心」，麗作「即彼心心」。中九行、下五行、下二一行及次頁上八行、上一二行同。

一　二四四頁中一四行第五字「緣」，資、磧、普、南、徑、清作「結」。

一　二四四頁中一七行「當知」，諸本作「當知此義」。

一　二四四頁中一八行「所緣」，諸本作「所緣緣」。

一　二四四頁中二二行第一二字「大」，南、徑、清作「大種」。

一　二四四頁中末行第二字「所」，南、徑、清作「所法」。本頁下一三行第六字同。

一　二四五頁中二行首字「有」，資、磧、普、南、徑、清作「有愛」。

一　二四五頁下五行「有說」，麗作「答有說」。次頁上一一行同。

一　二四六頁上八行「痰癃」，資、磧、普、南、麗作「淡飲」；徑、清作「痰飲」。

一　二四六頁下一〇行「所見」，諸本作「所有」。

一　二四六頁下末行第一三字「有」，資、磧、普、南、徑、清作「有有」。

一　二四七頁上一三行第九字「是」，諸本作「見」。

一　二四七頁上一四行第二字「有」，麗作「答有」。本頁中一三行末字同。

一　二四七頁中一九行第八字「見」，諸本作「具」。

一　二四七頁下一六行第四字「修」，資、磧、普、南、徑、清作「循」。下同。

一　二四七頁下一九行「攝非內」，資、磧、普、南、徑、清作「攝者非內」；麗作「攝非是內」。

一　二四八頁上三行「非內」，麗作「非是內」。

一　二四八頁上九行第三字「作」，諸本作「住」。

一　二四八頁中二行經名，資作「阿毗達磨大毗婆沙論卷第百三十八」。

阿毗達磨大毗婆沙論卷第一百三十九

五百大阿羅漢等造

三藏法師玄奘奉　詔譯

大種蘊第五中執受納息第四之三

有二受謂身受心受乃至廣說問何故作此論荅欲止他宗顯已義故謂或有說受即是心分位差別復有說言唯有苦受無別樂捨為遮彼意顯受非心有三差別故作斯論問此中何故不問一受荅彼作論者意欲尒故乃至廣說有說此中顯受差別展轉相攝非顯受體故不問一有二受謂身受心受有三受謂樂受苦受不苦不樂受為二攝三三攝二耶荅手相攝隨其事謂身受攝三少分即此攝身受心受亦尒是故說隨其事二受如前說有四受謂三界繫受及不繫受為二攝四四攝二耶荅手相攝隨其事謂身受攝二少分即此攝身受二少分者欲界繫受色界繫受心受攝二全二少分即此攝心受二全者無色界繫受不繫受二少分者欲界繫受色界繫受是故說隨其事二受如前說有五受謂樂根苦根喜根憂根捨根為二攝五五攝二耶荅手相攝隨其事謂身受攝一全二少分即此攝身受一全者苦根二少分者樂根捨根心受攝二全二少分即此攝心受二全者喜根憂根二少分者樂根捨根是故說隨其事二受如前說有六受謂眼觸所生受耳鼻舌身意觸所生受為二攝六六攝二耶荅手相攝隨其事謂身受攝五全即此攝身受五全者眼觸所生受乃至身觸所生受心受攝一全即此攝心受一全者謂意觸所生受是故說隨其事二受如前說有十八受謂六喜意近行六憂意近行六捨意近行為二攝十八十八攝二耶荅二攝十八非十八攝二何所不攝謂有漏樂根苦根五識相應捨根及無漏受問何故有漏樂根非意近行耶荅欲界初靜慮樂根唯在五識及三識意近行唯在意識故有漏樂根非意近行問第三靜慮有漏樂根唯在意識何故不

說荅初非分故後亦不立有說彼非全故謂無全地有漏樂根在意識者是故不立有說彼樂受雖與意識相應而非捷利意近行必捷利分別轉故又所對苦非近行故此亦不立問何故苦根非意近行荅苦根唯五識相應意近行者意識相應有說苦根不能分別能分別者立意近行有說苦根取自相境意近行者取自共相復次苦根唯緣現在意近行者通緣三世復次苦根一往取境意近行者數往而取復次苦根不能思度能思度者立意近行問何緣五識相應捨根非意近行荅如苦根說問何故無漏受非意近行荅以無漏受無意近行相故又受若能增益諸有攝受諸有任持諸有立意近行無漏受損減還害破壞諸有故不立意近行又受乃至是身見事乃至墮苦集諦立意近行無漏受乃至非身見事乃至不墮苦集諦故不立意近行二受如前說有三十六受謂六躭嗜依喜六出離依喜六躭嗜依憂六出離依憂六躭嗜依捨六出離依捨為二攝三十六三十六攝二耶荅二攝三十六非三十六攝二何所不攝謂如前說即有漏樂根苦根五識相應捨根及無漏受問荅分別如前應知二受如前說有百八受謂依三世各三十六為二攝百八百八攝二耶荅二攝百八非百八攝二何所不攝謂如前說即有漏樂根乃至無漏受問荅如前三受四受為三攝四四攝三耶荅互相攝隨其事謂樂受攝三少分即此攝樂受三少分者欲界繫色界繫不繫受苦受攝一少分即此攝苦受一少分者欲界繫受不苦不樂受攝一全三少分即此攝不苦不樂受一全者無色界繫受三少分者欲界繫色界繫不繫受是故說隨其事三受五受為三攝五五攝三耶荅互相攝隨其事謂樂受攝二全即此攝樂受二全者樂根喜根苦受攝二全即此攝苦受二全者苦根憂根不苦不樂受攝一全即此攝不苦不樂受一全者捨根是故說隨其事三受六受為三攝六六攝三耶荅互相攝隨其事謂樂受攝六少分即此攝樂受苦受攝六少分即此攝苦受不苦不樂受攝六少分即此攝不苦不樂受諸六少分者眼觸所生受乃至意觸所生受是故說隨其事三受十八受為三攝十八十八攝三耶荅三攝十八非十八攝三何所不攝謂有漏樂根苦根五識相應捨根及無漏受三受三十六受三受百八受說亦尒皆於三受不攝有漏樂根乃至無漏受故問荅如上四受五受為四攝五五攝四耶荅互相攝隨其事謂欲界繫受攝二全三少分即此攝欲界繫受二全者苦根憂根三少分者樂根喜根捨根色界繫受攝三少分即此攝色界繫受三少分者樂根喜根捨根無色界繫受攝一少分即此攝無色界繫受一少分者捨根不繫受攝三少分即此攝不繫受三少分者樂根喜根捨根是故說隨其事四受六受為四攝六六攝四耶荅互相攝隨其事謂欲界繫受攝二全四少分即此攝欲界繫受

二全者鼻觸所生受舌觸所生受四
少分者眼觸所生受耳身意觸所生
受色界繫受攝四少分即此攝色界
繫受四少分者眼觸所生受耳身意
觸所生受無色界繫受攝一少分即
此攝無色界繫受不繫受攝一少分
即此攝不繫受　一少分者意觸所
生受是故說隨其事四受十八受為
四攝十八十八攝四耶答四攝十八
非十八攝四何所不攝謂有漏樂根
苦根五識根應捨根及無漏受四受
三十六受四受百八受說亦尒問答
如上
五受六受為五攝六六攝五耶答平
相攝隨其事謂樂根捨根攝六少分
即此攝樂根捨根六少分者眼觸所
生受乃至意觸所生受苦根攝五少
分即此攝苦根五少分者眼觸所生
受乃至身觸所生受憂根喜根攝一
少分即此攝憂根喜根一少分者意
觸所生受是故說隨其事五受十八
受五受三十六受五受百八受皆如
前四受十八受等說隨其所應六受

十八受六受三十六受六受百八受
當知亦尒十八受三十六受為十八
攝三十六三十六攝十八耶答平相
攝隨其事謂六喜意近行攝十二全
即此攝六喜意近行十二全者六耽
嗜依喜六出離依喜六憂意近行攝
十二全即此攝六憂意近行十二全
者六耽嗜依憂六出離依憂六捨意
近行攝十二全即此攝六捨意近行
十二全者六耽嗜依捨六出離依捨
是故說隨其事十八受百八受為十
八攝百八百八攝十八耶答平相攝
隨其事謂六喜意近行攝三十六全
即此攝六喜意近行三十六全者六
耽嗜依喜六出離依喜此各三世六
憂意近行攝三十六全即此攝六憂
意近行三十六全者六耽嗜依憂六
出離依憂此各三世六捨意近行攝
三十六全即此攝六捨意近行三十
六全者六耽嗜依捨六出離依捨此
各三世是故說隨其事三十六受百
八受為三十六攝百八百八攝三十
六耶答平相攝隨其事謂三十六各

攝三全即此攝三十六三全者即三
十六各三世別是故說隨其事
問十八意近行云何建立為以相應
為以自性為以所緣設尒何過若以
相應則唯有一謂意識相應近行若
以自性則唯有三謂喜近行憂近行
捨近行若以所緣則唯有六謂色近
行乃至法近行何故說十八耶答捴
以三緣故立十八謂一意識相應近
行有喜憂捨三種自性各緣色等六
種境起故有十八已說自性當說所
以何因緣故名意近行答此十八受
意為近緣行於境界名意近行又此
為近緣令意於境數數行故名意近
行又依意故近境而行名意近行於
境捷利樂數分別故名為行如捷利
女數於其夫起分別行或取喜相或
取憂相或取捨相如是捷利受數於
六境起分別行或行順喜相或行順
憂相或行順捨相由此因緣名意近行
問此十八意近行為但意地亦五識
耶答唯在意地非五識問若尒何故
經說眼見色已於順喜色起喜近行

於順憂色起憂近行於順捨色起捨近行廣說乃至意知法已於順喜法起喜近行於順憂法起憂近行於順捨法起捨近行耶荅由五識身所引起故為邏路故作如是說然意近行唯在意地如不淨觀亦唯意地然契經言眼見色已隨觀不淨具足安住亦由眼識所引起故為邏路故作如是說又契經說眼見色已乃至廣說故知意近行不在五識問亦說意知法已豈亦不在意識耶荅就勝說故無過謂初喜等雖亦近行然非明利後重於境捷利分別乃名近行由此故言意知法已又五識中無近行義如前已說

問前際後際所有分別亦是意近行耶契經何故不說荅但是意近行隨了故且說現在由斯類顯去来亦是

問諸有非見色已而分別色乃至非觸觸已而分別觸此所生喜等是意近行耶荅是意近行然契經中依明了義說見色已乃至廣說問諸有眼見色已起聲等分別乃至意知法已起色等分別此所生喜等是意近行耶荅是意近行然契經中依明了義說見色已乃至廣說若作是說則覺所覺根根義行相所緣皆得明了若不介者便不分明

問此十八意近行幾雜緣幾不雜緣荅十五不雜緣謂色意近行三乃至觸意近行三餘雜緣不雜緣謂法意近行三緣内六處及外法處若揔若別名不雜緣若緣此七或揔或別及外五中或一或二或乃至五名為雜緣於外五中若合緣二或乃至五亦名雜緣法意近行法名通故以合緣故非前十五

問頗有色等決定順喜乃至決定順捨耶荅依所緣故無依相續故有謂有色等或時可意或時不可意或於彼可意於此不可意於餘非可意非不可意有說色等於覲品順喜於怨品順憂於中品順捨

問此十八意近行幾續生幾命終荅六謂六捨意近行所以者何諸喜憂意近行勝作意轉命終續生無勝作意問羯邏藍等位中各有幾意近行荅皆容有十八問幾意近行能離染耶荅一謂雜緣捨法意近行能為無間道故若解脫道通有雜緣喜法意近行加行勝進亦通所餘

問此十八意近行何界地有幾荅欲界具一切色界中初二靜慮各有十二除六憂第三第四靜慮各有六復除六喜無色界中空無邊處近分若許別緣下者則有四捨意近行謂色聲觸法若許揔緣下者則唯有一法捨意近行如是說者應說有四四無色根本及上三近分各唯有一法捨意近行

問幾意近行緣何界法荅欲界繫十八中六唯緣欲界繫謂緣香味喜憂捨近行九通緣欲色界繫謂緣色聲觸喜憂捨近行三通緣三界繫及不繫謂緣法喜憂捨近行初二靜慮各十二中四唯緣欲界繫謂緣香味喜捨近行六通緣欲色界繫謂緣色聲觸喜捨近行二通緣三界繫及不繫謂緣法喜捨近行第三第四靜慮各

有六中二唯緣欲界繫謂緣香味捨近行三通緣欲色界繫謂緣色聲觸捨近行一通緣三界繫及不繫謂緣法捨近行空無邊處近分若許有四意近行者三唯緣色界繫謂緣色聲觸捨近行一通緣色無色界繫及不繫謂緣法捨近行若許唯有一意近行謂法捨意近行者彼一通緣色無色界繫及不繫四無色根本及上三近分所有各一法捨近行皆通緣無色界繫及不繫問此諸意近行誰成就幾答生欲界若未得色界善心彼成就欲界一切初二靜慮各八第三第四靜慮各四無色界一若得色界善心未離欲界染彼成就欲界一切初靜慮十第二靜慮八第三第四靜慮各四無色界一若已離欲界染未得第二靜慮善心彼成就欲界初靜慮各十二第二靜慮八第三第四靜慮各四無色界一若得第二靜慮善心未離初靜慮染彼成就欲界初靜慮各十二第二靜慮十第三第四靜慮各四無色界一若已離初靜慮染

未得第三靜慮善心彼成就欲界初二靜慮各十二第三第四靜慮各四無色界一若得第三靜慮善心未得第四靜慮善心彼成就欲界初二靜慮各十二第三靜慮六第四靜慮四無色界一若得第四靜慮善心未得空無邊處善心彼成就欲界初二靜慮各十二第三第四靜慮各六無色界一若得空無邊處善心諸說彼地近分有四意近行者彼成就欲界初二靜慮各十二第三第四靜慮各六空無邊處四上三無色各一諸說彼地近分唯有一意近行者彼成就四無色各一餘如前說若生初靜慮若未得第二靜慮善心彼成就初靜慮十二第二靜慮八第三第四靜慮各四無色界一成就欲界一謂法捨意近行即通果心俱捴緣色等為境起故有說彼成就三謂色聲法捨意近行即通果心俱此心若緣所起身表即有緣色捨意近行此心若緣所起語表即有緣聲捨意近行此心若緣所變化事以捴緣故即有緣法捨意

近行有說彼成就六謂六捨意近行即通果心俱此心容有捴別緣故若得第二靜慮善心未離初靜慮染彼成就第二靜慮十餘如前說若已離初靜慮染未得第三靜慮善心彼成就第二靜慮十二餘如前說若得第三靜慮善心未得第四靜慮善心彼成就第三靜慮六餘如前說若得第四靜慮善心未得空無邊處善心彼成就第四靜慮六餘如前說若得空無邊處善心有說彼成就空無邊處四上三無色各一有說彼成就四無色各一餘如前說生第二靜慮若未得第三靜慮善心彼成就第二靜慮十二第三第四靜慮各四無色界一欲界如前說成就初靜慮一謂法捨意近行以捴緣故有說成就三謂色聲法捨意近行若緣所起身表即有緣色捨意近行若緣所起語表即有緣聲捨意近行若緣所變化事以捴緣故即有緣法捨意近行有說彼成就四謂色聲觸法捨意近行以生第二靜慮起初靜慮三識身時容有彼

眷屬別緣色聲觸初靜慮地無覆無記意識現在前故或通果心揔別緣故若得第三靜慮善心未得第四靜慮善心彼成就第三靜慮六餘如前說若得第四靜慮善心未得空無邊處善心彼成就第四靜慮六餘如前說若得空無邊處善心有說彼成就空無邊處四上三無色各一有說彼成就四無色各一餘如前說生第三靜慮若未得第四靜慮善心彼成就第三靜慮六第四靜慮四無色界一欲界初靜慮如前說成就第二靜慮一謂法捨意近行即通果心俱揔緣觸法捨近行即通果心俱此心容有色等為境起故有說彼成就三謂色揔別緣故若得第四靜慮善心等如前說生第四靜慮成就多少應准前說生無色界不成就下成就自上亦應准前廣說

問此諸意近行云何得荅離欲界染前八無間解脫道時各得初靜慮近分六第九無間道時得初靜慮及彼眷屬十二得欲界一謂法捨近行有說得三謂色聲法捨近行有說得六謂六捨近行離初靜慮染前八無間解脫道時各得第二靜慮近分六第九無間道時得第三靜慮及彼近分十二欲界如前說得初靜慮一謂法捨近行有說得三謂色聲法捨近行有說得四謂色聲觸法捨近行離第二靜慮染前八無間解脫道時各得第三靜慮近分六第九無間道時得第三靜慮及彼近分六欲界初靜慮如前說得第二靜慮一謂法捨近行有說得三謂色觸法捨近行離第三靜慮染前八無間解脫道時各得第四靜慮近分六第九無間道時得第四靜慮及彼近分六欲界初二靜慮如前說得第三靜慮一有說得三如第二靜慮說離第四靜慮染一切無間解脫道時各得空無邊處四有說得一離空無邊處染乃至離無所有處染一切無間解脫道時皆唯得一證阿羅漢果時得欲界初二靜慮各十二第三第四靜慮各六空無邊處四有說一上三無色各一已說離染得受生得者謂從上地沒生下地時得自地一切及下地隨所應知說得捨及斷亦應准前廣說

此十八意近行由躭嗜出離依有差別故世尊說為三十六師句此中順染受名躭嗜依順善受名出離依問何故不說無覆無記荅彼亦說在此二中故謂無覆無記受有順染品有順善品順染品者躭嗜依攝順善品者出離依攝問何故說此名師句耶荅此差別句能表大師是師標幟故名師句由此諸句唯佛大師能知能說無滯礙故如契經言若時衆會恭敬信受如來不喜若不敬受如來不憂正念正知住清淨捨有說此是外道師句彼於此中有迷執故有說此應名為師迹是諸邪師所遊履故有說此應名為怨路愛名為怨依此而轉或諸煩惱皆名為怨彼依此轉故名怨路有說此應名為刀道遊涉此者有傷害故如說梵志第三意刀若揮舉時發惡招苦

問此三十六何界地有幾荅欲界具

一切色界中初二靜慮各有二十第三第四靜慮各有十無色界中空無邊處近分若許有別緣則有五若說唯揔緣則但有二如是說者應說有五四無色根本及上三近分各唯有二問此三十六何界地幾緣何界地答欲界三十六中十二唯緣欲界繫十八通緣欲色界繫六通緣三界繫及不繫初二靜慮各二十中四唯緣欲界繫六唯緣色界繫六通緣欲色界繫二通緣色無色界繫及不繫二通緣三界繫及不繫第三第四靜慮各十中二唯緣欲界繫三唯緣色界繫三通緣欲色界繫一通緣色無色界繫及不繫一通緣三界繫及不繫空無邊處近分若說有五者三唯緣色界繫一通緣無色界繫及不繫一通緣色無色界繫及不繫若說有二者一通緣無色界繫及不繫一通緣色無色界繫及不繫四無色根本及上三近分各有二中二俱通緣無色界繫及不繫

問此三十六誰成就幾答生欲界若斷善根彼成就欲界十八初二靜慮各八後二靜慮各四四無色各一若不斷善根未得色界善心彼成就欲界三十六上地如前說若得初靜慮善心未離欲界染彼成就欲界三十六初靜慮十四上地如前說若已離欲界染未得第二靜慮善心彼成就欲界十二初靜慮二十上地如前說若得第二靜慮善心未離初靜慮染彼成就欲界十二初靜慮二十第二靜慮十四上地如前說若已離初靜慮染未得第三靜慮善心彼成就欲界初靜慮各十二第二靜慮二十上地如前說若得第三靜慮善心未離第二靜慮染彼成就欲界初靜慮各十二第二靜慮二十第三靜慮十上地如前說若已離第二靜慮染未得第四靜慮善心彼成就欲界初二靜慮各十二第三靜慮十上地如前說若得第四靜慮善心未離第三靜慮染彼成就欲界初二靜慮各十二後二靜慮各十四無色各一若已離第三靜慮染未得空無邊處善心彼成就欲界初二靜慮各十二第三靜慮六第四靜慮十四無色各一若得空無邊處善心未離第四靜慮染彼成就空無邊處五有說二上三無色各一下地如前說若已離第四靜慮染未得識無邊處善心彼成就第四靜慮六空無邊處五有說二上三無色各一下地如前說若得識無邊處善心未離空無邊處染彼成就識無邊處二上二無色各一下地如前說若已離空無邊處染未得無所有處善心彼成就空無邊處四有說一識無邊處二上二無色各一下地如前說若得無所有處善心未離識無邊處染彼成就無所有處三有頂一下地如前說若已離識無邊處染未得有頂善心彼成就識無邊處一無所有處二有頂一下地如前說若得有頂善心未離無所有處染彼成就有頂二下地如前說若已離無所有處染未離有頂染彼成就無所有處一有頂二下地如前說若已離有頂染彼成就有頂一下地如前說生初靜慮若

未得第二靜慮善心彼成就初靜慮
二十第二靜慮八後二靜慮各四四
無色各一成就欲界一謂法出離依
捨有說成就三謂色聲法出離依捨
有說成就六謂六出離依捨若得第
二靜慮善心未離初靜慮染彼成就
第二靜慮十四餘如前說若已離初
靜慮染未得第三靜慮善心彼成就
初靜慮十二第二靜慮二十餘如前
說如是乃至離有頂染廣說如前如
生初靜慮如是生第二靜慮等准前
廣說如理應知得捨斷三亦准前說
如契經說以六出離依喜為伏為依
為建立故於六耽嗜依喜能棄能捨
及能變吐如是便斷以六出離依憂
為伏為依為建立故於六耽嗜依憂
能棄能捨及能變吐如是便斷以六
出離依捨為伏為依為建立故於六
耽嗜依捨能棄能捨及能變吐如是
便斷當知此說暫斷名斷復言以六
出離依喜為伏為依為建立故於六
出離憂能棄能捨及能變吐如是便
斷當知此說離欲界染復言以六出
離依捨為伏為依為建立故於六出
離依喜能棄能捨及能變吐如是便
斷當知此說離第二靜慮染復言以
一種性所依捨為伏為依為建立故
於種種性所依捨能棄能捨及能變
吐如是便斷當知此說離第四靜慮
染復言以非彼性類為伏為依為建
立故於一種性所依捨能棄能捨及
能變吐如是便斷當知此說離非想
非非想處染非彼性類者謂無漏道
要由此道能離非想非非想處染故

說一切有部發智大毗婆沙論卷第一百三十九

阿毗達磨大毗婆沙論卷第一百三十九

校勘記

一　底本，金藏廣勝寺本。
一　二五一頁上一七行「任持」，磧、南、徑、清作「住持」。
一　二五一頁中三行第一〇字「謂」，資、磧、普、南、徑、清無。
一　二五二頁上七行「一少分」，資、磧、普、南、徑、清作「諸一少分」。
一　二五二頁上一一行第五字「根」，諸本（不含石，下同）作「相」。
一　二五二頁上末行第八字「説」，麗作「説是故説」。
一　二五二頁下一一行末字至次行首字「所以」，資、磧、普、南、徑、清作「所以者」。
一　二五二頁下一八行第九字「是」，資、磧、普、南、徑、清作「女」。
一　二五二頁下二一行第一一字「地」，資、磧、普、南、徑、清作「近」。
一　二五三頁上一七行第九字「但」，

諸本無。又第一四字「隨」，麗作「但隨」。

一二五三頁下二行「雜染」，麗作「離染」。

一二五三頁下一〇行首字「許」，麗作「許有」。

一二五三頁下一一行第四字「若」，麗作「若唯」。

一二五四頁上六行「捨近行」，麗作「捨意近行」。七行、一〇行同。

一二五四頁上八行第二字「謂」，資、磧、普、南、徑、清作「諸」。

一二五四頁下六行「第二」，磧、普、南、徑、清作「第三」。

一二五四頁下一三行「各一」，磧、普、南、徑、清作「各二」。

一二五五頁中四行「第三」，資、磧、普、南、徑、清作「第二」。

一二五五頁下二行第一二字「知」，諸本作「如」。

一二五五頁下一〇行第八字「故」，資、磧、普、南、徑、清無。

一二五五頁下一一行「摽幟」，磧、南、徑、清、麗作「幖幟」。

一二五五頁下一四行第八字「若」，資、磧、普、南、徑、清作「若不喜」。

一二五五頁下一七行第五字「迹」，資、磧、普作「有」。又第七字「説」，諸本作「諸」。

一二五六頁中一三行「第二」，資、磧、普、南、徑、清作「第三」。一七行同。

一二五六頁下一五行第九字「三」，諸本作「二」。

趙城縣廣勝寺

阿毗達磨大毗婆沙論卷第百四十　沛

五百大阿羅漢等造

三藏法師玄奘奉　詔譯

大種蘊第五中執受納息第四之四

以無間道證預流果修彼道時四念住幾現在修幾未來修乃至廣說問何故作此論荅欲止他宗顯巳義故謂或有說無未來修勿有未作而巳得故為遮彼執顯有未來修彼雖未起巳起彼類故或復有說二心俱行以見聞等俱時有故為遮彼執顯無二心俱行剎那迅轉非俱似俱故或復有說四正斷等非一時有用因異故為遮彼執顯此同時得有四種體無別故或復有說信等唯無漏經說異生無信等根故為遮彼執明信等通有漏契經但說無漏根故或復有說根力體異由彼勝劣位差別為遮彼執顯位雖殊而根力用一體有故或復有說覺支通有漏說不淨俱觀修念覺支故為遮彼執顯覺支唯無漏經說有俱非同時俱故或復有說近分地有喜經說依喜斷出離憂故為遮彼執明近分無喜經說巳斷當斷名斷故或復有說正語業命不俱時有一剎那中無二身語故為遮彼執顯三戒俱三根所起一時可得故或復有說預流一來亦得靜慮為遮彼執顯俱不得未離欲故或復有說忍即是智為遮彼執顯忍非智以於諦境未審決故或復有說異生不斷惑未見諦故為遮彼執明異生亦斷惑見麁等故或復有說聖者不以世俗道斷惑為遮彼執顯聖自在隨用何道故或復有說上地亦有正思惟支為遮彼執顯上地無彼支以無尋故或復有執無色亦有無漏戒支為遮彼執顯彼無戒以無色故或復有說三三摩地義別體同為遮彼執明體亦異行相別故為止此等種種異宗顯正所明故作斯論

以無間道證預流果修彼道時四念住幾現在修幾未來修四正斷四神足五根五力七覺支八道支四靜慮四無量四無色八解脫八勝處十遍

處八智三等持幾現在修幾未來修答念住現在一未來四正斷神足現在未來四根力現在未來五覺支現在未來六道支現在未來八無靜慮無無量無無色無解脫無勝處無遍處無智等持現在未來一念住現在一未來四者此則遮二心俱行及無未來修執若有二心俱時行者則應現在修四念住然四念住必不俱行一心相應無四慧故不可此四一體建立行相所緣俱有異故非一相續多心並起勿由彼成多有情故若未來世無修義者則所修善無增廣義起多加行則為唐捐設切用多所獲少故又初成佛時應未具足一切功德勿有此等過失故有未來修未來世究故具修四現修勢用能引當來種類法得令現前故現在一者謂離緣法念住見道諦故正斷神足現在未來四者此則遮說正斷神足非俱時有一正勤體有四所作如燈一時有四作用一三摩地由四因生故從所因立四名稱未來修者亦體一義分故現在未來各言修四根力現在未來五者此則遮根力體異及說五種次第生執雖根力位異而自體無別即一信等有生破二用立根力名于不相違相資俱起故此五種非次第生覺支現在未來六者此則遮說近分有喜此處未得上根本地未離下怖不生喜故經說依喜斷出離憂者依加行道說非無間道故不相違此依未至無喜故六道支現在未來八者此則止正語業命不俱者意無貪瞋癡所發無表各有七種俱時起故無靜慮者此則止預流一來亦得靜慮者意此未離欲入見道故已離欲者非二句故無無量者此遮無量亦通無漏及見道中修無量執此緣有情故非無漏見道迅速又初得故不能兼修又復未得根本地故不修無量無無色者此遮無色有見道執無色中無遍緣智故必無見道又此未得無色定故無解脫無勝處無遍處者此遮前三解脫等亦通無漏者執十六行相所不攝故不名無漏又亦時未得根本地故彼皆不修無智者此則遮說忍即是智忍於諦境未如實審決故不名智又於此位自分修故不修未來諸智是故言無等持現在未來一者此則遮說三三摩地義別體同以三等持行相異故體亦有別一者謂無願等持道類忍時唯修此故雖八忍皆無間道依證果位說道類忍非餘

以無間道證一來果修彼道時四念住乃至三等持幾現在修幾未來修答若倍離欲染入正性離生修彼道時念住現在一未來四正斷神足現在未來四根力現在未來五覺支現在未來六道支現在未來八無靜慮無無量無無色無解脫無勝處無遍處無智等持現在未來一若倍離欲染入正性離生者此則遮說異生不斷惑欲異生類能以麤等六種行相離欲界染乃至無所有處染若先已離六品欲染名倍離欲倍後三故所餘文句皆如前釋

若從預流果以世俗道證一來果修

彼道時念住現在一未來四正斷神足現在未來四根力現在未來五覺支現在無未來六道支現在無未來八無靜慮無無量無無色無解脫無勝處無遍處智現在一未來七等持現在無未來三以世俗道證一來果者此則遮說聖者不以世俗道斷感聖於二道俱成就故隨欲現前即以彼斷念住現在一者謂雜緣法念住有漏雜染無間道必總緣故根力現在未來五者此則遮說信等唯無漏說觀信等為集等故佛觀三根方說法故有漏亦有根力用故覺支現在無者此則遮說覺支通有漏有漏不能如實覺故說不淨觀俱修念覺支者依展轉因有俱而說未來六者聖者起有漏道時亦兼修無漏故道支現在無者雖道支通有漏然覺支後說故亦唯無漏阿毗達磨有如此相無無量等者未至定中無彼根本地諸善法故智現在一者謂世俗智未來七者除他心智以無間道相違故又未得故此中但依八智作論除盡無生以位局故等持現在無者三等持雖通有漏然此中說無漏者以無漏是解脫門故此文說第六無間道以彼能證一來果故餘如前說若從預流果以無漏道證一來果修彼道時念住現在一未來四正斷神足現在未來四根力現在未來五覺支現在未來六道支現在未來八無靜慮無無量無無色無解脫無勝處無遍處智現在二未來七等持現在一未來三念住現在一者謂法念住或雜不雜以四法智隨起一故智現在二者謂苦智法智二或乃至道智法智二等持現在一者謂三中隨一餘如前說

以無間道證不還果修彼道時四念住乃至三等持幾現在修幾未來修答若已離欲染依未至定入正性離生修彼道時念住現在一未來四正斷神足現在未來四根力現在未來五覺支現在未來六道支現在未來八無靜慮無無量無無色無解脫無勝處無遍處無智等持現在未來一無靜慮者見道依下不修上故餘如前說

若依初靜慮入正性離生修彼道時念住現在一未來四正斷神足現在未來四根力現在未來五覺支現在未來七道支現在未來八靜慮現在未來一無無量無無色無解脫無勝處無遍處無智等持現在未來一釋此文句准前應知

若依靜慮中間入正性離生修彼道時念住現在一未來四正斷神足現在未來四根力現在未來五覺支現在六未來七道支現在七未來八靜慮現在無未來一無無量無無色無解脫無勝處無遍處無智等持現在未來一覺支現在六者靜慮中間無喜根故依上修下故未來七道支現在七者此遮上地有尋者執此上心細故無有尋餘如前說若依第二靜慮入正性離生修彼道時念住現在一未來四正斷神足現在未來四根力現在未來五覺支現在未來七道支現在七未來八靜慮現在一未來

二無無量無無色无解脫無勝處無遍處無智等持現在未來一釋此文句准前應知

若依第三靜慮入正性離生修彼道時念住現在一未來四正斷神足現在未來四根力現在未來五覺支現在六未來七道支現在七未來八靜慮現在一未來三無無量無無色无解脫無勝處無遍處无智等持現在未來一釋此如前

若依第四靜慮入正性離生修彼道時念住現在一未來四正斷神足現在未來四根力現在未來五覺支現在六未來七道支現在七未來八靜慮現在一未來四無無量無無色无解脫無勝處無遍處無智等持現在未來一此隨所應如前釋

若從一來果以世俗道證不還果修彼道時念住現在一未來四正斷神足現在未來四根力現在未來五覺支現在無未來六道支現在無未來八無靜慮無無量無無色無解脫无勝處無遍處智現在一未來七等持現在無未來三釋此文句如前應知

若從一來果以無漏道證不還果修彼道時念住現在一未來四正斷神足現在未來四根力現在未來五覺支現在未來六道支現在未來八無靜慮無無量無無色無解脫無勝處無遍處智現在二未來七等持現在一未來三皆如前釋以無間道證神境智通修彼道時四念住乃至三等持幾現在修幾未來修答若諸異生依初靜慮修彼道時念住現在一未來四正斷神足現在未來四根力現在未來五無覺支無道支靜慮現在未來一無量現在無未來四無無色解脫現在無未來二勝處現在無未來四無遍處智現在未來一無等持此中念住現在一者謂身念住神境智通但緣色故彼無間道亦但緣色問如金剛喻定緣有頂四蘊或三界滅道漏盡通緣有頂四蘊如是則所緣或異此中何故神境智通與無間道必同緣色答金剛喻定與寂初盡無生智俱是觀諦斷煩惱道但求離染非於所緣有所轉作故所緣或異神境通等皆是隨事作意俱欲於境變現了知故所緣必同無量現在無未來四者根本地中有漏功德由同地故隨應皆修解脫現在無未來二者謂初二解脫彼在初二靜慮繫故勝處現在無未來四者謂初四勝處亦彼繫故智現在未來一謂世俗智問何故無他心智答無間道中不修彼故是容眼道之所修故餘隨所應如前說

若諸聖者依初靜慮修彼道時念住現在一未來四正斷神足現在未來四根力現在未來五覺支現在無未來七道現現在無未來八靜慮現在未來一無量支在無未來四无無色解脫現在無未來二勝處現在無未來四無遍處智現在一未來七等持現在無未來三靜慮現在未來一者問聖者已離第三靜慮染得第四靜慮依初靜慮修神境通无間道中應言靜慮未來修四無漏通依上下修故何故但說未來一耶有說應言未

來修四而不說者當知有餘有說此中依漸次者說謂從具縛入正性離生乃至得不還果已依初靜慮修神境通無間道中未來修一不修上者以未得故有說假使離第三靜慮染依初靜慮修神境通亦但修一不修上地故問豈不依初靜慮斷上地染及無學者修練根時亦修上地所有功德耶答說依下不能修上答斷上地惑能修上者以彼地道所治同故法斷彼惑能治必修無學轉根如得彼果是故此皆依下修上諸通不尒故不修上如見道中唯修自下此例非理見道是初得種性未自在故唯自分修修道是已得種性於彼自在寧不兼修然五通是勝功德修加行時必極作意若諸靜慮已得自在何理為障而不兼修由此應如前說者好無無色等准此應知餘如前說

若諸異生依第二靜慮修彼道時念住現在一未來四正斷神足現在未來四根力現在未來五無覺支无道支靜慮現在未來一無量現在無未來四無無色解脫現在無未來二勝處現在無未來四无遍處智現在未來一無等持靜慮現在未來一者彼已得下地而不修者有漏功德唯自地修墮界地故餘如前說

若諸聖者依第二靜慮修彼道時念住現在一未來四正斷神足現在未來四根力現在未來五覺支現在无未來七道支現在無未來八靜慮現在一未來二無量現在無未來四無無色解脫現在無未來二勝處現在無未來四無遍處智現在一未來七等持現在無未來三靜慮未來二者謂初二靜慮初唯無漏餘如前說

若諸異生依第二靜慮修彼道時念住現在一未來四正斷神足現在未來四根力現在未來五無覺支无道支靜慮現在未來一無量現在無未來三無无色無解脫無勝處無遍處智現在未來一無等持無量未來三者除喜無量無解脫等者第三靜慮樂所迷故無解脫等猒行功德淨解脫等雖作欣行相由地有灾横故亦不得有餘如前說

若諸聖者依第三靜慮修彼道時念住現在一未來四正斷神足現在未來四根力現在未來五覺支現在無未來七道支現在無未來八靜慮現在一未來三無量現在無未來三無無色無解脫無勝處無遍處智現在一未來七等持現在無未來三廣釋如前若諸異生依第四靜慮修彼道時念住現在一未來四正斷神足現在未來四根力現在未來五無覺支無道支靜慮現在未來一無量現在无未來三無無色解脫現在無未來一勝處現在無未來四遍處現在無未來八智現在未來一無等持解脫未來一者謂淨解脫身作證具足住勝處未來四者謂後四勝處遍處未來八者謂前八遍處由此地中離八灾横故有此等清淨功德餘如前說

若諸聖者依第四靜慮修彼道時念住現在一未來四正斷神足現在未來四根力現在未來五覺支現在無未來七道支現在無未來八靜慮現

在一未来四無量現在無未来三無色解脱現在無未来一勝處現在無未来四遍處現在無未来八智現在一未来七等持現在無未来三廣釋如前

以無間道證天耳智通他心智通宿住隨念智通死生智通修彼道時四念住乃至三等持幾現在修幾未来修答如神境智通應隨相說由此五種皆依四靜慮異生聖者俱能起故然修天耳死生智通無間道時現在念住如神境智通說以俱緣色作身念住故修他心智通無間道時現在唯起心念住修宿住隨念智通無間道時現在唯起法念住餘隨所應皆如前說

以無間道證漏盡智通修彼道時四念住乃至三等持幾現在修幾未来修答若依未至定證阿羅漢果修彼道時念住現在一未来四正斷神足現在未来四根力現在未来五覺支現在六未来七道支現在未来八靜慮現在無未来四無無量無色現在無未来三解脱現在無未来三無勝處無遍處智現在二未来六等持現在一未来三念住現在一者謂法念住或雜不雜四類智二法智隨一現前故靜慮未来四者斷有頂惑通修上下能治道故無无量等者尒時不修有漏法故有漏不能治有頂故無色解脱未来三者謂前三無色及即彼三解脱通無漏故智現在二者謂滅智法智二或道智法智二或苦智類智二乃至或道智類智二未来六者除世俗智及他心智彼有漏故與無間道相違故等持現在一者謂空无相無願隨一現前金剛喻定與六智相應故此中但說斷有頂惑第九無間道彼能證得漏盡智通故餘如前說

若依初靜慮證阿羅漢果修彼道時念住現在一未来四正斷神足現在未来四根力現在未来五覺支現在未来七道支現在未来八靜慮現在一未来四無无量無色現在无未来三解脱現在無未来三無勝處无遍處智現在二未来六等持現在一未来三若依靜慮中間證阿羅漢果修彼道時念住現在一未来四正斷神足現在未来四根力現在未来五覺支現在六未来七道支現在七未来八靜慮現在無未来四無無量無色現在無未来三解脱現在無未来三無勝處無遍處智現在二未来六等持現在一未来三若依第二靜慮證阿羅漢果修彼道時念住現在一未来四正斷神足現在未来四根力現在未来五覺支現在未来七道支現在七未来八靜慮現在一未来四無無量無色現在無未来三解脱現在無未来三無勝處無遍處智現在二未来六等持現在一未来三若依第三第四靜慮證阿羅漢果修彼道時念住現在一未来四正斷神足現在未来四根力現在未来五覺支現在六未来七道支現在七未来八靜慮現在一未来四無無量無色現在無未来三解脱現在無未来三無勝處無遍處智現在二未来六等持現在

一未來三此隨所應如前釋若依無色定證阿羅漢果修彼道時念住現在一未來四正斷神足現在未來四根力現在未來五覺支現在六未來七道支現在四未來八靜慮現在無未來四無無量無色現在一未來三解脫現在一未來三無勝處無遍處智現在二未來六等持現在一未來三依無色定者謂依空無邊處或依識無邊處或依無所有處由此三地皆有無漏道能離非想非非想處染故三想非非想處定力昧劣非無漏道所依止故此中不說道支現在四者此則遮說無色界有無漏戒及說上地有正思惟者意以無所依四大種故及上地心漸微細故問如無無漏大種而有無漏戒如是雖無彼地大種而有彼地戒斯有何失荅無漏戒不墮界地隨所依身大種所造由此雖無無漏大種而有所造無漏戒有漏戒必墮界地唯為自地大種所造彼無大種故戒亦無問若無漏戒隨所依身大種所造者生欲

色界入無漏無色定時應起彼定俱無漏戒有所依身大種故荅雖無漏戒隨所依身大種所造然隨何地要有大種造有漏戒方隨彼類起無漏戒無色中無有大種造有漏戒故無漏戒於彼亦無依彼所有發無漏故問何故戒體唯色荅遮惡色起故又是身語業性故身語二業色為體故問何故意業非戒荅不能親遮惡戒故問何故惡戒非意業荅未離欲者皆成就不善意業彼豈悉名犯戒或不律儀耶是故惡戒非意業又善意業若是善戒則應一切不斷善者悉名住律儀彼皆成就善意業故若許尒者便一有情名住律儀亦名住不律儀者則應無有三種差別如是則與聖教相違故善惡戒俱非意業又世共許防禁身語說名戒故意業非戒應知意業是發戒因不可戒因即名為戒勿令因果有雜亂失是故無色道支唯四未來通依下地無漏故具有八無色解脫現在一者謂前所依三地隨一餘如前釋

說一切有部發智大毗婆沙論卷第一百四十

阿毗達磨大毗婆沙論卷第一百四十

校勘記

一　底本，金藏廣勝寺本。

一　二五九頁中一〇行第一〇字「説」，資、磧、普、南、徑、清作「欲」。

一　二五九頁中一八行「差別」，諸本作「差別故」。

一　二五九頁中二〇行「俱觀」，資、磧、普、南、徑、清作「觀俱」；麗作「俱」。

一　二五九頁下五行「三戒」，資、磧、普、南、徑、清作「二戒」。

一　二六〇頁上五行首字「無」，資、磧、普、南無。

一　二六〇頁上七行「二心」，磧、普、南、徑、清作「一心」。

一　二六〇頁下一三行第三字「住」，資、磧作「位」。

一　二六一頁上一〇行「離染」，資、磧、普、南、徑、清作「雜染」。

一　二六二頁中九行「三等」，麗作「三等」。

一　二六二頁下一五行第四字「現」，諸本作「支」。

一　二六二頁下一六行第六字「支」，諸本作「現」。

一　二六二頁下二二行第一〇字「通」，資、磧、普、南、徑、清作「道」。

一　二六二頁下末行第一〇字「有」，麗作「答有」。

一　二六三頁上一一行「轉根」，諸本作「練根」。

一　二六三頁上一八行第一一字「如」，諸本作「知」。

一　二六三頁中一五行「第二」，諸本作「第三」。

一　二六四頁下一二行「現在」，徑、清作「現在六」。

一　二六五頁上一二行「三想」，諸本作「非想」。

阿毗達磨大毗婆沙論卷第一百四十一　匪

五百大阿羅漢等造

三藏法師玄奘奉　詔譯

大種蘊第五中執受納息第四之五

四念住者一身念住二受念住三心念住四法念住然此念住總說唯一謂心所中一慧自性根中慧根力中慧力覺支中擇法覺支道支中正見或分為二謂有漏無漏或分為三謂下中上或分為四謂三界繫及不繫或分為五謂三界繫及學無學乃至若以相續刹那差別分別則有無量問世尊何故於此義中開少合多唯說四種答佛依正慧行相所緣麤細不同建立四種問若尒何故契經中說觀內外俱十二種別答不過四故但說四種如七菩樹七生預流彼亦如是問此體是慧何故世尊說為念住答慧由念力得住所緣故名念住或此慧力令念住境故名念住此二於境展轉相資勝於餘法故說念住廣辯念住如餘處說

四正斷者一於已生惡不善法為令斷故生欲發懃攝心持心二於未生惡不善法為不生故餘說如前三於未生善法為令生故餘說如前四於已生善法為令安住不忘倍修增廣故餘說如前然此正斷或總為一謂心所中一精進體根中精進根力中精進力覺支中精進覺支道支中正精進或分為二謂有漏無漏或分為三謂下中上或分為四謂三界繫及不繫或分為五謂三界繫及學無學乃至若以相續刹那差別分別則有無量問世尊何故於此義中開少合多唯說四種答一精進體於刹那中作用不同建立四種謂於已生未生惡法斷及不生故復於未生已生善法生及增廣故如燈一念四用差別謂燒炷盡油熱器破闇彼亦如是問法蘊等論說斷已生惡不善法即具四種謂於已生惡不善法為令斷故生欲發懃攝持心者彼斷已生惡不善位亦能令彼惡不善法未生不生復令善法未生得生已生住等乃至

說修已生善法令安住等亦具有四謂於已生善法為令安住不忘倍修增廣故生欲發懃攝持心者彼修已生諸善法位亦能令彼惡不善法已生者斷未生不生復令善法未生者生如是便成十六正斷何故於此但說四耶答依修行者差別意樂至加行位故作是說謂彼先時起一意樂至加行位便具四種如是依彼四種意樂至加行位故作是說然加行時皆唯有四不過四故但說四種如由意樂加行故說如是由趣入加行故說由依處加行故說由勝解加行故說應知亦尒已說自性當說所以問此四何緣說為正斷答由此四種能正斷故問前二可尒後二云何答以初為名故無有失或此四種皆有斷義謂前二斷煩惱障後二斷所知障修善法時斷無知故暫斷永斷俱名斷故有處說此名為正勝無倒策發成勝事故

問惡與不善何差別答惡謂有覆無記不善謂諸不善有作是說惡謂色

無色界及欲界少分染法不善謂欲界多分染法有說惡謂欲界身邊二見品不善謂欲界諸餘煩惱等問何故惡不善法已生者說令斷未生者說令不生荅已生者於自相續已有作用故說令斷未生者於自相續未有作用故說令不生有說已生者於自相續已障聖道故說令斷未生者於自相續未障聖道故說令不生有說已生者於自相續已取果與果故說令斷未生者於自相續未取果與果故說令不生有說已生者於自相續已取等流果異熟果故說令斷未生者於自相續未取等流果異熟果故說令不生有說已生者於自相續已酬同類遍行因故說令斷未生者於自相續未酬同類遍行因故說令不生有說已生者於自相續已燒已惱故說令斷未生者於自相續未燒未惱故說令不生有說已生者於自相續已作識呵已作垢染已作黲滓已墮惡意故說令斷未生者於自相續未作識呵未作垢染未作黲滓未

墮惡意故說令不生問所修諸善隨尒所生即尒所滅無有生已過一剎那有停住義如何乃言於已生善法為令安住不忘倍修增廣耶荅應知此中說二分善法謂順住分順勝進分令安住不忘者說順住分令倍修增廣者說順勝進分俱依相續展轉勝進說安住等故無有失有說此中說三品善法謂下中上令安住不忘者說依下品善根轉至中品令倍修增廣者說依中品善根轉至上品雖一剎那生已即滅而依相續故作是說

此正斷欲界有四色無色界亦尒問欲界有惡不善法可說有四云何上界亦說四耶荅彼雖過患不具而具有彼功德有說彼雖無所治而有能治問未至地可尒上地云何荅有多種對治謂捨對治斷對治持對治遠分對治厭壞對治上地雖無捨及斷對治而有餘對治問靜慮可尒無色云何荅無色雖無壞對治而有持及遠分對治

此正斷學無學位各具四種問學位

可尒有惡不善法故無學云何荅彼雖無過患而有功德有說彼雖無所治而有能治謂多種對治如前說彼雖無捨及斷而有所餘問緣涅槃精進何正斷攝有說初正斷攝以斷即涅槃故有說第二正斷攝以涅槃是不生故有說第三正斷攝緣涅槃時善法生故有說第四正斷攝緣涅槃時善法增故如是說者四正斷攝緣涅槃時作四事故謂緣諸法擇滅性時即令一切惡不善法已生者斷未生不生及令一切世出世善未生者生已生增廣

四神足者一欲三摩地斷行成就神足二勤三摩地斷行成就神足三心三摩地斷行成就神足四觀三摩地斷行成就神足問云何名神云何名足有作是說三摩地名神欲等四名足由四法所攝受令三摩地轉故問等持俱有相應法多何故此四獨名神足荅此於等持隨順勝故謂於俱有相應法中資益等持此四為勝復有說者三摩地是神亦足欲等四唯

足非神如擇法是覺亦支餘六唯支非覺正見是道亦支餘七唯支非道離非時食是齋亦支餘七唯支非齋彼亦如是問若三摩地是神亦足或應立一或應立五何故說四耶答唯三摩地立為神足從四因生故說為四謂加行位或由欲力引發等持令其現起廣說乃至或由觀力引令現起由加行位四法隨增令等持起故得定位於一等持建立四種已說自性當說所以問此四何緣說為神足答諸所思求諸所欲願一切如意故名為神引發於神故名神足然此神用略有二種一世俗所欣二聖者所樂若分一為多合多成一此等名為世俗所欣若於世間諸可意事不住順想於諸世間不可意事不住違想於諸可意不可意事安住於捨正念正知此等名為賢聖所樂復有三種神用一運身二勝解三意勢運身神用者謂舉身凌虛猶若飛鳥亦如壁上所畫飛仙勝解神用者謂於遠作近解由此力故或住此洲手捫日月

或屈伸臂頃至色究竟天意勢神用者謂眼識至色頂或上至色究竟天或傍越無邊世界問此三神用誰成就幾有說聲聞成一謂運身獨覺成二除意勢唯佛世尊具成三種有說異生成一謂運身二乘成二除意勢然聲聞運身所顯獨覺意解所顯佛具成三意勢所顯或復五種神用一業二異熟三變現四具德五發心業神用者謂中有等異熟神用者謂飛禽等變現神用者謂依靜慮分一為多合多為一等具德神用者謂四神足發心神用者謂天龍等此中天者謂欲界天於所說五神用中此中說具德神用如契經說苾芻當知欲三摩地斷行成就修於神足依止離依止無染依止滅迴向於捨勤三摩地心三摩地觀三摩地說亦如是此中說何名為離等有作是說是三摩地彼說若緣三摩地為境修於神足由二緣故名依離等謂意樂故及所緣故若緣餘法為境修於神足但由一緣名依離等謂意樂故非所緣故有

餘師說是寂滅涅槃彼說若緣寂滅涅槃為境修於神足由二緣故名為離等謂意樂故及所緣故若緣餘法為境修於神足但由一緣名依離等謂意樂故非所緣故復有說者是三摩地及寂滅涅槃彼說若緣此二為境修於神足由二緣故名為離等謂意樂故及所緣故若緣餘法為境修於神足但由一緣名為離等謂意樂故非所緣故應知此中依止離者謂初靜慮依止無染者謂第二靜慮依止滅者謂第三靜慮迴向於捨者謂第四靜慮

如契經說苾芻當知何等名壽謂四神足問何故神足說名為壽答由此為依壽不斷故謂在定位壽必無斷有說依此離壽災故謂在定位遠離壽災有說依此壽自在故如契經說若有苾芻苾芻尼等於四神足若習若修若多修習彼若希求住壽一劫或一劫餘隨意自在由此故說神足為壽

如契經說有一梵志來詣具壽阿難

隨所種種愛語歡喜問訊已退坐一面問阿難曰何故於沙門喬荅摩所勤修梵行問何故梵志作是問耶荅彼是阿難昔時朋友委知尊者是愛行人於五欲中先恒躭著故來試驗為求愛斷而修梵行為求勝欲修梵行耶故作斯問阿難荅言我為愛斷故在佛所勤修梵行問勤修梵行斷七隨眠何故但言我為愛斷荅尊者慶喜亦知梵志是愛行人躭著諸欲為汲引故意云若汝為愛所纒欲求離者宜捨家法來世尊所隨我勤修清淨梵行故方便荅我為愛斷婆羅門曰沙門喬荅摩實有道迹能斷愛不阿難陁曰實有勿疑汝若來修定能斷愛梵志請曰願為說之令我心開必當依命尊者告曰惟我世尊如實知見說四神足依之修習速離愛纒問若有能於四念住等三十七種菩提分法隨一修習皆能斷愛何故但言修四神足荅此是愛結近對治故謂有愛者馳散諸緣等持能為彼近對治梵志復曰如仁所言神足無

邊修何能盡問梵志何故作是語耶荅梵志意言此四神足其體遍在學無學位彼即無邊修何能盡修若不盡何能斷愛阿難告曰此非無邊梵志復言請為解說阿難告言吾今問汝可隨意荅於意云何汝曾生欲入園遊不梵志曰然復問入園既遊觀已生欲還不梵志曰然復問二時所生樂欲豈不有異梵志曰然尊者告言如汝生欲二時有異一欲入園二欲還出如是神足學無學位亦各不同學位所修為欲斷愛無學所修為現法樂隨所修異非謂無邊梵志如何謂修不盡彼聞歡喜發淳淨心歸佛出家修於梵行

五根者謂信根精進根念根定根慧根五力亦介此五隨名即心所中各一為性已說自性當說所以問何緣此五名根名力荅能生善法故名根能破惡法故名力有說不可傾動名根能摧伏他名力有說勢用增上義是根不可屈伏義是力若以位別下位名根上位名力若以實義一一位

中皆具二種此二廣辯如餘處說

七覺支者一念覺支二擇法覺支三精進覺支四喜覺支五輕安覺支六定覺支七捨覺支擇法即慧喜即喜根捨謂行捨餘四如名即心所中各一為性已說自性當說所以問何故此七名覺支耶荅覺謂究竟覺即盡無生智或如實覺即無漏慧七為彼分故名為支擇法亦覺亦支餘六是支非覺此七廣辯如餘處說

八道支者謂正見正思惟正語正業正命正精進正念正定正見即慧正思惟即尋正語業命即隨心轉三根所發身語無表餘三如名即心所性已說自性當說所以問何故此八名為道支荅所履通達故名為道八是彼分故說名支正見亦道亦支餘七是支非道此亦如餘處廣說

四靜慮者謂初靜慮乃至第四靜慮有說尋喜樂捨相應靜慮如次為四此有二種一修得二生得修得者即彼地攝心一境性若并助伴即五蘊性生得者隨地所繫餘五蘊為性已

說自性當說所以問此四何緣說為靜慮答靜謂寂靜慮謂籌慮此四地中定慧平等故釋靜慮餘隨有關不得此名此四廣如餘處分別

四無量者謂慈悲喜捨慈謂與樂作意相應無瞋善根為性悲謂除苦作意相應無瞋善根為性有說不害為性喜謂慶慰作意相應喜根為性有說以善心所中欣為自性捨謂平等作意相應無貪善根為性已說自性當說所以問何故名無量答由此四種緣無量有情故生無量善法故招無量勝果故廣說此四亦如餘處四無色者謂空無邊處乃至非想非非想處此亦二種一修得二生得修得者即彼地攝心一境性若并助伴即四蘊性生得者即彼地繫餘四蘊為性已說自性當說所以問何故此四說名無色答此四地中超過一切有色法故違害一切有色法故色法於此無容生故說名無色此四亦如餘處廣說

八解脫者一內有色觀諸色解脫二內

阿毗達磨大毗婆沙論卷第一百四十一　第十三張　丑

無色想觀外色解脫三淨解脫身作證具足住四空無邊處解脫乃至七非想非非想處解脫八滅受想解脫身作證具足住此中前三無貪善根為性若并助伴即五蘊性次四即以彼根本地加行善四蘊為性有說亦以彼近分地前八解脫道為性最後解脫以滅盡等至為性已說自性當說所以問何故名解脫答解脫所有彼能障故餘義如餘處廣說

八勝處者一內有色想觀外色少乃至廣說二內有色想觀外色多乃至廣說三內無色想觀外色少乃至廣說四內無色想觀外色多乃至廣說觀青黃赤白復為四種此八皆以無貪善根為性若并助伴即五蘊性已說自性當說所以問何故名勝處答降伏所緣摧滅貪愛故名勝處廣分別義如餘處說

十遍處者謂各別觀青黃赤白地水火風即為前八九空無邊處十識無邊處此中前八無貪善根為性若并助伴即五蘊性後二遍處即以彼地

阿毗達磨大毗婆沙論卷第一百四十一　第十四張

有漏加行善彼勝解俱品四蘊為性已說自性當說所以問何故名遍處答所緣廣普勝解無邊故名遍處餘義如餘處說

八智者謂法智類智世俗智他心智苦智集智滅智道智非盡無生以位局故此八皆以心所法中慧為自性已說自性當說所以問何故名智答於所緣法審觀決定故名為智餘義如餘處廣說

三等持者一空二無願三無相此三皆以心所法中三摩地為性通有漏無漏此中唯說無漏解脫門故若空無我二行相俱無漏等持名空三摩地若無常苦因集生緣道如行出十行相俱無漏等持名無願三摩地若滅靜妙離四行相俱無漏等持名無相三摩地已說自性當說所以問何故名等持答平等持心令專一境有所成辦故名等持廣說此三如餘處辯

四沙門果者一預流果二一來果三不還果四阿羅漢果此四各以二法為性一無為二有為無為果者謂預

阿毗達磨大毗婆沙論卷第一百四十一　第十五張　丑

流果以三界見所斷斷擇滅為性一來果以三界見所斷斷及欲界修所斷前六品斷擇滅為性不還果以三界見所斷及欲界修所斷斷擇滅為性阿羅漢果以三界見修所斷斷擇滅為性有為果者隨其所應皆以無漏五蘊為性已說自性當說所以問何故名沙門果荅無倒勇勵息除染法名曰沙門是諸沙門所引所證名沙門果此亦如餘處廣說

五通者一神境智通二天眼智通三天耳智通四他心智通五宿住隨念智通此五皆以慧為自性已說自性當說所以問何故名通荅於自所緣無倒了達妙用無㝵故名為通界者四唯色界繫他心智通色界繫及不繫地者在四靜慮根本地非近分非無色所以者何若地有五通所依殊勝三摩地彼地有五通近分無色無五通所依殊勝三摩地是故於彼無此諸通有說若地奢摩他毗鉢舍那平等攝受彼地有五通近分無色隨一闕故無有五通所依者皆依欲色

界行相者四種唯不明了行相他心智通若有漏亦不明了行相若無漏作道四行相所緣者神境智通緣欲色界或四處或二處天眼智通緣欲色界色處天耳智通緣欲色界聲處他心智通緣欲色界及不繫心心所宿住智通緣欲色界五蘊念住者前三唯身念住他心智通是三念住除身宿住智通唯法念住智者四種唯世俗智他心智通若有漏是世俗智他心智若無漏是法智類智道智他心智三摩地俱者四種非三摩地俱他心智通若有漏亦非三摩地俱若無漏與道無願三摩地俱根相應者依種類說三根相應謂樂根喜根捨根世者五種皆墮三世前四過去緣過去現在緣現在未來若生緣未來不生緣三世宿住智通過去現在緣過去未來緣三世善等者天眼天耳通是無記緣三種神境智通是善緣無記餘是善緣三種欲界繫等者四是色界繫緣欲色界繫他心智通是色界繫及不繫緣欲色界繫及不繫學

等者四是非學非無學緣非學非無學他心智通是學無學非學非無學緣學無學非學非無學見所斷等者三是修所斷緣修所斷他心智通是修所斷及不斷緣見修所斷及不斷宿住智通是修所斷緣見修所斷緣名緣義者宿住智通通緣名義餘四唯緣義緣自相續等者他心智通唯緣他相續餘四通緣自他相續及非相續加行離染得者問此五通為加行得為離染得若加行得者智蘊所說云何通如說若成就現在他心智亦成就過去未來耶荅如是若離染得者此蘊前說云何通如說以無間道證神境智通時念住現在修一未來修四等非起先得有未來修有說唯加行得問智蘊所說云何通荅彼文應作是說若成就現在他心智未來定成就過去若已滅不失則成就若未已滅或已滅而失則不成就而不說者言勢所引捴略荅故有說唯離染得問此前所說云何通荅說重調練菩提分法非初得修介時但令

先所得者轉明勝故如是說者皆通加行及離染得此蘊但說加行得者智蘊唯說離染得者如是便為二說善通有說於彼離染得中有已曾習有未曾習智蘊說已曾習此蘊說未曾習如是亦為二說善通離染得者謂初靜慮所引發者離欲界染時得乃至第四靜慮所引發者離第三靜慮染時得若諸聖者及後有異生通得曾習未曾習餘唯得曾習離染得已加行現前佛不加行獨覺下加行聲聞或中或上又隨離染解脫道時所修得者皆離染得若於餘時而修得者皆加行得何處起者欲色界皆得起欲界中唯人天人中唯三洲通男女身異生聖者學與無學皆得現起問諸通為無間道攝為解脫道攝若無間道攝者經所說云何通如說分一為多合多為一乃至廣說非無間道一剎那中有如是事若解脫道攝者品類足說當云何通如說通云何謂善慧天眼耳通解脫道是無記慧云何名通答諸通是解脫道攝如

沙門果解脫道攝非無間道此亦如是問品類足說當云何通答彼所說通與此說異彼說善慧皆名為通以說一切法皆是所通達故此中所說勝慧名通此通或善或是無記通與善慧得作四句有通非善慧謂天眼耳通有善慧非通謂除通餘善慧有俱是謂餘四通有俱非謂除前相問此五通為如說而生為不介有作是說如說而生謂先起神境智通故佛前說乃至後起宿住智通故佛後說謂彼聞色界天而不能往故先起神境通往而不能見其色故次起天眼通見而不能聞其語故次起天耳通聞而不能知其心故次起他心通知彼心已未知宿世曾相遇不故後起宿住通世尊依此次第而說如是說者次第無定謂或先起神境通乃至或先起宿住通或有唯得神境通如天授等或有唯得天眼通如善星等是故諸通無順入逆入亦無超越次第如諸等至或如無量解脫勝處遍處問修起神境天眼通時俱有光明此

有何異答若修神境所引光明或化所為或自性有若修天眼所引光明非化所為唯自性有

說一切有部發智大毗婆沙論卷第一百四十一

甲辰歲高麗國大藏都監奉
勅雕造

阿毗達磨大毗婆沙論卷第一百四十一

校勘記

一　底本，麗藏本。

一　二六七頁下九行第二字「加」，磧、南作「如」。

一　二六八頁上一七行末字「今」，諸本(不含石，下同)作「令」。

一　二六八頁下二二行第九字「持」，資、磧、南、徑、清作「於」。

一　二七〇頁上一〇行第一二字「著」，磧、南作「等」。

一　二七〇頁下七行末字「盡」，磧、普、南、徑、清作「說」。

一　二七一頁上末行第六字「內」，諸本無。

一　二七一頁下末行第二字「性」，諸本作「住」。

一　二七二頁上一行第九字「斷」，磧、普、南、徑、清無。二行第九字、三行第五字、四行第一一字、五行第一三字同。

一　二七三頁上九行第一〇字「後」，磧作「復」。

阿毗達磨大毗婆沙論卷第一百四十二　匪

五百大阿羅漢等造

三藏法師玄奘奉　詔譯

根蘊第六中根納息第一之一

二十二根眼根耳根鼻根舌根身根女根男根命根意根樂根苦根喜根憂根捨根信根精進根念根定根慧根未知當知根已知根具知根此二十二根幾學幾無學幾非學非無學如是等章及解章義既領會已應廣分別問何故尊者以二十二根而作論答是彼尊者所樂欲故隨彼所欲不違法相而作斯論不應責其所以有說不應問彼尊者以契經說二十二根彼根契經是此論根本依彼經造論不可責其因緣以彼尊者於佛所說二十二根不能少減說二十一不能少增說二十三以佛所說無增減故不可增減如不可增減不可多少不可損益無量無邊應知亦尒以佛所說無量無邊不可於中作量邊故無量者義難測故無邊者文難

阿毗達磨大毗婆沙論卷第一百四十二　第二張　匪字號

知故譬如大海無量無邊無量者深無邊者廣世尊所說應知亦然雖百千俱胝那庾多數如舍利子等諸大論師於佛所說二句文義造百千論分別解釋盡其覺性不得邊際是故不應責彼尊者問置彼尊者世尊何故說此契經答觀所化者應聞此法得饒益故復次此經有別緣起謂有梵志名曰生聞來詣佛所歡喜問訊在一面坐而白佛言施設幾根攝諸根盡佛言我說二十二根攝諸根盡若有遮此更說餘根當知彼說有言無義若還問彼反生愚惑所以者何非其境故由梵志問說此契經是故不應徵佛說意問置佛說意梵志何故但問諸根不問蘊界處等答隨彼所疑而問不應為責或彼梵志性善尋思隨有所聞憙便歷問為知根義周遍遊歷九十六道問諸根量如離繫者施設一根所謂命根遍內外物故彼立制不飲冷水不斷生草以有命故問諸外道於外物中執有何根名有根法答有於外物執有意根有

於外物執有命根有於外物執有二根由意根故名有根法由命根故名有命法有於外物執有二根謂業與意隨應當說又如外道波羅設利作如是說眼不見色耳不聞聲名聖修根問何故彼名波羅設利答是所立名不應問立名所以名隨假立不必皆有實義故有說此是彼姓謂婆羅門有姓憍睒有姓筏睒有姓扇筏略有姓憍陣那有姓婆羅墮闍有姓波羅設利有說此是雜種謂從剎帝利婆羅門生名波羅設利如從驢馬所生名騾如是說者此是彼姓彼有弟子名嗢怛羅曾於一時來詣佛所歡喜問訊在一面坐佛時告曰汝師波羅設利為汝等說修根法耶嗢怛羅言我師曾說佛問云何彼云我師作如是說眼不見色耳不聞聲名聖修根無所取故佛即難曰若尒盲者應名聖修根不見色故時阿難陀佛邊侍立為佛搖扇尋亦難言聾者亦應名聖修根不聞聲故問設有外道百千俱胝那庾多數智慧辯才如舍利

子佛皆能伏何故世尊作初難已尊者慶喜作第二難世尊何故而不遮止答佛觀慶喜咽喉有相知欲設難故便自止以佛昔在三無數劫精懃修習菩薩行時尚不斷他所有才辯乃至弟子亦不遮遏況今成佛斷他辯才又佛了知若自所說若慶喜說平等無異無有增減故不遮止又顯師與弟子俱能摧伏他故若師弟子俱能伏者乃名善伏故不遮制又欲令彼無餘言故謂若世尊作第一難慶喜不作第二難者則彼外道還自衆中以餘憍心作如是言雖為彼師所伏而非弟子彼雖能伏我等而非我師若佛世尊作第一難慶喜復作第二難者則彼永捨憍慢之心弟子尚能摧伏我等何況彼師設我師来亦不能對何況我等又欲滿彼梵志意故彼作是念喬答摩尊諸力士中為無有上能伏能破一切論者而無屈撓諸論師中寂為尊勝往昔所有諸大論師尚無能對何況我等若彼弟子與我談論我當酬對豈不宜哉

佛一切時滿所化意如其所念而汲引之故不遮止慶喜所難復次佛以慶喜為證義人故彼外道衆信重慶喜以彼尊者形貌端嚴善知因陀羅聲明論故佛意令彼問所信人自驗師宗應正理不慶喜時說故佛不止復次欲顯世尊無勝己處故謂諸外道處弟子中有勝己故遮其言辯佛無是事設有弟子百千俱胝那庾多數辯才智慧如舍利子亦無問難與佛等者況能勝佛復次欲顯已斷法慳垢故謂諸外道不許弟子與他論難勿彼由斯多獲名譽恭敬利養佛則不尒假使世間一切皆得無邊名利佛無一毫然無嫉妬是故不止慶喜所說復次欲顯弟子亦勝他故謂諸外道忍已門徒與他論難墮負受辱世尊弟子無不勝他若論難時益更光揚如来正法故不遮制復次為欲顯示善說法中文義滿足無異見故謂諸外道惡說法中文義乖違師徒見異隨有所立所解師與弟子各各相違佛正法中無此過失隨

有所立所說所解弟子與師皆同一味由此等緣對彼外道佛與慶喜各設一難問外道若許盲聾之人是聖修根云何成難答是為大難亦是捴說外道過失無能對者謂汝若許盲聾之人亦得名為聖修根者汝等何故棄捨居家晝夜精勤修諸梵行但應毀壞眼耳二根自可名為聖修根者故前所說是為大難亦是捴訶一切外道又勝論者說有五根鼻舌眼身耳根為五又數論者說十一根謂五覺根五業根意根五覺根者所謂眼耳鼻舌身根五業根者謂語手足大小便根意者意根為第十一或復有說百二十根謂眼耳鼻各二為六舌身意命及五受根信等五根捴為二十六趣各二十為百二十彼說阿素洛為第六趣有說根是主義彼外道說有百二十主如天主龍主阿素洛主及人主等要受如是百二十處勝妙之身方得解脫生聞梵志聞如是等說根不同轉生疑惑不知何者是其實說聞釋氏宮生一太子具三

十二大丈夫相八十隨好身真金色圓光一尋見者歡喜觀無猒足捨輪王位踰城出家精勤修習難行苦行證得無上正等菩提一切知者一切見者斷一切疑網施一切決定能盡一切問難源底聞已即時来詣佛所在一面坐而白佛言說根者多沙門說幾根攝諸根盡問何故梵志不以所聞說根差別請問於佛而直作此問耶答彼有惡慧恐佛於他所說根中擇善而說故作捴問佛依彼問荅言我說二十二根攝諸根盡若有遮此更說餘根廣說乃至非其境故問世尊何故復作是語若有遮此更說餘根當知彼說有言無義若還問彼反生迷惑所以者何非其境故荅欲令彼知先所聞一根乃至百二十根皆非實故義言我是一切知者一切見者尚不能於二十二根中減一根說二十一增一根說二十三況諸外道僻見無知於諸根中有能增減說一乃至百二十耶由此因緣彼来詣佛但問根義非蘊界等

問此二十二根名有二十二實體有幾荅對法者言名二十二實體十七於中男女三無漏根無別體故問何故男女根無別體耶荅此二即是身根攝故如說女根云何謂身根少分男根云何謂身根少分問何故三無漏根亦無別體荅此三即是九根攝故九謂意根樂喜捨根信等五根此九根有位名未知當知根有位名已知根有位名具知根即見道位修道位無學道位如次應知又在隨信隨法行相續中名未知當知根在信解見至身證相續中名已知根在慧解脫俱解脫相續中名具知根九根聚集隨位說三故無別體由此故說二十二根名二十二實體十七尊者法救作如是說名二十二實體十四謂即前五及命捨定無別實體故彼說問何故命根無實體荅命根是不相應行蘊所攝彼說不相應行蘊無實體故問何故復說捨根無別體荅彼說離苦樂受無別不苦不樂受所以者何諸所有受或樂或苦若非苦樂

云何名受問若尒經說三受當云何通荅彼作是說樂受苦受有上有下有利有鈍有躁有静諸上利躁者名樂受苦受諸下鈍静者名不苦不樂受此體不定如疑而轉問何故彼説定根亦無別體荅彼說離心無定體故如説定云何謂心一境性由此諸根名二十二實體十四尊者覺天作如是說名二十二實體唯一所謂意根彼作是說諸有為法有二自性一大種二心離大種無所造色離心無心所諸色皆是大種差別無色皆是心之差別由此義故實根唯一如實義者應如初說名二十二實體十七如名體如是名施設體施設名異相體異相名異性體異性名別性體別性名分別體分別名覺悟體覺悟應知亦尒是名諸根自性我物性相自體已說自性當說所以問何故名根根是何義荅增上義是根義明義是根義現義是根義憙觀義是根義端嚴義是根義審義是根義勝義是根義主義是根義問若增上義是根義者

諸有為法展轉增上諸無為法於有為增上則一切法皆應立根何故世尊立二十二種尊者言佛於諸法了達究竟善知諸法體相勢用餘不能知若法有根相者立根無者不立不應責問有說增上緣有下有上有劣有勝上勝立根下劣不立有說雖一切法皆有增上緣義而非皆有增上明現乃至主義如二十二根者如一切有情雖皆乎有增上緣義而有勝者如鬼界中琰摩王勝傍生趣中師子王勝村中主勝國中王勝四大洲中轉輪王勝於欲界中自在天勝千世界中梵王為勝於三界中佛為最勝佛於一切有情中獨稱法王無倫匹故如是諸法雖皆是增上緣而非一切皆有增乃至主義如二十二根者故佛唯說此二十二根

問若增上義是根義者誰於何增上荅眼根於四處增上一莊嚴自身二導養自身三為識等依四作不共事莊嚴自身者雖有妙身支分具足眼根若缺人不憙觀故於嚴身此為增

上導養自身者由眼根故見好惡色捨危就安令身久住為識等依者眼識及相應法依此而生作不共事者唯眼根見色非餘根耳根於四處增上一莊嚴自身二導養自身三為識等依四作不共事莊嚴自身者雖有妙身支分具足耳根若缺人不憙觀故於嚴身此為增上導養自身者由耳根故聞好惡聲捨危就安令身久住為識等依者耳識及相應法依此而生作不共事者唯耳根聞聲非餘根有餘師說眼根導養生身為勝耳根導養法身為勝如說

譬如明眼人　能避現嶮難　世有聰明者
能離當苦惡　多聞能知法　多聞能離罪
多聞捨無義　多聞得涅槃

復有說者眼根耳根俱能導養生身法身導養生身如前說導養法身者由眼根故親近善士由耳根故聽聞正法由此能引如理作意法隨法行乃至展轉證得涅槃是故經說梵壽梵志勿壞二根謂眼與耳問何故於諸根聚中但說勿壞二根耶荅由眼

耳根佛出世時為路為門趣入佛法又由眼耳遇佛便能比知是佛如說苾芻汝若不能知佛心者應二處求一所聞二所見由此偏說勿壞二根鼻舌身根皆於四處增上一莊嚴自身二導養自身三為識等依四作不共事莊嚴自身者雖有妙身支分具足三根隨缺入不憙觀導養自身者由此三根受用段食令身久住以段食是香味觸故為識等依者鼻識及相應法依鼻根生舌識及相應法依舌根生身識及相應法依身根生作不共事者唯鼻能嗅唯舌能嘗唯身覺觸各非餘根意根於二處增上一能續後有二自在隨轉能續後有者如說識若不託母胎名色得成羯邏藍不不也世尊自在隨轉者如說

世間心所引　亦為心所勢　心若於彼生
皆自在隨轉

有說意根於染淨品增上如說心雜染故有情雜染心清淨故有情清淨男女二根於二處增上一有情異二分別異有情異者由此二根令諸有

情男女類別分別異者由此二根形相言音乳房等別謂劫初時無女男差別後於是處少造色生便有男女體類狀貌顯形言音衣者飲食受用差別有說此二於染淨品增上於染勝者非於嫉欲此無疑故但由此二若壞若闕於不律儀五無間業不能受作亦復不能斷諸善根於淨勝者此男女根若壞若闕便不能起一切律儀亦復不能離三界染不能種植三乘種子命根於二處增上一令說有根二令根不斷命根若在可說有根及令諸根相續住故有說命根於四處勝一續眾同分二持眾同分三護養眾同分四令眾同分不斷五受根於雜染品增上以諸有情由受勢力四方追求遊於鐵鏁鉤索嶮路登山越谷匍匐偃倒或入大海遇諸畏難謂波浪洄復室獸摩羅黑風旋風伏山灘磧墮惡龍宮邏刹婆洲金毗羅難盜賊難等如是種種皆因諸受問無漏受云何於雜染品增上耶答初起加行及趣入時亦於雜染品增

上謂觀行者求彼受時亦須追求衣食等物由此勢力亦生染故有說受於染淨俱勝樂受於染勝者如說於樂受貪隨增於淨勝者如說樂故心定苦受於染勝者如說於苦受瞋隨增於淨勝者如說苦為信依不苦不樂受於染勝者如說於不苦不樂受無明隨增於淨勝者如說六出離依捨信等五根於清淨品增上如說

信生能歸趣　越放逸流海　精進能除苦
慧能得清淨

又說我聖弟子具信伊師迦能捨不善修習善法又佛告慶喜精進能得菩提又說我聖弟子具精進力捨不善法修習善法又說念能遍行防護一切我聖弟子具念防護捨不善法修習善法又說定是正道不定是邪道定心得解脫非不定心定心能知諸蘊生滅又說我聖弟子具三定鏡能離不善修於善法又說

慧為世間上　能順趣決擇　能正知諸法
能盡老死苦

又說一切法中慧為最上又說姊妹我聖弟子能以慧力斷諸結縛隨眠

阿毗達磨大毗婆沙論卷第一百四十二 第十五張 匪字号

纏垢又說我聖弟子具慧埴牆能障惡法增長善法未知當知根於未見諦而見諦增上已知根於已見諦除煩惱過增上具知根於已除煩惱過得現法樂住增上由此各各於彼彼處有增上義故說為根

尊者寠沙筏摩作如是說唯意一種是勝義根是內是遍有所緣故是內者內處攝故是遍者從無閒獄至有頂故有所緣者緣一切法故餘眼等根不具斯義是故不立為勝義根謂眼等五雖內處攝而非是遍非有所緣命根雖遍而非內處亦非有緣苦樂憂喜雖有所緣非遍非內捨信等五雖遍有緣而非內處三無漏根如九根說問若唯意是勝義根者餘二十一何故名根答彼與意根作所作依作雜染作清淨作清淨位故亦名根誰作所依謂眼等五根誰作依謂命根誰作雜染謂五受根誰作清淨謂信等五根誰作清淨位謂三無漏根即見位修位無學位問何故男女復得名根答生有情故生欲樂故制煩惱故為染依故生有情者謂生胎生卵生有情生欲樂者謂於是處初生欲樂後乃遍身如依眉間初生聖樂後乃遍身此亦如是制煩惱者謂此志性能於暫時伏諸煩惱為染依者謂染汙識及相應法為此所依餘處身根發三種識此唯發染汙識非餘發此識時唯作習近意故必與貪俱

尊者僧伽筏蘇作如是說唯命等六是勝義根所謂眼耳鼻舌身命有情本故問若命等六是勝義根者餘十六種何故名根答與命等六作種子作雜染作清淨作清淨位故亦名根誰作種子謂意根誰作雜染謂五受根誰作清淨謂信等五根誰作清淨位謂三無漏根即見位修位無學位問何故男女亦得名根答欲界有情欲為種子欲為苗稼此依何有謂男女根是故此二亦得名根

尊者妙音作如是說命等八種是勝義根謂眼耳鼻舌身男女命有情本故問若命等八是勝義根者餘十四種何故名根答與命等八作種子作雜染作清淨作清淨位故亦名根廣如前說

問身根極微遍身等有何故此獨名女男根復說為顯尊者世友作如是說此處能顯是男女故名男女根復說為顯問有二形者亦能顯耶答此不能顯不決定由此故說非女非男有說此處生流轉者還滅者故外道六師補剌拏等名流轉者聲聞獨覺及與如來名還滅者尊者說曰此處能生諸仙牟尼諸聰慧者善調伏者易共住者故名男女根亦說名顯

已說諸根總相所以今當顯示一一別相問眼根云何答若已見色今見色當見色及此所餘是名眼根已見色者說過去眼今見色者說現在眼當見色者說未來眼此說同分及此所餘者說彼同分眼如界中廣說乃至意根說亦如是問女根云何答身根少分男根云何答身根少分命根云何答三界壽樂根云何答依順樂觸所生身心樂平等受受所攝是謂樂根苦根云何答依順苦觸所生身

阿毗達磨大毗婆沙論卷第一百四十二 第十七張 匪字号

苦不平等受所攝是謂苦根喜根云何答依順樂觸所生心悅平等受受所攝是謂喜根憂根云何答依順苦觸所生心慼不平等受受所攝是謂憂根捨根云何答依順不苦不樂觸所生身心捨非平等非不平等受受所攝是謂捨根信根云何答於出離遠離所生善法諸信順印可忍受欲樂心清淨性是謂信根精進念定慧根如文廣說問未知當知根云何答未見諦者未現觀者諸學慧慧根及所有根隨信隨法行於四聖諦未現觀能現觀是謂未知當知根此中於四聖諦未已見故名未見諦者未已現觀故名未現觀者諸學慧慧根者此說慧根及所有根隨信隨法行於四聖諦未現觀能現觀者說餘八根捴此九根名未知當知根問此九根中何故慧根再說別說餘根但作一捴說耶答慧名義勝故謂根聚中慧為最勝如國中王勝村中主勝餘根不介有說慧為導首故如說苾芻諸善法生明為導首明為前因由此引生所有慚愧有說慧具三現觀故謂慧具三現觀一見現觀二緣現觀三事現觀慧相應法有二現觀謂除見非慧性故慧俱有法有一現觀謂事非餘非慧性故無所緣故有說慧是煩惱令不久住如穴居衆生人若見時便還入穴有說慧照相續則煩惱不侵如室有燈賊不能盜有說慧能照一切法外日月等唯照一界一處一蘊一世少分慧能普照十八界十二處五蘊三世及無為法有說無慧者縛有慧者解有說慧入佛法甚歡娛故謂佛法中以解為勝是故諸有慧者見妙法寶於中歡娛如明眼人入於寶渚若無智慧雖入佛法無所見故常懷憂慼如生盲人至採寶所更增愁毒有說慧根如將如導如目如首是覺支是道道支有說慧能導引餘善提分令不異趣如明眼者導衆盲人令行正路此亦如是有說慧斷纏縛猶如利刀如說姉妹我聖弟子能以慧刀斷諸結縛隨眠纏垢有說慧如臺殿如尊者阿遝律陁言

我依戒住戒得昇無上智慧臺殿有說慧能安立諸法自相共相能分別諸法自相共相破自體愚及所緣愚於諸法中不增減轉有說慧是諸佛所愛敬故佛不愛敬有情色力族姓財富自在但愛敬慧以慧能證諸功德故有說慧能顯佛無與等故謂諸色力族姓財富榮貴自在不能顯佛是最尊勝唯慧能顯以一切智唯佛有故餘根不介以如是等無量因緣慧根餘根作差別說

說一切有部發智大毗婆沙論卷第一百四十二

阿毗達磨大毗婆沙論卷第一百四十二

校勘記

一　底本，金藏廣勝寺本。

一　二七七頁上一二行第八字「根」，資、磧、普、南、徑、清無。

一　二七七頁下一八行至次行「彼說問何故」，資、磧、南、清作「問何故彼說」；普、徑作「彼說問何故彼說」。

一　二七八頁中一五行第六字「情」，諸本（不含石，下同）作「情類」。

一　二七八頁中一七行第四字「增」，諸本作「增上」。

一　二七八頁下一四行「聰明」，磧、南、徑、清作「聰聞」。

一　二七九頁上一行第一二字「入」，清作「八」。

一　二七九頁中二行「女男」，徑作「男女」。

一　二七九頁中五行「淨器」，諸本作「淨品」。

一　二七九頁中一七行「鐵鑠」，資、磧、南作「鐵璅」。

一　二七九頁中二〇行「邏刹婆洲」，諸本作「邏刹娑洲」。

一　二七九頁下八行第二字「不」，諸本作「者」。

一　二七九頁下末行「慧力」，諸本作「慧刀」。

一　二八〇頁上一七行第一二字「所」，諸本作「所依」。

一　二八〇頁中六行「爲此」，諸本作「此爲」。

一　二八〇頁中一五行第七字「信」，資、磧、南作「言」。

一　二八〇頁下四行「女男根」，資、磧、普、南、徑、清作「男女根」。同行「尊者」，資、磧、普、南、徑、清作「答尊者」。

一　二八〇頁下七行「不決定」，諸本作「不決定故」。又「非女非男」，資、磧、普、南、徑、清作「非男非女」。

一　二八一頁上一行第五字「受」，諸本作「受受」。

一　二八一頁上一四行「聖諦」，資、磧作「聖說」。

一　二八一頁上一六行「隨信」，麗作「隨信行」。

一　二八一頁中二二行第九字「結」，資、磧、普、南、徑、清無。

阿毗達磨大毗婆沙論卷第一百四十三　匪

五百大阿羅漢等造

三藏法師玄奘奉　詔譯

根蘊第六中根納息第一之二

問已知根云何荅已見諦者已現觀者諸學慧慧根及所有根信解見至身證於四聖諦已現觀重現觀是謂已知根此中於四聖諦已見故名已見諦者已現觀故名已現觀者諸學慧慧根者此說慧根及所有根信解見至身證於四聖諦已現觀重現觀者說餘八根總此九根名已知根問諸無學者於四聖諦亦重現觀如從退法轉至思法乃至從堪達法轉至不動何故但說學重現觀非無學耶荅亦應說無學而不說者當知有餘有說此中舉初顯後若說學重現觀當知已說無學亦重現觀如舉初顯後舉始入顯已度舉加行顯究竟當知亦尒有說若斷未曾斷煩惱得未曾得沙門果者說重現觀無學尒時非斷未曾斷煩惱亦非得未曾得沙門果是故不說有說若斷未曾斷繫得得未曾得離繫得者說重現觀無學尒時雖得未曾得離繫得而不斷未曾斷繫得是故不說如斷繫得得離繫得除過患脩功德捨下劣證上妙去無義取有義盡渴愛苦受無熱樂應知亦尒有說捨未曾捨無智得未曾得智者說重現觀無學尒時雖得未曾得智而非捨未曾捨無智是故不說應知此依染無智說由如是等種種因緣學說重現觀非無學

問具知根云何荅漏盡阿羅漢諸無學慧慧根及所有根慧解脫俱解脫能得現法樂住此中漏盡阿羅漢諸無學慧慧根者此說慧根及所有根慧解脫俱解脫能得現法樂住者說餘八根總此九根名具知根問學者亦有現法樂住何故但說無學耶荅亦應說學而不說者當知有餘有說此中舉終顯始若說無學得現法樂住當知已說學亦得現法樂住如舉終顯始舉已度顯初入舉究竟顯加行當知亦尒復次此說名義勝者以

法言之則無學法勝以補特伽羅言之則無學補特伽羅勝有說此中說得輕安樂非煩惱熱所損者學雖得輕安樂而猶為煩惱熱所損是故不說復次此中說受輕安樂自在廣大者學於所作有所作故雖受輕安樂而不自在亦不廣大如王未除一切怨敵雖受王樂而不自在亦不廣大彼亦如是是故不說有說此中說已息煩惱意言已滿手足相者學則不然是故不說有說此中說有現法樂住無後世樂住者學於二世皆有樂住是故不說由如是等諸因緣故無學說樂住非學

問為有三明阿羅漢不若有者此中何故不說若無者苾芻經云何通如說尊者舍利子恭敬合掌白佛言世尊此五百苾芻幾是三明幾是俱解脫幾是慧解脫此中因論生論尊者舍利子知是事不若知者何故問若不知者云何得名波羅蜜多聲聞應作是說彼尊者知若尒何故問亦有知而問者如毗柰耶說尒時世尊知

而故問由此不應以知故遮其問有說尊者欲饒益他故謂舍利子雖自了知而知衆中有不知者無無畏故不能問佛舍利子無是過故為饒益他所以發問有說尊者欲於慦中顯差別故謂佛為五百苾芻如應說法彼聞皆得阿羅漢果永斷後有稱可佛心一切有情真實稱可佛心者謂得阿羅漢果永斷後有尊者舍利子作是念彼諸苾芻雖皆得阿羅漢果永斷後有而未知彼誰先來勤修加行誰不尒欲於慦中顯有差別故發斯問有說世尊先為五百苾芻說法令等住果尊者舍利子欲顯彼道有差別故是以發問有說世尊先為五百苾芻說法令住平等無為解脫尊者舍利子欲顯彼有為解脫非無異故而發斯問有說尊者欲顯發功德伏藏令世共知故如世伏藏土所覆故世人不見若因開發乃得見之生希有想如是功德寶藏以少欲土覆世無知者由舍利子所顯發故世人共知生希有想有說尊者欲發施主

阿毗達磨大毗婆沙論卷第一百四十三　第四張　匝

增上思故有諸施主雨四月中以衣服等供給僧衆彼或生念我所施田為良美不為欲令彼生決定知我等已於良田植福其所作功不唐捐是故尊者發如是問有說尊者欲顯師徒儀式法應尒故謂弟子法應問師師法應教弟子有說尊者顯己求法無猒離諸憍慢令他亦然是以故問有說尊者欲斷世人少有所知便生慠足不問他故彼尊者念言世人智慧於我所有十六分中不能及一我猶問他何況汝等少知少見而不問耶有說尊者欲顯離法慳垢故謂法慳者見他問時尚不生喜何況自問有說尊者欲止外道誹謗故謂諸外道恒謗佛言沙門喬荅摩攝受鄔波底沙俱履多故夜從受法晝為他說若舍利子於大衆前合掌恭敬而請問者此謗便止有說尊者欲顯世尊弟子所有善說皆須佛印印之故發斯問如王所司所有符疏若無王印人不承受往關津等悉為障㝵若有王印人皆信用所往無㝵如是佛

阿毗達磨大毗婆沙論卷第一百四十三　第五張　匝

弟子所有善說若無佛印他不信受如來滅後所有四衆亦不敬受若為佛印所印可者聞則奉行遺法四衆亦生敬重由此等緣彼舍利子而作斯問若無三明阿羅漢者彼經所說云何通耶荅應說有三明阿羅漢問若尒彼經善通此中何故不說荅此中應作是說及所有根慧解脫俱解脫三明能得現法樂住而不說者當知有餘復次已說在先所說中謂三明阿羅漢或是慧解脫或是俱解脫若說慧解脫當知已說慧解脫三明若說俱解脫當知已說俱解脫三明故不別說昔於此義有二論師一名時毗羅二名宴沙伐摩尊者時毗羅偏稱讚慧尊者宴沙伐摩偏稱讚滅定時毗羅作如是說慧勝非滅定慧有所緣滅定無所緣故宴沙伐摩作如是說滅定勝非慧滅定唯聖者有慧通異生有故稱讚慧者作如是言若具三明非八解脫者是名三明若具三明亦八解脫者亦名三明若具八解脫非三明者是名俱解脫若有

阿毗達磨大毗婆沙論卷第一百四十三　第六張　匝

一明二明是名慧解脫所以者何以慧勝滅定故稱讚滅定者作如是言若具八解脫非三明者是名俱解脫若具八解脫亦三明者亦名俱解脫若具三明非八解脫者是名三明若有一明二明名慧解脫所以者何以滅定勝慧故此二所說俱唐捐其功於文無益於義無益然具三明者有得滅定有不得滅定若得者名俱解脫三明若不得者名慧解脫三明今當重說三無漏根一一立名差別所以問何故名未知當知根荅未已知而知未已現觀而現觀斷無智故名未知當知根問若如是者苦法智忍生於欲界五蘊苦得現觀苦法智生於彼復得現觀則是現觀已復現觀何故猶名未知當知根不名已知根耶荅苦法智忍於欲界五蘊苦名現觀非已現觀苦法智生乃名已現觀然非已現觀而現觀故不名已知根有說苦法智忍於欲界五蘊苦雖名現觀而不名知非智性故苦法智生乃得名知介時雖名已現觀而現觀

而非已知而知故不名已知根又此中依智現觀而作論非忍故亦不名已現觀而現觀如何名已知根有說苦法智後復有未已現觀道生此智為未已現觀覺所蔽所覆以下者上彼增上力故此不自在由此苦法智不名已知根餘忍智亦介

問何故名已知根荅已知而知已現觀而現觀斷無智故名已知根問若如是者道類智忍生除其自性相應俱有法於餘一切類智品道皆得現觀此後道類智生於道類智忍自性相應俱有法乃得現觀介時於彼忍自性等未已現觀而現觀何故名已知根不名未知當知根荅外國師說十六心刹那皆是見道問今不問彼但問十五心刹那為見道者何故介耶尊者僧伽筏蘇說曰道類智忍現在前時能脩未來無量刹那道類智忍彼所脩者於現在忍等已得現觀故無有過此不應理未來道無作用故應作是荅從多分說名已現觀謂已現觀者無量無邊未已現觀者但

有少許已現觀而現觀者猶如大地未已現觀而現觀者但如一塊妙高一塵大海一渧虛空蚊處喻亦如是故從多分名已知根問第十六心頃應如七智何故獨說為已知根非已知而知故荅此亦從多分說謂初刹那雖與七智相似後諸刹那皆與彼異從多分說悉名已知根一類性故有說此後更無未已知道所蔽所覆不以下者上令不得自在必當介故於知言已知如去時名已去彼亦如是問何故名具知根荅已知而知已現觀而現觀不斷無智先已斷故名具知根問若如是者三乘無學皆是具知何故世尊獨名為佛荅能初覺故能遍覺故能別覺故說名為佛聲聞獨覺不能初覺不能遍覺不能別覺故不名佛有說若於介燄自覺遍覺無錯謬覺說名為佛獨覺雖能自覺無餘二種聲聞俱無故不名佛有說若於諸緣能自然覺一切種覺說名為佛獨覺雖有自然覺而無一切種覺聲聞俱無故不名佛有說若智於

能覺所覺行相所緣根根義有境境尒餘中能遍明覺說名為佛二乘不尒有說若有聞而不捨說名為佛二乘不尒有說若相續中永伏一切非理習氣說名為佛二乘不尒有說若有於甚深緣起河能盡源底說名為佛二乘不尒故經喻以三獸渡河謂兎馬為兎於水上但浮而渡馬或履地或浮而渡香象恒時蹈底而渡聲聞獨覺及與如來渡緣起河如次亦尒有說若斷二種無知謂染不染說名為佛聲聞獨覺唯能斷染不斷不染故不名佛有說若斷二種疑惑謂事隨眠說名為佛聲聞獨覺雖斷隨眠而不斷事故不名佛有說若盡智時二障俱斷心得解脫謂煩惱障及解脫障說名為佛聲聞獨覺或先脫煩惱障後解脫障或先斷解脫障後煩惱障無俱脫者故不名佛有說若具二圓滿者說名為佛謂所依能依諸餘有情或所依圓滿非能依如轉輪王或能依圓滿非所依謂聲聞獨覺唯佛具二故得佛名如所依能依

器器中處處中明與行應知亦尒有說若三事圓滿說名為佛謂色族辯二乘不尒有說若三事圓滿說名為佛謂立誓果成答問二乘不尒有說若具三不護三不共念住說名為佛二乘不尒有說若所言無二辯才無竭所記無謬說名為佛二乘不尒有說若具四智說名為佛謂因智時智相智說智二乘不尒有說若具四智說名為佛謂無著智無导智無謬智不退智二乘不尒有說若具種種因覺種種果覺種種相續覺種種對治覺說名為佛二乘不尒有說若世八法所不能染功德彼岸無能逮者一切危厄堪能拔濟說名為佛二乘不尒有說若具十八不共佛法十力四無所畏大悲三不共念住說名為佛二乘不尒有說若有深遠微細遍行平等大悲心者說名為佛深遠者三無數劫所積集故微細者覺三苦故遍行者緣三界故平等者於怨親中無異轉故由如是等種種因緣於三具知唯一名佛

問世尊何故於色蘊中唯立眼處等為根非色處等耶答由色處等無根相故有說內處攝者立根外處攝者不立有說若亦作所依者立根唯作所緣者不立有境境說亦尒有說若唯有情數攝者立根若不定者不立有說若唯是有執受者立根若非及不定者不立有說若唯相續攝者立根不定者不立有說若唯自相續受用者立根不定者不立有說不共者立根共者不立

問世尊何故於受蘊中苦受樂受各立二根不苦不樂受唯立一耶答不苦不樂受亦應立二而不立者當知是有餘說復次欲以種種文種種說莊嚴於義令易解故復次欲現二門二略乃至廣說復次苦樂二受有明利有不明利有輕躁有不輕躁有安住有不安住諸明利輕躁不安住者立憂喜受諸不明利不輕躁安住者立苦樂受不苦不樂受唯不明利不輕躁安住故合立一復次苦受樂受轉有異故各分為二謂樂根轉異喜根轉

異苦根轉異憂根轉異不苦不樂受無異轉故合立為一復次苦受樂受乐相違故各分為二謂苦樂相違憂喜相違不苦不樂受無此相違故但說一

問何故想蘊不立為根答非根法多何獨問想問如色蘊行蘊少分立根受蘊識蘊皆立為根唯想不立所以故問答以想無根相故復次根者自力轉想由他轉如傭作人他教即作不教不作想於境轉亦復如是謂受思識領納造作了別境已想方取相復次根者自在不為他覆想為慧覆故不說根謂善想為善慧所覆如於善事善取相者世間說此名聡慧人無記想為無記慧所覆如於世務善取相者世便說此名巧慧人染汙想為顛倒慧所覆如說於無常起常想顛倒乃至於非我起我想顛倒尊者世友說曰想何故不立根答增上義是根義想增上少故不立根問想亦有增上如說一切有為法展轉增上諸無為法於有為增上答我說少不

說無也又說根者能害煩惱想不能害煩惱問想亦能害煩惱如說苾芻於無常想若習若修若多修習能除一切欲貪色無色貪答此於慧說想名也大德說曰根是主義不隨於他想則隨他餘心心所分別境已方能取相故不立根尊者衆世說曰根者沉實想用淨虛故勝解觀名為假想世亦於彼不實解中言是汝想尊者覺天說曰根者決定難可摇動想用隨緣轉易不定如影像陽焰故不立根問何故煩惱不立為根答彼無根相是以不立有餘師說增上是根煩惱下劣問煩惱能令諸有相續壞諸善品令没生死令遠涅槃難可調伏云何下劣答以諸煩惱鄙賤可訶智者棄之故名下劣非無勢用名為下劣如旃荼羅補羯娑等雖有勢用亦名下劣以諸勝人所輕賤故問若尒染汙受應不立根答受於染品勢用增上故立為根煩惱不尒以依諸受生煩惱故問若尒想應立根亦能生煩惱故答想雖能生煩惱而不及受

勝由此義故亦不說在縁起支中有說受雖隨順染品而亦與善法交通煩惱唯於染品隨順而不順善故不立根猶如獄正所居雖下而與貴勝交往非如守門獄卒雖有威猛苦切於人而極鄙惡可猒賤故貴勝離之尊者僧伽伐蘇說曰若法有染無染身中可得者立根煩惱唯於有染身中可得故不立根若尒憂根及具知根皆不應立憂根但於有染身中可得具知根但於無染身中可得故有說根是主義煩惱非主是心所法故若尒受等亦應不立由此因縁前說為善

問何故受善染無記皆立為根慧念定唯善立根非染無記答受於順雜染品勢用增上善染無記受皆有勢力順雜染品故並立根慧念定三順清淨品勢用增上唯善慧念定順清淨品故立為根染慧念定乃相資助斷清淨品無記慧等亦於淨品不順是故皆不立根有餘師說受於三品皆有勢用故並立根慧念定三唯於

淨品有勢用故唯善立根所以者何諸受力故令有情類於諸善染無記事轉由受於淨品勝故說在覺支靜慮支中於染品勝故說在十二緣起支中於非二品勝者謂由受故造作種種無記事業慧等不尒由此應知意根亦於三品勝故善染無記皆立為根於三勝者以三品法皆依心故問何故作意勝解觸欲不立為根荅無根相故謂作意雖能發動於意趣所緣境非一切時恒有勝用故不立根問此於淨品豈無勝用謂修定者初修定時無不皆由作意力故荅初修定時令心趣境雖暫有力心住境已便無勝用故不立根勝解雖能令心於境印可決定而於生長無別勝用故不立根問豈不勝解於善法中亦有勝用於戒等五蘊十無學支中皆建立故荅於雜染位雜染相顯立解脫蘊正解脫支除此更無生長勝用以無根相不立為根觸雖令心觸對於境順生諸受然於染淨無別勝用故不立根問豈不生受即是勝用

荅受於染淨有勝功能可立為根觸唯生受於染淨品無親勝用又觸唯能隨順染品非順淨品故不立根多順淨品立諸根故即由此故欲不立根亦於淨品無勝用故問契經說諸法欲為根本諸染淨品皆從欲生如何於淨無有勝用荅雖染淨品無欲不生契經說為諸法根本然既生已便無勝用又多順愛故不立根順下賤法非增上故問思能令心造作善惡立為意業能發身語能感生死有增上用勝於餘法何不立根荅唯順雜染非清淨品故不立根有說諸業從煩惱生煩惱鄙賤非增上故不立為根業亦應尒如鄙賤人所生男女人皆猒棄不與交嚮諸業亦然故無根義問何故善心所法中唯二立根餘皆不立荅餘並無根相故謂信能為諸善根本無有善品離信而成精進普能策發衆善無有善品離精進成故此二法增上義勝可立為根餘則不尒問慙愧二種自性善攝說為白法何不立根荅此能對治遍不善心一

向黑品自性不善故說名白及自性善然於生長諸善法中無別勝能故無根義問無貪無恚名為善根此中何故不立為根荅彼建立根與此義異謂彼所治與六識俱通五所斷是隨眠性能發麁重身語惡業與斷善根作勝加行具斯五義立不善根無貪等三能對治彼及起諸散善業故名善根此中信等立根通望生長一切善法多依隨順出世善品故無貪等於此非根問輕安不害不放逸捨何不立根荅無根相故謂彼所治四隨煩惱三唯遍染心一為惡尋伴惱乱善薩障取善提故善法中立彼能治然於生長清淨品法無勝所作故不立根問諸善皆依不放逸起云何說所作非勝耶荅此但能除諸放逸法故令諸善品依信等生非彼親能有生長用問欣猒何故不立根耶荅於散位中此用雖勝於定善位用不分明根用必於兩位中勝而於定位明了增強故彼二法無有根義問若尒何故立信為根荅澄淨用通一切

位非唯散位是故立根問惡作睡眠及與尋伺何故非根答無根相故謂前二種唯在散心後二不通一切界地又皆無有生善勝能故皆不說有其根義問若尒苦等四受應不立根答揔而言之受遍諸位彼依種類皆說為根又受皆有生長增上彼四不尒問遂支中立尋靜慮支中立尋伺豈非生長有增勝耶答此於定慧有策持力故立為支非於生長有增上用是故非根

問何故於諸不相應行唯命立根答唯命根有根義故謂彼唯是有情數攝唯是異熟能遍任持故立為根餘皆不尒所以者何四有為相三義皆無無想異熟無遍持義其衆同分非唯異熟由彼亦通等流性故二無心定名句文身得非得等無後二義故彼一切皆不立根

問若審勝義是根義者涅槃於一切法中審勝何不立根答彼是諸根盡滅處故根盡滅處不名為根如竮等壞處不名竮等有說若法行世取果

與果有諸作用了知所緣可立為根涅槃不尒有說若法生滅有因有果有有為相可立為根涅槃不尒有說根者屬因屬緣和合而生涅槃不尒有說若法為生所生為老所老為滅所滅可立為根涅槃不尒有說根者墮蘊墮世衆苦所隨涅槃不尒有說根者有前後相上中下相涅槃不尒有說審勝是根義者謂於有為中勝而有作用涅槃乃於一切法中審勝而無作用故不立根虛空非擇滅不立根義准此應知

說一切有部發智大毘婆沙論卷第一百四十三

阿毘達磨大毘婆沙論卷第一百四十三

校勘記

一　底本，麗藏本。金藏廣勝寺本多所殘缺，今採用其中可用者三版，即二八八頁下至次頁中。

一　二八四頁中七行第五字「教」，清作「故」。

一　二八五頁中四行首字「若」，諸本（不含石，下同）作「苦」。

一　二八六頁上八行第八字「但」，磧作「俱」。

一　二八六頁上一一行「二種」，磧、普、南、徑、清作「一種」。

一　二八六頁上一六行第一〇字「謂」，諸本作「諸」。

一　二八六頁上一八行第一〇字「斷」，諸本作「脫」。

一　二八六頁中一五行「危厄」，諸本作「危扼」。

一　二八六頁中二一行「三界」，諸本作「三果」。

一　二八七頁上一七行第六字「說」，諸本作「記」。

一　二八八頁中五行第一一字「契」，諸本無。

一　二八九頁上一行首字「位」，麗作「位故」。

一　二八九頁上六行「彼依」，諸本作「依彼」。

一　二八九頁中一〇行第八字「於」，資、磧、普、南、徑、清無。

阿毗達磨大毗婆沙論卷第一百四十四　匪

五百大阿羅漢等造

三藏法師玄奘奉　詔譯

根蘊第六中根納息第一之三

此二十二根幾學幾無學幾非學非無學答二學一無學十非學非無學九應分別二學者謂未知當知根已知根一無學者謂具知根十非學非無學者謂七色命苦憂根九應分別者謂意樂喜捨信等五根此皆應作三分而答故名應分別一作學分二作無學分三作非學非無學分分別論者言此應作分別記故名應分別謂意根或學或無學或非學非無學云何學謂學作意相應意根此復云何謂從苦法智忍乃至金剛喻定相應意根云何無學謂無學作意相應意根此復云何謂盡智無生智無學正見相應意根云何非學非無學謂有漏作意相應意根此復云何謂有三種何等為三謂善染汙無覆無記善復有三謂加行得離染得生得加行得者復有三種謂聞所成思所成修所成聞思所成者謂不淨觀持息念念住等相應修所成者謂煗頂忍世第一法現觀邊世俗智靜慮無量無色解脫勝處遍處等相應離染得者謂由離染時得則靜慮無量無色解脫勝處遍處等相應生得者謂生時所得善染汙有二種謂見所斷修所斷無覆無記有四謂威儀路工巧處異熟生及變化等通果心如意根樂根喜根捨根信根精進根念根定根慧根亦尒然有差別謂信等五除染無記餘隨所應問何故此中明意根等唯說作意相應非餘答彼作論者意欲尒故乃至廣說尊者曰此不應問一切有疑說餘相應亦生疑故但不違理隨說無過有說作意順生心勝故謂相應法中順生心者唯作意勝如不相應中順生法者唯有生相是故偏說有說作意是警覺相是牽引相令意根等取所緣勝是故偏說有說作意能生諸法勝於餘法是故偏說

已分別諸根學等自性離無離相今當說諸根學彼是學者根耶答應作四句有根學彼非學者根謂學根學者不成就此復云何謂隨信行不成就隨法行諸根隨法行不成就隨信行諸根信勝解不成就見至諸根見至不成就信勝解諸根退法姓學不成就五姓學諸根乃至不動法姓學不成就五姓學諸根佛乘姓學不成就餘二乘姓學諸根乃至聲聞乘姓學不成就餘二乘姓學諸根住苦法智忍位不成就上學位諸根乃至住道類智忍位不成就上學位諸根住學三果未上進位不成就下上學位諸根住上進位如應廣說有是學者根彼根非學謂非學非無學根學者成就此復云何謂諸學者生欲界已得眼根不失及生色界彼成就眼根已得者謂鉢羅奢佉位等不失者謂不失壞如眼根耳鼻舌根亦尒生欲色界彼成就身根女成就女根男成就男根生遍淨及下成就樂根生欲界成就苦根生極光淨及下成就喜

根未離欲染成就憂根意命捨根一切成就生欲界未得無色界善心彼成就欲色界信等五根若得無色界善心成就三界信等五根生色界未得無色界善心彼成就色界信等五根若得無色界善心成就色無色界信等五根生無色界彼成就無色界信等五根有根學彼亦學者根謂學根學者成就此復云何謂隨信行成就隨信行諸根隨法行成就隨法行諸根信勝解成就信勝解諸根見至成就見至諸根退法姓學成就退法姓學諸根乃至不動法姓學成就不動法姓學諸根佛乘姓學成就佛乘姓學諸根乃至聲聞乘姓學成就聲聞乘姓學諸根住苦法智忍位成就苦法智忍位諸根乃至住道類智忍位成就一切見道諸根住學三果未上進位各成就所住果所攝諸根住上進位各成就所得果及勝果道所攝諸根有根非學彼亦非學者根謂無學根及非學非無學根學者不成就此復云何謂諸學者定不成就無

學諸根及有非學非無學根學者不成就謂諸學者生欲界不得眼根設得而失及生無色界彼不成就眼根不得者謂未至羯羅藍位等設得而失者謂已失壞如眼根耳鼻舌根亦介生無色界彼不成就身根女不成就男根男不成就女根有俱不成謂生色無色界及生欲界或本不得或已得漸命終等捨生遍淨上不成就樂根生色無色界不成就苦根生極光淨上不成就喜根已離欲染不成就憂根生欲界未得無色界善心彼不成就無色界信等五根生色界未得無色界善心彼不成就欲無色界信等五根生無色界彼不成就欲色界信等五根

諸根無學彼是無學者根耶答應作四句有根無學彼非無學者根謂無學根無學者不成就此復云何謂時解脫不成就不時解脫諸根不時解脫不成就時解脫諸根退法不成就五種諸根乃至不動法不成就五種諸根佛不成就獨覺聲聞諸根獨覺

不成就佛聲聞諸根聲聞不成就佛獨覺諸根有是無學者根彼根非無學謂非學非無學根無學者成就此復云何謂無學者生欲界已得眼根不失及生色界彼成就眼根如眼根耳鼻舌根亦介生欲色界彼成就身根女成就女根男成就男根生遍淨及下成就樂根生欲界成就苦根生極光淨及下成就喜根意命捨根一切成就生欲界彼成就三界信等五根生色界彼成就色無色界信等五根生無色界彼成就無色界信等五根有根無學彼亦無學者根謂無學根無學者成就此復云何謂時解脫成就時解脫諸根不時解脫成就不時解脫諸根退法成就退法諸根乃至不動法成就不動法諸根佛成就佛諸根獨覺成就獨覺諸根聲聞成就聲聞諸根有根非無學彼亦非無學者根謂學根及非學非無學根無學者不成就此復云何謂無學者定不成就學諸根及有非學非無學根無學者不成就謂無學者生欲界不

得眼根設得而失及生無色界彼不成就眼根如眼根耳鼻舌根亦尒生無色界彼不成就身根女不成就男根男不成就女根有俱不成就謂生色無色界及生欲界或本不得或已得而失生遍淨上彼不成就樂根生色無色界彼不成就苦根生極光淨上彼不成就喜根定不成就憂根生色界彼不成就欲界信等五根生無色界彼不成就欲色界信等五根

諸根非學非無學彼是非學非無學者根耶若諸非學非無學者根彼根非學非無學所以者何以成就學法即名學者成就無學法即名無學者若不成就學無學法名非學非無學者即是異生彼所成就根唯是非學非無學故有根非學非無學彼非非學非無學者根謂非學非無學根非學非無學者不成就此復云何謂諸異生生欲界未得眼根設得而失及生無色界彼不成就眼根如眼根耳鼻舌根亦尒生無色界彼不成就身根女不成就男根男不成就女根有

俱不成謂生色無色界及生欲界或本不得或已得而失生遍淨上不成就樂根生色無色界不成就苦根生極光淨上不成就喜根離欲界染不成就憂根斷善根者不成就三界信等五根生欲界不斷善根若未得色界善心彼不成就色無色界信等五根若得色界善心未得無色界善心彼不成就無色界信等五根生色界若未得無色界善心彼不成就欲無色界信等五根若得無色界善心彼不成就欲界信等五根生無色界彼不成就欲色界信等五根

已分別諸根學等彼學等義今當說

問云何名學無學非學非無學耶答以無貪道為斷貪故而學此道所攝法名學以無貪道為斷貪故而不學已學故此道所攝法名無學與二相違名非學非無學復次以無瞋道為斷瞋故而學此道所攝法名學以無瞋道為斷瞋故而不學已學故此道所攝法名無學與二相違名非學非無學復次以無癡道為斷癡故而學

此道所攝法名學以無癡道為斷癡故而不學已學故此道所攝法名無學與二相違名非學非無學復次以無愛道為斷愛故而學然非愛事此道所攝法名學以無愛道為斷愛故而學者此則遮無學道然非愛事者此則遮世俗道以無愛道為斷愛故而不學已學故然非愛事此道所攝法名無學以無愛道為斷愛故而不學已學故者此則遮學道然非愛事者此則遮世俗道與二相違名非學非無學復次若道為斷二求滿一求故而學此道所攝法名學為斷二求者謂欲求有求滿一求者謂梵行求若道為斷二求滿一求故而不學已學故此道所攝法名無學與二相違名非學非無學復次若道為斷煩惱脩諦現觀故而學此道所攝法名學若道為斷煩惱脩諦現觀故而不學已學故此道所攝法名無學與二相違名非學非無學復次若所依中有煩惱得隨縛有無漏得隨逐彼是學若所依中無煩惱得隨縛有無漏得

隨逐彼是無學與二相違名非學非無學復次若所依中有愛隨縛有無漏得彼是學若所依中無愛隨縛有無漏得彼是無學與二相違名非學非無學復次若法見道修道所攝是學若法無學道所攝是無學與二相違是非學非無學見地修地無學地說亦介復次若法未知當知根已知根所攝是學若法具知根所攝是無學與二相違是非學非無學復次五種補特伽羅相續中諸無漏法是學五種補特伽羅者謂隨信行隨法行信勝解見至身證二種補特伽羅相續中諸無漏法是無學二種補特伽羅者謂慧解脫俱解脫與二相違是非學非無學復次七種補特伽羅相續中諸無漏法是學七種補特伽羅者謂四向前三果一種補特伽羅相續中諸無漏法是無學一種補特伽羅者謂阿羅漢果與二相違名非學非無學復次十八種補特伽羅相續中諸無漏法是學九種補特伽羅相續中諸無漏法是無學與二相違是

非學非無學此二十二根幾善幾不善幾無記答八善八無記六應分別八善者謂信等五三無漏根八無記者謂七色命根六應分別者謂意五受此復云何謂意根或善或不善或無記云何善謂善作意相應意根此有二種謂有漏無漏有漏有三謂加行得離染得生得無漏有二謂學無學云何不善謂不善作意相應意根此有二種謂見所斷修所斷即欲界三十四隨眠俱生作意相應意根云何無記謂無記作意相應意根此有二種謂有覆無記無覆無記有覆無記者謂欲界有身見邊執見及色無色界一切煩惱俱生作意相應意根無覆無記者謂威儀路工巧處異熟生通果俱生作意相應意根如意根捨根喜根樂根隨應亦介苦根或善或不善或無記云何善謂善作意相應苦根此復云何謂生得善云何不善謂不善作意相應苦根此復云何謂修所斷云何無記謂無記作意相應苦根此復云何謂異熟生憂根或

善或不善云何善謂善作意相應憂根如說我於何時當於是處得具足住若於聖處已具足住於上解脫希求思慕心懷憂慼云何不善謂不善作意相應憂根此復云何謂見所斷及修所斷問何故無有無記憂根答無記有二謂有覆無覆憂根且非有覆無記由與欲界有身見邊執見不相應故所以者何行相異故彼二見歡行相轉憂根慼行相轉乎相違法不相應故憂根亦非無覆無記非威儀路工巧處異熟生所攝故問何故憂根非威儀路所攝答憂根分別轉威儀路無分別轉若威儀路有憂根者設有分別我今應作如是威儀如佛世尊或如馬勝即分別時便應已住如是威儀然威儀路無此分別故威儀路無有憂根問何故憂根非工巧處答憂根分別轉工巧處無分別轉若工巧處有憂根者設有分別我今應作如是工巧如佛世尊或如妙業天子即分別時已應成辦如是工巧然工巧處無此分別故工巧處無有

憂根問何故憂根非異熟生荅憂根分別轉異熟生無分別轉若異熟生有憂根者設有分別我今應受如是異熟如佛世尊或如轉輪聖王即分別時便應現受如是異熟然異熟生無此分別故異熟生無有憂根有說憂根現如行轉異熟生先業所引是故憂根非異熟生有說憂根隨欲而轉以於一切云失事中有起憂根有不起故異熟生者不隨欲受由業轉故是故憂根非異熟生有說憂根若是異熟則應重業但受少果謂有因作無間業已便生憂悴即應名為受彼異熟豈非果少有說憂根離欲時捨異熟生法離三界染而猶隨轉是故憂根非異熟生由此憂根唯善不善

已分別諸根善等彼善等義今當說問云何名善不善無記耶荅若法巧便所攝能招愛果自性安隱說名為善巧便所攝者顯道諦能招愛果者顯苦集諦少分自性安隱者顯滅諦若法不巧便攝招不愛果性不安隱說名不善此則顯示苦集諦少分與二

阿毗達磨大毗婆沙論卷第一百四十四　第十三張　亟

相違說名無記有說若法能得愛果及樂受果說名為善若法能得不愛果及苦受果說名不善與二相違說名無記有說若法能生愛有芽及解脫芽說名為善若法能生不愛有芽說名不善與二相違說名無記有說若法能感可愛趣說名為善若法能感不可愛趣說名不善與二相違說名無記有說若法墮還滅品清淨品是輕舉性說名為善若法墮流轉品雜染品是沉重性說名不善與二相違說名無記脇尊者曰由四緣故說名為善一自性故二相應故三等起故四勝義故自性善者有說是慚愧有說是三善根相應善者是彼相應心心所法等起善者是彼所起身語業心不相應行勝義善者謂涅槃安隱故名善分別論者作如是言自性善者謂智相應善者謂彼相應識等起善者謂彼所起身語業勝義善者謂涅槃由四緣故說名不善一自性故二相應故三等起故四勝義故自性不善者有說是無慚無愧以一

阿毗達磨大毗婆沙論卷第一百四十四　第十四張　亟

向不善遍不善心故有說是三不善根以具五義故相應不善者謂彼相應心心所法等起不善者謂彼所起身語業心不相應行勝義不善者謂生死不安隱故名不善分別論者作如是言自性不善者謂癡相應不善者謂彼相應識等起不善者謂彼所起身語業勝義不善者謂生死脅尊者言若法是如理作意自性如理作意相應如理作意等起如理作意等流果離繫果者是善若法是不如理作意自性不如理作意相應不如理作意等起不如理作意等流果者是不善與二相違是無記如如理作意不如理作意慚愧無慚無愧三善根三不善根信等五根五蓋亦尒集異門說何故名善荅有可愛果可樂果適意果悅意果可欣尚果名善此說等流果復次有可愛異熟可樂異熟適意異熟悅意異熟可欣尚異熟名善此說異熟果與此相違是不善與二相違是無記餘義如結蘊初納息廣說

阿毗達磨大毗婆沙論卷第一百四十四　第十五張　亟

此二十二根幾有異熟乃至廣說問何故作此論答欲止他宗顯已義故謂譬喻者說離思無異熟因離受無異熟果為遮彼說顯異熟因及異熟果俱通五蘊飲光部說諸異熟因異熟未生彼因有體異熟生已彼因便失如芽未生種猶有體芽既生已種體便無欲止彼意顯因恒有復有外道執善惡業無果異熟亦遮彼意顯善惡業有果異熟故作斯論

此二十二根幾有異熟幾無異熟答一有異熟十一無異熟十應分別一有異熟者謂憂根十一無異熟者謂七色命三無漏根十應分別者謂意四受信等五根此復云何謂意根或有異熟或無異熟云何有異熟謂不善善有漏意根云何無異熟謂無記無漏意根如意根樂根喜根捨根亦尒苦根或有異熟或無異熟云何有異熟謂善不善苦根云何無異熟謂無記苦根信等五根或有異熟或無異熟云何有異熟謂有漏信等五根云何無異熟謂無漏信等五根

已分別諸根有異熟等彼有異熟等義今當說問云何名有異熟等為與自異熟俱故名有異熟為與他異熟俱故名有異熟耶若與自異熟俱故名有異熟者如何因果不並又違伽他所說如說作惡不即熟等若與他異熟俱故名有異熟者則無漏道應名有異熟與他異熟俱故答應說與自異熟俱故名有異熟問如何因果不並及違伽他說耶答有二種俱一者有俱二者並俱有俱者如有因有果有所緣有異熟等並俱者如有尋有伺有喜有作意等此中依有俱而作論如有俱並俱有俱不相離俱亦尒有說有三種俱一者遠俱二者近俱三遠近俱前二如前遠近俱者如有漏有隨眠有緣有事等此中但依遠俱作論問何故名異熟答異類而熟故名異熟熟有二種一同類二異類同類熟者謂等流果異類熟者謂異熟果餘如結蘊廣說

此二十二根幾見所斷乃至廣說問何故作此論答欲止他宗顯已義故

如譬喻者說無有世俗道能斷煩惱彼大德說異生無有斷隨眠者但能伏纏亦非世俗道有永斷義由契經言聖慧見已方能斷故為遮彼說顯世俗道亦能永斷諸異生類亦斷隨眠故契經說嗢達洛迦曷邏摩子斷欲斷色乃至斷於無所有處生於非想非非想處又說有外道仙能離欲染如是等所言聖慧見已方能斷者顯能究竟斷有頂染或有說言諸世俗道雖能永斷但是異生而非聖者非捨勝道用劣道故為止彼意顯諸聖者亦以世俗道離八地染有作是說頓斷非漸金剛喻定現在前時一切煩惱一時斷故為遮彼執顯必漸斷四沙門果漸次得故有執現觀唯頓非漸為遮彼說顯漸非頓又為顯示有二部結二部對治故作斯論

此二十二根幾見所斷幾修所斷幾不斷答九修所斷三不斷十應分別九修所斷者謂七色命苦根三不斷者謂三無漏根十應分別者謂意四受信等五根謂意根或見所斷或修

所斷或不斷云何見所斷謂意根隨信隨法行現觀邊忍所斷此復云何謂見所斷八十八隨眠相應意根云何修所斷謂意根學見迹修所斷此復云何謂修所斷十隨眠相應意根及不染汙有漏意根云何不斷謂無漏意根如意根捨根亦尒樂根或見所斷或修所斷或不斷云何見所斷謂樂根隨信隨法行現觀邊忍所斷此復云何謂見所斷二十八隨眠相應樂根即第三靜慮見所斷云何修所斷謂樂根學見迹修所斷此復云何謂修所斷五隨眠相應樂根及不染汙有漏樂根五隨眠者謂欲界貪無明色界貪慢無明

云何不斷謂無漏樂根喜根或見所斷或修所斷或不斷云何見所斷謂喜根隨信隨法行現觀邊忍所斷此復云何謂見所斷五十二隨眠相應喜根五十二隨眠者謂欲界二十四除瞋疑八色界二十八云何修所斷謂喜根學見迹修所斷此復云何謂修所斷六隨眠相應喜根及不染汙

有漏喜根六隨眠者謂欲色界貪慢無明云何不斷謂无漏喜根憂根或見所斷或修所斷云何見所斷謂憂根隨信隨法行現觀邊忍所斷此復云何謂見所斷十六隨眠相應憂根十六隨眠者謂欲界邪見瞋疑無明各四云何修所斷謂憂根學見迹修所斷此復云何謂修所斷二隨眠相應憂根及不染汙憂根二隨眠者謂欲界瞋無明信等五根或修所斷或不斷云何修所斷謂有漏信等五根云何不斷謂無漏信等五根

已分別諸根見斷等彼見斷等義今當說問云何名見所斷修所斷耶如見不離修修不離見見道中如實修可得修道中如實見可得慧名為見不放逸名修此中說何名為如實此中意說偏多猛利名為如實謂見道中慧多不放逸少修道中不放逸多慧少或復此中意說平等名為如實謂見道中隨有尒所慧即有尒所不放逸修道中隨有尒所不放逸即有尒所慧尊者世友作如是說觀四聖

諦斷諸煩惱云何分別此是見所斷此是修所斷答由見而斷由見而除由見變吐名見所斷有說見所斷亦應言修所斷以見道中如實修可得故如是說者由見而斷由見而除由見變吐名見所斷如所得道若習若修若多修習分齊斷限量斷漸令薄究竟斷名修所斷有說修所斷亦應言見所斷以修道中如實見可得故如是說者如所得道若習若修若多修習分齊斷限量斷漸令薄究竟斷名修所斷問此言有何義答此說見道是猛利道曾現在前九品煩惱一時而斷修道是不猛利道數習現前九品煩惱九時而斷如利鈍刀俱截一物利者一割便斷鈍者數割乃斷有說若法以見增道斷名見所斷若法以修增道斷名修所斷有說若法以二相道斷名見所斷二相者謂見相慧相若法以三相道斷名修所斷三相者謂見智慧相有說若法以四相道斷名見所斷四相者謂眼明覺慧相若法以五相道斷名修所斷五相

者謂眼智明覺慧相有説若法由忍斷名見所斷若法由智斷名修所斷餘廣説如結蘊初納息

說一切有部發智大毗婆沙論卷第一百四十四

甲辰歲高麗國大藏都監奉
勅雕造

阿毗達磨大毗婆沙論卷第一百四十四　第二十二張　丁

阿毗達磨大毗婆沙論卷第一百四十四

校勘記

一　底本，麗藏本。

一　二九〇頁上四行「第六」，資、磧、普、南作「第五」。

一　二九〇頁上一五行第三字「學」，諸本（不含石，下同）無。

一　二九〇頁中二一行第七字「根」，諸本作「相」。

一　二九〇頁下七行第一二字「姓」，諸本作「性」。下同。

一　二九一頁上一九行第四字「各」，資作「名」。

一　二九二頁上四行第一二字「就」，諸本無。

一　二九四頁上七行第四字「如」，諸本作「加」。

一　二九四頁上一二行第二字「異」，諸本作「果」。

一　二九四頁上一四行第六字「果」，諸本作「異」。

一　二九四頁中一二行第六字「脇」，諸本作「氣」。

一　二九五頁中二〇行第四字「熟」，諸本無。

一　二九六頁上二一行「瞋疑」，磧、南、徑、清作「瞋癡」。中六行，諸本作「瞋癡」。

一　二九六頁中七行首字「各」，諸本作「名」。

一　二九六頁下七行第二字「多」，磧作「名」。

阿毗達磨大毗婆沙論卷第一百四十五　匪

五百大阿羅漢等造

三藏法師玄奘奉　詔譯

根蘊第六中根納息第一之四

此二十二根幾見苦所斷乃至廣說問何故復作此論答前門遮說頓斷者意而猶未遮說頓現觀又亦未顯漸次現觀今欲遮顯故作斯論有說前門亦遮頓現觀亦顯漸現觀但不明了今欲令明了故作斯論有說所以作論者欲分別五部煩惱五部對治故造斯論五部煩惱者謂見苦所斷乃至修所斷五部對治者謂苦忍苦智乃至道忍道智此二十二根幾見苦所斷幾見集所斷幾見滅所斷幾見道所斷幾修所斷幾不斷答九修所斷三不斷十應分別九修所斷者謂七色命苦根三不斷者謂三無漏根十應分別者謂意四受信等五根意根或見苦所斷或見集見滅見道所斷或修所斷或不斷云何見苦所斷謂意根隨信隨法行苦現觀邊忍

所斷此復云何謂見苦所斷二十八隨眠相應意根云何見集所斷謂意根隨信隨法行集現觀邊忍所斷此復云何謂見集所斷十九隨眠相應意根云何見滅所斷謂意根隨信隨法行滅現觀邊忍所斷此復云何謂見滅所斷十九隨眠相應意根云何見道所斷謂意根隨信隨法行道現觀邊忍所斷此復云何謂見道所斷二十二隨眠相應意根云何修所斷謂意根學見迹修所斷此復云何謂修所斷十隨眠相應意根及不染汙有漏意根云何不斷謂無漏意根如意根捨根亦尒樂根或見苦所斷或見集見滅見道所斷或修所斷或不斷云何見苦所斷謂樂根隨信隨法行苦現觀邊忍所斷此復云何謂見苦所斷九隨眠相應樂根云何見集所斷謂樂根隨信隨法行集現觀邊忍所斷此復云何謂見集所斷六隨眠相應樂根云何見滅所斷謂樂根隨信隨法行滅現觀邊忍所斷此復云何謂見滅所斷六隨眠相應樂根

云何見道所斷謂樂根隨信隨法行道現觀邊忍所斷此復云何謂見道所斷七隨眠相應樂根云何修所斷謂樂根學見迹修所斷此復云何謂修所斷五隨眠相應樂根及不染汙有漏樂根五隨眠者謂欲界貪无明色界貪慢無明云何不斷謂無漏樂根喜根或見苦所斷或見集滅見道所斷或修所斷或不斷云何見苦所斷謂喜根隨信隨法行苦現觀邊忍所斷此復云何謂見苦所斷十七隨眠相應喜根十七隨眠者謂欲界除瞋疑色界一切云何見集所斷謂喜根隨信隨法行集現觀邊忍所斷此復云何謂見集所斷十一隨眠相應喜根云何見滅所斷謂喜根隨信隨法行滅現觀邊忍所斷此復云何謂見滅所斷十一隨眠相應喜根云何見道所斷謂喜根隨信隨法行道現觀邊忍所斷此復云何謂見道所斷十三隨眠相應喜根云何修所斷謂喜根學見迹修所斷此復云何謂修所斷六隨眠相應喜根及不染汙有漏喜根六隨眠者謂欲界除瞋色界一切云何不斷謂無漏喜根憂根或見苦所斷或見集見滅見道所斷或修所斷云何見苦所斷謂憂根隨信隨法行苦現觀邊忍所斷此復云何謂見苦所斷四隨眠相應憂根四隨眠者謂欲界邪見瞋癡無明

云何見集所斷謂憂根隨信隨法行集現觀邊忍所斷此復云何謂見集所斷四隨眠相應憂根云何見滅所斷謂憂根隨信隨法行滅現觀邊忍所斷此復云何謂見滅所斷四隨眠相應憂根云何見道所斷謂憂根隨信隨法行道現觀邊忍所斷此復云何謂見道所斷四隨眠相應憂根云何修所斷謂憂根學見迹修所斷此復云何謂修所斷二隨眠相應憂根及不染汙憂根二隨眠者謂欲界瞋無明信等五根或修所斷或不斷云何修所斷謂有漏信等五根云何不斷謂無漏信等五根

已分別諸根見苦所斷等彼見苦所斷等義今當說問云何名見苦所斷乃至修所斷耶答若法對治決定對治所緣決定名見苦所斷乃至見道所斷若法對治不決定對治所緣不決定名修所斷有說若法處所決定對治所緣決定名見苦所斷乃至見道所斷若法處所不決定對治所緣不決定名修所斷有說若法苦忍苦智為對治名見苦所斷乃至若法道忍道智為對治見道所斷若法諸智為對治名修所斷有說若法苦忍所斷名見苦所斷乃至若法道忍所斷名見道所斷若法諸智所斷名修所斷有說若法觀苦諦所斷名見苦所斷乃至若法觀道諦所斷名見道所斷若法或觀苦諦或觀集滅道諦或不觀諦所斷名修所斷有說若法與見苦諦相違名見苦所斷乃至若法與見道諦相違名見道所斷若法與見四諦相違名修所斷

此二十二根幾見幾非見乃至廣說

問何故作此論答欲止說一切法皆是見性者意彼作是說所作猛利說

名為見一切法無不皆於自事猛利故慧名見為遮彼執顯諸法中唯眼根及慧少分名見非餘故作斯論此二十二根幾見幾非見荅一見十七非見四應分別一見者謂眼根十七非見者謂六色命意五受信等四根四應分別者謂慧三無漏根慧根或見或非見云何見謂盡智無生智所不攝意識相應慧根云何非見謂餘慧根即五識相應慧根及盡智無生智所攝慧根未知當知根或見或非見云何見謂未知當知根所攝慧根云何非見謂未知當知根所攝餘根即餘八根如未知當知根已知根亦尒具知根或見或非見云何見謂盡智無生智所不攝具知根所攝慧根云何非見謂具知根所攝餘根即餘八根及盡智無生智所攝慧根

已分別諸根見等彼見等義今當說問何故名見見是何義荅由四緣故名見一能觀故二推求故三堅執故四深入所緣故能觀故者謂見自性問邪見顛倒見彼何所觀荅是故說見自性謂雖邪顛倒見而是見慧自性故說能觀如人隨有所見即名能觀非如盲者推求故者謂能推求決定問一剎那頃如何推求荅性猛利故說名推求堅執故者謂諸見趣僻執堅牢非聖道力無由令捨深入所緣者謂於境猛入如針墮泥有說由二緣故名見一照了性故二推度性故有說由三緣故名見一有見相故二成見事故三於境無畏故有說由三緣故名見一意樂故二執著故三推求故有說由三緣故名見一意樂故二加行故三無智故意樂故者謂意樂壞者加行故者謂加行壞者無智故者謂俱壞者復次意樂故者謂修定者加行故者謂尋思者無智故者謂隨聞者

此二十二根幾有尋有伺乃至廣說問何故作此論荅欲止譬喻者所說故彼說從欲界乃至有頂皆有尋伺所以者何契經說故如契經說心麁性是尋心細性是伺心麁細性乃至有頂彼大德說曰對法諸師說尋伺是心麁細性此麁細性相待而立乃至有頂皆現可得而說尋伺唯在欲界及梵世有此是惡說非為善說阿毗達磨諸論師言我等善說非為惡說以依多門說麁細性非是一種如說纒麁隨眠細此中尋伺非麁非細以俱非纒隨眠性故如說色蘊麁四蘊細此中尋伺俱是其細以俱攝在行蘊中故如說欲界麁初靜慮細此中尋伺俱通麁細以二俱通二地攝故如說初靜慮麁第二靜慮細此中尋伺俱是其麁以依多門說麁細性故尋與伺非至有頂若說尋伺至有頂者應不說有三地差別譬喻者言始從欲界乃至有頂皆有善染無記三法一切地染法皆名有尋有伺唯善無記有三地別若尒何故說尋伺滅無尋無伺定生喜樂入第二靜慮彼言此依善尋伺說不說染汙此說不然何緣乃說滅善尋伺非滅染汙而應先滅染汙尋伺以離染時必斷彼故以越界地方捨於善故譬喻者真為惡說欲止彼意顯尋與伺唯在

二地故作斯論

阿毗達磨大毗婆沙論卷第一百四十五　第九張

此二十二根幾有尋有伺幾無尋唯伺幾無尋無伺荅二有尋有伺八無尋無伺十二應分別二有尋有伺者謂苦憂根八無尋無伺者謂七色命根十二應分別者謂意三受信等五三無漏根意根或有尋有伺或無尋唯伺或無尋無伺云何有尋有伺謂有尋有伺作意相應意根此復云何謂欲界初靜慮意根云何無尋唯伺謂無尋唯伺作意相應意根此復云何謂靜慮中間意根

云何無尋無伺謂無尋無伺作意相應意根此復云何謂從第二靜慮乃至非想非非想處意根

如意根捨根信等五根三無漏根亦尒樂根或有尋有伺或無尋無伺云何有尋有伺謂有尋有伺作意相應樂根此復云何謂欲界初靜慮樂根云何無尋無伺謂無尋無伺作意相應樂根此復云何謂第三靜慮樂根如樂根喜根亦尒然有差別謂第二靜慮喜根名無尋無伺

已分別諸根有尋有伺等彼有尋有伺等義今當說問云何名有尋有伺無尋唯伺無尋無伺耶荅若法與尋伺俱尋伺相應尋伺等起尋伺俱轉名有尋有伺若法不與尋俱唯與伺俱尋不相應唯伺相應非尋等起唯伺等起尋已息滅唯伺俱轉名無尋唯伺若法不與尋伺俱非尋伺相應非尋伺等起尋伺已息名無尋無伺有說若法有尋求有伺察名有尋有伺若法無尋求有伺察名無尋唯伺若法無尋求無伺察名無尋無伺此

阿毗達磨大毗婆沙論卷第一百四十五　第十張

二十二根幾樂根相應乃至廣說問何故作此論荅欲止他宗顯已義故如譬喻者說心心所次第而生彼大德言心心所法一一而起如經狹路尚無二並何況有多或復有說若法由彼力起即說與彼相應非餘謂心能生心及心所故心心所與心相應心所唯能生於心所故諸心所亦互相應心所不能生於心故不說心與心所相應或復有執諸法唯與自體相應彼作是言遍和合義是相應義

阿毗達磨大毗婆沙論卷第一百四十五　第十一張

更無餘遍和合如自體於自體者故說自體相應非他有執諸法自體於自體非相應非不相應非相應者不自觀故非不相應者遍和合故為止如是種種異說顯心心所俱時而生展轉相應非於自體唯望他說故作斯論

此二十二根幾樂根相應幾苦根相應幾喜根相應幾憂根相應幾捨根相應荅樂根喜根捨根九根少分相應苦根憂根六根少分相應樂喜捨根九根少分相應者謂意信等五根三無漏根問云何樂喜捨與此九少分相應耶荅意根信等五根通與五受相應此中但取三受相應故言少分三無漏根多法為性今除受體與餘相應故言少分苦根憂根六根少分相應者謂意信等五根問云何苦憂與此六少分相應耶荅此六根與五受相應此中但取憂苦相應故言少分問何故但問與受相應不問餘心心所耶荅是作論者意欲尒故隨彼意欲而作論但不違法相便不應

責有說一切法皆歸趣受是以問之有說一受有多根相謂於一受分為五根餘法不尒故唯問受有說諸受成就不相違現行相違是以偏問成就不相違者謂一有情成就五受現行相違者謂一有情一刹那中不能起二何況起多有說以受是緣起輪轂是以偏問有說除受更欲問何若問信等五根三無漏根彼唯是善非與一切有相應義若問命等八根彼唯無記又不相應問若尒何故不問意根荅本由意根立相應法不可還問與意相應是故此中唯問與受相應之義五受自性非自相應故復唯以餘法問受已分別諸根與受相應彼相應義今當說問何故名相應相應是何義荅等義是相應義問諸心品中心所法有多有少云何名等謂欲界多色界少色界多无色界少善多不善少不善多無記少有覆無記多無覆無記少去何等義是相應義荅以事等故說名為等謂一心品中若有二受一想等者可說非等然一

心品中如受有一想等亦尒故名為等有說五種等義是相應義謂所依等所緣等行相等時等事等餘廣說如結蘊初納息

此二十二根幾欲界繫乃至廣說問何故作此論荅欲止他宗顯已義故謂或有執色界有男女根彼作是言有色身處皆有女男二根可得為止彼意顯女男根唯欲界有故作斯論復有說言樂根苦根五地可得欲界四靜慮彼說有身皆有苦樂為遮彼執顯苦根唯欲界有樂根唯三地有故作斯論或復有說喜根憂根九地可得謂從欲界乃至有頂彼說有心皆有憂喜三界九地皆有心故又欲界身不淨可猒尚於合時生喜離時生憂況上界中身極淨妙猶如燈焰心無嬈濁如清涼池而於離合得無憂喜為遮彼執顯憂唯欲界喜至第二靜慮上地俱無故作斯論

此二十二根幾欲界繫幾色界繫幾無色界繫幾不繫荅四欲界繫三不繫十五應分別四欲界繫者謂女男

苦憂根三不繫者謂三無漏根十五應分別者謂五色命意三受信等五根眼根或欲界繫或色界繫云何欲界繫謂欲界繫大種所造眼根云何色界繫謂色界繫大種所造眼根如眼根耳鼻舌身根亦尒命根或欲界繫或色界繫或無色界繫云何欲界繫謂欲界繫壽云何色界繫謂色界繫壽云何無色界繫謂無色界繫壽意根或欲界繫或色界繫或無色界繫或不繫云何欲界繫謂欲界繫作意相應意根云何色界繫謂色界繫作意相應意根去何無色界繫謂無色界繫作意相應意根云何不繫謂無漏作意相應意根如意根捨根信等五根亦尒樂根或欲界繫或色界繫或不繫云何欲界繫謂欲界繫作意相應樂根云何色界繫謂色界繫作意相應樂根云何不繫謂無漏作意　相應樂根如樂根喜根亦尒

問何故色界無男女根荅非其田非其器乃至廣說有說為欲棄捨男女根故修諸靜慮往色界生若彼亦有

男女根者則應無有求生彼界若法下地所有上地亦有者應不施設有漸次滅法若無漸次滅法亦應無畢竟滅法以漸次滅法能引畢竟滅法故若無畢竟滅法應無解脫若無解脫應無出離勿有如斯衆多過失故於色界無男女根有說女男二根段食所引如契經說刼初時人無女男根形相不異後食地味男女根生由此便有男女相異色界離段食故無此二根有說男女二根欲界有用非於色界是故彼無問鼻舌二根於彼無用云何得有荅鼻舌二根於彼有用令端嚴故非女男根有端嚴義可懃鄙故問色界天衆為女為男若尒何失若是女者應有女根若是男者應有男根若非二者便違經說如說女身不得作梵王等而不遮男荅應作是說彼皆是男問豈不彼類不成就男根耶荅雖無男根而有餘丈夫相又能離染故說為男如契經中說諸果向皆名丈夫非無女人行向住果當知亦以能離染故說為丈夫毗柰耶中亦作是說佛以兩手捧大生主骨告苾芻衆汝等諦聽一切女人其性輕轉多諸嫉妬諂媚慳貪唯大生主雖是女人而離一切女人過失作丈夫所作得丈夫所得我說是葦名為丈夫色界諸天理亦應尒能離染故說為丈夫由此應作四句分別有是男子不成就男根謂色無色天大生主等有成就男根而非男子謂二形是有是男子亦成就男根謂一切丈夫成就男根者有非男子亦不成就男根謂除前相諸是女者必成就女根成就女根而非是女謂二形者若依所引毗柰耶義女亦四句應推廣說問何故上界無憂苦根荅非田非器乃至廣說有說為欲棄捨憂苦根故修諸靜慮往色界生若彼亦有憂苦根者則應無有求生彼界若法下地所有上地亦有者應不施設有漸次滅法廣說如前勿有斯過故上界無憂苦根有說何故憂苦根色界無者以是欲界不共過失故諸界地中各有不共功德過失欲界過失者謂苦根等功德者謂能入見道等上界功德過失隨地應廣說有說欲界是過失界由是過失界故雖殊勝身亦猶有苦如佛獨覺聲聞輪王上界是功德界由是功德界故雖下劣身亦無有苦如遇惡歲雖有美稼不能無災若逢善歲雖諸穢草亦無災及欲界上界應知亦尒所以上界亦無憂者以諸憂根離欲捨故又是重無知等流果故生上界者離重無知是故憂根於彼非有

已分別諸根欲界繫等彼欲界繫等義今當說問云何名欲界繫色界繫無色界繫耶荅若法繫在欲界名欲界繫繫在色界名色界繫繫在無色界名無色界繫如牛繫在柱等名柱等繫或有說者若法繫屬欲界足名欲界繫繫屬色無色界足名色無色界繫足名煩惱如說佛無邊所行無足誰將去如人有足能往四方若無足者則不能往如是若有煩惱足者能往諸界諸趣諸生生死流轉無煩惱足則不能往或有說者若法為欲

界生死縛所繫名欲界繫為色無色界生死縛所繫名色無色界繫或有說者若法為欲界阿賴耶所藏摩摩异多所執名欲界繫為色無色界阿賴耶所藏摩摩异多所執名色無色界繫阿賴耶者謂愛摩摩异多者謂見或有說者若法為欲界愛所潤見執為我我所名欲界繫為色無色界愛所潤見執為我我所名色無色界繫或有說者若法欲界樂欲所合名欲界繫色無色界樂欲所合名色無色界繫樂名為愛欲名為見或有說者共法為欲界垢所垢毒所毒纖所纖名欲界繫為色無色界垢所垢毒所毒纖所纖名色無色界繫此中一切煩惱名纖非但說瞋

說一切有部發智大毗婆沙論卷第一百四十五

阿毗達磨大毗婆沙論卷第一百四十五

校勘記

一　底本，金藏廣勝寺本。

一　二九八頁中一五行首字「見」，徑作「有」。

一　二九八頁中二〇行「意根」，諸本（不含石，下同）作「謂意根」。

一　二九九頁上二二行首字「三」，麗作「二」。

一　二九九頁中八行「瞋癡」，麗作「瞋疑」。

一　二九九頁下一〇行「見道」，諸本作「名見道」。

一　三〇〇頁中三行第八字「故」，麗作「定」。

一　三〇〇頁下二行第二字「有」，磧、普、南、徑、清作「行」。

一　三〇〇頁下二二行第四字「越」，徑作「欲」。

一　三〇一頁中一五行第八字「所」，資、磧、普、南、徑、清作「所法」。

一　三〇一頁下一〇行首字「根」，諸本作「相」。

一　三〇二頁中三行第八字「時」，諸本作「時等」。

一　三〇二頁中一〇行「欲界」，諸本作「謂欲界」。

一　三〇二頁中二〇行「斯論」，磧作「其論」。

一　三〇三頁上四行「漸次」，資、磧、普、南、徑、清作「漸以」。

一　三〇三頁上一五行第一三字「若」，資、磧、普、南、徑、清作「設」。

一　三〇三頁上一六行首字「何」，徑作「所」。

一　三〇三頁中一〇行第三字「是」，資、磧、普、南、徑、清作「者」。

一　三〇三頁中一三行「成就女根」，諸本作「有成就女根」。

一　三〇三頁中一四行第五字「引」，南作「別」。

一　三〇三頁下一行第一一字「入」，磧、南作「人」。

一　三〇三頁下七行第一〇字「草」，徑、清作「莫」。

一　三〇四頁上一三行第二字「共」，諸本作「若」。

阿毗達磨大毗婆沙論卷第一百四十六　匪

五百大阿羅漢等造

三藏法師玄奘奉　詔譯

根蘊第六中根納息第一之五

此二十二根幾因相應乃至廣說問何故作此論荅欲止說因緣法非實有者意顯因緣法決定實有亦為遮止愚於相應執相應法非實者意令知相應是實有故而作斯論於此義中有說依一因作論謂相應因由此中說相應言故依彼意趣釋此文者此二十二根幾因相應荅十四謂意五受信等五三無漏根此是相應因自體根與相應因自體法相應故名因相應幾因不相應荅八謂七色命根問此八既非相應因體如何乃說因不相應荅此八雖非相應因體而與相應因體不相應故說為因不相應斯有何失幾因相應因不相應荅即前十四少分因相應少分因不相應少分因相應者謂自性於他性少分因不相應者謂自性於自性幾非因相應非因不相應荅即前十四少分非因相應少分非因不相應少分非因相應者謂自性於他自性少分非因不相應者謂自性於他性有說此中依二因作論謂相應因俱有因由此二因恒與彼法不相離故依彼意趣釋此文者此二十二根幾因相應荅十四此是二因自體根與二因自體法相應故名因相應後三問荅如前應知有說此中依三因作論謂相應因俱有因同類因由此三因通三性故有說此中依四因作論謂除同類遍行二因由此四因通三世故有說此中依五因作論謂除能作因以通無為非親勝故有說此中依六因作論由此所說因言總故然相應法或作六因自體或作五因自體或作四因自體如大種蘊廣說依彼意趣釋此文者此二十二根幾因相應荅十四謂六因自體根與六因自體法相應五因自體根與五因自體法相應四因自體根與四因自體法相應故名因相應後三問荅如前應知

阿毗達磨大毗婆沙論卷第一百四十六　第三張　匪字號

阿毗達磨大毗婆沙論卷第一百四十六　第三張　匪字号

此二十二根幾緣有緣乃至廣說問何故作此論答欲止說所緣緣非實者意顯所緣緣是實有故而作斯論此二十二根幾緣有緣答十三少分謂意樂喜憂捨信等五三無漏根少分有所緣法為此所緣故說此為緣有緣句如明眼者見明眼人彼明眼人復有所見緣有緣句應知亦尒幾緣無緣答一十三少分一者謂苦根十三少分者如前說無所緣法為此所緣故說此為緣無緣句如明眼者見生盲人彼生盲人更無所見緣無緣句當知亦尒幾緣有緣緣無緣答即前十三少分有所緣無緣法為此所緣故說此為緣有緣緣無緣句如明眼者見明眼人及生盲人彼明眼人復有所見彼生盲人更無所見緣有緣緣無緣句應知亦尒有餘謂此第三句義即合初二更無異體此說不然與本論相違故如十門說緣有緣法是有為緣隨眠隨增緣無緣法是一切隨眠隨增緣有緣緣無緣法是有為緣隨眠隨增非緣有緣非緣

阿毗達磨大毗婆沙論卷第一百四十六　第四張　匪字号

無緣法是有漏緣隨眠隨增然有意識并相應法一剎那須搃緣有緣及無緣法是故如前所說者善幾非緣有緣非緣無緣答八謂七色命根由此不緣有所緣無所緣法故說此為非緣有緣非緣無緣句如生盲人都無所見此句亦尒

此中略示二十二根緣有緣等四句差別十門所說十八界等亦應以此四句分別謂十八界中十色界為第四句五識界為第二句意界意識界為前三句法界具為四句十二處中十色處為第四句意處為前三句法處具為四句五蘊中色蘊為第四句受想識蘊為前三句行蘊具為四句如蘊取蘊亦尒六界中五色界為第四句識界為前三句有色法可見法有對法無為法滅諦為第四句無色法無見法無對法有漏法無漏法有為法過去未來現在法善不善無記法欲色無色界繫法學無學非學非無學法見修所斷不斷法苦集道諦靜慮無色皆具為四句四無量中若

阿毗達磨大毗婆沙論卷第一百四十六　第五張　匪字号

取自性緣住同分心有情則為第三句若緣不住同分心有情則為第二句若并取相應隨轉緣住同分心有情則為第三第四句若緣不住同分心有情則為第二第四句初三解脫八勝處前八遍處若取自性為第二句若并取相應隨轉則為第二第四句滅受想解脫為第四句餘四解脫具為四句後二遍處為第三第四句滅智無相等持為第二句他心智為初句餘六智二等持為前三句諸門煩惱中五識相應者為第二句意識相應者為前三句是中差別應思廣說

諸根此法彼根異生耶設根異生彼根此法耶答諸根此法彼根非異生諸根異生彼根非此法問何謂此法何謂異生答此法謂聖者異生即異生諸根此法彼根非異生者謂諸無漏根唯聖者成就非諸異生諸根異生彼根非此法者謂見所斷根唯異生成就非諸聖者有說此法者謂住苦法智忍異生者謂住世第一法諸根此法彼根非異生者謂苦法智忍

俱生諸根唯任苦法智忍者現起非任世第一法者諸根異生彼根非此法者謂世第一法俱生諸根唯任世第一法者現起非任苦法智忍者有說此法者謂住律儀異生者謂住不律儀諸根住律儀者所起彼根非任不律儀者所起諸根任不律儀者所起彼根非任律儀者所起有說此法者謂不缺根異生者謂缺根如扇搋半擇迦無形二形等諸根不缺根者所起彼根非缺根者所起諸根缺根者所起彼根非不缺根者所起有說此法者謂不斷善根異生者謂斷善根諸信等根不斷善者所起彼根非斷善者所起諸邪見俱生根斷善者所起非不斷善者所起有說此法者謂任正定聚異生者謂任邪定聚諸任正定聚者所起根彼根非住邪定聚所起諸任邪定聚者所起根彼根非任正定聚者所起有說此法者謂任五淨居異生者謂任五異生處諸住五淨居者所起根彼根非任五異生處者所起諸任五異生處者所起

根彼根非住五淨居者所起色蘊攝幾根答七謂眼等七色根受蘊攝幾根答五三少分五者謂五受根三少分者謂三無漏根少分以三無漏根九法為體此唯攝三故言少分想蘊攝幾根答無想非根故行蘊攝幾根答六三少分六者謂命信等五根三少分者謂三無漏根少分以三無漏根九法為體此唯攝三故言少分識蘊攝幾根答一三少分一者謂意根三少分者謂三無漏根少分以三無漏根九法為體此唯攝一故言少分善根幾界幾處幾蘊攝答八界二處三蘊八界者謂七心界法界二處者謂意處法處三蘊者謂受蘊行蘊識蘊唯攝善根有幾界幾處幾蘊答無不善根幾界幾處幾蘊攝答八界二處二蘊八界者謂七心界法界二處者謂意處法處二蘊者謂受蘊識蘊唯攝不善根有幾界幾處幾蘊答無有覆無記根幾界幾處幾蘊攝答六界二處二蘊六界者謂眼識界耳識界身識界意界意識界法界二處者

謂意處法處二蘊者謂受蘊識蘊唯攝有覆無記根有幾界幾處幾蘊答無無覆無記根幾界幾處幾蘊攝答十三界七處四蘊十三界者謂內十二界及法界七處者謂內六處及法處四蘊者謂除想蘊唯攝無覆無記根有幾界幾處幾蘊答五界五處非蘊五界者謂眼等五色根界五處者謂眼等五色根處非蘊者謂無蘊唯無覆無記故

根法幾界幾處幾蘊攝答十三界七處四蘊十三界者謂內十二界及法界七處者謂內六處及法處四蘊者謂除想蘊唯攝根法有幾界幾處幾蘊答十二界六處二蘊十二界者謂內十二界六處者謂內六處二蘊者謂受蘊識蘊非根法幾界幾處幾蘊攝答六界六處三蘊六界者謂外六界六處者謂外六處三蘊者謂色蘊想蘊行蘊唯非根法有幾界幾處幾蘊答五界五處一蘊五界者謂外五色界五處者謂外五色處一蘊者謂想蘊根非根法幾界幾處幾蘊攝答

十八界十二處五蘊唯攝根非根法有幾界幾處幾蘊答一界一處二蘊一界者謂法界一處者謂法處二蘊者謂色蘊行蘊頗根為緣生根耶乃至廣說有說此中有一標一釋一廣釋如說頗根為緣生根耶等是標頗眼根為緣生眼根耶等是釋眼根與眼根為幾緣等是廣釋有說此中有三標三釋三廣釋如說頗根為緣生根耶是標答生是釋生非根耶等是廣釋頗眼根為緣生眼根耶是標答生是釋生耳根乃至生具知根耶等是廣釋眼根與眼根為幾緣是標答因增上是釋乃至與具知根為所緣增上等是廣釋有說此中有三標三釋如說頗根為緣生根耶等是標答生等是釋頗眼根為緣生眼耶等是標答生等是釋眼根與眼根為幾緣等是標答因增上等是釋

頗根為緣生根耶答生云何生答如眼為所依生意三受信等五根或眼為所緣生意四受信等五三無漏根頗根為緣生非根耶答生云何生答

如眼為所依生想思觸作意等或眼為所緣生想思觸作意及惡作睡眠等頗根為緣生根非根耶答生云何生答如眼為所依生意三受信等五根想思觸作意等或眼為所緣生意四受信等五三無漏根想思觸作意等及惡作睡眠等頗非根為緣生非根耶答生云何生答如色為所緣生想思觸作意等及惡作睡眠等頗非根為緣生根耶答生云何生答如色為所緣生意五受信等五三無漏根頗非根為緣生根非根耶答生云何生答如色為所緣生意五受信等五三無漏根想思觸作意等及惡作睡眠等頗根非根為緣生根非根耶答生云何生答如眼為所依色為所緣生意三受信等五根想思觸作意等頗根非根為緣生根耶答生云何生答如眼為所依色為所緣生意三受信等五根頗根非根為緣生非根耶答生云何生答如眼為所依色為所緣生想思觸作意等

有餘於此作第二　文頗根為緣唯

生根耶答不生由此根亦生非根故頗根為緣唯生非根耶答不生由此根亦生根故頗根為緣唯生根非根耶答生云何生答如眼為所依生意三受信等五根想思觸作意等頗非根為緣唯生非根耶答不生由此非根亦生根故頗非根為緣唯生根耶答不生由此非根亦生非根故頗非根為緣唯生根非根耶答生云何生答如色為所緣生意五受信等五三無漏根想思觸作意等及惡作睡眠等頗根非根為緣唯生根非根耶答生云何生答如眼為所依色為所緣生意三受信等五根想思觸作意等頗根非根為緣唯生根耶答不生由此根非根亦生非根故頗根非根為緣唯生非根耶答不生由此根非根亦生根故

有餘於此作第三文頗唯根為緣生根耶答不生由此根亦緣非根生故頗唯根為緣生非根耶答不生由此非根亦緣非根生故頗唯根為緣生根非根耶答不生由此根非根亦緣

非根生故頗唯非根為緣生非根耶荅不生由此非根亦緣根生故頗唯非根為緣生根耶荅不生由此根亦緣根生故頗唯非根為緣生根非根耶荅不生由此根非根亦緣根生故頗唯根非根為緣生根非根耶荅生廣說如上頗唯根非根為緣生根耶荅生廣說如上頗唯根非根為緣生非根耶荅生廣說如上

頗眼根為緣生眼根耶荅生云何生荅謂不旱生及唯無障頗眼根為緣生耳根乃至具知根耶荅生云何生荅如眼為所依生意三受信等五根或眼為所緣生意四受信等五三無漏根或謗眼根墮諸惡趣受諸色根命根意根苦根異熟或信眼根生諸善趣受諸色根命根意根樂根喜根捨根異熟是名眼根為緣生耳根乃至具知根如眼根耳鼻舌身女男命根亦尒然有差別謂女男根非苦根信等五根所依命根非一切根所依頗意根為緣生意根耶生眼根乃至具知根耶荅生云何生荅如意根為

所依生意五受信等五三無漏根或意根為所緣生意四受信等五三無漏根或謗意根墮諸惡趣受諸色根命根意根苦根異熟或信意根生諸善趣受諸色根命根意根樂根喜根捨根異熟又意根有善不善善者於善趣受諸色根命根意根樂根喜根捨根異熟不善者於惡趣受諸色根命根意根苦根異熟如意根五受根信等五根亦尒然有差別謂一切非所依苦根於自非所緣信等五根非不善頗未知當知根為緣生未知當知根耶生眼根乃至具知根耶荅生云何生荅如未知當知根為所依生未知當知已知意三受信等五根或未知當知根為所緣生意四受信等五三無漏根或謗未知當知根墮諸惡趣受諸色根命根意根苦根異熟或信未知當知根生諸善趣受諸色根命根意根樂根喜根捨根異熟如未知當知根已知根具知根亦尒然有差別謂已知根為所依生已知根具知根意根三受信等五根具知根

為所依生具知根意根三受信等五根問眼根與眼根為幾緣與耳根乃至具知根為幾緣乃至具知根與具知根為幾緣與眼根乃至已知根為幾緣荅眼根與眼根為因增上因者一因謂同類因增上者謂不旱生及唯無障後增上義皆同此說與餘色根命根苦根為一增上與餘根為所緣增上餘根者謂意四受信等五三無漏根如眼根耳鼻舌根亦尒身根與身根女根男根為因增上因者一因謂同類因與餘色根命根苦根為一增上與餘根為所緣增上餘根者如前說女根與女根身根為因增上因者一因謂同類因與餘色根命根苦根為一增上與餘根為所緣增上餘根者如前說如女根男根亦尒命根與命根為因增上因者一因謂同類因與七色根苦根為一增上與餘根為所緣增上餘根者如前說意根與意根為因等無間所緣增上因者三因謂同類遍行異熟因等無間者謂意根等無間意根現在前

所緣者謂意根與意根為所緣諸等無間及所緣義皆准此說與七色根命根為因增上因者謂異熟因與苦根為因等無間增上非所緣因者五因謂相應俱有同類遍行異熟因等無間者謂意根等無間苦根現在前非所緣者苦根緣色意根非色故與餘根為因等無間所緣增上餘根者謂樂喜捨憂信等五三無漏根此依具緣等故總說然因有異謂與樂喜捨根為五因即相應等五與憂根為四因除異熟因與信等五根三無漏根為三因即相應俱有同類因如意根樂根喜根捨根信等五根亦介當知此依緣數等故總相而說然以因緣有差別故恐文繁遠今具分別謂樂根與樂根為因等無間所緣增上因者三因即同類遍行異熟因與七色命根為因增上因者一因即異熟因與意根為因等無間所緣增上因者五因即相應等五與苦根為因等無間增上非所緣因者二因即同類異熟因非所

緣者苦根緣色樂根非色故與喜根為因等無間所緣增上因者二因即同類異熟因與憂根為因等無間所緣增上因者一因即同類因與捨根為因等無間所緣增上因者三因即同類遍行異熟因與信等五根三無漏根為因等無間所緣增上因者三因即相應俱有同類因喜根與喜根為因等無間所緣增上因者三因即同類遍行異熟因與七色根命根為因增上因者一因即異熟因與意根為因等無間所緣增上因者五因即相應等五與樂根為因等無間所緣增上因者三因即同類遍行異熟因與苦根為因等無間增上非所緣因者三因即同類遍行異熟因與憂根為因等無間所緣增上因者二因即同類遍行因與捨根為因等無間所緣增上因者三因即同類遍行異熟因與信等五根三無漏根為因等無間所緣增上因者三因即相應俱有同類因捨根與捨根為因等無間所緣增上因者三因即同類遍行異

熟因與七色根命根為因增上因者一因即異熟因與意根為因等無間所緣增上因者五因即相應等五與樂根喜根為因等無間所緣增上因者三因即同類遍行異熟因與苦根為因等無間增上非所緣因者三因即同類遍行異熟與憂根為因等無間所緣增上因者二因即同類遍行因與信等五根三無漏根為因等無間所緣增上因者三因即相應俱有同類因信根與信根為因等無間所緣增上因者一因即同類因與七色根命根為因增上因者一因即異熟因與意根樂根喜根捨根為因等無間所緣增上因者四因除遍行因與苦根為因等無間增上非所緣因者三因即相應俱有同類因與憂根為因等無間所緣增上因者三因即相應俱有同類因與精進等四根三無漏根為因等無間所緣增上因者三因即相應俱有同類因如信根精進等四根亦介苦根與苦根為因等無間增上非所緣因者二因即同類異熟

因非所緣者苦根緣色苦根非色故與七色根命根為因增上因者一因即異熟因與三無漏根為所緣增上所緣者謂與苦忍苦智集忍集智品為所緣與餘根為因等無間所緣增上餘根者謂意樂喜捨憂信等五根此亦具緣等故捴說然因有異謂與意根為四因除遍行因與樂根喜根捨根為二因即同類異熟與憂根為一因即同類因與信等五根為三因即相應俱有同類憂根與憂根為因等無間所緣增上因者二因即同類遍行與七色根命根為因增上因者一因即異熟因與苦根為因等無間增上非所緣因者三因即同類遍行異熟因與三無漏根為所緣增上所緣者謂與苦忍苦智集忍集智品為所緣與餘根為因等無間所緣增上餘根者謂意樂喜捨信等五根此亦具緣等故捴說然因有異謂與意根為五因即相應等五與樂喜捨根為三因即同類遍行異熟因與信等五根為三因即相應俱有同類因未知當

知根與未知當知根為因等無間所緣增上因者三因即相應俱有同類因所緣者謂與道忍道智品為所緣與具知根為因所緣增上非等無間因者一因即同類因所緣者謂與道智品為所緣非等無間者未知當知根等無間具知根不現前故與七色根命根苦根為一增上與憂根為所緣增上與餘根為因等無間所緣增上餘根者謂意樂喜捨信等五已知根此亦具緣等故捴說然因有異謂與意等九根為三因即相應俱有同類因與已知根為一因即同類因已知根與已知根為因等無間所緣增上因者三因即相應俱有同類因與七色根命根苦根為一增上與憂根未知當知根為所緣增上與餘根為因等無間所緣增上餘根者謂意樂喜捨信等五具知根此亦具緣等故捴說然因有異謂與意等九根為三因即相應俱有同類因與具知根為一因即同類因具知根與具知根為因等無間所緣增上因者三因即相應俱有

同類與七色根命根苦根為一增上與憂根未知當知根已知根為所緣增上與餘根為因等無間所緣增上餘根者謂意樂喜捨信等五根因者三因即相應俱有同類因等無間者謂具知根等無間意等九根現在前所緣者謂具知根與意等九根為所緣增上者謂不障生及唯無障

說一切有部發智大毗婆沙論卷第一百四十六

阿毗達磨大毗婆沙論卷第一百四十六

校勘記

一　底本，金藏廣勝寺本。

一　三〇五頁下三行第一〇字「他」，諸本（不含石，下同）無。

一　三〇五頁下一五行「通無」，磧、普、南、徑、清作「通三」。

一　三〇六頁上一四行第一〇字「無」，諸本作「無所」。

一　三〇六頁中三行第一〇字「者」，諸本作「爲」。

一　三〇七頁中九行第九字「三」，諸本作「五」。

一　三〇七頁下九行「無薀」，資、磧、普、南、徑、清作「無一蘊」。

一　三〇七頁下一六行「二薀」，磧、南作「一薀」。

一　三〇七頁下二〇行第五字「唯」，諸本作「唯攝」。

一　三〇八頁上一七行第一一字「眼」，諸本作「眼根」。

一　三〇八頁中末行「第二文」，資、磧、普、南、徑、清作「第二三文」。

一　三〇九頁中四行「命根」，資、磧、普、南、徑、清作「命想」。

一　三一〇頁上三行「因者」，諸本作「因者一因」。

一　三一〇頁下七行「異熟」，諸本作「異熟因」。次頁上九行同。

一　三一一頁上九行「二因」，磧、普、南、徑、清作「三因」；麗作「一因」。

一　三一一頁上一一行「同類」，諸本作「同類因」。下一行資、磧、普、南、徑、清同。

一　三一一頁上一三行首字「行」，諸本作「行因」。

一　三一一頁上一九行末字「具」，南作「異」。

一　三一一頁中五行末字「道」，資、磧、普、南、徑、清、麗作「道忍道」；磧作「道亡道」。

阿毗達磨大毗婆沙論卷第一百四十七　匪

五百大阿羅漢等造

三藏法師玄奘奉　詔譯

根蘊第六中有納息第二之一

欲有相續最初得幾業所生根如是等章及解章義既領會已當廣分別然有聲目多義如前廣說此中說續衆同分有情數五蘊名有相續有五亦如前說此中依二相續作論謂中有相續生有相續欲有相續最初得幾業所生根答卵生胎生濕生得二謂身根命根問最初羯邏藍位亦得餘色根不若得者如何於少時須便得尒所根耶又此中何故不說眦柰耶說復云何通如說於母腹中二根初得謂身與命若損害彼乃至廣說若不得者何故經說天眼觀知是男是女答有言亦得問如何於少時須便得尒所根耶答尒時雖無諸色根相而已具得彼根種子如清塩水酥蜜沙糖酒等和合貯在一器若以草端霑取一渧於中具有塩等諸味羯邏藍位應知亦尒一切色根種子皆具問若尒何故此中不說答應說而不說者當知此義有餘有說此中說皆得者餘得不定是以不說如生盲等不得眼等問眦柰耶說復云何通答彼說能持諸餘根者謂身根能持諸餘色根命根能持餘非色根是故偏說有說此位不得餘色根問天眼云何觀知男女答羯邏藍時雖無男女根而有男女相由觀彼相得知男女所以者何非彼已有男女二根可說觀故有餘師說依經故知經說若胎是男依母右脇向背蹲坐若胎是女依母左脇向腹蹲坐得天眼者觀此差別依經而說或有說者觀中有知謂天眼觀中有後位若是男子入於母胎知此羯邏藍是男非女若女入者復知此位是女非男如是說者羯邏藍位未得餘色根鉢羅奢佉位中方乃得故化生得六或七或八無形者六謂眼耳鼻舌身命根一形者七謂前六及男女根隨一二形者八謂前六及男女根問餘無色根尒時亦得謂意

五受信等五根此中何故不說答此中應說而不說者當知有餘有說尒時一切得者此中則說餘無色根雖有得者而非一切是故不說謂上地殁生下地時雖得彼根若自地殁還生自地彼皆不得是故不說有說此中但問初得業所生者初受生位餘無色根雖有得者而非業生故此不說後位所得雖業所生而非初得故亦不說色有相續最初得幾業所生根答六謂眼耳鼻舌身命根無色有相續最初得幾業所生根答一謂命根

頗思惟欲界繫法遍知欲界耶乃至廣說此中思惟者是取所緣義遍知者是究竟斷義此文顯示緣彼彼界法雖彼彼界染或不能離

頗思惟欲界繫法遍知欲界耶答遍知此通異生及聖者通無間道及解脫道若世俗道離欲染時九無間道緣欲界法離欲界染若無漏道苦集法智離欲染時九無間道九解脫道緣欲界法離欲界染頗思惟欲界繫法遍知色界耶答不遍知頗思惟欲

界繫法遍知無色界耶荅不遍知問
何故俱不遍知荅欲界是不定界非修
地非離染地色無色界是定界是修
地是離染地非緣不定界非修非離
染地法能離定界修地離染地染有
說欲界是麁界色無色界是細界非
緣麁界法能離細界染有說欲界是
下界色界是中界無色界是妙界非
緣下界法能離中妙界染有說欲界
是劣界色無色界是勝界非緣劣界
法能離勝界染由此等義故不遍知
頗思惟色界繫法遍知色界耶荅遍
知此通異生及聖者通無間道及解
脫道若世俗道離色染時九無間道
緣色界法離色界染若無漏道苦集
類智離色染時九無間道九解脫道
緣色界法離色界染頗思惟色界繫
法遍知欲界耶荅遍知此通異生及
聖者唯解脫道非無間道謂世俗道
離欲染時九解脫道緣色界法離欲
界染
頗思惟色界繫法遍知無色界耶荅
不遍知問何故不遍知荅色界是麁

界無色界是細界非緣麁界法能離
細界染有說色界是中界無色界是
妙界非緣中界法能離妙界染有說
色界是劣界無色界是勝界非緣劣
界法能離勝界染由此等義故不遍知
頗思惟無色界繫法遍知無色界耶
荅遍知此唯聖者非異生通無間道
及解脫道謂無漏道苦集類智離無
色染時九無間道九解脫道緣無色
界法離無色界染
頗思惟無色界繫法遍知欲界耶荅
不遍知問何故不遍知荅以極遠故
非觀極遠界法能離極遠界染
頗思惟無色界繫法遍知色界耶荅
遍知此通異生及聖者唯解脫道非
無間道謂世俗道離色染時九解脫
道緣無色界法離色界染
幾根遍知欲界荅世俗道七無漏道
八世俗道七者謂意捨信等五根無
漏道八者謂前七及巳知根
幾根遍知色界荅世俗道七無漏道
十世俗道七者謂意捨信等五根無
漏道十者謂前七及喜樂巳知根

幾根遍知無色界荅十一謂前十及
具知根巳知根為無間道具知根為
解脫道當知此依最後位說問離欲
界染時最後解脫道容有根本初靜
慮現前彼以捨根為無間道喜根為
解脫道何故不依最後位說世俗道
或八無漏道或九耶荅此文應作是
說世俗道七或八無漏道八或九而
不說者當知有餘有說此中說决定
者謂離非想非非想處染時定以具
知根為最後解脫道離欲界染時非
定以喜根為最後解脫道有於尒時
不能即入根本地故然於尒時多依
近分故唯說捨
遍知欲界時遍知幾根荅四謂女男
苦憂根雖於尒時遍知十九而依永
斷無餘無分無片無影無隨縛斷故
作是說或此中說上界不行不可得
者故唯說四遍知色界時遍知幾根
荅五謂眼耳鼻舌身根雖於尒時遍
知十三而依永斷無餘無分無片
無影無隨縛斷故作是說或此中說
上界不行不可得者故唯說五遍知

無色界時遍知幾根荅八謂意命捨信等五根由此諸根離非想非非想處染時皆永斷故

幾根得預流果荅九謂意捨信等五未知當知已知根未知當知根為無間道已知根為解脫道幾根得一來果荅若倍離欲染入正性離生者九如預流說若從預流果得一來果者世俗道七無漏道八七者謂意捨信等五根八者謂前七及已知根幾根得不還果荅若已離欲染入正性離生者九謂意根樂喜捨根隨一依地別故信等五未知當知已知根未知當知根為無間道已知根為解脫道若從一來果得不還果者世俗道七無漏道八七及八如一來說此依多分若入根本或八或九幾根得阿羅漢果荅十一謂意樂喜捨信等五已知具知根已知根為無間道具知根為解脫道問此說十一為以用故為以有故若以用者無有一時三受並用如何說十一若以有者得不還果亦有三受何故不說荅此以用故不

以有故問無有一時三受並用云何說十一耶荅依一相續作用而說故無有過謂容有一補特伽羅先以樂根得阿羅漢退已用喜復退用捨或初退用捨後退用喜如先以樂如是先喜先捨隨應亦尒證不還果無如是事，若以此根先得彼果退已還用此根而得此根者即捨根以喜樂得無退義故

得預流果遍知幾根荅無尒時未有一根究竟斷故得一來果遍知幾根荅無尒時亦未有根究竟斷故得不還果遍知幾根荅若已離欲染入正性離生者無義如前說若從一來果得不還果者四謂女男苦憂根得阿羅漢果遍知幾根荅八謂命意捨信等五根

諸根得預流果此根得彼果已當言成就當言不成就荅解脫道攝者當言成就無間道攝者當言不成就道類智俱生品諸根是解脫道攝此當言成就已得故道類智忍俱生品諸根是無間道攝此當言不成就已捨故

諸根得一來果此根得彼果已當言成就當言不成就荅解脫道攝者當言成就無間道攝者當言不成就道類智或第六解脫道俱生品諸根是解脫道攝此當言成就已得故道類智忍或第六無間道俱生品諸根是無間道攝此當言不成就已捨故諸根得不還果此根得彼果已當言成就當言不成就荅解脫道攝者當言成就無間道攝者當言不成就道類智或第九解脫道俱生品諸根是解脫道攝此當言成就已得故道類智忍或第九無間道俱生品諸根是無間道攝此當言不成就已捨故問以無漏道得一來不還果時可言無間道攝者不成就若以世俗道得二果時無間道不捨云何言不成就荅此二果文應作是說解脫道攝者當言成就無間道攝者當言或成就或不成就而不作是說者當知此中唯依不共勝道而說有言此說現前成就以世俗道得二果已無間道諸根定不現前故諸根得阿羅漢果此根得

彼果已當言成就當言不成就荅解
脫道攝者當言成就無間道攝者當
言不成就宗初盡智俱生品諸根是
解脫道攝此當言成就已得故金剛
喻定俱生品諸根是無間道攝此當
言不成就已捨故諸根得預流果此
根斷何界結荅色無色界或無斷色
無色界者謂道類智忍俱生品諸根
或無者謂道類智俱生品諸根以解
脫道非斷對治故此根何果攝荅預
流果或無預流果攝者謂道類智俱
生品諸根或無者謂道類智忍俱生
品諸根諸根得一来果此根斷何界
結荅欲界或色無色界或無斷欲界
或無者謂從預流果得一来果時第
六無間道俱生品諸根斷欲界結第
六解脫道俱生品諸根不斷結斷色
無色界或無者謂倍離欲染入正性
離生得一来果時道類智忍俱生品
諸根斷色無色界結道類智俱生品
諸根不斷結此根何果攝荅一来果
或無一来果攝者謂第六解脫道及
道類智俱生品諸根或無者謂第六

阿毗達磨大毗婆沙論卷第一百四十七　第十張　匪

無間道及道類智忍俱生品諸根諸
根得不還果此根斷何界結荅欲界
或色無色界或無斷欲界或無者謂
從一来果得不還果時第九無間道
俱生品諸根斷欲界結第九解脫道
俱生品諸根不斷結斷色無色界或
無者謂已離欲染入正性離生得不
還果時道類智忍俱生品諸根斷色
無色界結道類智俱生品諸根不斷
結此根何果攝荅不還果或無不還
果攝者謂第九解脫道及道類智俱
生品諸根或無者謂第九無間道及
道類智忍俱生品諸根諸根得阿羅
漢果此根斷何界結荅無色界或無
斷無色界者謂金剛喻定俱生品諸
根或無者謂初盡智俱生品諸根此
根何果攝荅阿羅漢果或無阿羅漢
果攝者謂初盡智俱生品諸根或無
者謂金剛喻定俱生品諸根
得預流果時所捨諸根此根斷何界
結荅欲界或色無色界或無得預流
果時見道所攝已得諸根名為所捨
此根或斷欲界謂四法智忍俱生品

阿毗達磨大毗婆沙論卷第一百四十七　第十一張　匪

諸根或斷色無色界謂四類智忍俱
生品諸根或無謂七智俱生品諸根
此根何果攝荅無以無預流下果攝
此諸根故得一来果時所捨諸根此
根斷何界結荅欲界或色無色界或
無若倍離欲染入正性離生得一来
果時見道所攝已得諸根名為所捨
此根或斷欲界謂四法智忍俱生品
諸根或斷色無色界謂四類智忍俱
生品諸根或無謂七智俱生品諸根
若從預流果得一来果時預流果及
此勝果道所攝諸根名為所捨此根
或斷欲界謂六無間道所攝諸根或
無謂預流果及此勝果道中諸加行
道解脫道勝進道所攝諸根此根何
果攝荅預流果或無預流果攝者謂
道類智俱生品所捨諸根或無者謂
此勝果道及見道所攝所捨諸根得
不還果時所捨諸根此根斷何界結
荅欲界或色無色界或無若已離欲
染入正性離生得不還果時見道所
攝已得諸根名為所捨此根或斷色
無色界謂四類智忍俱生品諸根或

阿毗達磨大毗婆沙論卷第一百四十七　第十二張　匪

無謂四法智忍及七智俱生品諸根

若從一來果得不還果時一來果及此勝果道所攝諸根名為所捨此根或斷欲界謂三無間道所攝諸根或無謂一來果及此勝果道中諸加行道解脫道勝進道所攝諸根此根何果攝荅一來果或無一來果攝者謂道類智俱生品及第六解脫道所攝所捨諸根或無者謂此勝果道及見道所攝所捨諸根

得阿羅漢果時所捨諸根此根斷何界結荅色界或無色界或無得阿羅漢果時不還果及此勝果道所攝諸根名為所捨此根或斷色界謂離四靜慮染各有九無間道所攝諸根或斷無色界謂離四無色染各有九無間道所攝諸根或無謂不還果及此勝果道中諸加行道解脫道勝進道所攝諸根

此根何果攝荅不還果或無不還果攝者謂道類智俱生品及第九解脫道所攝所捨諸根或無者謂此勝果道所攝所捨諸根

得預流果時所得諸根此根斷何界結荅無謂得預流果時所得諸根皆是解脫道類所攝唯無間道攝能斷煩惱故此根何果攝荅預流果或無預流果攝者謂道類智俱生品所得諸根或無者謂尒時所得世俗諸根問尒時所得諸根皆是無漏預流果攝復有何世俗根是今所得而言或無荅此文但應說預流果不應言或無而說或無者欲顯尒時所得命等八根是無始時來所未曾得以是初得聖果依故

得一來果時所得諸根此根斷何界結荅無義如前說

此根何果攝荅一來果或無一來果攝者謂道類智俱生品及第六解脫道所攝所得諸根或無者謂尒時所得世俗諸根

得不還果時所得諸根此根斷何界結荅無義如前說

此根何果攝荅不還果或無不還果攝者謂道類智俱生品及第九解脫道所攝所得諸根或無者謂尒時所

得世俗諸根得阿羅漢果時所得諸根此根斷何界結荅無義如前說此根何果攝荅阿羅漢果或無阿羅漢果攝者謂初盡智俱生品所得諸根或無者謂尒時所得世俗諸根

諸預流者所成就根此根斷何界結荅欲界或無斷欲界者謂六無間道所攝諸根或無者謂預流果及此勝果道中諸加行道解脫道勝進道所攝等諸根此根何果攝荅預流果或無預流果攝者謂道類智俱生品所成就諸根或無者謂諸預流者所成就勝果道所攝諸根及所成就餘善有漏染汙無覆無記諸根

諸一來者所成就根此根斷何界結荅欲界或無斷欲界者謂三無間道所攝諸根或無者謂一來果及此勝果道中諸加行道解脫道勝進道所攝等諸根

此根何果攝荅一來果或無一來果攝者謂道類智俱生品及第六解脫道所攝所成就諸根或無者謂一來者所成就勝果道所攝諸根及所成

就餘善有漏染汙無覆無記諸根
諸不還者所成就根此根斷何界結答色界或無色界或無斷色界者謂離四靜慮染各有九無間道所攝諸根斷無色界者謂離四無色染各有九無間道所攝諸根或無者謂不還果及此勝果道中諸加行道解脫道勝進道所攝等諸根
此根何界攝答不還果或無不還果攝者謂道類智忍俱生品及第九解脫道所攝所成就諸根或無者謂不還者所成就勝果道所攝諸根及所成就餘善有漏染汙無覆無記諸根
諸阿羅漢所成就根此根斷何界結答無以阿羅漢諸結已盡無可斷故此根何果攝答阿羅漢果或無阿羅漢果攝者謂阿羅漢所成就無漏諸根或無者謂阿羅漢所成就善有漏無覆無記諸根
諸預流者斷結諸根此根斷何界結答欲界謂欲界修所斷前六品結此根何果攝答無謂無間道能斷諸結沙門果所攝諸根必是解脫道故諸

阿毗達磨大毗婆沙論卷第一百四十七　第十六張　王

一來者斷結諸根此根斷何界結答欲界謂欲界修所斷後三品結此根何果攝答無所以如前
諸不還者斷結諸根此根斷何界結答色界或無色界色界者謂四靜慮修所斷各九品結無色界者謂四無色修所斷各九品結此根何果攝答無所以如前諸阿羅漢諸結已盡無斷結根故不問答
諸預流果所攝諸根此根斷何界結答無以沙門果所攝諸根是解脫道唯無間道能斷結故諸一來果不還果阿羅漢果所攝諸根此根斷何界結答無所以如前阿羅漢果又無結可斷故
諸苦智是於苦無漏智耶乃至廣說問何故作此論答欲令疑者得決定故謂苦智集智行相無雜所緣有雜滅智道智行相無雜所緣無雜或有生疑如苦集智行相無雜所緣有雜滅道智亦如是耶如滅道智行相無雜所緣無雜苦集智亦如是耶為令此疑得決定故顯苦集智所緣有雜

阿毗達磨大毗婆沙論卷第一百四十七　第十七張　王

滅道智所緣無雜故作斯論問何故苦智集智行相無雜所緣有雜答雖苦無集離集無苦故謂一一有漏事果義名苦因義名集即於一一有漏事中若智作苦等四行相轉名苦智若智作集等四行相轉名集智故苦集智行相無雜所緣有雜滅智道智行相所緣二俱無雜滅等道等行相異故有為無為所緣別故
諸苦智是於苦無漏智耶設於苦無漏智是苦智耶答諸苦智是於苦無漏智由無漏智於苦事中作非常苦空非我四行相轉名苦智故有於苦無漏智非苦智謂於苦知集智由無漏智於苦事中作因集生緣四行相轉名集智故前已說離苦無集故集智所緣亦名為苦
諸集智是於集無漏智耶設於集無漏智是集智耶答諸集智是於集無漏智由無漏智於集事中作因集生緣四行相轉名集智故有於集無漏智非集智謂於集知苦智由無漏智於集事中作非常苦空非我四行相

阿毗達磨大毗婆沙論卷第一百四十七　第十八張　王

轉名苦智故前已說離集無苦故苦智所緣亦名爲集
諸滅智是於滅無漏智耶答如是設於滅無漏智是滅智耶答如是諸道智是於道無漏智耶答如是設於道無漏智是道智耶答如是由前已說滅智道智行相所緣俱無雜故若無漏智緣擇滅作滅靜妙離四行相轉名滅智若無漏智緣聖道作道如行出四行相轉名道智故

說一切有部發智大毗婆沙論卷第一百四十七

甲辰歲高麗國大藏都監奉勅雕造

阿毗達磨大毗婆沙論卷第一百四十七　第十九張　一百

阿毗達磨大毗婆沙論卷第一百四十七

校勘記

一　底本，麗藏本。
一　三一三頁中八行首字「偏」，南作「偏」。
一　三一三頁中一五行第三字「説」，諸本（不含石，下同）作「記」。
一　三一三頁下五行首字及第一三字「歿」，諸本作「終」。
一　三一三頁下六行末字「此」，資、南作「比」。
一　三一四頁下四行「解説」，諸本作「解脱」。
一　三一四頁下八行第七字「八」，磧、普作「入」。
一　三一五頁中一行「并用」，徑作「并有」。
一　三一五頁中二行第六字「依」，徑作「以」。
一　三一五頁下一九行第一〇字「或」，諸本無。
一　三一六頁上一五行第四字「謂」，資、磧、普、南作「諸」。次頁上四行第五字資、磧、普同。
一　三一七頁中一二行「聖果」，徑作「勝果」。
一　三一七頁下一二行第九字「諸」，諸本無。
一　三一八頁下一四行第一〇字「知」，諸本作「智」。二二行第八字同。

阿毗達磨大毗婆沙論卷第一百四十八　匪

五百大阿羅漢等造

三藏法師玄奘奉　詔譯

根藴第六中有納息第二之二

諸根無漏緣欲界繫此根法智相應耶設根無漏法智相應此根緣欲界繫耶荅應作四句有根無漏緣欲界繫此根非法智相應謂苦法智忍及相應根苦法智集法智忍及相應根集法智此中苦法智忍是無漏慧根此根緣欲界繫非法智相應以忍與智不相應故及相應根者謂苦法智忍相應八無漏根此根亦緣欲界繫非法智相應忍相應故苦法智亦是無漏慧根此根亦緣欲界繫非法智相應自體與自體不相應故謂三緣故自體不與自體相應一無二自性俱生故二前後剎那不並故三一切法不觀自性與他為緣故集法智忍及相應根集法智亦如是有根無漏法智相應此根不緣欲界繫謂滅道法智相應根此是滅道法智相應八無漏根此根不緣欲界繫緣不繫法故有根無漏緣欲界繫此根亦法智相應謂苦集法智相應根此是苦集法智相應八無漏根此根緣欲界繫緣欲界苦集故有根無漏不緣欲界繫此根亦非法智相應謂苦類智忍苦類智及二相應根集類智忍集類智及二相應根滅法智忍及相應根滅法智滅類智忍滅類智及二相應根道法智忍及相應根道法智道類智忍道類智及二相應根此中苦類智忍苦類智俱是無漏慧根此根不緣欲界繫緣色無色界繫故亦非法智相應忍智與智不相應故及二相應根者謂苦類智忍苦類智相應八無漏根此根不緣欲界繫緣色無色界繫故亦非法智相應與苦類智忍苦類智相應故集類智忍集類智及二相應根亦如是滅法智忍是無漏慧根此根不緣欲界繫緣不繫法故亦非法智相應忍與智不相應故及相應根者謂滅法智忍相應八無漏根此根不緣欲界繫緣不繫法故亦非法

智相應忍相應故滅法智亦是無漏慧根此根不緣欲界繫緣不繫法故亦非法智相應自體與自體不相應故道法智忍及相應根道法智亦如是滅類智忍滅類智俱是無漏慧根此根不緣欲界繫緣不繫法故亦非法智相應忍智與智不相應故及二相應根者謂滅類智忍滅類智相應八無漏根此根不緣欲界繫緣不繫法故亦非法智相應與滅類智忍滅類智相應故道類智忍道類智及二相應根亦如是

諸根無漏緣色無色界繫此根類智相應耶設根無漏類智相應此根緣色無色界繫耶荅應作四句有根無漏緣色無色界繫此根非類智相應謂苦類智忍及相應根苦類智集類智忍及相應根集類智此中苦類智忍是無漏慧根此根緣色無色界繫非類智相應忍與智不相應故及相應根者謂苦類智忍相應八無漏根此根亦緣色無色界繫非類智相應忍相應故苦類智亦是无漏慧根此

根亦緣色無色界繫非類智相應自體與自體不相應故集類智忍及相應根集類智亦如是有根無漏類智相應此根不緣色無色界繫謂滅道類智相應根此是滅道類智相應八無漏根此根不緣色無色界繫緣不繫法故

有根無漏緣色無色界繫此根亦類智相應謂苦集類智相應根此是苦集類智相應八無漏根此根緣色無色界繫緣色無色界苦集故有根無漏不緣色無色界繫此根亦非類智相應謂苦法智忍苦法智及二相應根集法智忍集法智及二相應根滅法智忍滅法智及二相應根滅類智忍及相應根滅類智道法智忍道法智及二相應根道類智忍及相應根道類智此中苦法智忍苦法智俱是無漏慧根此根不緣色無色界繫緣欲界繫故亦非類智相應忍智與智不相應故及二相應根者謂苦法智忍苦法智相應八無漏根此根不緣色無色界繫緣欲界繫故亦非類智

相應與忍法智相應故集法智忍集法智及二相應根亦如是滅法智忍滅法智俱是無漏慧根此根不緣色無色界繫緣不繫法故亦非類智相應忍智與智不相應故及二相應根者謂滅法智忍滅法智相應八無漏根此根不緣色無色界繫緣不繫法故亦非類智相應與忍法智相應故道法智忍道法智及二相應根亦如是滅類智忍是無漏慧根此根不緣色無色界繫緣不繫法故亦非類智相應忍與智不相應故及相應根者謂滅類智忍相應八無漏根此根不緣色無色界繫緣不繫法故亦非類智相應忍相應故滅類智亦是無漏慧根此根不緣色無色界繫緣不繫法故亦非類智相應自體與自體不相應故道類智忍及相應根道類智亦如是

法智當言法智耶乃至廣說問何故此中但依法類二智作論荅彼作論者意欲尒故隨彼意欲而造論但不違法性便不應責彼意欲依二智作

論即便作之謂法智類智如前智蘊隨論者意依二智作論謂他心智宿住隨念智如後定蘊隨論者意亦依二智作論謂盡智無生智如此蘊前隨論者意依四智作論謂苦智集智滅智道智如前結蘊隨論者意依八智作論謂法智類智他心智世俗智苦集滅道智如所知納息隨論者意依十智作論謂前八智及盡無生智辟如善巧陶師以濕埏團置於輪上隨意埏埴成種種器於工巧法而不相違如是善作論者以聞思慧行所知境照了除癡然後隨欲造種種論於諸法性亦不相違有說唯法類智互不相攝亦俱遍緣不相攝境謂有漏無漏有為無為四聖諦法有說以法類智攝一切無漏智盡是彼根本有說法類二智作分齊緣謂法智緣下類智緣上由此等緣故但依此二智作論

法智當言法智耶當言類智他心智世俗智苦智集智滅智道智耶荅當言法智或他心智苦智集智滅智道

智當言法智者謂知欲界諸行諸行因諸行滅諸行對治道或他心智者謂知欲界諸行對治道他心心所法或苦智者謂知欲界諸行非常相苦相空相非我相或集智者謂知欲界諸行因因相集相生相緣相或滅智者謂知欲界諸行滅滅相靜相妙相離相或道智者謂知欲界諸行對治道道相如相行相出相顯自性已當顯地法智當言有尋有伺無尋唯伺無尋無伺耶荅當言三種謂在未至初靜慮名有尋有伺在靜慮中間名無尋唯伺在上三靜慮名無尋無伺顯地已當顯相應

法智當言樂根相應喜根相應捨根相應耶荅當言三種謂在第三靜慮樂根相應在初二靜慮喜根相應在未至靜慮中間第四靜慮捨根相應顯相應已當顯行相

法智當言空無願無相相應耶荅當言三種謂二行相空相應十行相無願相應四行相無相相應顯行相已當顯所緣法智當言緣欲界繫緣色

界繫緣無色界繫緣不繫耶荅當言緣欲界繫或不繫緣欲界繫者謂苦集法智緣不繫者謂滅道法智

類智當言類智耶當言法智他心智世俗智苦智集智滅智道智耶荅當言類智或他心智苦智集智滅智道智當言類智者謂知色無色界諸行諸行因諸行滅諸行對治道或他心智者謂知色無色界諸行無漏對治道他心心所法或苦智者謂知色無色界諸行非常等四種相或集智者謂知色無色界諸行因因等四種相或滅智者謂知色無色界諸行滅滅等四種相或道智者謂知色無色界諸行對治道道等四種相顯自性已當顯地類智當言有尋有伺無尋唯伺無尋無伺耶荅當言三種謂在未至初靜慮名有尋有伺在靜慮中間名無尋唯伺在上三靜慮下三無色名無尋無伺顯地已當顯相應

類智當言樂根相應喜根相應捨根相應耶荅當言三種謂在第三靜慮樂根相應在初二靜慮喜根相應在

未至靜慮中間第四靜慮下三無色捨根相應顯相應已當顯行相類智當言空無願無相相應耶荅當言三種謂二行相空相應十行相無願相應四行相無相相應已顯行相當顯所緣

類智當言緣欲界繫緣色界繫緣無色界繫緣不繫耶荅當言緣色無色界繫或不繫緣色無色界繫者謂苦集類智緣不繫者謂滅道類智

時心解脫當言學根得無學根得乃至廣說問何故作此論荅欲解釋契經義故如佛告阿難陀言苾芻不應樂處憒鬧若樂是者於時愛心解脫或於不時不動心解脫身作證能具足住無有是處若有苾芻不樂憒鬧而樂寂靜於時愛心解脫或不時不動心解脫身作證能具足住斯有是處彼經雖說二種解脫而不分別此二自性亦未曾顯由何根得前智蘊中雖已顯示解脫自性而未顯得今欲顯得故作斯論有說欲止他所說故謂或有執時心解脫有學有所作

所作未辦故不動心解脫無學無所作所作已辦故為遮彼執顯二解脫俱是無學所作已辦或復有執時心解脫是有漏不動心解脫是無漏欲止彼意顯二解脫俱是無漏或復有執時心解脫是有為不動心解脫是無為為止彼執顯二解脫俱是有為由此等緣故作斯論諸法中唯二法是解脫自性謂有為法中唯有勝解無為法中唯有擇滅彼勝解者是心所大地法恒與心相應彼擇滅者是離繫是勝義善常住涅槃勝解有二謂染不染染謂邪勝解即貪等煩惱隨煩惱相應不染謂正勝解即信等諸善法相應此正勝解復有二種謂有漏無漏有漏者謂不淨觀持息念無量勝處遍處等相應無漏復二謂學無學學者謂七聖身中無漏勝解無學者謂阿羅漢身中無漏勝解無學勝解復有二種謂時心解脫不時心解脫時心解脫者謂五種阿羅漢身中無漏勝解不時心解脫者謂不動法阿羅漢身中無漏勝解此二亦名

心解脫慧解脫離貪故名心解脫離無明故名慧解脫問若此勝解離貪故名心解脫離無明故名慧解脫者集異門等所說當云何通如說云何離貪故心得解脫答無貪善根對治貪故云何離無明故慧得解脫答無癡善根對治癡故由此說故二解脫體即是善根非是勝解答彼文應作是說云何離貪故心得解脫答無貪善根相應心勝解印可即此名為時心解脫云何離無明故慧得解脫答無癡善根相應心勝解印可即此名為不動心解脫而不作是說者有何意耶答此就依處以顯勝解謂依無貪故心解脫貪依無癡故心解脫癡然心解脫體是勝解

時心解脫當言學根得無學根得學無學根得耶答當言學無學根得學根得者謂無間道俱生根無學根得者謂解脫道俱生根又學根得者謂向道俱生根無學根得者謂果道俱生根又學根得者謂金剛喻定俱生品根無學根得者謂盡智俱生品根

又學根得者謂已知根無學根得者謂具知根又學根得者謂修道俱生根無學根得者謂無學道俱生根修地無學地亦尒不動心解脫當言學根得無學根得學無學根得耶答若本得不動當言學無學根得若時解脫阿羅漢得不動當言無學根得學無學根得者廣說如前無學根得者彼無間解脫道俱無學攝故一切結盡當言學根得無學根得學無學根得耶答當言學無學根得廣說如前問此文何故不如不動心解脫說答此文亦應作如是說若初證一切結盡當言學無學根得若時解脫阿羅漢得不動證一切結盡當言無學根得而不作是說者有何意耶答解脫有二謂有為無為二種心解脫是有為一切結盡是無為有為解脫有下中上初所得異後所得異故差別說無為解脫無下中上後得同初故無別說

以無間道證預流果此道當言法智相應類智他心智世俗智苦智集智

滅智道智相應耶當言有尋有伺無尋唯伺無尋無伺耶當言樂根喜根捨根相應耶當言空無願無相相應耶當言緣欲界繫色界繫無色界繫不繫耶答以無間道證預流果此道當言忍相應有尋有伺捨根相應無願相應緣不繫忍相應者道類智忍俱故有尋有伺者唯依未至地故捨根相應者未至地唯有捨受故無願相應者道無願俱故緣不繫者類智品為所緣故

以無間道證一來果此道當言法智相應類智他心智世俗智苦智集智滅智道智相應耶當言有尋有伺無尋唯伺無尋無伺耶當言樂根喜根捨根相應耶當言空無願無相相應耶當言緣欲界繫色界繫無色界繫不繫耶答若倍離欲染入正性離生者如證預流果說若從預流果以世俗道證一來果此道當言世俗智相應有尋有伺捨根相應緣欲界繫世俗智相應者謂麁等三行相隨一轉故不與空等相應者彼唯無漏故緣

欲界繫者欲界五蘊為所緣故餘如前說若從預流果以無漏道證一來果此道當言法智相應或苦智或集智或滅智或道智相應有尋有伺捨根相應或空或無願或無相相應或緣欲界繫或緣不繫法智相應者謂四法智隨一相應或苦智相應者即苦法智相應乃至或道智相應者即道法智相應或空相應者謂二行相相應或無願相應者謂十行相相應或無相相應者謂四行相相應或緣欲界繫者謂苦集法智或緣不繫者謂滅道法智餘如前說

以無間道證不還果此道當言法智相應類智他心智世俗智苦智集智滅智道智相應耶當言有尋有伺無尋唯伺無尋無伺耶當言樂根喜根捨根相應耶當言空無願無相相應耶當言緣欲界繫色界繫無色界繫不繫耶答若已離欲染入正性離生此道當言忍相應或有尋有伺或無尋唯伺或無尋無伺或樂根相應或喜根相應或捨根相應無願相應緣

不繫或有尋有伺者謂依未至初靜慮或無尋唯伺者謂依靜慮中間或無尋無伺者謂依上三靜慮或樂根相應者謂依第三靜慮或喜根相應者謂依初二靜慮或捨根相應者謂依未至靜慮中間第四靜慮餘如前說若從一來果以世俗道證不還果者如以世俗道證一來果說若從一來果以無漏道證不還果者如以無漏道證一來果說以無間道證阿羅漢果此道當言法智相應類智他心智世俗智苦智集智滅智道智相應耶當言有尋有伺無尋唯伺無尋無伺耶當言樂根喜根捨根相應耶當言空無願無相相應耶當言緣欲界繫色界繫無色界繫不繫耶答此道當言或法智相應或類智或苦智或集智或滅智或道智相應或有尋有伺或無尋唯伺或無尋無伺或樂根或喜根或捨根相應或空或無願或無相相應或緣無色界繫或緣不繫或法智相應者謂滅道法智隨一相應或類智相應者謂四類智隨一相

應或苦智集智相應者即苦集類智相應或滅智道智相應者即滅道法類智相應或有尋有伺者謂依未至初靜慮或無尋唯伺者謂依靜慮中間或無尋無伺者謂依上三靜慮下三無色或樂根相應者謂依第三靜慮或喜根相應者謂依初二靜慮或捨根相應者謂依未至靜慮中間第四靜慮下三無色或空相應者謂二行相應或無願相應者謂十行相相應或無相相應者謂四行相相應或緣無色界繫者謂苦集類智緣有頂苦集故或緣不繫者謂滅道法類智緣三界滅及能對治道故

幾根永斷滅起得預流果答無根永斷七根滅起一滅不起一起不滅得預流果七根滅起者七謂意捨信等五根滅謂此七無間道攝起謂此七解脫道攝又滅謂向道攝起謂果道攝又滅謂道類智忍品攝起謂道類智品攝又滅謂未知當知根俱生起謂已知根俱生又滅謂見道攝起謂修道攝見地修地亦介一滅不起者

謂未知當知根一起不滅者謂已知根幾根永斷滅起得一來果答若倍離欲染入正性離生者如證預流果說若從預流果以世俗道證一來果無根永斷七根滅起得一來果七根滅起者七如前說滅謂此七無間道攝起謂此七解脫道攝又滅謂向道攝起謂果道攝

若從預流果以無漏道證一來果無根永斷八根滅起得一來果八根滅起者八謂前七加已知根滅起義如前說

幾根永斷滅起得不還果答若已離欲染入正性離生無根永斷七根滅起一滅不起一起不滅得不還果七根滅起者七謂意根樂喜捨根隨一信等五根餘如得預流果中說若從一來果以世俗道證不還果不入靜慮四根永斷七根滅起得不還果四根永斷者謂女男苦憂根七根滅起者七謂意捨信等五根滅起義如從預流得一來說若入靜慮四根永斷六根滅起一滅不起一起不滅得不

還果

四根永斷者如前說六根滅起者六謂意根信等五根滅起義如前說一滅不起者謂捨根一起不滅者謂喜根若從一來果以無漏道證不還果不入靜慮四根永斷八根滅起得不還果八根者謂意捨信等五已知根餘如前說若入靜慮四根永斷七根滅起一滅不起一起不滅得不還果七根者即前謂意信等五及已知根餘如以世俗道證不還果中說

問離欲界染第九解脫道誰即入靜慮誰不入耶答所依力强者入所依力劣者不入有說所依力劣者入為長養所依故所依力强者不入不為長養所依故有說欣多者入猒多者不入有說喜樂多者入憂苦多者不入有說以滅道智離欲染者入以苦集智離欲染者不入有說以無相道無願離欲染者入以空苦集無願離欲染者不入有說猒欲界法離欲染者入猒三界法離欲染者不入有說為求靜慮而離染者入為求解脫而

離染者不入有說利根者入鈍根者不入如利根鈍根因力緣力内分力外分力内正思惟力外聞正法力應知亦尒

幾根永斷滅起得阿羅漢果答若依未至證阿羅漢果一根永斷七根永斷滅起一滅不起一起不滅得阿羅漢果一根永斷者謂命根七根永斷滅起者七謂意捨信等五根永斷謂有漏攝滅謂無間道攝起謂解脫道攝又永斷謂世俗攝滅謂向道攝起謂果道攝又永斷謂非學非無學攝滅謂學攝起謂無學攝又永斷謂有頂攝滅謂金剛喻定俱生品攝起謂盡智俱生品攝又永斷謂修所斷攝滅謂已知根攝起謂具知根攝又永斷謂無色界繫攝滅謂修道地攝起謂無學道地攝一滅不起者謂已知根一起不滅者謂具知根

如依未至依靜慮中間第四靜慮三無色定亦尒若依初靜慮證阿羅漢果二根永斷六根永斷滅起一根滅起一滅不起一起不滅得阿羅漢果

二根永斷者謂命捨根六根永斷滅起者六謂意信等五根永斷滅起義如前說一根滅起者一謂喜根滅起義如前說一滅不起者謂已知根一起不滅者謂具知根如依初靜慮依第二第三靜慮亦尒然差別者依第三靜慮應說樂根起滅

說一切有部發智大毗婆沙論卷第一百四十八

甲辰歲高麗國大藏都監奉
勅彫造

阿毗達磨大毗婆沙論卷第一百四十八

校勘記

一　底本，麗藏本。

一　三二〇頁上四行品名，資、磧作「根蘊第六中有結息第二之二」。

一　三二六頁上一四行第七字「喻」，磧作「俞」。

阿毗達磨大毗婆沙論卷第一百四十九　匪

五百大阿羅漢等造

三藏法師玄奘奉　詔譯

結蘊第六中觸納息第三之一

有十六觸謂有對觸增語觸明觸無明觸非明非無明觸愛觸恚觸順樂受觸順苦受觸順不苦不樂受觸眼觸耳觸鼻觸舌觸身觸意觸云何有對觸乃至云何意觸如是等章及解章義既領會已當廣分別問何故作此論答為止他宗顯已義故謂譬喻者說觸非實有所以者何契經說故如契經說眼及色為緣生眼識三和合觸等離眼色眼識外實觸體不可得為遮彼意顯觸體是實有若觸體非實有者便違經說如契經說觸為緣受若無觸者但應說六處緣受或說無緣不應言觸緣受又若觸體非實有者應說緣起唯十一支契經不應說有十二又若觸體非實有者但應說有九大地法然說有十故觸實有問若觸實有云何會釋彼所引經答彼經意說三法和合為緣生觸非於無體得有生義此若不生云何緣受譬如月月愛珠及器和合為緣生水非無水生得有水用又如日日愛珠抹薪和合為緣生火非無火生得有火用如是根境及識和合為緣生觸非無觸生得有觸用觸用謂能為緣生受是故欲止他說顯觸實有而作斯論問何緣根蘊分別觸耶答彼作論者意欲尒故乃至廣說復次此不應問所以者何前已說一一蘊中具一切義故復次一切法觸所集起根由觸生故分別觸復次心心所以觸為命觸所引觸所轉觸力故現在前此中有根故分別觸復次先安立諸觸後辯根相應根以觸為章故應先分別觸

問諸聖教中或說一觸如心所中立觸心所十大地法中立觸大地法或說二觸謂有漏無漏縛解繫不繫或說三觸謂下中上善不善無記或說四觸謂三界繫及不繫或說五觸謂三界繫及學無學或說六觸謂眼觸

乃至意觸或說七觸謂見苦所斷乃至修所斷并學無學或說八觸謂見苦所斷乃至修所斷及見道修道無學道或說九觸謂下下乃至上上或說十觸謂欲界繫乃至非想非非想處繫及不繫若約相續剎那分別則有無量何故此中於一等廣說十六於無量略說十六耶答由六因緣不略不廣說十六觸謂所緣故障治故自性故違順故相應故所依故由所緣故立有對觸增語觸由障治故立明觸無明觸由自性故立非明非無明觸由違順故立愛觸恚觸由相應故立順樂受觸順苦受觸順不苦不樂受觸由所依故立眼觸乃至意觸云何有對觸答五識身相應觸問何故此觸名有對答以有對法為所緣故問增語觸亦以有對法為所緣何故此觸獨名有對答此觸以初故得名增語觸更以餘緣建立有說此觸但以有對法為所緣增語觸亦緣餘法有說此觸所依所緣皆是有對增語觸所緣雖或有對所依不尒故別

立名云何增語觸答意識身相應觸問何故此觸名增語答由此觸自性語增故名增語問云何此觸自性語增答有對觸唯欲色界繫此觸通三界繫及不繫又有對觸唯欲界初靜慮地可得此觸一切地可得又有對觸唯有漏此觸通有漏無漏由此等故自性語增有說此觸所緣語增故名增語問云何此觸所緣語增答有對觸唯以有色法為所緣此觸通緣有色無色又有對觸但以有對法為所緣此觸通緣有對無對又有對觸但以有漏法為所緣此觸通緣有漏無漏又有對觸但以有為法為所緣此觸通緣有為無為由此等故所緣語增有說增語者謂名此觸緣名故名增語雖亦緣義而非不共故隨不共立名依別立通名如苦集智等云何明觸答無漏觸即三無漏根相應觸云何無明觸答染汙觸即一切煩惱隨煩惱相應觸云何非明非無明觸答不染有漏觸此中問答各有二遮謂非明者遮明觸非無明者遮無

阿毗達磨大毗婆沙論卷第一百四十九　第四張　正

明觸不染者遮染汙觸有漏者遮無漏觸由此遮故此體唯攝一切有漏善無覆無記觸云何愛觸答貪相應觸即三界五部所斷六識身俱貪相應觸云何恚觸答瞋相應觸即五所斷六識身俱瞋相應觸云何順樂受觸答樂受相應觸即樂喜根相應觸云何順苦受觸答苦受相應觸即苦憂根相應觸云何順不苦不樂受觸答不苦不樂受相應觸即捨根相應觸云何眼觸答眼識身相應觸乃至云何意觸答意識身相應觸謂依眼等根生故名眼等觸顯自性已當辯相攝然有一觸攝諸觸盡謂心所中一觸自性此中二觸攝諸觸盡謂有對觸增語觸復有三觸攝諸觸盡謂明無明非明非無明觸及順樂順苦順不苦不樂受觸復有六觸攝諸觸盡謂眼觸乃至意觸問有對觸攝幾觸乃至意觸攝幾觸耶答有對觸攝六觸全七觸少分六全者謂有對觸眼耳鼻舌身觸七少分者謂無明非明非無明觸愛恚觸順樂順苦順不

阿毗達磨大毗婆沙論卷第一百四十九　第五張　正

苦不樂受觸問云何此攝彼七少分答彼七通與六識相應此唯攝五識相應故言少分增語觸攝三觸全七觸少分三全者謂增語觸明觸意觸七少分者如前說問云何此攝彼七少分答彼七通與六識相應此唯攝意識相應故言少分明觸攝明觸全四觸少分謂增語觸順樂順不苦不樂受觸意觸問云何此攝彼四少分答彼四通有漏無漏此唯攝無漏故言少分無明觸攝三觸全十一觸少分三全者謂無明觸愛恚觸十一少分者謂有對增語觸順樂順苦順不苦不樂受觸眼觸乃至意觸問云何此攝彼十一少分答彼十一通染不染此唯攝染故言少分非明非無明觸攝非明非無明觸全十一觸少分謂如前說問云何此攝彼十一少分答即前十一通染不染不染有通有漏無漏此唯攝不染有漏故言少分愛觸攝愛觸全十一觸少分謂有對增語觸無明觸順樂順不苦不樂受觸眼觸乃至意觸問云何此攝彼十

阿毗達磨大毗婆沙論卷第一百四十九　第六張　正

一少分答彼十一通與貪俱生不俱
生此唯攝俱生故言少分恚觸攝恚
觸全十一觸少分謂有對增語觸無
明觸順苦順不苦不樂受觸眼觸乃
至意觸問云何此攝彼十一少分答
彼十一通與瞋俱生不俱生此唯攝
俱生故言少分順樂受觸攝順樂受
觸全十二觸少分謂有對增語觸明
無明非明非無明觸愛觸眼觸乃至
意觸問云何此攝彼十二少分答彼
十二通與樂受俱生不俱生此唯攝
俱生故言少分順苦受觸攝順苦受
觸全十一觸少分謂有對增語觸無
明非明非無明觸恚觸眼觸乃至意
觸問云何此攝彼十一少分答彼十
一通與苦受俱生不俱生此唯攝俱
生故言少分順不苦不樂受觸攝順
不苦不樂受觸全十三觸少分謂有
對增語觸明無明非明非無明觸愛
恚觸眼觸乃至意觸問云何此攝彼
十三少分答彼十三通與捨受俱生
不俱生此唯攝俱生故言少分眼觸
攝眼觸全八觸少分謂有對觸無明

阿毗達磨大毗婆沙論卷第一百四十九　第七張　匝

非明非無明觸愛恚觸順樂順苦順
不苦不樂受觸問云何此攝彼八少
分答彼八通與眼識相應不相應此
唯攝相應故言少分如眼觸耳鼻舌
身觸亦尒是中差別者各攝自觸全
自識相應八少分意觸攝三觸全七
觸少分如增語觸說問何故名攝攝
是何義答自體於自體已有當有現
有可得故名為攝有說自體於自體
不異不外不差別不相離是有不空
故名為攝有說自體於自體非不曾
有非不今有非不當有故名為攝諸
法不捨自性義是攝義非如以指捻
衣以手取食彼可捨故有說拘导義
是攝義諸法拘导無如自體於自體
者有對觸幾根相應乃至意觸幾根
相應耶答有對觸一根全八根少分
相應一全者謂苦根八少分者謂意
樂捨信等五根問云何此與彼八少
分相應答彼八根通六識俱生品此
唯與五識俱生品相應故言少分增
語觸五根全八根少分相應五全者
謂喜憂三无漏根八少分者如前說

阿毗達磨大毗婆沙論卷第一百四十九　第八張　匝

問云何此與彼八少分相應答彼八
根通六識俱生品此唯與意識俱生
品相應故言少分明觸三根全九根
少分相應三全者謂三無漏根九少
分者謂意樂喜捨信等五根問云何
此與彼九少分相應答彼九根通有
漏無漏此唯與無漏相應故言少分
無明觸六根少分相應謂意五受根
問云何此與彼六少分相應答彼六
根通染不染此唯與染相應故言少
分非明非無明觸十一根少分相應
謂意五受信等五根問云何此與彼
十一少分相應答彼十一根中前六
通染不染後五通有漏無漏此唯與
不染有漏相應故言少分愛觸四根
少分相應謂意樂喜捨根問云何此
與彼四少分相應答彼四根通貪俱
生不俱生此唯與俱生者相應故言
少分恚觸四根少分相應謂意苦憂
捨相問云何此與彼四少分相應答
彼四根通瞋俱生不俱生此唯與俱
生者相應故言少分順樂受觸二根
全九根少分相應二全者謂樂喜根

阿毗達磨大毗婆沙論卷第一百四十九　第九張　匝

无少分者謂意信等五三無漏根問云何此與彼无少分相應答彼九根中前六通樂受俱生不俱生此唯與俱生者相應後三通以九根為性此唯與六根相應故言少分順苦受觸二根全六根少分相應二全者謂苦憂根六少分者謂意信等五根問云何此與彼六少分相應荅彼六根通苦受俱生不俱生此唯與俱生者相應故言少分順不苦不樂受觸一根全九根少分相應一全者謂捨根九少分者謂意信等五三無漏根問云何此與彼九少分相應荅彼九根中前六通不苦不樂受俱生不俱生此唯與俱生者相應後三通以九根為性此唯與六根相應故言少分眼觸九根少分相應謂意樂苦捨信等五根問云何此與彼九少分相應荅彼九根通眼識俱生品不俱生品此唯與俱生品相應故言少分如眼觸耳鼻舌身觸亦尒是中差別者各與自識俱生品根相應意觸五根全八根少分相應如增語觸說相應義廣說

阿毗達磨大毗婆沙論卷第一百四十九　第十張　匝

如上

諸根因有對觸此根有對觸相應耶設根有對觸相應此根因有對觸耶荅諸根有對觸相應此根因有對觸謂此根以有對觸為四因即相應俱有同類異熟因有根因有對觸此根非有對觸相應謂根因有對觸餘觸相應及異熟生無所縁餘觸相應者謂增語觸相應此根以有對觸為二因即同類異熟因及異熟生無所縁者謂命等八根此根以有對觸為一因即異熟因諸根因增語觸此根增語觸相應耶設根增語觸相應此根因增語觸耶荅諸根增語觸相應此根因增語觸謂此根以增語觸為五因即相應俱有同類遍行異熟因有根因增語觸此根非增語觸相應謂根因增語觸餘觸相應及異熟生无所縁餘觸相應者謂有對觸相應此根以增語觸為三因即同類遍行異熟因及異熟生無所縁者謂命等八根此根以增語觸為一因即異熟因諸根因明觸此根明觸相應耶荅如是

阿毗達磨大毗婆沙論卷第一百四十九　第十一張　匝

設根明觸相應此根因明觸耶荅如是此中因者謂三因即相應俱有同類因諸根因無明觸此根无明觸相應耶設根無明觸相應此根因無明觸耶荅諸根无明觸相應此根因無明觸謂此根以無明觸為四因即相應俱有同類遍行因有根因无明觸此根非無明觸相應謂根因无明觸餘觸相應及異熟生无所縁餘觸相應者謂非明非無明觸相應此根以無明觸為一因即異熟因及異熟生無所縁者謂命等八根此根以无明觸為一因即異熟因諸根因非明非無明觸此根非明非無明觸相應耶設根非明非無明觸相應此根因非明非無明觸耶荅諸根非明非無明觸相應此根因非明非無明觸謂此根以非明非无明觸為四因即相應俱有同類異熟因有根因非明非無明觸此根非明非無明觸相應謂根因非明非無明觸異熟生無所縁謂命等八根以非明非无明觸為一因即異熟因諸根因愛觸此根愛觸相

阿毗達磨大毗婆沙論卷第一百四十九　第十二張　匝

應耶設根受觸相應此根因受觸耶
答諸根受觸相應此根因受觸謂此
根以受觸為三因即相應俱有同類
因有根因受觸此根非受觸相應謂
根因受觸餘觸相應及異熟生無所
緣餘觸相應者謂餘無明觸非明非
無明觸相應此根以受觸為二因即
同類異熟因謂餘無明觸相應根以
受觸為同類因非明非無明觸相應
根以受觸為異熟因及異熟生無所
緣者謂命等八根以受觸為一因即
異熟因如說受觸恚觸亦尒差別者
說自名諸根因順樂受觸此根順樂
受觸相應耶設根順樂受觸相應此
根因順樂受觸耶答諸根順樂受觸
相應此根因順樂受觸謂此根以順
樂受觸為五因即相應等五有根因
順樂受觸此根非順樂受觸相應謂
根因順樂受觸餘觸相應及異熟生
無所緣餘觸相應者謂順苦受觸順
不苦不樂受觸相應此根以順樂受
觸為三因即同類遍行異熟因及異
熟生無所緣者謂命等八根以順樂

受觸為一因即異熟因如說順樂受
觸順苦受觸順不苦不樂受觸亦尒
差別者說自名諸根因眼觸此根眼
觸相應耶設根眼觸相應此根因眼
觸耶答諸根眼觸相應此根因眼觸
謂此根以眼觸為四因即相應俱有
同類異熟因有根因眼觸此根非眼
觸相應謂根因眼觸餘觸相應及異
熟生無所緣餘觸相應者謂耳鼻舌身
意觸相應此根以眼觸為二因即同
類異熟因及異熟生無所緣者謂命
等八根此根以眼觸為一因即異熟
因如說眼觸耳鼻舌身觸亦尒差別
者說自名諸根因意觸此根意觸相
應耶設根意觸相應此根因意觸耶
答諸根意觸相應此根因意觸謂此
根以意觸為五因即相應等五有根
因意觸此根非意觸相應謂根因意
觸餘觸相應及異熟生無所緣餘觸
相應者謂眼耳鼻舌身觸相應此根
以意觸為三因即同類遍行異熟因
及異熟生無所緣者謂命等八根此
根以意觸為一因即異熟因

諸成就此類眼根彼成就此類身根耶
乃至廣說類有四種一修類二律儀
類三界類四相似類此四廣說如前
業蘊此中依界類而作論諸成就此
類眼根彼成就此類身根耶設成就
此類身根彼成就此類眼根耶答應
作四句有成就此類眼根非此類身
根謂生欲界不得眼根設得巳失得
色界眼不得眼根者謂未至羯羅藍
位等設得巳失者謂巳得眼根或
自然壞或遇緣壞故失得色界眼者
謂由善習靜慮力故色界眼根依
欲界身得而不得彼界身根無成
就他界身故有成就此類身根非
此類眼根謂生欲界不得眼根設得
巳失不得色界眼彼但成就欲界身
根二界眼根並不成就有成就此類
眼根亦此類身根謂生欲界眼根巳
得不失若生色界巳得者謂巳至羯
羅藍位等不失者謂所得眼根非
自然壞及遇緣壞故不失生色界者
色界無有根不具故有非成就此類
眼根亦非此類身根謂生無色界彼

地定無諸色根故如眼根耳根亦尒此二俱有異界現前故諸成就此類鼻根彼成就此類身根耶設成就此類身根彼成就此類鼻根耶荅若成就此類鼻根彼成就此類身根有成就此類身根彼不成就此類鼻根謂生欲界不得鼻根設得已失不得鼻根者謂未至鉢羅奢佉位等設得已失者謂已得鼻根或自然壞或遇緣壞故失如鼻根舌根亦尒此二俱無異界現前故問何故生欲界得起色界眼耳根現在前非鼻舌身根耶荅由眼耳二根有加行得離染得修所成通所依性四支五支靜慮果故得異界起現在前鼻舌身根無如是事故唯自界起現在前有餘師言生欲界者未起上界天眼耳根不求餘三故不得起謂觀行者作是念求云何令我見色界色聞色界聲由此便修根本靜慮起天眼耳彼無香味可欲嗅嘗故不求起色界鼻舌無生異地覺異地觸設於彼求無理可起唯取至境故問天眼以何為自性荅非諸

筋骨血肉所成色界大種所造淨色能無导視體不可見眼界眼處眼根所攝是謂天眼顯自性已當釋其名問此何因緣說為天眼荅此眼殊勝故名為天世於勝法有天言故如說天衣天莊嚴具天飲食等此中皆以殊勝名天彼亦如是界者色界繫地者在四靜慮地非近分无色所以者何若地有通所依勝定此地有天眼非近分無色有通所依勝定故彼地無天眼問何故近分無色無通所依勝定耶荅奢摩他毗鉢舍那不平等故非五支四支所成故非樂道所攝故問若生欲界修得天眼現在前時於何處起荅即於生得眼根處起問若生得眼壞彼何處起荅即於曾有眼根處起問若彼處所合為一段不可知者復何處起荅即於應有眼根處起問諸起天眼現在前者為有左起右不起耶右起左不起耶左劣右中耶左中右上耶右劣左中耶右中左上耶荅不如是起謂起天眼者必二處眼俱起等劣等中等上一切天

眼无瞎无瞓亦無眩乱及彼同分問若生欲界化作色究竟万六千踰繕那身天眼現前觀彼色時人身長三肘半或四肘尚不遍彼足指為住何處觀彼色耶為上為下有說以神境通住上而見如營舍人處上觀下如是居上觀下眾色有說住下而見如行像者處下觀上如是居下觀上眾色有說彼時以神境智證通延廣此身令遍所化万六千踰繕那身量而觀眾色有說欲界亦有万六千踰繕那身應與所化色究竟身俱生若時化作色究竟身尒時欲界三肘半或四肘身便滅彼万六千踰繕那身續起即依常眼處所而觀眾色如是說者如彼生處異熟身量化身亦尒如從色界來欲界時化作化身還如欲界異熟身量此作彼身當知亦尒隨彼所住觀見眾色

說一切有部發智大毗婆沙論卷第一百四十九

甲辰歲高麗國大藏都監奉
勑雕造

阿毗達磨大毗婆沙論卷第一百四十九

校勘記

一　底本，麗藏本。

一　三二七頁上一四行第一一字「觸」，諸本（不含石，下同）作「觸觸」。

一　三二七頁中二〇行第一〇字「解」，諸本作「觸」。

一　三二八頁上二〇行第五字「明」，徑作「名」。

一　三二八頁中二一行第六字「少」，諸本作「劣」。

一　三二九頁中六行「三觸」，磧、南作「二觸」。

一　三二九頁中一一行第五字「有」，徑作「自」。

一　三二九頁下二〇行第二字「相」，諸本作「根」。

一　三三一頁上一三行第一二字「根」，諸本作「相」。

一　三三一頁中二行末字「尒」，磧、南作「無」。

一　三三一頁中一二行第五字「根」，諸本作「眼」。

一　三三一頁下一三行第三字「身」，資作「身身」。又第五字「而」，資作「而不一失」；磧、普、南、徑、清作「而不失」。

一　三三二頁上一八行第九字「作」，諸本作「於」。

一　三三二頁中二一行末二字至次行首二字「右中左上」，徑作「左中右上」。

阿毗達磨大毗婆沙論卷第一百五十　匪

五百大阿羅漢等造

三藏法師玄奘奉　詔譯

根蘊第六中攝納息第三之二

問若天眼現在前時生得眼為斷不若斷者云何不異熟生色斷已復續以阿毗達磨者不欲令異熟生色斷已續故若不斷者天眼生得眼二俱見色云何不錯亂耶荅應言不斷以異熟色斷已不續故是故尊者妙音作如是問天眼現在前時生得眼當言斷耶不斷耶荅當言不斷即於是處有色界大種與所造天眼俱現在前問若尒者天眼生得眼二俱見色云何不錯亂耶荅天眼起時生得眼住彼同分故無有過辟如餘識現在前時雖不見色而眼不斷此亦如是問何故不俱見耶荅以一身中無二識俱起尒時識依天眼不依生得眼故有說有色非是生得眼境為見彼故起天眼現前故於尒時生得眼雖不斷而無用是故不俱見有說天眼起時生得眼斷問若尒云何不異熟生色斷已可續耶如是則違阿毗達磨者說荅斷有二種一暫斷二究竟斷暫斷者可續非究竟斷是故無過有說尒時生得眼滅天眼生天眼滅生得眼生彼身中眼根未嘗空故不可謂斷有說彼時生得眼斷亦無有過亦有異熟生色斷已續故云何知然如契經說一切施王即時舉手自挑兩目施婆羅門由勝思願令眼平復又如經說惡行尒時以揭地羅鉤挑善行眼亦由菩薩勝思願故還得眼根施設論說地獄有山壍迮有情令身碎壞於後未久諸根復生諸地獄中此類非一故知異熟生色斷已可續如是說者起天眼時生得眼不滅異熟色斷亦無續義問前所引事當云何通荅彼不相違有別義故即如所說一切施王尒時但由施心成滿故作是說實未挑眼其事云何謂佛昔日為菩薩時曾作國王名一切施能滿一切来求者意天上人中此名流布時天帝釋知已念言彼王如斯

惠施無惓為求無上正等菩提為希世間名譽天位若希天位或為我恐當往驗之知其施意便自化作婆羅門身戴帽垂鬚金鞯絡體手策金杖来詣王前呪願王言願常尊勝王言梵志来何所求荅言我来正須王眼王以四寶為眼施之彼不受言我今須眼何用此為王聞是已便舉兩手欲自挑目帝釋知王施心決定便止王言欲何所求能施難施為求釋梵魔王位耶為希世間名譽歸敬王言此等皆非所求唯有離於生老病死應正等覺是我所願天帝聞已便復本形讚嘆王言真是菩薩不久定得無上菩提作是言已忽然不現故彼尒時實未挑眼又彼所引善惡行經善行眼根有餘種子由勝思願圓滿勝前諸地獄中亦同此釋若無餘種則不可生故異熟色斷無續理由此天眼現在前時生得眼不斷問如生欲界所起天眼生色界亦起不有說不起以色界中隨生得眼所見多少修得眼亦尒無別作用是故不起如

是說者亦起現前問與生得眼同起復何用答欲遊戲通慧故起現前又中有身非生得眼境故起天眼觀中有差別問爲生欲界所起天眼勝爲生色界所起勝耶答欲界所起猛利故勝謂佛獨覺到究竟聲聞所起天眼作用猛利非生色界所能現前色界所起所依故勝謂彼依身廣大勝妙所起天眼多極微成非欲界中此眼得起故二界起各有勝劣

問修得天眼與生得眼有何差別答名即差別謂名天眼名生得眼有說體亦有異謂生得眼有同分彼同分修得天眼唯是同分又生得眼通所長養及異熟生修得天眼唯所長養有說因亦有異謂生得眼是業果修得天眼是修果問豈不生得眼亦是修果耶答彼少分是修果少分是生得智異熟果天眼唯修果有說天眼由加行作意力方得現前生得眼不爾有說果亦有異謂生得眼與善染無記識爲所依修得天眼唯與無記識爲所依有說境亦有異謂生得眼

不見中有修得天眼能見中有有說用亦有異謂修得天眼於生得眼作用熾盛微妙殊勝清淨明白捷利遠細故有差別

問一念得起幾通果耶答諸有欲令無留化事天眼天耳無彼同分者彼說一念唯起一通果謂五通隨一諸有欲令有留化事天眼天耳無彼同分者彼說一念得起二通果謂神境通果及餘四隨一諸有欲令有留化事天眼天耳有彼同分彼說一念得起四通果謂神境通果天眼天耳及餘二隨一謂他心通宿住隨念通境界各別不俱起故如是說者應知第二所說爲善以化事可留天眼天耳必無彼同分要於用時乃現前故

問欲界所化色有四種謂初靜慮果乃至第四靜慮果依初靜慮所得天眼爲能具見四種色耶有說具見皆是欲界色處攝故有說唯見初靜慮果非餘以因勝故如因非境果亦應尒依第二靜慮所得天眼能見初二靜慮果色非餘依第三靜慮所得天

眼能見前三靜慮果色非餘依第四靜慮所得天眼具能見四靜慮果色如是說者謂初說依初靜慮所得天眼能見欲界初靜慮色乃至依第四靜慮所得天眼能見欲界四靜慮色

問依第四靜慮所得天眼能見欲界四靜慮色者爲見欲界色眼即見餘地色爲更起餘眼見餘地色耶若見欲界色眼即見餘地色者如何一眼能見麤細二境若更起餘眼見餘地色者即第四靜慮天眼應有五類各唯見一地色即不應言此地天眼五地爲境有作是說即見欲界色眼能見餘地諸色問如何一眼能見麤細二境答此亦無過如看大山即麤細色俱時能見見麤色者如見千枝大樹見細色者如見中間細草如是第四靜慮一眼能見五地諸色何過有餘師言見欲界色眼異乃至見第四靜慮色眼異問若尒第四靜慮天眼應有五類各唯見一地色即不應言此地天眼五地爲境答一地天眼有五類別亦無有過約地種類揔說一

眼見五地境非不於中所見各異如定蘊說依初靜慮所引天眼極能見何繫色答乃至梵世繫依第二靜慮所引天眼極能見何繫色答乃至極光淨繫依第三靜慮所引天眼極能見何繫色答乃至遍淨繫依第四靜慮所引天眼極能見何繫色答乃至廣果繫問傍極見幾何有說如見上有說傍見則寬如是說者彼文且說見上分齊不說傍境然隨根勢力傍見不定有遠有近如餘處說

施設論說如四大王衆天以智以見領解於人人於四大王衆天不能如是除有脩有神通或他威力乃至他化自在天對人亦尒謂四大王衆天等亦是人眼境界同一繫故然以極遠不能見之若得神通自能往見或他力引至彼能覩問若彼天來此能見不答見若介彼中何故不說答境界少故不說復次此即攝在他力引中故不別說又彼論說如梵衆天以智以見領解於人人於梵衆天不能如是除有脩有神通或他威力乃至

色究竟天對人亦尒問彼論所說除有脩言是事可介云何得說除有神通或他威力所以者何雖有神通或他力引得至彼天若無天眼不能見故若有天眼雖不至彼亦能見故答彼但應說除有脩言而復有餘言者有別意趣謂依他方梵天等說他方梵天等色亦是此方依初靜慮等所引天眼境界然以極遠雖得彼眼不能見之若自有神通或他力所引至彼乃能以天眼見除有脩言顯得天眼說後二句顯至彼因故彼所說有別意趣彼施設論復作是說初靜慮中有三天處謂梵衆梵輔及大梵天問如是三天平相見不答彼平相見問契經所說當云何通如說梵王有得自體如童子像非梵衆天眼之境界答是彼眼境而大梵王通力所遮令彼不見第二靜慮有三天處謂少光無量光極光淨問如是三天平相見不答彼平相見第三靜慮有三天處謂少淨無量淨遍淨問如是三天平相見不答彼平相見第四靜慮有

八天處謂無雲福生廣果無煩無熱善現善見色究竟問如是八天平相見不答彼平相見皆以同一繫故

法蘊論說於眼周圍有時有分色界大種所造天眼清淨現前由此天眼能見前後左右下上諸色差別見前後左右諸色者非石壁等所障故見下諸色者非地水等所障故見上諸色者非雲霧等所障故問如是天眼能於一時頓見十方諸色境不有說能見以天眼根光明清徹自然遍照如末尼寶遍發光明有說不能一時頓見問法蘊所說當云何通答彼說天眼諸方無障非謂彼能一時頓見謂人等眼但能覩見面所向色欲見餘方要須迴轉俯仰方見天眼不介面向一方隨欲能見不須迴轉故說能見上下諸方非謂十方一時而見有作是說意淨故見問意淨是信即心所法與心相應此非見體云何能見答彼依意根無有擾濁審意而說謂若意根不餘馳散離諸擾濁能令眼根見色分明故作是說有作是說

勝解故見問所說勝解是心所法與心相應此非見體云何能見答依瑜伽師意樂安立故作是說謂瑜伽師起此意樂令我一念見十方色然能見色非即勝解又施設論作如是說諸有現入青遍處定從彼定起所見皆青又由多時住青林中後出餘處所見皆青依此故言勝解故見有作是說即人眼根轉為天眼能無障見此是數論外道所立彼作是說所起天眼即是人眼數習轉變明淨勝前立以天播如中印度青林中行或經旬乃至數習所變舉目皆青依天眼時亦復如是若尒盲者應不能修此天眼通便與聖教及現見事皆悉相違又法無常云何轉變一切天眼皆名無對石壁等物不能㝵故問一切天眼於所見色為有㝵不若有㝵者何故說無對若無㝵者如何住彼色答於所見色應說有㝵問若尒何故名無對耶答對有二種一境界有對二障㝵有對若依境界有對天眼名有對於自境界不能越故若依障㝵

有對天眼名無對石壁等障不能㝵故此約於境作用而說若約自體亦是障㝵有對所攝極微性故又諸天眼於境界中諸瑜伽師隨欲自在於所欲見則有對㝵所不欲見則無對㝵一切天眼光明增上光明所引問天眼欲見闇中色時云何能見有作是說此由神通引起光明能見彼色此不應理不得神通便應不能修起天眼如是說者初引通時若離光明不能見色若通成滿設離光明亦能見色問神通天眼俱有光明有何差別答神通光明或自性或變化有天眼光明唯自性有有作是說天眼光明或自性有或變化有神通光明唯變化有諸素怛纜毗奈耶中皆說菩薩成就異熟生天眼晝夜能見面各踰繕那問菩薩所成異熟生眼實非天眼何故立此名答菩薩眼根體用殊勝如世勝事假立天名問諸餘有情亦能遠見山日月等菩薩但見面各踰繕那云何名勝答如彼所見菩薩亦能面各踰繕那約無障說謂無

障處諸餘有情雖能遠見若有障處自掌中物亦不能見菩薩不尒面各踰繕那障無障處悉能徹視又餘有情雖能遠見唯麁非細菩薩不尒面各踰繕那乃至毛端亦能見故又餘有情雖能遠見唯晝非夜菩薩不尒面各踰繕那晝夜俱見有說於餘有情所見遠近菩薩過彼一踰繕那故作是說問菩薩成就如是淨眼應見女身不淨充滿何緣故有染習事耶脇尊者言菩薩煩惱未斷未遍知是故猶為無明所迷不應責問如不應責無明者盲者墮坑有說菩薩染習彼時不觀不淨觀不淨時不染習彼有說菩薩先世曾種勝受用業於所受用不見不淨所不受用便見不淨如是說者菩薩成就猛利智慧善觀功德過失差別諸女人身亦容具有功德過失菩薩觀察彼功德時勝於一切耽著欲者若當觀察彼過失時勝於一切不淨觀者觀彼功德故有染習

問轉輪王眼齊何能見答王四洲者

面各能見四俱盧舍乃至王一洲者面各能見一俱盧舍問主藏臣眼齊何能見答四洲王臣見三俱盧舍乃至一洲王臣見半俱盧舍如契經說輪王有時欲試藏臣威力所及乘船遊戲殑伽河中勅藏臣言吾今須寶藏臣啟諸請還辦之王不悅曰正尒須辦藏臣惶恐即以兩手抳攪水中應時捧出種種珎寶持以獻王復白王言須者可取其不須者還棄水中問輪王眼根勝主藏者何不自取令臣取耶荅諸尊勝人法應如是如餘尊者雖有自知飲食衣服資具所在而不自取此亦如是有餘師說諸轉輪王餘生積集感侍臣業彼業今熟諸有所須皆有侍臣令其供辦若王自取業即唐捐問因論生論何等名為諸轉輪王感侍臣業荅父母師長如法教誨敬順無違是為此業若先曾習如是業者感多侍人所欲皆辦問曾聞殑伽河水有處深一踰繕那如何藏臣手及其底取諸珎寶荅以輪王業增上力故令寶上昇有說藥叉

阿毗達磨大毗婆沙論卷第一百五十　第十三張　匪

健達縛等持來授與有說恒有十千天神隨主藏臣而為給使彼持授與問藏臣何故啓白王言餘所不須當還棄水荅顯王業果不思議故諸有所須隨處可得不同餘類恐身命緣當有闕乏長時積聚

問聲聞獨覺及佛天眼能見幾世界色荅聲聞天眼不作加行見小千界若作加行見中千界獨覺天眼不作加行見中千界若作加行見大千界世尊天眼不作加行見大千界若作加行能見無量無邊世界如天眼通天耳通等亦尒

地獄成就幾根乃至廣說問何故此中但說成就極多少位非餘位耶荅彼作論者意欲尒故乃至廣說有說欲除文雜乱過謂若具說一切位者便於文雜乱難可受持故依多少邊際而說地獄成就幾根傍生乃至諸無色隨信行乃至俱解脫成就幾根荅地獄極多十九極少八十九者謂除三無漏根即是具七色根不斷善者八者謂身命意及五受根即失六

阿毗達磨大毗婆沙論卷第一百五十　第十四張　匪

色根已斷善者傍生極多十九極少十三十九者謂除三無漏根即具七色根者十三者謂身命意五受信等五根即漸命終先捨六色根者如說傍生鬼界亦尒斷善根者極多十三極少八十三者謂除一形及信等五三無漏根八者謂身命意及五受根即漸命終及在地獄已失六色根者邪定聚極多十九極少八十九者如地獄極多說八者如斷善極少說除在地獄失六色根正定聚極多十九極少十一十九者謂除一形及二無漏根即未離欲染不缺根聖者十一者謂命意三受信等五一無漏根即生無色界聖者不定聚極多十九極少八十九者如邪定極多說八者如斷善極少說及生無色界異生成就命意捨信等五根贍部洲極多十九極少八十九者謂二形者除三無漏根及未離欲聖者除一形二無漏根八者謂身命意五受根即斷善者漸命終位如贍部洲毗提訶洲瞿陁尼洲亦尒俱盧洲極多十八極少十三

阿毗達磨大毗婆沙論卷第一百五十　第十五張　匪

十八者謂除一形三無漏根十三者謂身命意五受信等五根即漸命終位彼洲無有扇搋半擇迦無形二形斷善根邪定正定及離染者四大王衆天極多十九極少十七十九者謂除一形二無漏根即未離欲染聖者十七者謂除一形憂根三無漏根即已離欲染異生如四大王衆天三十三天乃至他化自在天亦尒梵衆天極多十六極少十五十六者除二形二受二無漏根即彼聖者十五者除二形二受三無漏根即彼異生如梵衆天極光淨天亦尒遍淨天極多十六極少十四十六者如前説十四者除二形三受三無漏根即彼異生廣果天極多十六極少十三十六者如前説十三者除二形四受三無漏根即彼異生中有極多十九極少十三十九者謂二形者除三無漏根及未離欲染聖者除一形二無漏根十三者謂斷善者除一形信等五三無漏根及廣果異生除二形四受三無漏根諸無色極多十一極少八十一者

命意三受信等五一無漏根即彼聖者八者命意捨信等五根即彼異生隨信行極多十九極少十三十九者除一形二無漏根即未離欲染住見道者十三者身命意四受信等五一無漏根即已離欲染漸命終位入見道者問何故此位能入見道答是愛行者一期生中恒猒生死臨命終時苦受所逼猒心轉增能入見道如隨信行隨法行亦尒信勝解極多十九極少十一十九者除一形二無漏根即未離欲染信勝解十一者命意三受信等五一無漏根即無色界信勝解如信勝解見至亦尒身證極多十八極少十一十八者除一形憂根二無漏根即欲界身證十一者如信勝解極少説如身證慧解脱俱解脱亦尒然身證成就已知根二解脱成就具知根

眼根乃至慧根得遍知時幾根得遍知耶荅眼根得遍知時至離色染五根得遍知此中遍知是彼愛斷遍知果故得遍知名五根者眼耳鼻舌身

離色染時彼永斷故雖於此位斷十三根唯此五根得究竟斷如眼根耳鼻舌身根亦尒女根得遍知時至離欲染四根得遍知謂男女憂苦雖於此位斷十九根唯此四根得究竟斷如女根男根苦根憂根亦尒命根得遍知時至離無色染八根得遍知謂命意捨信等五根如命根意捨信等五根亦尒樂根得遍知時至離遍淨染即樂根得遍知喜根得遍知時至離極光淨染即喜根得遍知

眼根乃至慧根滅作證時幾根滅作證耶荅眼根滅作證時至離色染五根滅作證至阿羅漢十九根滅作證五根者眼耳鼻舌身十九者除三無漏根如眼耳鼻舌身根亦尒女根滅作證時至離欲染四根滅作證至阿羅漢十九根滅作證四者男女憂苦十九者如前説如女根男苦憂根亦尒命根滅作證時至阿羅漢十九根滅作證如前説如命根意捨信等五根亦尒樂根滅作證時至離遍淨染即樂根滅作證至阿羅漢十九根滅

作證如前說喜根滅作證時至離極光淨染即喜根滅作證至阿羅漢十九根滅作證如前說問此二門何差別答諸有欲令無間道斷繫得解脫道證離繫得者彼說如無間道作用遍知門亦尒如解脫道作用作證門亦尒諸有欲令無間道斷繫得亦證離繫得者彼說如斷繫得遍知門亦尒如證離繫得作證門亦尒如斷繫得證離繫得除過失攝功德棄下劣證美妙捨無義得有義盡愛膏油受無熱樂應知亦尒有說如斷未斷初門亦尒如證未證後門亦尒有說如初作證初門亦尒如重作證後門亦尒有說如斷時作證初門亦尒如斷巳作證後門亦尒是謂遍知作證差別

說一切有部發智大毗婆沙論卷第一百五十

甲辰歲高麗國大藏都監奉
勑雕造

阿毗達磨大毗婆沙論 卷第一百五十 第十九張

阿毗達磨大毗婆沙論卷第一百五十

校勘記

一 底本，麗藏本。
一 三三四頁中一行第四字「眼」，磧作「根」。
一 三三四頁中八行第一三字「知」，資、普、南、徑、清作「如」。
一 三三五頁中六行第二字「留」，徑作「流」。
一 三三六頁上一四行末字「他」，磧作「少」。
一 三三六頁上一六行第五字「眼」，徑作「有」。
一 三三六頁下六行「下上」，徑作「上下」。
一 三三七頁上一一行第一一字「明」，徑作「名」。
一 三三七頁上一三行「乃至」，諸本（不含石，下同）作「乃出」。
一 三三七頁上末行第九字「越」，諸本作「起」。
一 三三八頁上五行第一一字「及」，磧、南、徑、清作「受」。
一 三三八頁上一〇行末字「問」，徑作「間」。
一 三三八頁上一一行第六字「主」，南作「王」。
一 三三八頁上一五行第一二字「今」，徑作「令」。
一 三三八頁上二〇行「侍人」，徑、清作「侍臣」。
一 三三八頁中一九行首字「際」，磧、普作「除」。
一 三三九頁上一九行第一三字「及」，徑作「極」。
一 三三九頁中一八行第八字「知」，諸本作「知知」。
一 三三九頁下一六行第四字「眼」，諸本作「眼根」。

阿毗達磨大毗婆沙論卷第一百五十一　戱

五百大阿羅漢等造

三藏法師玄奘奉　詔譯

根蘊第六中等心納息第四之二

一切有情心當言等起等住等滅耶如是等章及解章義既領會已當廣分別問何故作此論答欲令疑者得決定故謂諸有情或有身形廣大或有身形狹小身形廣大者如大海中有諸有情所得自體其量廣大或百踰繕那或二三四五六七百或乃至二十一百踰繕那如曷邏呼阿素洛帝形量廣大長十六千踰繕那如色究竟天身量身形狹小者如蚊蟻蟣蟣水醋細蟲諸明眼人雖極作意亦不能見勿有生疑身廣大者心亦廣大身狹小者心亦狹小欲令此疑得決定故顯有情類大種所造色雖有多少而心皆等故作斯論又諸有情或有行動捷速或有行動遲緩行動捷速者如馬鹿猫狸等行動遲緩者如蠐螬蚿蚓等勿有生疑行動速者心生滅速行動遲者心生滅遲為令此疑得決定故顯諸有情雖大種所造色動有遲速而心生滅無不皆等又諸有情或有威儀輕躁猶若風飈覺慧漂轉如波上日或有威儀敦重猶如山嶽覺慧沉靜如密室燈勿有生疑威儀輕躁覺慧漂轉者心生滅速威儀敦重覺慧沉靜者心生滅遲為令此疑得決定故顯諸有情雖威儀有輕重覺慧有浮沉而心無不等生等滅問若諸有情心等生滅何故威儀有輕重覺慧有浮沉耶答有諸有情於多境界有多心起有諸有情於一境界有多心起若諸有情於多境界起多心者則威儀輕躁覺慧漂轉若諸有情於一境界起多心者則威儀敦重覺慧沉靜由此等緣故作斯論一切有情心當言等起等住等滅耶答如是問為一切有情心等生等滅彼一切一剎那生一剎那滅耶為非一切有情心等生等滅亦非一切一剎那生一剎那滅耶設尒何過若一切有情心等生等滅彼一切一

剎那生一剎那滅者有心位可尒無心位去何謂入无想滅盡定時餘有情心亦生亦滅彼心滅而不生出無想滅盡定時餘有情心亦滅亦生彼心生而不滅住无想滅盡定時餘有情心亦生亦滅彼心不生不滅去何可說心生滅等同一剎那若非一切有情心等生等滅亦非一剎那生一剎那滅者此中所說當去何通謂一切有情心等起住滅荅應作是說一切有情心等生等滅彼一切一剎那生一剎那滅問有心位可尒無心位去何荅有心位可尒無心位亦可尒謂入無想滅盡定時如餘有情心生彼審初剎那定亦生如餘有情心滅彼入定心亦滅出無想滅盡定時如餘有情心生彼出定心亦生如餘有情心滅彼審後剎那定亦滅住無想滅盡定時如餘有情心剎那剎那亦生亦滅彼中間定剎那剎那亦生亦滅是故有心無心位俱可尒有餘師說非一切有情心等生等滅亦非一切一剎那生一剎那滅謂有有情心

滅不生如入無想滅盡定者或有有情心生不滅如出无想滅盡定者或有有情心不生不滅如住無想滅盡定者或有有情心亦生亦滅如住有心位者問此中所說當去何通荅此依量等而說勿有謂心或大或小故說一切有情心等如是說者一切有情心等起等滅彼一切一剎那生一剎那滅以有為法從緣生已皆則滅故有貪心離貪心當言等起等住等滅耶荅如是有瞋離瞋有癡離癡略散下舉小大掉不掉不靜靜不定定不修修不解脫解脫心當言等起等住等滅耶荅如是問何故作此論荅諸染汙心其性沉重諸善心其性輕舉勿有生疑染心生滅遲緩善心生滅迅速為令此疑得決定故顯二種心生滅時等故作斯論由二義故心名有貪一與貪相應二為貪所繫若唯令貪相應故名有貪心則瞋等相應品及有漏善無覆无記應名離貪心然彼亦名有貪心貪所繫故雖由二義心名有貪此中但依相應義說无

雜乱故亦由二義心名離貪一貪不相應二是貪對治若唯貪不相應名離貪心者則瞋等相應品亦應名離貪心然彼不應名離貪心有染汙故雖由二義心名離貪此中但依貪對治說無雜乱故有瞋離瞋等皆准此知是故此中應作是說有貪心者謂貪相應離貪心者謂貪對治有瞋心者謂瞋相應離瞋心者謂瞋對治有癡心者謂癡相應離癡心者謂癡對治略心者謂善心於境攝録故散心者謂染心於境縱逸故健馱羅國諸論師言眠相應心說名為略以世尊說眠名心略故如契經說去何眠夢謂眠夢位略聚散心問去何釋通見蘊所說彼說四智如實知略心謂法智類智道智世俗智一智如實知散心謂世俗智荅彼說不應通以違他說而作論故若欲通者當改彼文略心散心下心等一智如實知謂世俗智舉心等四智如實知如前說彼說非理若如是說則染汙眠心應亦略亦散眠相應故是染汙故欲令無如

是過是故如前所說為善下心者謂染汙心懈怠相應故舉心者謂善心精進相應故小心者謂染汙心小生所習故大心者謂善心大生所習故問無量有情習諸惡行非諸妙行染心現前非諸善心云何名染心小生所習善心大生所習耶荅不以衆故立大小名此中若能修行白法說名為大餘名為小故三界中唯有一佛而名為大具白法故餘類雖多而名為小以諸白法不具足故有說染心名小小價得故謂染汙心不由加行不須財寶但起少許非理作意便相續轉如大河流善心名大大價得故謂諸善心要由加行及多加行雖捨百千珎寶有能現前或不現前有說染心名小少根相應故謂諸染心或但一根或二相應無具三者善心名大多根相應故謂諸善心皆與三根相應无有闕者有說染心名小少隨轉故謂諸染心唯三蘊隨轉善心名大多隨轉故謂諸善心或三蘊或四蘊隨轉有說染心名小少眷屬故謂諸染心無未來修善心名大多眷屬故謂諸善心有未來修有說染心名小少對治故謂多煩惱相續現前斷少善根後還相續善心名大多對治故如起一念苦法智忍頓斷欲界見苦所斷十種隨眠令永不起有說染心名小導首劣故何等名為染心導首謂諸无明如說無明為導首故便起無量惡不善法及能引生无慚無愧由如癡主无眼無足令諸商人所求不遂善心名大導首勝故何等名為善心導首謂諸慧明如說慧明為導首故便起无量諸妙善法復能引生殊勝慙愧猶如商主有眼有足令諸商人所求果遂有說染心名小威力小故善心名大威力大故謂无始來所習惡法善法纔起悉令遠離如經多時習无醎想纔食塩時彼想皆捨又如室中多時積闇燈明纔至彼闇便除又善法斷惡永令不生惡法斷善後必相續由此等緣染心名小善心名大掉心者謂染汙心掉舉相應故不掉心者謂善心行捨相應故不靜心者謂染汙心不寂靜相應故一切煩惱皆不寂靜性靜心者謂善心寂靜相應故一切善法皆寂靜性不定心者謂染汙心散乱相應故定心者謂善心等持相應故不修心者謂於得修習修俱不修心修心者謂於得修習修隨一或俱修心不解脫心者謂於自性解脫相續解脫不解脫心解脫心者謂於自性解脫相續解脫隨一或俱解脫心壽當言隨心轉不隨心轉耶荅不隨心轉問何故作此論荅欲止他宗顯已義故謂分別論者說壽隨心轉問彼何故作是說依契經故如契經說壽煖識三和合非不和合如是三法不可施設離別殊異由此證知壽隨心轉為止彼說顯壽不隨心轉故作斯論問何故壽不隨心轉荅隨心轉法決定與心一起一住一滅壽非與心決定一起一住一滅故有說隨心轉法決定與心一果一等流一異熟壽非與心決定一果一等流一異熟故有說隨心轉法決定與心俱生壽非決定與心

俱生故有說隨心轉法法尒心若善彼亦善不善無記亦尒壽唯无記若隨心轉者則無記心現在前時壽可轉善不善心現在前時壽應斷故有說隨心轉法法尒心若欲界繫彼亦欲界繫色無色界繫不繫亦尒壽唯三界繫而隨生此界有此界壽非餘若隨心轉者則生欲界欲界心現在前時壽可轉色界等心現在前時壽應斷乃至生無色界說亦如是有說隨心轉法法尒心若學彼亦學无學非學非無學亦尒壽唯非學非无學若隨心轉者非學非無學心現在前時壽可轉學心無學心現在前時壽應斷有說隨心轉法法尒心若見所斷彼亦見所斷脩所斷不斷亦尒壽唯脩所斷若隨心轉者則脩所斷心現在前時壽可轉見斷等心現在前時壽應斷有說隨心轉法法尒心有彼有心無彼无若壽隨心轉者有心時壽可轉無心時壽應斷則住無想滅盡等至及生无想心不行時應名為死無命根故欲令无如是過是故壽不隨心轉問分別論者所引經云何通如說壽煖識三和合非不和合乃至廣說尊者世友說曰此約一所依一相續說謂此三法於一所依一相續中皆具可得不說三法必平隨轉若如所說作決定者應不施設蘊界處異以彼經言如是三法不可施設離別殊異故然壽是行蘊法界法處攝煖是色蘊觸界觸處攝識是識蘊七心界意處攝由此不應如文而取又此三法若定和合無色界應有煖非情中應有壽識無想定等應有識現行若許便違聖教正理是故不可隨文定取應知此文依容有義說和合等

壽當言隨相續轉為一起便住耶荅若欲界有情不住無想滅盡等至當言隨相續轉若住無想滅盡等至及色無色界有情當言一起便住問何故作此論荅欲止他宗顯已義故謂辟喻者不許有非時命終所以者何如契經說壽終不可救由此故知無非時死為止彼意顯有非時命終故作斯論問云何名為隨相續轉有說災横名為相續謂生欲界不住無想滅盡等至壽隨災横相續而轉所以者何若有於壽非恒作非恒轉非受作非受轉非時行非處行不修梵行食非宜食非量生者不熟熟者持之於宜匪宜不能觀察不服醫藥不用醫言不避災危作諸凶戲由此等故壽便中夭若有於壽恒作恒轉受作受轉時行處行修梵行食所宜食應量生者令熟熟者棄之於宜匪宜能審觀察服醫藥用醫言避災危遠凶戲由此等故壽不中夭有說色身名為相續謂生欲界不住無想滅盡等至壽隨色身相續而轉所以者何若身平和壽則无夭若身損壞壽則中夭有說他身名為相續謂生欲界不住無想滅盡等至壽隨他身相續而轉所以者何若有他身於己壽命不為損害壽便無夭若為損害壽便中夭問云何名為一起便住荅隨因起已便相續住不隨災横自身他身違害而轉謂生欲界現住無想滅盡等

至及生上界壽皆不隨外緣而轉問欲界不入二無心定亦有壽量不隨緣轉何故不說荅應說而不說者當知此義有餘有說此中說决定者謂若住二無心定壽行决定不隨緣轉餘或隨緣是故不說有說欲界雖復更有不隨緣轉然為顯示二定威力故偏說之

如經說有情所得自體有四種一有所得自體可為自害不為他害二有所得自體可為他害不為自害三有所得自體可為自害亦為他害四有所得自體不為自害亦不他害云何有情所得自體可為自害不為他害謂有欲界戲忘諸天時好嚴身躭著嬉戲過時疲極失念而死復有欲界意憤諸天有時忿恚角眼相視久憤不勝從彼殞歿復有一類或龍妙翅或鬼及人或復所餘可為自害非他害者云何有情所得自體可為他害不為自害謂處卵㲉或胎藏中諸根未滿諸根未熟復有一類或龍妙翅或鬼及人或復所餘可為他害非自

害者云何有情所得自體可為自害亦為他害謂諸禽獸或龍妙翅或鬼及人或復所餘可為自害亦他害者云何所得自體不為自害亦不他害謂生色無色界一切中有一切地獄住无想定滅盡定慈定隨信行隨法行冣後有菩薩菩薩母菩薩處胎時轉輪王輪王母輪王處胎時王仙佛使佛所記者如殑耆羅殊底穡迦長者子嗢怛羅長者子達弭羅長者子治奢勝織師子時縛迦鴆摩羅等佛所記者住冣後有補特伽羅所作未辦北俱盧洲劫初時人哀羅伐拏龍王善住龍王琰摩王等及餘一類俱不害者是名四種所得自體世尊說有所得自體不為自害亦不他害時尊者舍利子從座而起偏袒一肩右膝著地合掌恭敬而白佛言何等有情所得自體不為自害亦不他害耶佛告舍利子非想非非想處有情不為自害亦不他害問因論生論尊者舍利子於此所問為了知不若了知者何故復問若不了知云何得名到

究竟聲聞云何世尊不於非田非器而雨法雨令所說法空無果耶有說尊者了知問若尒何故復問荅亦有知而故問如毗奈耶說尒時世尊知而故問為令所說得明了故又彼尊者雖自了知為饒益他是以故問謂於衆會有未了知無无畏故不能問佛尊者舍利子成就无畏為益彼故雖知而問有說尊者亦不了知問若尒云何得名到究竟聲聞荅不說不知說巳則知斯有何過問云何不於非田非器而雨法雨令所說法空無果耶荅尊者舍利子雖不了知而於衆中有餘能知如慈氏菩薩等故非無果若无漏慧雖尒時舍利子勝若此俗慧則慈氏菩薩勝故佛一時與慈氏菩薩論世俗諦舍利子等諸大聲聞莫能解了問下地自體亦有俱非自他所害何故但說非想非非想處耶荅舉後顯初故作是說世尊有處舉後顯初如此文等有處舉初顯後如說離欲惡不善法有尋有伺離生喜樂初靜慮具足住如是等如舉

後顯初舉終顯始舉出顯入舉究竟
顯加行應知亦尒有說下地不定是
以不說謂下地有情所得自體或無
夭撗如住無想定等或有夭撗如戲
忘諸天等非想非非想處定无夭撗
是故偏說有說四靜慮三无色中亦
有如欲界戲忘死等事非想非非想
處都無此事是故偏說有說下地有
情皆有煩惱勢力增上彼若現前則
便夭歿非想非非想處无此煩惱是
故世尊但說彼地尊者法救作是釋
言此中為自所害者謂為自地對治
道所害為他所害者謂為上地邊對
治道所害初靜慮自體為自所害謂
自地聖道為他所害謂第二靜慮邊
世俗道乃至無所有自體為自所害
謂自地聖道為他所害謂非想非非
想處邊世俗道非想非非想處自體
非自所害自地無聖道故亦非他害
無上地邊世俗道故由此但說非想
非非想處所得自體非俱所害
住無想滅盡等至壽當言轉為住耶
荅當言轉問何故作此論荅為令疑

者得決定故謂住無想滅盡等至諸
心心所一切不行尒時心心所法不
起不滅或謂此位所有壽行如心心
所亦不起滅但凝然住為除此疑顯
此位壽念念起滅故作斯論問云何
名轉荅刹那刹那起滅相續故名為
轉則是遷流非凝住義如世尊說人
壽漸盡如小河水看諸有情壽起便
住云何知彼壽漸盡耶荅由世盡劫
盡故問何故作此論荅為令疑者得
決定故謂前文說若住无想滅盡等
至及色無色界有情壽當言一起便
住或謂彼壽一起不滅為除此疑顯
彼壽行雖无撗故說一起便住而實
刹那刹那有生有滅令壽漸盡故作
斯論問五蘊皆漸盡何獨說壽耶荅
世尊此中舉壽漸盡顯五皆有漸盡
之義有說壽勝佛於此中舉勝顯劣
故但說壽盡有說壽能任持五蘊若
說壽盡當知已說五蘊盡義有說壽
斷衆同分亦斷衆同分斷五蘊亦斷
佛隨根本而說故說壽盡有說壽量
有增有減有盛有衰故佛偏說問諸

趣皆有壽漸盡義何故但說人壽漸
盡荅佛於尒時為人說故有說佛意
以人為首顯諸趣中壽皆漸盡有說
佛是人之同類故所說法多隨順於
人有說人壽有極增減盛衰義故謂
劫初時人壽無量其後漸減至八万
歲後更轉減乃至十歲如是人壽漸
盡義明了可知餘趣不尒故佛偏說
問諸大河水亦有漸盡義何故但說
如小河耶荅大河常流不可知其漸
盡不如諸小河水有時盈溢如夏雨
時有時乾枯如至寒際諸有情類壽
河亦然有時盈溢如結生位有時都
盡如捨命時是故世尊以小河喻若
諸有情壽起便住者謂住二無心定
及上界有情世盡劫盡者有說細無
常名世盡麁無常名劫盡有說刹那
無常名世盡一期無常名劫盡有說
有情數物無常名世盡非有情數物
無常名劫盡有說内法無常名世盡
外法無常名劫盡
入無想定幾根滅耶乃至廣說問何
故作此論荅欲止他宗顯已義故謂

譬喻者分別論師執無想定細心不滅彼作是說若無想定都無有心命根便斷應名為死不名在定為止彼意顯無想定都無有心有執此定雖無有心但離欲染則能現起以界同故為遮彼意顯無想定離遍淨染方能現前要以第四靜慮為等無間緣故由此尊者世友作如是言云何無想定謂已離遍淨染未離上染出離想作意為先心心所法滅是名無想定由此因緣故作斯論入無想定幾根滅答七謂意捨信等五根何繫心心所滅答色界繫此依界類揔相而說然唯第四靜慮地繫出無想定幾根現前答七如前說何繫心心所現前答色界繫此亦依界類揔相而說然唯第四靜慮地繫由此所說證無想定決定無心以入定時但說諸根心心所法滅而不說起於出定時但說諸根心心所法起而不說滅故

說一切有部發智大毗婆沙論卷第一百五十一

阿毗達磨大毗婆沙論卷第一百五十一

校勘記

一 底本，金藏廣勝寺本。三四一頁中原版漫漶，以麗藏本換。

一 三四三頁中四行「善根」，資作「善相」。

一 三四三頁中末行首字「應」，磧作「者」。

一 三四四頁中一九行首字「色」，資、磧、普、南、徑、清作「色界」。

一 三四五頁下一六行「此俗」，資、磧、普、南、徑、清作「世俗」。

一 三四六頁上二二行首字「住」，資、磧、普、南、徑、清作「問住」。

一 三四六頁中一四行末字「實」，磧作「寶」。

一 三四六頁中一六行第一〇字「獨」，清作「漸」。

一 三四六頁中一七行第一三字「漸」，清作「獨」。

一 三四六頁中一九行「任持」，資作「住持」。

一 三四六頁下九行第二字「諸」，資、磧、普、南、徑、清作「説」。

一 三四七頁上三行第一〇字「在」，徑、清作「爲」。

阿毗達磨大毗婆沙論卷第一百五十二　虧

五百大阿羅漢等造

三藏法師玄奘奉　詔譯

根蘊第六中等心納息第四之二

問無想定自性云何答不相應行蘊為性是彼攝故界者在色界地者在根本第四静慮地問何故下地無此定耶答非田非器乃至廣說又無想定滅心心所故得下地不順心心所滅問何故第四静慮順心心所滅非下地耶答諸欲入彼定者先起欲界善心次入初静慮次入第二静慮次入第三静慮後入第四静慮於第四静慮上中下心從上入中從中入下下品心斷入無想定辟如女人續毛為縷除去麁者緝續細者乃至將盡以手絶之入無想定當知亦尒從麁入細乃至都滅故此唯在第四静慮又下諸地有歡感受行相麁動難可除滅第四静慮唯有處中受行相微細易可斷滅故下地中無无想定問何故無色界无彼定耶答唯有異生計習此定以為能證無想涅槃无色界中無有无想異熟可計故無想定於彼亦無又諸異生怖畏斷滅彼界无色若更滅心便為斷滅是彼所怖故彼界中無无想定問此無想定何處能起有作是說唯欲界起欲界心猛有說力故有餘師說通欲界三静慮起由念曾修加行勢力亦能起故復有說者第四静慮亦能現起除无想天勿果與因極相逼故彼役定當生欲界故問此無想定誰所起耶答唯異生起由作出離想故聖於有法無出離想問起此定後有能入見道不有說不能由此定是異生定故若起此定後能入見道便有聖者成就此定不應名異生定有說起此定後亦能入見道問若尒云何名異生定答聖雖成就而不現行彼依現行名異生定是故尊者妙音說曰得此定補特伽羅有能入正性離生者應言退失此定於彼極猒不現行故命終生於第四静慮於彼處所有容受故評日應知前所說好問此無想定為加

行得為離染得答是加行得非離染得離第三静慮染時不得故若離染得者聖離第三静慮染時亦應得然則不應名異生定問此無想定亦得過去修未来耶有說不然唯有心定可有是事非於無心有得修義若作是說定初刹那唯成就現在定餘刹那成就過去現在出此定已但成就過去有說此定有未来修以加行得法有未来修故此定必由極作意力加行而得云何無未来修耶若作是說定初刹那成就未来現在定餘刹那成就三世出此定已成就過去未来問若如有心有得修者聖離第三静慮染第九無間道時如得第四静慮并眷屬亦應得此定是則不應名異生定答前說此定唯加行得是故異生聖者離第三静慮染時皆悉不得唯諸異生離彼染已以加行力方乃得之是故無過如是說者應如初說以有心定可未来修此定无心無未来修義由此過去亦无得理如别解脱律儀此亦如是問此無想定有退

轉不荅此無退轉去何知然曾聞有苾蒭得无想定出此定已諸根寂然進止威儀語言衣著受諸飲食皆悉詳審有阿羅漢先得願智見已念言此善男子必獲勝法我當觀其所證邊際念已入定以願智力見彼苾蒭得無想定便從定起而語之言汝之所證極為非善如何遇佛功德寶藏捨而謬取外道所學糞壤定耶汝今宜應疾疾棄捨苾蒭聞已作意捨之此定隨逐不能捨離乃至休道還家亦不能捨後命終已生無想天故知此定不可退轉譬喻者說此有退轉以一切業皆可轉故乃至無間業若遇勝緣亦有轉義若无間業不可轉者應無有能越第一有評曰應知前所說好問此无想定於衆同分為能牽引為但圓滿荅但能圓滿不能牽引以衆同分唯業所引此非業故問此无想定為順現法受為順次生受為順後次受為順不定受耶荅唯順生法受非順現法受等非順現法受者以於餘處修此定已生無想天方與果

故非順後次受者此定猛利速與果故非順不定受者不可退轉故問此於何處受何異熟果荅於无想天受五蘊異熟果入滅盡定幾根滅乃至廣說問何故作此論荅為止他宗顯已義故謂譬喻者分別論師執滅盡定細心不滅彼說無有有情而无色者亦無有定而无心者若定無心命根應斷便名為死非謂在定為止彼意顯滅盡定都无有心有執此定雖無有心但離色染即能現起以界同故為止彼意顯滅盡定要離无所有處染方得現前非想非非想處心為等無間緣故由此尊者世友說言云何滅盡定謂已離無所有處染止息想作意為先心心所法滅是名滅盡定由此因緣故作斯論入滅盡定幾根滅荅七謂意捨信等五根何繫心心所滅荅無色界繫此依界類挖相而說然唯非想非非想處繫出滅盡定幾根現前荅或七或八有漏心七無漏心八謂若非想非非想處心出者七根現在前如前說若无所有處

心出者八根現在前謂前七及已知具知根隨一何繫心心所現前荅或無色界繫或不繫謂若非想非非想處心出者無色界繫若无所有處心出者不繫由此所說證滅盡定決定無心以入定時但說諸根心心所法滅而不說起於出定時但說諸根心心所法起而不說滅故

問滅盡定自性云何荅不相應行蘊為性是彼攝故界者在無色界地者在根本非想非非想處地問何故下地無此定耶荅非田非器乃至廣說又滅盡定滅極細心心所故得下地不順極細心心所滅問何故非想非非想處順極細心心所滅非下地耶荅諸欲入彼定者先起欲界善心次入初靜慮次入第二靜慮如是乃至入無所有處次入非想非非想處於非想非非想處上中下心從上入中從中入下下品心斷入滅盡定所說譬喻如前應知故此唯在非想非非想處又下諸地皆名有想行相麤動難可止息此地名非想非非想行相

微細易可止息故下地中無滅盡定有說二定俱無心故各於一界邊立謂無想定於有色界邊立滅盡定於无色界邊立有說二定俱無心故各於一地邊立謂无想定依有色地邊立滅盡定依無色地邊立有說二定俱無心故各於一聚邊立謂无想定於大種所造色聚邊立滅盡定於心心所法聚邊立有說一切地皆有二種過一過貪欲二過住處初靜慮地過貪欲者謂自地聖道過住處者謂第二靜慮乃至無所有處過貪欲者謂自地下地聖道過住處者謂非想非非想處非想非非想處過貪欲者謂下地聖道過住處者謂滅盡等至若下地有滅盡定者則下諸地應有三種過或二種過非想非非想處唯有一種過勿有如斯不平等過故滅盡定非下地有有說此定由二因緣立為解脫一背捨一切所緣二邊際心斷若下地有滅盡定者則非背捨一切所緣於上所緣未棄背故亦不可說邊際心斷中間心斷非邊際故有

阿毗達磨大毗婆沙論卷第一百五十二　第七張　嗣

說此定次第定中為後邊故必從非想非非想處無間而入由此等緣於下諸地無滅盡定唯有頂有如世尊說何等名為滅盡等至謂超過一切非想非非想處故想受滅身作證具足住問滅盡等至即非想非非想處繫何故佛說超過一切非想非非想處耶答雖即彼繫寂靜勝故佛說超彼譬如村邊阿練若處雖即村界亦以寂靜說離於村又有二種非想非非想處一有心二無心超過一切非想非非想處故者依有心非想非非想處說想受滅身作證具足住者依無心非想非非想處說如有心无心相應不相應有所依無所依有行相无行相有作意無作意有所緣无所緣應知亦尒又有二種非想非非想處一染汙二不染汙超過一切非想非非想處故者依染汙者說想受滅身作證具足住者依不染汙者說如染汙不染汙見所斷修所斷亦尒又有二種非想非非想處一曾得二未曾得超過一切非想非非想處故者

阿毗達磨大毗婆沙論卷第一百五十二　第八張　嗣

依曾得者說想受滅身作證具足住者依未曾得者說如曾得未曾得共不共亦尒又有二種非想非非想處一離染得二加行得超過一切非想非非想處故者依離染得者說想受滅身作證具足住者依加行得者說又依地次第超過而說超過一切無所有處入非想非非想處具足住者依超過下地貪欲說超過一切非想非非想處故想受滅身作證具足住者依超過自地有心住處說問諸無學者可言超過一切非想非非想處彼於有頂具有貪欲及住處二種過故諸有學者於彼唯有一種過如何可言超過一切答一切有二種一一切一切二少分一切此中學者依少分說故無過有說此中但依超過住處而說謂諸學者雖於有頂修所斷貪欲未能超過一切而於有頂住處能一切超過有說此中依蹔時超過說謂諸學者蹔時超過有心位一切有頂出有心入無心故

問滅盡定中滅一切心心所法何故

阿毗達磨大毗婆沙論卷第一百五十二　第九張

但言想受滅不說心等答譬喻者說此定有心唯滅想受問今不問彼但問說無心者何故尒耶荅說想受滅顯餘亦滅非餘相應法離想受起故有說此中說冣勝者以諸心品想受最勝以勝滅故餘亦隨滅有說此中現門現略現趣入故謂心聚中有是根性有非根性若說受當知已說是根性者若說想當知已說非根性者如根性非根性有明無明有現見無現見應觀察不應觀察妙非妙尊非尊勝非勝應知亦尒有說想受是諸瑜伽師極所猒患由受力故令諸有情色界劣弊由想力故令諸有情無色劣弊是故世尊說想受滅有說想受二界中勝受於色界中勝想於無色界中勝有說躭樂受故執倒想故令諸有情輪迴生死受諸苦惱有說想受各別立蘊及立識住有說想受能起愛見二種煩惱受力故起愛想力故起見一切煩惱此二為首有說想受是二諍根由受故躭著諸欲令在家者起諸鬪諍由想故躭著諸見

令出家者起諸鬪諍如二諍根二邊二箭二戲論二我所二雜染應知亦尒有說行者憎受想故入滅盡定由如是義故佛唯說滅此二法如施設論說云何加行起滅等至謂初修業者於一切行不作加行不欲思惟諸我所有未生想受當令不生已生想受當令速滅若於尒時所有想受未生不生已生者滅是名為滅云何此滅說名等至謂於滅法無障无背自在現見自身所證故名等至以是事故世尊說滅唯一剎那等至相續問令心平等說名等至此中無心云何名等至荅等至有二一令心平等二令大種平等無想滅盡定雖斷平等心令不相續而引平等大種令現在前故名等至

問何故二無心定中唯滅盡定立為解脫非无想定脅尊者言佛於諸法體相作用了達究竟餘不能知若法有解脫相者便即立之無者不立復次滅盡定唯內法有故立解脫无想定唯外法有故不立解脫如內法外

法聖者異生亦尒復次滅盡定唯背雜染向清淨者相續中可得故立解脫無想定唯背清淨向雜染者相續中可得故不立解脫如背雜染向雜染背生死向生死背流轉向流轉當知亦尒復次滅盡定唯背我見向無我見者相續中可得故立解脫无想定唯背無我見向我見者相續中可得故不立解脫復次滅盡定唯背薩迦耶見向空觀者相續中可得故立解脫無想定唯背空觀向薩迦耶見者相續中可得故不立解脫復次前說滅盡定由二因緣立為解脫一背一切所緣二邊際心斷無想定二事俱無是故不立復次滅盡定唯障諸界諸趣諸生者相續中可得故立解脫无想定唯不障諸界諸趣諸生者相續中可得故不立解脫復次棄背諸有名為解脫滅盡定棄背諸界諸趣諸生生死轉流覺无想定不尒由此等緣二無心定中唯滅盡定立為解脫非無想定

問無想定滅盡定有何差別荅名即

差別名無想定名滅盡定復次界亦差別無想定色界繫滅盡定无色界繫復次地亦差別無想定在第四靜慮滅盡定在非想非非想處復次相續亦有差別无想定在異生相續滅盡定在聖者相續復次入無想定時作出離想入滅盡定時作止息想復次入無想定時唯猒於想入滅盡定時通猒想受復次入無想定時唯欲滅想入滅盡定欲滅受想復次入無想定時滅色界繫心心所法入滅盡定時滅無色界繫心心所法復次入无想定時滅第四靜慮心心所法入滅盡定時滅非想非非想處心心所法復次無想定招色界異熟滅盡定招無色界異熟復次无想定招第四靜慮異熟滅盡定招非想非非想處異熟復次無想定唯順生受異熟滅盡定順生後不定受異熟故有差別尊者世友作是問言無想定滅盡定何差別答一名無想定一名滅盡定故有差別又界地相續想猒欲樂所滅異熟皆有差別廣說如上又異生

阿毗達磨大毗婆沙論卷第一百五十二　第十三張　鄙

入無想定感無想處果聖者入滅盡定感有頂處果又无想定令諸異生受色界異熟果滅盡定令諸學者受無色界異熟果令无學者受無色界等流果是謂无想定滅盡定差別

問八解脫中世尊何故唯說第三第八解脫名身作證非餘耶如契經言淨解脫身作證想受滅解脫身作證答有餘契經於八解脫世尊皆說名身作證如大因緣經中佛於八解脫一一皆說身作證具足住故問雖少經中於八解脫說身作證於多經中唯說二種名身作證何故介耶答此二解脫八解脫中名義最勝是故偏說有說此二解脫俱用加行功力所證故有說此二各居一界邊謂淨解脫居色界邊想受滅解脫居无色界邊有說此二解脫各居一地邊謂淨解脫在第四靜慮邊想受滅解脫在非想非非想處邊有說淨解脫於大種所造色聚邊際而立想受滅解脫於心心所法聚邊際而立有說淨解脫雖取色淨相而不起煩惱以殊勝

阿毗達磨大毗婆沙論卷第一百五十二　第十四張　鄙

故世尊安立身作證名想受滅解脫以無心故在身非心身力所起非心力起是故世尊說為身證有說於契經中說八解脫身作證者皆以此二解脫故得名身證由此等義故唯二種說身作證具足住者有多處說具足住謂或有處於色蘊少分說具足住或有於善五蘊說具足住或有於善四蘊說具足住或有於不相應行蘊一分說具足住或有於寂滅涅槃說具足住於色蘊一分說具足住者如伽他說

於妙慧聖教　具足住尸羅　一切皆賢善
多功德寶藏

於善五蘊說具足住者如說初靜慮乃至第四靜慮具足住於善四蘊說具足住者如說空無邊處乃至非想非非想處具足住於不相應行蘊一分說具足住者如此八解脫中說想受滅解脫身作證具足住於寂滅涅槃說具足住者如說於涅槃身作證具足住

問滅盡定有幾種類有說有四謂具

阿毗達磨大毗婆沙論卷第一百五十二　第十五張　鄙

縛者所起離上三品者所起離中三品者所起離下三品者所起種類各別故復有說四謂離六七八九品染者所起各以為一彼說具縛者乃至離五品染者皆未能起此定故有說此定有九種謂離上上品者所起乃至離下下品者所起唯具縛者不能起故有說此定有十種謂具縛者所起乃至離下下品者所起問若具縛者能起此定諸異生類何不能起答縛有二種一見所斷二修所斷於有頂中若起見所斷縛具修所斷縛者能起此定具二縛者則不能起如是說者此滅盡定有十一種謂具縛者所起離上上品者所起乃至離下下品者所起時解脫阿羅漢練根得不動者所起問此十一種體有異耶有說不異問若尒何故說十一答由位別故非體有異有說此十一種其體各異隨位所起種類別故問若尒具縛者所起乃至時解脫阿羅漢練根得不動者所起差別云何答有具縛時起滅盡定即彼進斷一品染時復

起滅盡定彼於尒時先所起者得而不在身成就不現前今所起者得亦在身成就亦現前即彼乃至從時解脫練根得不動彼於尒時前諸位中所起滅定得而不在身成就不現前今不動位所起滅定得亦在身成就亦現前由此應知體類各別

問此定有上中下品類別不若有者施設論說云何通如彼說滅无差別若無者佛獨覺聲聞所起無勝劣耶有說此定無上中下問施設論說滅無差別雖已善通而佛獨覺聲聞所起无勝劣耶答體無勝劣皆以心心所滅為其性故但由加行說有差別謂佛起此定不由加行獨覺下加行聲聞或中或上如是說者此滅盡定有上中下品類差別問三乘所起有勝有劣雖已善通施設論說滅无差別當云何通答依能斷滅心心所法無差別義說無差別而滅盡定是有為故如餘有為有上中下由隨根性階分異故謂佛所得是上獨覺所得是中聲聞所得是下聲聞乘中有多

差別且有學位具縛所起為下下乃至斷八品所起為上上無學位中退法種性所起為下下乃至學得不動種性所起為上下餘本得不動種性所起為上中波羅蜜多聲聞所起為上上一一種性中根品差別所起各有上中下品類差別是故滅定有多品類問此滅盡定幾物為體有說此定一物為體若滅現前即名无心故問云何一滅剎那現前即名无心答如一受剎那現前即名有受一想剎那現前即名有想一識剎那現前即名有識如是一滅剎那現前即名無心斯有何過有說此定十一物為體以十大地法及心滅故有說此定二十一物為體以十大地法十大善地法及心滅故如是說者隨滅尒所心心所法即有尒所物現前為此定體問此滅盡定自體既尒其相云何答自體即相相即自體以一切法不可離體別說其相故尊者世友作如是言此滅盡定解脫為相故作是說住此定者心心所法解脫勝解脫極勝

解脫離繫勝離繫極勝離繫問此定不能斷諸煩惱如何可説住此定者心心所法解脫等言答住此定者心心所法蹔時解脫乃至蹔時極勝離繫故説此言非謂此能斷諸煩惱有如是説若法想微細為因微微為等無間不與彼俱非不成就是謂解脫問此説何法有説此説滅盡定若作是説此説滅定者彼説此定想微細為其因謂一因即同類因微微亦與作因謂一因即同類因亦與作等無間緣若作是説此説滅盡定者彼應説若法想微細為因微微為等無間不應説不與彼俱以彼滅定正現前故應説非不成就以住定時彼成就定故有説此説出定心若作是説此説出定心者彼説此出定心想微細為其因謂一因即同類因微微亦與作因謂一因即同類因亦與作等無間緣若作是説此説出定心者彼應説若法想微細為因微微為等無間應説不與彼俱以住定時彼出定心不現前故應説非不成就以住定

阿毗達磨大毗婆沙論卷第一百五十二　第十九張　猷

時彼成就出定心故由此證知彼先得出定心有説此説入定心若作是説此説入定心者彼説此入定心想為其因謂一因即同類因微細亦與作因謂一因即同類因亦與作等無間緣若作是説此説入定心者彼應説若法想為其因微細為等无間應説不與彼俱以住定時彼入定心不現前故應説非不成就以住定時彼成就入定心故

説一切有部發智大毗婆沙論卷第一百五十二

乙巳歲高麗國大藏都監奉
勅雕造

阿毗達磨大毗婆沙論卷第一百五十二　第二十張　猷

阿毗達磨大毗婆沙論卷第一百五十二
校勘記

一　底本，麗藏本。
一　三四八頁上一〇行末字「非」，資、磧、普、南作「法」。
一　三四八頁上一五行「績毛」，諸本（不含石，下同）作「績毛」。
一　三四八頁中一〇行第三字「勿」，諸本作「初」。
一　三四八頁中二二行至末行「評曰應知前所説好」，諸本作「如是説者初説爲善」。
一　三四八頁下一九行第二字「唯」，諸本作「有」。又「行力」，諸本作「行力勤求」。
一　三四九頁上九行第九字「蕴」，資作「蘊」。
一　三四九頁上一六行至一七行「應知前所説好」，諸本作「如是説者初説爲善」。
一　三四九頁上二一行末字至次行首

字「生法」，諸本作「次生」。

一　三四九頁中八行「無心者」，諸本作「無有心者」。

一　三五二頁上二行第三字「無」，諸本作「謂無」。

一　三五二頁上一九行第五字「後」，資、磧、南作「後次」；普、徑、清作「復次」。

一　三五三頁上一三行第六字「二」，資作「三」。

一　三五三頁下一行第三字「且」，磧、南作「宜」。

一　三五三頁下三行第一一字「學」，諸本作「始」。

阿毗達磨大毗婆沙論卷第一百五十三　虛

五百大阿羅漢等造

三藏法師玄奘奉　詔譯

根蘊第六中等心納息第四之三

問此中何者是想何者是微細何者是微微有說空無邊處識無邊處是想無所有處是微細非想非非想處是微微有說空无邊處識無邊處无所有處是想非想非非想處是微細若心心所法為等无間緣入滅盡定是微微有說非想非非想處亦是想亦是微細亦是微微所以者何非想非非想處有上中下上者是想中者是微細下者是微微問若俱一地有何差別有說名則差別謂此名為想此名微細此名微微有說品亦差別謂上者名想中者是微細下者是微微有說想微細現在前時能修未來聖道微微現在前時不修有說想微細現在前時四念住隨一現在修未來四微微現在前時法念住現在修未来三除身念住有說想微細有曽得有未曽得微微唯未曽得

問此中因論生論何故入滅定心通曽得未曽得出滅定心唯曽得耶荅入定心多加行用功力極作意起故通曽得未曽得出定心與上相違故唯曽得有說入定心能策勵增益發起於定故通曽得未曽得出定心與此相違故唯曽得有說入定心唯有漏故通曽得未曽得出定心通有漏無漏故唯曽得問此中因論生論何故入定心唯有漏出定心通有漏无漏荅入定心隨順心斷故唯有漏由此心不堅不強無勢力久住不令餘心無間而起如朽敗種故於心斷極為隨順出定心與此相違故通有漏无漏有說入定心以定為寂靜非無漏道以有為寂靜故唯有漏有說以此定是次第定從非想非非想地心無間而起聖道極至無所有處故入定心唯是有漏

問入滅定心為何所緣出滅定心為何所緣荅入定心緣定出心亦尒問若入定心緣定出心亦尒者去何不

入時則出出時則入耶答入定時期心欲入出定時期心欲出由期心故無有錯亂又入定心緣未來定出定心緣過去定由所緣故亦无錯亂問若入定心緣未來定者為緣幾許未來定耶有說但緣初刹那定有說通緣應相續起者評曰應說此入定心緣未來定而不可說緣何刹那不緣何刹那以未來定有多刹那未有先後雜亂住故問若出定心緣過去定為緣幾許過去定耶有說但緣㝡後刹那定有說通緣曾相續起者評曰應說此出定心緣過去定而不可說緣何刹那不緣何刹那以過去定有多刹那相雜住故

問入滅盡定時滅何等心心所法為過去為未來為現在若過去者過去已滅復何所滅若未來者未來未至云何可滅若現在者現在不住復云何滅設非定力亦自滅故答應作是說滅於未來問未來未至云何可滅答住現在世遮於未來心心所法令不相續故說為滅如斷城路閉門竪幢不令人入出說名除寇此亦如是有說通滅未來現在問現必不住復云何滅設非定力亦自滅故答先現在世心心所法令有緣法續起而滅令現在世心心所法不令有緣法續起而滅此由誰力所謂定滅問出滅定時何等心心所法現在前耶有作是說先所遮止住未來世心心所法今現在前有餘師說餘未來世心心所法今現在前先所遮止住不生法不可復起評曰應說起未來世心心所法而不可說起何等不起何等以未來世有多刹那未有先後雜亂住故

問滅盡定有得過去修未來耶有說此定無得過去及修未來如天眼耳若作是說無得過去修未來者彼說定初刹那唯成就現在定餘刹那成就過去現在出此定已唯成就過去有說此定有得過去及修未來如他心智宿住智等若作是說有得過去未來修者彼說定初刹那成就未來現在定餘刹那成就三世出此定已成就過去未來如是說者應如初說若謂此定有得過去修未來者退此定已後還起時應說還得先所得者而實此定退復起時名得未曾得定如不犯重而還家者後更出家名得未曾得戒彼亦如是問此滅定何處起答在欲色界非无色界若初起唯欲界若此起已於此定退命終生色界中由串習力復能現起餘者不能云何知然如契經說尊者舍利子告苾芻衆言若苾芻戒定慧具足者能數數入出滅受想定彼於現法及將死時若不能辯如來聖旨命終超段食天處生在意成身天中於彼復能數數入出滅想受定斯有是處應如實知時具壽鄔陁夷在彼會坐語尊者舍利子言彼苾芻生意成身天能數入出滅想受定無有是處第二第三亦如是說問何故具壽鄔陁夷再三違逆尊者舍利子答彼之所疑非無處所彼作是念得此定者必已離無所有處染命終應生非想非非想處於彼必無起此定理又彼不了舍利子意是故現前再三違逆問舍利

阿毗達磨大毗婆沙論卷第一百五十三　第六張　穀字号

子有何意趣彼具壽去何不了答舍利子說生色界者鄔陁夷說生無色界者舍利子說退者鄔陁夷說不退者由此不了故三違之問尊者何故不開悟彼而致重違逆耶答尊者念言誰能開悟如是愚執自是者耶有說尊者念欲開悟由再三違逆故彼意便止如箭筩經說有衆多增上慢苾芻於佛前各自讃美我生已盡乃至廣說佛時欲為說斷慢法由諸苾芻自讃不止故彼心便息世尊具足普緣大悲尚於慢人說法心息何況尊者舍利子耶有說尊者作如是念此所論事必聞於佛佛當以此呵鄔陁夷及阿難陁當使此誡經歷千載令无智者不敢違於智人所說尊者復念如是苾芻於大衆中再三違我竟無同梵行者隨喜我之所說今應詣佛決判此事念已則時往至佛所頂礼雙足退坐一面告苾芻衆若苾芻戒定慧具乃至廣說時鄔陁夷亦在彼會復作如上違逆之言尊者尒時作如是念彼故於大師所違反我

阿毗達磨大毗婆沙論卷第一百五十三　第七張　穀字号

說又無同梵行苾芻稱讃於我我於今者唯應默然時舍利子便默然住尒時佛告鄔陁夷曰汝以何等為意成身天豈不欲說非想非非想處耶彼答如是世尊告曰汝是愚人盲無慧眼去何與上座苾芻論甚深阿毗達磨佛於尒時現前呵責鄔陁夷已復責具壽阿難陁言汝見愚人觸惱上座何緣捨置曾不呵止世尊尒時呵責是已便入靜室宴寂而住問鄔陁夷有過故世尊呵之彼阿難陁何過被責答鄔陁夷是阿難陁共住第子故佛責以不善教誨復次鄔陁夷是阿難陁攝徒衆者故佛訶其不如法告示復次尊者阿難陁是佛攝徒衆者故佛責曰汝何不知如法說者非法說者復次諸對法者所說甚深非多人所知唯除佛及舍利子阿難亦以多聞力知故佛責曰汝知此義何不稱讃上座所說以攝受法朋耶由此等緣故佛呵責以是義故知滅盡定欲界初起退生色界復能現前餘不能起

阿毗達磨大毗婆沙論卷第一百五十三　第八張　穀字号

問何故生色界中能初起靜慮無色而非滅定耶答靜慮由三緣故初起一由因力二由業力三由法尒力由因力者謂於餘生曾近起滅此靜慮故由業力者謂彼地順决定受業已造作增長將與果故由法尒力者謂世界壞時下地有情必生上故無色由二緣故初起一由因力二由業力由因力者謂餘生中曾近起滅此無色故由業力者謂彼地順决定受業已造作增長將與果故不由法尒力第四靜慮以上無世界壞故滅盡定由一緣故初起謂由說力唯欲界中有佛說故能起現前不由因力以餘生中未曾起滅此滅定故不由業力以此定非業性故不由法尒力以無色中无世界壞故問何故生欲色界能起滅定非無色界耶答命根依二法轉一色二心此定無心斷心起故生欲色界起此定時心雖斷而命根依色轉生無色界色雖斷而命根依心轉若生彼起此定者色心俱無命根無依故應斷是應名死非謂入定

是故生彼界不起問退此定已命終生下三無色不有說不生所以者何退此定已容生二處一能起此定處二受此定異熟處色界雖非受此定異熟處而是能起此定處非想非非想處雖非能起此定處而是受此定異熟處下三無色二事俱无故退此定無容生彼有說亦生然生彼者不名身證及俱解脫若作是說則為善通毗木叉羅所說如說身證於淨四無色定或成就一或成就四云何一謂生非想非非想處云何四謂生欲色界如身證俱解脫亦尒下三無色必不成就滅盡定故不得二名評曰應知此中初說為善

問住滅盡定得經幾時荅欲界有情諸根大種由段食住若久在定則在定時身雖無損後出定時身便散壞故住此定但應少時極久不得過七晝夜段食盡故云何知然曾聞於一僧伽藍中有一苾芻得滅盡定食時將至著衣持鉢詣食堂中是日打揵稺少晚彼苾芻以精勤故便作是念我何為空過此時不修於善遂不觀後際則立誓願入於滅定乃至打揵稺當出時彼僧伽藍有難事起諸苾芻等散往他處經於三月難事方解苾芻還集僧伽藍中繞打揵稺彼苾芻從定而出則便命終復有一苾芻得滅盡定而常乞食於日初分著衣持鉢方欲詣村遇天大雨恐壞衣色少時停住則作是念我何為空過此時不修於善遂不觀後際則立誓願入於滅定乃至雨止當出有說尒時雨經半月有說一月其雨方止彼從定出則便命終由此故知生於欲界若久在定則在定時身雖無損後出定時身便散壞故住此定但應少時極久不得過七晝夜色界有情諸根大種不由段食之所任持故住此定或經半劫或經一劫或復過此問若有苾芻不立誓願入滅盡定云何當出荅法尒應出如有心定又彼苾芻或欲飲食或欲便利以彼在定雖不為損出則致患故由此因必應出定

問異生能入滅盡定不尊者世友說不能入契經說為聖者定故若異生能入者亦應名異生定有說異生必欣上地離下地染如尺蠖虫非想非非想處無上地可欣故諸異生不能離彼染若不離彼見所斷染必無有能入滅盡定故諸異生不能入此定有說異生如如入定則如是如是身心安息由安息故加行慢緩是以不能入滅盡定大德說曰異生不能入滅盡定以諸異生如如入定則如是如是我見堅牢怖邊際滅起深坑想是故不能入滅盡定

問菩薩為入滅盡定不尊者世友說不能入契經說為聖者定故若菩薩能入者亦應名異生定有說菩薩必欣上地離下地染如尺蠖虫廣說如前有說菩薩能入此定以諸菩薩求一切智於一切處皆悉尋求若當不能入此定者何名尋求一切處耶大德說曰菩薩不能入滅盡定以諸菩薩雖伏我見不怖邊際滅不起深坑想而欲廣修般若故於滅盡定心不樂入勿令般若有斷有导故雖有能

而不現入此說菩薩未入聖位問已知菩薩前衆同分中未曾起滅定後衆同分中為先起滅定後證无上正等菩提為先證無上正等菩提後起滅定若先起滅定者云何名為不起意樂云何非起不同分心云何名三十四心剎那得一切智若先證無上正等菩提者云何菩薩名滿學者云何得盡智時名善辦所作云何盡智起已名俱解脫外國諸師作如是說一切菩薩先起滅盡定後證無上正等菩提問云何名為不起意樂荅彼說一切菩薩先離无所有處染起如是决定意樂我當不起于座依第四靜慮入正性離生得不還果起滅盡定證於無上正等菩提如所思惟後皆證得由此故說不起意樂問云何非起不同分心荅彼說誰言菩薩不起不同分心然菩薩有不同分心設有此言亦不違理不違所立本意樂故問云何說三十四心剎那得一切智荅彼說此依無漏心說不論入出滅盡定心迦濕弥羅國毗婆沙師

說一切菩薩先證無上正等菩提後起滅盡定問云何菩薩名滿學者荅此依根滿果滿而說不說定滿斯有何過問云何得盡智時名善辦所作荅解脫障有說以下無智為體有說於定不自在為體有說諸定不得為體若說以下無智為體者世尊得盡智時已斷一切無智已生彼對治智由此故名解脫障斷若說於定不自在為體者彼說世尊得盡智時於一切靜慮解脫等持等至若入若出皆得自在由此故名解脫障斷若說諸定不得為體者彼說世尊得盡智時已得一切靜慮解脫等持等至由此故名解脫障斷是故得說善辦所作問云何盡智起已名俱解脫荅已得彼定入出心故名俱解脫非得定體則由此理名離染得後時不由加行起故是以菩薩三十四心剎那證得無上正等菩提云何名為三十四心剎那謂菩薩先離無所有處染後依第四靜慮入正性離生於見道中有十五心剎那道類智時為第十六則

此名斷有頂加行離非想非非想處染復有九無間道九解脫道是名三十四心剎那菩薩依此證無上覺

如契經說眦舍佉鄔波索迦詣達磨陣那苾蒭尼所問言聖者諸苾蒭等念何當言入滅盡定苾蒭尼告眦舍佉言諸苾蒭等入滅定時終不念言我今入滅定或復當入然由先時調練心故心轉微細隨順趣入問將欲入滅定時先敷繩床次洗足已結跏趺坐端身繫念後便入定於此中間豈不作念我今入滅定或復當入荅遠加行中雖有此念而從欲界善心無間入初靜慮乃至漸次入滅盡定於此隣近加行位中必不念言我今入滅定或復當入復問聖者諸苾蒭等念何當言出滅盡定苾蒭尼告眦舍佉言諸苾蒭等出滅定時終不念言我今出滅定或復當出然彼身命六處為緣及本要期出滅盡定或由飢渴便利所惱在定雖不為損出則作患故彼法尒出於滅定又問聖者諸苾蒭等入滅定時先滅何法身行

耶語行耶意行耶苾芻邑言諸苾芻等入滅定時先滅語行次身行後意行問入滅定時滅意行可尒身語行云何謂從初靜慮入第二靜慮時語行巳滅從第三靜慮入第四靜慮時身行巳滅如何方說入滅定時滅身語行答入滅定時有遠有近遠滅身語行近滅意行又從入初靜慮乃至入非想非非想處皆名入滅定時為入滅定起此諸地現在前故是故无過復問聖者諸苾芻等出滅定時先起何法身行耶語行耶意行耶苾芻邑言諸苾芻等出滅定時先起意行次身行後語行問出滅定時起意行可尒身語行云何謂從第四靜慮入第三靜慮時身行方起從第二靜慮入初靜慮時語行方起如何可說出滅定時起身語行答出滅定時有近有遠近起意行遠起身語行又從滅定起乃至入初靜慮皆名出滅定時復問聖者諸苾芻等出滅定時其心何所隨順何所轉近何所埀入苾芻邑言諸苾芻等出滅定時其心隨順

離轉近離埀入離問此中說何法名離有說滅定名離若作是說滅定名離者彼說若世俗心出則二縁故其心隨順離轉近離埀入離謂意樂故及所縁故若無漏心出苦集智相應者則一縁故其心隨順離轉近離埀入離謂所縁故非意樂故若滅道智相應者則其心非意樂故非所縁故隨順離轉近離埀入離有說涅槃名離若作是說涅槃名離者彼說若世俗心出則其心非意樂故非所縁故隨順離轉近離埀入離若無漏心出苦集道智相應者則一縁故其心隨順離轉近離埀入離謂意樂故非所縁故若滅智相應者則二縁故其心隨順離轉近離埀入離謂意樂故及所縁故有說滅定涅槃名離若作是說滅定涅槃名離者彼說若世俗心出及無漏心出苦集滅智相應者㧾而言之則二縁故其心隨順離轉近離埀入離謂意樂故及所縁故若道智相應者則一縁故其心隨順離轉近離埀入離謂意樂故非所縁故

又問聖者諸苾芻等出滅定時為觸幾觸苾芻邑告毗舍佉言觸三種觸一不動觸二無所有觸三无相觸問如是三觸有何差别尊者世友作如是說空無邊處識无邊處是不動觸无所有處是無所有觸非想非非想處是無相觸有說空是不動觸无願是無所有觸无相是無相觸有說无漏無所有處縁涅槃者具名三觸謂無漏故名不動觸无所有處攝故名無所有觸縁涅槃故名無相觸大徳說曰諸苾芻等出滅定時若起非想非非想處心不起餘不同分心當言觸無相觸若起无所有處不同分心當言觸无所有觸若起識無邊處不同分心當言觸不動觸由此理趣餘五有想定應知亦尒謂空無邊處及四靜慮由此次第入滅定不則由此出由此次第出滅定不則由此入如由此次第而覺不則由此覺由此次第而睡不則由此睡彼亦如是

如說由得依住此滅定故不受當来生老死苦不起彼集問滅定不能斷

諸煩惱云何得有如是說耶答應觀此中所說意趣謂諸有學出滅定已作是思惟此滅定中心心所法暫滅暫息須臾不行尚有如是寂靜微妙何況涅槃有為諸行永滅永息究竟不行由此為先斷餘煩惱滅相續蘊入無餘依涅槃界若諸无學出滅定已作是思惟廣說乃至由此為先滅相續蘊入无餘依涅槃界依此密意故作是說非謂滅定能斷煩惱

施設論說有作願入滅定不作願出有作願出滅定不作願入有作願入滅定亦作願出有不作願入滅定不作願出此中作願入滅定不作願出者謂如有一作是願言我當入滅定不作是願我當出滅定四有想定隨一現前彼入滅定從滅定出四有想定隨一現前作願出滅定不作願入者謂如有一不作願言我當入滅定而作是願我當出滅定四有想定隨一現前彼入滅定從滅定出四有想定隨一現前作願入滅定亦作願出者謂如有一作是願言我當入滅定亦作是願我當出滅定四有想定隨一現前彼入滅定從滅定出四有想定隨一現前不作願入滅定不作願出者謂如有一不作願言我當入滅定亦不作願我當出滅定四有想定隨一現前彼入滅定從滅定出四有想定隨一現前問作願入出及唯作願入者是事可尒以入定者必當出故不作願入出及唯作願出者云何可尒非不欲入而入定故答此中一切皆欲入定皆欲出定然依入出定心有自在不自在故作是說謂有於入定心得自在非出定心彼作願出定不作願入有於出定心得自在非入定心彼作願入定不作願出有於入出定心俱得自在彼不作願入定亦不作願出有於入出定心俱不自在彼作願入定亦作願出問四有想定何者是耶荅四無色定問何故出滅定時但說起四無色定荅以四无色定於出滅定時可作逆次出逆超出故謂若以非想非非想處心出滅定者彼若則起无所有處心是逆次出若則起識无邊處心是逆超出若以無所有處心出滅定者彼若則起識無邊處心是逆次出若則起空無邊處心是逆起出是故但說四無色定

說一切有部發智大毗婆沙論卷第一百五十三

阿毗達磨大毗婆沙論卷第一百五十三

校勘記

一　底本，金藏廣勝寺本。

一　三五六頁中六行及一五行「有説」，資、磧、普、南、徑、清作「答有説」。

一　三五九頁上二行同。

一　三五七頁上七行及一三行「應説」，資、磧、普、南、徑、清作「應作是説」。

一　三五七頁上一一行「有説」，諸本（不含石，下同）作「答有説」。

一　三五七頁中九行首字「今」，資、磧、普、南、徑、清作「令」。

一　三五八頁下五行第九字「順」，磧、南作「顯」。

一　三五九頁上二二行末字至次行首字「揵椎」，資、磧、普、南、徑、清作「揵椎」。下同。

一　三五九頁中一一行「有説」，資、磧、普、南、徑、清作「有證」。

一　三五九頁下一三行「尊者」，資、磧、普、南、徑、清作「答尊者」。

一　三五九頁下一八行第一三字「當」，資、磧、普、南、徑、清作「怖」。

一　三五九頁下二二行「般若」，諸本作「般羅若」。又第八字「故」，資、磧作「放」。

一　三五九頁下末行第一一字「故」，資、磧、普、南、徑、清作「設」。

一　三六〇頁上一〇行「外國」，諸本作「答外國」。

一　三六〇頁下一五行第七字「住」，諸本作「位」。

一　三六一頁上二〇行末字「時」，資、磧、普、南、徑、清作「時是故無過」。

一　三六一頁中五行第一〇字「苦」，資、磧、普、南、徑、清作「若」。下末行第四字資、磧、南同。

一　三六一頁下一行第五字「謂」，諸本作「諸」。

一　三六二頁上六行第八字「餘」，徑、清作「除」。

趙城縣廣勝寺

阿毗達磨大毗婆沙論卷第一百五十四　廣

五百大阿羅漢等造

三藏法師玄奘奉　詔譯

根蘊第六中等心納息第四之四

契經中說住滅定者不為火所燒水所漂毒所中刀所害他所殺問何故住滅定者有如是勝利尊者世友作如是說由此滅定是不害法故住此者非害所害有說此定有大威德為諸威德天神護之故不可害有說得靜慮者靜慮境界具神通者神通境界俱不思議故不可害有說此定無心非無心者有生有死故不可害等活契經是此論緣起者有佛名羯洛俱村馱有第一雙弟子一名毗遠二名等活尊者等活曾於一城中作多教化衆所知識後於城邊多人行處入滅盡定時有放牧樵採行人見已咸言今此尊者端坐滅度誠為異哉我等宜應焚燒供養便取種種牛糞乾薪埋積其身焚之捨去尊者明旦從定而起振迅衣服於日初分持鉢入城徐行乞食時焚燒者見已驚言我等昨燒其屍而今復來乞食城中人衆等皆唱言今此沙門死而還活由斯故名等活尊者應知身不燒者由滅定力故衣不燒者由神通力故有說身及衣俱不燒者皆由滅定力故是故彼經是此論緣起

傳喻中說若有施從滅定起者彼必成順現法受業問何故施從滅定起者必成順現法受業耶荅此不必須通所以者何此非素怛纜毗奈耶阿毗達磨教但是傳喻所說諸傳喻說或然不然若必欲通者應知此施或得現果或得大果彼順世間意所樂故但說現果問何故施從滅定起者或得現果或得大果荅若有施從此定起者則為施從一切靜慮解脫等持等至起者所以者何諸欲入出滅盡等至必先起欲界善心次入初靜慮如是乃至入非想非非想處從此無間入滅盡定從此定出或起非想非非想處或起無所有處如是乃至還起初靜慮復入欲界善心彼由如

是功德勳相續故能令施者或得現果或得大果有說從滅定起者威儀寂靜來往語言衣著飲食皆悉詳審諸清信長者婆羅門等見已咸生希有之想以愍淨心施諸資具故得現果或得大果有說得此定者名稱普聞過於餘定諸清信長者婆羅門等聞已皆生奇特之想以愍淨心施諸資具故得現果或得大果有說住滅定者諸食皆斷若施從此起者則為施無食者食謂住有漏有心定者雖斷段食而食有漏觸思識食住無漏定者雖斷真實四食而有相似觸思識食住滅定者一切皆無是故施從此起者則為施於無食者食由此因緣或得現果或得大果有說若有施從此定起者則為施到涅槃還來者食以此定似涅槃故謂如入無餘依涅槃界者滅一切有所緣法心心所法不起不滅住滅定者亦滅一切有所緣法心心所法不起不滅故似涅槃是故施從此定起者則為施到涅槃還來者食由此因緣或得現果或得大果復次非但施從滅定起者能得現果若施五種補特伽羅皆得現果一從滅定起二從慈定起三從無諍定起四從見道起五從初得盡智起復次若施五種補特伽羅能得大果一父二母三病者四說法師五近佛地菩薩

問滅盡定於衆同分為亦能引為但滿耶答此但能滿而不能引所以者何唯業能引衆同分此非業故問此定為順現法受為順次生受為順後次受為順不定受耶答此定或順次生受或順後次受或順不定受非順現法受已生有頂不起此定故問此於何處受何異熟答此於非想非非想處受四蘊異熟問諸成就滅定亦成就彼異熟耶答應作四句有成就滅定非彼異熟謂生欲色界已得滅定及得已不退命終生非想非非想處滅定異熟不現在前有成就彼異熟非滅定謂得滅定已而退命終生非想非非想處滅定異熟現在前有成就滅定亦彼異熟謂得滅定已不退命終生非想非非想處滅定異熟現在前有非成就滅定亦非彼異熟謂生欲色界不得滅定設得已退若生空處識處無所有處若不得滅定生非想非非想處及得已而退命終生非想非非想處滅定異熟不現在前問諸退滅定亦退阿羅漢果耶答應作四句有退滅定非阿羅漢果謂學者退滅定及無學者退滅定而不起結有退阿羅漢果非滅定謂慧解脫阿羅漢退及先學位起滅定已得阿羅漢果起上位結退有退滅定亦阿羅漢果謂先學位起滅定已得阿羅漢果起下位結退及無學位起滅定已起三界結隨一而退有非退滅定亦非阿羅漢果謂除前相阿羅漢有六種謂退法思法護法安住法堪達法不動法問諸退法彼一切俱解脫耶答應作四句有退法非俱解脫謂退法不得滅定有俱解脫非退法謂思法乃至不動法已得滅定有退法亦俱解脫謂退法已得滅定有非退法非俱解脫謂思法乃至不動法不

得滅定如退法阿羅漢對俱解脫作四句餘五阿羅漢對俱解脫亦介如是成六四句如無學道有六種阿羅漢學道亦有六種種性謂退法種性乃至不動法種性問諸退法學彼一切身證耶答應作四句有退法學非身證謂退法學不得滅定有身證非退法學謂思法學乃至不動法學已得滅定有退法學亦身證謂退法學已得滅定有非退法學亦非身證謂思法學乃至不動法學不得滅定如退法學對身證作四句餘五種性對身證亦介如是亦成六四句

問若法是心等無間彼法是心無間耶答應作四句有法是心等无間非心無間謂除滅定初刹那及餘有心位諸餘滅定刹那及出滅定心心所法有法是心无間非心等無間謂滅定初刹那及餘有心位彼生老住無常有法是心等無間亦心無間謂滅定初刹那及餘有心位心心所法有法非心等無間亦非心无間謂除滅定初刹那及餘有心位彼生老住無常謂餘滅定刹那及出滅定心住彼生老住無常問若法是心等無間彼法是滅定無間耶答應作四句有法是心等无間非滅定無間謂滅定初刹那及餘有心位心心所法有法是滅定無間非心等无間謂除滅定初刹那及餘有心位彼生老住無常諸餘滅定刹那及出滅定心位彼生老住無常有法是心等無間亦滅定無間謂除滅定初刹那及餘有心位諸餘滅定刹那及出滅定心心所法有法非心等無間亦非滅定無間謂滅定初刹那及餘有心位彼生老住无常生無想天幾根滅答八謂眼耳鼻舌身命意捨根問此說從何處生無想天耶答此說從無想中有生无想生有問介時亦有信等五根現在前滅何故不說答此文應作是說或八或十三中有冣後心無記者八善者十三而不作是說者應知此義有餘有作是說此中但依滅位生位皆有者說信等五根唯滅位有非生位有是故不說何繫心心所滅答色界繫

幾根現前答八如前說何繫心心所現前答色界繫死生必起自地心故無想天歿幾根滅答八如前說何繫心心所滅答色界繫幾根現前答或八或九或十無形八謂眼耳鼻舌身命意捨根一形九加男女根隨一二形十加男女根何繫心心所現前答欲界繫由此證知從無想天歿定生欲界問定生何處有說生地獄有說生惡趣如是說者定生欲界處所不定或生惡趣或天或人問何故從無想天歿定生欲界答由異熟因勢力介故隨異熟因所有勢力唯令如是異熟起故有餘師說无想壽盡餘處壽業不增長故謂先增長无想壽業今巳受盡餘處壽業先不增長故從彼歿定生欲界問彼亦曾起下三靜慮何故不引彼地壽果答彼雖曾起下三靜慮非堅執故不引彼壽唯堅執著第四靜慮故引彼壽有說彼雖曾起下三靜慮而非所求彼唯求於第四靜慮有說彼雖曾起下三靜慮但如所涉路而非所趣第四靜慮是

正所趣非如所涉路故引彼壽有說若造無想天順次生受業者法介亦造欲界順後次受業如造北俱盧洲順次生業者法介亦造欲界天順後次受業有說欲界是一切有情退所歸處謂諸有情由業力修力往色無色界彼業若盡還墮欲界譬如大地是諸飛鳥退所歸處謂諸飛鳥由翅翮力飛騰虛空翮力盡時還墮於地有說無想有情經五百劫住於無想如熟睡眠覺已不能取餘異熟便墮欲界如人在樹端倚枝而眠多時欻覺手忘攀攬即便墮地彼亦如是有說求無想者執無想定為真道彼異熟為涅槃乃至生彼天中此執隨逐彼後從無想出將命終時見當生相便作是念定無涅槃若實有者我已證得於今何故生相現前由謗涅槃及聖道故從彼處歿生惡趣中尊者妙音亦作是說彼謗涅槃及聖者故從彼命終定生惡趣

問無想定無想事何差別荅名則差別此名無想定此名無想事復次因是無想定果是无想事復次異熟法是無想定異熟是無想事復次无想定是善無想事是無記復次无想定是定無想事是生復次无想定加行功用作意所起無想事非加行功用作意所起復次無想定通在此彼得此彼現在前无想事唯在彼得彼現在前復次無想定是加行得无想事是生得是謂無想定无想事差別問無想天在何處攝外國師說第四靜慮處別有九此是一處迦濕弥羅國諸論師言即廣果天攝然以高勝寂靜故別立名猶如村邊阿練若處問彼天身量云何荅五百踰繕那問彼壽量云何荅五百劫問作何等威儀住有說結加趺坐如沙門釋子有說却踞而坐如婆羅門如是說者如先入此定所住威儀則以此威儀於彼五百劫住

無想有情生時當言有想耶无想耶乃至廣說問何故作此論荅欲止他宗顯已義故謂或有說無想有情生時死時俱無心想為遮彼意顯彼有情生時死時俱有心想非无心想有死生故或復有說無想有情生時有心死時无心為遮彼意顯彼死時亦有心想非無心想有命終故或復有說無想有情生時死時雖俱有心然唯一念非久相續為遮彼意顯彼生時生已經久心猶相續後方無想從無想出有心多時後方捨命是故如是說頗有處唯二刹那有心謂結生及命終時耶荅應說無尊者妙音說有謂即無想天頗有處結生心為等無間緣命終心起耶荅應說无尊者妙音說有謂即无想天頗有處結生心為四緣命終心起耶荅應說無尊者妙音說有謂即無想天為遮此等故作斯論无想有情生時當言有想耶無想耶荅當言有想此則遮止執无想天生時無心者意如世尊說彼諸有情由想起故從彼處歿從彼歿時彼想當言滅耶不滅耶荅當言滅此則遮止執無想天死時無心者意當言住何處彼想滅耶荅當言則住彼處此則遮止執無想有情唯死時

生時一念有心者意問無想有情前心多耶後心多耶有說前心多非後心以彼未入無想位時異熟相續勢力猛盛故多時有心方入無想出無想已異熟相續勢力衰微故少時有心則便捨命有說後心多非前心以彼未入無想位時欣求無想其心猛利故少時有心則入無想出无想已無所欣求故多時有心然後捨命如是說者此事不定或前多後少或前少後多隨彼意樂有差別故

彼想當言善為無記耶答或善或無記彼想幾隨眠隨增答色界有漏緣幾結繫耶答六彼想者謂出无想或善或無記者善謂生得善无記謂有覆无記或無覆无記色界有漏緣者謂第四靜慮有漏緣隨眠問何故無漏緣隨眠於彼想不隨增耶答彼計無想為涅槃無想定為真道乃至生彼及從彼殁唯如是執還復隨轉於真滅道不謗為無故无漏緣介時不起六結繫者除恚嫉慳有餘結繫問出無想想為五部所斷為但修所斷

耶若介何失若五斷者十門所說當云何通如說過去法為等無間生二心若修斷者此文復云何通如說彼想色界有漏緣隨眠隨增有作是說此通五斷問十門所說當云何通答彼文應言過去法為等無間生六心謂色界五無色界一而不作是說者有何意耶當知彼文但依二無心定出心而說不說無想所以者何二无心定加行功用作意而起無想不介有餘師言唯修所斷問此文所說當云何通答此文應言彼想色界遍行及修所斷隨眠隨增而不作是說者有何意耶當知此中兼說和合彼有命終時心通於五部非但說出無想心以命終心是前眷屬故此兼說評曰應知前說者好無別道理遮餘心故

如世尊說一切有情皆由食住無想有情由何食住答觸意思識問何故作此論答欲令疑者得決定故謂无想天必無段食觸意思識亦滅無餘勿有疑彼无食而住則不可通世尊所說一切有情皆由食住為除彼疑

顯无想處雖無段食而有餘三與經相應故作斯論問彼無想位三食亦滅云何說有答食有二種一先時能引二現在任持彼位雖无現任持食而有先時能引之食故名有食有說彼中有三種食一業食二生食三等無間緣食業食者謂先所造彼地業能引彼生故生食者謂結生心及俱有法引彼一期令相續故等無間緣食者謂入无想觸意思識為等无間緣能引無想出心心所令必當起不永斷故由此故說一切有情皆由食住

眼根攝幾根乃至具知根攝幾根答眼根攝眼根乃至廣說問何故作此論答欲止說諸法唯攝他性者意顯一切法有攝自性故作此論眼根攝眼根者此依種類揔相而說若別說者眼有二種謂左與右左攝左右攝右左復有二謂所長養及異熟生所長養攝所長養異熟生攝異熟生異熟生復有二種謂善業異熟不善業異熟善業異熟攝善業異熟不善業異熟攝不善業異熟善業異熟復有

二種謂人與天人攝人天攝天天復
有二謂欲界色界欲界攝欲界色界
攝色界色界復四謂四靜慮初靜慮
攝初靜慮乃至第四靜慮攝第四靜
慮不善業異熟復有三種所謂地獄
傍生鬼界地獄攝地獄乃至鬼界攝
鬼界如是右眼并諸差別各有三世
過去攝過去未来攝未来現在攝現
在過去復有無量剎那一一剎那各
各自攝如過去未来亦然如左右亦
尒此中但依種類摠說如眼根耳鼻
舌命苦憂根亦尒此皆各攝自一根
故身根攝三根謂身女男根女根攝
女根身根少分如女根男根亦尒意
根攝意根三根少分謂三無漏根由
彼三根九法為體攝意非餘故言少
分如意根樂喜捨根信等五根亦尒
未知當知根攝未知當知根九根少
分謂意三受信等五根此九皆通有
漏无漏今唯攝無漏於无漏中復有
三道今唯攝見道故言少分如未知
當知根已知根具知根亦尒信力乃
至慧力念等覺支乃至捨等覺支正

見乃至正定法智乃至道智空无願
無相攝幾根答信力攝一根三根少
分謂三无漏根此三各以九法為性
攝信非餘故言少分如信力餘四力
亦尒念等覺支攝四根少分謂念根
三無漏根念根通有漏無漏今唯攝
无漏三根九法為性今唯攝念故言
少分如念等覺支擇法精進喜定等
覺支亦尒餘不攝根謂安捨等覺支
不攝根無根相故正見攝四根少分
謂慧根三无漏根如正見正勤念定
亦尒餘不攝根謂正思惟正語業命
不攝根无根相故法智攝四根少分
謂慧根三無漏根如法智類智苦集
滅道智亦尒他心智攝三根少分謂
慧根已知具知根云何攝慧根少分
謂慧根通緣一法多法自相共相現
在三世他身自身相應不相應境此
唯攝緣一法自相現在他身相應境
慧故言少分二無漏根九法為性此
唯攝慧慧中差別如前此唯攝緣一
法慧等故言少分世俗智攝一根少
分謂慧根以慧根通有漏无漏今唯

攝有漏故言少分空攝四根少分謂
定根三無漏根如空無願无相亦尒
意根幾根相應乃至具知根幾根相
應答意根十根三根少分相應乃至
廣說問何故作此論答有迷相應執
相應法非實有性為止彼意顯相應
法體是實有故作斯論意根十根相
應者謂五受信等五根三根少分相
應者謂三無漏根以彼三根九法為
性除意自體與餘相應故言少分樂
喜捨根九根少分相應謂意信等五
三無漏根與意信等五少分相應者
彼六根皆與五受根俱生今樂喜捨
各唯與自根俱生者相應故言少分
與三無漏根少分相應者彼三根九
法為性三受俱生今樂喜捨唯與自
根俱生者相應故言少分苦根憂根
六根少分相應謂意根信等五根云
何與彼少分相應謂彼六根五受俱
生今苦憂根唯與自根俱生者相應
故言少分信根四根九根少分相應
四根者謂精進念定慧九根少分相
應者謂意五受三無漏根與意五受

少分相應者彼六根通染不染令信根唯與不染善者相應故言少分與三無漏根少分相應者彼三根九法為性令除信自體與餘相應故言少分如信根精進念定慧根亦尒未知當知根與未知當知根九根少分相應與未知當知根相應者此根九法為性一一除自與餘相應皆名此根此根相應九根少分相應者謂意樂喜捨信等五根云何與彼少分相應謂彼九根通有漏無漏今唯與彼无漏相應於無漏中通見道修道无學道今唯與彼見道相應故言少分如未知當知根已知根具知根亦尒唯位有別餘皆同故

信力乃至慧力念等覺支乃至捨等覺支正見乃至正定法智乃至道智空無願无相幾根相應荅信力四根九根少分相應四根者謂精進念定慧九根少分相應者謂意五受三無漏根義如前說如信力餘四力亦尒謂精進念定慧念等覺支十一根少分相應謂意樂喜捨信等四三無漏根與意三受信等四少分相應者彼八根通有漏无漏今唯與彼無漏相應故言少分與三無漏根少分相應者彼三根九法為性令除念自性與餘相應故言少分如念等覺支擇法精進定等覺支亦尒喜等覺支九根少分相應謂意信等五三無漏根與意信等五少分相應者彼六根通有漏无漏今唯與彼無漏相應於无漏中通依九地謂未至靜慮中間四靜慮下三無色今唯與彼依初二靜慮者相應故言少分與三無漏根少分相應者彼三根通樂喜捨及彼俱生令唯與喜根俱生者相應故言少分安捨等覺支三根九根少分相應三根者謂三無漏根九根少分相應者謂意樂喜捨信等五根云何與彼少分相應謂彼九根通有漏无漏今唯與彼無漏相應故言少分正見十一根少分相應謂意樂喜捨信等四三無漏根義如念等覺支說如正見正思惟正勤正定亦尒然正思惟少有差別謂意喜捨信等五三無漏根是謂十一此十一根通依諸地今唯與依未至初靜慮者相應故言少分餘非根相應謂正語業命非根相應非相應法故法智十一根少分相應如正見說如法智類智苦集滅道智亦尒他心智十根少分相應謂意樂喜捨信等四已知具知根義如攝中說世俗智二根八根少分相應二根者謂苦憂根八根少分相應者謂意樂喜捨信等四根云何與彼少分相應謂彼八根通有漏无漏今唯與彼有漏相應故言少分空無願无相十一根少分相應如念等覺支說

說一切有部發智大毗婆沙論卷第一百五十四

阿毗達磨大毗婆沙論卷第一百五十四

校勘記

一　底本，金藏廣勝寺本。

一　三六四頁中一四行第九字「者」，資、磧、普、南、徑、清作「昔」。

一　三六四頁中一五行末字「二」，麗作「一」。三六八頁中九行第一三字同。

一　三六四頁中一八行「樵採」，麗作「採樵」。

一　三六五頁上一二行第九字「思」，磧、南作「心」。

一　三六六頁上一六行「無間」，資、磧、普、南、徑、清作「無間耶答」。

一　三六六頁上一九行至次行首字「彼生老住無常」，資、磧、普、南、徑、清作「彼生住老無常」。下同。

一　三六六頁中一行第二字「謂」，諸本(不含石，下同)作「諸」。又第一三字「住」，諸本作「位」。

一　三六六頁下九行第八字「有」，資、磧、普、南、徑、清作「答有」。

一　三六七頁中一〇行「外國」，資、磧、普、南、徑、清作「答外國」。

一　三六八頁上二行第八字「有」，資、磧、普、南、徑、清作「答有」。本頁中四行第一一字同。

一　三六八頁上一三行第九字「答」，南作「問」。

一　三六八頁下二行末字「亦」，徑作「一」。

一　三六八頁下一三行「眼根」，諸本作「問眼根」。

一　三六八頁下一六行第四字「有」，資、磧、普、南、徑、清作「唯」。

一　三六九頁上三行第六字「復」，徑、清作「復有」。

一　三七〇頁中五行「擇法」，磧作「釋法」。

阿毗達磨大毗婆沙論卷第一百五十五

五百大阿羅漢等造

三藏法師玄奘奉　詔譯

根蘊第六中等心納息第四之五

欲界歿生欲界時幾根滅乃至廣說此中顯示多門差別謂界差別補特伽羅差別根差別死有差別中有差別生有差別漸命終差別頓命終差別欲界歿生欲界時幾根滅答或四或九或八或十三或九或十四或十或十五漸命終者無記心四謂身命意捨善心九謂前四加信等五頓命終者若無形无記心八謂眼耳鼻舌身命意捨根善心十三謂前八加信等五若一形無記心九謂前八加一形善心十四謂前九加信等五若二形者无記心十謂前九復加一形善心十五謂前十加信等五何繫心心所滅答欲界繫幾根現前答或八或九或十無形八謂眼耳鼻舌身命意捨根一形九謂前八加一形二形十謂前九復加一形何繫心心所現前答欲界繫欲界歿生色界時幾根滅答或四或九或九或十四漸命終者無記心四謂身命意捨善心九謂前四加信等五頓命終者無記心九謂眼耳鼻舌身命意捨及女男根隨一善心十四謂前九加信等五何繫心心所滅答欲界繫幾根現前答八謂眼耳鼻舌身命意捨根何繫心心所現前答色界繫欲界歿生無色界時幾根滅答或四或九或九或十四如前說何繫心心所滅答欲界繫幾根現前答三謂命意捨根何繫心心所現前答無色界繫色界沒生色界時幾根滅答或八或十三無記心八謂眼耳鼻舌身命意捨善心十三謂前八加信等五何繫心心所滅答色界繫幾根現前答八如前說何繫心心所現前答色界繫色界歿生欲界時幾根滅答或八或十三如前說何繫心心所滅答色界繫幾根現前答或八或九或十如前說何繫心心所現前答欲界繫色界歿生無色界時幾根滅答或八或十三如前說何繫心

心所滅荅色界繫幾根現前荅三如前說何繫心心所現前荅无色界繫無色界歿生无色界時幾根滅荅或三或八無記心三謂命意捨善心八謂前三加信等五何繫心心所滅荅无色界繫幾根現前荅三如前說何繫心心所現前荅無色界繫无色界歿生欲界時幾根滅荅或三或八如前說何繫心心所滅荅無色界繫幾根現前荅或八或九或十如前說何繫心心所現前荅欲界繫无色界歿生色界時幾根滅荅或三或八如前說何繫心心所滅荅無色界繫幾根現前荅八如前說何繫心心所現前荅色界繫

阿羅漢般涅槃時幾根寂後滅荅或四或九或八或三欲界漸般涅槃者四謂身命意捨頓般涅槃者九謂眼耳鼻舌身命意捨及女男根隨一色界八謂眼耳鼻舌身命意捨无色界三謂命意捨問何因緣故一切有情命終結生必住捨受荅於五受中無有行相昧劣如捨受者於十時中無有昧劣如死及生時者故住捨受命終結生

根蘊第六中一心納息第五之一

諸法與心一起一住一滅彼法與心相應耶如是等章及解章義既領會巳當廣分別問何故作此論荅欲止說相應非實者意乃至廣說故作斯論諸法與心一起一住一滅彼法與心相應耶荅若法與心相應彼法與心一起一住一滅謂一切心所法有法與心一起一住一滅彼法非心相應謂隨心轉色心不相應行此中起者謂生住者謂老滅者謂無常諸法與心一起一住一滅彼法與心一所緣耶荅若法與心一所緣彼法與心一起一住一滅謂一切心所法有法與心一起一住一滅彼法非心一所緣謂隨心轉色心不相應行問何故復作此論荅欲止說所緣非實者意乃至廣說故作斯論隨心轉義有十種謂一起一住一滅一果一等流一異熟善則善不善則不善無記則無記墮一世中一果者謂離繫果一等流者謂等流果一異熟者謂異熟果墮一世中者謂同一世攝此揔相說若別說者有漏斷結道中有八隨轉義謂一起一住一滅一果一等流一異熟是善墮一世有漏加行解脫勝進道中及餘有漏善心品有七隨轉義謂一起一住一滅一等流一異熟是善墮一世無漏斷結道中亦有七隨轉義謂一起一住一滅一果一等流是善墮一世無漏加行解脫勝進道中有六隨轉義謂一起一住一滅一等流是善墮一世不善心品有七隨轉義謂一起一住一滅一等流一異熟是不善墮一世無記心品有六隨轉義謂一起一住一滅一等流是無記墮一世又心心所法展轉相望由五因緣說名隨轉謂所依故所緣故行相故果故異熟故心與隨心轉色心不相應行展轉相望由二因緣說名隨轉謂果故異熟故隨轉義廣說如雜蘊

諸法與心俱起不離心彼法與心俱住俱滅不離心耶乃至廣說問何故

復作此論答前納息中雖明心心所法等剎那滅未辯色等今欲辯之故作斯論又為遮止三剎那論沙門執故謂有沙門說諸色法三剎那住說心心所剎那則滅彼復二種一雜生論二次第論雜生論者作如是言依初眼根生初眼識彼俱生已眼根住眼識滅依第二眼根生第二眼識彼俱生已眼根住眼識滅依第三眼根生第三眼識彼俱生已眼根住眼識滅當知則與初眼俱滅問彼有何過答彼初眼識有所依生無所依滅第二眼識亦尒第三眼識有所依生雖有所依滅而是他所依是謂彼過識隨所依有生滅故次第論者作如是言依初眼根生初眼識彼俱生已眼根住眼識滅次復依彼生第二眼識眼根住眼識滅後復依彼生第三眼識此識與眼俱時而滅問彼有何過答彼初眼識有所依生無所依滅第二眼識无所依生無所依滅第三眼識無所依生有所依滅是謂彼過識隨所依有生滅故又彼二論有餘共

過謂人趣沒生地獄時人趣未捨已得地獄如是則趣雜乱身雜乱趣雜乱者謂彼有情是地獄趣亦是人趣身雜乱者謂彼有情有地獄身亦有人身便為大過依彼論意若入無想滅盡定時諸根大種與心俱起不離心然彼離心而住離心而滅為遮彼執故作斯論諸法與心俱起不離心彼法與心俱住俱滅不離心耶答欲色界有情不住无想滅盡定者諸根大種與心俱起不離心與心俱住俱滅不離心若住無想滅盡定者彼便離心問云何離心答彼離心而起離心而住離心而滅心心所斷彼相續故如說不修眼根乃至意根云何不修眼根乃至廣說修有四種謂得修習修對治修除遣修具辯如智蘊今依後二修而作論問眼等根云何不修復云何修答乃至眼等諸根對治道未生名不修根此依對治修說又乃至緣眼等所有煩惱未斷未知名不修根此依除遣修說若眼等諸根對治道已生名為修根此依對治修說

又緣眼等所有煩惱已斷已知名為修根此依除遣修說是謂此處略毗婆沙云何不修眼根乃至身根答若於眼根未離貪未離欲潤憙渴又無間道能盡色貪彼於此道未修未安如不修眼根不修耳鼻舌身根亦尒若於眼根未離貪者謂於眼未離愛未離欲者謂於愛欲未斷未知未離潤者謂於愛潤未斷未知未離憙者謂於愛憙未斷未知未離渴者謂於愛渴未斷未知又無間道能盡色貪者謂无間道能盡色界愛彼於此道未修未安者謂未修習及未安息修謂習修安謂得修又起名修滅名安又已生名修已滅名安應知此中若於眼根未離貪等者依對治修說或依除遣修說又無間道能盡色貪等者依除遣修說或依對治修說有說若於眼根未離貪等者謂緣眼根愛未斷未知又無間道能盡色貪等者謂緣眼根餘煩惱未斷未知有說若於眼根未離貪等者謂未斷繫得又無間道能盡色貪等者謂未證離繫

得如未斷繫得未證離繫得如是未損減過失未修習功德未棄下劣未證勝妙未捨無義未得有義未除有愛熱惱未受無愛快樂應知亦尒有說若於眼根未離貪等者謂無間道未起作用又無間道能盡色貪等者謂解脫道未起作用有說若於眼根未離貪等者謂未能離欲界乃至第三靜慮染又無間道能盡色貪等者謂未能離第四靜慮染如不修眼根不修餘四根亦尒去何不修意根荅若於意根未離貪未離欲潤憙渴又無間道能盡无色貪彼於此道未修未安若於意根未離貪者謂於意未離愛餘句如前又無間道能盡无色貪者謂無間道能盡無色界愛未修未安如前說應知此中若於意根未離貪等者依對治修說或依除遣修說又無間道能盡無色貪等者依除遣修說或依對治修說次有三說如前應知第五有說若於意根未離貪等者說未能離欲界乃至无所有處染又無間道能盡无色貪等者謂未

能離非想非非想處染

如說修眼根乃至意根去何修眼根乃至身根荅若於眼根已離貪已離欲潤憙渴又無間道能盡色貪彼於此道已修已安如修眼根修耳鼻舌身根亦尒去何修意根荅若於意根已離貪已離欲潤憙渴又無間道能盡無色貪彼於此道已修已安此諸文句應與前不修相違廣說

諸不成就學根得學根乃至廣說問何故作此論荅愚於退者執退非有為遮彼意顯退實有故作斯論諸不成就學根得學根彼一切入正性離生耶荅若入正性離生彼一切不成就學根得學根有不成就學根得學根彼非入正性離生謂退阿羅漢果時彼諸學根先捨今得諸不成就學根得學根彼一切世第一法等無間耶荅若世第一法等無間彼一切不成就學根得學根有不成就學根得學根彼非世第一法等無間謂退阿羅漢果時彼諸學根先捨今得問何故復作此論荅前雖顯亦入正性離

生自體而未顯示入彼等無間緣今欲顯之故作斯論

諸捨無漏根得無漏根彼一切從果至果耶荅若從果至果彼一切捨無漏根得無漏根謂預流者證一來果時捨預流果攝及勝果道无漏諸根得一來果攝无漏諸根從果至果者從預流果至一來果一來者證不還果時不還者證阿羅漢果時應知亦尒如證果時退果時亦尒有捨無漏根得無漏根彼非從果至果謂現觀邊道類智起時若時解脫阿羅漢練根作不動時問道類智起時可尒時解脫阿羅漢練根作不動時去何可尒荅此文但應說現觀邊道類智起時不應說餘而說餘者欲顯此中但說從異類果至異類果時解脫阿羅漢練根作不動時性類雖別果類不別故不名從果至果諸捨無漏根得無漏根彼一切無漏根滅無漏根起耶荅應作四句有捨无漏根得無漏根彼非無漏根滅无漏根起謂退阿羅漢不還一來果時及以世俗道得

一來不還果時介時無漏不現前故有無漏根滅無漏根起彼非捨無漏根得無漏根謂已得無漏根現前滅起則先已得一切果向无漏諸根相續起滅彼非得起曾得道現在前故亦非捨聖道唯三時捨彼非此時故一退時二得果時三練根時有捨無漏根得無漏根彼亦無漏根滅无漏根起謂現觀邊道類智起時及以無漏道得一來不還果時得阿羅漢果時時解脫阿羅漢練根作不動時現觀邊道類智起時捨無漏根者謂見道所攝得無漏根者謂修道所攝无漏根滅者謂道類忍俱生品無漏根起者謂道類智俱生品以无漏道得一來果時捨無漏根者謂預流果攝及勝果道得無漏根者謂一來果攝無漏根滅者謂第六無間道攝无漏根起者謂第六解脫道攝以無漏道得不還果隨應亦介得阿羅漢果時捨無漏根者謂不還果攝及勝果道得無漏根者謂阿羅漢果攝無漏根滅者謂金剛喻定俱生品無漏根起

者謂初盡智俱生品時解脫阿羅漢練根作不動時捨無漏根者謂時解脫道攝得無漏根者謂不時解脫道攝無漏根滅者謂第九無間道攝無漏根起者謂第九解脫道攝餘位練根略故不說有非捨無漏根得無漏根彼亦非無漏根滅無漏根起謂除前相此中相臀依所名轉則前三句所不攝法為第四句此復云何謂諸異生位乃至增上忍位於無漏根非捨非得非滅非起住世第一法時於無漏根非捨而得非滅而起若諸聖者住苦法智忍乃至道法智時於無漏根非捨而得亦滅亦起住道類智忍時於無漏根亦捨亦得亦滅亦起從預流果證一來果時以世俗道者若無漏道為加行住加行道時於無漏根非捨而得滅而非起若世俗道為加行住加行道五無間道五解脫道時於無漏根非捨而得非滅非起住第六無間道時於無漏根亦捨亦得非滅非起以無漏道者若世俗道為加行住加行道時於無漏根非捨

而得非滅而起若無漏道為加行住加行道五無間道五解脫道時非捨而得亦滅亦起住第六無間道時於無漏根亦捨亦得亦滅亦起從一來果證不還果隨應亦介從不還果證阿羅漢果離初靜慮染時以世俗道者若無漏道為加行住加行道時於無漏根非捨而得非滅而起若世俗道為加行住加行道九無間道九解脫道時於無漏根非捨而得非滅非起以無漏道者若世俗道為加行住加行道時於无漏根非捨而得非滅而起若無漏道為加行住加行道九無間道九解脫道時於无漏根非捨而得亦滅亦起如離初靜慮染乃至離无所有處染亦介離非想非非想處染時若世俗道為加行住加行道時於無漏根非捨而得非滅而起若無漏道為加行住加行道八無間道八解脫道時於無漏根非捨而得亦滅亦起住第九無間道時於無漏根亦捨亦得亦滅亦起信解練根作見至時若世俗道為加行住加行道時

於無漏根非捨而得非滅而起若無漏道為加行住加行道時於無漏根非捨而得亦滅亦起住無間道時於無漏根亦捨亦得亦滅亦起時解脫阿羅漢練根作不動時如離非想非非想處染說雜修靜慮初刹那時於無漏根非捨而得滅而非起第二刹那時於無漏根非捨而得非滅而起第三刹那時如初刹那說若引發五通五无間道三解脫道時若起無量世俗解脫勝處遍處不淨觀持息念世俗念住世俗無㝵解无諍願智邊際定空空無願无願無相无相入滅定想微細等時於无漏根非捨而得非滅非起若起無漏他心通時若起无漏念住無漏解脫無漏无㝵解等時於無漏根非捨而得亦滅亦起若起微微心時若起聞思慧等時於無漏根非捨非得非滅非起於如是等差別位中隨其所應為第四句是故略說除前相言

諸未知當知根乃至廣說問何故作此論荅為令疑者得決定故如品類

足說云何未知當知根荅未已見諦未已現觀者諸學慧慧根若諸根隨信隨法行於未現觀四聖諦能現觀是名未知當知根彼文但說現在和合能荷擔有作用未知當知根非過去未來勿有生疑唯現在和合能荷擔有作用是未知當知根非過去未來為令彼疑得决定故顯在三世皆是此根故作斯論諸未知當知根彼一切於未現觀四聖諦能現觀耶荅應作四句有未知當知根彼非於未現觀四聖諦能現觀謂未知當知根在過去或未來彼有未知當知根相故亦名未知當知根然非於未現觀四聖諦能現觀過去作用已息未來作用未起故有於未現觀四聖諦能現觀彼非未知當知根謂諸非根法於未現觀四聖諦能現觀此復云何謂想思觸作意欲勝解慚愧無貪无瞋輕安捨不放逸不害尋伺隨心轉色心不相應行如是諸法於未現觀四聖諦雖能現觀而非未知當知根以合九根為此根故有未知當知根

彼亦於未現觀四聖諦能現觀謂未知當知根於未現觀四聖諦能現觀則現在和合能荷擔有作用未知當知根有非未知當知根彼亦非於未現觀四聖諦能現觀謂除前相則前三句所不攝法為第四句此復云何謂除三世未知當知根自性及現在此根相應俱有非根法諸餘過去未来此根相應俱有非根法及已知根具知根俱生品一切有漏心心所法餘色心不相應行及無為皆是第四句故言除前相如未知當知根已知具知根隨其所應廣說亦尒

盡智當言盡智乃至道智耶乃至廣說問何故此中分別三智荅是本論師意欲尒故乃至廣說荅盡智當言盡智謂自了知我已遍知苦我已永斷集我已證滅我已修道或法智謂自了知我已遍知欲界繫苦我已永斷欲界繫集我已證欲界繫諸行滅我已修斷欲界繫諸行道或類智謂自了知我已遍知色无色界繫苦我已永斷色無色界繫集我已證色无

色界繫諸行滅我已修斷色無色界繫諸行道或苦智謂自了知我已遍知三界繫苦或集智謂自了知我已永斷三界繫集或滅智謂自了知我已證三界繫諸行滅或道智謂自了知我已修斷三界繫諸行道問何故盡智非他心智荅盡智非見自性他心智是見自性故何故非世俗智荅盡智是無漏世俗智是有漏故顯自性已當顯地或有尋有伺謂依未至初靜慮或無尋唯伺謂依靜慮中間或无尋無伺謂依上三靜慮下三無色顯地已當顯相應或樂根相應謂依第三靜慮或喜根相應謂依初二靜慮或捨根相應謂依未至靜慮中間第四靜慮下三無色顯相應已當顯行相或无願相應謂十行相或無相相應謂四行相問何故盡智非空相應荅空是勝義涉勝義盡智是勝義涉世俗故如說了知我生已盡涉我解故非空相應顯行相已當顯所緣或緣欲界繫或緣色无色界繫此謂緣苦集或緣不繫此謂緣滅道如

盡智無生智亦尒然有差別謂无生智當言無生智謂自了知我不復遍知苦不復永斷集不復證滅不復修道無學正見當言無學正見謂以四行相知五取蘊以四行相知五取蘊因以四行相知五取蘊滅以四行相知斷五取蘊道或法智謂知欲界四諦或類智謂知色無色界四諦或他心智謂知他無漏心心所法或苦集滅道智謂別知三界四諦問何故無學正見非世俗智荅此無漏彼有漏故顯自性已地等四問如前說差別者此亦與空相應亦作空非我行相轉故諸審初盡智乃至廣說問何故作此論荅前明三智未辯等無間緣及所緣差別今欲辯之故作斯論諸審初盡智彼一切無間道等無間耶荅如是以初盡智必從金剛喻定等無間起故設无間道等無間彼一切盡智耶荅如是以金剛喻定等无間必起盡智故諸審初無生智彼一切盡智等無間耶荅如是審初無生智必從盡智等无間起故設盡智等無

間彼一切無生智耶荅或盡智謂時解脫或无生智謂不時解脫或無學正見謂時解脫諸緣彼無間道起則緣彼初盡智起耶荅若緣生无間道起則緣彼初盡智起若不緣生無間道起則不緣彼初盡智起謂金剛喻定六智相應則滅道法智及四類智審初盡智二智所攝則苦集類智若金剛喻定苦集類智相應者則與初盡智所緣境共以俱緣非想非非想處四蘊生故彼四蘊名生生死攝故若金剛喻定滅道法類智相應者則與初盡智所緣境異彼緣三界滅道此緣有頂苦集故諸緣彼盡智起則緣彼無生智起耶荅如是設緣彼無生智起則緣彼盡智起耶荅如是此二智俱以十四行相緣四諦故

說一切有部發智大毗婆沙論卷第一百五十五

阿毗達磨大毗婆沙論卷第一百五十五

校勘記

一　底本，金藏廣勝寺本。

一　三七二頁下一一行「幾根」，資、磧、普、南、徑、清作「問幾根」。

一　三七五頁上二二行第三字「說」，諸本(不含石，下同)作「謂」。

一　三七五頁中六行「云何」，資、磧、普、南、徑、清作「問云何」。

一　三七六頁上六行「三時」，資、磧、普、南、徑、清作「三昧」。

一　三七六頁中二〇行「非起」，徑、清作「而起」。

一　三七六頁下八行「非滅而起」，諸本作「滅而非起」。

一　三七七頁上六行第六字「雜」，資作「離」。

阿毗達磨大毗婆沙論卷第一百五十六　虧

五百大阿羅漢等造

三藏法師玄奘奉　詔譯

根蘊第六中一心納息第五之二

諸法無學正見相應彼法无學正思惟相應耶答應作四句此中無學正見一切地可得非一切無漏心無學正思惟一切无漏心可得非一切地是故得作大四句有法無學正見相應非無學正思惟謂无學正見相應正思惟及无學正思惟不相應无學正見相應法無學正見相應正思惟者謂無學正見聚中正思惟此但與無學正見相應非无學正思惟自體與自體由三因緣不相應故一無二自性俱起故二前後剎那不並故三諸法不觀自體與他為緣故及無學正思惟不相應無學正見相應法者謂靜慮中間上三靜慮下三無色无學正見相應法此非無學正思惟相應彼地無正思惟故有法无學正思惟相應非無學正見謂無學正思惟

相應正見及無學正見不相應無學正思惟相應法无學正思惟相應正見者謂無學正思惟聚中正見此但與無學正思惟相應非無學正見自體與自體由三因緣不相應故及無學正見不相應无學正思惟相應法者謂未至初靜慮盡无生智聚中正思惟相應法此非無學正見相應彼聚中無正見故有法無學正見正思惟相應謂除无學正見相應正思惟及除無學正思惟相應正見諸餘無學正見正思惟相應法謂此聚中除二自體餘心心所與二相應此復云何謂九大地法十大善地法心及伺有法非無學正見正思惟相應謂无學正見不相應正思惟無學正思惟不相應正見及前所不攝心心所法并色無為心不相應行無學正見不相應正思惟者謂盡無生智聚中正思惟此非無學正見相應彼聚中无正見故亦非无學正思惟相應自體與自體不相應故無學正思惟不相應正見者謂靜慮中間上三靜慮下

三無色無學正見此非正見相應自體與自體不相應故亦非無學正思惟相應彼地中無正思惟故及前所不攝心心所法者謂靜慮中間上三靜慮下三無色盡無生智聚心心所法及一切學有漏心心所法并色無為心不相應行當知皆是第四句攝

諸法無學正見相應彼法無學正勤相應耶荅應作四句此中無學正見一切地可得非一切無漏心无學正勤一切地一切無漏心可得是故得作中四句有法無學正見相應非无學正勤謂無學正見相應正勤此非无學正勤相應自體與自體不相應故有法無學正勤相應非無學正見謂無學正見及无學正見不相應無學正勤相應法無學正見者自體與自體不相應故無學正見不相應無學正勤相應法者謂盡無生智聚中正勤相應法此非正見相應彼聚中無正見故有法無學正見正勤相應謂除无學正見相應正勤諸餘無學正見相應法正勤多故於此偏除然此聚中除二自體餘心心所皆二相應此復云何謂九大地法九大善地法心及尋伺有法非無學正見正勤相應謂無學正見不相應正勤及前所不攝心心所法并色無為心不相應行無學正見不相應正勤者謂盡無生智聚中正勤此非正見相應彼聚中無正見故亦非正勤相應自體與自體不相應故及前所不攝心心所法者此中無餘无學心心所法前所不攝但有一切學有漏心心所法是前所不攝并色無為心不相應行當知皆是第四句攝如對正勤對正念正定正解脫亦尒此皆得作中四句故諸法無學正見相應彼法非無學正智相應諸法無學正智相應彼法非無學正見相應以此二法不俱起故

諸法無學正思惟相應彼法無學正勤相應耶荅應作四句此中無學正思惟一切無漏心可得非一切地無學正勤一切地一切無漏心可得是故亦得作中四句文如正見對正勤說如對正勤對正念正定正解脫亦尒

諸法无學正思惟相應彼法無學正智相應耶荅應作四句此中無學正思惟一切無漏心可得非一切地無學正智一切地可得非一切無漏心是故亦得作大四句文如正見對正思惟說

諸法無學正勤相應彼法無學正念相應耶荅應作四句此中無學正勤正念俱一切地一切無漏心可得是故得作小四句有法無學正勤相應非無學正念謂無學正念此與無學正勤相應非正念自體與自體不相應故有法無學正念相應非無學正勤謂無學正勤此與無學正念相應非正勤自體與自體不相應故有法無學正勤正念相應謂除无學正勤正念諸餘無學正勤正念相應法謂此聚中除二自體餘心心所與二相應此復云何謂九大地法九大善地法心及尋伺有法非無學正勤正念相應謂前所不攝心心所法并色无為心不相應行此中无餘無學心心

所法前所不攝但有一切學有漏心心所法是前所不攝并色無為心不相應行當知皆是第四句攝如對正念對正定正解脫亦尒此皆得作小四句故諸法無學正勤相應彼法無學正智相應耶荅應作四句此中正勤一切地一切無漏心可得正智一切地可得非一切無漏心亦作中四句文如正思惟對正勤說如正勤正念正定亦尒

諸法無學正解脫相應彼法无學正智相應耶荅應作四句此中无學正解脫一切地一切無漏心可得無學正智一切地可得非一切無漏心亦作中四句文如正勤對正智說

根蘊第六中魚納息第六

若成就眼根彼於二十二根幾成就幾不成就如是等章及解章義既領會已當廣分別問此納息何故名魚荅多位轉移難執取故何謂多位謂具根不具根位無形一形二形位有心無心位定不定位生界地差別位斷善不斷善位離染未離染位善染無記心位異生聖者位見道修道無學道位於此等位二十二根成與不成轉移不定如魚難執故立此名若成就眼根彼於二十二根幾成就幾不成就乃至具知根問亦尒荅若成就眼根彼定成就五餘不定成就五者謂眼身命意捨根餘不定者餘十七根或成就或不成就謂耳鼻舌根身根具者則成就不具者不成就女根男根若一形隨成就一若二形俱成就若無形俱不成就謂本不得或得已由漸命終或餘緣故失樂根若生遍淨及下若聖者生第四靜慮則成就若異生生第四靜慮則不成就苦根若生欲界則成就若生色界則不成就喜根若生極光淨及下若聖者生第三第四靜慮則成就若異生生第三第四靜慮則不成就憂根若未離欲染則成就若已離欲染則不成就信等五根若不斷善則成就若斷善則不成就未知當知根住見道則成就餘則不成就已知根住修位則成就餘則不成就具知根住無學位則成就餘則不成就是故說餘不定如眼根耳鼻舌根亦尒皆色界定成就無色界定不成就欲界不定故若成就身根彼定成就四餘不定成就四者謂身命意捨根餘不定者餘十八根或成就或不成就眼根眼根具者則成就不具者不成就餘十七根如前說若成就女根彼定成就八餘不定成就八者謂女身命意樂苦喜捨根餘不定者餘十四根或成就或不成就如前應知如女根男根亦尒若成就男女二根彼定成就十五根謂男女身命意五受信等五根定不成就三根謂三無漏根餘不定如前應知若成就命根彼定成就三餘不定成就三者謂命意捨根餘不定者餘十九根或成就或不成就謂眼耳鼻舌根生色界則成就生無色界則不成就生欲界或成就或不成就如前說身根生欲色界則成就生无色界則不成就女根男根生色無色界則不成就生欲界或成就或不成就如前說樂根若生遍淨及下若聖

者生上則成就若異生生上則不成就若根若生欲界則成就若生色無色界則不成就喜根若生極光淨及下若聖者生上則成就若異生生上則不成就餘如前說如命根意根捨根亦尒皆三界有情定成就故若成就樂根彼定成就四餘不定成就四者謂樂命意捨根餘不定者餘十八根或成就或不成就如前應知若成就苦根彼定成就七餘不定成就七者謂身命意四受除憂餘不定者餘十五根或成就或不成就如前應知若成就喜根彼定成就五餘不定成就五者謂命意樂喜捨根餘不定者餘十七根或成就或不成就如前應知若成就憂根彼定成就八定不成就一餘不定成就八者謂身命意五受根不成就一者謂具知根餘不定者餘十三根或成就或不成就如前應知若成就信根彼定成就八餘不定成就八者謂命意捨信等五根餘不定者餘十四根或成就或不成就如是應知如信根精進念定慧根亦

尒若成就未知當知根彼定成就十三定不成就二餘不定成就十三者謂身命意四受除憂信等五未知當知根不成就二者謂已知具知根餘不定者餘七根或成就或不成就如前應知若成就已知根彼定成就十一定不成就二餘不定成就十一者謂命意樂喜捨信等五已知根不成就二者謂未知當知具知根餘不定者餘九根或成就或不成就如前應知若成就具知根彼定成就十一定不成就三餘不定成就十一者謂命意樂喜捨信等五具知根不成就三者謂憂前二無漏根餘不定者餘八根或成就或不成就如前應知

若成就眼根彼於三世二十二根幾成就幾不成就乃至具知根問亦尒荅若成就眼根彼定不成就過去未来八謂命等八無記根唯成就現在非過去未来勢羸劣故定成就過去未来二現在三過未二者謂意捨根此於現在非定成就以彼或住無心位故現三者謂眼身命根餘不定如

前說如眼根耳鼻舌亦尒若成就身根彼定不成就過去未来八謂命等定成就過去未来二現在二過未二者謂意捨現二者謂身命餘不定如前說若成就女根彼定不成就過去未来八謂命等定成就過去未来五現在三過未五者謂意四受除憂現三者謂女身命餘不定如前說如女根男根亦尒若成就男女二根彼定不成就過去未来八三世三過未八者謂命等三世三者謂三無漏定成就過去未来九三世二現在四過未九者謂四受信等五三世二者謂意一受現在四者謂男女身命餘不定如前說西方師言應說過未定成就十謂五受信等五三世定成就一謂意受名不定故迦濕弥羅國諸論師言名雖不定而數則定必有一受現在前故此中說數不說名若成就命根彼定不成就過去未来八謂命等定成就過去未来二現在一過未二者謂意捨現一者謂命餘不定如前說如命根意根捨根亦尒若成就樂

根彼定不成就過去未来八謂命等定成就過去未来二未来一現在一過未二者謂意捨未一者謂樂現一者謂命餘不定如前說若成就苦根彼定不成就過去未来八謂命等定成就過去未来五現在二過未五者謂意四受除憂現二者謂身命餘不定如前說若成就喜根彼定不成就過去未来八謂命等定成就過去未来二未来二現在一過未二者謂意捨未二者謂樂喜現一者謂命餘不定如前說若成就憂根彼定不成就過去未来八三世一過未八者謂命等三世一者謂具知定成就過去未来四三世二現在二過未四者謂四受三世二者謂意一受現二者謂身命餘不定如前說健馱羅國說此文應言過未成五謂五受三世成一謂意受名不定故迦濕弥羅說名雖不定以數定故應如前說若成就信根彼定不成就過去未来八謂命等定成就過去未来七現在一過未七者謂意捨信等五現一者謂命餘不定如前說如信根精進念定慧根亦介若成就未知當知根彼定不成就過去未来八三世二現在二過未八者謂命等三世二者謂已知具知現二者謂苦憂定成就三世七過去未来三未来現在一現在二三世七者謂意一受信等五過未三者謂三受未現一者謂未知當知現二者謂身命此中二說如前餘不定如前說若成就已知根彼定不成就過去未来八三世二過未八者謂命等三世二者謂餘二無漏定成就過去未来七未来三現在一過未七者謂意捨信等五未三者謂樂喜已知現一者謂命餘不定如前說若成就具知根彼定不成就過去未来八三世三過未八者謂命等三世三者謂憂餘二無漏定成就過去未来七未来三現在一過未七者謂意捨信等五未三者謂樂喜具知現一者謂命餘不定如前說若不成就眼根彼於二十二根幾不成就幾成就乃至具知根問亦介荅若不成就眼根彼定不成就一謂眼定成就三謂命意捨餘不定如前說如眼根耳鼻舌女男根三無漏根亦介若不成就身根彼定不成就十謂七色苦憂未知當知定成就八謂命意捨信等五餘不定如前說若男女根俱不成就彼定不成就二謂男女定成就三謂命意捨餘不定如前說命意捨根無不成就若不成就樂根彼定不成就九謂女男四受除捨三無漏定成就八謂命意捨信等五餘不定如前說若不成就苦根彼定不成就五謂女男苦憂未知當知定成就八謂命意捨信等五餘不定如前說若不成就喜根彼定不成就八謂女男苦喜憂三无漏定成就八謂命意捨信等五餘不定如前說若不成就憂根彼定不成就一謂憂定成就八謂命意捨信等五餘不定如前說若不成就信根彼定不成就八謂信等五三無漏定成就八謂身命意五受餘不定如前說如信根精進念定慧根亦介若不成就眼根彼於三世二十二根幾不成就幾成就乃至

具知根問亦尒荅若不成就眼根彼定不成就三世一過去未来七三世一者謂眼過未七者謂命等七定成就過去未来二現在一過未二者謂意捨現一者謂命餘不定如前說如眼根耳鼻舌女男根亦尒若不成就身根彼定不成就三世十過去未来一三世十者謂七色苦憂未知當知過未一者諸命定成就過去未来五三世二現在一過未五者謂信等五三世二者謂意捨現一者謂命餘不定如前說若男女根俱不成就彼定不成就三世二過去未来六三世二者謂男女過未六者謂五色命定成就過去未来二現在一過未二者謂意捨現一者謂命餘不定如前說命意捨根無不成就若不成就樂根彼定不成就三世九過去未来六三世九者謂女男四受除捨三無漏過未六者謂五色命定成就過去未来七現在一過未七者謂意捨信等五現一者謂命餘不定如前說若不成就苦根彼定不成就三世五過去未来六三世五者謂女男苦憂未知當知過未六者謂五色命定成就過去未来七現在一過未七者謂意捨信等五現一者謂命餘不定如前說若不成就喜根彼定不成就三世八過去未来六三世八者謂女男苦憂喜三無漏過未六者謂五色命定成就過去未来七現在一過未七者謂意捨信等五現一者謂命餘不定如前說若不成就憂根彼定不成就三世一過去未来八三世一者謂憂過未八謂命等定成就過去未来七現在一過未七者謂意捨信等五現一謂命餘不定如前說若不成就信根彼定不成就三世八過去未来八三世八者謂信等五三無漏過未八者謂命等定成就過去未来四三世二現在二過未四者謂四受三世二者謂意一受現二者謂身命餘不定如前說如信根精進念定慧根亦尒若不成就未知當知根彼定不成就三世一過去未来八三世一者謂未知當知過未八者謂命等定成就過去未来二現在一過未二者謂意捨現一者謂命餘不定如前說如未知當知根已知具知根亦尒諸根善彼根因善根耶設根因善根彼根善耶荅諸根善彼根因善根謂八根全及六根少分此以善根為三因即相應俱有同類有根因善根彼根非善謂善根所引異熟生根即善根所引異熟命等八根及意樂喜捨根此以善根為一因謂異熟因此中無貪无瞋無癡名因善根

諸根不善彼根因不善根耶設根因不善根彼根不善耶荅諸根不善彼根因不善根謂六根少分此以不善根為四因即相應俱有同類遍行有根因不善根彼根非不善謂不善根所引異熟一生根即不善根所引命等八根及意苦根此以不善根為一因謂異熟因及欲界有身見邊執見相應根此以不善根為二因謂同類遍行此中貪瞋癡名因不善根

諸根無記彼根因無記根耶設根因無記根彼根无記耶荅應作四句迦

濕弥羅國毗婆沙師說無記根有三謂無記愛慧無明无記愛者謂色無色界五部愛無記慧者謂有覆无記慧無覆无記慧有覆无記慧謂欲界有身見邊執見及色無色界五部染汙慧無覆无記慧謂威儀路工巧處異熟生變化心俱生慧無記无明者謂欲界有身見邊執見相應无明及色無色界五部无明此中無記貪相應心由三無記根故名有根心所餘有覆无記心由二無記根故名有根心謂无記慧無明一切无覆無記心由一无記根故名有根心謂無記慧依此以釋四句義者有根无記彼根非因無記根謂無緣根即命等八根此根無記而不以无記根為因有根因无記根彼根非无記謂不善根即六少分此根不善而以無記根為二因謂同類遍行有根无記彼根亦因無記根謂无記有緣根即五少分此根无記亦以無記根為四因謂相應俱有同類遍行有根非無記彼根亦非因無記根謂善根即八全六少分

此根非無記亦不以無記根為因頗有根非因善根非因不善根非因無記根彼根非無因耶答有謂无緣根即命等八根以色心不相應行為因此非三性根為因而以色心不相應行為三因謂俱有同類異熟西方諸師說無記根有四謂无記愛見慢無明無記愛者謂色无色界五部愛無記見者謂欲界有身見邊執見及色無色界五見无記慢者謂色無色界五部慢無記无明者謂欲界有身見邊執見相應无明及色無色界五部无明此中無記貪相應心由二无記根故名有根心謂無記愛無明无記見慢相應心亦各由二无記根故名有根心謂即彼及無明所餘有覆无記心由一無記根故名有根心謂无記無明依彼以釋四句義者此文應作是說有根无記彼根非因無記根謂無覆无記根此根無記而不以无記為根因有根因無記根彼根非无記謂不善根此根非无記而以無記根為二因謂同類遍行有根无記彼

根亦因無記根謂有覆无記根此根無記亦以无記根為四因謂相應俱有同類遍行有根非無記彼根亦非因無記根謂善根此根非无記亦不以無記根為因頗有根非因善根非因不善根非因無記根彼根非无因耶答有謂無覆无記根以色心不相應行等為因此根不以三性根為因而以色心不相應行無覆无記心心所為四因謂相應俱有同類異熟此即捴說然相應根具有四因不相應根唯三因除相應因問何故西方諸師立慢為無記根答彼說力堅強義是根義慢力堅強故立為根謂瑜伽師所以退失百千善品皆由慢力問何故此國諸師不立為根耶答此說下義是根義慢令心舉於下不順故不立根問何故此國諸師立無覆无記慧為無記根答此說為依因義是根義無覆无記慧為依因勝故立為根問何故西方諸師不立為根答彼說力堅強義是根義无覆無記慧勢力羸劣故不立根問何故此彼國師

俱不立疑為無記根荅俱說定住義是根義疑不定住二門轉故不立為根如是說者如善不善根俱有三種無記根亦應尒又如不善慢不立不善根無記慢亦應尒故无記根唯三者善

根蘊第六中因緣納息第七

諸根因過去彼根緣過去耶如是等章及解章義既領會已當廣分別問何故作此論荅為止撥無去來二世及撥無因緣者意乃至廣說故作斯論此中依二緣作論謂因緣所緣緣問何故不依餘二緣作論耶荅等无間緣唯一剎那增上緣通一切法若依彼作論則文義不婉博故此但依二緣作論此中應作略毗婆沙謂二十二根中十四有所緣八無所緣有所緣中五識身相應品過去緣過去現在緣現在未來生法緣未來不生法緣三世意識身相應品隨在何世若生不生皆緣三世及無為法又見苦見集所斷根通緣五部見滅見道所斷根唯緣自部及不斷修斷不斷根通緣五部及不斷又欲色界繫及不繫根通緣三界繫及不繫无色界繫根唯緣色無色界繫及不繫因緣差別亦應准知是謂此中略所說義隨文廣釋如理應知於中一切初翻因略而緣廣一切後翻緣略而因廣此中諸忍以智名說智眷屬故

說一切有部發智大毗婆沙論卷第一百五十六

阿毗達磨大毗婆沙論卷第一百五十六

校勘記

一　底本，金藏廣勝寺本。

一　三八一頁上末行第一二字「偏」，資、磧、普、南、徑、清作「遍」。

一　三八二頁中六行第二字「眼」，磧、南作「問」。

一　三八二頁中一五行首字「苦」，磧、南、徑、清作「若」。下九行末字磧同。

一　三八三頁上三行「若生」，資、磧、普、南、徑、清作「若生欲界」。

一　三八三頁上末行「如是」，諸本（不含石，下同）作「如前」。

一　三八三頁中三行第七字「除」，資、磧、普、徑、作「餘」。

一　三八三頁下九行「二根」，資、磧、普、南、徑、清作「二根滅」。

一　三八四頁中一四行第二字「未」，資、磧、普、南、徑、清作「未來」。

一　三八四頁中一八行第八字「七」，

磧作「十」。

一　三八四頁下一二行「女男」，徑作「男女」。

一　三八五頁上九行第五字「諸」，諸本作「謂」。

一　三八五頁上一三行第四、五字「三世」，資、磧、普、南作「二世」。

一　三八五頁下一七行第五字「一」，麗無。

一　三八六頁中二行第六字「根」，徑作「相」。

一　三八六頁中二一行「爲根」，資、磧、普、南、徑、清作「根爲」。

一　三八七頁上一四行首字「間」，資、磧作「問」。

一　三八七頁上一五行第八字「不」，資、磧、普、南、徑、清作「俱不」。

一　三八七頁中三行末字「緣」，資、磧、普、南、徑、清作「隨」。

阿毗達磨大毗婆沙論卷第一百五十七　戲

五百大阿羅漢等造

三藏法師玄奘奉　詔譯

定蘊第七中得納息第一之一

諸得過去法彼得過去耶如是等章及解章義既領會已應廣分別問何故作此論答欲止他宗顯已義故謂或有執過未是無而說現在是無為法為遮彼執顯過未有現非無為故作斯論所以者何若無過去未來者應無有情成就彼法及不成就如第二頭第三手第六蘊第十三處第十九界等無有成就不成就者然有成就過去未來及不成就故知實有或復有執成就非實有法如譬喻者作如是論諸有情類不離彼法說名成就此無實體但是觀待分別假立如五指合名之為拳離即非拳故非實有如是有情不離彼法說名成就離即不成就故體非實有問彼何故立此論耶答依契經故如契經說有轉輪王成就七寶若此成就是實有者應成就他身及非有情數謂彼輪王若成就輪寶神珠寶者則法壞亦是有情數法亦是非有情數法若成就象寶馬寶者則趣壞亦是人趣亦傍生趣若成就女寶者則身壞亦是男身亦是女身若成就主藏臣寶兵將寶者則業壞亦是王亦是臣多有此過故成就非實有為止彼宗顯成就體是實有故而作斯論若成就體非實有者便違經說如說有學成就八支漏盡阿羅漢成就十支若成就非實者彼聖者有漏心現前及無心時便不成就三世聖道去何成就八支十支以支皆是無漏法故又若成就非實有者復違餘經如餘經說此補特伽羅成就善法及不善法若成就非實有者彼起善法時應不成就不善法起不善法時應不成就善法起無記法時應俱不成就又若成就非實有者復違餘經如說若苾芻成就七妙法者於現法中多住喜樂彼應成就一妙法或不成就謂七妙法隨一現前時彼苾芻但成就一以七妙

法皆慧為性尚無二慧俱起況當有七若起餘法現在前時則七妙法皆不成就又若成就非實有者復違餘經如說如來應正等覺成就十力彼應但說成就一力或不成就謂若隨起一力現前餘九離身便不成就以十力皆慧為體無二慧俱起故若起餘法現在前時是則十力皆不成就又若成就非實有者復有餘過異生應名離三界染諸阿羅漢應名異生謂諸異生起善無覆无記心及無心時身中現無煩惱復不成就過去未来豈不名為離三界染諸阿羅漢起有漏心及無心時現無聖道復不成就過去未来豈非異生無聖法故若尒便為大過是故成就决定實有問若成就是實有者辟喻者所引經云何通答彼說自在名為成就謂轉輪王於自七寶攝御自在假說成就非如成就學八支等或復有執成就雖實有體而不成就无有實體為遮彼執顯不成就亦有實體故作斯論若不成就無實體者成就亦无實體觀

不成就說成就故如觀夜立晝觀闇立明皆實有體此亦如是又不成就是成就近對治更互相違如貪无貪瞋無瞋癡無癡定亂等若无實體何所相違成近對治又不成就若無體者應不施設斷諸煩惱謂聖道起斷諸煩惱非如以刀割物以石磨物但斷繫得證離繫得令諸煩惱不成就起說名為斷故知實有不成就性或復為欲斷疑網故而作斯論謂雜蘊說過去法生老住無常當言過去乃至廣說勿有生疑如相與法不異世不異剎那得與法亦尒如得與法有異世有異剎那相與法亦尒為令此疑得决定故明相與法定不異世不異剎那而得與法有同有異謂三世法一一各有三世得故問何故相與所相世及剎那决定無異得與所得或同或異耶荅相與所相必同一果相隨行不相離無前後於同聚法不能棄捨得與所得不同一果非定相隨非不相離或有前後於同聚法或能棄捨如諸樹皮性離於樹是故為

止他宗顯於已義及令疑者得决定故設不止他顯已令疑决定但於法相相應義中應顯所明故作斯論

諸得過去法彼得過去耶此中得言欲何所顯謂獲成就去何知然如施設論說得去何謂獲成就獲去何謂得成就成就去何謂獲得得獲成就聲雖有別而義无異所得法類有十一種欲界有四謂善不善有覆无記無覆无記色界有三除不善無色界亦尒及无漏法欲界善不善無覆无記各具五蘊有覆無記唯有四蘊色界三各具五蘊无色界三各唯四蘊無漏法具五蘊及擇滅非擇滅除虛空無為非所得法故此中欲界善不善色若在過去有三世得若在未来唯有未来得若在現在有二世得謂未来現在善不善有覆无記四蘊及無覆无記中通果心俱生品四蘊彼得世雜剎那雜謂在過去未来現在皆具三世得故無覆无記一切色蘊異熟生四蘊及威儀路工巧處多分四蘊彼得世不雜剎那不雜若在過

去得亦過去若在未來得亦未來若在現在得亦現在威儀路四蘊中善串習者佛馬勝及餘有情所善串習并工巧處四蘊中善串習者如佛妙業天子及餘有情所善串習彼得亦皆世雜剎那雜謂在三世各有三世得故色界善五蘊有覆无記及無覆無記中通果心俱生品四蘊彼得世雜剎那雜謂在三世各有三世得故不定善色蘊如欲界善不善色蘊說一切有覆无記無覆无記色蘊及威儀路異熟生四蘊彼得世不雜剎那不雜隨在彼世即唯有彼世得故无色界善有覆無記四蘊彼得世雜剎那雜謂在三世各有三世得故異熟生四蘊彼得世不雜剎那不雜隨在彼世即唯有彼世得故無漏五蘊彼得亦世雜剎那雜謂在三世各有三世得故此則總說若別說者諸未曾得无漏五蘊及未曾得有漏修所成并未曾得聞思所成彼最初得若在未來彼法唯有未來得若在現在彼法則有未來現在得若在過去彼法則有三世得擇滅非擇滅法雖非三世攝而有三世得然擇滅得有二種謂有漏无漏有漏擇滅得由離欲界染乃至無所有處染故起是世俗道類若未離染彼滅唯有過去未來得若已離染彼滅即有三世得無漏擇滅得由離三界見修所斷染故起是聖道類欲界見苦所斷法擇滅若善法智未現在前彼滅唯有未來得若現在前彼滅則有未來現在得若已滅彼滅則有三世得如是乃至有頂第九品法擇滅若盡智未現前等如理應知非擇滅得唯是有漏彼最初得若在未來彼滅唯有未來得若在現在彼滅則有未來現在得若在過去彼滅則有三世得此中初問答顯一一世法有三世得第二問答顯一一世得三世及離世法是謂此處略毗婆沙

諸得過去法彼得過去耶答彼得或過去或未來或現在得過去法過去得者謂過去三界一切諸蘊及无漏蘊彼所有過去得得過去法未來得者謂過去欲界善不善五蘊有覆无記四蘊無覆无記中通果心俱生品及威儀路工巧處一分四蘊色界善五蘊有覆无記及無覆无記中通果心俱生品四蘊無色界善有覆无記四蘊無漏五蘊彼所有未來得得過去法現在得者謂過去欲界善不善五蘊乃至廣說如未來彼所有現在得說得過去彼得過去法耶答彼法或過去或未來或現在或無為過去得得過去法者謂過去得得過去三界一切諸蘊及無漏蘊過去得得未來法者謂過去得得未來欲界善不善有覆無記四蘊无覆無記中通果心俱生品及威儀路工巧處一分四蘊色界善五蘊有覆无記及無覆无記中通果心俱生品四蘊無色界善有覆無記四蘊無漏五蘊過去得得現在法者謂過去得得現在欲界善乃至廣如得未來說過去得得无為法者謂過去得得擇滅非擇滅

諸得未來法彼得未來耶答彼得或未來或過去或現在得未來法未來

得者謂未来三界一切諸蘊及无漏蘊彼所有未来得得未来法過去得者謂未来欲界善不善有覆无記四蘊無覆无記中通果心俱生品及威儀路工巧處一分四蘊色界善五蘊有覆無記及无覆無記中通果心俱生品四蘊無色界善有覆无記四蘊無漏五蘊彼所有過去得得未来法現在得者謂未来欲界善乃至廣說如過去彼所有現在得設得未来彼得未来法耶荅彼法或未来或過去或現在或无為未来得得未来法者謂未来得得未来三界一切諸蘊及無漏蘊未来得得過去法者謂未来得得過去欲界善不善五蘊有覆无記四蘊無覆无記中通果心俱生品及威儀路工巧處一分四蘊色界善五蘊有覆无記及無覆无記中通果心俱生品四蘊无色界善有覆無記四蘊無漏五蘊未来得得現在法者謂未来得得現在欲界善乃至廣如得過去說未来得得无為者謂未来得得擇滅非擇滅諸得現在法彼得

現在耶荅彼得或現在或過去或未来得現在法現在得者謂現在三界一切諸蘊及無漏蘊彼所有現在得得現在法過去得者謂現在欲界善不善有覆無記四蘊无覆無記中通果心俱生品及威儀路工巧處一分四蘊色界善五蘊有覆无記及無覆無記中通果心俱生品四蘊无色界善有覆无記四蘊無漏五蘊彼所有過去得得現在法未来得者謂現在欲界善不善五蘊有覆无記四蘊餘如過去得說彼所有未来得設得現在彼得現在法耶荅彼法或現在或過去或奉来或無為現在得得現在法者謂現在得得現在三界一切諸蘊及無漏蘊現在得得過去法者謂現在得得過去欲界善不善五蘊有覆無記四蘊無覆无記中通果心俱生品及威儀路工巧處一分四蘊色界善五蘊有覆无記及無覆无記中通果心俱生品四蘊無色界善有覆無記四蘊无漏五蘊現在得得未来法者謂現在得得未来欲界善不善

有覆无記四蘊餘如得過去說現在得得无為者謂現在得得擇滅非擇滅諸得善法彼得善耶荅如是以善法得必是善故設得善彼得善法耶荅如是以諸善得唯得善法故不善無記問荅亦介能得所得性必同故諸得欲界法彼得欲界耶荅如是以欲界法得必是欲界故設得欲界彼得欲界法耶荅彼法或欲界或不繫欲界者謂欲界五蘊不繫者謂諸非擇滅以生欲界補特伽羅於三界繫及不繫法得非擇滅彼得皆是欲界繫故諸得色界法彼得色界耶荅如是以色界法得必是色界故設得色界彼得色界法耶荅彼法或色界或不繫色界者謂色界五蘊不繫者謂諸擇滅非擇滅擇滅者謂欲界下三靜慮五蘊擇滅彼世俗道類得皆色界繫以下地擇滅有漏得皆上地近分攝故非擇滅者謂生色界補特伽羅於三界繫及不繫法得非擇滅彼得皆是色界繫故諸得無色界法彼得無色界耶荅如是以無色界法得皆

是無色界繫故設得无色界彼得无色界法耶答彼法或无色界或不繫無色界者謂无色界四蘊不繫者謂諸擇滅非擇滅擇滅者謂第四靜慮地繫五蘊及下三無色地繫四蘊擇滅後世俗道類得皆无色界繫所以如前非擇滅者謂生无色界補特伽羅於三界繫及不繫法得非擇滅彼得皆是無色界繫故諸得學法彼得學耶答如是以學法得必是學故設得學彼得學法耶答彼法或學或非學非無學學者謂學五蘊非學非無學者謂諸學得所得擇滅諸得无學法彼得無學耶答如是以無學法得必是無學故設得无學彼得無學法耶答彼法或無學或非學非無學无學者謂无學五蘊非學非無學者謂諸無學得所得擇滅

諸得非學非无學法彼得非學非無學耶答彼得或非學非無學或學或無學非學非无學者謂有漏五蘊四蘊得一切非擇滅得諸擇滅世俗道類得學者謂諸擇滅學道類得無學

者謂諸擇滅無學道類得設得非學非無學彼得非學非无學法耶答如是以諸非學非無學得唯得非學非無學法故諸得見所斷法彼得見所斷耶答如是以見所斷法得必是見所斷故設得見所斷彼得見所斷法耶答如是以見所斷得唯得見所斷法故諸得修所斷法彼得修所斷耶答如是以修所斷法得必是修所斷故設得修所斷彼得修所斷法耶答彼法或修所斷或不斷修所斷者謂修所斷五蘊不斷者謂一切非擇滅及世俗道類所得擇滅諸得不斷法彼得不斷耶答得或不斷或修所斷不斷者謂无漏五蘊得及諸擇滅無漏道類得修所斷者謂一切非擇滅得及諸擇滅世俗道類得設得不斷彼得不斷法耶答如是以不斷得唯得不斷法故已隨本文辯諸得相當更隨義顯諸非得若法有得彼法有非得若法無得彼法无非得獲成就非獲非成就說亦介由此一切有情數法及擇滅非擇滅有得非得有獲

非獲有成就非成就一切非有情數法及虛空無為則皆無有得非得等又於自相續法有得有非得等於他相續法無得非得等此中過去未來法各有三世非得現在法唯有過未二世非得以可成就法在現在世必成就故得與非得更互相違不俱起故善不善無記法非得皆唯無記三界法非得皆通三界學无學非學非無學法非得皆唯非學非無學見所斷修所斷不斷法非得皆唯修所斷是謂非得略毗婆沙

諸不得過去法彼非得過去耶答彼非得或過去或未來或現在不得過去法過去非得者謂過去善不善有覆无記無覆无記無漏五蘊彼所有過去非得此中斷善根者善五蘊離欲染者不善五蘊諸阿羅漢有覆无記五蘊一切有情多分無覆无記五蘊以無覆无記法已過剎那及未至剎那多分不成就故諸異生類无漏五蘊是謂捴相所不得法不得過去法未来非得者謂過去善不善有覆

無記無覆无記無漏五蘊彼所有未来非得如前釋不得過去法現在非得者謂過去善不善有覆无記無覆无記無漏五蘊彼所有現在非得隨所應如前釋說非得過去彼不得過去法耶荅彼法或過去或未来或現在或無為過去非得不得過去法者謂過去非得不得過去善乃至無漏五蘊如前釋過去非得不得未来法者謂過去非得不得未来善乃至無漏五蘊如前釋過去非得不得現在法者謂過去非得不得現在善乃至無漏五蘊如前釋過去非得不得無為法者謂過去非得不得擇滅非擇滅法謂具縛者於擇滅一切有情於非擇滅諸不得未来法彼非得未来耶荅彼非得或未来或過去或現在不得未来法未来非得者謂未来善乃至無漏五蘊彼所有未来非得如前釋不得未来法過去非得者謂未来善乃至无漏五蘊彼所有過去非得如前釋不得未来法現在非得者謂未来善乃至無漏五蘊彼所有現在非得如前釋說非得未来彼不得未来法耶荅彼法或未来或過去或現在或無為未来非得不得未来法者謂未来非得不得未来善乃至无漏五蘊如前釋未来非得不得過去法者謂未来非得不得過去善乃至無漏五蘊如前釋未来非得不得現在法者謂未来非得不得現在善乃至無漏五蘊如前釋未来非得不得无為法者謂未来非得不得擇滅非擇滅如前釋諸不得現在法彼非得現在耶荅彼非得或過去或未来非現在相違故不得現在法過去非得者謂現在善乃至无漏五蘊彼所有過去非得如前釋不得現在法未来非得者謂現在善乃至無漏五蘊彼所有未来非得如前釋說非得現在彼不得現在法耶荅彼法或過去或未来或无為非現在相違故現在非得不得過去法者謂現在非得不得過去善乃至無漏五蘊隨所應如前釋現在非得不得未来法者謂現在非得不得未来善乃至無漏五蘊如前釋現在非得不得無為法者謂現在非得不得擇滅非擇滅如前釋諸不得善法彼非得善耶荅不尒以彼非得是無記非善性故說非得无記彼不得善法耶荅彼法或善或不善或無記以无記非得不得三性法故諸不得不善法彼非得不善耶荅不尒以彼非得是无記非不善性故說非得無記彼不得不善法耶荅彼法或善或不善或無記以無記非得不得三性法故諸不得无記法彼非得無記耶荅如是以諸非得唯无記故說非得无記彼不得無記法耶荅彼法或善或不善或无記以無記非得不得三性法故諸不得欲界法彼非得欲界耶荅彼非得或欲界或色界或無色界不得欲界法欲界非得者謂生欲界欲界諸蘊非得不得欲界法色界非得者謂生色界欲界諸蘊非得不得欲界法無色界非得者謂生无色界欲界諸蘊非得說非得欲界彼不得欲界法耶荅彼法或欲界或色界或无色界或不繫欲界非

得不得欲界法者謂生欲界不得欲界諸蘊欲界非得不得色界法者謂生欲界不得色界諸蘊欲界非得不得無色界法者謂生欲界不得无色界諸蘊欲界非得不得不繫法者謂生欲界不得無漏諸蘊及擇滅非擇滅諸不得色界法彼非得色界耶答彼非得或欲界或色界或無色界不得色界法欲界非得者謂生欲界色界諸蘊非得不得色界法色界非得者謂生色界色界諸蘊非得不得色界法無色界非得者謂生無色界色界諸蘊非得設非得色界彼不得色界法耶答彼法或欲界或色界或無色界或不繫色界非得不得欲界法者謂生色界不得欲界諸蘊色界非得不得色界法者謂生色界不得色界諸蘊色界非得不得無色界法者謂生色界不得無色界諸蘊色界非得不得不繫法者謂生色界不得无漏諸蘊及擇滅非擇滅諸不得無色界法彼非得無色界耶答彼非得或欲界或色界或无色界不得無色界法欲界非得者謂生欲界无色界諸蘊非得不得無色界法色界非得者謂生色界无色界諸蘊非得不得無色界法無色界非得者謂生无色界無色界諸蘊非得設非得無色界彼不得无色界法耶答彼法或欲界或色界或無色界或不繫无色界非得不得欲界法者謂生無色界不得欲界諸蘊无色界非得不得色界法者謂生無色界不得色界諸蘊无色界非得不得无色界法者謂生无色界不得無色界諸蘊无色界非得不得不繫法者謂生無色界不得无漏諸蘊及擇滅非擇滅諸不得學法彼非得學耶答不尒以彼非得是非學非无學非是學故設非得非學非無學彼不得學法耶答彼法或學或無學或非學非无學以非學非无學非得不得三種法故諸不得無學法彼非得無學耶答不尒以彼非得是非學非無學非是无學故設非得非學非无學彼不得无學法耶答彼法或學或無學或非學非無學以非學非无學非得不得三種法故諸不得非學非無學法彼非得非學非无學耶答如是以諸非得唯是非學非无學故設非得非學非無學彼不得非學非無學法耶答彼法或學或无學或非學非无學以非學非無學非得不得三種法故諸不得見所斷法彼非得見所斷耶答不尒以彼非得是修所斷非見所斷故設非得修所斷彼不得見所斷法耶答彼法或見所斷或修所斷或不斷以修所斷非得不得三種法故諸不得修所斷法彼非得修所斷耶答如是以諸非得唯修所斷故設非得修所斷彼不得修所斷法耶答彼法或見所斷或修所斷或不斷以修所斷非得不得三種法故諸不得不斷法彼非得不斷耶答不尒以彼非得是修所斷非不斷故設非得修所斷彼不得不斷法耶答彼法或見所斷或修所斷或不斷以修所斷非得不得三種法故

說一切有部發智大毗婆沙論卷第一百五十七

阿毗達磨大毗婆沙論卷第一百五十七

校勘記

一 底本，金藏廣勝寺本。

一 三八九頁中末行「七實」，諸本（不含石，下同）作「七寶」。又「是寶」，諸本作「是實」。

一 三九一頁上三行第四字「佛」，諸本作「如佛」。

一 三九一頁上一四行第四字「有」，南作「不」。

一 三九一頁中一八行第三字「得」，諸本作「得得」。

一 三九三頁中一四行「答得」，諸本作「答彼得」。

一 三九三頁下一三行第七字「彼」，資、磧、普、南、徑、清作「得」。

一 三九四頁上一五行第八字「擇」，磧作「釋」。

阿毗達磨大毗婆沙論卷第一百五十八　　衍

五百大阿羅漢等造

三藏法師玄奘奉　詔譯

定蘊第七中得納息第一之三

問得非得何差別答名即差別謂名得名非得復次得有漏無漏非得唯有漏復次得善不善無記非得唯無記復次得三界繫及不繫非得唯三界繫復次得學無學非學非無學非得唯非學非無學復次得見所斷修所斷不斷非得唯修所斷復次得染汙不染汙非得唯不染汙復次得異熟非異熟非得唯非異熟復次得有異熟無異熟非得唯無異熟復次得與所得法或俱起或不俱起非得與所不得法必不俱起復次得苦集道三諦攝非得唯苦集諦攝以如是等門應知得非得差別

問何故得與所得法性類或同或異耶答得有三種一有為法得二擇滅得三非擇滅得有為法得隨所得法性類差別以有為法能有作用引自得故擇滅得隨能證道性類差別以諸擇滅自無作用但由道力求證彼時引彼得故非擇滅得隨自所依性類差別以非擇滅自無作用非道所求彼得但依命根衆同分而現前故問非得隨何性類差別答彼定不隨所不得法以相違故又不隨道非道所求故但依命根衆同分轉故隨所依性類差別問若諸非得非擇滅得俱隨所依性類差別者所依或異熟或唯等流此二隨何性類差別答隨等流性以義遍故異熟非遍故不隨立問非得若隨所不得法性類差別有何過耶答斷善根者應成就善已離欲染者應成就不善諸無學者應成就染異生應成就三乘無漏法退果應成果捨向應成向二滅非得應是無為由此等過非得不可隨所不得性類有異

問所說得為更有得為無耶若更有得者得傳有得何非無窮若更無得者此得由何可說成就答應說得復有得問若尒應成無窮答無窮亦無

有過由此生死難斷難越或無量得皆一剎那俱生而滅無無窮過如是說者一剎那中但有三法一彼法二得三得得由得故成就彼法及得得由得得故成就得由更互相得故非無窮是故說色蘊行蘊一得得乃至識蘊行蘊一得得有為無為一得得問為一一法各別有得為不尒耶或有說者俱有法同一得得問若尒不應作如是說色蘊行蘊一得得等答欲顯法與得得無異得故作如是說然實不無五蘊四蘊一得得義有說一一法各別得得唯除得得與彼法同一得得問若尒便有無窮過失以得皆有生住異滅生等復有得與得得彼得得得復有生等如是展轉成無窮故答無窮復有何過由此生死難斷難越或此諸法皆一剎那俱生而滅無無窮過如是說者法與生等同一得得相與所相極親近故由此善通色蘊行蘊一得得等又去如前無窮過失如說得如是非得與得相違應隨廣說然無同時非得非得有情

數法現在前時必與得俱是故非得
起時決定不與非得非得及彼法俱
起由此三法更相違故異時說有此
則不遮
問過去未來得為成就為不成就若
成就者則為無窮謂一刹那三法俱
起一法二得三得三得此三滅位有六
得生謂三得三得得此六滅位十二
得起謂六得六得得十二滅位二十
四得起謂十二得十二得得如是展
轉無始時來乃至後際念念倍起其
得無限隣次刹那倍增尚尒況於隣
越前前刹那諸得倍增是故展轉有
無窮過若不成就便與此蘊後說相
違如說從無色界歿生欲界時所得
蘊界處大種善根不善根無記根結
縛隨眠隨煩惱纏當言曾得得未曾
得得答善染汙法當言曾得得異熟
法當言未曾得得如此則非不成就
以得亦有善染汙故答應作是說過
去未來得有成就者以善及染汙法
等有三世得故問若尒豈非無窮答
無窮復有何過由此生死難斷難越

或彼諸得一刹那生無無窮過又此
諸得但可言多而非無窮猶有分限
故有餘師說無有成就過去未來得
者是故無無窮過問此蘊後說當云
何通答此蘊後文說所得法非能得
得斯有何咎如是說者應如初說得
如所得應成就故又以得故名沙門
果若過未得不成就者諸沙門果應
刹那捨刹那得然無是事又諸聖道
有三時捨謂退時得果時練根時若
過未得不成就者則聖道應刹那刹
那捨非謂三時欲令無如是過故有
成就過未諸得若成就所得法亦成
就彼得若所得法捨彼得亦捨以法
與得捨得同故然得總有四種一在
彼法前二在彼法後三與彼法俱四
非彼法前後及俱若所得法則有六
種一有所得法唯有俱得如異熟生
等二有所得法唯有前得如三類智
邊世俗智等有說此等亦有俱得三
有所得法唯有俱得後得如別解脫
戒等四有所得法唯有俱得前得如
道類智忍等五有所得法具有前後

俱得如所餘善染汙等六有所得法
不可說有前後俱得而有諸得謂擇
滅非擇滅必無有法唯有法後得者
現在前時必有得故一切非得總有
三種一在彼法前二在彼法後三非
彼法前後及俱所不得法亦有三種
一有所不得法唯有彼前非得謂未
來情數畢竟不生法及入無餘涅槃
最後刹那心等二有所不得法通有
彼前彼後非得謂餘隨應有情數法
三有所不得法無彼前後及俱非得
而有非得謂擇滅非擇滅必無非得
可為法俱以法現在前時是所得者
必有得故非所得者無得無非得故
亦無唯有彼後非得非無始來恒成
就彼未捨必起彼類盡故然諸非得
性羸劣故唯成就現在一一刹那得
已即捨於未得彼法及已捨位恒有
此非得應知
見道所起得有十三類即十五心時
俱起諸得見道滅位與自所起諸得
俱滅如日沒時與自所起光明俱沒
然苦法智忍有十五得苦法智有十

四得乃至道類智忍但有一得問見道得為但有尒所為更有餘有說但有尒所有說更有餘未來世不生諸得而不可說此不應理寧嘗說無不應言有而不可說如是說者更有餘未來得苦法智忍一得俱生忍得相望乎無因義苦法智三得俱生二道得一離繫得二道得者謂苦法智忍得苦法智得一離繫得者謂欲界見苦所斷十繫得滅十離繫得起苦法智與彼三得乎不為因苦法智忍與彼三得皆有因義苦類智忍四得俱生三道得一離繫得苦類智忍與彼四得乎不為因苦法智忍為四得因苦法智為三得因除苦法智忍得以加行善法勝非劣因故有為法得隨法勝劣故苦類智六得俱生四道得二離繫得苦類智與彼六得乎不為因苦法智忍為六得因苦法智為五得因除苦法智忍得以彼劣故苦類智忍為三得因除前三得以彼劣故問不與前二道得作因是事可尒彼所得劣故不與前離繫得作因云何

可尒彼所得最勝故答有為法得隨所得法勝劣彼所引故無為法得隨道勝劣道所引故彼道劣故彼得非因如是乃至道類智忍二十二得俱生十五道得七離繫得道類智忍與彼諸得乎不為因苦法智忍皆與二十二得作因苦法智與二十一得作因除苦法智忍得乃至道法智但與三得作因謂二道得一離繫得非前十九得因以彼劣故由此故說頗有前生無漏法非後生無漏法因耶答有謂勝於劣

苦法智忍現在前時修未來無量苦法智忍此現在忍與所修為因彼是此果有說此現在忍非所修為因彼非此果以彼竟無一刹那現在前故評曰應說此為彼因彼是此果一相續攝非劣道故如是乃至金剛喻定現在前時修未來無量金剛喻定此現在定與所修為因彼是此果有說此現在定非所修因彼非此果以彼竟無一刹那現在前故評曰應說此為彼因彼是此果一相續攝非劣道故

已生苦法智忍與不生苦法智忍為因亦與苦法智等一切學無學道為因已生苦法智與不生苦法智為因亦與苦類智忍等一切學無學道為因不與苦法智忍為因如是乃至已生盡智與未生盡智為因亦與後已生未生一切無學道為因不與一切學道為因由此故說頗有已生無漏法非未生無漏法因耶答有謂已生苦法智非未生苦法智忍因乃至已生盡智非未生金剛喻定因勝道不與劣道為因故

苦集諦是有漏彼諸得亦有漏滅諦是無漏彼諸得或有漏或無漏道諦是無漏彼諸得亦無漏又苦集諦是善不善無記彼諸得亦尒滅諦道諦是善彼諸得亦是善又苦集諦是三界繫彼諸得亦尒滅諦是不繫彼諸得或色界繫或無色界繫或不繫道諦是不繫彼諸得亦不繫又苦集諦是非學非無學彼諸得亦尒滅諦是非學非無學彼諸得或學或無學或非學非無學道諦是學無學彼諸得

亦尒又苦集諦是見所斷修所斷彼諸得亦尒滅諦是不斷彼諸得或修所斷或不斷道諦是不斷彼諸得亦不斷又苦集諦是染汙不染汙彼諸得亦尒滅諦道諦是不染汙彼諸得亦尒又苦集諦是有異熟無異熟彼諸得亦尒滅諦是無異熟彼諸得或有異熟或無異熟道諦是無異熟彼諸得亦尒又苦集諦是苦集諦攝彼諸得亦尒滅諦是滅諦攝彼諸得是苦集道三諦攝道諦是道諦攝彼諸得亦尒所得四諦與能得得有如是等諸門同異

問何地所繫法有幾種離繫得荅欲界乃至無所有處見修所斷法皆有三種離繫得謂學無學非學非無學非想非非想處見所斷法及前八品修所斷法皆有二種離繫得謂學無學彼第九品修所斷法唯有一種離繫得謂無學無學初心方初起故問何地所繫法有幾地無漏離繫得或有說者諸離繫得隨斷對治彼作是說欲界見修所斷法無漏離繫得未

至定攝初靜慮見修所斷法無漏離繫得三地攝第二靜慮見修所斷法無漏離繫得四地攝第三靜慮見修所斷法無漏離繫得五地攝第四靜慮見修所斷法及無色界見所斷法無漏離繫得六地攝空無邊處修所斷法無漏離繫得七地攝識無邊處修所斷法無漏離繫得八地攝無所有處非想非非想處無漏離繫得九地攝復有說者諸離繫得隨據對治彼作是說欲色界見修所斷法無漏離繫得皆六地攝空無邊處見修所斷法無漏離繫得七地攝識無邊處見修所斷法無漏離繫得八地攝無所有處非想非非想處見修所斷法無漏離繫得九地攝有作是說若地有法智品道彼地有欲界見修所斷法無漏離繫得若地有類智品道彼地有色無色界見修所斷法無漏離繫得彼作是說欲界見修所斷法無漏離繫得六地攝色無色界見修所斷法無漏離繫得九地攝評曰此中初說為善諸離繫得必由斷對治力

所引起故問若以滅道法智離色無色界修所斷染時彼色無色界修所斷法無漏離繫得為法智品攝為類智品攝耶若法智品攝此不應理彼法及斷類智所知故若類智品攝亦不應理彼斷及得法智所證故有作是說彼離繫得類智品攝問豈不彼斷及得法智所證耶荅雖法智所證而類智攝類智所知故有餘師說彼无漏離繫得法智品攝問豈不彼法及斷類智所知耶荅雖類智所知而法智攝法智所證故評曰此中初說為善以類智品是彼不共決定對治故

問聖者以世俗道離諸地染時為是曾得道未曾得道耶有作是說是曾得道由此道無始時來串習曾得今現前故彼作是說聖者以世俗道離欲界修所斷上上品染時於欲界修所斷上上品法得二種離繫得一世俗得二無漏得世俗得是曾得道類無漏得是聖道類以世俗道現在前時亦修未來無漏道故於欲界見所斷上上品法得一種離繫得謂世俗

得是曾得道類不得無漏得先已得故問若尒云何共對治道轉成不共對治謂此曾得道先時揔以欲界見修所斷諸法為九品斷令時此道唯斷欲界修所斷故荅此道猶名共對治道以此恒有俱斷力故此見所斷先已斷故今無可斷非不能斷是故恒名共對治道如離上上品乃至離下下品亦尒如離欲界修所斷乃至離無所有處修所斷亦尒有餘師說是未曾得道由此道無始時來未習未得唯聖所起故彼作是說聖者以世俗道離欲界修所斷上上品染時於欲界修所斷上上品法得二種離繫得一世俗得二無漏得世俗得是未曾得道類無漏得是聖道類以世俗道現在前時亦修未來無漏道故於欲界見所斷上上品法不得離繫得不得世俗得者未曾得道非彼對治故不得無漏得者先已得故如離上上品乃至離下中品亦尒如離欲界修所斷八品離初靜慮修所斷八品乃至離無所有處修所斷八品亦

尒離欲界修所斷第九品解脫道時未來修曾得未曾得二世俗道尒時於欲界修所斷法得三種離繫得一世俗曾得得謂曾得道類二世俗未曾得得謂未曾得道類三無漏得謂聖道類於欲界見所斷法得二種離繫得除未曾得世俗得問云何知第九解脫時能修未來曾得未曾得二世俗道荅以說若成就現在他心智彼定成就過去他心智故問何故離前八品染時修未曾得道離第九品染解脫道時修曾得未曾得道耶荅離染道異得地亦異謂離染道唯未曾得未來所修亦未曾得若得地時現離染道雖未曾得得根本地故通修未來曾得未曾得道如離欲界修所斷第九品乃至離無所有處修所斷第九品亦尒評曰應作是說聖者以世俗道離諸地染時應言是未曾得道昔來未得唯聖所起故然於未來通修曾得未曾得道所對治同故應作是說聖者以世俗道離欲界修所斷上上品染時於欲界修所斷上上品

法得三種離繫得一世俗曾得得謂曾得道類二世俗未曾得得謂未曾得道類三無漏得謂聖道類於欲界見所斷上上品法得一種離繫得謂曾得世俗道類不得未曾得得者未曾得道非彼對治故不得無漏得者先已得故如離上上品乃至離下下品亦尒如離欲界修所斷乃至離無所有處修所斷亦尒由此故說頗有不退不得果不轉根非見道現在前亦非異生類而於見所斷法得離繫得耶荅有謂前所說唯除離欲染第六九品時

依所說義應作是說頗有離繫得得而不捨捨而不得耶荅應作四句有離繫得得而不捨謂諸異生離欲界乃至無所有處染時及諸聖者非得果離染時有離繫得捨而不得謂諸異生從離欲界乃至無所有處染退時及諸聖者非先果退時若從欲界殁生第二靜慮以上時從初靜慮殁生第二靜慮以上時乃至從無所有處殁生非想非非想處時從色無色

界諸地歿生欲界時有離繫得亦得亦捨謂進得四沙門果時信勝解練根成見至時退法種性阿羅漢等練根成思法等時從離染或種性退若三若四沙門果時若色無色界上地歿生下地時有離繫得非得非捨謂除前相問若先離欲界五品染後入正性離生苦法智生時於先所斷見苦所斷五品法及今所斷見苦所斷四品法皆得無漏離繫得乃至道法智生時於先所斷見道所斷五品法及今所斷見道所斷四品法皆得無漏離繫得道類智生時於三界見所斷法皆得無漏離繫得彼先所斷欲界修所斷五品法無漏離繫得何時當得尊者僧伽筏蘇作如是說道類智時得以尒時名預流果亦名一來向故彼說不然所以者何以於尒時得預流果於一來果向道乃至未起一刹那現前如何可說為一來向有作是說起一來果加行道時得以是一來向所攝故有餘師說得一來果時得以住第六無間道時能引三界

見所斷及欲界修所斷前六品法無漏離繫得令起得一來果故如是說者從預流果決定起勝進道彼現前時得以從下界起趣上勝進道時必修先所斷上位諸結對治道故問頗有一刹那頃於無漏離繫得有身作證而慧不見有慧見而身不作證乃至作四句耶荅有謂道類智忍滅道類智生時應作四句有無漏離繫得身作證而慧不見謂欲界見所斷法無漏離繫得有無漏離繫得慧見而身不作證謂色無色界修所斷法無漏離繫得有無漏離繫得身作證慧亦見謂色無色界見所斷法無漏離繫得有無漏離繫得身不作證慧亦不見謂欲界修所斷法無漏離繫得問頗有一刹那頃於信等五根得而不捨捨而不得乃至作四句耶荅有謂聖者離欲界染住最後無間道時應作四句得而不捨者謂三地世俗道二地無漏道所攝信等五根捨而不得者謂欲界惡作憂根俱生信等五根亦得亦捨者謂未至地無漏道

所攝信等五根捨無間道所攝得解脫道所攝非得非捨者謂除前相問若法過去彼得過去耶設得過去彼法過去耶荅應作四句有法過去彼得非過去謂過去有情數法彼得在未来現在有得過去彼法非過去謂過去得得未来現在有情數法及擇滅非擇滅有法過去彼得亦過去謂過去有情數法彼得在過去有法非過去彼得亦非過去謂未来現在得得未来現在有情數法及擇滅非擇滅如過去作四句未来現在各作四句如理應知問若法在過去彼法有過去得耶設法有過去得彼法在過去耶荅應作四句有法在過去彼法無過去得謂過去非有情數法有法有過去得彼法不在過去謂擇滅非擇滅及未来現在有情數法有過去得有法在過去彼法亦有過去得謂過去有情數法有法非在過去彼法亦非有過去得謂未来現在非有情數法及虛空無為并未来現在有情數法及擇滅非擇滅無過去得如過

去作四句未來現在各作四句如理應知問若法不在過去彼法無過去得耶設法無過去得彼法不在過去耶荅應作四句前第二句作此第一句前第一句作此第二句前第四句作此第三句前第三句作此第四句如前應知如過去作四句未來現在各作四句如理應知問若法有得彼法有離繫得耶設法有離繫得彼法有得耶荅應作四句有法有得彼法非有離繫得謂無漏有爲法及擇滅非擇滅有法有離繫得彼法非有得謂非有情數法有法有得彼法亦有離繫得謂有漏有情數法有法非有得彼法亦非有離繫得謂虛空無爲問若法無得彼法無離繫得耶設法無離繫得彼法無得耶荅應作四句前第二句作此第一句前第一句作此第二句前第四句作此第三句前第三句作此第四句如前應知

問若法應修彼法得應修耶設法得應修彼法應修耶荅若法應修彼法得亦應修有法得應修彼法非應修

謂擇滅問若法應斷彼法得應斷耶設法得應斷彼法應斷耶荅若法應斷彼法得亦應斷有法得應斷彼法非應斷謂擇滅一分及非擇滅問若法應猒彼法得應猒耶設法得應猒彼法應猒耶荅若法應猒彼法得亦應猒有法得應猒彼法非應猒謂擇滅一分及非擇滅問何故諸得隨所得法成善等性而不成色等耶荅善等是諸法性類諸法性類可相隨轉色等是諸法自體諸法自體無相隨義有說善等是共相可隨而轉色等是自相無相隨義問何故諸得隨所得法定是善等不隨所得法定是過去等耶荅所得諸法行世不定故能得得世亦不定所得諸法善等性定故能得得善等亦定問諸得幾識所識幾智所知幾隨眠之所隨增耶荅諸得一識所識謂意識法界法處行蘊攝故八智所知除滅智他心智以是有爲不相應故三界五部有漏緣隨眠之所隨增以於得中無相應隨增故問諸非得幾識所識幾智所知

幾隨眠之所隨增耶荅諸非得一識所識謂意識亦法界法處行蘊攝故七智所知除滅智道智他心智以是有漏不相應故三界修所斷及諸遍行隨眠之所隨增以非得唯修所斷故問頗有捨得而不得非得耶荅有謂入無餘涅槃時捨諸法得而不得非得所依斷故問頗有諸法先起非得一得以去更不起非得耶荅有謂諸非擇滅及無生智等一得以去乃至无餘涅槃前恒成就故問頗有諸法本來有得無非得耶有說無以有得者必有非得故有說有如三類智邊世俗智等非擇滅法本來有得無有非得以彼本來定不生故問如有一得能得彼法及得得亦有一非得能捨彼法及非得非得耶荅無以非得同時無非得非得故以現在非得必成就故問頗有法無得無非得彼法滅有得有非得耶荅有謂一切非有情數法

說一切有部發智大毗婆沙論卷第一百五十八

甲辰歲高麗國大藏都監奉
勑雕造

阿毗達磨大毗婆沙論卷第一百五十八

校勘記

一　底本，麗藏本。

一　三九七頁中九行第六字「問」，資、磧、南作「隨」。

一　三九七頁中一五行「不善」，資、磧、普、南作「不義」。

一　三九七頁中一六行第八字「就」，諸本（不含石，下同）無。

一　三九七頁中二一行第四字「傳」，資、磧、普、南、徑、清作「復」。

一　三九八頁上五行第三字「去」，資作「非」。

一　三九八頁中一九行第一二字「三」，磧、南、徑、清作「二」。

一　三九八頁下七行第八字「有」，諸本作「有法」。

一　三九九頁下一行第六字「忍」，諸本作「爲」。

一　四〇一頁下一八行首字「果」，諸本作「異」。

一　四〇二頁下一五行「彼法」，諸本作「得彼法」。

一　四〇三頁下卷末經名，資作「阿毗達磨大毗婆沙論卷第一百五十八」。

阿毗達磨大毗婆沙論卷第一百五十九　麟

五百大阿羅漢等造

三藏法師玄奘奉　詔譯

定蘊第七中得納息第一之三

諸法善無色起彼法善心俱耶乃至廣說問何故作此論答欲止說無相應法無生老住滅無退者意及欲顯說自宗正理相應法故而作斯論問何故此中唯問无色起不問色耶答彼作論者意欲尒故隨彼意欲而作此論但不違法相便不應責有說若法一切界一切地一切部一切心中可得者此中問之色法非一切界乃至非一切心中可得故此不問有說若法多分是心俱有由心力生隨心而轉此中則問色法多分非心俱有非心力生非隨心轉如苦法智忍時有九十八隨眠得起然彼諸得非忍俱有非忍力生非隨忍轉雖與忍俱同無色法尚不說彼與忍心俱況諸色法是故不問此中所說無色法起善等心俱者要是彼心勢力所引諸無色法

諸法善无色起彼法善心俱耶答諸法善無色起彼法或善心俱或不善心俱或无記心俱云何善心俱答諸法彼心相應彼心俱有善無色彼心相應善无色者謂善心所法彼心俱有善無色者謂彼法生老住无常此中亦有同類得起略故不說後應准知云何不善心俱答知不善心若退若生善法得起不善心退善得起者謂諸聖者已離欲染若起欲界下下下中二品纏退時彼心與一來果及勝果道并善悪作憂根俱生品四蘊諸得俱起若起下上品纏退時猶能護加行者彼心亦與如前善得俱起其有不能護加行者除一來勝果道彼心與餘如前善得俱起問此中云何名護加行不護加行耶答令於修斷彼加行有能護煩惱勢力現在前時有不能護故若起中下乃至上中五品纏退時彼心與預流果及勝果道并善悪作憂根俱生品四蘊諸得俱起若起上上品纏退時猶能護加

行者彼心亦與如前善得俱起其有不能護加行者除預流勝果道彼心與餘如前善得俱起若一來者前六品纏隨起何退除善惡作憂根俱生品得彼心隨其所應與餘如前善得俱起若諸異生已離欲染隨起何品不善纏退時彼心與善惡作憂根俱生品四蘊諸得俱起不善心生善得起者謂從色無色界歿生欲界以不善心結生時彼心與欲界生得善四蘊諸得俱起有說彼心亦有與一分聞思所成四蘊諸得俱起云何無記心俱荅如無記心若退若生善法得起無記心退善得起者謂阿羅漢退勝根住劣根時彼无記心與劣根品善得俱起學退勝種性住劣種性亦尒若阿羅漢起非想非非想處纏退時彼心與不還果及勝果道并非想非非想處順退分諸得俱起如是乃至起初靜慮後八品纏退時彼心與不還果及勝果道并初靜慮順退分諸得俱起若起初靜慮上上品纏退時猶能護加行者彼心亦與如前善

得俱起其有不能護加行者除不還勝果道彼心與餘如前善得俱起若不還者及諸異生已離無所有處染起無所有處纏退時彼心與無所有處順退分諸得俱起如是乃至起初靜慮纏退時彼心與初靜慮順退分諸得俱起如已離无所有處染若已離識處染乃至已離初靜慮染應知亦尒若諸異生已離欲染起欲界有身見邊執見纏退時彼心與善惡作憂根俱生品四蘊諸得俱起無記心生善得起者謂無色界上地歿生下地時彼心與彼地善四蘊諸得俱起若從無色界及上靜慮地歿生下諸靜慮地時彼心與彼地善五蘊諸得俱起若從色无色界歿生欲界以有身見邊執見結生時彼心與欲界生得善四蘊諸得俱起有說彼心亦有與一分聞思所成諸得俱起若從欲界歿生上二界及上二界下地歿生上地時彼心與彼地生得善四蘊諸得俱起

設法善心俱起彼法善無色耶荅諸

法善心俱起彼法或善無色或无記無色云何善無色荅諸法彼心相應彼心俱有善無色義如前釋云何無記无色荅如善心勝進無記法得起及住善心無記諸根長養大種增益彼法得生老住无常善心勝進無記得起者謂離欲染第九無間道滅解脫道起時彼心與初靜慮果无記通果心品諸得俱起乃至離第三靜慮染第九無間道滅解脫道起時彼心與第四靜慮果无記通果心品諸得俱起金剛喻定滅盡智起時彼心與隨所應靜慮果无記通果心品諸得俱起已離欲染信勝解練根作見至加行道時有說及解脫道時彼心與隨所應靜慮果無記通果心品諸得俱起時解脫阿羅漢練根作不動依未至定乃至第四靜慮加行道時彼心與隨所應靜慮果无記通果心品諸得俱起及依一切地第九解脫道時彼心與四靜慮果無記通果心品諸得俱起引發五通諸加行道五無間道三解脫道時雜修靜慮初後無

開解脫道時起四無量初三解脫八勝處前八遍處時起无諍解及依未至定乃至第四靜慮增長時起無諍願智邊際定及增長時依未至定乃至第四靜慮起空空無願无願無相無相等諸功德及增長時彼心與隨所應靜慮果无記通果心品諸得俱起及住善心乃至彼法得生老住無常者謂生欲色界善心流注久相續起時諸根大種長養增益彼心與彼得四相俱起諸根長養大種增益問荅解釋如大種蘊

諸法不善無色起彼法不善心俱耶荅諸法不善无色起彼法或不善心俱或無記心俱云何不善心俱荅諸法彼心相應彼心俱有不善无色義如前釋云何無記心俱荅如无記心若退若生不善法得起無記心退不善得起者謂諸異生巳離欲染起欲界有身見邊執見纒退時彼心與見修斷不善四蘊諸得俱起無記心生不善得起者謂從色无色界歿生欲界以有身見邊執見結生時彼心與

見修所斷不善四蘊諸得俱起

諸法不善心俱起彼法不善無色耶荅諸法不善心俱起彼法或不善无色或善無色或无記無色云何不善無色荅諸法彼心相應彼心俱有不善無色義如前釋云何善無色荅如不善心若退若生善法得起此如前善無色起不善心俱釋云何無記无色荅如不善心若退若生无記法得起及住不善心無記諸根長養大種增益彼法得生老住无常不善心退無記得起者謂阿羅漢起欲界纒退時彼心與上八地修所斷無記四蘊諸得俱起諸不還者若巳離无所有處染起欲界纒退時彼心與七地修所斷无記四蘊諸得俱起乃至若巳離初靜慮染未離第二靜慮染起欲界纒退時彼心與一地修所斷無記四蘊諸得俱起諸異生類若巳離无所有處染起不善纒退時彼心與七地見修所斷及欲界見所斷無記四蘊諸得俱起乃至若巳離初靜慮染未離第二靜慮染起不善纒退時彼

心與一地見修所斷及欲界見所斷無記四蘊諸得俱起若巳離欲界染未離初靜慮染起不善纒退時彼心與欲界見所斷無記四蘊諸得俱起不善心生無記得起者謂非想非非想處歿生欲界以不善心結生時彼心與七地見修所斷及欲界見所斷無記四蘊无記色行二蘊諸得俱起有說亦與欲界修所斷无記心心所諸得俱起謂善串習威儀路工巧處四蘊乃至初靜慮歿生欲界以不善心結生時彼心與欲界見所斷无記四蘊修所斷無記色行二蘊諸得俱起有說亦與欲界修所斷無記心心所諸得俱起如前說及住不善心乃至彼法得生老住無常者謂諸異生三十四隨眠聖者四隨眠隨一流注久相續起時諸根大種長養增益彼心與彼得四相俱起餘如前說

諸法無記无色起彼法無記心俱耶荅諸法無記无色起彼法或無記心俱或善心俱或不善心俱云何无記心俱荅諸法彼心相應彼心俱有無

記無色義如前釋云何善心俱荅如
善心勝進無記法得起及住善心无
記諸根長養大種增益彼法得生老
住无常此如前善心俱起無記无色
釋云何不善心俱荅如不善心若退
若生無記法得起及住不善心無記
諸根長養大種增益彼法得生老住
無常此如前不善心俱起無記無色
釋設法無記心俱起彼法無記無色
耶荅諸法無記心俱起彼法或無記
無色或善無色或不善無色云何無
記无色荅諸法彼心相應彼心俱有
無記无色義如前釋云何善無色荅
如無記心若退若生善法得起此如
前善無色起无記心俱釋云何不善
無色荅如無記心若退若生不善法
得起此如前不善无色起無記心俱釋
諸法欲界無色起彼法欲界心俱耶
荅諸法欲界無色起彼法或欲界心
俱或色界心俱或无色界心俱或不
繫心俱云何欲界心俱荅諸法彼心
相應彼心俱有欲界無色彼心相應
欲界无色者謂欲界心所法彼心俱

有欲界無色者謂彼法生老住無常
此中亦有同類得起略故不說云何
色界心俱荅如色界心若生若勝進
欲界法得起及住色界心欲界諸根
長養大種增益彼法得生老住無常
色界心生欲界得起者謂無色界殁
若生第四靜慮時彼心與第四靜慮
果欲界通果心品諸得俱起乃至若
生初靜慮時彼心與初靜慮果欲界
通果心品諸得俱起如無色界殁生
色界上地殁生下地亦尒色界心勝
進欲界得起者謂以世俗道離欲界
染第九無間道滅解脫道起時彼心
與初靜慮果欲界通果心品諸得俱
起乃至以世俗道離第三靜慮染第
九無間道滅解脫道起時彼心與第
四靜慮果欲界通果心品諸得俱起
已離欲染信勝解練根作見至世俗
加行道時彼心與隨所應靜慮果欲
界通果心品諸得俱起依未至定乃
至第四靜慮時解脫阿羅漢練根作
不動世俗加行道時彼心與隨所應
靜慮果欲界通果心品諸得俱起引

發五通諸加行道五無間道二解脫
道及世俗他心智通解脫道時雜修
靜慮中間心時起四無量初三解脫
八勝處前八遍處時起无諍解及依
未至定乃至第四靜慮世俗無諍解
增長時起無諍願智邊際定及增長
時依未至定乃至第四靜慮起空空
無願无願無相无相等世俗諸功德
及增長時彼心與隨所應靜慮果欲
界通果心品諸得俱起及住色界心
乃至彼法得生老住無常者謂生欲
界入色界定時諸根大種長養增益
彼心與彼得四相俱起云何无色界
心俱荅如住無色界心欲界諸根長
養大種增益彼法得生老住无常謂
生欲界入無色界定時諸根大種長
養增益彼心與彼得四相俱起云何
不繫心俱荅如不繫心勝進欲界法
得起及住不繫心欲界諸根長養大
種增益彼法得生老住無常不繫心
勝進欲界法得起者謂住見道三類
智時彼心與苦集滅三現觀邊所修
欲界世俗智品諸得俱起以無漏道

離欲界染第九無閒道滅解脫道起時彼心與初靜慮果欲界通果心品諸得俱起乃至以無漏道離第三靜慮染第九無閒道滅解脫道起時彼心與第四靜慮果欲界通果心品諸得俱起金剛喻定滅盡智起時彼心與隨所應靜慮果欲界通果心品諸得及尒時所得欲界善法諸得俱起已離欲染信勝解練根作見至無漏加行道時有說及解脫道時彼心與隨所應靜慮果欲界通果心品諸得俱起時解脫阿羅漢練根作不動依未至定乃至第四靜慮無漏加行道時彼心與隨所應靜慮果欲界通果心品諸得俱起依一切地第九解脫道時彼心與四靜慮果欲界通果心品諸得及尒時所得欲界善法諸得俱起起無漏他心智通時雜修靜慮初後心時依未至定乃至第四靜慮無漏无导解等增長時彼心與隨所應靜慮果欲界通果心品諸得俱起及住不繫心乃至彼法得生老住無常者謂生欲界入無漏未至乃至無所有處定時諸根大種長養增益彼心與彼得四相俱起設法欲界心俱起彼法欲界無色耶荅諸法欲界心俱起彼法或欲界無色或色界無色或无色界無色或不繫无色云何欲界无色荅諸法彼心相應彼心俱有欲界無色義如前釋云何色界無色荅如欲界心若退若生色界法得起欲界心退色界得起者謂諸聖者已離色染起欲界纏退時彼心與色界四地修所斷法諸得俱起乃至已離初靜慮染未離第二靜慮染起欲界纏退時彼心與色界一地修所斷法諸得俱起若諸異生已離色染起欲界纏退時彼心與色界四地見修所斷法諸得俱起乃至已離初靜慮染未離第二靜慮染起欲界纏退時彼心與色界一地見修所斷法諸得俱起欲界心生色界得起者謂從无色界殁生欲界時彼心與色界四地見修所斷法諸得俱起乃至從第二靜慮殁生欲界時彼心與色界一地見修所斷法諸得俱起云何無色界无色荅如欲界心若退若生無色界法得起欲界心退无色界得起者謂阿羅漢起欲界纏退時彼心與無色界四地修所斷法諸得俱起若不還者已離无所有處染起欲界纏退時彼心與无色界三地修所斷法諸得俱起乃至已離空無邊處染未離識无邊處染起欲界纏退時彼心與無色界一地修所斷法諸得俱起若諸異生已離无所有處染起欲界纏退時彼心與无色界三地見修所斷法諸得俱起乃至已離空無邊處染未離識無邊處染起欲界纏退時彼心與无色界一地見修所斷法諸得俱起欲界心生無色界得起者謂從非想非非想處殁生欲界時彼心與无色界三地見修所斷法諸得俱起乃至從識无邊處殁生欲界時彼心與无色界一地見修所斷法諸得俱起云何不繫无色荅如欲界心退不繫法得起謂阿羅漢退勝根住劣根時彼欲界心與劣根品不繫得俱起學退勝種性住劣種性亦尒若諸聖者已

離欲染起欲界下下下中二品纏退時彼心與一来果及勝果道諸得俱起若起下上品纏退時猶能護加行者彼心亦與如前諸不繫得俱起其有不能護加行者彼心唯與一来果諸得俱起若起中下乃至上中五品纏退時彼心與預流果及勝果道諸得俱起若起上上品纏退時猶能護加行者彼心亦與如前諸不繫得俱起其有不能護加行者彼心唯與預流果諸得俱起若一来者前六品纏隨起何退彼心隨應亦與如前諸不繫得俱起問欲界心勝進不繫法得亦起如或由施或由戒或由聞或由思故令於惡趣等得非擇滅此中何故不說有說應說而不說者當知此義有餘如是說者非擇滅雖不繫而彼得非不繫此中說不繫得起是故不說

諸法色界无色起彼法色界心俱耶荅諸法色界無色起彼法或色界心俱或欲界心俱或无色界心俱或不繫心俱云何色界心俱荅諸法彼心

相應彼心俱有色界無色義如前釋云何欲界心俱荅如欲界心若退若生色界法得起此如前欲界心俱起色界無色說云何無色界心俱荅如住无色界心色界諸根長養大種增益彼法得生老住無常謂生色界入无色界定時諸根大種長養增益彼心與彼得四相俱起云何不繫心俱荅如不繫心勝進色界法得起及住不繫心色界諸根長養大種增益彼法得生老住无常不繫心勝進色界得起者謂住見道三類智時彼心與苦集滅三現觀邊所修色界世俗智品諸得俱起以无漏道離欲界染若無漏為加行諸加行道九无間道九解脫道時彼心與未来所修色界道諸得俱起第九解脫道時亦與初靜慮果色界通果心品諸得俱起以无漏道離初靜慮乃至第三靜慮染時若无漏為加行諸加行道九無間道九解脫道時彼心與未来所修色界道諸得俱起最後解脫道時亦與第二靜慮乃至第四靜慮果色界通果

心品諸得俱起以无漏道離第四靜慮染及依未至定乃至第四靜慮離空無邊處乃至非想非非想處染若无漏為加行諸加行道時彼心與未来所修色界道諸得俱起金剛喻定滅盡智起時彼心與介時所得色界善諸得俱起亦與隨所應靜慮果色界通果心品諸得俱起未離欲染信勝解練根作見至若無漏為加行彼加行道時有說及解脫道時彼心與未来所修色界道諸得俱起已離欲染信勝解練根作見至若無漏為加行彼加行道時有說及解脫道時彼心與未来所修色界道諸得及隨所應靜慮果色界通果心品諸得俱起時解脫阿羅漢練根作不動依未至定乃至第四靜慮无漏加行道時彼心與未来所修色界道諸得及隨所應靜慮果色界通果心品諸得俱起依一切地第九解脫道時彼心與介時所得色界善諸得及四靜慮果色界通果心品諸得俱起起无漏他心智通時雜修靜慮初後心時依未至

定乃至第四靜慮無漏无礙解增長時即依彼諸地起無漏念住時彼心與未來所修色界道諸得及隨所應靜慮果色界通果心品諸得俱起及住不繫心乃至彼諸得生老住無常者謂生色界入無漏未至乃至無所有處定時諸根大種長養增益彼心與彼得四相俱起設法色界心俱起彼法色界无色耶荅諸法色界心俱起彼法或色界無色或欲界无色或無色界无色或不繫無色云何色界無色荅諸法彼心相應彼心俱有色界无色義如前釋云何欲界無色荅如色界心若生若勝進欲界法得起及住色界心欲界諸根長養大種增益彼法得生老住無常此如前欲界無色起色界心俱釋云何无色界無色荅如色界心若退若生无色界法得起色界心退無色界得起者謂阿羅漢起色界纏退時彼心與无色界四地修所斷法諸得俱起諸不還者已離無所有處染起色界纏退時彼心與無色界三地修所斷法諸得俱起

乃至已離空无邊處染未離識无邊處染起色界纏退時彼心與無色界一地修所斷法諸得俱起若諸異生已離无所有處染起色界纏退時彼心與无色界三地見修所斷法諸得俱起乃至已離空無邊處染未離識無邊處染起色界纏退時彼心與無色界一地見修所斷法諸得俱起色界心生无色界得起者謂從非想非非想處歿生色界時彼心與無色界三地見修所斷法諸得俱起乃至識无邊處歿生色界時彼心與無色界一地見修所斷法諸得俱起云何不繫無色荅如色界心若退若勝進不繫法得起色界心退不繫得起者謂阿羅漢起色界纏退時彼心與不還果及勝果道諸得俱起色界心勝進不繫得起者謂諸聖者以世俗道離欲界乃至第三靜慮染若世俗為加行一切加行無間解脫道時彼心與未來所修不繫法諸得俱起依未至定乃至第四靜慮離第四靜慮乃至非想非非想處染若世俗為加行諸

加行道時彼心與未來所修不繫法諸得俱起信勝解練根作見至乃依未至定乃至第四靜慮時解脫阿羅漢練根作不動若世俗為加行諸加行道時彼心與未來所修不繫法諸得俱起若諸聖者引發諸通諸加行道五無間道二解脫道及世俗他心智通解脫道時雜修靜慮中間心時若諸聖者起四無量初三解脫八勝處前八遍處時起无㝵解及依未至定乃至第四靜慮世俗無㝵解增長時起無諍願智邊際定及增長時依未至定乃至第四靜慮起空空无願無願无相無相時及聖者即依彼地起不淨觀持息念世俗念住等諸功德及增長時彼心與未來所修不繫法諸得俱起問色界心生時不繫法得亦起如無色界歿生第四靜慮時彼心與第三靜慮見修所斷蘊擇滅得俱起乃至上地歿生初靜慮時彼心與欲界見修所斷蘊擇滅得俱起此中何故不說荅有說應說而不說者當知此義有餘如是說者介時所

阿毗達磨大毗婆沙論卷第一百五十九　第二十張　[illegible]

得擇滅雖不繫而彼諸得是色界繫非不繫是故不説

貫遠進刀

說一切有部發智大毗婆沙論卷第一百五十九

阿毗達磨大毗婆沙論卷第一百五十九

校勘記

一　底本，金藏廣勝寺本。

一　四〇五頁中七行第六字「住」，磧作「無」。

一　四〇五頁中一四行第一〇字「此」，資、磧、普、南、徑、清作「此中」。

一　四〇五頁下八行第一二字「後」，麗作「彼」。

一　四〇五頁下九行第九字「知」，麗作「如」。

一　四〇五頁下一八行第一二字至二〇行首字「令……時」，資、磧、普、南、徑、清作「煩惱勢力現在前時令於所修斷彼加行有能護」。

一　四〇六頁上二二行「上上品」，資作「一上品」。

一　四〇七頁中二行首字「諸」，諸本（不含石，下同）作「設」。

一　四〇七頁下八行「四蘊」，諸本作「四蘊修所斷」。

一　四〇八頁下一五行「生老住」，資、磧、普作「生住老」。

一　四〇八頁下二二行「三現」，麗作「二現」。

一　四一〇頁中一三行首字「苦」，徑作「若」。

一　四一〇頁下二二行第一〇字「起」，資、磧、普、南、徑、清無。

一　四一一頁上五行第八字「諸」，麗作「法」。

一　四一一頁中三行第三字「修」，麗作「見修」。

一　四一一頁中六行第三字「乃」，徑作「及」。下二行第一三字諸本同。

一　四一一頁中二一行第八字「諸」，資、磧作「請」。

一　四一二頁上一行第八字「彼」，徑作「不」。

阿毗達磨大毗婆沙論卷第一百六十　欲

五百大阿羅漢等造

三藏法師玄奘奉　詔譯

定蘊第七中得納息第一之四

諸法無色界无色起彼法無色界心俱耶荅諸法無色界无色起彼法或无色界心俱或欲界心俱或色界心俱或不繫心俱云何无色界心俱荅諸法彼心相應彼心俱有無色界无色義如前釋云何欲界心俱荅如欲界心若退若生無色界法得起此如前欲界心俱起無色界无色釋云何色界心俱荅如色界心若退若生无色界法得起此如前色界心俱起無色界无色釋云何不繫心俱荅如不繫心勝進無色界法得起謂以无漏道離第四靜慮染九無間道九解脫道時彼心與未来所修无色界道諸得俱起以无漏道離空無邊處乃至無所有處染若无漏為加行諸加行道九無間道九解脫道時彼心與未来所修无色界道諸得俱起此是捴

阿毗達磨大毗婆沙論卷第一百六十

説於中若依未至定乃至第四靜慮離下三無色染者除加行道依下三无色離非想非非想處染若無漏為加行彼加行道時彼心與未来所修無色界道諸得俱起及依一切地離非想非非想處染寂後解脫道盡智起時彼心與尒時所得無色界善諸得俱起時解脫阿羅漢練根作不動若依三无色无漏為加行彼加行道時彼心與未來所修無色界道諸得俱起及依一切地寂後解脫道時彼心與尒時所得無色界善諸得俱起起無漏解脫時依无色定無漏无㝵解增長時起无色無漏念住時彼心與未来所修無色界道諸得俱起設法無色界心俱起彼法无色界無色耶荅諸法无色界心俱起彼法或無色界無色或欲界無色或色界无色或不繫無色云何無色界无色荅諸法彼心相應彼心俱有无色界無色義如前釋云何欲界无色荅如住無色界心欲界諸根長養大種增益彼法得生老住无常此如前欲界无色

起無色界心俱釋云何色界无色荅如住無色界心色界諸根長養大種增益彼法得生老住無常此如前色界无色起無色界心俱釋云何不繫无色荅如無色界心若退若勝進不繫法得起無色界心退不繫得起者謂阿羅漢起无色界纏退時彼心與不還果及勝果道諸得俱起無色界心勝進不繫得起者謂諸聖者以世俗道離第四靜慮染若空無邊處近分為加行彼加行道九無間道九解脫道時及聖者以世俗道離下三无色染若世俗為加行一切加行無間解脫道時并依无色定離非想非非想處染若世俗為加行彼加行道時彼心與未來所修不繫法諸得俱起時解脫阿羅漢練根作不動依无色定若世俗為加行彼加行道時若聖者起無色有漏解脫二遍處時依無色定有漏无㝵解增長時依無色定起世俗念住空空無願无願無相无相時起入滅定想微細心時彼心與未来所修不繫法諸得俱起問无色

界心生時不繫法得亦起如無色界上地殁生下地時彼心與所生次下地見修所斷諸染擇滅得俱起此中何故不説有説應説而不説者當知此義有餘如是説者尒時所得擇滅雖不繫而得是无色界繫非不繫是故不説

諸法學無色起彼法學心俱耶荅諸法學无色起彼法或學心俱或非學非無學心俱云何學心俱荅諸法彼心相應彼心俱有學无色彼心相應學無色者謂學心所法彼心俱有學无色者謂彼法生老住無常此中亦有同類得起略故不説云何非學非无學心俱荅如非學非無學心若退若勝進學法得起非學非无學心退學得起者謂阿羅漢起非想非非想處乃至初靜慮後八品纏退時彼心與不還果及勝果道諸得俱起若起初靜慮上上品纏退時猶能護加行者彼心亦與如前學得俱起其有不能護加行者彼心唯與不還果諸得俱起諸不還者若起欲界下下下中

二品纏退時彼心與一来果及勝果道諸得俱起若起下上品纏退時猶能護加行者彼心亦與如前學得俱起其有不能護加行者彼心唯與一来果諸得俱起若起中下乃至上中五品纏退時彼心與預流果及勝果道諸得俱起若起上上品纏退時猶能護加行者彼心亦與如前學得俱起其有不能護加行者彼心唯與預流果諸得俱起若一来者前六品纏隨起何退彼心隨其所應亦與如前學得俱起非學非無學心勝進學得起者謂諸學者以世俗道離欲界乃至無所有處染若世俗為加行一切加行無間解脫道時及離非想非非想處染若世俗為加行彼加行道時彼心與未来所修學法諸得俱起信勝解練根作見至若世俗為加行彼加行道時即此學者引發諸通諸加行道五無間道二解脫道及世俗他心智通解脫道時學者雜修靜慮中間心時學者起四無量世俗解脫八勝處十遍處時學者起入滅定想微

細心時學者修不淨觀持息念世俗念住時彼心與未來所修學法諸得俱起設法學心俱起彼法學無色耶荅諸法學心俱起彼法或學無色或非學非無學無色云何學无色荅諸法彼心相應彼心俱有學无色義如前釋云何非學非无學無色荅如學心勝進非學非無學法得起及住學心非學非無學諸根長養大種增益彼法得生老住无常學心勝進非學非無學得起者謂住見道三類智時彼心與苦集滅三現觀邊所修世俗智品諸得俱起以無漏道離欲界乃至無所有處染若無漏為加行一切加行無間解脫道時及離非想非非想處染若无漏為加行彼加行道時彼心與未來所修世俗道諸得俱起離欲界乃至第三靜慮染第九解脫道時彼心亦與通果心品諸得俱起信勝解練根作見至若無漏為加行彼加行道時有説及解脫道時彼心與未來所修世俗道及通果心品諸得俱起學者起无漏他心智通時學者雜修靜慮初後心時學者起無漏念住時彼心與未來所修世俗道及通果心品諸得俱起學者起无漏解脫時除通果心與如前説諸得俱起及住學心乃至彼法得生老住無常者謂諸學者生欲色界住色无色無漏定時諸根大種長養增益彼心與彼得四相俱起

諸法無學无色起彼法無學心俱耶荅諸法無學无色起彼法或無學心俱或非學非无學心俱云何無學心俱荅諸法彼心相應彼心俱有无學無色義如前釋云何非學非无學心俱荅如非學非無學心若退若勝進無學法得起非學非无學心退無學得起者謂阿羅漢退勝根住劣根時彼非學非无學心與劣根品無學法諸得俱起有説唯煩惱現前故退者彼説此中但應言勝進不應言退如是説者住無覆无記心亦退故此中亦應説退謂住无覆無記心退堪達根住住法根乃至退思法根住退不動根非學非無學心勝進无學得起者謂時解脫阿羅漢練根作不動若世俗為加行彼加行道時彼心與未來所修無學法諸得俱起阿羅漢引發諸通諸加行道五無間道二解脫道及世俗他心智通解脫道時阿羅漢雜修靜慮中間心時阿羅漢起四无量世俗解脫八勝處十遍處時起無㝵解及世俗无㝵解增長時起无諍願智邊際定空空無願无願無相无相及增長時阿羅漢起不淨觀持息念世俗念住并入滅盡定想微細心時彼心與未來所修無學法諸得俱起設法無學心俱起彼法无學無色耶荅諸法无學心俱起彼法或無學无色或非學非無學无色云何無學无色荅諸法彼心相應彼心俱有无學無色義如前釋云何非學非无學無色荅如无學心勝進非學非无學法得起及住無學心非學非无學諸根長養大種增益彼法得生老住無常无學心勝進非學非無學得起者謂金剛喻定滅盡智起時彼心與尒時所得世俗善及或亦與通果心品

諸得俱起時解脫阿羅漢練根作不動若無漏為加行彼加行道時彼心與未來所修世俗道及或亦與通果心品諸得俱起寂後解脫道時彼心與尒時所得世俗善及通果心品諸得俱起阿羅漢起無漏他心智通時阿羅漢雜修靜慮初後心時阿羅漢依色界定起無漏念住及无漏無导解增長時彼心與未來所修世俗道及通果心品諸得俱起阿羅漢起無漏解脫及依無色定起无漏念住并無漏无导解增長時除通果心彼心與餘如前諸得俱起及住無學心乃至彼法得生老住無常者謂生欲色界阿羅漢住色無色无漏定時諸根大種長養增益彼心與彼得四相俱起諸法非學非無學无色起彼法非學非無學心俱耶答諸法非學非無學無色起彼法或非學非无學心俱或學心俱或无學心俱云何非學非無學心俱答諸法彼心相應彼心俱有非學非無學无色義如前釋云何學心俱答如學心勝進非學非無學法得起及住學心非學非無學諸根長養大種增益彼法得生老住无常此如前學心俱起非學非無學无色釋云何無學心俱答如無學心勝進非學非無學法得起及住无學心非學非無學諸根長養大種增益彼法得生老住无常此如前無學心俱起非學非無學无色釋設法非學非無學心俱起彼法非學非无學無色耶答諸法非學非無學心俱起彼法或非學非無學无色或學無色或无學無色云何非學非無學無色答諸法彼心相應彼心俱有非學非无學無色義如前釋云何學無色答如非學非無學心若退若勝進學法得起此如前學无色起非學非無學心俱釋云何無學無色答如非學非無學心若退若勝進無學法得起此如前无學無色起非學非无學心俱釋

諸法見所斷無色起彼法見所斷心俱耶答諸法見所斷無色起彼法或見所斷心俱或修所斷心俱云何見所斷心俱答諸法彼心相應彼心俱有見所斷無色彼心相應見所斷無色者謂見所斷心所法彼心俱有見所斷無色者謂彼法生老住無常此中亦有同類得起略故不說云何修所斷心俱答如修所斷心若退若生見所斷法得起修所斷心退見所斷得起者謂諸異生已離无所有處染或起無所有處修所斷纏退或乃至起欲界修所斷纏退時彼心或與一地見所斷法或乃至與八地見所斷法諸得俱起乃至已離欲界染未離初靜慮染起欲界修所斷纏退時彼心與一地見所斷法諸得俱起修所斷心生見所斷得起者謂從非想非非想處歿或生無所有處以無所有處修所斷心結生或乃至生欲界以欲界修所斷心結生時彼心或與一地見所斷法或乃至與八地見所斷法諸得俱起乃至初靜慮歿生欲界以欲界修所斷心結生時彼心與一地見所斷法諸得俱起設法見所斷心俱起彼法見所斷無色耶答諸法見所斷心俱起彼法或見所斷無色

或修所斷無色耶答諸法彼心相應彼心俱有見所斷無色義如前釋云何修所斷無色答如見所斷心若退若生修所斷法得起及住見所斷心修所斷諸根長養大種增益彼法得生老住無常見所斷心退修所斷得起者謂諸異生已離無所有處染起無所有處見所斷纏退或乃至起欲界見所斷纏退時彼心與一地修所斷法或乃至八地修所斷法諸得俱起乃至已離欲界染未離初靜慮染起欲界見所斷纏退時彼心與一地修所斷法諸得俱起見所斷心生修所斷得起者謂從非想非非想處歿或生無所有處以無所有處見所斷心結生或乃至生欲界以欲界見所斷心結生時彼心或與一地修所斷法或乃至與八地修所斷法諸得俱起乃至初靜慮歿生欲界以欲界見所斷心結生時彼心與一地修所斷法諸得俱起及住見所斷心乃至彼法得生老住無常者謂生欲色界見所斷煩惱現在前時

諸根大種長養增益彼心與彼得四相俱起

諸法修所斷心俱耶答諸法修所斷无色起彼法或修所斷心俱或見所斷心俱或不斷心俱云何修所斷心俱答諸法彼心相應彼心俱有修所斷無色義如前釋云何見所斷心俱答如見所斷心若退若生修所斷法得起及住見所斷心修所斷諸根長養大種增益彼法得生老住无常此如前見所斷心俱起修所斷無色釋云何不斷心俱答如不斷心勝進修所斷法得起及住不斷心修所斷諸根長養大種增益彼法得生老住无常不斷心勝進修所斷得起者謂住見道三類智時彼心與苦集滅三現觀邊所修世俗智品諸得俱起以无漏道離欲界乃至無所有處染若无漏為加行一切加行无間解脫道時及離非想非非想處染若無漏為加行彼加行道時彼心與未來所修世俗道諸得俱起離欲界乃至第三靜慮染第九解脫

道時彼心亦與通果心品諸得俱起金剛喻定滅盡智起時彼心與尒時所得世俗善及或亦與通果心品諸得俱起信勝解練根作見至若无漏為加行彼加行道時有說及解脫道時彼心與未來所修世俗道及或亦與通果心品諸得俱起時解脫阿羅漢練根作不動若無漏為加行彼加行道時彼心與未來所修世俗道及或亦與通果心品諸得俱起寂後解脫道時彼心與尒時所得世俗善及通果心品諸得俱起無漏他心智通時雜修靜慮初後心時依色界定起無漏念住及无漏無㝵解增長時彼心與未來所修世俗道及通果心品諸得俱起起無漏解脫及依无色定起無漏念住并无漏無㝵解增長時除通果心品彼心與餘如前諸得俱起及住不斷心乃至彼法得生老住無常者謂生欲色界住色无色無漏定時諸根大種長養增益彼心與彼得四相俱起設法修所斷心俱起彼法修所斷無色耶答諸法修所斷心

俱起彼法或修所斷无色或見所斷无色或不斷无色云何修所斷無色答諸法彼心相應彼心俱有修所斷無色義如前釋云何見所斷无色答如修所斷心若退若生見所斷法得起此如前見所斷無色起修所斷心俱釋云何不斷无色答如修所斷心若退若勝進不斷法得起修所斷心退不斷得起者謂阿羅漢退勝根住劣根時彼修所斷心與劣根品不斷法諸得俱起學退勝種性住劣種性亦介阿羅漢起非想非非想處乃至初靜慮後八品纏退時彼心與不還果及勝果道諸得俱起若起初靜慮上上品纏退猶能護加行者彼心亦與如前不斷得俱起其有不能護加行者彼心唯與不還果諸得俱起諸不還者起欲界下下下中二品纏退時彼心與一來果及勝果道諸得俱起若起下上品纏退猶能護加行者彼心亦與如前不斷得俱起其有不能護加行者彼心唯與一來果諸得俱起若起中下乃至上中五品纏退

時彼心與預流果及勝果道諸得俱起上上品纏退猶能護加行者彼心亦與如前不斷得俱起其有不能護加行者彼心唯與預流果諸得俱起修所斷心勝進不斷得起者謂諸聖者以世俗道離欲界乃至無所有處染若世俗為加行一切加行無間解脫道時及離非想非非想處染若世俗為加行彼加行道時彼心與未來所修不斷法諸得俱起信勝解練根作見至及時解脫阿羅漢練根作不動若世俗為加行彼加行道時彼心與未來所修不斷法諸得俱起若聖者引發諸通諸加行道五無間道二解脫道及世俗他心智通解脫道時雜修靜慮中間心時聖者起四無量世俗解脫八勝處十遍處時起無㝵解及世俗無㝵解增長時起无諍願智邊際定空空无願無願无相無相及增長時聖者起不淨觀持息念世俗念住時起入滅定想微細心時彼心與未來所修不斷法諸得俱起

諸法不斷無色起彼法不斷心俱耶

答諸法不斷無色起彼法或不斷心俱或修所斷心俱云何不斷心俱答諸法彼心相應彼心俱有不斷無色義如前釋云何修所斷心俱答如修所斷心若退若勝進不斷法得起此如前修所斷心俱起不斷無色釋設法不斷心俱起彼法不斷無色耶答諸法不斷心俱起彼法或不斷无色或修所斷无色云何不斷無色答諸法彼心相應彼心俱有不斷無色義如前釋云何修所斷無色答如不斷心勝進修所斷法得起及住不斷心修所斷諸根長養大種增益彼法得生老住无常此如前修所斷無色起不斷心俱釋

一切初靜慮皆有五支耶乃至廣說

問何故作此論有說欲止他所說故如分別論者唯許初靜慮建立支非餘所以者何依契經故如契經說毗舍佉鄔波索迦往達磨陣那苾芻尼所問言聖者初靜慮有幾支答言具壽有五支謂尋伺喜樂心一境性彼鄔波索迦既不問上靜慮支彼苾芻

尼又不說故知上諸靜慮不建立支為遮彼意顯上諸靜慮亦建立支故作斯論問若上諸靜慮亦立支者何故毗舍佉不問苾蒭尼不說耶有說彼疑者問不疑者不問隨問者說不問者不說由此不應責其所以有說毗舍佉欲試彼苾蒭尼於此事為能知不且問初靜慮支彼既無滯而說鄔波索迦便作是念此尊者於初靜慮既能无滯而說於餘靜慮必亦能知是故不問由彼更不問故苾蒭尼亦不復說有說毗舍佉是利根性聞初靜慮即知餘三故更不問苾蒭尼亦知彼已悟更不為說有說毗舍佉無力更能問餘是故不問苾蒭尼亦是鈍根性極作意力纔能問初靜慮知彼齊是能受持於餘非器故更不說有餘師說為令疑者得決定解故作斯論謂彼經但說初靜慮有五支不說上地又但說支不說染與不染令欲顯示上地亦有支唯不染汙中具有令諸疑者生決定解故作斯論一切初靜慮皆有五支耶答不染汙有五染汙無五無何等答无離生喜樂問何故染汙喜於染靜慮不說支耶有說此文但應說无樂以輕安樂染中無故若作是說彼不染初靜慮具五支染初靜慮有四支有說此文即是但說無樂由此樂從離生故喜相應故名離生喜樂是故此文不言無喜有說染靜慮中雖亦有喜無支相故不立為支若作是說不染初靜慮具五支染初靜慮唯有三支一切第二靜慮皆有四支耶答不染汙有四染汙無四無何等答無內等淨問內等淨是信信通染汙不染汙何故於染靜慮不說支耶有說此文應說無樂以輕安樂染中无故若作是說不染第二靜慮具四支染第二靜慮有三支有說染信名不信此於染中雖有無支相故不立為支若作是說不染第二靜慮具四支染第二靜慮唯有二支一切第三靜慮皆有五支耶答不染汙有五染汙無五無何等答無正念正知問念慧皆通染汙中有何故不立染靜慮支有說此文應說無捨大善地法染中无故若作是說不染第三靜慮具五支染第三靜慮有四支有說染念名失念染慧名不正知此於染中雖有無支相故不立為支若作是說不染第三靜慮具五支染第三靜慮唯有二支一切第四靜慮皆有四支耶答不染汙有四染汙無四無何等答无捨念清淨問念通染汙於染靜慮何故非支有說此文但應說無捨大善地法染中無故若作是說不染第四靜慮具四支染第四靜慮有三支有說染念名失念不名念清淨此於染中雖有无支相故不立為支若作是說不染第四靜慮具四支染第四靜慮唯有二支此中有作是說諸染靜慮皆不立支而唯說無喜樂等者隨明了義說謂初靜慮離生喜樂有離生言故第二靜慮內等淨有淨言故第三靜慮正念正知有正言故第四靜慮捨念清淨有清淨言故此皆於染明了相違故偏說無而實染中一切支皆非有說隨勝者說謂初靜慮出欲界重苦

阿毗達磨大毗婆沙論卷第一百六十　第十一張　㲉字号

利益支勝上三靜慮於勝妙離染對
治支勝是故於染靜慮隨勝者說無
然其餘支於染靜慮亦不建立

說一切有部發智大毗婆沙論卷第一百六十

阿毗達磨大毗婆沙論卷第一百六十

校勘記

一　底本，金藏廣勝寺本。

一　四一四頁上一〇行「處近」，磧、普、南、徑、清作「處處」。

一　四一五頁上二〇行首字「信」，磧、普、南、徑、清作「俱」。

一　四一五頁中二二行第四、五字「法根」，磧、普、南、徑、清作「不動根」。又末二字「不動」，磧、普、南、徑、清、麗作「法」。

一　四一七頁下一二行第八字「起」，磧、普、南、徑、清、麗作「起起」。

一　四一八頁上一〇行第三字「時」，磧、普、南、徑、清無。又第八字「心」，磧、普、南、徑、清作「得」。

一　四一八頁上一五行「纏退」，徑、清作「纏退時」。下同。

一　四一八頁上一八行第四字「起」，徑、清作「若起」。

一　四一八頁中二行「上上品」，磧、普、南、徑、清、麗作「若起上上品」。

一　四一八頁下一〇行第二字「彼」，磧、普、南、徑、清無。

一　四一八頁下一四行「所斷」，磧、普作「不斷」。

一　四一九頁中一六行「第三」，麗作「第二」。

一　四一九頁下六行「二支」，磧、普、南、徑、清作「三支」。

一　四一九頁下二二行末字「有」，磧、南、清作「有有」。

趙城縣廣勝寺

阿毗達磨大毗婆沙論卷第一百六十一　性

五百大阿羅漢等造

三藏法師玄奘奉　詔譯

定蘊第七中得納息第一之五

味相應初靜慮入當言味耶出當言味耶乃至廣說問何故作此論荅欲令疑者得決定故謂品類足說初靜慮云何荅初靜慮所攝善色受想行識乃至第四靜慮云何荅第四靜慮所攝善色受想行識勿令生如是疑靜慮唯善欲顯靜慮非唯是善故作斯論以靜慮通善染无覆無記故味相應初靜慮入當言味耶出當言味耶荅於能味當言入於所味當言出乃至味相應非想非非想處入當言味耶出當言味耶荅於能味當言入於所味當言出此中愛名為味三摩地名初靜慮等即愛相應諸三摩地名味相應靜慮无色問何故但說與愛相應非餘煩惱荅是作論者意欲尒故乃至廣說有說亦應說餘煩惱謂應說有身見相應初靜慮入當言取我我所耶出當言取我我所耶荅於能取當言入於所取當言出廣說乃至无明相應初靜慮入當言出愚耶出當言愚耶荅於能愚當言入於所愚當言出乃至非想非非想處說亦如是而不作是說者應知此義有餘有說此中舉愛為門令知餘煩惱亦尒有說此中說相似者謂愛與定相似非餘煩惱所以者何定於所緣流注相續愛亦如是復次定於所緣審諦而取愛亦如是復次定於所緣繫心不離愛亦如是復次定於所緣攝受而轉愛亦如是復次定能長益諸根大種愛亦如是諸餘煩惱无此相故不說相應問味是愛非靜慮等不應言入以於定有入言故靜慮等是定非愛不應言味以於愛有味言故何故二法更互得名荅由此二法展轉相應更互受名斯有何過謂定愛相應故亦可名味愛定相應故亦可言入此中入出者入出有五種一地二行相三所緣四異類心五剎那地入出者謂初靜慮等无間第二靜慮

現在前時名入第二靜慮出初靜慮乃至無所有處等无間非想非非想處現在前時名入非想非非想處出无所有處如順次入出如是逆次入出及順逆起入出亦尒行相入出者諸无常行相等无間苦行相現在前時名入苦行相出無常行相餘行相亦尒所緣入出者謂緣色定等无間緣受定現在前時名入緣受定出緣色定緣餘定亦尒異類心入出者謂欲界心等無間色界或不繫心現在前時名入色界或不繫心出欲界心色界心等說亦尒如欲界等心學等心亦如是餘善等心隨應亦尒剎那入出者謂初剎那等無間第二剎那現在前時名入第二剎那出初剎那餘剎那亦尒於五入出中此依剎那入出而作論於能味當言入於所味當言出者有作是說此中說味相應定流注相續現在前時皆以前剎那為所味是所緣故後剎那為能味是能緣故於能味當言入者謂後後剎那味相應靜慮无色現在前時名於

能味已入於已起位方成能味故於所味當言出者謂前前剎那味相應靜慮无色已謝滅時名於所味已出於已滅位方成所味故問愛相應定能緣三世何故唯說緣過去耶有說此依多分而說謂有情類法尒多緣曾所受順境生愛味故有說過去定於相續中已作饒益現在定從彼而起追戀生愛有說此中依入出定而為問荅未來定未名入出現在定名入未名出過去定名入已出令欲顯於已出位生味故但說緣過去有餘師說此中說淨定無間起味相應定淨定為所味是所緣故味相應定是能味是能緣故餘如前說評曰應知初說為善此中入出皆依味定而作論故諸味相應初靜慮皆有覆无記耶乃至廣說問何故作此論荅前文唯說愛相應定今欲顯定亦與餘煩惱相應故作斯論諸味相應初靜慮皆有覆无記耶設有覆无記初靜慮皆味相應耶荅諸味相應初靜慮皆有覆无記有有覆无記初靜慮非味

相應謂除愛餘煩惱現前乃至諸味相應非想非非想處皆有覆無記耶設有覆无記非想非非想處皆味相應耶荅諸味相應非想非非想處皆有覆无記有有覆无記非想非非想處非味相應謂除愛餘煩惱現前此中味相應靜慮无色皆有覆无記者能障聖道及聖道加行故名有覆不招異熟果故名无記餘煩惱者謂見疑慢无明此諸煩惱與不染汙靜慮無色展轉相續而現在前令瑜伽師名愛上靜慮見上靜慮疑上靜慮慢上靜慮者亦有餘纏隨煩惱垢共相應義煩惱勝故但說煩惱頗有不入初靜慮入第二靜慮耶荅入乃至頗有不入無所有處入非想非非想處耶荅入問何故作此論荅欲令疑者得決定故如品類足說初者謂次第隨順相續連合中數為初故復次次第隨順相續連合入諸定時此最初故諸契經中亦說九次第定或有生如是疑苦不入初靜慮等便不能入第二靜慮等今欲令彼生決定解不

入初靜慮等亦能入第二靜慮等故作斯論頗有不入初靜慮入第二靜慮耶荅入𠫇何入謂從未至定或靜慮中間或第二靜慮近分或第二靜慮或第三靜慮近分或第三靜慮或第四靜慮等無間第二靜慮現在前此中有說欲界善心等無間唯能入未至定有說亦能入初靜慮有說亦能入靜慮中間尊者僧伽伐蘇說曰亦能入第二靜慮如超定者從初靜慮等無間超第二靜慮入第三靜慮如是亦應從欲界善心等無間超初靜慮入第二靜慮此不應理欲界善心非定心故不可得說與諸定心同其勢力頗有不入第二靜慮入第三靜慮耶荅入𠫇何入謂從初靜慮或第三靜慮近分或第三靜慮或第四靜慮近分或第四靜慮或空无邊處有說亦從第二靜慮近分等無間第三靜慮現在前頗有不入第三靜慮入第四靜慮耶荅入𠫇何入謂從第三靜慮或第四靜慮近分或第四靜慮或空無邊處近分或空无邊處或識无邊處有說亦從第三靜慮近分等无間第四靜慮現在前如是乃至頗有不入無所有處入非想非非想處耶荅入𠫇何入謂從識無邊處或非想非非想處近分或非想非非想處有說亦從无所有處近分等无間非想非非想處現在前此中遮剎那不遮相續不遮分位不遮衆同分不遮无始時来謂入此定前剎那不入彼定非餘剎那亦不曾入故相續等於此不遮由斯理趣應知亦有遮二遮三乃至遮七謂頗有不入初第二靜慮入第三靜慮耶荅入謂依未至定離欲界乃至第二靜慮染命終生第三靜慮或從上地殁生第三靜慮即於彼第三靜慮現在前乃至頗有不入四靜慮下三无色入非想非非想處耶荅入謂依未至定離欲界乃至无所有處染命終生非想非非想處即於彼非想非非想處定現在前此依遮剎那乃至遮衆同分不遮无始時来說其有亦不遮衆同分或亦不遮分位義亦无違應准前說頗有不入初靜慮生梵世耶荅生乃至頗有不入非想非非想處生非想非非想處耶荅生問何故作此論荅欲令疑者得決定故如契經說先此入定後生彼中乃至廣說或有生疑要入彼定方得生彼欲令此疑得決定故顯雖不入彼定亦得生彼故作斯論問若尒經說當云何通荅有諸有情先入彼定後生彼中有諸有情不入彼定而亦生彼契經說入定生彼者阿毗達磨說不入定生彼者如是則二說善通問若不入彼定亦得生彼何故世尊唯說入定生彼處耶荅有諸外道謂梵天等非修定得故世尊說先此入定後方生彼令決定信果由因得復次有諸有情躭著現在少分欲樂不樂當来離欲勝果世尊為彼毀呰欲樂讚離欲果彼有情聞已忻樂請說所因故佛為說先入彼定後生彼處復次有諸有情聞說上界離欲勝果不生信解佛意欲顯若能入彼根本定時現受勝樂令知彼果便為勝妙故佛為說先此入定後生

彼中復次有瑜伽師能入彼定雖樂生彼而不現入故佛為說先此入定後方生彼復次有瑜伽師雖猒欲界苦求離欲樂而於離欲法懈怠不修故佛為說先此入定後生彼處頗有不入初靜慮生梵世耶荅生云何生謂依未至定離欲界染家後解脫道及後時不入初靜慮彼若未離初靜慮染命終必當生於梵世或上地殁生彼天中問不起彼定云何生彼无異熟因故荅順後次受業為異熟因故得生彼頗有不入第二靜慮生極光淨耶荅生云何生謂依未至初靜慮靜慮中間第二靜慮近分隨一離初靜慮染不入第二靜慮彼若未離第二靜慮染命終必當生極光淨或上地殁生彼天中頗有不入第三靜慮生遍淨耶荅生云何生謂依未至初靜慮靜慮中間第二靜慮第三靜慮近分隨一離第二靜慮染不入第三靜慮彼若未離第三靜慮染命終必當生於遍淨或上地殁生彼天中如是乃至頗有不入非想非非想處

生非想非非想處耶荅生云何生謂依未至定乃至无所有處隨一離无所有處染未離上染不入非想非非想處命終必生非想非非想處此中遮剎那遮相續遮分位遮衆同分不遮无始時來若得初靜慮非第二靜慮彼命終生何處乃至廣說問何故作此論荅欲令疑者得決定故如世尊說苾蒭當知我說依初靜慮能盡諸漏依第二靜慮乃至无所有處能盡諸漏勿有生疑唯依根本定能盡諸漏非未至等為令此疑得決定故顯依九地皆能盡漏謂七根本未至中間餘近分地雖不能盡而亦能斷故作斯論然得有二種一現前得二成就得此中依現前得而作論若得初靜慮非第二靜慮彼命終生何處荅或梵世或極光淨或遍淨或廣果或空无邊處或識無邊處或无所有處或非想非非想處或无處所謂現前得初靜慮非第二靜慮者決定已離欲界染而上地不定於中若未離初靜慮染彼命終生梵世若依未至

定或初靜慮或靜慮中間或第二靜慮近分隨一離初靜慮染家後解脫道及後時不入第二靜慮未離第二靜慮染彼命終生極光淨即彼若依未至初靜慮靜慮中間隨一離第二靜慮染未離上染彼命終生遍淨若即依前三地隨一離第三靜慮染未離上染彼命終生廣果如是乃至若即依前三地隨一離非想非非想處染彼命終无生處巳離三界染故若得第二靜慮非第三靜慮彼命終生何處荅或極光淨或遍淨乃至或非想非非想處或无處所謂現前得第二靜慮非第三靜慮者決定巳離初靜慮染而上地不定於中若未離第二靜慮染彼命終生極光淨若依未至初靜慮靜慮中間第二靜慮第三靜慮近分隨一離第二靜慮染不入第三靜慮未離第三靜慮染彼命終生遍淨即彼若依未至初靜慮靜慮中間第二靜慮隨一離第三靜慮染未離上染彼命終生廣果若即依前四地隨一離第四靜慮染未離上染

彼命終生空无邊處如是乃至若即
依前四地隨一離非想非非想處染
彼命終无生處若得第三靜慮非第
四靜慮彼命終生何處荅或遍淨或
廣果乃至或非想非非想處或无處
所謂現前得第三靜慮非第四靜慮
者決定已離第二靜慮染而上地不
定於中若未離第二靜慮染彼命終
生遍淨若依未至定乃至第三靜慮
隨一離第三靜慮染未離上染彼命
終生廣果若即依前五地隨一離第
四靜慮染未離上染彼命終生空无
邊處如是乃至若即依前五地隨一
離非想非非想處染彼命終无生
處若得第四靜慮非空无邊處彼命
終生何處荅或廣果乃至或非想非
非想處或无處所謂現前得第四靜
慮作空無邊處者決定已離第三靜
慮染而上地不定於中若未離第四
靜慮染彼命終生廣果若依未至定
乃至第四靜慮隨一離第四靜慮染
未離上染彼命終生空無邊處若即
依前六地隨一離空無邊處染未離

上染彼命終生識无邊處如是乃至
若即依前六地隨一離非想非非想
處染彼命終无生處若得空無邊處
非識无邊處彼命終生何處荅或空
無邊處乃至或无處所謂現前得空
无邊處非識無邊處者決定已離第
四靜慮染而上地不定於四若未離空
无邊處染彼命終生空无邊處若依
未至定乃至空无邊處隨一離空无
邊處染未離上染彼命終生識無邊
處如是乃至若即依前七地隨一離
非想非非想處染彼命終无生處若
得識無邊處非无所有處彼命終生
何處荅或識無邊處乃至或无處所
謂現前得識无邊處非無所有處者
決定已離空無邊處染而上地不定
於中若未離識无邊處染彼命終生
識无邊處若依未至定乃至識无邊
處隨一離識无邊處染未離上染彼
命終生无所有處如是乃至若即依
前八地隨一離非想非非想處染彼
命終无生處若得无所有處非想非
非想處彼命終生何處荅或无所有

處乃至或無處所謂現前得無所有
處非想非非想處者決定已離識无
邊處染而上地不定於中若未離无
所有處染彼命終生无所有處若依
未至定乃至无所有處隨一離无所
有處染未離上染彼命終生非想非
非想處若即依前九地隨一離非想
非非想處染彼命終无生處由斯理
趣應知亦有得二得三乃至得七遮
亦如是荅理无異故不具說問若得
欲界善心非初靜慮此中何故不問
彼命終生何處耶有說亦應說若得
欲界善心非初靜慮彼命終生何處
荅或欲界或梵世乃至或非想非非
想處或无處所謂現前得欲界善心
非初靜慮者彼決定在欲界而離染
不定謂彼若未離欲界染命終還生
欲界若依未至定離欲界染最後解
脫道及後時不入初靜慮未離初靜
慮染彼命終生梵世即彼若依未至
定離初靜慮染未離上染彼命終生
極光淨乃至若依未至定離无所有
處染未離上染彼命終生非想非非

想處若依未至定離非想非非想處染彼命終無生處應作是說而不說者當知此義有餘有說彼不應問荅欲界以此是定蘊正問荅定及定果欲界非定非定果是故不說問得初靜慮非第二靜慮等彼命終亦生欲界等此中何故不說有說亦應說彼生一切下地而不說者當知此義有餘有說此是定蘊正顯生定地若說生下則有生欲界不定地過是故不說有說此中說得諸定而死生者諸生下者退捨諸定是以不說問諸生上者於命終時亦捨諸定何故則說有所得諸生下者雖有所得尚名退荅諸生上者雖有所捨猶名勝進況墮況有所捨今是定蘊正顯勝進是故不說問契經但說依初靜慮乃至無所有處能盡諸漏云何知有靜慮中間及未至定依之盡漏荅世尊說有三三摩地能盡諸漏謂有尋有伺无尋唯伺无尋無伺餘經又說初靜慮名有尋有伺第二靜慮以上名无尋无伺若無靜慮中間更說何等名無尋唯伺由此知有靜慮中間依之盡漏又契經說佛告苾芻我不唯說依離欲惡不善法有尋有伺離生喜樂初靜慮具足住等能盡諸漏然由慧見亦能盡漏此經則顯有未至定依之盡漏又未離欲染聖者未得靜慮而見聖諦若无未至定依何得起聖道永斷諸漏由此故知有未至定依之盡漏問何不即說初靜慮等能盡諸漏而說依耶有說靜慮有先曾得若世尊說初靜慮等能盡諸漏則无知者謂得靜慮皆已盡漏是故佛說依靜慮等起无漏道方能盡漏有說諸定唯是奢摩他要毗鉢舍那方能盡漏故說依定應須起慧有說諸定多是曾得勿有應者不欲進修故說依之進求勝道不應生者問如契經說非想非非想處俱行修念等覺支餘經復說乃至想定能正通達能辯聖旨前經亦說依初靜慮乃至無所有處能盡諸漏如是二說豈不相違荅初經說能引發後二經說即依彼又初經說方便後二經說成滿問若尒何故說俱行耶荅於前後義俱聲亦轉如世尊說曼馱多王起此想俱即便墮落又經復說起此想俱彼諸有情即便殞歿又餘經說毗摩質多羅王起此心俱尋見自身被五繫繫此皆前後而說俱聲修覺支經應知亦尒問若法初靜慮為因彼法是初靜慮果耶設法是初靜慮果彼法初靜慮為因耶荅諸法初靜慮為因彼法是初靜慮果有法是初靜慮果彼法非初靜慮為因謂三界結斷及初靜慮果欲界通果心品乃至第四靜慮亦應作此問荅於无色定唯應說結斷問諸捨初靜慮地心得第二靜慮地心皆初靜慮地心滅第二靜慮地心起耶荅應作四句第一句者謂依未至定或靜慮中間或第二靜慮近分離梵世染不入根本地尒時捨初靜慮地染汙心得第二靜慮地不染汙心而非彼滅此起第二句者謂非離染次第入定時第三句者謂初靜慮殁生第二靜慮時第四句者謂除前相問諸捨第二靜慮地心得

初靜慮地心皆第二靜慮地心滅初靜慮地心起耶荅應作四句第一句者謂起欲界纏退第二靜慮時第二句者謂逆次第入定時第三句者謂生時第四句者謂除前相問諸捨初靜慮煩惱彼得第二靜慮地善法耶荅應作四句第一句者謂依未至定或初靜慮靜慮中間入見道四心頃第二句者謂依第二第三第四靜慮入見道時及聖者離上七地染時第三句者謂離靜慮染時第四句者謂除前相問諸捨第二靜慮地功德彼得初靜慮地煩惱耶荅應作四句第一句者謂退上地對治及上地所修第二靜慮地功德時第二句者謂上地歿生欲界及梵世時第三句者謂極光淨歿生欲界及梵世時及起下地煩惱退第二靜慮時第四句者謂除前相於餘定隨其所應亦應作此問荅分別

說一切有部發智大毗婆沙論卷第一百六十一

阿毗達磨大毗婆沙論卷第一百六十一

校勘記

一　底本，金藏廣勝寺本。四二一頁中、下兩版，原缺，以麗藏本換。

一　四二一頁下二〇行第八字「愛」，資、磧、普作「受」。次頁中四行第一一字資、磧、普、南、徑、清同。

一　四二二頁上五行第五字「起」，麗作「超」。

一　四二二頁上六行首字「諸」，諸本（不含石，下同）作「謂」。

一　四二二頁中一一行第一二字「令」，諸本作「今」。

一　四二二頁下二二行第四字「苦」，諸本作「若」。四二四頁上八行第一〇字同。

一　四二三頁上一五行首字「其」，資、磧、普、南、徑、清作「共」。

一　四二三頁上一七行第九字「三」，資作「二」，上二二行首字諸本同。

一　四二三頁下四行「此入」，資、磧、普、南、徑、清作「入此」。

一　四二三頁下一八行「毀呰」，諸本作「毀呰」。

一　四二三頁下末行首字「便」，諸本作「更」。

一　四二五頁上八行「第二」，諸本作「第三」。

一　四二五頁上一八行第二字「作」，諸本作「非」。

一　四二五頁中七行第一一字「四」，諸本作「中」。

一　四二五頁中二二行第一二字「非」，麗作「非非」。本頁下二行第二字同。

一　四二六頁中一六行「應著」，諸本作「戀著」。

一　四二七頁上一一行「離静慮」，資、磧、普、南、徑、清作「離初静慮」。

阿毗達磨大毗婆沙論卷第一百六十二　性

五百大阿羅漢等造

三藏法師玄奘奉　詔譯

定蘊第七中得納息第一之六

思惟何等入慈定荅與有情樂思惟何等入悲定荅拔有情苦思惟何等入喜定荅慶諸有情思惟何等入捨定荅於有情捨問此中為說等无間緣行相為說慈等俱生行相若說等無間緣行相者慈等現前復何行相若說慈等俱生行相者何故作是說思惟何等入慈定乃至廣說有說此中說等无間緣行相問若尒慈等現前復何行相荅即作如是四種行相謂與有情樂乃至於有情捨有說此說慈等俱生行相問若尒何故作是說思惟何等入慈定乃至廣說荅此中說已入名入於近說遠聲如說大王從何處来此於已来名来如說依空三摩地入正決定此亦已入名入所以者何非世第一法空三摩地相應故如說入正性離生得現觀邊世俗智此亦已入名入所以者何三類智忍時方得彼智故如說受樂受時如實知我受樂受此亦說已受名受所以者何无有自知現在受故如說斷樂斷苦先喜憂没不苦不樂捨念清淨入第四靜慮具足住此亦已斷名斷所以者何離欲界染時已斷苦根故如說阿羅漢心解脫欲漏心解脫有漏无明漏此亦已解脫名解脫所以者何離欲界欲時已解脫欲漏故此中亦尒已入名入是故无過問慈無量等等无間緣為亦但作如此行相為更作餘行相耶荅初修業者唯作如是四種行相能引慈等若已成滿隨其所欲亦作所餘苦等行相引生慈等慈等起時唯作如前四種行相

慈斷何繫結荅無悲喜捨斷何繫結荅无問何故四无量不斷煩惱荅行相異故謂十九行相能斷煩惱无量非彼行相四行相是无量斷煩惱不以此行相故復次無量是勝解作意唯真實作意能斷煩惱復次無量是

阿毗達磨大毗婆沙論第一百六十二卷　第二張　性字号

增益作意唯不增益作意能斷煩惱復次无量唯緣現在要緣三世或无為道能斷煩惱復次无量緣有情要法想能斷煩惱復次無量緣一分境非緣一分境道能斷煩惱復次无間道能斷煩惱无量是解脫道時得故問若无量不能斷煩惱者經說云何通如說慈若習若修若多修習則能斷瞋悲若習若修若多修習則能斷害喜若習若修若多修習能斷不樂捨若習若修若多修習能斷貪恚答斷有二種一蹔時斷二究竟斷契經說蹔時斷此阿毗達磨遮究竟斷如是則二說善通如蹔時斷究竟斷如是有餘斷无餘斷有影斷无影斷有隨縛斷无隨縛斷摧枝葉斷拔根本斷制伏纏斷害隨眠斷應知亦尒

淨初靜慮斷何繫結答无乃至淨非想非非想處斷何繫結答无此中淨初靜慮等謂根本地非近分問何故淨初靜慮等不斷煩惱答下地煩惱雖所應斷而彼斷已此方現前无復可斷自地煩惱雖現可得非所對治

無力能斷於上亦然故不斷煩惱問不能斷上是義可尒何故不能斷於自地答自地煩惱所繫縛故如人被縛不能自解又與自地諸煩惱等同一縛故无力勝彼又自地愛所親愛故如人親友雖劣不捨又自地煩惱所陵雜故謂展轉无間而現在前故不能斷又自地善法與自地煩惱不相忌難猶如夫妻又如旃荼羅子與長者子交不相嫌憚故不能斷又无間道能斷煩惱淨根本地非无間道故不能斷又无所顧乃能斷之於自地法非无所顧故不能斷問何故有漏道不能斷自地及上地无漏道則能斷耶答以无漏道是不繫法於有漏法无非是勝是故能斷又有漏道作六行相猒下地欣自地故唯斷下無漏道作十六行相猒背一切地故能遍斷問有漏道亦作十六行相何故不能遍斷答彼雖學作聖道行相不明了故不斷煩惱如師子子未能害獸

初第二第三解脫斷何繫結答无問

何故此三不斷煩惱答行相異故謂若以此行相斷煩惱不以此行相作前三解脫若以此行相作前三解脫不以此行相斷煩惱又前三解脫是勝解作意唯真實作意能斷煩惱又前三解脫是增益作意唯不增益作意能斷煩惱又前三解脫緣自相境唯共相境道能斷煩惱又前三解脫唯緣現在要緣三世或无為道能斷煩惱又前三解脫唯緣一蘊少分要緣五蘊四蘊或非蘊道能斷煩惱又前三解脫緣一分境非緣一分境能斷煩惱又無間道能斷煩惱前三解脫解脫道時得故

空无邊處解脫斷何繫結答或空无邊處或識無邊處或無所有處或非想非非想處或无或空无邊處者謂依空無邊處解脫離空無邊處染諸無間道乃至或非想非非想處者謂依空无邊處解脫離非想非非想處染諸無間道或无者謂此諸加行解脫勝進道所攝空无邊處解脫及世俗空無邊處解脫

識無邊處解脫斷何繫結答或識无

阿毗達磨大毗婆沙論第一百六十二卷　第六張　性字号

邊處或無所有處或非想非非想處或无或識無邊處者謂依識无邊處解脫離識无邊處染諸无間道乃至或非想非非想處者謂依識无邊處解脫離非想非非想處染諸无間道或无者謂此諸加行解脫勝進道所攝識無邊處解脫及世俗識无邊處解脫無所有處解脫斷何繫結荅或无所有處或非想非非想處或无或無所有處者謂依無所有處解脫離无所有處染諸無間道或非想非非想處者謂依无所有處解脫離非想非非想處染諸無間道或無者謂此諸加行解脫勝進道所攝无所有處解脫及世俗無所有處解脫非想非非想處解脫滅受想解脫斷何繫結荅无以非想非非想處无無漏故初勝處斷何繫結荅无乃至第八勝處斷何繫結荅无此中所以如前三解脫說初遍處斷何繫結荅无乃至第十遍處斷何繫結荅無此中前八如八勝處後二隨應亦如前說

法智斷何繫結荅或欲界或色界或無色界或无或欲界者謂四法智隨一現前離欲界染諸无間道或色界或無色界者謂滅道法智隨一現前離色界或無色界染諸无間道或無者謂此諸加行解脫勝進道所攝法智類智斷何繫結荅或色界或无色界或无或色界或無色界者謂四類智隨一現前離色界或无色界染諸無間道或无者謂此諸加行解脫勝進道所攝類智他心智斷何繫結荅無問何故他心智不斷煩惱有說他心智緣一物為境非緣一物道能斷煩惱有說他心智緣自相境唯共相境道能斷煩惱有說他心智緣現在要緣三世或無為道能斷煩惱有說他心智但緣心心所法為境要緣四蘊或五蘊或无為道能斷煩惱有說他心智唯緣他相續為境要緣自他相續或非相續境道能斷煩惱有說無間道斷煩惱他心智解脫道時得故世俗智斷何繫結荅或欲界或色界或无色界或无或欲界者謂離欲界染世俗无間道或色界者謂離色

阿毗達磨大毗婆沙論第一百六十二卷　第七張　性字号

界染世俗無間道或無色界者謂離下三無色染世俗无間道或無者謂此諸加行解脫勝進道所攝世俗智及餘欲界善世俗智諸根本地善世俗智并一切染汙无覆无記世俗智如世俗智苦集滅道智空無願無相三摩地亦尒差別者此諸无漏智三摩地皆能通斷九地而不能遍斷五部於中四諦智能斷九地修所斷煩惱空三摩地能斷九地見苦所斷及修所斷煩惱无願三摩地能斷九地見苦集道所斷及修所斷煩惱无相三摩地能斷九地見滅所斷及修所斷煩惱此是无間道與前差別於或无中唯有此諸加行解脫勝進道所攝非餘問若三三摩地亦能斷煩惱者契經所說當云何通如說苾蒭我說知故見故能盡諸漏又說我聖弟子以般若劍斷煩惱怨有說唯慧能斷煩惱諸餘覺分助斷名斷如是說者慧俱生品四蘊五蘊皆能斷煩惱以共相念住斷煩惱故然佛或時稱讚般若或稱讚定或稱讚餘皆為饒

阿毗達磨大毗婆沙論第一百六十二卷　第八張　性字号

益他有情故慈異熟何處受乃至廣說問何故作此論答是作論者意欲尒故乃至廣說復次欲止他所說故謂或有說諸善不善无異熟果或復有說諸有為法皆有異熟或復有說一切不善及有漏善定得異熟為止如是種種異說顯唯不善善有漏法定有異熟而得不定故作斯論然此中有二種定一異熟定二生定異熟定者一切不善善有漏法皆有異熟故生定者若彼異熟生者名或梵世等若不生者名无處所是謂此處略毗婆沙慈異熟何處受答或梵世或極光淨或遍淨或廣果或無處所或梵世乃至或廣果者謂四靜慮慈无量異熟果生者或无處所者謂四靜慮慈无量異熟果墮不生者如慈悲捨亦尒皆通四靜慮故喜與異熟何處受答或梵世或極光淨或无處所或梵世或極光淨者謂初第二靜慮喜無量異熟果生者或无處所者謂初第二靜慮喜无量異熟果墮不生者淨初靜慮異熟何處受答或梵世或无處所或梵世者謂善有漏初靜慮異熟果生者或無處所者謂善有漏初靜慮異熟果墮不生者如淨初靜慮如是淨第二靜慮乃至淨非想非非想處亦尒差別者說自名初第二解脫異熟何處受答或梵世或極光淨或无處所此如喜無量說俱在初二靜慮地故淨解脫異熟何處受答或廣果或无處所或廣果者謂淨解脫異熟果生者或无處所者謂淨解脫異熟果墮不生者空无邊處解脫乃至非想非非想處解脫異熟何處受答或自地或无處所或自地者謂四地有漏解脫各自異熟果生者或無處所者謂三地無漏解脫及四地有漏解脫各自異熟果墮不生者滅受想解脫異熟何處受答或非想非非想處或无處所此如非想非非想處解脫說初四勝處異熟何處受答或梵世或極光淨或无處所此如初第二解脫說後四勝處異熟何處受答或廣果或无處所此如淨解脫說如後四勝處前八遍處亦尒後一遍處異熟何處受答或自地或无處所此如淨初二無色說他心智異熟何處受答或梵世或極光淨或遍淨或廣果或無處所或梵世乃至或廣果者謂四靜慮有漏他心智各自異熟果生者或無處所者謂无漏他心智及有漏他心智異熟果墮不生者世俗智異熟何處受答或欲界或色界或无色界或无處所或欲界乃至或无色界者謂三界有漏善及不善世俗智各自異熟果生者或无處所者謂三界无記世俗智及不善善有漏世俗智異熟果墮不生者餘无漏智无異熟故此中不說

定蘊第七中緣納息第二之一

有八等至謂四靜慮四无色有三等至謂味相應淨无漏此中前七各具三種第八唯二謂除無漏如是等章及解章義既領會已應廣分別問何故作此論答欲止他宗顯已義故謂或有說八等至不攝一切等至或有說等至唯淨无漏非味相應或有說欲界非想非非想處亦有无漏或有

說無成就等法為止如是種種異熟顯八等至攝一切等至乃至有成就等故作斯論問若八等至攝一切等至者毗奈耶說當云何通如說佛所入等至一切聲聞獨覺尚不知其名獨覺所入等至一切聲聞不知舍利子所入諸餘聲聞不知大目揵連所入除舍利子餘聲聞不知何故言八等至攝一切等至耶答一切等至无不攝在八等至中然由種性般若有差別故令所入出等至亦有勝劣劣者於勝不能測知故作是說由此故說佛般涅槃時入不動明等至舍利子般涅槃時入師子奮迅等至大目揵連般涅槃時入香象嚬申等至尊者阿難陁般涅槃時入旋風等至皆由根慧有差別故乃至般涅槃時所入等至亦有差別問等持等至有何差別有說等持一物為體等至五蘊為體有說等持一刹那等至相續有說諸等持即等至有等至非等持謂无想等至滅盡等至有說亦有等持非等至謂不定心相應等持由此應

作四句有等至非等持謂二无心定有等持非等至謂不定心相應等持有等至亦等持謂一切有心定有非等至亦非等持謂除前相初靜慮有三種謂味相應淨无漏味相應者謂愛相應愛能持心於境流注其相順定故獨受其名所餘因緣如前已說淨謂善有漏无漏謂聖道問善有漏定有垢有濁有毒有剌有漏有過失云何名淨答雖非究竟淨而以少分淨故名淨謂不雜煩惱故煩惱相違故引發无漏勝義淨故順聖道故无漏眷屬故問無漏等至是勝義淨何故不名為淨有說應說而不說者當知有餘有說无漏名淨共所了知有漏名淨非所共知是以偏說有說立名依差別義善有漏定初違染法淨義為勝故說名淨聖道斷漏无漏義勝故名无漏如初靜慮三種乃至无所有處二種亦尒非想非非想處唯有二種謂除无漏欲界有頂无聖道故問何故後二地無聖道耶答非田非器乃至廣說復次欲界非定地非

修地非離染地有頂昧鈍羸劣要定地修地離染地明利強盛乃有聖道有說欲界掉舉增上有頂沉寂增上要不多掉舉不多沉寂地方有聖道有說欲界散乱有頂猶豫要寂靜決定地方有聖道有說欲界有頂是下上邊聖道居中不在邊故有說欲界有頂是有根本故无聖道謂生死樹或根在下莖等在上或根在上莖等在下欲界是喧雜根本說為下根具五趣故有頂是難離根本說為上根寂後離故若依喧雜根本為生死樹則欲界為根四靜慮為莖三无色為枝有頂為條葉若依難離根本為生死樹則有頂為根三无色為莖四靜慮為枝欲界為條葉故說欲界有頂為有根本以是有根本故无有聖道頗有成就味相應初靜慮非淨无漏耶答有謂欲愛未盡以下地愛未盡者必成就上地愛必未得上根本淨無漏故頗有成就淨初靜慮非味相應无漏耶答有謂異生生欲界梵世梵世愛盡以生此地或下地而此地

愛盡者必成就此地味相應故又以異生故不成就无漏頗有成就无漏初靜慮非味相應淨耶答有謂聖者生梵世上以聖者生上地必成就下地無漏必不成就下地味相應淨故味相應已斷故淨越界地捨故問生上地者亦成就下地通果心何故說不成就下地淨耶答有說无覆無記亦名為淨而此中不說者以彼是上地果故不名下地淨又一切地可得者此中說之通果心无色界無是故不說如是說者此中淨定說有漏善是故非難頗有成就味相應淨初靜慮非无漏耶答有謂異生生欲界欲界愛盡梵世愛未盡及生梵世梵世愛未盡以生此地或下地而此地愛未盡者必成就此地味相應淨故又以異生故不成就無漏頗有成就味相應无漏初靜慮非淨耶答无以成就此地味相應无漏必成就此地淨故頗有成就淨無漏初靜慮非味相應耶答有謂聖者生欲界梵世梵世愛盡以聖者生此地或下地而此地愛盡者必成就此地淨无漏非味相應故頗有成就味相應淨無漏初靜慮耶答有謂聖者生欲界欲界愛盡梵世愛未盡及生梵世梵世愛未盡以聖者生此地或下地而下地愛盡此地愛未盡者必成就此地三種故

頗有不成就味相應初靜慮非淨无漏耶答有謂聖者生欲界梵世梵世愛盡如是等如本論說隨其所應與成就相違應廣說問梵世愛盡者亦不成就淨退分初靜慮此中何故不說有說應說而不說者當知此義有餘有說此中說全不成就彼雖不成就順退分而成就餘是故不說問何故淨定越界地捨非无漏耶答淨定有漏墮在界地生上猒下又無用故則捨无漏雖墮地而不墮界生上不猒下雖无用而不捨

頗有得味相應初靜慮非淨无漏耶答有謂從梵世愛盡退時及梵世上歿生欲界時問梵世愛盡退時亦得淨退分初靜慮此中何故不說有說應說而不說者當知此義有餘有說此中說令得者彼唯得少分是故不說頗有得淨初靜慮非味相應无漏耶答有謂異生欲愛盡時以彼離欲染第九解脫道時得根本淨初靜慮故頗有得无漏初靜慮非味相應靜耶答有謂依靜慮靜慮中間入正性離生及得阿羅漢果時問入正性離生者亦得淨初靜慮謂現觀邊世俗智此中何故不說有說應說而不說者當知有餘有說此中說全得者彼唯得少分是故不說有說入正性離生位中多分不得唯三剎那得是故不說有說唯世第一法滅苦法智忍生時名入正性離生尒時唯得无漏故不說靜問得阿羅漢果時先已得無漏初靜慮謂入正性離生時何故復說得无漏耶答此文但應說入正性離生時不應說得阿羅漢果而作是說者欲顯先時雖得學无漏未得無學是故復說問若尒亦應說起梵世上纏退阿羅漢果時尒時還得學無漏故答理亦應說而不說者欲顯

阿毗達磨大毗婆沙論第一百六十二卷　第十八張　性字号

无漏是勝功德於勝進時顯得則順退時顯得則不順是故不說問若尒得學果時及信勝解練根作見至時俱得勝无漏此中何故不說答此先是學今所得亦是學是故不說以是故亦不說无學練根問得阿羅漢果時亦得无量有漏善法何故不說亦得靜耶有說應說而不說者當知有餘有說无漏捨先得後是故則說有漏不捨先而得後是故不說有說今所得者與先所得俱名為淨義无差別不如學與无學有差別相是故不說有說雖得以不定故不說謂生欲界梵世得阿羅漢果者得生上地者則不得故有說此中說一切得者彼少分得是故不說頗有得味相應淨初靜慮非无漏耶荅有謂梵世上歿生梵世時以中有生時二俱得故頗有得味相應无漏初靜慮非淨耶荅无問阿羅漢起梵世纏退時俱得二種何故言无荅應說有即向所說者是而言无者當知有餘有說先不成就今成就者名得无漏初靜慮先巳

阿毗達磨大毗婆沙論第一百六十二卷　第十九張　性字号

成就是故不說有說前巳說无漏是勝功德於勝進時顯得則順退時顯得則不順是故不說頗有得淨无漏初靜慮非味相應耶荅有謂聖者欲界愛盡時以得不還果時二俱得故頗有得味相應淨无漏初靜慮耶荅无問起梵世纏退阿羅漢果時三種俱得何故不說荅尒時淨以少分得故不說無漏如前說

問得與成就有何差別有說名即差別謂名得名成就有說未得而得名得巳得而得名成就有說宷初得名得後數數得名成就有說先不成就而成就名得先成就而成就名成就有說先无繫屬而有繫屬名得先有繫屬而有繫屬名成就有說初得名得得巳不斷名成就有說初獲名得得巳不失名成就是故得唯在初成就通初後得成就是謂差別頗有捨味相應初靜慮非淨无漏耶荅有謂梵世愛盡時如是等丈如本論說隨其所應與得相違應廣說問梵世愛盡時亦捨退分淨何故不說荅此中

阿毗達磨大毗婆沙論第一百六十二卷　第二十張　性字号

說一切捨彼唯少分捨是故不說問得果練根及退位皆有唯捨无漏初靜慮非餘此中何故不說有說應說而不說者當知有餘有說此中說捨而不得者彼捨還得是故不說問捨不成就有何差別荅名即差別名捨名不成就如是等如前得成就相違應廣說頗有退味相應初靜慮非淨无漏耶荅无以捨煩惱不名退故頗有退淨初靜慮非味相應无漏耶荅有謂異生從欲界愛盡退時頗有退淨無漏初靜慮非味相應耶荅有謂聖者從欲界愛盡退時頗有餘退耶荅无問起上二界纏退无學果及從種性退時皆有退无漏初靜慮非餘此中何故不說有說應說而不說者當知此義有餘有說此中說退而不得者彼雖退而還得是故不說問捨退何差別有說名即差別謂名為捨名為退有說捨通勝進及退時退唯退時有說捨通損減及增益時退唯損減時有說捨通上下時退唯下時有說捨通盛衰時退唯衰時有說捨

通味相應等三退唯二種除味相應有說捨通利鈍根退唯鈍根是謂捨退差別應知此中有六成就六不成就五得三捨二退以明初靜慮味相應等三種差別如說初靜慮乃至无所有處說亦如是此是摠說於中差別如理應知非想非非想處不具三種故不類顯然於所有二種亦准上應知

說一切有部發智大毗婆沙論卷第百六十二

阿毗達磨大毗婆沙論卷第一百六十二

校勘記

一　底本，金藏廣勝寺本。

一　四二八頁下三行第七字「此」，南作「比」。

一　四二八頁下一〇行第八字「欲」，徑、清、麗作「染」。

一　四二九頁中九行首字「相」，磧作「想」。

一　四二九頁下一九行第七字「謂」，磧、南作「諸」。

一　四三一頁上一八行第一一字「與」，麗無。

一　四三一頁中末行末字「一」，諸本(不含石，下同)作「二」。

一　四三二頁上一行「異熟」，諸本作「異執」。

一　四三二頁上一九行「有說」，諸本作「答有說」。

一　四三二頁中二〇行「二種」，諸本作「三種」。

一　四三二頁中二二行「後二」，普、徑、清作「此二」；麗作「彼二」。

一　四三二頁下一六行「爲枝」，資、磧、南作「爲根」。

一　四三三頁中八行第一三字「淨」，磧作「漏」。

一　四三三頁中一〇行第五字「等」，諸本作「等文」。

一　四三三頁中一四行第七字「全」，資作「令」。

一　四三三頁中一五行第四字「分」，資作「令」。

一　四三三頁下二行第四字「令」，諸本作「全」。

一　四三三頁下六行第八字「静」，麗作「淨」。同行末字資、磧、普、南、徑、清同。

一　四三三頁下一六行第四字「静」，諸本作「淨」。次頁上八行第二字同。

一　四三四頁上一〇行「不捨」，資、磧、普、南、徑、清作「善捨」。

一　四三四頁中二行第一三字「時」，資、磧、普、南作「則」。

阿毗達磨大毗婆沙論卷第一百六十三　性

五百大阿羅漢等造
三藏法師玄奘奉　詔譯

定蘊第七中緣納息第二之三

淨初靜慮有四種謂順退分順住分順勝進分順決擇分順退分者謂若住此多分退失順住分者謂若住此多分不退失不勝進順勝進分者謂若住此多分勝進順決擇分者謂若住此多分能入正性離生復次順退分者與諸煩惱相陵相雜煩惱无間此現前此无間煩惱現前順住分者能觀下地為麁苦障而生猒背能觀自地為靜妙離而樂安住順勝進分者能觀自地為麁苦障而生猒背能觀上地為靜妙離而生欣樂順決擇分者即煖頂忍世第一法等復次順退分者隨順煩惱順住分者隨順自地順勝進分者隨順上地順決擇分者隨順聖道此分或作聖行相或作餘行相而向聖道趣於解脫如初靜慮乃至有項隨應亦尒

…卷第一百六十三　第二張　性字号

頗有淨初靜慮離染故得離染故捨退故得退故捨生故得生故捨耶荅有謂順退分初靜慮離欲界染時得離梵世染時捨起梵世纏退時得起欲界纏退時捨從上地歿生梵世時得從梵世歿生欲界時捨乃至有頂隨應亦尒問若欲界沒生第二靜慮第二靜慮歿生初靜慮者彼於初靜慮何法徃歿時捨還生時不得何法還生時得徃沒時不捨何法徃沒時捨還生時得何法徃沒時不捨還生時不得耶荅彼於初靜慮順勝進分順決擇分徃歿時捨還生時不得順退分及生得還生時得徃沒時不捨順住分徃沒時捨還生時得除前相所餘法徃沒時不捨還生時不得問若初靜慮沒生第二靜慮第二靜慮沒生初靜慮者彼於初靜慮何法徃沒時捨還生時不得何法還生時得徃沒時不捨何法徃沒時捨還生時得何法徃沒時不捨還生時不得耶荅彼於初靜慮順勝進分順決擇分徃沒時捨還生時不得順退分還生

時得往沒時不捨順住分及生得往沒時捨還生時得除前相所餘法往沒時不捨還生時不得如初靜慮於第二靜慮如是乃至无所有處於非想非非想處亦尒如根本地如是諸近分地亦應廣說頗有起第二靜慮纏退无漏初靜慮耶荅有謂无學初靜慮及上七地對治學初靜慮等頗有起第二靜處纏退淨初靜慮耶荅有謂阿羅漢所修淨初靜慮及雜修淨初靜慮等

若修淨初靜慮彼亦修无漏耶乃至廣說修有四種謂得修習修對治修除遣修此中前二修謂有為善法後二修謂有漏法外國師說修有六種謂前四及防護修分別修防護修者即是修根如契經說若於六根善調善覆善防善護善修者能引後樂分別修者即是修身如契經說於此身中有髮毛爪齒乃至廣說此後二修應知即是對治修除遣修攝是故修唯有四此中依二修作論謂得修習修如餘處說若修法智彼亦修類智耶乃至廣說彼亦依二修作論謂得修習修餘處復說若道過去彼道一切已修已安耶乃至廣說彼亦依二修作論謂得修習修如餘處說若修身彼修戒耶乃至廣說彼依二修作論謂對治修除遣修餘處復說若修眼根彼修耳根耶乃至廣說彼亦依二修作論謂對治修除遣修如餘處說若修空三摩地彼亦修无願三摩地耶乃至廣說餘處復說若修身念住彼亦修受念住耶乃至廣說彼亦皆依二修作論謂得修習修如餘處說若修无常想彼思惟無常想耶乃至廣說有說彼依得修作論有說彼依習修作論有說彼依二修作論謂得修習修如餘處說云何應修法謂善有為法此法雖復具四修義而彼但依二修作論謂得修習修由此義故應作四句有法有前二修无後二修謂有為无漏法有法有後二修無前二修謂染汙无覆無記法有法具有四修謂善有漏法有法俱无四修謂无為法問何故名修荅遍修故名修數習故名修熏故名修學故名修令光淨故名修應知此中現在習修所顯未來得修所顯復次現在受用名修未來得故名修復次現在習故故名修未來引發故名修復次現在辦事故名修未來與欲故名修復次現在在身中故名修未來得自在故名修復次現在現前故名修未來成就故名修問何故已得善法現在前時不修未來耶荅已褢散故已受用故已作事故已與果故復次已修故已息故勢用減故復次已得法現前受用時唯有漸盡更无餘勢去何能修未來如人受用先所積財唯有漸減更無增益復次作功用起者能修未來非起曾得法須作功用故不修未來復次若已得法現在前復能修未來者則佛般涅槃時現起一切靜慮解脫等持等至尒時亦應更修未來如此則盡智時應不具得一切功德云何得名所作究竟勿有此過故已得法現在前時不修未來諸餘功德若修淨初靜慮彼亦修无漏耶設

修無漏初靜慮彼亦修淨耶答應作四句有修淨初靜慮非无漏謂已得淨初靜慮現在前若未得淨初靜慮現在前而不修无漏若未得非初靜慮世俗智現在前而修淨初靜慮非無漏已得淨初靜慮現在前者謂異生及聖者或學或无學或聲聞或獨覺或如来或為現法樂住故或為觀本所作故或為遊戲功德故或為受用聖財故起曾得世俗初靜慮現在前時彼勢分尚不及自第二剎那況能修餘未来功德然現前位即是習修故得名修淨初靜慮若未得淨初靜慮現在前而不修无漏者謂異生離欲界染若宻後解脫道起根本初靜慮現在前時即異生為離初靜慮染依初靜慮為加行道時即異生依初靜慮引發五通諸加行道五无間道三解脫道時即異生依初靜慮起四无量初二解脫前四勝處不淨觀念住三義觀㷮頂忍世第一法有說亦起持息念時如是等時雖起未曾得淨初靜慮而不修无漏若未得非

初靜慮世俗智現在前而修淨初靜慮非无漏者此中餘地以智名說即未至定靜慮中間謂異生離欲界染即依未至定起第九解脫道時即異生為離初靜慮染依未至定起加行道時即異生已離欲染依未至定起三无量初二解脫前四勝處不淨觀持息念念住三義觀時即異生為離初靜慮染依靜慮中間起加行道時即異生依靜慮中間起三无量初二解脫前四勝處不淨觀持息念念住三義觀時如是等時起未曾得非初靜慮世俗智現在前而修淨初靜慮非无漏有修无漏初靜慮非淨謂已得無漏初靜慮現在前若未得无漏初靜慮現在前而不修淨若未得非初靜慮世俗智及未得非初靜慮无漏智彼現在前而修无漏初靜慮非淨已得无漏初靜慮現在前者謂諸聖者或學乃至或如来或為現法樂住故乃至或為受用聖財故起曾得無漏初靜慮現在前時彼勢分尚不及自第二剎那況能修餘未来功德

然現前位即是習修故得名修无漏初靜慮若未得无漏初靜慮現在前而不修淨者謂依初靜慮入正性離生苦集滅現觀各三心項道現觀四心項聖者依初靜慮離初靜慮乃至無所有處染九無間道九解脫道時及離非想非非想處染九无間道八解脫道時信勝解依初靜慮練根作見至無間道解脫道時有說除解脫道時以此時亦修世俗道故如是說者尒時唯修无漏道以同見道得果故時解脫阿羅漢依初靜慮練根作不動九无間道八解脫道時於如是時起未曾得无漏初靜慮現在前而不修淨若未得非初靜慮世俗智現在前而修无漏初靜慮非淨者此中餘地以智名說即從第二靜慮近分乃至非想非非想處謂聖者以世俗道離初靜慮染若即第二靜慮近分為加行彼加行道九无間道九解脫道時即聖者依第二靜慮近分起三无量初二解脫前四勝處不淨觀持息念念住三義觀時即聖者依第二

阿毗達磨大毗婆沙論第一百六十三卷　第九張　性字号

静慮為離第二静慮乃至非想非非想處染若世俗為加行彼加行道時依第二静慮信勝解練根作見至時解脱練根作不動若世俗為加行彼加行道時雜修第二静慮中間心時即聖者依第二静慮引發五通諸加行道五无間道二解脱道及世俗他心智通解脱道時即聖者依第二静慮起四無量初二解脱前四勝處不淨觀世俗念住三義觀七處善有說亦起持息念時依第二静慮起无㝵解及世俗無㝵解增長時依第二静慮起空空无願無願无相無相及增長時即聖者以世俗道離第二静慮染若即第三静慮近分為加行彼加行道九无間道九解脱道時即聖者依第三静慮近分起三無量不淨觀持息念念住三義觀時即聖者依第三静慮為離第三静慮乃至非想非非想處染若世俗為加行彼加行道時依第三静慮信勝解練根作見至乃至起空空无願無願无相無相及增長時廣如第二静慮說差别者除

阿毗達磨大毗婆沙論第一百六十三卷　第十張　性字号

解脱勝處喜无量餘皆如前即聖者以世俗道離第三静慮染若即第四静慮近分為加行彼加行道九无間道九解脱道時即聖者依第四静慮近分起三無量淨解脱後四勝處前八遍處不淨觀念住三義觀時即聖者依第四静慮為離第四静慮乃至非想非非想處染若世俗為加行彼加行道時依第四静慮信勝解練根作見至時解脱練根作不動若世俗為加行彼加行道時雜修第四静慮中間心時即聖者依第四静慮引發五通諸加行道五無間道二解脱道及世俗他心智通解脱道時即聖者依第四静慮起三无量淨解脱後四勝處前八遍處不淨觀世俗念住三義觀七處善時依第四静慮起无㝵解及世俗无㝵解增長時起无諍願智邊際定及增長時依第四静慮起空空无願無願无相無相及增長時即聖者以世俗道離第四静慮染若即空无邊處近分為加行彼加行道九無間道九解脱道時即聖者依空

阿毗達磨大毗婆沙論第一百六十三卷　第十一張　性字号

無邊處為離空无邊處乃至非想非非想處染若世俗為加行彼加行道時依空無邊處時解脱阿羅漢練根作不動若世俗為加行彼加行道時即聖者起空无邊處世俗解脱遍處世俗念住時依空無邊處起二无㝵解及世俗无㝵解增長時依空無邊處起空空無願无願無相无相及增長時即聖者以世俗道離空無邊處染若即識无邊處近分為加行彼加行道九無間道九解脱道時即聖者依識无邊處為離識無邊處乃至非想非非想處染若世俗為加行彼加行道時餘廣如空无邊處說即聖者以世俗道離識无邊處染若即无所有處近分為加行彼加行道九无間道九解脱道時即聖者依无所有處為離无所有處及非想非非想處染若世俗為加行彼加行道時餘亦廣如空无邊處說差别者除遍處即聖者以世俗道離无所有處染若即非想非非想處近分為加行彼加行道九無間道九解脱道時即聖者依非

阿毗達磨大毗婆沙論第一百六十三卷　第十五張　性字号

想非非想處為離非想非非想處染加行道時時解脫阿羅漢練根作不動以非想非非想處為加行彼加行道時即聖者起非想非非想解脫念住時依非想非非想處起二无㝵解空空无願無願无相無相及增長時起入滅定想微細心時於如是時起未曾得非初靜慮世俗智現在前而修无漏初靜慮非淨及未得非初靜慮無漏智現在前而修无漏初靜慮非淨者此中餘地以智名說即從未至定除初靜慮乃至无所有處謂已離欲染依未至定入正性離生道類智時依未至定離初靜慮乃至無所有處染一切无間解脫道時離非想非非想處染九無間道八解脫道時已離欲染信勝解依未至定練根作見至無間解脫道時時解脫阿羅漢依未至定練根作不動九无間道八解脫道時依靜慮中間入正性離生岦集滅現觀各三心頃道現觀四心頃依靜慮中間離初靜慮乃至无所有處染一切無間解脫道時離非想

阿毗達磨大毗婆沙論第一百六十三卷　第十三張　性字号

非非想處染九無間道八解脫道時依靜慮中間信勝解練根作見至无間解脫道時時解脫阿羅漢練根作不動九無間道八解脫道時依第二靜慮入正性離生岦集滅現觀各三心頃道現觀四心頃依第二靜慮離第二靜慮乃至无所有處染若无漏為加行一切加行無間解脫道時離非想非非想處染若无漏為加行諸加行道九无間道八解脫道時依第二靜慮信勝解練根作見至若无漏為加行彼加行無間解脫道時時解脫阿羅漢練根作不動若無漏為加行彼加行道九无間道八解脫道時雜修第二靜慮初後心時依第二靜慮起無漏他心智通无漏念住及無漏二无㝵解增長時如依第二靜慮如是依第三靜慮依第四靜慮廣說亦尒差別者即離彼上染依空无邊處離空无邊處乃至无所有處染若无漏為加行一切加行無間解脫道時離非想非非想處染若无漏為加行彼加行道九无間道八解脫道時

阿毗達磨大毗婆沙論第一百六十三卷　第十四張　性字号

依空無邊處時解脫阿羅漢練根作不動若无漏為加行彼加行道九无間道八解脫道時起无漏空無邊處解脫无漏念住及無漏二無㝵解增長時如依空無邊處如是依識无邊處依无所有處亦尒差別者即離彼上染於如是時起未曾得非初靜慮无漏智現在前而修無漏初靜慮非淨有修淨初靜慮亦无漏謂未得淨初靜慮現在前而修無漏若未得无漏初靜慮現在前而修淨若未得非初靜慮世俗智无漏智彼現在前而修淨初靜慮及無漏若未得淨初靜慮現在前而修无漏者謂聖者以世俗道離欲界染最後起根本地解脫道時即聖者依初靜慮為離初靜慮乃至非想非非想處染若世俗為加行彼加行道時依初靜慮信勝解練根作見至時解脫練根作不動若世俗為加行彼加行道時雜修初靜慮中間心時即聖者依初靜慮引發五通諸加行道五无間道二解脫道及世俗他心智通解脫道時即聖者依

初靜慮起四無量初二解脫前四勝處不淨觀世俗念住三義觀七處善有說亦起持息念時依初靜慮起无學解及世俗無學解增長時依初靜慮起空空无願無願无相無相及增長時於如是時起未曾得淨初靜慮現在前而修无漏若未得無漏初靜慮現在前而修淨者謂依初靜慮入正性離生苦集滅現觀各一心頃若以無漏道離欲界染㝡後起根本地解脫道時依初靜慮為離初靜慮乃至非想非非想處染若无漏為加行彼加行道時依初靜慮得阿羅漢果初盡智起時依初靜慮信勝解練根作見至若无漏為加行彼加行道時時解脫阿羅漢練根作不動若无漏為加行彼加行道及㝡後解脫道時雜修初靜慮初後心時依初靜慮起無漏他心智通无漏念住无漏無學解增長時於如是時起未曾得无漏初靜慮現在前而修淨若未得非初靜慮世俗智現在前而修淨初靜慮及無漏者此中餘地以智名說即未

至定靜慮中間謂聖者以世俗道離欲界染即依未至定起㝡後解脫道時依未至定為離初靜慮乃至非想非非想處染若世俗為加行彼加行道時依未至定巳離欲染信勝解練根作見至時解脫練根作不動若世俗為加行彼加行道時巳離欲染聖者依未至定起三无量初二解脫前四勝處不淨觀持息念世俗念住三義觀七處善起無學解及世俗无學解增長時起空空無願无願無相无相及增長時即聖者依靜慮中間為離初靜慮乃至非想非非想處染若世俗為加行彼加行道時依靜慮中間信勝解練根作見至時解脫練根作不動若世俗為加行彼加行道時即聖者依靜慮中間起三无量初二解脫前四勝處不淨觀持息念世俗念住三義觀七處善起无學解及世俗无學解增長時起空空無願无願無相無相及增長時於如是時起未曾得非初靜慮世俗智現在前而修淨初靜慮及無漏及未得非初靜慮无

漏智現在前而修淨初靜慮及无漏者此中餘地以智名說即從未至定除初靜慮乃至无所有處謂以无漏道離欲界染即依未至定起㝡後解脫道時依未至定為離初靜慮乃至非想非非想處染若无漏為加行彼加行道時依未至定得阿羅漢果初盡智起時依未至定巳離欲染信勝解練根作見至若无漏為加行彼加行道時時解脫練根作不動若无漏為加行彼加行道及㝡後解脫道時已離欲染聖者依未至定起无漏念住及无漏無學解增長時依靜慮中間入正性離生苦集滅現觀各一心頃依靜慮中間為離初靜慮乃至非想非非想處染若无漏為加行彼加行道時依靜慮中間得阿羅漢果初盡智起時依靜慮中間信勝解練根作見至若无漏為加行彼加行道時時解脫練根作不動若无漏為加行彼加行道及㝡後解脫道時依靜慮中間起无漏念住及無漏无學解增長時依第二靜慮入正性離生苦集

阿毗達磨大毗婆沙論第一百六十三卷　第十八張　止字号

滅現觀各一心頃依第二靜慮得阿羅漢果初盡智起時依第二靜慮時解脫練根作不動宷後解脫道時如說依第二靜慮依第三第四靜慮亦應如是說依空无邊處得阿羅漢果初盡智起時依空無邊處時解脫練根作不動宷後解脫道時如說依空無邊處依識无邊處無所有處亦應如是說於如是時起未曾得非初靜慮无漏智現在前而修淨初靜慮及无漏

說一切有部發智大毗婆沙論卷第一百六十三

阿毗達磨大毗婆沙論卷第一百六十三

校勘記

一　底本，金藏廣勝寺本。

一　四三六頁下八行「歿生」，資、磧、普、南作「殁生」；徑、清作「終生」。

一　四三七頁上九行「静處」，諸本（不含石，下同）作「静慮」。

一　四三七頁上二一行第九字「遣」，清作「道」。

一　四三七頁下二行第二字「光」，資、磧、普、南、徑、清作「常」。

一　四三七頁下七行「在在」，麗作「在」。

一　四三七頁下一二行第六字「減」，資、磧、普、南、徑、清作「滅」。

一　四三七頁下一三行「更无」，徑作「更有」。

一　四三七頁下一五行「功用」，資、磧、普、南、徑、清作「功德」。

一　四三八頁下二二行「不净觀」，徑作「不静觀」。

一　四三九頁下六行第四字「住」，磧、南作「生」。

一　四四〇頁上一三行第八字「人」，諸本作「入」。

一　四四〇頁中一八行首字「如」，資、磧、普、南、徑、清作「加行」。

一　四四一頁中六行「至至」，諸本作「至」。

趙城縣廣勝寺

阿毗達磨大毗婆沙論卷第一百六十四　性

五百大阿羅漢等造

三藏法師玄奘奉　詔譯

定蘊第七中緣納息第二之三

有不修淨初靜慮亦非无漏謂已得非初靜慮世俗智无漏智現在前若未得非初靜慮世俗智无漏智彼現在前而不修淨初靜慮及无漏若一切染汙心无記心現在前若住无想定滅盡定生無想天已得非初靜慮世俗智現在前者此中餘地以智名說即從欲界未至定除初靜慮乃至非想非非想處謂此諸地曾得世俗功德現在前時彼勢分尚不及自第二剎那況能修餘未來功德又非初靜慮故於淨無漏初靜慮俱无修義已得非初靜慮無漏智現在前者此中餘地亦以智名說即從未至定除初靜慮乃至无所有處謂此諸地曾得无漏功德現在前時彼勢分尚不及自第二剎那況能修餘未來功德又非初靜慮故於淨無漏初靜慮俱無修義若未得非初靜慮世俗智現在前而不修淨初靜慮及無漏者此中餘地亦以智名說即從欲界未至定除初靜慮乃至非想非非想處謂異生起欲界未曾得不淨觀持息念念住三義觀及餘聞思所成慧現在前時異生離欲界染諸加行道九無間道八解脫道時即異生未離欲染依未至定起三無量初二解脫前四勝處不淨觀持息念念住三義觀煖頂忍世第一法時已離欲染依未至定起煖頂忍世第一法時依靜慮中間起煖頂忍世第一法時即異生依第二靜慮近分為加行離初靜慮染彼加行道九无間道九解脫道時即異生依第二靜慮引發五通諸加行道五无間道三解脫道時起四无量初二解脫前四勝處不淨觀念住三義觀煖頂忍世第一法有說亦起持息念時即異生離第二靜慮染一切加行無間解脫道時即異生依第三靜慮引發五通諸加行道五无間道三解脫道時起三无量不淨觀念住

三義觀煖頂忍世第一法有說亦起持息念時即異生離第三靜慮染一切加行無間解脫道時即異生依第四靜慮引發五通諸加行道五无間道三解脫道時起三无量淨解脫後四勝處前八遍處不淨觀念住三義觀煖頂忍世第一法時即異生離第四靜慮染一切加行无間解脫道時即異生起空無邊處解脫遍處及念住時即異生離空無邊處識无邊處無所有處染一切加行无間解脫道時即異生起識無邊處无所有處非想非非想處解脫念住及識无邊處遍處時若諸聖者起欲界未曾得不淨觀持息念念住三義觀及餘聞思所成慧現在前時即聖者以世俗道離欲界染若世俗為加行諸加行道九无間道八解脫道時以无漏道離欲界染若世俗為加行彼加行道時未離欲染信勝解練根作見至若世俗為加行彼加行道時即聖者未離欲染依未至定起三無量初二解脫前四勝處不淨觀持息念世俗念住

三義觀七處善時起入滅定微微心時於如是時起未曾得非初靜慮世俗智現在前不修淨初靜慮及无漏若未得非初靜慮无漏智現在前而不修淨初靜慮及無漏者此中餘地亦以智名說謂未離欲染入正性離生四諦現觀各四心頃已離欲染依未至定入正性離生苦集滅現觀各四心頃道現觀三心頃以無漏道離欲界染若無漏為加行諸加行道九无間道八解脫道時未離欲染信勝解練根作見至若无漏為加行彼加行無間解脫道時未離欲染起無漏念住時於如是時起未曾得非初靜慮无漏智現在前不修淨初靜慮及无漏若一切染汙心現在前者謂三界煩惱隨煩惱相應心以彼順退體性沉重懈怠相應要順勝進體性輕舉精進相應方能修故一切無記心現在前者謂三界无覆無記心以彼不堅不住不實其性羸劣如朽敗種要堅住實其性强盛方能修故若住无想定滅盡定者以彼无心要由有心方能

修故生无想天者有說彼天盡衆同分善心不起有說彼天善心雖起而非修所依故无修義此中但說生在修地而不修者然生餘處亦有不修易知故不說如說初靜慮第二第三靜慮說亦如是以此諸地於離下地染㝡後解脫道時皆有入根本地有不入故若修淨第四靜慮彼亦修无漏耶設修无漏第四靜慮彼亦修淨耶荅應作四句有修淨第四靜慮非无漏謂已得淨第四靜慮現在前若未得淨第四靜慮現在前而不修無漏已得淨第四靜慮現在前者謂異生及聖者或學乃至或如來為現法樂住等故起曾得世俗第四靜慮現在前時彼勢分尚不及自第二剎那況能修餘未來功德然現前位即是習修故得名修淨第四靜慮若未得淨第四靜慮現在前而不修无漏者謂異生離第三靜慮染㝡後解脫道及為離第四靜慮染若第四靜慮為加行彼加行道時即異生依第四靜慮引發五通諸加行道五无間道三解脫道

時起三無量淨解脫後四勝處前八遍處不淨觀念住三義觀煖頂忍世第一法時於如是時起未曾得淨第四靜慮現在前而不修无漏有修無漏第四靜慮非淨謂已得無漏第四靜慮現在前若未得無漏第四靜慮現在前而不修淨若未得非第四靜慮世俗智及未得非第四靜慮无漏智彼現在前而修无漏第四靜慮非淨已得無漏第四靜慮現在前者謂諸聖者或學乃至或如來為現法樂住等故起曾得无漏第四靜慮現在前時彼勢分尚不及自第二剎那況能修餘未来功德然現前位即是習修故得名修无漏第四靜慮若未得无漏第四靜慮現在前而不修淨者謂依第四靜慮入正性離生若集滅現觀各三心須道現觀四心須聖者依第四靜慮離第四靜慮乃至无所有處涤一切无間解脫道時離非想非非想處涤九无間道八解脫道時依第四靜慮信勝解練根作見至无間解脫道時時解脫阿羅漢練根作

不動九無間道八解脫道時於如是時起未曾得无漏第四靜慮現在前而不修淨若未得非第四靜慮世俗智現在前而修无漏第四靜慮非淨者此中餘地以智名說即從未至定除第四靜慮乃至非想非非想處謂聖者依未至定為離第四靜慮乃至非想非非想處涤若世俗為加行彼加行道時依未至定已離第三靜慮涤信勝解練根作見至時解脫練根作不動若世俗為加行彼加行道時三無量初二解脫前四勝處不淨觀已離第三靜慮涤聖者依未至定起持息念世俗念住三義觀七處善時起無尋解及世俗无尋解增長時起空空无願無願无相無相及增長時即聖者依初靜慮為離第四靜慮乃至非想非非想處涤若世俗為加行彼加行道時依初靜慮已離第三靜慮涤信勝解練根作見至時解脫練根作不動若世俗為加行彼加行道時雜修初靜慮中間心時已離第三靜慮涤聖者依初靜慮引發五通諸

加行道五无間道二解脫道及世俗他心智通解脫道時即彼依初靜慮起四无量初二解脫前四勝處不淨觀世俗念住三義觀七處善有說亦起持息念時起無尋解及世俗无尋解增長時起空空無願无願無相无相及增長時即聖者依靜慮中間為離第四靜慮乃至非想非非想處涤若世俗為加行彼加行道時依靜慮中間已離第三靜慮涤信勝解練根作見至時解脫練根作不動若世俗為加行彼加行道時已離第三靜慮涤聖者依靜慮中間起三无量初二解脫前四勝處不淨觀持息念世俗念住三義觀七處善時起无尋解及世俗无尋解增長時起空空無願无願無相无相及增長時如說依初靜慮如是依第二靜慮第三靜慮說亦介差別者依第三靜慮除喜无量初二解脫前四勝處餘皆如前說即聖者以世俗道離第四靜慮涤若即以空无邊處近分為加行一切加行无間解脫道時即彼以世俗道離空無

邊處識無邊處無所有處染若世俗為加行一切加行無間解脫道時即彼依无色定以無漏道離四无色染若世俗為加行彼加行道時依无色定時解脫阿羅漢練根作不動若世俗為加行彼加行道時即聖者起无色世俗解脫及後二遍處時即彼依無色定起世俗念住二无㝵解及世俗二无㝵解增長時起空空无願無願無相无相及增長時起入滅定想微細心時於如是時起未曾得非第四靜慮世俗智現在前而修无漏第四靜慮非淨及未得非第四靜慮無漏智現在前而修无漏第四靜慮非淨者此中餘地以智名說即從未至定除第四靜慮乃至无所有處謂依未至定離第四靜慮乃至無所有處染若无漏為加行一切加行无間解脫道時離非想非非想處染若無漏為加行彼加行道九无間道八解脫道時依未至定已離第三靜慮染信勝解練根作見至若无漏為加行彼加行无間解脫道時解脫阿羅漢

練根作不動若無漏為加行彼加行道九无間道八解脫道時即聖者己離第三靜慮染依未至定起无漏念住无漏無㝵解增長時即聖者依初靜慮離第四靜慮乃至无所有處染若无漏為加行一切加行無間解脫道時離非想非非想處染若无漏為加行彼加行道九无間道八解脫道時依初靜慮已離第三靜慮染信勝解練根作見至若无漏為加行彼加行無間解脫道時時解脫阿羅漢練根作不動若无漏為加行彼加行道九無間道八解脫道時離修初靜慮初後心時即聖者已離第三靜慮染依初靜慮起无漏他心智通无漏念住及無漏无㝵解增長時靜慮中間如未至定說第二第三靜慮如初靜慮說即聖者依空无邊處離空无邊處乃至无所有處染若无漏為加行一切加行無間解脫道時離非想非非想處染若无漏為加行彼加行道九无間道八解脫道時依空无邊處時解脫阿羅漢練根作不動若無漏

為加行彼加行道九无間道八解脫道時起无漏空無邊處解脫依空无邊處起無漏念住及無漏二無㝵解增長時如說依空無邊處如是依識無邊處无所有處亦尒差別者即離彼上染於如是時起未曾得非第四靜慮无漏智現在前而修无漏第四靜慮非淨有修淨第四靜慮亦无漏謂未得淨第四靜慮現在前而修無漏若未得無漏第四靜慮現在前而修淨若未得非第四靜慮无漏智現在前而修淨第四靜慮及無漏未得淨第四靜慮現在前而修无漏者謂聖者以世俗道離第三靜慮染寂後解脫道時即彼依第四靜慮為離第四靜慮乃至非想非非想處染若世俗為加行彼加行道時依第四靜慮信勝解練根作見至時解脫練根作不動若世俗為加行彼加行道時離修第四靜慮中間心時即聖者依第四靜慮引發五通諸加行道五无間道二解脫道及世俗他心智通解脫道時即聖者依第四靜慮起三无量

淨解脫後四勝處前八遍處不淨觀世俗念住三義觀七處善時依第四靜慮起无㝵解及世俗无㝵解增長時起無諍願智邊際定及增長時依第四靜慮起空空无願無願无相無相及增長時於如是時起未曾得淨第四靜慮現在前而修无漏若未得無漏第四靜慮現在前而修淨者謂依第四靜慮入正性離生苦集滅現觀各一心頃依第四靜慮為離第四靜慮乃至非想非非想處染若无漏為加行彼加行道時依第四靜慮得阿羅漢果初盡智起時依第四靜慮信勝解練根作見至若无漏為加行彼加行道時時解脫阿羅漢練根作不動若无漏為加行彼加行道及寂後解脫道時離修第四靜慮初後心時依第四靜慮起无漏他心智通无漏念住及无漏無㝵解增長時於如是時起未曾得無漏第四靜慮現在前而修淨若未得非第四靜慮无漏智現在前而修淨第四靜慮及無漏者此中餘地以智名說即從未至定

除第四靜慮乃至無所有處謂依未至定乃至第三靜慮離第三靜慮染寂後解脫道時即依彼地得阿羅漢果初盡智時及依彼地時解脫阿羅漢練根作不動寂後解脫道時依无色定得阿羅漢果初盡智時即依彼地時解脫阿羅漢練根作不動寂後解脫道時於如是時起未曾得非第四靜慮無漏智現在前而修淨第四靜慮及无漏無不修淨第四靜慮亦非無漏謂已得非第四靜慮世俗智无漏智現在前若未得非第四靜慮世俗智無漏智彼現在前而不修淨第四靜慮及無漏若一切染汙心无記心現在前若住无想定滅盡定生無想天已得非第四靜慮世俗智現在前者此中餘地以智名說即從未至定除第四靜慮乃至非想非非想處謂此諸地曾得世俗功德現在前時彼勢分尚不及自第二剎那況能修餘未來功德又非第四靜慮故於淨無漏第四靜慮俱无修義已得非第四靜慮無漏智現在前者此中亦

以智名而說餘地即從未至定除第四靜慮乃至無所有處謂此諸地曾得無漏功德現在前時彼勢分尚不及自第二剎那況能修餘未來功德又非第四靜慮故於淨无漏第四靜慮俱无修義

若未得非第四靜慮世俗智現在前而不修淨第四靜慮及无漏者此中亦說餘地名智即從欲界除第四靜慮乃至非想非非想處謂異生起欲界未曾得不淨觀持息念念住三義觀及餘聞思所成慧現在前時即異生離欲界染一切加行无間解脫道時即異生依未至定起三無量初二解脫前四勝處不淨觀持息念念住三義觀煖頂忍世第一法時即異生依初靜慮為離初靜慮染起加行道時依初靜慮引發五通諸加行道五無間道三解脫道時起四無量初二解脫前四勝處不淨觀念住三義觀煖頂忍世第一法有說亦起持息念時即異生依靜慮中間為離初靜慮染起加行道時依靜慮中間起三无

阿毗達磨大毗婆沙論第一百六十四卷 第十三張

量初二解脫前四勝處不淨觀持息念念住三義觀煖頂忍世第一法時如說依初靜慮如是依第二靜慮第三靜慮說亦尒差別者即離彼上染及第三靜慮除解脫時處喜无量即異生依第四靜慮近分離第三靜慮染彼加行道九无間道八解脫道時即異生依空无邊處近分離第四靜慮染彼加行道九無間道八解脫道時即異生依空無邊處起離下地染第九解脫道及起為離自地染加行道時起空无邊處解脫遍處及念住時即異生依識無邊處近分離空無邊處染彼加行道九无間道八解脫道時如依空無邊處如是依識无邊處无所有處亦尒差別者无所有處除遍處即異生依非想非非想處近分離无所有處染彼加行道九無間道八解脫道時即異生依非想非非想處起離下下地染第九解脫道及起非想非非想處解脫及念住時若聖者起欲界未曾得不淨觀持息念念住三義觀及餘聞思所成慧現在

阿毗達磨大毗婆沙論第一百六十四卷 第十四張

前時即彼聖者以世俗道離欲界乃至第二靜慮染若世俗為加行一切加行无間解脫道時以无漏道離欲界乃至第二靜慮染若世俗為加行彼加行道時即彼聖者以世俗道離第三靜慮染若世俗為加行彼加行道九无間道八解脫道時以无漏道離第三靜慮染若世俗為加行彼加行道時未離第三靜慮染信勝解依未至定練根作見至若世俗為加行彼加行道時即彼聖者未離第三靜慮染依未至定起三無量初二解脫前四勝處不淨觀持息念世俗念住三義觀七處善時未離第三靜慮染信勝解依初靜慮練根作見至若世俗為加行彼加行道時即彼聖者未離第三靜慮染依初靜慮引發五通諸加行道五无間道二解脫道及世俗他心智通解脫道時即彼依初靜慮起四无量初二解脫前四勝處不淨觀世俗念住三義觀七處善有說亦起持息念時未離第三靜慮染信勝解依靜慮中間練根作見至若世

阿毗達磨大毗婆沙論第一百六十四卷 第十五張

俗為加行彼加行道時即彼聖者未離第三靜慮染依靜慮中間起三无量初二解脫前四勝處不淨觀持息念世俗念住三義觀七處善時未離第三靜慮染信勝解依第二靜慮練根作見至若世俗為加行彼加行道時即彼聖者未離第三靜慮染依第二靜慮引發五通諸加行道五無間道二解脫道及世俗他心智通解脫道時即依第二靜慮起四无量初二解脫前四勝處不淨觀世俗念住三義觀七處善有說亦起持息念時未離第三靜慮染信勝解依第三靜慮練根作見至若世俗為加行彼加行道時即彼聖者未離第三靜慮染依第三靜慮引發五通諸加行道五无間道三解脫道及世俗他心智通解脫道時即依第三靜慮起三无量不淨觀世俗念住三義觀七處善有說亦起持息念時起入滅定微微心時於如是時起未曾得非第四靜慮世俗智現在前不修淨第四靜慮及无漏及未得非第四靜慮无漏智現在

前而不修淨第四靜慮及無漏者此中餘地亦以智名說即從未至定乃至第三靜慮謂依未至定乃至第三靜慮入正性離生四諦現觀各四心須以無漏道離欲界染若无漏為加行一切加行無間解脫道時以世俗道離欲界染若无漏為加行彼加行道時依未至定離初第二靜慮染若无漏為加行一切加行無間解脫道時離第三靜慮染若无漏為加行彼加行道九无間道八解脫道時未離第三靜慮染信勝解依未至定練根作見至若无漏為加行彼一切加行无間解脫道時即彼聖者未離第三靜慮染依未至定起无漏念住時依初靜慮離初第二靜慮染若无漏為加行一切加行無間解脫道時離第三靜慮染若无漏為加行彼加行道九無間道八解脫道時未離第三靜慮染信勝解依初靜慮練根作見至若无漏為加行無間解脫道時即彼聖者未離第三靜慮染依初靜慮起無漏他心智通及無漏念住時依靜慮中間離初第二靜慮染若無漏為加行一切加行無間解脫道時離第三靜慮染若无漏為加行彼加行道九無間道八解脫道時未離第三靜慮染信勝解依靜慮中間練根作見至若無漏為加行彼加行无間解脫道時即彼聖者未離第三靜慮染依靜慮中間起无漏念住時依第二靜慮離第二靜慮染若无漏為加行一切加行無間解脫道時離第三靜慮染若无漏為加行彼加行道九无間道八解脫道時未離第三靜慮染信勝解依第二靜慮練根作見至若无漏為加行彼加行无間解脫道時即彼聖者未離第三靜慮染依第二靜慮起无漏他心智通及無漏念住時依第三靜慮離第三靜慮染若無漏為加行彼加行道九無間道八解脫道時未離第三靜慮染信勝解依第三靜慮練根作見至若無漏為加行彼加行無間解脫道時即彼聖者未離第三靜慮染依第三靜慮起无漏他心智通及無漏念住時於如是時起未曾得非第四靜慮無漏智現在前而不修淨第四靜慮及无漏若一切染汙心乃至生無想天者如前初靜慮中說如說第四靜慮乃至无所有處說亦如是以此諸地於離下地染宜後解脫道時皆必入根本地故問何故依近分離欲界乃至第二靜慮染宜後解脫道或即近分或入根本離第三靜慮乃至無所有處染宜後解脫道決定入根本地耶荅下三近分與根本地受有差別故於求得根本地時有即能入者有不能入者上五近分與根本地受無差別故於求得根本地時定即能入諸瑜伽師依近分地離下染者必於自根本地生欣樂心力能起者必即起故

說一切有部發智大毗婆沙論卷第一百六十四

阿毗達磨大毗婆沙論卷第一百六十四

校勘記

一　底本，金藏廣勝寺本。

一　四四三頁下三行第八字「説」，資、磧、普、南、徑、清作「而説」。

一　四四三頁下一四行第一一字「初」，磧作「四」。

一　四四四頁中三行「初静處」，諸本（不含石，下同）作「初静慮」。

一　四四五頁上四行第七字「而」，南作「時」。

一　四四五頁上一七行第一二字「若」，諸本作「苦」。

一　四四五頁中二二行第二字「雜」，資、磧、普、南、徑、清作「離」。

一　四四七頁上一〇行第一二字「離」，徑作「依」。

一　四四七頁上一七行「離修」，諸本作「雜修」。

一　四四七頁中一〇行第六字「無」，諸本作「有」。

一　四四八頁上五行第九字「時」，諸本作「勝」。

一　四四八頁上二〇行「下下」，諸本作「下」。

一　四四八頁中一七行第七字「依」，資、磧、普、南、徑、清作「聖者依」。

一　四四八頁中二一行第一二字「善」，資、磧、普、南、徑、清作「善時」。

一　四四八頁下二行第六字「染」，資、磧、普、南、徑、清作「染時」。

一　四四八頁下一七行第三字「三」，資、磧、普、南、徑、清作「二」。

一　四四九頁上一行「無漏者」，資、磧、普、南、徑、清作「無漏智」。

一　四四九頁上六行「世俗」，資、磧、普、南、徑、清作「無漏」。

一　四四九頁上二一行「加行」，諸本作「加行彼加行」。

一　四四九頁下一三行「上五」，磧、南、徑、清作「上三」。

阿毗達磨大毗婆沙論卷第一百六十五　性

五百大阿羅漢等造

三藏法師玄奘奉　詔譯

定蘊第七中緣納息第二之四

若寂初入無漏初靜慮乃至廣說初有四種一入正性決定初二得果初三離染初四轉根初此中依二初作論謂得果及轉根得果初者謂得阿羅漢果初盡智時轉根初者謂時解脫阿羅漢練根作不動寂後解脫道時問何故於四初中但依二初作論答若尒時修一切地功德者此中依之作論唯二初位能如是修故依作論若寂初入无漏初靜慮尒時所得諸餘未來無漏心心所法彼一切當言有尋有伺耶答彼或有尋有伺或無尋唯伺或无尋無伺有尋有伺者謂所修未至定及初靜慮无尋唯伺者謂所修靜慮中間无尋無伺者謂所修上三靜慮下三無色若寂初入無漏第二靜慮尒時所得諸餘未來无漏心心所法彼一切當言喜根相

應耶答彼或樂根相應或喜根相應或捨根相應樂根相應者謂所修第三靜慮喜根相應者謂所修初及第二靜慮捨根相應者謂所修未至定靜慮中間第四靜慮下三無色若寂初入无漏第三靜慮尒時所得諸餘未來無漏心心所法彼一切當言樂根相應耶答彼或樂根相應或喜根相應或捨根相應義如前釋若寂初入無漏第四靜慮尒時所得諸餘未來无漏心心所法彼一切當言捨根相應耶答彼或樂根相應或喜根相應或捨根相應義如前釋若寂初入無漏空无邊處尒時所得諸餘未來无漏心心所法彼一切當言空无邊處攝耶答彼或空无邊處攝或識無邊處攝或無所有處攝空无邊處攝者謂所修空无邊處識無邊處攝者謂所修識無邊處无所有處攝者謂所修無所有處若寂初入无漏識無邊處尒時所得諸餘未來無漏心心所法彼一切當言識无邊處攝耶答彼或空无邊處攝或識無邊處攝或

无所有處攝義如前釋若寂初入無漏無所有處尒時所得諸餘未來无漏心心所法彼一切當言无所有處攝耶答彼或空无邊處攝或識無邊處攝或无所有處攝義如前釋問何故此中於靜慮問相應於无色問攝答彼作論者意欲尒故隨彼意而作論但不違法相便不應責有說於靜慮无色並應俱問而不問者當知此義有餘有說為現種種文種種說由種種文種種說故義則易解有說為現二門二略二階二炬二明二光二種文影如於靜慮說相應於无色亦尒如於无色說攝於靜慮亦尒有說靜慮麁顯易見易知故問相應无色微細難了難覺故但問攝有說靜慮有種種相乎不相似故問相應无色不尒故但問攝有說靜慮有種種受種種根故問相應無色不尒有說靜慮有多功德多勝利故問相應无色不尒有說靜慮有遍緣智故問相應无色但有緣自上智故但問攝問何故此中於靜慮亦攝无色於無色不攝靜慮耶答彼作論者意欲尒故乃至廣說有說於靜慮无色並應俱攝而不說攝者當知此義有餘有說為現種種文種種說由種種文種種說故義則易解有說為現二門二略二影二光乃至廣說有說无色依屬靜慮以先得靜慮後得无色故於靜慮亦攝无色靜慮不依屬無色故於无色不攝靜慮有說於靜慮亦不攝無色以無尋无伺等言有別意故謂无尋无伺者唯說後三靜慮捨根相應者唯說未至靜慮中間及第四靜慮以靜慮无色其相各異雖乎相修而不相攝有說於无色亦應攝靜慮應作是說或未至定攝乃至或无所有處攝而不說者欲顯无色非入靜慮加行以靜慮現前不必因无色故有說生靜慮地能起无色生無色地不能起靜慮有說聖者生靜慮後容生無色生无色後無容生靜慮是故於靜慮攝無色於无色不攝靜慮

味相應初靜慮乃至廣說問何故作此論答欲止譬喻者意以彼於緣性中不明了故說緣非實有令欲顯示諸緣自性令知諸緣皆是實有故作斯論味相應初靜慮與味相應初靜慮等為幾緣答與自地味相應為因等無間所緣增上因者三因即相應俱有同類因等无間者謂味相應初靜慮等无間味相應初靜慮現在前所緣者謂味相應初靜慮與味相應初靜慮為所緣增上者謂不㝵生及唯无障此中因緣如種子法等无間緣如開避法所緣緣如任杖法增上緣如與欲法與自地淨為等无間所緣增上等無間者謂味相應初靜慮等无間淨初靜慮現在前如愛見慢疑上靜慮者煩惱等无間淨定現在前此則惣說若別說者淨有四種謂順退分順住分順勝進分順決擇分此中有說味相應等无間唯順退分現在前有說亦起順住分所緣者謂味相應初靜慮與淨靜慮為所緣增上者謂不㝵生及唯无障非因者以染汙法與善法非如種子法　故由此義故味相應與自地淨若惣說為

三緣若別說或三或二謂與前二分為三緣與後二分為二緣與自地无漏為所緣增上所緣者謂與苦集類忍類智品為所緣增上者如前說非因者有漏法與无漏法非如種子法故非等无間者煩惱等无間不起聖道現在前故由此義故味相應與自地無漏若惣說為二緣若別說或二或一謂與苦集類忍智品為二緣與滅道類忍類智品及一切法忍法智品為一緣與淨無漏上三靜慮為所緣增上所緣者彼緣下地味相應故增上者謂不㝵生及唯无障故非因緣者染於不染非種子法故非等无間緣者已離下染方能起上根本地淨無漏故與餘為一增上餘謂味相應上三靜慮及一切無色增上義如前說非因緣者異界地法因果斷故及異類法非種子故非等无間緣者已離下染上地染方現前故及相違故非所緣者上地煩惱及根本無色不緣下地有漏法故淨初靜慮與淨初靜慮等為幾緣荅與自地淨為因

等無間所緣增上因者三因即相應俱有同類因等無間者謂淨初靜慮與淨初靜慮為所緣增上義如前說等無間淨初靜慮現在前所緣者謂此即惣說若別說者淨有四分順退分與順退分為四緣與順住分亦尒與餘二分為三緣除等無間順住分與順住分為四緣與順勝進分亦尒與順決擇分為三緣除等无間與順退分為三緣除因緣勝非劣因故順勝進分與順勝進分為四緣與順決擇分亦尒與順退分有說但為所緣增上順勝進分無間順退分不現前故如是說者亦現在前是故與順退分為三緣除因緣以彼劣故與順住分亦尒順決擇分與順決擇分為四緣與順退分為所緣增上與順住分有說但為所緣增上以順決擇分無間順住分不現在前故如是說者亦現在前是故與彼為三緣除因緣與順勝進分亦尒與自地無漏為等无間所緣增上等無間者謂淨初靜慮等无間無漏初靜慮現在前此但從

順決擇分有說亦從順勝進分所緣者謂與无漏初靜慮為所緣增上者如前說非因緣者有漏法非无漏因故與自地味相應為等無間所緣增上等無間者如愛見慢疑上靜慮者淨定等無間煩惱現在前當知此從順退分或順住分起由已離未離自地染者起自地煩惱有差別故所緣者味者自地淨靜慮故餘如前說與淨無漏第二第三靜慮為等无間所緣增上等无間者於第二順次入故於第三順起入故當知從順勝進分入上淨非餘餘如前說與淨無漏第四靜慮為所緣增上无等無間者以極遠故餘如前說與餘為一增上餘謂味相應三靜慮及一切無色增上義如前說是中差別者謂與淨無漏无色非等无間者以極遠故餘如前說問亦有等無間緣謂初靜慮善心命終生上地時此中何故不說荅應說與彼為等無間增上而不說者當知義則有餘有說此定蘊中唯說定善及定煩惱命終結生但是生善及

生煩惱是故不說有說此定蘊中唯說根本善及煩惱命終結生唯住近分不住根本是以不說无漏初靜慮與无漏初靜慮等為幾緣荅與自地無漏為因等无間所緣增上因者三因即相應俱有同類因所緣者謂與道忍道智品為所緣餘說如前此即惣說若別說者法智品與法智品為四緣與類智品為三緣除所緣類智品與類智品為四緣與法智品為三緣除所緣苦集滅智品與苦集滅智品為三緣除所緣與道智品為四緣道智品與道智品為四緣與苦集滅智品為三緣除所緣未知當知根品與未知當知根品為四緣與已知根品亦尒與具知根品為三緣除等无間已知根品與已知根品為四緣與具知根品亦尒與未知當知根品為二緣除因等無間除因者後生於前生非因故除等無間者修道等无間見道不現在前故具知根品與具知根品為四緣與未知當知根品及已知根品為二緣除因等無間无學法

智品與學類智品為一增上无學類智品與學法智品為一增上是故以惣說故去與自地無漏為四緣若差別說則有如是或四三二一與无漏第二第三靜慮為因等無間所緣增上以無漏法不墮界故異地為因緣如前說與自地淨及淨第二第三靜慮為等無間所緣增上此中於自地淨有說除順退分與餘三分為等無間有說唯與後二分為等無間於上地淨亦尒如是說者漸次入時亦與勝進分為等无間起越入時唯與順決擇分為等無間問何故起越入時唯順決擇分與無漏道平為等无間緣餘時不尒荅於超越時唯有猛盛堅固善根能相引發順決擇分猛盛堅固餘分不尒與淨第四靜慮及淨無色為所緣增上以初靜慮類智品是無色對治故與淨無色亦為所緣餘如前說與無漏第四靜慮及無漏無色為因所緣增上以無色道類智品亦緣初靜慮類智品故餘如前說與餘為增上餘謂與一切味相應增

上義如前說由無漏與味極相違故無等无間貪不能緣無漏法故非所緣無漏與染非種子法故非因問若無漏與味極相違者去何作增上荅於无間起雖極相違而正生時去来無障故得展轉平為增上

味相應第二靜慮與味相應第二靜慮等為幾緣荅與自地味相應為因等無間所緣增上與淨初二靜慮為等无間所緣增上與一切无漏靜慮及淨第三第四靜慮為所緣增上與餘為一增上餘謂味相應初第三第四靜慮及一切無色此中與淨初靜慮為等无間者謂瑜伽師第二靜慮淨定無間起諸煩惱其心熱惱如為火燒遂即歸投淨初靜慮故契經說寧起猒作意俱初靜慮不起劣作意俱第二靜慮問彼起何等淨初靜慮有說起順住分以易起故有說起順勝進分防護上地故又此所說與味相應初靜慮為一增上者問第二靜慮染心命終生初靜慮則有等无間緣何故不說荅應說與彼為等無間

增上而不說者當知此義有餘有說此定蘊中唯說定煩惱命終結生是生煩惱是故不說有說此定蘊中但說根本地煩惱命終結生唯住近分地煩惱是故不說餘隨所應如前說淨第二靜慮與淨第二靜慮等為幾緣荅與自地淨為因等无間所緣增上與一切无漏靜慮及淨初第三第四靜慮并自地味相應為等無間所緣增上與餘為一增上此亦如前隨應廣說无漏第二靜慮與无漏第二靜慮等為幾緣荅與一切無漏靜慮為因等无間所緣增上與一切淨靜慮為等无間所緣增上與淨无色為所緣增上與無漏无色為因所緣增上與餘為一增上此亦隨應廣如前說從第三靜慮乃至非想非非想處有五三一二問荅廣說如本論應知問如以世俗道離第四靜慮及下三無色染時一切無間道皆緣下地何故不說第四靜慮下三无色味相應淨與上地淨為所緣耶荅此亦應說而不說者當知有餘有說此定蘊中唯說根本地九無間道但是近分地是故不說問何等无漏第三第四靜慮與淨无漏無色為等無間耶荅唯類智品問何故非法智品有說法智品依下緣下故謂法智品但依欲界但緣欲界諸行及彼因彼滅彼對治道淨無漏无色不尒故法智品非彼等無閒緣有說法智品但緣欲界及彼滅道緣欲界及彼滅道无閒不得即緣無色地境以極遠故由此法智品非无色等無閒緣有說无色地非法智品所依所緣及地故謂四靜慮雖非法智品所依所緣而是法智品地欲界雖非法智品地而是法智品所依所緣諸无色地無如是事故非法智品无閒所起同何故淨无漏無色但緣下地類智品道非法智品道耶荅法智品道非彼地對治故問豈不法智品道亦對治彼耶荅雖對治彼而非根本亦非全是故不說謂雖是彼修所斷法對治而非彼見所斷法對治又雖滅道法智是彼對治而非苦集法智有說類智品是彼主對治法智品是彼客對治故非彼所緣然淨无漏靜慮無色或下或上无間而起從下起者名順次順超從上起者名逆次逆超同類起者名純異類起者名雜地無閒者名次地有閒者名超有閒唯能越於一地是謂此處略毗婆沙

問所說超定加行云何荅修超定時彼修定者先起欲界善心從此无閒入有漏初靜慮次入有漏第二靜慮次第乃至入非想非非想處從彼還入有漏无所有處次第乃至復還入有漏初靜慮於此諸地循環修習令善淳熟如王路已復入無漏初靜慮次入無漏第二靜慮次第乃至入无漏无所有處從彼還入无漏識無邊處次第乃至復還入无漏初靜慮於此諸地循環修習令善淳熟如王路已復入有漏初靜慮從有漏初靜慮起入有漏第三靜慮從有漏第三靜慮起入有漏空无邊處從有漏空无邊處起入有漏無所有處從有漏無所有處還起入有漏空无邊處從有

漏空無邊處起入有漏第三靜慮從有漏第三靜慮起入有漏初靜慮於此諸地循環修習令善淳熟如王路已復入无漏初靜慮從无漏初靜慮起入無漏第三靜慮從無漏第三靜慮起入无漏空無邊處從无漏空無邊處起入无漏無所有處從無漏无所有處還起入无漏空無邊處從無漏空无邊處起入無漏第三靜慮從無漏第三靜慮起入无漏初靜慮於此諸地循環修習令善淳熟猶如王路齊此起定加行成滿從此復入有漏初靜慮從有漏初靜慮起入無漏第三靜慮從无漏第三靜慮起入有漏空無邊處從有漏空無邊處起入无漏無所有處從无漏无所有處還起入有漏空无邊處從有漏空无邊處起入无漏第三靜慮從无漏第三靜慮起入有漏初靜慮如是名為起定成滿有餘師說修超定時先起欲界善心從此無間入有漏初靜慮次入有漏第二靜慮次第乃至入非想非非想處從彼還入有漏无所有處

次第乃至復還入有漏初靜慮於此諸地善串習已復入無漏初靜慮次入無漏第二靜慮次第乃至入无漏无所有處從彼還入无漏識無邊處次第乃至復還入無漏初靜慮於此諸地善串習已復入有漏初靜慮次入無漏第二靜慮次入有漏第三靜慮次入无漏第四靜慮次入有漏空无邊處次入无漏識無邊處次入有漏无所有處從彼還入无漏識无邊處次第乃至復還入有漏初靜慮於此諸地善串習已復入无漏初靜慮次入有漏第二靜慮次入無漏第三靜慮次入有漏第四靜慮次入无漏空无邊處次入有漏識无邊處次入無漏无所有處次入非想非非想處從彼還入無漏无所有處次第乃至復還入无漏初靜慮於此諸地善串習已復入有漏初靜慮從有漏初靜慮起入有漏第三靜慮從有漏第三靜慮起入有漏空无邊處從有漏空无邊處超入有漏無所有處從有漏無所有處還入有漏空无邊處從有

漏空无邊處超入有漏第三靜慮從有漏第三靜慮超入有漏初靜慮於此諸地善串習已復入無漏初靜慮從无漏初靜慮超入无漏第三靜慮從無漏第三靜慮超入無漏空无邊處從無漏空无邊處超入无漏無所有處從無漏无所有處還入无漏空無邊處從无漏空無邊處超入无漏第三靜慮從無漏第三靜慮超入無漏初靜慮於此諸地善串修習是名超定加行成滿從此復入有漏初靜慮從有漏初靜慮超入無漏第三靜慮從无漏第三靜慮超入有漏空无邊處從有漏空无邊處超入無漏无所有處從无漏無所有處還超入有漏空無邊處從有漏空无邊處超入无漏第三靜慮從無漏第三靜慮超入有漏初靜慮從此復入无漏初靜慮從无漏初靜慮超入有漏第三靜慮從有漏第三靜慮超入无漏空無邊處從無漏空無邊處超入有漏無所有處從有漏无所有處還超入无漏空无邊處從無漏空无邊處超入

有漏第三靜慮從有漏第三靜慮起入無漏初靜慮如是名為超定成滿復有說者前來所說皆是加行從此位後自在循環超入諸定无所罣㝵乃名成滿然必不能超入第四問何故不能超入第四荅過殑伽沙數諸佛世尊及聖弟子超入諸定法皆如是故不應問有說諸超定者本應漸起若從彼超法唯超一勢不過故如登梯時亦應漸上其有越者莫能越二勢不及故有說後起徑路法皆如前故但超一謂觀行者初起定時從五入五從四入四支數等故易可起入後亦如是故不超二有說如所緣緣故唯超一謂觀行者不念作意於所緣緣唯能超一問云何觀行者於所緣超荅彼由不念作意以初靜慮於九地境一一別緣於中唯能起緣一地謂緣欲界无間能上緣初靜慮或第二靜慮非餘緣初靜慮无間能下緣欲界上緣第二靜慮或第三靜慮非餘緣第二靜慮无間能下緣欲界或初靜慮上緣第三靜慮或第四靜慮非餘緣第三靜慮無間能下緣初靜慮或第二靜慮上緣第四靜慮或空无邊處非餘如是乃至緣非想非非想處无間能下緣識无邊處或无所有處非餘如依初定如是依餘定隨其所應於所緣緣皆應廣說如不能越二地所緣起定亦尒故不入第四問若尒何故說淨解脫次起五心淨解脫心緣於欲界第四靜慮遍行隨眠能緣自上乃至有頂豈非能越二地所緣荅說不染心不能起二彼心是染故不相違問如苦法智緣欲界无間起苦類忍乃至緣有頂云何說不染汙心不能起二荅彼但是摠緣不名為超亦俱緣餘地故是故非難

問何處能超定荅在欲界非色无色在人趣非餘趣在三洲非北洲男子女人俱能超定尊者僧伽筏蘇說曰唯贍部洲唯男子能超定餘洲及女人所依劣故不能如是說者餘洲及女人亦能超定彼於三摩地亦得心自在故問何等補特伽羅能超定荅是聖者非異生是無學非學无學中是不時解脫非時解脫於不時解脫中要得願智邊際定等殊勝功德然後能超問何故唯无學不時解脫能超定耶荅要相續中无諸煩惱於定自在乃能超定學相續中猶有煩惱時解脫於定不得自在故並不能超定問何等善根无間能超定耶荅無量解脫勝處遍處諸通等善根无間皆不能超定唯无常等行相善根无間能超所以者何要猛利增上善根能超定故

說一切有部發智大毗婆沙論卷第一百六十五

阿毗達磨大毗婆沙論卷第一百六十五

校勘記

一　底本，金藏廣勝寺本。

一　四五二頁下一一行「任杖」，磧、經、清作「住杖」。

一　四五二頁下二〇行第九、一〇字「静慮」，諸本(不含石，下同)作「初静慮」。

一　四五二頁下二二行第一一字「法」，資作「法法」。

一　四五四頁下二一行第一〇字「者」，麗無。

一　四五五頁上一八行首字「有」，資作「言」。

一　四五五頁中一六行第八字「同」，諸本作「問」。

一　四五五頁下一九行第二字「復」，經、清作「彼」。

一　四五六頁中六行第三字「善」，資、磧、普作「喜」。

一　四五七頁上一八行第一三字「起」，麗作「超」。

一　四五七頁中五行第一三字「依」，資、磧、普、南、經、清作「依後」。

一　四五七頁中末行第一一字「䏻」，資、磧、普、南、經、清作「能起」。

阿毗達磨大毗婆沙論卷第一百六十六　性

五百大阿羅漢等造

三藏法師玄奘奉　詔譯

定蘊第七中攝納息第三之一

十想謂无常想無常苦想苦无我想死想不淨想猒食想一切世間不可樂想斷想離想滅想如是等章及解章義既領會已應廣分別問何故此中先依十想作論荅彼作論者意欲尒故隨彼意欲而作斯論但不違法相便不應責有說為欲分別契經義故如契經中說有十想无常想乃至滅想契經雖作是說而不廣辯今欲辯之故作斯論問何故此中但說十想荅此不應問以是佛經所說故佛於處處經中唯說十想作論者於佛所說中不能增一說十一想不能減一說於九想所以者何佛所說法无增減故不可增減如無增无減無多無少无缺無長无量無邊亦尒无量无邊者義難測故無邊者文難了故辟如大海无量無邊无量者深无邊者廣假使百千那庾多數諸大論師如舍利子於佛所說二句經中造百千論分別解釋盡其覺性亦不能窮其邊量況復多耶問置作論者何故世尊但說十想荅所化有情齊此所說事究竟故謂佛世尊凡所說法皆觀有情所應作事令善究竟齊此而止不增不減辟如良醫觀有病者隨應授藥不增不減佛亦如是有說世尊謂顯聖道聖道加行及聖道果故說十想謂說無常想无常苦想苦无我想死想則顯聖道說不淨想猒食想一切世間不可樂想則顯聖道加行說斷想離想滅想則顯聖道果有說世尊為顯聖道聖道資粮及聖道果故說十想此中配釋如前應知有說世尊為顯奢摩他毗鉢舍那及二果故說於十想謂說不淨想猒食想一切世間不可樂想則顯奢摩他說无常想無常苦想苦无我想死想則顯毗鉢舍那說斷想離想滅想則顯彼二果有說世尊為顯此岸彼岸及船栰故說於十想謂說不淨想猒食

想一切世間不可樂想則顯此岸說斷想離想滅想則顯彼岸說无常想無常苦想苦無我想死想則顯船栰有說世尊為顯諸蘊諸界過失及彼還滅果故說十想謂說无常想无常苦想苦无我想則顯諸蘊過失說不淨想猒食想則顯欲界過失說一切世間不可樂想則顯色界過失說死想則顯无色界過失說斷想離想滅想則顯彼還滅果有說世尊為顯入正性離生離三界染及彼道果故說十想謂說無常想无常苦想苦無我想則顯入正性離生說不淨想猒食想則顯離欲界染以欲界有婬欲及段食欲於彼染習不能離欲界染故說一切世間所可樂想則顯離色界染以色界有生死中寂勝喜受耽勝樂受及第四靜慮寂勝輕安樂於彼躭著不能離色界染故說死想則顯離无色界染以無色界壽量長遠於彼保著不能離无色界染故說斷想離想滅想則顯彼道果有說世尊為顯近對治所治障故說於十想謂說無常想顯近對治於諸行中我慢障說無常苦想顯近對治懈怠障說苦无我想顯近對治我見障說不淨想顯近對治色貪障說猒食想顯近對治躭美食障說一切世間不可樂想顯近對治貪著世間可愛事障說死想顯近對治恃命憍逸障說斷想顯近對治諸非法障說離想顯近對治染著障說滅想顯近對治所依障有說世尊為顯對治外道執見故說十想謂諸外道於无常蘊中多起常執對治彼故說无常想彼由於蘊起常執故便計為樂對治彼故說无常苦想彼由於蘊執有樂故便計有我對治彼故說苦无我想彼由執有我故便計有淨對治彼故說不淨想及猒食想彼由執有淨故便樂著生死對治彼故說一切世間不可樂想彼由著生死故便不求涅槃對治彼故說斷想離想滅想彼由不求涅槃故保愛壽命對治彼故說於死想有說世尊為顯猒逆過失遠離過失及證離彼所得功德故說十想謂說不淨想猒食想一切世間不可樂想則顯猒逆過失說无常想無常苦想苦无我想死想則顯遠離過失說斷想離想滅想則顯證離彼所得功德有說世尊為顯蹔時斷究竟斷故說十想謂說不淨想猒食想一切世間不可樂想顯蹔時斷說餘七想顯究竟斷如蹔時斷究竟斷如是有影斷无影斷有餘斷無餘斷有縛斷無縛斷摧枝葉斷拔根本斷制伏纏斷害隨眠斷亦尒有說世尊為顯離三界染加行離三界染道離三界染故說十想謂說不淨想猒食想顯離欲界染加行說无常想顯離欲界染道說斷想顯離欲界染說一切世間不可樂想顯離色界染加行說无常苦想顯離色界染道說離想顯離色界染說死想顯離无色界染加行說苦无我想顯離无色界染道說滅想顯離無色界染

如是十想界分別者不淨想猒食想一切世間不可樂想欲色界餘三界及非界

地者不淨想猒食想在十地謂欲界靜慮中間四靜慮及四近分一切世間不可樂想在七地謂欲界未至靜慮中間根本四靜慮餘七想有漏者在十一地謂欲界未至靜慮中間根本四靜慮四無色无漏者在九地謂未至靜慮中間根本四靜慮下三無色所依者不淨想猒食想一切世間不可樂想依欲界餘依三界

行相者无常想作无常行相無常苦想作苦行相苦無我想作无我行相不淨想作不淨行相猒食想作猒逆行相一切世間不可樂想作不可樂行相死想作死行相斷想作斷行相離想作離行相滅想作滅行相有說後三一切皆作滅靜妙離四種行相問死想亦通无漏云何聖道作死行相耶荅死為所緣故名死想然彼還作无常行相問若尒死想无常想有何差別有說觀察諸行寂後無常此想名死想觀察諸行剎那无常此想名无常想有說觀察有執受諸行無常此想名死想觀察有執受无執受諸行無常此想名無常想有說於有情處轉名死想於法處轉名无常想問若猒食想作猒逆行相者彼不淨想亦作猒逆行相此二有何差別荅不淨想猒逆於色猒食想猒逆於味有說不淨想對治婬貪猒食想對治食貪諸有欲令十六行相外無聖道者彼說無漏斷離滅想即作滅諦四種行相諸有欲令十六行相外有聖道者彼說无漏斷想即作斷行相乃至无漏滅想即作滅行相

所緣者無常想有漏者三諦為所緣無漏者苦諦為所緣無常苦想有漏者二諦為所緣無漏者苦諦為所緣苦无我想有漏者一切法為所緣无漏者苦諦為所緣然佛此中所說三想唯說緣苦諦非餘不淨想眼識為加行所引發故色處為所緣猒食想猒段食故香味觸處為所緣有說此想亦眼識為加行所引發故但以色處為所緣一切世間不可樂想有說唯緣欲界以說此想對治緣世間可愛事貪欲此貪欲唯在欲界故此中有說唯緣世間可愛事有說亦緣可愛事所起貪欲問若唯緣欲界者云何名一切世間不可樂想荅一切有二種一一切二少分一切此中說少分一切是故無過有說此想通緣三界以名一切世間不可樂想故問若尒何故說此想對治世間可愛事貪欲彼貪欲唯在欲界故荅彼經顯示初起趣入加行故作是說若已數習成滿者亦能斷色无色界貪欲是故無過死想有說以寂後剎那命根為所緣有說以寂後剎那命根无常為所緣有說以寂後剎那命根俱生五蘊為所緣有說以寂後剎那命根俱生五蘊无常為所緣有說以一切衆同分命根為所緣有說以一切衆同分命根无常為所緣有說以一切衆同分命根俱生五蘊為所緣有說以一切衆同分命根俱生五蘊无常為所緣如是說者以寂後命根俱生五蘊无常為所緣斷想以斷為所緣離想以離為所緣滅想以滅為所緣此後三想隨別如此即是皆

以滅諦涅槃為所緣義

念住者無常想无常苦想苦无我想四念住俱不淨想猒食想身念住俱一切世間不可樂想有說身念住俱有說法念住俱死想斷離滅想法念住俱

智者无常想無常苦想苦无我想死想四智相應謂法智類智苦智世俗智不淨想猒食想一切世間不可樂想一智相應謂世俗智斷離滅想四智相應謂法智類智滅智世俗智三摩地者无常想無常苦想死想无漏者與苦無願三摩地相應苦無我想無漏者與空三摩地相應斷離滅想无漏者與无相三摩地相應不淨想猒食想一切世間不可樂想及餘七想中有漏者皆不與三摩地相應根者惣說皆與三根相應謂樂喜捨根世者皆墮三世緣世者无常想無常苦想苦無我想緣三世不淨想猒食想一切世間不可樂想過去緣過去現在緣現在未來生者緣未來不生者緣三世死想有說緣三世有說緣未來斷離滅想緣非世

善等者一切皆善緣善等者无常想無常苦想苦无我想不淨想緣善不善无記猒食想緣无記一切世間不可樂想有說緣三種有說緣不善无記死想有說緣无記有說緣三種斷離滅想唯緣善

三界繫不繫者不淨想猒食想一切世間不可樂想欲色界繫餘三界繫及不繫緣三界繫不繫者无常想无常苦想苦无我想死想緣三界繫不淨想猒食想緣欲界繫一切世間不可樂想有說緣欲界以說此想對治緣可愛事貪欲此貪欲唯在欲界故有說緣三界以此名一切世間不可樂想故如是說者初說為善斷離滅想緣不繫

學等者不淨想猒食想一切世間不可樂想唯非學非無學餘通三種謂學无學非學非無學緣學等者一切皆緣非學非无學見所斷等者不淨想猒食想一切世間不可樂想唯修所斷餘通修所斷及不斷緣見所斷等者無常想无常苦想苦無我想緣見修所斷不淨想猒食想一切世間不可樂想緣修所斷死想有說緣修所斷有說緣見修所斷斷離滅想緣不斷

緣名義者无常想無常苦想苦无我想通緣名義死想有說唯緣義有說通緣名義餘六想但緣於義

緣自相續等者前七想緣自他相續後三想緣非相續

加行得離染得生得者一切加行得離染得非生得

有漏无漏者不淨想猒食想一切世間不可樂想唯有漏餘有漏无漏外國師說死想唯有漏所以者何非諸聖道作我當死行相轉故評曰應說此想有漏无漏以此想加行時雖作我等當死行想若成滿時即於彼境還作无常行相轉故緣有漏无漏者前七想緣有漏後三想緣无漏問此十想幾有漏緣无漏幾無漏緣有漏幾有漏緣有漏幾无漏緣無漏答三少分是有漏緣无漏四少分是无漏

緣有漏三全四少分是有漏緣有漏三少分是无漏緣無漏問此十想幾非有漏非不緣有漏乃至廣作四句前第二句作此第一句前第一句作此第二句前第四句作此第三句前第三句作此第四句有為无為者一切皆是有為緣有為无為者前七想緣有為後三想緣无為問此十想幾自性斷非所緣斷幾所緣斷非自性斷幾自性斷亦所緣斷幾非自性斷亦非所緣斷荅三少分自性斷非非緣斷四少分所緣斷非自性斷三全四少分亦自性斷亦所緣斷三少分非自性斷亦非所緣斷問此十想幾非自性斷非不所緣斷乃至廣作四句前第二句作此第一句前第一句作此第二句前第四句作此第三句前第三句作此第四句

問此十想幾是轉幾是隨轉荅三是轉謂不淨想猒食想死想餘七是隨轉問若尒何想轉時幾想隨轉荅不淨想猒食想轉時各四想隨轉謂一切世間不可樂想及斷離滅想死想

轉時七想隨轉謂無常想無常苦想苦無我想一切世間不可樂想及斷離滅想云何不淨想轉時四想隨轉謂修行者起不淨想時先往塚間觀不淨想所謂死屍青瘀膖脹膿爛或虫獸食噉血肉狼藉支節分離或肉盡筋連唯觀骨瑣次第連接取是相已至一近處閑目思惟若皆分明現前者善若不明了當更往觀如此善觀不淨相已疾還所止洗足敷坐結跏趺坐調滑身心令身心柔軟身心堪能身心无熱身心離盖既令身心離諸盖已取先外相以方已身如彼此亦尒如此彼亦尒謂我此身具有如前諸不淨時因於足骨以拄踝骨因於踝骨以拄腨骨因於腨骨以拄膝骨因於膝骨以拄髀骨因於髀骨以拄髖骨因於髖骨以拄膂骨因於膂骨以拄脊骨因於脊骨傍連肋骨又因手骨以拄肘骨因於肘骨以拄臂骨因於臂骨以拄肩骨因於肩骨以拄脊骨復因脊骨以拄項骨因於項骨以拄頷輪因於頷輪以拄齒鬘

上有髑髏於此身中骨瑣次第善取相已繫念眉間然其所樂有廣有略若樂略者即從眉間入身念住從身念住入受念住從受念住入心念住從心念住入法念住若樂廣者從眉間起復觀髑髏齒鬘頷輪次第觀察乃至足骨次由勝解作意力故令所觀骨瑣漸增漸廣遍滿一牀一房一院一僧伽藍一村一田一城一國乃至大海邊際所有大地皆為白骨周匝遍滿復以勝解作意力故從彼漸略捨大地骨觀於一國捨一國觀一城乃至捨一房觀一牀復捨一牀所有骨相但觀身骨謂觀足骨次觀踝骨次觀腨骨乃至最後觀髑髏骨捨髑髏骨繫念眉間彼瑜伽師若於如是廣略自在是名不淨觀成然此不淨觀有所緣少非自在少應作四句有所緣少非自在少謂但思惟自身骨瑣相而能數數入出彼觀有自在少非所緣少謂能思惟大地骨瑣相而不能數數入出彼觀有自在少亦所緣少謂但思惟自身骨瑣相亦不

能數數入出彼觀有非自在少亦非所緣少謂能思惟大地骨璅相亦能數數入出彼觀又此不淨觀有所緣無量非自在无量應作四句謂前第二句作此第一句前第一句作此第二句前第四句作此第三句前第三句作此第四句彼瑜伽師如是觀察不淨相已作是思惟生死諸行何可欣樂尒時便於欲色无色三界諸行都不貪樂由如此故彼先所修一切世間不可樂想便得圓滿彼由不欣樂生死故便欣樂涅槃由此因緣先所修習斷離滅想皆得圓滿如是不淨想轉時四想隨轉去何猒食想轉時四想隨轉謂修行者起猒食想時觀手中若鉢中食從何而成知從穀等復觀穀等從何而來知從田中種子差別復觀種子由誰故生知由種種泥土糞穢如是觀已便作是念此食展轉從不淨生復能展轉生諸不淨誰有智者於中貪著又彼行者或常乞食或僧中食常乞食者辰旦澡漱嚼楊枝時於水作尿想於楊枝作

指骨想著衣持鉢往聚落時於衣作濕人皮想於腰縚作人腸想於鉢作髑髏想於錫杖作脛骨想於道路間所見礫石作骸骨想既至聚落見諸城壁作塚墓想見諸男女作骨璅想於乞食時若得餅作人肚想若得麨作骨粖想若得塩作人齒想若得餅作鉏韭想若得諸菜作人髮想若得羹臛作下汁想若得乳酪作人腦想若得蘇蜜作人脂膏想若得魚及宍作人肉想若得諸飲作人血想若得歡喜丸等作乾糞想其僧中食者若得淨草作死人髮想所處牀座作骨聚想於所得飲食作不淨想皆如前說問行者何故於飲食等作不淨想耶荅彼作如是思惟我無始生死由於不淨作淨想故輪迴五趣受諸苦惱今欲違彼趣涅槃樂是故於中觀為不淨復次彼行者作是念莫令我於飲食生淨想故增益貪心障㝵聖道故於飲食作不淨想由不淨想便能猒離彼瑜伽師如是於食起猒想已作是思惟生死諸行何可欣樂便

於三界諸行生猒由如此故彼先所修一切世間不可樂想便得圓滿彼由猒生死故便樂涅槃由此因緣先所修習斷離滅想皆得圓滿如是猒食想轉時四想隨轉去何死想轉時七想隨轉謂修行者起死想時觀察諸法念念生滅彼於春時見諸卉木生花生葉鮮榮紅紺如妙寶色河池津液水漸盈滿魚鳥喧戲便作是念今外物生彼入聚落見諸男女歌舞跳躍飲食喜慶即前問之此何故尒荅曰此家生男生女便作是念今內法生復於夏時見諸卉木柯條聳寄花葉茂盛河池汎溢波濤輪轉査沫淩岸便作是念此諸外法今已興盛彼入聚落見諸男女擊鼓吹貝歌舞歡笑車馬雜沓即前問之此何故尒荅曰此中有嫁娶事便作是念此諸內法今已壯盛復於秋時見諸草木為秋日所曝涼風所吹青色銷盡葉皆黃悴河池流水漸漸減縮便作是念此諸外物今已衰悴彼入聚落見諸男女鬚白面皺扶杖而行身形曲

僂咳逆上氣便作是念此諸內法今已衰老復於多時見諸草木霜風飄擊莖皆在地摧折枯死河池流水漸皆竭盡乃至乾涸便作是念此諸外法今已復滅彼入聚落見諸男女被駿跳踊搥胷號叫宛轉在地即前問之此何故尒荅曰此處父母死喪便作是念此諸內法今已復滅彼於如是內外无常善取相已還其所止洗足敷座結跏趺坐調滑身心令身心柔濡身心堪能身心无熱身心離蓋既令身心離諸蓋已內住其心修於死想謂如所見諸無常想觀察內身一期諸蘊結生時生乃至老死時滅復於一期有尒所位諸蘊各異捨餘隨觀一位諸蘊前生後滅復於一位有尒所歲諸蘊各異捨餘隨觀一歲諸蘊前生後滅復於一歲有尒所時諸蘊各異捨餘隨觀一時諸蘊前生後滅復於一時有尒所月諸蘊各異捨餘隨觀一月諸蘊前生後滅復於一月有尒所晝夜諸蘊各異捨餘隨觀一晝夜蘊前生後滅復於晝夜有

尒所牟呼栗多諸蘊各異捨餘隨觀一牟呼栗多諸蘊前生後滅復於一牟呼栗多有尒所臘縛諸蘊各異捨餘隨觀一臘縛諸蘊前生後滅復於一臘縛有尒所怛剎那諸蘊各異捨餘隨觀一怛剎那蘊前生後滅復於一怛剎那有尒所剎那諸蘊各異以剎那寂多故於中漸漸略觀乃至觀蘊二剎那生二剎那滅是名生滅觀加行圓滿從此无間能觀諸蘊一剎那生一剎那滅是名生滅觀成尒時名為死想圓滿以諸位滅即是死故彼修行者如是諦觀蘊生滅已便作是念世尊所說諸行無常誠為善說以生滅即無常故如是行者死想轉時令先所修諸无常想皆得圓滿行者復觀諸蘊相續前剎那蘊由後剎那蘊所逼迫故生已即滅如是觀已便作是念世尊所說無常故苦誠為善說以逼迫即是苦故如是行者死想轉時令先所修无常苦想而得圓滿行者復觀前剎那蘊纔滅後剎那蘊即生假使前蘊念言我今不滅後蘊念

言我今不生彼於所欲皆不自在前蘊後所逼故必滅後蘊前所牽故必生如是觀已便作是念世尊所說苦無我想誠為善說以不自在即無我故如是行者死想轉時令先所修苦無我想而得圓滿行者復觀諸行生滅不自在故於空行聚中不生貪樂由此便於三界諸行不生樂著如是死想轉時令先所修一切世間不可樂想而得圓滿彼修行者既於生死不樂著故便樂涅槃如是死想轉時令先所修斷離滅想皆得圓滿由此故說死想轉時七想隨轉問修諸想時有勝解作意有真實作意彼勝解作意所觀不實何非顛倒荅彼修行者知非真實不生實執故非顛倒問若知不實何故猶作荅為伏煩惱是故須作問此若不實云何能伏煩惱荅由作彼想便能制伏如於餘女作母想時不生貪染於怨增所作親想時不生瞋恚於下人所作尊想時不生憍慢此亦如是故須觀察

說一切有部發智大毗婆沙論卷第一百六十六

阿毗達磨大毗婆沙論卷第一百六十六 十一張 惟字号

阿毗達磨大毗婆沙論卷第一百六十六

校勘記

一 底本，金藏廣勝寺本。

一 四五九頁中二一行首二字「无邊」，諸本(不含石，下同)無。

一 四五九頁下一〇行第二字「謂」，諸本作「爲」。

一 四六〇頁上一六行第六字「所」，諸本作「不」。

一 四六〇頁中一三行第三字「使」，諸本作「便」。

一 四六二頁上一三行第三字「苦」，麗無。

一 四六二頁上二二行第七字「來」，資、磧作「在」。又末字「去」，諸本作「生」。

一 四六二頁中六行末字「斷」，資、磧、普、南、徑、清作「所」。

一 四六二頁下一六行「評曰」，資、磧、普、南、徑、清作「評曰如是説者」。

一 四六二頁下一七行第九字「想」，資、磧、普作「相」。下一八行第六字及次頁中五行第三字諸本同。

一 四六三頁上一一行「非非」，諸本作「非所」。

一 四六三頁中七行「骨璅」，清、麗作「骨鏁」。下同。

一 四六三頁中一五行第六字「時」，諸本作「相」。又第一二字「柱」，諸本作「拄」。

一 四六三頁中一六行第一〇字「於」，徑作「以」。一七行第四字及第一二字同。

一 四六三頁中一八行第三、四字「髖骨」，資、磧、南、徑作「寬骨」；普作「髆骨」。又第七、八字「寬骨」，清、麗作「髖骨」。

一 四六四頁上三行第七字「又」，徑作「有」。

一 四六四頁上二二行「辰旦」，資、磧、普、南、徑、清作「晨朝」；麗作「晨旦」。

一 四六五頁上一一行第一〇字「熱」，資、磧、普作「熟」。

一 四六五頁上一三行第一〇字「想」，資、磧、普、南、徑、清作「相」。

一 四六五頁上末行「晝夜」，諸本作「一晝夜」。

一 四六五頁下二〇行「怨增」，諸本作「怨憎」。

阿毗達磨大毗婆沙論卷第百六十七　性

五百大阿羅漢等造

三藏法師玄奘奉　詔譯

定蘊第七中攝納息第三之二

無常想等攝幾靜慮等耶荅無常想攝四靜慮四无色四解脫乃至廣說問何故作此論荅欲止他宗顯已義故如分別論者許他性攝遮自性攝令止彼意許自性攝遮他性攝故作斯論問何故此中不說想還攝想荅是作論者意欲介故乃至廣說有說此中應作是問无常想等攝幾想等耶荅无常想攝無常想乃至一切世間不可樂想攝一切世間不可樂想廣作是說而不說者當知此義有餘有說此中欲成立未成立義想還攝想不待成立是故不說問若介後文亦不應說初靜慮等還攝初靜慮等有說靜慮等攝多法體非於多法自性攝義不說自成想唯一法是故非難有說彼亦不應說靜慮等攝靜慮等而說者欲現種種文種種說由種

種文種種說莊嚴於義義則易解有說為現二門二略二階二炬二明二光二種文影如不說想攝想如是亦應不說靜慮攝靜慮等如後說靜慮攝靜慮等如是亦應說想攝想欲令彼此二義俱通故作二文互相影發有說此中辯攝及相應義以想對想但有攝義无相應義是故不說此不應理於智等持亦不應說无相應故應作是說想自性無雜於攝易了是故不說智與等持或自性有雜或行相有雜於攝難了是故則說无常想攝四靜慮者此即摠說然諸靜慮皆五蘊性此无常想唯攝想蘊不攝餘蘊於想蘊中唯攝無常想不攝餘想於無常想中過去攝過去未来攝未来現在攝現在有漏攝有漏无漏攝无漏學攝學無學攝无學非學非無學攝非學非无學退法攝退法乃至不動法攝不動法於中在初靜慮者攝初靜慮乃至在第四靜慮者攝第四靜慮是故摠說攝四靜慮如說攝四靜慮攝四无色四解脫亦介差別者

四無色四解脫四蘊為性餘想隨應亦准此說然諸想皆以想為自性故皆不攝智三摩地第八解脫問无常想亦通欲界繫此中何故不說荅應說而不說者當知此義有餘有說無常想在欲界者是加行非根本此中唯說根本是故不說有說今此定蘊唯說定地法故不說欲界有說此中以十想對靜慮等門為問欲界非靜慮等門是故不說餘想不說義亦同此如無常想無常苦想苦无我想死想斷想離想滅想亦尒皆在八等至通有漏无漏故此七想以所緣行相異故不攝初三解脫八勝處十遍處及无量不淨想攝第三第四靜慮初二解脫者問四靜慮中皆有不淨想何故唯說攝第三第四靜慮耶荅亦應說攝初第二靜慮而不說者當知此義有餘有說若說攝初二解脫當知已說攝初二靜慮以初二解脫在初二靜慮故有說此中舉後顯初舉離喜地顯有喜地故有說初二靜慮无不淨想是故不說所以者何彼二

地皆有喜根一切喜根欣歡行轉不淨想猒慼行轉非一心中二行轉故問若尒此想所攝初二解脫在何地耶荅在二近分非根本地亦與喜受相違故問若尒後文不應說初二靜慮攝初二解脫前四勝處荅彼說靜慮亦攝眷屬如說城邑亦攝城邑邊問若尒不應說不淨想攝第三靜慮以彼地有樂受亦與不淨想相違故荅第三靜慮言亦攝眷屬非根本地是故无過若尒此中亦應說不淨想攝初二靜慮以汝俱許在近分地無差別故如是說者初二靜慮根本地中亦有不淨想及初二解脫若謂无者應無有能離此地染以此地有增上喜動踊其心若无不淨想初二解脫制伏彼者諸瑜伽師豈能離彼地染又彼亦應无苦集忍智以彼猒行轉故由此亦應无無常想无常苦想問云何喜受作猒行轉耶荅能自在猒故亦生喜即生喜時於彼亦猒如勝怨時亦猒亦喜有說如王與將士摧怨敵已共受喜樂如是行者以不

淨想等推欲界已於初靜慮等共受喜樂有說初靜慮中初二解脫及不淨想對治欲界鼻舌二識第二靜慮初二解脫及不淨想對治初靜慮眼耳身識是故初二靜慮中定有初二解脫及不淨想然此中略故不說不淨想攝初二靜慮有說不淨想實在四靜慮然此唯說攝第三第四靜慮者以第三靜慮有生死中殊勝受樂第四靜慮有生死中殊勝輕安樂難猒難捨故於是中說不淨想初二靜慮中无如是樂故不說攝問何故不淨想但說攝初二解脫不說攝前四勝處耶荅不淨想是初修揔觀與初二解脫相似故攝勝處是後起別觀故不相攝如不淨想猒食想亦尒問猒食想非解脫自性云何亦攝初二解脫荅此文但應說猒食想攝第三第四靜慮而說如不淨想者欲顯猒食想以不淨想為加行說猒食想及加行故說如不淨想有說猒食想與不淨想相雜相引有相攝義是故說攝如不淨想有說猒食想亦作不淨

行轉如說若得飯時作虫蛆想乃至廣說是故亦攝初二解脫俱觀色處不淨轉故問若猒食想與不淨想俱觀色處不淨轉者世尊所說猒食想不淨想何差別答體實无別但以所對治愛有差別故建立二想謂不淨想對治婬欲愛猒食想對治段食愛評曰不應作如是說佛所安立十想各各異故又段食愛緣段食起香味觸處是段食性若許此想對治彼愛云何說同不淨想觀色處故攝初二解脫耶是故應知初說為善此二想所緣行相及地異故不攝餘解脫勝處及遍處无量一切世間不可樂想攝第三第四靜慮問初第二靜慮亦有此想何故不說攝耶答此文應說攝四靜慮而但說攝後二者當知此義有餘有說此中舉後顯初有說上二靜慮是殊勝可愛樂地以有寂勝受樂及寂勝輕安樂故於如是地說有此想顯修行者於勝樂地中尚能起不可樂想況於餘處是故唯說攝此二地有說初靜慮為尋伺風所動第二靜慮為極喜水所漂雖有不淨猒食一切世間不可樂想而不明淨後二靜慮與此相違故說攝彼此想所緣行相及地異故不攝一切解脫勝處遍處無量初靜慮等攝幾靜慮等耶答初靜慮攝初靜慮四無量初二解脫前四勝處八智三三摩地第二靜慮攝第二靜慮四無量初二解脫前四勝處八智三三摩地第三靜慮攝第三靜慮三无量八智三三摩地第四靜慮攝第四靜慮三无量淨解脫後四勝處前八遍處八智三三摩地此中四靜慮皆以自根本地五蘊為性故得攝此諸門功德應知皆是自性攝非他性攝

慈無量等攝幾无量等耶答慈攝慈世俗智乃至捨攝捨世俗智此中四無量皆以俱生品諸蘊為性故得攝世俗智总緣有情為境故不攝解脫勝處遍處及他心智有漏故不攝餘智三三摩地

空無邊處等攝幾无色等耶答空无邊處攝空无邊處及彼解脫彼遍處六智三三摩地識無邊處攝識无邊處及彼解脫彼遍處六智三三摩地無所有處攝无所有處及彼解脫六智三三摩地非想非非想處攝非想非非想處及彼解脫滅想受解脫世俗智此中四無色皆以自根本地四蘊為性故得攝此所有功德六智者除法智他心智此二不依无色地故初解脫等攝幾解脫等耶答初第二第三解脫攝初第二第三解脫世俗智空无邊處解脫攝空无邊解脫及彼遍處六智三三摩地識无邊處解脫攝識無邊處解脫及彼遍處六智三三摩地无所有處解脫攝无所有處解脫六智三三摩地非想非非想處解脫攝非想非非想處解脫世俗智滅想受解脫攝滅想受解脫此中前三解脫皆以俱生品五蘊為性故得攝世俗智是初總觀故不攝勝處遍處是有漏故不攝餘智三三摩地緣色故不攝他心智四無色解脫各以自地加行善四蘊為性是故得攝後二遍處及六智三三摩地

初勝處等攝幾勝處等耶答初勝處攝初勝處世俗智乃至第八勝處攝第八勝處世俗智此中八勝處皆以俱生品五蘊為性故得攝世俗智勝處是中觀故不攝遍處有漏故不攝餘智三三摩地緣色故不攝他心智

初遍處等攝幾遍處等耶答初遍處攝初遍處世俗智乃至第十遍處攝第十遍處世俗智此中十遍處皆以俱生品五蘊四蘊為性故得攝世俗智有漏故不攝餘智三三摩地緣色及地異故不攝他心智

法智等攝幾智等耶答法智攝法智五智少分乃至廣說法智攝法智者法智在六地謂未至定靜慮中間及四靜慮未至定攝未至定乃至第四靜慮攝第四靜慮又法智在三道謂見道修道无學道見道攝見道乃至無學道攝無學道又法智緣四諦皆法智攝皆法智乃至道法智攝道法智又法智在四道謂加行无間解脫勝進道加行道攝加行道乃至勝進道攝勝進道又法智墮三世過去攝

過去未來攝未來現在攝現在於中乃至此剎那攝此剎那彼剎那攝彼剎那此中揔說故但言法智攝法智攝五智少分者謂法智亦攝他心智四諦智少分他心智通有漏无漏此唯攝無漏无漏中有法智類智此唯攝法智故言少分四諦智各通法智類智此唯攝法智故言少分類智攝類智五智少分者如法智說差別者此在九地他心智攝他心智者他心智在四根本靜慮初靜慮攝初靜慮乃至第四靜慮攝第四靜慮又他心智通有漏无漏有漏攝有漏无漏攝無漏又他心智有法智類智法智攝法智類智攝類智又他心智有學无學非學非无學學攝學乃至非學非无學攝非學非無學又他心智墮三世過去攝過去未來攝未來現在攝現在於中乃至此剎那攝此剎那彼剎那攝彼剎那此中揔說故但言他心智攝他心智攝四智少分者謂他心智亦攝法智類智世俗智道智少分法智類智各緣四諦此唯攝緣道

諦少分故言少分世俗智在十八地謂欲界靜慮中間四靜慮四无色及彼近分此唯攝四靜慮於四靜慮中有善染汙无覆無記此唯攝善於善中有生得聞所成修所成此唯攝修所成於修所成中有加行无間解脫勝進道此唯攝勝進於勝進道中有順退分順住分順勝進分順決擇分此唯攝順住分於順住分中有緣過去未來現在及離世此唯攝緣現在於緣現在中有緣自相續緣他相續此唯攝緣他相續緣他相續中有緣心心所有緣五蘊此唯攝緣心心所緣心心所中有緣一法有緣多法此唯攝緣一法緣一法中有是他心智有非他心智此唯攝他心智由如是義故言少分道智在九地謂未至定靜慮中間四靜慮三无色此唯攝四靜慮於四靜慮中有見道修道无學道此唯攝修道无學道於此二中有加行無間解脫勝進道此唯攝勝進道於勝進道中有緣過去未來現在此唯攝緣現在於緣現在中有緣自

相續有緣他相續此唯攝緣他相續於緣他相續中有緣心心所法有緣五蘊此唯攝緣心心所法於緣心心所法中有緣一法有緣多法此唯攝緣一法於緣一法中有是他心智有非他心智此唯攝他心智由如此義故言少分世俗智攝世俗智者世俗智在十八地如前說欲界攝欲界乃至非想非非想處攝非想非非想處又世俗智有善染汙无覆無記善攝善乃至无覆無記攝無覆無記於善中有加行得離染得生得加行得攝加行得乃至生得攝生得復有順退分乃至順決擇分順退分攝順退分乃至順決擇分攝順決擇分復有加行道乃至勝進道加行道攝加行道乃至勝進道攝勝進道復有過去未來現在過去攝過去乃至現在攝現在於中乃至此刹那攝此刹那彼刹那攝彼刹那此中惣說故言世俗智攝世俗智一智少分者謂世俗智亦攝他心智少分他心智通有漏无漏此唯攝有漏故言少分苦智攝苦智

者苦智在九地在三道在四道墮三世墮刹那墮在何地何道墮何世何刹那即彼地彼道彼世彼刹那攝此中惣說故言苦智攝苦智二智少分者謂苦智亦攝法智類智少分法智類智各緣四諦此唯攝緣苦諦故言少分集智攝集智二智少分滅智攝滅智二智少分者皆如苦智說道智攝道智者亦如苦智說三智少分者謂道智亦攝法智類智他心智少分法智類智各緣四諦此唯攝緣道諦他心智通有漏无漏此唯攝緣无漏故言少分空三摩地等攝幾三摩地耶答空攝空无願攝無願無相攝无相空三摩地緣苦諦二行相轉無願三摩地緣三諦十行相轉无相三摩地緣滅諦四行相轉於中一一行相皆在九地在三道在四道墮三世墮刹那墮何行相在何地何道墮何世何刹那即彼行相彼地彼道彼世彼刹那攝此中惣說故言空攝空乃至無相攝無相三三摩地雖通有漏此中依解脫門說故唯攝无漏

如攝可得亦尒由自體於自體可得是攝義故謂自體於自體是有自體於自體是實自體於自體是現有是不異是不外是不相離是不解脫是無差別是不空是不无非客非遠非二非諍諸如是等皆是可得義故諸法自體攝自體非如以手攝食以指攝衣但一切法障㝵自體令究竟不捨故名為攝有餘師說此自體攝有四種謂各別界各別物各別刹那各別相續各別界者謂眼界攝眼界乃至法界攝法界各別物者謂法界中有七物即色受想行及三无為色攝色乃至非擇滅攝非擇滅各別刹那者謂色中有過去未來現在過去攝過去乃至現在攝現在各別相續者謂現在色有墮自相續有墮他相續自相續攝自相續他相續攝他相續由此理趣餘應准知故言如攝可得亦尒攝與可得義无異故

無常想等與幾靜慮等相應耶答无常想與四靜慮四无色四解脫四智一三摩地相應乃至廣說問何故作

此論荅為止愚於相應法執相應法非實有者意顯相應法是實有故而作斯論無常想與四靜慮相應者四靜慮皆五蘊性此想與彼二蘊全一蘊少分相應與四無色四解脫相應者四無色及四无色解脫皆四蘊性此想與彼二蘊全一蘊少分相應與四智相應者謂與法智類智世俗智苦智相應一三摩地相應者謂緣苦無願如無常想无常苦想苦無我想死想斷想離想滅想亦尒者此依皆與四智一三摩地相應數同故言亦尒於中一切同者謂死想行想異而名同者謂無常苦想智名同餘不同者謂苦无我想與空三摩地相應故唯有數同餘皆不同者謂斷離滅想與滅智无相三摩地相應故不淨想與後二靜慮初二解脫世俗智相應者此想與四靜慮相應而但言後二靜慮相應者如攝中說如不淨想猒食想亦尒者此想實不與初二解脫相應而說與相應者亦如攝中說一切世間不可樂想與後二靜慮世俗

智相應者此想亦與四靜慮相應而但言與後二相應者亦如攝中說初靜慮等與幾靜慮等相應耶荅初靜慮與初靜慮四無量初二解脫前四勝處八智三三摩地相應第二靜慮與第二靜慮四無量初二解脫前四勝處八智三三摩地相應第三靜慮與第三靜慮三無量八智三三摩地相應第四靜慮與第四靜慮三无量淨解脫後四勝處前八遍處八智三三摩地相應此中四靜慮皆以自地五蘊為性一一地俱生四蘊展轉相應故言初靜慮與初靜慮乃至第四靜慮與第四靜慮相應非自性與自性有相應義又以一一靜慮攝多法故得與諸无量等功德相應三無量者除喜無量後二靜慮無喜根故諸有欲令喜無量不以喜受為自性者亦說此與喜受相應故彼二地唯三無量

慈無量等與幾无量等相應耶荅慈與慈世俗智相應乃至捨與捨世俗智相應慈等雖以無瞋善根等為自

性而此中所說揔攝自性相應俱有為慈等體故說慈與慈相應乃至捨與捨相應即是俱生四蘊互相應義空無邊處等與幾無色等相應耶荅空无邊處與空无邊處及彼解脫彼遍處六智三三摩地相應識无邊處與識無邊處及彼解脫彼遍處六智三三摩地相應无所有處與无所有處及彼解脫六智三三摩地相應非想非非想處與非想非非想處及彼解脫世俗智相應此中四無色皆以自地四蘊為性一一地俱生四蘊展轉相應故言空无邊處與空无邊處乃至非想非非想處與非想非非想處相應又以一一无色攝多法故得與餘所說功德相應六智者如攝中說初解脫等與幾解脫等相應耶荅初第二第三解脫與初第二第三解脫世俗智相應空无邊處解脫與空无邊處解脫及彼遍處六智三三摩地相應識无邊處解脫與識无邊處解脫及彼遍處六智三三摩地相應無所有處解脫與無所有處解脫六智

三三摩地相應非想非非想處解脫與非想非非想處解脫世俗智相應滅想受解脫非相應前三解脫雖皆以無貪善根為自性而此中所說惣以自性相應俱有法為體故說初第二第三解脫與初第二第三解脫相應即是俱生四蘊乎相應義四无色解脫如四無色說滅想受解脫雖有多法如心心所不相離俱時起而无所依所緣行相同義故非相應

初勝處等與幾勝處等相應耶答初勝處與初勝處世俗智相應乃至第八勝處與第八勝處世俗智相應此中八勝處雖皆無貪善根為自性而此中所說惣以自性相應俱有法為體故說初勝處與初勝處乃至第八勝處與第八勝處相應

初遍處等與幾遍處等相應耶答初遍處與初遍處世俗智相應乃至第十遍處與第十遍處世俗智相應前八遍處雖以无貪善根為自性此中所説惣以自性相應俱有法為體後二遍處惣以俱生四蘊為性故言初

遍處與初遍處乃至第十遍處與第十遍處相應法智等與幾三摩地相應耶答法智與三三摩地少分相應乃至廣說法智與三三摩地少分相應者此智不與類智及一切忍俱三三摩地相應故言少分如法智類智亦介者此智不與法智及一切忍俱三三摩地相應故言亦介他心智與一三摩地少分相應者此智與苦集滅智他心智所不攝道智并一切忍俱三摩地不相應故言少分即是與一緣道无願三摩地少分相應義如他心智集滅道智亦介者此依數同故說亦介然集智唯與緣集无願三摩地少分相應滅智唯與无相三摩地少分相應道智唯與緣道無願三摩地少分相應皆除忍俱三摩地故苦智與二三摩地少分相應者此智唯與智俱空三摩地及緣苦智俱无願三摩地相應故言少分三三摩地門不別說相應者對前諸門具已說故於自門中无相應故

說一切有部發智大毗婆沙論卷第百六十七

阿毗達磨大毗婆沙論卷第一百六十七

校勘記

一　底本，金藏廣勝寺本。

一　四六七頁中七行第一一字「宗」，資、磧、普、南、徑、清作「宗義」。

一　四六七頁中一〇行末字「答」，麗作「答有説」。次頁上四行末字同。

一　四六七頁中一五行首字「廣」，諸本（不含石，下同）作「應」。

一　四六八頁上一六行第五字「者」，諸本無。

一　四六八頁中三行「若尒」，麗作「若爾者」。

一　四六八頁中四行第一一字「亦」，麗作「亦以」。

一　四六八頁下一行第四字「推」，磧、普、南、徑、清、麗作「摧」。

一　四六九頁上八行「評日」，諸本作「評曰」。

一　四六九頁下一九行第五字「習」，諸本作「智」。

一　四七〇頁中一六行第七字「學」，資、磧、普、南、徑、清無。

一　四七〇頁下七行第七、八字「勝進」，資、磧、普、南、徑、清作「勝進道」。

一　四七一頁中二行第五字「墮」，諸本作「隨」。一九行第三字同。

一　四七一頁中一四行第二字「答」，磧、南、徑、清作「言」。

一　四七一頁下一三行「七物」，資、磧、普作「十物」。

一　四七二頁上一三行第一二字「想」，資、磧、普、南、徑、清作「相」。

一　四七三頁中一〇行第三字「他」，諸本作「及他」。

一　四七三頁中一九行第一〇字「緣」，諸本無。

阿毗達磨大毗婆沙論卷第一百六十八

五百大阿羅漢等造

三藏法師玄奘奉　詔譯

定蘊第七中攝納息第三之三

若成就初靜慮等乃至廣說問何故作此論答為止撥無成就不成就性者意顯成就不成就性是實有故而作斯論若成就初靜慮等彼於四靜慮等幾成就幾不成就答若成就初靜慮彼於四靜慮或一二三四一者謂梵世愛未盡此即異生聖者生欲界梵世若生欲界於初靜慮唯離染得故成就若生梵世於初靜慮有離染得有生得故成就彼梵世愛未盡故不成就上三靜慮二者謂梵世愛盡上愛未盡此即異生聖者生欲界梵世及聖者生極光淨若生欲界於初二靜慮唯離染得故成就若生梵世於初靜慮有離染得有生得故成就於第二靜慮唯離染得故成就若生極光淨於初靜慮唯成就无漏非有漏以越地捨故於第二靜慮唯離染得故成就彼極光淨愛未盡故不成就上二靜慮三者謂極光淨愛盡上愛未盡此即異生聖者生欲界梵世及聖者生極光淨遍淨若生欲界於下三靜慮唯離染得故成就若生梵世於初靜慮有離染得有生得故成就於第二第三靜慮唯離染得故成就若生極光淨於初靜慮唯成就無漏於第二第三靜慮唯離染得故成就若生遍淨於初二靜慮唯成就無漏於第三靜慮唯離染得故成就彼遍淨愛未盡故不成就第四靜慮四者謂遍淨愛盡此即異生聖者生欲界梵世及聖者生極光淨乃生非想非非想處若生欲界於四靜慮皆唯離染得故成就若生梵世於初靜慮有離染得有生得故成就於上三靜慮唯離染得故成就若生極光淨於初靜慮唯成就無漏於上三靜慮唯離染得故成就若生遍淨於初二靜慮唯成就无漏於第三第四靜慮唯離染得故成就若生廣果於下三靜慮唯成就無漏於第四靜慮唯離

涂得故成就若生无色界於四静慮唯成就无漏於四無量或无或三或四無者謂生無色界此即聖者生彼四地成就无漏初静慮非四无量以越界捨故三者謂生遍淨廣果此即聖者生彼二地成就無漏初静慮及三無量除喜以越地捨故四者謂生欲界梵世極光淨此即異生聖者生欲界梵世及聖者生極光淨若生欲界梵世成就有漏无漏初静慮及四無量若生極光淨成就无漏初静慮及四無量於四无色或無或一二三四无者謂色愛未盡此即異生聖者欲愛盡色愛未盡故成就初静慮非無色一者謂色愛盡上愛未盡此即異生聖者生欲界梵世及聖者生極光淨乃至空无邊處彼皆成就初静慮及一无色若生欲界梵世成就有漏無漏初静慮初无色若生極光淨乃至空无邊處成就無漏初静慮有漏無漏初無色彼上愛未盡故不成就上三無色二者謂空无邊處愛盡上愛未盡此即異生聖者生欲界梵世及聖者生極光淨乃至識無邊處彼皆成就初静慮及二無色若生欲界梵世成就有漏無漏初静慮初二無色若生極光淨乃至空无邊處成就无漏初静慮有漏无漏初二無色若生識無邊處成就無漏初静慮初无色有漏无漏第二无色彼上愛未盡故不成就上二無色三者謂識無邊處愛盡上愛未盡此即異生聖者生欲界梵世及聖者生極光淨乃至無所有處彼皆成就初静慮及三无色若生欲界梵世成就有漏无漏初静慮初三無色若生極光淨乃至空無邊處成就無漏初静慮有漏无漏初三无色若生識无邊處成就無漏初静慮初无色有漏無漏第二第三無色若生無所有處成就无漏初静慮初二无色有漏無漏第三无色彼上愛未盡故不成就上一无色四者謂无所有處愛盡此即異生聖者生欲界梵世及聖者生極光淨乃至非想非非想處彼皆成就初静慮及四无色若生欲界梵世成就有漏无漏初静慮三无色有漏一无色若生極光淨乃至空无邊處成就無漏初静慮有漏無漏三无色有漏一無色若生識無邊處成就無漏初静慮一无色有漏無漏二无色有漏一無色若生无所有處成就無漏初静慮二无色有漏無漏一無色有漏一无色若生非想非非想處成就无漏初静慮三無色有漏一無色於八解脱或无或一二三四五六七八无者謂生遍淨即彼愛未盡此即聖者生遍淨成就無漏初静慮而不成就解脱初二解脱越地捨故後六解脱未離遍淨涂未得故是故言无一者謂生遍淨即彼愛盡上愛未盡若生廣果即彼愛未盡若生空无邊處即彼愛未盡此即聖者生彼諸地成就无漏初静慮及一解脱此中若生遍淨即彼愛盡上愛未盡彼成就淨解脱非餘前二越地捨故後五未得故若生廣果即彼愛未盡彼亦成就淨解脱非餘如前釋若生空无邊處即彼愛未盡彼成就有漏无漏空無邊處解脱非

餘前三越地捨故後四未得故二者謂生欲界梵世極光淨遍淨愛未盡若生遍淨廣果廣果愛盡上愛未盡若生空无邊處即彼愛盡上愛未盡若生識無邊處即彼愛未盡此即異生聖者生欲界梵世及聖者生極光淨乃至識無邊處彼皆成就初靜慮及二解脫於中若生欲界梵世遍淨愛未盡彼成就有漏无漏初靜慮及初二解脫非餘未得故若生極光淨遍淨愛未盡彼成就無漏初靜慮餘如前說若生遍淨廣果廣果愛盡上愛未盡彼成就无漏初靜慮及第三解脫有漏无漏第四解脫非餘初二已捨故後四未得故若生空無邊處即彼愛盡上愛未盡彼成就无漏初靜慮及有漏無漏第四第五解脫非餘初三已捨故後三未得故若生識無邊處即彼愛未盡彼成就无漏初靜慮及无漏第四解脫有漏無漏第五解脫非餘如前釋三者謂生欲界梵世極光淨遍淨愛盡上愛未盡若生遍淨廣果空無邊處愛盡上愛未

盡若生空識無邊處識无邊處愛盡上愛未盡若生无所有處即彼愛未盡此即異生聖者生欲界梵世及聖者生極光淨乃至無所有處皆成就初靜慮及三解脫於中若生欲界梵世遍淨愛盡上愛未盡彼成就有漏無漏初靜慮及前三解脫非餘未得故若生極光淨遍淨愛盡上愛未盡彼成就無漏初靜慮餘如前說若生遍淨廣果空无邊處愛盡上愛未盡彼成就無漏初靜慮及第三解脫有漏無漏第四第五解脫非餘前二已捨故彼三未得故若生空無邊處識無邊處愛盡上愛未盡彼成就无漏初靜慮有漏无漏初三無色解脫非餘前三已捨故後二未得故若生識无邊處即後愛盡上愛未盡彼成就無漏初靜慮第四解脫有漏无漏第五第六解脫非餘如前說若生无所有處即彼愛未盡彼成就无漏初靜慮第四第五解脫有漏无漏第六解脫非餘如前說四者謂生欲界梵世極光淨廣果愛盡上愛未盡若生遍

淨廣果識無邊處愛盡上愛未盡若生空識无邊處無所有處无所有處愛盡若生非想非非想處不得滅盡定此即異生聖者生欲界梵世及聖者生極光淨乃至非想非非想處皆成就初靜慮及四解脫於中若生欲界梵世廣果愛盡上愛未盡彼成就有漏無漏初靜慮及前三解脫有漏無漏第四解脫非餘未得故若生極光淨廣果愛盡上愛未盡彼成就无漏初靜慮餘如前說若生遍淨廣果識無邊處愛盡上愛未盡彼成就无漏初靜慮及第三解脫有漏无漏初三無色解脫非餘前二已捨故後二未得故若生空無邊處无所有處愛盡彼成就无漏初靜慮有漏無漏初三無色解脫并第七解脫非餘前三已捨故後一未得故若生識无邊處無所有處愛盡彼成就無漏初靜慮第四解脫有漏无漏第五第六解脫并第七解脫非餘如前說若生无所有處即彼愛盡彼成就无漏初靜慮及第四第五解脫有漏无漏第六解

脫并第七解脫非餘如前說若生非想非非想處不得滅盡定彼成就无漏初靜慮三无色解脫并第七解脫非餘前三巳捨故後一未得故或巳捨故五者謂生欲界梵世極光淨空無邊處愛盡上愛未盡若生遍淨廣果無所有處愛盡不得滅盡定若生非想非非想處得滅盡定此即異生聖者生欲界梵世及聖者生極光淨遍淨廣果非想非非想處皆成就初靜慮及五解脫於中若生欲界梵世空无邊處愛盡上愛未盡彼成就有漏無漏初靜慮及前三解脫有漏无漏第四第五解脫非餘未得故若生極光淨空无邊處愛盡上愛未盡彼成就無漏初靜慮餘如前說若生遍淨廣果无所有處愛盡不得滅盡定彼成就無漏初靜慮及第三解脫有漏無漏初三无色解脫并第七解脫餘前二巳捨故後一不得故若生非想非非想處得滅盡定彼成就无漏初靜慮初三無色解脫及後二解脫非餘巳捨故六者謂生欲界梵世極光淨識無邊處愛盡上愛未盡若生遍淨廣果得滅盡定此即異生聖者生欲界梵世及聖者生極光淨遍淨廣果皆成就初靜慮及六解脫於中若生欲界梵世識无邊處愛盡上愛未盡彼成就有漏無漏初靜慮及前三解脫有漏无漏初三無色解脫非餘未得故若生極光淨識無邊處愛盡上愛未盡彼成就無漏初靜慮餘如前說若生遍淨廣果得滅盡定彼成就無漏初靜慮及第三解脫有漏无漏初三無色解脫并後二解脫非餘巳捨故七者謂生欲界梵世極光淨无所有處愛盡不得滅盡定此即異生聖者生欲界梵世及聖者生極光淨皆成就初靜慮及七解脫於中若生欲界梵世無所有處愛盡不得滅盡定彼成就有漏无漏初靜慮及前三解脫有漏無漏初三無色解脫并第七解脫非第八未得故若生極光淨無所有處愛盡不得滅盡定彼成就無漏初靜慮如前說八者謂生欲界梵世極光淨得滅盡定此即聖者生欲界梵世極光淨皆成就初靜慮及八解脫於中若欲界梵世得滅盡定彼成就有漏無漏初靜慮及一切八解脫若生極光淨得滅盡定彼成就無漏初靜慮及一切八解脫於八勝處或無或四或八無者謂生遍淨即彼愛未盡若生无色界此即聖者生遍淨及无色界俱成就无漏初靜慮非八勝處以生遍淨即彼愛未盡者前四巳捨後四未得故生无色界者皆巳捨故四者謂生欲界梵世極光淨遍淨愛未盡若生遍淨即彼愛盡若生廣果此即異生聖者生欲界梵世及聖者生極光淨遍淨廣果皆成就初靜慮及四勝處於中若生欲界梵世遍淨愛盡彼成就有漏无漏初靜慮及前四勝處非餘未得故若生極光淨遍淨愛未盡彼成就无漏初靜慮餘如前說若生遍淨即彼愛盡及生廣果彼成就无漏初靜慮及後四勝處非餘巳捨故八者謂生欲界梵世極光淨遍淨愛盡此即異生聖者生欲界梵世及聖者生極光

淨皆成就初靜慮及八勝處於中若生欲界梵世遍淨愛盡彼成就有漏無漏初靜慮及八勝處若生極光淨遍淨愛盡彼成就无漏初靜慮及八勝處於十遍處或無或一二八九十無者謂生欲界梵世極光淨遍淨愛未盡若生无所有處非想非非想處此即異生聖者生欲界梵世及聖者生極光淨遍淨後二无色皆成就初靜慮非一遍處於中若生欲界梵世遍淨愛未盡彼成就有漏无漏初靜慮非十遍處未得故若生極光淨遍淨遍淨愛未盡彼成就無漏初靜慮非十遍處未得故若生後二无色彼成就无漏初靜慮非十遍處已捨故一者謂生空無邊處即彼愛未盡若生識无邊處此即聖者生彼二地俱成就無漏初靜慮及一遍處於中若生空无邊處即彼愛未盡彼成就空无邊處遍處非餘前八已捨故後一未得故若生識無邊處彼成就一識無邊處遍處非餘已捨故二者謂生空無邊處即彼愛盡此即聖者生彼

成就无漏初靜慮及後二遍處非餘已捨故八者謂生欲界梵世極光淨遍淨遍淨愛盡上愛未盡若生廣果即彼愛未盡此即異生聖者生欲界梵世及聖者生極光淨遍淨廣果皆成就初靜慮及前八遍處於中若生欲界梵世遍淨愛盡上愛未盡彼成就有漏无漏初靜慮及前八遍處非餘未得故若生極光淨遍淨遍淨愛盡上愛未盡及生廣果即彼愛未盡彼成就无漏初靜慮餘如前說九者謂生欲色界色愛盡上愛未盡此即異生聖者生欲界梵世及聖者生極光淨遍淨廣果皆成就初靜慮及前九遍處於中若生欲界梵世色愛盡上愛未盡彼成就有漏無漏初靜慮及前九遍處非第十未得故若生極光淨遍淨廣果色愛盡上愛未盡彼成就无漏初靜慮餘如前說十者謂生欲色界空无邊處愛盡此即異生聖者生欲界梵世及聖者生極光淨遍淨廣果皆成就初靜慮及十遍處於中若生欲界梵世空無邊處愛盡

彼成就有漏無漏初靜慮及十遍處若生極光淨遍淨廣果空无邊處愛盡彼成就無漏初靜慮及十遍處於八智或二四五六七八二者謂異生及苦法忍位此中異生及先離欲染依未至定苦法忍位成就有漏初靜慮若依上五地苦法忍位成就有漏无漏初靜慮彼一切皆成就二智謂他心智世俗智四者謂苦法智苦類忍位此位若依未至定則成就有漏初靜慮若依上五地則成就有漏无漏初靜慮彼皆成就四智謂他心智世俗智苦智法智五者謂苦類智集法忍位此二位所成就有漏无漏初靜慮如前分別彼皆成就五智謂前四加類智六者謂集法智乃至滅法忍位此諸位所成就初靜慮如前說彼皆成就六智謂前五加集智七者謂滅法智乃至道法忍位此諸位所成就初靜慮如前說彼皆成就七智謂前六加滅智八者謂道法智以上諸位此中道法智道類忍位所成就初靜慮亦如前說道類智位必成就

有漏无漏初靜慮其道類智上諸位中生欲界梵世者定皆成就有漏无漏初靜慮生極光淨以上諸地者唯成就无漏初靜慮彼一切皆成就八智謂前七加道智於三三摩地或无或二或三無者謂諸異生彼成就有漏初靜慮非三摩地不得故二者謂諸聖者滅法忍未生此前諸位若依未至定唯成就有漏初靜慮若依上五地成就有漏无漏初靜慮彼皆成就二三摩地謂空无願三者謂滅法忍已生此中從滅法忍乃至道類忍所成就初靜慮如前說道類智位必成就有漏无漏初靜慮其道類智上諸位中生欲界梵世者定皆成就有漏无漏初靜慮生極光淨以上諸地者唯成就无漏初靜慮彼一切皆成就三三摩地如成就初靜慮乃至成就第四靜慮隨所應亦尒謂如以初靜慮對四靜慮乃至三三摩地辯成就如是乃至以第四靜慮對四靜慮乃至三三摩地辯成就隨其所應若異生若聖者若離染得故若生得故若有漏若无漏若無若分若具等皆應廣說

七補特伽羅謂隨信行隨法行信勝解見至身證慧解脫俱解脫隨信行等於味相應等四靜慮四无色幾成就幾不成就荅隨信行於味相應四靜慮或無或一二三四無者謂色愛盡彼離染時皆已斷故一者謂遍淨愛盡上愛未盡彼唯成就上一靜慮地味二者謂極光淨愛盡上愛未盡彼唯成就上二靜慮地味三者謂梵世愛盡上愛未盡彼唯成就上三靜慮地味四者謂梵世愛未盡彼俱成就四靜慮地味下染未盡必成就上味下染已盡必不成就下味故於淨四靜慮或無或一二三四无者謂欲愛未盡於淨靜慮皆未得故一者謂欲愛盡上愛未盡彼成就下一地淨二者謂梵世愛盡上愛未盡彼唯成就下二地淨三者謂極光淨愛盡上愛未盡彼唯成就下三地淨四者謂遍淨愛盡彼具成就四地淨下染未盡必不成就上淨上染已盡身在下者必成就下淨故以隨信行必在欲界故作是說於无漏四靜慮或无或一二三四无者謂依未至定入正性離生此中或未離欲染故或雖離欲染不能修故皆不成就一者謂依初靜慮或靜慮中間入正性離生彼成就下一地無漏非餘或未得或不能修故二者謂依第二靜慮入正性離生彼成就下二地無漏非餘如前說三者謂依第三靜慮入正性離生彼成就下三地无漏非餘如前說四者謂依第四靜慮入正性離生彼具成就四地无漏皆已得能修故見道依下必不修上以是初得道故无漏依上必修下地以自在不繫故於味相應四无色或一二三四一者謂无所有處愛盡上愛未盡彼成就上一地味彼必未離有頂染故二者謂識无邊處愛盡上愛未盡彼成就上二地味三者謂空无邊處愛盡上愛未盡彼成就上三地味四者謂空无邊處愛未盡彼具成就四地味所以如前說於淨四无色或無或一二三四无

者謂色愛未盡於淨無色皆未得故一者謂色愛盡上愛未盡彼成就下一地淨二者謂空无邊處愛盡上愛未盡彼成就下二地淨三者謂識无邊處愛盡上愛未盡彼成就下三地淨四者謂无所有處愛盡彼具成就四地淨所以如前說於无漏三無色皆不成就彼无見道故如隨信行隨法行亦尒以此二補特伽羅若道若地若定若離染若所依皆不異唯根異故信勝解於味相應四靜慮或无或一二三四无者謂色愛盡一者謂遍淨愛盡上愛未盡二者謂極光淨愛盡上愛未盡三者謂梵世愛盡上愛未盡四者謂梵世愛未盡彼成就及所以皆如前說於淨四靜慮或无或一二三四无者謂欲愛未盡若生無色界欲愛未盡者皆未得故生无色界者皆已捨故一者謂生欲界欲愛盡上愛未盡若生梵世即彼愛未盡若生極光淨即彼愛未盡若生遍淨即彼愛未盡若生廣果二者謂生欲界梵世梵世愛盡上愛未盡若生

極光淨即彼愛盡上愛未盡若生遍淨即彼愛盡三者謂生欲界梵世極光淨愛盡上愛未盡若生極光淨遍淨愛盡四者謂生欲界梵世遍淨愛盡此中信勝解容有生一切地義有漏善法生上必捨下是故得作如前所說於无漏四靜慮或无或一二三四无者謂欲愛未盡一者謂欲愛盡上愛未盡二者謂梵世愛盡上愛未盡三者謂極光淨愛盡上愛未盡四者謂遍淨愛盡此中依漸次得果離染者說或依隨所得勝靜慮即依彼入正性離生者說若不尒者此文不應作如是說以有梵世愛盡而不成就二極光淨愛盡而不成就三遍淨愛盡而不成就四故何者是耶謂有離梵世乃至遍淨染依初靜慮乃至第三靜慮入正性離生至道類智時不成就無漏二乃至四靜慮故或此所說道類智時雖不成就二乃至四而從此後不久定成故於尒時亦說成就謂道類智後不久必起勝果道時即修彼故於味相應四无色或一

二三四乃至廣說於淨四无色或無或一二三四乃至廣說此中廣釋如靜慮中應知於無漏三無色或无或一二三無者謂色愛未盡一者謂色愛盡上愛未盡二者謂空无邊處愛盡上愛未盡三者謂識无邊處愛盡此中亦依漸次得果離染者說若不尒者此文不應作如是說以有色愛盡而不成就一空无邊處愛盡而不成就二識无邊處愛盡而不成就三故何者是耶謂有離色界乃至識无邊處染入正性離生至道類智時不成就无漏無色故或彼不久必起勝果道即成就彼故於尒時亦說成就如信勝解見至亦尒以此二補特伽羅若道若地若定若離染若所依皆不異唯根異故身證於味相應四靜慮皆不成就於淨四靜慮或无或一二三四乃至廣說於無漏四靜慮皆成就於味相應四无色成就一不成就三於淨四无色或一或四一者謂生非想非非想處四者謂生欲色界於無漏三无色皆成就慧解脫於味

相應四靜慮皆不成就於淨四靜慮或無或一二三四乃至廣說於无漏四靜慮皆成就於味相應四無色皆不成就於淨四无色或一二三四乃至廣說於无漏三無色皆成就俱解脫於味相應四靜慮皆不成就於淨四靜慮或無或一二三四乃至廣說於无漏四靜慮皆成就於味相應四無色皆不成就於淨四無色或一或四一者謂生非想非非想處四者謂生欲色界於无漏三無色皆成就此中廣釋如前應知

說一切有部發智大毗婆沙論卷第一百六十八

阿毗達磨大毗婆沙論卷第一百六十八

校勘記

一 底本，金藏廣勝寺本。

一 四七五頁下一四行「乃生」，諸本（不含石，下同）作「乃至」。

一 四七七頁中一三行「彼三」，諸本作「後三」。

一 四七七頁中一七行第五字「後」，諸本作「彼」。

一 四七八頁上二〇行首字「餘」，諸本作「非餘」。

一 四七八頁中二二行第八字「如」，諸本作「餘如」。

一 四七八頁下二行第八字「若」，諸本作「若生」。

一 四七八頁下一六行「愛盡」，諸本作「愛未盡」。

一 四七九頁上六行「遍淨」，諸本作「遍淨遍淨」。

一 四七九頁上一〇行「非一」，諸本作「非十」。

一 四七九頁下七行第五字「五」，徑作「土」。

一 四八〇頁上一二行末字「忍」，麗作「忍智」。

一 四八〇頁中四行「隨信行」，麗作「問隨信行」。

一 四八〇頁中一五行「下染」，資、磧、普、南、徑、清作「上染」。

一 四八〇頁中二一行「三地」，麗作「二地」。

一 四八一頁上五行「上愛」，資、磧、普、南作「下愛」。

一 四八一頁上一一行「四靜慮」，資、磧、普、南、徑、清作「四靜慮四無色幾成就幾不成就答信勝解於味相應四靜慮」。

一 四八一頁下四行「無者」，資、磧、普、南、徑、清作「者無」。

一 四八一頁下一五行第一一字「一」，諸本作「二」。

阿毗達磨大毗婆沙論卷第一百六十九　性

五百大阿羅漢等造

三藏法師玄奘奉　詔譯

定蘊第七中攝納息第三之四

頗有成就味相應四靜慮非淨非无漏耶荅有謂欲愛未盡彼於四靜慮所有善法皆未得故無淨無漏即以此故成就味相應四靜慮頗有成就淨四靜慮非味相應非无漏耶荅有謂異生生欲界梵世色愛盡異生故無无漏色愛盡故无味相應生欲界梵世色愛盡故成就淨四靜慮頗有成就无漏四靜慮非味相應非淨耶荅有謂聖者生無色界以聖者生彼故成就无漏四靜慮即以生彼處故無味相應淨問若色愛盡依未至定初靜慮靜慮中間入正性離生或練根作見至彼得果已不起勝果道命終生無色界彼皆不成就无漏上三靜慮何故說四耶荅有說此依漸次得果者說不依餘故有說彼入正性離生者得不還果已必起勝果道修无漏四靜慮然後生上若不介者應有聖者生廣果以上不成就樂根若介便違十門所說其信勝解練根作見至者有說彼得果已亦必起勝果道如前說修無漏四靜慮然後命終生无色界有說彼練根時即亦修上無漏靜慮是故无過

頗有成就淨无漏四靜慮非味相應耶荅有謂聖者生欲界梵世色愛盡問若色愛盡依未至定入正性離生十五心須不成就无漏靜慮至道類智但成就一即彼乃至依第三靜慮入正性離生十六心頃但成就三何故說四耶荅有說此中依漸次得果離染者說有說彼得果已不久必起勝果道現前修上无漏是故於十六心時雖未成就必當得故亦說成就頗有成就餘二或三耶荅无謂成就味相應四靜慮者必不成就四淨四无漏故頗有不成就味相應四靜慮非淨非无漏耶荅有謂聖者生欲界梵世色愛盡此如前成就中第六句釋

頗有不成就淨四靜慮非味相應非無漏耶荅无頗有不成就无漏四靜慮非味相應非淨耶荅无此皆如前成就中所无第四第五句釋頗有不成就味相應淨四靜慮非无漏耶荅有謂聖者生無色界此如前成就中第三句釋頗有不成就味相應无漏四靜慮非淨耶荅有謂異生生欲界梵世色愛盡此如前成就中第二句釋頗有不成就淨無漏四靜慮非味相應耶荅有謂欲愛未盡此如前成就中初句釋頗有不成就味相應淨無漏四靜慮耶荅有謂異生生无色界異生故無无漏四靜慮生無色界故无味淨四靜慮

頗有成就味相應四無色非淨非无漏耶荅有謂色愛未盡彼於四无色所有善法皆未得故无淨無漏即以此故成就味相應四無色頗有成就淨無漏四无色非味相應耶荅有謂生欲色界空无邊處阿羅漢阿羅漢故無味相應生彼地故具成就四淨三无漏頗有成就餘耶荅无此中無第二句唯成就四淨者以必有無漏

味隨一或俱故無第三句唯成就三無漏者以必有淨故无第四句成就四味淨非無漏及无第五句成就四味三无漏非淨者以成就四味時必不成就四淨或三無漏故即由此義無第七句頗有不成就味相應四无色非淨非无漏耶荅有謂生欲色界空无邊處阿羅漢此如前成就中第六句釋頗有不成就淨无漏四無色非味相應耶荅有謂色愛未盡此如前成就中初句釋頗有不成就餘耶荅無此中无唯不成就四淨者以彼必亦不成就無漏故无唯不成就三无漏者如成就中所无第四句釋无不成就四味淨非無漏者如成就中所無第三句釋无不成就四味三无漏非淨者如成就中所无第二句釋無一切皆不成就者以於三中隨一或二必成就故於此靜慮無色成就不成就中具成就者名成就具不成就者名非成就及具不成就者名不成就具成就者名非不成就應知

頗有得味相應四靜慮非淨非无漏

阿毗達磨大毗婆沙論卷第一百六十九卷　第四張　壯

耶荅有謂色愛盡起欲界纏退時若無色界殁生欲界時此中退者通異生及聖者或學或无學起彼纏時具得四味非淨無漏生者唯異生於結生時具得四味非淨無漏頗有得无漏四靜慮非味非淨耶荅有謂依第四靜慮入正性離生若得阿羅漢果時此中入正性離生時者謂苦法忍起時尒時無漏四靜慮先无而得非味非淨得阿羅漢果時者謂盡智起時尒時無漏四靜慮皆捨而得非味非淨雖淨四靜慮尒時亦有得者然其種類先有不捨今但更得少分於淨四靜慮無一名得何況四耶是故說非味非淨有說此依生无色界得阿羅漢果者說問學練根時亦有於無漏四靜慮皆捨而得何故不說耶荅應說而不說者當知此義有餘有說此中略舉初後以顯中間故不具說有說彼所捨所得俱是學類非全別類是以不說由此亦不說无學練根頗有得餘耶荅无此中無第二句唯得四淨及无第六句得四淨

阿毗達磨大毗婆沙論卷第一百六十九卷　第五張　壯

无漏非味者無有俱時得四淨故問依第四靜慮見道三類智時及得阿羅漢果時豈非具得四淨及無漏耶何故不說荅彼於尒時於淨四靜慮皆先得不捨今雖更得少分猶於淨四靜慮無一名得況復四耶是故不說無第四句得四味淨非无漏及無第五句得四味無漏非淨者以得四味時必不得四淨或四無漏故即由此義亦无第七句頗有捨味相應四靜慮非淨非無漏耶荅无無有俱時離四地染故頗有捨淨四靜慮非味相應非無漏耶荅有謂異生遍淨愛盡起欲界纏退時若欲界梵世殁生无色界時此中生无色界通異生及聖者頗有捨淨无漏四靜慮非味相應耶荅有謂聖者遍淨愛盡起欲界纏退時頗有捨餘耶荅无此中無第三句唯捨四无漏者以退捨時或非全捨故或彼時還得故或兼捨淨故得果捨時還即得故无第四第五第七句者无有俱時斷四味故頗有得味相應四無色非淨非无漏耶荅有

阿毗達磨大毗婆沙論卷第一百六十九卷　第六張　壯

謂阿羅漢起欲色界纏退時尒時具得四味非淨无漏頗有得无漏三無色非味相應非淨耶荅有謂得阿羅漢果時如前靜慮中釋頗有得餘耶荅無此中无第二句唯得四淨者无有俱時得四淨故无第四第五第七句者以得四味時必不得四淨三无漏故無第六句得四淨三无漏非味相應者以於得三無漏時雖亦少分得淨而不名得故具如前釋頗有捨味相應四无色非淨非無漏耶荅无以無俱時離四地染故頗有捨淨四無色非味相應非无漏耶荅有謂異生无所有處愛盡起欲色界纏退時頗有捨淨無漏四无色非味相應耶荅有謂聖者无所有處愛盡起欲色界纏退時頗有捨餘耶荅无此中無第三句唯捨三無漏者如靜慮中說無第四第五第七句者以無俱時斷四味故於此靜慮無色得及捨中全得者名得全不得者名非得全捨者名捨全不捨者名非捨應知

頗有退味相應四靜慮非淨非無漏

阿毗達磨大毗婆沙論第一百六十九卷　第七張　桂

耶荅無以於功德法有退非於過失法故亦无俱時捨四味故頗有退淨四靜慮非味相應非无漏耶荅有謂異生遍淨愛盡起欲界纏退時頗有退淨無漏四靜慮非味相應耶荅有謂聖者遍淨愛盡起欲界纏退時頗有退餘耶荅无此中無第三句唯退無漏四靜慮者或與淨俱退故或不全退故或退時還得彼地故无第四第五第七句者於味无退故無唯退四无漏故頗有退味相應四无色非淨非無漏耶荅无如前說頗有退淨四无色非味相應非無漏耶荅有謂異生無所有處愛盡起欲色界纏退時頗有退淨無漏四無色非味相應耶荅有謂聖者无所有處愛盡起欲色界纏退時頗有退餘耶荅无此中無第三句唯退無漏三無色者或與淨俱退故或非全退故无第四第五第七句者如靜慮中說

問頗有退无漏靜慮非淨耶荅有謂學者起無色纏退時尒時退彼對治无漏靜慮非淨故問頗有不起无色

阿毗達磨大毗婆沙論第一百六十九卷　第八張　桂

纏而退無漏靜慮非淨耶荅有謂无學練根未至第九解脫道位不起煩惱而退所得無間解脫道時問頗有不起纏而退无漏靜慮非淨耶荅有即前所說及學練根未至見至位不起煩惱而退所得无間解脫道時問頗有退七地所攝無漏功德而非淨耶荅有謂少分離非想非非想處染還起彼地所斷品纏退時問頗有唯捨无漏靜慮而得淨无漏耶荅有謂得阿羅漢果時問頗有捨淨无漏靜慮唯得無漏耶荅有謂阿羅漢起无色纏退時問頗有无漏靜慮與淨俱時得而別捨耶荅有謂得阿羅漢果及依靜慮得不還果并學者練根時問頗有淨靜慮與无漏俱時得而別捨耶荅有謂聖者離自地染及生上地時問頗有淨無漏靜慮別時得俱時捨耶荅有謂聖者離自地染起下地纏退時問頗有淨无漏靜慮俱時得俱時捨耶荅有謂聖者已離下地染起下地纏退時如問靜慮如是无色亦應准問復次如前所說等至略

阿毗達磨大毗婆沙論第一百六十九卷　第九張　桂

有二十三種謂靜慮有十二即四味相應四淨四无漏無色有十一即四味相應四淨三無漏此二十三若廣建立成六十五等至謂前二十三加四无量四無㝵解八解脫八勝處十遍處六通无諍願智所依問此六十五幾唯緣自地幾唯緣下地幾緣自地及下地幾緣自地及上地幾緣一切地荅十等至唯緣自地謂八味相應及空識无邊處遍處二十四等至唯緣下地謂四無量初三解脫八勝處前八遍處及无諍或有欲令无諍緣欲色界者除無諍七等至緣自地及下地謂法詞二无㝵解五通所依九等至緣自地及上地謂淨无漏三無色及下三无色解脫此依緣有漏者說十二等至緣一切地謂淨无漏四靜慮義辯二無㝵解漏盡通願智所依此亦但依緣有漏者說若通依緣无漏者說則有二十三等至緣一切地謂即前十二加十一無色謂淨无漏無色及无色解脫

問若等至隨以何味相應靜慮為因

即以彼為等無間耶設等至隨以何味相應靜慮為等无間即以彼為因耶荅諸等至隨以彼味相應靜慮為因亦即以彼為等无間有等至以彼味相應靜慮為等無間而不以彼為因於中若等至以味相應初靜慮為等无間而不以彼為因者有十六謂淨初靜慮四无量初二解脫前四勝處五通所依若等至以味相應第二靜慮為等无間而不以彼為因者有十七謂淨第二靜慮四无量初二解脫前四勝處五通所依及淨初靜慮若等至以味相應第三靜慮為等无間而不以彼為因者有十謂淨第三靜慮三無量五通所依及淨第二靜慮若等至以味相應第四靜慮為等無間而不以彼為因者有二十三謂淨第四靜慮三无量淨解脫後四勝處前八遍處五通所依及淨第三靜慮

問若等至隨以何味相應无色為因即以彼為等无間耶設等至隨以何味相應无色為等無間即以彼為因

耶荅諸等至隨以彼味相應无色為因亦即以彼為等无間有等至以彼味相應无色為等無間而不以彼為因於中若等至以味相應空无邊處為等無間而不以彼為因者有四謂淨空无邊處即彼解脫即彼遍處及淨第四靜慮若等至以味相應識無邊處為等無間而不以彼為因者有五謂淨識无邊處即彼解脫即彼遍處及淨空無邊處即彼解脫若等至以味相應无所有處為等无間而不以彼為因者有四謂淨无所有處即彼解脫及淨識無邊處即彼解脫若等至以味相應非想非非想處為等无間而不以彼為因者有四謂淨非想非非想處即彼解脫及淨无所有處即彼解脫問若等至隨以何淨靜慮為因即以彼為等无間耶設等至隨以何淨靜慮為等無間即以彼為因耶荅諸等至隨以彼淨靜慮為因亦即以彼為等无間有等至以彼淨靜慮為等無間而不以彼為因於中若等至以淨初靜慮為等无間而不

以彼為因者有六謂自地味相應无漏及淨无漏第二第三靜慮若等至以淨第二靜慮為等無間而不以彼為因者有八謂自地味相應无漏及淨无漏初第三第四靜慮若等至以淨第三靜慮為等無間而不以彼為因者有十一謂自地味相應无漏及淨無漏初第二第四靜慮空無邊處即彼解脫若等至以淨第四靜慮為等无間而不以彼為因者有十二謂自地味相應无漏及淨无漏第二第三靜慮空識無邊處即彼解脫

問若等至隨以何淨無色為因即以彼為等無間耶設等至隨以何淨无色為等无間即以彼為因耶答諸等至隨以彼淨無色為因亦即以彼為等無間有等至以彼淨無色為等无間而不以彼為因於中若等至以淨空无邊處為等无間而不以彼為因者有十二謂自地味相應无漏及淨無漏第三第四靜慮識无邊處無所有處即彼二處解脫若等至以淨識無邊處為等无間而不以彼為因者

有十二謂自地味相應无漏及淨無漏第四靜慮空無邊處无所有處即彼二處解脫淨非想非非想處即彼解脫若等至以淨無所有處為等无間而不以彼為因者有十謂自地味相應無漏及淨無漏空識无邊處即彼解脫淨非想非非想處即彼解脫若等至以淨非想非非想處為等无間而不以彼為因者有七謂自地味相應及淨无漏識無邊處无所有處即彼二處解脫

問若等至隨以何無漏靜慮為因即以彼為等无間耶設等至隨以何无漏靜慮為等無間即以彼為因耶答依一一無漏靜慮皆應作四句依无漏初靜慮作四句者有等至以无漏初靜慮為因非等无間此有七謂无漏第四靜慮三無色及三無色解脫有等至以无漏初靜慮為等无間非因此有十九謂淨初第二第三靜慮四无量初二解脫前四勝處二无㝵解四通所依有等至以无漏初靜慮為因亦等无間此有七謂无漏初第

二第三靜慮二無㝵解他心漏盡通所依有等至不以无漏初靜慮為因亦非等无間此有三十二謂八味相應淨第四靜慮四無色三解脫後四勝處十遍處无諍願智所依依无漏第二靜慮作四句者有等至以无漏第二靜慮為因非等无間此有六謂无漏三無色及三无色解脫有等至以無漏第二靜慮為等無間非因此有十九謂淨四靜慮四无量初二解脫前四勝處法无㝵解四通所依有等至以無漏第二靜慮為因亦等无間此有八謂無漏四靜慮二無㝵解他心漏盡通所依有等至不以无漏第二靜慮為因亦非等无間此有三十二謂八味相應淨四無色三解脫後四勝處十遍處詞无㝵解無諍願智所依依无漏第三靜慮作四句者有等至以無漏第三靜慮為因非等无間此有四謂无漏識無邊處无所有處即彼二處解脫有等至以無漏第三靜慮為等无間非因此有十三謂淨四靜慮空無邊處三无量法无

导解四通所依有等至以无漏第三靜慮為因亦等无間此有十一謂無漏四靜慮空无邊處即彼解脫二无导解他心漏盡通所依有等至不以無漏第三靜慮為因亦非等无間此有三十八謂八味相應上三淨無色喜無量五解脫八勝處十遍處詞无导解无諍願智所依依无漏第四靜慮作四句者有等至以無漏第四靜慮為因非等無間此有三謂无漏初靜慮无所有處及无所有處解脫有等至以无漏第四靜慮為等无間非因此有二十八謂淨第二第三第四靜慮空識无邊處三無量淨解脫後四勝處前八遍處法无导解四通无諍願智所依有等至以無漏第四靜慮為因亦等无間此有十一謂无漏第二第三第四靜慮空識无邊處即彼解脫二無导解他心漏盡通所依有等至不以无漏第四靜慮為因亦非等无間此有二十三謂八味相應淨初靜慮无所有處非想非非想處喜无量四解脫前四勝處後二遍處

阿毗達磨大毗婆沙論第一百六十九卷　第十六張　性

詞無导解所依

問若等至隨以何无漏無色為因即以彼為等无間耶設等至隨以何无漏無色為等无間即以彼為因耶答依一一無漏無色皆應作四句依无漏空无邊處作四句者有等至以無漏空無邊處為因非等无間此有三謂无漏初第二靜慮及他心通所依有等至以無漏空无邊處為等无間非因此有六謂淨第三第四靜慮下三無色及空无邊處遍處有等至以無漏空無邊處為因亦等無間此有十一謂無漏第三第四靜慮三無色及下三無色解脫二無导解漏盡通所依有等至不以无漏空無邊處為因亦非等无間此有四十五謂八味相應淨初第二靜慮非想非非想處四无量五解脫八勝處九遍處二无导解四通無諍願智所依依无漏識无邊處作四句者有等至以无漏識無邊處為因非等无間此有四謂無漏初第二第三靜慮他心通所依有等至以無漏識无邊處為等無間非

阿毗達磨大毗婆沙論第一百六十九卷　第十七張　性

因此有七謂淨第四靜慮四无色非想非非想處解脫識无邊處遍處有等至以無漏識无邊處為因亦等无間此有十謂無漏第四靜慮三無色及下三無色解脫二无导解漏盡通所依有等至不以无漏識無邊處為因亦非等无間此有四十四謂八味相應淨初第二第三靜慮四无量四解脫八勝處九遍處二無导解四通无諍願智所依依无漏無所有處作四句者有等至以无漏无所有處為因非等無間此有五謂無漏四靜慮及他心通所依有等至以無漏无所有處為等无間非因此有五謂淨四無色及非想非非想處解脫有等至以无漏無所有處為因亦等无間此有九謂无漏三無色下三無色解脫二無导解漏盡通所依有等至不以无漏無所有處為因亦非等无間此有四十六謂八味相應淨四靜慮四無量四解脫八勝處十遍處二无导解四通无諍願智所依

問若等至隨以何味相應靜慮為因

阿毗達磨大毗婆沙論第一百六十九卷　第十八張　性

即以彼為所緣耶設等至隨以何味相應靜慮為所緣即以彼為因耶荅諸等至隨以彼味相應靜慮為因亦即以彼為所緣有等至以彼味相應靜慮為所緣而不以彼為因於中若等至以味相應初靜慮為所緣而非因者有十三謂淨無漏四靜慮義无㝵解三通願智所依或有欲令无諍亦緣色界者彼說有十四加無諍如是說者初說為善如味相應初靜慮味相應第二第三第四靜慮亦尒

問若等至隨以何味相應无色為因即以彼為所緣耶設等至隨以何味相應无色為所緣即以彼為因耶荅諸等至隨以彼味相應无色為因亦即以彼為所緣有等至以彼味相應无色為所緣而不以彼為因於中若等至以味相應空无邊處為所緣而不以彼為因者有十五謂淨無漏四靜慮義无㝵解漏盡通願智所依淨无漏空無邊處即彼解脫遍處若等至以味相應識無邊處為所緣而不以彼為因者有十八謂淨无漏四靜

阿毗達磨大毗婆沙論第百六十九卷　第十九張　性

慮義無㝵解漏盡通願智所依淨无漏空識無邊處即彼解脫識無邊處遍處若等至以味相應无所有處為所緣而不以彼為因者有二十謂淨無漏四靜慮義无㝵解漏盡通願智所依淨无漏下三無色及下三无色解脫若等至以味相應非想非非想處為所緣而不以彼為因者有二十二謂即前二十加淨非想非非想處及彼解脫

說一切有部發智大毗婆沙論卷第一百六十九

甲辰歲高麗國大藏都監奉
勑雕造

阿毗達磨大毗婆沙論第百六十九卷　第二十張　性

阿毗達磨大毗婆沙論卷第一百六十九

校勘記

一　底本，麗藏本。

一　四八三頁上二〇行第八字「荅」，諸本（不含石，下同）無。中一四行第五字同。

一　四八三頁中四行第九字「亦」，諸本無。

一　四八三頁中五行「如前說」，諸本無。

一　四八四頁中一二行第二字「味」，資作「未」。

一　四八四頁中二一行「全別」，磧、普、南、徑、清作「差別」。

一　四八四頁下四行第六字「彼」，諸本作「後」。次頁下九行第三字同。

一　四八四頁下二一行第二字「果」，諸本作「來」。

一　四八五頁上六行「第四」，諸本作「第四句」。

一　四八五頁上九行第七字「三」，諸

本作「二」。

一　四八六頁中一五行「第二」，諸本作「第三」。

一　四八七頁下三行「三十二」，磧、南作「二十二」。

一　四八七頁下五行第一二字「依」，諸本無。

一　四八七頁下一一行「四通」，資作「四道」。

一　四八八頁上二一行「二十三」，諸本作「三十三」。

一　四八九頁中九行首字「二」，諸本作「三」。

阿毗達磨大毗婆沙論卷第一百七十　性

五百大阿羅漢等造

三藏法師玄奘奉　詔譯

定蘊第七中攝納息第三之五

問若等至隨以何淨靜慮為因即以彼為所緣耶設等至隨以何淨靜慮為所緣即以彼為因耶答依一一淨靜慮皆應作四句依淨初靜慮作四句者有等至以淨初靜慮為因而非所緣此有十五謂四无量二解脫四勝處二无导解三通所依有等至以淨初靜慮為所緣而非因此有九謂味相應初靜慮淨上三靜慮无漏四靜慮願智所依有等至以淨初靜慮為因亦作所緣此有六謂淨初靜慮二無导解三通所依有等至不以淨初靜慮為因亦非所緣此有三十五謂七味相應淨四无色無漏三无色後四勝處六解脫十遍處无諍所依依淨第二靜慮作四句者有等至以淨第二靜慮為因而非所緣此有十四謂四无量二解脫四勝處法无导解二通所依有等至以淨第二靜慮為所緣而非因此有九謂味相應第二靜慮淨初第三第四靜慮无漏四靜慮願智所依有等至以淨第二靜慮為因亦作所緣此有六謂淨第二靜慮二無导解三通所依有等至不以淨第二靜慮為因亦非所緣此有三十六謂七味相應淨四无色無漏三无色後四勝處六解脫十遍處无諍詞無导解所依依淨第三靜慮作四句者有等至以淨第二靜慮為因而非所緣此有七謂三无量法無导解三通所依有等至以淨第三靜慮為所緣而非因此有九謂自地味相應淨初第二第四靜慮无漏四靜慮願智所依有等至以淨第三靜慮為因亦作所緣此有六謂淨第三靜慮二无导解三通所依有等至不以淨第三靜慮為因亦非所緣此有四十三謂七味相應淨四无色無漏三無色喜无量八勝處八解脫十遍處无諍詞無导解所依依淨第四靜慮作四句者有等至以淨第四靜慮為因

而非所緣此有二十一謂三無量淨解脫後四勝處前八遍處法无㝵解无諍三通所依有等至以淨第四靜慮為所緣而非因此有八謂味相應第四靜慮淨下三靜慮無漏四靜慮有等至以淨第四靜慮為因亦作所緣此有七謂淨第四靜慮二无㝵解三通願智所依有等至不以淨第四靜慮為因亦非所緣此有二十九謂七味相應淨四无色無漏三色喜無量七解脫前四勝處後二遍處詞无㝵解所依

問若等至隨以何淨无色為因即以彼為所緣耶設等至隨以何淨无色為所緣即以彼為因耶答下三淨無色若等至隨以彼為因亦即以彼為所緣有等至以彼為所緣而不以彼為因淨非想非非想處應作四句於中若等至以淨空无邊處為所緣而不以彼為因者有十一謂淨无漏四靜慮自地味相應无漏願智所依若等至以淨識无邊處為所緣而不以彼為因者有十四謂淨无漏四靜慮無漏初二無色淨空無邊處即彼解脫自地味相應願智所依若等至以淨无所有處為所緣而不以彼為因者有十七謂淨无漏四靜慮无漏三無色淨初二无色及初二無色解脫自地味相應願智所依依淨非想非非想處作四句者等至以淨非想非非想處為因而非所緣此有一謂滅想受解脫有等至以淨非想非非想處為所緣而非因此有十九謂淨无漏四靜慮三无色及三無色解脫自地味相應願智所依有等至以淨非想非非想處為因亦作所緣此有五謂淨非想非非想處即彼解脫二无㝵解漏盡隨所依有等至不以淨非想非非想處為因亦非所緣此有四十謂七味相應四无量初三解脫八勝處十遍處二無㝵解无諍五通所依

問若等至隨以何無漏靜慮為因即以彼為所緣耶設等至隨以何无漏靜慮為所緣即以彼為因耶答諸等至隨以彼无漏靜慮為因亦即以彼為所緣有等至以彼無漏靜慮為所緣而不以彼為因於中若等至以無漏初靜慮為所緣而不以彼為因者有十謂淨四靜慮四無色非想非非想處解脫願智所依如無漏初靜慮无漏第二第三第四靜慮亦介

問若等至隨以何无漏無色為因即以彼為所緣耶設等至隨以何無漏無色為所緣即以彼為因耶答依一一無漏无色皆應作四句依无漏空無邊處作四句者有等至以無漏空无邊處為因而非所緣此有一謂他心通所依有等至以无漏空无邊處為所緣而非因此有十謂淨四靜慮四無色非想非非想處解脫願智所依有等至以無漏空无邊處為因亦作所緣此有十三謂無漏四靜慮三無色下三無色解脫二无㝵解漏盡通所依有等至不以無漏空無邊處為因亦非所緣此有四十一謂八味相應四无量四解脫八勝處十遍處二无㝵解無諍四通所依如无漏空無邊處无漏識無邊處无所有處亦介

問若等至隨以何味相應靜慮為等無閒即以彼為所緣耶設等至隨以何味相應靜慮為所緣即以彼為等无閒耶荅依一一味相應靜慮皆應作四句依味相應初靜慮作四句者有等至以味相應初靜慮為等无閒而非所緣此有十三謂四無量初二解脫前四勝處三通所依有等至以味相應初靜慮為所緣而非等无閒此有十謂淨上三靜慮無漏四靜慮義无㝵解漏盡通願智所依有等至以味相應初靜慮為等无閒亦作所緣此有四謂自地味相應淨二通所依有等至不以味相應初靜慮為等无閒亦非所緣此有三十八謂七味相應淨四无色無漏三无色六解脫後四勝處十遍處无諍三無㝵解所依依味相應第二靜慮作四句者有等至以味相應等二靜慮為等无閒而非所緣此有十三謂四无量初二解脫前四勝處三通所依有等至以味相應第二靜慮為所緣而非等无閒此有九謂淨上二靜慮無漏四靜慮義無㝵解漏盡通願智所依有等至以味相應第二靜慮為等无閒亦作所緣此有五謂自地味相應淨初二靜慮二通所依有等至不以味相應等二淨慮為等無閒亦非所緣此有三十八謂七味相應淨四无色無漏三无色六解脫後四勝處十遍處無諍三無㝵解所依依味相應第三靜慮遍作四句者有等至以味相應第三靜慮為等無閒而非

緣此有六謂三無量三通所依有等至以味相應第三靜慮為所緣而非等无閒此有九謂淨二靜慮無漏四靜慮義无㝵解漏盡通願智所依有等至以味相應第三靜慮為等无閒亦作所緣此有五謂自地味相應淨第二第三靜慮二通所依有等至不以味相應第二靜慮為等无閒亦非所緣此有四十五謂七味相應淨四无色無漏三无色喜無量八解脫八勝處十遍處无諍三無㝵解所依依味相應第四靜慮作四句者有等至以味相應第四靜慮為等无閒而非所緣此有十九謂三无量淨解脫後四勝處前八遍處三通所依有等至以味相應第四靜慮為所緣而非等無閒此有九謂淨二靜慮无漏四靜慮義无㝵解漏盡通願智所依有等至以味相應第四靜慮為等无閒亦作所緣此有五謂自地味相應淨第三第四靜慮二通所依有等至不以味相應第四靜慮為等无閒亦非所緣此有三十二謂七味相應淨四無色无漏三无色喜無量七解脫前四勝處後二遍處无諍三無㝵解所依

問若等至隨以何味相應无色為等無閒即以彼為所緣耶設等至隨以何味相應无色為所緣即以彼為等無閒耶荅諸等至隨以彼味相應无色為等無閒亦即以彼為所緣有等至以彼味相應無色為所緣而不以彼為等无閒於中若等至以味相應空無邊處為所緣而不以彼為等无閒者有十一謂淨三靜慮无漏四靜慮自地無漏義无㝵解漏盡通願智所依若等至以味相應識无邊處為

所緣而不以彼等無間者有十三謂淨無漏四靜慮无漏初二無色義无㝵解漏盡通願智所依若等至以味相應无所有處為所緣而不以彼為等无間者有十六謂淨無漏四靜慮淨空無邊處即彼解脱无漏三無色義無㝵解漏盡通願智所依若等至以味相應非想非非想處為所緣而不以彼為等无間者有十八謂淨无漏四靜慮初二淨无色即彼解脱無漏三無色義無㝵解漏盡通願智所依

問若等至隨以何淨靜慮為等无間即以彼為所緣耶設等至隨以何淨靜慮為所緣即以彼為等无間耶荅依一一淨靜慮皆應作四句依淨初靜慮作四句者有等至以淨初靜慮為等无間而非所緣此有十五謂四无量初解脱前四勝處二无㝵解三通所依有等至以淨初靜慮為所緣而非等无間此有三謂淨無漏第四靜慮願智所依有等至以淨初靜慮為等無間亦作所緣此有十三謂自地味相應及淨無漏初三靜慮二无㝵解三通所依有等至不以淨初靜慮為等无間亦非所緣此有三十五謂七味相應淨四無色無漏三无色六解脱四勝處十遍處无諍所依依淨第二靜慮作四句者有等至以淨第二靜慮為等无間而非所緣此有十四謂四无量初二解脱前四勝處法無㝵解三通所依有等至以淨第二靜慮為所緣而非等无間此有一謂願智所依有等至以淨第二靜慮為等無間亦作所緣此有十四謂自地味相應及淨無漏四靜慮二無㝵解三通所依有等至不以淨第二靜慮為等无間亦非所緣此有三十六謂七味相應淨四無色无漏三無色六解脱四勝處十遍處無諍詞无㝵解所依依淨第三靜慮作四句者有等至以淨第三靜慮為等无間而非所緣此有十謂三无量淨無漏空无邊處即彼解脱法无㝵解三通所依有等至以淨第三靜慮為所緣而非等无間此有一謂願智所依有等至以淨第三靜慮為等无間亦作所緣此有十四謂自地味相應及淨无漏四靜慮二无㝵解三通所依有等至不以淨第三靜慮為等无間亦非所緣此有四十謂七味相應淨上三無色无漏上二無色喜無量七解脱八勝處十遍處无諍詞無㝵解所依依淨第四靜慮作四句者有等至以淨第四靜慮為等無間而非所緣此有二十七謂三無量淨解脱後四勝處前八遍處无諍法無㝵解三通所依淨无漏初二無色即彼解脱有等至以淨第四靜慮為所緣而非等無間此有二謂淨無漏初靜慮有等至以淨第四靜慮為等无間亦作所緣此有十三謂自地味相應及淨无漏上三靜慮二無㝵解願智三通所依有等至不以淨第四靜慮為等无間亦非所緣此有二十三謂七味相應淨上二無色无漏上一无色喜無量五解脱前四勝處彼二遍處詞无㝵解所依

問若等至隨以何淨無色為等无間

即以彼為所緣耶設等至隨以何淨
無色為所緣即以彼為等无間耶荅
依一一淨無色皆應作四句依淨空
無邊處作四句者有等至以淨空无
邊處為等无間而非所緣此有六謂
淨無漏識无邊處无所有處即彼解
脫有等至以淨空無邊處為所緣而
非等无間此有五謂淨無漏初第二
靜慮願智所依有等至以淨空无邊
處為等无間亦作所緣此有十二謂
自地味相應及淨无漏上二靜慮空
无邊處即彼解脫遍處二无导解漏
盡通所依有等至不以淨空无邊處
為等無間亦非所緣此有四十二謂
七味相應淨非想非非想處四无量
五解脫八勝處九遍處二无导解無
諍五通所依依淨識無邊處作四句
者有等至以淨識無邊處為等无間
而非所緣此有五謂淨无漏無所有
處淨非想非非想處及彼二解脫有
等至以淨識无邊處為所緣而非等
无間此有七謂淨無漏初三靜慮願
智所依有等至以淨識無邊處為等

無間亦作所緣此有十三謂自地味
相應及淨無漏第四靜慮初二无色
及初二無色解脫識无邊處遍處二
無导解漏盡通所依有等至不以淨
識無邊處為等无間亦非所緣此有
四十謂七味相應四無量四解脫八
勝處九遍處二無导解无諍五通所
依依淨無所有處作四句者有等至
以淨無所有處為等无間而非所緣
此有二謂淨非想非非想處即彼解
脫有等至以淨無所有處為所緣而
非等无間此有无謂淨无漏四靜慮
願智所依有等至以淨無所有處為
等無間亦作所緣此有十三謂自地
味相應及淨無漏初三无色即彼三
解脫二無导解漏盡通所依有等至
不以淨无所有處為等无間亦非所
緣此有四十一謂七味相應四無量
四解脫八勝處十遍處二無导解无
諍五通所依依淨非想非非想處作
四句者有等至以淨非想非非想處
為等無間而非所緣此有一謂滅想
受解脫有等至以淨非想非非想處

為所緣而非等无間此有十二謂淨
无漏四靜慮空無邊處及空无邊處
解脫願智所依有等至以淨非想非
非想處為等无間亦作所緣此有十
二謂自地味相應及淨上三无色即
依三解脫无漏上二無色二無导解
漏盡通所依有等至不以淨非想非
非想處為等無間亦非所緣此有四
十謂七味相應四无量三解脫八勝
處十遍處二無导解無諍五通所依
問若等至隨以何无漏靜慮為等无
間即以彼為所緣耶設等至隨以何
無漏靜慮為所緣即以彼為等无間
耶荅依一一無漏靜慮皆應作四句
依無漏初靜慮作四句者有等至以
无漏初靜慮為等无間而非緣此有
十六謂四無量初二解脫前四勝處
二無导解四通所依有等至以无漏
初靜慮為所緣而非等无間此有十
四謂淨無漏第四靜慮淨四無色无
漏三無色四无色解脫願智所依有
等至以無漏初靜慮為等无間亦作
所緣此有十謂淨無漏初三靜慮二

無㝵解二通所依有等至不以無漏初靜慮為等无間亦非所緣此有二十五謂八味相應二解脫緣四勝處十遍處無諍所依依無漏第二靜慮作四句者有等至以无漏第二靜慮為等无間而非所緣此有十五謂四無量初二解脫前四勝處法无㝵解四通所依有等至以无漏第二靜慮為所緣而非等无間此有十二謂淨四無色无漏三無色四无色解脫願智所依有等至以无漏第二靜慮為等無間亦作所緣此有十二謂淨无漏四靜慮二无㝵解二通所依有等至不以無漏第二靜慮為等无間亦非所緣此有二十六謂八味相應二解脫後四勝處十遍處无諍詞無㝵解所依依无漏第三靜慮作四句者有等至以無漏第三靜慮為等无間而非所緣此有八謂三無量法無㝵解四通所依有等至以无漏第三靜慮為所緣而非等无間此有九謂淨上三無色即彼三解脫无漏上二無色願智所依有等至以無漏第二靜

慮為等無間亦作所緣此有十五謂淨無漏四靜慮空无邊處及空無邊處解脫二无㝵解二通所依有等至不以無漏第三靜慮為等无間亦非所緣此有三十三謂八味相應喜无量四解脫八勝處十遍處无諍詞無㝵解所依依无漏第四靜慮作四句者有等至以无漏第四靜慮為等無間而非所緣此有二十二謂三无量淨解脫後四勝處前八遍處法無㝵解無諍四通所依有等至以无漏第四靜慮為所緣而非等无間此有七謂淨无漏初靜慮淨上二無色及彼二解脫無漏上一無色有等至以无漏第四靜慮為等无間亦作所緣此有十七謂淨無漏上三靜慮初二無色及初二无色解脫二无㝵解二通願智所依有等至不以無漏第四靜慮為等无間亦非所緣此有十九謂八味相應喜无量三解脫前四勝處後二遍處詞無㝵解所依

問若等至隨以何无漏無色為等无間即以彼為所緣耶設等至隨以何

无漏無色為所緣即以彼為等无間耶荅依无漏初二無色各應作四句依無漏後一無色應作順前句依無漏空无邊處作四句者有等至以无漏空無邊處為等无間而非所緣此有一謂空无邊處遍處有等至以無漏空无邊處為所緣而非等无間此有七謂淨無漏初二靜慮淨非想非非想處及彼解脫願智所依有等至以无漏空無邊處為等无間亦作所緣此有十六謂淨無漏後二靜慮初三無色即彼解脫二无㝵解漏盡通所依有等至不以无漏空無邊處為等無間亦非所緣此有四十一謂八味相應四無量四解脫八勝處九遍處二無㝵解無諍五通所依依無漏識無邊處作四句者有等至以无漏識无邊處為等无間而非所緣此有一謂識无邊處遍處有等至以無漏識無邊處為所緣而非等無間此有七謂淨無漏初三靜慮願智所依有等至以无漏識無邊處為等无間亦作所緣此有十六謂淨无漏第四靜

慮下三無色淨非想非非想處四无色解脫二无㝵解漏盡通所依有等至不以無漏識無邊處為等无間亦非所緣此有四十謂八味相應四無量四解脫八勝處九遍處二无㝵解無諍五通所依依無漏无所有處作順前句者謂若等至以無漏无所有處為等无間亦即以彼為所緣有等至以無漏无所有處為所緣而不以彼為等无間此有九謂淨无漏四靜慮願智所依問頗有一等至現在前時三十三等至捨而不得八等至得而不捨二等至亦捨亦得二等至少分捨少分得少分不捨不得十三等至少分捨而不得少分不捨不得七等至非捨非得耶荅有謂慧解脫阿羅漢起味相應初靜慮退尒時於六十五等至中三十三捨而不得謂淨无漏上三靜慮淨无漏無色五解脫後四勝處十遍處漏盡通所依八得而不捨謂味相應靜慮无色二亦捨亦得謂无漏淨初靜慮捨無學及上所修得學及退分故二少分捨少分

得少分不捨不得謂有欲令亦有无漏宿住隨念智通者依彼可得作此問荅謂宿住隨念他心智通尒時少分捨即一切無學上地有漏及无學位等所修初靜慮有漏者少分得即初靜慮學少分不捨不得即初靜慮餘有漏者若有欲令宿住隨念智通唯有漏者依彼不應作此問荅以宿住隨念智通尒時但有少分捨及少分不捨不得故十三少分捨而不得少分不捨不得謂四无量初二解脫前四勝處三通所依即上地一切及自地无學位等所修者捨而不得餘自地者不捨不得七非捨非得謂四無㝵解无諍願智所依滅盡解脫以本未得故問頗有得一等至而无所捨耶荅有謂得滅盡解脫時問頗有頓得六等至而無所捨耶荅有謂阿羅漢初起願智時頓得六等至謂四无㝵解無諍願智所依問頗有捨一等至而无所得耶荅有謂遍淨殁生廣果時捨淨第三靜慮而无所得問四向四果補特伽羅於六十五等至

誰成就幾不成就幾荅預流向成就八謂八味相應餘不成就如預流向預流果一來向一來果亦尒不還向極少成就八如前成就即漸次者極多成就四十七即已離无所有處染依第四靜慮入正性離生者謂淨无漏四靜慮淨四无色味相應非想非非想處四无量七解脫八勝處十遍處五通所依不還果極多如向說極少成就二十五謂八味相應淨多漏初靜慮四无量初二解脫前四勝處五通所依或減一二味增一二淨皆亦二十五阿羅漢向極少成就十二即生非想非非想處不得滅盡解脫者謂无漏四靜慮三無色味相應淨非想非非想處四解脫若生无所有處未離自地染者亦成就十三謂增一味減一解脫極多成就五十一即生欲界梵世身證謂一味八淨七无漏四无量八解脫八勝處十遍處五通所依阿羅漢果極少成就十三即生非想非非想處慧解脫阿羅漢謂七无漏一淨四解脫漏盡通所依極

多成就五十七謂得无㝵解无諍願智者唯除八味相應餘皆具有佛定成就五十七獨覺中部行者如欲界聲聞麟角喻者如佛

說一切有部發智大毗婆沙論卷第一百七十

阿毗達磨大毗婆沙論卷第一百七十 校勘記

一 底本，金藏廣勝寺本。

一 四九一頁下一行「二通」，諸本（不含石，不同）作「三通」。

一 四九一頁下三行首字「二」，麗作「一」。次頁中五行第一〇字磧同。

一 四九一頁下一一行「第二」，徑、清、麗作「第三」。四九三頁中一八行諸本同。

一 四九一頁下一四行第五字「非」，資、磧、普、南作「作」。

一 四九一頁下一五行「第四」，資、磧、普、南、徑、清作「第三」。

一 四九一頁下二〇行第一三字「三」，資、磧、普、南、徑、清作「二」。

一 四九二頁上一〇行「三色」，諸本作「三無色」。

一 四九二頁中七行第八字「等」，諸本作「有等」。

一 四九二頁中一五行第五字「隨」，徑、清、麗作「通」。

一 四九二頁下一三行「淨慮」，諸本作「靜慮」。次頁中五行同。

一 四九二頁下二〇行「四解脱」，資、磧、普、南、徑、清作「八解脱」。

一 四九三頁上八行「三通」，磧作「二通」。

一 四九三頁上一九行「等二」，諸本作「第二」。本頁中五行同。

一 四九三頁中九行第三字「遍」，諸本無。

一 四九三頁中一一行首字「緣」，諸本作「所緣」。

一 四九三頁下二二行第一〇字「漏」，徑作「脱」。

一 四九四頁上一行第六字「彼」，諸本作「彼爲」。

一 四九四頁上一九行第三字「初」，諸本作「初二」。

一 四九四頁中九行第四字「解」，清作「無」。

一 四九四頁中一五行末字「六」，麗

作「五」。

一 四九四頁下二一行第七字「彼」，諸本作「後」。

一 四九五頁中一二行第七字「无」，諸本作「九」。

一 四九五頁下六行首字「依」，諸本作「彼」。

一 四九五頁下一六行第一二字「緣」，諸本作「所緣」。

一 四九六頁上三行第一一字「緣」，諸本作「後」。

一 四九六頁上末行第一三字「二」，諸本作「三」。次頁下一三行末字同。

一 四九六頁中一二行第九字「等」，徑作「第」。

一 四九六頁中一三行「二無色」，資、磧、普、南、徑、清作「一二無色」。

一 四九六頁下二二行第二字「至」，磧作「空」。

一 四九七頁上四行「四十」，諸本作「四十一」。

一 四九七頁上一四行「不得」，資、磧、普、南、徑、清作「少分不得」。本頁中一行同。

一 四九七頁中一六行第二字「未」，麗作「末」。

一 四九七頁下四行「如前成就」，諸本作「如前說」。

一 四九七頁下一〇行「多漏」，諸本作「無漏」。

阿毗達磨大毗婆沙論卷第一百七十一　謙

五百大阿羅漢等造

三藏法師玄奘奉　詔譯

定蘊第七中攝納息第三之六

頗有味相應四靜慮頓得耶答有謂色愛盡起欲界梵世纏退時若無色界殁生欲界梵世時問何故復作此論答前雖明得捨而未分別漸頓今欲顯示漸頓差別又復前以味等三種相對分別今欲於中唯明自類故作斯論頓謂俱時漸謂先後此中顯味相應四靜慮於二時頓得謂退時生時退者從色愛盡生者從無色殁彼起欲界梵世纏及生欲界梵世時於四味相應俱時得故頗有味相應四靜慮頓捨耶答無以無俱時能離四地染故頗有味相應四靜慮漸得耶答有此亦二時漸得謂退及生退者從色愛盡次第起下一一靜慮纏退時生者從無色殁次第生下二靜慮地時彼於四味相應漸次而得頗有味相應四靜慮漸捨耶答有以必先離初靜慮染乃至後離第四靜慮染故頗有淨四靜慮頓得耶答無以無先不成就淨四靜慮今俱時得故頗有淨四靜慮頓捨耶答有謂遍淨愛盡起欲界纏退時若界梵世殁生無色界時此中顯淨四靜慮於二時頓捨謂退時越界地時應准配釋頗有淨四靜慮漸得耶答有謂先離欲界染時得初靜慮乃至後離第三靜慮染時得第四靜慮故從無色界殁次第生下四靜慮時雖亦名漸得而得一捨一故非此所說頗有淨四靜慮漸捨耶答有此亦二時漸捨謂退時越界地時退者謂漸次起下地纏退時越界地者謂從下漸次生上地時從上靜慮次第生下靜慮地時雖亦名漸捨而捨一得一故非此所說頗有無漏四靜慮頓得耶答有謂依第四靜慮入正性離生若得阿羅漢果有餘於此不說得阿羅漢果以先學位已得無漏四靜慮故然於此應說得阿羅漢果以學所得皆捨今頓得無學故頗有無漏四靜慮頓捨

耶答有謂聖者遍淨愛盡起欲界纏退時雖得果練根及即彼不起欲界纏而退時亦有頓捨無漏四靜慮而即時還得是故不說頓有無漏四靜慮漸得耶答有以聖者離下地染及有起勝果道時漸次得故頗有無漏四靜慮漸捨耶答有以聖者遍淨愛盡漸次起下地纏退時漸捨無漏四靜慮故頗有味相應四無色頓得耶答有謂阿羅漢起欲色界空無邊處纏退時此中無容有生時得頗有味相應四無色頓捨耶答無如前釋頗有味相應四無色漸得耶答有此中若退時於四有漸得生時於三有漸得頗有味相應四無色漸捨耶答有如前釋頗有淨四無色頓得耶答無以無先不成就淨四無色今俱時得故問得果練根時於淨四靜慮淨四無色皆有頓修何故前靜慮中及此無色皆答無耶答彼皆先有不捨今但更得少分故非此中所說得義頗有淨四無色頓捨耶答有謂無所有處愛盡起欲色界纏退時此中無容有越界地捨頗有淨四無色漸得耶答有如前釋頗有淨四無色漸捨耶答有此中退時於四有漸捨越地時於三有漸捨頗有無漏三無色頓得耶答有謂得阿羅漢果時無學練根時雖亦頓得而非別類是故不說又彼亦名得阿羅漢果時故不別說頗有無漏三無色頓捨耶答有謂聖者識無邊處愛盡起欲色界纏退時所釋如前頗有無漏三無色漸得耶答有以離下地染及有起勝果道時漸次得故頗有無漏三無色漸捨耶答有以聖者識無邊處愛盡漸次起下地纏退時漸捨無漏三無色故

身語表無表依何定滅答身語表依初或未至身語無表依四或未至問何故作此論答為止說表無表業非實有者意明表無表業皆是實有又為遮說身語表業乃至第四靜慮無表業乃至有頂今欲顯身語表乃至梵世無表乃至第四靜慮故作斯論問何故上三靜慮無身語表業耶答身語表業尋伺所等起若地尋伺可得則有身語表業故契經言尋伺已語非不尋伺身表亦應尋伺已作非不尋伺上三靜慮尋伺滅故無身語表問何故上地無尋伺耶答尋伺麤動不寂靜上地微細寂靜故問何故身語無表唯至第四靜慮非上地耶答善無表業對治不善無表故有不善無表唯在欲界無色界於欲界四遠所遠故彼不有復有說者色界乃至第四靜慮皆能猒惡欲界惡業上地不介有說無表依色身大種彼無色身及大種故亦無無表此中身語表業有善不善無記不善者欲界繫依未至定滅善無記者欲界初靜慮繫欲界繫者依未至定滅初靜慮繫者依未至初靜慮靜慮中間第二靜慮近分滅未至言通八近分及靜慮中間以皆非至根本定故然此中所說定者有說依有漏定說有說依有漏無漏定說若說依無漏定說者彼說未至言顯未至定靜慮中間若說依有漏無漏定說者彼說未至言顯未至定靜慮中間及第二靜慮近分又

此中所說滅慧者說通依種類滅說有說唯依究竟滅說若說通依種類滅說者彼說未至言攝三地於未至定中攝有漏無漏以此能滅欲界初靜慮繫身語表故若說唯依究竟滅說者彼說未至言亦攝三地於未至定中唯攝無漏以此能滅初靜慮繫身語表故由此故說身語表依初或未至滅身語無表有善不善不善者欲界繫依未至定滅善者欲界四靜慮繫及不繫欲界繫者依未至定滅初靜慮繫者依初靜慮未至定靜慮中間第二靜慮近分滅乃至第四靜慮繫者依四靜慮未至定靜慮中間及空無邊近分滅然此中所說定者若說依無漏定說者彼說未至言顯未至定靜慮中間若說依有漏無漏定說者彼說未至言顯未至定靜慮中間及上四近分又此中所說滅者若說依種類滅說者彼說未至言攝未至定靜慮中間上四近分於未至定中攝有漏無漏依此能滅欲界繫乃至第四靜慮繫身語無表故若說依究竟滅說者彼說未至言唯攝未至定靜慮中間空無邊處近分於未至定中唯攝無漏依此能滅第四靜慮繫身語無表故由此故說身語無表依四或未至滅表無表業廣說如業蘊

三惡行三妙行三不善根三善根依何定滅答依未至此中三惡行欲界繫依未至定滅身語二妙行欲界四靜慮繫及不繫欲界繫者依未至定滅初靜慮繫者依初靜慮未至定靜慮中間第二靜慮近分滅乃至第四靜慮繫者依四靜慮未至定靜慮中間空無邊處近分滅意妙行九地繫及不繫欲界繫者依未至定滅初靜慮繫者依初靜慮未至定靜慮中間第二靜慮近分滅乃至無所有處繫者依七根本未至定靜慮中間非想非非想處近分滅非想非非想處繫者依七根本未至定靜慮中間滅然此中依三惡行近對治說三妙行故但言依未至滅三不善根欲界繫未至定滅三善根九地繫及不繫所依定滅如意妙行說此中亦依三不善根近對治說三善根故亦但言依未至滅三惡行乃至三善根如業蘊等廣說

四非聖語四聖語四生四種入胎四識住依何定滅答四非聖語四聖語胎卵濕生四種入胎依未至化生後三識住依七或未至色識住依四或未至四非聖語者謂不見言見不聞言聞不覺言覺不知言知問何故作此論答為欲分別契經義故如契經說四非聖語謂不見言見乃至廣說契經雖作是說而不廣分別契經是此論所依根本彼所不說者今應分別故作斯論云何不見言見非聖語答非眼所得非眼識所了名非所見此非所見說名不見若有於所不見不見想轉他問言汝於是事曾見不彼或自為或為他或為名利便覆此想此忍此欲答言我見是名不見言見非聖語復有此類於是不見想轉而言見成非聖語問何故復說此耶答為顯希有事故如說頗有於見言

見亦如於不見言見成非聖語耶答有謂如有一於所見事不見想轉他問言汝於是事曾見不彼或自為或為他或為名利便覆此想此忍此欲答言我見彼於尒時如不見言見成非聖語是亦名為不見言見非聖語如廣說不見言見非聖語如是不聞言聞不覺言覺不知言知非聖語廣說亦尒復有四非聖語謂見言不見聞言不聞覺言不覺知言不知云何見言不見非聖語答若眼所得眼識所了說名所見此所見說名見若有於所見見想轉他問汝於是事曾見不彼或自為或為他或為名利便覆此想此忍此欲答言不見是名見言不見非聖語復有此類於不見見想轉而言不見成非聖語問何故復說此耶答為顯希有事故如說頗有於不見言不見亦如於見言不見成非聖語耶答有謂如有一於所不見事見想轉他問言汝於是事曾見不彼或自為或為他或為名利便覆此想此忍此欲答言不見彼於尒時如見

言不見成非聖語是亦名為見言不見非聖語如廣說見言不見非聖語如是聞言不聞覺言不覺知言不知非聖語廣說亦尒問如是所說便有八非聖語或十六何故但說四耶答以所依事唯有四故謂一切非聖語皆依見聞覺知事起故唯說四復次略故說四廣則有八或十六復次揔故說四別則有八或十六如揔別如是不分別分別不遍言遍言無異言有異言類說漸說應知亦尒問非聖語以何為自性答以虛誑語為自性問何故此語名非聖耶答以不善故名非聖復次於非聖相續中現前故名非聖復次非聖所成就故名非聖復次非聖所說故名非聖復次非聖由此得非聖名故名非聖集異門說何故名非聖答由此能引不可愛不可憙不可樂不悅意不如意果故名非聖此顯等流果復次由此能招不可愛不可憙不可樂不悅意不如意異熟故名非聖此顯異熟果此非聖語或不律儀所攝或非律儀非不律

儀所攝是業道唯不善問頗有非聖語非業道是無記色界繫耶答有如大梵王對馬勝苾芻所說語等彼雖亦名非聖語然非此中非聖語攝以此中所說事或顛倒或不顛倒而想必顛倒故阿羅漢獨覺等亦有不見言見等事而亦非此非聖語攝以非覆想說故如人想見杌而說見人又如尊者目連記當生男而後生女又言我住無所有處定聞曼陁枳尼池中有多龍象振鼻哮吼應知彼說皆非妄語以事雖倒而想無倒故唯佛世尊無有如是錯謬所說永拔一切無知習故現前了達三世境故四語者謂不見言不見不聞言不聞不覺言不覺不知言不知問何故復作此論答為欲分別契經義故如契經說四聖語謂不見言不見乃至廣說契經雖作是說而不廣分別今欲分別故作斯論云何不見言不見聖語答不見義如前釋若有於所不見不見想轉他問言汝於是事曾見不彼不自為不為他不為名利即時如實不

覆此想此忍此欲荅言不見是名不見言不見聖語復有此類於見不見想轉而言不見成聖語問何故復說此耶荅為顯希有事故如說頗有於見言不見亦如於不見言不見成聖語耶荅有謂如有一於所見事不見想轉他問言汝於是事曾見不彼不自為不為他不為名利即時如實不覆此想此忍此欲荅言不見彼於介時如於不見言不見成聖語是亦名為不見言不見聖語如廣說不見言不見聖語如是不聞言不聞不覺言不覺不知言不知聖語廣說亦介復有四聖語謂見言見聞言聞覺言覺知言知云何見言見聖語荅見義如前釋若有於所見事見想轉他問言汝於是事曾見不彼不自為不為他不為名利即時如實不覆此想此忍此欲荅言我見是名見言見聖語復有此類於不見見想轉而言見成聖語問何故復說此耶荅為顯希有事故如說頗有於不見言見亦如於見言見成聖語耶荅有謂如有一於所

不見事見想轉他問言汝於是事曾見不彼不自為不為他不為名利即時如實不覆此想此忍此欲荅言我見彼於介時如於見言見成聖語是亦名為見言見聖語如廣說見言見聖語如是聞言聞覺言覺知言知聖語廣說亦介問如是所說便有八聖語或十六何故但說四耶荅以所依事唯有四故謂一切聖語皆依見聞覺知事起故唯說四復次略故說四廣則有八或十六復次揔故說四別則有八或十六如揔別如是不分別分別不遍言遍言無異言有異言頓說漸說應知亦介問聖語以何為自性荅實語為自性問何故此語名聖耶荅以善故名聖復次於聖者相續中現前故名聖復次聖者所成就故名聖復次聖者所說故名聖復次聖者由此得聖名故名聖集異門說何故名聖荅由此能引可愛可憙可樂悅意如意果故名聖此顯等流果復次由此能招可愛可憙可樂悅意如意異熟故名聖此顯異熟果此聖語

或律儀所攝或非律儀非不律儀所攝是業道是善四非聖語唯欲界繫依未至定滅四聖語欲界初靜慮繫欲界繫者依未至定滅初靜慮繫者依初靜慮未至定靜慮中間第二靜慮近分滅然此中依四非聖語近對治說四聖語故但言依未至滅

四生中胎卵濕生唯欲界繫故依未至定滅化生依七或未至滅謂化生九地繫欲界繫者依未至定滅初靜慮繫者依初靜慮未至定靜慮中間第二靜慮近分滅乃至非想非非想處繫者依七根本未至定靜慮中間滅然此中所說定者若說依無漏定說者彼說未至言顯未至定靜慮中間若說依有漏無漏定說者彼說未至言顯未至定靜慮中間上七近分又此中所說滅者若說依種類滅說者彼說未至言攝未至定靜慮中間上七近分於未至定中攝有漏無漏依此能滅欲界繫乃至非想非非想處繫化生故若說依究竟滅說者彼說未至言唯說未至定靜慮中間於

阿毗達磨大毗婆沙論卷第一百七十一 第十四張

未至定中唯攝無漏依此能滅非想非非想處繫化生故由此故說化生依七或未至滅四生如大種蘊廣說

四種入胎者有不正知入母胎住出亦介是第一入胎有正知入母胎不正知住不正知出是第二入胎有正知入母胎亦正知住不正知出是第三入胎有正知入母胎住出亦介是第四入胎問何故作此論荅為欲分別契經義故如契經說有四種入母胎乃至廣說契經雖作是說而不廣分別契經是此論所依根本彼不說者今欲說之故作斯論云何不正知入母胎住出亦介荅此有二種謂若薄福者於入胎時起顛倒想顛倒勝解見天陰慘寒切風雨多人鬧乱大衆聚集便念我今且入如是草𦶜叢中或稠林間草窟叢窟或住如是牆間樹下以避風雨及諸喧乱念已即見身往其中彼住胎時亦起如是倒想勝解謂我今住如是叢林草窟葉窟牆間樹下須臾止息彼出胎時亦有如是倒想勝解謂我今出如是叢林

阿毗達磨大毗婆沙論卷第一百七十一 第十五張

草窟葉窟或捨牆間樹下而去若福德者於入胎時亦起顛倒想顛倒勝解見天陰慘寒切風雨多人鬧乱大衆聚集便念我應入此園苑或花林間或昇殿堂或登樓閣以避風雨及諸鬧乱念已即見身入園中乃至登閣於住胎時亦起如是倒想勝解謂我今住如是園苑花林堂閣跏趺而坐於出胎時亦有如是倒想勝解謂我今出如是園苑乃至從於樓閣而下是名第一不正知入母胎住出亦介云何正知入母胎不正知住不正知出荅有多福者入母胎時不起顛倒想顛倒勝解能自了知我今入母胎彼住胎出胎便不正知如前廣說是名第二正知入母胎不正知住不正知出云何正知入母胎亦正知住不正知出荅有多福者於入母胎住母胎時皆不起顛倒想顛倒勝解能自了知我今入母胎我今住母胎然於出時便不正知廣如前說是名第三正知入母胎亦正知住不正知出云何正知入母胎住出亦介荅有多

阿毗達磨大毗婆沙論卷第一百七十一 第十六張

福者入母胎時住母胎時出母胎時皆不起顛倒想顛倒勝解能自了知我今入母胎我今住母胎我今出母胎是名第四正知入母胎住出亦介問何入胎是誰耶荅有說第四入胎謂菩薩第三入胎謂獨覺第二入胎謂輪王第一入胎謂有情有說第四入胎謂菩薩第三入胎謂獨覺第二入胎謂波羅蜜多聲聞第一入胎謂餘有情有說第四入胎謂菩薩第三入胎謂獨覺第二入胎謂預流一來第一入胎謂餘有情有說諸有情中有求妙智業亦清淨有求妙智而業不淨有業清淨而不求智有不求智業亦不淨初有情作最後入胎第三有情作第三入胎第三有情作第二入胎最後有情作最後有情作最初入胎謂初有情入母胎時母腹安靜離諸嬈濁住母胎時胎藏寬博清淨無惱出母胎時產門開舒不遭迫迮故入住出皆不失念第二有情於入胎時及住胎時如前安隱而不失念但於出時產門狹小被迫迮故即便失

念第三有情於入胎時亦無嬈亂如前安隱而不失念然住胎時胎藏窄隘雜穢所惱及出胎時產門狹小極為迫迮故於住出俱令失念第四有情入母胎時母腹宣動驚恐不安及住時如前逼惱故於三時皆令失念復次此四種入胎皆謂菩薩於中有說第四入胎是第三阿僧企耶菩薩第三入胎是第二阿僧企耶菩薩第二入胎是初阿僧企耶菩薩第一入胎是此前菩薩有說第四入胎是最後身菩薩謂從覩史多天沒下生淨飯王宮時第三入胎是一生所繫菩薩謂當從贍部洲沒生覩史多天時第二入胎是次此前生菩薩謂所從沒生贍部洲迦葉波佛法中修梵行時第一入胎謂此前菩薩評日不應作如是說以菩薩從九十一劫來常憶宿命於死有中有生有本有常無倒想不失念故由此因緣前說為善問諸結生位必起染心一切染心皆與不正知相應云何得說正知入母胎耶答所說正知謂無顛倒想顛倒勝解非要無明不相應故名為正知然菩薩於結生時亦起自體愛父母愛故亦有染心問若亦與餘有情異者如餘有情將入胎時父非父想母非母想由如此故男則於父生恚於母生愛起顛倒想謂與母會女則於母生恚於父生愛起顛倒想謂與父會由此倒想而便結生菩薩不介將入胎時於父父想於母母想我依彼故增長後蘊當於贍部洲中受尊勝報依此證得阿耨多羅三藐三菩提與諸有情作饒益事作是念已便於父母等生親愛由此結生是故正知謂無倒想非要無染此四種入胎唯欲界繫是故但依未至定滅

四識住中後三識住依七或未至滅謂後三識住九地繫欲界繫者依未至定滅初靜慮繫者依初靜慮未至定靜慮中間第二靜慮近分滅乃至非想非非想處繫者依七根本未至定靜慮中間滅然此中所說定者若說依無漏定說者彼說未至言顯未至定靜慮中間若說依有漏無漏定說者彼說未至言顯未至定靜慮中間上七近分又此中所說滅者若說依種類滅說者彼說未至言攝未至定靜慮中間上七近分於未至定中攝有漏無漏依此能滅欲界繫乃至非想非非想處繫後三識住故若說依究竟滅說者彼未至言攝未至定靜慮中間於未至定中唯攝無漏依此能滅非想非非想處繫後三識住故由此故言依七或未至滅色識住依四或未至滅謂色識住五地繫欲界繫者依未至定滅乃至第四靜慮繫者依四靜慮未至定靜慮中間空無邊處近分滅然此中所說定者有說依無漏定說有說依有漏無漏定說隨其所應如前分別又此中所滅者若說依種類滅說者彼說未至言攝未至定靜慮中間上四近分於未至定中攝有漏無漏依此能滅欲界繫乃至第四靜慮繫色識住故若說依究竟滅說者彼說未至言攝未至定靜慮中間空無邊處近分依此能滅第四靜慮繫色識住故由此故言依四或未至滅四識住廣說如大種蘊

阿毗達磨大毗婆沙論卷第一百七十一　第十五張　靜字

說一切有部發智大毗婆沙論卷第一百七十一

阿毗達磨大毗婆沙論卷第一百七十一

校勘記

一　底本，金藏廣勝寺本。

一　五〇〇頁中一一行「斯論」，資、磧、普、南、徑作「斯論斯論」。

一　五〇〇頁下五行第一一字「界」，諸本（不含石，下同）作「欲界」。

一　五〇一頁上一七行第一一字「今」，磧、普、南、徑、清作「分」。

一　五〇一頁下八行末字「遠」，資、磧、普、南、徑、清作「表」。

一　五〇一頁下一六行第三字「至」，諸本作「至定」。

一　五〇二頁上一行第六字「意」，諸本無。

一　五〇二頁上一五行「無邊」，諸本作「無邊處」。

一　五〇二頁中二二行末字「未」，諸本作「依未」。

一　五〇二頁下二一行「於是」，諸本作「於見」。

一　五〇三頁上一三行第八字「問」，資、磧、普、南、徑、清作「問言」。

一　五〇三頁中五行第九字「故」，資、磧、普、南、徑、清無。

一　五〇三頁下一四行末字「語」，諸本作「聖語」。

一　五〇四頁中一九行第五字「聖」，資、磧、普、南、徑、清無。

一　五〇四頁下二行第五字「是」，諸本作「惟是」。

一　五〇四頁下一八行第三字「中」，資、磧、普、南、徑、清無。

一　五〇四頁下末行「唯說」，資、磧、普、南、徑、清作「唯攝」。

一　五〇五頁上一八行「或住」，資、磧、普、南、徑、清作「或往」。

一　五〇五頁下五行第八字「答」，資、磧、普、南、徑、清無。

一　五〇五頁下七行「有情」，諸本作「餘有情」。

一　五〇五頁下一五行「第三」，諸本作「第二」。次頁上九行磧同。

一　五〇五頁下一七行「作最後有情」，諸本無。

一　五〇五頁下一九行第四字「濁」，諸本作「觸」。

一　五〇六頁上六行首字「住」，諸本作「住出」。

一　五〇六頁上一九行首字「憶」，徑作「一」。

一　五〇六頁中二行第八字至次行第二字「亦……答」，資、磧、普、南、徑、清無。

一　五〇六頁中三行「入時」，諸本作「入胎時」。

一　五〇六頁下六行第七字「彼」，資、磧、普、南、徑、清作「彼說」。

一　五〇六頁下一五行第一三字「所」，諸本作「所說」。

一　五〇六頁下一六行末字「言」，資、磧、普、南、徑、清作「中」。

趙城縣廣勝寺

阿毗達磨大毗婆沙論卷第一百七十二　靜

五百大阿羅漢等造

三藏法師玄奘奉　詔譯

定蘊第七中攝納息第三之七

五蘊五取蘊五趣五妙欲五學處依何定滅荅色蘊色取蘊依四或未至四蘊四取蘊天趣依七或未至餘四趣五妙欲五學處依未至此中五蘊五取蘊廣說如十門納息然色蘊五地繫及不繫色取蘊唯五地繫此俱依四或未至滅謂欲界繫者依未至定滅乃至第四靜慮繫者依四靜慮未至定靜慮中間空無邊處近分滅然此中所說定者有說無漏有說有漏無漏如前分別所說滅者若說此依種類滅說者彼說未至言攝未至定靜慮中間上四近分於未至定中攝有漏無漏依此能滅欲界繫乃至第四靜慮繫色蘊色取蘊故若說此依究竟滅說者彼說未至言攝未至定靜慮中間空無邊處近分於未至定中唯攝無漏依此能滅第四靜慮

繫色蘊色取蘊故由此故說依四或未至滅四蘊九地繫及不繫四取蘊九地繫此俱依七或未至滅謂欲界繫者依未至定滅乃至非想非非想處繫者依七根本未至定靜慮中間滅然此中所說定者有說無漏有說有漏無漏亦如前分別所說滅者若說此依種類滅說者彼說未至言攝未至定靜慮中間上七近分於未至定中攝有漏無漏依此能滅欲界繫乃至非想非非想處繫四蘊四取蘊故若說此依究竟滅說者彼說未至言攝未至定靜慮中間於未至定中唯攝無漏依此能滅非想非非想處繫四蘊四取蘊故由此故言依七或未至滅

五趣謂捺落迦傍生鬼人天趣問何故作此論荅為欲分別契經義故如契經說五趣謂地獄趣乃至天趣契經雖作是說而不廣分別契經是此論所依根本彼所不說者今應分別故作斯論問趣體性是何為無記為三種若無記者品類足論當以何通

如說五趣一切隨眠之所隨增若三種者云何諸趣不相雜乱謂地獄趣成就乃至他化自在天業煩惱乃至他化自在天成就乃至地獄趣業煩惱故荅應作是說趣體唯是無覆無記問若尒則諸趣不相雜乱然品類足說當云何通荅彼文應說四趣是欲界遍行及修所斷隨眠隨增天趣是三界遍行及修所斷隨眠隨增而不作此說者當知是誦者錯謬有說彼論通說五趣眷屬謂結生位五部煩惱相應之心彼心是一切隨眠所隨增故有說趣體通善染污若尒則品類足說善通云何諸趣不相雜乱荅若以成就則有雜乱若以現行則無雜乱謂地獄趣於地獄趣業煩惱成就亦現行於乃至他化自在天業煩惱成就不現行乃至他化自在天於他化自在天業煩惱成就亦現行於乃至地獄趣業煩惱成就不現行是故諸趣無雜乱過評曰應說趣體唯是無覆無記云何知然如契經中尊者舍利子作是言若地獄諸漏現

在前時造作增長順地獄受業彼身語意曲穢濁故於捺落迦中受五蘊異熟異熟起已名那落迦除此五蘊彼那落迦都不可得乃至天趣說亦如是由此故知趣體唯是無覆無記問已知趣體唯是無覆無記於中為但是異熟為通長養若但是異熟者品類足說當云何通如說五趣攝五蘊十二處十八界聲處聲界非異熟故若通長養者則趣體雜乱以人趣中亦能引起色界長養諸根大種故荅應作是說諸趣體性唯是異熟問品類足說當云何通荅彼文應說五趣攝五蘊十一處十七界少分而不作是說者當知是誦者錯謬有說彼論通說五趣眷屬感五趣業及能防護非唯說趣是故無過然由煩惱界有差別由異熟蘊趣有差別是故趣體唯是異熟問何故名趣趣是何義荅所往義是趣義是諸有情所應往所應生經生處故名趣已揔說諸趣彼一一異相今當說

云何捺落迦趣荅諸那落迦一類伴

侶衆同分依得事得處得及已生那落迦無覆無記色受想行識是名捺落迦趣此中一類伴侶衆同分言顯彼衆同分依得事得處得言顯彼界蘊處得及已生那落迦無覆無記色受想行識言顯彼自體是異熟非餘問何故彼趣名捺落迦荅是那落迦所趣處故是中有那落迦故名捺落迦彼諸有情無悅無愛無味無利無喜樂故名那落迦或有說者由彼先時造作增長增上暴惡身語意惡行往彼生彼令彼生相續故名捺落迦有說捺落迦者是假名假想名施設想施設一切名想隨欲而立不必如義有說彼趣以卑下故名捺落迦謂五趣中無有卑下如彼趣者有說彼趣以顛墜故名捺落迦如有頌言

顛墜於地獄　足上頭歸下　由毀謗諸仙
樂寂修苦行

有說捺落名人迦名為惡惡人生彼處故名捺落迦有說落迦名可樂捺是不義彼處不可樂故名捺落迦有說落迦名喜樂捺是壞義彼處壞喜

樂故名捺落迦有說落迦名歸趣捺是無義彼處有情重苦所逼無歸趣故名捺落迦有說落迦名救濟捺是無義彼處有情衆苦所逼無救濟者故名捺落迦問何故彼趣㝡下㝡大者名無間耶答彼是假名假想名施設想施設一切名想隨欲而立不必如義彼處或名百釘釘身或名六苦觸處或名自受苦受或名無間雖亦有間假說無間有說彼處恒受苦受無喜樂間故名無間問餘地獄中豈有歌儛飲食受喜樂異熟故不名無間耶答餘地獄中雖無異熟喜樂而有等流喜樂如施設論說等活地獄中有時涼風所吹血肉還生有時出聲唱言等活彼諸有情欻然還活唯於如是血肉生時及還活時暫生喜樂間苦受故不名無間有說衆多有情造作惡業相續生彼滿彼處所故名無間評曰不應作是說生餘地獄多生無間者少所以者何以造作增長上品身語意惡業者乃生彼處有情造作增長上品惡業生彼處者少

造作增長中下品惡業生餘地獄者多如造作增長上品善業生有頂者少造作增長中下品善業生餘處者多故應作是說由造作增長增上不善業生彼所得身形廣大一一有情遍多處所中無間隙故名無間問地獄在何處答多分在此贍部洲下云何安立有說從此洲下四万踰繕那至無間地獄底無間地獄縱廣高下各二万踰繕那次上一万九千踰繕那中安立餘七地獄謂次上有極熱地獄次上有熱地獄次上有大嘷叫地獄次上有嘷呼地獄次上有衆合地獄次上有黑繩地獄次上有等活地獄此七地獄一一縱廣万踰繕那次上餘有一千踰繕那五百踰繕那是白墡五百踰繕那是泥有說從此洲下四万踰繕那至無間地獄此無間地獄縱廣高下各二万踰繕那次上有三万五千踰繕那安立餘七地獄一一縱廣高下各五千踰繕那次上餘有五千踰繕那千踰繕那青色土千踰繕那黃色土千踰繕那赤色

土千踰繕那白色土五百踰繕那白墡五百踰繕那是泥有說無間地獄在於中央餘七地獄周迴圍遶如今聚落圍遶大城問若尒施設論說當云何通如說贍部洲周圍六千踰繕那三踰繕那半一一地獄其量廣大云何於此洲下得相容受如有頌言

熱鐵地如血　猛火恒洞然　多百踰繕那
周遍焰交徹

答此贍部洲上尖下闊猶如穀聚故得容受由此經中說四大海漸入漸深又一一大地獄有十六增謂各有四門一一門外各有四增一煻煨增謂此增內煻煨沒膝二屍糞增謂此增內屍糞泥滿三鋒刃增謂此增內復有三種一刀刃路謂於此中仰布刀刃以為道路二劍葉林謂此林上純以銛利劍刃為葉三鐵刺林謂此林上有利鐵刺長十六指刀刃路等三種雖殊而鐵杖同故一增攝四烈河增謂此增內有熱醎水并本地獄以為十七如是八大地獄并諸眷屬便有一百三十六所是故經說有一

百三十六捺落迦問何故眷屬地獄說名為增有說本地獄中一種苦具治諸有情此眷屬中種種苦具治諸有情故名為增是故天使經說眷屬地獄中以種種苦具治有罪者有說此是增受苦處故說名增謂本地獄中被逼切已復於此處重遭苦故非謂多種苦具名增本地獄中亦多苦具故施設論說眷屬地獄中唯有一種熾煨等故問諸地獄卒為是有情數非有情數耶若是有情數者彼多造惡復於何處受異熟耶若非有情數者大德法善現頌當云何通如說

心常懷忿毒　好集諸惡業　見他苦生悅
死作琰魔卒

有說是有情數問彼多造惡復於何處受異熟耶答即於彼地獄受以彼中尚容無間業等極重異熟況復此耶有說此是非有情數由諸罪者業增上力令非有情似有情現以諸苦具殘害其身問若尒大德法善現頌當云何通答此不必須通以非素怛纜毗奈耶阿毗達磨所說但是造制

文頌夫造文頌或增或減不必如義何須通耶若必欲通者彼有別意謂若以鐵鏁繫縛初生地獄有情往琰魔王所者是有情數若以種種苦具於地獄中害有情者是非有情數大德依有情數作如是說贍部洲下有大地獄贍部洲上亦有邊地獄及獨地獄或在谷中或在山上或在曠野或在空中於餘三洲唯有邊地獄獨地獄無大地獄所以者何唯贍部洲人造善猛利彼作惡業亦復猛利非餘洲故有說北拘盧洲亦無邊地獄等是受淨業果處故問若餘洲無大地獄者彼諸有情造無間業斷善根等當於何處受異熟耶答即於此贍部洲下大地獄受問地獄有情其形云何答其形如人問語言云何答彼初生時皆作聖語後受苦時雖出種種受苦痛聲乃至無有一言可了唯有斫剌破裂之聲

云何傍生趣答諸傍生一類伴侶衆同分依得事得處得及已生傍生無覆無記色受想行識是名傍生趣解

釋如前問何故彼趣名傍生答其形傍故行亦傍以行傍故形亦傍是故名傍生有說傍生者是假名假想名施設想施設一切名想隨欲而立不必如義有說彼諸有情由造作增長增上愚癡身語意惡行往彼生彼令彼生相續故名傍生趣有說彼趣闇鈍故名傍生闇鈍者即是無智一切趣中無有無智如彼趣者有說流遍諸處故名傍生謂此遍於五趣皆有捺落迦中有無足者如蠰蛘吒虫等有二足者如鐵嘴鳥等有四足者如黑駮狗等有多足者如百足等於鬼趣中有無足者如毒蛇等有二足者如烏鵄等有四足者如狐狸象馬等有多足者如六足百足等於人趣三洲中有無足者如一切腹行虫有二足者如鴻鴈等有四足者如象馬等有多足者如百足等於北拘盧洲中有二足者如鴻鴈等有四足者如象馬等無有無足及多足者彼是受無惱害業果處故四大王衆天及三十三天中有二足者如妙色鳥等有四

足者如象馬等餘無者如前釋上四天中唯有二足者如妙色鳥等餘皆無者空居天處轉勝妙故問彼處若無象馬等者以何為乘亦聞彼天乘象馬等云何言無荅由彼諸天福業力故作非情數象馬等形而為御乘以自娛樂問傍生本住何處荅本所住處在大海中後時流轉遍在諸趣問其形云何荅多分傍側亦有竪者如緊捺落畢舍遮醯盧索迦等問語言云何荅劫初成時皆作聖語後以飲食時分有情不平等故及諂誑增上故便有種種語乃至有不能言者云何鬼趣荅諸鬼一類伴侶衆同分乃至廣說問何故彼趣名閉蒱多荅施設論說如今時鬼世界王名琰魔如是劫初時有鬼世界王名粃多是故往彼生彼諸有情類皆名閉戾多即是粃多界中所有義從是以後皆立此名有說閉戾多者是假名假想乃至廣說有說由造作增長增上慳貪身語意惡行往彼生彼令彼生相續故名鬼趣有說飢渴增故名鬼由

彼積集感飢渴業經百千歲不聞水名豈能得見況復得觸或有腹大如山咽如針孔雖遇飲食而不能受有說被驅役故名鬼恒為諸天處處驅役常馳走故有說多希望故名鬼謂五趣中從他有情希望多者無過此故由此因緣故名鬼趣問鬼住何處荅贍部洲下五百踰繕那有琰魔王界是一切鬼本所住處從彼流轉亦在餘處於此洲中有二種鬼一有威德二無威德有威德者或住花林果林種種樹上好山林中亦有宮殿在空中者乃至或住餘清淨處受諸福樂無威德者或住廁溷糞壤水竇坑塹之中乃至或住種種雜穢諸不淨處薄福貧窮飢渴所苦東毗提訶西瞿陁尼亦有此二北拘盧洲唯有大威德者有說全無以諸鬼趣慳貪所感北拘盧洲是無所攝受有情生處故四大王衆天及三十三天中唯有大威德鬼與諸天衆守門防邏導從給使有說於此贍部洲西有五百渚兩行而住於兩行渚中有五百城二

百五十城有威德鬼住二百五十城無威德鬼住是故昔有轉輪王名你弥告御者摩怛梨曰吾欲遊觀汝可引車從是道去令我見諸有情受善惡果時摩怛梨即如王教引車從於二渚中過時王見彼有威德鬼首冠花鬘身著天衣食甘美食猶如天子乘象馬車各各遊戲見無威德鬼頭髮蓬乱裸形無衣顏色枯悴以髮自覆執持瓦器而行乞匃見已深信善惡業果問鬼趣形狀云何荅多分如人亦有傍者或面似猪或似種種餘惡禽獸如今壁上彩畫所作問語言云何荅劫初成時皆作聖語後時隨處作種種言或有說者隨從何處命終生此即作彼形即作彼語評曰不應作是說若從無色界歿來生此趣可無形無言耶應作是說隨所生處形言亦尒云何人趣荅人一類伴侶衆同分乃至廣說問何故此趣名末奴沙荅昔有轉輪王名曼馱多告諸人曰汝等欲有所作應先思惟稱量觀察尒時諸人即如王教欲有所作

皆先思惟稱量觀察便於種種工巧業處而得善巧以能用意思惟觀察所作事故名末奴沙從是以來傳立斯號先末號此末奴沙時人或相呼以為雲頭或名多羅脛或名底落迦或名阿沙荼有說末奴沙者是假名假想乃至廣說有說先造作增長下身語意妙行往彼生彼令彼生相續故名人趣有說多憍慢故名人以五趣中憍慢多者無如人故有說能寂靜意故名人以五趣中能寂靜意無如人者故契經說人有三事勝於諸天一勇猛二憶念三梵行勇猛者謂不見當果而能修諸苦行憶念者謂能憶念久時所作所說等事分明了了梵行者謂能初種順解脫分順決擇分等殊勝善根及能受持別解脫戒由此因緣故名人趣問人住何處荅住四大洲謂贍部洲毗提訶洲瞿陁尼洲拘盧洲亦住八中洲何等為八謂拘盧洲有二眷屬一矩拉婆洲二憍拉婆洲毗提訶洲有二眷屬一提訶洲二毗提訶洲瞿陁尼洲有二

眷屬一舍搋洲二嗢怛羅漫怛里拏洲贍部洲有二眷屬一遮末羅洲二筏羅遮末羅洲此八洲中人形短小如此方侏儒有說七洲是人所住遮末羅洲唯邏剎娑居有說此所說八即是四大洲之異名以一一洲皆有二異名故如是說者應如初說此八中洲一一復有五百小洲以為眷屬於中或有人住或非人住或有空者問人趣形貌云何荅其形上立然贍部洲人面如車箱毗提訶人面如半月瞿陁尼人面如滿月拘盧洲人面如方池問語言云何荅世界初成時一切皆作聖語後以飲食時分有情不平等故及諂誑增上故便有種種語乃至有不能言者

云何天趣荅天一類伴侶乃至廣說問何故彼趣名天荅於諸趣中彼趣最勝最樂最善最妙最高故名天趣有說先造作增長上身語意妙行往彼生彼令彼生相續故名天趣有說天者是假名假想乃至廣說有說光明增故名天以彼自然身光恒照晝

夜等故聲論者說能照故名天以現勝果照了先時所修因故復次戲樂故名天以恒遊戲受勝樂故問諸天住在何處荅四大王衆天住七金山及妙高山四層級上并日月星中三十三天住妙高山頂夜摩乃至色究竟天皆在空中密雲如地各有宮殿於中居止差別廣說如大種蘊無色界天無形色故無別住處問諸天形相云何荅其形上立問語言云何荅皆作聖語

已說五趣一一差別於彼中有阿素洛今當說謂有餘部立阿素洛為第六趣彼不應作是說契經唯說有五趣故問何故名阿素洛荅素洛是天彼非天故名阿素洛復次素洛名端政彼非端政故名阿素洛以彼憎嫉諸天令所得身形不端政故復次素洛名同類彼先與天相近而住然類不同故名阿素洛謂世界初成時諸阿素洛先住蘇迷盧頂後有極光淨天壽盡業盡福盡故從彼天歿來生是中勝妙宮殿自然而出諸阿素洛

心生嫉恚即便避之此後復有第二天生彼更移處如是乃至三十三天遍妙高山頂次第而住彼極瞋恚即便退下然諸天衆於初生時咸指之言此非我類此非我類由斯展轉名非同類復由生嫉恚故形不端政即以此故名非端政問諸阿素洛退住何處有說妙高山中有空缺處如覆寶器其中有城是彼所住問何故經說阿素洛去我所住海同一鹹味若彼所部村落住鹹海中而阿素落王住彼山內有說大鹹海中於金輪上有大金臺高廣各五百踰繕那臺上有城是彼所住問若尒何故施設論說內海諸龍見阿素洛軍著金銀吠琉璃頗胝迦鎧執金銀等種種器仗從阿素洛城出便告諸天耶若天以諸龍在金山上而為守邏彼時遥見大鹹海中阿素洛軍從城而出便告天衆如三十三天有四妙苑謂衆車麁惡雜林喜林阿素洛王亦有四苑一名慶悅二名歡喜三名極喜四名可愛如三十三天有波利夜怛羅樹

阿素洛王亦有質怛羅波吒梨樹如三十三天帝釋為主諸阿素洛毗摩質怛羅為主問阿素洛其形云何答其形上立問語言云何答皆作聖語問諸阿素洛何趣所攝有說是天趣攝問若尒何故不能入正性離生答諂曲所覆故其事云何答彼常疑佛朋黨諸天若佛為其說四念住彼作是念佛為我等說四念住必為諸天說五念住乃至若佛為說三十七助道法彼作是念佛為我等說三十七必為諸天說三十八以為如是諂曲心所覆故不能入正性離生復次不可以不能入正性離生故便謂惡趣所攝如諸達絮及篾戾車人亦不能入正性離生而非惡趣所攝彼亦應尒如是說者是鬼趣攝問若尒何故經說帝釋語毗摩質怛羅阿素洛王言汝本是此處天答帝釋應言汝本是此處鬼而言天者以尊敬婦公故作此愛語又令設芝閒生歡喜問若是鬼者何以與諸天交親耶答諸天貪美色故不為族姓如設芝阿素洛

女端政無比是故帝釋納以為妻亦如大樹緊捺洛王女名為奪意端政無雙雖是傍生趣攝而蘇迷王太子蘇達那菩薩求娉為妻此亦如是問何以復能與天鬪戰答亦有劣者與勝者共諍如奴與主鬪狗與人鬪亦有人所承事以為天者如筏栗達那神旃稚迦神旃荼履迦神布剌拏跋達羅神摩尼跋達羅神訶利底神末度塞建陁神等為是天趣為鬼趣耶若是天趣何故奪人精氣亦斷人命受人祠祀以諸天觀人飲食猶如糞穢不應貪饗以為香美故若是鬼趣訶利底神所說頌云何通如說

可愛汝應默　嗢怛羅亦然　我若見諦時
亦令汝等見

末度塞建陁神所說復云何通如說長者勿怖長者勿怖我次前生名末度塞建陁與長者常為親友今生四大王衆天中恒住此始縛迦門上守護人衆耶有說彼是天趣問若尒何故奪人精氣亦斷人命受人祠祀耶答彼無是事但彼所領鬼神有奪人

精氣等事如是說者彼是鬼趣問訶利底神頌當云何通答彼於諦愚實不能見而以深信故發此言又於尒時聞說四諦起增上慢生見諦想故作是說問末度塞建陁所說復云何通答彼於趣愚實不能辯以自高故說我生天如令富人向僕隸邊自稱高貴彼亦如是又彼承事四大王衆天而以自身攝同所事故作是說諸依地住神如鳩畔茶藥叉邏刹娑羯吒布怛那等皆鬼趣攝若緊捺落畢舍遮醯盧索迦娑路尼折羅頗勒窶羅等皆傍生趣攝彼形雖上立而猶有傍生相謂或有耳尖或有戴角或執除杖或作諸鳥獸頭或作傍生蹄具是故皆是傍生趣攝

此中前四趣唯欲界繫故依未至定滅天趣依七或未至滅然天趣九地繫欲界繫者依未至定滅乃至非想非非想處繫者依七根本未至定静慮中間滅然此中所說定者有說無漏有說有漏無漏如前分別所說滅者若說此依種類滅說者彼說未至言攝未至定静慮中間上七近分於未至定中攝有漏無漏依此能滅欲界繫乃至非想非非想處繫天趣故若說此依究竟滅說者彼說未至言攝未至定静慮中間於未至定中唯攝無漏依此能滅非想非非想處繫天趣故由此故言依七或未至滅

說一切有部發智大毗婆沙論卷第一百七十二

阿毗達磨大毗婆沙論卷第一百七十二

校勘記

一 底本，金藏廣勝寺本。

一 五〇九頁下末行「當以」，諸本（不含石，下同）作「當云」。

一 五一〇頁上一一行「五部」，磧作「八部」。

一 五一〇頁上一三行「善染无記」，資、磧、普、南、徑、清作「三種」。

一 五一〇頁中二行第三字「曲」，資、磧、普、南、徑、清作「由」。

一 五一〇頁中五行第九字「唯」，資、磧、普作「性」。

一 五一〇頁中二一行第四字「經」，諸本作「結」。

一 五一〇頁下八行第二字「趣」，磧作「生」。又「是中有那落迦」，麗作「以那落迦爲所有」。

一 五一〇頁下一八行「足上頭歸下」，麗作「足上而頭下」。

一 五一一頁中八行「有說」，麗作「答

有說」。次頁上二行同。

一　五一一頁中一一行第六字「七」，磧、南作「上」。

一　五一一頁中一三行「嗥呼」，資、磧、普、南、徑、清作「嗥叫」。

一　五一一頁下四行「若尒」，麗作「若尒者」。

一　五一一頁下二〇行「鐵杖」，麗作「鐵枝」。

一　五一二頁中一一行末字「非」，資、磧、普作「罪」。

一　五一二頁中末行第一三字「趣」，清作「起」。

一　五一二頁下一二行第八字「鳥」，資、磧、普、南、徑、清作「烏」。

一　五一三頁上一行「無者」，資、磧、普、南、徑、清作「行者」。

一　五一三頁上一五行「閉薜多」，諸本作「閉戾多」。

一　五一三頁上一八行第一一字「名」，清作「若」。

一　五一三頁中二一行第一三字「導」，資、磧、普、南、徑、清作「遵」。

一　五一三頁下三行「摩怛梨」，資、磧、普、南、徑、清作「摩恒梨」。下同。

一　五一五頁上八行「有說」，麗作「答有說」。中五行及下二一行同。

一　五一五頁上一〇行末字「若」，麗作「答」。

一　五一五頁上一三行第五字「高」，資、磧、普、南、徑、清無。

一　五一五頁中六行首字「攝」，徑、清作「所攝」。

一　五一五頁中一五行「達絮」，資、磧、普、南、徑、清作「達挐」。

一　五一五頁下一〇行首字「未」，諸本作「末」。

一　五一五頁下一三行「貪饕」，麗作「貪餮」。

一　五一六頁上七行第一一字「𨽻」，資作「𨽻」；磧、普、南、徑、清、麗作「隸」。

阿毗達磨大毗婆沙論卷第一百七十三　靜

五百大阿羅漢等造

三藏法師玄奘奉　詔譯

定蘊第七中攝納息第三之八

五妙欲者謂眼所識可愛可憙可樂如意能引欲可染著色乃至身所識可愛可憙可樂如意能引欲可染著觸問何故作此論荅為欲分別契經義故如契經說眼所識可愛可憙乃至廣說契經雖作是說而不廣分別契經是此論所依根本彼所不說者今應說之故作斯論云何眼所識色妙欲荅若色欲界眼觸所生愛所緣境云何耳所識聲妙欲荅若聲欲界耳觸所生愛所緣境云何鼻所識香妙欲荅若香鼻觸所生愛所緣境云何舌所識味妙欲荅若味舌觸所生愛所緣境云何身所識觸妙欲荅若觸欲界身觸所生愛所緣境問意所識法何故不立妙欲耶荅皆是愛所緣者立妙欲意所識法有非愛所緣故不立妙欲復次若法為二種愛所

緣者立妙欲謂眼觸所生愛意觸所生愛乃至身觸所生愛意觸所生愛意所識法但為一種愛所緣謂意觸所生愛是故不立妙欲問若尒初靜慮色聲觸應立妙欲亦為二種愛所緣故荅若法為二種愛所緣而彼愛是不善者立妙欲初靜慮色聲觸雖為二種愛所緣而彼愛是無記故不立妙欲如不善無記欲愛色愛說亦尒有說若法為二種愛所緣而是婬因緣愛者立妙欲初靜慮色聲觸雖為二種愛所緣而非婬因緣愛故不立妙欲以是義故意所識法不立妙欲復次若法是共所受用者立妙欲如女相續男所受用男相續女所受用等意所識法非共受用故不立妙欲復次若法體相麁顯多生愛者立妙欲意所識法體相微細非多生愛故不立妙欲已說自性所以今當說問何故名妙欲荅此欲妙故名為妙欲問此皆有漏多諸過失有何功德說名為妙荅此中亦有少分功德謂能生喜樂是故云妙復次諸欲下賤

而躭欲者分別增益取為淨妙故說為妙復次諸欲柵可欲貪者意故說為妙復次此能隨順增長貪欲愛味故說為妙尊者妙音說曰此是愚夫起妙想處故名為妙尊者世友說曰此是諸習欲者所愛所喜所樂所求故名妙欲尊者覺天說曰諸欲雖非勝義妙而是世俗妙雖非究竟妙而是暫時妙謂能少時引生喜樂息諸苦故大德說曰諸欲下劣而似淨妙故說為妙由此因緣故名妙欲如契經說具壽迦莫迦往至佛所頂礼佛足白佛言世尊佛常說欲欲為斷何事佛言欲者即五妙欲何等為五謂眼所識可愛可意可樂如意能引欲可染著色乃至廣說問勝義欲者謂愛何故世尊說色等名欲答是欲具故名欲如樂具名樂垢具名垢漏具名漏此亦如是問何以得知勝義欲唯是愛答由阿笈摩故如尊者舍利子說伽他言

世諸妙境非真欲　真欲謂人分別貪
妙境如本住世間　智者於中已除欲

尒時有一邪命外道不遠而住即時以頌詰舍利子言

若世妙境非真欲　說欲是人分別貪
苾芻應名受欲人　起惡分別尋思故

時舍利子報外道言起惡尋思實名受欲復為外道說伽他言

若世妙境是真欲　說欲非人分別貪
汝師應名受欲人　恒覩可意妙色故

時彼外道嘿不能報故知實欲是愛非境契經中說欲生有三一有諸有情樂受現前諸妙欲境彼於如是現欲境中自在而轉謂人及天一分人者全攝人趣天一分者謂下四天二有諸有情樂受自化諸妙欲境彼於自化妙欲境中自在而轉謂第五樂變化天三有諸有情樂受他化諸妙欲境彼於他化妙欲境中自在而轉謂第六他化自在天問依何建立此三欲生答依受如生現前欲境故立第一依受如樂自化欲境故立第二依受如樂他化欲境故立第三問何故人及前四天眾合立欲生後二天眾各別建立答人及前四天煩惱麁後二天煩惱細復次人及前四天煩惱利後二天煩惱數復次人及前四天煩惱重後二天眾煩惱輕是故人及前四天摠立後二天別立有說人及前四天境不熾盛後二天境界熾盛復次人及前四天境不豊盈後二天境界豊盈復次人及前四天境不淨妙後二天境界淨妙復次人及前四天境不奪心後二天境界奪心復次人及前四天境不能令諸根醉悶後二天境界能令諸根醉悶是故人及前四天合立後二天別立有說人及前四天去離欲道遠婬事難息是故合立後二天去離欲道近婬事易息是故別立有說人及前四天相觸成婬是故合立第五天共笑成婬第六天相視成婬故各別立此依麁顯婬事時量差別而說如前已辯有說人及前四天同樂受用自然生境故合立一第五天眾獨樂受用自所化境第六天眾獨樂受用他所化境故各立一此五妙欲唯欲界繫是故但

依未至定滅
五學處者謂離断生命離不與取離欲邪行離虛誑語離飲諸酒此五廣說如業蘊皆欲界繫故唯依未至定滅六內處六外處六識身六觸身六受身六想身六思身六愛身依何定滅荅五內處色聲觸外處依四或未至意內處法外處意識身及彼相應觸受想思愛身依七或未至香味外處鼻舌識身及彼相應觸受想思愛身依未至眼耳身識身及彼相應觸受想思愛身依初或未至問何故於此依六法而作論荅彼作論者意欲尒故隨彼意而作論但不違法相便不應責復次不應問作論者意此是契經所說故佛於經中處處說此諸六法門而不廣分別契經是此論所依根本彼所不分別者今應分別故作斯論問冝作論者意即佛經中何故說此六法門耶有說為顯五蘊及彼因故謂若說前五內處前五外處及法處一分則顯色蘊若說六受身及法處一分則顯受蘊若說六想身

及法處一分則顯想蘊若說六觸身及法處一分則顯行蘊若說六識身及意處則顯識蘊若說六思身六愛身則顯五蘊因如契經說業為生因愛為起因生起即是所得五蘊有說為顯業煩惱苦三種集故謂若說六思身則顯業集若說六愛身則顯煩惱集若說餘六則顯苦集如為顯業等三集如是為顯業等三生業等三道應知亦尒諸六自性雜蘊等已說然前五內處及色聲觸外處皆五地繫故依四或未至滅於中欲界繫者依未至定滅乃至第四靜慮繫者依四靜慮未至定靜慮中間空無邊處近分滅然此中所說定者有說依無漏定說有說依有漏無漏定說如前分別所說滅者若說依種類滅說者彼說未至言攝未至定靜慮中間上四近分於未至定中攝有漏無漏依此能滅欲界繫乃至第四靜慮繫五內處及色聲觸外處故若說依究竟滅說者彼說未至言攝未至定靜慮中間空無邊處近分於未至定中唯

攝無漏依此能滅第四靜慮繫五內處及色聲觸外處故由此故言依四或未至滅意內處法外處意識身及彼相應觸受想思愛身皆九地繫及有不繫者彼九地繫者依七或未至滅於中欲界繫者依未至定滅乃至非想非非想處繫者依七根本未至定靜慮中間滅然此中所說定者有說無漏有說有漏無漏如前分別所說滅者若說依種類滅說者彼說未至言攝未至定靜慮中間上七近分於未至定中攝有漏無漏依此能滅欲界繫乃至非想非非想處繫意處等故若說依究竟滅說者彼說未至言攝未至定靜慮中間於未至定中唯攝無漏依此能滅非想非非想處繫意處等故由此故言依七或未至滅香味外處鼻舌識身及彼相應觸受想思愛身皆欲界繫故唯依未至定滅眼耳身識身及彼相應觸受想思愛身皆二地繫故依初或未至滅於中欲界繫者依未至定滅初靜慮繫者依初靜慮未至定靜慮中間第二

靜慮近分滅然此中所說定者有說無漏有說有漏無漏如前分別所說滅者有說依種類滅說有說依究竟滅說隨其所應亦如前分別由此故言依初或未至滅七識住八世法九有情居十業道依何定滅答初識住八世法初有情居十業道依未至第二識住有情居依初或未至第三識住有情居依二或未至第四識住有情居依三或未至第五有情居依四或未至第五識住第六有情居依五或未至第六識住第七有情居依六或未至第七識住第八第九有情居依七或未至七識住如大種蘊廣說於中初識住唯欲界繫故但依未至定滅第二識住初靜慮繫故依初靜慮未至定靜慮中間第二靜慮近分滅第三識住第二靜慮繫故依初二靜慮未至定靜慮中間第三靜慮近分滅第四識住第三靜慮繫故依初三靜慮未至定靜慮中間第四靜慮近分滅第五識住空無邊處繫故依五根本未至定靜慮中間識無邊處近分滅第六識住識無邊處繫故依六根本未至定靜慮中間無所有處近分滅第七識住無所有處繫故依七根本未至定靜慮中間非想非非想處近分滅然此中所說定者有說無漏有說有漏無漏如前分別所說滅者此中無有種類滅究竟滅二說差別以各各但是一地繫故

八世法者一利二無利三譽四非譽五讚六毀七樂八苦問何故作此論答欲止他宗顯已義故謂分別論者及大眾部師執佛生身是無漏法彼何故作是說依契經故如契經說如來生世住世出現世間不為世法所染彼依此故說佛生身是無漏法又彼說言佛一切煩惱并習氣皆永斷故云何生身當是有漏為止彼意顯佛生身但是有漏非無漏法故作斯論問云何知佛生身是有漏法答如契經說苾芻當知無明所覆愛結所繫愚夫感得有識之身聰明者亦然佛生身既是無明愛果故知非無漏法又契經說十處二少分是有漏由此故知佛生身定是有漏若佛生身是無漏者無比女不應生貪央掘利魔羅不應生瞋鄔盧頻螺迦葉波不應生癡憍慢婆羅門不應生慢以佛生身生他貪瞋癡慢故知定是有漏問若尒彼所引經當云何通答彼經密意說佛法身謂如來生世住世者說佛生身出現世間不為世法所染者說佛法身復次世法者即世八法如來不為世八法所染故言世法不染非謂無漏謂世八法隨順世間有情世間有情亦隨順世八法世八法隨順如來如來不隨順世八法故說如來非世法所染復次如來離世八法故言不染非謂無漏問如來亦有世八法何故言離有利者如鄔揭羅長者於一日中以三百千衣服施佛時縛迦醫王等八十人於一日中各奉佛百千雙憍舍耶衣無利者如佛一時著衣持鉢入娑羅婆羅門村乞食空鉢而入空鉢而出有譽者佛初生時名至他化自在天得阿耨多羅三藐三菩提時名至色究竟天轉法

輪時名至梵天非譽若如佛一日遭戰遮婆羅門女誹謗又於一時因孫陁利女惡聲聞於十六大國有毀者如跋羅惰闍惡口婆羅門以五百頌現前罵佛有讚者如即彼婆羅門以佛容色不異故便生淨信復以五百頌現前讚佛尊者舍利子以衆多頌現前讚佛無上功德尊者阿難陁以衆多頌現前讚佛希有妙法如是鄔波離婆耆舍尼羅部底等諸大論師皆以百千伽他現前讚佛有樂者佛有殊勝身心受樂及輕安樂一切有情所不能及有苦者世尊亦有背痛頭痛揭他羅刺傷足及迸石傷指出血如是等法世尊皆有何故言離荅彼皆不能令佛生染故名為離謂佛世尊雖遇利等四法而心不高雖遭無利等四法而心不下又雖遇利等四法而心不歡雖遭無利等四法而心不慼又雖遇利等四法而心不染故生喜雖遭無利等四法而心不憎故生憂又雖遇利等四法而不生愛雖遭無利等四法而不生恚譬如妙

阿毗達磨大毗婆沙論卷第一百七十三　第十五張　靜字号

高山王住金輪上八方猛風不能傾動世尊亦尒安住戒金輪上世間八風所不能動是故名為不為世法之所染汙非謂生身是無漏故說為不染問如來於一切煩惱并習氣皆已永斷云何當說是有漏耶荅雖自身中諸漏永斷而能增長他身漏故又從先時諸漏生故說為有漏是故為止他宗顯已義故而作斯論此中利者有二種一有命二無命有命利者謂得象馬牛羊妻子僮僕等無命利者謂得金銀等寶衣服等物無利者謂即不得前二種利譽者謂不現前讚美非譽者謂不現前毀訾讚者謂現前讚美毀者謂現前毀訾樂者謂欲界身心樂有說唯取五識相應樂苦者謂欲界身心苦有說唯取五識相應苦問此八世法幾界幾處幾蘊所攝荅有命利十七界十一處五蘊所攝除聲聲非恒有故即屬身故無命利四界四處一蘊所攝謂色香味觸界處色蘊無利譽非譽讚毀樂苦二界二處三蘊所攝謂聲法界處色

受行蘊此中無利法界法處行蘊所攝以無利是不成就故譽非譽讚毀聲界聲處色蘊所攝樂苦法界法處受蘊所攝若摠說八世法則十八界十二處五蘊所攝有說利無利俱十八界十二處五蘊所攝以所得及所不得俱通十八界等故餘如前說有說利無利俱法界法處行蘊所攝以利無利用成就不成就性為體故餘如前說問何故此八說名世法荅世間有情所隨順故名為世法世間有情若遇利等四法其心則高若遭無利等四法其心則下又若遇利等四法心則生歡若遭無利等四法心則生慼又若遇利等四法心則染故生喜若遭無利等四法心則憎故生憂又若遇利等四法心則生愛若遭無利等四法心則生恚故此八種名為世法如來於此心不隨順故說不為世法所染問聲聞獨覺愛恚斷故亦不隨順如是八法何故不說荅彼不定故謂有不染如不動法者或復有染如退法等復次二乘猶有相似法故

阿毗達磨大毗婆沙論卷第百七十三　第十四張　靜

謂阿羅漢愛恚雖斷而有愛恚相似餘習如二阿羅漢俱是不時解脫同止一處一則多得敬養名稱一則不得彼得者便似自高如有喜愛彼不得者便似自下如有憂慼故不說為世法不染唯佛永拔愛恚習氣假使一切有情皆得勝利恭敬名譽如來不得一毫之分終無自下似憂慼相反生慶悅設佛獨得一切勝利恭敬名譽諸餘有情無一毫分終無自高如喜愛相反生慈愍故佛獨稱世法不染又佛世尊得利不高慢習斷故無利不下樂遠離故得譽不歡愛習斷故非譽不慼得無畏故讚不生喜憍習斷故毀不生憂住空三摩地故樂不生愛住無願三摩地故苦不生恚住無相三摩地故此八世法唯欲界繫故但依未至定滅

九有情居廣說如大種蘊於中七種滅義如七識住說第五有情居第四靜慮繫故依四靜慮未至定靜慮中間空無邊處近分滅第六有情居非想非非想處繫故依七根本未至定靜

慮中間滅然此中所說定者有說無漏有說有漏無漏如前分別此中亦無種類滅究竟滅二說差別如各各但是一地繫故十業道廣說如業蘊於中十不善業道唯欲界繫故但依未至定滅前七善業道五地繫及不繫欲界繫者依未至定滅乃至第四靜慮繫者依四靜慮未至定靜慮中間空無邊處近分滅後三善業道九地繫及不繫欲界繫者依未至定滅乃至非想非非想處繫者依七根本未至定靜慮中間滅然此中依不善業道近對治欲界善業道說故但言依未至定滅

四靜慮四無量四無色八解脫八勝處十遍處依何定滅答初靜慮依初或未至第二靜慮喜無量初二解脫前四勝處依二或未至第三靜慮依三或未至第四靜慮三無量淨解脫後四勝處前八遍處依四或未至空無邊處及彼解脫遍處依五或未至識無邊處及彼解脫遍處依六或未至後二無色後三解脫依七或未至

此中四靜慮乃至十遍處如餘處廣說其四靜慮各自地繫及不繫自地繫者各依自下根本地未至定靜慮中間及次上近分滅然所說定者有漏無漏如前分別所說滅者此中無有種類滅究竟滅二說差別以各各但是一地繫故四無量中喜無量初二靜慮繫故依二或未至滅餘三無量四地繫故依四或未至滅於中差別隨應如前然所說定者有漏無漏如前分別所說滅者有說依種類滅說有說依究竟滅說隨其所應如前分別然於未至定中皆唯攝無漏應知四無色中前三無色各自地繫及不繫自地繫者各依自下根本地未至定靜慮中間及次上近分滅後一無色唯有自地繫依七根本未至定靜慮中間滅然所說定者有漏無漏如前分別於後一無色唯應依無漏定說所說滅者此中亦無種類滅究竟滅二說差別亦各唯是一地繫故八解脫中初二解脫如喜無量說下三無色解脫如下三無色說後二解

脫如第四無色說淨解脫第四靜慮地繫故依四靜慮未至定靜慮中間空無邊處近分滅此中所說定及所說滅皆如第四靜慮說八勝處中前四勝處如初二解脫說後四勝處如淨解脫說十遍處中前八遍處如後四勝處說空無邊處遍處唯自地繫故依五根本未至定靜慮中間識無邊處近分滅識無邊處遍處亦唯自地繫故依六根本未至定靜慮中間無所有處近分滅然此中所說定者有漏無漏如前分別所說滅者亦無種類滅究竟滅二說差別亦各唯是自地繫故

他心智世俗智依何定滅答他心智依四或未至世俗智依七或未至此中他心智世俗智如餘處廣說然他心智四地繫及不繫初靜慮繫者從初靜慮未至定靜慮中間第二靜慮近分滅乃至第四靜慮繫者依四靜慮未至定靜慮中間空無邊處近分滅然此中所說定者有漏無漏如前分別所說滅者有說依種類滅說有說依究竟滅說亦說亦隨所應如前分別世俗智九地繫欲界繫者依未至定滅乃至非想非非想處繫者依七根本未至定靜慮中間滅然此中所說定及所說滅皆隨所應如前分別由此故言依七或未至滅

說一切有部發智大毗婆沙論卷第一百七十三

阿毗達磨大毗婆沙論卷第一百七十三

校勘記

一 底本，金藏廣勝寺本。

一 五一八頁下三行「一種」，磧作「二種」。

一 五一八頁下四行「若尒」，麗作「若爾者」。五二一頁下六行同。

一 五二〇頁上二〇行「有說」，麗作「答有說」。

一 五二〇頁中六行第六字「苦」，磧、普、南、徑、清作「若」。

一 五二一頁上二二行「第五識」，磧、普作「第四識」。

一 五二一頁下二行首字「是」，磧、普、南、徑、清無。

一 五二一頁下末行「究竟」，磧、普作「究竟竟」。

一 五二二頁上一四行「竭他羅」，磧、普、南、徑、清作「竭地羅」。

一 五二二頁中一行「不能」，磧、普、南、徑、清作「所不能」。

一　五二三頁上一六行第一二字「苦」，徑、清作「若」。

一　五二三頁上一七行第二字「住」，磧作「似」。

一　五二三頁中三行第一二字「如」，麗作「以」。

一　五二三頁中末行第三字「二」，磧作「一」；南作「四」。

一　五二三頁下一九行第五字「於」，磧作「然」。

一　五二四頁上一八行末字「伏」，磧、普、南、徑、清、麗作「依」。

一　五二四頁中二行「說亦」，磧、普、南、徑、清、麗無。

趙城縣廣勝寺

阿毗達磨大毗婆沙論卷第一百七十四　靜

五百大阿羅漢等造

三藏法師玄奘奉　詔譯

定蘊第七中不還納息第四之一

有五不還謂中般涅槃生般涅槃有行般涅槃無行般涅槃上流往色究竟為五攝一切為一切攝五耶如是等章及解章義既領會已應廣分別

問何故作此論答為欲分別契經義故契經說有五不還謂中般涅槃乃至廣說彼經雖作是說而不明為五攝一切為一切攝五亦未曾顯勝劣差別今欲顯故作斯論為五攝一切一切攝五耶答一切攝五非五攝一切不攝何等謂現法般涅槃及往無色不還此中一切多非五故一切攝五非五攝一切猶如大器覆於小器非小器覆大一切者謂七不還即前五并現法般涅槃及往無色不還於中後二非五所攝故名為多問亦有不定般涅槃者謂或於欲界而般涅槃或於色界而般涅槃或於無色界而般涅槃此中何故不說答應說而不說者當知此義有餘復次彼即攝在七不還中故不別說謂彼若在欲界般者即現法般涅槃攝色界般者即五不還攝無色界般者即往無色不還攝問亦有轉生般涅槃者謂彼或從極七返有或從家家或從一來或從一間得不還果彼得果已必於此生得般涅槃彼非現法般涅槃以契經說云何現法般涅槃謂即此生得預流果進斷餘結得一來不還阿羅漢果由此因緣轉生般者非七所攝此中何故不說答應說而不說者當知有餘復次彼由猒受生故得不還果已未經幾時即般涅槃於其中間時極促故不容建立是以不說復次彼亦攝在現法般涅槃中故不別說以依此生得不還果即於此生般涅槃故

中般涅槃生般涅槃何者為勝答若住等斷則中般涅槃為勝若生般涅槃斷結多則彼為勝謂此二不還若並具初靜慮縛乃至若俱斷第四靜慮前八品結則中般涅槃由三事故

勝一受苦少此受一有苦彼受二有苦故二速滅煩惱火三疾捨蘊擔若中般涅槃具初靜慮縛乃至斷第四靜慮前七品結生般涅槃斷初靜慮一品結乃至斷第四靜慮前八品結則生般涅槃由一事故勝謂住多斷中般涅槃乃至上流往色究竟何者為勝荅若住等斷則中般涅槃為勝若乃至上流往色究竟斷結多則彼為勝謂中般涅槃若對有行般涅槃無行般涅槃皆如對生般涅槃說若對上流往色究竟則於受苦有差別謂此唯受一有苦彼極少受四有苦故餘如前說如是生般涅槃乃至上流往色究竟有行般涅槃乃至上流往色究竟無行般涅槃上流往色究竟何者為勝荅若住等斷則生般涅槃等為勝若有行般涅槃等斷結多則彼為勝謂此諸不還隨所相對若並具初靜慮縛乃至若俱斷第四靜慮前八品結則生般涅槃於有行般涅槃由一事故勝謂生般涅槃有勤修道及速進道有行般涅槃唯有勤修道無速進道於無行般涅槃由二事故勝彼無勤修道亦無速進道故於上流往色究竟由一事故勝謂受苦少此受二有苦彼極少受四有苦故有行般涅槃於無行般涅槃由一事故勝此有勤修道彼俱無故於上流往色究竟由一事故勝無行般涅槃於上流往色究竟亦由一事故勝皆如前說若生般涅槃等具初靜慮縛乃至斷第四靜慮前七品結有行般涅槃等斷初靜慮一品結乃至斷第四靜慮前八品結則有行般涅槃等於生般涅槃等由一事故勝謂住多斷復次集異門說有五種不還補特伽羅謂中般涅槃乃至上流往色究竟云何中般涅槃謂有補特伽羅前生中於五順下分結已斷已遍知於五順上分結未斷未遍知造作增長順起有受業不造作增長順生有受業從彼命終起色界中有即住彼中有得如是種類無漏道由此道力進斷餘結於無餘依涅槃界而般涅槃是名中般涅槃問何故名中般涅槃荅此補特伽羅已過欲界未到色界住彼中有而般涅槃故名中般涅槃復次此補特伽羅利根軟煩惱故能於中有而般涅槃故名中般涅槃復次此補特伽羅先得有心有心無間得學心學心無間得無學心無學心無間得非學非無學心即住彼心而般涅槃故名中般涅槃問此言欲差別誰荅欲差別餘聖者謂餘聖者學心無間或起無學心或起非學非無學心此則不尒學心無間必起無學心餘聖者非學非無學心無間或般涅槃或更起無學心此則不尒非學非無學心無間定般涅槃以餘聖者數起聖道現在前此不數起故

云何生般涅槃謂有補特伽羅前生中於五順下分結已斷已遍知於五順上分結未斷未遍知造作增長順起有受業順生有受業從彼命終起色界中有生色界天生已未久得如是種類無漏道由此道力進斷餘結於有餘依般涅槃界而般涅槃是名生般涅槃問何故名生般涅槃荅此

補特伽羅生彼未久得阿羅漢果而般涅槃故名生般涅槃復次此補特伽羅生彼未久得阿羅漢果盡其壽量方般涅槃故名生般涅槃問若彼盡壽方般涅槃者何故名生般涅槃荅依煩惱涅槃説非蘊涅槃故無過云何有行般涅槃謂有補特伽羅前生中依有行道恒時作意依不息加行三摩地於五順下分結已斷已遍知於五順上分結未斷未遍知造作增長順起有受業順生有受業從彼命終起色界中有生色界天生已多時復依有行道恒時作意依不息加行三摩地進斷餘結於无餘依般涅槃界而般涅槃是名有行般涅槃問何故名有行般涅槃荅此補特伽羅由有行道斷餘煩惱而般涅槃故名有行般涅槃復次此補特伽羅由有行道得阿羅漢果盡其壽量而般涅槃故名有行般涅槃復次此補特伽羅依有為緣道進斷餘結而般涅槃故名有行般涅槃云何無行般涅槃謂有補特伽羅前生中依無行道不

恒時作意依止息加行三摩地於五順下分結已斷已遍知於五順上分結未斷未遍知造作增長順起有受業順生有受業從彼命終起色界中有生色界天生已多時復依無行道不恒時作意依止息加行三摩地進斷餘結於无餘依般涅槃界而般涅槃是名無行般涅槃問何故名無行般涅槃荅此補特伽羅由無行道斷餘煩惱而般涅槃故名無行般涅槃復次此補特伽羅由無行道得阿羅漢果盡其壽量而般涅槃故名無行般涅槃復次此補特伽羅依無為緣道進斷餘結而般涅槃故名無行般涅槃云何上流往色究竟謂有補特伽羅前生中於五順下分結已斷已遍知於五順上分結未斷未遍知遍知得世俗四靜慮將命終時退上三靜慮住初靜慮由即彼愛及彼地造作增長順起有受業順生有受業故從彼命終起色界中有生梵衆天生已復能入世俗第二靜慮由即彼愛及彼地造作增長順起有受業順生

有受業故從彼命終生極光淨天生已復能入世俗第三靜慮由即彼愛乃至從彼命終生遍淨天生已復能入世俗第四靜慮由即彼愛乃至從彼命終生廣果天生已復能起下品雜脩世俗第四靜慮由即彼愛乃至從彼命終生無煩天如是乃至於餘四品雜脩世俗第四靜慮次第遍起於餘四天次第遍生是名上流往色究竟問何故名上流往色究竟荅流有二種一生死愛二後有業此補特伽羅於二種流並未斷未遍知由此為緣及為因故上行上隨行上往上隨往上受上隨受上流上隨流故名上流往色究竟復次此補特伽羅不下行唯勝進行得轉上轉妙轉勝定及生入彼定受彼生故名上流往色究竟復次此補特伽羅上流上生令上生相續故名上流問異生亦有上流上生令上生相續何故不名上流耶荅若唯上流不下流者名為上流異生上流亦下流故不名上流有説若上流遍一切處無礙者名為上流異生

不能遍一切處無礙故不名上流彼於淨居則有礙故問聖者上流亦於二處有礙謂大梵王及無想處何故得名上流荅彼無別處即梵輔廣果二處攝故猶得名為遍一切處有說若上流能越界得果永斷順五下分結者說名上流異生雖能越界而不得果亦不永斷順五下分結故不名上流有說具三種流者說名上流謂業煩惱及與聖道異生唯有業煩惱流無聖道流是以不名上流

復次上流有二種一行色界二行無色界行色界者乃至色究竟天行無色界者乃至非想非非想天又行色界者有雜修靜慮行無色界者無雜修靜慮復次上流有三種一全超二半超三一切處歿全超者謂欲界歿生梵衆天梵衆天歿生色究竟或生非想非非想處而般涅槃半超者謂欲界歿生梵衆天梵衆天歿於上一切天處或更生一處或二或三或四或五乃至或唯超一處遍生餘處然後生色究竟或生非想非非想處而般涅槃一切處歿者謂欲界歿生梵衆天梵衆天歿生梵光行天如是次第生上諸處乃至生廣果天從此以上有二路別一入淨居二入無色入淨居者廣果天歿生無煩天次第乃至生色究竟而般涅槃入無色者廣果天歿生空無邊處次第乃至生非想非非想處而般涅槃如一切處歿有二路別應知全超半超亦介問何等上流入淨居何等上流入無色荅有二上流謂毗鉢舍那行奢摩他行毗鉢舍那行者入淨居奢摩他行者入無色復次有二上流謂樂勝定及樂勝生樂勝定者入淨居樂勝生者入無色復次有二上流謂樂決擇及樂寂靜樂決擇者入淨居樂寂靜者入無色復次有二上流謂雜修不雜修雜修者入淨居不雜修者入無色又一切處歿上流有來所顯非去有去所顯非來有來所顯亦去所顯有來所顯非去者謂生色究竟或非想非非想處有去所顯非來者謂生梵衆天有來所顯亦去所顯者謂生中間諸處非來所顯非去所顯者無問如前說往色究竟者先得世俗四靜慮後退住初靜慮彼往非想非非想處者亦先得世俗四無色後退住初靜慮為不耶荅亦有如先得世俗四靜慮後退住初靜慮命終生梵世展轉乃至生色究竟如是亦有先得世俗四靜慮四無色後退住初靜慮命終生梵世展轉乃至生非想非非想處但不必須介問何故不說彼退初靜慮耶荅無有退初靜慮而命終者是以不說又此中顯不還差別彼退初靜慮者非復不還是故不說問如說退住初靜慮生梵衆天作全超半超一切處歿上流彼若退住第二靜慮生少光天退住第三靜慮生少淨天退住第四靜慮生無雲天等彼亦得作全超半超一切處歿上流不耶有說不得以生梵世於上不還所應生處無缺減故依彼建立全超半超一切處歿若退生上地處便缺減故不依彼立全超等有說彼亦得名半超以超少分中間處故有說亦得具名三

種彼說從欲界歿隨生何處即於彼上所應生處亦可施設全超半超一切處歿故問若不還者欲界歿生無色界亦得作全超等不有說不得有說彼亦得名半超有說彼亦具名三種此中所以皆如前釋問如往色究竟上流必先得四靜慮退生梵世然後能往色究竟天彼往非想非非想處上流亦必先得四無色退生梵世然後能往非想非非想處耶荅不必尒以生色界不能初起雜修靜慮要欲界時曾起今復重修方能往色究竟生無色者更無如是殊勝類業要於欲界曾起今更重修然後能生有頂是故往有頂者若先得無色而退若先不得彼欲界歿生梵衆天皆能往非想非非想處問所說上流為但是信勝解為亦有見至耶荅若不退上定而上流者此通二種若退上定而上流者唯信勝解復次即退上定而上流者亦通二種問彼見至云何退耶荅彼非本性見至但於退後未命終須從信勝解練根作見至然後命終而生上界為上流故

問如色界有中般涅槃欲界亦有耶荅無問何故荅欲界是不定界非修地非離染地多諸過失災横留難住本有時尚難得果況住中有微劣身耶色界不尒故住中有能般涅槃復次若住欲界中有般涅槃者則依中有能越三界然無依中有身能越三界者復次若住欲界中有般涅槃者則中有中能斷三界煩惱然無住中有身能斷三界煩惱者復次若住欲界中有般涅槃者則中有中能斷不善無記二種煩惱無住中有身能斷不善無記二種煩惱者復次若住欲界中有般涅槃者則中有中能證若二若三沙門果然無住中有身能證若二若三沙門果者以是義故唯色界有中般涅槃欲界則無復次中般涅槃必於前生已離欲界染已離欲界染者必不起欲界中有故於欲界無中般涅槃復次欲界煩惱業重非於中有微劣身中所能除斷復次中有非得不還果所依但是得阿羅漢果所依復次欲界中有必不能起聖道現前以劣弱故色界不尒由此義故欲界無有中般涅槃復次中有微劣唯能起自根本地聖道現前非未至等以難起故若欲界中有般涅槃者則與此相違故必無有復次欲界有違順相應煩惱有外六門煩惱有能引二果煩惱有無慚無愧相應煩惱及有忿等種種雜類諸隨煩惱難破難斷難越難離住本有中作大功用尚難除斷況在中有故無欲界中般涅槃復次要曾具修九品對治方於中有能般涅槃欲界中有必未具修九品對治故彼中有不般涅槃問如欲界歿受色界中有得般涅槃如是從色界歿受色界中有亦般涅槃不荅不尒所以者何彼於欲界多苦多障多諸災横可厭之身極生厭逆既捨離已起色界中有現在前時於當所受長時異熟亦生厭患便般涅槃色界無有如是災横極可厭事令生厭逆如於本有有緣礙故不般涅槃令中有亦尒故從彼歿所起中有不

般涅槃復次若色界歿即彼中有般涅槃者應亦名上流則五不還便成雜亂謂彼無有差別因緣唯欲界歿住中有中般涅槃者名般涅槃非色界歿者又無因緣從彼趣上不名上流由此過失故彼中有不般涅槃問若欲界歿起色界中有由猒逆故得涅槃者何不即於欲界本有得涅槃耶增猒逆故荅彼住本有得不還果已起阿羅漢果加行圓滿於未起聖道須即便命終故由前勢力能於中有進斷餘結而般涅槃問彼加行圓滿何故不起聖道而便命終荅彼或壽盡故或業盡故或福盡故或他所害故或為饒益他故或非意遇惡緣故不及起聖道而便命終有說彼得不還果已脩後加行將圓滿時便遭長病或闕資具或遇命等諸難因緣未能盡漏從彼展轉遂至命終既得色界中有新蘊諸根大種增上力故速能引起聖道現前進斷餘結而般涅槃問若欲界歿生無色界亦有生般涅槃等不荅有以欲界歿生上二界更不再生般涅槃者隨在何處即彼生中皆可建立生等三種二生以上隨在何處皆可建立為上流故問樂慧上流不至色究竟樂定上流不至有頂於下諸處般涅槃者亦得名為樂慧樂定二上流不荅彼亦隨類得二種名然說樂慧至色究竟樂定至有頂者依極處說過此更無行處故如預流者或名極七返有而於中間般涅槃者亦得此名彼亦如是問何故聖者於上二界一一生處但受一生於欲界中不如是耶荅欲界是不定界是雜亂地諸煩惱業相陵相雜無分齊法式故令聖者從下生上上復生下或於一處而受多生色無色界是定界非雜亂地諸煩惱業不相陵雜有分齊法式故令聖者唯上不下一處一生

復次生欲界聖者不名不還而名極七返有等故生上下亦一處重生生上界聖者名曰不還故唯生上亦不重生由此義故不還義滿以尚不生本處況有還生下者

復次不還補特伽羅廣說有無量種今且分別行色界五種當知此依界建立故說一生不生建立故說二分位差別建立故說五謂中般涅槃乃至上流往色究竟即此根建立故說十五謂下中上根各五地建立故說二十謂初靜慮乃至第四靜慮各五種性建立故說三十謂退法種性乃至不動法種性各五處建立故說八十謂梵衆天乃至色究竟天各五種性根建立故說九十謂退法種性下中上根各有五乃至不動法種性亦尒地種性建立故說百二十謂初靜慮六種性各有五乃至第四靜慮亦尒地種性根建立故說三百六十謂初靜慮六種性三根各五乃至第四靜慮亦尒處種性建立故說四百八十謂梵衆天六種性各五乃至色究竟天亦尒處種性根建立故說一千四百四十謂梵衆天六種性三根各五乃至色究竟天亦尒離染處種性根建立故說一万二千九百六十謂前一千四百四十各有九種離染

差別復次一中般涅槃差別建立亦有多種謂界故說一根故說三地故說四種性故說六離染故說九處故說十六種性根故說十八地種性故說二十四地離染故說三十六地種性根故說七十二處種性故說九十六地離染根故說一百八處離染故說一百四十四種性離染根故說一百六十二地離染種性故說二百一十六處種性根故說二百八十八地離染種性根故說六百四十八處種性離染故說八百六十四處種性離染根故說二千五百九十二如中般涅槃有尒所乃至上流亦尒如是惣有一万二千九百六十不還差別如行色界不還差別建立如是行無色不還差別建立隨應亦尒

說一切有部發智大毗婆沙論卷第一百七十四

阿毗達磨大毗婆沙論卷第一百七十四

校勘記

一 底本，金藏廣勝寺本。

一 五二六頁中一〇行首字「故」，諸本(不含石，下同)作「故如」。

一 五二七頁上一一行第一〇字「苦」，資、磧、普、南、徑、清作「若」。

一 五二七頁中八行第三字「上」，資、磧、普、南、徑、清作「上上」。

一 五二七頁下三行第一一字「軟」，資、磧、普、南、徑、清作「輭」。

一 五二八頁上一四行「无餘」，諸本作「有餘」。本頁中七行同。

一 五二八頁中一七行末字至次行首字「遍知」，麗無。

一 五二八頁下一八行「復次」，磧作「後次」。

一 五二九頁上一六行「三種」，磧作「二種」。

一 五二九頁中末行「亦去」，磧作「亦失」。

一 五二九頁下六行「命終」，資、磧、普、南、徑、清作「命歿」。八行同。

一 五二九頁下一六行第一二字「淨」，資、磧、普、南、徑、清作「靜」。

一 五二九頁下一八行「有說」，麗作「答有說」。次頁上四行同。

一 五三〇頁中一三行「無住」，諸本作「然無住」。

一 五三一頁上四行第五字「中」，資、磧、普、南、徑、清無。

一 五三一頁上二〇行「新蘊」，資、磧、普、南、徑、清作「雜蘊」。

阿毗達磨大毗婆沙論卷第百七十五　　靜

五百大阿羅漢等造
三藏法師玄奘奉　詔譯

定蘊第七中不還納息第四之三

如契經說佛告苾芻有七善士趣能進斷餘結得般涅槃問云何建立七善士趣為以界沙門果故為以地處所故為以根煩惱故而建立耶設尒何過若以界沙門果故而建立者應但說一謂行色界不還若以地處所故而建立者但應說四或說十六若以根煩惱故而建立者應說有九以彼各有九品故答皆不以此三緣建立但以生不生品上行故建立七種若由此故立初生品則由此故立初不生品若由此故立第二生品則由此故立第二不生品若由此故立第三生品則由此故立第三不生品復以上行義勝立上流為一由此建立七善士趣謂生者或有勤修道有速進道或有勤修道無速進道或無勤修道無速進道初為第一次為第二後為第三如生有三不生亦尒復以上行義勝立上流為一由此建立七善士趣復次生者有上根有中根有軟根如次為三如生有三不生亦尒餘如前說煩惱差别與此相違說亦尒復次生者有上品道有中品道有下品道如次為三如生有三不生亦尒餘如前說復次生者有上品業有中品業有下品業如次為三此依無漏業說若依有漏業說則後為第一次為第二初為第三如生有三不生亦尒餘如前說有說生者有精進增上亦得勝慧有精進增上不得勝慧有得勝慧非精進增上如次為三如生有三不生亦尒餘如前說有說生者有常加行亦預加行有常加行不預加行有預加行不常加行如次為三如生有三不生亦尒餘如前說有說生者有於生死見上品過患有於生死見中品過患有於生死見下品過患如次為三如生有三不生亦尒餘如前說於涅槃作功德勝解差别說亦尒有說生者或有上品奢摩他毗

鉢舍那或有中品或有下品如次為三如生有三不生亦尒餘如前說餘善根差别說亦如是有說世尊顯示從七分位七種性七門七階七迹七路而越非想非非想處難斷難壞修所斷結得阿羅漢果故說如是七善士趣

問如生不生各有三種上流亦尒謂全超半超一切處歿何故但說一耶答生不生各是一有相續於中分位差别難知欲令知故各說三種上流三種生數自辯差别易知是故但隨上行義勝合說一種復次生與不生一期時促差别義少分齊易知是故分三上流時長差别多種分齊難辯故合立一復次生不生亦有等義上流亦有别義欲以二文𢀖相顯故作如是說復次生與不生善士趣相現前易了以彼速趣般涅槃故各分為三其上流者善士趣相微隱難知以彼尚經多生死故但合說一

問何故經中不生三種以三喻顯於生三種則不尒耶答如以三喻顯不

生三當知亦已顯生三種是故前說
若由此故立初生品則由此故立初
不生乃至廣說復次以不生者趣生
處時如涉路者於中有去未遠便般
涅槃有去少遠而般涅槃有去已遠
垂至生處而般涅槃是故世尊以三
喻顯生中三種皆至生處更無所趣
遠近差別故無別喻復次不生三種
微細不現難覺難了故以喻顯生中
三種麁現易知不以喻顯復次不生
三種界攝非趣生攝非趣相不圓滿
故以喻顯生三不尒故無喻顯復次
佛觀未來有僻執者於中有中而生
誹謗如分別論師等佛因欲決定中
有義故以三譬喻顯滅差別於生有
等無此誹謗故於生三不復說喻復
次中般涅槃於生般等有二事勝一
受苦少二速滅煩惱火三疾捨蘊擔
故以三喻顯之生等不尒故無喻顯
問中般涅槃起何地聖道進斷餘結
得阿羅漢果耶荅起自地聖道謂若
住初靜慮地中有般涅槃者彼起初
靜慮地聖道乃至若住第四靜慮地
阿毗達磨大毗婆沙論卷第一百七十五 第四張 部

中有般涅槃者彼起第四靜慮地聖
道問彼得果已亦有起未至定靜慮
中間聖道耶荅有說亦有起者謂若先
依彼得不還果者今亦能起如是說
者應說不起所以者何由法尒故復
次以時促故彼得果已疾般涅槃何
容更起餘地無漏復次中有唯於根
本地聖道隨順非近分地以近分地
聖道苦道所攝難現前故復次若地
有定亦有生者住中有中起彼聖道
未至定有定無生靜慮中間雖亦有
生而是異生所生非聖者四根本靜
慮有定有生故住中有起彼聖道問
彼何故不起無色聖道荅初時未得
故後時無用故復次彼他地攝難現
前故復次彼苦道攝不欲起故
問何故不說預流一來為善士趣耶
荅應說而不說者當知此義有餘有
說世尊此中以七善士趣讚美中子
或時有處讚美長子如伽他言
阿羅漢極樂　以無貪愛心　及我慢已斷
永絕癡網故
或時有處讚美幼子如池喻經廣說
阿毗達磨大毗婆沙論卷第一百七十五 第五張 部

今此亦以讚美中子是故不說預流
一來有說本為差別預流一來世尊
說此七善士趣謂彼雖得名為善士
如契經言云何善士謂若成就有學
正見乃至正定云何勝善士謂若
成就無學正見乃至正定然其不得
名善士趣以彼尚遠非能近趣勝善
士故唯不還者名為善士亦名善士
趣彼是善士又能趣勝善士故由
此義故預流一來非善士趣有說有
學位中若已越界已得果者立善士
趣預流一來雖已得果而未越界有
說有學位中若已越界永斷不善煩
惱業者立善士趣預流一來二俱不
尒有說有學位中若已得果及永斷
不善煩惱業者立善士趣預流一來
不能如是故不立善士趣如不善煩
惱業如是有異熟無慙無愧相應二
果煩惱業亦尒有說有學位中若以
越界及永斷五順下分結者立善士
趣預流一來不尒有說有學位中若
已得果及永斷五順下分結者立善
士趣預流一來不尒有說有學位中
阿毗達磨大毗婆沙論卷第一百七十五 第六張 部

若已永斷非善士共有法者立善士趣何等名為非善士共有法謂樂在家愛戀妻子貪著卧具衣服飲食好著種種花鬘瓔珞及諸香等塗飾其身貯畜一切不淨財物所謂金銀珎寶倉庫田宅奴僕作使諸象馬等及以涂心摩觸骨璅衆悪所集不淨之身而生淨想涂習欲事或時發怒起加拳等苦楚有情諸損惱業預流一来猶有此事故不說在善士趣中有說於有學位若更不入黒闇牢獄母胎藏中糞諸不淨而為身分生熟二藏中間住者立善士趣預流一来尚有斯事是故不立七善士趣尊者妙音作如是說若學已斷欲貪瞋恚不於母胎受逼迮苦者立善士趣預流一来不尒有說若學不為違順境界嬈觸心者立善士趣預流一来不尒有說若趣上生不退還者立善士趣預流一来不尒有說若學已得雜修靜慮雖退而不失靜慮者立善士趣預流一来不尒有說若學唯行善士法不行不善士法者立善士趣預流一来亦行不善士法由如此義預流一来不立善士趣

問行無色不還於行色界不還有五事勝謂界勝地勝斷煩惱勝損減蘊勝三摩鉢底勝何故不立為善士趣荅應說而不說者當知此義有餘有說若麁現易了立善士趣彼不顯了是故不說有說佛為勸誘未離欲界多過患處涂聖者令速離故說行色界不還為善士趣不為勸誘未離色界少過患處涂聖者令速離故不說行無色不還為善士趣有說若有色身依有色處有来去等寂靜威儀可令他知是善士者立善士趣行無色者無如是事故不立善士趣有說若處有五不還可施設七善趣者立善士趣行無色不還不具五種不可施設七善士趣是故不說有說若彼界有唯聖者生處立善士趣無色界不尒有說若已得雜修靜慮雖退而不失靜慮者立善士趣行無色者不尒有說若界已離不善士法有諸善士往還談論於是界中立善士趣無色界不尒故不立善士趣問何故阿羅漢非善士趣荅亦應說阿羅漢為善士趣而不說者當知此義有餘復次趣上生者立善士趣阿羅漢無生是故不立復次趣上果者立善士趣阿羅漢則是上果更無上果可趣是故不立問時解脫阿羅漢亦趣上果謂求不動何故非善士趣荅彼趣上種性非趣上果復次若聖者成就煩惱而不成就非善士法者立善士趣阿羅漢不成就煩惱是故不說復次有學位中有成就非善士法者對彼施設七善士趣無學位不尒是故不說復次不還是善士趣阿羅漢是勝善士趣若當說為善士趣者便是損減非謂如實是故不說

問如所說雜修靜慮以何為自性荅以五蘊為自性問何故名為雜修靜慮彼雜修言欲何所顯荅遍熏故名雜修合熏故名雜修令嚴好故名雜修令明淨故名雜修譬喻者說緣彼故名雜修遍熏故名雜修者如衣置於一篋以香遍熏諸瑜伽師亦復如

是以前後二剎那無漏遍熏中間一剎那有漏合熏故名雜修者如花與苣蕂合熏令發香彼瑜伽師亦復如是以二剎那無漏隣雜熏發一剎那有漏令嚴好故名雜修者如以衆花散制多上令其嚴好如是行者以二剎那無漏散一剎那有漏上令其妙好令明淨故名雜修者如以金等置於爐中調鍊銷鎔令轉明淨如是行者以一剎那有漏置於無漏二剎那中數數調鍊令轉淨妙緣彼故名雜修者彼說以二剎那無漏緣一剎那有漏故名雜修界者所雜修唯色界能雜修不墮界地者能所雜修皆在根本四靜慮地問有雜修無色不荅有說無以難見故微細故有說佛於無色有雜修非聲聞獨覺所依者依欲色界行相者有說能雜修所雜修皆作十六聖行相所以者何以聖行相無間能起聖道聖道無間復起聖行相故如是說者能雜修作十六行相所雜修或作十六行相或作餘行相謂無量解脫勝處等所緣者有說能

阿毗達磨大毗婆沙論卷第一百七十五　第二張　斟

雜修以所雜修為所緣所雜修所緣不定如是說者能雜修緣四聖諦所雜修緣一切法念住者有說若能雜修若所雜修皆作法念住有說所雜修四念住能雜修唯法念住如是說者能雜修所雜修皆容作四念住智者有說能雜修是苦集類智所雜修是世俗智如是說者能雜修是四法四類智所雜修是世俗智若揔說者有學七智無學九智除他心智三摩地俱者有說能雜修空無願三摩地俱所雜修非三摩地俱如是說者能雜修三三摩地俱所雜修非三摩地俱根相應者揔而言之能所雜修皆與樂喜捨三根相應過去未來現在者能所雜修俱三世緣三世者有說能雜修緣過未所雜修緣三世及離世如是說者俱緣三世及離世前已說能雜修緣四諦故不應異說善不善無記者能所雜修俱是善緣善等者俱緣三種三界繫不繫者所雜修色界繫能雜修是不繫緣界繫不繫者俱緣三界繫及不繫學無學非學

阿毗達磨大毗婆沙論卷第一百七十三　第二張　哲

非無學者能雜修或學或無學所雜修非學非無學緣學等者俱緣三種見所斷修所斷不斷者所雜修是修所斷能雜修是不斷緣見所斷等者俱緣三種緣名緣義者俱緣名義緣自相續他相續非相續者俱緣三種何處起者欲色界起然初起在欲界人趣三洲於此起已或退不退後生色界復起現前加行得離染得生得者佛離染得餘加行得云何加行謂瑜伽師先入第四靜慮起多剎那無漏從此則起多剎那有漏此後復起多剎那無漏如是旋還後後漸減乃至最後二剎那無漏無間二剎那有漏現前二剎那有漏無間復二剎那無漏現前齊此名為雜修靜慮加行圓滿從此已後不由功用能從一剎那無漏無間起一剎那有漏則此無間復起一剎那無漏如是中間剎那有漏前後剎那無漏雜故名雜修靜慮尒時名為雜修靜慮根本成就如是雜修第四靜慮已乘此勢力隨其所應亦能雜修下三靜慮先依欲界

阿毗達磨大毗婆沙論卷第一百七十三　第三張

入趣三洲如是雜修諸靜慮已後生色界由串習力復能如前隨其所應雜修靜慮問何等補特伽羅雜修靜慮答是聖者非異生亦學亦無學謂信勝解見至時解脱不時解脱皆能雜修問彼何故雜修靜慮答三因緣故雜修靜慮一樂等至故二怖煩惱故三樂受生故樂等至者謂為現法樂住故或為受用聖法財故或為遊戲功德故或為觀本所作故或為引勝功德故怖煩惱者謂懼退起煩惱現前失勝德故或畏退起煩惱現前燒身心故樂受生者謂樂生彼不共異生五淨居故信勝解具由三因緣雜修靜慮見至由二因緣雜修靜慮除怖煩惱不退法故時解脱由二因緣雜修靜慮除樂受生背一切生故不時解脱由一因緣雜修靜慮除怖煩惱及樂受生不退法故背一切生故問雜修靜慮有幾品耶答有五一下品二中品三上品四上勝圓滿品五上極圓滿品此一一品於成滿位皆有三心一心有漏二心無漏如是

阿毗達磨大毗婆沙論卷第一百七十五　第十三張

揔說有十五心五心有漏十心無漏問此十五心為不起定為起定耶答有說不起定譬如見道相續現前有說起定譬如修道數起數入如是說者此則不定或有不起定能十五心相續而轉或復起定於中或有起三心已而便起定或有起六心已而便起定或有起九心已而便起定或有起十二心已而便起定是故於彼五品中間或起不起雜修成滿問此十五心幾是曾得幾是未曾得答有說五是未曾得十是曾得謂前五現在前時餘十未来修故有說十是未曾得五是曾得謂前十現在前時後五未来修故如是說者此則不定或有十五皆未曾得或有十五皆是曾得或有少分曾得少分未曾得問此十五心幾是轉幾是隨轉答有說前五是轉後十是隨轉有說前十是轉後五是隨轉如是說者此則不定或一切皆是轉或一切皆是隨轉或少分是轉少分是隨轉問若此品類轉則此品類隨轉亦餘品類耶答有說若此品類轉

阿毗達磨大毗婆沙論卷第一百七十五　第十四張

則此品類隨轉謂智所緣行相念住前後相順方成雜修是故若此轉必此隨轉不尒便於雜修為障有說若此品類轉餘品類隨轉謂智所緣行相念住異類相間方成雜修是故若此轉必餘隨轉不尒便應乖雜修義如是說者此則不定謂若法智為轉或法智或類智為隨轉若類智為轉或類智或法智為隨轉餘智亦尒若緣有為為轉或緣有為或緣無為為隨轉緣餘法亦尒若無常行相為轉或無常或苦等行相為隨轉餘行相亦尒若身念住為轉或身念住或受念住等為隨轉餘念住亦尒問若轉隨轉或不同者行相所緣有雜乱故云何不於雜修靜慮而作留難答先加行位已熟修故遝路已成雖復雜乱而於雜修不作留難如見道中及世俗道雜染雖行相所緣上下雜乱而無留難此亦如是問若轉隨轉或亦同者云何得名雜修靜慮非於一類行相所緣得名雜故答有漏無漏相間相雜說名雜修

阿毗達磨大毗婆沙論卷第一百七十五　第十五張

非謂智等前後異故說名為雜問何故修雜修靜慮要有漏無漏相雜起耶答欲顯於此二類靜慮中俱得入出自在故復次欲以無漏置於前後熏中間有漏令轉勝妙生淨居故復次無始時來淨靜慮為味相應靜慮之所陵雜令欲令與無漏靜慮更相入出令味相應不復相雜展轉遠故復次行者久入靜慮時極受長養遍身充密欲令身中暫時開暢故與無漏相雜而起諸欲雜修四靜慮者要先雜修第四靜慮彼成滿已次復雜修第三靜慮次復雜修第二靜慮後雜修初靜慮若不先雜修第四靜慮彼終不能雜修下地問因論生論何故必先雜修第四然後能修下三地耶答第四靜慮諸靜慮中最圓滿故是起功德最勝依故能引最勝輕安樂故令所依身遍充密故是多功德所依止故是不動定故樂行中最勝故最有堪能故復次第四靜慮於無漏定最居中故於上於下各三地故復次第四靜慮過殑伽沙數如來

應正等覺並皆依之得阿耨多羅三藐三菩提故復次第四靜慮具五種因五種果故五種因者謂五品雜修五種果者謂五淨居天問雜修下三靜慮有幾品耶答有說但有三品謂下中上下地無有五淨居故如是說者亦有五品問彼無五果何故有五品因答雖無五果而其彼定法有五品復次下地雖無五淨居果而有五品根故問因論生論下三靜慮既有五品雜修何緣無有五淨居果答非其田非其器乃至廣說復次聖者猒患異生共生處故求生淨居若下地有淨居者便於異生共生處所不能猒離於上處所未離染故復次聖者欲起異生受生處所故生淨居若下地有淨居者便為不能超過異生受生處所於上猶有異生處故復次聖者猒災患處故求生淨居下三地中皆有災患故無淨居復次淨居勝業所感壽量長遠若下地有者三災起時彼定壽者為命終不若命終者彼壽量定不應中夭若不命終應與災起

而作留難如說若處有一有情下至蟻卵災終不壞欲令無如是過故下地無淨居尊者世友說曰何故下地無淨居者以雜修靜慮乃生淨居雜修靜慮時必已離下三地染非於已離染地而得受生是故淨居非下地所有又利根者乃能雜修能雜修者必能速超下不淨地至純淨處故下地無淨居又彼要得邊際定所依地乃能雜修能雜修者乃生彼處故於下地無有淨居大德說曰下地有情多於世界壞時生上成時生下生淨居者無如是事是故下地無淨居天問何故淨居唯五不增不減脅尊者言此不應問所以者何若多若少俱亦生疑不以疑故便為乖理然於法相如實義中唯應有五不增不減有說為對異生不共生處唯有五故聖者生處亦唯有五異生不共生處五者謂三惡趣北洲無想天有說雜修靜慮有五品故所感淨居亦唯有五問則雜修靜慮何故唯五不增減耶答雜修勢力唯尒所故如見道十五

心勢唯尒所不增不減如是雜修靜慮勢力亦十五心而無增減復次雜修靜慮是勝功德非下中品所攝唯有上下上中上上勝上極故唯有五有餘師說雜修靜慮則是調練信等五根如其次第隨一增上而成五品故唯有五是故由雜修有五品故淨居亦唯有五有說第四靜慮有九品善根次第生於九處謂下下善根生無雲天下中善根生福生天乃至上上善根生色究竟於此諸處不可增減是故淨居唯應有五有說第四靜慮有九品煩惱若於九品全未伏者生無雲天伏上上品者生福生天乃至伏下中品者生色究竟無有伏下下品而受生者是故淨居唯有五種問頗有雜修靜慮而不生淨居耶答有謂雜修靜慮已或成現法般涅槃或退生下地或進生無色界此謂不樂淨居而雜修靜慮者問頗有具起五品雜修靜慮而生無雲天等耶答有謂有先生無雲次生福生次生廣果後乃次第生五淨居

阿毗達磨大毗婆沙論卷第一百七十五　第十九張

說一切有部發智大毗婆沙論卷第一百七十五

乙巳歲高麗國大藏都監奉

勅彫造

阿毗達磨大毗婆沙論卷第一百七十五　第二十張

阿毗達磨大毗婆沙論卷第一百七十五

校勘記

一　底本，麗藏本。

一　五三三頁上一三行第八字「皆」，諸本(不含石，下同)無。

一　五三四頁上一七行「二事」，諸本作「三事」。

一　五三四頁中三行「答有說」，諸本作「有說」。下同。

一　五三四頁中一四行第一一字「初」，清作「切」。

一　五三四頁下五行第七字「法」，諸本無。

一　五三五頁上六行「奴僕」，諸本作「童僕」。

一　五三五頁上七行「所集」，資、磧作「所生」。

一　五三六頁中一七行末字「離」，資、南作「雜」。一八行第一一字同。

一　五三六頁下一三行「後漸減」，資、普、徑作「復漸減」；磧、南、清作

「復漸滅」。

一　五三六頁下二〇行第五字「刹」，資作「利」。

一　五三七頁下一〇行第六字「爲」，諸本無。

一　五三七頁下一九行「離染」，諸本作「離染」。

一　五三八頁上二行第二字「修」，南、徑、清無。

一　五三八頁上九行第六字「入」，諸本作「入淨」。

一　五三八頁上一二行第一一字「滿」，資、磧、普作「漏」。

一　五三九頁上九行第一一字「下」，清作「不」。

趙城縣廣勝寺

阿毗達磨大毗婆沙論卷第一百七十六　靜

五百大阿羅漢等造

三藏法師玄奘奉　詔譯

定蘊第七中不還納息第四之三

如施設論說有五淨居謂無煩無熱善現善見色究竟天云何無煩天謂無煩天一類伴侶衆同分依得事得處得及已生彼天無覆無記色受想行識是名無煩天問彼天何故名無煩耶答彼是假名假想名施設想施設隨欲而立不必如名悉有其義復次彼天身無煩擾心無煩擾一期領受純寂靜樂非下所有故名無煩復次彼天審見苦真是苦集真是集滅真是滅道真是道離下所起麁重煩惱故名無煩復次煩者謂廣即廣果天令此天審初超彼故名無煩天云何無熱天謂無熱天一類伴侶乃至廣說問彼天何故名無熱耶答彼是假名假想乃至廣說復次彼天身無熱惱心無熱惱一期領受純清涼樂非下所有故名無熱復次彼天審見

苦真是苦乃至道真是道離下所起煩惱蒸熱故名無熱復次無煩天中隣近下地所起增上煩惱火故猶名為熱此超彼故名無熱天云何善現天謂善現天一類伴侶乃至廣說問彼天何故名善現耶答彼是假名假想乃至廣說復次彼天形色端正妙好過下二天故名善現復次彼天審見苦真是苦乃至道真是道離諸垢濁心淨顯了故名善現復次彼得上品雜修靜慮善麁顯故名善現天云何善見天謂善見天一類伴侶乃至廣說問彼天何故名善見耶答彼是假名假想乃至廣說復次彼天形色轉復妙好衆所樂觀故名善見復次彼天審見苦真是苦乃至道真是道離諸垢濁心轉淨了故名善見復次彼得上勝圓滿品雜修靜慮所得善法轉麁顯故名善見天云何色究竟天謂色究竟天一類伴侶乃至廣說問彼天何故名色究竟答彼是假名假想乃至廣說復次彼天形色審為勝妙餘不及故名色究竟復次彼天

審見苦真是苦乃至道真是道離諸垢濁諸餘色天所不及故名色究竟復次彼得上極圓滿品雜修靜慮餘色界善根所不能及故名色究竟復次彼天於有色界冣尊冣勝冣極故名色究竟復次彼亦名為礙究竟天礙者謂積集色彼於此礙冣尊冣勝冣極故名礙究竟復次彼亦名為頂究竟天是一切有色頂亦是究竟故問淨居天生為由業感為由雜修靜慮耶若尒何失若由業者雜修靜慮則為唐捐若由雜修靜慮者便與品類足論所說相違如彼說雜修靜慮及由業故生淨居天乃至廣說有作是說彼由業感問雜修靜慮豈不唐捐荅由雜修靜慮業得決定故非唐捐復次要雜修靜慮後乃能引彼思業現前由此能引彼衆同分有餘師說由雜修靜慮問品類足說當云何通荅即雜修靜慮以業聲說復次彼論先說雜修靜慮者為顯先時入彼定故後說及由業故生淨居者為顯後時即由彼力生淨居故如是說者

亦由業力亦由雜修靜慮謂雖有思業現前若不雜修靜慮則不得生彼雖有雜修靜慮若無思業現前亦不得生彼是故要有思業牽引雜修靜慮令決定方得生彼

諸學彼一切為得未得而學耶設為得未得而學彼一切學耶荅應作四句問何故作此論荅始縛迦經是此論根本彼說學所學故名學勿有生疑諸有學者學所學時乃名為學住本性時不名為學諸無學者住本性時乃名無學學所學時不名無學欲令此疑得決定故顯諸學者有住本性諸無學者亦學所學故作斯論有學非為得未得而學謂學住本性有二因緣名住本性一守賢善性而無退轉二守自分德而不進修今但說不進修名住本性謂預流者不進修一来果加行一来者不進修不還果加行不還者不進修阿羅漢果加行信勝解不求作見至又諸學者不求起所未得不淨觀持息念念住三義觀七處善靜慮無量無色解脫勝處

遍處不引發諸通不雜修靜慮不入滅盡定不受持讀誦素怛纜毗奈耶阿毗達磨亦不授與他不住阿練若處思惟觀察素怛纜毗奈耶阿毗達磨亦不經營佛法僧事是謂學非為得未得而學問彼何因緣不學所學荅彼或長病或闕資緣作是思惟我已越度無量生死唯餘七有或餘一有或念我已出欲淤泥唯餘上界少許生在今既患苦或資緣闕幸可少息何遽進修由此學者不學所學有為得未得而學彼非學謂阿羅漢及異生進求上法此中上法謂勝功德即時解脫求作不動及阿羅漢起所未得不淨觀持息念念住三義觀七處善靜慮無量無色解脫勝處遍處引發諸通雜修靜慮入滅盡定起無礙解無諍願智邊際定空空無願無願無相無相受持讀誦素怛纜毗奈耶阿毗達磨若授與他若住阿練若處思惟觀察素怛纜毗奈耶阿毗達磨或復經營佛法僧事及異生求離欲染色染無色一分染或起不淨觀

阿毗達磨大毗婆沙論卷第百七十六 第六張

持息念念住三義觀七處善煗頂忍世第一法靜慮無量無色解脫勝處遍處引發諸通入無想定受持讀誦素怛纜毗奈耶阿毗達磨若授與他若住阿練若處思惟觀察素怛纜毗奈耶阿毗達磨或復經營佛法僧事是謂為得未得而學彼非學問何故阿羅漢復學所學答彼雖不為斷煩惱故學而以愛樂勝功德故學有學亦為得未得而學謂學進求上法即預流者進修一来果加行廣說乃至或復經營佛法僧事是謂學亦為得未得而學有非學亦非為得未得而學謂阿羅漢及異生住本性即時解脫不求作不動廣說乃至亦不經營佛法僧事及異生不求離欲界染廣說乃至亦不經營佛法僧事是謂非學亦非為得未得而學

諸無學彼一切不為得未得而學耶設不為得未得而學彼一切無學耶答應作四句有無學非不為得未得而學謂阿羅漢進求上法即時解脫求作不動及阿羅漢起所未得不淨

阿毗達磨大毗婆沙論卷第百七十六 第七張

觀持息念廣說乃至或復經營佛法僧事是謂無學非不為得未得而學有不為得未得而學彼非無學謂學及異生住本性即預流者不進修一来果加行廣說乃至亦不經營佛法僧事及異生不為離欲界染廣說乃至亦不經營佛法僧事是謂不為得未得而學彼非無學有無學亦不為得未得而學謂阿羅漢住本性即時解脫不求作不動及阿羅漢不求起所未得不淨觀持息念廣說乃至亦不經營佛法僧事是謂無學亦不為得未得而學有非無學亦非不為得未得而學謂學及異生進求上法即預流者進修一来果加行廣說乃至或復經營佛法僧事及異生求離欲界染廣說乃至或復經營佛法僧事是謂非無學亦非不為得未得而學

問為學所學故名學為得學法故名學設尒何失若學所學故名學者此文云何通如說學住本性若得學法故名學者經說云何通如說學所學故名學有說得學法故名學謂若學

阿毗達磨大毗婆沙論卷第百七十六 第八張

若不學但成就學法即名為學問若尒經說當云何通答彼經但依現學者說不說一切復次彼經依意樂不息故作是說謂諸學者若起善心若起不善無記心若起加行若不起加行彼一切學意樂未甞廢息以不永捨加行故如行路者蹔休息時他問何往答言往某彼亦以意樂不息故雖住言往此亦如是有說學所學故名學問若尒此文云何通如說學住本性答此依蹔息加行而說然以意樂不捨學故名學所學復次學住本性時雖不起學心心所等而其學得恒時現行依此義故名學所學問若學者不學無學者學云何建立學無學異答於聖位中約斷煩惱立學無學不依修勝功德是故有異

順流是何義乃至廣說問何故作此論答為欲分別契經義故如契經說有四補特伽羅一順流二逆流三中住四到彼岸契經雖作是說而不廣分別彼經是此論所依根本彼所不說者今應說之故作斯論順流是何

義荅於諸生諸趣諸有諸種類諸生死為支為門為事為道為迹向是順流義逆流是何義荅於諸生諸趣諸有滅種類滅生死滅為支為門為事為道為迹向是逆流義流有多種或說聖道名流或說業名流或說愛名流或說生死名流此中流者但說生死又契經說順流云何謂習諸欲及造惡業逆流云何謂不習諸欲不造惡業當知彼經依一生建立順流逆流此中所說依多生建立順流逆流復次彼經依蹔時起欲惡離欲惡建立順流逆流是故未離欲染聖者亦名順流已離欲染異生亦名逆流此中所說依長時向生死背生死建立順流逆流是故有已離色染者而名順流有未離欲染者而名逆流諸生者謂四生諸趣者謂五趣諸有者謂三有諸種類者謂地處等種類差別諸生死者謂無始時來乃至後際流轉差別為支者謂十二有支為門者謂業煩惱為事者謂所依止為道者謂趣生死道為迹向者謂趣薩迦耶

集迹向此中前五句顯生死後五句顯生死長養生死攝受生死任持生死無斷絕生死增益隨順如引河流而無有盡逆流義中生等五種如前說差別者於彼得滅為支者謂八聖道支為門者謂不淨觀持息念等為事者謂三解脫門為道者謂趣生死滅道為迹向者謂趣薩迦耶滅迹向此中前五句顯生死滅後五句顯能摧滅生死非長養能棄背生死非攝受能散壞生死非任持能斷絕生死非無斷絕能損減違逆生死非增益隨順如決陂潢漸令枯涸問齊何名順流逆流者有說乃至苦法智忍未生名順流者已生名逆流者有說乃至世第一法未生名順流者已生名逆流者有說乃至增上忍未生名順流者已生名逆流者有說乃至忍法有說乃至頂法有說乃至煖法有說乃至念住有說乃至不淨觀持息念等未生名順流者已生名逆流者如是說者若未種順解脫分善根名順流者已種順解脫分善根名逆流者

所以者何無量有情雖能惠施沙門婆羅門貧窮孤獨遠行疲極及苦行者種種飲食衣服卧具醫藥房舍燈明香花及諸珍寶種種所須又設無遮祠祀大會如吠羅摩不對强等彼由不種順解脫分善根故於生死長夜受彼果已還生餓鬼中受飢渴苦經百千歲乃至不聞飲食之名或生人中貧窮下賤多諸苦惱或復見有無量有情護持禁戒學習多聞受持讀誦素怛纜毗奈耶阿毗達磨通達文義分別解說又能傍通世俗諸論所謂記論因論王論諸醫方論工巧論等或復兼善外道諸論所謂勝論數論明論順世間論離繫論等彼由不種順解脫分善根故於生死長夜受彼果已還生傍生趣中作諸牛羊駞驢身等愚癡盲瞑乃至不能言或生人中盲聾瘖瘂闇鈍無智或復見有無量有情修習諸定或離欲染或離色染或離無色一分染住八等至起四無量引發五通彼由不種順解脫分善根故於生死長夜受彼果已

門生非想非非想處經八万大劫受寂靜樂從彼命終由惡業力生彼阿練若苦行林中作著翅飛狸捕食禽獸水陸空行無得免者由此惡行命終當墮無間地獄具受種種難忍劇苦佛不記彼得解脫時由此故說雖住苦行林中而名順流者雖處五欲境界而名逆流者此中有喻如人賫二器行一金二瓦脚跌而倒二器俱破其人尒時不惜金器而惜瓦器以是嗤恨人問其故彼具荅之人復詰言金器破壞汝能不惜何乃傷惜一瓦器耶彼復荅言汝誠愚癡所以者何金器破已雖失器形不失器體還付金師可令如本或勝於本瓦器破已形體俱失雖付陶師乃至不堪復作燈醆況本器乎是故我今不歎金器而惜瓦器如是天授已種順解脫分善根故雖造衆惡生地獄中而當成獨覺勝舍利子等如彼金器破已還成猛喜子不種順解脫分善根故雖離八地染生有頂天而終墮惡趣未期解脫如彼瓦器破已不收是故

未種順解脫分善根者名為順流已種順解脫分善根者名為逆流問順解脫分善根在有情身其相微細已種未種云何可知荅以相故知彼有何相謂若聞善友說正法時身毛為竪悲泣流淚猒離生死欣樂涅槃於法法師深生愛敬當知決定已種順解脫分善根若不能如是當知未種此中有喻如人於田畦中下種子已經久生疑我此畦中曾下種不躊躇未決傍人語言何足猶豫汝今但可以水灌漬以糞覆之彼若生芽則知已種不然則不彼如其言便得決定如是行者自疑身中曾種解脫種子已不時彼善友而語之言汝今可往至說法所若聽法時身毛為竪悲泣流淚乃至於法法師生愛敬者當知已種解脫種子不然則不故由此相可得了知

自住是何義荅非於諸生乃至諸生死為支乃至為迹向亦非於生滅乃至生死滅為支乃至為迹向是自住義此謂少分所作已辦或一切所作

還生地獄受諸劇苦或傍生趣作大蟒身吐毒熾然崩巖裂石或生人中作旃荼羅補羯娑等造織惡業諸如是等雖曾受福還退墮故皆名順流若諸有情或但惠施一摶之食或唯受持一日夜戒或乃至誦四句伽他或須臾間修定加行而能種殖順解脫分善根由此後時雖因煩惱造作種種身語意惡行或作無間業或復斷滅一切善根乃至身中無有少許白法種子墮無間獄受種種苦而得名為住涅槃岸以彼必得般涅槃故此中有喻如釣魚人以食為餌置於鈎上著深水中有魚吞之彼魚尒時雖復遊戲或入穴中當知已名在彼人手不久定當至岸上故由此故說寧作提婆達多墮無間獄不作嗢達洛迦邏摩子生非想非非想天所以者何提婆達多雖造三無間業斷諸善根墮無間獄而於人壽四万歲時當得獨覺菩提利根勝舍利子等嗢達洛迦邏摩子雖離八地染住八等至極奢摩他垂越三有近甘露

已辨意樂熟息或究竟息不同順流及逆流者於生死涅槃各作所作意樂不息故名自住即是住自分義諸阿羅漢彼一切自住耶設自住彼一切阿羅漢耶荅諸阿羅漢彼一切皆自住彼為住何處謂住離非想非非想處染阿羅漢果一切結盡斷遍知中有自住非阿羅漢謂不還彼為住何處謂住離欲染不還果五順下分結盡斷遍知中如世尊言

永斷五煩惱　學滿無引法　得自在定根

是人名自住

五煩惱者謂五蓋及五順下分結不還已盡故言永斷學滿者謂果滿根滿非等至滿無引法者謂欲界業煩惱所不能引得自在者謂得心自在即是於他心智證通得自在究竟義得定根者謂成就靜慮所攝三摩地根是人名自在住者謂住離欲染不還果五順下分結盡斷遍知中

諸得極禁彼一切得極迹耶設得極迹彼一切得極禁耶荅諸得極禁彼一切得極迹所以者何無學尸羅名

為極禁四種神足名為極迹諸有已得無學尸羅必亦逮得四神足故有得極迹非得極禁謂不還如世尊言云何苾芻得極迹謂於五順下分結永斷遍知所以者何以不還者已得四神足未得無學尸羅故或作是說諸得極迹彼一切到彼岸耶設到彼岸彼一切得極迹耶荅諸得極迹彼一切到彼岸所以者何一切結盡名為極迹如契經說迹謂涅槃永斷五結不復輪迴生死名到彼岸諸阿羅漢身已作證名得極迹已斷五順上分結不復輪迴三界生死名到彼岸有到彼岸非得極迹謂不還如世尊言云何苾芻名到彼岸謂於五順下分結永斷遍知以斷此故不復輪迴欲界生死名到彼岸復次阿羅漢於三界再到彼岸謂斷三界見所斷修所斷時不還者於欲界亦再到彼岸謂斷欲界見所斷修所斷時而未得涅槃故不名得極迹或作是說諸阿羅漢彼一切盡源底耶設盡源底彼一切阿羅漢耶荅諸阿羅漢彼一切

盡源底有盡源底非阿羅漢謂不還如世尊言云何苾芻盡源底謂於五順下分結永斷遍知此中二釋如到彼岸說

齊何名菩薩乃至廣說問何故作此論荅為欲分別契經義故如契經言有一有情是不愚類是聰慧類謂菩提薩埵雖作是說而不分別齊何名菩薩得何名菩薩彼契經是此論所依根本彼所不說者今應說之故作斯論復次為斷實非菩薩起菩薩增上慢故而作斯論所以者何有諸有情以一食施或以一衣或一住處乃至或以一楊枝施或受持一戒或誦一伽他或一攝心觀不淨等便師子吼作如是言我因此故定當作佛為斷如是增上慢故顯雖經於三無數劫具修種種難行苦行若未修習妙相業者猶未應言我是菩薩况彼極劣增上慢者是故菩薩乃至初無數劫滿時雖具修種種難行苦行而未能決定自知作佛第二無數劫滿時雖能決定自知作佛而猶未敢發無

阿毗達磨大毗婆沙論卷第一百七十六　第十八張　靜字号

畏言我當作佛第三無數刼滿已修妙相業時亦決定知我當作佛亦發無畏師子吼言我當作佛齊何名菩薩答齊能造作增長相異熟業問若諸有情發阿耨多羅三藐三菩提心能不退轉從此便應說為菩薩何故乃至造作增長相異熟業方名菩薩耶答若於菩提決定及趣決定乃名真實菩薩從初發心乃至未修妙相業來雖於菩提決定而趣未決定未得名為真實菩薩要至修習妙相業時乃於菩提決定趣亦決定是故齊此方名菩薩復次修妙相業時若人若天共識知彼是菩薩故名真菩薩未修妙相業時唯天所知是故未得名真菩薩復次修妙相業時捨五劣事得五勝事一捨諸惡趣恒生善趣二捨下劣家恒生貴家三捨非男身恒得男身四捨不具根恒具諸根五捨有忘失念恒得自性生念由此得名真實菩薩未修妙相業時與此相違是故不名真實菩薩問菩薩得此自性生念有何利益耶答菩薩得此

阿毗達磨大毗婆沙論卷第一百七十六　第十九張　靜字号

自性生念雖有情過積集多聞深信因果善攝徒衆所說教誡終不唐捐菩提資粮轉復圓滿是為利益得何名菩薩答得相異熟業問何故復作此論答欲令疑有得決定故謂先作是說齊能造作增長相異熟業名為菩薩勿有生疑雖齊此位名為菩薩而菩薩名或由證得其餘勝法欲顯即由相異熟業得菩薩名不由餘法故作斯論問由阿耨多羅三藐三菩提故名菩提薩埵何故未證得時此名隨轉及證得已便不隨轉而更名佛陁耶答由此薩埵未得阿耨多羅三藐三菩提時以增上意樂恒隨順菩提趣向菩提親近菩提愛樂菩提尊重菩提渴仰菩提求證欲證不懈不息於菩提中心無蹔捨是故名為菩提薩埵彼既證得阿耨多羅三藐三菩提已於求菩提意樂加行並皆止息唯於成就覺義為勝一切染汙不染汙癡皆永斷故覺了一切勝義世俗諸介焰故復能覺悟無量有情隨根欲性作饒益故由如是等覺義

阿毗達磨大毗婆沙論卷第一百七十六　第二十張　靜字号

勝故名為佛陁不名菩薩復次薩埵是勇猛者義未得阿耨多羅三藐三菩提時恒於菩提精進勇猛求欲速證是故名為菩提薩埵既得阿耨多羅三藐三菩提已便於菩提勇猛心息唯覺義勝故名佛陁以能成就寂勝覺故

說一切有部發智大毗婆沙論卷第一百七十六

阿毗達磨大毗婆沙論卷第一百七十六

校勘記

一　底本，金藏廣勝寺本。

一　五四二頁上一四行第一三字「有」，麗作「答有」。

一　五四二頁中五行第二字「令」，諸本(不含石，下同)作「令其」。

一　五四二頁下八行「越度無量」，資、磧、普、南、徑、清作「超越度量」。

一　五四三頁上九行「功德」，資、磧、普、南、徑、清作「功德勝」。

一　五四三頁中末行「有說」，麗作「答有說」。

一　五四三頁下末行「順流」，麗作「問順流」。

一　五四四頁上三行「諸趣諸」，諸本作「滅趣滅」。

一　五四四頁中一行首字「集」，資、磧、普、南、徑、清作「進」。

一　五四四頁中一二行「損減」，資、磧、普、南、徑、清作「損滅」。

一　五四五頁上一四行「鈎上」，資、南作「鈞上」。

一　五四五頁中二行「生彼」，資、磧、普、南、徑、清作「生法」。

一　五四五頁中七行第七字「名」，資、磧、普、南、徑、清作「得」。

一　五四五頁下二一行「爲支」，資、磧、南、徑、清作「爲友」。二二行同。

一　五四六頁上四行「阿羅漢」，麗作「問阿羅漢」。

一　五四六頁上一九行第六字「在」，麗無。

一　五四七頁中二行「教誡」，諸本作「教誡」。

一　五四七頁中五行第七字「有」，諸本作「者」。

阿毗達磨大毗婆沙論卷第一百七十七

五百大阿羅漢等造

三藏法師玄奘奉　詔譯

定蘊第七中不還納息第四之四

問相異熟業以何為自性為身業為語業為意業耶答三業為自性然意業增上有說唯意業為自性非身語業所以者何此業猛利身語業鈍故問相異熟業為在意地為五識身耶答在意地非五識身所以者何此業有分別要觀察已行五識無分別隨境界力起故問相異熟業為加行得為離染得為生得耶答唯加行得非離染得非生得所以者何此業必在三無數劫脩諸波羅蜜多圓滿身中加行功用作意後而得故有說此業加行得亦生得但非離染得問相異熟業為聞所成思所成脩所成耶答唯思所成非聞非脩所以者何此業勝故非聞所成欲界繫故非脩所成有說此業通聞思所成但非脩所成問相異熟業何處起耶答在欲界非餘界在人趣非餘趣在贍部洲非餘洲依何身起者依男身起非女身等於何時起者佛出世時非無佛世緣何境起者現前緣佛起勝思願不緣餘境問三十二大丈夫相為一思所引為多思耶若尒何失若一思所引者云何少業能引多果施設論說復云何通如說如是類業能感足下平滿善住相乃至如是類業能感頂上烏瑟膩沙相若多思所引者云何一衆同分不分分別引耶有說一思所引問云何少業能感多果答先以一思牽引後以多思圓滿是故無過譬如畫師先以一色作摸後填衆彩問施設論說復云何通答彼論說圓滿業不說牽引業故無過然三十二大丈夫相是衆同分圓滿業果非衆同分牽引業果有說多思所引問云何一衆同分不分分別引耶答尒時菩薩能一法心於一所依所緣行相有多思轉於中有思能感足下平滿善住相乃至有思能感頂上烏瑟膩沙相如是說者三十二思引三十二大

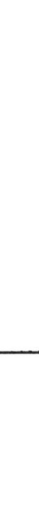

丈夫相一一復以多業圓滿問菩薩所起三十二思於諸相中先引何相有說先引足下平滿善住相後引餘相先安其足後乃餘故有說先引目紺青相先以慈眼觀世間故如是說者此則不定隨此相緣合則引此相三十二大丈夫相者一足善住相謂佛足下平滿不凹不凸於践躡時等案觸地是故唯佛跡相分明惡心欲去終不能滅諸在家者若有此相必為人王賓伏率土諸出家者若有此相必為法王化導一切二者千輻輪相謂佛於雙足下有文如輪千輻具足轂輞圓滿分明巧妙妙業天子雖極作意不能擬之而别化作所以者何妙業天子所化作事是無覆無記智所引此相是純淨業所引故復次彼天所作是生得智所引此相是增上加行智所引故復次彼天所作是一生所習智所引此相是無量生所習智所引故三者指纖長相謂佛其指纖長臃而漸銳節不麁現並時無隙安布得中光澤圓滿四者足跟圓長相謂佛足跟圓長端嚴廣直五者手足細輭相謂佛手足細輭如妬羅綿六者手足網縵相謂佛手足指間皆有網縵猶如鵝王指若合時網即不現而無皴緩開時便現而無孿急七者足趺端厚相謂佛足趺圓厚向指臃寫兩邊端真與跟相稱躡時不廣足下如紅蓮華色網内邊如綵樹文爪甲如赤銅葉色網外邊作真金色網毛紺潤如吠琉璃故佛雙足猶如寶履衆寶莊嚴光明微妙八者毉泥耶蹲相謂佛蹲腿圓直漸下臃細如毉泥耶鹿王蹲九者勢峯藏密相謂佛勢峯藏密猶如馬王若尒云何所化得見有說世尊愍所化故方便示之有說世尊化作象馬陰藏殊妙告所化言如彼我亦尒十者身分圓滿相謂佛身分圓滿如諾瞿陁樹如從臍至頂如是從臍至足上下相稱十一者身毛上靡相十二者孔生一毛相十三者身毛右旋相謂佛身諸毛孔各生一毛如吠琉璃其色紺潤究轉右旋毛端上靡所以一一毛孔唯一毛者以菩薩時不乱說法故十四者身真金色相謂佛身真金色映奪世間一切金光令不復現如今時人所用鐵等於今時所用金邊威光不現今時所用金至佛在世時所用金邊威光不現佛在世時所用金若至大海轉輪王路金砂贍部捺陁金邊威光不現此金砂金若至七金山金邊威光不現七金山金至妙高山王金邊威光不現妙高山王金至三十三天莊嚴具金邊威光不現如是展轉乃至樂變化天莊嚴具金至他化自在天莊嚴具金邊威光不現此他化自在天莊嚴具金若至佛身金邊威光不現是故佛身金色最勝映奪一切世間金色十五者常光一尋相謂佛身分周帀常有光明面各一尋晝夜恒照十六者皮膚細滑相謂佛皮膚細滑塵水不住如吠琉璃及蓮華葉設佛以足蹈於塵山吠嵐婆風於中擊坌欲令佛身及佛足下一塵染著無有是處十七者七處充滿相謂佛七處充滿於餘身分此為少

增兩手兩足兩肩及項是為七處十八者身廣洪直相謂佛身廣洪直不傴不僂亦不傍敧端雅充實十九者師子上身相謂佛胷臆分齊方廣威肅如師子王上半身分二十者肩髆圓滿相謂佛肩髆圓滿非諸捔力姝壯力士之所能及二十一者立手摩膝相謂佛平立舒手摩自膝輪二十二者師子頷輪相謂佛頷輪廣好如師子王二十三者具四十齒相二十四者齒齊平密相二十五者牙齒鮮白有光明相謂佛具四十齒皆悉齊平中無間隙如毛髮許其色鮮白光明晈映如雪山王問餘人但有三十二齒而說彼身中有一百三骨佛具四十齒何故亦言身中有一百三骨而不增耶答餘人頭骨九分合成世尊頭骨但有一段是以俱有一百三骨二十六者得最上味相謂佛舌根淨故令所飲食變成上味有說佛舌根上有一切世間悅意美妙勝味種子若諸苦酢等物至舌根時此種雜變皆成上味有說如來舌根有如是勢力若諸飲食來至舌根於中悅意美妙性者便生舌識麁鄙性者不生舌識有說佛咽喉中有二乳泉若飲食時其乳流出雜諸飲食皆成上味然於此中舌根淨故令味殊勝此理應然二十七者廣長舌相謂佛舌相薄輭廣長出時覆面至耳髮際若還入口而於口中無所妨礙二十八者目紺青相謂佛眼目脩廣其色紺淨如蘇闍多青蓮花葉二十九者牛王睫相謂佛眼睫安布善好猶如牛王三十者烏瑟膩沙相謂佛頂髻骨肉合成量如覆拳青圓殊妙三十一者眉間白毫相謂佛眉間白毫長半尋量右旋宛轉光明清徹三十二者得梵音聲相謂佛於喉藏中有妙大種能發悅意和雅梵音如羯羅頻迦鳥及發深遠雷震之聲如帝釋鼓如是音聲具八功德一者深遠二者和雅三者分明四者悅耳五者入心六者發喜七者易了八者無猒

問相是何義答摽幟義是相義殊勝義是相義祥瑞義是相義

問何故大丈夫相唯三十二不增不減耶脅尊者說曰若增若減俱亦生疑唯三十二亦不違法相有說三十二者世間共許是吉祥數故不增減有說若三十二相莊嚴佛身則於世間最勝無比若當減者便為閒少若更增者則亦雜亂皆非殊妙故唯尒所如佛說法不可增減佛相亦尒無減可增無增可減故問八十隨好為在何處答在諸相間隨諸相轉莊嚴佛身令極妙好問相與隨好不相障奪耶答不尒相與隨好更相顯發如林中花顯發諸樹佛身如是相好莊嚴又如金山衆寶雜飾如是佛身威光奇特以如來身極鑒淨故諸祥瑞物皆現其中如至那鏡極磨瑩已隨物遠近影像皆現佛身亦尒是故一切諸魔外道懷惡心者至佛處時無不瞻仰覩之無猒右繞而去問菩薩於身為有愛慢而莊嚴耶答不尒問云何答菩薩為欲降伏世間恃色憍慢不受化者令受化故以諸相好而莊嚴身復次為顯佛所有法皆殊勝

故謂色力族姓眷屬名譽財富自在智見功德皆悉殊勝若不尒者則所說法無人信受是故菩薩莊嚴其身復次欲與阿耨多羅三藐三菩提作所依器故所以者何殊勝功德决定依止殊勝之身彼未來阿耨多羅三藐三菩提義語菩薩言汝欲令我在身中者先令汝身清淨殊勝以諸相好而莊嚴之若不尒者我亦不能於汝身生譬如有人欲娉王女迎至室宅彼審遣使而語之言汝欲令我至尒者我亦不能至汝舍宅是故菩薩舍宅者先應灑掃除去鄙穢懸繒幡蓋燒香散花種種莊嚴吾乃往若不莊嚴其身問菩薩造作增長相異熟業已中間或作轉輪王時為即所修相異熟業感彼相果為餘業耶有說即以所修相異熟業以此業功能廣大假設至今恒作輪王而彼業勢亦不盡故如是說者彼以餘業所以者何菩薩修相異熟業皆為於冣後身受殊勝果未便受用然由彼業為增上造餘善業感輪王相果譬如大富長者多諸珎寶其中大價寶珠未便出用餘輕價者隨時貿易彼亦如是問菩薩所得三十二相與輪王相有何差別荅菩薩所得有四事勝一熾盛二分明三圓滿四得處復次有五事勝一得處二極端嚴三文象深四隨順勝智五隨順離染問菩薩造作增長相異熟業已未至冣後身來於諸有情有異相可識知不荅有謂生貴族形貌端嚴具丈夫身諸根圓滿得宿命念深信因果憙樂多聞尊重正法智見猛利有勝辯才志性調柔言音和雅所作決定終無退屈見他受苦情不堪忍要當拔濟所修無不迴向菩提樂與有情作饒益事而不求報此等名為彼菩薩相問如契經說佛一一相百福莊嚴何謂百福荅此中百思名為百福何謂百思謂如菩薩造作增長足善住相業時先起五十思修治身器令淨調柔次起一思正牽引彼後復起五十思令其圓滿譬如農夫先治畦壠次下種子後以糞水而覆溉之彼亦如是如足善住相業有如是百思莊嚴乃至頂上烏瑟膩沙相業亦復如是由此故說佛一一相百福莊嚴問何者是五十思耶荅依十業道各有五思謂依離煞業道有五思一離煞思二勸導思三讚美思四隨喜思五迴向思謂迴所修向菩提故乃至正見亦尒是名五十思有說依十業道各起下中上上勝上極五品善思如離修靜慮有說依十業道各起五思一加行淨二根本淨三後起淨四非尋所害五念攝受有說緣佛一相起五十刹那未曾習思相續而轉問如是百福一一量云何有說若業能感轉輪王位於四大洲自在而轉是一福量有說若業能感天帝釋位於二天衆自在而轉是一福量有說若業能感他化自在天王位於一切欲界天衆自在而轉是一福量有說若業能感大梵天王位於初靜慮及欲界天衆自在而轉是一福量有說娑訶世界主大梵天王勸請如來轉法輪福是一福量問彼請佛時是欲界繫無覆無記心云

何名福有說彼住梵世欲來請時先起如是善心我當為諸有情作大饒益請佛轉法輪尒時即名得彼梵福此不應理所以者何非未作時已成就故如是說者彼請佛已還至梵宮後世尊轉法輪時地神先唱如是展轉聲徹梵宮梵王聞已歡喜自慶發淳淨心而生隨喜尒時乃名成就此福有說世界成時一切有情業增上力能感三千大千世界是一福量有說除近佛地菩薩餘一切有情所有能感富樂果業是一福量有說此中一一福量應以喻顯假使一切有情皆悉生盲有一有情以大方便令俱得眼彼有情福是一福量復次假使一切有情皆飲毒藥悶乱將死有一有情令皆除毒心得醒悟彼有情福是一福量復次假使一切有情皆被縛録臨當斷命有一有情俱令解脫一時得命彼有情福是一福量復次假使一切有情壞戒壞見有一有情能令俱時戒見具足彼有情福是一福量評曰如是所說皆是淳淨意樂方便讃美菩薩福量然皆未得其實如實義者菩薩所起一一福量無量無邊以菩薩三無數劫積集圓滿諸波羅蜜多已所引思願極廣大故唯佛能知非餘所測如是所說廣大量福具足百莊嚴一相展轉乃至三十二相皆具百福佛以如是三十二百福莊嚴相及八十隨好莊嚴其身故於天上人中㝡尊㝡勝

問此相異熟業經於幾時修習圓滿荅多分經百大劫唯除釋迦菩薩以釋迦菩薩極精進故超九大劫但經九十一劫修習圓滿便得無上正等菩提其事云何如契經說過去有佛号曰底砂或曰補砂彼佛有二菩薩弟子勤修梵行一名釋迦牟尼二名梅怛儷藥尒時彼佛觀二弟子誰先根熟即如實知慈氏先熟能寂後熟復觀二士所化有情誰根先熟又如實知釋迦所化應先根熟知已即念我今云何令彼機感相會遇耶然令一人速熟則易非令多人作是念已便告釋迦吾欲遊山汝可隨去尒時彼佛取尼師檀隨路先往既至山上入吠琉璃龕敷尼師檀結跏趺坐入火界定經七晝夜受妙喜樂威光熾然釋迦須臾亦往山上處處尋佛如犢求母展轉遇至彼龕室前欻然見佛威儀端肅光明照曜專誠懇發喜歎不堪於行無間忘下一足瞻仰尊顔目不暫捨經七晝夜以一伽他讚彼佛曰

天地此界多聞室　逝宮天處十方無
丈夫牛王大沙門　尋地山林遍無等

如是讃已便超九劫於慈氏前得無上覺問近佛地菩薩必於名句文身得未曾得巧妙自在應以別頌異門讃佛何故經七晝夜唯以一頌而讃佛耶荅菩薩尒時思願勝故不重文頌若改文頌則思願不淳復次菩薩尒時怖畏散乱如頌差別心亦異故云何而一心流注復次菩薩顯已心無猒倦能於一頌新新發起勝思願故問何故慈氏菩薩自根先熟所化後熟釋迦菩薩則與此相違耶荅慈氏菩薩多自饒益少饒益他釋迦菩

薩多饒益他少自饒益是故皆與所化不並問如契經說菩薩經三劫阿僧企耶修行四波羅蜜多方得圓滿此是何等劫耶有說是中劫有說是成劫有說是壞劫如是說者此是大劫積此大劫至一阿僧企耶如是至三阿僧企耶修習圓滿問此劫阿僧企耶量云何可知有說以大劫為一積此一至百千名洛叉至百百千名俱胝百千俱胝名那庾多百千那庾多名頻婆百千頻婆名建他此後非筭數智所及至此所不及位名一劫阿僧企耶量第二第三劫阿僧企耶量亦介有說以大劫為一積此一至百千名洛叉至百百千名俱胝百千俱胝名俱胝俱胝百千俱胝俱胝名阿喃喃俱胝百千阿喃喃俱胝名阿吒吒俱胝百千阿吒吒俱胝名阿庾多百千阿庾多名阿庾多分百千阿庾多分名那庾多百千那庾多名那庾多分百千那庾多分名俱物陁百千俱物陁名俱物陁分百千俱物陁分名鉢特摩百千鉢特摩名鉢特摩分

百千鉢特摩分名迦末羅百千迦末羅名迦末羅分百千迦末羅分名捺稚那百千捺稚那名捺稚那分百千捺稚那分名覩胝百千覩胝名覩胝分百千覩胝分名阿波波百千阿波波名阿波波分百千阿波波分名吒吒百千吒吒名吒吒分百千吒吒分名鄔伽百千鄔伽名鄔伽分百千鄔伽分名跋羅百千跋羅名跋羅分百千跋羅分名婆揭羅從此以後非筭數智所及至此所不及位名一劫阿僧企耶量第二第三劫阿僧企耶量亦介有說非筭數智所不及故名阿僧企耶然有契經說六十數於中有一數名阿僧企耶積大劫數至此數時名一劫阿僧企耶如彼經言有一無餘數始為一十一為十十十為百十百為千十千為鉢羅薛陁十鉢羅薛陁為洛叉十洛叉為䫂底洛叉十䫂底洛叉為俱胝十俱胝為末陁十末陁為阿庾多十阿庾多為大阿庾多十大阿庾多為那庾多十那庾多為大那庾多十大那庾多為鉢羅那庾多

十鉢羅那庾多為大鉢羅那庾多十大鉢羅那庾多為矜羯羅十矜羯羅為大矜羯羅十大矜羯羅為頻跋羅十頻跋羅為大頻跋羅十大頻跋羅為阿蒭婆十阿蒭婆為大阿蒭婆十大阿蒭婆為毗婆訶十毗婆訶為大毗婆訶十大毗婆訶為嗢蹭伽十嗢蹭伽為大嗢蹭伽十大嗢蹭伽為婆喝那十婆喝那為大婆喝那十大婆喝那為地致婆十地致婆為大地致婆十大地致婆為醯都十醯都為大醯都十大醯都為羯臘婆十羯臘婆為大羯臘婆十大羯臘婆為印達羅十印達羅為大印達羅十大印達羅為三磨鉢躭十三磨鉢躭為大三磨鉢躭十大三磨鉢躭為揭底十揭底為大揭底十大揭底為拈筏羅闍十拈筏羅闍為大拈筏羅闍十大拈筏羅闍為姥達羅十姥達羅為大姥達羅十大姥達羅為跋藍十跋藍為大跋藍十大跋藍為珊若十珊若為大珊若十大珊若為毗步多十毗步多為大毗步多十大毗步多為跋邏攙

十跋邏攙為大跋邏攙十大跋邏攙為阿僧企耶此後更有八數及前為六十數積一大劫至此第五十二阿僧企耶數時名一劫阿僧企耶第二第三劫阿僧企耶亦復如是有說尊者舍利子依第四靜慮起宿住隨念智通緣過去世齊所及劫為一劫阿僧企耶量第二第三劫阿僧企耶量亦介彼不應作是說以劫阿僧企耶量非舍利子等宿住智境故此中或說三劫阿僧企耶量皆是舍利子宿住智境故不應言齊彼智所及劫為一劫阿僧企耶量有說依一施行分別三劫阿僧企耶量謂若時菩薩雖行惠施而未能捨一切物施一切田齊此名為初劫阿僧企耶若時菩薩能行惠施亦能捨一切物而未能施一切田或能施一切田而未能捨一切物齊此名為第二劫阿僧企耶若時菩薩能行惠施亦能捨一切物及能施一切田齊此名為第三劫阿僧企耶有說依所逢事佛分別三劫阿僧企耶量謂過去久遠人壽百歲時有

佛名釋迦牟尼出現於世生刹帝利釋迦種中母名摩訶摩耶父名淨飯子名羅怙羅城名劫比羅筏窣覩多諸釋種侍者弟子名阿難陁第一雙弟子名舍利子大目揵連介時世間五濁增盛為生老死之所逼迫愚癡盲瞑無將導者彼佛世尊以悲願力於中出現精進增上化導有情未曾蹔息由如此故為風所薄肩背有疾時有陶師名曰廣熾佛知時至即告侍者阿難陁言吾今身疾不安汝可往廣熾陶師家求胡麻油及煗水為吾塗洗侍者敬諾往陶師家住廣熾前愛語問訊已方便讚佛種種功德勝戒定慧三十二相八十隨好圓光赫弈智見無礙辯才無滯復告廣熾如是世尊若不出家當為輪王王四洲界我及汝等一切世間皆為僕使然今棄捨如是王位出家苦行得阿耨多羅三藐三菩提具一切智見斷一切疑網施一切決定能盡一切問論源底規諸有情猶如一子今者在此不遠而住然為拔濟汝等苦故恒

涉道路為風所薄肩背勞積須油煗水故相造詣頗能施耶介時廣熾聞已踊躍歎未曾有如何人間有是功德即報尊者仁今且還我當如命自往佛所其去未久廣熾即辦生胡麻油及煗香水持往佛所佛遥見之為令彼人種善根故脫去餘衣唯留覦身踞机而待廣熾到已發淳淨心以所持油恭敬善巧塗佛肩背種種摩搦復以煗水香湯灌洗佛時風疾釋然除愈以慈軟音慰喻廣熾彼聞歡喜即發願言願我未來當得作佛名号眷屬時處弟子如今世尊等無有異當知彼陶師者即釋迦菩薩由本願故今名号等如昔不異然從彼佛發是願後乃至逢事寶髻如来是名初劫阿僧企耶滿從此以後乃至逢事然燈如来是名第二劫阿僧企耶滿復從此後乃至逢事勝觀如来是名第三劫阿僧企耶滿此後復經九十一劫修妙相業至逢事迦葉波佛時方得圓滿有說有三種阿僧企耶一劫阿僧企耶二生阿僧企耶三妙

行阿僧企耶劫阿僧企耶者謂以大劫為一積至洛叉俱胝展轉乃至過娑揭羅數生阿僧企耶者謂一一劫經無數生妙行阿僧企耶者謂一一劫修無數妙行由此三種阿僧企耶證無上覺此不應理如實義者此中但說經三劫阿僧企耶修行圓滿

說一切有部發智大毗婆沙論卷第一百七十七

阿毗達磨大毗婆沙論卷第一百七十七

校勘記

一　底本，金藏廣勝寺本。

一　五四九頁下八行第一一字「感」，磧作「惑」。

一　五四九頁下一一行「不分」，磧、南作「下分」。又「有說」，麗作「答有說」，次頁上三行同。

一　五四九頁下一四行第九字「摸」，磧、普、南、徑、清作「模」。

一　五五〇頁上四行第七字「乃」，磧、普、南、徑、清作「及」。

一　五五〇頁上七行「足善」，磧、普、南作「足下」；徑、清作「足下善」。

一　五五〇頁上一三行「千輻」，磧、普、南作「千輪」。

一　五五〇頁中六行「足趺」，磧、普、南、徑、清、麗作「足跌」。

一　五五〇頁中七行「端真」，磧、普、南、徑、徑、清、麗作「端直」。

一　五五〇頁中一〇行「綱毛」，磧、普、南、徑、清、麗作「細毛」。

一　五五〇頁中一一行「寶履」，磧、普、南、徑、清作「寶屐」。又末字「緊」，麗作「翳」，一三行第二字同。

一　五五〇頁下二一行「擊坌」，磧、普、徑作「繫坌」。

一　五五一頁上一行「及項」，磧、普、南、徑、清作「及頂」。

一　五五一頁上六行「捅力」，磧、普、南、徑、清作「角力」；麗作「捔力」。

一　五五一頁中一三行第五字「捲」，麗作「拳」。

一　五五一頁中二二行第七字「摽」，磧、普、南、徑、清作「標」；麗作「幖」。

一　五五二頁上一三行第一二字「徃」，磧、普、南、徑、清、麗作「可往」。

一　五五二頁上一七行「有說」，麗作「答有說」。本頁下一四行、次頁上一行及五五四頁上八行同。

一　五五三頁中六行第四字「百」，磧、

普、南、徑、清、麗作「滿百」。

一　五五三頁中一三行「九十一」，南、徑、清作「九十二」。

一　五五三頁下一九行第三字「而」，磧、普、南、徑、清、麗作「而得」。

一　五五四頁上三行第二字「仚」，磧、普、南、徑、清、麗作「企」。下同。

一　五五四頁中一〇行「婆揭羅」，磧、普、南、徑、清作「娑揭羅」。

一　五五四頁中一八行「十鉢」，磧作「七鉢」。

一　五五四頁下一七行「拈筏」，磧、普、南、徑、清、麗作「枯筏」。一八行同。

一　五五五頁下八行「踞机」，磧、普、南、徑、清作「踞几」。

一　五五六頁上三行「娑揭羅」，麗作「婆揭羅」。

阿毗達磨大毗婆沙論卷第一百七十八　靜

五百大阿羅漢等造

三藏法師玄奘奉　詔譯

定蘊第七中不還納息第四之五

問如說菩薩經三劫阿僧企耶修四波羅蜜多而得圓滿謂施波羅蜜多戒波羅蜜多精進波羅蜜多般若波羅蜜多當言於何時分修何波羅蜜多而得圓滿荅有說若菩薩行布施時不為慳悋之所屈伏當言施波羅蜜多圓滿持淨戒時不為惡戒之所陵雜當言戒波羅蜜多圓滿起精進時不為懈怠之所退敗當言精進波羅蜜多圓滿修般若時不為惡慧之所娆濁當言般若波羅蜜多圓滿有說若時菩薩但以悲心能施一切一切種物乃至身命頭目髓腦都无少許戀著之心齊此名為施波羅蜜多圓滿若時菩薩橫被有情斬截手足割劓耳鼻或斫身分乃至无完如芥子許尒時无有一念瞋心况欲加報齊此名為戒波羅蜜多圓滿若時菩薩心勇猛故經七晝夜一足而立不瞬而視以一伽他讚歎於佛而无一念懈倦之心齊此名為精進波羅蜜多圓滿若時菩薩名瞿頻陁精求菩提聰慧第一論難无敵世共稱仰齊此名為般若波羅蜜多圓滿或說乃至坐金剛座入金剛喻定將證无上正等菩提齊此方名般若波羅蜜多圓滿如是說者此等所說皆依一時一行增上說為圓滿如實義者得盡智時此四波羅蜜多方得圓滿外國師說有六波羅蜜多謂於前四加忍靜慮迦濕弥羅國諸論師言後二波羅蜜多即前四所攝謂忍攝在戒中靜慮攝在般若戒慧滿時即名彼滿故復有別說六波羅蜜多謂於前四加聞及忍若時菩薩能遍受持如來所說十二分教齊此聞波羅蜜多名為圓滿若時菩薩自稱忍辱被羯利王割截支體曾無一念忿恨之心反以慈言擔饒益彼齊此忍波羅蜜多名為圓滿此二亦在前四中攝忍如前說聞攝在慧雖諸功德皆可名為波羅蜜

多而依顯了增上義說故唯有四門修此四波羅蜜多時於三劫阿僧企耶逢事幾佛荅初劫阿僧企耶逢事七万五千佛最初名釋迦牟尼最後名寶髻第二劫阿僧企耶逢事七万六千佛最初即寶髻最後名然燈第三劫阿僧企耶逢事七万七千佛最初即然燈最後名勝觀於修相異熟業九十一劫中逢事六佛最初即勝觀最後名迦葉波當知此依釋迦菩薩說若餘菩薩不定如是釋迦菩薩於迦葉波佛時四波羅蜜多先隨分滿相異熟業今善圓滿從此贍部洲歿生覩史多天受天趣最後異熟問何故菩薩唯於覩史多天受天趣最後異熟不於餘天耶脅尊者言此不應問若上若下俱亦生疑然生彼天不違法相有說覩史多天是千世界天趣之中猶如齊法是故菩薩唯生彼天有說下天放逸上天根鈍唯覩史多天離二過失菩薩怖畏放逸猒患鈍根故唯生彼有說下天煩惱利上天煩惱數覩史多天離此二種苦

薩猒此二類煩惱故生彼天有說菩
薩唯造作增長彼天處業故唯生彼
有說唯覩史多天壽量與菩薩成佛
及贍部洲人見佛業熟時分相稱謂
人間經五十七俱胝六十千歲能化
所化善根應熟彼即是覩史多天壽
量是故菩薩唯生彼天若生上天壽
量未盡善根已熟若生下天壽量已
盡善根未熟故不生彼有說為化覩
史多天無量樂法菩薩衆故謂彼天
中有九廊院廊各十二踰繕那量樂
法菩薩常滿其中補處菩薩晝夜六
時恒為說法上下天處無如是事有
說菩薩恒時樂處中行故於家後生
處中覩史多天從彼殁已生中印度
劫比羅筏窣覩城於夜中分踰城出
家依處中行成等正覺為諸有情說
處中法於夜中分入般涅槃由此唯
生覩史多天非餘天處問何緣菩薩
於家後有唯從天殁不從人來荅有說
於諸趣中天趣勝故有說從天上來
人所重故有說從天來時有神變事
從人趣來無如是事有說人中無有

如是壽量如覩史多與善根熟時相
稱可故有說覩史多天樂法菩薩業
增上力令此菩薩必生彼天為說法故
有說菩薩彼有生天業定應受故有
說若菩薩頻生人中而成佛者則生猒
賤不受化故問何不即於覩史多天
成正等覺而必來人間耶荅隨諸佛
法故謂過殑伽沙數諸佛世尊皆於
人中而取正覺故復次天趣身非阿
耨多羅三藐三菩提所依止故復次
唯人智見猛利能得阿耨多羅三藐三
菩提故復次諸天耽著妙欲於入正性
離生得果離染等事非增上故復次
人趣根性猛利多分能受如來正法
天趣不尒復次家後有菩薩必受胎
生天趣唯化生故復次有二事處佛
出世間一有猒心二有猛利智當知
此二唯人趣有復次人天並是法器
為欲俱攝故來人間若在天上則人
無由往又不可令天上成佛來人間
化人當疑佛是幻所作不受法故是
以菩薩人間成佛然菩薩住覩史多
宮彼壽量盡將下生時先觀四事一
觀時分二觀處所三觀種姓四觀依

器觀時分者觀諸世間於何時中佛
應出世即知從人壽八万歲乃至百
歲時佛應出世今正是時觀處所者
謂觀世間於何方處佛應出世即知於
贍部洲中印度佛應出世非邊地達
絮蔑戾車中觀種姓者謂觀世間何
種姓中佛應出世即知或刹帝利或婆
羅門種姓中佛應出世隨彼時望勝者
即生其中觀依器者謂觀世間何等
女人父母種姓並皆清淨胎藏寬博
無諸過失能持菩薩那羅延力所合
成身經十月日即知贍部洲中有是
女人名字某甲堪為依器菩薩如是
觀四事已即告行道天子言汝可巡
告覩史多天衆却後七日補處菩薩
當從此殁生贍部洲中印度劫比羅
筏窣覩城廣作佛事諸欲隨者當發
往願行道天子歡喜敬諾承已所有
迅疾神通遍告覩史多天衆言天仙
當知却後七日補處菩薩當下贍部
洲生中印度劫比羅筏窣覩城廣作
佛事仁等天衆欲隨從者當發往願
尒時便有五百天子尋聲即發隨下

生頞至第七日菩薩便與五百天子
一時從覩史多天沒於贍部洲中印
度劫比羅筏窣覩城俱時而生皆為
釋種助宣佛事當知此說釋迦菩薩
若餘菩薩隨其所應
如說慈氏汝於来世當得作佛乃至
廣說問何故作此論荅為欲分別契
經故如世尊說於未来世人壽八万
歲時此贍部洲其地寬廣人民熾盛
安隱豊樂村邑城郭鷄鳴相接女人
年五百歲尒乃行嫁彼時諸人身雖
勝妙然有三患一者大小便利二者
寒熱飢渴三者貪婬老病有轉輪王
名曰餉佉威伏四方如法化世成就
七寶所謂輪寶象寶馬寶珠寶女寶
主藏臣寶主兵臣寶千子具足勇健
端政能摧怨敵極大海際地平如掌
無有丘坑沙礫毒刺人皆和睦慈心
相向兵戈不用以正自守王有寶臺
高千尋量廣十六分種種莊嚴持施
福田興大福業其後不久剃除鬚髮
以信出家勤修梵行於現法中成阿
羅漢即能自知我生已盡梵行已立

阿毗達磨大毗婆沙論卷第一百七十八　第七張　靜

所作已辦不受後有得般涅槃時佛
說是語已衆中阿氏多苾芻即從座
起恭敬合掌而白佛言世尊願我於
未来世當得作彼餉佉輪王威伏四
方如法化世廣說乃至得般涅槃尒
時世尊呵叱彼曰癡人云何不欲一
死而求再死願於来世作餉佉輪王
乃至廣說然阿氏多如汝所願汝於
来世定得作彼餉佉輪王降伏四方
如法化世廣說乃至得般涅槃復告
大衆未来人壽八万歲時有佛出世
名曰慈氏如来應正等覺明行圓滿
善逝世間解无上丈夫調御士天人
師佛薄伽梵如我今者十号具足彼
佛復於此世間天魔大梵沙門婆羅
門天人衆中自稱我是如来應正等
覺乃至佛薄伽梵具足證得自在通
慧亦自了知我生已盡梵行已立所
作已辦不受後有得大涅槃復為有
情宣說正法開示初善中善後善文
義巧妙純一圓滿清白梵行為諸人
天正開梵行令廣修學无量百千徒
衆圍遶无量慈種弟子侍衛作大饒

阿毗達磨大毗婆沙論卷第一百七十八　第八張　尊

益如我今者亦於此世間天魔大梵
廣說乃至无量釋種弟子侍衛作大
饒益時佛說是語已衆中慈氏菩薩
即從座起恭敬合掌而白佛言世尊
願我於未来世當得作彼慈氏如来
應正等覺廣說乃至如今世尊亦為
無量釋種弟子侍衛作大饒益尒時
世尊聞彼語已起前際智審觀慈氏
三无數劫修四波羅蜜多得圓滿不
即如實知皆已圓滿復審觀彼一百大
劫中修相異熟業得圓滿不即如實
知除金色相業餘皆圓滿由此佛告
大生主喬荅弥言汝今可以此金色
衣布施衆僧若供養僧當知亦名供
養於我佛時預知衆僧得此金色衣
已有是因緣應慈氏得慈氏得已必
當施我乃至廣說由此因緣金色業
滿此中或說佛欲令彼金色業滿告
阿難陁言汝可為我覔新金色衣吾
欲持與慈氏時阿難陁如教即得尋
時跪進世尊得已命慈氏言汝可取
此新金色衣慈氏承命然不敢取佛
言但取任汝奉施佛上首僧所以者

阿毗達磨大毗婆沙論卷第一百七十八　第九張　辭

何汝於未來當由此福饒益世間故慈氏敬諾取巳奉施佛上首僧由此因緣金色業滿有說慈氏金色相業亦先圓滿然佛令彼施金色衣者欲顯功德雖滿而无猒足勸引他故世尊趣前際智觀慈氏前際巳復起後際智審觀未來人壽八万歲時慈氏有得阿耨多羅三藐三菩提所依身不即知彼有復審觀察彼於尒時為有堪能得菩提不即知彼能世尊觀彼前後際巳即讚慈氏菩薩言善哉善哉汝能發此廣大思願為欲饒益无量有情誠為快善復告慈氏如汝所願汝於來世人壽八万歲時當得作佛名曰慈氏如來應正等覺廣說乃至無量慈種弟子侍衛作大饒益如我今者亦為無量釋種弟子侍衛作大饒益問阿氏多及慈氏俱求未來八万歲時身何故世尊訶阿氏多而讚慈氏荅阿氏多苾蒭於有起意樂起勝解起欣慕起希望起尋求故佛訶之慈氏菩薩不於有起意樂乃至尋求然於利樂諸有情事起意樂

乃至尋求故佛讚之復次阿氏多求世間輪王位故佛訶之慈氏求出世法輪王位故佛讚之如是求流轉王位求還滅王位說亦尒復次阿氏多求自利樂故佛訶之慈氏求利樂他故佛讚之如是求自饒益求饒益他說亦尒契經雖作是說慈氏汝於來世人壽八万歲時當得作佛名慈氏如來應正等覺乃至廣說而不分別此何智於何轉契經是此論所依根本彼所不分別者今應分別故作斯論問如說慈氏汝於來世當得作佛名慈氏如來應正等覺此何智荅因智道智此即如來觀察慈氏前後際智問此於何轉荅有於相異熟業轉由此名因智有於无漏根力覺支道支得阿耨多羅三藐三菩提轉由此名道智此即如來觀察慈氏前際相異熟業圓滿不圓滿智於因轉故說名因智及是觀察慈氏後際无漏根力覺支道支得无上正等菩提智於道轉故說名道智然此二智俱是世俗智攝以非十六行相智故或有身中雖

有三十二相而无聖法謂異生轉輪王或有身中雖有聖法而无三十二相謂非輪王聲聞等或有身中有三十二相亦有聖法而非佛謂餉佉王等得聖道巳或有身中無三十二相亦无聖法謂餘異生一切佛身必有無上三十二相及无上聖法謂正等菩提問何故此中唯說於相異熟業轉名因智不說於四波羅蜜多轉名因智耶荅應說而不說者當知此義有餘復次相異熟業近四波羅蜜多遠此中說近不說遠復次相異熟業脩時顯了人天共知四波羅蜜多不尒此中隨顯而說復次脩相異熟業時菩提決定趣亦決定脩四波羅蜜多時雖菩提決定而趣未決定是故不說復次此中說知身近因菩提近因相異熟業是身近因无漏根力等是菩提近因四波羅蜜多及不淨觀等非二近因是故不說

如說此苾蒭即於現法當辦聖旨乃至廣說問何故作此論荅為欲分別契經義故如自恣經說此苾蒭即於

現法當辦聖旨能自了知我生已盡梵行已立所作已辦不受後有得般涅槃彼經雖作是說而不分別此何智於何轉彼經是此論所依根本彼所不說者今應說之故作斯論問如說此苾芻即於現法當辦聖旨此何智答道智問此於何轉答此於无漏根力覺支道支得諸漏永盡轉由此名道智此即如來觀諸苾芻无漏根力覺支道支得諸漏永盡智於道轉故說名道智此亦是世俗智攝以非无漏十六行相智故問此中何故不說因智答有說此中應作是說此何智答因智道智此於何轉答有於順解脫分善根等轉由此名因智有於无漏根力覺支道支得諸漏永盡轉由此名道智而不作是說者當知此義有餘有說无上菩提加行廣大三無數劫百劫乃成彼因可重是故說觀彼智聲聞菩提加行狹小謂極速者三生便得第一生下種第二生成熟第三生解脫因非可重故不說觀彼智有說菩薩相異熟業所依種性等决定

故說知彼智聲聞順解脫分善根所依種性等不决定故不說知彼智有說佛有二事勝一所依身二所得菩提故觀彼所因具說知二種因智聲聞但有所得菩提勝非所依身故但說知菩提因智有說知順解脫分善根等智前亦不說故於此中不應為問願智雖說願智作用而未說彼自性今欲說之故作斯論問願智云何答如阿羅漢成就神通得心自在隨欲知義發正願已便入邊際第四靜慮從定起已如願皆知隨欲知義者問何故阿羅漢欲知義耶答三因緣故一為饒益弟子故二為住持佛法故三為知世間安不安故饒益弟子者謂阿羅漢於諸弟子修觀行時法應觀彼入聖久近我壽盡未某甲能入正性離生不設不能入者我命終後有餘能教令得入不如此皆以願智故知是等名為饒益弟子住持佛法者謂阿羅漢或有經營窣堵波毗訶羅僧伽藍等佛法僧事時法應觀察

久近成辦盡我壽來為能辦不設不辦者我命終後為有餘人能續辦不或有國王大臣長者及商主等欲於佛法作褒損事有阿羅漢念欲化之即便觀察彼可化不設可化者為久近耶我壽盡未化事畢不設不畢者我命終後有能續不此等皆以願智故知諸如是事名住持佛法知世間安不安者謂阿羅漢或時觀察所在國土及時分中當有豐儉怖畏安隱疾疫等事欲令自他知趣捨故起願智知如昔於此迦濕彌羅國有王名鑠迦為縛喝國王入境侵奪時王鑠迦即率兵士欲與交戰彼王本性慈仁恒懼惡業竊作是念不知我今戰必得勝存王位不脫當不遂徒殺人民更招殃罪死墮地獄曾聞某甲僧伽藍中有阿羅漢得妙願智我當往問念已即往歸誠禮敬請決所疑彼阿羅漢便答王曰我雖曾得此智然資緣闕故身力羸劣久不現前時王即以種種飲食上妙資具而供給之尊者未幾能起願智即為觀察便見彼

縛喝王必當奪得鑠迦王位作大饒益見已即報鑠迦王言王當失國願自思勉鑠迦敬諾即率左右及將眷屬捨國而去往投他土由此因緣諸阿羅漢欲知彼義入邊際第四靜慮者問何故名邊際第四靜慮耶荅此於第四靜慮為衰為極為摑抹故名邊際第四靜慮即是最勝品第四靜慮義猶如樹端樹中最勝名樹邊際有說此是衰智極智摑抹智等諸功德法所依處故名邊際第四靜慮謂無量等種種功德熏相續已方起此定故依此定所起功德於諸功德為衰為極為摑抹猶如醍醐於味中勝有說此應名後際第四靜慮際有三一前際二中際三後際此三即過去現在未來如其次第此中前際二智所知謂宿住隨念智及願智中際亦二智所知謂他心智及願智後際唯願智所知以未來境中唯有此智是故此智名後際智能起此定名為後際第四靜慮有說此應名未至際第四靜慮際有三種一未至際二至際

阿毗達磨大毗婆沙論卷第一百七十八　第十六張　菜

三至已際此三即未來現在過去如其次第如知現在名至際智知過去名至已際智如是此智多分知未來故名未至際智能起此定名未至際第四靜慮有說此但應名邊際第四靜慮所以者何邊者名現在蘊界處際者名過去未來如於現在蘊界處有現見智轉如是於過去未來亦有現見智轉故此智名邊際智能起此定名為邊際第四靜慮從定起已如願皆知者問為在定知為起定知若尒何失若在定知何故此中說從定起已如願皆知若起定知何故須入邊際第四靜慮耶荅即在定能知問何故此中說從定起已如願皆知荅此於說時名知由說顯知故復次尒時令他知故說名為知有說起定能知問何故復入第四靜慮荅邊際第四靜慮是知方便要入彼定此智生故如是說者初說為善以在定能知起定說故

問願智自性是何荅自性是慧如自性如是我物性相本性亦尒已說自

阿毗達磨大毗婆沙論卷第一百七十八　第十七張　菜

性所以今當說問何故名願智荅如願能知故名願智問為如自願能知為如他願能知耶荅如自願亦知如他願亦知隨所有願皆能知故復次知所有願故名願智願有二種謂菩提願及有願菩提願者如慈氏等願有願者如阿氏多等願知此等願故名願智復次智隨願起故名願智謂此智殊勝要由先願作意加行所引發故如來雖无作意加行而亦必有心願為先有說此應名期智以所知境微細甚深必起要期方能知故有說此應名妙智以諸智中此最勝故如世間說妙飲食妙衣服等彼於勝說妙聲此亦如是然此願智界者色界地者在第四靜慮地所依者依欲界身行相者作十六行相或餘行相所緣者緣一切法念住者通四念住智者舊阿毗達磨者說唯一世俗智有餘師說八智性除盡无生所以者何彼非見性願智是見性故如是說者唯一世俗智三摩地俱者不與三摩地俱唯有漏故根相應者捨根相應世

阿毗達磨大毗婆沙論卷第一百七十八　第十八張　菜

者墮三世緣三世及離世善不善无記者是善緣三種三界繫不繫者唯色界繫緣三界繫及不繫學无學非學非無學者是非學非无學緣三種見所斷修所斷不斷者是修所斷緣三種緣名緣義者通緣名義緣自相續他相續非相續者通緣三種何處起者欲界起非色无色界欲界中唯人趣非餘人趣中唯三洲非北洲三洲中男女身俱能起尊者瞿沙筏摩作如是說唯贍部洲能起非餘洲唯男子能起非女人所以者何願智殊勝要依增上猛利之身餘二洲及女身皆羸劣故如是說者初說為善三洲男女身皆增上猛利以皆能得心自在及定自在故若不介者經不應說大生主為上首五百苾蒭尼於一日中俱捨壽行而般涅槃彼若不得邊際第四靜慮則不能捨於壽行既於此得何獨不能發起願智問何等補特伽羅能起此智荅聖者非異生聖中无學非有學无學中唯不時解脫非時解脫所以者何若於定得自在及相

阿毗達磨大毗婆沙論卷第一百七十八　第二十張　静

續不為煩惱所持者能起願智諸異生及信勝解二事俱无見至雖於定得自在而相續為煩惱所持時解脫雖相續不為煩惱所持而於定不得自在是故皆不能發起願智唯有不時解脫於定得自在及相續不為煩惱所持故能起願智

說一切有部發智大毗婆沙論卷第一百七十八

甲辰歲高麗國大藏都監奉
勑雕造

阿毗達磨大毗婆沙論卷第一百七十八　第二十一張　静

阿毗達磨大毗婆沙論卷第一百七十八
校勘記

一　底本，麗藏本。

一　五五八頁上九行「答有說」，磧、普、南、徑、清作「有說」。下同。

一　五五八頁下一行末字「門」，磧、普、南、徑、清作「問」。

一　五五八頁下一九行「齊法」，磧、普、南、徑、清作「齊法」。

一　五五九頁中三行第五字「此」，南作「比」。

一　五五九頁中四行第五字「彼」，磧、普、南、徑、清作「彼時」。

一　五五九頁中六行第七字「何」，磧、普、南、徑、清作「何故」。

一　五五九頁下一行第六字「觀」，磧、普、南、徑、清作「謂」。

一　五六〇頁上一〇行「城郭」，磧、普、南、徑、清作「城都」。

一　五六一頁中一二行第二字「問」，磧、普、南、徑、清無。一五行首字、次頁上五行第一三字、七行第四字及次頁中一〇行第七字同。

一　五六一頁下三行第一三字「有」，磧作「住」。

一　五六一頁下一七行「知身」，磧、普、南、徑、清作「智身」。

一　五六二頁中四行「知二種因智」，磧、普、南、徑、清作「二智」。

一　五六二頁下六行第六字「未」，磧、普、南、徑、清作「來」。

一　五六三頁中一三行「須入」，磧、普、南、徑、清作「復入」。

一　五六三頁下一行第七字「問」，磧、普、南、徑、清無。

一　五六四頁上九行「非餘」，磧、普、南、徑、清作「非餘趣」。

阿毗達磨大毗婆沙論卷第一百七十九　　靜

五百大阿羅漢等造

三藏法師玄奘奉　詔譯

定蘊第七中不還納息第四之六

問願智為加行得為離染得荅有加行得有離染得此中有說佛離染得盡智時得故聲聞獨覺加行故得加行故現在前有說佛及獨覺俱離染得盡智時得故聲聞加行故得加行故現在前有說佛獨覺到究竟聲聞皆離染得盡智時得故餘聲聞加行故得加行故現在前如是說者若決定可得者彼離染得盡智時得故後作加行方現在前佛不由加行獨覺下加行聲聞或中或上然有願智由邊際定加行故得加行故現在前問此願智加行云何荅以一切地及邊際定為加行謂修行者將起此願智時先起欲界善心次此无間入初靜慮次入第二靜慮次第乃至入非想非非想處從非想非非想處起還入无所有處次第乃至入初靜慮從初靜慮起復入第二靜慮次第乃至入㤜、靜慮彼既如是於上下地一切等至循環入出令極調順第四靜慮已復於第四靜慮從下入中從中入上如是上品名為邊際第四靜慮從此次第引起願智是故尊者世友作如是言諸阿羅漢為饒益他故於上下地循環入出令調柔隨順第四靜慮若時加行流注无滯尒時名為加行成滿從此能引願智現前大德說曰於無間滅無間起及俱生中了知方便若時加行流注无滯尒時名為加行成滿從此引起願智現前

問宿住隨念智與緣過去願智何差別荅名即差別謂此名宿住隨念智此名緣過去願智復次宿住隨念智知前際有漏五蘊此願智知有漏无漏諸蘊復次宿住隨念智知欲色界前際五蘊此願智知三界及不繫諸蘊復次宿住隨念智知諸蘊共相此願智知諸蘊自相及共相復次宿住隨念智知此法者有外法者亦有此願智唯此法者有復次宿住隨念智異

生有聖者亦有此願智唯聖者有復次宿住隨念智學无學非學非无學者皆有此願智唯無學者有復次宿住隨念智時解脱不時解脱相續中皆有此願智唯不時解脱相續中有復次宿住隨念智依四根本靜慮此願智唯依第四根本靜慮復次宿住隨念智通曾得未曾得曾習未曾習共不共此願智唯未曾得未曾習不共復次宿住隨念智初引發時唯能生生次第隨念後成滿時若生生次第若超百生千生等隨其所欲皆能隨念此願智初引發時及成滿時若次第若超越如其所願皆如實知復次此願智但於宿住隨念智所知境轉者即有六事勝一熾盛勝二增上勝三微妙勝四清淨勝五明白勝六迅速勝况餘多耶是謂宿住隨念智緣過去願智差別

問他心智與緣現在願智何差別答名即差別謂此名他心智此名緣現在願智復次他心智緣一物為境此願智緣一物或多物為境復次他心智緣自相境此願智緣自共相境復次他心智緣他相續此願智緣自他相續復次他心智緣心心所法此願智緣五蘊復次他心智依四根本靜慮此願智唯依第四根本靜慮復次他心智此法者有外法者亦有此願智唯此法者有復次他心智異生有聖者亦有此願智唯聖者有復次他心智學无學非學非無學者皆有此願智唯无學者有復次他心智時解脱不時解脱相續中皆有此願智唯不時解脱相續中有復次他心智通曾得未曾得曾習未曾習共不共此願智唯未曾得未曾習不共復次他心智有漏无漏此願智唯有漏復次他心智緣欲色界繫及不繫法為境此願智緣三界繫及不繫法為境復次此願智但於他心智所知境轉者即有六事勝謂熾盛勝等如前說况餘多耶是謂他心智緣現在願智差別

問云何願智能知未來有說以過去現在比知未來辟如田夫下種子已比知定有如是果生彼亦如是有說若尒願智應是比量智非現量智應作是說此願智不待觀因而能知果不待觀果而能知因是故此智是現量智非比量智問云何願智知无色界有說由觀等流及行差別如觀行路之人知所從至有說若尒願智應是比量智非現量智應作是說此願智不觀因而知果不觀果而知因故此智是現量智非比量智然聲聞獨覺有餘習過患故於所願境加行乃知如來餘習過患永盡故於所願舉心即知問世尊願智云何能知一切有情心相差別有說此不必須問所以者何此是諸佛境界不可思議故有說先已品量而今能知有說由取一分所識知有情心相差別類知餘者如世界壞時有情多分生極光淨天於彼展轉訪宿住事後以宿住隨念智知佛亦如是有說佛於緣起善達故知有說佛於願智自在故知有說佛於自業善達故知有說佛於等流善達故知有說佛於行差別善達故知尊者說曰佛於有情心界欲知

便知不因加行无煩責問以初得阿耨多羅三藐三菩提時此種類智皆已得故問何緣發起如是願智荅為饒益他故謂先起願智觀諸有情意樂差別後隨所應作饒益事譬如良醫先觀病者差別相已然後授藥問願智當言善耶无記耶荅或善或无記此中有說願智唯一謂在第四靜慮唯是善有說願智有二謂在第四靜慮及欲界各唯善有說願智有三謂第四靜慮善欲界善无記有說願智有五謂四靜慮及欲界各唯善有說願智有六謂四靜慮善欲界善无記有說願智有七謂上三靜慮唯善初靜慮及欲界各善无記有說願智有十謂四靜慮及欲界各有善无記如是說者應知如前說六者善問願智唯在第四靜慮又唯是善何故乃言四靜慮善欲界善无記耶荅願智實在第四靜慮及唯是善然此中依審意說願智及願智後同緣起說智皆名願智故其事云何謂瑜伽師先依第四靜慮發起願智知所知法即

緣此法入第三靜慮次第乃至即緣此法起欲界善心從此无間即緣此法起欲界善或无記心說所知法此中若根本若後起皆說名願智是故說或善或無記云何无諍行乃至廣說問何故作此論荅為欲分別契經義故如契經說我弟子中善現苾芻住無諍行第一雖作是說而不廣辯云何無諍行无諍名何法彼經是此論所依根本彼所不說者今應說之故作斯論云何无諍行荅一切阿羅漢善達內時外不如是若亦善達外時名无諍行云何內時謂自相續中所有煩惱云何外時謂他相續中所有煩惱遮此煩惱名為善達一切阿羅漢於自相續所有煩惱皆已遮斷於他相續所有煩惱則不決定若亦能遮名无諍行有說時謂三時即日初分日中分日後分於此三時制諸煩惱名為善達一切阿羅漢於自相續三時煩惱皆已制斷於他相續三時煩惱則不決定若亦能制名无諍行有說時謂六時即日夜各初中後

分於此六時制諸煩惱名為善達一切阿羅漢於自相續六時煩惱皆已制斷於他相續六時煩惱則不決定若亦能制名无諍行尊者妙音說曰非謂无有自相續中煩惱故名无諍行但以能遮他相續中煩惱諍故名无諍行所以者何諍是對他之名非對自故問何故遮制煩惱名為善達荅要由方便覺慧現前方能遮制自他煩惱故名善達无諍名何法荅令他相續无雜穢轉謂諸煩惱能為津潤垢膩雜穢得无諍者不為他相續中煩惱之所津潤垢膩雜穢即是遠離他相續中諸煩惱義有說此文應言於他相續无遺餘轉謂得无諍者如於自相續煩惱永斷无餘如是於他相續煩惱亦能遮制令無有餘即是遍遮他相續中應令彼起諸煩惱義有說此文應言於他相續无差別轉謂得无諍者如能遮親相續中煩惱令其不生如是亦能遮怨及中相續中煩惱令其不起即是平等遮制他相續中諸煩惱義問善達外時无

雜穢轉有何差別答善達外時謂慧無雜穢轉謂煩惱不起

復次彼阿羅漢行五種法令他相續煩惱不起何等為五一淨威儀路二應時語默三善量去住四分別應受不應受五觀察補特伽羅淨威儀路者彼阿羅漢先一處坐若他來者即觀其心以何威儀令不起結若知由此生彼結者即便捨此住餘威儀若不起結即如本住先住餘威儀亦尒應時語默者彼阿羅漢見他來時便觀其意為應與語為應默耶觀已若見語起彼結雖極欲語即便默然若見由默起彼結者雖不欲言而與語若涉道路見二人來即觀誰應先可與語觀已若見與此語時彼起結者即與彼語與彼亦然若俱與語而起結者即便默然俱默亦尒若語若默俱起結者即為避路令不起結善量去住者彼阿羅漢隨所住處即便觀察我為應住為應去耶若見住時起他結者處雖安隱資具豊饒隨順善品而便捨去若見由去生他結者處雖不安資緣匱乏不順善品而便強住分別應受不應受者彼阿羅漢若有施主以資具施即觀其心為應受為不應受觀已若見受起彼結雖是所須而便不受若見不受起彼結者雖所不須而便故受觀察補特伽羅者彼阿羅漢為乞食故將入城邑里巷他家觀察此中男女大小勿有因我起諸煩惱若知不起便入乞食若知起者雖復極飢而便不入无如是事為分別故假使一切有情因見我故起煩惱者我即往一无有情處斷食而死終不令他因我起結彼阿羅漢修行如是五種行法則能遮他相續煩惱令不現前

問何故阿羅漢已得解脫而修此法自拘縛耶答彼阿羅漢先是菩薩種性不忍有情造惡招苦為拔彼故恒作是念我无始來與諸有情手起纏縛輪迴五趣受諸劇苦我幸得免復應救彼又作是念我无始來或作倡妓或婬女等鄙穢之身百千衆生於我起結尚由此故長夜受苦况我今者離貪恚癡為世福田於我起結而不招苦故我今者不應復作煩惱因緣故阿羅漢雖自解脫而為有情起無諍行

問彼為遮他自相煩惱為共相耶答唯自相可遮非共相所以者何共相煩惱隨其所應一時惣緣一界一地一處一類一所得身執我我所或執斷常或撥為无或執第一或執能淨或起猶豫无明不了一切有情恒任運起不可遮止是故唯遮自相煩惱

問無諍行自性云何為是定為是慧耶設尒何失若是定者此文云何通如說善達外時名无諍行善達是慧若是慧者餘說云何通如說應習靜定无諍答應說是慧問若尒何故說應習靜定无諍耶答彼應說應習靜慧无諍而說應習靜定无諍者欲顯與定俱故名定而實是慧是名无諍自性如自性我物等亦尒已說自性所以今當說問云何名无諍答此行能對治他煩惱諍故无諍行然諍有三一煩惱諍二蘊諍三鬪諍煩惱諍

者謂百八煩惱蘊諍者謂死鬪諍者謂諸有情互相陵辱言語相違應知此中說煩惱諍為遮有情起煩惱故復有說者由此能令自他諍无故名無諍行即是善修无我行義是故尊者善現曾於日暮至一畂訶羅扣門而立門内苾芻問言是誰尊者善現由住无諍久時熟修無我行故默不能荅言我是善現良久乃曰此是世間假所立名為善現者又彼尊者曾路行遇雨至一外道門側避之外道問言仁字何等尊者善現由住无諍久時熟修无我行故默不能荅我是善現再三問已乃徐荅言此是世間假名善現故知善修无我行者令自他諍無說名无諍行有說諸瑜伽師由住此故於愛不愛宜不宜可意不可意有利无利苦樂具中恚皆無諍故名无諍行

復次無諍界者謂色界有說欲色界如是說者初說為善地者在第四靜慮有說在五地謂四靜慮及欲界如是說者謂初說善所依者依欲界身行相

者是不分明行相所緣者緣欲界於欲界中但緣煩惱有說通緣欲界五蘊如是說者初說為善念住者是法念住有說通四念住如是說者法念住智者是世俗智三摩地俱者非三摩地俱根相應者捨根相應世者墮三世緣未來善不善无記者是善緣不善有說通緣不善無記而多緣不善三界繫不繫者色界繫緣欲界繫學無學非學非無學者是非學非无學緣非學非无學見所斷修所斷不斷者是修所斷緣修所斷有說通緣見修所斷多緣修所斷緣名緣義者但緣義緣自相續他相續非相續者但緣他相續有說通緣自他相續而多緣他相續何處起者應言欲界起非色无色界欲界中唯人趣非餘趣人趣中唯三洲非北洲三洲中男子女人俱能起尊者衆世說曰唯贍部洲唯男子能起如是說者初說為善何等補特伽羅起者聖者非異生唯无學非學无學中唯不時解脫非時解脫所以者何以要得自在定及相

續不為煩惱所持者方能起故問佛獨覺到究竟聲聞為亦住无諍不設尒何失若彼亦住無諍者無諍能遮他相續煩惱何故猶起百千衆生而緣彼起煩惱若彼不住无諍者契經說云何通如說尊者善現住無諍第一彼根性劣尚能住无諍佛獨覺等根勝而彼何故不能住於無諍耶荅應言佛等亦住无諍問若尒何故猶起百千衆生而緣彼起煩惱耶荅佛及到究竟聲聞俱是說法教化他者皆得願智觀察有情我今為能令彼於我不起煩惱而種善不若知能者便往化之若知不能不起彼結但能令彼種善根者即念寧起彼結要當令種善根所以者何彼若能起毛許勝善必能摧滅如山煩惱諸惡行故若知俱不能者則方便避之勝於善現過百千倍有說佛及到究竟聲聞不住無諍問何故善現能住无諍佛等根勝不能住耶荅尊者善現於无諍中愛樂尊重恒時修習佛等不尒非於无諍起極尊重想故然非不能

住如是說者佛等亦住无諍然不多住為化有情故所以者何諸受化者根性不等或宜慰喻或宜訶責或宜稱讚然後入法彼雖或於訶責等位起貪瞋慢然必因此種諸善根是故如来舍利子等雖能恒住无諍行為化有情而不多住

問無諍為加行得為離染得荅有加行得有離染得此中有說佛離染得盡智時得故聲聞獨覺加行故得加行故現在前有說佛及獨覺俱離染得盡智時得故聲聞加行故得加行故現在前有說佛獨覺到究竟聲聞皆離染得盡智時得故餘聲聞加行故得加行故現在前如是說者若決定可得者彼離染得盡智時得故後加行現在前佛不加行獨覺下加行聲聞或中或上然有无諍由邊際定加行故得加行故現在前問此无諍加行云何荅以一切地及邊際定為加行如願智中廣說

如契經說善現苾芻修无諍行證法隨法問无諍不能斷諸煩惱世尊何故作如是說荅彼尊者於无諍行從昔以来愛樂修習由此展轉能起聖道斷諸煩惱成阿羅漢從此能起无諍現前依此密意故作是說非謂無諍能斷煩惱其事云何曾聞尊者昔由二緣於無諍中發起正願一由見二由聞由見者謂於往昔見佛弟子由住無諍每至城邑衢路市里將護有情而不起結由聞者謂於往昔聞佛弟子由住无諍餘說如前既見聞已起正憶念隨所修習施戒多聞精勤梵行一切皆以迴向无諍願我未来作佛弟子恒住无諍將護有情如所見聞諸佛弟子由彼願力感衆同分於釋迦牟尼佛法中為住无諍第一弟子為無諍故速疾證得阿羅漢果以无諍必依无學身故由斯密意契經說言修無諍行證法隨法問无諍作何行荅作寂靜行為寂靜他諸煩惱故

如說我弟子中因儒童黠慧第一乃至廣說問何故作此論荅為欲分別契經義故如契經中世尊記說五百弟子各隨所能雙雙第一今本論師欲於相似雙中顯差別故而作斯論問何故世尊說諸弟子雙雙第一尊者世友說曰世尊欲顯善說法中師與弟子賢和无諍互不相隱真實功德非如外道為名利故心懷嫉妬弟子與師互相非毀復次世尊欲顯善說法中弟子尚有真實功德可稱可記何況於師惡說法中師尚无有實德可記何況弟子復次欲顯善說法中慳垢永斷師與弟子互相稱揚真實功德非如外道有慳垢故師於弟子弟子於師尚不欲聞他人稱讚何況自說復次世尊顯已所應作事皆已成辦捨教授擔而自安故復次欲顯苾芻修正加行有所歸趣非悠悠故復次世尊欲令於所讚德隨彼愛樂多住中者生敬重心意望滿故復次佛為勉勵新學苾芻令生希慕翹勤修故大德說曰由二因緣世尊記說弟子功德一者顯已現法樂住二者哀愍後世有情復次世尊自顯於九十六諸外道衆中我衆最勝故復

次世尊欲顯佛出世間有大饒益謂佛出世乃有如是諸第一雙開士出現非無佛時復次世尊欲令於諸功德差別門中別別樂者歡喜勤修捨諸懈怠疾證得故復次世尊欲以弟子所得證已所說是真實故復次欲止誹謗善說法中无有現證上人法者故復次世尊欲止見諸苾芻形容顦悴生輕慢者顯此皆有殊勝功德阿毗達磨諸論師言隨諸佛法故謂過殑伽沙數如來應正等覺出現世間法皆記說弟子衆中所有多雙第一功德令佛亦介復次欲令世間別別愛樂諸功德者聞生歡喜於佛正法起尊重心種諸善根獲大饒益故復次欲與未來諸佛莊嚴徒衆故謂佛記說諸弟子已无量有情若見若聞皆生歡喜發起正願隨所修習施戒多聞正勤梵行皆以迴向第一功德願我來世於佛法中得預如斯諸正士數則為莊嚴彼佛徒衆復次欲令所記弟子自慶願滿故謂因儞童等五百苾芻曾於過去五百佛所咨見若聞彼佛記說弟子功德歡喜發願隨我所有施戒多聞正勤梵行願於來世佛正法中得預如是大弟子數今既願滿復聞佛記歡喜踊躍深自慶幸故有是說一一如來大弟子衆皆於過去五百佛所大誓莊嚴方得成就由如是等種種因緣佛記弟子雙雙第一

如說我弟子中因儞童黠慧第一婆呬迦等敏捷第一此二何差別答尊者因儞童心直心无曲心淳質增上尊者婆呬迦等心濡心調柔心和順增上由此俱名第一此中黠慧即是敏捷敏捷即是黠慧而佛各稱第一故須問其異相尊者因儞童心直心無曲心淳質增上者直无曲淳質名異義一如其次第以後釋前或心直者是總句心无曲者別顯心无諂心淳質者別顯心無誑如黠慧馬善識人意雖或驚觸无損於人尊者因儞童亦復如是由黠慧故善知佛意於詰問時隨順正荅其事云何如契經說彼在家時豐饒財寶親屬豪貴常事日天彼以盛年時當姑婦廣請外道婆羅門衆於自宅中大設祠祀佛於化事終不失時是日晨朝為化彼故著衣持鉢命阿難陀汝可隨我入城乞食命已便入室羅筏城至因儞童宅門而住外道梵志遥見叱言今日此家設吉祥會此不祥物何用來為佛聞便告阿難陀曰汝往語彼諸外道等三界大師吉祥中冣汝不欲見吉事豈成此因儞童定於今日弃捨汝等投我出家盡汝伎術能留難不時阿難陀受佛教勑如師子子無所畏難往如群鹿外道衆中告言如來善逹因果所言誠諦語汝等曰三界大師吉祥中冣汝不欲見吉事豈成此因儞童定於今日弃捨汝等投我出家盡汝伎術能留難不外道聞已相視笑言沙門喬荅摩隨情詭說何有將臨祀會延屈我等內外慶集而歸汝出家耶奇哉沙門如是妄語時有婆羅門名為五頂曾見世尊記事不謬告外道衆曰此因儞童定當出家莫生異念外道咸日設有斯事

我等必能為作留難即共相率彈指拊掌遶因儒童室七重而住須臾日出此因儒童者新淨衣至重閣上燒香發願跪拜日輪尒時世尊知化時至便自化作婆羅門形著鳥鹿皮金繩絡體手執金杖從日輪來至因儒童前敷座而坐儒童接足歸誠頂敬外道喜曰儒童福人感大梵天親臨禮席事今已辦決哉沙門所言无實時佛即以所化作形告儒童言今作何事如是喧擾儒童羞赧俯首荅曰今隨俗法正欲娶婦佛問所費荅言我費三百千金復問所用荅言百千與婦作莊嚴具百千為衆辦諸飲食百千用施諸婆羅門佛言汝設飲食施婆羅門用二百千當獲愛果事容可尒餘百千者用買婦耶彼心直故即荅言買佛言汝婦直尒許耶且汝婦綫為直幾許儒童荅言此无多直若諸倡伎婬女買之直一迦羯匠或唯直半復問彼尒為直幾耶儒童荅言此無所直佛復次第舉彼身中三十六物一一問之儒童亦一一而荅皆言此無所直然因儒童曾於過去迦葉波佛法中經十千歲修界方便觀因佛別問不淨物故過去所習善品現前遂伏欲貪離欲界染世尊於是還復本形為因儒童說四真諦彼聞即得不還果證佛時便執因儒童手上昇虛空說伽他曰

雖極莊嚴而行法　靜調息務修梵行
一切世間累皆捨　即是淨志沙門僧

由此故知彼心質直若不尒者化人問時彼應荅言汝是梵志何用知我直故隨問而荅善品成熟得不還果是故世尊讚因儒童黠慧第一

說一切有部發智大毗婆沙論卷第一百七十九

阿毗達磨大毗婆沙論卷第一百七十九

校勘記

一　底本，金藏廣勝寺本。五六六頁中、下原版漫漶，以麗藏本換。

一　五六六頁中一八行「願智時」，資、磧、普、南、徑、清作「智」。

一　五六七頁上一〇行末字「能」，徑作「習」。

一　五六七頁中二一行「有説」，麗作「荅有説」。本頁下五行及一三行同。

一　五六八頁上六行末字「問」，資、磧、普、南、徑、清無。

一　五六八頁中八行首字「住」，資、磧、普、南、徑、清作「諸」。

一　五六八頁下五行「煩惱」，資、磧、普、南、徑、清作「煩惱諍」。

一　五六八頁下一〇行「無諍」，麗作「問無諍」。

一　五六八頁下一五行「無遺餘轉」，資、磧、普、南、徑、清作「無餘轉轉」。

一 五六九頁上一四行第一二字「而」，諸本(不含石，下同)作「而便」。

一 五六九頁中一七行第二字「拘」，資、磧作「狗」。

一 五六九頁下一〇行末字「任」，資、磧、普、南、徑、清作「住」。

一 五六九頁下二一行「無諍」，諸本作「無諍行」。

一 五六九頁下二二行第八字「故」，諸本作「故名」。

一 五七〇頁上二〇行第七字「墮」，資、磧、普、南、徑、清無。又第一二字「欲」，麗作「墮欲」。

一 五七〇頁中五行「智者」，麗作「善智者」。

一 五七〇頁中一〇行第一〇字「是」，資、磧、普、南、徑、清作「若是」。

一 五七〇頁中二一行「聖者」，諸本作「是聖者」。

一 五七〇頁下四行第九字「起」，資、磧、普、南、徑、清作「有」。一〇行首字同。

一 五七一頁中九行第三字「而」，麗作「令」。

一 五七一頁下三行第六字「說」，資、磧、普、南、徑、清作「記」。

一 五七二頁上二一行「徒衆」，徑、清作「從衆」。

一 五七二頁中九行「如說」，麗作「問如說」。

一 五七二頁下一二行「師子子」，麗作「師子王」。

一 五七二頁下一九行「祀會」，資、磧、普、南、徑、清作「禮會」。

一 五七二頁下二一行末字「記」，資、磧、普、南、徑、清作「說」。

一 五七三頁上二〇行第二字「諸」，資、磧、普、南、徑、清作「說」。又第七字「買」，資、磧、普、南、徑、清作「置」。

一 五七三頁中二行第一二字「界」，資、磧、普、南、徑、清作「男」。

一 五七三頁中一〇行「由此」，磧、普、南、徑、清作「因此」。

一 五七三頁中一一行末字「我」，諸本作「我娶婦事爲娶婦法然云何名買由質」。

阿毗達磨大毗婆沙論卷第一百八十　　靜

五百大阿羅漢等造

三藏法師玄奘奉　詔譯

定蘊第七中不還納息第四之七

尊者婆呬迦等心濡心調柔心和順增上者等言即攝尊者頗洛迦尊者至頗迦此中心濡心調柔心和順名異義一如其次第以後釋前或心濡者是翘句心調柔者別顯无憍心心和順者別顯无慢云何得知婆呬迦等有心濡等事曾聞彼三人聞佛出世訪知佛在室羅筏城三人相隨從王舍城往室羅筏世尊知彼經涉往反善根方熟即取別路從室羅筏往王舍城婆呬迦等至室羅筏聞佛已復往王舍城即復相將還趣王舍至已聞佛已往贍波復更相將往贍波國至已尋訪聞佛已往婆羅痆斯三人相隨復往彼國至已承佛已往劫比羅筏窣覩城復共詣彼承佛已往吠舍離城如是世尊於六大城循環六反婆呬迦等亦恒尋佛六反往還佛知彼人根熟時至於室羅筏與其相見佛方入城彼從城出忽遇見佛歡喜不堪足未至地得預流果於後不久成阿羅漢然後彼三人若不心濡調柔和順便應趣在一城待佛豈能尋佛遍六大城循環六反初無一念勞倦之心纔見佛時便證聖果故佛讚言婆呬迦等

敏捷第一

如說我弟子中小路於心迴善大路於想迴善此二何差別荅尊者小路多住於心循心觀念住尊者大路多住於法循法觀念住問何故尊者小路多住心念住尊者大路多住法念住耶荅由彼尊者意樂異故復次尊者小路是愛行者彼由心力无始時來於生死中多受苦惱今成無學常訶責心由此多住心念住觀尊者大路是見行者彼由想力无始時來於生死中多受苦惱今成無學常訶責想由此多住法念住觀問此二尊者何故立此名耶荅曾聞室羅筏有婆羅門婦數生男生已輒死其婦未幾

復産一男即時遣人弃之大路經久不死故立此名彼婦後時復生一子還即遣人弃之小路亦經久不死因立此名尊者大路利根見行至年長大歸佛出家精進修行成阿羅漢尊者小路愛行鈍根樂處居家保戀親屬廣致財産位望豪宗族熾盛受諸欲樂後皆衰滅如伽他曰

財積後必盡　位高後必退　親合後必離
壽往後必死

由此小路於後未幾父母喪亡財寶散失退捨豪位眷屬爭離形容顦悴其兄大路見而愍之度令出家受具足戒授俱迦聲頌令習誦之

身語意莫作　一切世間惡　離欲念正知
不受苦无義

彼極闇鈍受此伽他兩四月中勤苦習誦牧牛羊者在路聞之誦皆通利彼猶未得過兩四月處處苾蒭為諷世尊皆来集會每日晨旦新學苾蒭皆往鄔波陁耶阿遮利耶所受文請義理所廢忘小路介時亦效他往將出房户兄即問言汝欲何往荅言欲往鄔波陁耶阿遮利耶所受文請義理所廢忘其兄語言我即是汝鄔波陁耶更何所往然彼小路是應訶擯而入道者大路即時手搦其項曳出房外叱言愚人我四月中授汝一頌牧牛羊者誦皆通利汝猶未得而今乃言欲往他處受文誦義理所忘耶小路既被兄訶擯已至擔多林門啼泣而住佛時從外入擔多林見而問之可憐小路汝何以啼泣彼以上事具白世尊佛便語言汝能隨我理所忘不彼荅言能介時世尊即以神力轉彼所有誦伽他障更為授之尋時誦得過前四月所用功勞復別授以除塵垢頌而語之言今日苾蒭從外来者汝皆可為拭草履上所有塵垢小路敬諾如教奉行至日暮時有一苾蒭草屣極為塵垢所著小路拭之一隻極淨一隻苦拭而不能淨即作是念外物塵垢暫時染著猶不可淨況内貪欲瞋癡等垢長夜染心何由能淨作是念時彼不淨觀及持息念便現在前次第即得阿羅漢果問小路何緣如是闇鈍荅尊者小路於昔迦葉波佛法中具足受持彼佛三藏由法慳垢覆蔽其心曾不為他授文解義及理廢忘由彼業故今得如是極闇鈍果有說彼尊者曾於婆羅痆斯城作販猪人縛五百猪口運置舩上度至彼岸及下舩時氣不通故猪皆已死由彼業力如是闇鈍有說彼尊者昔餘生中曾閇塞瞿陁獸窟門令不得出在中而死由彼業故闇鈍如是如世尊說苾蒭當知我不見一法速疾迴轉猶如心者所以者何心速疾迴轉難作譬喻是故汝等應學善知心善知心迴轉問所說心速疾迴轉為以世為以所緣設介何失若以世者則一切有為法皆於世速疾迴轉若以所緣則一切心心所法皆於所緣速疾迴轉何故但說心耶荅亦以世亦以所緣說心速疾迴轉然依相續不依剎那若依剎那說心速疾迴轉者則應於世有少分速疾迴轉少分不速疾迴轉亦无於所緣速疾迴轉以說若法為彼所緣此法无

時非彼所緣故由此但依相續說心速疾迴轉謂一身中心或時善或時不善或時无記或時依眼乃至或時唯依於意或時緣色乃至或時緣法一一類中復轉易故問諸心所法亦有如是速疾迴轉何故但說心耶答亦應說心所而不說者應知是佛有餘之說亦是隨緣簡略之說有說此中舉心亦攝心所以同聚故有說此中說冣勝者如說王來有說心所依心以心故名心所以心是大地故心所名大地所有故說心時亦說心所有說他心智證通无間道但緣於心是故偏說有說此中心聲惣說一切心及心所以彼皆有積集義故有說心是前導故但說心如伽他言意為法前導等有說心名遠行如伽他言心遠行獨行等有說心名為王如伽他言第六增上王等復次心　名為依如契經說五根行處境界各別意無受用五根行處及彼境界彼依意故復次心名城主如契經說言城主者即有取識由如是義故但說心復

有說者心能發起善戒惡戒是故偏說如契經說善戒惡戒俱依心起有說心嶮生惡趣心平生善趣故但說心如契經說都提耶子鸚鵡儒童以於佛邊起惡心故身壞命終如擲貝珠頃當墮地獄彼復於佛起善心故身壞命終如擲貝珠頃當生天中有說心是內法遍一切處能有所緣是故偏說心是內法者內處攝故遍一切處者下從无間上至有頂皆遍有故能有所緣者能緣一切法故有說心恒相續心所不尒復次心无增減心所不尒有說心於如是所依所緣行相轉時心所隨轉如雄魚行處雌魚皆隨是故偏說有說若心不調伏不密不護不防不脩不調柔者即便朽敗心所亦尒若心調伏密護防脩而調柔者便不朽敗心所亦尒是故偏說復次若心不制馳散五境心所亦尒若心由制不馳五境心所亦尒如漏水筩上開則漏上閇則止是故但說心非心所問佛於餘處說心猶如獼猴何故乃言心速疾迴轉難作譬

喻答非隨人隨力隨時隨慧能作彼喻故說難作不言无喻非隨人者非諸異生隨聞尋思劣定者能作唯佛獨覺及聖弟子善知諸心自相共相者能作非隨力者非不作意无加行作要由作意加行能作非隨時者非无佛時能作要佛日出世方能作故非隨慧者非麁淺慧能作唯深細覺慧乃能作故有說若有於心善知起善知住善知出善知增善知損善知方便善知時分善知所行善知引發者乃能作彼喻故說難作有說誰能作彼喻謂佛誰知能作彼喻謂即佛此二不俱故說難作有說誰能作彼喻謂善知心剎那无間生滅者誰知能作彼喻謂　即彼此二不俱故說難作有說彼喻或等或相似等者如說心如心相似者如說心如受等此俱攝在心速疾中是故前說此中心聲惣攝一切心及心所此外更无等及相似故說難作有說若法如心取境勢用可為彼喻然无此法故說難作雖契經說心如獼

猴然彼捨一枝取一枝項有百千心於境迴轉故說難作有說世尊但說難作辟喻以无譬知者故不說全无辟喻謂佛力能化作一剎那樹以喻於心然无知者故說難作問尊者舍利子可不知耶有說不知極迅速故有說能知但不作意知以无用故脅尊者曰世尊說心如猨猴者即是以心喻心猨猴騰躍輕躁皆心所為故問所說善知心善知心迴轉有何差別有說无差別善知心即是善知心迴轉有說亦有差別謂名即差別名善知心名善知心迴轉復次觀心自性名善知心觀心行相名善知心迴轉復次觀心性差別名善知心觀心行境差別名善知心迴轉復次觀心自相名善知心觀心共相名善知心迴轉有說心念住觀名善知心法念住觀名善知心迴轉復次唯觀識食識蘊意處七心界名善知心總觀四食五蘊十二處十八界名善知心迴轉有說觀心名善知心觀心所名善知心迴轉有說觀識名善知心觀識住名善知心迴轉脅尊者曰觀有貪心名善知心觀轉有貪心為離貪心名善知心迴轉如有貪離貪應知有瞋離瞋有癡離癡散略下舉小大掉不掉不寂靜寂靜不定定不修修不解脫解脫涂不涂有漏无漏縛解繫不繫亦尒

如說我弟子中舍利子具大慧辯執大藏得无㝵解此二何差別答尊者舍利子多住義无㝵解尊者執大藏多住四无㝵解是故世尊各說第一問若尒尊者執大藏勝舍利子耶答舍利子勝以能自在住四但捨而住一故問何故舍利子多住於義執大藏多住四耶答尊者舍利子猒離名言愛重於義尊者執大藏於義名言皆生愛重有說尊者舍利子於四无㝵解皆得自在而隨樂住一義无㝵解彼一切時但求義故尊者執大藏於四无㝵解皆未自在世尊說彼得無㝵解彼作是思勿我於此四无㝵解入住出心有所忘失不稱所記是故於四循環多住如二苾芻俱誦四阿笈摩一皆通利一則生㮮彼通利者隨樂諷一其生㮮者循環遍理此亦如是故二尊者所住各異

問四无㝵解自性是何答自性是慧云何知然如品類足說法无㝵解云何謂於名句文身不退轉智義无㝵解云何謂於勝義不退轉智詞無㝵解云何謂於言詞不退轉智辯无㝵解云何謂於无滯應理說及自在定慧中不退轉智由此故知慧為自性智即慧故是謂无㝵解自性是我是物是性是相是本性已說自性所以今當說問何故名无㝵解答於所知境通達无滯名無㝵解謂法无㝵解於名句文身義无㝵解於涅槃勝義詞無㝵解於諸方言詞辯无㝵解於正說及道以不退智解无滯㝵有說於所知境現見而知名無㝵解如世於一現見事中去我於此解知无㝵有說此應名深審解謂解阿毗達磨深審處故有說此應名隨應解謂隨於何境如應解故界者法詞二无㝵解墮欲色界義辯二無㝵解墮三界

及不墮界地者法无㝵解有說在二地謂欲界初靜慮有說在五地謂欲界四靜慮有說在七地謂欲界未至靜慮中閒及四靜慮義辯二無㝵解有漏者在十一地謂欲界未至靜慮中閒四靜慮四无色無漏者在九地謂未至靜慮中閒四靜慮三無色詞無㝵解在二地謂欲界初靜慮所依者四无㝵解並依欲界行相者法詞二無㝵解不明了行相義无㝵解諸有欲令唯涅槃是勝義者彼說作滅四行相及不明了行相諸有欲令一切法是勝義者彼說作十六行相及不明了行相辯無㝵解有說作十二行相及不明了行相有說作道四行相及不明了行相所緣者法无㝵解緣名句文身義無㝵解或有欲令唯緣滅諦或有欲令緣一切法詞无㝵解緣言詞辯无㝵解緣道及說念住者法無㝵解法念住義无㝵解或有欲令唯法念住或有欲令具四念住詞無㝵解身念住辯無礙解四念住智者法詞二無礙解世俗智義无㝵解諸有欲令唯涅槃是勝義者有說六智性謂法智類智世俗智滅智盡智無生智有說四智性除盡无生無㝵解是見性故諸有欲令一切法皆是勝義者有說十智性有說八智性除盡無生智辯无㝵解有說九智性除滅智有說七智性又除盡无生智有說六智性謂法智類智世俗智道智盡智无生智有說四智性又除盡無生智三摩地俱者法詞二無礙解非三摩地俱義无㝵解或有欲令唯無相及非三摩地俱或有欲令三三摩地及非三摩地俱辯无礙解有說空無願及非三摩地俱有說唯道无願及非三摩地俱根相應者惣說與三根相應然欲界者喜捨相應初二靜慮喜根相應第三靜慮樂根相應在餘地者唯捨相應世者皆墮三世法辯二无礙解緣三世詞无礙解過去緣過去現在緣現在緣現在未来生者緣未来不生者緣三世有說法與詞同有說法詞辯三無礙解過去現在緣過去未来緣三世義无礙解或有欲令唯緣離世或有欲令緣三世及離世善等者皆是善法无礙解緣無記義无㝵解或有欲令唯緣善或有欲令緣三種詞辯二无㝵解緣三種欲界繫等者法詞二無㝵解欲色界繫義辯二無礙解三界繫及不繫法無㝵解諸有欲令无色界亦有名句文身者彼說緣三界繫諸有欲令無色界无名句文身者彼說緣欲色界繫義無㝵解或有欲令唯緣不繫或有欲令緣三界繫及不繫詞无㝵解緣欲色界繫辯無㝵解有說緣三界繫及不繫有說緣欲色界繫及不繫學等者法詞二無㝵解是非學非無學緣亦尒義辯二無礙解是无學及非學非无學義无㝵解或有欲令唯緣非學非無學或有欲令緣三種辯无礙解緣三種見所斷等者法詞二無㝵解修所斷緣亦尒義辯二无㝵解有漏者修所斷無漏者不斷義無㝵解或有欲令唯緣不斷或有欲令緣三種辯无㝵解緣修所斷及不斷緣名緣義者法無㝵解唯緣名義

無㝵解或有欲令唯緣義或有欲令通緣名義詞辯二無礙解唯緣於義緣自相續等者法詞辯三无㝵解緣自相續他相續有說但緣自相續義無㝵解或有欲令但緣非相續或有欲令緣三種加行得離染得者通加行得及離染得於中有說佛離染得盡智時得故聲聞獨覺加行故得加行故現在前有說佛獨覺離染得盡智時得故聲聞加行故得加行故現在前有說佛獨覺到究竟聲聞離染得盡智時得故餘聲聞加行故得加行故現在前如是說者若定應得彼離染得盡智時得故後加行現在前佛不加行獨覺下加行聲聞或中或上有无㝵解由加行故得加行故現在前問四無㝵解加行云何有說法无礙解以習數論為加行義無㝵解以習佛語為加行詞无㝵解以習聲論為加行辯無㝵解以習因論為加行若於四處未得善巧必不能生无礙解故有說法詞二无㝵解以習外論為加行義辯二無㝵解以習内論為加行如是說者四無㝵解皆以習佛語為加行如於一伽他中應如是說彼名習如是說名是法无㝵解加行應如是解彼義習如是解義是義無㝵解加行應如是訓彼詞習如是訓詞是詞无㝵解加行應如是无滯說習如是無滯說是辯無㝵解加行是故四無㝵解皆以習佛語為加行問依何引發此无㝵解答依第四靜慮邊際定慧之所引發尊者言依四靜慮通慧引發問何處能起此无㝵解答唯欲界能起欲界中唯人趣三洲女身男身俱能起尊者衆世說曰唯贍部洲唯男子能起如是說者初說為善以三洲男子俱能留捨壽故問何等補特伽羅能起无㝵解答聖者非異生无學非學不時解脫非時解脫所以者何要相續不為煩惱所持及得自在定者方能起故信勝解二事俱無見至雖得自在定而相續為煩惱所持時解脫雖相續不為煩惱所持而不得自在定唯不時解脫具有三事是故能起問四无㝵解次第云何為如說而起為不尒耶有說如說而起如契經中先說義無㝵解是故前起乃至後說辯无㝵解是故後起謂瑜伽師為知義故先起義无㝵解雖已知義而於名等未善安布是故次起法無㝵解雖於名等已善安布而於言詞未能訓釋是故次起詞無㝵解雖於言詞已能訓釋而未能無滯應理而說是故後起辯无㝵解有說如說而起如阿毗達磨中先說法無㝵解是故前起乃至後說辯無㝵解是故後起謂瑜伽師為知名等次第安布是故先起法无㝵解雖知名等次第安布而未了所詮義是故次起義無㝵解後二如前說有說不如說而起謂先起詞次起法次起義後起辯所以者何以彼行者先應了達世俗言詞次知言詞所依名等次知名等所依義起知三事已方能无滯應理而說是故詞能引法法能引義義能引辯問四无㝵解一一而得為不尒耶答若得一時必具得四如四聖種一時而得隨所愛樂次

第現前問獨覺到究竟聲聞得无㝵解不若得者無退轉智名無㝵解此智所知應无誤失何故尊者大目揵連記他生男而後生女記天當雨而竟不雨記王舍城軍勝而後反為吠舍離軍所敗獨覺何緣不能說法伽他所說復云何通

唯佛稱无學　得无㝵解者　到功德彼岸　永无諸悕失

若不得者何故經言我弟子中摩訶俱瑟恥羅得无㝵解彼尊者根劣佛尚說得大目揵連根勝於彼何故不得耶荅應言獨覺到究竟聲聞亦得無㝵解問無退轉智名无㝵解何故尊者大目揵連所記有謬荅彼於自分所觀境中智无退轉非於異分不觀境中故无有過如彼所記先實是男後轉為女時天亦雨但羅怙羅阿素洛王挼置大海又二國將欲戰時護國藥叉先聞王舍城藥叉初勝後敗國人亦尒非初不勝然後尊者於此所記男等事中但觀前位而不觀後若觀後者記亦无誤問若獨覺亦得無㝵解者何故不能為他說法荅彼愛寂靜樂獨處故怖畏喧雜猒衆集故見遠離功德憒閙過失故心背徒衆豈能說法有說一切獨覺皆是奢摩他行要毗鉢舍那行方能說法有說一切獨覺不樂安布名身等故有說彼審觀察設我說法彼即能入正性離生得果離染及漏盡者我亦當說然不能如是我何能唐捐其功耶是故不說有說一切獨覺能審度量世間唯有二種所化一者佛所化二者聲聞所化無有獨覺所化有情故不說法有說夫說法者由二因緣一者力所引發二者由隨他教獨覺無力不隨他教又一者无畏引發二者由隨他教獨覺无無畏不隨他教又一者大悲引發二者由隨他教獨覺无大悲不隨他教是故彼不能說法問說法具由一切佛法何故但說力無畏大悲非餘耶荅力能安立自論无畏能摧他論大悲能起說法欲更不待餘故唯說此有說彼獨覺作是思惟能說法者所謂法王及法王子我非法王亦非法王子何能說法是故不說有說彼獨覺作是念我從昔來不曾習學諸說法事是故不說有說若自覺而於三種正調伏事得善巧者乃能說法獨覺不尒有說自覺而能具一切智一切種智者方能說法獨覺不尒有說夫說正法皆為破我獨覺出世時衆生著我堅固難破故不說法有說彼自覺者於說法時心必依趣涅槃獨覺若起趣涅槃心時第二剎那便入寂滅極樂解脫故如來不尒雖樂解脫而為大悲大捨所持能久住說有說自覺而能成就無忘失法乃能說法獨覺若在空閑林中能以無㝵解安布蘊界處等名句文身若入聚落行乞食時前所安布或有忘失彼作是念我既不得無忘失法何用說法是故不說有說獨覺種性法應如是雖得无㝵解而不樂說法欲有饒益唯現神通或但為他授八齋戒問若聲聞獨覺亦得無得无㝵解伽他所說復云何通荅唯佛所得究竟圓滿寂勝自在无有

錯謬故作是說非謂二乘皆不成就若不介者二乘亦應不得无學以伽他說唯佛是无學故有餘師言聲聞獨覺一切不得四無㝵解問何故經言我弟子中摩訶俱瑟恥羅得無㝵解彼根非勝佛尚說得獨覺到究竟聲聞根勝於彼何故言一切不得耶答彼所說得是無㝵解相似善根而非真實以彼尊者於長夜中愛樂此法精勤修習佛隨其意故說彼得餘雖得此相似善根非極愛樂勤修習故不說彼得問何故二乘一切不得无㝵解耶荅无退轉智名无㝵解聲聞獨覺於諸境界智有退轉以所記說有悞失故非無㝵解如是說者初說為善以聲聞獨覺於自分境中智无退故

此中願智攝願智邊際智无諍智四無㝵解如願智應知義無㝵解亦介邊際智不攝詞餘如願智說无諍智攝無諍智願智邊際智義无礙解不攝法詞辯三无㝵解如无諍應知法詞辯三無㝵解亦介如其所應各說自攝除無諍詞无㝵解又不攝邊際智此七種皆依邊際定得邊際定力所引發故邊際靜慮體有六種謂七除詞以第四靜慮最上品名邊際故有餘師說四靜慮最上品皆名邊際是故彼說邊際靜慮具有七種七智相攝亦有差別准上應知然能引發唯是第四靜慮邊際非餘

說一切有部發智大毗婆沙論卷第一百八十

阿毗達磨大毗婆沙論卷第一百八十

校勘記

一　底本，金藏廣勝寺本。

一　五七五頁中九行「心心」，資、磧、普、南、徑、清作「心」。

一　五七五頁下四行第八字「後」，諸本（不含石，下同）無。

一　五七五頁下一〇行「如說」，麗作「問如說」。

一　五七六頁上一七行第九字「雨」，資、磧、普、南、麗作「兩」；徑、清作「滿」。一九行第六字同。

一　五七六頁中七行第九字「誦」，諸本作「請」。

一　五七六頁中八行第一三字「門」，麗作「間」。

一　五七六頁下二行第八字「足」，資、磧、普、南、徑、清無。

一　五七七頁下一六行「即彼」，諸本作「善知心剎那無間生滅者」。

一　五七八頁上六行「有說」，麗作「答

有說」。一一行同。

一　五七八頁中二〇行第一二字「說」，資、磧、普、南、徑、清作「記」。

一　五七九頁中一八行第六字「捨」，麗作「捨根」。又第一二字「墮」，資、磧、普、南、徑、清作「隨」。

一　五七九頁中二〇行「現在緣現在緣」，諸本作「現在緣」。

一　五八〇頁上一七行第四字「四」，清作「曰」。又「有說」，麗作「答有說」，本頁下一行末字至二行首字同。

一　五八〇頁上二一行「若於四處未得」，麗作「於此四處若未」。

一　五八〇頁中一五行「男子」，資、磧、普、南、徑、清作「男女」。

一　五八〇頁中末行「三事」，諸本作「二事」。

一　五八〇頁下一九行第九字「起」，麗作「趣」。

一　五八一頁上八行第一〇字「者」，磧作「道」。

一　五八一頁上二一行「然後」，諸本作「然彼」。

一　五八一頁下二二行「無得」，徑、清、麗無。

一　五八二頁上二一行第一〇字「義」，徑作「攝」。

阿毗達磨大毗婆沙論卷第一百八十一　情

五百大阿羅漢等造

三藏法師玄奘奉　詔譯

定蘊第七中不還納息第四之八

如說我弟子中大迦葉波少欲喜足具杜多行薄矩羅少病節儉具淨戒行此二何差別答尊者大迦葉波所得飲食若麁若妙隨次第食無所簡別猶如良馬隨得而食尊者薄矩羅所得飲食或麁或妙簡去妙者而食麁者問何故尊者大迦葉波麁妙等食尊者薄矩羅簡妙食麁答尊者大迦葉波具妙樂欲住沙門法具妙樂欲故不簡妙食住沙門法故不簡麁食但隨所得次第而食尊者薄矩羅具麁樂欲住沙門法具麁樂欲故簡去妙者住沙門法故而食麁者復次尊者大迦葉波廣識大福易得衣服飲食卧具醫藥及餘資具先不受杜多功德而能奉行彼由二緣極為難事謂易得利養不受杜多功德而能奉行尊者薄矩羅非廣識大福難得衣服飲食卧具醫藥及餘資具先受杜多功德亦能奉行少識苾芻受杜多功德於中隨轉此不為難彼由二緣非為難事謂難得利養先受杜多功德隨而奉行有於此文作相違誦謂尊者大迦葉波廣識大福易得衣服飲食卧具醫藥及餘資具先受杜多功德隨而奉行尊者薄矩羅非廣識大福難得衣服飲食卧具醫藥及餘資具先不受此杜多功德隨而奉行少識苾芻不受杜多功德於中隨轉不為難彼由二緣非為難事謂難得利養先不受杜多功德於中奉行此顯迦葉波由三事故勝謂具妙樂欲易得利養受行杜多功德問何故尊者薄矩羅簡去妙食而食麁者答意樂力故有情意樂不同隨所意樂而食不可責其所以有說精妙飲食多用功成不欲勞費是故不食有說精妙飲食增長貪愛多由起諍是故不食有說好食乃是富家所有為益貧家是以不食有說美食必因害多生命斷百千頭在於地上以多身分

血宍所成慜彼有情是故不食有說
美食多生種種過患是以不食問如
所說薄矩羅簡去妙者為初即不受
為受已弃之設介何失若初即不受
云何名受行次第乞食杜多行者若
受已弃之云何不損壞施主施物荅
應言初即不受問若介云何名受行
次第乞食杜多行者荅彼尊者得天
眼願智將乞食時先觀何方何村邑
里巷唯有麁食知已便往次第行乞
如契經說有四聖種一依隨所得食
喜足聖種二依隨所得衣喜足聖種
三依隨所得卧具喜足聖種四依有
無有樂斷樂修聖種問世尊何故說
此契經荅為諸弟子安立產業及所
作故謂前三安立產業第四安立所
作前三安立產業者謂捨四種業行
一種業捨四種業者一農務為業二
商估為業三傭作為業四自在為業
於此皆捨行一種業者唯以乞求為
業有說為顯示無盡資業及所應作
故復次為顯示無罪資業及所應作
故復次為顯示無損害資業及所應

作故復次為顯示不共外道資業及
所應作故此中資業謂前三所應作
謂第四有說為顯示道及道資糧故
此中前三顯道資糧後一顯道如道
及道資糧如是沙門沙門資糧婆羅
門婆羅門資糧梵行梵行資糧應知
亦介由此等義故佛說此聖種契經
問聖種自性云何荅皆以無貪善根
為自性有說前三是無貪善根後一
是精進如是說者初說為善皆對治
貪故問若介依何別義說四種耶荅
為對治四種愛故謂於衣喜足對治
衣服愛於食喜足對治飲食愛於卧
具喜足對治卧具愛樂斷樂修對治
有無有愛由此故說皆無貪性若兼
相應隨轉則欲色界五蘊性無色界
四蘊性此是聖種自性是我是物是
性是相是本性已說自性所以今當
說問何故名聖種有說亦聖亦種故
名聖種謂善故名聖無漏故名聖即
此能生諸功德法相續不斷故名為
種有說聖之種故名為聖種聖謂一
切無倒善法此四能生而相續故說

名為種有說此於聖者相續中行令
彼不斷故名聖種有說此於聖者相
續中可得令彼不斷故名聖種有說
聖謂可愛可喜可樂可意之果此能
生彼相續不斷故名聖種此依等流
果說有說聖名可愛可喜可樂可意
異熟此能引彼相續不斷故名聖種
此依異熟果說有說聖者即是佛獨
覺聲聞彼從此生相續不斷故名聖
種有說正法名聖此能任持令久相
續故名聖種是以正法住世經於千
載而不滅者皆是聖種之力如椽梁
持舍使不散壞由此等緣故名聖種
界者皆墮三界及不墮界問色界無
飲食無色界無前三云何三界皆具
四種荅彼雖無食等而有彼喜足功
德有說由下界具四種故展轉引生
上界者亦具四種尊者世友作如是
說上界雖無食等而有彼對治然對
治有四種謂斷對治猒壞對治持對
治遠分對治色界於食等具四對治
欲界有三除斷對治無色界有二謂
持及遠分尊者覺天說曰如雖無有

無漏衣食等而有無漏聖種如是雖無色無色界食等而有彼界聖種大德說曰不顧戀身之資具尚名住聖種者況彼亦不顧戀身而當無聖種耶地者有漏在十一地無漏在九地所依者皆依三界行相者皆作十六行相及餘行相所緣者皆緣一切法念住者皆四念住智者皆八智或十智三摩地俱者皆三三摩地俱及非俱根者揔說皆與三根相應謂樂喜捨世者皆墮三世緣三世及離世善等者皆是善緣三種欲界繫等者皆三界繫及不繫緣亦尒問若尒施設論說云何通如說四聖種皆不為煩惱所染所雜答彼遮煩惱相應不遮有漏故無過學等者皆通三種緣三種見所斷等者皆修所斷及不斷緣三種緣名緣義者皆緣名義緣自相續他相續非相續者皆緣三種加行得離染得生得者是加行得離染得非生得有說亦是生得如是說者初說為善若生得善亦是聖種者蟻卵蚑蛾等亦成就聖種耶是故聖種不攝生得善問聖種為聞為思為修所成耶答通三種攝為意地為五識答唯意地非五識有說亦通五識評曰不應作是說所以者何五識中善唯生得故問若是加行善者外道所得靜慮無量無色解脫勝處遍處等亦是聖種耶答彼非聖種所以者何若欣樂解脫猒背生死彼善根是聖種外道所樂皆是生死故彼善根不名聖種復次於有有具生喜足名聖種外道善根與此相違故非聖種以五頂外道等亦求生天受欲樂故復次聖種皆是出家品善根外道善根皆是在家品攝故非聖種

問少欲喜足俱對治貪無貪為性何故喜足立聖種非少欲耶答少欲之名有過失有增益喜足不尒有過失者但言少欲不言無欲故有增益者於實無欲而名少欲故於喜足中無如是事故立聖種有說少欲於未來處未得事轉喜足於現在處已得事轉不取現在一迦履沙鉢等為難非於未來轉輪王位以喜足難故立為聖種有說為異外道故不說少欲為聖種若說少欲為聖種者諸外道輩當作是言我等真是住聖種者所以者何汝等猶著糞掃衣而我等露形無衣汝等猶乞食自活而我等多自餓不食汝等猶坐樹下而我等或常舉手蹻足而住是故我等真名住聖種者為遮彼故但說喜足為聖種外道於有有具不喜足故

問少欲喜足何差別有說少欲唯在意地喜足通六識身有說少欲唯欲界喜足通欲色界有說少欲唯欲色界喜足通三界有說少欲墮三界喜足三界繫及不繫如是說者少欲喜足俱通三界繫及不繫問若尒何差別答少欲於未來處未得事轉喜足於現在處已得事轉是謂差別

問病緣醫藥所生喜足何故不說聖種耶答亦應說聖種而不說者當知有餘有說已攝在前所說中謂病緣醫藥有二種一可食二不可食可食者攝食中不可食者攝衣服臥具中有說為欲饒益病苾芻故不說於藥

喜足為聖種謂有苾芻身雖有病以少務故不求醫藥若佛立此為聖種者彼便守病不能勤修聖道加行為饒益彼令勤修道是故不說彼為聖種有說若受用時能生放逸於彼喜足立為聖種病緣醫藥於受用時但能除病不增放逸是故不說有說若一切處一切人一切時受用者於彼喜足立為聖種病緣醫藥非有如是一切受用故彼喜足不立聖種是以尊者薄矩羅言我於佛法中出家年過八十曾不憶身有疾疥乃至頭痛亦不憶受用病緣醫藥乃至訶梨怛雞生欲界者尚然何況生色無色界

問何故別解脫律儀唯無表立聖種非表耶答前說相續不斷名為聖種表非相續不斷是故不說有說無表可與聖道俱故立聖種表不與聖道俱是故不說出家者有四聖種在家者亦有四聖種然出家者二因緣故名有聖種一意樂故二受用故諸在家者由一因緣名有聖種謂意樂故非受用故如天帝釋處妙花座有十二那庾多侍女圍遶六萬音樂而自娛樂於四聖種恒有意樂而無受用頻毗娑羅等諸國王蘇達多等諸長者亦介問為有一一聖種即名住聖種者耶答不介要具四種方名住聖種者然得一聖種時必具得四如無礙解得一必具四

過去諸佛皆稱讚糞掃衣而不許著今釋迦佛亦稱讚糞掃衣而便許著問何故介耶答過去時人貪心微薄雖得價直百千衣服染著之心不如今人染著凡衣故有說彼時人眾豊饒財寶諸苾芻等欲求價直百千衣服易於今時求糞掃衣故尊者世友說曰過去時人意樂廣大見諸苾芻畜上妙資具便生歡喜信敬之心今時人意樂狹劣若見苾芻畜麁弊資具乃生歡喜信敬之心故尊者覺天說曰往昔時人身體細濡若受用麁弊物者則不能自存今世時人身體麁靳雖受用麁弊則能自存故大德說曰過去諸佛稱讚糞掃衣當知即是亦許受用若不介者何故稱讚諸佛不以無事而有所說故

如世尊說糞掃衣少易得無罪云何少云何易得云何無罪尊者世友說曰少用功而辦故非多人受用故名少隨彼彼時處皆可得故名易得佛所聽許故智者受用故名無罪大德說曰少價量故名少不從他求故名易得無攝受故名無罪

由二因緣佛說於衣喜足為聖種一為訶責於衣不喜足如難陁等二為讚美於衣喜足如大迦葉波等由二因緣佛說於食喜足為聖種一為訶責於食不喜足如婆拖梨等二為讚美於食喜足如薄矩羅等由二因緣佛說於臥具喜足為聖種一為訶責於臥具不喜足如愚王苾芻等如契經說愚王苾芻白佛言唯願世尊觀我床座麁弊如是二為讚美於臥具喜足如頡戾茂多等由二因緣佛說樂斷樂修為聖種一為訶責懈怠如闡陁等二為讚美精進如室路拏等由四因緣則知彼是安住聖種補特伽羅一不樂聞他談得利養二不樂

親近貪美食人三所畜資具少而清淨不生染著四於諸利養得與不得不生愛憎

如世尊言此四聖種是㝡勝知是種性知是可樂知是無雜染不可訶責一切世間若沙門若婆羅門若天若魔若梵若餘世間無能如法說其過者云何名㝡勝知有說此四聖種能引㝡勝故得㝡勝果故趣向㝡勝故隨順㝡勝故名為㝡勝佛所施設佛所知故說名為知有說佛說五百聲聞各有㝡勝之法此四墮在彼㝡勝法中故名㝡勝佛知此四是真喜足故名為知有說佛及弟子名㝡勝者彼所讚述名㝡勝知有說佛知此四是勝寶藏能令住者意望滿足故名㝡勝知謂諸有情名分意望不滿而死唯住聖種者無不意望滿足而死有說佛知此四是無盡藏令諸智者受用無盡故名㝡勝知謂住此者不假多求及多積聚亦無防守門戶關鑰隨意受用終無有盡如轉輪王王四洲界所用財寶可速窮盡受用此四而無有盡云何名種性知答過殑伽沙等諸佛及佛弟子皆從此生故名種性智者所了故名為知有說種性者是能持義謂能住持聖教令久不滅故名種性是佛所了故名為知云何名可樂知答此四是智者所樂智者所知故名可樂知有說佛知此四皆能資助樂斷樂修故名可樂知有說佛知此四是於晝夜各三時中智者隨應愛樂安住而無懈倦故名可樂知有說佛知此四是修行者所樂久住謂從此日後分結跏趺坐安住其中乃至明日初分餘緣所奪方從彼起云何名無雜染答此四聖種不為煩惱惡業所淩雜故云何名不可訶責答若住此四恒為住正法者之所讚美未嘗訶責即由此故一切世間沙門婆羅門天魔梵等無能如法說其過者尊者世友作如是言佛知此四能入聖胎故名㝡勝知一切聖者皆從此生故名種性知是修行者晝夜所樂故名可樂知遠離四種世間事業故名無雜染四事業者謂農務商估傭作自在一切功德由此具故名不可訶責於自於他俱無損害故一切世間沙門婆羅門天魔梵等無能如法說其過者

如薄伽梵於契經中說伽他言

諸有伏愛憎　常居邊卧具　恒住不放逸
拔有貪隨眠

問此伽他中為辯何義答愛謂貪愛憎謂憎恚佛聖弟子若伏此二居邊卧具住不放逸便能永拔有貪隨眠復次若於正法毗柰耶中隨有所得味著心轉說名為愛於所未得愁慼心轉說名為憎佛聖弟子於已得不味於未得不慼故能俱伏由俱伏故居邊卧具住不放逸則能永拔有貪隨眠復次若於上妙衣服飲食貪求名愛若於麁弊衣服飲食嫌逆名憎佛聖弟子二俱能伏此句顯示於衣服飲食喜足聖種第二句顯示於卧具喜足聖種後二句顯示樂斷樂修聖種

問樂斷樂修有何差別答樂斷煩惱樂修聖道復次無間道名樂斷解脫

道名樂修復次見道名樂斷修道名樂修如見道修道如是見地修地未知當知根已知根應知亦尒復次樂斷者顯諸忍樂修者顯諸智樂斷樂修是謂差別

如說大名學多住五蓋漸斷乃至廣說問何故作此論荅為欲分別契經故如契經說佛告大名學多住五蓋漸斷契經雖作是說而不分別云何學云何學多住五蓋漸斷彼經是此論所依根本彼所未說者今應說之故作斯論如說大名學多住五蓋漸斷此中云何學荅預流或一來云何學多住五蓋漸斷荅漸斷漸離漸伏漸背問何故此中不說隨信隨法行名學多住五蓋漸斷耶荅應說而不說者當知此義有餘有說隨信隨法行有住五蓋已斷者有住五蓋漸斷者以不定故不說預流一來不尒決定唯住五蓋漸斷是以說之有說若彼身中五蓋煩惱可現行而漸斷者此中則說隨信隨法行有漏善心無覆無記心尚無容現行何況煩惱是故不說問預流一來身中疑蓋已斷惡作雖未斷而更不現行何故說彼多住五蓋漸斷而復說可現行耶荅前文應作是說學多住諸蓋漸斷不應言五而言五者事有五故謂貪欲瞋恚睡眠惛沉掉舉有說先斷今斷揔說斷五如言斷五順下分結得不還果多住者謂數數住問斷離伏背有何差別有說無差別俱顯斷故有說亦有差別謂斷彼縛故名斷離彼得故名離令不行故名伏猒逆彼故名背復次依無間道說斷依解脫道說離此二依永斷說依近加行說伏依遠加行說背此二依暫斷說復次依無間道說斷依解脫道說離此二依正斷說依加行道說伏依勝進道說背此二依助斷說復次斷者依斷對治說離者依持對治說伏者依遠分對治說背者依猒壞對治說斷離伏背是謂差別

如說苾芻法珊度沙故毗柰耶珊度沙毗柰耶珊度沙故法珊度沙乃至廣說問何故作此論荅為欲分別契經義故經說未來有諸苾芻不修身戒心慧彼不修身戒心慧者法珊度沙故乃至廣說契經雖作是說而不分別云何法云何毗柰耶云何法珊度沙故乃至廣說彼經是此論所依根本彼所不說者今應說故作斯論云何法荅八支聖道云何毗柰耶荅貪瞋癡滅云何法珊度沙故毗柰耶珊度沙毗柰耶珊度沙故法珊度沙荅若於八支聖道不修習時彼於貪瞋癡滅不能作證若於貪瞋癡滅不作證時彼於八支聖道不能修習由此因緣故作是說此中珊度沙言有說顯喜足有說顯毀壞若說顯喜足者彼說云何法珊度沙故毗柰耶珊度沙謂於見道生喜足故便於修道不能修習若於修道不修習時便於修所斷煩惱斷不能作證如是法珊度沙故毗柰耶珊度沙云何毗柰耶珊度沙故法珊度沙謂於見所斷煩惱斷生喜足故便於修所斷煩惱斷不能作證若於修所斷煩惱斷不作證時便於修道不能修習如是毗

柰耶珊度沙故法珊度沙若說顯毀壞者彼說由毀壞聖道故於貪瞋癡滅不能作證故說法珊度沙故毗柰耶珊度沙由毀壞貪瞋癡滅故便於聖道不能修習故說毗柰耶珊度沙故法珊度沙問聖道與滅无有過失不可毀壞如何言毀壞聖道滅耶荅毀壞彼相續說毀壞彼非彼自體實可毀壞謂由煩惱現在前故毀壞相續由相續毀壞故令聖道轉遠由聖道轉遠故於貪瞋癡滅不能作證故說毀壞如契經說此是法此是毗柰耶此是大師教問此三何差別荅法謂八支聖道毗柰耶謂貪瞋癡滅大師教謂佛語有說法謂阿毗達磨藏毗柰耶謂毗柰耶藏大師教謂素怛纜藏是謂此三差別

如說法隨法行乃至廣說問何故作此論荅為欲分別契經義故如契經說法隨法行雖作是說而不分別云何法云何隨法云何法隨法行彼經是此論所依根本彼所不說者今應說之故作斯論云何法荅寂滅涅槃云何隨法荅八支聖道云何法隨法行荅若於此中隨義而行所謂為求涅槃故修習八支聖道故名法隨法行能安住此名法隨法行者問何故涅槃獨名為法八支聖道名隨法耶荅於諸法中涅槃勝故生老病死不能侵故獨得法名八支聖道次彼順彼如王大臣故名隨法故契經說一切法中涅槃最勝有為法中聖道最勝然舍利子讚學經中說言具壽法之隨法所謂離繫彼契經中聖道名法涅槃名隨法以先得聖道後證涅槃故前經依勝劣次第顯法隨法後經依證得次第顯法隨法復次別解脫名法別解脫律儀名隨法若於此中隨義而行名法隨法行謂為求別解脫故受別解脫律儀得已隨護無有毀犯名法隨法行能安住此名法隨法行者復次身律儀語律儀命清淨名法受此名隨法若於此中隨義而行名法隨法行謂為求身語律儀命清淨故受及受已隨護名法隨法行能安住此名法隨法行者問身語律儀命清淨即是別解脫律儀所攝何故重說耶荅前是不分別說今是分別說前是摠說今是別說有說前是律儀所攝妙行所攝非離律儀所攝今是律儀所攝妙行所攝亦離律儀所攝有說前顯示所發起今顯示能發起前為護所發起故護能發起今為護能發起故護所發起有說前為護果故隨護於因今為護因故隨護於果如因果能作所作亦尒此中別解脫戒表及初念無表是尸羅是律儀是妙行是般羅底木叉是般羅底木叉律儀是業是業道此後無表是尸羅是律儀是妙行是般羅底木叉律儀非般羅底木叉非初解脫故是業非業道究竟思不於此轉故如說具壽我今當說般羅底木叉汝等諦聽此中何法名般羅底木叉為是尸羅為是說戒者語若是尸羅彼不可說何故言我當說般羅底木叉若是說戒者語彼戒善心說或不善無記心說毗柰耶說云何通如說般羅底木叉是諸善法首上首前行有說是尸羅問尸羅不可說云何言我當

說耶答依展轉因故名為說如子孫法謂語能起名名能顯義有說是說戒者語問彼或善心說或不善無記心說云何言是諸善法首上首前行耶答彼毗柰耶依不障因故作是說謂說戒者隨何心說聽者若能如說修行皆能與彼一切功德作無障因故言般羅底木叉為諸善法首上首等

說一切有部發智大毗婆沙論卷第一百八十一

阿毗達磨大毗婆沙論卷第一百八十一

校勘記

一　底本，金藏廣勝寺本。

一　五八四頁下一二行「不爲難」，資、磧、普、南、徑、清作「非爲難事」；麗作「此不爲難」。

一　五八五頁下一〇行「任持」，磧、南、徑、清作「住持」。

一　五八五頁下一七行第一一字「展」，諸本(不含石，下同)作「展」。下同。

一　五八六頁上八行「八智」，磧、普、南、徑、清作「入智」。

一　五八六頁中末行第八字「以」，資、磧、普、南、徑、清作「似」。

一　五八七頁下一九行「茂多」，諸本作「筏多」。

一　五八七頁下末行第八字「談」，麗作「說」。

一　五八八頁上一二行「四墮」，清作「四聖」。

一　五八八頁上一七行第八字「名」，諸本作「多」。

一　五八八頁中一行末字「過」，資、磧、普、南、徑、清作「過去」。

一　五八八頁中一七行首字「者」，磧、南、徑、清作「諸」。

一　五八八頁中二一行末字至次行首字「修行」，磧、普、南、徑、清作「行修」。

一　五八九頁下一八行第一一字「證」，資作「謂」。

一　五九〇頁上二二行第一二字「滅」，資、磧、普、南、徑、清無。

一　五九〇頁下七行第三字「護」，資作「獲」。

一　五九〇頁下八行第三字「果」，資、磧、普、南、徑、清作「於果」。

一　五九〇頁下二〇行第七字「戒」，諸本作「或」。

一　五九一頁上八行第九字「諸」，資、磧、普、南、徑、清作「說」。

阿毗達磨大毗婆沙論卷第一百八十二　情

五百大阿羅漢等造

三藏法師玄奘奉　詔譯

定蘊第七中不還納息第四之九

云何法輪乃至廣說問何故作此論荅為欲分別契經義故如契經說世尊轉法輪諸餘世間沙門婆羅門天魔梵等皆無有能如法轉者契經雖作是說而不分別云何法輪齊何當言轉法輪契經是此論所依根本彼所不說者今應說之故作斯論云何法輪荅八支聖道若兼相應隨轉則五蘊性此是法輪自性是我是物是相是性是本性巳說自性所以今當說問何故名法輪荅此輪是法所成法為自性故名法輪如世間輪金等所成金等為性名金等輪此亦如是有說此輪於諸法性能簡擇極簡擇能覺悟極覺悟現觀作證故名法輪有說此輪能淨聖慧法眼故名法輪有說此輪能治非法輪故名法輪非法輪者謂布剌拏等六師所轉八邪支輪問何故名輪輪是何義荅動轉不住義是輪義捨此趣彼義是輪義能伏怨敵義是輪義由斯等義故名為輪

如大四十法門經說有二十善品二十不善品此名梵輪乃至廣說問二十善品可尒二十不善品云何名梵輪耶荅佛意不說彼為梵輪但說於善不善品法有忍智轉名為梵輪問此何故名梵荅極寂靜故離災橫故無罪累故不惱害故說名為梵問何故名梵輪荅以梵世在初可得及具聖道故名梵輪第二第三靜慮非初可得亦不具聖道第四靜慮雖是佛身初得而不具聖道故不名輪唯有梵世是初可得及亦具足故名梵輪有說修梵行者相續中可得故名梵輪有說對治非梵行故名為梵輪有說對治三界見所斷非梵煩惱故名梵輪有說此因梵王勸請而轉故名梵輪有說佛是大梵佛所宣說分別開示故名梵輪有說梵音演說故名梵輪有說唯梵世聖道能對治衆多

非梵法故名為梵輪衆多非梵法者謂三界見修所斷煩惱或不善無記煩惱或有異熟無異熟煩惱或生二果生一果煩惱或無慚無媿相應無慚無媿不相應煩惱或有事無事煩惱或忍所治智所治煩惱如是等名衆多非梵法有說唯梵世有多梵行果故名梵輪多梵行果者謂四沙門果上三靜慮唯有二沙門果無色唯有一沙門果唯梵世中具有四果或九遍知果上三靜慮唯有五遍知果無色唯有二遍知果唯梵世具有九遍知果或八十九沙門果唯梵世具有非於上地是故聖道說名梵輪

問何故唯說見道名法輪非餘耶答前說動轉不住義是輪義見道是速疾道不起期心道於動轉不住冣為隨順故獨名法輪有說前說捨此趣彼義是輪義見道中捨苦現觀趣集現觀乃至捨滅現觀趣道現觀是故見道獨名法輪有說以四事故名輪一捨此二趣彼三未降伏者降伏四已降伏者守護見道中亦尒捨此者捨苦現觀趣彼者趣集現觀未降伏者降伏即集現觀已降伏者守護即苦現觀乃至滅道說亦如是故名法輪有說迴轉義是輪義猶如車輪周旋迴轉如是見道忍智偹環謂忍後智現前智後忍復現前法品類品偹環亦尒故名法輪有說上下義是輪義猶如車輪或上或下如是見道緣境上下謂緣欲界已即緣有頂緣有頂已復緣欲界對治上下說亦如是故名法輪有說見道猶如輻轂輞法故說為輪猶如車輪轂冣居中輻依轂住輞攝於輻如是見道苦集忍智如輻滅忍滅智如轂道忍道智如輞遍緣道故或有說者苦集滅忍智如輻三諦如轂道諦如輞或有說者三諦忍智如輻道忍道智如輞四諦如轂或有說者正見正思惟正勤如輻正語業命如轂正念正定如輞或有說者正思惟正勤正念正定如輻正語業命如轂正見如輞或有說者唯正定如輞餘如前說有說降伏四方義是輪義如轉輪王所有輪寶降伏四洲所有怨敵如是行者以見道輪降伏四諦所有煩惱故名法輪有說見所斷煩惱名非法輪能起八邪支故見道是彼近對治故說名法輪尊者妙音說曰學八支道展轉和合一時至他相續中轉故名法輪此八支道見道位勝是故見道獨名法輪齊何當言轉法輪答若時具壽阿若多憍陣那見法問何故復作此論答前雖顯法輪自性而未顯作用今欲顯之故作斯論有論為止摩訶僧祇部說法輪語為自性彼作是說一切佛語皆是法輪若謂聖道是法輪者則菩提樹下已轉法輪何故至婆羅痆斯方名轉法輪耶為止彼意顯法輪體但是聖道非佛語性若是佛語者則應菩提樹邊為商人說法已名轉法輪何故後至婆羅痆斯國乃言轉法輪耶故知尒時令他身中有聖道起方名轉法輪法輪聖道為體故說齊阿若多憍陣那見法名佛轉法輪問若尒佛於菩提樹下已名轉法輪何故於婆羅痆斯國乃言初轉法輪

耶答轉法輪有二種一自相續中轉二令他相續中轉菩提樹下是自轉法輪婆羅痆斯是令他轉法輪佛以饒益他為正事故依令他轉說初轉法輪有說轉法輪有二種一共二不共菩提樹下所轉法輪與二乘共自利法故婆羅痆斯國所轉法輪不與二乘共利他法故依不共說故言彼處初轉法輪有說與此相違名共不共依共說轉如共不共曾未亦尒有說若於轉時勝獨覺者乃言初轉謂諸獨覺亦能自轉但不令他唯佛亦能令他轉故有說若於轉時有人為證乃說初轉謂五苾芻證無我理方能為佛作證轉法輪人有說婆羅痆斯所轉法輪是佛昔日三無數劫所修苦行功勞之果故說初轉所以者何佛若欲於過去佛所般涅槃者即得隨意所以經於三無數劫精勤修習百千苦行於蘊處界求善巧者皆為饒益所化有情恒作是願若我證得無上菩提當為有情開甘露門令皆解脫生死牢獄故今所轉正是昔日苦行之果有說若能降伏他身煩惱方名法輪正所作用如王輪寶降伏他土非但降伏自所住宮如來法輪亦復如是依此說佛初轉法輪問若彼身中聖道生時即彼名為轉法輪者何故說佛轉法輪耶答依能轉因故作是說謂彼身中所有聖道世尊若不以言說手為其轉者則彼聖道無因得生彼聖道生皆由佛力是故說佛初轉法輪如轉輪王來已輪寶置於左手右手轉之則諸天神亦不能轉要王轉已彼能轉之故說輪王能轉非彼此亦如是有說依開覺緣故作是說謂彼身中雖有聖道乃至若未以佛語光而照觸者無由得生彼聖道生皆是佛力是故說佛初轉法輪譬如池中嗢鉢羅等種種蓮花乃至若未以日光而照觸者則不開不敷不香日光照時則開敷香此亦如是有說依除障緣故作是說謂彼身中雖有聖道若佛不以未曾有善巧名句文身除彼身中所有障者則彼聖道無由得生彼聖道生由佛除障是故說佛初轉法輪有說依資助緣故作是說謂彼身中雖有聖道若佛不以法水灌之則聖道芽無由得生彼得生者由佛資助是故說佛初轉法輪如田中種子闕衆緣故芽則不生當知芽生由資助力此亦如是有說依示導緣故作是說謂彼身中雖有聖道若無如來言說示導彼者則彼身中聖道不轉佛開示故彼聖道轉是故說佛初轉法輪如闇室中以燈炤了便見種種可取之物此亦如是有說二因二緣生於正見一聞他法音二如理作意由聞他法音故說佛初轉由如理作意故說彼自轉有說若人具足四法名多有所作謂親近善士聽聞正法如理作意法隨法行由親近善士聽聞正法故說佛轉法輪由如理作意法隨法行故說彼自轉法輪

問憍陳那住苦法智忍即應說佛初轉法輪何故乃至道類智時方名為轉答苦法智忍時雖得名轉而未究竟道類智時於轉究竟有說道類智

時三因緣具故說名轉一捨曾道二得未曾道三結斷一味證有說道類智時五因緣具故名為轉一捨曾道二得未曾道三結斷一味證四頓得八智五一時修十六行相捨曾道者謂捨見道得未曾道者謂得修道結斷一味證者謂集證三界見所斷斷頓得八智者謂頓得四法智四類智一時修十六行相者謂一時修苦四行相乃至道四行相有說道類智時已斷一切見所斷煩惱無事煩惱忍所治煩惱永害見邪性故於尒時方說為轉有說此所言轉依至果位可稱可數有相可說可得施設法補特伽羅而說非於先時不名為轉有說此所言轉約可命終受生處說非於先時不名為轉

如契經說佛說此法門時具壽憍陳那及八万諸天遠塵離垢於諸法中生淨法眼此中遠塵者謂遠隨眠離垢者謂離纏垢於諸法中者謂於四聖諦中生淨法眼者謂見四聖諦淨去很生問佛說此法門時五苾芻皆見法何故但說憍陳那耶答以憍陳那先見法故謂憍陳那以入見道餘四猶在順決擇分善根位中有說世尊於彼有宿願故以彼為首而轉法輪是故偏說由此佛告憍陳那言汝已解耶彼言已解第二第三亦復如是因斯号彼為阿若多問世尊何故三問彼耶答彼憍陳那見聖諦已世尊便起前後際智作是觀察為憍陳那所應受惡趣相續蘊界處多為我過去三無數刧所經剎那臘縛牟呼栗多多耶觀已即見憍陳那所應受無間地獄相續蘊界處多非我過去三無數刧所經剎那臘縛牟呼栗多多見已便作是念我於三無數刧修無量百千難行苦行令得無上正等菩提但令憍陳那尒所無間地獄相續蘊界處住不生法中設我即般涅盤於我劬勞已為果蒲況作餘事以慶慰故三反問之復次佛見從不可知本際以來憍陳那起煩惱縛一切有情一切有情亦起煩惱縛憍陳那又見憍陳那於一切有情相續中受胎一切有情於憍陳那相續中受胎更相損害更相食噉說亦如是如見前際見後際亦尒佛見此已便作是念我但令憍陳那一人於一切有情離如是事於我三無數刧所修苦行便為果滿況更饒益無量有情欣慰情深是以三問有說為止誹謗是以三問謂佛為菩薩時猒老病死出劫比羅伐窣堵城求無上智時淨飯王遣釋種五人隨逐給侍二是母親三是父親母親二人執受欲得淨父親三人執苦行得淨當於菩薩修苦行時母親二人心不忍可即便捨去菩薩知後苦行非道捨而受食美飯蘇乳以油塗身習處中行父親三人咸謂菩薩狂亂失志亦復捨去於是二女所謂難陁難陁跋羅俱來給侍尒時菩薩便作是念若彼五人不捨我者豈令女人來相親近菩薩受食十六轉乳糜已身力轉增從吉祥人邊受取草已詣菩提樹自敷草座結跏趺坐立如是誓我今要當不起此座降魔軍眾永斷諸漏證取無上正等

菩提立此誓已尋時摧破三十六俱胝惡魔軍衆以三十四心得阿耨多羅三藐三菩提佛眼遍觀一切世界誰應最初聞我正法我當爲說觀已便知嗢達洛迦曷邏摩子應先聞我法是時有天即白佛言嗢達洛迦曷邏摩子昨日命過有說七日尒時世尊亦起智見知彼命過便傷歎言彼失大利若彼聞我所說法者當得正解世尊復觀除彼誰應初聞我法我當爲說觀已便知頞邏荼迦邏摩應先聞我法天復白言頞邏荼迦邏摩命過來已經七日有說昨日尒時世尊亦起智見知彼命過而傷歎言彼失大利若彼聞我所說法者當得正解問佛初得阿耨多羅三藐三菩提時何故不爲二人說法而令命過不得聞法將非教化失時耶有說世尊初成佛時未起爲他說法心又未以大悲緣有情界故無化道失時之咎尊者妙音說曰佛初得無上菩提時愛重法故多日思念尚不及起飲食之心況能起心爲他說法復有說者初成佛時未建立有情三聚差別未知所應化道及非所應故無有失有說彼時二人善根未熟未堪聞法所以者何佛成道已彼初一人若更經五十七日有餘命者應堪聞法有說五十六日有說四十九日彼第二人若更經五十一日有餘命者應堪聞法有說五十日有說四十三日由此非佛教化失時世尊或時留自壽行待所化者如待蘇跋達羅等若能留他壽行無有是處問佛何故傷歎耶荅佛先以彼二人爲師習世俗定不得真法今佛自證無上真法欲令彼知又欲以已所證饒益於彼而彼命終是以傷歎問前說彼若聞我法者當得正解依何位說得正解耶有說此說入正性離生位有說住順決擇分善根位有說起順解脱分善根位如是說者乃至令彼除一切智增上慢知唯佛世尊具一切智尒時名得正解世尊復觀除彼二人誰復宜初應聞我法我當爲說觀已即知憍陳那等五人應先聞法即作是念彼皆是我父母親族先來恭敬供養於我今欲酬報爲何所在天即白言今在婆羅痆斯國仙人鹿苑尒時世尊亦起智見知在彼處便捨菩提樹步涉而往婆羅痆斯問佛具宿勝神足何以步涉往耶荅敬重法故不以神足然於行時足常去地如四指量一一足迹皆有喜旋吉祥可愛千輻輪相分明如畫身影所觸乃至七日能令有情至其處者諸根安悅漸次行到婆羅痆斯尒時五人忽遥見佛遂共立制彼憍荅摩懈惕多求狂乱失志空無所獲而今復來欲相呼誘我等宜各勿與言談恭敬問訊但敷一常座任其坐不尒時世尊漸行近彼威德所逼令捨本期不覺一時從座而起趍走迎逆合掌歸命於中或有敀敷淨座或取佛衣或取佛鉢或有供水或有洗足俱白佛言唯願就座佛便作念如是癡人自立制約須臾還破時佛就座安詳而坐威光奇特如妙高山是時五人雖復恭敬而猶呼佛爲具壽或復稱佛爲喬荅摩佛即

告言汝等勿呼如来為具壽亦勿稱觸姓名若故尒者當於長夜獲無義利受諸劇苦所以者何如来已證無上菩提安隱涅槃度生老病死覺一切法性救護一切為三界尊成就無邊功德法故時五人言具壽猶是昔喬荅摩身形所作不異往日懈怠多求狂乱失志捨於苦行受好飲食以油塗身皮膚充悅雖知具壽自稱證得無上菩提安隱涅槃誰當相信而不許我稱觸名姓世尊告曰汝今觀我面貌威光諸根容止豈與昔日同耶五人荅言我觀具壽實異於昔佛言我若不證法者豈得如是汝應以此證知我得無上菩提何故猶於如来而生不信世尊於是漸漸化誘令其調伏於日初分為二人說法教誡教授命餘三人入村乞食彼所乞食充足六人於日後分為三人說法教誡教授令餘二人入村乞食所乞飲食充足五人世尊性離非時食故如是教化經於三月有說四月令彼五人善根熟已於迦栗底迦月白半八

日如来為彼轉正法輪時憍陣那最初見法佛便三問汝已解耶此意問言汝今觀我是懈怠多求狂乱失志不證無上菩提涅槃而誑汝耶故三問解不彼還三反荅言已解此意荅言我今觀佛實非懈怠多求亦非狂乱失志又實證得菩提涅槃而非誑我我今為佛證人故三荅已解是故為止誹謗佛三問之有說為顯本願滿足是以三問其事云何曾聞過去此賢劫中有王名羯利時有仙人号為忍辱住一林中勤修苦行時羯利王除去男子與內宮眷屬作諸伎樂遊戲林間縱意娛樂經久疲猒而便睡眠內宮諸女為花果故遊諸林間遥見仙人於自所止端身靜思便馳趣之皆集其所到已頂礼圍繞而坐仙人即為說欲之過所謂諸欲皆是不淨臭穢之法是可訶責是可猒患誰有智者當習近之諸姉皆應生猒捨離王從睡覺不見諸女便作是念將無有人誘奪去耶即拔利劒處處求覓乃見諸女在仙人邊圍遶而坐

生大瞋恚是何大鬼誘我諸女即前問之汝是誰耶荅言我是仙人復問在此作何事耶荅言修忍辱道王作是念此人見我瞋故便言我修忍辱我今試之即復問言汝得非想非非想處定耶荅言不得次第責問乃至汝得初靜慮耶荅言不得王倍瞋忿語言汝是未離欲人云何恣情觀我諸女復言我是修忍辱人可申一臂試能忍不尒時仙人便申一臂王以利劒斬之如斷藕根墮於地上王復責問汝是何人荅言我是修忍辱人時王復令申餘一臂即復斬之如前責問仙人亦如前荅我是修忍辱人如是次斬兩足復截兩耳又割其鼻一一責問荅皆如前令仙人身七分墮地作七瘡已王心便止仙人告言王今何故自生疲猒假使斷我一切身分猶如芥子乃至微塵我亦不生一念瞋忿所言忍辱終無有二復發是願如汝今日我實無辜而斷我身令成七分作七瘡孔我未来世得阿耨多羅三藐三菩提時以大悲心不

待汝請家初令汝修七種道斷七隨眠當知尔時忍辱仙人者即今世尊釋迦牟尼是羯利王者即今具壽憍陳那是故憍陳那見聖諦已佛以神力除彼闇障令其憶念過去世事彼便自見為羯利王佛為仙人自以利劍斷佛七支作七瘡孔佛不瞋恨反以誓願欲饒益之故佛世尊三問解不此意問言我豈違背昔願豈不如本誓願已酬滿耶時憍陳那極懷耻媿合掌恭敬亦三荅已解此意荅言實知世尊不違昔願如本誓願皆已酬滿我本愚癡作斯極惡唯願哀愍赦我重罪是故為滿本願佛三問之有說世尊顯已說法有善巧力故三問之謂此意言我於三無數劫修無量百千難行苦行所證得法由巧說故令彼須臾即得悟解是故三問有說世尊令餘四人聞生勇勵速入見道故三問之有說世尊欲顯善說法中師及弟子於所證法審諦真實離增上慢不同外道於未得法起增上慢謂為已得是以三問問佛初轉法輪時有八万諸天亦同見法何故但說為憍陳那等五人轉法輪耶荅此中但說正所為者諸天因五人故得聞非正所為是以不說有說人先見法故偏說之有說人是現見天非現見有說佛與人趣身相威儀所作悉同天則不尔有說若於是處名為法滅即於是處名轉法輪謂雖天中有證甘露若人中無便名法滅是故但說為人轉法輪有說人中佛弟子有四衆差別天中不尔有說佛轉法輪以人為證不以天證有說人中有能轉者及所為者是以說之天中唯有所為無能轉者是故不說有說人中能得種種殊勝功德天中不尔是故但說為人轉法輪

說一切有部發智大毗婆沙論卷第一百八十二

阿毗達磨大毗婆沙論卷第一百八十二

校勘記

一　底本，金藏廣勝寺本。五九二頁中、下原版或缺或殘，以麗藏本補、換。

一　五九二頁下九行第九字「轉」，資、磧、普、南、徑、清作「輪」。

一　五九三頁下一一行「有論」，諸本（不含石，下同）作「有說」。

一　五九四頁上一〇行第三字「共」，資、磧、普、南、徑、清作「共共」。

一　五九四頁中一〇行「來已」，資、磧、普、南、徑、清作「未以」；麗作「未已」。

一　五九五頁下一一行第九字「受」，資、磧、普、南、徑、清作「愛」。

一　五九五頁下一七行「難陁難陁」，資、磧、普、南、徑、清作「難陀蘇陀」。

一　五九六頁下一五行「任其坐不」，磧作「住其坐不」；南作「住其坐下」。

一　五九七頁上一八行第三字「命」，諸本作「令」。

一　五九七頁下七行末字「忩」，資、磧、普、南、徑、清作「念」。

一　五九八頁上四行第三字「是」，資、磧、普、南、徑、清作「是是」。

一　五九八頁中五行第九字「是」，資、磧、普、徑作「見」。

阿毗達磨大毗婆沙論卷第一百八十三　情

五百大阿羅漢等造

三藏法師玄奘奉　詔譯

定蘊第七中不還納息第四之十

轉法輪已地神唱聲展轉宣告乃至廣說問會中亦有餘天神衆發聲相告何緣但說地神唱聲答由彼地神先發聲故問地神何故先發聲耶答以彼審近佛所住故復次彼恒隨佛而作衛故謂從菩薩處胎初生踰城出家及修苦行乃至成佛轉法輪時恒隨衛護令無留難今見如來轉法輪已歡喜踊躍自慶先來所施功勞今得果滿故先唱告復次時會雖有餘天神衆而彼地神性輕躁故是以先唱如今衆中性輕躁者多喜高聲彼亦如是復次地神性多喜愛見此希有極懷歡喜故先發聲復次此是近遠次第法故謂地神先唱次虛空神次四大王衆天如是展轉經須臾頃聲至梵世問聲是刹那性若此處生必此處滅云何可說至梵世耶答依展轉義故作是說謂地神唱已虛空神唱展轉宣告乃至梵天如燃燈法展轉增廣有說轉法輪時無量天衆皆悉來集既聞法已各還所住宣告自部故說展轉聲至梵世有說彼時發聲亦無決定先後但是說者敘述次第法應如是故作是說地神先唱乃至廣說

如契經說轉輪王出世時聲至他化自在天佛為憍陣那等轉法輪時聲至梵世佛得阿耨多羅三藐三菩提時聲至色究竟天問何故如是三種差別答轉輪王出世時以十善法教導有情此法必於欲界天中受異熟果六欲天衆皆生歡喜我等眷屬不久增多是故輪王出世聲至他化自在天梵天王請佛轉法輪彼聞佛轉法輪深慶隨喜是故轉法輪時聲至梵世淨居天覺悟菩薩令踰城出家求無上智彼聞菩薩得阿耨多羅三藐三菩提極懷喜慰是故初成佛時聲至色究竟天復次轉輪王是受欲者故出世時聲極欲界不至離欲地

佛轉法輪時於一衆會有尊卑勝劣此事雖至梵世是故轉法輪時聲至梵天唯有如來名聲高遠無所不至是故佛得無上菩提時其聲遍及所應至處乃至色究竟天設當有頂有情有耳識者聲亦徹彼所以者何如來久脩名稱業故復次諸有情類造作增長大名稱業有上中下下者如轉輪王中者如憍陳那等上者謂佛是故於彼聲有近遠復次諸有情類造作增長淨尊貴業有上中下下者如轉輪王中者如憍陳那等上者謂佛是故聲至有近有遠尊者世友說曰諸有情類恭敬讚歎父母師長沙門婆羅門佛獨覺及佛弟子身語意業有上中下下者如轉輪王中者如憍陳那等上者謂佛是故聲至三處不同

問上地亦有聲何故轉法輪時聲唯至梵世答語表業聲唯至彼故復次語言行唯至彼地語言行者所謂尋伺復次乃至彼地得有耳識非上地故有說唯至梵世得具起善染汙無覆無記語有表聲非上地故復次唯至梵世得具起善染汙無覆無記耳識現前非上地故有說若處有衆生差別轉法輪時聲則至彼復次若處作三千世界分齊者聲至於彼有說梵世是世間有情所尊重處是故轉法輪時聲但至彼復有說者上地諸天亦名為梵是故轉法輪時聲至梵世者不唯至初靜慮地

問佛所說法盡名法輪耶答不也唯令入見道者乃名法輪問若尒闇佛說法入見道者多何故不皆名法輪耶答彼一切雖皆是法輪而審初審後得正解者說為法輪初謂憍陳那等後謂蘊跋達羅

問一切佛轉法輪處為定不耶若定者然燈佛本事當云何通如說然燈佛於燈光城喝利多羅山轉正法輪乃至廣說若不定者達摩蘊部底所說頌云何通如說

應念過去佛　於此迦尸宫　仙論施鹿林
亦初轉妙法

有說應言轉法輪處定問若尒然燈佛本事當云何通答此不必須通所以者何此非素怛纜毗柰耶阿毗達磨所說但是傳說諸傳所說或然不然若必欲通者應知過去燈光城即是今婆羅痆斯過去喝利多羅山即是今仙人鹿苑若作是說佛轉法輪處定者彼說有四處定二處不定四處定者謂菩提樹處轉法輪處天上來下處現大神變處二處不定者謂佛生處及般涅槃處云何得知菩提樹處定答曾聞過去有轉輪王導從四兵飛空而過至菩提樹上其輪便止欲前不得王遂惶恐作是思惟我今將無欲失王位或命難耶時菩提樹神即白王曰大王勿怖王不失位亦無命難王不見下菩提樹耶此中有金剛座一切菩薩皆於此座證得無上正等菩提王欲過者可避此處從餘道往時王便下種種供養菩提樹已從餘道去以是事故知菩提樹處定轉法輪處定者如前所引法善現頌復云何知天上來下處定答曾聞佛去世後此處有難事起諸苾芻

等並皆捨去外道異學來居其中後諸苾芻來索其處語外道曰此是我師天上來處可速避去諸外道言此是我等常所住處因此二衆大興鬬諍近住城中長者居士諸官僚等來解其諍而不能得乃至王自解之亦不能定時諸苾芻告外道曰今當與汝俱設誠言應屬誰者當有瑞相外道言尒彼遂先請而空無驗苾芻即復作誠諦言此處若是一切如來昇三十三天為慈母說法經三月已下來處者當現瑞相時彼住處大石柱上有石師子即便哮吼外道驚恐即時捨去從師子口復出衆寶花鬘纓遶石柱皆悉周遍時衆覩者歎未曾有於是苾芻遂共居止以是故知佛從天上來下處定復云何知現大神變處定答曾聞外道於六大城被佛追尋無所投迹遂共聚集請與如來捔其神變佛皆不許後至室羅筏悉底城方始許可為現神變無量外道歸佛出家以此故知現大神變處定有說諸佛轉法輪處不定所以者何

若嗢達洛迦曷邏摩子及頞邏荼迦羅摩不命終者佛豈捨摩揭陁國往婆羅痆斯故知但隨應初聞法者所在即於彼處而轉法輪問若尒法善現頌當云何通答此不必須通所以者何此非素怛纜毗奈耶阿毗達磨所說但是文頌夫造文頌或增或減若必欲通者過去亦曾有佛於此初轉法輪非謂一切故非決定若作是說轉法輪處不定者彼說有三處定三處不定三處定者謂菩提樹處天上來下處現大神變處三處不定者謂生處轉法輪處般涅槃處

如所說佛於婆羅痆斯仙人論處施鹿林中為憍陳那等轉正法輪問何故名婆羅痆斯答此是河名去其不遠造立王城是故此城亦名婆羅痆斯問何故名仙人論處答若作是說諸佛定於此處轉法輪者彼說佛是最勝仙人皆於此處初轉法輪故名仙人論處若作是說諸佛非定於此轉法輪者彼說應言仙人住處謂佛出世時有佛大仙及聖弟子仙衆所

住佛不出世時有獨覺仙所住若無獨覺時有世俗五通仙住以此處恒有諸仙已住今住當住故名仙人住處有說應言仙人墮處昔有五百仙人飛行空中至此遇退因緣一時墮落問何故名施鹿林答恒有諸鹿遊止此林故名鹿林昔有國王名梵達多以此林施與群鹿故名施鹿林如羯蘭鐸迦長者於王舍城竹林園中穿一池以施羯蘭鐸迦鳥令其遊戲因名施羯蘭鐸迦池此亦如是故名施鹿林

云何正法答無漏根力覺支道支問何故作此論答為欲分別契經義故如伽他說

三世三佛陁　能破諸愁毒　彼皆重正法
恒住於法性

又契經說有二補特伽羅能住持正法謂說者行者毗奈耶說我之正法應住千歲或復過此由度女人出家便減五百世尊雖於處處說正法言而不分別云何正法契經是此論所依根本彼所未說者今應說之故作

斯論問有漏根力道支是正法不若是者此中何故不說若非者何故無漏是正法有漏非耶有說彼亦是正法問此中何故不說荅應說而不說者當知此義有餘復次有漏根等是無漏加行若說根本則已攝加行故不別說復次有漏根等是無漏加行故亦名無漏是故已攝在前所說中有說有漏根等非是正法問何故無漏是正法有漏非耶荅以有漏法有過患故要無過患乃名正法復次是清淨是可稱讚名為正法有漏法與此相違故非正法復次正法者能永出生死得般涅槃有漏不尒故不名正法問念住正斷神足為亦是正法不若是者此中何故不說若非者何故根力覺支道支是正法念住等非耶荅彼亦是正法問若尒此中何故不說荅應說而不說者當知此義有餘復次若說根等則於此文隨順念住等非順此文是故不說復次念住正斷神足皆亦攝在此所說中謂四念住即慧根慧力擇法覺支正見所攝四正斷即精進根精進力精進覺支正勤所攝四神足即定根定力定覺支正定所攝

齊何當言正法住荅若時行法者住

齊何當言正法滅荅若時行法者滅

問何故復作此論荅為欲分別契經義故如契經說迦葉波當知如來所覺所說法毗柰耶非地界水界火界風界所能滅没然有一類補特伽羅當出於世惡欲惡行成就惡法非法說法法說非法非毗柰耶說毗柰耶於毗柰耶說非毗柰耶彼能滅我三無數劫所集正法令無有餘契經雖作是說而不分別齊何當言正法住齊何當言正法滅彼經是此論所依根本彼所不分別者今應分別故作斯論此中有二種正法一世俗正法二勝義正法世俗正法謂名句文身即素怛纜毗柰耶阿毗達磨勝義正法謂聖道即無漏根力覺支道支行法者亦有二種一持教法二持證法持教法者謂讀誦解說素怛纜等持證法者謂能修證無漏聖道若持教者相續不滅能令世俗正法久住若持證者相續不滅能令勝義正法久住彼若滅時正法則滅故契經說我之正法不依牆壁柱等而住但依行法有情相續而住問何故世尊不決定說法住時分耶荅欲顯正法隨行法者住久近故謂行法者若行正行恒如佛在世時及如滅度未久時者則佛正法常住於世無有滅没若無如是行正法者則彼正法速疾滅没如佛告阿難陁言於我善說法毗柰耶中若當不度女人出家者我之正法應住千歲或復過此由度女人出家故令我正法減五百歲問若正法住猶滿千年何故世尊作如是說荅此依解脫堅固密意而說謂若不度女人出家應經千歲解脫堅固而今後五百歲唯有戒聞等持堅固非解脫者皆是度女人出家之過失耳有餘師說此依若不行八尊重法密意而說謂若度女人出家不令行八尊重法者則佛正法應滅五百歲住由佛令彼行八尊重法故正法住世還

滿千歲
問如來正法云何滅耶答如來正法將欲滅時此贍部洲當有二王出世一王有法二王無法其有法者生在東方威德慈仁伏五印度其無法者生在達絜筏戾車中性皆頑嚚憎賤佛法相與合縱從西侵食漸入印度轉至東方志與佛法為大衰損隨所到處破窣堵波壞僧伽藍煞苾芻衆多聞持戒無得免者燒滅經典無有遺餘時東方王聞彼達絜筏戾車王侵食印度漸至東方乃率兵士與之交戰彼王軍衆即時退走擒獲二王皆斷其命尋時遣使遍諸方維召命一切沙門釋子請都集會住我國中我當盡形供給奉施衣服飲食卧具湯藥及餘所須令無乏短於是一切贍部洲中所有苾芻皆來集會憍餉弥國時王日日設五年會種種供養然諸苾芻由多得利養故及由多有先為活命而出家故不能精勤讀誦經典不樂獨處靜慮思惟晝則群聚談說世事擾動喧雜夜則疲怠耽著睡眠無所覺察由此於佛所有教誡皆悉慢緩而不遵行是時贍部洲中唯有二行法者一是阿羅漢名蘇剌多一是三藏名室史迦亦名般株而為衆首即於是日正法將滅日初分時憍餉弥城中王為上首五百淨信長者同時造立五百僧伽藍以彼先聞法將滅故舉手義言佛涅槃時以法付囑二部弟子一者在家二者出家勿謂今由在家弟子不能給施諸出家人令乏短故正法滅没但由仁等出家弟子無正行故令正法滅有說如待客法初及後時皆設豐膳如是正法初出現時及後將滅皆致豐厚資緣供養有說彼作是念乃至佛法未滅世間猶有無量福田佛法若滅世間但有有量福田我等幸因佛法未滅當共及時作所應作有說釋迦為菩薩時見過去佛或由資緣闕故或由遭疾疫故令正法滅即時發願願我成佛勿由此事令法滅盡故法雖滅而資緣豐厚住處增廣是夜僧伽藍内為布灑陁故無量苾芻皆共聚集時悅衆者請衆首三藏室史迦為衆說般羅底木叉三藏許之而欲略說時阿羅漢蘇剌多從座而起偏袒一肩頂礼三藏合掌白言唯願上座為衆廣說三藏答言於此衆中誰能具行般羅底木叉戒而請我廣說阿羅漢曰如佛在世諸苾芻等於諸學處所行邊際我皆能行若此名為能具行者願為廣說作是語時三藏弟子生大瞋恚即叱之言是何苾芻故於衆前違反我師不受教誨尋共害彼阿羅漢命勝義正法從斯滅没時有敬重彼阿羅漢天龍藥叉與大瞋忿煞彼三藏有說即彼阿羅漢弟子為執仇故害三藏命有說王聞彼阿羅漢無辜被煞追戀懊惱而煞三藏世俗正法從斯滅没尒時世間勝義世俗二種正法皆滅没已經七晝夜天地冥闇而其世間猶故未知正法已滅所以者何由佛往昔為菩薩時好掩他惡亦不舉他所隱覆事由此業故法滅七日無有知者過七日巳大地震動殞星雨火燒諸方維

空中天鼓發聲振吼甚可怖畏天魔眷屬生大歡喜於虛空中張大白蓋空中復有大聲唱言釋迦大仙所有正法從今永滅更無能入正性離生妙甘露門於斯永閉大苦黑闇遍滿世間更無救護將導之者有作是說尒時一切律儀羯磨結界皆捨如是說者從此以後更無結界羯磨受戒然先所有今時不捨或有諸佛未般涅槃正法便滅或有諸佛般涅槃後經於七日正法便滅然我世尊釋迦牟尼般涅槃後乃至千歲正法方滅彼未般涅槃及般涅槃已經七日正法滅者依更無有入正性離生說名為滅釋迦如來正法滅者依甘露界斷說名為滅雖天中猶有甘露界在然依人中滅故名滅問何故過去諸佛有未般涅槃正法即滅有於般涅槃後七日即滅今釋迦佛千歲方滅耶答過去諸佛壽量長遠於彼正教所應作者佛在世時多已究竟故法速滅今世尊釋迦牟尼出百年時壽量短促正教所作雖佛涅槃多未究竟乃至千歲於中有種善根者有成就者有解脫者是故經於多時正法方滅有說過去諸佛所有弟子愛重奢摩他非毗鉢舍那由重奢摩他故恒住寂止不樂傳說契經等十二分教故法速滅今世尊弟子愛重毗鉢舍那非奢摩他由重毗鉢舍那故多住觀察皆樂傳授契經等十二分教是故正法多時乃滅問正法滅已無得聖者耶答亦有從預流果得一來果從一來果得不還果從不還果得阿羅漢果而無從順決擇分入正性離生者唯由此故名正法滅

若初入無漏初靜慮乃至廣說問何故作此論答欲止他宗顯已義故謂或有說無未來修或有說聖道是無為或有說聖道是一為止彼意顯有未來修亦顯聖道是有為而非是一故作斯論若無未來修者則功德法無增益義佛盡智時應不具一切智若聖道是無為者便不可修以無為法非所修故若聖道是一者則無三世差別經不應說有三世佛等問若聖道是有為而非一者何故經說我證得舊道唯一無二答由五因緣故作是說謂加行相似行相相似等廣說如智蘊若初入無漏初靜慮由得此故得諸餘無漏心心所法彼何世攝答未來若初入乃至無漏無所有處由得此故得諸餘無漏心心所法彼何世攝答未來此中初者有四種一入正性離生初二得果初三離染初四轉根初廣說如智蘊未來生時說名為得若至現在名為已得故今得者是說生時

諸生何世攝乃至廣說問何故作此論答欲止他宗顯已義故謂譬喻者說有為法但有二時一未生時二已生時除此更無正生正滅今顯實有正生正滅時故作斯論復次為止撥無去來世執現在是無為法今說未來有生現在有滅故即顯去來非無而現在是有為故作斯論復次為止執有為法唯轉變隱顯而體無生滅今說未來生現在滅故即顯有為法非但轉變而實有生滅故作斯論諸

生何世攝答未來諸滅何世攝答現在以未來名正生現在名正滅現在名已生過去名已滅故

定蘊第七中一行納息第五之一

三三摩地謂空無願無相乃至廣說

問何故作此論答為欲分別契經義故如契經說有三三摩地所謂空無願無相契經雖作是說而不分別若成就空彼無願耶如是等彼經是此論所依根本彼所不說者今應說之故作斯論復次為止撥無不成就性說成就性但是假有欲顯成就不成就性俱是實有故作斯論復次為止撥無去來二世執現在是無為法顯有二世現是有為故作斯論

若成就空彼無願耶答如是設成就無願彼空耶答如是以此三三摩地俱時得故同對治故俱時得者謂若依空三摩地入正性離生苦現觀四心頃亦得無願若作無願三摩地入正性離生苦現觀四心頃亦得空及於修道無學道中若得一必具二同對治者謂彼俱能對治見苦所斷煩

惱及修所斷雖於見道集現觀四心頃道現觀三心頃時得無願非空而先於不成就得成就時必俱得故恒俱成就若成就空彼無相耶答若得此中得謂已得即滅法智忍已生此後恒成就無相設成就無相彼空耶答如是以成就無相時必先得空故若成就無願彼無相耶答若得設成就無相彼無願耶答如是此如以空對無相說

若成就過去空彼未來耶答如是問此說在何位答此說依空三摩地入正性離生苦現觀三心頃集滅現觀各四心頃道現觀三心頃及得預流果乃至阿羅漢果若信勝解練根作見至時解脫阿羅漢練根作不動彼空三摩地已起滅不失設成就未來空彼過去耶答若已滅不失則成就若未已滅設已滅而失則不成就問此說在何位答若已滅不失則成就者此說即前所說諸位若未已滅設已滅而失則不成就者此說若依空三摩地入正性離生苦現觀一心頃

若依無願三摩地入正性離生苦集滅現觀各四心頃道現觀三心頃及得預流果乃至阿羅漢果若信勝解練根作見至時解脫練根作不動空三摩地未已起滅已起滅者由得果轉根故失若成就過去空彼現在耶答若現在前謂不起無願或無相或有漏心亦非無心故言若現在前問此說在何位答此說依空三摩地入正性離生苦現觀三心頃及得預流果乃至阿羅漢果若言解脫練根作見至時解脫練根作不動空三摩地已起滅不失及現在前設成就現在空彼過去耶答若已滅不失則成就若未已滅設已滅而失則不成就問此說在何位答若已滅不失則成就者此說即前所說諸位若未已滅設已滅而失則不成就者此說依空三摩地入正性離生苦現觀一心頃及得預流果乃至阿羅漢果若信勝解練根作見至時解脫練根作不動空三摩地現在前而未已滅先已滅者由得果轉根故失若成就未來空彼

現在耶荅若現在前謂不起無願或無相或有漏心亦非無心故言若現在前問此說在何位荅此說依空三摩地入正性離生苦現觀四心頃及得預流果乃至阿羅漢果若信勝解練根作見至時解脫練根作不動空三摩地現在前設成就現在空彼未来耶荅如是問此說在何位荅此說即前所說諸位

若成就過去空彼未来現在耶荅未来成就現在若現在前問此說在何位荅此說依空三摩地入正性離生苦現觀三心頃及得預流果乃至阿羅漢果若信勝解練根作見至若時解脫練根作不動空三摩地巳起滅不失亦現在前設成就未来現在空彼過去耶荅若巳滅不失則成就若未巳滅設巳滅而失則不成就問此說在何位荅若巳滅不失則成就者此說即前所說諸位若未巳滅設巳滅而失則不成就者如前現在對過去說若成就未来空彼過去現在耶荅有成就未来空非過去現在有及過去非現在有及現在非過去有及過去現在成就未来空非過去現在者謂巳得空未巳滅設巳滅而失不現在前問此說在何位荅此說依無願三摩地入正性離生苦集滅現觀各四心頃道現觀三心頃及得預流果乃至阿羅漢果若信解練根作見至若時解脫練根作不動空三摩地未巳起滅先巳起滅者由得果轉根故失亦不現在前及過去非現在者謂空巳滅不失不現在前問此說在何位荅此說依空三摩地入正性離生集滅現觀各四心頃道現觀三心頃及得預流果乃至阿羅漢果若信勝解練根作見至若時解脫練根作不動空三摩地巳起滅不失不現在前及現在非過去者謂空現在前未巳滅設巳滅而失問此說在何位荅此說依空三摩地入正性離生苦現觀一心頃及得預流果乃至阿羅漢果若信勝解練根作見至時解脫練根作不動空三摩地未巳起滅先巳起滅者由得果轉根故失而現在前及過去現在者謂空巳滅不失現在前問此說在何位荅此謂依空三摩地入正性離生苦現觀三心頃及得預流果乃至阿羅漢果若信勝解練根作見至時解脫練根不動空三摩地巳起滅不失亦現在前設成就過去現在空彼未来耶荅如是此謂即前所說諸位諸成就過去現在必成就未来故若成就現在空彼過去未来耶荅未来成就過去若巳滅不失則成就若未巳滅設巳滅而失則不成就未来成就者如前現在對未来說過去若巳滅不失等者如前現在對過去說設成就過去未来空彼現在耶荅現在前此如前未来對現在說差別者此中必成就過去如空歷作六句應知無願無相亦介隨其所應盡當知

說一切有部發智大毗婆沙論卷第一百八十三

阿毗達磨大毗婆沙論卷第一百八十三

校勘記

一　底本，金藏廣勝寺本。

一　六〇〇頁中一七行第一二字「愛」，麗作「慶」。

一　六〇一頁下一五行「匆怖」，麗作「匆怪」。

一　六〇二頁下二一行首字「便」，徑、清作「更」。

一　六〇三頁下二二行第九字「滅」，諸本（不含石，下同）作「滅」。

一　六〇四頁上一行「千歲」，資、磧、普、南、徑、清作「千年」。

一　六〇四頁上三行「二王」，麗作「三王」。

一　六〇四頁中八行「義言」，諸本作「議言」。

一　六〇四頁下一五行第四字「執」，麗作「報」。

一　六〇四頁下一九行第八字「其」，磧作「具」。

一　六〇五頁上一三行「七日」，諸本作「於七日」。

一　六〇五頁中二行首字「就」，資、普、南、徑、清、麗作「熟」；磧作「孰」。

一　六〇五頁中八行第一二字「二」，徑作「止」。

一　六〇五頁中一六行第八字「或」，磧、普、南、徑、清作「聖」。

一　六〇六頁上一七行「三三摩地」，資、磧、普、南、徑、清作「二三摩地」。

一　六〇六頁上一九行「正性離生苦現觀」，磧、普作「正性離生若現觀」。下同。

一　六〇六頁上二〇行「若作」，諸本作「若依」。

一　六〇六頁上末行第一一字「苦」，磧、普、南、徑、清作「若」。

一　六〇六頁下一一行「若言解脱」，諸本作「若信勝解」。

一　六〇六頁下二二行第九字「已」，磧作「尸」。

一　六〇七頁中七行第九字「信」，諸本作「信勝」。

一　六〇七頁中一九行第一三字「若」，南、徑、清、麗作「苦」。

一　六〇七頁下二行第一〇字「謂」，諸本作「説」。下七行第一三字資、磧、普、南、徑、清同。

一　六〇七頁下五行「不動」，諸本作「作不動」。

一　六〇七頁下八行「諸成就」，資、磧、普、南、徑、清作「設成就」。

一　六〇七頁下一五行「答現在」，資、磧、普、南、徑、清作「答若現在」。

阿毗達磨大毗婆沙論卷第一百八十四　情

五百大阿羅漢等造

三藏法師玄奘奉　詔譯

定蘊第七中一行納息第五之二

若成就過去空彼過去無願耶荅若已滅不失則成就若未已滅設已滅而失則不成就問此說在何位荅若已滅不失則成就者此說依空三摩地入正性離生集現觀三心頃滅現觀四心頃道現觀三心頃及得預流果阿羅漢果時解脫練根作不動空三摩地已起已滅若得一来果不還果信勝解練根作見至空無願三摩地已起已滅若未已滅設已滅而失則不成就者此說依空三摩地入正性離生苦現觀三心頃集現觀一心頃及得一来果不還果信勝解練根作見至空三摩地已起滅不失無願三摩地未已起滅先已起滅者由得果轉根故失設成就過去無願彼過去空耶荅若已滅不失則成就若未已滅設已滅而失則不成就問此說

在何位荅若已滅不失則成就者此位如荅次前問說若未已滅設已滅而失則不成就者此說依無願三摩地入正性離生苦現觀三心頃集滅現觀各四心頃道現觀三心頃及得預流果乃至阿羅漢果若信勝解練根作見至時解脫練根作不動無願三摩地已起滅不失空三摩地未已起滅先已起滅者由得果轉根故失若成就過去空彼未来無願耶荅如是此二決定俱時得故問此說在何位荅此說依空三摩地入正性離生苦現觀三心頃集滅現觀各四心頃道現觀三心頃若得預流果乃至阿羅漢果若信勝解練根作見至時解脫練根作不動空三摩地已起滅不失設成就未来無願彼過去空耶荅若已滅不失則成就若未已滅設已滅而失則不成就問此說在何位荅若已滅不失則成就者此說即前所說諸位若未已滅設已滅而失則不成就者此說若依空三摩地入正性離生苦現觀一心頃若依無願三摩

地入正性離生苦集滅現觀各四心須道現觀三心須及得預流果乃至阿羅漢果若信勝解練根作見至時解脫練根作不動空三摩地未已起滅先已起滅者由得果轉根故失若成就過去空彼現在無願耶答若現在前謂若不起空或無相或有漏心亦非無心故言若現在前問此說在何位答此說依空三摩地入正性離生集現觀四心須道現觀三心須及得預流果乃至阿羅漢果若信勝解練根作見至時解脫練根作不動空三摩地已起滅不失無願現在前設成就現在無願彼過去空耶答若已滅不失則成就若未已滅設已滅而失則不成就問此說在何位答若已滅不失則成就者此說即前所說諸位若未已滅設已滅而失則不成就者此說依無願三摩地入正性離生苦集現觀各四心須道現觀三心須及得預流果乃至阿羅漢果若信勝解練根作見至時解脫練根作不動空三摩地未已起滅先已起滅者由得果轉根故失無願現在前若成就過去空彼過去現在無願耶答有成就過去空非過去現在無願有及過去非現在有及現在非過去有及過去現在成就過去空非過去現在無願者謂空已滅不失無願未已滅設已滅而失不現在前問此說在何位答此說依空三摩地入正性離生苦現觀三心須及得一來果不還果信勝解練根作見至空三摩地已起滅不失無願未已起滅先已起滅者由得果轉根故失亦不現在前及過去非現在者謂空無願已滅不失無願不現在前問此說在何位答此說依空三摩地入正性離生滅現觀四心須及得預流果乃至阿羅漢果若信勝解練根作見至時解脫練根作不動空無願三摩地已起滅不失無願不現在前及現在非過去者謂空已滅不失無願現在前未已滅設已滅而失問此說在何位答此說若依空三摩地入正性離生集現觀一心須及得一來果不還果信勝解練根作見至空三摩地已起滅不失無願未已起滅先已起滅者由得果轉根故失而現在前及過去現在者謂空無願已滅不失無願現在前問此說在何位答此說依空三摩地入正性離生集道現觀各三心須及得預流果乃至阿羅漢果若信勝解練根作見至時解脫練根作不動空無願三摩地已起滅不失無願現在前設成就過去現在無願彼過去空耶答若已滅不失則成就若未已滅設已滅而失則不成就問此說在何位答若已滅不失則成就者此說即前所說諸位若未已滅設已滅而失則不成就者此說依無願三摩地入正性離生苦現觀三心須集現觀四心須道現觀三心須及得預流果乃至阿羅漢果若信勝解練根作見至時解脫練根作不動無願三摩地已起滅不失空三摩地未已起滅先已起滅者由得果轉根故失無願現在前若成就過去空彼未來現在無願耶答未來成就現在若現在前問此說在何位

答此說依空三摩地入正性離生集現觀四心頃道現觀三心頃及得預流果乃至阿羅漢果若信勝解練根作見至時解脫練根作不動空三摩地已起滅不失無願現在前設成就未來現在無願彼過去空耶答若已滅不失則成就若未已滅設已滅而失則不成就問此說在何位答若已滅不失則成就者此說即前所說諸位若未已滅設已滅而失則不成就者此說依無願三摩地入正性離生苦集現觀各四心頃道現觀三心頃及得預流果乃至阿羅漢果若信勝解練根作見至時解脫練根作不動空三摩地未已滅先已起滅者由得果轉根故失無願現在前若成就過去空彼過去未來無願耶答未來成就過去若已滅不失則成就若未已滅設已滅而失則不成就問此說在何位答未來成就過去若已滅不失則成就者此說依空三摩地入正性離生集現觀三心頃滅現觀四心頃道現觀三心頃及得預流果阿羅漢

果時解脫練根作不動空三摩地已起滅不失若得一來果不還果信勝解練根作見至空無願三摩地已起滅不失若未已起滅設已起滅而失則不成就者此說依空三摩地入正性離生苦現觀三心頃集現觀一心頃及得一來果不還果信勝解練根作見至空三摩地已起滅不失無願未已起滅先已起滅者由得果轉根故失設成就過去未來無願彼過去空耶答若已滅不失則成就若未已滅設已滅而失則不成就問此說在何位答若已滅不失則成就者此位如答次前問說若未已滅設已滅而失則不成就者此說依無願三摩地入正性離生苦現觀三心頃集滅現觀各四心頃道現觀三心頃及得預流果乃至阿羅漢果若信勝解練根作見至時解脫練根作不動無願三摩地已起滅不失空未已起滅先已起滅者由得果轉根故失若成就過去空彼過去未來現在無願耶答有成就過去空及未來無願非過去現

在有及未來現在非過去有及過去未來非現在有及過去未來現在成就過去空及未來無願非過去現在者謂空已滅不失無願未已滅設已滅而失不現在前問此說在何位答此說依空三摩地入正性離生苦現觀三心頃及得一來果不還果信勝解練根作見至空三摩地已起滅不失無願未已起滅先已起滅者由得果轉根故失亦不現在前及未來現在非過去者謂空已滅不失無願現在前非已滅設已滅而失問此說在何位答此說依空三摩地入正性離生集現觀一心頃及得一來果不還果信勝解練根作見至空三摩地已起滅不失無願未已起滅先已起滅者由得果轉根故失而現在前及過去未來非現在者謂空無願已滅不失無願不現在前問此說在何位答此說若依空三摩地入正性離生滅現觀四心頃及得預流果阿羅漢果時解脫練根作不動空三摩地已起滅不失無願不現在前若得一來果

不還果信勝解練根作見至空無願三摩地已起滅不失無願不現在前及過去未來現在者謂空無願已滅不失無願現在前問此說在何位答此說依空三摩地入正性離生集道理觀各三心頃及得預流果阿羅漢果時解脫練根作不動空三摩地已起滅不失無願現在前若得一來果不還果信勝解練根作見至空無願已起滅不失無願現在前設成就過去未來現在無願彼過去空耶答若已滅不失則成就若未已滅設已滅而失則不成就問此說在何位答若已滅不失則成就者此說即前所說諸位若未已滅設已滅而失則不成就者此說若依無願三摩地入正性離生苦現觀三心頃集現觀四心頃道現觀三心頃及得預流乃至阿羅漢果若信勝解練根作見至時解脫練根作不動無願已起滅不失空未已起滅先已起滅者由得果轉根故失無願現在前

若成就過去空彼過去無相耶答若已滅不失則成就若未已滅設已滅而失則不成就問此說在何位答若已滅不失則成就者此說依空三摩地入正性離生滅道現觀各三心頃及得預流果乃至阿羅漢果若信勝解練根作見至時解脫練根作不動空無相已起滅不失若未已滅設已滅而失則不成就者此說依空三摩地入正性離生苦現觀三心頃集現觀四心頃滅現觀一心頃及得預流果乃至阿羅漢果若信勝解練根作見至時解脫練根作不動空三摩地已起滅不失無相未已起滅先已起滅者由得果轉根故失設成就過去無相彼過去空耶答若已滅不失則成就若未已滅設已滅而失則不成就問此說在何位答若已滅不失則成就者此位如答次前問說若未已滅設已滅而失則不成就者此說依無願三摩地入正性離生滅道現觀各三心頃及得預流果乃至阿羅漢果若信勝解練根作見至時解脫練根作不動無相已起滅不失空未已起滅先已起滅者由得果轉根故失

若成就過去空彼未來無相耶答若得此謂已得名得即滅法智忍已生問此說齊何位答此說依空三摩地入正性離生滅現觀四心頃道現觀三心頃及得預流果乃至阿羅漢果若信勝解練根作見至時解脫練根作不動空三摩地已起滅不失設成就未來無相過去空耶答若已滅不失則成就若未已滅設已滅而失則不成就問此說在何位答若已滅不失則成就者此說即前所說諸位若未已滅設已滅而失則不成就者此說依無願三摩地入正性離生滅現觀四心頃道現觀三心頃及得預流果乃至阿羅漢果若信勝解練根作見至時解脫練根作不動空三摩地未已起滅先已起滅者由得果轉根故失若成就過去空彼現在無相耶答若現在前謂不起空或無願或有漏心亦非無心故言若現在前問此說在何位答此說若依空三摩地入正性離生滅現觀四心頃及得預流

果乃至阿羅漢果若信勝解練根作
見至時解脫練根作不動空三摩地
已起滅不失無相現在前設成就現
在無相彼過去空耶荅若已滅不失
則成就若未已滅設已滅而失則不
成就問此說在何位荅已滅不失則
成就者此說即前所說諸位若未已
滅設已滅而失則不成就者此說若
依無願三摩地入正性離生滅現觀
四心須及得預流果乃至阿羅漢果
若信解脫練根作見至時解脫練根
作不動空三摩地未已起滅先已起
滅者由得果轉根故失無相現在前
若成就過去空彼過去現在無相耶
荅有成就過去空非過去現在無相
有及過去非現在有及現在非過去
有及過去現在成就過去空非過去
現在無相者謂空已滅不失無相未
已滅設已滅而失不現在前問此說
在何位荅此說依空三摩地入正性
離生苦現觀三心須集現觀四心須
及得預流果乃至阿羅漢果若信勝
解練根作見至時解脫練根作不動

空三摩地已起滅不失無相未已起
滅先已起滅者由得果轉根故失亦
不現在前及過去非現在者謂空無
相已滅不失無相不現在前問此說
在何位荅此說依空三摩地入正性
離生道現觀三心須及得預流果乃
至阿羅漢果若信勝解練根作見至
時解脫練根作不動空無相已起滅
不失無相不現在前及現在非過去
者謂空已滅不失無相現在前未已
滅設已滅而失問此說在何位荅此
說依空三摩地入正性離生滅現觀
一心須及得預流果乃至阿羅漢果
若信勝解練根作見至時解脫練根
作不動空三摩地已起滅不失無相
未已起滅先已起滅者由得果轉根
故失無相現在前及過去現在者謂
空無相已滅不失無相現在前問此
說在何位荅此說依空三摩地入正
性離生滅現觀三心須及得預流果
乃至阿羅漢果若信勝解練根作見
至時解脫練根作不動空無相已起
滅不失無相現在前設成就過去現

在無相彼過去空耶荅若已滅不失
則成就若未已滅設已滅而失則不
成就問此說在何位荅若已滅不失
則成就者此說即前所說諸位若未
已滅設已滅而失則不成就者此說
依無願三摩地入正性離生滅現觀
三心須及得預流果乃至阿羅漢果
若信勝解練根作見至時解脫練根
作不動空三摩地未已起滅先已起
滅者由得果轉根故失無相已起滅
不失亦現在前若成就過去空彼未
来現在無相耶荅有成就過去空非
未来現在無相有及未来非現在有
及未来現在成就過去空非未来現
在無相者謂空已滅不失未得無相
與已得相違說名未得即滅法智忍
未已生時問此說齊何位荅此說依
空三摩地入正性離生苦現觀三心
須集現觀四心須非餘位以彼必成
就未来無相故及未来非現在者謂
空已滅不失已得無相不現在前問
此說在何位荅此說依空三摩地入正
性離生道現觀三心須及得預流果

乃至阿羅漢果若信勝解練根作見至時解脫練根作不動空三摩地已起滅不失無相不現在前及未来現在者謂空已滅不失無相現在前問此說在何位荅此說依空三摩地入正性離生滅現觀四心須及得預流果乃至阿羅漢果若信勝解練根作見至時解脫練根作不動空三摩地已起滅不失無相現在前但成就現在必成就未来故不別說設成就未来現在無相彼過去空耶荅若已滅不失則成就若未已滅設已滅而失則不成就問此說在何位荅若已滅不失則成就者此說即前所說諸位若未已滅設已滅而失則不成就者此說依無願三摩地入正性離生滅現觀四心須及得預流果乃至阿羅漢果若信勝解練根作見至時解脫練根作不動空三摩地未已起滅先已起滅者由得果轉根故失無相現在前若成就過去空彼過去未来無相耶荅有成就過去空非過去未来無相有及未来非過去有及過去

未来成就過去空非過去未来無相者謂空已滅不失未得無相問此說在何位荅此說依空三摩地入正性離生苦現觀三心須集現觀四心須及未来非過去者謂空已滅不失已得無相未已滅設已滅而失問此說在何位荅此說依空三摩地入正性離生滅現觀一心須及得預流果乃至阿羅漢果若信勝解練根作見至時解脫練根作不動空三摩地已起滅不失無相未已起滅先已起者由得果轉根故失及過去未来者謂空無相已滅不失問此說在何位荅此說依空三摩地入正性離生滅道現觀各三心須及得預流果乃至阿羅漢果若信勝解練根作見至時解脫練根作不動空無相已起滅不失設成就過去未来無相彼過去空耶荅若以滅不失則成就若未已滅設已滅而失則不成就問此說在何位荅若已滅不失則成就者此說即前所說諸位若未已滅設已滅而失則不成就者此說依無願三摩地入正性

離生滅道現觀各三心須及得預流果乃至阿羅漢果若信勝解練根作見至時解脫練根作不動無相已起滅不失空未已起滅先已起滅者由得果轉根故失若成就過去空彼過去未来現在無相耶荅有成就過去空非過去未来現在無相有及未来非過去現在有及未来現在非過去有及過去未来非現在有及過去未来現在成就過去空非過去未来現在無相者謂空已滅不失未得無相問此說在何位荅此說依空三摩地入正性離生苦現觀三心須集現觀四心須及未来非過去現在者謂空已滅不失已得無相未已滅設已滅而失不現在前問此說在何位荅此說若得預流果乃至阿羅漢果若信勝解練根作見至時解脫練根作不動空三摩地已起滅不失無相三摩地未已起滅先已起滅者由得果轉根故失亦不現在前及未来現在非過去者謂空已滅不失無相現在前未已滅設已滅而失問此說在何位

荅此說依空三摩地入正性離生此滅現觀一心頃及得預流果乃至阿羅漢果若信勝解練根作見至時解脫練根作不動空三摩地已起滅不失無相未已起滅先已起滅者由得果轉根故失而現在前及過去未來非現在者謂空無相已滅不失無相不現在前問此說在何位荅此說依空三摩地入正性離生道現觀三心頃及得預流果乃至阿羅漢果若信勝解練根作見至時解脫練根作不動空無相已起滅不失無相不現在前及過去未來現在者謂空無相已滅不失無相現在前問此說在何位荅此說依空三摩地入正性離生滅現觀三心頃及得預流果乃至阿羅漢果若信勝解練根作見至時解脫練根作不動空無相已起滅不失無相現在前設成就過去未來現在無相彼過去空耶荅若已滅不失則成就若未已滅設已滅而失則不成就問此說在何位荅若已滅不失則成就者此說即前所說諸位若未已滅

設已滅而失則不成就者此說若依無願三摩地入正性離生滅現觀三心頃及得預流果乃至阿羅漢果若信勝解練根作見至時解脫練根作不動無相已起滅不失亦現在前空未已起滅先已起滅者由得果練根故失如空對無相作七句應知無願對無相亦尒隨其所應盡當知

如小七應知大七亦尒差別者以二對一如以過去空無願對過去無相有七有說此是大七種性故不應言對過去無相所以者何此但是一句故應作是說如以過去空無願對無相有七以此中具有七句故有說此中不應言有七所以者何此但是大七種性故應作是說如以過去空無願對過去無相次對未來次對現在次對過去現在次對未來現在次對過去未來後對過去未來現在

無相有七以此中有一七句問一七句荅故有說此中所說顯於初句即有七句所以者何此中有七七句問七七句荅故如以過去空無願對過去無相作初句次對未來次對現在次對過去現在次對未來現在次對過去未來後對過去未來現在無相為第七句復以過去空無願對未來無相作初句次對現在乃至後對過去無相為第七句復以過去空無願對現在無相作初句次對過去乃至後對未來無相為第七句復以過去空無願對過去現在無相作初句次對未來現在乃至後對現在無相為第七句復以過去空無願對未來現在無相作初句次對過去未來乃至後對過去現在無相為第七句復以過去空無願對過去未來無相作初句次對過去未來現在乃至後對未來現在無相為第七句復以過去空無願對過去未來現在無相作初句次對過去乃至後對過去未來無相為第七七句若作是說則唐捐其功於文無益於義無益亦不成七七句若欲於文有益於義有益亦成七七句者應作是說如以過去空無願對過去無相作初句次對未來次對現在

次對過去現在次對未來現在次對過去未來後對過去未來現在無相為第七句復以未來空無願對未來無相作初句次對現在乃至後對過去無相為第七句復以現在空無願對現在無相作初句次對過去現在乃至後對未來無相為第七句復以過去現在空無願對過去現在無相作初句次對未來現在乃至後對現在無相為第七句復以未來現在空無願對未來現在無相作初句次對過去未來乃至後對過去現在無相為第七句復以過去未來空無願對過去未來無相作初句次對過去未來現在乃至後對未來現在無相為第七句復以過去未來現在空無願對過去未來現在無相作初句次對過去乃至後對過去未來無相為第七七句若作是說則於文有益於義有益成七七句應知諸七義則如是

問此中一行歷六小七大七何差別答名即差別此名一行乃至此名大七復次以一行道理為問名一行以

六句為問名歷六以七句為問以一問一名小七以七句為問以二問一名大七復次問不相似法不以世定名一行問相似法以世定名歷六問不相似法以世定以一問一名小七問不相似法以世定以二問一名大七一行歷六小七大七是謂差別

說一切有部發智大毗婆沙論卷第一百八十四

阿毗達磨大毗婆沙論卷第一百八十四

校勘記

一　底本，金藏廣勝寺本。

一　六一〇頁下一九行第四字「動」，資、磧、普、南、徑、清作「失」。

一　六一一頁上一五行「已滅」，諸本（不含石，下同）作「已起滅」。

一　六一二頁上六行首字「理」，諸本作「現」。

一　六一二頁上一八行「預流」，徑、清作「預流果」。

一　六一二頁下九行「過去」，諸本作「彼過去」。

一　六一三頁上一一行「若信解脫」，諸本作「若信勝解」。

一　六一四頁上四行第七字「滅」，資、磧、普、南、徑、清無。

一　六一四頁上一五行第二字「苦」，諸本作「若」。

一　六一四頁中一一行第一二字「起」，資、磧、普、南、徑、清作「起滅」。

一　六一四頁中末行第一二字「入」，徑作「人」。

一　六一四頁下一行第七字「各」，磧作「名」。

一　六一五頁上一行末字「此」，麗無。

一　六一五頁中四行第七字「見」，磧、普、南、徑、清作「已」。

一　六一五頁中六行第一三字「練」，資、磧、普、南、徑、清作「轉」。

阿毗達磨大毗婆沙論卷第一百八十五　　情

五百大阿羅漢等造

三藏法師玄奘奉　詔譯

定蘊第七中一行納息第五之三

若修空彼無願耶乃至廣說問何故作此論答為止撥無去來二世及說無未來修者意欲顯有去來世亦有未來修故作斯論修有四種一得修二習修三對治修四除遣修此中依二修作論謂得修習修

若修空彼無願耶設修無願彼空耶答應作四句有修空非無願謂已得空現在前此是佛或獨覺聲聞為現法樂住等故起已得空三摩地現在前尒時彼勢力尚不及自類無間剎那況能修餘未來功德然現前位即是習修有修無願非空謂已得無願現在前若未得無願現在前不修空已得無願現在前者如前釋未得無願現在前不修空者謂見道中集現觀四心頃道現觀三心頃以見道中對治決定及是不共對治故不異諦修有俱修謂未得空現在前若未得無願現在前修空若未得無相及未得世俗智現在前修空無願未得空現在前者謂依空三摩地入正性離生苦現觀四心頃若依空三摩地離欲界乃至無所有處染或以空為加行彼一切加行無間解脫道及離非想非非想處染除最後解脫道若依空三摩地信勝解練根作見至或以空為加行彼加行無間解脫道及時解脫練根作不動除最後解脫道若依空三摩地離修靜慮初後心頃若依空三摩地起念住無色解脫義辯二無礙解有說唯義無礙解於如是時未得空現在前亦修無願未得無願現在前修空者謂依無願三摩地入正性離生苦現觀四心頃道類智時若依無願離欲界乃至非想非非想處染或無願為加行彼一切加行無間解脫道若依無願信勝解練根作見至時解脫練根作不動或無願為加行彼一切加行無間解脫道若依無願離修靜慮初後心頃若起無

漏他心智通若依無願起念住無色解脫義辯二無礙解於如是時未得無願現在前亦修空未得無相現在前修空無願者見道中無於修道無學道中若依無相離欲界乃至無所有處染或無相為加行彼一切加行無間解脫道及離非想非非想處染除寂後解脫道若依無相信勝解練根作見至或無相為加行彼一切加行無間解脫道及時解脫練根作不動除寂後解脫道若依無相雜修靜慮初後心頃若依無相起念住無色解脫義無礙解於如是時未得無相現在前修空無願未得世俗智現在前修空無願者謂聖者以世俗道離欲界乃至無所有處染或世俗道為加行彼一切加行無間解脫道及離非想非非想處染及信勝解練根作見至時解脫練根作不動以世俗為加行彼加行道雜修靜慮中間心頃引發五通諸加行道五無間道二解脫道及有漏他心智通解脫道起無量世俗解脫勝處遍處不淨觀持息

念世俗念住七處善三義觀世俗無礙解無諍願智邊際智空空無願無願無相無相入滅定想微細心於如是時未得世俗智現在前修空及無願有俱不修謂已得無相現在前若未得無相現在前不修空無願若已得世俗智現在前若未得世俗智現在前不修空無願一切異生染汙心無記心在無想定滅盡定生無想天已得無相現在前者如前釋未得無相現在前不修空無願者謂見道中滅現觀四心頃不修空無願如前釋已得世俗智現在前者如前釋未得世俗智現在前不修空無願者謂聖者聞思所成慧入滅定微微心一切異生者謂此中所說三三摩地唯無漏故異生皆無故無修義染汙心者謂染汙心是順退分性沉重懈怠相應要順勝進性輕舉精進相應心方能修故無記心者謂無記心不堅不住不實羸劣如朽敗種要堅住實強盛心方能修故在無想定滅盡定者謂彼無心要有心位方能修故生無

想天者有說生彼於一切時不起善心有說生彼雖起善心而非修所依雖前已遮一切異生而復遮無想定無想天者以彼是世俗所尚或疑有修故於如是時不修空及無願

若修空彼無相耶設修無相彼空耶答應作四句有修空非無相謂已得空現在前若未得空現在前不修無相若未得無願現在前修空非無相已得空現在前者如前釋未得空現在前不修無相者謂依空三摩地入正性離生苦現觀四心頃未得無願現在前修空非無相者謂依無願入正性離生苦現觀四心頃有修無相非空謂已得無相現在前若未得無相現在前不修空已得無相現在前者如前釋未得無相現在前不修空者謂見道中滅現觀四心頃有俱修謂未得空現在前修無相若未得無相現在前修空若未得無願及未得世俗智現在前修空無相未得空現在前修無相者謂依空三摩地離欲界乃至無所有處染廣如前乘修無

頗說未得無相現在前修空者謂依無相三摩地離欲界乃至無所有處染或無相為加行彼一切加行無間解脫道及離非想非非想處染除最後解脫道若依無相練根作見至以無相為加行彼加行無間解脫道及時解脫練根作不動除最後解脫道若依無相雜修靜慮初後心頃若依無相起念住無色解脫義無礙解於如是時未得無相現在前亦修空未得無願現在前修空無相者謂道類智時若依無願三摩地離欲界乃至非想非非想處染廣如前兼修空說未得世俗智現在前修空無相者謂聖者以世俗道離欲界乃至無所有處染廣如前兼修空無願說有俱不修謂已得無願現在前若未得無願現在前不修空無相若已得世俗智現在前若未得世俗智現在前不修空無相一切異生染汙心無記心在無想定滅盡定生無想天已得無願現在前者如前釋未得無願現在前不修空無相者謂見道中集現觀四

心頃道現觀三心頃已得世俗智現在前者如前釋未得世俗智現在前不修空無相者謂聖者聞思所成慧入滅定微微心一切異生乃至生無想天者如前釋

若修無願彼無相耶設修無相彼無願耶答應作四句有修無願非無相謂已得無願現在前若未得無願及未得空現在前不修無相已得無願現在前者如前釋未得無願現在前不修無相者謂依無願入正性離生苦現觀四心頃集現觀四心頃道現觀三心頃未得空現在前不修無相者謂依空三摩地入正性離生苦現觀四心頃有修無相非無願謂已得無相現在前若未得無相現在前不修無願已得無相現在前者如前釋未得無相現在前不修無願者謂見道中滅現觀四心頃有俱修謂未得無願現在前修無相若未得無相現在前修無願若未得空及未得世俗智現在前修無願無相此隨所應如前廣釋有俱不修謂已得空及已得世俗智現在前若未得世俗智現在前不修無願無相一切異生染汙心無記心在無想定滅盡定生無想天此亦隨應如前廣釋

頗有結空所斷非無願無相耶乃至廣說有二種決定一對治決定二作用決定此中依對治決定而作論非作用決定所以者何無有道理二三摩地俱時作用何況有三頗有結空所斷非無願無相耶答無以無如是類結唯是空所對治故頗有結無願所斷非空無相耶答有謂見集見道所斷結無願斷以彼唯是無願所對治故頗有結無相所斷非空無願耶答有謂見滅所斷結無相斷以彼唯是無相所對治故頗有結空無願所斷非無相耶答有謂見苦所斷結空無願斷以彼唯是空無願所對治故頗有結空無相所斷非無願耶答無以無如是類結唯是空無相所對治非無願故頗有結無願無相所斷非空耶答無以無如是類結唯是無願無相所對治非空故頗有結空無願

無相所斷耶答有謂學見迹修所斷結空無願無相斷即是聖者三界修所斷結以彼是三三摩地所對治故頗有結非空無願無相所斷而是所斷耶答有謂異生所斷結即諸異生欲界乃至無所有處見修所斷結是世俗道所對治耶答是所對治然在聖者非異生彼在異生故說非空無願無相所對治故問彼結豈非空等斷有說前依對治決定而作論今依作用決定作論異生相續中三三摩地定無作用故說彼結非空等斷問若尒者聖相續中欲界乃至無所有處修所斷結亦世俗道斷何故但說空等斷耶答前文應說彼結亦是世俗道斷而不說者有何意耶應知聖者無漏道所顯故不說世俗道異生無無漏道故依世俗道說是以前說無過

云何作意入正性離生乃至廣說問何故作此論答欲止他宗顯已義故謂或有說三三摩地隨一皆能入正性離生今遮彼意顯唯二三摩地隨一能入而非無相故作斯論或復有說唯無相三摩地能入正性離生如達摩毱多部說彼說以無相三摩地於涅槃起寂靜作意入正性離生為遮彼執顯唯無相三摩地不能入正性離生故作斯論云何作意入正性離生答或無常或苦或空或無我由此則止三三摩地及唯無相能入正性離生者意此中無常苦作意與無願三摩地相應空無我作意與空三摩地相應問何故唯此行相入正性離生非餘耶答入正性離生者有二種一愛行二見行愛行者依無願入見行者依空入菩薩雖是愛行而能依空入正性離生愛行者復有二種謂我慢增懈怠增我慢增者以無常行相入懈怠增者以苦行相入見行者亦有二種謂我見增我所見增我見增者以無我行相入我所見增者以空行相入是故唯作此四行相問此四行相與何位法相應有說與世第一法相應以說入正性離生故有說與苦法智忍相應問若尒何故言入答此說已入名入於近說遠聲如言大王從何處來彼於已來名來此亦如是問尒時亦有餘心所法何故但說作意耶答以唯作意能引發心心所故有說作意於入正性離生最隨順故

思惟何繫行入正性離生乃至廣說問何故作此論答欲止尊者達磨怛邏多說頓思惟三界行入正性離生又為止說思惟涅槃入正性離生者意故作斯論問思惟何繫行入正性離生答欲界繫由此則止如前二執問何故但思惟欲界繫行入正性離生耶答欲界苦麁顯現見易觀察故有說欲界苦是彼相續現成就故有說欲界繫行具三苦故是以阿毗達磨者說觀三苦諸行入正性離生非如譬喻者唯說觀行苦諸行入正性離生此中不可意諸行名苦可意諸行名壞苦順捨諸行名行苦有說欲界苦於修行者現為逼惱極所猒背故先觀彼入正性離生問涅槃亦是極所欣樂何不觀彼入正性離生耶

荅諸有情頻猒苦心勝非欣涅槃所以者何現逼惱故不現見故如諸有情無不畏苦有不貪樂問緣何諦忍後能入正性離生有說緣道諦如是說者緣苦諦廣說如雜蘊初納息

盡智當言於身循身觀念住耶乃至當言於法循法觀念住耶荅盡智應言或於身循身觀念住或於受或於心或於法修法觀念住如盡智無生智亦尒問何故作此論荅為令疑者得決定故謂有生如是疑盡無生智非見性故亦應非念住性今欲決定明此二智雖非見性而是念住故作斯論復次見蘊中分別見自性念住今定蘊中分別非見自性念住故作斯論復次加行地中說修念住有因此故謂無學地無有念住今欲明無學地中有念住故而作此論復次經說盡無生智緣生及後有為境有因此故謂彼但緣生及後有今欲顯彼緣一切法唯除虗空及非擇滅故作斯論復次有執盡無生智唯總緣五蘊今遮彼意顯盡無生智或總緣五

蘊或復別緣故為此論盡智應言或於身循身觀念住者謂緣色蘊或於受循受觀念住者謂緣受蘊或於心循心觀念住者謂緣識蘊或於法修法觀念住者謂緣想蘊行蘊及擇滅此說不雜緣法念住若雜緣法念住則於五蘊或二緣或三緣或四四緣或五總緣二緣者謂色受緣色想緣色行緣色識緣受想緣受行緣受識緣想行緣想識緣行識緣三三緣者謂色受想緣色受行緣色受識緣色想行緣色想識緣色行識緣受想識緣受行識緣想行識緣四緣者謂色受想行緣色受想識緣色受行識緣色想行識緣受想行識緣或五總緣者謂色受想行識一切總緣其擇滅無為若有漏法念住亦與色等餘法合緣此中所說是無漏故唯不雜緣

諸無漏初靜慮樂諸輕安等覺支樂此何差別荅無差別諸無漏第二靜慮樂諸輕安等覺支樂此何差別荅無差別問何故作此論荅為止說初二靜慮有無漏樂根者意

顯彼二地無無漏樂根故作斯論若有者不應荅言此無差別所以者何輕安等覺支樂大善地法中輕安為自性無漏樂根大地法中受為自性故又輕安等覺支樂行蘊攝無漏樂根受蘊攝如是二樂便有差別而說無差別故知彼二地無漏樂者即輕安樂是故無漏樂根非彼地所有

若從等持出彼所緣耶乃至廣說出有五種一地二行相三所緣四異類心五剎那此中但依二出作論謂地所緣若從等持出彼所緣耶設從所緣出彼等持耶荅應作四句有從等持出非所緣謂如有一思惟此相入初靜慮彼復思惟此相入第二靜慮此中所緣以相聲說如緣色蘊初靜慮等無間緣色蘊第二靜慮現在前緣餘蘊亦尒是名從等持出非所緣問第二靜慮亦是等持何故言出荅以地別故是故前說依二出作論謂地所緣有從所緣出非等持謂如有一思惟此相入初靜慮彼不出初靜慮復思惟餘根如緣色蘊初靜慮等無

間緣受蘊初靜慮現在前緣餘蘊亦尒是名從所緣出非等持有從等持出亦所緣謂如有一思惟此相入初靜慮彼思惟餘相入第二靜慮如緣色蘊初靜慮等無間緣受蘊第二靜慮現在前緣餘蘊亦尒是名從等持出亦所緣有非從等持出亦非所緣謂如有一思惟此相入初靜慮住緣多時如緣色蘊初靜慮流住相續多時現前緣餘蘊亦尒如蘊非蘊亦尒如初靜慮乃至無所有處亦尒復有別義若從等持出彼行相耶荅應作四句有從等持出非行相謂如有一以此行相入初靜慮彼復以此行相入第二靜慮如無常行相初靜慮等無間無常行相第二靜慮現在前餘行相亦尒有從行相出非等持謂如有一以此行相入初靜慮彼不出初靜慮復作餘行相如無常行相初靜慮等無間苦行相初靜慮現在前餘行相亦尒有從等持出亦行相謂如有一以此行相入初靜慮以餘行相入第二靜慮如無常行相初靜慮等無間苦行相第二靜慮現在前餘行相亦尒有非從等持出亦非行相謂如有一以此行相入初靜慮住經多時如無常行相初靜慮流注相續多時現前餘行相亦尒如初靜慮乃至無所有處亦尒復有別義若從行相出彼所緣耶荅應作四句有從行相出非所緣謂如有一以此行相思惟此相彼不捨此相復作餘行相如緣色蘊無常行相等無間緣色蘊苦行相現在前緣餘蘊餘行相亦尒有從所緣出非行相謂如有一以此行相思惟此相即以此行相復思惟餘相如緣色蘊無常行相等無間緣受蘊無常行相現在前緣餘蘊餘行相亦尒有從行相出亦所緣謂如有一以此行相思惟此相復以餘行相思惟餘相如緣色蘊無常行相等無間緣受蘊苦行相現在前緣餘蘊餘行相亦尒有非從行相出亦非所緣謂如有一以此行相思惟此相住經多時如緣色蘊無常行相流注相續多時現前緣餘蘊餘行相亦尒如蘊非蘊亦尒

如說苾芻乃至想定能達聖旨世尊弟子生非想非非想處彼依何定得阿羅漢果荅無所有處問何故作此論荅欲令疑者得決定故如契經說有七依定我說依彼能盡諸漏謂初靜慮乃至無所有處又契經說苾芻乃至想定能達聖旨想定者謂四靜慮三無色能達聖旨者謂能起智斷煩惱修道盡漏或有生如是疑非想非非想處既無聖道若世尊弟子生彼處者依何能盡諸漏將無彼類不由聖道得阿羅漢耶為令此疑得決定故說彼依無所有處得阿羅漢果復次為止分別論者說齊有頂阿羅漢故彼說世尊弟子生非想非非想處於命終時煩惱業命三事俱盡不由聖道得阿羅漢果為止彼意顯盡非但必由聖道故作斯論問何故但說依無所有處非餘地耶荅此於有頂寂隣近故問生下諸地亦有隣近下地無漏何故不說依之盡漏而但說生有頂者耶荅下諸地中有自地

惑上地聖道易可現前非於下地所以者何下地繫善皆已捨故聖道難起由此無有起現前者生有頂不尒自地無聖道又無上地可依不可不由聖道而能盡漏是故下地雖難而起然彼聖道由因力强非加行力暫起現前斷餘煩惱得阿羅漢果已說更住壽經八万刧終不重起以無用故如說尊者大目揵連言具壽我自憶住無所有處定聞晷陁扠𡰥池邊有衆多龍象哮吼等聲彼尊者為在定聞為起定耶荅起定聞非在定聞何故作此論荅為令疑者得決定故如毗柰耶說尊者大目揵連告諸苾芻言具壽我自憶在鷲峯山住無所有處定聞晷陁扠𡰥池邊有衆多龍象哮吼等聲時諸苾芻共相謂言今此大目揵連自稱得過人法必無是事應共壞之所以者何住靜慮者尚不聞聲何况住無所有處定便以此事白佛佛時告曰汝等不應壞大目揵連所以者何大目揵連如想而說故毗柰耶雖作是說而不分别由此或

有疑彼尊者在定聞聲欲令此疑得決定故顯彼尊者起定聞聲故作斯論問諸餘聲聞亦知在定不聞聲故尚無此說况大目揵連是㝡勝聲聞何故乃於苾芻衆中說不應說有說此不必須通所以者何此是偽毗柰耶故謂佛滅後有於素怛纜中置偽素怛纜毗柰耶中置偽毗柰耶阿毗達磨中置偽阿毗達磨諸偽文句不應通釋有說定海甚深聲聞如兔不得其底唯佛能盡故彼尊者雖作是說亦無有過問彼尊者豈不知在定不聞聲耶何故作如是說荅彼尊者於定自在入出迅疾雖起定聞作住定想謂彼先從欲界善心入初靜慮從初靜慮入第二靜慮如是乃至入無所有處從無所有處起還入識處如是乃至入初靜慮從此欲界善心現前聞龍象等聲不起分别復還從欲界善心入初靜慮從初靜慮入第二靜慮如是乃至入無所有處從無所有處起還入識處如是乃至入初靜慮從此欲界善心現前不審分别

便作是語我自憶在無所有處定聞晷陁扠𡰥池邊龍象等聲依但於二心起分别知謂初入定心及後出定心於其中間諸心相續不審分别故作是說亦無有過

說一切有部發智大毗婆沙論卷第一百八十五

阿毗達磨大毗婆沙論卷第一百八十五

校勘記

一　底本，金藏廣勝寺本。

一　六一九頁中一八行第七字「追」，諸本(不含石，下同)作「退」。

一　六二〇頁下八行第一三字「二」，磧、普、南、徑、清作「三」。次頁上末行第一〇字同。

一　六二〇頁下一〇行第一二字「無」，資、磧、普、南、徑、清作「無願」。

一　六二二行第六字同。

一　六二一頁上二行第八字「即」，資、磧、南、徑、清作「即彼」。又「三界」，磧、普、南、徑、清作「二界」。

一　六二一頁下一九行第一一字「苦」，諸本作「苦苦」。

一　六二二頁上九行第五字「修」，諸本作「循」。本頁中四行末字同。

一　六二二頁下二二行第四字「相」，磧、南作「根」。

一　六二二頁下末行第五字「根」，諸本作「相」。

一　六二三頁上八行末字「緣」，諸本作「經」。

一　六二三頁上九行第一一字「住」，諸本作「注」。

一　六二三頁下一五行「齊有」，資、磧、普、南、徑、清作「有齊」。

一　六二三頁下一七行第九字「命」，資、磧、普、南、徑、清作「障」。

一　六二四頁上一行首字「惑」，資、磧、普、南、徑、清作「或」。

一　六二四頁上一九行「静慮」，諸本作「初静慮」。

一　六二四頁下一行第八字「在」，徑、清作「住」。

一　六二四頁下四行第五字「聞」，諸本作「間」。

趙城縣廣勝寺

阿毗達磨大毗婆沙論卷第一百八十六　情

五百大阿羅漢等造

三藏法師玄奘奉　詔譯

定蘊第七中一行納息第五之四

諸不定彼一切非聰慧無明趣耶乃至廣說問何故作此論答為欲分別契經義故如契經說諸有情類有定有不定有聰慧明趣有非聰慧無明趣雖作是說而不分別相攝差別彼經是此論所依根本彼所不說者今盡應說故作斯論問諸不定彼一切非聰慧無明趣耶答諸不定彼一切非聰慧無明趣有非聰慧無明趣而非不定謂邪定問諸定彼一切聰慧明趣耶答諸聰慧明趣彼一切定有定彼非聰慧明趣謂邪定此中非聰慧者謂愚夫異生無聖慧故聰慧者謂諸聖者有聖慧故云何知然契經說故如契經說佛告苾芻於汝意云何諸有於苦聖諦如實知於苦集聖諦苦滅聖諦趣苦滅行聖諦如實知或有於此不如實知此中說何是聰慧者苾芻白佛如我解佛所說義者諸有於苦聖諦乃至於趣苦滅行聖諦如實知名聰慧者非不如實知由此故知聖是聰慧異生非聰慧聰慧者是明趣明所依故非聰慧者是无明趣無明所依故諸不定彼一切非聰慧无明趣者謂諸不定必是異生一切異生皆非聰慧無明趣攝有非聰慧無明趣而非不定謂邪定者謂諸邪定亦必異生彼於邪性定故不名不定諸聰慧明趣彼一切定者謂諸聖者於正性定故說名為定

諸不定彼一切不成就等覺支耶答諸不定彼一切不成就等覺支有不成就等覺支而非不定謂邪定是異生故邪性定故諸定彼一切成就等覺支耶答諸成就等覺彼一切定有定而不成就等覺支謂邪定如前釋有三聚一邪性定聚二正性定聚三不定聚邪性定聚謂成就五無間業正性定聚謂成就學无學法不定聚謂唯成就餘有漏法及無為是名三聚自性界者邪性定聚一界少分謂

欲界正性定聚三界少分不定聚亦尒趣者邪性定聚一趣少分謂人正性定聚二趣少分謂人天不定聚三趣全謂地獄傍生餓鬼二趣少分謂人天生者邪性定聚一生少分謂胎生正性定聚二生少分謂胎生化生不定聚二生全謂卵生濕生二生少分謂餘二生有說邪性定聚三生少分除化生正性定聚四生少分不定聚亦尒處者有說邪性定聚三處少分正性定聚五處全二十四處少分不定聚五處全二十四處少分如是說者諸行有四十處不定聚十一處全二十四處少分辟喻者說從无間地獄乃至有頂皆有三聚彼說般涅槃法名正性定聚不般涅槃法名邪性定聚不決定者名不定聚評曰如前說者好此依集異門說若依施設論說邪性定聚謂五無間業若彼因彼果彼等流彼異熟及成就彼法補特伽羅正性定聚謂學無學法若彼因彼果彼等流及成就彼法補特伽羅不定聚謂諸餘法若彼因彼果彼等流彼異熟及成就彼法補特伽羅是名三聚自性界者如前說趣者邪性定聚二趣少分謂地獄及人正性定聚亦二趣少分謂人天不定聚二趣全謂傍生餓鬼三趣少分謂地獄人天生者邪性定聚二生少分謂胎生化生正性定聚四生少分不定聚亦尒處所分別如應當知

毗柰耶說世尊於菩提樹下建立一切有情為三聚謂齊尒許名邪定聚齊尒許名正定聚齊尒許名不定聚問為依有情分齊建立為依法分齊耶若依有情者云何非是得有情海邊際耶若依法者聲聞亦能如是建立佛與聲聞有何不共有說依有情建立問若尒云何非是得有情海邊際耶荅佛得有情海邊際亦无有過然揔相得非別相謂一切有情不出四生如是而得有說依法建立問若尒聲聞亦能如是建立佛與聲聞有何不共荅聲聞因從佛聞佛无師自能建立是為不共有說若三千世界及千歲以來依有情建立若餘世界及餘時依法建立問若佛於菩提樹下已建立有情為三聚者何故復言晝夜六時以佛眼觀世間耶荅先雖建立三聚而未觀分位差別誰於何時從邪定聚入不定聚誰於何時從不定聚入邪定聚或正定聚欲知此故復以佛眼晝夜觀察有說欲顯佛於一切時分恒樂思惟利他事故有說欲顯世尊大悲薰心無懈倦故尊者世友說曰有諸有情數數從餘世界来生此土由先未建立故今以佛眼觀之重為建立尊者覺天說曰佛以法為師欲恭敬承事法故晝夜六時以佛眼觀察世間尊者妙音說曰佛欲顯已所作審諦故雖建立而復觀察

諸成就等覺支彼成就無漏法耶荅諸成就等覺支彼成就無漏法以等覺支是無漏故有成就無漏法非等覺支謂諸異生以諸異生皆成就非擇滅隨離何品染亦成就擇滅故諸不成就等覺支彼不成就無漏法耶荅無不成就無漏法以必成就非擇

滅故有不成就等覺支謂諸異生以諸異生必不成就有為無漏法故諸得等覺支彼得無漏法耶荅諸得等覺支彼得無漏法有得無漏法非等覺支謂諸異生問等覺支言得是事可尒入正性離生時未曾得而得故無漏法云何言得無有本來不成就非擇滅故有說此文但應言得等覺支不應言得無漏法有說此中無漏法有二品一覺支二擇滅入正性離生時得覺支隨離何品染時得擇滅異生於八地見修所斷隨離何品皆得擇滅故作是說有說此中无漏法有三品一覺支二擇滅三非擇滅入正性離生時得覺支隨離何品染時得擇滅隨於何時得非擇滅問豈不異生本皆成就非擇滅耶何故言得荅雖本成就而依勝進位中亦可言得如或以施或以戒或以聞或以思或以不淨觀持息念住或以煖頂忍世第一法等故令惡趣等法得非擇滅復次若以種類言之不應言得若以事差別言之亦可言得剎那剎那隨彼彼事各别得故諸捨等覺支彼捨無漏法耶荅無全捨等覺支亦無全捨无漏法必無聖者還為異生故亦無有情不成就非擇滅故然非不有隨分捨義故言无全捨諸退等覺支彼退无漏法耶荅無全退等覺支亦無全退無漏法義如前釋復次為止摩訶僧祇部說預流果有退及止譬喻者不許有非擇滅法故作是說無全捨全退等覺支及無漏法

諸未斷彼未遍知耶乃至廣說此中依二種遍知作論一智遍知二斷遍知於智遍知中有說唯无漏智有說通有漏無漏智諸說唯無漏智者彼說苦現觀時於五所斷法由智遍知故名遍知於見苦所斷法由斷遍知故名斷集現觀時亦尒差别者說自諦滅現觀時於滅諦由智遍知故名遍知於見滅所斷法由斷遍知故名斷道現觀時亦尒差别者說自諦修道中隨起何智於隨何所緣法由智遍知故名遍知於隨何所斷法由斷遍知故名斷是謂此處略毗婆沙諸未斷彼未遍知耶荅諸未遍知彼未斷要由智知乃能斷故有未斷非未遍知謂苦智已生集智未生於見集知故已斷此謂苦智已生集智未生於四所斷法由智遍知故已遍知非斷遍知故已斷集智已生滅智未生於三所斷法滅智已生道智未生於二所斷法道智已生未離修所斷染於一所斷法由智遍知故已遍知非斷遍知故已斷即彼已離欲界法未離上染於色無色界修所斷法已離色染未離上染於無色界修所斷法由智遍知故已遍知非斷遍知故已斷諸已斷彼已遍知耶荅諸已斷彼已遍知謂苦智已生集智未生於一所斷法由智遍知故已遍知斷遍知故已斷集智已生滅智未生於二所斷法滅智已生道智未生於三所斷法道智已生未離修所斷染於四所斷法由智遍知故已遍知斷遍知故已斷即彼已離欲界染未離上染於三界見所斷及欲界修所斷法已離色界染未離上染於三界見所斷及

欲色界修所斷法盡智已生於三界見修所斷法由智遍知故已遍知斷遍知故已斷有已遍知非已斷謂若智遍知故已遍知非斷遍知故已斷此謂苦智已生集智未生於四所斷法等廣說如上諸說智遍知通有漏無漏智者彼說順決擇分善根位於五所斷法由智遍知故名遍知非斷遍知故名斷見道修道位如前說

問豈不念住位中於一切法已名遍知耶答雖亦名遍知而非勝進此中說勝進者若行相與聖道同者名勝進有說若聞所成思所成修所成慧若煖頂忍世第一法於有漏事遍知自相共相故皆名智遍知是謂此處略毗婆沙諸未斷彼未遍知耶答諸未遍知彼未斷以先於彼得智遍知後方於彼斷遍知故有未斷非未遍知謂若智遍知故已遍知非斷遍知故已斷此謂順決擇分善根已生見道未生於五所斷法由智遍知故已遍知非斷遍知故已斷餘廣說如上諸已斷彼已遍知耶答諸已斷彼已遍知此如前釋有已遍知非已斷謂若智遍知故已遍知非斷遍知故已斷此謂順決擇分善根已生等廣說如上異生雖有斷而非斷遍知是故不說以非智遍知所證故智遍知者唯聖行相故

諸有此生眼不見色彼依何法引發天眼耶乃至廣說問何故作此論答欲令疑者得決定故如施設論說死生智證通云何加行云何引發死生智證通謂初修業者於世俗三摩地已善修習善得自在令起現前為欲引發天眼通故先取淨鏡面相或日月輪星宮藥草燈燭末尼諸光明相或大火聚燒諸城邑多踰繕那皎洞然相取是相已由假想作意力於不見位能起光明勝解相續引發天眼有時即於常眼處所有色界大種所造淨天眼起能見衆色若好若惡乃至廣說或有生如是疑諸有此生眼不見色彼便不能引天眼耶為令此疑得決定故顯雖此生眼不見色而彼亦能引發天眼故作斯論又施設論說天耳智證通云何加行云何引發天耳智證通謂初修業者於世俗三摩地已善修習善得自在令起現前為欲引發天耳通故先取象馬車聲或鍾鼓蠡貝簫笛歌詠讚誦等聲或四大聚互相扣擊所發音聲善取如是諸聲相已由假想作意力於離聞時能起諸聲勝解相續引發天耳有時即於常耳處所有色界大種所造淨天耳起能聞衆聲或人非人乃至廣說由此復有生如是疑諸有此生耳不聞聲彼應不能引發天耳欲令此疑得決定故顯雖此生耳不聞聲而彼亦能引發天耳故作斯論諸有此生眼不見色彼依何法引發天眼耶答如有一得自性生念先餘生中眼曾見色彼依此故引發天眼諸有此生耳不聞聲彼依何法引發天耳耶答如有一得自性生念先餘生中耳曾聞聲彼依此故引發天耳問諸有獲得宿住隨念智者亦能引發天眼天耳此中何故不說答應說而不說者當知此義有餘有說若於生

盲者天眼生聾者天耳俱能引發者
此中說之宿住隨念智唯能引發彼
類天眼非天耳所以者何諸生聾者
無宿住隨念智故要由他教此智生
故是以不說
問何故天眼唯在四根本靜慮非近
分地耶若非其田非其器乃至廣說
復次若地有通所依三摩地則有天
眼近分地無通所依三摩地故無天
眼復次若地有支所攝三摩地則有
天眼近分地不介有說若地有樂通
行道則有天眼近分地不介如是天
眼或說唯一謂天眼或說二謂曾得
未曾得或說三謂軟中上或說四謂
四靜慮果或說六謂軟中上各有曾
得未曾得或說八謂四靜慮果各有
曾得未曾得或說九謂軟軟乃至上
上或說十二謂四靜慮果各有軟中
上或說十八謂軟軟乃至上上各有
曾得未曾得或說二十四謂四靜慮
各有前六或說三十二謂十六生得
及十六修得有說四靜慮果各有軟
中上為十二復各有五品雜修靜慮
果為二十是謂三十二或說三十六
謂四靜慮各有軟軟乃至上上或
說七十二謂四靜慮各有前十八若
以相續及刹那則有無量今但總說
一天眼如天眼天耳亦介問何故有
不同分天眼耳現在前而無不同分
天鼻舌身現在前耶答眼耳二根取
不至境欲見遠聞故起不同分天
眼耳現前鼻舌身根唯取至境於不
同分無別用故不起現前有說若起
不同分鼻舌二根現在前者則世所
嗤謂云何此人重鼻兩舌若有不同
分身根現在前者世亦嗤謂云何此
人如雙生者有兩身耶是故鼻等无
不同分又天眼左右勝劣品類必同
謂非左劣右勝等又現前時必皆具
足無瞎无闕亦無眩亂及彼同分餘
如根蘊觸納息中廣說
問何故異生退時見修所斷結增益
世尊弟子退時唯修所斷結增益耶
答異生用此道斷見所斷結即用此
道斷修所斷結故彼退時二結俱增
益世尊弟子用此道斷見所斷結彼
於此道定不退用餘道斷修所斷結
彼於餘道有退有不退世尊弟子設
用此道斷見所斷結即用此道斷修
所斷結者彼亦無退何故作此論答
為止撥無退性者意顯實有退故作
斯論此中諸得以增益名說積集生
故有處說得名為近生近彼法生故
如施設論說異生欲貪隨眠起時有
五法起一者欲貪隨眠二者欲貪隨
眠近生三者無明隨眠四者無明隨
眠近生五者掉舉此中異生用此道
斷見所斷結即用此道斷修所斷結
者謂用九品道俱時斷見修所斷結
故彼退時二結俱得俱起世尊弟子用
此道斷見所斷結者謂用一品道斷
見所斷結彼於此道定不退用餘道
斷修所斷結者謂用九品道斷修所
斷結彼於餘道有退有不退世尊弟
子設用此道斷見所斷結即用此道
斷修所斷結者彼亦無退者謂設用
一品道俱時斷見修所斷結者彼亦
無退以世尊弟子見所斷結必不退
故不可俱斷而別退故又佛弟子先

異生時用九品道俱斷見修所斷結今亦不退二道所鎮故復次異生用修道俱時斷見修所斷結故彼退時二結得俱起世尊弟子用見道斷見所斷結彼於此道定不退用修道斷修所斷結彼於此道有退有不退餘准前說復次異生用智俱時斷見修所斷結故彼退時二結得俱起世尊弟子用忍斷見所斷結彼於此道定不退用智斷修所斷結彼於此道有退有不退餘准前說復次異生不觀諦俱時斷見修所斷結故彼退時二結得俱起世尊弟子觀諦斷見所斷結彼於此道定不退或觀諦或不觀諦斷修所斷結彼於此道有退有不退餘准前說復次異生用起不起道俱時斷見修所斷結故彼退時二結得俱起世尊弟子用不起道斷見所斷結彼於此道定不退用起不起道斷修所斷結彼於此道有退有不退餘准前說復次異生用不猛利道俱時斷見修所斷結故彼退時二結得俱起世尊弟子用猛利道斷見所斷結彼於此道定不退用不猛利道斷修所斷結彼於此道有退有不退餘准前說有說異生用有漏道俱時斷見修所斷結故彼退時二結得俱起世尊弟子用無漏道斷見所斷結彼於此道定不退用有漏无漏道斷修所斷結彼於此道有退有不退然彼說用無漏道斷者決定不退問若尒應無退阿羅漢果者以有頂結唯無漏道斷故荅若阿羅漢先以有漏道斷下八地修所斷結者彼容有退以根本不堅牢故若先以無漏道斷下八地修所斷結者彼必不退以根本堅牢故問何故無有退見道者耶荅以根本堅牢故云何根本謂求解脫者所有若施若戒若修若營佛法僧事若給侍老病若讀誦聖言為他演說如理作意若修不淨觀持息念念住三義觀七處善煖頂忍世第一法如是皆名見道根本有說見道猛利捷疾能以一品道斷九品結是故不退有說見道唯一剎那忍智現前是故不退有說若見道有退即所修梵行不可保信以退見道為異生故問所說聖者用餘道斷修所斷結彼於餘道有退有不退者誰退誰不退耶荅時解脫退不動法不退復次鈍根者退利根者不退復次內因力斷者不退外緣力斷者退有說不淨觀為加行斷者退持息念為加行斷者不退有說若以世俗道斷下八地修所斷結者有退若以出世道斷下八地結復得阿羅漢果者不退辟如臺觀基可危傾牢則不介問何故上三果有退非預流果耶荅修所斷結依有事起謂有淨相有不淨相彼由非理作意觀淨相時便於不淨想退見所斷結依無事起无有一法是我我所可令彼觀於無我見退問何故作此論荅欲止摩訶僧祇部說預流果有退顯預流果決定无退故作斯論修所斷結依有事起者謂所執取髮毛爪等非無世間少分淨相若非理作意思惟此時便於所修不淨想退起先所斷修所斷結見所斷結依無事起者謂所執取我我所相畢竟无有故契經說法無作用

亦無有情命者養者補特伽羅作者受者唯集諸行中無有我如以空拳誑諸童稚智者了達如見歸指是故見無我已必無有退故無退失預流果者

退上三果時諸所得無漏根力覺支道支乃至廣說問何故作此論答為止尊者設摩達多說退阿羅漢果時唯得未來先所捨學法不得過去所以者何以彼畢竟不現前故今欲顯退阿羅漢果時得過去未來先所捨學法過去雖不可現前而可成就由此因緣故作斯論退上三果時諸所得無漏根力覺支道支當言曾得得未曾得得耶答當言曾得得謂先得果時捨今退時還得故諸未曾得聖道唯勝進時得故

無色界歿生欲界時諸所得蘊界處乃至廣說問何故作此論答亦為遮止設摩達多說无色界歿生欲界時唯得先所捨未來法不得過去所以者何以彼畢竟不現前故今欲顯無色界歿生欲界時得過去未來先所捨法故作斯論若不介者從無色界歿生欲界初結生時但應成就二世生死然無有情但成就二世生死者決定成就三世有漏法故無色界歿生欲界時諸所得蘊界處善不善无記根結縛隨眠隨煩惱纏當言曾得得未曾得得耶答應言善染汙法曾得得異熟法未曾得得善染汙法曾得得者善謂生得善四蘊有說亦串習聞思所成四蘊此諸善法先由越界地故捨今界地來還故得染汙謂不善有覆無記四蘊此染汙法先由離染故捨今界地來還故得問威儀路工巧處四蘊串習者亦應得何故不說答應說而不說者當知此義有餘有說無覆无記法中多分不得謂異熟生通果全及餘少分故雖少得而亦不說有餘師說串習者亦不得以羸劣故異熟法未曾得得者謂无始來未曾得唯現在成就故問長養諸蘊亦未曾得得何故不說耶答應說而不說者當知此義有餘復次若說異熟應知亦已說長養以長養防護異熟如人重人如牆重牆必相隨故介時亦有等流法未曾得得如異生性等以少故不說無色界歿生色界時諸所得蘊界處善无記根結縛隨眠隨煩惱纏當言曾得得未曾得得耶答應言善染汙法曾得得異熟法未曾得得善染汙法曾得得者善謂生得善四蘊加行善五蘊此諸善法先由越界地故捨今界地來還故得染汙謂有覆無記四蘊此染汙法先由離染故捨今界地來還故得不覆無記法中通果四蘊亦曾得得以少故不說長養及等流如前釋色界歿生欲界時諸所得蘊界處等如無色界歿生欲界說此中解釋亦如前應知

依初靜慮引發神境通道時彼極遠至何處耶答乃至梵世依初靜慮引發天耳通道時彼極遠聞何聲聲耶答乃至梵世依初靜慮引發他心通道時彼極遠知何繫心心所法耶答乃至梵世依初靜慮引發宿住隨念通道時彼極遠憶何繫宿住事耶答

乃至梵世依初靜慮引發天眼通道時彼極遠見何繫色耶荅乃至梵世如依初靜慮乃至依第四靜慮各隨自處廣說亦尒問何故作此論荅欲令疑者得決定故如素怛纜毗柰耶說神通自在身乃至梵世轉或有生如是疑神通自在但至梵世非非上地欲令此疑得決定故說乃至依第四靜慮所起神通乃至廣果或色究竟轉故作斯論問若尒素怛纜毗柰耶說當云何通荅若處有自地身表者世尊說之第二靜慮已上無自地身表是以不說有說彼中佛說寂初所得上地非初所得有說梵世言攝四靜慮以皆有支所攝受清淨三摩地故問乃至初靜慮有語表故依初靜慮發天耳聞上地既無語表依第二靜慮等引發天耳聞何等聲耶荅如生初靜慮者依初靜慮語表業等起心發語如是生上三靜慮者亦依初靜慮語表業等起心發語即是彼地天耳所聞有說上地雖無語表聲而有餘聲是彼所聞故無有失問若生欲界依初靜慮發天耳通能聞上三靜慮諸天語表聲不有說不聞以處遠故或微細故有說若極作意者亦能聞以是同地法故問隨依何靜慮發神境通能至何處荅依初靜慮發者能至梵世乃至依第四靜慮發者能至廣果或色究竟聲聞不作意傍極小千世界作意極中千世界獨覺不作意極中千世界作意極大千世界佛不作意極大千世界作意能極無邊世界如神境通四通亦尒廣釋六通如大種蘊

若於苦思惟苦得阿羅漢果彼思惟何繫苦荅无色界繫苦此隨界揔說若隨地者應言非想非非想處繫苦即苦類智若於集思惟集得阿羅漢果彼思惟何繫集荅無色界繫集此亦隨界揔說若隨地者應言非想非非想處繫集即集類智若於滅思惟滅得阿羅漢果彼思惟何繫諸行滅荅或欲界繫或色無色界繫諸行滅即滅法智滅類智若於道思惟道得阿羅漢果彼思惟何繫諸行能斷道荅或欲界或色無色界繫諸行能斷道即道法智道類智如是六智各四行相作無間道斷非想非非想處下下品煩惱與金剛喻三摩地俱此能證得阿羅漢果金剛喻三摩地廣說如雜蘊第三納息雜色無色修所斷染皆用六智為無間道謂四類智滅道法智此說无漏道若有漏道唯世俗智彼不遍故非此所說依初靜慮起苦類智無間道時有唯緣自地苦有唯緣第二靜慮苦乃至有唯緣非想非非想處苦無合緣二乃至緣八麁細異故地別斷故如苦類智集類智亦尒起滅類智無間道時有唯緣自地諸行滅有唯緣第二靜慮諸行滅乃至有唯緣非想非非想處諸行滅有合緣二乃至緣八等微妙故皆違染故起道類智無間道時皆緣九地類智品道互相因故種類等故起滅法智無間道時唯緣欲界諸行滅起道法智無間道時皆緣六地法智品道如依初靜慮乃至依無所有處亦尒差別者依三无色無二法智不

緣下滅此中一切地不緣下苦集已
離下染起無用故
依初靜慮起無間道離初靜慮染時
苦集類智唯緣初靜慮苦集滅類智
有唯緣初靜慮諸行滅有緣初第二
靜慮諸行滅有緣初第二第三靜慮
諸行滅有緣初第二第三第四靜慮
諸行滅有緣初靜慮乃至空无邊處
諸行滅有緣初靜慮乃至識無邊處
諸行滅有緣初靜慮乃至無所有處
諸行滅有緣初靜慮乃至非想非非
想處諸行滅道類智捴緣九地類智
品道滅法智唯緣欲界諸行滅道法
智捴緣六地法智品道依初靜慮起
無間道離第二靜慮染時苦集類智
唯緣第二靜慮苦集滅類智有唯緣
初靜慮諸行滅有唯緣第二靜慮諸
行滅有緣初第二靜慮諸行滅有緣
第二第三靜慮諸行滅有緣初第二
第三靜慮諸行滅有緣第二第三第
四靜慮諸行滅有緣初第二第三第
四靜慮諸行滅有緣第二靜慮乃至
空無邊處諸行滅有緣初靜慮乃至

空無邊處諸行滅有緣第二靜慮乃
至識无邊處諸行滅有緣初靜慮乃
至識無邊處諸行滅有緣第二靜慮
乃至无所有處諸行滅有緣初靜慮
乃至無所有處諸行滅有緣第二靜
慮乃至非想非非想處諸行滅有緣
初靜慮乃至非想非非想處諸行滅
道類智滅道法智如前說依初靜慮
起無間道離第三靜慮染時苦集類
智唯緣第三靜慮苦集滅類智有唯
緣初靜慮諸行滅有唯緣第二靜慮
諸行滅有唯緣第三靜慮諸行滅有
緣初第二靜慮諸行滅有緣第二第
三靜慮諸行滅有緣第三第四靜慮
諸行滅有緣初第二第三靜慮諸行
滅有緣第二第三第四靜慮諸行滅
有緣第三第四靜慮空無邊處諸行
滅有緣初第二第三第四靜慮諸行
滅有緣第二靜慮乃至空无邊處諸
行滅有緣第三靜慮乃至識無邊處
諸行滅有緣初靜慮乃至空无邊處
諸行滅有緣第二靜慮乃至識無邊
處諸行滅有緣第三靜慮乃至无所

有處諸行滅有緣初靜慮乃至識無
邊處諸行滅有緣第二靜慮乃至无
所有處諸行滅有緣第三靜慮乃至
非想非非想處諸行滅有緣初靜慮
乃至無所有處諸行滅有緣第二靜
慮乃至非想非非想處諸行滅有緣
初靜慮乃至非想非非想處諸行滅
道類智滅道法智如前說依初靜慮
起無間道離第四靜慮染時苦集類
智唯緣第四靜慮苦集滅類智有唯
緣初靜慮諸行滅乃至有唯緣第四
靜慮諸行滅有緣初第二靜慮諸行
滅有緣第二第三靜慮諸行滅有緣
第三第四靜慮諸行滅有緣第四靜
慮空無邊處諸行滅有緣初第二第
三靜慮諸行滅有緣第二第三第四
靜慮諸行滅有緣第三第四靜慮空
無邊處諸行滅有緣第四靜慮空識
无邊處諸行滅有緣初乃至第四靜
慮諸行滅有緣第二靜慮乃至空無
邊處諸行滅有緣第三靜慮乃至識
無邊處諸行滅有緣第四靜慮乃至
无所有處諸行滅五六七八地合緣

如前說道類智滅道法智亦如前說依初靜慮起無間道離空无邊處染時苦集類智唯緣空无邊處苦集滅類智有唯緣初靜慮諸行滅乃至有唯緣空無邊處諸行滅有緣初第二靜慮諸行滅有緣第二第三靜慮諸行滅有緣第三第四靜慮諸行滅有緣第四靜慮空無邊處諸行滅有緣空識無邊處諸行滅有緣初第二第三靜慮諸行滅有緣第二第三第四靜慮諸行滅有緣第三第四靜慮空無邊處諸行滅有緣第四靜慮空識无邊處諸行滅有緣空識無邊處無所有處諸行滅四五六七八地合緣如前說道類智滅道法智亦如前說依初靜慮起無間道離識无邊處染時苦集類智唯緣識無邊處苦集滅類智有唯緣初靜慮諸行滅乃至有唯緣識無邊處諸行滅有緣初第二靜慮諸行滅有緣第二第三靜慮諸行滅有緣第三第四靜慮諸行滅有緣第四靜慮空无邊處諸行滅有緣空識無邊處諸行滅有緣識无邊處無所有處諸行滅有緣初第二第三靜慮諸行滅有緣第二第三第四靜慮諸行滅有緣第三第四靜慮空無邊處諸行滅有緣第四靜慮空識无邊處諸行滅有緣空識無邊處無所有處諸行滅有緣識無邊處无所有處非想非非想處諸行滅四五六七八地合緣如前說道類智滅道法智亦如前說依初靜慮起無間道離無所有處染時苦集類智唯緣无所有處苦集滅類智有唯緣初靜慮諸行滅乃至有唯緣無所有處諸行滅有緣初第二靜慮諸行滅有緣第二第三靜慮諸行滅有緣第三第四靜慮諸行滅有緣第四靜慮空無邊處諸行滅有緣空識無邊處諸行滅有緣識无邊處无所有處諸行滅有緣无所有處非想非非想處諸行滅三四五六七八地合緣如前說道類智滅道法智亦如前說依初靜慮起無間道離非想非非想處染時苦集類智唯緣非想非非想處苦集滅類智有唯緣初靜慮諸行滅乃至有唯緣非想非非想處諸行滅二三四五六七八地合緣如前說道類智滅道法智亦如前說如是依第二靜慮起無間道離第二靜慮乃至非想非非想處染乃至依無所有處起無間道離無所有處及非想非非想處染如其所應皆當廣說有差別者三無色地除二法智及不能緣下地滅如是即說生欲界者若生色無色界一切法智皆不現起生彼上地不緣下滅如無間道解脫道亦尒唯除離非想非非想處下下品染解脫道唯容得有苦集類智

說一切有部發智大毗婆沙論卷第一百八十六

阿毗達磨大毗婆沙論卷第一百八十六

校勘記

一　底本，金藏廣勝寺本。

一　六二六頁下一七行第九字「覺」，麗作「覺支」。

一　六二八頁中七行第一三字「釋」，資、磧、普作「種」。

一　六二八頁下七行第二字「三」，資作「二」。

一　六二八頁下一〇行第一三字「法」，諸本（不含石，下同）作「染」。

一　六二九頁上一二行第五字「苦」，資、磧、普、徑、麗作「若」。

一　六二九頁中二一行第八字「引」，資、磧、普、南、徑、清作「引發」。

一　六三〇頁上一三行「天眼」，資、磧、普、南、徑、清作「一天眼」。

一　六三一頁下九行至一〇行「下八地結復得阿羅漢果」，資、磧、普、南、徑、清作「下八地結後得阿羅漢果」；麗無。

一　六三一頁下一〇行「基可危傾」，諸本作「基危可傾」。

一　六三二頁上九行第八字「學」，資、磧、普、南、徑、清作「覺」。

一　六三二頁上一八行第四字「殁」，資、磧、普作「歿」。

一　六三二頁上一九行第八字「作」，資、磧、普、南、徑、清作「復作」。

一　六三二頁中九行第一三字「亦」，諸本作「亦得」。

一　六三二頁下四行第一二字「相」，諸本作「根」。

一　六三二頁下一二行第四字「法」，資、磧、普、南、徑、清作「染」。

一　六三三頁上六行「神通自在身乃至梵世轉」，資、磧、普、南、徑、清作「具神通自在身乃至梵世轉」；麗作「具神通者乃至梵世身自在轉」。

一　六三三頁上七行「非非」，諸本作「非至」。

一　六三三頁上一〇行第二字「轉」，諸本作「身自在轉」。

一　六三三頁上一七行第六字「聞」，諸本作「聞彼聲」。

一　六三三頁下六行第八字「雜」，資、磧、普、南、徑、清作「離」。

一　六三五頁中一〇行「唯緣」，資、磧、普、南、徑、清作「有緣」。

阿毗達磨大毗婆沙論卷第一百八十七　情

五百大阿羅漢等造

三藏法師玄奘奉　詔譯

見蘊第八中念住納息第一之一

有四念住謂身受心法念住如是等章及解章義既領會已應廣分別問何故作此論答為欲解釋契經義故如契經說有四念住謂身念住乃至法念住雖作是說而不分別若循身念住彼受耶乃至廣說彼經是此論所依根本彼所不分別者今盡應說故作斯論然佛說有三種念住一自性念住二相雜念住三所緣念住於何處說自性念住耶答如契經說有一趣道能令有情清淨越滅憂苦謂四念住何等為四謂於身循身觀念住乃至於法循法觀念住復何處說相雜念住耶答如契經說若有說善法聚者即四念住是為正說所以者何淳具圓滿善法聚者唯四念住何等為四謂於身循身觀乃至廣說復何處說所緣念住耶答如契經說若有說一切法即四念住是為正說所以者何具足攝受一切法者唯四念住何等為四謂於身循身觀念住乃至廣說此中三經標句如其次第別說自性相雜所緣念住釋句皆說自性念住以循觀言俱目慧故問何故世尊於標句中或說自性念住或說相雜念住或說所緣念住於釋句中唯說自性念住耶答欲令勝義念住无失壞故念住有二種一勝義二世俗自性念住是勝義餘是世俗勝義念住於一切時不可失壞故佛於釋句中皆說自性有說由自性念住力故相雜所緣說名念住有說欲顯三種念住俱以慧為自性故謂一慧性由俱有法相雜助伴能有所作即名相雜念住由所緣力能遍隨觀即名所緣念住由佛於契經中說此三種念住故阿毗達磨者亦於處處依三種念住而作論云何知然如說云何身念住謂緣身慧乃至云何法念住謂緣法慧是謂說自性念住處此即契經所說有一趣道乃至廣說如說云

何身念住謂身增上道所生有漏無漏善乃至云何法念住謂法增上道所生有漏無漏善是謂說相雜念住處此即契經所說善法聚者即四念住乃至廣說如說云何身念住謂十色處及法處所攝色云何受念住謂六受身云何心念住謂六識身云何法念住謂受蘊所不攝非色法處是謂說所緣念住處此即契經所說一切法者即四念住如是阿毗達磨所說與契經相應是故此中亦依三種念住而作論

問世尊為何等有情說自性念住乃至為何等有情說所緣念住耶荅為即愚彼三種有情說三念住謂愚自性念住者為說自性念住乃至愚所緣念住者為說所緣念住復次有情行有差別謂初業等為初業者說所緣念住為已習行說相雜念住為已超作意說自性念住復次有情樂欲有差別謂廣略中樂略者為說自性念住樂中者為說相雜念住樂廣者為說所緣念住復次有情根有差別謂利中鈍為利根說自性念住為中根說相雜念住為鈍根說所緣念住復次有情智有差別謂開發生智分別生智引導生智開發生智為說自性念住分別生智為說相雜念住引導生智為說所緣念住為如是等所化有情故佛說此三種念住

問此三念住誰斷煩惱荅唯相雜念住能斷煩惱非餘問何故自性念住不能斷煩惱耶荅若離助伴唯慧不能斷煩惱故問何故所緣念住不能斷煩惱耶荅彼作意普散故唯總略所緣作意能斷煩惱問何故相雜念住能斷煩惱耶荅具二緣故謂攝受助伴故及總略所緣作意故問若尒修餘念住應成無用荅彼能引發相雜念住非為無用有說斷有二種一暫時斷二究竟斷修餘念住能暫時斷故非無用相雜念住復有三種謂聞思修所成差別問此三何者能斷煩惱荅修所成能斷煩惱非餘問何故聞所成不能斷煩惱耶荅此必依名乃於義轉唯不待名於義轉道能斷煩惱問何故思所成不能斷煩惱耶荅由此作意是不定地所攝故唯定地所攝道能斷煩惱問何故修所成能斷煩惱耶荅具二緣故謂不待名於義轉故乃定地所攝故問若尒修餘二種應成无用荅彼能引發修所成故謂聞所成能引發思所成思所成能引發修所成修所成能斷煩惱故非無用有說斷有二種如前廣說修所成念住復有四種謂身受心法問此四何者能斷煩惱荅法念住能斷煩惱非餘問何故前三念住不能斷煩惱耶荅彼是自相作意所攝故唯共相作意所攝道能斷煩惱有說彼一一蘊各別緣故要總緣四蘊五蘊或離蘊道能斷煩惱問若尒修前三種應成無用荅能引發法念住故謂身念住能引受念住受念住能引心念住心念住能引法念住法念住能斷煩惱故非無用有說要先分別諸蘊後方能總緣而斷煩惱故非無用有說斷有二種如前廣說法念住復有二種一雜緣二不雜緣若緣

想行蘊及無為名不雜緣若於五蘊或二二緣或三三緣或四四緣或五總緣及無為名為雜緣問此中何等法念住能斷煩惱答二俱能斷謂若緣苦集道諦斷煩惱道是雜緣法念住若緣滅諦斷煩惱道是不雜緣法念住

此中或總說一念住謂大地法慧根慧力正見擇法覺支或說二謂有漏無漏縛解繫不繫或說三謂軟中上品或聞思修所成或說四謂身受心法或說五謂三界繫學無學或說六謂有漏无漏各有軟中上品或說八謂身受心法各有有漏無漏或說九謂軟軟乃至上上或說十二謂身受心法各有軟中上品復有別說十二如契經說於內身住循身觀於外身住循身觀於內外身住循身觀如身三種乃至法亦尒或說十八謂有漏無漏各有軟軟乃至上上品或說二十四謂身受心法軟中上品各有有漏無漏或說三十六謂身受心法各有軟軟乃至上上品復有別說三十六如契經說於內身住猒逆想於內身住不猒逆想於內身住俱離捨正念正知如於內身於外身內外身亦尒如於身有九乃至於法亦尒或說七十二謂身念住有漏無漏各有軟軟乃至上上品如身念住有十八乃至法念住亦尒若約相續剎那分別則有無量念住問若尒者世尊何故於一等廣說四念住於無量略說四念住耶答為對治四顛倒故謂對治於不淨淨想顛倒故說身念住對治於苦樂想顛倒故說受念住對治於無常常想顛倒故說心念住對治於無我我想顛倒故說法念住有說為對治四食故謂對治段食故說身念住對治觸食故說受念住對治識食故說心念住對治意思食故說法念住有說為對治四識住故謂對治色近行識住故說身念住對治受近行識住故說受念住對治住彼識故說心念住對治想近行行近行識住故說法念住有說為對治五蘊故謂對治色蘊故說身念住對治受蘊故說受念住對治識蘊故說心念住對治想蘊行蘊故說法念住有說為對治四種不修故謂對治不修身故說身念住對治不修戒故說受念住對治不修心故說心念住對治不修慧故說法念住有說與四修同法故說四念住謂與修身同法故說身念住與修戒同法故說受念住與修心同法故說心念住與修慧同法故說法念住問念住以何為自性為以念為以慧耶若以念者此說云何通如說於身循身觀乃至廣說若以慧者何故名念住又契經說當云何通如說於何處應觀念根謂於四念住答應說慧為自性問若尒何故名念住耶答念於此住等住各住故名念住如為馬等所住處名為馬等住此亦如是有說此由念力能於所緣起差別廣博作用而不失壞故名念住有說由念力故此瑜伽師審記所緣於所緣境忘已還憶故名念住有說此修行者於所緣中先以念安住然後觀察復於所緣先通達已後以念安住為守護故如守門者故名念住有說此修

行者於所緣境先以念攝持後以慧觀察而断煩惱辟如田夫先以左手攬取草等後以右手執鎌刈之此亦如是故名念住有説此瑜伽師被念鎧甲於心相續上執慧刀杖在生死陣中不為煩惱怨所降伏而能降伏於彼故名念住有説為遮取自性過故説名念住若名慧住者便有取自性過失有説為顯非唯自性能有所作故名念住由是等緣但名念住不名慧住問契經所説復云何通如説於何處應觀念根謂於四念住答以念根於念住位作用增上故作是説如信根於四證淨位作用增上故佛復説於何處應觀信根謂於四證淨如是精進根於四正断定根於四静慮慧根於四聖諦亦尒故世尊乃至復説於何處應觀慧根於四聖諦此亦如是是謂念住自性

已説自性所以今當説何故名念住念住是何義答念於此住等住各住廣説如前已摠説念住所以一一所以今當説問何故名身念住答此念住緣身故名身念住問餘念住亦緣身謂受念住緣六受身心念住緣六識身法念住緣六想身六思身等何故不皆名身念住耶答此中所説緣身者謂緣色身餘念住緣非色身故不名身念住有説若緣麁顯易見現見身者名身念住餘念住緣微隱難見難覺不現見身故不名身念住有説若所緣身是極微聚所成者彼名身念住餘所緣身非極微聚所成故彼不名身念住有説若緣於身而能知所知俱時生者名身念住餘雖緣身而能知所知不俱生故不名身念住雖法念住中有俱生者以少故不説如緣身故名身念住如是緣受故名受念住緣心故名心念住緣法故名法念住問一切皆是法一切皆唯有法故何故唯一名法念住非餘耶答雖一切皆是法而但立一為法念住如十八界皆是法而但立一為法界十二處皆是法而但立一為法處如法界法處如是法智擇法覺支法隨念法證淨法無礙解法寶法歸亦尒有説法念住有一名餘念住有二名有説法念住有共名餘念住有共不共名有説一切有為法由生所起生是彼所緣故名法念住有説一切法由名所顯名是彼所緣故名法念住有説諸有為相是一切有為法之標幟即此諸相墮在彼所緣中故名法念住有説空解脱門覺諸法法性此空攝在彼所緣中故名法念住問若尒者薩迦耶見亦覺諸法補特伽羅性何故不依彼立名耶答彼非真實覺此是真實覺故无有過有説慧能分別諸法自相共相安立諸法自相共相損害事愚及所緣愚於諸法中不增減轉此慧墮在彼所緣中故名法念住有説滅諦涅槃是勝義法常住不變此法攝在彼所緣中故名法念住有説此念住能緣多法謂色非色相應不相應有所依無所依有行相無行相有所緣無所緣有警覺无警覺是故名法念住有説身念住緣身不緣緣身慧受念住緣受不緣緣受慧心念住緣心不緣緣心慧法

念住緣身亦緣緣身慧緣受心法亦緣緣受心法慧是故唯此名法念住有說身念住緣身不緣身生老無常受念住緣受不緣受生老無常心念住緣心不緣心生老無常法念住緣身亦緣身生老無常緣受心法亦緣受心法生老無常是故唯此名法念住有說齊此諸瑜伽師我想一合想皆得止息法想差別想修習圓滿故名法念住謂瑜伽師分析身已便計受為我分析受已便計心為我分析心已便計法為我分析法已便知一切非我有情唯空行聚是故齊此法想圓滿名法念住已說念住一一所以彼次第今當說何故世尊先說身念住乃至後說法念住耶答顯示隨順故謂若如是次第顯示則於文字言說隨順有說說受隨順故謂若作如是次第則於師說及弟子受皆得隨順有說此依生起次第故次第有三種一生起次第二顯示次第三現觀次第生起次第者如此念住及靜慮無量無色解脫勝處遍處等顯示次第者謂正斷神足根力覺支道支等現觀次第者謂四聖諦以瑜伽師先起身念住故佛前說乃至後起法念住故佛後說問因論生論何故諸瑜伽師先起身念住乃至後起法念住耶答依麁細次第故謂五蘊中色蘊最麁故先觀察起身念住四無色蘊中受蘊最麁故次觀察起受念住問受等無方所如何可施設麁細耶答雖無方所麁細而有行相麁細亦可施設此中受行相麁如說我手足等痛又說我受如是如是苦故受等蘊雖非色而如色施設麁細四無色蘊中識蘊最細而先想行蘊觀察起心念住者以想行蘊與涅槃最微細法合施設故彼取後觀察起法念住有說從不可知本際以來男為女色女為男色是生染處故先觀色起身念住染著此色由貪樂受故次觀受起受念住貪樂由於心不調伏故次觀心起心念住心不調伏由煩惱未斷故最後觀法起法念住有說以色可施設有增減有取捨相似相續故先觀色起身念住於觀色時起身輕安及心輕安由此為先引起樂受故次觀受起受念住於觀受時引起勝義境界了別故次觀識起心念住彼作是念若處起心亦起心所故最後觀法起法念住有說身愚能持受愚乃至心愚能持法愚非身愚不轉能轉受愚乃至非心愚不轉能轉法愚故四念住如是次第起有說身不愚能引受不愚乃至心不愚能引法不愚非身不愚不起能起受不愚乃至非心不愚不起能起法不愚故四念住如是次第起有說身觀能引受觀乃至心觀能引法觀非身觀不起能起受觀廣說如上有說身觀與受觀為因為根為眼為道為漸為能作為緣生為起集為等起受觀與心觀心觀與法觀亦尒餘如前說有說身觀與受觀為加行為門為依乃至心觀與法觀亦尒餘如前說有說身觀與受觀為依止為迹處乃至心觀與法觀亦尒餘如前說問若尒身觀復以誰為依止迹處耶答以先所得奢摩他

相為依止為迹處如說彼先得不動奢摩他故身輕溴相從足至頂周遍積聚由此能起身念住乃至法念住有說彼於相續中分別諸處起四念住謂瑜伽師先欲知諸色處故先分別十色處及法處所攝色是故先起身念住次即於法處分別諸受故次起受念住次即於法處分別想行蘊及三無為故次起法念住彼復作是念除此有何即如實知餘有意處由此即分別意處故最後起心念住諸瑜伽師若依自相觀則先起法念住後起心念住若依共相觀則先起心念住後起法念住故四念住如是次第起

問為先起緣內念住為先起緣外念住耶若尒有何過若先起緣內念住者經說云何通如說新學苾芻具淨尸羅意樂圓滿欲疾除斷欲貪瞋者應往澹泊路諸死屍所善取其相或青淤或膿爛乃至廣說若先起緣外念住者餘經說復云何通如說先於內身住循身觀次於外身乃至廣說答應作是說先起緣內念住所以者何以有我故有我所有我執故有我所執有我見故有我所見有五我見故有十五我所見有我愚故有我所愚有我愛故有我所愛為長養內我求外資具故問若尒前所引經云何通答彼是念住加行非根本念住云何知然即彼經說善取相已速還本處憶念先所取相若能者善若不能者復往屍所更善取相馳還本處洗足入房敷座而坐以勝解作意令所取相明了現前是名念住加行若時以外所取相置於內身而觀察者乃名入根本念住有說彼契經說果勝作意非念住位云何知然即彼經說彼新學苾芻得學意已若欲往澹泊路者隨欲而往此中新學苾芻即預流者及一來者故知彼契經說果勝作意非念住位

如契經說於內身住循身觀於外身住循身觀於內外身住循身觀乃至廣說問此中何者名內身等何者名外身等答自相續所攝色名內身他相續所攝色及非有情數色名外身內法外法說亦尒自相續所攝受名內受他相續所攝受名外受內心外心說亦尒有餘師說有情數色名內身非有情數色名外身內法外法說亦尒受心如前說脅尊者言現在名內過去未來及無為名外問何故現在名內過去未來及無為名外耶答以現在法多令有情攝受貪著非過去未來及無為故此中於內身住循身觀者住內身自相觀於外身住循身觀者住外身自相觀於內外身住循身觀者住內外身共相觀乃至法亦尒有說於內身住循身觀者住內身廣觀於外身住循身觀者住外身廣觀於內外身住循身觀者住內外身略觀乃至法亦尒有說於內身循身觀者對治我執於外身住循身觀者對治我所執於內外身住循身觀者對治我我所執乃至法亦尒如我執我所執我見我所見說亦如是有說於內身住循身觀者對治五我見於外身住循身觀者對治十五我所

見於內外身住循身觀者對治二十種薩迦耶見乃至法亦尒如我見我所見如是我愚我所愚說亦尒有說於內身住循身觀者對治我愛於外身住循身觀者對治衆具愛於內外身住循身觀者對治俱愛乃至法亦尒內齊何當言身念住乃至法念住圓滿耶荅由二緣故當知圓滿一分別所緣二善根增分別所緣者謂若時能以剎那極微分拆所緣或唯以剎那分析所緣善根增者謂依下生中依中生上齊此應知念住圓滿有說由轉加行應知圓滿謂瑜伽師先分別身分別身已轉身覺慧次分別受分別受已轉受覺慧次分別心分別心已轉心覺慧分別於法辟如農夫引水溉田初畦滿已引溉第二第二滿已引溉第三第三滿已引溉第四此亦如是有說齊怨害相成應知圓滿怨害相有二種一令不憙樂二令生瞋恚此中但說令不喜樂名怨害相謂瑜伽師分別身已便於身不生憙樂而憙樂受等分別受已復於受不生憙樂而憙樂心等分別心已復於心不生憙樂而憙樂於法分別法已便於一切境界不生憙樂應知尒時念住圓滿

說一切有部發智大毗婆沙論卷第百八十七

阿毗達磨大毗婆沙論卷第一百八十七

校勘記

一　底本，金藏廣勝寺本。

一　六三七頁中九行「循身」，諸本（不含石，下同）作「修身」。

一　六三七頁下六行第八字「目」，磧、普、南、徑、清作「自」。

一　六三八頁下五行第六字「乃」，磧、普、南、徑、清、麗作「及」。

一　六三八頁下一六行第四字「離」，資、磧、普、南、徑、清作「雜」。

一　六三九頁上八行第一三字「慧」，資、磧、普、南、徑、清作「慧慧」。

一　六三九頁下二一行「念安」，徑作「安念」。

一　六四〇頁下七行首字「摽」，磧、普、南、徑、清、麗作「標」。又第三字「印」，徑、清作「即」。

一　六四一頁中一六行第六字「取」，諸本作「最」。

一　六四一頁下一六行「爲道」，資、磧、普、南、徑、清作「爲導」。

一　六四二頁上二一行「青淤」，資、磧、普、南、徑、清作「青瘀」。

一　六四二頁下一七行「內身」，諸本作「內身住」。

一　六四三頁上七行第二字「內」，諸本作「問」。

阿毗達磨大毗婆沙論卷第一百八十八　情

五百大阿羅漢等造

三藏法師玄奘奉　詔譯

見蘊第八中念住納息第一之二

復次有三種念住謂聞思修所成差別此中有說於佛所說十二分教受持讀誦思量分別名聞所成念住依聞起思依思起修依修能斷煩惱如依金𥂝出金依金出金剛依金剛能壞石等堅物脅尊者言於佛所說十二分教受持讀誦思量分別是生得慧依生得慧起聞所成念住依聞起思依思起修依修能斷煩惱如依種子生牙依牙生莖依莖生枝葉依枝葉生花菓問此三念住何差別有說名則差別謂此名聞所成念住乃至此名修所成念住有說聞所成念住一切時依名於義轉謂素怛纜說有何義毗柰耶說有何義阿毗達磨說有何義鄔波拖耶說有何義阿遮利耶說有何義餘書論說有何義思所成念住或依名或不依名於義而轉修所成念住一切時離名於義轉譬如三人俱在池浴初人未學浮第二半學第三善學未學浮者一切時依岸浴半學浮者或依岸或離岸而浴善學浮者恒時離岸在中而浴如第一人聞所成亦介如第二人思所成亦介如第三人修所成亦介是謂此三念住差別

問此聞思修所成念住何界有幾種荅欲界有二謂聞思所成非修所以者何欲界是不定界非修地非離染地作意修時便墮思中故色界有二謂聞修所成非思所以者何色界是定界是修地是離染地作意思時便墮修中故無色界有一謂修所成然修所成亦不墮界有餘師說欲界具有三種餘如前說有說欲色界各具三種餘如前說有說三界皆具三種唯修所成亦不墮界評曰初說者好問此諸念住誰為誰因荅聞為三種因思唯思因非聞因以彼劣故非修因以界別故修唯修因非聞因以彼劣故非思因以彼劣及界別故誰為

誰果答聞唯聞果思聞思果非修修聞修果非思

問此三念住誰現前修幾答聞所成現前時唯修聞非思修思所成現前時唯修思非聞修此中聞思刹那現前時以習修故名修非修未來以勢劣故則以此故唯修自不修他修所成現前時能修三種聞思自力雖不能修未來而由他力有未來修義

問聞思修所成念住佛獨覺聲聞各有幾種答佛具三種而修所成為勝以自然覺及具力無畏等功德故獨覺亦具有三而思所成為勝以自思惟覺而無力无畏等功德故聲聞亦具三種而聞所成為勝以從聞他音入聖道故如說

我聖弟子聞杖具足斷不善法修習善法復有三種念住謂言說究竟念住思惟究竟念住出離究竟念住應知此三則聞思修所成念住如其第然聞等三種念住一切皆可名聞所成如說

多聞能知法　多聞能離罪　多聞捨無義　多聞得涅槃

一切皆可名思所成如說思者是業慮者是慧彼所說慮則思所成一切皆可名修所成如說云何應修法謂一切善有為法

問何謂念住加行云何自相種性雜緣及聞思修所成念住生起次第答不淨觀持息念界作意是謂念住加行則此為先入自相種性身念住則身念住為先入自相種性受念住則受念住為先入自相種性心念住則心念住為先入自相種性法念住從自相種性法念住起雜緣法念住從雜緣法念住起三義觀從三義觀有聞所成身念住先作無常乃至无我行相緣苦諦起次作因乃至緣行相緣集諦起次作道乃至出行相緣道諦起從此無間有聞所成受念住心念住各作十二行相緣三諦起亦尒從此無間有聞所成法念住先作無常乃至无我行相緣苦諦起次作因乃至緣行相緣集諦起次作滅乃至離行相緣滅諦起次作道乃至出行相緣道諦起從聞所成法念住無間有思所成身念住作十二行相緣三諦起從此無間有受念住作十二行相緣三諦起從此无間有心念住作十二行相緣三諦起從此無間有法念住作十六行相緣四諦起從思所成法念住有修所成法念住先作无常乃至無我行相緣苦諦起次作因乃至緣行相緣集諦起次作滅乃至離行相緣滅諦起次作道乃至出行相緣道諦起如是緣四諦作十六行相法念住名為初煖是謂念住加行所引自相種性雜緣及聞思修所成念住生起次第問何故聞思所成念住皆初起身念住緣三諦作十二行相後乃起餘念住而修所成念住初則起法念住緣四諦作十六行相耶答未曾得種性故漸次得行相故先觀麁後觀細蘊於五蘊中色蘊最麁先觀彼故初起身念住然身受心皆三諦攝故身念住緣三諦作十二行相如是聞所成身念住引起聞所成受念住聞所成受念住引起聞所

成心念住聞所成心念住引起聞所成法念住此聞所成法念住緣四諦作十六行相聞所成四念住漸圓滿已便能引起思所成四念住思所成四念住漸圓滿已復能引起修所成法念住此曾得種性故於一切蘊行相堅住故初則起法念住先緣苦諦作四行相乃至後緣道諦作四行相如契經說如是修直正願念住能破無明發起於明此中說何名修直正願念住耶有作是說此中說苦法智忍以此能破無明則欲界見苦所斷十隨眠發起於明則苦法智有說此中說道類智忍以此能破無明則色無色界見道所斷十四隨眠發起於明則道類智有說此中說金剛喻定以此能破無明則非想非非想處軟軟品煩惱發起於明則盡智有說此中說一切無間道以此能破無明則彼所斷煩惱品發起於明則彼品解脫道勝尊者言此中說方便善巧所攝受善慧名修直正願念住以此能破無明則三不善根發起於明則三善根

如薄伽梵說伽他言

若蘇網便者　無愛誰能將　佛所行无邊
無迹何迹引

此中佛所行者謂四念住問佛為得念住邊際而般涅槃為不得邊際而便般涅槃耶若尒有何過若言得者何故說佛所行無邊若不得者何故說佛得盡智時事善究竟若有因緣故可言得邊際有因緣故可言不得邊際謂依牽引故可言得邊際依受用故可言不得邊際復次依獲得故可言得邊際依在身故可言不得邊際復次依成就故可言得邊際依現前故可言不得邊際

如契經說何說非蕊蕾所行處應言五妙欲是何謂是蕊蕾所行處應言四念住是問五妙欲亦隨入念住中何故說非所行處耶荅依能觀者故作是說謂若不如理觀名非所行處若如理觀名所行處

如契經說有三念住聖者應習若有聖者善習此時乃應御衆云何為三謂如來為弟子說法時起深憐愍義利悲心告言此為利益此為安樂此為利益安樂若弟子衆恭敬屬耳住奉教心行法隨法不越聖教受學學處如來於彼亦不喜慶心不踊悅唯住正捨正念正知是名第一念住若有聖者善習此時乃應御衆復次如來為弟子說法時起深憐愍乃至義利悲心告言此為利益此為安樂此為利益安樂若弟子衆不恭敬不屬耳不住奉教心不行法隨法違越聖教不受學學處如來於彼亦不恚恨心無憂慼唯住正捨正念正知是名第二念住若有聖者善習此時乃應御衆復次如來為弟子說法時起深憐愍乃至此為利益安樂若一分弟子衆恭敬屬耳乃至受學學處一分弟子衆不恭敬不屬耳乃至亦不受學學處如來尒時於敬受者亦不歡喜心不踊悅於不敬受者亦不恚恨心無憂慼唯住正捨正念正知是名第三念住若有聖者善習此時乃應御衆問若尒者但應有二念住謂於

敬受及於下敬受云何說三種耶答隨衆會有三故說三種謂有衆會一切敬受有衆會一切不敬受有衆會一分敬受一分不敬受是故隨彼說三念住問若尒便應說七念住謂前四及此三種荅此中三種則入前四以俱是前雜緣外法念住所攝故問佛說法時若皆敬受便應無三念住若有不敬受者將無世尊於非田非器雨正法雨如是佛說法則為唐捐荅世尊為人說法欲令人解若當人不解者亦有天能解之如是念住有三亦非佛唐捐說法所以者何以人不解故念住有三天能解故不於非田非器而雨法雨有說佛說法時欲令彼彼有情得阿羅漢果彼不得阿羅漢果而得不還果故念住有三亦非佛唐捐說法所以者何以不得阿羅漢果故念住有三以得不還果故不唐捐說法復次佛說法時欲令彼彼有情得不還果彼不得不還果而得一來果廣說如前如是欲令得一來果預流果順決擇分善根順解脫分善根煖頂分善根展轉次第廣說亦尒復次佛說法時欲令彼彼有情得現法果彼不得現法果而能種當來善根故念住有三亦非佛唐捐說法廣說如前問何故弟子敬受教時佛不生喜不敬受時佛不生憂耶荅佛知有情有如是種性差別惡意樂者行惡善意樂者行善若當惡意樂者行善可於彼生喜善意樂者行惡可於彼生憂但不如是種性別故如知外物種性差別鐵丱出鐵金丱出金是故於銷鍊時從鐵丱得鐵心不生憂從金丱得金心不生喜若當與此相違得者可生憂喜然无是事種性異故世尊亦尒知諸有情種性差別不生憂喜有作是說佛已善斷愛恚法故謂喜似愛憂似恚佛於愛恚皆已善斷故无憂喜復有說者佛已善修空為根本而作是念誰為恭敬者誰為不恭敬者唯空行聚故於衆會不生憂喜

如契經說有一趣道能令有情清淨謂四念住乃至廣說問云何名一趣道為以能超越一界故名一趣道為以能超越一趣故為以能超越一生故為以能通達一諦故為以能趣一究竟故名一趣道為以但有一道故名一趣道耶設尒何過若以能超越一界故名一趣道者則非一趣道界有三故若以能超越一趣故名一趣道者亦非一趣道趣有五故若以能超越一生故名一趣道者亦非一趣道生有四故若以能通達一諦故名一趣道者亦非一趣道諦有四故若以能趣一究竟故名一趣道者亦非一趣道以究竟有二種一事究竟二功用究竟故若以但有一道故名一趣道者亦非一趣道以道有多種謂隨信行道隨法行道信勝解道見至道時解脫道不時解脫道故云何言有一趣道耶荅則由前所說緣及餘緣故名一趣道由前所說緣者謂以能超越一界故名一趣道則無色界以超此界者更不生三界故亦以能超越一趣故名一趣道則天趣以超此趣者更不往五趣故亦以能超越

一生故名一趣道則化生以趣此生者更不受四生故亦以能通達一諦故名一趣道則道諦以此諦從无始時来未曾得故及未曾通達故亦以趣一究竟故名一趣道則事究竟以修功用究竟皆為得事究竟故亦以但有一道故名一趣道則聖道問豈不有隨信行道乃至不時解脫道如是便有多道耶荅一切皆是趣苦滅行故說名一道如趣苦滅行如是趣有滅世間滅生死滅流轉滅生老病死滅行說亦尒是名由前所說緣故名一趣道及餘緣故者謂無異趣故不退還故至不退解脫故至背五趣之一趣故如說涅槃是阿羅漢趣由如是義名一趣道復有說者能對治異道故名一趣道謂諸外道或執不食為道或執隨日轉為道或執卧灰飲風服水茹菜噉菓裸形麁衣卧不平等各以為道佛為對治彼異道故說一趣道此意義言彼種種道皆非真道但是惡邪妄道是不善士所習近道非諸善士所習近道所以者何真道唯一謂四念住或有說者能趣一解脫宮門故名一趣道此中應引嗢底迦經所說喻如彼說佛告嗢底迦如國邊城其牆堅厚却敵樓櫓埤堄寮窓並皆嚴備唯有一門委一人捉其人聡慧多聞善習應入者聽不應者止彼每巡城察之乃至不見獸徃来處況餘門耶嗢底迦當知彼守門者雖不知日日有尒所有情入城出城然其定知諸有入出皆由此門不從餘門如是如来雖不作意知尒所有情已般涅槃尒所有情當般涅槃然其定知諸有情類已般涅槃未般涅槃皆由此道不依餘道是故以能趣一解脫宮門故名一趣道

問正斷神足根力覺支道支為是一趣道不若是者何故彼經唯說念住名一趣道不說餘耶若非者何故唯念住是一趣道非餘耶荅應說彼亦是一趣道問若尒者何故彼経而不說耶荅應說而不說者當知此義有餘有說若說念住當知亦已說正斷等有說念住是一趣亦是道正斷等是一趣而非道以非一切皆是慧故有說念住從初業地乃至盡无生智作用恒勝正斷等不尒有說念住能分别諸法自相共相能建立諸法自相共相能害事愚及所緣愚於諸法中不增減轉正斷等不尒有說念住如有目者能將導所餘如盲菩提分法趣涅槃宮而無異趣如明眼者引諸盲人令隨正路不行非道念住亦尒是故彼經唯說念住名一趣道而不說餘

如契経說有一趣道能令有情清淨超滅憂苦乃至能證隨正理法謂聖正三摩地及彼因緣彼衆具問何故世尊或說般若為一趣道或說等持為一趣道耶荅隨所化有情所未具者而說故謂所化有情或有闕奢摩他或有闕毗鉢舍那若闕奢摩他者為說等持為一趣道若闕毗鉢舍那者為說般若為一趣道般若者則前所說念住以念住慧為法故

如契經說若有能辦四念住則能辦正如理若能辯正如理則能辯聖道

若能辯聖道則能辯甘露若能辯甘露則能解脫生老病死愁歎憂苦諸熱惱法問念住正如理聖道甘露何差別答名則差別謂名念住乃至名甘露有說念住則顯念住正如理顯正斷神足根力覺支聖道顯道支甘露顯彼果有說念住顯所緣念住正如理顯相雜念住聖道顯自性念住甘露顯彼果有說念住顯聞所成念住正如理顯思所成念住聖道顯修所成念住甘露顯彼果有說念住顯言說究竟念住正如理顯思惟究竟念住聖道顯出離究竟念住甘露顯彼果有說念住顯見道正如理顯修道聖道顯無學道見地修地無學地說亦尒甘露顯彼果有說念住顯未知當知根正如理顯已知根聖道顯具知根甘露顯彼果是謂念住正如理聖道甘露差別

若修身念住彼受耶乃至廣說修有四種謂得修習修對治修除遣修得修習修謂一切善有為法對治修除遣修謂一切有漏法西方師言修有六種謂前四及防護修分別修防護修者謂修根如說如是六根善調善護善守善防能感當來樂受異熟分別修者謂修身如說此身髮毛爪齒乃至廣說迦濕弥羅國諸師言此後二修則前對治除遣修攝四修義如智蘊等處廣說此中依二修作論謂得修習修依此二修於諸位中修念住有差別謂初煖位中緣三諦法念住現在修未來修四一行相現在修未來修四同分修非不同分緣滅諦法念住現在修則此未來修一行相現在修未來修四亦同分修非不同分非初蘊滅觀能修緣蘊道故增長煖緣三諦四念住隨一現在修未來修四同分不同分修一行相現在修未來修十六緣滅諦法念住現在修未來修四一行相現在修未來修十六問何故初煖唯同分修非不同分增長煖同分不同分修耶答初煖是未曾得種性初緣諦起行相勢力劣故唯同分修非不同分增長煖是曾得種性已緣諦起行相勢力強勝故能同分不同分修初頂位中緣四諦法念住現在修未來修四同分不同分修一行相現在修未來修十六增長頂位緣三諦四念住隨一現在修未來修四同分不同分修一行相現在修未來修十六緣滅諦法念住現在修未來修四一行相現在修未來修十六初忍及增長位俱緣四諦法念住現在修未來修四同分不同分修一行相現在修未來修十六問何故初忍及增長位皆唯法念住現在修耶答以忍近見道故與見道相似如見道中唯法念住現在修忍亦尒尊者妙音說曰順決擇分善根二在欲界謂煖頂二在色界謂忍世第一法若依彼說初忍緣三諦法念住現在修未來修四一行相現在修未來修四同分修非不同分緣滅諦法念住現在修則此未來修非初蘊滅觀能修緣蘊道故一行相現在修未來修四同分修非不同分增長忍緣三諦四念住隨一現在修未來修四同分不同分修一行相現在修未來修

十六緣滅諦法念住現在修未來修四一行相現在修未來修十六問何故初忍唯同分修增長忍亦不同分修耶荅如前廣説評曰前説者好然順決擇分善根順見道故初起位中現在皆唯修法念住於增長位有四念住隨一現前從初忍位近見道故於一切時現在唯修法念住世第一法位亦唯法念住現在修未來修四一行相現在修未來修四同分修非不同分問世第一法亦是曾得種性已緣諦起行相何故唯同分修非不同分耶荅世第一法是極隣近見道善根寂與見道相似如見道中唯同分修非不同分世第一法亦尒有説世第一法是見道前行修治道者故如見道唯同分修有説世第一法唯有尒所行相可修如裸形者無衣可奪應知增上忍亦尒餘忍位中隨處所緣則不修彼念住行相如應當知

說一切有部發智大毗婆沙論卷第一百八十八

阿毗達磨大毗婆沙論卷第一百八十八

校勘記

一　底本，金藏廣勝寺本。

一　六四四頁中九行第三字「卝」，麗作「鑛」。下同。

一　六四四頁中二一行「義思」，磧作「思義」。

一　六四五頁上一七行「聞杖」，南、徑、清作「多聞」。

一　六四五頁上二〇行末字「其」，諸本（不含石，下同）作「其次」。

一　六四五頁下一行末字「聞」，諸本作「間」。

一　六四六頁上九行「直正」，資、磧、普、南、徑、清作「真正」。下同。

一　六四六頁中三行第五字「者」，諸本作「著」。

一　六四六頁中七行第六字「若」，麗作「設」。

一　六四六頁中一六行「何説」，諸本作「何謂」。

一　六四七頁上一行第五字「下」，諸本作「不」。

一　六四七頁上五行第一二字「住」，徑、清作「依」。

一　六四七頁中一二行「銷練」，南、麗作「銷鍊」。

一　六四七頁下二一行第二字「超」，資、磧、普、南、徑、清作「趣」。

一　六四八頁上三行末字「始」，磧作「如」。

一　六四八頁下三行第五字「正」，徑、清作「王」。

一　六四八頁下二一行第一一字「法」，麗作「性」。

阿毗達磨大毗婆沙論卷第一百八十九　　情

五百大阿羅漢等造

三藏法師玄奘奉　詔譯

見蘊第八中念住納息第一之三

若入正性離生若集現觀各四心頃道現觀三心頃法念住現在修未來修四一行相現在修未來修四同分修非不同分滅現觀四心頃法念住現在修即此未來修非初无漏蘊滅觀即能修緣蘊道故一行相現在修未來修四同分修非不同分以初得无漏種性力未廣故道類智法念住現在修未來修四同分不同分修一行相現在修未來修十六已得无漏種性勢增廣故從此以上一切聖者起未曾得善根現在前時未來皆修四念住十六行相唯除聞思所成慧及入滅定微微心時餘一切異生又无聖行相是故從此以後但說修念住多少不說行相

若諸異生離欲界染加行道時四念住隨一現在修未來修四九無間道九解脫道時法念住現在修未來修四如離欲界染乃至離第三靜慮染亦尒離第四靜慮染若則以第四靜慮為加行彼加行道時四念住隨一現在修未來修四若以空无邊處近分為加行諸有欲令彼近分地有別緣者彼加行道時四念住隨一現在修未來修四九無間道八解脫道時法念住現在修未來修四第九解脫道時法念住現在修未來修三除身念住諸有欲令彼近分地唯捴緣者彼加行道九無間道八解脫道時法念住現在修則此未來修第九解脫道時法念住現在修未來修三除身念住如離第四靜慮染乃至離无所有染亦尒差別者除身念住則諸異生起不淨觀持息念身念住初三解脫八勝處前八遍處及引發神境天眼天耳通時身念住現在修未來修四起後三念住隨一現在修未來修四起四无量引發宿住隨念通時法念住現在修未來修四引發他心通時心念住或受心法念住隨一現在

修未來修四若起无色解脫及後三念住時後三念住隨一現在修未來修三除身念住若起空无邊處識无邊處遍處時法念住現在修未來修三除身念住是謂異生位所修差別若諸聖者離欲界乃至非想非非想處染一切加行道時四念住隨一現在修未來修四一切無間解脫道時法念住現在修未來修四信勝解練根作見至時解脫練根作不動一切加行道時四念住隨一現在修未來修四一切无間道解脫道時法念住現在修未來修四若諸聖者起不淨觀持息念身念住初三解脫八勝處前八遍處及引發神境天眼天耳通及起詞无导解時身念住現在修未來修四若雜修靜慮及諸有欲令一切法皆是勝義者起義无导解辯无导解願智邊際定无色解脫入滅定想微細心時四念住隨一現在修未來修四若起四無量宿住隨念通及諸有欲令唯涅槃是勝義者起義无导解法无导解无諍後二遍處空空无願无願無相無相時法念住現在修未來修四若引發他心通時心念住或受心法念住及起後三念住時隨一現在修未來修四是謂此處略毗婆沙

若修身念住彼受耶設修受念住彼身耶荅應作四句有修身念住非受謂巳得身念住現在前以曾得法現在前時无力能及未來故不修受念住然現前是習修故說修身念住問亦有未得身念住現在前不修受如未曾得聞思所成身念住現在前時此中何故不說荅應說而不說者當知此義有餘有說此中依修所成念住而作論无有未得修所成身念住現在前時不修受念住者是故不說有修受念住非身謂巳得受念住現在前若未得受念住現在前不修身若未得心法念住現在前修受非身巳得受念住現在前者如前釋未得受念住現在前不修身者謂諸異生離空无邊處乃至无所有處染若以受念住為加行彼加行道時若諸異生起受念住无色解脫時於如是時未得受念住現在前修受非身未得心念住現在前修受非身者謂諸異生離空无邊處乃至无所有處染若以心念住為加行彼加行道時若諸異生起心念住无色解脫時於如是時未得心念住現在前修受非身未得法念住現在前修受非身者謂諸異生離第四靜慮染最後解脫道時離空无邊處乃至无所有處染若依下根本地起法念住為加行彼加行道時若依上近分地為加行諸有欲令无色近分有別緣者若以法念住為加行彼加行道九无間道九解脫道時諸有欲令无色近分唯總緣者唯第九解脫道時若諸異生起法念住无色解脫及起後二遍處時於如是時未得法念住現在前修受非身有俱修謂未得身念住現在前若未得受念住現在前修身若未得心法念住現在前修身受未得身念住現在前者謂增長煖頂位身念住現在前若離欲界乃至非想非非想處染

身念住為加行彼加行道時若信勝解練根作見至時解脫練根作不動身念住為加行彼加行道時若起不淨觀持息念身念住初三解脫八勝處前八遍處引發神境天眼天耳通起詞无㝵解時若以身念住雜修靜慮時諸有欲令一切法是勝義者彼起身念住義无㝵解及身念住辯无㝵解願智邊際定无色解脫入滅定想微細心時於如是時未得身念住現在前修身受未得受念住現在前修身者謂增長煖頂位受念住現在前時若離欲界乃至非想非非想處染受念住為加行彼加行道時若信勝解練根作見至時解脫練根作不動受念住為加行彼加行道時若引發他心通受念住現在前時若以受念住雜修靜慮時諸有欲令一切法是勝義者彼起受念住義无㝵解及受念住辯无㝵解願智邊際定无色解脫入滅定想微細心時於如是時未得受念住現在前修身受未得心念住現在前修身受者謂增長煖頂

位心念住現在前時若離欲界乃至非想非非想處染心念住為加行彼加行道時若信勝解練根作見至時解脫練根作不動心念住為加行彼加行道時若引發他心通心念住現在前時若以心念住雜修靜慮時諸有欲令一切法是勝義者起心念住義无㝵解及心念住辯无㝵解願智邊際定无色解脫入滅定想微細心時於如是時未曾得心念住現在前修身受未得法念住現在前修身受者謂初煖位緣三諦增長煖緣四諦法念住現在前時若初及增長頂緣四諦法念住現在前時若一切忍及世第一法時若入正性離生苦集道現觀各四心須若離欲界乃至非想非非想處染法念住為加行彼一切加行无間解脫道時若信勝解練根作見至時解脫練根作不動法念住為加行彼一切加行无間解脫道時若引發他心通法念住現在前及引發宿住隨念通起四无量時若以法念住雜修靜慮時諸有欲令一切

法是勝義者彼起法念住義无㝵解時諸有欲令唯涅槃是勝義者彼起義无㝵解法無㝵解无諍後二遍處空空無願無願無相無相時若起法念住辯无㝵解願智邊際定无色解脫入滅定想微細心時於如是時未得法念住現在前修身受有俱不修謂已得心法念住現在前若未得法念住現在前不修身受一切染汙心无記心在无想定滅盡定生无想天已得心法念住現在前者如前釋未得法念住現在前不修身受者謂初煖位緣滅諦若入正性離生滅現觀四心須若諸異生離第四靜慮乃至无所有處染諸有欲令无色近分唯捴緣者若上地近分為加行彼一切加行道九无間道八解脫道時於如是時未得法念住現在前不修身受一切染汙心者謂染汙心皆順退分性沉重懈怠相應要順勝進性輕舉精進相應心方能修故无記心者謂無記心其性羸劣腐敗萎歇要住強勢堅勝之心方能修故在无想定滅

盡定者謂彼无心要有心者方能修故生无想者有說生彼於一切時善心不起有說雖起而非修所依以不能修未來法故於如是時不修身受問亦有未得心念住現在前不修身受如未曾得聞思所成心念住現在前時此中何故不說荅應說而不說者當知此義有餘有說此中說未曾得念住現在前時能修未來而不修身受者无未曾得心念住現在前時能修未來而不修身受者是故不說問若尒亦應說一切散善心何故但說染汙心无記心耶荅應說而不說者當知此義有餘有說彼不决定難用稱說謂若以修言之則彼无力能修未來若以不修言之則現前時是習修攝是故於此修不修中皆不說彼如身念住受念住應知身念住心念住亦尒以未來受念住心念住修不修必俱故

若修身念住彼法耶設修法念住彼身耶荅應作四句有修身念住非法謂已得身念住現在前此如前釋有修法念住非身謂已得法念住現在前若未得法念住現在前不修身若未得受心念住現在前修法非身巳得法念住現在前者如前釋未得法念住現在前不修身者謂初煖位緣滅諦若入正性離生滅現觀四心須若諸異生離第四静慮染諸有欲令空无邊處近分唯捴緣者若以彼為加行彼加行道九无間道九解脫道時若諸異生離空无邊處乃至無所有處染以法念住為加行彼一切加行無間解脫道時若諸異生起法念住無色解脫及起後二遍處時於如是時未得法念住現在前不修身未得受念住現在前修法非身者如前未得受念住現在前不修身說未得心念住現在前修法非身者即如受說有俱修謂未得身念住現在前若未得法念住現在前修身若未得受心念住現在前修身法未得身念住現在前者如前未得身念住現在前說未得法念住現在前修身者如前未得法念住現在前修身受謂未得受心念住現在前修身法者謂增長煖頂位受心念住現在前時若離欲界乃至非想非非想處染受心念住為加行彼加行道時若信勝解練根作見至時解脫練根作不動受心念住為加行彼加行道時若引發他心通受心念住現在前時若以受心念住雜修静慮時諸有欲令一切法是勝義者彼起受心念住義无㝵解及受心念住辯无㝵解願智邊際定无色解脫入滅定想微細心時於如是時未得受心念住現在前修身法有俱不修謂已得受心念住現在前一切染汙心无記心在无想定滅盡定生無想天皆如前釋

若修受念住彼心耶設修心念住彼受耶荅應作四句有修受念住非心謂已得受念住現在前有修心念住非受謂已得心念住現在前皆如前釋有俱修謂未得身受心念住現在前若未得法念住現在前修受心未得身念住現在前者如前諸未得身念住現在前說未得受心念住現在

前者如前諸未得受心念住現在前說未得法念住現在前修受心者如前諸未得法念現在前修餘念住說有俱不修謂已得身法念住現在前若未得法念住現在前不修受心一切染汙心无記心在無想定滅盡定生无想天未得法念住現在前不修受心者如前諸未得法念住現在前不修餘念住說餘如前釋

若修受念住彼法耶設修法念住彼受耶荅應作四句有修受念住非法謂已得受念住現在前此如前釋有修法念住非受謂已得法念住現在前若未得法念住現在前不修受已得法念住現在前者如前釋未得法念住現在前不修受者如前諸未得法念住現在前不修餘念住說有俱修謂未得身受心念住現在前若未得法念住現在前修受未得身念住現在前者如前諸未得身念住現在前說未得受心念住現在前者如前諸未得受心念住現在前說未得法念住現在前修受者如前諸未得法念住現在前修餘念住說有俱不修謂已得身心念住現在前一切染汙心無記心在无想定滅盡定生無想天皆如前釋如受念住法念住應如心念住法念住亦尒以未來受念住心念住修不修必俱故

於身循身觀念住當言法智乃至廣說問此文應先修而說所以者何以有自性乃可修故而不先說者有何意耶荅阿毗達磨應以相求不以次第以阿毗達磨正欲分別諸法性相但不違其義若先若後說皆无失有餘師說欲顯此中唯分別修所成念住非聞思所成等故先說修後明自性於身循身觀念住當言法智謂知欲界繫及一分无漏色當言類智謂知色界繫及一分无漏色不說他心智者他心智知心心所法身念住唯知色法故當言世俗智謂知一切色當言苦智謂知有漏色作非常苦空非我行相當言集智謂知有漏色作因集生緣行相不說滅智者滅智唯知无為法身念住知有為法故當言道智謂知无漏色作道如行出行相此中不說盡無生智者以此是見蘊但說諸見性智彼智非見性是故不說顯自性已當顯地當言有尋有伺謂依未至初靜慮當言无尋唯伺謂依靜慮中間當言无尋无伺謂依上三靜慮及四無色顯地已當顯相應當言樂根相應謂依第三靜慮當言喜根相應謂依初及第二靜慮當言捨根相應謂依未至靜慮中間第四靜慮及四無色顯相應已當顯行相當言空三摩地俱謂二行相當言無願三摩地俱謂十行相不說无相三摩地俱者如不說滅智說顯行相已當顯所緣當言緣欲色界繫謂緣苦集當言緣不繫謂緣道於受循受觀念住當言法智謂知欲界繫及一分无漏受當言類智謂知色無色界繫及一分无漏受當言他心智謂知欲色界繫及一分無漏他相續現在前受當言世俗智謂知一切受當言苦智謂知有漏受作非常等四行相當言集智謂知有漏受作因等四行相

不說滅智者以受念住唯知有為法故當言道智謂知无漏受作道等四行相不說餘智者如前釋顯自性已地相應行相皆如前說當顯所緣當言緣三界繫謂緣苦集當言緣不繫謂緣道如於受於心亦尒此二所緣常相應故於法修法觀念住當言法智謂知欲界繫諸行及彼因彼滅彼一切法智品當言類智謂知色無色界繫諸行及彼因彼滅彼一切類智品當言他心智謂知欲色界繫及一分無漏他相續現在前除受及心餘心所法當言世俗智謂知一切法當言苦智謂知五取蘊作无常等四行相當言集智謂知有漏因作因等四行相當言滅智謂知擇滅作滅等四行相當言道智謂知无漏五蘊作道等四行相不說餘智者亦如前釋顯自性已地相應如前說當顯行相當言空无願三摩地俱亦如前釋當言无相三摩地俱謂四行相顯行相已當顯所緣當言緣三界繫謂緣苦集當言緣不繫謂緣滅道

如說受樂受時如實知我受樂受此四智乃至廣說問何故此中乖度分別受心法念住一度分別身念住耶荅彼作論者意欲尒故乃至廣說有說此中世尊亦應作是說彼行住等時如實知我行住等此四智乃至廣說而不說者有何意耶荅若法微細難見難覺不明了不現見者則重分別身念住麁顯乃至現見故不重說有說若依彼起種種不相似異相文句及異相智者則重分別身念住若分別時文句不異智亦不異故不重說問受樂受時則不如實知如實知時則不受樂受所以者何受樂受時彼受在現在非尒時能如實知不知相應故无二心品俱行故如實知時彼受在過去未来非尒時名受樂受无作用故苦受不苦不樂受說亦尒佛何故說受樂受時如實知我受樂受等耶有說此中應作是說受樂受已如實知我巳受樂受受苦受不苦不樂受巳如實知我巳受苦受不苦不樂受而不作是說者有何意耶應

知此中說巳受名受於過去說現在聲如說大王從何方来此說巳来名来又如說菩薩入正性離生時得現觀邊世俗智此說巳入名入彼亦如是尊者世友說曰諸受在過去未来時則不可受在現在時唯自性轉亦不可受云何說受樂受苦耶當知彼觀樂苦果具相續而說謂觀樂具相續言我受樂觀苦具相續言我受苦復次彼觀樂苦因緣相續而說謂觀攝受因緣相續言我受樂觀損害因緣相續言我受苦復次彼於諸受相續轉時中間數起彼境意識便謂此於所依為益為損故言我今受樂受苦大德說曰彼於樂苦受所依大種相續轉中謂之為受故言我今受樂受苦

如說受樂受時如實知我受樂受此四智謂法類世俗道問何故此中不說他心智荅他心智知他相續心心所法此中如實智知自相續心心所法是故不說復次他心智知現在心心所法此中如實智知過去心心所法

阿毗達磨大毗婆沙論卷第一百八十九　第十八張　情字号

復次他心智但知心心所法此中如實智亦知心心所法所依所緣復次他心智一一法緣此中如實智亦多法揔緣心是故不說他心智問此中復何故不說苦集智耶有說此中亦應說苦集智而不說者當知此義有餘有說苦集智是猒行相智此中如實智是欣行相智是故不說有說苦集智緣所猒事此中如實智緣所欣事有說苦集智憎惡所緣而轉此中如實智愛樂所緣而轉有說此中說如實知有漏无漏心心所法然有漏心心所法无始數知又麁近易了起世俗智則能了知不待起无漏智是故無有捨世俗智而以苦集智知者无漏心心所法昔来未知又微細難了起无漏智乃能知之是故此中如實知有漏心心所法唯世俗智如實知无漏心心所法謂餘三智由此不說有苦集智有說此中說如實知有漏無漏心心所法事差別相彼有漏者起世俗智則知更不起苦集智以難起故及起時但知揔相故彼无漏

阿毗達磨大毗婆沙論卷第一百八十九　第十九張　情字号

者起世俗智不能知故便起道智然道智生雖不如前唯差別知然以揔相知差別事故有道智无苦集智有說此中說如實知有漏无漏心心所法行相差別然有漏心心所法多非緣諦行相設所有者亦未善成就故但以世俗智作非諦行相如實知其行相差別无漏心心所法皆是緣諦行相極善成就故還以道智作諦行相如實知其行相差別是故此中無苦集智不說盡无生智者此是見蘊但說諸見性智彼非見性智是故不說此中法智者謂知法智品樂受類智者謂知類智品樂受世俗智者謂知有漏樂受道智者謂知无漏樂受雖无一樂受四智所知謂有漏者一智知無漏者三智知然以揔說故言四智如實知樂受有說无漏樂受四智所知受苦受時如實知受苦受此一智謂世俗以苦受唯有漏故世俗智知受不苦不樂受時如實知受不苦不樂受此四智謂法類世俗道如知樂受說

說一切有部發智大毗婆沙論卷第一百八十九

阿毗達磨大毗婆沙論卷第一百八十九　第二十張　情字号

阿毗達磨大毗婆沙論卷第一百八十九

校勘記

一 底本，金藏廣勝寺本。

一 六五二頁下一七行第六字「及」，資、磧、普、南、徑、清作「又」。

一 六五四頁上九行首字「得」，資、磧、普、南、徑、清作「得心」。

一 六五四頁中末行第一二字「謂」，諸本（不含石，下同）作「説」。

一 六五四頁下一行第一二字「謂」，資、磧、普、南、徑、清作「諸」。

一 六五五頁上三行第六字「念」，諸本作「念住」。

一 六五五頁中四行末字「如」，諸本作「知」。

一 六五五頁中二一行第二字「我」，資、磧、普、南、徑、清作「無我」。

一 六五五頁下一二行「三摩他」，諸本作「三摩地」。

一 六五六頁上七行第七字「修」，資、磧、普、南、徑、清作「循」。

一 六五六頁上一四行第一〇字「无」，資、磧、普、南、徑、清作「非」。

一 六五六頁上一八行「行相」，資、磧作「無相」。

一 六五六頁中二一行「受受」，資、磧、普、南、徑、清作「受」。

一 六五七頁上四行第四字「心」，諸本作「以」。

一 六五七頁中二二行末字「如」，資、磧、普、南、徑、清作「如實」。

趙城縣廣勝寺

阿毗達磨大毗婆沙論卷第一百九十　情

五百大阿羅漢等造

三藏法師玄奘奉　詔譯

見蘊第八中念住納息第一之四

受樂身受苦身受不苦不樂身受及苦心受時如實知此一智謂世俗一切身受及苦心受唯有漏故起世俗智則如實知受樂心受不苦不樂心受時此四智謂法類世俗道此二心受通有漏无漏故以四智知廣釋如上問此中何者名身受何者名心受耶荅若受在五識身名身受在意地名心受復次若受无分別名身受有分別名心受復次若受取自相境名身受取自共相境名心受復次若受取現在境名身受取三世及非世境名心受復次若受取事別境名身受取事別及和合境名心受復次若受一墮境者名身受數數墮境者名心受復次若受於境率尒轉者名身受思度轉者名心受復次若受以色為所依色為所緣者名身受以非色為所依色非色為所緣者名心受如色非色如是有對无對積聚非積聚和合不和合廣說亦尒尊者世友說曰如佛所說彼於尒時受於二受謂身受心受云何身受云何心受荅无有受是身受一切受皆是心受所以者何心相應故然諸受若依五根轉此受名身受恒以身為增上故若依意根轉此受名心受恒以心為增上故復作是說无有受是身受一切受皆是心受心相應故然諸受依邪取至境三根轉此受名身受恒作想故依取不至境三根轉此受名心受不恒作想故大德說曰若是身受彼亦心受耶荅若是身受彼亦心受有是心受而非身受謂若計度外事於內取相及於事取補特伽羅并法處所攝色心不相應行无為相如此類受皆名心受以於非實有境分別轉故是謂身受心受差別

受樂有味受苦有味受不苦不樂有味受及苦无味受時如實知此一智謂世俗以一切有味受及苦无味受

皆有漏故起世俗智則如實知受樂无味受不苦不樂無味受時如實知此四智謂法類世俗道此二无味受通有漏无漏故以四智知廣釋如上此中味者是愛味者性故若受與彼為安足處名有味受有說味名一切煩惱取著性故若受與彼為安足處名有味受若受不與愛或一切煩惱為安足處名无味受問若尒者則一切苦受皆名有味皆能與愛或一切煩惱為安足處故又如品類足說云何有味法謂有漏法云何無味法謂无漏法何故此中說有苦無味受耶荅苦受雖有漏而有少無味依性依彼故說苦无味依受謂彼有與煩惱相違及與煩惱不相雜性有餘師說苦受雖皆是有漏而有能引發隨順勝義无味無漏受者依彼故說苦无味受以能蹔時伏諸味故

受樂躭嗜依受苦躭嗜依受不苦不樂躭嗜依受及苦出離依受時如實知此一智謂世俗以一切躭嗜依受及苦出離依受皆有漏故起世俗智

則如實知受樂出離依受不苦不樂出離依受時如實知此四智謂法類世俗道如前釋此中躭嗜謂愛躭著性故若受與彼為安足處名躭嗜依受有說躭嗜名一切煩惱執著性故若受與彼為安足處名躭嗜依受苦受不與愛或一切煩惱為安足處名出離依受問若尒一切苦受皆應名躭嗜依皆能與愛或一切煩惱為安足處故又如品類足說云何躭嗜依法謂有漏法云何出離依法謂无漏法何故此中說有苦出離依受耶荅苦受雖有漏而有少出離依性依彼故說苦出離依受謂彼有與煩惱相違及與煩惱不相雜性有餘師說苦受雖皆是有漏而有能引發隨順勝義出離依无漏受者依彼故說苦出離依受以能蹔時伏諸躭嗜故

如說有貪心如實知有貪心乃至廣說有二義故心名有貪一貪相雜故二貪所繫故有說此中依相雜有貪而作論有說此中依二種有貪而作論所以者何若唯依相雜有貪而作

論者則有漏善及无覆无記心等應亦名離貪心然彼亦是有貪心貪所繫故如有貪心應知有瞋心等亦尒此中貪所繫故名有貪心貪對治故名離貪心如是說者好謂貪所繫故名有貪心貪對治故名離貪心若說貪相應故名有貪心貪不相應故名離貪心者則貪不相應餘煩惱相應心等應名離貪心然彼亦是有貪心貪所繫故若說貪相應故名有貪心貪對治故名離貪心者則貪不相應染汙心及无覆无記一分善心應非有貪心亦非離貪心然彼亦是有貪心貪所繫故有貪心如實知有貪心此一智謂世俗智離貪心如實知離貪心此四智謂法類世俗道皆如前釋瞋所繫故名有瞋心瞋對治故名離瞋心廣說如貪有瞋心如實知有瞋心此一智謂世俗如前釋離瞋心如實知離瞋心此三智謂法世俗道此中依近對治說故不說類智以類智品道非欲界近對治故餘如前釋癡所繫故名有癡心癡對治故名離

癡心如是說者好謂癡所繫故名有癡心癡對治故名離癡心若說癡相應故名有癡心癡不相應故名離癡心者則无覆無記一分善心亦應名離癡心然彼亦名有癡心癡所繫故若說癡相應故名有癡心癡對治故名離癡心者則无覆无記一分善心應非有癡心亦非離癡心然彼亦是有癡心癡所繫故有癡心如實知有癡心此一智謂世俗離癡心如實知離癡心此四智謂法類世俗道如前釋染心者謂染汙心煩惱相應故不染心者謂善心煩惱相違故有說善心無覆无記心皆名不染心煩惱不相應故染心如實知染心此一智謂世俗不染心如實知不染心此四智謂法類世俗道如前有癡離癡心釋略心者謂善心於所緣略攝故散心者謂染汙心於所緣馳散故略心如實知略心此四智謂法類世俗道散心如實知散心此一智謂世俗此隨所應如前釋迦濕弥羅外諸師言略心者謂眠相應心以說心略名眠故

如說眠云何謂眠者所有眠夢不能持身心略為性問若介者此中所說云何通如說略心如實知略心此四智乃至廣說答此文應作是說略心散心下心如實知略心散心下心此一智謂世俗舉心如實知舉心此四智如前說評曰彼不應作是說若作是說則染汙眠相應心應亦名略心眠相應故亦名散心以染汙故由此應知前說者好下心者謂染汙心懈怠相應故舉心者謂善心精進相應故下心如實知下心此一智謂世俗舉心如實知舉心此四智謂法類世俗道如前釋小心者謂染汙心小生所習故大心者謂善心大生所習故問今現見无量有情作惡少有情習善云何染心小生所習耶答此中不以類少名小但以淨法少故名小謂若淨法少生之所習者名小心淨法多生之所習者名大心是故遍生死海中唯佛多修善法而名為大非一切有情有說染汙心小價得故名小善心大價得故名大以染汙心因少

所為便起无量非理作意令煩惱惡行起如河流善心不介雖捨百千珎寶或有能起或有不能起者有說染汙心少根故名小善心多根故名大謂染汙心或唯一根或復至二善心一切皆具三根有說染汙心少隨轉故名小善心多隨轉故名大謂染汙心唯三蘊隨轉善心或三蘊或四蘊隨轉有說染汙心少眷屬故名小善心多眷屬故名大謂染汙心无未來修故善心有未來修故有說染汙心少對治故名小善心多對治故名大如一剎那苦法智忍生能頓永斷欲界見苦所斷十隨眠等此一力勝非彼一切如一力士能伏千人而无一剎那染汙心生有此勢力復次染汙心中所有上首闕於眠足彼上首者則是无明如說无明為上首為前因故生无量種惡不善法及彼種類無慙無媿善心中所有上首具有眠足彼上首則是明如說明為上首為前因故生无量種善法及彼種類慙愧復次无始時來所習不善法暫時習

善則令永断猶如室中多時積闇燈明蹔照則便除遣如於多時習无益想暫當益時彼想便捨此亦如是不善斷善无如是事復次善於不善能畢竟伏或畢竟断不善於善則不如是由此等縁涂汙心名小善心名大小心如實知小心此一智謂世俗大心如實知大心此四智謂法類世俗道皆如前釋掉心者謂涂汙心掉舉相應故不掉心者謂善心奢摩他相應故掉心如實知掉心此一智謂世俗不掉心如實知不掉心此四智謂法類世俗道皆如前釋不寂靜心者謂涂汙心恒喧動故寂靜心者謂善心背喧動故不寂靜心如實知不寂靜心此一智謂世俗寂靜心如實知寂靜心此四智謂法類世俗道皆如前釋不定心者謂涂汙心散乱相應故定心者謂善心背散乱故不定心如實知不定心此一智謂世俗定心如實知定心此四智謂法類世俗道皆如前釋不修心者謂於得修習修俱不修心修心者謂於得修習修或俱或隨一修心不修心如實知不修心此一智謂世俗修心如實知修心此四智謂法類世俗道皆如前釋不解脱心者謂於自性解脱相續解脱俱不解脱心解脱心者謂於自性解脱相續解脱或俱或隨一解脱心不解脱心如實知不解脱心此一智謂世俗解脱心如實知解脱心此四智謂法類世俗道皆如前釋

如說有内貪欲盖乃至廣說此聖教中内有二種一内處攝故名内如說此六内處乃至廣說二自相續攝故名内如說於内身循身觀乃至廣說此中依相續内而作論不依處内所以者何若依處内而作論者則不應言有内貪欲盖等以貪欲盖等皆是外法處攝故然彼雖是外處而以自相續攝故說名為内如說有内貪欲盖如實知有内貪欲盖此一智謂世俗此中有者謂自相續中貪欲盖現行可得或未離彼得獲成就或彼對治道未生此一智者以有漏故起世俗智則如實知无内貪欲盖如實知无内貪欲盖此三智謂法世俗道此中无者謂自相續中貪欲盖非現行可得或已離彼得獲成就或彼對治道已生此三智者謂貪欲盖唯欲界故彼近對治非類智品如未生内貪欲盖而生如實知此一智謂世俗此中未生而生者謂由彼彼因彼彼縁内貪欲盖生此一智者如前釋生已便斷断已後不復生如實知此三智謂法世俗道此中生已便断者謂彼對治道已生貪欲盖断断已後不復生者謂或畢竟不生或乃至未退彼對治道此三智者如前釋如貪欲盖應知瞋恚惛沉睡眠掉舉惡作疑盖亦尒以彼皆是欲界繫故

如說有内眼結如實知有内眼結此一智謂世俗此中亦依相續内而作論不依處内廣說如前所說有者亦謂自相續中眼結現行可得或未離彼得獲成就或彼對治道未生此一智者如前釋无内眼結如實知无内眼結此四智謂法類世俗道此中无者亦謂自相續中眼結非現行可得

或已離彼得獲成就或彼對治道已生此四智者謂內眼結欲色界繫故彼近對治通法類智品如未生內眼結而生如實知此一智謂世俗此中未生而生者謂由彼彼因彼彼緣內眼結生此一智者如前釋生已便斷斷已後不復生如實知此四智謂法類世俗道此中生已便斷者謂彼對治道已生內眼結斷已後不復生者謂或畢竟不生或乃至未退彼對治道此四智者如前釋如眼結應知耳身意結亦尒彼近對治俱通法類智品故鼻舌結如蓋說皆唯欲界繫故如說有內念等覺支如實知有內念等覺支此四智謂法類世俗道此中有者謂自相續中念等覺支現行可得或已有彼得獲成就或彼所對治障已斷此四智者有說此中真實念等覺支三智知謂法類道智相似念等覺支一智知謂世俗智有說此中唯說真實念等覺支則此為四智知謂世俗智不明了知法類道智明了知无內念等覺支如實知无內念等覺支此一智謂世俗此中无者謂自相續中念等覺支非現行可得或未有彼得獲成就或彼所對治障未斷一智者如前說如未生念等覺支而生生已住不忘令圓滿倍增廣智作證此四智謂法類世俗道此中未生而生者謂由彼彼因彼彼緣內念等覺支生生已住不忘等者問如尒所生則尒所滅剎那後必不住如何可說生已住不忘等耶荅此中說二種善根謂順住分及順勝進分生已住不忘者說順住分善根生已令圓滿倍增廣者說順勝進分善根四智者如前釋如念等覺支應知擇法精進喜安定捨等覺支亦尒以種類同故問喜等覺支則是受前受念住中已觀今何故重觀察耶荅前以受念住門觀察今以法念住門觀察復次前獨觀察今與餘覺支觀察復次前觀察彼自相今觀察彼共相復次前觀察有漏无漏今觀察无漏有說此中亦觀察有漏无漏以通觀察真實及相似覺支故

如說等隨觀自貪瞋癡增乃至廣說問何故作此論荅為欲分別佛經義故如契經說諸苾芻苾芻尼等隨觀自貪增時彼應知退諸善法佛說名退瞋癡亦尒契經雖作是說而不廣分別云何貪增乃至癡增彼經是此論所依根本彼所不分別者今應分別故作斯論云何貪瞋癡增荅有下貪瞋癡纏故中有中故上是謂增此中有說依世所現見貪瞋癡增而作論貪增者如諸男子於童子位起下貪纏於少年位起中貪纏於盛年位起上貪纏於彼妻亦尒瞋增者如諸男子展轉鬬諍未發麤語起下瞋纏發麤語時起中瞋纏結憾謀害起上瞋纏癡增者如有男子生外道家未學彼書論起下癡纏學而未達其義起中癡纏若究竟通達起上癡纏有說此中依觀待道理而作論謂觀下品貪纏故施設中觀中故施設上瞋癡亦尒有說此中依退作論謂從下品貪纏退故中從中退故上瞋癡亦尒

如說等隨觀自貪瞋癡滅乃至廣說問何故復作此論答欲分別前經中餘所說義故如彼說諸苾芻苾芻尼等隨觀自貪滅時彼應知不退善法佛說名不退瞋癡亦尒彼經雖作是說而不廣分別云何貪滅乃至癡滅彼經是此論所依根本彼所不說者今悉應說故作斯論云何貪瞋癡滅答无上貪瞋癡纏故中无中故下是謂滅有說此中依世所現見貪瞋癡滅而作論貪滅者如諸男子於滅年位起上貪纏於中年位起中貪纏於老年位起下貪纏於彼妻亦尒瞋滅者如諸男子展轉結憾相譏客時起上瞋纏為興鬪諍遣使往返起中瞋纏正鬪諍時起下瞋纏癡滅者如諸男子生外道家學彼書論已通達時起上癡纏若聞佛語心中往時起中癡纏若於佛語少生信時起下癡纏有說此中依觀待道理而作論謂觀上品貪纏故施設中觀中故施設下瞋癡亦尒有說此中依離染作論謂上品貪纏滅故中中滅故下

云何死邊際受乃至廣說問何故作此論答為欲解釋契經義故如契經說阿難陁當知昔有轉輪王名曰善見有如是類死邊際受猶如壯士多食美食須臾迷悶又契經說我今已生猛利損害死邊際受契經雖作是說而不分別云何死邊際受齊何當言死邊際受乃至廣說故作斯論有說所以作論者為止世間於非死邊際受起死邊際受想故如世間說我已受死邊際受今受當受彼於非死邊際受起死邊際受想所以者何若受此受不久便命終者乃名死邊際受故云何死邊際受答由此末摩斷命根滅問此受何故名死邊際耶答由此引至死邊際位故名死邊際受問若尒應說審後受名死邊際受不應說由此末摩斷所以者何末摩斷已或經晝夜方命終故答則斷末摩受亦名審後受以斷末摩後不久必命終故有說一衆同分中有二種受一身受二心受斷末摩受是身受審後命根滅受是心受審後

齊何當言死邊際受答齊此末摩斷命根滅問何故復作此論答前說死邊際受自性而未顯位今欲顯之故作斯論死邊際受何處攝答法處幾識相應答身識意識謂初末摩斷受身識相應審後受意識相應問幾大種能斷末摩答三謂水火風問何故地大種不能斷末摩答非田非器乃至廣說有說猛利大種能斷末摩地大種不猛利有說若諸大種能壞外分能為外灾彼亦能壞內分能斷末摩地大種不能壞外分不能為外灾故亦不能壞內分不能斷末摩此中水大種斷末摩者謂將死時於內身中水界增盛由此浸漬令一切筋爛諸筋爛故支節解支節解故不久命終火大種斷末摩者謂將死時於內身中火界增盛由此燒逼令一切筋燋諸筋燋故支節解支節解故不久命終風大種斷末摩者謂將命終時於內身中風界增盛由此鼓擊令一切筋碎諸筋碎故支節解支節解故不久命終亦有欲令地大種能斷末

摩彼作是說將命終時身中地界增盛能令一切竅穴閉塞諸穴塞故支節解支節解故不久命終

問何處有斷末摩荅在欲界非色无色界於欲界中地獄无斷末摩以恒斷故傍生餓鬼有斷末摩人中三洲非北拘盧洲欲界諸天亦无斷末摩彼非惱乱業果故

問何等補特伽羅有斷末摩荅異生聖者皆有於聖者中預流一來不還阿羅漢獨覺皆有唯除世尊无惱乱業故諸佛世尊无斷末摩聲音不壞无漸命終以佛世尊諸根頓滅故或阿羅漢有斷末摩非屠羊人等以斷末摩是惱乱業果故若有惱乱業者雖阿羅漢而斷末摩若无惱乱業雖屠羊人等亦无斷末摩事

問末摩中間云何安布荅象馬牛等諸大力獸末摩中間骨節相拄而復堅固大諾健那骨節相接猶如接版鉢羅塞建提骨節相鉤如鐵鉤相鉤那羅延身骨節連鏁猶如鐵鏁佛身骨節展轉盤結猶如盤龍諸餘有情骨節相離而不堅固是故彼類其力㝡劣

說一切有部發智大毗婆沙論卷第百卆

阿毗達磨大毗婆沙論卷第一百九十

校勘記

一　底本，金藏廣勝寺本。

一　六五九頁下一一行第一二字「邪」，徑、清、麗無。

一　六六〇頁上八行第五字「若」，資、磧、普、南、徑、清作「苦」。

一　六六〇頁中六行末字「苦」，磧、普、南、徑、清作「若」。

一　六六〇頁下二行「離貪心」，資、磧、普、南、徑、清作「雜貪心」。

一　六六〇頁下一九行「世俗」，資、磧、普、南、徑、清作「世俗智」。

一　六六一頁中一行「眠者」，資、磧、普、南、徑、清作「睡眠者」。

一　六六三頁上九行「結斷已」，諸本（不含石，下同）作「結斷斷已」。

一　六六三頁下二行第四字「作」，資、磧、普、南、徑、清作「復作」。

一　六六四頁上一一行末字「滅」，諸本作「盛」。

一　六六四頁上一四行第四字「諸」，資、磧、普、南、徑、清作「說」。

一　六六四頁中五行「迷悶」，資、磧、普、南、徑、清作「逼悶」。

一　六六四頁中一五行第三字「減」，諸本作「滅」。

一　六六五頁上一二行「聲音」，磧、南作「聲聞」。

阿毗達磨大毗婆沙論卷第一百九十一　逸

五百大阿羅漢等造

三藏法師玄奘奉　詔譯

見蘊第八中念住納息第一之五

阿羅漢般涅槃心當言善耶無記耶答當言無記問何故作此論答欲令疑者得決定故謂阿羅漢已斷不善法成就善法或有便疑若尒阿羅漢應住善心而般涅槃欲令此疑得決定故明阿羅漢雖斷不善成就善法然住無記心而般涅槃非善若先不作此論者則乃至于今若得是問阿羅漢般涅槃心當言善耶無記耶彼不解故或作是答是善非無記以阿羅漢已斷一切不善法成就善法故由先作此論故乃至于今皆得正解由是因緣故造斯論問何故阿羅漢唯住無記心而般涅槃答唯無記心順心斷故謂善心強盛堅住難壞能令餘心長時續起於心斷不順無記心羸劣如朽敗種不堅住易壞不能令餘心長時續起故於心斷寂為隨順

有說以無記心起過患少故謂善不善心由二門於生死中起多過患一由異熟果門二由等流果門無記心但由等流果門起過患非異熟果有說以阿羅漢背一切生故謂餘有情將命終時為當生故極作意力令善心起勿我當墮諸非愛趣阿羅漢背一切生故不復作意但住無記心而般涅槃有說以阿羅漢不求起異熟器故餘有情求起當來異熟器故將命終時以極加行令善心起阿羅漢不起如是異熟器故但住無記心而般涅槃有說阿羅漢住自性心入於涅槃自性心者則無記心以生生中未甞無故或有一衆同分中無善心起謂已斷善根未相續者或有一衆同分中無不善心起謂已離欲界染者無有一衆同分中不起無記心者是以說無記心名自性心唯住此心入於涅槃有說阿羅漢要住如上親友心而涅槃故如人欲適他土親友追送其下親友至門而返中至村界上至國境如是阿羅漢趣涅槃時不

善染汙心如下親友於離欲界及非想非非想處染時即便捨離善心如中親友於起無記心時而便捨離無記心如上親友於般涅槃時乃便捨離有說此是阿羅漢漸捨生死法故謂離欲界染時捨一切不善心離非想非非想處染時捨一切染汙心起無記心時捨一切善心入無餘依涅槃時捨一切無記心尊者妙音說曰一切善心皆是作功用起將命終時不能復作功用是故唯住無記心而般涅槃

問阿羅漢最後心為何所緣耶有說緣自身中諸根大種有說緣內六處有說緣外六處有說緣十二處尊者說曰阿羅漢最後心為何所緣答緣自身彼於自身作無命離命者想空解脫門現在前而般涅槃有說彼心緣一切行以於諸行深見過失無願解脫門現在前而般涅槃有說彼心緣涅槃以於涅槃觀寂靜功德無相解脫門現在前而般涅槃應知此中依阿羅漢相續命終心說非剎那最後心以彼心唯無記故大德說曰阿羅漢最後心緣所見聞覺知境以彼心是異熟生自體所攝由先業行盡故自然斷滅如陶家輪勢極則止

何故雙賢弟子先般涅槃然後佛耶答彼二尊者先長夜中造作增長感無斷業勿空無果異熟故由二因緣彼二尊者求如是處發起此業一以見為先故二以聞為先故見為先者彼二尊者過去曾見先三藐三佛陀雙賢弟子先般涅槃然後彼佛聞為先者彼二尊者過去曾聞先三藐三佛陀雙賢弟子先般涅槃然後彼佛既見聞已而便引起隨順彼因諸我所行若戒若禁苦行梵行一切迴向願我未來得住如斯善士行類恒與大師現受法樂而無間斷若佛先般涅槃然後雙賢弟子者則彼所造作增長感無斷業應空無果異熟問一切造作增長感無斷業無如佛者若雙賢弟子先般涅槃則佛無斷業便空無果異熟豈雙賢弟子感無斷業於佛為勝耶弟子於師有二種受用勝一財受用二法受用師於弟子有一種受用勝謂財非法然造作增長感無斷業但為法故非為財故是以無前過失問雙賢弟子中般若勝者復先涅槃非神通勝者神通勝者於彼既失法受用義云何非感無斷業空無果異熟耶答般若勝者無如世尊彼雖涅槃以世尊在故於法受用非空無果復次由法尒故雙賢弟子先佛般涅槃何謂法尒謂法應如是不可改易不可徵詰是法尒義此顯一切諸佛雙賢弟子法應先佛而般涅槃此理無異有說與轉輪王相似法故如轉輪王欲往彼未至方域必令前軍勇將先導而往如是十力法轉輪王欲往未至無餘依涅槃界亦令如前軍勇將雙賢弟子先導而往有說欲令所化有情入佛法故謂有所化有情雖近佛而住盡衆同分不欲來詣佛所受行佛法若見雙賢弟子般涅槃時便於生死猒怖來詣佛所受行佛法有說為解所化有情愁憂心故謂若佛先般涅槃則無有能解

所化有情愁憂心者若雙賢弟子先般涅槃則有如來能於兩四月中依彼及自說無常教解彼愁憂令修勝行有說欲令所化有情於佛當般涅槃預繫念住故謂由雙賢弟子先般涅槃所化有情便作是念佛亦不久當般涅槃以雙賢弟子已涅槃故如天欲雷必先掣電若不以電為先而震雷者則令怯弱有情聞之驚慴或復致死是故天欲雷時慜有情故先流電耀彼既知已虛心待之雖聞地雷則無驚駭如是若佛先般涅槃者則令一類於佛暮戀渴仰有情驚怛悶絕若雙賢弟子先涅槃者則令彼類預起如來般涅槃想至佛涅槃則無悶絕故有頌言

恒作無常想　變壞則無憂　如覩電為先
聞雷不驚怖

有說為息謗故謂有外道恒謗佛言沙門喬荅摩攝受鄔波底沙及俱履多故夜從諸受畫為他說若彼二人般涅槃已世尊說法不異先時則諸外道誹謗皆息有說為顯世尊不久住世必當般涅槃故如世界將欲壞時蘇迷盧山數為難陁鄔波難陁二大龍王纏遶捨去諸天見已即知世界不久當壞如是尊者舍利子大目揵連先般涅槃世便知佛不久滅度由如是等種種因緣故雙賢弟子先般涅槃然後佛滅

問何故具壽蘇跋陁羅先般涅槃然後佛耶荅亦由法尒故謂諸佛法尒寂後弟子先般涅槃然後佛問何謂法尒若法應如是不可改易故名法尒此顯一切諸佛法應後寂後弟子而般涅槃此理無異有說與轉輪王相似法故如轉輪王欲入園苑勝地遊必以諸莊嚴具嚴飾寂小王子令其先入然後自往如是十力無上法王將欲入如園苑勝地無餘依涅槃界亦先以菩提分法莊嚴寂後弟子令先涅槃然後自往有說尊者蘇跋陁羅作是念一切同梵行者皆在我前入有餘依涅槃界我當復在一切同梵行者前入無餘依涅槃界由其志願故彼先佛而般涅槃有說彼尊者作是念如受尒所聖教功德還受尒所生死過患我既不能領受教衆多功德何須久住領受生死衆多過患故彼先佛而般涅槃有說彼尊者怖畏多受利養恭敬故謂拘尸城諸力士等先於彼尊者起大師想復知彼得阿羅漢果彼尊者作是念若佛般涅槃後彼必於我大設供養幸因佛未涅槃諸力士等供養世尊未暇相及我當先佛而般涅槃有說彼欲斷絕諍根本故謂彼尊者作如是念若我後佛般涅槃者外道謂我是彼同類諸苾芻復言是我同類因此便興種種鬬諍彼觀未來有如是事是故先佛而般涅槃有說欲顯世尊於寂後位教化功德亦不減故謂或有作是念世尊功德退減而般涅槃故彼尊者欲顯世尊於寂後位亦能教化有情令功德圓滿謂令入無餘依涅槃界由如是等種種因緣故彼先佛而般涅槃如說世尊依不動寂靜定而般涅槃世間眼滅此為在定為出定耶荅出定問何故作此論荅欲令

疑者得決定故謂契經說世尊依不動寂靜定而般涅槃世間眼滅或有疑佛在定而般涅槃欲令此疑得決定故明佛出定而般涅槃故作斯論此中不動寂靜定者謂有欲界無覆無記心相應定似第四靜慮故名不動寂靜佛依此而般涅槃西方健馱羅國諸師作如是說如說世尊入第四靜慮而般涅槃世間眼滅此為在定為出定耶答出定問佛具入四靜慮而般涅槃何故但言入第四靜慮耶答雖亦入前三靜慮而非堅著若入第四靜慮即便堅著故偏說之有說為入第四靜慮故入前三靜慮是故偏說第四有說前三靜慮猶如在路第四靜慮是正所往是以偏說有說佛將般涅槃時從第四靜慮起入第三靜慮近分從第三靜慮近分起入第二靜慮近分從第二靜慮近分起入初靜慮近分從初靜慮近分起欲界善心現在前欲界善心無間欲界無覆無記心現在前即住此心而般涅槃以前三靜慮但入出近分非根本第四靜慮入出根本是故偏說尊者妙音說曰佛將入涅槃時第四靜慮無間欲界善心現在前欲界善心無間欲界無覆無記心現在前則住此心而般涅槃問豈有能從第四靜慮無間則起欲界善心耶答有謂佛非餘問何故佛般涅槃時㝡後入第四靜慮耶答過殑伽沙數如來應正等覺法皆如是次第入定而般涅槃謂一切佛般涅槃時㝡後法尒入第四靜慮從彼起已而般涅槃有說欲顯佛於彼定極自在故雖將涅槃而猶現入若不尒者應不能現前有說佛欲悲愍後世生故謂佛滅後有諸衆生當作是念世尊具一切智臨涅槃時尚入第四靜慮況我等不於諸等至中勤作加行耶由此勤修一切等至有說與轉輪王相似法故如轉輪王若先於此地灌頂而受王位後即於此地而命終如是十力無上法王先依第四靜慮受法王位後還依此地而般涅槃有說與大富商主相似法故如富商主㝡後轉易大價珎寶而無戀著如是世尊㝡後棄捨殊勝第四靜慮而無戀著世尊臨般涅槃時先起欲界善心從此無間入初靜慮從初靜慮入第二靜慮如是次第乃至從無所有處入非想非非想處從非想非非想處無間入滅受想定從滅受想定無間入無所有處從無所有處入非想非非想處從非想非非想處入識無邊處從識無邊處入無所有處從無所有處入空無邊處從空無邊處入識無邊處從識無邊處入第四靜慮從第四靜慮入空無邊處從空無邊處入第三靜慮從第三靜慮入第四靜慮從第四靜慮入第二靜慮從第二靜慮入第三靜慮從第三靜慮入初靜慮從初靜慮入第二靜慮從第二靜慮入第三靜慮從第三靜慮入第四靜慮從第四靜慮起便般涅槃如是世尊臨涅槃時四度入第四靜慮前三入時未名不動寂靜定第四入時乃名不動寂靜定所以者何前三入時不緣涅槃第四入時乃緣涅槃故問何故世

尊臨涅槃時不順超入諸定而但逆超入耶荅過殑伽沙數如來應正等覺法皆如是超入諸定有說欲顯世尊於諸定得自在故所以者何若有於定得自在者乃能不因順起入而便逆超入若於諸定不自在者尚不能順超況能逆超而入諸定有說欲顯世尊能作難作事故謂不順超而能逆超入諸定者此事為難非如順超入已方逆超者有說欲顯世尊威力大故世尊威力乃能不順超而逆超聲聞獨覺若不順超則不能逆超而入諸定有說為欲兼入滅盡定故謂佛尒時若順超入諸定者則無容入滅盡定所以者何以滅盡定要從漸次非想非非想處以無間現在前故如是佛般涅槃時則不應現入一切靜慮解脫等持等至然佛般涅槃時決定現入一切靜慮解脫等持等至是故不順超入諸定而逆超入諸定問世尊何故臨般涅槃現入一切靜慮解脫等持等至耶荅過殑伽沙數如來應正等覺法皆尒故謂一切

佛臨般涅槃法皆現入一切靜慮等持等至有說欲顯世尊於諸定得自在故謂若於諸定得自在者臨般涅槃時猶能現入若於諸定不得自在餘時尚不能現入況臨般涅槃有說佛為悲愍後時諸有情故謂佛般涅槃後有諸有情當作是念世尊具一切智臨般涅槃尚現入一切靜慮解脫等持等至況我等於彼不勤作加行耶由此勤修靜慮解脫等持等至有說為欲重修所留設利羅故又為資養羸瘦身故又為准陁工巧之子福田增廣故又為止息因碎身所生身中諸苦受故有說與大富商主相似法故如巨富商主臨命終時開諸庫藏觀閱財寶付囑子孫然後捨命如是世尊為無上正法主臨涅槃時開功德庫藏觀閱一切靜慮解脫等至諸法財寶付囑弟子然後涅槃尊者妙音說曰世尊自顯不退法故謂佛成就一切功德於一切境智得自在臨般涅槃猶能現起一切靜慮解脫等持等至如契經說世尊在拘尸

城力士生處雙娑羅林間而般涅槃問世尊何故在拘尸城般涅槃耶荅為欲化度拘尸城中諸力士故又為攝化外道蘇䟦陁羅故又為令大力士補羯娑種獨覺菩提種子故又令彼妻種無上正等菩提種子故有說為止拘尸城中諸力士等被輕蔑事故謂佛若於餘大城中般涅槃者此小城中諸力士等便被輕蔑不得如來遺身一分故佛於此而般涅槃有說為廣流布佛身界故若佛於餘大城般涅槃者彼諸人衆難可摧伏於佛身界或生保惜則不可分布若拘尸城般涅槃者諸力士等身心勇健心勇健故樂為分布身勇健故不為他伏樂分布故令佛身界廣得流布有說欲顯佛雖臨般涅槃而於世間猶受增上富貴果故謂佛若於諸餘大城般涅槃者則所受供養雖過輪王多百千倍未為奇特若雖於此極小邊城入於涅槃而所受供養猶過輪王多百千倍乃為奇特有說佛曾於此數數捨身命故如彼經說佛告

阿難乃至拘尸城有金河雙娑羅林諸力士冢增制多界分周匝正等十二踰繕那地如來於此六返捨轉輪王身命令第七返捨如來應正等覺身命阿難當知我不見於此地處或東或南或西或北如來更捨第八身命所以者何如來諸有道斷生死永盡無後有故

如說佛告阿難汝應往雙娑羅林間為佛敷設北首臥牀如來於今日中夜當於無依涅槃界而般涅槃乃至廣說問世尊何故令敷設北首臥牀而臥耶荅欲顯彼國論師法應尒故謂彼國論師皆敷設北首牀而臥世尊亦尒以佛能伏諸論師故即是無上第一論師故令隨彼敷設而臥有說欲顯遠離世所妄執吉祥事故謂彼國死者乃令牀上北首而臥佛為破彼妄吉祥執是故末般涅槃則令敷設北首牀而臥有說欲止拘尸城中諸力士等不淨心故謂彼國俗皆於北方建立天祠若佛北足而臥者即諸力士生不淨心云何欺蔑我等所事北足而臥有說為欲顯佛恭敬正法故謂佛預知般涅槃後無上法炬北方熾然久久不滅故於牀上北首而臥有說佛欲顯已於一切時所作漸勝故謂佛三無數劫來所起善根漸漸增勝無有萎歇故令首趣勝方而臥以北方是勝方故有說佛欲顯北方人衆漸增廣故謂佛預知般涅槃後北方人衆漸漸增廣故令敷設北首牀而臥如說尒時世尊趣所敷牀右脇在下累足西面北首而臥住光明想具念正知乃至廣說問世尊何故右脇荅欲顯佛如師子王而臥故如契經說臥有四種謂師子王臥天臥鬼臥躭欲者臥師子王右脇而臥天即仰面鬼則伏面躭欲者臥左脇著地佛是無上人中師子故右脇而臥有說欲顯世尊如說而作故謂契經說佛告阿難汝等應學師子王臥佛是如說而作者既勸人右脇而臥故自亦為之問世尊何故臥般涅槃而不坐耶荅欲令大衆於佛一切身分易了知故有說若佛臥涅槃者即身度量現可了知不待分別有說欲顯如來離矯誑故若佛坐涅槃者即不信者當作是言此是矯誑何有死人而能端坐有說為止當來於諸聖者生誹謗故若坐般涅槃者即於今時諸阿羅漢身力羸劣臥入涅槃世便謗言非阿羅漢若是者何不同佛坐涅槃耶有說為斷恃力者憍慢心故謂彼見佛臥般涅槃咸作是念世尊一一身分皆具那羅延力尚為無常所逼不能正坐況我等輩凡下微弱而恃少力生憍慢耶

問世尊何故於中夜分而般涅槃荅以此時寂寂靜故謂彼土暑熱晝時不堪作務多於初夜後夜分中作諸事業唯中夜分一切寂然如來恒時愛樂寂靜讚美寂靜故於中夜而般涅槃有說欲顯佛於增減事善節量中不須臾捨離故謂佛留初夜分命捨後夜分壽復於中夜分中留前捨後於其中分而般涅槃有說佛欲令大衆於生死黑闇起大猒怖故謂佛於迦栗底迦月白半八日中夜而般

涅槃尒時月輪沒於山頂如是佛正遍知月亦隱靜慮大涅槃山則時二種黒闇俱起謂色性闇及無明闇時諸大衆覩斯事已便於生死起大猒怖故於中夜而般涅槃有說佛一切時樂處中行故謂佛昔為菩薩時於寂後天生中生處中覩史多天處於寂後人生中生中印度劫比羅筏窣堵城於中夜分踰城出家習處中行證無上覺為益有情說離有無處中妙法於夜中分而般涅槃

如說尒時阿難白佛言世尊此拘尸城中有如是如是力士并男女大小僮僕作使親友眷屬一切歸依世尊及法并苾芻僧受諸學處乃至廣說問別解脫律儀由自表得云何彼力士等所受戒由他表得耶荅佛神力故謂戒皆由自表而得然佛臨涅槃時以佛威力令力士等戒亦由他表而得有說尊者阿難先曾入拘尸城巳授諸力士等三歸學處令但白佛令知欲顯諸力士等是佛真實弟子及顯如來於寂後位猶能攝受諸新學輩是故世尊弟子具足非如外道至臨終時弟子離散有說別解脫律儀亦更有餘從他表得如半迦尸女等雖自表不大明了而由他表力故亦得別解脫律儀

如說佛告苾芻從今以往及我滅度後不應輙度外道出家與受具戒唯除釋種及事火多髮外道若有釋種作外道服來求出家汝等即應度令出家與受具戒所以者何我之眷屬應聞許故乃至廣說問世尊成就遍行大悲何故唯令聞許自眷屬耶荅有諸釋種先歸依外道未歸依佛令方便攝受故發此言謂因惡王毗盧釋迦誅戮劫比羅筏窣堵城諸釋種故有餘釋種以怖畏故依外道出家偷存身命佛為彼故義言汝等以怖畏故依外道出家受彼法服今無怖畏必應還來歸依佛法故我勅諸弟子特令度彼因此無量釋種外道來歸佛法有說為欲誘引未入佛法增上慢釋種令入佛法故謂有釋種增上慢纒心故盡衆同分不來見佛如來說此語已便般涅槃彼彼聞之當作是念佛豈不以我為眷屬故臨般涅槃猶垂哀愍由此無不發淳淨心來歸佛法出家受戒尊者世友說曰如來為令釋種眷屬積集增廣殊勝善根故臨涅槃以為付屬如契經說尒時世尊袒上身分告苾芻衆曰汝應觀我汝應察我所以者何如來應正等覺難可出現難可得見過漚曇跋羅華問世尊何故袒上身分告苾芻衆汝應觀我乃至廣說荅假如有人習奢摩他滿十二歲所生善品不如於須臾頃觀察佛相好之身所獲功德此中佛語義言我三無數劫所集福聚乃至未作灰聚以來汝等宜應諦仰觀察求堅固法問汝應觀我汝應察我有何差別荅汝應觀我者謂以眼識汝應察我者謂以意識復次應觀我者謂以無分別心應察我者謂以有分別心復次應觀我者謂於現在應察我者謂於未來復次應觀我者謂於生身應察我者謂於法身復次觀我者謂觀所集察我者謂

察所證復次觀我者謂觀所欲察我者謂察所欲復次觀我者謂觀相好察我者謂察功德是觀察差別

諸行是盡滅法此是世尊最後教問

如契經說汝等苾芻且可裁默應觀

世尊何故說此語耶答諸苾芻等以佛將涅槃故極懷愁惱展轉悲號佛故止其悲哀令生觀行故說是語此中汝等苾芻且可裁默者令住正念應觀諸行是盡滅法者令起正知復次可裁默者令修奢摩他觀諸行者令修毗鉢舍那復次可裁默者令止憂悲觀諸行者令起觀行尊者妙音說曰汝等苾芻且可裁默者欲止他悲哀應觀諸行是盡滅法者顯自成就無忘失法此中佛語義言我成佛未久已作是說

諸行無常　有生滅法　以起盡故
彼寂為樂

今復依彼說言諸行是盡滅法豈非我成就無忘失法耶

說一切有部發智大毗婆沙論卷第一百九十一

阿毗達磨大毗婆沙論卷第一百九十一

校勘記

一　底本，金藏廣勝寺本。

一　六六六頁中一〇行第一〇字「善」，諸本（不含石，下同）作「善法」。

一　六六六頁中一二行「若得」，資、磧、普、南、徑、清作「善得」；麗作「若作」。

一　六六六頁下九行第一二字「起」，麗作「趣」。

一　六六六頁下一〇行「餘有情求起」，資、磧、普、南、徑、清作「謂餘有情求起」；麗作「謂餘有情求趣」。

一　六六六頁下一一行第八字「令」，徑作「今」。

一　六六六頁下一二行「不起」，資、磧、普、南、徑、清作「不求起」；麗作「不求趣」。

一　六六七頁中一六行第五字「住」，麗作「作」。

一　六六七頁中二一行第九字「佛」，諸本作「佛感」。

一　六六七頁中末行「弟子」，諸本作「答弟子」。

一　六六七頁下一四行第八字「彼」，諸本作「彼彼」。

一　六六七頁下一七行第一三字「住」，諸本作「往」。

一　六六八頁上二行第九字「兩」，諸本作「雨」。

一　六六八頁上一三行第四字「暮」，諸本作「慕」。

一　六六八頁中一一行第三字「若」，諸本作「答」。

一　六六八頁中一五行首字「遊」，諸本作「遊戲」。

一　六六八頁下二行「領受教」，諸本作「領受聖教」。

一　六六八頁下一六行「不減」，諸本作「無減」。

一　六六九頁上一二行「三靜慮」，磧作「二靜慮」。

一　六七〇頁上五行第一二字「起」，

諸本作「超」。

一 六七〇頁上一六行「以無間」，麗作「心無間」。

一 六七〇頁中一一行「重修」，資、磧、普、南、徑、清作「熏修」。

一 六七〇頁中一七行第一〇字「主」，諸本作「商主」。

一 六七〇頁中一八行「解脱等」，諸本作「解脱等持等」。

一 六七一頁上二行第四字「冖/村」，南、徑、清作「等」。

一 六七一頁中二行第六字「預」，徑作「頂」。

一 六七一頁中一一行「累足」，資、磧、普、南、徑、清作「壘足」。

一 六七一頁中一三行「右脇」，諸本作「右脇而卧」。

一 六七二頁中八行第八字「鬒」，諸本作「髮」。

一 六七二頁中一五行「釋迦」，資、磧、普、南、徑、清作「擇迦」。

一 六七二頁中二〇行第二字「特」，麗作「持」。

一 六七二頁下一行「彼彼」，麗作「彼後」。

一 六七二頁下四行「受成」，諸本作「受戒」。

一 六七三頁上三行第八字「是」，諸本作「是謂」。

一 六七三頁上五行第一三字「教」，諸本作「教誨」。

一 六七三頁上八行首字「故」，諸本作「欲」。

阿毗達磨大毗婆沙論卷第一百九十二　逸

五百大阿羅漢等造

三藏法師玄奘奉　詔譯

見蘊第八中念住納息第一之六

尒時世尊說此語已便入初靜慮次第乃至入滅盡定時尊者阿難則問尊者阿泥律陁言世尊今者已般涅槃耶荅言未也但是入滅盡定耳復問云何知耶荅言我親從佛聞世尊入第四靜慮依不動寂靜定而般涅槃世間眼滅問尊者阿難為知故問為不知耶若知者何故復問若不知者云何名知佛心耶有說彼尊者知之問若尒者何故復問荅亦有知而故問為發起言論故如說世尊知而故問復次尊者阿難欲顯尊者阿泥律陁有勝德故雖知而問謂彼尊者雖有勝德而衆不知欲令其知是以故問有說彼尊者不知問若尒者云何名知佛心耶荅佛出定已阿難知其前心而彼時不知者以佛猶在定故復次彼尊者若住常性心時能知佛心尒時彼心由二憂惱所覆没故不知佛心一者失眷屬憂惱二者失大師憂惱問尊者阿泥律陁云何知耶有說世尊臨涅槃時入共聲聞等至故彼得知評曰不應作是說以佛尒時現入不共一切聲聞獨覺靜慮解脫等持等至故問若然者彼云何知荅世尊尒時起共聲聞獨覺入出定心彼由此知是彼境故猶如象王渡深河時若正在河中則人無知者但觀入出水跡則知象王所入出處如是世尊若住甚深等至河時一切聲聞獨覺不能現見但觀如入出水跡入出定心便知入如是定從如是定出

如說尒時尊者大迦葉波作是念我當以何滅焚如來身火尋作是念我今應以香乳滅之則起心時便有四道香乳從空而下由此令焚如來身火一時而滅問何故必以香乳滅焚如來身火耶荅欲顯與諸仙人相似法故謂彼國俗若仙人命終則以乳滅焚身之火若受欲者命終則以酒

阿毗達磨大毗婆沙論卷第一百九十二　第二張　逸

滅焚身之火佛於諸仙中勝則是第一仙人故今亦以香乳滅火復次欲令佛設利羅極清淨故以乳灌之復次佛生身是乳所長養故今設利羅亦以乳浴之復次乳性肥而能滅火或有物雖性肥而不能滅火乃令其熾如酥油等有物雖能滅火而性不肥如水酒等唯乳性肥又能滅火故唯以乳由此義故尊者大迦葉波現四道香乳用滅如來焚身之火

如說尒時尊者阿難佛涅槃已經七晝夜右遶焚如來火衆說伽他言

千衣纏佛葬　唯二衣不燒　謂外及襯身
此為奇特事

問何故世尊唯二衣不燒耶荅有信敬佛諸天神等威力所持令不燒故有說是佛願力所持令內外淨故謂一衣在內持如來馱都令不散落一衣在外持所有灰令不飄坌有說此衣如來正法有內外二種護故內護者謂清淨苾芻苾芻尼等外護者謂淨信國王大臣等此則正法威力令其不燒有說此衣如來內心外身

阿毗達磨大毗婆沙論卷第一百九十二　第三張　逸

俱清淨故心清淨者謂已永離一切
煩惱并習氣故身清淨者謂從寂勝
相異熟業所引生故
如說四有謂本有中有生有死有
聲目多義如前廣說此中有聲說屬
衆同分有情數五蘊名有云何本有
荅除生分死分諸蘊中間諸有此則
一期五蘊四蘊為性問何故此有說
名本有荅此是前時所造業生故名
本有問若尒餘有亦是本有皆前時
所造業所生故荅若是前時所造業
生麤顯易覺明了現見者說名本有
餘雖前時所造業生而微隱難覺非
明了現見是以不說云何死有荅死
分諸蘊則命終時五蘊四蘊為性云
何中有荅除死分生分諸蘊中間諸
有則二有中間五蘊為性問何故此
有說名中有荅此於二有中間生故
名中有問若尒餘有亦是中有皆於
二有中間生故荅若於二有中間生
非趣所攝者名中有餘雖二有中間
生而是趣攝不名中有云何生有荅
生分諸蘊則結生時五蘊四蘊為性

阿毘達磨大毘婆沙論卷第[illegible]

問此四有幾剎那幾相續荅二剎那
謂死有生有二相續謂餘有問此四
有幾染汙幾不染汙荅皆通二種問
此四有心幾染汙幾不染汙荅生有
心唯染汙餘心染汙不染汙問此四
有幾有漏幾無漏荅皆唯有漏問此
四有時心幾有漏幾無漏荅二唯有
漏謂死有生有時心二通有漏無漏
謂餘有時心問此四有時幾起同分
心幾起不同分心荅二唯起同分心
謂死有生有時二起同分不同分心
謂餘有時
諸欲有彼一切有五行耶乃至廣說
此中諸蘊以行聲說過去如來應正
等覺說蘊為行今釋迦牟尼如來應
正等覺說行為蘊以先佛說五行今
佛說五取蘊故此阿毗達磨中說五
行者欲顯今佛所說五蘊則是先佛
所說五行故問何故先佛說蘊為行
今佛說行為蘊耶荅佛觀所化有情
隨所應而說故謂先佛所化應聞說
行而得正解今佛所化應聞說蘊而
得正解問何故名行荅流轉故名行

阿毘達磨大毘婆沙論卷第[illegible]

謂前生諸蘊由後生諸蘊故流轉或
後生諸蘊由前生諸蘊故流轉若生
欲界以欲界心為同分心與彼命根
衆同分為同分故以色無色界及無
漏心為不同分心不與彼命根衆同
分為同分故若生色界以色界心為
同分心以欲無色界及無漏心為不
同分心若生無色界以無色界心為
同分心以無漏心為不同分心
諸欲有彼一切五行耶設五行彼一
切欲有耶荅應作四句有欲有非五
行謂欲界有情住不同分心及住無
想滅盡定彼時欲有唯二行故有五
行非欲有謂色界有想天住同分心
若無想天不得無想尒時皆具五行
彼無想天有心位必不起不同分心
故而彼行非欲有有欲有亦五行謂欲
界有情住同分心彼時欲有具五行
故有非欲有亦非五行謂色界有想
天住不同分心及住無想滅盡定若
無想天得無想若生無色界尒時但
有二行或四行或一行彼行又非欲
有故諸色有有想天彼一切五行耶

阿毘達磨大毘婆沙論卷第[illegible]

設五行彼一切色有有想天耶荅應作四句有色有有想天非五行謂色界有想天住不同分心及住無想滅盡定尒時色有有想天皆唯二行故有五行非色有有想天謂欲界有情住同分心若無想天不得無想尒時雖皆五行而彼行非色有有想天故有色有有想天亦五行謂色界有想天住同分心尒時色有有想天具五行故有非色有有想天亦非五行謂欲界有情住不同分心及住無想滅盡定若無想天得無想若生無色界尒時但有二行或四行或一行彼行又非色有有想天故諸色有無想天彼一切二行耶設二行彼一切色有無想天耶荅應作四句有色有無想天非二行謂無想天不得無想尒時彼色有無想天具五行故所以如前有二行非色有無想天謂欲界有情住不同分心及住無想滅盡定若色界有想天住不同分心及住無想滅盡定尒時雖皆二行而彼行非色有無想天故有色有無想天亦二行謂無

阿毗達磨大毗婆沙論卷第一百九十二　第七張　進

想天得無想尒時彼色有無想天唯二行故有非色有無想天亦非二行謂欲界有情及色界有想天住同分心若生無色界尒時乃有五行或四行或一行彼行又非色有無想天故諸無色有彼一切四行耶設四行彼一切無色有耶荅諸四行彼一切無色有非欲色界有情有四行故有無色有非四行謂無色界有情住不同分心尒時彼無色有唯一行故頗有有五行耶乃至廣說問何故復作此論荅前文雖成立有二行有而未遮止有三行有亦未成立有一行有今為遮止有三行有及欲成立有一行有故作斯論頗有有五行耶荅有謂欲界有情及色界有想天住同分心若無想天不得無想彼必有自地現在五行故頗有有四行耶荅有謂無色界有情住同分心頗有有三行耶荅無以無有情三蘊成故所以者何心心所法定不相離受想思等恒相應故頗有有二行耶荅有謂欲界有情及色界有想天住不同分心若住無

阿毗達磨大毗婆沙論卷第一百九十二　第八張　進

想滅盡定若無想天得無想彼但有二行故頗有有一行耶荅有謂無色界有情住不同分心彼但有一行故頗有有無行耶荅無以無有情非蘊成故一切有情必有自地命根等故

見蘊第八中三有納息第二之一

諸捨欲有欲有相續彼一切欲界法滅欲界法現在前耶如是等章及解章義既領會已應廣分別然有聲目多義此中說屬衆同分有情數五蘊名有如說欲界死生欲界彼一切欲有相續耶乃至廣說彼亦說屬衆同分有情數五蘊名有如說諸纏所纏地獄有相續彼初所得諸根大種與此心心所法為一增上乃至廣說又復如說欲有相續時審初得幾業所生根乃至廣說又如說四有謂本有死有中有生有當知彼文皆說屬衆同分有情數五蘊名有如說頗勒窶那識食所引能感後有今其現前彼說續生時心眷屬名有如說阿難陁如是業有能牽後有彼說牽後有思名有如說取緣有彼說分位五蘊名

阿毗達磨大毗婆沙論卷第一百九十二　第九張　進

有尊者妙音說曰彼說業後有業名有如說云何有法謂一切有漏彼說諸有漏法名有如說七有謂地獄有傍生有鬼界有人有天有業有中有彼說五趣五趣因五趣方便名有如說欲有云何謂業能感欲界後有乃至廣說彼說業及異熟名有不說取所緣有問若介彼後所說當云何通如說欲有欲界一切隨眠隨增乃至廣說欲有五部業皆能感異熟可說欲界一切隨眠隨增色無色有唯修所斷業能感異熟如何可說色無色界一切隨眠隨增耶答後文應作是說欲有欲界一切隨眠隨增色無色有色無色界遍行及修所斷隨眠隨增應作是說而不說者當知彼說有及眷屬悉名為有和合有法亦名有故有餘師說前說業及異熟名有不說取所緣有後說業及異熟名有亦說取所緣有彼不應作是說諸作論者依章立門不可章所說異門所說異是故如前所說者好問何故名有答能有能非有故名有問若介聖道應

阿毗達磨大毗婆沙論卷第一百九十二　第十張　延

名有聖道亦是能有能非有故答若能有能非有能長養攝益任持諸有者名有聖道雖能有能非有而於諸有損壞離散故不名有復次若能有能非有能令諸有相續流轉令老死道不斷者名有聖道雖能有能非有而令諸有不相續不流轉斷老死道故不名有復次若能有能非有是趣苦集行趣有世間流轉生死老死集行者名有聖道雖能有能非有而是趣苦滅行趣有世間流轉生死老死滅行故不名有復次若能有能非有是有身見事顛倒事隨眠事愛事貪瞋癡安足處有垢有毒諸有所攝墮苦集諦者名有聖道雖能有能非有而非有身見事乃至愛事非貪瞋癡安足處無垢無穢無濁無毒非諸有攝不墮苦集諦故不名有有餘師說是苦器故名有問若介此亦是樂器如說大名若色一向是苦非樂非隨順樂不增長喜樂唯是離樂因者則諸有情不應於色起貪起染大名以色非一向苦亦是樂亦隨順樂亦增長

阿毗達磨大毗婆沙論卷第一百九十二　第十一張　延

喜樂非唯是離樂因故有情於色起貪起染又佛決定建立三受不相雜亂謂樂受苦受不苦不樂受如是有漏法亦是樂器何故但說是苦器故名為有耶答以苦多故謂生死中苦多樂少順苦法多順樂法少以樂少故置在苦品如一渧蜜墮毒器中不名蜜器猶名毒器以毒多故此亦如是復有說者可怖畏故名有問若介涅槃應亦名有如說苾芻諸愚夫類無聞異生於涅槃中生大怖畏謂我不有我所不有我當不有我所當不有彼於涅槃既生怖畏是則涅槃亦應名有答於有生怖是則為正於涅槃生怖是則為邪以涅槃非可怖故由此不名為有復次若令異生聖者皆生怖畏乃名為有涅槃但令異生生怖故不名有

相續有五一中有相續二生有相續三分位相續四法相續五刹那相續中有相續者謂死有蘊滅中有蘊生死有諸蘊由中有諸蘊說名相續故名中有相續生有相續者謂中有蘊

阿毗達磨大毗婆沙論卷第一百九十二　第十二張　延

滅生有蘊生中有諸蘊由生有諸蘊說名相續故名生有相續分位相續者謂羯邏藍分位滅頞部曇分位生羯邏藍分位由頞部曇分位說名相續乃至壯年分位滅老年分位生壯年分位由老年分位說名相續故名分位相續法相續者謂善法無間染或無記法現在前善法由染及無記法說名相續染法無記法無間各二現前廣說亦尒故名法相續剎那相續者前剎那無間後剎那現在前前剎那由後剎那說名相續故名剎那相續此五相續皆攝二相續中謂法相續剎那相續以中有生有分位相續皆名為法及剎那故欲界具五相續色界有四除分位無色界有三除中有及分位天那落迦及化生有四相續除分位餘皆具五有說天及化生亦具五相續於五相續中此中依二相續而作論謂中有生有諸捨欲有欲有相續彼一切欲界法滅欲界法現在前耶荅諸捨欲有欲有相續彼一切欲界法滅欲界法現在前謂欲界命

阿毗達磨大毗婆沙論卷第一百九十二　第十二張　廷

終還生欲界從死有住中有時捨欲有者謂欲界死有欲有相續者謂欲界中有欲界法滅者謂欲界死有諸蘊欲界法現在前者謂欲界中有諸蘊若從中有往生有時捨欲有者謂欲界中有欲有相續者謂欲界生有欲界法滅者

謂欲界中有諸蘊欲界法現在前者謂欲界生有諸蘊問若住欲界無覆無記心命終者住中有時不成就死有住生有時不成就中有可名為捨若住善或染心而命終者住中有時成就死有住生有時成就中有云何名捨有說此中但依住無覆無記心命終者說是故無過有說此中依現行捨說雖住中有成就死有住生有成就中有而不現行故說為捨有說此中棄背前蘊說名為捨不說成就不成就義有欲界法滅欲界法現在前而非捨欲有欲有相續謂不命終而欲界法滅欲界法現在前其事云何謂羯邏藍位無間頞部曇位現在前乃至壯年位無間老年位現在前

阿毗達磨大毗婆沙論卷第一百九十二　第十三張　廷

善法無間染或無記法現在前染法無間善及染法現在前無記法無間善或無記法現在前前剎那無間後剎那現在前諸捨欲有色有相續彼一切欲界法滅色界法現在前耶荅諸捨欲有色有相續彼一切欲界法滅色界法現在前謂欲界命終生色界從死有住中有時捨欲有者謂欲界死有色有相續者謂色界中有欲界法滅者謂欲界死有諸蘊色界法現在前者謂色界中有諸蘊有欲界法滅色界法現在前而非捨欲有色有相續謂不命終欲界法滅色界法現在前其事云何此中有說欲界善心無間未至定現在前有說欲界善心無間未至定初靜慮現在前有說欲界善心無間未至定初靜慮靜慮中間現在前尊者妙音說曰欲界善心無間未至定初靜慮靜慮中間第二靜慮現在前所以者何如起定時初靜慮無間第三靜慮現在前此亦應尒又欲界有四種變化心謂初靜慮果乃至第四靜慮果欲界初靜慮

阿毗達磨大毗婆沙論卷第一百九十二　第十五張　廷

果變化心無間淨初靜慮現在前乃至欲界第四靜慮果變化心無間淨第四靜慮現在前諸捨欲有無色有相續彼一切欲界法滅無色界法現在前耶答如是設欲界法滅無色界法現在前彼一切捨欲有無色有相續耶答如是問此中何故不說不命終欲界法滅無色界法現在前耶答理必無有在無色界不命終而有欲界法滅無色界法現在前故問豈不容有在欲界不命終而欲界得滅無色界得現在前耶答此中說同類法滅同類法現在前無有在欲界不命終而欲界同類法得滅無色界同類法得而現在前是以不說有說此中說心心所法滅心心所法現在前無有在欲界不命終而欲界心心所法滅無色界心心所法現在前是故不說諸捨色有色有相續彼一切色界法滅色界法現在前耶答諸捨色有色有相續彼一切色界法滅色界法現在前謂色界命終還生色界從死有往中有時捨色有者謂色界死有

阿毗達磨大毗婆沙論卷第一百九十二　第十六張　迹

色有相續者謂色界中有色界法滅者謂色界死有諸蘊色界法現在前者謂色界中有諸蘊從中有往生有時捨色有者謂色界中有色有相續者謂色界生有色界法滅者謂色界中有諸蘊色界法現在前者謂色界生有諸蘊此中若住無覆無記心命終及住善心或染心命終時皆名捨色有問答分別如前應知有色界法滅色界法現在前而非捨色有色有相續謂不命終色界法滅色界法現在前其事云何謂初靜慮無間第二第三靜慮現在前第二靜慮無間初第三第四靜慮現在前第三靜慮無間初第二第四靜慮現在前第四靜慮無間第二第三靜慮現在前善法無間染或無記法現在前染法無記法說亦尒前剎那無間後剎那現在前諸捨色有欲有相續彼一切色界法滅欲界法現在前耶答諸捨色有欲有相續彼一切色界法滅欲界法現在前謂色界命終生欲界從死有往中有時捨色有者謂色界死有欲有

阿毗達磨大毗婆沙論卷第一百九十二　第十七張　迹

相續者謂欲界中有色界法滅者謂色界死有諸蘊欲界法現前者謂欲界中有諸蘊有色界法滅欲界法現在前而非捨色有欲有相續謂不命終而色界法滅欲界法現在前其事云何此中有說未至定無間欲界善心現在前有說未至定初靜慮無間欲界善心現在前有說未至定初靜慮靜慮中間無間欲界善心現在前尊者妙音說曰未至定初靜慮靜慮中間第二靜慮無間欲界善心現在前所以者何如起定時第三靜慮無間初靜慮現在前此亦應尒又欲界有四種變化心謂初靜慮果乃至第四靜慮果淨初靜慮無間欲界初靜慮果變化心現在前乃至淨第四靜慮無間欲界第四靜慮果變化心現在前諸捨色有無色有相續彼一切色界法滅無色界法現在前耶答諸捨色有無色有相續彼一切色界法滅無色界法現在前謂色界命終生無色界從死有往生有時捨色有者謂色界死有無色有相續者謂無色

阿毗達磨大毗婆沙論卷第一百九十二　第十八張　迹

界生有色界法滅者謂色界死有諸蘊無色界法現在前者謂無色界生有諸蘊有色界法滅無色界法現在前而非捨色有無色有相續謂不命終色界法滅無色界法現在前其事云何謂第三靜慮無間空無邊處現在前第四靜慮無間空識無邊處現在前

諸捨無色有無色有相續彼一切無色界法滅無色界法現在前耶答諸捨無色有無色有相續彼一切無色界法滅無色界法現在前謂無色界命終還生無色界從死有至生有時捨無色有者謂無色界死有無色有相續者謂無色界生有無色界法滅者謂無色界死有諸蘊無色界法現在前者謂無色界生有諸蘊有無色界法滅無色界法現在前而非捨無色有無色有相續謂不命終無色界法滅無色界法現在前其事云何謂空無邊處無間識無邊處無所有處現在前識無邊處無間空無邊處無所有處非想非非想處現在前無所

有處無間空識無邊處非想非非想處現在前非想非非想處無間識無邊處無所有處現在前善法無間染或無記法現在前染法無記法說亦尒前剎那無間後剎那現在前諸捨無色有欲有相續彼一切無色界法滅欲界法現在前耶答如是設無色界法滅欲界法現在前彼一切捨無色有欲有相續耶答如是問此中何故不說不命終無色界法滅欲界法現在前耶答理必無有在無色界不命終而有無色界法滅欲界法現在前故餘問答如前諸捨無色有色有相續彼一切無色界法滅色界法現在前耶答諸捨無色有色有相續彼一切無色界法滅色界法現在前謂無色界命終生色界從死有住中有時捨無色有者謂無色界死有色有相續者謂色界中有無色界法滅者謂無色界死有諸蘊色界法現在前者謂色界中有諸蘊有無色界法滅色界法現在前而非捨無色有色有相續謂不命終而無色界法滅色界

法現在前其事云何謂識無邊處無間第四靜慮現在前空無邊處無間第三第四靜慮現在前

且隨本文分別義已當隨其義復廣分別問若欲界命終還生欲界彼何所捨何所得何法滅何法現在前乃至若無色界命終生色界彼何所捨何所得何法滅何法現在前答諸欲界命終還生欲界若本住別解脫律儀無不善身語表設有已失者若住善心命終彼捨善蘊二無記蘊二得無記蘊二即於彼時善五蘊染一蘊無記二蘊滅善一蘊染四蘊無記二蘊現在前若住染心命終彼捨善蘊二無記蘊二得無記蘊二即於彼時善二蘊染四蘊無記二蘊滅善一蘊染四蘊無記二蘊現在前若住無記心命終彼捨善蘊二無記蘊五得無記蘊二即於彼時善二蘊染一蘊無記五蘊滅善一蘊染四蘊無記二蘊現在前則彼若有不善身語表不失者若住善心命終彼捨善蘊二染蘊二無記蘊二得無記蘊二則於彼

時善五蘊染二蘊無記二蘊滅善一蘊染四蘊無記二蘊現在前若住染心命終彼捨善蘊二染蘊二無記蘊二得無記蘊二則於彼時善二蘊染五蘊無記二蘊滅善一蘊染四蘊無記二蘊現在前若住無記心命終彼捨善蘊二染蘊二無記蘊五得無記蘊二則於彼時善二蘊染二蘊無記五蘊滅善一蘊染四蘊無記二蘊現在前若本住不律儀無善身語表設有已失者

若住善心命終彼捨染蘊二無記蘊二得無記蘊二則於彼時善四蘊染二蘊無記二蘊滅善一蘊染四蘊無記二蘊現在前若住染心命終彼捨染蘊二無記蘊二得無記蘊二則於彼時善一蘊染五蘊無記二蘊滅善一蘊染四蘊無記二蘊現在前若住無記心命終彼捨染蘊二無記蘊五得無記蘊二則於彼時善一蘊染二蘊無記五蘊滅善一蘊染四蘊無記二蘊現在前即彼若有善身語表不失者若住善心命終等廣如住別解

脫律儀有不善身語表說若本住非律儀非不律儀無善不善身語表設有已失者若住善心命終彼捨無記蘊二得無記蘊二則於彼時善四蘊染一蘊無記二蘊滅善一蘊染四蘊無記二蘊現在前若住染心命終彼捨無記蘊二得無記蘊二即於彼特善一蘊染四蘊無記二蘊滅善一蘊染四蘊無記二蘊現在前若住無記心命終彼捨無記蘊五得無記蘊二則於彼時善一蘊染一蘊無記五蘊滅善一蘊染四蘊無記二蘊現在前即彼若有善身語表不失無不善身語表設有已失者若住善染無記心命終如住別解脫律儀無不善身語表設有已失者住三種心命終說即彼若有不善身語表不失無善身語表設有已失者若住善染無記心命終如住不律儀無善身語表設有已失者住三種心命終說則彼若有善不善身語表不失者若住善染無記心命終如住別解脫律儀有不善身語表不失者及住不律儀有善身語

表不失者住三種心命終說

說一切有部發智大毗婆沙論卷第一百九十二

乙巳歲高麗國大藏都監奉
勅雕造

阿毗達磨大毗婆沙論卷第一百九十二

校勘記

一　底本，麗藏本。

一　六七五頁上一行經名，南作「阿毗達磨大毗婆沙說卷第一百九十二」。

一　六七六頁上四行「中有生有死有」，諸本（不含石，下同）作「死有中有生有」。

一　六七六頁上末行「結生」，磧作「浩生」。

一　六七六頁中七行第三字「時」，資作「特」。

一　六七六頁下一〇行第一〇字「設」，諸本作「設有」。

一　六七七頁上三行「分心」，磧作「加心」。

一　六七七頁中七行第七字「答」，磧、普、南、徑、清作「若」。

一　六七八頁中二行「任持」，磧作「住持」。

一　六七八頁下一七行第一二字「令」，諸本作「今」。

一　六七九頁上八行首字「或」，諸本作「惑」。本頁中一二行第四字、本頁下一行第六字、二行第四字及次頁中八行第五字同。

一　六七九頁上一七行第六字「天」，諸本作「大」。

一　六七九頁下一一行第五字「謂」，資、磧、南作「諸」。

一　六八〇頁中一七行第三字「或」，南、徑、清作「惑」。次頁中四行首字同。

一　六八一頁下四行首字「且」，諸本作「具」。

一　六八一頁下一八行第九字「二」，南作「一」。

一　六八二頁上四行「時善」，南作「善時」。

一　六八二頁上一一行「有已」，南作「已有」。

一　六八二頁上末行第一二字「住」，磧作「任」。

一　六八二頁中一行第一〇字「說」，徑、清作「設」。

一　六八二頁中四行第一三字「四」，資、磧、普、南、作「住」。

一　六八二頁中七行「二得」，諸本作「而得」。

一　六八二頁中八行「二蘊」，磧作「三蘊」。

一　六八二頁下末行卷末經名，南作「阿毗達磨大毗婆沙論卷第一百九十二」并有夾註「說一切有部發智」。

阿毗達磨大毗婆沙論卷第一百九十三　逸

五百大阿羅漢等造

三藏法師玄奘奉　詔譯

見蘊第八中三有納息第二之三

諸欲界命終生初靜慮若本住別解脱律儀或不住別解脱律儀有善身語表不失者若住善心命終彼捨善蘊五無記蘊二有説五得善蘊四無記蘊二即於彼時善五蘊染一蘊無記二蘊滅善一蘊染四蘊無記二蘊現在前若住無記心命終彼捨善蘊五無記蘊五得善蘊四無記蘊二即於彼時善二蘊染一蘊無記五蘊滅善一蘊染四蘊無記二蘊現在前若本不住別解脱律儀無善身語表設有已失者若住善心命終彼捨善蘊四無記蘊二有説五得善蘊四無記蘊二則於彼時善四蘊染一蘊無記二蘊滅善一蘊染四蘊無記二蘊現在前若住無記心命終彼捨善蘊四無記蘊五得善蘊四無記蘊二即於彼時善一蘊染一蘊無記五蘊滅善一蘊染四蘊無記二蘊現在前諸欲界命終生第二第三第四靜慮若本住別解脱律儀或不住別解脱律儀有善身語表不失者若住善心命終彼捨善蘊五無記蘊五得善蘊四無記蘊二即於彼時善五蘊染一蘊無記二蘊滅善一蘊染四蘊無記二蘊現在前若住無記心命終彼捨善蘊五無記蘊五得善蘊四無記蘊二即於彼時善二蘊染一蘊無記五蘊滅善一蘊染四蘊無記二蘊現在前若本不住別解脱律儀無善身語表設有已失者若住善心命終彼捨善蘊五無記蘊五得善蘊四無記蘊二即於彼時善四蘊染一蘊無記二蘊滅善一蘊染四蘊無記二蘊現在前若住無記心命終彼捨善蘊五無記蘊五得善蘊四無記蘊二即於彼時善一蘊染一蘊無記五蘊滅善一蘊染四蘊無記二蘊現在前諸欲界命終生無色界若本住別解脱律儀或不住別解脱律儀有善身語表不失者若住善心命終彼捨善蘊五無記蘊五

得善蘊四無記蘊一即於彼時善五蘊染一蘊無記二蘊滅善一蘊染四蘊無記一蘊現在前若住無記心命終彼捨善蘊五無記蘊五得善蘊四無記蘊一即於彼時善二蘊染一蘊無記五蘊滅善一蘊染四蘊無記一蘊現在前若本不住別解脱律儀無善身語表設有已失者若住善心命終彼捨善蘊五無記蘊五得善蘊四無記蘊一即於彼時善四蘊染一蘊無記二蘊滅善一蘊染四蘊無記一蘊現在前若住無記心命終彼捨善蘊五無記蘊五得善蘊四無記蘊一即於彼時善一蘊染一蘊無記五蘊滅善一蘊染四蘊無記一蘊現在前諸色界命終還生色界即此地沒還生此地者若住善心命終彼捨無記蘊二得無記蘊二即於彼時善四蘊染一蘊無記二蘊滅善一蘊染四蘊無記二蘊現在前若住染心命終彼捨無記蘊二得無記蘊二即於彼時善一蘊染四蘊無記二蘊滅善一蘊染四蘊無記二蘊現在前若住無記

心命終彼捨無記蘊五得無記蘊二即於彼時善一蘊染一蘊無記五蘊滅善一蘊染四蘊無記二蘊現在前色界下地没生上地者若住善心命終彼捨善蘊五無記蘊五得善蘊四無記蘊二即於彼時善四蘊染一蘊無記二蘊滅善一蘊染四蘊無記二蘊現在前若住無記心命終彼捨善蘊五無記蘊三得善蘊四無記蘊二則於彼時善一蘊染一蘊無記三蘊滅善一蘊染四蘊無記二蘊現在前色界上地没生下地者若住善心命終彼捨善蘊五無記蘊五得善蘊五染蘊四無記蘊三即於彼時善四蘊染一蘊無記二蘊滅善一蘊染四蘊無記二蘊現在前若住染心命終彼捨善蘊五無記蘊五得善蘊五染蘊四無記蘊五則於彼時善一蘊染四蘊無記二蘊滅善一蘊染四蘊無記二蘊現在前若住無記心命終彼捨善蘊五無記蘊五得善蘊五染蘊四無記蘊五即於彼善一蘊染一蘊無記五蘊滅善一蘊染四蘊無記二蘊現在前

諸色界命終生欲界者若住善心命終彼捨善蘊五無記蘊五得善蘊四染蘊四無記蘊二有說五則於彼時善四蘊染一蘊無記二蘊滅善一蘊染四蘊無記二蘊現在前若住染心命終彼捨善蘊五無記蘊五得善蘊四染蘊四無記蘊二有說五即於彼時善一蘊染四蘊無記二蘊滅善一蘊染四蘊無記二蘊現在前若住無記心命終彼捨善蘊五無記蘊五得善蘊四染蘊四無記蘊二有說五即於彼時善一蘊染一蘊無記五蘊滅善一蘊染四蘊無記二蘊現在前

諸色界命終生無色界若住善心命終彼捨善蘊五無記蘊五得善蘊四無記蘊一即於彼時善四蘊染一蘊無記二蘊滅善一蘊染四蘊無記一蘊現在前若住無記心命終彼捨善蘊五無記蘊五得善蘊四無記蘊一即於彼時善一蘊染一蘊無記五蘊滅善一蘊染四蘊無記一蘊現在前

諸無色界命終生無色界即此地没還生此地者若住善心命終彼捨無

記蘊一得無記蘊一即於彼時善四蘊染一蘊無記一蘊滅善一蘊染四蘊無記一蘊現在前若住染心命終彼捨無記蘊一得無記蘊一即於彼時善一蘊染四蘊無記一蘊滅善一蘊染四蘊無記一蘊現在前若住無記心命終彼捨無記蘊四得無記蘊一即於彼時善一蘊染一蘊無記四蘊滅善一蘊染四蘊無記一蘊現在前無色界下地没生上地者若住善心命終彼捨善蘊四無記蘊一得善蘊四無記蘊一即於彼時善四蘊染一蘊無記一蘊滅善一蘊染四蘊無記一蘊現在前若住無記心命終彼捨善蘊四無記蘊四得善蘊四無記蘊一即於彼時善一蘊染一蘊無記四蘊滅善一蘊染四蘊無記一蘊現在前無色界上地没生下地者若住善心命終彼捨善蘊四無記蘊一得善蘊四染蘊四無記蘊一則於彼時善四蘊染一蘊無記一蘊滅善一蘊染四蘊無記一蘊現在前若住染心命終彼捨善蘊四無記蘊一得善蘊

四染蘊四無記蘊一則於彼時善一蘊染四蘊無記一蘊滅善一蘊染四蘊無記一蘊現在前若住無記心命終彼捨善蘊四無記蘊四得善蘊四染蘊四無記蘊一則於彼時善一蘊染一蘊無記四蘊滅善一蘊染四蘊無記一蘊現在前

諸無色界命終生欲界者若住善心命終彼捨善蘊四無記蘊一得善蘊四染蘊四無記蘊二有說五則於彼時善四蘊染一蘊無記一蘊滅善一蘊染四蘊無記二蘊現在前若住染心命終彼捨善蘊四無記蘊一得善蘊四染蘊四無記蘊二有說五即於彼時善一蘊染四蘊無記一蘊滅善一蘊染四蘊無記二蘊現在前若住無記心命終彼捨善蘊四無記蘊四得善蘊四染蘊四無記蘊二有說五即於彼時善一蘊染一蘊無記四蘊滅善一蘊染四蘊無記二蘊現在前

諸無色界命終生色界者若住善心命終彼捨善蘊四無記蘊一得善蘊五染蘊四無記蘊五即於彼時善四

蘊染一蘊無記一蘊滅善一蘊染四蘊無記二蘊現在前若住染心命終彼捨善蘊四無記蘊一得善蘊五染蘊四無記蘊五即於彼時善一蘊染四蘊無記一蘊滅善一蘊染四蘊無記二蘊現在前若住無記心命終彼捨善蘊四無記蘊四得善蘊五染蘊四無記蘊五即於彼時善一蘊染一蘊無記四蘊滅善一蘊染四蘊無記二蘊現在前

何故欲界隨眠不於色界法隨增耶乃至廣説問何故作此論荅欲令疑者得決定故謂前結蘊有情納息中説欲界異生有九十八隨眠隨增九結繫色界異生有六十二隨眠隨增六結繫無色界異生有三十一隨眠隨增六結繫或有生疑欲界異生為色無色界隨眠隨增色界異生為無色界隨眠隨增欲令此疑得決定故顯成就彼非彼隨增謂欲界異生但為欲界隨眠隨增非色無色界色界異生但為色界隨眠隨增非無色界由此因緣故作斯論何故欲界隨眠

不於色界法隨增耶荅界應雜亂及不可施設離欲染故界雜亂者謂彼亦是欲界亦是色界則不可説欲色界異及不可施設離欲染者謂離欲界貪時不名離欲界染離色界貪時乃名離欲界染此不應理何故欲界隨眠不於無色界法隨增耶荅界應雜亂及不可施設離欲染故界雜亂者謂彼亦是欲界亦是無色界則不可説欲無色界異及不可施設離欲染者謂離欲界貪時不名離欲界染離無色界貪時乃名離欲界染此不應理何故色界隨眠不於欲界法隨增耶荅界應雜亂及彼非此所緣故界雜乱者謂彼亦是色界亦是欲界則不可説色欲界異及彼非此所緣故者謂無上地煩惱緣下地法故何故色界隨眠不於無色界法隨增耶荅界應雜亂及不可施設離色染故界雜乱者謂彼亦是色界亦是無色界則不可説色無色界異及不可施設離色染者謂離色界貪時不名離色界染離無色界貪時乃名離色界

涂此不應理何故無色界隨眠不於欲界法隨增耶答界應離乱及彼非此所緣故何故無色界隨眠不於色界法隨增耶答界應離乱及彼非此所緣故皆如前應知

問所說三界云何建立為以地為以處為以愛斷耶設介何失若以地者應說九界地有九故謂欲界四靜慮四無色若以處者應說四十界有四十處故謂欲界二十處色界十六處無色界四處若以愛斷者亦應說九界謂欲界愛乃至非想非非想處愛各分齊有異故答應說以愛斷故建立三界問若介應立九界答同類愛斷故唯立三界謂從無間地獄乃至他化自在天皆由欲愛所差别故建立欲界從梵衆天乃至色究竟天皆由色愛所差别故建立色界從空無邊處乃至非想非非想處皆由無色愛所差别故建立無色界復次若處有色有欲立欲界有色無欲立色界無色無欲立無色界復次若處有色有第二立欲界有色無第二立色界

無色無第二立無色界復次若處有色有境立欲界有色無境立色界無色無境立無色界復次若處有色有衆具立欲界有色無衆具立色界無色無衆具立無色界復次若處有色有欲有我執立欲界有色無欲有我執立色界無色無欲有我執立無色界復次若處有色有第二有我執立欲界有色無第二有我執立色界無色無第二有我執立無色界境及衆具說亦介復次若處有色無慚無愧相應立欲界有色無慚無愧不相應立色界無色無慚無愧不相應立無色界復次若處有色慳嫉相應立欲界有色慳嫉不相應立色界無色慳嫉不相應立無色界復次若處有色憂苦根相應立欲界有色憂苦根不相應立色界無色憂苦根不相應立無色界復次若處有色段食婬愛相應立欲界有色段食婬愛不相應立色界無色段食婬愛不相應立無色界復次若處有五蘊異熟因五蘊異熟果不善無記隨眠隨增立欲界有

五蘊異熟因五蘊異熟果唯無記隨眠隨增立色界有四蘊異熟因四蘊異熟果唯無記隨眠隨增立無色界復次若處有四蘊異熟因得一果不善無記隨眠隨增立欲界有五蘊異熟因得一果唯無記隨眠隨增立色界有四蘊異熟因得一果唯無記隨眠隨增立無色界復次若處有三受異熟因三受異熟果不善無記隨眠隨增立欲界有二受異熟因二受異熟果唯無記隨眠隨增立色界有一受異熟因一受異熟果唯無記隨眠隨增立無色界復次若處有五受異熟因四受異熟果不善無記隨眠隨增立欲界有三受異熟因三受異熟果唯無記隨眠隨增立色界有一受異熟因一受異熟果唯無記隨眠隨增立無色界復次若處有有色無色異熟因有色無色異熟果不善無記隨眠隨增立欲界有有色無色異熟因有色無色異熟果唯無記隨眠隨增立色界有無色異熟因無色異熟果唯無記隨眠隨增立無色界如有色

無色如是有見無見有對無對說亦尒問所說三界云何安立為上下重累為隣次傍布若上下者云何施設遍離彼染云何神通能遍至彼若傍布者陁羅達多所說當云何通如說下方世界無邊上方世界無邊此中有說上下重累謂從此界風輪之下虛空懸遠有下方色究竟天彼下展轉乃至風輪次下復有色究竟天展轉向下乃至風輪如是展轉下方世界乃至無邊又從此界色究竟上虛空懸遠有上方風輪彼上展轉乃至色究竟天次上復有風輪展轉向上乃至色究竟天如是展轉上方世界乃至無邊問若尒云何施設遍離彼染云何神通能遍至彼答若有離一欲界染時即名離一切欲界染以相同故然依初定所發神通但能至一欲界梵世非餘以處別故如是離色界染及依餘定發通隨應亦尒有餘師說隣次傍布問若尒陁羅達多所說當云何通答彼應作是說下方欲界無邊上方色界無邊

阿毗達磨大毗婆沙論卷第一百九十三　第十三張　逸

此中欲界諸處同一隨眠色無色界隨地差別各別隨眠問何故欲界諸處同一隨眠色無色界隨地各別答欲界是不定界非脩地非離染地此中煩惱如無轡馬自在奔逸故一切處同一隨眠色無色界是定界是脩地是離染地此中煩惱如有轡馬不自在轉故上下地各別隨眠復次欲界不善根強盛善根羸劣故一切處同一隨眠色無色界無不善根善根強盛故上下地各別隨眠復次欲界不善增長善法退減色無色界無不善法善法增長復次欲界不善如主善法如客色無色界無不善法善法如主復次欲界有不善根能斷善根色無色界無不善根能斷善根復次欲界禮儀無忌猶如夫妻故一切處同一隨眠色無色界禮儀有儼猶如母子故上下地各別隨眠復次欲界善法威儀有雜猶如王子與旃荼羅子同禁囹圄故一切處同一隨眠色無色界善法威儀無雜猶如王子與長者子同禁囹圄故上下地各別隨

阿毗達磨大毗婆沙論卷第一百九十三　第十四張　逸

眠問三界中間有物間不若有者彼有二物界應成五即五中間復有四物界應成九如是展轉便為無窮若無者云何不三界合成一耶答應言彼中更無物間問若尒三界云何不成一耶答於彼中間雖無物間而不成一如十八界十二處五蘊三世四大種等雖無物間而不成一此亦如是復次性相異故物類別故雖無物間而不成一問若尒他化自在天上初靜慮下中間懸遠有無量空界色云何可知此是欲界此是色界分齊差別耶答二界輪際俱有光網二光分齊麁妙不等由此了知此是欲界此是色界復次若欲界生得天眼所能見處是欲界不能見處是色界復次若欲界生得神通所能到處是欲界不能到處是色界復次若處欲界愛所緣是欲界色界愛所緣是色界是謂二界分齊差別

何故欲界不遍行隨眠不遍於欲界法隨增耶答此應成遍行及彼非此所緣故此應成遍行者謂此欲界不

阿毗達磨大毗婆沙論卷第一百九十三　第十五張　逸

遍行隨眠若過於欲界法隨增者亦應成遍行則不可施設遍行隨眠不遍行隨眠相用差別及彼非此所緣故者謂彼異部諸法非此不遍行隨眠所緣此但以自部法為所緣故所以者何由不遍行隨眠勢力建立五部諸法有異若不遍行隨眠亦遍緣五部者則於五部應遍隨增如是便為五部雜乱五部雜乱故則對治雜乱對治雜乱故則現觀雜乱現觀雜乱故則不可施設遍知差別沙門果差別欲令無如是過是故欲界不遍行隨眠不遍於欲界法隨增何故色界不遍行隨眠不遍於色界法隨增耶答此應成遍行及彼非此所緣故何故無色界不遍行隨眠不過於無色界法隨增耶答此應成遍行及彼非此所緣故皆如前釋遍行因義廣說如雜蘊智納息及結蘊不善納息有十想謂無常想乃至滅想此如定蘊攝納息中已廣分別若修無常想彼思惟無常想耶乃至廣說修有四種謂得修習修對治修除遣修四修

義如智蘊他心智納息中廣說此中有說但依習修作論有說通依得修習修作論諸有欲令此中但依習修作論者彼說若修無常想者謂無常想現在前彼思惟無常想者謂以無常想為所緣即是無常想現在前時緣無常想義若修無常想彼思惟無常想耶答應作四句有修無常想不思惟

無常想謂緣餘法修無常想如緣色受行識蘊除無常想緣餘想蘊起無常想問此說在何位答在增長煖頂位起無常行相身受心念住及緣餘法法念住若離欲界乃至非想非非想處染起無常行相身受心念住及緣餘法法念住為加行彼加行道時若信勝解練根作見至時解脫練根作不動起無常行相身受心念住及緣餘法法念住為加行彼加行道時若起無常行相身受心念住及緣餘法法念住時若即以此類念住雜修靜慮時諸有欲令一切法是勝義者即起此類念住義無㝵解時及起此

類念住辯無㝵解願智邊際定無色解脫入滅盡定想微細心時如是等時修無常想無常想現在前故不思惟無常想緣餘法故有思惟無常想不修無常想謂緣無常想修餘想餘想者謂無常苦想苦無我想及餘善染無記想此中善想者謂加行善及生得善想加行善想謂聞思修所成聞所成者謂緣無常想起非無常行相聞所成想思所成者謂緣無常想起非無常行相思所成想修所成者謂緣無常想起非無常行相問此修所成想說在何位答在煖頂忍初及增長位緣無常想起非無常行相法念住若世第一法位起三行相法念住若已入正性離生苦現觀四心頃起三行相法念住集道現觀各四心頃起四行相法念住若以緣無常想非無常行相法念住離欲界乃至非想非非想處染若即以此為加行彼一切加行無間解脫道時若以緣無常想非無常行相法念住信勝解練根作見至時解脫練根作不動若

即以此為加行彼一切加行無間解脫道時若以緣無常想非無常行相法念住雜修靜慮及起他心智宿住隨念智通時起緣無常想非無常行相法念住時起四無量時諸有欲令一切法是勝義者即起此類法念住義無尋解時及起此類法念住辯無尋解願智邊際定無色解脫空識無邊處邊處入滅盡定想微細心時是名善想染想者謂緣無常想起薩迦耶見執我所起邊執見執斷常起邪見執無因無作及損減起見取執上妙勝第一起戒禁取執淨解脫出離起疑猶預不決起無明無智黑闇忌疑起貪受樂悅意起瞋不愛樂不悅意起慢高舉如是等時是名染想無記想者謂緣無常想起非如理非不如理想是名思惟無常想緣無常想故不修無常想起餘想故有修無常想亦思惟無常想謂緣無常想修無常想如無常想長時相續現在前時緣自相續過去未來及他相續三世無常想問此說在何位答在煖頂

阿毗達磨大毗婆沙論卷第一百九十三　第十九張　造

忍初及增長位緣無常想起無常行相法念住若世第一法位起無常行相法念住若已入正性離生苦現觀四心須起無常行相法念住若以緣無常想無常行相法念住離欲界乃至非想非非想處染若即以此為加行彼一切加行無間解脫道時若以此類法念住信勝解練根作見至時解脫練根作不動若即以此為加行彼一切加行無間解脫道時若以此類法念住雜修靜慮及有欲令一切法是勝義者起義無尋解及起願智邊際定無色解脫入滅盡定想微細心時有說及起無願無願三摩地時如是等時修無常想無常想現在前故亦思惟無常想緣無常想故有不修無常想亦不思惟無常想謂除前相問此說在何位答在初煖頂忍及增長忍起緣滅諦法念住若增長煖頂不緣無常想起非無常行相諸念住時若已入正性離生滅現觀四心須若於修位無學位中起一切不緣無常想非無常行相諸念住時如是等

阿毗達磨大毗婆沙論卷第一百九十三　第二十張　逸

時不修無常想無常想不現前故亦不思惟無常想不緣無常想故迦濕弥羅國外諸師作如是說有不修無常想亦不思惟無常想謂緣餘法修餘想如緣色受行識蘊除無常想餘想蘊起餘想緣無為起餘想餘想者謂無常苦想苦無我想及餘一切非無常想廣說應知如無常想無常苦想苦無我想亦尒差別者說自名及第三句中皆除無願無願不淨想猒食想一切世間不可樂想死想斷想離想滅想隨應當知者謂若修不淨想彼不思惟不淨想以不淨想現在前時緣顯形色故若思惟不淨想彼不修不淨想以緣不淨想時餘想現在前故餘想者謂無常想無常苦想苦無我想及餘善染無記想如不淨想猒食想一切世間不可樂想死想斷想離想滅想亦尒差別者說自所緣謂若修猒食想彼不思惟猒食想以彼想現在前時緣香味觸故若思惟猒食想彼不修猒食想以緣彼想時餘想現在前故餘想者如前說若

阿毗達磨大毗婆沙論卷第一百九十三　第二十一張　逸

修一切世間不可樂想彼不思惟一切世間不可樂想以一切世間不可樂想現在前時緣諸世間可愛事故若思惟一切世間不可樂想彼不修一切世間不可樂想以緣彼世間不可樂想時餘想現在前故餘想者如前說若修死想彼不思惟死想以死想現在前時緣命根及命根俱生無常性故若思惟死想彼不修死想以緣彼死想時餘想現在前故餘想者如前說若修斷想彼不思惟斷想以斷想現在前時緣涅槃故若思惟斷想彼不修斷想以緣彼斷想時餘想現在前故餘想者如前說如斷想離想滅想亦尒

說一切有部發智大毗婆沙論卷第一百九十三

甲辰歲高麗國大藏都監奉

勅雕造

阿毗達磨大毗婆沙論卷第一百九十三第二十三張　逌

阿毗達磨大毗婆沙論卷第一百九十三

校勘記

一　底本，麗藏本。

一　六八四頁下八行第七字「已」，資作「記」。

一　六八四頁下一〇行「一蘊」，資作「四蘊」。

一　六八五頁上四行第三字「下」，徑作「丁」。

一　六八五頁上二二行第四字「彼」，諸本（不含石，下同）作「彼時」。

一　六八五頁下五行首字「時」，徑作「得」。

一　六八五頁下一四行「命終」，南作「命歿」。

一　六八五頁下一八行「上地」，資作「下地」。

一　六八六頁下二一行「色無色界異及」，南作「色界異及異及」。

一　六八七頁下一三行「五受」，徑、清作「四受」。

一　六八八頁上二行「安立」，南作「安字」。又末字「累」，資、磧、普、南作「壘」。

一　六八八頁中九行「羸劣」，南作「既劣」。

一　六八八頁下二〇行「二界」，磧、南作「三界」。

一　六八九頁中一三行第六字「相」，南作「想」。又第九字及一五行第一一字「心」，南作「思」。

一　六八九頁中一四行第六字「離」，南作「惟」。

一　六八九頁下一行第八字「願」，資作「類」。

一　六八九頁下七行首字「染」，諸本作「餘」。

一　六八九頁下一五行第八字「位」，資、磧、普、南作「念住」。

一　六九〇頁上二一行第八字「長」，南作「處」。

一　六九〇頁中一七行末字「相」，諸本作「想」。

一　六九〇頁下三行第一〇字「説」，諸本作「誦」。

阿毗達磨大毗婆沙論卷第一百九十四　迯

五百大阿羅漢等造

三藏法師玄奘奉　詔譯

見蘊第八中三有納息第二之三

諸有欲令此中通依得修習修作論者彼說若修無常想者謂無常想若現前若不現前而修彼思惟無常想者謂以無常想為所緣即是無常想修時緣無常想義若修無常想彼思惟無常想耶荅應作四句有修無常想不思惟無常想謂緣餘法修無常想如緣色受行識蘊除無常想餘想蘊修無常想緣無為修無常想問此說在何位荅此說在增長煖頂位起身受心念住及緣餘法念住若初頂忍及增長忍起緣滅諦法念住若以滅智離欲界乃至無所有處染以身受心念住及緣餘法法念住為加行彼一切加行無間解脫道時離非想非非想處染說亦尒唯除第九解脫道時若以緣滅諦法念住信勝解練根作見至若以身受心念住及緣餘法法念住為加行彼加行無間解脫道時無學練根說亦尒唯除第九解脫道若以身受心念住及緣餘法法念住雜修靜慮時若引發神境天眼天耳通時若以受心念住及緣餘法法念住起他心智通時若起不淨觀持息念初三解脫八勝處前八遍處法詞二無㝵解時起無諍空空無願無願無相無相時有說除起無願無願時起身受心念住及緣餘法法念住時諸有欲令一切法是勝義者起身受心念住及緣餘法法念住義無㝵解及有欲令唯涅槃是勝義者起義無㝵解時起身受心念住及緣餘法法念住辯無㝵解願智邊際定無色解脫入滅盡定想微細心時於如是時修無常想不思惟無常想有思惟無常想不修無常想謂緣無常想修餘想餘想者謂無常苦想苦無我想及餘善染無記想此中善想者謂加行善及生得善想加行善想謂聞思修所成聞思所成如前說修所成者謂緣無常想起非無常行相修所

成想而不修無常想問此說在何位荅在初煖位緣集道諦時若已入正性離生集現觀四心須道現觀三心須若異生離欲界乃至無所有處染若以緣無常想法念住為加行彼一切加行無間解脫道時即異生引發緣無常想法念住他心智宿住隨念智通時即異生起四無量及緣無常想法念住時即異生起緣無常想法念住無色解脫及起空識無邊處遍處時是名善想染及無記想如前說是名思惟無常想不修無常想有修無常想亦思惟無常想謂緣無常想修無常想如無常想相續現在前時緣自相續過未及他相續三世無常想問此說在何位荅此說在初煖位起緣若諦法念住增長煖頂起緣無常想法念住初頂忍及增長忍起緣三諦法念住若起世第一法若已入正性離生苦現觀四心頃及道類智時若以緣無常想法念住離欲界乃至非想非非想處染若即以此為加行彼一切加行無間解脫道時若以緣無常想法念住信勝解練根作見至時解脫練根作不動若即以此為加行彼一切加行無間解脫道時若以緣無常想法念住雜修靜慮時若起緣無常想他心智宿住隨念智通時起四無量時諸有欲令一切法是勝義者起緣無常想義無㝵解及辯無㝵解願智邊際定無色解脫入滅盡定想微細心時起空識無邊處遍處時有說及起無願無願時於如是時修無常想亦思惟無常想有不修無常想亦不思惟無常想謂除前相問此說在何位荅此說在初煖位起緣滅諦法念住時若已入正性離生滅現觀四心頃及餘一切不緣無常想亦不修無常想位如其所應盡當知外國師誦亦如前應知如無常想無常苦想苦無我想亦尒差別者說自名及第三句中除有說無願無願不淨想猒食想一切世間不可樂想死想斷想離想滅想隨應當知者謂不淨想等亦應作四句而有差別謂若修不淨想彼思惟不淨想耶荅應作四句有修不淨想彼不思惟不淨想謂緣餘法修不淨想問此說在何位荅此說若以滅道智離欲界乃至第三靜慮染若以身受心念住及緣餘法法念住為加行彼一切加行道審後解脫道時有說一切解脫道時若依有色定離第四靜慮乃至非想非非想處染若以身受心念住及緣餘法法念住為加行彼一切加行道時若生欲色界得阿羅漢果審後解脫道時若以滅道智信勝解練根作見至以身受心念住及緣餘法法念住為加行彼加行道時解脫道不定如前說時解脫練根作不動若依有色定以身受心念住及緣餘法法念住為加行彼加行道及審後解脫道時若以身受心念住及緣餘法法念住雜修靜慮時若引發神境天眼天耳他心智通四無間道一解脫道及緣餘法他心智通解脫道時若起不淨觀持息念初三解脫八勝處前八遍處法詞二無㝵解時若依有色定起身受心念住及緣餘法法念住時諸有欲

令一切法是勝義者依有色定起身受心念住及緣餘法法念住義無身解時及有欲令唯涅槃是勝義者起義無身解時若依有色定起辯無身解及起身受心念住及緣餘法法念住願智邊際定時若起無諍時若依有色定起空空無願無願無相無相時於如是時修不淨想不思惟不淨想有思惟不淨想不修不淨想謂緣不淨想修餘想餘想者謂無常想無常苦想苦無我想及餘善染無記想此中善想者謂加行善及生得善想加行善想謂聞思修所成聞所成者謂緣不淨想起聞所成想思所成者謂緣不淨想起思所成想修所成者謂緣不淨想起修所成想而不修不淨想問此說在何位答此說在初煖頂忍及增長忍位緣苦集諦增長煖頂起緣不淨想法念住若起世第一法若已入正性離生苦集現觀各四心頃若以世俗道或苦集智離欲界乃至第三靜慮染一切九無間道八解脫道時有說唯無間道時若以世俗道離第四靜慮染以空無邊處近分緣不淨想法念住為加行彼一切加行無間道時若以苦集智離第四靜慮染九無間道解脫道時若以苦集智信勝解練根作見至彼無間道時解脫道不定如前說若依空無邊處近分起緣不淨想法念住時是名善想染及無記想如前說差別者緣不淨想於如是時思惟不淨想不修不淨想有修不淨想亦思惟不淨想謂緣不淨想修不淨想問此說在何位答此說若以世俗道或苦集智離欲界乃至第三靜慮染以緣不淨想法念住為加行彼一切加行道最後解脫道時有說及一切解脫道時若依有色定離第四靜慮乃至非想非非想處染若即依此以緣不淨想法念住為加行彼一切加行道時若以緣苦集諦法念住信勝解練根作見至以緣不淨想法念住為加行彼加行道時解脫道不定如前說若依有色定時解脫練根作不動以緣不淨想法念住為加行彼加行道時若以緣不淨想法念住雜修靜慮時若起緣不淨想他心智通時若起宿住隨念智通時若起四無量時若依有色定起緣不淨想法念住時諸有欲令一切法是勝義者依有色定起緣不淨想義無身解時若起緣不淨想願智邊際定時於如是時修不淨想亦思惟不淨想有不修不淨想亦不思惟不淨想謂除前相問此說在何位答此說初煖頂忍及增長忍起緣滅道諦法念住若增長煖頂起身受心念住及緣餘法法念住若已入正性離生滅道現觀各四心頃若以滅道智離欲界乃至第三靜慮染彼一切九無間道八解脫道時有說唯無間道時若以滅道智離第四靜慮染九無間道九解脫道時若以世俗道離第四靜慮染即依空無邊處近分以身受心念住及緣餘法法念住為加行彼加行道九解脫道時若依有色定離空無邊處乃至非想非非想處染一切無間解脫道時唯除離非想非非想處染最後解脫道若依無色

定離空無邊處染以身受心念住及緣餘法法念住為加行彼一切加行無間解脫道時若依無色定離上三無色染彼一切加行無間解脫道時唯除生欲色界離非想非非想染寂後解脫道若以緣滅道諦法念住信勝解練根作見至無間道時解脫道不定如前說時解脫練根作不動若依無色以身受心念住及緣餘法法念住為加行彼一切加行無間解脫道時唯除寂後解脫道若起無色解脫後二遍處時若依無色起身受心念住及緣餘法法念住時若依無色起義無导解辯無导解空空無願無願無相無相及起入滅盡定想微細心時善位如是若染汙及無記位不緣不淨想并一切無心位於如是時不修不淨想亦不思惟不淨想如不淨想猒食想乃至滅想亦尒皆作四句於中差別如理應思

若起欲尋彼思惟欲尋耶荅應作四句有起欲尋不思惟欲尋謂緣餘法起欲尋如緣色受想識蘊除欲尋餘

行蘊起欲尋是名起欲尋不思惟欲尋緣餘法故有思惟欲尋不起欲尋謂緣欲尋起餘尋此有三種謂善染無記善者謂加行善及生得善加行善中通聞思修所成聞所成者謂緣欲尋起聞所成思所成者謂緣欲尋起思所成修所成者謂緣欲尋起修所成問此說在何位荅此說初煖頂忍及增長忍起緣欲界法念住若增長煖頂起緣欲尋法念住若起世第一法若已入正性離生苦現觀二心頃謂苦法智忍苦法智集現觀二心頃謂集法智忍集法智若以苦集智離欲界染以緣欲尋法念住為加行彼加行道九無間道九解脫道時若以世俗智離欲界染以緣欲尋法念住為加行彼加行道九無間道時若依未至定為離初靜慮乃至非想非非想處染以緣欲尋法念住為加行彼一切加行道時乃至若依第四靜慮為離第四靜慮乃至非想非非想處染以緣欲尋法念住為加行彼一切加行道時若以苦集法智信勝解

練根作見至以緣欲尋法念住為加行彼加行無間解脫道時若時解脫練根作不動若以緣欲尋法念住為加行彼加行道時若以緣欲尋法念住雜修靜慮時起緣欲尋他心智通時起緣欲界宿住隨念智通時起四無量時起緣欲尋法念住時諸有欲令一切法是勝義者起緣欲尋法念住義無导解時若起緣欲尋法念住無願無願智邊際定時是名善染汙者謂緣欲尋起薩迦耶見執我我所廣說如前無記者謂緣欲尋起非如理非不如理作意於如是時思惟欲尋不起欲尋有起欲尋亦思惟欲尋謂緣欲尋起欲尋如欲尋長時相續現在前時緣自相續過未及他相續三世欲尋有不起欲尋亦不思惟欲尋謂除前相外方師誦謂緣餘法起餘尋此中如緣色受想識蘊除欲尋餘行蘊起餘尋緣無為起諸尋及餘一切不起欲尋不思惟欲尋位如欲尋恚尋害尋亦尒差別者說自名若起出離尋彼思惟出離尋耶荅應作四句

有起出離尋不思惟出離尋謂緣餘
法起出離尋如緣色受想識蘊除出
離尋餘行蘊起出離尋緣無為起出
離尋問此說在何位荅此說依未至
初靜慮初煖頂忍及增長忍起緣滅
諦法念住若增長煖頂起身受心念
住及緣餘法法念住若已入正性離
生滅現觀四心須至定以滅智離欲
界及初靜慮染及依初靜慮以滅智
離初靜慮染若以身受心念住及緣
餘法法念住為加行彼一切加行無
間解脫道時即依彼二地以苦集滅
智離第二靜慮乃至非想非非想處
染若以身受心念住及緣餘法法念
住為加行彼一切加行無間解脫道
時即依彼地以滅智信勝解練根作
見至若以身受心念住及緣餘法法
念住為加行彼加行無間解脫道時
即依彼地以苦集滅智時解脫練根
作不動若以身受心念住及緣餘法
法念住為加行彼一切加行無間解
脫道時若以身受心念住及緣餘法
法念住雜修初靜慮時若依初靜慮

引發神境天眼天耳他心智通四無
間道一解脫道及緣餘法他心智通
解脫道時若依未至起持息念時若
依未至初靜慮起初二解脫前四勝
處不淨觀身受心念住及緣餘法法
念住諸有欲令一切法是勝義者起
身受心念住及緣餘法法念住義無
㝵解及有欲令唯涅槃是勝義者起
義無㝵解時即依彼二地起法無㝵
解詞無㝵解若身受心念住及緣餘
法法念住辯無㝵解時即依彼二地
起空空無願無願無相無相時有說
但起無相無相時於如是時起出離
尋不思惟出離尋緣餘法故
有思惟出離尋不起出離尋謂緣出
離尋起餘尋此有三種謂善染無記
善者除思所成餘如前說於修所成
中此說在何位荅此說依靜慮中間
及上三靜慮初煖頂忍及增長忍位
起緣三諦法念住若增長煖頂位起
緣出離尋法念住若起世第一法若
已入正性離生若集道現觀各四心
頃若依靜慮中間以苦集道智離初

靜慮染若即以此及緣出離尋世俗法念住為加
行彼一切加行無間解脫道時即依靜慮中間以
道智離第二靜慮乃至非想非非想處染若即以
此及緣出離尋苦集智世俗法念住為加行彼一
切加行無間解脫道時唯除離有頂染最後解脫
道若依第二靜慮近分離初靜慮染若即依此以緣
出離尋法念住為加行彼一切加行無間道時若
依第二靜慮以道智離第二靜慮乃至非想
非非想處染若即以此及緣出離尋苦集智世俗
法念住為加行彼一切加行無間解脫道時唯
除離有頂染最後解脫道如依第二靜慮依
第三第四靜慮亦尒若依空無邊處以道智離
空無邊處乃至非想非非想處染若即以此及
緣出離尋世俗法念住為加行彼一切加行無間
解脫道時唯除離有頂染最後解脫道如依空無
邊處依識無邊處無所有處亦尒若依非想非
非想處為離彼染以緣出離尋法念住為加行彼
加行道時若依靜慮中間乃至第四靜慮以苦
集道智信勝解練根作見至若即以此及緣出
離尋世俗法念住為加行彼加行無間解脫道
時即依彼諸地以道智時解脫練根作不動若
即以此及緣出離尋苦集智世俗法念住為
加行彼加行道九無間道八解脫道時若依無色

定以道智時解脫練根作不動若即以此及緣出離尋世俗法念住為加行彼加行道九無間道八解脫道時若以緣出離尋苦集道智世俗法念住雜修上三靜慮時若依上三靜慮引發緣出離尋他心智通宿住隨念智通時若依靜慮中間乃至第四靜慮起無量時若起緣出離尋無色解脫時若依靜慮中間乃至非想非非想處起緣出離尋法念住時諸有欲令一切法是勝義者依靜慮中間乃至第四靜慮起緣出離尋苦集道智世俗法念住義無尋解時依無色定起緣出離尋道智世俗法念住義無尋解時若依靜慮中間乃至非想非非想處起緣出離尋辯無尋解時若起緣出離尋願智邊際定及入滅盡定想微細心時是名善染汙者謂緣出離尋起薩迦耶見執我我所廣說如前無記者謂緣出離尋起非如理非不如理作意於如是時思惟出離尋不起出離尋

有起出離尋亦思惟出離尋謂緣出離尋起出離尋如出離尋長時相續現在前時緣自相續過去未來及他相續三世出離尋問此說在何位答此說依未至初靜慮初煖頂忍及增長忍位起緣三諦法念住若增長煖頂位起緣出離尋法念住若起世第一法若已入正性離生苦集道現觀各四心頃若以世俗道苦集道智離欲界染若即以為加行彼一切加行無間解脫道時若依未至初靜慮以苦集道智離初靜慮染若即以此及緣出離尋世俗法念住為加行彼一切加行無間解脫道時即依彼二地以道智離第二靜慮乃至非想非非想處染若即以此及緣出離尋苦集智世俗法念住為彼加行彼一切加行無間解脫道時唯除離有頂染最後解脫道即依彼二地以苦集道智信勝解練根作見至若即以此及緣出離尋世俗法念住為加行彼一切加行無間解脫道時即依彼二地以道智時解脫練根作不動若即以此及緣出離尋苦集智世俗法念住為加行彼加行道九無間道八解脫道時若以緣出離尋苦集道智世俗法念住雜修初靜慮時若依初靜慮引發緣出離尋他心智宿住隨念智通時若依未至初靜慮起無量時及緣出離尋法念住時諸有欲令一切法是勝義者依未至初靜慮起緣出離尋苦集道智世俗法念住義無尋解時即依彼二地起緣出離尋辯無尋解時有說即依彼二地起空空無願無願時如是等時起出離尋亦思惟出離尋

有不起出離尋亦不思惟出離尋謂除前相問此說在何位答此說依靜慮中間乃至第四靜慮初煖頂忍及增長忍位起緣滅諦法念住若增長煖頂位起身受心念住及緣餘法法念住若已入正性離生滅現觀四心頃若依靜慮中間以滅智離初靜慮染以身受心念住及緣餘法法念住為加行彼一切加行無間解脫道時即依靜慮中間以苦集滅智離第二靜慮乃至非想非非想處染以身受心念住及緣餘法法念住為加

行彼一切加行無間解脫道時若依第二靜慮近分離初靜慮染以身受心念住及緣餘法法念住為加行彼加行道解脫道時若依第二靜慮以苦集滅智離第二靜慮乃至非想非非想處染以身受心念住及緣餘法法念住為加行彼一切加行無間解脫道時如依第二靜慮乃至依無所有處亦尒若依第三靜慮近分離第二靜慮染若即依此以身受心念住及餘法法念住為加行彼一切加行無間解脫道時如依第三靜慮近分依第四靜慮近分亦尒若依空無邊處近分離第四靜慮染諸說無色近分有別緣者彼說若即依此以身受心念住及緣餘法法念住為加行諸說無色近分無別緣者彼說若即依此以緣餘法法念住為加行彼一切加行無間解脫道時如依空無邊處近分乃至依非想非非想處近分亦尒若依非想非非想處為離彼染起身受心念住及緣餘法法念住為加行彼加行道時若依靜慮中間乃至第四靜慮以滅智信勝解練根作見至以身受心念住及緣餘法法念住為加行彼加行無間解脫道時若依靜慮中間乃至無所有處以苦集滅智時解脫練根作不動以身受心念住及緣餘法法念住為加行彼一切加行无間解脫道時若依非想非非想處時解脫為練根作不動故以身受心念住及緣餘法法念住為加行彼加行道時若以身受心念住及緣餘法法念住雜修上三靜慮時若依上三靜慮引發神境天眼天耳及緣餘法他心智宿住隨念智通時若依靜慮中間第二靜慮起初二解脫前四勝處時若起第三第八解脫後四勝處十遍處時若起身受心念住及緣餘法法念住四無色解脫時若依靜慮中間乃至第四靜慮起不淨觀及靜慮中間第二第三靜慮近分起持息念時若依靜慮中間乃至非想非非想處起身受心念住及緣餘法法念住時諸有欲令一切法是勝義者依靜慮中間乃至非想非非想處起身受心念住及緣餘法法念住義无辠解及有欲令唯涅槃是勝義者即依彼諸地起義無辠解時即依彼諸地起身受心念住及緣餘法法念住辯無辠解時依靜慮中間乃至第四靜慮起法無辠解時有說及依靜慮中間起詞無辠解時若起身受心念住及緣餘法法念住願智邊際定及入滅盡定想微細心時若起無諍時若依靜慮中間乃至非想非非想處起空空無願無願無相無相時如是等時不起出離尋亦不思惟出離尋如出離尋無恚尋無害尋亦尒三惡尋三善尋廣說如雜藴思納息

說一切有部發智大毗婆沙論卷第一百九十四

阿毗達磨大毗婆沙論卷第一百九十四

校勘記

一　底本，金藏廣勝寺本。

一　六九三頁中一五行第九字「法」，諸本（不含石，下同）作「法法」。

一　六九三頁下一五行第一〇字「智」，資、普、南作「解」。

一　六九三頁下末行第一二字「相」，資、磧、普、南、徑、清作「想」。

一　六九四頁上一七行第四字「住」，資、磧、普、南作「位」。

一　六九五頁上一四行第一一字「思」，資、磧作「器」。

一　六九五頁中四行「解脫道」，諸本作「九解脫道」。

一　六九五頁下九行第八字「相」，資、磧、普、南、徑、清作「想」。

一　六九六頁上一二行第五字「處」，磧、普、南、徑、清作「住」。

一　六九六頁中三行末字「染」，磧、普、南、徑、清作「緣」。

一　六九六頁中一一行「二心」，資作「三心」。

一　六九六頁下一〇行首字「無」，諸本作「無諍」。

一　六九七頁上八行「心須至定」，諸本作「心頃若依未至定」。

一　六九七頁中二行第七字「若」，資、磧、普、南、徑、清作「苦」。

一　六九七頁下八行「第第」，諸本作「第」。

一　六九八頁中九行「即以」，諸本作「即以此」。

一　六九八頁中一四行「道智」，資、磧、普、南、徑、清作「通智」。

一　六九八頁中一六行第八字「彼」，麗無。

一　六九九頁上九行第五字「若」，磧、普、南、徑、清作「者」。

一　六九九頁中二行首字「至」，資、磧、普、南、徑、清作「乃至」。

一　六九九頁中一九行「及靜慮」，諸本作「及依靜慮」。

阿毗達磨大毗婆沙論卷第一百九十五　　逸

五百大阿羅漢等造

三藏法師玄奘奉　詔譯

見蘊第八中三有納息第二之四

諸法因無明此法緣無明耶乃至廣說問何故此中依明無明而作論答彼作論者意欲尒故乃至廣說有說此二是雜染清淨根本故謂一切雜染無明為根本如說所有種種惡不善法若生若長皆以無明為根為集為種類為等起一切清淨明為根本如說所有種種善法若生若長無不以明為根為集為種類為等起有說此二俱是上首法故謂世尊於契經中說此二種為上首法如說苾芻無明為上首無明為前相種種惡不善法皆得生起又由此成無慙愧者明為上首明為前相種種善法皆得生起又由此成有慙愧者有說此二是近相障對治法故謂無明是明近障明是無明近對治有說此二是所共知相違法故謂無明違明明違無明有說此二俱緣相攝不相攝四聖諦故俱緣不相攝有漏無漏法故俱緣不相攝有為無為法故由此等種種因緣故作論者依明無明而作斯論

然明無明為因緣法品類差別有十一種彼欲界繫有四種謂善不善有覆無記無覆無記色界繫有三種除不善無色界繫亦尒及無漏法此中欲界繫善法明無明俱非其因並作三緣謂等無間所緣增上不善法無明為其四因謂相應俱有同類遍行亦為作四緣明非其因　為作二緣謂所緣增上欲界繫有覆無記法無明為其四因謂相應俱有同類遍行亦為作四緣明非其因為作一增上緣欲界無覆無記法除無明異熟無明非其因為作三緣謂等無間所緣增上明非其因為作一增上緣無明異熟無明為作一異熟因為作三緣謂因等無間增上非所緣以彼異熟在五識故明非其因為作一增上緣色界繫善法明無明俱非其因並作三緣謂等無間所緣增上色界有覆無記

法無明為其四因謂相應俱有同類遍行亦為作四緣明非其因為作二緣謂所緣增上色界繫無覆無記法無明非其因為作二緣謂等無間所緣增上明非其因為作一增上緣如色界三種無色三種亦尒無漏法無明非其因為作二緣謂所緣增上除初無漏餘無漏法明為其三因謂相應俱有同類為作四緣除初明餘初無漏法明為其二因謂相應俱有或一因謂俱有為作二緣謂因增上初明明非其因為作一增上緣是謂此處略毗婆沙

諸法因無明彼法緣無明耶答若法因無明彼法緣無明此中因無明諸法以種類言之彼法以無明為五因謂相應俱有同類遍行異熟緣無明者即因無明法以種類言之無明為其四緣有法緣無明不因無明謂除無明異熟諸餘無覆無記行及善行無明於彼法或為三緣或為二緣或為一緣而非其因諸法因明彼法緣明耶答若法因明彼法緣明此中因

明諸法以種類言之彼法以明為三因謂相應俱有同類緣明者即因明法以種類言之明為其四緣有法緣明不因明謂初明及諸有漏行明於彼法或為三緣或為二緣或為一緣而非其因

諸法因無明彼法緣明耶荅若法因無明彼法緣明此中因無明諸法以種類言之彼法以無明為五因如前說緣明者即因無明法以種類言之明為其二緣謂所緣增上有法緣明不因無明謂除無明異熟諸餘無覆無記行及善行明於彼法或為四緣或為三緣或為二緣或為一緣無明非其因

諸法因明彼法緣無明耶荅若法因明彼法緣無明此中因明諸法以種類言之彼法以明為三因謂相應俱有同類緣無明者即因明法以種類言之無明為其二緣謂所緣增上有法緣無明不因明謂初明及諸有漏行無明於彼法或為四緣或為三緣或為二緣或為一緣明非其因

諸法因無明彼法不善耶荅若法不善彼法因無明此中因無明不善法以種類言之彼法以無明為四因謂相應俱有同類遍行有法因無明非不善謂無明異熟及有覆無記行此中無明異熟以無明為一異熟因有覆無記行種類言之以無明為四因謂相應俱有同類遍行而彼法非不善是無記故

諸法因明彼法善耶荅若法因明彼法善此中因明善法以種類言之彼法以明為三因謂相應俱有同類有法善不因明謂初明及善有漏行此中初明是善而不以明為因無前及俱明故善有漏行亦不以明為因無因義故

頗有不因明不因無明彼法非無因耶荅有謂除無明異熟諸餘無覆無記行及初明善有漏行如是諸法不因明不因無明而非無因於中除無明異熟諸餘無覆無記行以種類言之有四因謂相應俱有同類異熟初明有二因謂相應俱有善有漏行以

種類言之有三因謂相應俱有同類問初明俱無漏得亦不因明不因無明而非無因此中何故不說荅此文應作是說及初明彼俱無漏得而不說者當知此義有餘有說此得攝在初明俱有因中是以不說彼不應作是說得非初明俱有因故應言攝在初明品中若說初明當知已說彼眾諸法明無明義廣說如雜蘊緣起納息

見蘊第八中想納息第三之一

諸法無常想生彼法無常想相應耶如是等章及解章義既領會已應廣分別問何故作此論荅為止愚相應法執相應法非實者意顯相應法決定實有故作斯論諸法無常想生彼法無常想相應耶荅應作四句有法無常想生非無常想相應謂無常想現前必滅餘想現前必生彼相應法此中說無常想無間無常苦想乃至滅想隨一現在前彼相應法者謂除想餘九大地法十大善地法有尋有伺地尋伺無尋唯伺地伺及心如是諸法無常想生無常想為等無間緣而

起故非無常想相應與苦無我想乃至滅想隨一相應故有法無常想相應非無常想生謂餘想現前必滅無常想現前必生彼相應法此中說無常苦想乃至滅想隨一無閒無常想現在前

彼相應法者謂除想餘九大地法等廣說如上如是諸法無常想相應非無常想生無常苦想乃至滅想隨一為等無閒緣而起故有法無常想生亦無常想相應謂無常想現前必滅無常想現前必生彼相應法此中說後無常想聚中除無常想餘心心所法廣說如上如是諸法無常想生無常想為等無閒緣而起故亦無常想相應彼聚中有故無常想雖從無常想生而非無常想相應以自性於自性三因緣故不相應如前說有法非無常想生亦非無常想相應謂餘想現前必滅餘想現前必生彼相應法此中說無常苦想乃至滅想隨一無閒隨一現在前彼諸想相應法廣說如上如是諸法非無常想生餘想為

等无閒緣而起故亦非無常想相應與餘想相應故如無常想乃至滅想亦介隨其所應皆作四句如是便有十種四句

諸法無常想生彼法無常想一緣耶乃至廣說問何故作此論荅欲止愚於所緣體性執所緣性非實有法顯所緣性決定實有故作斯論諸法无常想生彼法无常想一緣耶荅應作四句有法無常想生非無常想一緣謂無常想現前必滅餘想現前必生彼有餘緣此中說緣色蘊无常想無閒緣受等蘊无常苦想苦无我想隨一現在前緣餘蘊及界處說亦介彼法從无常想生非無常想一緣緣餘法故有法無常想一緣非无常想生謂餘想現前必滅无常想現前必生彼有此緣此中說緣色等蘊無常苦想苦無我想隨一無閒即緣彼蘊無常想現在前界處說亦介彼法无常想一緣不從無常想生无常苦想苦無我想隨一為等無閒緣而起故問此中說何想與何想同一緣耶為

說無常想與無常想同一緣為說無常想與餘想同一緣設介何失二俱有過若說無常想與無常想同一緣者此文云何通如說彼有此緣若說無常想與餘想同一緣者此文復云何通如說彼法非無常想生有時彼想從無常想生故荅此中說無常想與無常想同一緣故言無常想一緣問若介此文云何通如說彼有此緣有說此文應作是說謂餘想現前必滅無常想現前必生彼相應法此則說無常想相應法與無常想相應如是說者此中攝三想謂無常想後起餘想餘想後復起無常想於中說後起無常想與前無常想同緣故言無常想一緣如是則二文善通或有於此作如是問令應思擇此中說何想與何想同一緣耶為說無常想與餘想同一緣為說餘想與無常想同一緣耶此二何差別若說無常想與餘想同一緣者此文云何通如說有法無常想一緣若苦無我想無閒無常想生彼與苦無我想同一緣非無

常想若說餘想與無常想同一緣者有時彼法從無常想生則不應說非無常想生有說此中說無常想與餘想同一緣問若尒者此文云何通如說有法無常想一緣荅應作是說謂餘想現前必滅無常想現前必生彼想相應法若尒彼法應從無常想生亦與無常想同一緣如是說者此中應說無常想與無常想同一緣是故此中總攝三想謂初無常想次起餘想餘想無間復起無常想此中說後生無常想與前生無常想同一緣如是則二過俱離有法無常想生無常想一緣謂無常想現前必滅無常想現前必生彼有此緣此中說緣色等蘊無常想無間即緣彼蘊無常想現在前界處說亦尒彼法從無常想生亦與無常想同一緣有法非無常想生亦非無常想一緣謂餘想現前必滅餘想現前必生彼有餘緣此中說緣餘蘊無常苦想苦無我想隨一無間緣餘蘊無常苦想苦無我想隨一現在前界處說亦尒彼法非無常想

生餘想為等無間緣而起故亦非無常想一緣餘想餘緣故如無常想乃至滅想亦尒問此所說中餘想可尒不淨想猒食想過去緣過去現在緣現在未來生者緣未來云何得成第三句耶荅依相似說亦無有過謂前不淨想緣骨瑣而滅後不淨想復緣骨瑣而生以境相相似故亦名一猒食想亦尒

諸法由心起非不由心乃至廣說前業蘊中顯示愛非愛果由心而起分位差別此中顯示身語二業由心而起分位差別心有二種謂轉隨轉轉謂能引身語二業在彼前起隨轉謂助身語二業與彼俱生此中說轉不說隨轉問所說諸法謂是何耶或有說者是別解脫律儀若作是說諸法是別解脫律儀者彼說諸法由心起者謂別解脫律儀心力所引起非不由心者無有離心力而得彼律儀若時心起尒時彼法耶荅心先起後彼法謂先起如是心我當受別解脫律儀後便正起律儀表業若時心滅尒時彼

法耶荅心先滅後彼法謂彼心先生已滅後彼律儀表業生已復滅所以者何諸行無常所有生已無力能暫停住剎那無間必謝滅故若時心得尒時彼法耶荅心先得後彼法謂彼善心由二緣故得一善心相續二界地來還彼律儀由表故得若時心捨尒時彼法耶荅彼法先捨後乃心謂彼律儀由四緣故捨一捨學處二二形生三善根斷四捨衆同分有說犯根本罪時亦捨彼心由二緣捨一善根斷二越界地問若欲界命終還生欲界者可先捨彼法後乃心若欲界命終生色無色界及般涅槃者彼法與心俱時而捨云何得說彼法先捨後乃心耶荅此中但說欲界命終還生欲界者彼命終時捨衆同分故別解脫律儀亦捨雖捨衆同分而不捨心有說欲界命終生色無色界及般涅槃者有是此中所說彼將死時身力羸劣或斷末摩苦所觸故便失所受身語律儀後命終時其心方捨問若尒云何可說某苾芻命終荅仍本名

故無過如王失位猶名為王問彼衣鉢等諸出家者云何得分荅彼於昔時亦曾分他如是財物今時命過他還分之又是先來遞傳所許曾聞昔有仙人命終同梵行者以其財物輸納於王而作是言此是某仙所有資產彼無繼嗣今持與王願為納受王令持還而語之言諸出家者所受用物我等俗人不應受用從今以去諸出家者若當命終所有資具同梵行者應共分之由是開許故無有過評曰如前所說者好所以者何若觸非是捨戒緣故本所要期乃至命終非命未終離斷善等而令戒捨是最後命終剎那心與律儀一時俱失若時心受異熟尒時彼法耶荅或尒時或餘時尒時者謂一剎那或一相續或一分位或一衆同分餘時者謂異剎那或異相續或異分位或異衆同分

以現在時有四種故復有說者諸法謂不律儀若作是說諸法是不律儀者彼說諸法由心起者謂不律儀心

阿毗達磨大毗婆沙論卷第一百九十五　第十三張　逸

力所引起非不由心者無有離心力而得不律儀若時心起尒時彼法耶荅心先起後彼法謂先起如是心我當受作如是事業後便正起不律儀表業若時心滅尒時彼法耶荅心先滅後彼法謂彼心先生已滅後不律儀生已復滅所釋如前若時心得尒時彼法耶荅心先得後彼法謂彼不善心由二緣故得一從離欲退二界地來還彼不律儀由表故得若時心捨尒時彼法耶荅彼法先捨後乃心謂不律儀由四緣故捨一受律儀二得靜慮三二形生四捨衆同分彼不善心由一緣捨謂離欲染時若時心受異熟尒時彼法耶荅或尒時或餘時如前釋復有說者諸法謂非律儀非不律儀所有身語妙行惡行若作是說諸法是非律儀非不律儀所有身語妙行惡行者彼說諸法由心起者謂彼身語妙行惡行心力所引起非不由心者無有離心力而得彼身語妙行惡行若時心起尒時彼法耶荅心先起後彼法謂先起如是心我當作如是如

阿毗達磨大毗婆沙論卷第一百九十五　第十四張　逸

是事業後便正起彼身語表若時心滅尒時彼法耶荅心先滅後彼法如前釋若時心得尒時彼法耶荅心先得後彼法謂彼善心二緣故得一善根相續二界地來還彼不善心亦二緣故得一從離欲退二界地來還彼身語妙行惡行由表故得若時心捨尒時彼法耶荅彼法先捨後乃心謂彼身語妙行惡行三緣故捨一意樂息二捨加行三勢力盡彼善心二緣故捨不善心一緣故捨皆如前說若時心受異熟尒時彼法耶荅或尒時或餘時如前釋頗有法是所通達所遍知乃至廣說問何故作此論荅欲止他宗顯己義故謂或有說所通達所遍知非實有法或復有說無漏有為亦是所斷或復有說加行所起無覆無記亦是所修或復有說唯有涅槃是所作證欲止此等意趣明所通達所遍知是實有法所斷唯是有漏所修唯善有為所證通一切善及依定所起無覆無記故造斯論

所通達者謂一切法皆是善慧所通

阿毗達磨大毗婆沙論卷第一百九十五　第十五張　逸

達故所遍知者謂一切法皆智遍知所
遍知故如說所通達云何謂一切法
所遍知云何謂一切法所斷者謂一
切有漏法是對治道所應斷故如說
所斷法云何謂一切有漏法所修者
謂一切善有為法是得修習修隨一
或俱故如說所修法云何謂一切善
有為法所作證者謂一切善及依定
所起無覆無記是可欣尚求得彼故
如說所作證法云何謂一切善法及
依三摩鉢底所起無覆無記天眼天
耳頗有法是所通達所遍知非所斷
非所修非所作證耶荅有謂虛空非擇
滅如是二法是所通達是善慧所通
達故亦是所遍知是智遍知所遍知故
非所斷無漏故非所修無為故非所作
證非可欣尚求得法故頗有法是所通
達所遍知非所斷非所修是所作證
耶荅有謂擇滅此是所證是可欣尚
求得法故餘如前釋頗有法是所通
達所遍知非所斷是所修是所作證
耶荅有謂無漏有為法此是所修善
有為故餘如前釋頗有法是所通達
所遍知是所斷是所修是所作證耶

阿毗達磨大毗婆沙論卷第一百九十五　第十六張

荅有謂善有漏行此是所斷有漏故
餘如前釋頗有法是所通達所遍知
是所斷非所修是所作證耶荅有謂
定所起天眼耳此是所斷有漏故非
所修無記故是所作證依定所起求
得彼故餘如前釋頗有法是所通達
所遍知是所斷非所修非所作證耶
荅有謂除定所起天眼耳餘無記行
不善法義如前釋問外國諸師說所
作證無覆無記法有八種謂依定所
起天眼天耳及彼二識無覆無記法
詞二無㝵解願智變化心此中何故
但說天眼天耳非餘法耶荅外國諸
師所誦文句作如是說所作證法云
何謂一切善法及依三摩鉢底所起
無覆無記法迦濕弥羅國諸師亦應
作是說而不說者有別意趣謂依定
所起天眼耳識攝在所說天眼耳中
若說所依當知已說依者法詞二無
㝵解及願智皆唯是善亦是所修非
此所攝不應責問變化心似工巧轉
非甚欣尚此中不說以是故不隨彼
所說復次若依加行正所求得者是

阿毗達磨大毗婆沙論卷第一百九十五　第十七張

增上故此中說之天眼耳識無別加
行但因所求天眼耳得諸變化心因
起加行求離染得皆非增上故此不
說復次天眼天耳廣設加行暫時成
就是為希有故此說之彼識及變化
心因離欲染或界地還時不用功而
得得已恒時三世成就非謂希有故此
不說復次天眼天耳是修果故是攝
受支定果故離欲染後能現前故於
一切時識不空故起必無有彼同分
故但成就者必作用故是眼耳通所
依止故是猒生死勝根本故此中說
之餘法不尒是故不說此中所說非
擇滅者謂滅非離繫非擇法所得
諸補特伽羅得時不離繫縛所說
擇滅者謂滅是離繫是擇法所得
諸補特伽羅得時便離繫縛此二
滅廣說如雜蘊愛敬納息頗有法無
緣因緣無緣法緣無緣法俱生乃至
廣說問何故作此論荅欲止他宗顯
已義故謂或有說諸有為相無實體
性如譬喻者所說所以者何彼說諸
有為相是不相應行行蘊所攝諸不
相應行皆無實體或復有說諸有為

阿毗達磨大毗婆沙論卷第一百九十五　第十八張

相是無為法如分別論者所說所以者何彼作是說若有為相是有為者其力羸劣何能生他乃至令滅以是無為故便能生法乃至滅法或復有說有為相中生老住是有為滅是無為所以者何彼說諸法令生老住則易令滅則難若無常相是有為者其性羸劣何能滅他以是無為故其性強盛能滅諸法或復有說色法生老住無常體即是色餘亦如是或復有說諸有為相是相應法為止如是種種異執顯有為相是實有性非無為法非即色等是不相應故造斯論

頗有法無緣因緣無緣法緣無緣法俱生是有是有性非無非無性異色異受想識異相應行耶荅有謂五識身彼相應法及緣色無為心不相應行意識身彼相應法所有生老住無常此法無緣是不相應行無所緣故此因緣無緣法緣無緣法俱生以前所說六識身及相應法為因即與彼俱生故由此已遮執有為相是無為者意非無為法從因生故此是有非

無法故是有性非假法故非無非無性此為決定前所說義復次前二句成立已論後二句遮破他論成立已論者如善說法者成立善說法宗悪說法者成立悪說法宗應理論者成立應理論宗分別論者成立分別論宗遮破他論者如善說法者遮破悪說法宗悪說法者遮破善說法宗應理論者遮破分別論宗分別論者遮破應理論宗今此亦然前二句成立自宗後二句遮破他宗若不成立自宗便破他者則為空論無所依故若但成立自宗不破他者則於自宗非善成立是故先立已宗後破他論義言此生老住無常有如是理趣法尒法故異受想識非受想識法故由此是有是有性非無非無性由此已遮執有為相非實有者意此異色非色已遮執色等相即是色等此異相應行是不相應法故由此已遮執有為相是相應法此法於彼法當言因當言緣耶荅當言因當言緣此中何謂此法何謂彼法有作是說生老住無

常是此法此俱六識身及相應法是彼法若作是說者彼說若此法於俱起彼法當言因當言緣因者一因謂俱有緣者二緣謂因增上若此法於後起彼法亦當言因當言緣因者三因謂同類遍行異熟緣者三緣除等無間若此法於前起彼法當言緣不當言因緣者二緣謂所緣增上若此法捴於彼法當言因當言緣因者四因謂俱有同類遍行異熟緣者三緣除等無間復有說者前所說六識身及相應法是此法此俱生老住無常是彼法若作是說者彼說若此法於俱起彼法當言因當言緣因者一因謂俱有緣者二緣謂因增上若此法於後起彼法當言因當言緣因者三因謂同類遍行異熟緣者二緣謂因增上若此法於前起彼法當言緣不當言因緣者一緣謂增上若此法捴於彼法當言因當言緣因者四因謂俱有同類遍行異熟緣者二緣謂因增上復有說者即前生老住無常是此法此同類生老住無常是彼法若作

是說者彼說若此法於俱起彼法當言因當言緣因者一因謂俱有緣者二緣謂因增上若此法於後起彼法當言因當言緣因者三因謂同類遍行異熟緣者二緣謂因增上若此法於前起彼法當言緣不當言因緣者一緣謂增上若此法望於彼法當言因當言緣因者四因謂俱有同類遍行異熟緣者二緣謂因增上復有說者即前所說生老住無常是此法此生同類生乃至此無常同類無常是彼法若作是說者彼說若此法於俱起彼法當言因當言緣因者一因謂俱有緣者二緣謂因增上若此法於後起彼法當言因當言緣因者三因謂同類遍行異熟緣者二緣謂因增上若此法於前起彼法當言緣不當言因緣者一緣謂增上若此法望於彼法當言因當言緣因者四因謂俱有同類遍行異熟緣者二緣謂因增上此法當言善耶不善耶無記耶答於善法當言善於不善法當言不善於無記法當言無記以生所生乃至滅

阿毗達磨大毗婆沙論卷第一百九十五　第十三張

所滅性類必同故此法幾隨眠隨增幾結繫耶答三界有漏緣隨眠隨增九結繫問何故不說此法無漏緣隨眠隨增耶答由二緣故隨眠隨增一所緣故二相應故無漏緣隨眠無所緣故隨增境解脫故雖有相應故隨增而於此無不與此相應故此中依種類總說故言三界有漏緣隨眠隨增九結繫若別說者欲界於欲界乃至無色界於無色界見苦所斷一切及見集所斷遍行於見苦所斷見集所斷一切及見苦所斷遍行於見集所斷見滅所斷有漏緣及遍行於見滅所斷見道所斷有漏緣及遍行於見道所斷脩所斷一切及遍行於脩所斷欲界九結於欲界色界六結於色界無色界六結於無色界如是三界有漏緣隨眠及九結於此法皆由所緣故隨增及繫非相應故諸有為相廣說如雜蘊色納息

說一切有部發智大毗婆沙論卷第一百九十五

甲辰歲高麗國大藏都監奉

勅彫造

阿毗達磨大毗婆沙論卷第一百九十五　第十[illegible]張

阿毗達磨大毗婆沙論卷第一百九十五

校勘記

一　底本，麗藏本。

一　七〇一頁中四行第二字「故」，諸本（不含石，下同）作「彼」。

一　七〇一頁下四行第八字「二」，諸本作「三」。

一　七〇三頁上八行第七字「諸」，諸本作「說」。

一　七〇三頁中六行第七字「故」，磧作「彼」。

一　七〇四頁中七行「骨瑣」，資、磧、普、徑作「骨鏁」。八行同。

一　七〇四頁下六行第一〇字「心」，諸本作「根」。

一　七〇四頁下八行第一一字「後」，資作「彼」。

一　七〇四頁下二〇行第四字「有」，諸本作「亦」。

一　七〇五頁上一三行第六字「故」，諸本作「戒終故」。

一　七〇五頁上一四行末字「是」，諸本作「是故」。

一　七〇五頁中九行第三字「二」，南作「一」。

一　七〇五頁下一一行第六字「一」，南、徑、清作「二」。

一　七〇五頁下一九行第一一字「趣」，諸本作「起」。

一　七〇六頁上一九行「所證」，諸本作「所作證」。

阿毗達磨大毗婆沙論卷第一百九十六　逸

五百大阿羅漢等造

三藏法師玄奘奉　詔譯

見蘊第八中想納息第三之二

見相應受幾隨眠隨增乃至廣說問何故作此論答為止撥無世俗正見者意顯實有世俗正見是修所斷及遍行隨眠之所隨增又遮說有修所斷疑隨眠者意顯疑隨眠唯見所斷故作斯論問如夜見物杌耶人耶此疑豈非修所斷耶答此於彼事未了故疑了時便斷非隨眠性問此中何故但依見疑而作論答彼作論者意欲尒故乃至廣說復次唯此二種平不相應而俱緣四諦俱通遍行俱緣有漏無漏俱緣有為無為於餘煩惱為勝貪瞋慢雖平不相應而不能通緣四諦唯不遍行但緣有漏但緣有為無明雖緣四諦亦是遍行通緣有為無為有漏無漏而與一切煩惱相應皆非增勝是故此中但依見疑而作論見相應受幾隨眠隨增答三界有漏緣及無漏緣見彼相應無明隨眠隨增此則揔說若別說者見相應受差別有五謂見苦所斷乃至修所斷此中見苦所斷見相應受見苦所斷一切及見集所斷遍行隨眠隨增見集所斷見相應受見集所斷一切見苦所斷遍行隨眠隨增見滅所斷見相應受見滅所斷無漏緣見彼相應無明見滅所斷一切有漏緣及遍行隨眠隨增見道所斷見相應受見道所斷無漏緣見彼相應無明見道所斷一切有漏緣及遍行隨眠隨增修所斷見相應受修所斷一切及遍行隨眠隨增此中隨增差別應作四句或有隨眠於見相應受所緣故隨增非相應故或有隨眠於見相應受相應故隨增非所緣故或有隨眠於見相應受所緣故隨增亦相應故或有隨眠於見相應受非所緣故隨增亦非相應故初句者謂除有漏緣見彼相應無明諸餘有漏緣隨眠第二句者謂無漏緣見彼相應無明第三句者謂有漏緣見彼相應無明第四句

阿毗達磨大毗婆沙論卷第一百九十六　第二張　逸字号

者謂除無漏緣見彼相應無明諸餘無漏緣隨眠

見不相應受幾隨眠隨增答除無漏緣見彼相應無明餘隨眠隨增此則捴說若別說者見不相應受差別有五謂見苦所斷乃至修所斷此中見苦所斷見不相應受見苦所斷一切及見集所斷遍行隨眠隨增見集所斷見不相應受見集所斷一切及見苦所斷遍行隨眠隨增見滅所斷見不相應受除見滅所斷邪見彼相應無明諸餘見滅所斷及遍行隨眠隨增見道所斷見不相應受除見道所斷邪見彼相應無明諸餘見道所斷及遍行隨眠隨增修所斷見不相應受修所斷一切及遍行隨眠隨增此中隨增差別亦作四句或有隨眠於見不相應受所緣故隨增非相應故乃至廣作四句第一句者謂有漏緣見彼相應無明第二句者謂除無漏緣見彼相應無明諸餘無漏緣隨眠第三句者謂除有漏緣見彼相應無明諸餘有漏緣隨眠第四句者謂無漏緣見彼相應無明

疑相應受幾隨眠隨增答三界見所斷有漏緣及無漏緣疑彼相應無明隨眠隨增此則捴說若別說者疑相應受差別有四謂見苦集滅道所斷此中見苦所斷見集所斷如前說見滅所斷疑相應受見滅所斷疑彼相應無明見滅所斷一切有漏緣及遍行隨眠隨增見道所斷疑相應受見道所斷疑彼相應無明見道所斷一切有漏緣及遍行隨眠隨增此中隨增差別亦作四句或有隨眠於疑相應受所緣故隨增非相應故乃至廣作四句第一句者謂除有漏緣疑彼相應無明諸餘見所斷有漏緣隨眠第二句者謂無漏緣疑彼相應無明第三句者謂有漏緣疑彼相應無明第四句者謂除無漏緣疑彼相應無明諸餘無漏緣隨眠

疑不相應受幾隨眠隨增答除無漏緣疑彼相應無明餘隨眠隨增此則捴說若別說者疑不相應受差別有五謂見苦所斷乃至修所斷此中見苦所斷見集所斷如前說見滅所斷疑不相應受除見滅所斷疑彼相應無明諸餘見滅所斷及遍行隨眠隨增見道所斷疑不相應受除見道所斷疑彼相應無明諸餘見道所斷及遍行隨眠隨增修所斷疑不相應受修所斷一切及遍行隨眠隨增此中隨增差別亦作四句或有隨眠於疑不相應受所緣故隨增非相應故乃至廣作四句第一句者謂有漏緣疑彼相應無明第二句者謂除無漏緣疑彼相應無明諸餘無漏緣隨眠第三句者謂除有漏緣疑彼相應無明諸餘有漏緣隨眠第四句者無漏緣疑彼相應無明

因道緣起法幾界幾處幾蘊攝答十八界十二處五蘊此中因者六因謂相應乃至能作道者八支聖道謂正見乃至正定緣起者十二支緣起謂無明乃至老死此因道緣起具攝一切界處蘊法問因及緣起可尒道云何亦具攝耶答此文應作是說因及緣起十八界十二處五蘊攝道三界

二處五蘊攝而不作是說者當知此中捴說因道緣起攝一切界處蘊非一一攝復有說者因道緣起法皆謂六因此皆因之差別名故如施設論說因道路等盡同一義是以皆攝十八界等有作是說因謂一切有為法如品類足說因法云何謂一切有為法由此具攝十八界等道即是因此因與誰為道與所得果由此亦攝十八界等緣起亦是一切有為法如品類足說緣起法云何謂一切有為法由此亦攝十八界等除眼觸等起想受心相應法及耳觸等起想受心不相應法餘法幾界幾處幾蘊攝荅十八界十二處五蘊等起有二種謂因及剎那此中但說剎那等起以說相應不相應故問此所說中除何相應不相應法取何餘法界處蘊攝耶荅此中除眼觸聚中非觸想受心餘相應法及耳觸聚中生老住無常取所餘法界處蘊攝所以者何此所說中若法是眼觸等起想受心相應及耳觸等起想受心不相應者是所除彼眼觸聚中觸雖與想受心相應而非眼觸等起自體於自體無等起義故想雖眼觸等起及受心相應而非想相應自體於自體無相應義故受心說亦尒是故眼觸聚中觸想受心皆非所除餘相應法眼觸等起及想受心相應故乃是所除耳觸聚中觸非耳觸等起亦非想受心不相應想雖耳觸等起及想不相應而與受心相應受心說亦尒餘心所法雖耳觸等起而與想受心相應是故耳觸聚中心心所法皆非所除彼俱起生老住無常耳觸等起及想受心不相應故乃是所除是名所除法餘法云何謂六觸身六想身六受身六識身及耳鼻舌身意觸聚中餘相應行蘊除耳觸聚中生老住無常餘不相應行蘊一切色無為如是餘法十八界十二處五蘊攝乃至除身觸等起想受心相應法及意觸等起想受心不相應法餘法幾界幾處幾蘊攝荅十八界十二處五蘊此中展轉相望所除所取准前應廣釋有餘於此作差別說謂除眼觸等起想受心不相應法及耳觸等起想受心相應法餘法十八界十二處五蘊攝乃至除身體等起想受心不相應法及意觸等起想受心相應法餘法攝如前說復有於此作差別說謂除眼觸等起想受心相應法及耳觸等起想受心相應法餘法攝如前說乃至除身觸等起想受心相應法及意觸等起想受心相應法餘法攝如前說復有於此作差別說謂除眼觸等起想受心不相應法及耳觸等起想受心不相應法餘法攝如前說乃至除身觸等起想受心不相應法及意觸等起想受心不相應法餘法攝如前說

見蘊第八中智納息第四之一

若事能通達彼事能遍知耶如是等章及解章義既領會已次應廣釋問何故作論荅欲止他說忍即是智性者意顯示諸忍與自所斷疑得俱生未重審決不得名智故作斯論事有五種一自性事二繫事三所緣事四因事五攝受事自性事者如世尊說

我當為汝說四十四智事及七十七智事謂緣有支智以事聲說尊者妙音作如是說彼經說所緣事謂諸有支是智所緣故說名事然彼契經說智為事非諸有支以後釋中但說智故繫事者如前一行中說若事愛結繫彼事亦恚結繫耶謂五部煩惱於五部法或所緣故繫或相應故繫彼五部法以事聲說所緣事者如品類足說一切法皆智所知隨其事云何隨其事謂隨其所行隨其境界隨其所緣諸智所行境界所緣以事聲說因事者如品類足說有事法無事法即是有因法無因法又如世尊伽他中說

苾芻心寂靜　能永斷諸事　生死界竟滅
更不受諸有

此中諸因以事聲說一切生死無不由因諸因若斷生死便滅不受諸有得般涅槃攝受事者如契經說棄捨所攝受田事宅事財寶等事又如世尊伽他中說

人於田事財　牛馬童僕等　男女諸親欲
各別而耽受

又在家者作如是言我已取彼介所事彼猶負我介所事諸如是等名攝受事復有五種事一界事二處事三蘊事四世事五剎那事於十種事中此中依自性事而作論謂忍智等自性以事名說

若事能通達彼事能遍知耶答應作四句此中能通達依無漏道智遍知說能如實知故能遍知依無漏道證斷遍知說能永斷煩惱故此二互有長短故應作四句有事能通達非遍知謂苦集滅道智不斷諸煩惱此則見道中諸所有智及修道等中除正斷煩惱道餘四諦智如是諸智是能通達如實智性故非遍知不斷煩惱故有事能遍知非能通達謂苦集滅道忍斷諸煩惱此則見道中斷煩惱諸忍若未離欲染者通法忍類忍若已離欲染者唯類忍如是諸忍是能遍知永斷煩惱故非能通達非如實智性故問若說忍非能通達者品類足說當云何通如彼說能通達云何謂善慧所通達云何謂一切法忍是善慧自性何故此中說非能通達耶答此文應作是說若事是能通達彼事亦是能遍知若事是能遍知彼事亦是能通達而不作是說者有別意趣謂此中依智遍知說能通達依能證斷遍知說能遍知故不應難有事能通達亦能遍知謂苦集滅道智斷諸煩惱此則修道中正斷煩惱道苦等四智是能通達如實智性故亦能遍知永斷煩惱故有事非能通達亦非能遍知謂苦集滅道忍不斷諸煩惱此則已離欲染者於見道中四法忍非能通達非如實智性故亦非能遍知不永斷諸煩惱故彼所對治煩惱先已斷故

若事能猒彼事能離耶答應作四句此中猒者於有漏法猒行相轉離者能離所斷煩惱此二互有長短故應作四句有事能猒非能離謂苦集忍智不斷諸煩惱此則已離欲染入見道者於見道中苦集法忍及一切苦集智於修道等中除正斷煩惱道餘苦集智是猒緣可猒事轉故非能離

不斷煩惱故有事能猒非能猒謂滅道忍智斷諸煩惱此則未離欲染者見道中滅道法忍及一切滅道類忍於修道中正斷煩惱滅道二智如是忍智是能離能斷煩惱故非能猒緣可欣事轉故有事能猒亦能離苦集忍智斷諸煩惱此則未離欲染者於見道中苦集法忍及一切苦集類忍於修道中正斷煩惱道苦集二智如是忍智是能猒緣可猒事轉故亦能離斷諸煩惱故有事非能猒亦非能離謂滅道忍智不斷諸煩惱此則已離欲染者於見道中滅道法忍及一切滅道智於修道等中除正斷煩惱道餘滅道智如是忍智非能猒緣可欣事轉故亦非能離不斷煩惱故

若事能猒彼事修猒耶荅若事能猒彼事亦修猒此中修者得修於見道中苦集忍智於修道等中唯苦集智如是忍智是能猒緣可猒事轉故亦能修猒以猒行相於現在未來或一或俱修故有事修猒非能猒謂滅道智斷諸煩惱此則於修道中以滅道智離三界染時於未來世修苦集智猒行相故說名修猒緣滅道諦可欣事轉故不名能猒問有滅道智現在前時不斷煩惱而亦能修猒如在修道無學道中一切離染加行解脫勝進道時滅道二智及則以此二智練根雜修靜慮引發諸通諸無諍解無色解脫及念住等諸功德時亦能修猒而非能猒此中何故不說耶荅亦應說而不說者當知此義有餘有說此中說決定者謂滅道智斷諸煩惱無間道時決定能修苦集二智唯未曾得而現前故餘時不定或是曾得或未曾得若是曾得則不能修是故不說有說此中說寂初位不說餘位有說此中隨其顯相以要言之是故不說餘位修猒

若事能離彼修猒耶荅應作四句有事能離非修猒謂滅道忍斷諸煩惱此則未離欲染者於見道中滅道法忍及一切滅道類忍如是諸忍是能離斷煩惱故非修猒尒時唯修欣行相故有事修猒非能離謂苦集忍智不斷諸煩惱此則已離欲染者見道中苦集法忍及一切苦集智於修道等中除正斷煩惱道餘苦集智如是忍智是修猒尒時能修猒行相故非能離不斷煩惱故問有滅道智現在前時不斷煩惱亦修猒非離如在修道無學道中一切離染加行解脫勝進道時滅道二智及則以此二智練根雜修靜慮引發諸通諸無諍解無色解脫及念住等諸功德時亦修猒而非離此中何故不說荅亦應說而不說者當知此義有餘有說此中說決定者謂彼諸位苦集二智決定修猒滅道二智則不決定以曾得者現在前時不修猒故有事能離亦修猒謂苦集忍智及滅道智斷諸煩惱此則未離欲染者於見道中苦集法忍及一切苦集類忍於修道中正斷煩惱道苦集滅道智如是忍智是能離斷諸煩惱故亦修猒尒時能修猒行相故有事非能離亦非修猒謂滅道忍智不斷諸煩惱此則已離欲染者於見道中滅道法忍及一切滅道智

於修道等中曾得滅道智現在前時如是忍智非離不斷煩惱故亦非修厭尒時不修厭行相故前來所說厭離及修諸句差別皆依無漏法類忍智分位差別不依餘者乗前通達遍知事故通達遍知唯無漏故

問如所說厭體性是何為是無貪為是慧耶設尒何失若是無貪此文所說當云何通如說有事能厭亦能離謂苦集忍智斷諸煩惱雜蘊所說復云何通如說云何習厭離貪謂無學厭相應無貪無瞋無癡非無貪與無貪可說相應自性與自性不相應故若是慧者則上所說復云何通如說云何習厭離貪謂無學厭相應無貪無瞋無癡無癡則慧非慧與慧可說相應所以如前此中有說體性是無貪問若尒者此文所說當云何通如說有事能厭亦能離乃至廣說答彼中說厭相離法名厭謂無貪與忍智相應說為忍智問雜蘊所說復云何通如說云何習厭離貪乃至廣說答彼文應作是說厭相應無瞋無癡善

根不應說無貪而說者當知是誦者隨言勢增益有作是說厭體是慧問若尒者則雜蘊所說復云何通如說云何習厭離貪乃至廣說答彼文應作是說厭相應無貪無瞋不應說無癡而說者當知是誦者隨言勢增益評曰應說厭體性異非無貪非慧別有心所法名厭與心相應此則攝在復有所餘心所法中此中說無漏厭然亦有有漏厭謂與不淨觀持息念念住三義觀七處善煖頂忍世第一法見道中現觀邊世俗智修道等中如病如癰如箭行相靜慮無量無色解脫勝處遍處等相應廣說過四大海今略說尒所如是厭所厭事應作四句有厭非所厭謂無漏厭有所厭非厭謂除有漏厭餘有漏法有厭亦所厭謂世俗厭有非厭非所厭謂除無漏厭餘無漏法問若緣一切法作無我行相當說是欣相作意厭相作意耶設尒何失若是欣相作意者云何亦緣厭事轉耶若是厭相作意者云何亦緣欣事轉耶答應作是說具

欣相作意問若尒云何亦緣厭事轉耶答彼觀行者於可欣事深樂觀察雖緣無量可厭事猶故生欣如於銅錢聚上置一金錢以金錢故而於彼聚生欣樂心此亦如是

若法與彼法作因或時此法不與彼法作因耶答無時非因問何故作此論答為止愚於因緣法執因緣性非實有者意顯因緣法體性實有故作斯論有說此中依一因作論謂相應因以相應因諸心心所同取一緣恒不相離通三世故有說此中依二因作論謂相應俱有以此二因俱通三世不相離故有說此中依三因作論謂相應俱有異熟此三於果有勝功能通三世故有說此中依四因作論謂相應俱有異熟能作以此四因通三世故有說此中依五因作論謂除遍行因有說此中依六因作論問若法未至已生位則不能為同類遍行因至已生位方能為因如何依六因作論說無時非因耶答此依最後位說謂未來法至正生位定能為因從

此以後無時非因故作是說問若尒
者等無間緣何故不作是說如說若
法與彼法作等無間或時此法不與
彼法作等無間耶荅若時此法未至
巳生然心心法應為等無間緣者至
正生位定能為緣何故不說無時非
等無間耶荅彼亦應作是說而不說
者當知欲現種種文種種說莊嚴於
義令易解故復次欲現二門二略二
階二影二明二炬乎相顯示如此彼
亦尒如彼此亦尒故餘義廣說如雜
藴智納息
若法與彼法作等無間或時此法不
與彼法作等無間耶荅若時此法未
至巳生問何故作此論荅為止愚於
等無間緣法執等無間緣法非實有
者意顯等無間緣法體是實有故作
斯論問若時此法未至巳生者此法
是何為前為後為〇未至巳生位不
與後法作等無間若至便作等無間
耶為後法未至巳生位不與前法作
等無間若至便作等無間耶如世第
一法生苦法智忍為世第一法未至

巳生位不與苦法智忍為等無間若
至便作等無間耶為苦法智忍未至
巳生位不與世第一法為等無間若
至便作等無間耶若前法未至巳生
位不與後法作等無間若至便作者
有心位可尒無心位云何可尒如入
無想定或滅盡定經七晝夜或復多
時若入定心至巳生位則與出定心
為等無間者應第二剎那出定心則
生所以者何若法與彼法為等無間
緣取彼為果必無有法或諸有情若
衆草若呪術若佛若獨覺若聲聞若
聞有能遮彼令第二剎那不得生者
是則二無心定應永不起若後法未
至巳生位不與前法作等無間若至
便作者豈不苦法智忍未至巳生位
亦與世第一法為等無間耶此中有
說若前法未至巳生位不與後法作
等無間若至便作問若然者有心位
可尒無心位云何可尒荅此中說有
心位不說餘位有說設依無心位說
亦無有過謂入定心現在前時頓取
諸定及出心果亦與寂初剎那定果

後諸定剎那及出定心生時與果非
取先巳取故評曰彼不應作是說所
以者何無有等無間緣異時取果異
時與果若此時取果則此時與果故
有作是說若後法未至巳生位不與
前法作等無間若至便作問豈不苦
法智忍未至巳生位亦與世第一法
為等無間耶荅尒時雖與世第一法
作等無間而非等無間緣若至巳生
位亦名等無間亦名等無間緣如等
無間等無間緣如是等無間有等無
間相續有相續亦尒餘義廣說
温智納息

說一切有部發智大毗婆沙論卷第一百九十六

阿毗達磨大毗婆沙論卷第一百九十六
校勘記

一 底本，金藏廣勝寺本。
一 七一〇頁中一八行第七字「但」，清作「俱」。
一 七一一頁中一九行第二字「諸」，資、磧、普、南、徑、清作「謂」。
一 七一二頁上三行第八字「因」，資、磧、普、南、徑、清作「所」。
一 七一二頁下三行「身體」，諸本(不含石，下同)作「身觸」。
一 七一二頁下一四行第一二字「心」，資、磧、普、南、徑、清無。
一 七一二頁下一九行「作論」，諸本作「作此論」。
一 七一三頁上末行「躭受」，諸本作「耽愛」。
一 七一三頁中二一行第六字「說」，諸本作「諸」。
一 七一三頁中末行「一切」，資、磧、普、南、徑、清作「一相」。
一 七一三頁下末行第四字「是」，諸本作「是能」。
一 七一四頁上六行「苦集」，諸本作「謂苦集」。
一 七一四頁上一八行「得修」，諸本作「得修習修」。
一 七一五頁上一七行「體性」，諸本作「厭體性」。
一 七一五頁上二〇行「相離」，諸本作「相雜」。
一 七一五頁下一一行第一〇字「同」，資、磧、普、南、徑、清作「因」。
一 七一五頁下一五行第一一字「果」，資、磧、普、南、徑、清作「異」。
一 七一六頁上五行「心心法」，諸本作「心心所法」。
一 七一六頁中一三行第四字「彰」，諸本作「障」。
一 七一六頁下三行「無有」，資、磧、普、南、徑、清作「無有行」。
一 七一六頁下一二行「廣說」，諸本作「廣說如雜」。
一 七一六頁下一三行首字「温」，諸本作「蘊」。

阿毗達磨大毗婆沙論卷第一百九十七　逸

五百大阿羅漢等造

三藏法師玄奘奉　詔譯

見藴第八中智納息第四之二

若法與彼法作所緣或時此法與彼法非所緣耶答無時非所緣問何故作此論答欲止愚於所緣緣法執所緣緣法無實體性顯所緣緣是實有法故作斯論此中無時非所緣者以心心所法於所緣定故問云何心心所法於所緣定為於處定為於青等定為於剎那定耶此中有說心心所法但於處定非於青等及剎那定所以者何若於青等及剎那定者則無量心心所法住不生法中欲令無如是過故唯於處定問若唯於處定者彼處中有青黃等多種色性若於此不定者彼了青覺則了黃等餘亦如是不何一覺有多了性無二決定故有說心心所法於處定亦於青等定非於剎那定所以者何若於剎那定者則無量心心所法住不生法中勿

有斯過是故不說於剎那定問若尒者如青色中有多種青謂青根青莖青枝青葉青花青果若當於此不說定者彼了根覺則了莖等餘亦如是不可一覺有多了性無二決定故如是說者心心所法於三事定問若尒者則應無量心心所法住不生法中答即無量心心所法住不生法中復有何過未來世寬無容處耶然彼本來已有住處問心心所法如於所緣定亦於所依定耶答於所依亦定謂眼等五識及相應法在未來世與所依遠現在則俱過去復遠有說未來與所依遠現在過去與所依俱餘義廣說如雜藴智納息

若法與彼法作增上或時此法與彼法非增上耶答無時非增上問何故作此論答為止愚於增上緣性執增上緣非實有者意顯增上緣體性實有故作斯論問緣和合故諸法生滅此緣無有不和合時諸法云何不恒生滅尊者世友作如是言諸法生滅和合各異謂餘緣和合故諸法生餘

緣和合故諸法滅是故不恒生滅復次此法生已餘法隨生有多剎那次第隣逼是故無有重生功能如人墮涯隤壞所墜欲起復墜彼人尒時尚不能動何況得起諸法亦然是故無有恒生滅過餘義廣說如雜蘊智納息

諸意觸彼一切三和合觸耶乃至廣說問何故作此論荅欲止他宗顯已義故謂或有執心所則心或有說觸則根境識為止彼意顯心所非心別有觸體與心相應又為止他疑故謂或有疑眼觸乃至身觸名三和合是義可尒彼根境識俱時生故意觸亦名三和合觸云何可尒所以者何意根過去意識現在法或三世或離世故今欲決定顯意觸亦名三和合觸以不不相違共生一果名為和合非唯俱起名和合故由此因緣故作斯論諸意觸彼一切三和合觸耶荅諸意觸彼一切三和合觸無觸不因三和合故有三和合觸非意觸謂五識身相應觸故世尊說苾芻當知有意界有法界有無明界無明觸所生

受所觸故無聞愚夫便執有執無或執有無此中有意界者謂過去意界有法界者謂三世法界有無明界者謂現在無明界無明觸等者謂於無我事愚便執有者謂起常見便執無者謂起斷見或執有無者謂起斷常見尊者言此中意說於自體愚名無明界彼無間滅六識身名意界尒時心心所法所於轉者名法界無明觸等如前說問五識相應觸由現在根境識有名三和合觸是義可尒意識相應觸根在過去境或未來識在現在云何名三和合觸荅和合有二種一俱起不相離名和合二不相違同辦一事名為和合五識相應觸由二和合故名和合意識相應觸由辦一事和合故名和合所以者何如五識根境現在所有作用如是意識根境異世作用亦尒是故尊者妙音作如是說以根境識同辦一事故名和合非以俱起不相離故名為和合如此三法隨在何時皆能展轉辦一事故盡名和合有餘於此作增益文諸

眼觸乃至身觸彼一切三和合觸耶荅諸眼觸乃至身觸彼一切三和合觸有三和合觸非眼觸乃至身觸謂意識身相應觸然今不作如是說者有何意耶欲顯此中但成立不極成義眼觸乃至身觸名三和合觸義自成立故不說之意觸名三和合觸義非極成是以故說由此如前所誦者好

諸慢彼一切自執耶乃至廣說問此見蘊中但應分別見何故分別慢耶荅彼作論者意欲尒故乃至廣說有說以相似故謂一切煩惱中無有煩惱非見自性而似見轉猶如慢者有說先已說一一蘊中分別一切法若此蘊中不分別慢者云何名一一蘊分別一切法耶是故此中亦分別慢諸慢彼一切自執耶荅諸慢彼一切自執以慢是自舉自恃執覽法故有自執非慢諸見趣故世尊說苾芻當知自執有我自執有我所此中自執有我者顯示我見自執有我所者顯示我所見復次自執有我者顯示五我見自執有我所者顯示十五我所見

復次自執有我者顯示我執行相自執有我所者顯示我所執行相有作是說自執有我者顯示我愛自執有我所者顯示我所愛有餘師說自執有我者顯示我愚自執有我所者顯示我所愚

復有說者自執有我者顯示無別異事薩迦耶見自執有我所者顯示有別異事薩迦耶見一切煩惱中無有煩惱非慢自性而似慢轉猶如見者故說見趣自執非慢

諸慢彼一切不寂靜耶問何故復作此論答前雖分別慢與見相似行相未分別與一切煩惱相似行相今欲分別故作斯論諸慢彼一切不寂靜耶答諸慢彼一切不寂靜以慢是自舉自恃執覺法故有不寂靜非慢謂餘煩惱現在前故世尊說苾芻當知動為魔所縛不動脫惡者此中餘煩惱者謂見疑無明貪瞋纏垢現在前者顯不寂靜相問何故現在煩惱有不寂靜相非過去未來耶答現在煩惱於自身中障㝵聖道及聖道加行過去未來煩惱不尒復次現在煩惱於自身中能取果與果過去未來煩惱不尒復次現在煩惱於自身中能取等流果異熟果過未煩惱不尒復次現在煩惱能令自身成可訶責可猒賤可遠離過未煩惱不尒復次現在煩惱燒然自身損壞自身逼惱自身過未煩惱不尒復次現在煩惱自害害他或復俱害過未煩惱不尒復次現在煩惱是不寂靜性有不寂靜用是故說之過去未來煩惱是不寂靜性無不寂靜用是以不說動為魔所縛等者此中初句顯不寂靜者為煩惱魔所縛後句顯寂靜者解脫天魔性弊惡者雖天魔故有餘師說此中二句皆顯示煩惱魔性以諸煩惱害善法故說名為魔起惡業故復名惡者若諸有情不寂靜時為煩惱所縛若能寂靜修習對治則於煩惱便得解脫諸業彼不律儀耶答應作四句有業非不律儀謂身語律儀有不律儀非業謂根不律儀有業亦不律儀謂身語不律儀有非業亦非不律儀謂根律儀諸業彼律儀耶答應作四句謂根律儀有業亦律儀謂身語律儀有非業亦非律儀謂根不律儀問此中根律儀根不律儀以何為自性有作是說根律儀以念正知為自性根不律儀以忘念不正知為自性云何知然經為量故如契經說時有天神告苾芻曰苾芻苾芻莫生瘡疣苾芻答曰我當覆之天復問言瘡疣既大以何能覆苾芻答言我當以念正智覆之天則讚言善哉善哉能如是覆是為善覆由此故知根律儀以念正知為自性根不律儀以忘念不正知為自性問若然者經云何通如契經說念及正知滿足故能滿足根律儀豈以自性滿足自性耶答念及正知有因性有果性因性者以念正知名說果性者以律儀名說以因滿故令果圓滿是故無過有說根律儀以不放逸為自性根不律儀以放逸為自性有說根律儀以六恒住法為自性不律儀以依六根生諸煩惱為自性有說根律儀以永斷遍知諸加

行善根為自性根不律儀以根不永斷不遍知諸煩惱惡行不善根為自性如是則以妙行惡行為根律儀不律儀體有說根律儀以不成就根不永斷不遍知及成就彼對治道為自性根不律儀以成就根不永斷不遍知及不成就彼對治道為自性如是根律儀根不律儀俱以成就不成就為體有說根律儀以不染汙法為自性根不律儀以染汙法為自性如是根律儀根不律儀俱以五蘊為其體性昔迦濕弥羅國招吉祥僧伽藍中有兄弟二阿羅漢俱是法師世稱為難地迦子彼說根律儀根不律儀俱以無覆無記不相應行蘊中根律儀根不律儀為自性此自性成立謂體是實有此則攝在復有所餘心不相應行中問若根律儀根不律儀俱以無覆無記行蘊為自性者此有何差別荅此無覆無記行蘊有隨順善品者有隨順煩惱品者順善品者名根律儀順煩惱品者名根不律儀

若事未得彼不成就耶乃至廣說於前所說五種十種事中此中依自性事而作論欲止說無成就不成就性者意顯成就不成就性是實有故若事未得彼不成就耶荅若事未得彼不成就謂不淨觀持息念念住三義觀七處善煖頂忍世第一法見道修道無學道如是等事若未得彼不成就有事不成就非未得謂得已失此謂則不淨觀等非未得而不成就若事已得彼成就耶荅若事成就彼已得謂則前不淨觀等得已不失有事已得而不成就謂得已失此謂則前不淨觀等已得而失

除苦聖諦及法處乃至廣說問何故作此論荅為止他宗顯已義故謂或有說諸法攝他性不攝自性集諦唯愛道諦唯是八支聖道或說法處攝一切法或說法處唯是非色或復說無去來二世或說五識唯無記性為遮此等種種僻執及顯法相相應義故而作斯論除言有二意趣一欲安立二欲遮遣此中除言為欲遮遣除苦聖諦及法處餘法二界一處一蘊攝此中苦聖諦謂一切有漏法則十五界三界少分十處二處少分五蘊少分法處謂七種法則想受行蘊無表色三無為餘法謂無漏心是故此法二界謂意界意識界一處謂意處一蘊謂識蘊攝除集聖諦及法處說亦尒苦集義異體不異故除滅聖諦及法處餘法十七界十一處二蘊攝此中滅聖諦謂擇滅無為則法界法處少分法處謂七種法如前說餘法謂有對色及一切心是故此法十七界十一處二蘊攝除道聖諦及法處說亦尒此中以所攝量同故言亦尒然道聖諦謂無漏有為法則三界意界意識界法界二處則意處法處五蘊少分法處如前說餘法謂有對色及有漏心是故此十七界十一處二蘊攝

除有色法及法處餘法七界一處一蘊攝此中有色法謂四大種及所造則十界一界少分十處一處少分一蘊法處如前說餘法謂一切心是故此法七心界一處一蘊攝除無色法

及法處餘法十界十處一蘊攝此中無色法謂心心所法不相應行無為則七心界一界少分一處一處少分四蘊除色蘊法處如前說餘法謂一切有對色是故此法十界十處一蘊攝除有見法及法處餘法十六界十處二蘊攝此中有見法謂眼所行則一界一處及一蘊少分法處如前說餘法謂無見有對色及一切心是故此法十六界除色界法界十處除色處法處二蘊所攝色識除無見法及法處餘法一界一處一蘊攝此中無見法謂除眼所行餘一切法則十七界十一處四蘊一蘊少分法處如前說餘法謂眼所行是故此法一界一處一蘊攝除有對法及法處餘法七界一處一蘊攝此中有對法謂除無表餘一切色則十界十處及一蘊少分法處如前說餘法謂一切心是故此法七心界一處一蘊攝除無對法及法處餘法十界十處一蘊攝此無對法謂除有對色餘一切法則八界二處四蘊一蘊少分法處如前說餘

法謂一切有對色是故此法十界十處一蘊攝除有漏法及法處餘法二界一處一蘊攝此中有漏法謂苦集諦則十五界三界少分十處二處少分五蘊少分法處如前說餘法謂無漏心是故此法二界一處一蘊攝除無漏法及法處餘法十七界十一處二蘊攝此中無漏法謂滅道諦及三無為則三界二處五蘊少分法處如前說餘法謂有對色及有漏心是故此法十七界十一處二蘊攝除有為法及法處此除一切法而問餘法是無事空論此中有為法謂苦集道諦則十七界一界少分十一處一處少分五蘊法處如前說除此更無餘法可攝是故此名無事空論除無為法及法處餘法十七界十一處二蘊攝此中無為法謂虛空擇滅非擇滅則一界一處少分法處如前說餘法謂有對色及一切心是故此法十七界十一處二蘊攝除過去法及法處餘法十七界十一處二蘊攝此中過去法謂已生已滅諸法則十八界十二

處五蘊少分法處如前說餘法謂未來現在有對色及心是故此法十七界十一處二蘊攝除未來法現在法及法處說亦尒時別類不別故除善法及法處餘法十七界十一處二蘊攝此中善法謂能得愛果自性安隱法則十界四處五蘊少分法處如前說餘法謂十善無記有對色及心是故此法十七界十一處二蘊攝除不善法及法處說亦尒類別攝不別故除無記法及法處餘法九界三處二蘊攝此中無記法謂不得愛不愛果及非自性安隱法即八界十界少分八處四處少分五蘊少分法處如前說餘法謂善不善有對色及心是故此法九界三處二蘊攝除欲界繫法及法處餘法十三界九處二蘊攝此中欲界繫法謂欲愛所隨增即四界十四界少分二處十處少分五蘊少分法處如前說餘法謂色界繫有對色及色無色界繫不繫心是故此法十三界九處二蘊攝除色界繫法及法處餘法十七界十一處二蘊攝此

中色界繫法謂色愛所隨增則十四界十處五蘊少分法處如前說餘法謂欲界繫有對色及欲無色界繫不繫心是故此法十七界十一處二蘊攝無色界繫法學法無學法及法處說亦尒此以所攝數量同故除非學非無學法及法處餘法二界一處一蘊攝此中非學非無學法謂一切有漏及無為法則十五界三界少分十處二處少分五蘊少分法處如前說餘法謂無漏心是故此法二界一處一蘊攝除見所斷法及法處餘法十七界十一處二蘊攝此中見所斷法謂忍所對治即三界二處四蘊少分法處如前說餘法謂一切有對色及修所對不斷心是故此法十七界十一處二蘊攝除修所斷法及法處餘法二界一處一蘊攝此中修所斷法謂智所對治則十五界三界少分十處二處少分五蘊少分法處如前說餘法謂見所斷不斷心是故此法二界一處一蘊攝除不斷法及法處餘法十七界十一處二蘊攝此中不斷

法謂一切無漏法即三界二處五蘊少分法處如前說餘法謂一切有對色及有漏心是故此法十七界十一處二蘊攝

除已生法及定不生法餘法十八界十二處五蘊攝此中已生法謂過去現在即十八界十二處五蘊少分定不生法謂過去現在法及未來必生法并無為已生故得不生故無生故決定不生此亦十八界十二處五蘊少分餘法謂正生及可生法是故此法亦十八界十二處五蘊攝除非已生法及定不生法此除一切法問餘法是無事空論此中非已生法謂未來法及無為即十八界十二處五蘊少分定不生法如前說除此更無餘法可攝是故說為無事空論除有色法及定不生法餘法八界二處四蘊攝此中有色法及定不生法如前說餘法謂正生可生謂心心所心不相應行是故此法八界二處四蘊攝除無色法及定不生法餘法十一界十一處一蘊攝此中無色法及定不生

法如前說餘法謂正生可生諸有色法是故此法十一界十一處一蘊攝除有見法及定不生法餘法十七界十一處五蘊攝此中有見法及定不生法如前說餘法謂正生可生諸無見法是故此法十七界十一處五蘊攝除無見法及定不生法餘法一界一處一蘊攝此中無見法及定不生法如前說餘法謂正生可生謂有見色是故此法一界一處一蘊攝除有對法及定不生法餘法八界二處五蘊攝此中有對法及定不生法如前說餘法謂正生可生諸無對法是故此法八界二處五蘊攝除無對法及定不生法餘法十界十處一蘊攝此中無對法及定不生法如前說餘法謂正生可生諸有對色是故此法十界十處一蘊攝除有漏法及定不生法餘法三界三處五蘊攝此中有漏法及定不生法如前說餘法謂正生可生諸無漏法是故此法二界二處五蘊攝除無漏法及定不生法餘法十八界十二處五蘊攝此中無漏法

及定不生法如前說餘法謂正生可生諸有漏法是故此法十八界十二處五蘊攝除有為法及定不生法此除一切法問餘法是無事空論此中有為法及定不生如前說除此更無餘法可攝是故說為無事空論除無為法及定不生法餘法十八界十二處五蘊攝此中無為法及定不生法如前說餘法謂正生可生謂有為法是故此法十八界十二處五蘊攝除過去法現在法及定不生法說亦尒此中餘法俱謂正生可生諸有為法是故此法皆十八界十二處五蘊攝除未來法及定不生法此除一切法問餘法是無事空論此中未來法及定不生法具攝一切有為無為法除此更無餘法可攝是故說為無事空論除善法及定不生法餘法十八界十二處五蘊攝此中善法及定不生法如前說餘法謂正生可生諸不善無記法是故此法十八界十二處五蘊攝除不善法及定不生法說亦尒以於餘法所攝同故除無記法及定

不生法餘法十界四處五蘊攝此中無記法及定不生法如前說餘法謂正生可生善不善法是故此法十界四處五蘊攝除欲界繫法及定不生法餘十四界十處五蘊攝此中欲界繫法及定不生法如前說餘法謂正生可生色無色界繫及不繫法是故此法十四界十處五蘊攝除色界繫法及定不生法餘法十八界十二處五蘊攝此中色界繫法及定不生法如前說餘法謂正生可生欲無色界繫不繫法是故此法十八界十二處五蘊攝除無色界繫法學法無學法及定不生法說亦尒以於餘法攝數同故除非學非無學法及定不生法餘法三界二處五蘊攝此中非學非無學法及定不生法如前說餘法謂正生可生學無學法是故此法三界二處五蘊攝見所斷法及定不生法餘法十八界十二處五蘊攝此中見所斷法及定不生法如前說餘法謂正生可生修所斷不斷法是故此法十八界十二處五蘊攝除修所斷法

及定不生法餘法三界二處五蘊攝此中修所斷法及定不生法如前說餘法謂正生可生見所斷不斷法是故此法三界二處五蘊攝除不斷法及定不生法餘法十八界十二處五蘊攝此中不斷法及定不生法如前說餘法謂正生可生見修所斷法是故此法十八界十二處五蘊攝

頗有一界一處一蘊攝一切法耶答有一界謂法界一處謂意處一蘊謂色蘊如是則攝一切法盡所以者何一切法不出五事謂色心心所法不相應行無為色蘊攝色意處攝心法處攝餘是故攝一切法復次一切法不出十八界於中色蘊攝十色界意處攝七心界法界攝法界故攝一切法復次一切法皆入蘊界處中此三展轉相攝謂色蘊攝十色界十色處法界法處少分意處攝七心界識蘊法界攝法處受想行蘊色蘊少分是故此三攝一切法

說一切有部發智大毗婆沙論卷第一百九十七

阿毗達磨大毗婆沙論卷第一百九十七

校勘記

一 底本，金藏廣勝寺本。

一 七一八頁中一七行首字「彼」，諸本(不含石，下同)作「彼色」。

一 七一八頁中一九行第三字「何」，諸本作「可」。

一 七一九頁中一行首字「受」，麗作「受受」。

一 七一九頁下一九行第五字「諸」，諸本作「謂諸」。

一 七二〇頁中七行第四字「燒」，磧、南作「煩」。

一 七二〇頁下二行「四句」，諸本作「四句有業非律儀謂身語不律儀有律儀非業」。

一 七二〇頁下一一行第二字「智」，諸本作「知」。

一 七二〇頁下二二行「自性」，諸本作「自性根」。

一 七二〇頁下末行第八字「以」，諸本作「以根」。又末字「加」，諸本作「妙」。

一 七二一頁上三行「律儀」，麗作「律儀根」。

一 七二一頁中九行第二字「則」，資、磧、普、南、徑、清作「即前」；麗作「則前」。

一 七二一頁下七行第三字「苦」，徑、清作「若」。

一 七二一頁下一七行第七字「此」，諸本作「此法」。

一 七二二頁上二一行第一三字「此」，諸本作「此中」。

一 七二二頁下八行「十善」，諸本作「不善」。

一 七二二頁下一三行第二字「非」，資、磧、普、南、徑、清作「作」。

一 七二二頁下一七行第一一字「二」，麗作「一」。

一 七二三頁上四行「十一處」，磧、南作「一一處」。

一 七二三頁上一六行第三字「對」，諸本作「斷」。

一 七二三頁中一行「三界」，資、磧、普、南、徑、清作「二界」。

一 七二三頁中八行第一三字「必」，諸本作「必不」。

一 七二三頁中二〇行第八字「謂」，諸本作「諸」。本頁下九行第一二字、次頁上九行第一一字同。

一 七二三頁下一九行「三處」，諸本作「二處」。

一 七二三頁下二一行「二界」，麗作「三界」。

一 七二四頁上五行「不生」，諸本作「不生法」。

一 七二四頁中五行第二字「餘」，諸本作「餘法」。

一 七二四頁中一九行第六字「見」，諸本作「除見」。

一 七二四頁下一一行「如是」，徑作「如前」。

阿毗達磨大毗婆沙論卷第一百九十八　逸

五百大阿羅漢等造

三藏法師玄奘奉　詔譯

見蘊第八中見納息第五之一

諸有此見無施與乃至廣說問何故作此論荅欲釋契經中所說見趣令知斷故所以者何於生死中起大執著引大無義為大依取者莫如見趣此等廣說如智蘊五事納息諸有此見無施與無愛樂無祠祀無妙行惡行此謗因邪見見集所斷無施與等如上釋此邪見者顯彼自性見集所斷者顯彼對治謂於集諦忍智已生於彼所有不正推尋不正分別顛倒見不平等取便永斷滅沒復次此見依集處轉故見集時則斷如草頭露日出則乾此亦如是無妙行惡行果此謗果邪見見苦所斷此邪見者顯彼自性見苦所斷者顯彼對治謂於苦諦忍智已生於彼所有不正推尋不正分別顛倒見不平等取便永斷滅沒復次此見依苦處轉故見苦時

即斷如草頭露日出則乾此亦如是然此但說彼見自性及對治不說等起彼等起云何尊者世友說曰有諸外道現見世間有殺生長壽離殺短壽有盜豐財離盜乏財有慳而富樂施而貧有損惱他無病安樂有不惱他而多疾苦見如是等相違事已便作是念無施與無愛樂乃至無妙行惡行果若有者則應殺生一切短壽乃至不惱他者無病安樂現見相違故知決定無施與乃至廣說然彼外道不善了知妙行惡行果有遠近故於現見事中不如理尋思而起此見有說外道得世俗定見少時分不知終始因果差別見行惡者有得生天見造善者有墮惡趣便作是念無施與無愛樂乃至廣說或有說者有諸外道不因現見亦不因定但由隨順惡友教故說無施與乃至廣說

無此世無他世無化生有情此謗因邪見或見集所斷或謗果邪見見苦所斷問他世是不現見說無可尒此世現見何故言無荅彼諸外道無明

所盲於現見事亦復非撥不應責無明者愚盲者墮坑復有說者彼諸外道但謗因果不謗法體無此世者謂無此世為他世因或無此世為他世果無他世者謂無他世為此世因或無他世為此世果無化生有情者有諸外道作如是說諸有情生皆因現在精血等事無有無緣忽然生者辟如芽生必因種子水土時節無有無緣而得生者故定無有化生有情此或撥無感化生業或復撥無所感化生或有說者化生有情所謂中有無此世他世者謗無生有無有情者謗無中有有諸外道言中有無彼說但應從此世間至彼世間更無第三世間可得此或撥無感中有業或復撥無所感中有或撥中有為生有因或撥中有為死有果此邪見者顯彼自性或見集所斷或見苦所斷者顯彼對治廣說如前無父無母此謗因邪見見集所斷問世間父母皆所現見彼以何故謗言無耶荅彼諸外道無明所盲乃至廣說有說彼諸外道謗無

父母感子之業不謗其體彼作是論父母自以愛染心故不為子故然以精血和合緣故彼類自生非謂父母有感子業如因濕萊糞土等故有諸虫生非濕萊等有感虫業此亦如是故彼外道有如是頌

男女染心合　女值時無病　我從此自有
彼於我何為

或有說者彼諸外道謗父母義不謗其體如因濕萊糞等生虫萊等於虫非父非母如是因彼不淨而生彼復何緣獨於生者有重恩德名父母耶是故彼類說無父母此邪見者顯彼自性見集所斷者顯彼對治廣說如前此中但說彼自性對治不說等起彼等起云何尊者世友說曰有諸外道天暴雨時見諸浮泡便作是念此從何來滅至何所但因水雨忽起忽滅如是有情緣合故生緣離故死不從前世來至此生亦非此生往至後世便決定說無此世無他世又見世間父母生子水土生芽所見皆從緣合而有便作是念何處當有化生有

情又見虫生因濕萊等廣如前說然彼外道不知情與非情生類有別四生有情藉緣不等內法外法緣性各異故於少分相似事中不正尋思起此諸見復有說者彼外道得世俗定有諸有情從上地及餘世界歿來生此間或此間歿生於上地及餘世界彼觀此類不見所從及所往處便起此見無此世無他世又彼獲得麁淺定故觀去來世時但見生有不見中間中有之身以微細故由此便說無化生有情又因定力觀諸有情或從怨家來作父母或從妻子兄弟姊妹來作父母乃至或從駞驢狗等雜類之身來作父母復從父母作彼形類便作是念此如客舍有何決定由此便說無父無母復有說者彼諸外道不因現見亦不因定但由隨順惡友教故說無此世乃至廣說

諸有此見世間無阿羅漢此謗道邪見見道所斷此謗道邪見者顯彼自性見道所斷者顯彼對治謂於道諦忍智已生於彼所有不正推尋不正

分別顛倒見不平等取便永斷滅沒復次此見於道處轉故見道時即斷如草頭露日出則乾此亦如是無正至此謗滅邪見見滅所斷正至謂涅槃是無漏道所應至故此謗滅邪見者顯彼自性見滅所斷者顯彼對治謂於滅諦忍智巳生於彼所有不正推尋不正分別顛倒見不平等取便永斷滅沒復次此見於滅處轉故見滅時即斷如草頭露日出則乾此亦如是無正行此世他世則於現法知自通達作證具足住我生巳盡梵行巳立所作巳辦不受後有如實知此謗道邪見見道所斷無正行此世他世者謂彼撥無四種正行則苦遲通等此是謗有學道餘是謗無學道此謗道邪見者顯彼自性見道所斷者顯彼對治廣說如前此中但說彼見自性及對治不說等起彼等起云何尊者世友說曰有諸外道見阿羅漢有先病死及受諸苦同餘有情便說世間無阿羅漢即是謗無阿羅漢法又聞涅槃諸根永滅便作是念彼應

是苦復聞涅槃諸行寂滅便作是念彼應是無又見聖者形貌飲食同餘有情便謂彼無一切聖道然彼外道不知聖者有漏身異無漏身異涅槃寂樂非苦非無故起如是惡別邪見有說外道得世俗定不能觀見聖道涅槃便作是言無阿羅漢乃至廣說有說外道不因現見亦不因定但由隨順惡友教故便言世間無阿羅漢乃至廣說有說此中應說始奪持事彼事即是此見等起諸有此見乃至活有命者死巳斷壞無有此四大種士夫身廣說乃至此邊執見斷見攝見苦所斷此中乃至活有命者死巳斷壞無有者彼執有我名為命者此命者乃至此生未死恒有死巳更不相續名斷壞無有此四大種士夫身者彼所說士夫身亦餘法成而唯說四大種者以麁現故死時地身歸地水身歸水火身歸火風身歸風根隨空轉者彼說衆生死時內大種身歸外地等根無大種為所依故便隨空轉譬如樹倒鳥則飛空此邊執見常

見攝見苦所斷以執我所是常住故轝為第五者謂四肘半轝四人舁之以送死屍故言轝為第五持彼死屍往棄塚間即施身處或燒屍處名為塚間未燒可知者謂乃至未燒惡別可見燒巳成灰餘鴿色骨者謂若燒巳便成灰燼此中燒言若謂燒薪者此則正見若謂即燒火者此則邪智非見若謂燒有漏業者此謗因邪見見集所斷若謂燒無漏業者此謗道邪見見道所斷愚者讚施智者讚受愚謂無智或惡慧者智謂有智及善慧者彼外道言諸愚癡者讚歎行施諸智慧者讚歎受施然佛獨覺及聖弟子諸智慧者皆讚行施彼撥為愚此即謗無成智者法此謗道邪見見道所斷諸有論者一切空虛妄語乃至活有愚智者死巳斷壞無有者說有後世名有論者彼皆謗之為空妄語云乃至活有愚智者死巳一切斷壞無有然佛獨覺及聖弟子說有後世彼撥為妄此即謗無實論者法此謗道邪見見道所斷此邊執見斷見

攝者顯彼自性此中雖有餘邪見等而但顯示斷壞無有故斷見攝見苦所斷者顯彼對治廣說如前此但說彼自性對治不說等起彼等起云何尊者世友說曰有諸外道不憶前際不見後際計諸有情皆以此生得胎為初死為最後又諸命終無有還者故說乃至活有命者死已斷壞無有猶如草木無有後世有說外道得世俗定或有衆生從此間歿生於上地及餘世界彼觀此類不知所往便作是說乃至活有命者乃至廣說有說外道不因餘事但由惡友邪教授故便作是言乃至活有命者乃至廣說諸有此見無因無緣命有情雜染非因非緣而有情雜染此謗因邪見見集所斷此謗因邪見者顯彼自性見集所斷者顯彼對治廣說如前彼等起云何尊者世友說曰有諸外道現見世間有居阿練若處而生雜染有住城邑而不起染便作是念無因無緣令有情雜染非因非緣而有情雜染若有者則應住阿練若處者不生

雜染住城邑者皆生雜染現見相違是故決定無因無緣乃至廣說然由三事故有情雜染一由因力二由加行力三由境界力彼住阿練若處者雖無境界而由因力加行力故生諸雜染住城邑者雖有因及境界由無加行力故不生雜染彼於此事不能通達便起此見無因無緣乃至廣說有說外道因得世俗麁淺定故觀見有情起諸雜染而不見其因緣差別便起是見無因無緣乃至廣說有說外道不因現見亦不因定但因惡友而起此見無因無緣令有情清淨非因非緣而有情清淨此謗道邪見見道所斷此謗道邪見者顯彼自性見道所斷者顯彼對治廣說如前彼等起云何尊者世友說曰有諸外道現見世間有住城邑而得清淨有居阿練若處而不清淨便作是念無因無緣令有情清淨非因非緣而有情清淨若有者則應住阿練若斯皆清淨住城邑者皆不清淨現見相違是故決定無因無緣乃至廣說然由三事

故有情清淨一由因力二由加行力三由緣力彼住阿練若處者雖有因緣或由闕加行故不得清淨住城邑者雖或闕緣而由因及加行力故而得清淨彼於此事不能通達便起此見無因無緣乃至廣說有說外道因得世俗麁淺定故觀見有情證得清淨而不見彼得淨因緣便起是見無因無緣乃至廣說有說外道不因現見亦不因定但因惡友而起此見無因無緣令有情無智無見非因非緣而有情無智無見此謗因邪見見集所斷此謗因邪見者顯彼自性見集所斷者顯彼對治廣說如前彼等起云何尊者世友說曰有諸外道現見世間不為求無智無見故起諸加行而彼有情自然無智無見便作是念無因無緣乃至廣說若有者則應作行求無智見者起無智見不求者不起現見相違故決定無因無緣乃至廣說然由三事故有情無智無見一由樂著阿賴耶故二於所作多疑惑故三於有情不謙敬故有說由五

事故三如前說四由不勤求故五由無方便故彼於此事不善了知便起此見無因無緣乃至廣說有說外道得世俗麁淺定觀見有情無智無見而不見其因緣差別便起此見無因無緣乃至廣說有說外道不因現見亦不因定但因惡友而起此見無因無緣令有情智見非因非緣而有情智見此謗道邪見見道所斷此謗道邪見者顯彼自性見道所斷者顯彼對治廣說如前彼等起云何尊者世友說曰有諸外道現見世間有求智見起大加行而不生智見有不起加行而生智見便作是念無因無緣乃至廣說若有者則應為求智見起加行者生於智見不起加行者不生智見現見相違故知決定無因無緣乃至廣說然由四事故有情智見一善取其名二善取其義三樂多推尋四樂簡擇是理非理彼於此事不善了知便言無因無緣乃至廣說有說外道得世俗麁淺定觀見有情得勝智見而不見其因緣差別便起此見無

因無緣乃至廣說有說外道不因現見此不因定但因惡友而起此見諸有此見無力無精進無力精進無士無威勢無士威勢無自作無他作無自他作一切有情一切生一切種無力無自在無精進無威勢定合性變於六勝生受諸苦樂此若謗有漏力精進等即謗因邪見見集所斷若謗無漏力精進等即謗道邪見見道所斷此中力精進士威勢體一義異皆謂諸法功能差別力者勢力是雄屈伏義精進者是發趣義士者士用是雄猛義威勢者是能伏他義彼說諸法無如是義即是撥謗諸法功能無自作者謗自相續諸法功能無他作者謗他相續諸法功能無自他作者謂俱謗此是無衣迦葉波計如後當說一切有情者謂有識類一切生者謂即有情名曰衆生一切種者謂即衆生為種相續力自在等亦體一義異即諸有情功能差別自在者是能役他義力等如前釋彼說有情無有如是功德差別定謂決定是法尒

義合謂和合是緣會義性謂本性變謂轉變彼說有情有如是理趣法尒緣會則本性轉變於六勝生受諸苦樂非由彼有力自在等能受苦樂六勝生後當說此則謗因或謗道邪見者顯彼自性見集或見道所斷者顯彼對治廣說如前彼等起云何尊者世友說曰有諸外道現見世間為求富貴廣施功力而不能得有不希求自然而得便作是念無力無精進乃至廣說若有者應求乃得不求不得現見相違故知無也然世福樂必由先時定不定業有施功力而不獲者以無先時業故有不施功而便得者以有先時決定因故彼於此事不善了知便謂無力無精進乃至廣說由定及由惡友應准前說前雜蘊中說顛倒處唯明撥有漏因故見集所斷此中通明謗有漏無漏因故見集見道所斷諸有此見造教造責教責害教害殺諸衆生不與取欲邪行知而妄語故飲諸酒穿牆解結盡取所有守阨斷道害村害城害國生命以

刀以輪揮略大地所有衆生斷截分
解衆集團積為一肉聚應知由此無
惡無惡緣於殑伽南斷截撾打於殑伽北
惠施修福應知由此無罪福亦無罪
福緣布施愛語利行同事攝諸有情
皆無有福此謗因邪見見集所斷此
中無惡者無惡自性無惡緣者不能感惡果無
罪福亦無罪福緣應知亦尒於殑伽
南斷截撾打者以殑伽南多有藥叉
祠於中殺害衆生故於殑伽比惠施
修福者以殑伽比多有天祠於中惠
施修福故此謗因邪見者顯彼自性
見集所斷者顯彼對治廣說如前彼
等起云何尊者世友說曰有諸外道
現見世閒有造惡者受持快樂有修
善者多遭憂苦便作是念造教造廣
說乃至皆無有福若有者應造惡受
苦修善得樂現見相違故知決定造
教造乃至皆無有福然善惡業果有
遠近彼不善知便起此見由定及由
惡友應准前說
諸有此見此七士身不作作不化化
不可害常安住如伊師迦安住不動

無有轉變互不相觸何等為七謂地
水火風及苦樂命此七士身非作乃
至如伊師迦安住不動若罪若福若
罪福若苦若樂若苦樂不能轉變亦
不能令互相觸㝵設有士夫斷士夫
頭亦不名為害世閒生若行若住七
身中閒刀刃雖轉而不害命此中無
能害無所害無能攝無所攝無表無
表處此邊執見常見攝見苦所斷七士
身者謂我所執持七士夫身不作者
謂無作者能作此身作者謂雖不作
而似作顯現不化者謂無化者能化
此身化者謂雖不化而似化顯現如
伊師迦者謂如伊師迦木或如伊師
迦山堅固難壞無有轉變者謂我常
住雖有隱顯而無轉變互不相觸者
無有能令互相觸㝵若行若住者行
謂人等住謂樹等彼說樹等亦名士
夫計彼類中有壽命故七身中閒雖
有孔隙容刀刃轉而不害命以常住
我所任持命不可害故無表者無能
害能攝業故無表處者無所害所攝
境故此邊執見常見攝者顯彼自性

見苦所斷者顯彼對治廣說如前彼
等起云何尊者世友說曰有說外道
於四大種及苦樂命相續依因依緣
和合故有剎那不住中不善了知便
計有我於中執持令無損害彼所說
命謂識相續然彼不見身心相續剎
那剎那因果轉中所有閒隙便執有
我持令常住捨此身已受彼身時如
樹倒時鳥集餘樹故說此七士身乃
至廣說由定及由惡友應准前說
有說此見有十四億六万六百生門
五業三業二業業半業六十二行跡
六十二中劫百三十六地獄百二十
根三十六塵界四万九千龍家四万
九千妙翅鳥家四万九千異學家四
万九千活命家七有想藏七無想藏
七離繫藏七阿素洛七畢舍遮七天
七人七夢七百夢七覺七百覺七池
七百池七險七百險七減七百減七
增七百增六勝生類八大士地於如
是處經八万四千大劫若愚若智往
來流轉乃決定能作苦邊際如擲縷
丸縷盡便住此中無有沙門若婆羅

門能作是說我以尸羅或以精進或以梵行令所有業未熟者熟熟者觸已即便變吐以如是斛度量生死苦樂邊際不可施設有增有減亦不可說或然不然此非因計因戒禁取見苦所斷十四億六万六百生門者如正法中有四生門謂胎卵濕化是諸有情共所經受其量決定不過不減如是外道無勝趣補計有尒所雜類生門二有遍所經歷數量決定亦不增減五業乃至業半業者如正法中感四生門及於生門所造不出五業等業如是外道所說感尒所生門及於尒所生門所造亦不過於五業等業五業者如正法中說感五趣五趣加行五趣處所如是外道所說五業謂舉下屈申行為第五或語手足大小門五三業者如正法中身語意業彼說亦尒但語為初二業者如正法中思思已業彼說所謂黑業白業業半業者如正法中牽引業名業圓滿業名半業或具二種名業隨但有一名半業如是外道說有二業一者雙

業二者隻業牽引業名雙業圓滿業名隻業或具二種名雙業隨但有一名隻業諸雙名業隻名半業又彼外道說有二業謂墮業近墮業若害婆羅門苦行父毋師友女人盜金飲酒名為墮業其餘惡業名近墮業初名為業後名半業又說語身業名業損益自他故意業名半業唯自損益故又說感生有業名業感中有業名半業又說於未生感衆同分業名業於生已受異熟業名半業又說於業具足造名業少分造名半業六十二行跡者如正法中說四行跡名清淨道如是外道說六十二行跡名清淨道六十二中劫者如正法中說八十中劫為一分齊如是外道說六十二中劫為一分齊於此時中修六十二行跡作苦邊際百三十六地獄者如正法中說八大地獄一一各有十六眷屬如是外道所說亦尒然說有情遍生其中然後解脫百二十根者如正法中說有二十二根如是外道說有百二十根謂眼耳鼻各二為六舌身

意命及五受根信等五根捻為二十六趣各二十為百二十六趣者謂阿素洛為第六彼說有情要於六趣受尒所根不過不減有說根者是增上義有情要於百二十處為主已然後解脫三十六塵界者如正法中說有九十八隨眠為一切雜染依處如是外道說有三十六塵界為雜染依處四万九千龍家者家謂族類如正法中龍有四族即胎卵濕化如是外道說有四万九千龍家一一有情於彼族類無不經受四万九千妙翅鳥家者如正法中妙翅鳥有四族謂胎卵濕化如是外道說有四万九千妙翅鳥家一一有情於彼族類無不經受四万九千異學家者諸出家外道有尒所類彼說一一有情於彼族類應遍出家四万九千活命家者謂習工巧處以自活命有尒所類彼說有情於彼處所皆應遍學七有想藏者彼說有七有想定七無想藏者彼說有七無想定如是諸定一一有情皆應遍起七離繫藏者即前所說諸定加行

彼說有情於彼加行應離諸繫攝心修習七阿素洛七畢舍遮者彼說有情於阿素洛畢舍遮處七返往還方得解脫七天七人者彼說有情於天人處七返往還方得解脫七夢七百夢彼說有情生處差別大夢有七小夢七百所更所見各各不同一一有情皆具經歷七覺七百覺者彼說有情生處差別隨尒所大小夢還有尒所大小覺所更所見亦名不同一一有情皆具經歷七池七百池者彼說世間滅罪泉也大者有七小有七百一一有情皆遍池浴方得解脫七險七百險者險謂坑谷山巖河岸彼說如此滅罪險處大者有七小有七百一一有情遍於其中經捨身命乃得解脫七減七百減者減謂退失功德彼說有情退功德處大者有七小有七百一一有情皆應於中退失功德七增七百增者增謂增進功德彼說有情進功德處大者有七小有七百一一有情遍於其處隨退還進方得解脫六勝生類者謂滿迦葉波外道施設六勝生類謂黑青黃赤白極白生類差別

黑勝生類謂雜穢業者即屠膾等青勝生類謂餘在家活命黃勝生類謂餘出家活命赤勝生類謂沙門釋子白勝生類謂諸離繫極白勝生類謂難陀伐蹉末塞羯利瞿賒利子等彼說有情於此六種皆應具受然後解脫佛亦施設六勝生類一者有黑勝生類補特伽羅生長黑法二者有黑勝生類補特伽羅生長白法三者有黑勝生類補特伽羅生長不黑不白得涅槃法四者有白勝生類補特伽羅生長白法五者有白勝生類補特伽羅生長黑法六者有白勝生類補特伽羅生長不黑不白得涅槃法八大士地者如正法中有四靜慮四無色具功德處如是外道說有八梵勝處名八大士地有情於中皆應遍得於如是處經八万四千大劫若愚若智往来流轉乃决定能作苦邊際者彼說黑勝生類經十四千大劫往来流轉然後得入青勝生類即青勝生類經十四千大劫往来流轉然後得入黃勝生類即黃勝生類復經十四

千大劫往来流轉然後得入赤勝生類即赤勝生類復經十四千大劫往来流轉然後得入白勝生類即白勝生類復經十四千大劫往来流轉然後得入極白勝生類即極白勝生類復經十四千大劫往来流轉然後乃能作苦邊際如擲縷丸縷盡便止者如在山上擲大縷丸乃至縷盡然後方止如是有情經八万四千大劫上諸生處往来流轉然後乃能作苦邊際以如是斛度量生死苦樂邊際不可施設有增有減亦不可說或然不然者如以斛函量稻麦等知數量已不可叨減亦不生疑如是彼說有情經八万四千大劫於上所說諸處往来流轉然後解脫不過不減亦不應疑有說倍此所說數量於中流轉方得解脫以彼說有往来言故此非因計因戒禁取者顯彼自性見苦所斷者顯彼對治廣說如前彼等起云何謂有外道或因不正尋思或因得世俗定或因親近惡友而起此見如前應知

阿毗達磨大毗婆沙論卷第一百九十八　第二十四張　逸字号

諸有此見一切士夫補特伽羅諸有所受無不皆以宿作為因此非因計因戒禁取見苦所斷諸有所受謂一切現在所受苦樂無不皆以宿作為因者謂此皆以過去業為因問此正法中亦說所受苦樂過去業為因而非惡見彼外道亦作是說何故名惡見邪答此正法中說現所受有以過去業為因有是現在士用果者彼說一切皆以過去所作業為因不說現在有士用果故名惡見問彼既謗無現在因果應名邪見何故名戒禁取耶答今不說彼謗現因果名戒禁取但說彼計餘因所生法以餘法為因故是戒禁取攝此非因計因戒禁取者顯彼自性見苦所斷者顯彼對治廣說如前彼等起云何謂彼外道現見世間有設用而不獲果有不希求自然而得便作是念當知皆是宿作為因非現切力然彼不知善惡業類定與不定及時分差別故起此執有說外道得世俗定念知過去所起諸業便謂一切皆由宿作有說外道但

阿毗達磨大毗婆沙論卷第一百九十八　第二十五張　逸字号

因惡友廣說如前

說一切有部發智大毗婆沙論卷第一百九十八

阿毗達磨大毗婆沙論卷第一百九十八

校勘記

一　底本，金藏廣勝寺本。

一　七二六頁下一二行「遠近」，資、磧、普、南、徑、清作「速近」。

一　七二七頁上一三行第九字「無」，諸本（不含石，下同）作「無化生」。

一　七二七頁下五行「彼外道」，麗作「彼諸外道」。

一　七二八頁上二一行第二字「先」，諸本作「老」。

一　七二八頁下七行「燒薪者」，諸本作「燒薪等者」。

一　七二八頁下一二行首字「愚」，資、磧、普、南、徑、清作「施愚」。

一　七二八頁下二二行第一一字「論」，麗作「語」。

一　七二九頁上一五行第九字「命」，諸本作「令」。

一　七二九頁中四行第八字「彼」，資、磧、普、南、徑、清作「故」。

一　七二九頁中一三行第三字「此」，磧作「比」。

一　七二九頁下一九行第二字「行」，諸本作「加行」。

一　七二九頁下二〇行第七字「故」，諸本作「故知」。

一　七三〇頁中二行第二字「此」，諸本作「亦」。

一　七三〇頁中末行「功德」，資、磧、普、南、徑、清作「功能」。

一　七三一頁上一〇行「殑伽比」，諸本作「殑伽北」。一一行同。

一　七三一頁上一五行第一〇字「持」，資、磧、普、徑、麗作「諸」。

一　七三一頁上一九行第二字「造」，資、磧、普、南、徑、清作「造黄」。

一　七三一頁下二行第一二字「説」，諸本作「諸」。

一　七三一頁下一一行「有説」，諸本作「諸有」。

一　七三一頁下一九行第一三字「滅」，諸本作「減」。

一　七三二頁上一〇行「二有」，諸本作「一一有情」。

一　七三二頁中五行第三字「苦」，麗作「若」。又第八字「友」，資、磧、普、南、徑、清作「及」。

一　七三二頁中二一行第八字「百」，資、磧、普、南、徑、清作「有」。

一　七三二頁下二行第六字「爲」，磧、普、南、徑、清作「有」。

一　七三二頁下五行第一一字「主」，資、磧、普、南、徑、清作「生」。

一　七三二頁下一三行「四族」，資、磧、普、南、徑、清作「四族類」。

一　七三二頁下一六行第八字「諸」，諸本作「謂」。

一　七三三頁上四行「七百夢」，諸本作「七百夢者」。

一　七三三頁上九行第六字「名」，諸本作「各」。

一　七三三頁上一一行「泉也」，諸本作「泉池」。

一　七三三頁上一二行「池浴」，諸本作「洗浴」。

一　七三三頁上一九行第一二字「情」，資、磧、普作「精」。

一　七三三頁上二一行第八字「進」，資、磧、普、南、徑、清作「集」。

一　七三三頁下一四行「功減」，諸本作「增減」。

一　七三三頁下二一行末字「世」，南作「出」。

阿毗達磨大毗婆沙論卷第一百九十九　逸

五百大阿羅漢等造

三藏法師玄奘奉　詔譯

見蘊第八中見納息第五之二

諸有此見一切士夫補特伽羅諸有所受皆以自在變化為因此非因計因戒禁取見苦所斷此非因計因戒禁取者顯彼自性見苦所斷者顯彼對治廣說如前彼等起云何謂有外道或因不正尋思或因得定或因惡友而起此見如前應知然諸法生非因自在漸次生故謂諸世間若因自在變化生者則應一切俱時而生彼因皆有無能障导令不生故若謂自在更待餘因方能生者便非自在如餘因故若謂諸法皆從自在欲樂而生故不頓起自在欲樂何不頓生彼生欲樂自在恒有無能障故若謂自在更待餘因方生欲樂便非自在又應無窮彼因復待餘因生故又若自在生諸法者因無別故法應無別若謂自在生初一法後從彼法轉復生多彼法云何能生多法亦如自在體是一故又所生法亦應是常果似因故又自在體應不能生彼體是常如虛空故

諸有此見一切士夫補特伽羅所受皆是無因無緣此謗因邪見見集所斷此謗因邪見者顯彼自性見集所斷者顯彼對治廣說如前彼等起云何謂有外道見諸世間因果形相非定相似諸有營求或不果遂便撥所受無因無緣然諸所受非無因緣現見諸法因緣生故非一切法一時生故若無因緣應皆頓起應一切法無老別故若無因緣由何老別故諸所受非無因緣

諸有此見自作苦樂他作苦樂自他作苦樂此非因計因戒禁取見苦所斷諸有此見所受苦樂非自作非他作無因而生此謗因邪見見集所斷此非因計因戒禁取及謗因邪見者顯彼自性見苦及見集所斷者顯彼對治廣說如前彼等起云何謂無衣迦葉波因緣是此見等起彼無衣迦

葉波昔在家時曾為商主數入海採寶宲初入時逢諸海難辛苦得出便作是念此難苦者是我自作坐入海時不洗浴故彼於第二入時便自洗浴既入海已遇難如前辛苦得還復作是念此難苦者是他所作坐入海時不祠天故彼於第三入時便自洗浴及亦祠天既至海中如前遇難困而得免便作是念如是艱苦自作他作坐入海時洗浴祠天不殷重故彼於宲後便極殷重洗浴祠天然後入海入已遇難亦復如前僅得迴還便作是念此所遭苦不由自他但無因得彼由此故便見居家攝受過失即往無衣外道法中出家後於王舍城見佛便問苦由誰作尒時世尊以四論法而調伏之廣說如無衣迦葉波經故彼因緣是此見等起前來所說諸戒禁取皆見苦所斷者依我常倒起於果處轉故雖非因計因而見苦所斷謂戒禁取捴有二類一非因計因二非道計道非因計因復有二類一迷所執我常法起二迷宿作苦行

等起前依我常倒亦於果處轉故隨二倒見苦所斷後唯於果處轉果相麁顯易可見故計因為因非全邪故既迷果相故亦見苦所斷非道計道亦有二類一執有漏戒等為道此迷麁顯果相起故見苦諦時便能永斷二執謗道謗邪見等為道此親違道於因果相不別迷執故見道時方能永斷謗集滅時既撥所斷所證法相若執為道便為無用定依所斷及所證法而立道故又彼所撥與道相異必無彼無間執彼為道者若於後時執彼為道定於果處而起道執見苦諦時此見便斷故無戒禁取見集滅所斷見取所執無所待對但執為勝諸邪見後皆得現前故通四部此中所說諸戒禁取唯非因計因故見苦所斷

諸有此見我及世間常恒堅住無變易法正尒安住此邊執見常見攝見苦所斷此邊執見常見攝者顯彼自性見苦所斷者顯彼對治廣說如前彼等起云何謂有外道或因不正尋

思或因得定或因惡友而起此見如前應知然彼所執我及世間皆非常住實我我所不可得故現見一切有情世間器世間物有轉變故因緣生故諸有生者一切皆當有滅壞故不應執我及世間常恒堅等言皆顯常義

諸有此見諦故住故我有我此邊執見常見攝見苦所斷諦故者謂實義故住故者謂法尒故我有我者謂我恒有此邊執見常見者顯彼自性見苦所斷者顯彼對治廣說如前彼等起云何謂有外道或因不正尋思乃至廣說

諸有此見諦故住故我無我此邊執見斷見攝見苦所斷諦故住故如前釋我無我者謂我當無問此正法中亦說無我而非惡見彼外道亦說無我何故名惡見耶答此正法中於無我空行聚見空無我說言無我故非惡見彼外道於無我空行聚中妄謂有我但說彼我當來不有故是惡見此邊執見斷見攝者顯彼自性見苦所斷者顯彼對治廣說如前彼等起云何謂有外道或因不正尋

思乃至廣說諸有此見我觀我眼色即我此有身見見苦斷我觀我者謂有外道執我遍內外法故眼見色時謂我觀我眼根及色俱即我故諸有此見我觀無我眼即我色為衆具此有身見見苦斷我觀無我者謂有外道以眼是不共又是內法故執之為我色與此相違但是我衆具故眼見色時謂我觀於無我諸有此見無我觀我色即我眼為衆具此有身見見苦所斷無我觀我者謂有外道現見世間天地諸山經久不異謂與我理相應便執為我眼與此相違但是衆具故眼見色時謂無我觀我問何故不說無我觀無我答以一切法實無有我若說無我觀無我者便是正見故此不說問若有外道執耳聲等是我非餘故眼見色時說無我觀無我此豈正見耶答彼執耳聲等是我雖是惡見若說無我觀無我即是正見是故不說此中諸有身見者顯彼自性諸見苦所斷者顯彼對治廣說如前等起差別亦如前應知諸有此見

此是我是有情命者生者養育者補特伽羅意生儒童作者教者生者等生者起者等起者語者覺者等領受者非不曾有非不當有於彼彼處造善惡業於彼彼處受果異熟捨此蘊續餘蘊此邊執見常見攝見苦所斷此邊執見常見攝者顯彼自性見苦所斷者顯彼對治廣說如前等起差別亦如前應知問初所說常論與此所說有何差別有說初者依定此依尋思有說初者是師後是弟子有說初是軌範後是近住有說初是尊重後是學者有說初是諂者亦是誑者後是諂者而非誑者有說初執我從前際至今際恒有後執我從今際至後際恒有是謂初後常論差別問云何建立如是六見為以自性為以所依所緣設尒何過若以自性者但應有二謂有身見邊執見若以所依所緣者應有十八謂依眼色有三乃至依意法亦三或成三十六謂依眼色有六乃至依意法亦六答此中以所依所緣故建立六種問豈不已說應

成十八或三十六耶答不尒所以者何此中捴依覺所覺根根義有境界境界差別行相而建立故若依相續剎那差別則有無量今略說尒所諸有此見受妙五欲名得第一現法涅槃此取劣法為勝見取見苦所斷諸有此見離欲惡不善法有尋有伺離生喜樂入初靜慮具足住名得第一現法涅槃尋伺寂靜內等淨心一趣性無尋無伺定生喜樂入第二靜慮具足住名得第一現法涅槃離喜住捨正念正知身受樂聖說能捨具念樂住入第三靜慮具足住名得第一現法涅槃斷樂斷苦先喜憂沒不苦不樂捨念清淨入第四靜慮具足住名得第一現法涅槃此取劣法為勝見取見苦所斷受妙五欲者謂人及欲界天有說唯欲界天以彼五欲極勝妙故現法涅槃者謂於現身所得涅槃問此何故成見取答五妙欲有垢有穢有毒有濁是鄙劣法彼執同於出離等樂或涅槃樂故成見取問入四靜慮具足住是勝功德何故

取為現法涅槃亦名見取答世俗靜慮有垢有穢有毒有濁是鄙劣法彼執同於離垢穢樂或涅槃樂故成見取問亦有外道執無色定為涅槃者此中何緣說答彼諸外道多執靜慮為涅槃少執無色此中依多分說是以無過復次彼執無色為究竟涅槃此中說現法涅槃故不說彼復次四根本靜慮是樂道所攝故諸外道計為現法涅槃四無色是苦道所攝故彼不執為現法涅槃復次無色定微細諸外道於彼不了達故謂為斷滅深生怖畏故不說為現涅槃以是故不說無色此取劣法為勝是見取者顯彼自性見苦所斷者顯彼對治廣說如前彼等起云何謂有外道聞說涅槃是勝妙樂便謂若得欲界色界五地樂者即名已得現法涅槃故起此見有說外道得世俗定見五地中諸有情類受諸快樂便謂獲得現法涅槃故起此見有說外道由近惡友故起此見問何故此見取見苦所斷耶答此見依我見轉執有我體受涅槃

樂故復次此於果處轉執有漏果為涅槃故復次此迷苦諦以苦法為樂故

有九慢類乃至廣說問何故作此論答為欲分別契經義故謂契經中說九慢類而不廣分別今欲分別故作斯論問此見納息中但應分別諸見何故分別諸慢類耶答前已說一一蘊中說一切法是故一一納息亦說多法而無有過尊者世友說曰此納息中正分別諸惡見亦分別似惡見諸煩惱中無似惡見如諸慢者故於此中亦分別慢大德說曰以諸慢類依有身見是有身見之所長養有身見後而現在前已見諦者不復起故由是此中正分別見亦分別慢尊者覺天說曰諸見慢類俱令有情難入佛法是以皆說謂諸有情若無惡見及諸慢類則能歸依如來正法修習梵行出生死苦得涅槃樂由有見慢便不歸依如來正法失於勝利尊者妙音說曰惡見慢類俱障有情親近善士聽聞正法如理作意法隨法行過失尤重是以俱說我勝者彼於等謂

己勝是依見起過慢者是依有身見所起過慢於等謂己勝是過慢攝故我等者彼於等謂己等是依見起慢者是依有身見所起慢於等謂己等而高舉是慢攝故我劣者彼於勝謂己劣是依見起卑慢者是依有身見所起卑慢於多勝謂己少劣是卑慢攝故有勝我者彼謂有他勝己即是於勝謂己劣餘如前說有等我者彼謂有他等己即是於等謂己等餘如前說有劣我者彼謂有他劣己即是於等謂己勝餘如前說無勝我者彼謂無他勝己即是於等謂己等餘如前說無等我者彼謂無他等己即是於等謂己勝餘如前說無劣我者彼謂無他劣己即是於勝謂己劣餘如前說此九慢類即七慢中三慢所攝謂慢過慢卑慢依此本論所釋如是依品類足論我勝慢類中攝三種慢若於劣謂己勝即是慢若於等謂己勝即是過慢若於勝謂己勝即是慢過慢餘八慢類如理應說此九皆通見修所斷而此中不說者有說以是

傍論故有說彼非見相似故
諸有此見風不吹河不流火不然乳
不注胎不孕日月不出不沒雜染清
淨自性安住不增不減此邊執見常
見攝見苦所斷此邊執見常見攝者
顯彼自性見苦所斷者顯彼對治廣
說如前彼等起云何尊者世友說曰
有諸外道因不正尋思執有實我微
細常住遍一切處於諸法中冥伏作
動見風河等吹流等時謂是我作非
彼能尒如見樹動知風所為機關動
時知人所作大德說曰有諸外道因
惡尋思執有實我微細常住有勝作
用轉變諸法見風河等吹流等時謂
我令彼現如是相如樹等動見影亦
動化化主語時化身亦語有說外道
得世俗定見諸有情諸趣流轉相續
不斷見風河等隨處隨時有無不定
便謂有我微細常住有勝作用令風
河等種種轉變或有或無有說外道
親近惡友隨惡友教發起此見
衆生執我作乃至廣說此中略釋諸
契經中呵責惡見伽他中義執我能

作等者執內身中有勝我能作能生
能化諸物執他能作等者執外身中
有勝義我能作能生能化諸物能作
者作內恒有法能生者外恒有法
能化者化為內外非恒有法復次能
作者作自身諸法能生者生他身諸
法能化者化為非情諸法各謂一
非一切者顯諸外道一一別執非一
切同箭謂惡見能中傷故者顯此惡
見行相猛利遠有所傷猶如毒箭彼
諸外道無明所盲不能如實觀過患
當觀此是箭乃至廣說此中勸彼應
觀惡見是真毒箭與老病死為前導
故者如世毒箭引生衆苦如是惡見
引老病等種種苦惱具慢衆生乃至
廣說此中顯示具七慢者慢所縛者
故於斷常見互相違逆不能越度無
際生死七慢如上說著者少分著多
者者多分著遍著者周遍著縛等亦
尒問著與縛何差別答名即差別復
次義亦有別著謂堅著是難洗除義
縛謂纏縛是難解脫義復次著者是
相應縛縛者是所緣縛謂七慢類具

二縛故於彼衆生能著能縛復次著
謂著其心縛謂縛其身是謂縛著二
義差別斷常見類互相違逆者如在
家者由貪縛著故於所攝受互相違
逆諸出家者由慢縛著故於斷常見
互相違逆無際生死者諸趣諸生流
轉不息是生死義如是生死無有前
際不可知故有先因故而有後際以
般涅槃為後邊故復次生死其量長
遠不知得解脫時故名無際得當得
俱至乃至廣說此顯外道於已得當
得蘊界處中為貪瞋癡塵之所坌故
於苦樂行二邊過失不如實見以不
見故極沉極走沉謂太緩不能進趣
走謂太急不能達到頌中餘義如論
具釋
如契經說諸有沙門婆羅門等各依
勝解起諸諍論一切皆於五處而轉
何等為五一者執我死後有想雖此
諦實餘皆愚妄二者執我死後無想
二者執我死後非有想非無想四者
執我死後斷滅五者說有現法涅槃
彼五即三三即彼五彼五即三者謂

彼有想論無想論非有想非無想論即此常見彼斷滅論即此斷見彼現法涅槃論即此見取三即彼五者謂此常見即彼有想論無想論非有想非無想論此斷見即彼斷滅論此見取即彼現法涅槃論 [illegible]

又梵網經說六十二諸惡見趣皆有身見為本六十二見趣者謂前際分別見有十八後際分別見有四十四前際分別見有十八者謂四遍常論四一分常論二無因生論四有邊等論四不死矯亂論後際分別見有四十四者謂十六有想論八無想論八非有想非無想論七斷滅論五現法涅槃論此中依過去起分別見名前際分別見依未來起分別見名後際分別見若依現在起分別見此則不定或名前際分別見或名後際分別見以現在世是未來前過去後故或未來因過去果故前際分別見中四遍常論者一由能憶一壞成劫或二或三乃至八十彼便執我世間俱常問彼何故作是執答彼計轉變或隱

顯故轉變論者作如是執乳變為酪種變為芽薪變為灰如是等類若續彼而有者皆是彼所轉變非彼法滅有此法生故一切法自性常住隱顯論者作如是執諸法自性或隱或顯彼見此處先有如是形顯分量大地洲渚妙高山王餘山大海諸樹等壞從於此處復有如是形顯分量大地等成便作是念彼於中間不可見者非性壞滅然壞劫時彼性潛隱至成劫位彼性復顯又七士身常無動轉手不相觸命不可害故作是念我及所憶二俱是常由斯便見我及世間俱是常住二由能憶一生或二或三乃至百千生事彼便執我世間俱常由計轉變或隱顯故彼若能憶外器壞成由見此處先有如是形顯分量大地洲渚如前乃至命不可害若不能憶外器壞成執世間常理不待說故作是念我及所憶二俱是常由斯便見我及世間俱是常住問此與第一義有何異答前雖憶多而於能憶諸生無間未得自在今雖憶少而於

能憶諸生無間已得自在三由天眼見諸有情死時生時諸蘊相續謂見死有諸蘊無間中有現前復見中有諸蘊無間生有現前又見生有諸蘊無間本有現前本有諸蘊分位相續乃至死有辟如水流燈焰相續由不覺知微細生滅於諸蘊中遂起常想故便執我世間俱常由計轉變或隱顯故如刀於鞘蛇於其穴人於闇室入出隱顯故作是念我及所見二俱是常由斯便見我及世間俱是常住四由尋伺不如實知謂我世間俱是常住彼作是念有法常有無法恒無無不可生有不可滅彼執因果從無始來性唯是一無滅無起故是前際分別見攝彼若執色以為我者由見顯形恒相似故便執為常若執心等以為我者由心等法無間生故相似生故恒時生故不能了知細生滅故能憶往昔所更事故前後事業不相似故他不疑故便執為常彼由如是虛妄尋伺執我世間俱是常住如是四種前際分別執遍常論由劫及生

死生尋伺四事而起
四一分常論者一從梵世歿來生此間由得宿住隨念通故作如是執我等皆是大梵天王之所化作梵王能化在彼常住我等所化故是無常二間梵王有如是見立如是論大種無常心是常住或翻此說心是無常大種常住同彼忍者或住梵世或生此間或展轉聞如是道理便作是執我以大梵天王為量是故世間一分常住一分無常三有先從戲忘天歿來生此間由得宿住隨念通故便作是執彼天諸有不極遊戲忘失念者在彼常住我等先由極戲忘念從彼處歿故是無常四有先從意憤天歿來生此間由得宿住隨念通故便作是執彼天諸有不極意憤角眼相視在彼常住我等先由意極相憤角眼相視從彼處歿故是無常聞如是諸天住在何處有說彼住妙高層級有說彼是三十三天如是四種前際分別一分常論由執大梵大種或心戲忘憤恚四事而起

二無因生論者一從無想有情天歿來生此間由得宿住隨念通故雖能憶彼出無想心及後諸位而不能憶出心以前所有諸位便作是念我於彼時本無而起諸法如我亦應一切本無而生由斯便執我及世間皆無有因自然生起二由尋伺虛妄推求今身所更既皆能憶前身若有彼所更事今此身中亦應能憶既不能憶故知彼無又作是念若依彼生諸有情類必還似彼如酪中虫還似於酪牛糞中虫還似牛糞青葉中虫還似青葉父母生子還似父母非即酪等是虫等因故知一切身及諸根覺慧等法皆無因起又作是念現見孔雀鸞鳳雞等山石草木花果刺等色形差別皆不由因自然而有彼作是說誰銛諸刺誰畫禽狩誰積山原誰鑿澗谷誰復彫鏤草木花果如是一切皆不由因於造世間無自在者由斯便執我及世間皆無因生自然而有如是二種前際分別無因生論由無想天虛妄尋伺二事而起

四有邊等論者一由天眼見下唯至無間地獄見上唯至初靜慮天執我於中悉皆遍滿彼作是念過此若有我及世間我亦應見既更不見故知非有由斯便執我及世間俱是有邊即是二種有分限義二由依止勝分靜慮發淨天眼傍見無邊執我於中悉皆遍滿由斯便執我及世間俱是無邊即是二種無分限義三由天眼及神境通由天眼通見下唯至無間地獄見上唯至初靜慮天由神境通運身傍去不得邊際遂於上下起有邊想於傍世界起無邊想執我於中悉皆遍滿由斯便執我及世間亦有邊亦無邊即是二種俱有分限無分限義四非有邊非無邊者即遮第三為此第四彼作是念我及世間俱不可說定是有邊定是無邊然皆實有或有說者彼見世間橫無邊故執我世間俱非有邊彼見世間竪有邊故執我世間俱非無邊雖無決定而實有我復有說者彼執我體或舒或卷不可定說舒無邊故說非有邊卷有

邊故說非無邊問如是四種既緣現在云何說為前際分別荅彼待未来亦名前際復有說者此四由憶成劫壞劫而建立故皆得說為前際分別謂第一論由憶過去成劫之時我及世間竪有分限故便起有邊想若第二論由憶過去成劫之時我及世間横無分限故便起無邊想若第三論由憶過去成劫之時我及世間竪有分限横無分限起亦有邊亦無邊想若第四論由憶過去壞劫之時我及世間雖不可得分量狹廣而是實有起非有邊非無邊想有作是說執有邊者即是常見執無邊者即是常見執亦有邊亦無邊者即是一分斷見一分常見執非有邊非無邊者即是唯起薩迦耶見如是四種前際分別有邊等論依前所說多四事起

四不死矯乱論者不死謂天以天長壽外道執為常住不死有諸外道求生彼天聞外道論作如是說若有能荅彼不死天無乱問者得生彼天若不能荅彼不死天無乱問者無得生

義然無乱有二種一有相有分別二無相無分別有真見者無相無分別無所依故無真見者有相有分別有所依故彼外道輩於諸不死無乱問中以言矯乱一作是念我不如實知若善若不善及四聖諦有餘沙門婆羅門等於如是義求如實知彼若問我如是義者我若決定荅彼所問便為妄語由妄語故我便不得生於彼天彼怖妄語故於不死無乱問中以言矯乱謂作是說我於諸天秘密義中不應皆說或自所證或清淨道二作是念我不如實知若善若不善及四聖諦有餘沙門婆羅門等於如是義求如實知彼若問我如是義者我若撥無彼所問義便為邪見由邪見故我便不得生於彼天彼怖邪見故於不死無乱問中以言矯乱餘如前說三作是念我不如實知若善若不善及四聖諦有餘沙門婆羅門等於如是義求如實知彼若問我如是義者我若不實印彼所問彼或詰問我便不知由無知故我便不得生於彼

天彼怖無知故於不死無乱問中以言矯乱餘如前說四作是念我性昧劣不能攝集矯乱言詞又作是念若一向執非為妙善以一向執非皆稱順諸有情心若於他心有所違逆我便不得生於彼天故我應依不相違理若有問我有後世耶應返問言汝何所欲若言欲有應印彼言我於後世亦許為有如是問無亦有亦無非有非無或問如是或不如是或異或不異皆應返問隨彼所欲我便印之又作是念我性愚癡若違拒他彼便別我怖愚癡故於諸不死無乱問中以言矯乱問如是四種是何見攝荅彼四於天起不死想皆常見攝計荅他問為生天因是戒禁取問此四寧是前際分別荅此四皆於現在事轉待未来故立前際名或有說者此四皆緣先所聞教謂彼外道先聞自師所說至教要由如是荅他所問問生不死天彼不死天要由如是荅故得故此四種皆是前際分別見攝如是四種前際分別不死矯乱依怖妄語邪見無知愚鈍事起

說一切有部發智大毗婆沙論卷第一百九十九

此卷第二十三幅十六行戒禁取問
下之善及染汙至乃故說命根緣緣識三
界四部隨眠隨增等一百四十六字
者即是此論第八十七巻卷末文耳
宋藏錯寫為此中二本即云此四甯
是前際分別荅此四皆於現在事轉
待未來故立前際名或有說者此四
皆緣先所聞教謂彼外道先聞自師
所說至教要由如是荅他所問生不
死天彼不死天要由如是荅問故得
故此四種皆是前際分別見攝如是
四種前際分別不死矯乱依怖妄語
邪見無知愚鈍事起上巳此一百九字
乃正文也

阿毗達磨大毗婆沙論卷第一百九十九

校勘記

一 底本，金藏廣勝寺本。

一 七三六頁下七行第一〇字「自」，徑作「目」。

一 七三七頁上八行末字「困」，資、磧、普、南、徑、清作「因」。

一 七三七頁上一二行末字「便」，資、磧、普、南、徑、清作「復」。

一 七三七頁上一六行末字「四」，諸本（不含石，下同）作「四記」。

一 七三七頁上二〇行第七字「雖」，資、磧、普、南、徑、清作「即」。

一 七三七頁上二一行「二類」，磧、普、南作「一類」。

一 七三七頁中七行首字「二」，南作「一」。又第五字「謗」，資、磧、普、南、徑、清作「諦」。

一 七三七頁下一〇行第九字「者」，諸本作「攝者」。

一 七三八頁上四行「眼根」，資、磧、普、南、徑、清作「眼相」。

一 七三八頁上八行第一三字「眼」，清作「即」。

一 七三八頁上一二行「天地」，諸本作「大地」。

一 七三八頁中五行第一〇字「異」，徑作「無」。

一 七三八頁中一八行第八字「若」，徑作「苦」。

一 七三八頁下二行第四字「捴」，資作「答」。

一 七三八頁下一四行第九字「苦」，清作「若」。

一 七三九頁上一三行「現涅槃」，諸本作「現法涅槃」。

一 七三九頁上二一行「惡友」，南作「惡彼」。

一 七四〇頁上三行「注胎」，資作「住胎」。

一 七四〇頁上一六行「化化」，諸本作「化」。

一 七四〇頁中一行第九字「勝」，諸

本作「勝義」。

一　七四〇頁中四行「能生者」，諸本作「能生者生」。

一　七四〇頁中一一行第一二字「觀」，諸本作「觀知」。

一　七四〇頁中一二行「勸彼」，資、磧、普、南、徑、清作「觀彼」。

一　七四〇頁下七行第二字「不」，資、磧、普、南、徑、清作「無」。

一　七四一頁上七行第一二字「趣」，資、磧、普、南、徑、清作「起」。

一　七四一頁上一〇行第九字「者」，資、磧、南無。

一　七四一頁上一一行第一一字「四」，資、磧、普、南、徑、清作「三」。

一　七四一頁中一二行首字「手」，諸本作「互」。

一　七四一頁下二一行「不疑」，麗作「不礙」。

一　七四二頁上六行首字「閒」，諸本作「聞」。

一　七四二頁中一七行首字「𢀩」，諸本作「差」。

一　七四二頁中二〇行「自在」，磧、普、南、徑、清作「自有」。

一　七四二頁下一行首字「四」，徑、清作「三」。

一　七四三頁上二一行第四字「聞」，資、磧、普、南、徑、清作「問」。

一　七四三頁下八行末字「後」，資、磧、普、南、徑、清作「彼」。

一　七四三頁下二〇行「問問」，諸本作「問」。

一　七四三頁下二一行「如是答」，諸本作「如是答問」。

一　七四三頁下末行卷次後，麗有附記(「此卷……正文也」)一百八十九字，今附録於卷末。

阿毗達磨大毗婆沙論卷第二百　逸

五百大阿羅漢等造

三藏法師玄奘奉　詔譯

見蘊第八中見納息第五之三

後際分別見中十六有想論者謂初四種依三見立如說一類補特伽羅起如是見立如是論命者即身復有一類補特伽羅起如是見立如是論命者異身復有一類補特伽羅起如是見立如是論此總是我遍滿無二無異無歡依第一見建立第一我有色死後有想論謂彼外道執色為我執餘四蘊以為我所彼所執我以色為性故名有色取諸法相說名為想此有色我有彼想故說名有想以執四蘊為我所故彼作是念此有色我死後有想此在欲界全色界一分除無想天許無色界亦有色者此亦在彼前三無色此有想故不在後一依第二見建立第二我無色死後有想論謂彼外道執無色為我執色或餘四蘊以為我所謂若除想執餘三蘊總別為我即執想色蘊為我所若執想蘊為我即執餘蘊為我所彼所執我無色為性故名無色取諸法相說名為想此無色我或想為性或有想用說名有想或有彼想說名有想以執想蘊為我所故彼作是念此無色我死後有想此在欲界乃至無所有處除無想天依第三見建立第三我亦有色亦無色死後有想論謂彼外道執色無色為我如諦語外道等總於五蘊起一我想由彼各別分別諸蘊不得實我猶如各別分別甘酢醎辛苦淡無總實有一味可得彼於諸蘊起一想已總執為我彼所執我以色無色為性故名亦有色亦無色取諸法相說名為想此亦有色亦無色我或以想為性或有想用說名有想或有彼想說名有想以執自身諸蘊為我執他諸蘊為我所故有餘外道於有色我見過失已依無色我而住於無色我見過失已復依有色我而住彼諸外道我見未斷雖執有我而不決定說所執我唯是有色或唯是

無色然作是念此亦有色亦無色我死後有想此在欲界全隨其所應乃至廣說第四我非有色非無色死後有想論即遮第三無別依見彼作是念我雖實有而不可說定亦有色亦無色彼見實我定亦有色亦無色俱有過失故作是說此我非有色非無色死後有想餘如前說如是四種或依尋伺或依等至皆容得起執我有邊死後有想論者若執色為我彼所執我體有分限或在心中如指節量光明熾盛或在身中稱身形量內外明徹如說我我形相端嚴光明熾盛清淨第一喬荅摩尊寧說無我若執非色為我彼所執我亦有分限以非色法所依所緣有分限故亦名有邊彼依尋伺起如是執若依等至起此執者必未得遍處定如是二種俱作是念我定有邊死後有想此在欲界全色界一分除無想天許無色界亦有色者此亦在彼前三無色執我無邊死後有想論者若執色為我彼所執我遍一切處如明論說有我士

夫其量廣大邊際難測光色如日諸寘闇者雖住其前而不能見要知此我方能越度生老病死異此更無越度理趣又如有說地即是我我即是地其量無邊若執無色為我彼作是念如不至火終不能燒若不至刀終不能割若不至水終不能潤如是若有不至我者終不能取無邊分量彼依尋伺起如是執若依等至起此執者必已得遍處定如是二種俱作是念我定無邊死後有想此在欲界全隨其所應乃至廣說執我亦有邊亦無邊死後有想論者若執色為我彼所執我隨所依身或卷或舒其量不定彼作是念身若有量我即有邊身若無量我即無邊若執無色為我彼作是念若隨有量所依所緣我即有邊若隨無量所依所緣我即無邊如是二種俱作是念我亦有邊亦無邊死後有想此在欲界全隨其所應乃至廣說執我非有邊非無邊死後有想論者即遮第三為此第四三門異說如前應知如是四種或依尋伺或依等

阿毗達磨大毗婆沙論卷第二百　第四張　逸

至皆容得起

依想受異故作是說我有一想我有種種想我有小想我有無量想我純有樂我純有苦我有苦有樂我無苦無樂死後有想此中我有一想者謂在前三無色由彼諸想一門轉故說名一想我有種種想者謂在欲色界除無想天由彼諸想六門四門轉故及緣種種境故名種種想依尋伺者我亦有差別謂有一種工巧智者名有一想若有種種工巧智者名有種種想我有小想者謂執少色為我或執少無色為我若執少色為我彼執色我其量狹小如指節等彼執想為我所依小身故緣少境故說為小想我與彼合名有小想此在欲界全色界一分除無想天許無色界亦有色者此亦在彼前三無色若執少無色為我彼或執受為我想為我所依小身故緣少境故說為小想我與彼合名有小想執行為我執識為我廣說亦介若執想為我彼想依小身故緣少境故說為小想彼執小想為我性故或

阿毗達磨大毗婆沙論卷第二百　第五張　逸

有想用名有小想此在欲界乃至無所有處除無想天我有無量想者謂執無量色為我或執無量無色為我若執無量色為我彼執色我遍一切處彼執想為我所依無量身故緣無量境故名無量想我與彼合名有無量想此在欲界全色界一分除無想天許無色界亦有色者此亦在彼前三無色若執無量無色為我彼或執受為我想為我所彼想依無量身故緣無量境故名無量想我與彼合故名有無量想執行為我執識為我廣說亦介若執想為我彼想依無量身故緣無量境故名無量想彼執無量想為我性故或有想用故名有無量想此在欲界乃至無所有處除無想天如是四種或依尋伺或依等至皆容得起我純有樂者謂在前三靜慮諸得定者以天眼通見三靜慮恒時受樂後從彼歿來生此間便作是念我純有樂諸尋伺者見諸有情於一切時與樂具合便作是念我純有樂如於此世他世亦介我純有苦者謂在

阿毗達磨大毗婆沙論卷第二百　第六張　逸

地獄諸得定者以天眼通見在地獄恒時受苦後從彼殁來生此間便作是念我純有苦諸尋伺者見諸有情於一切時與苦具合便作是念我純有苦如於此世他世亦尒我有苦有樂者謂在傍生鬼界人及欲界天諸得定者以天眼通見彼有情苦樂雜受後從彼殁來生此間便作是念我有苦有樂諸尋伺者見諸有情有時與苦具合有時與樂具合便作是念我有苦有樂如於此世他世亦尒我無苦無樂者謂在第四靜慮乃至無所有處諸得定者知彼有情無苦無樂後從彼殁來生此間便作是念我無苦無樂諸尋伺者作如是念我體是常不明了轉雖有暫與苦樂相應而彼是客我非有彼此十六種後際分別諸有想論依前所說十六事起八無想論者謂有色等四有邊等四有色等四者一執我有色死後無想謂彼執色為我得無想定及見他得彼定生無想有情天便作是念我有色死後無想當生無想有情天中想

不起故諸尋伺者執色為我見有風癎熱眠悶絶苦受所切似全無想便作是念我雖有色而無其想如於此世他世亦尒二執我無色死後無想謂彼執命根為我得無想定及見他得彼定生無想有情天便作是念我無色死後無想當生無想有情天中想不起故諸尋伺者執命根為我見有風癎熱眠悶絶苦受所切似全無想便作是念我無色亦無想如於此世他世亦尒有尋伺者除想執餘三蘊為我亦容執我無色死後無想三執我亦有色亦無色死後無想謂彼執色命根為我彼於此二起一我想由彼各別分別此二不得實我猶如各別分別甘等不得捴味彼執此二為一我已得無想定及見他得彼定生無想有情天便作是念我亦有色亦無色死後無想當生無想有情天中想不起故諸尋伺者執色命根為我見有風癎熱眠悶絶苦受所切似全無想便作是念我亦有色亦無色而全無想如於此世他世亦尒有尋

伺者除想執餘四蘊為我亦容執我亦有色亦無色死後無想四執我非有色非無色死後無想即遮第三為此第四三門異說如前應知有邊等四者一執我有邊死後無想謂若執色為我彼執色我其量狹小如指節等若執無色為我彼執命根為我遍在身中稱身形量如是執已得無想定及見他得彼定生無想有情天便作是念我有邊死後無想當生無想有情天中想不起故諸尋伺者亦執彼為我見有風癎隨其所應廣如前說二執我無邊死後無想謂若執色為我彼執色我遍一切處若執無色為我彼執命根為我亦遍一切處如是執已得無想定及見他得彼定生無想有情天便作是念我無邊死後無想當生無想有情天中想不起故諸尋伺者亦執彼為我見有風癎隨其所應廣如前說三執我亦有邊亦無邊死後無想謂若執色為我彼執色我或卷或舒若執無色為我彼執命根為我亦如身色或卷或舒如是執

已得無想定及見他得彼定生無想有情天便作是念我亦有邊亦無邊死後無想當生無想有情天中想不起故諸尋伺者亦執彼為我隨其所應廣如前說四執我非有邊非無邊死後無想即遮第三為此第四三門異說如前應知如是八種後際分別諸無想論依前所說八種事起

八非有想非無想論者謂有色等四有邊等四有色等四者一執我有色死後非有想非無想謂尋伺者執色為我彼見有情想不明了便作是念我有色非有想非無想如於此世他世亦尒非得彼定可有此執所以者何要已離無所有處染者方可執非想非非想處諸蘊為我彼既無色此執理無有依別義說得彼定亦有此執謂生欲色界已離無所有處染者執非想非非想處諸蘊為我彼所執我體雖非色而與色合名有色我如說有語人而人體非語彼雖不執色為我所而所執我未離色身乃至命終猶隨身故說我有色彼由所入非

想非非想處定想不明了故執我現在非有想非無想死後亦然許無色界亦有色者彼許有執非想非非想處我實有色而非有想亦非無想二執我無色死後非有想非無想謂得彼定者執非想非非想處諸無色蘊為我或為我所彼所執我以無色為性或有無色故名無色我彼由所入非想非非想處定想不明了故執我現在非有想非無想死後亦然諸尋伺者執無色為我彼見有情想不明了便作是念我無色非有想非無想如於此世他世亦尒二執我亦有色亦無色死後非有想非無想謂尋伺者執色無色為我彼見有情想不明了便作是念我亦有色亦無色非有想非無想如於此世他世亦尒非得彼定可有此執所以者何要已離無所有處染者方可執非想非非想處諸蘊為我彼既無色此執理無有依別義說得彼定亦有此執謂生欲色界已離無所有處染者執非想非非想處諸蘊為我彼所執我體雖

非色而與色合名有色我如說有語人而人體非語彼雖不執色為我所而所執我未離色身乃至命終猶隨身故說我亦有色執無色為我故說我亦無色彼由所入非想非非想處定想不明了故執我現在非有想非無想死後亦然許無色界亦有色者彼許有執非想非非想處我實亦有色亦無色而非有想亦非無想四執我非有色非無色死後非有想非無想即遮第三為此第四三門異說如前應知

有邊等四者一執我有邊死後非有想非無想二執我無邊死後非有想非無想三執我亦有邊亦無邊死後非有想非無想四執我非有邊非無邊死後非有想非無想如是一切皆執無色為我已得非想非非想處定者皆容有此執又此一切皆容執非想非非想處四無色蘊為我我所一由彼定時分促故以一一蘊為所緣故執我有邊二由彼定時分長故揔以四蘊為所緣故執我無邊三由彼

定時分或促或長故或一一蘊或總四蘊為所緣故執我亦有邊亦無邊即遮第三為其第四二門異說如前應知此中一切皆由所入非想非非想處定想不明了故執我現在非有想非無想死後亦然諸尋伺者及許無色界亦有色者執色無色為我隨其所應廣如前說如是八種後際分別非有想非無想論及非有想非無想論後前所說八事而起問何故無想論中不說我有一想等八耶答若亦說者一切皆應名有想論以有想受者非無想等故如是一切有想等論說死後故皆是後際分別見攝七斷滅論者一作是念此我有色粗四大種所造為性死後斷滅畢竟無有齊此名為我正斷滅彼見此生受胎為初死時為後便作是念我受胎時本無而有若三死位有已還無名善斷滅二作是念此我欲界天死後斷滅畢竟無有齊此名為我正斷滅彼作是念我既不因産門而生本無而有有已還無如彗星等名善斷滅三作是念此我色界天死後斷滅畢

竟無有齊此名為我正斷滅彼作是念我既不因産門而生本無而有由等至力有已還無名善斷滅或有說者此三斷見皆緣已離初靜慮染有情而起彼斷見者雖已得定而未能離初靜慮染所發天眼唯見下地前三有情既命終已皆生上地所受中有生有等身非彼境界便作是念得靜慮者既命終已悉皆斷滅四作是念此我空無邊處天死後斷滅畢竟無有齊此名為我正斷滅五作是念此我識無邊處天死後斷滅畢竟無有齊此名為我正斷滅六作是念此我無所有處天死後斷滅畢竟無有齊此名為我正斷滅七作是念此我非想非非想處天死後斷滅畢竟無有齊此名為我正斷滅此中後四有執空無邊處為生死頂乃至有執非想非非想處為生死頂若執空無邊處為生死頂彼執空無邊處死後無有名善斷滅乃至若執非想非非想處為生死頂彼執非想非非想處死後無有名善斷滅如是七種後際分別

諸斷滅論依前所說七事而起如是七種皆說死後故是後際分別見攝五現法涅槃論者謂外道執若於現在我受安樂名得涅槃若我有苦尒時不名得涅槃者不安樂故初作是念此我清淨解脫出離一切灾横謂現受用妙五欲樂尒時名得現法涅槃第二能見諸欲過失彼作是念欲所生樂衆苦所隨多諸惡害定所生樂微妙寂靜無衆苦隨離諸惡害復作是念此我清淨解脫出離一切灾横謂現安住寂初靜慮尒時名得現法涅槃第三能見諸欲尋伺俱有過失彼作是念此我清淨解脫出離一切灾横謂現安住第二靜慮尒時名得現法涅槃第四能見諸欲尋伺及喜過失彼作是念此我清淨解脫出離一切灾横謂現安住第三靜慮尒時名得現法涅槃第五能見諸欲尋伺喜入出息皆有過失彼作是念此我清淨解脫出離一切灾横謂現安住第四靜慮尒時名得現法涅槃問云何此五現法涅槃論是後際分別

見攝苔此五雖緣現在而待過去名後是故說為後際分別復有說者此五執我現既有樂後亦有樂故是後際分別見攝問若尒何故說為現法涅槃論者苔現樂為先而執後樂現居先故用摽論名如是五種後際分別現涅槃論依前所說五事而起如契經說苾芻當知世間沙門婆羅門等所依諸見皆入二見謂有見無有見今應分別云何諸見一切皆入此二見中苔非此入言顯攝彼體但顯彼入二見品中所以者何有見者即常見無有見者即斷見諸惡見趣雖有多種無不皆入此二品類如此品初補剌拏說無施與等五類邪見入斷見品以執無故有說入二品由執我常謗因等故次說乃至活有命者死後斷壞無有等斷見攝故即斷見品有作是說此四大種士夫身乃至智者讃受入二品中次說無因無緣等是末塞羯梨見次說造教造等是珊闍夷見此二俱入斷見品以執無故有說入二品由執我常謗因等故次說此

七士身等常見攝故即常見品次說有十四億等是無勝毱褐見次說一切士夫諸有所受無不皆以宿作為因等是離繫親子見此二俱入二品以執有我後斷滅故次說一切士夫所受皆是無因無緣等是尊迦多衍那見入斷見品以執無故有說入二品以執我常謗無因故次說自作苦樂等此入二品以執有我後斷滅故次說所受苦樂非自作等入斷見品以執無故有說入二品以執我常謗無因故次說我及世間常等常見攝故即常見品次說諦故住故我有我等常見攝故即常見品次說諦故住故我無我等斷見攝故即斷見品次說我觀我等入常見品次說受妙五欲等入常見品執有我常得涅槃故有說入二品以執有我後斷滅故次說風不吹等常見攝故即常見品次說衆生執我作等入二見品以執有我後斷滅故後說諸欲淨妙快意受用而無過失等入常見品執有我常受勝欲故有說入二品以執有我後

斷滅故

契經中說我有想見我無想見我非有想非無想見斷滅見現法涅槃見此五入二見品謂前三入常見品第四入斷見品第五有說入常見品有說入二品梵網經中所說六十二見亦揔入此二見品中謂前際分別見中四遍常論入常見品四一分常論有說入常見品有說入二品以執有常有無常故二無因論入斷見品有說入二品以執我常謗無因故有邊等四論及不死矯亂四論入常見品有說入二品以執我常後亦斷故後際分別見中有想無想非有想非無想論皆常見攝故即常見品七斷滅論斷見攝故即斷見品五現法涅槃論入常見品執有我常得涅槃故有說入二品以執有我現得涅槃後斷滅故迦多衍那契經中說世有二見一者有見二者無見如次攝入常斷見品師子吼經說一切見皆依二見謂有見無有見依有見者耽著有見憎無有見依無有見者耽著無有見憎有見此二如

次亦即攝入常斷見品如契經說常見外道或執轉變或執隱顯或執往来意界常等如是一切常見攝故即常見品如契經說有外道執命者即身命者異身命者非即身命者非異身問外道何故執命者即身耶尊者世友作如是說彼見世間身生時說有情生身壞時說有情死故復次彼見世間於有色根身說有命者於無色根身說無命者故復次彼見世間於身相差別起男女想故復次彼見世間於身力強弱說強弱者故復次彼見世間身形長短麁細肥瘦白黑等異說長短等者故復次彼見世間於身一分有被損害時遍身皆受不安隱苦故復次彼見世間憂及喜時流淚毛竪顏色怡悅故復次彼見世間皆於身起我名想故有餘師說彼見世間守宫虵蝎等尾若斷時各能動轉故大德說曰彼見世間於有色根身說有情形相有情言音有情好醜有情威儀有情作業等故由如是等種種因緣諸外道說命者即身問

外道何故執命者異身耶尊者世友作如是說彼諸外道執色為身執心心所以為命者色與心等相續各異彼覺色身前後轉變不覺心等前後異相故起此見復次彼見身麁心心所細命者是細故異於身復次彼見威儀隨意欲轉即執意欲以為命者威儀即身轉變差別復次彼見死者身相無異便作是念命者離身說名為死故與身異復次彼見色身與心心所分位前後轉變各異彼執心等即是命者故異於身復次彼見色身有多分而命者是一故異於身復次彼諸外道見捨前有身受中有身復捨中有身受今有身如是展轉身雖有異而命者一故異於身有餘師說彼見睡眠時身亦有動轉故知其中別有命者復次彼見夢時身在本處而有命者遊歷他方故知異身別有命者復有說者彼見依定能憶過去及知未来多身差別便作是念身雖有多而命者一故知各異復次彼見世間身無動轉能憶過去及知未来

故知離身別有命者有作是說彼見世間憶先所作及所更事而身不動故知離身別有命者或有說者彼見身形前後位異工巧智等隨轉無別故知離身別有命者大德說曰彼見世間不自在者及自在者身俱動摇故知彼身由命者轉問外道何故執命者非即身尊者世友作如是說彼見世間身多分異命者不異故非即身復次彼見世間身隨緣轉命者不尒故非即身復次彼見世間身有增减損益等異命者不尒故非即身大德說曰彼見世間一身而有種種相異命者不尒故非即身問外道何故執命者非異身尊者世友作如是說彼見異身無別實物命者可得故執命者非異於身所餘如前即身中說大德說曰彼見世間於自身上而起我愛不於餘法故執命者非異於身所餘如前即身中說然諸愚夫於色心等剎那相續不善了知說有命者即異身等若說即身及非異身入斷見品若說異身及非即身入常見品

故諸外道諸惡見趣無不皆入斷常品中一切如來應正等覺對治彼故宣說中道謂色心等非斷非常

問云何應知死後非斷尊者世友作如是言見今時心多念相續由前前滅有後後生後心必依前心而起前心有力必引後心遇極猒緣後方不起由斯此世初受生心定有前心為因引起將命終位無極猒緣正死時心定能引後前身既能引今身起今身何故不引後身由是應知死後非斷復次見今根覺依巳起根復能為因引意覺起故知胎中最初意覺必因過去根覺引生前生既能引今生起今生何故不引後生由是應知死後非斷大德說曰非離餘心有餘心轉亦見有色隨心而生復見有心依色而起由煩惱故有色心生由是應知死後非斷復次現見前念有煩惱身必能引生後念心色知命終位有煩惱者定能引後心色令生由是應知死後非斷問諸色心等何故非常答轉變非恒豈是常住問寧知轉變不由隱

阿毗達磨大毗婆沙論卷第二百　第二十二張　造

顯而執彼體有生滅耶尊者世友作如是說若彼轉變但由隱顯則處胎藏嬰孩童子少中老位皆應頓起然漸次起故知轉變體有生滅不由隱顯復次若彼轉變但由隱顯則處胎藏嬰孩童子少中老位應有間斷然無間斷故知轉變體有生滅不由隱顯大德說曰世間現見衆緣合時有諸法起緣若乖離諸法便壞非隱顯者有此差別故知轉變不由隱顯但由彼體有生有滅復次法轉變時前後相別體亦應別相體一故若法常住雖有隱顯分位差別而相無異故知轉變體有生滅伽他納息所有義趣如文易了故不復釋

三藏法師玄奘譯斯論訖說二頌言

佛涅槃後四百年　迦膩色加王瞻部
召集五百應真士　迦濕弥羅釋三藏
其中對法毗婆沙　具獲本文今譯訖
願此等潤諸含識　速證圓寂妙菩提

說一切有部發智大毗婆沙論卷第二百

甲辰歲高麗國大藏都監奉
勅雕造

阿毗達磨大毗婆沙論卷第二百　第二十三張　造

阿毗達磨大毗婆沙論卷第二百

校勘記

一　底本，麗藏本。
一　七四六頁上末行「四蘊以」，諸本（不含石，下同）作「無色蘊」。
一　七四七頁上七行第一〇字「潤」，諸本作「爛」。
一　七四八頁上二行第五字「後」，諸本作「復」。
一　七四九頁中一三行第九字「二」，諸本作「三」。次頁上三行第九字同。
一　七四九頁中一八行「此執」，諸本作「此執所執」。
一　七五〇頁上一七行「彼見」，磧、南、徑、清作「後見」。
一　七五〇頁上二二行「彼作」，諸作「後作」。
一　七五〇頁下末行第九字「論」，磧、普、南、徑、清作「故」。
一　七五一頁上一一行第八字「言」，

磧、普、南、徑、清作「二」。

一　七五一頁上二一行第三字「末」，磧、普、徑作「未」。

一　七五一頁中三行第一三字「作」，諸本作「住」。

一　七五一頁下四行「一見品」，諸本作「二見品」。

一　七五二頁上一九行「蚸蜴」，諸本作「蜥蜴」。

一　七五三頁中一六行「二頌言」，磧、普、南、徑、清作「一頌言」。

阿毗達磨倶舍釋論序　平陽府洞縣智湍刀心

正教本宗文唯三藏梵音所闡諒無異說法相深微名實繁曠若非圓明獨朗孰能通達自隱頌多之山月翳羅睺之手時移解昧部執競興或以文釋義或以義判文雖復得失參差皆以三藏為本可謂殊塗同歸一致百慮者也尋十八部師及弟子並各造論解其所執於一部中多有諸論此土先譯薩婆多部止有毗婆沙及雜心四卷毗婆沙明義雖廣而文句來不具足雜心說乃處中止述自部宗致四卷過存省略旨趣難可尋求此土先譯經部止有成實一論成實乃以經部駁斥餘師其間所用或同餘部又於破立之中亦未皆盡其妙且傳譯參差難可具述佛滅度後千一百餘年有出家菩薩名婆藪盤豆器度宏曠神才壯逸學窮文字思徹淵源德隆終古名蓋當世造大小乘論凡數十部並盛宣行靡不宗學法師德業具如別傳先於薩婆多部出

家仍學彼部所立三藏後見彼法多有乖違故造此論具述彼執隨其謬處以經部破之故此論本宗是薩婆多部其中取捨以經部為正博綜群籍妙拔衆師談玄微窮於奧極述事象略而周遍顯成聖旨備摧異說立不可闕破无能擬義兼數論而深廣愈之詞不繁而義顯義雖深而易入故天竺咸稱為聰明論於大小乘學悉依此為本有三藏法師倶羅那他聰敏强記才辯無竭碩學多聞該通內外為弘法故遠遊此國值梁室將傾時事紛梗法師避地東西垂二十載欲還天竺來至番禺慧愷因請翻講攝大乘等論經涉二年文義方畢法師尒後猶欲旋歸刺史歐陽紇尚仁貴道夊申敬事重復請留弥加殊禮慧愷與僧忍等更請翻講此論以陳天嘉四年歲次閼逢龍集涒灘正月二十五日於制旨寺始就開闡惑品未畢仍事徙居於南海郡內續更敷說法師遊方既久精解此土音義凡所翻譯不須度語但梵音所目於義

易彰今既改變梵音詞理難卒符會故於一句之中循環辯釋翻覆鄭重乃得相應慧愷謹即領受隨定隨書日夜相係無懈晷刻至其年閏十月十日文義究竟論文二十二卷論偈一卷義疏五十三卷判史而請於城內講說既得溫故頗識大宗非唯闇弱多有疑滯又恐所翻不免謬失至天嘉五年歲次柔兆二月二日與僧忍等更請法師重譯論文冊解義意至光大元年歲次強圉十二月二十五日治定前本始末究竟長史袁敬識鑒沉深信解明正長史長子元友愛文重法博學多藝並札事法師偕盡經始綍南中翻譯悉賴此貴門方希永傳來世以為後生摸式佛法大海深廣无際若不局一塗能信順求學豈不同飡甘露共襲薝蔔者哉如或專執非所喻也

阿毗達磨俱舍釋論卷第一　心

婆藪盤豆造

陳天竺三藏真諦譯

釋論中分別界品第一

一切種智滅諸冥　拔出衆生生死泥

頂礼大師如理教　對法俱舍我當說

釋曰若人欲正造論當令他知大師不共功德故說衆德為先後頂礼大師此偈但依佛世尊說偈曰一切種智滅諸瞑釋曰滅一切瞑由一切種智於一切法无明者能障見真實義故稱為瞑此無明於佛世尊由得究竟通對治故一切種於一切法永不生為法故故稱為滅獨覺及聲聞於一切法雖除无明由有染汙无明極不生故不由一切種何以故諸餘聖人於如來不共法及於餘境寂久遠時處无邊差別有無染汙无明顯自利行究竟讚歎佛已次以利他行圓滿讚歎世尊偈曰拔出衆生生死泥釋曰生死是世間沉著處故難可度故故以辟泥衆生於中沉著无救接者唯佛世尊欲憐愍度脫授說正法手應理拔濟是人與自他利益行相應偈曰頂礼大師如理教釋曰頭面接足名頂礼立教不虛稱大師无倒稱如理得善離惡言稱教說此如理教為利他方便由如理教從生死泥拔濟衆生不由通慧施恩威德等頂礼如理教師已欲何所作偈曰對法俱舍我當說釋曰此法通名滅濟教別名云何阿毗達磨俱舍何法名阿毗達磨偈曰淨智助伴名對法釋曰智謂擇法淨謂無垢即无流智助伴謂因緣資粮若介則說無流五陰名阿毗達磨此即真實阿毗達磨若說假名阿毗達磨偈曰能得此法諸智論釋曰即是有流思慧聞慧生得慧及助伴論謂能傳生无流智是無流智資粮故亦名阿毗達磨因何義立此名能持自體相故稱達磨或一切法中真實法涅槃為相故稱達磨此智對諸法於法現前故稱阿毗達磨此論云何名阿毗達磨俱舍偈曰由義對法入此攝釋曰彼文句名阿毗達磨由隨勝義入此論攝是故此論於彼得稱為藏復次偈曰論依對法名俱舍釋曰阿毗達磨是此論依止何以故從彼法中引生此論故彼於此論亦受藏名以是義故此論名為阿

阿毗達磨俱舍釋論卷第一　第六張

毗達磨俱舍復次此法共用云何何
人先說此法而法師恭敬欲解說之
偈曰離簡擇法更不有為寂靜惑別
方便世間由惑轉有海為此傳佛說
對法釋曰若離擇法覺分无別方便
能除滅諸惑諸惑能輪轉世間於生
死海由此正因欲令弟子得簡擇法
故大師佛世尊先說阿毗達磨若離
心說諸弟子不能如理簡擇真法故
佛世尊處處散說此法大德迦旃延
子等諸弟子撰集安置猶如大德達
磨多羅多撰集優陁那伽他部類聞
毗婆沙師傳說如此何者諸法是所
簡擇為令他簡擇彼法佛世尊說阿
毗達磨偈曰有流無流法釋曰略說
一切法謂有流无流此中何者有流
偈曰有為除聖道有流釋曰除道聖
諦所餘有為法說名有流何以故偈
曰於中流由隨增眠故釋曰若有如
此義諸流緣滅道二諦為境起於中
不眠无隨增故是故於中不可立有
流為反質難是不眠義後分別惑品
中當廣說說有流法已何者无流法

阿毗達磨俱舍釋論卷第一　第七張

偈曰无流法聖道及三種無為釋曰
何者三无為偈曰虛空及二滅釋曰
何者二滅擇滅非擇滅如此空等三
無為及聖道說為无流法何以故於
中諸流不能眠故略說三無為中何
者為空偈曰此中空无㝵釋曰空以
無障无㝵為性故色於中行偈曰擇
滅謂永離釋曰與有流法永相離說
名擇滅各數簡擇苦等聖諦名擇即
智勝類因此所得已利名為擇滅具足
應言擇所得滅以略說故但稱擇滅
如車與牛相應名為牛車一切有流
為一擇滅為不一不一云何偈曰各
各對諸結釋曰如結數量擇滅亦尒
若不尒由證見苦所斷惑擇滅則應
一時俱證一切惑擇滅若尒修餘對
治道則空无果佛經言擇滅無同類
此言何義擇滅无同類因亦非他同
類因此是經義非無與其同類說擇
滅已偈曰恒遮欲生生別有非擇滅
釋曰能永遮未來諸法生異於擇滅
有別滅說名非擇滅不由簡擇得故
云何得因緣不具故辟如有人意識

阿毗達磨俱舍釋論卷第一　第八張

及眼根緣一色塵起是時餘色聲香味
觸等悉有即謝五識聚不能緣彼為
境界更生何以故五識无有功能緣
過去塵為境是故識等有非擇滅由
因緣不具故得依二滅立四句有諸
法唯有擇滅謂過去現在定生為法
皆是有流有諸法唯有非擇滅謂不
生為法无流有為有諸法具有二滅
謂有流定不生為法有諸法无有二
滅謂過去現在定生為法皆是無流
說三无為已前說有為法除聖道名
有流何者是有為偈曰又諸有為法
謂色等五陰釋曰色陰受陰想陰行
陰識陰此五陰攝一切有為已至聚
集因緣所作故名有為何以故无有
法无緣及一緣所生故是彼種類故
於未來无妨辟如燭陁偈曰說世路
言依有離及有類釋曰是諸有為法
有已正當行故名世路復次无常所
食故言謂方言是言所應義名言依
由執有義言故佛經說有為法名言
依若不尒則遣分別道理論彼論云
何言依入十八界攝永出名離所謂

涅槃一切有為涅槃永出離故有為法有離涅槃无離故有為法名有離有因故名有類類以因義毗婆沙師作此說如是等是有為別名復次是有為法偈曰有流名取陰釋曰此何所顯是有取可說名陰有但陰非取謂无流有為此中以惑為取告陰從取故名取陰辟如草火糠火復次隨逐取故辟如王人復次諸取從彼生故名取陰辟如花樹果樹是有流諸法偈曰或說有鬪諍釋曰諸惑名鬪爭能動諸善法及損害自他故鬪爭所隨眠故故說有鬪爭辟如有流復次偈曰苦集諦世間釋曰違聖人意故名苦苦從諸生故名集破壞故名世間有對治故偈曰見處及三有釋曰諸見依中住由隨順增長故故是見處但有令有故名有如此說有流法如義別名已前已說色等五陰此中偈曰色陰謂五根五塵及無教釋曰五根謂眼耳鼻舌身五塵是眼等五根境謂色聲香味觸及无教如此量名色陰此中是前說色等五塵偈曰此

識依淨色說名眼等根釋曰色聲香味觸識所依止五種淨色類次第應知是眼耳鼻舌身根如佛世尊言比丘眼是內入合四大成是淨色性類如此廣說復次前已說眼等五根此識依淨色說名眼等根眼根等識依理論彼論云何者為眼根謂眼識依止其義如此若立此義則順分別道止清淨色說五根已次應說五塵此中偈曰色二釋曰一顯色二形色顯色有四種謂青黃赤白餘色是此四色未異形色有八種謂長等耶後是重說色入偈曰或二十釋曰謂青黃赤白長短方圓高下正邪雲烟塵霧影光明闇有餘師說空為一色故有二十一色此中形平等為正不平等名邪地氣名霧日焰名光月星火藥寶珠電焰名明於中若色顯現名影翻此名闇餘色易解故今不釋有色入有顯无形謂青黃赤白影光明闇有色入有形無顯謂有長等一分即有教身業為相有色入有顯有形謂所餘諸色有餘師說有色入無形無顯

謂无教色有餘師說唯光及明有顯無形何以故恒見青等諸色有長等差別云何一物二知所緣此二色於一塵中現故是義不然於有教身業則成及質難故說色入已偈曰聲塵有八種釋曰有執依非執依四大為因有衆生名非衆生名是名四聲此聲由可愛非可愛差別故成八種此中有執依為因者謂言手等聲非執依為因者謂風樹浪等聲有衆生名者謂有義言聲異此為非衆生名有餘師說有別聲有執依非執四大為因謂手鼓合生辟如一顯色隣虛不許依二四大生此聲亦應介說聲已偈曰味六釋曰謂甜酢醎辛苦淡差別故偈曰香有四釋曰謂香臭平等不平等差別故阿毗達磨中說香有三種謂香臭平等偈曰觸塵十一種釋曰觸有十一種說名外塵色應知謂四大滑澁重輕冷飢渴此中四大後當說柔軟名滑麁爍為澁可稱名重翻此為輕熱愛為冷食愛為飢飲愛為渴於因立果名故說如此如佛伽陀中說

諸佛生現樂　說正法亦樂　大衆和合樂
衆集出家樂

於色界中无飢渴觸有所餘觸於中彼衣若不可各稱四大衆集所造故亦可得稱於彼无能損冷觸有能益冷觸他說如此前已說色有多種此中有時由一物眼識得生若是時中分別一類有時由多物眼識得生若是時中无所分別辟如軍衆有无量顯形色及遠見衆寶應知耳等識亦尒身識若極多由五觸生謂四大觸諸觸中滑等隨一有師作如此執復有餘師說具足十一觸生身識若尒則捴緣塵通境為塵五識應成不但緣別境五識對入別相為境故許彼以別相為境非對物別相斯有何失應思此義身舌二根一時塵至何識先生隨强塵先發識若平等塵至舌識先生食欲所引相續故此說五根五塵及如取塵已今當說無教色偈曰乱心无心耶隨流淨不淨依止於四大何无教色說釋曰異緣名乱心入无想定及滅心定名无心顯非乱

心及有心故言耶是似相續或俱或後故名隨流善名淨惡名不淨至得相續亦尒為簡此異彼故說依止於四大毗婆沙師說依止以因為義四大為无教生等五因故欲顯立名因有教色可令他知故名无教顯是餘故言何此法雖以有色業為性不如師說故言說若略說有教色三摩提所生善惡性色名無教前說依止四大何者四大偈曰諸大謂地界及水火風界釋曰如此四大能持自相及所造色故名界云何四界名大一切餘色依止故於彼成麁故故名為大復次極遍滿起地水火風聚中形量大故復次能增廣一切有色物生及於世間能作大事故名大復次此地等界於何業中成何為自性偈曰於持等業成釋曰勝持和攝成熟引長於四業中次第成就地水火風界轉移增益故名引長是名四大業自性者次第偈曰堅濕熱動性釋曰地界以堅為性水界以濕為性火界以熱為性風界以動為性引諸大相續令生

異處如吹燈光名動分別道理論云何者風界所謂輕觸經說亦尒或說輕觸為所造色此法以動為定性故說動為風界即以業顯風自性復次地等及地界等異義云何偈曰說地顯形色由世立名想水火亦復然釋曰若世人示現他地大但示顯形色如示現地大示現水火大亦尒但示顯形色故依世假名想說色入為地等三大偈曰風界釋曰是風界世人說為風偈曰亦尒釋曰如世人假說顯形色為地說風亦尒或說黑風或說團風云何說無教為後此陰名色顯現變壞故佛世尊說比丘由此法變壞變壞故說色取陰何法能變壞由手等觸故變壞廣說如經有對导故可變壞復次義部經中說

求得欲塵人　愛渴所染者　若所求不遂
喜彼如被判

復次餘師說此色欲界變壞生對导故名色若尒隣虚色應不成色不可變壞故此言非難隣虚色无獨住不和合故若和合住則可變壞若尒過

去未來色不應成色此亦已變壞應變壞變壞性類故如所燒薪若尒无教不應成色此亦由有教變壞故其同變壞如樹動影動是義不然无教無變壞故若尒有教謝滅无教亦應謝滅如樹滅影滅復有餘師說依止變壞故无教亦變壞是義不然若尒眼識等由依止變壞亦應成色是故汝執不平雖然有異何以故无教依四大生如影依樹生光依寶生眼等識不尒依眼等根生諸根一向唯為眼等識作生因此執非毗婆沙義謂依樹影生依寶光生彼師說影等顯色隣虛各各依止自四大故若實如此影光依樹寶生无教不應同此依止何以故無教所依止四大已謝彼師不許无教隨滅是故此執不成殺義復有餘師別立投義言眼等諸識依止各有差別有依止變壞如眼等有依止不變壞如意識等無教依止既不尒此難則不平是故此義應然由可變壞故名色陰是法前已說色陰為性偈曰此根塵復說十入及十

界釋曰若安立入門屬十入謂眼入色入乃至身入觸入若安立界門屬十界謂眼界色界乃至身界觸界說色陰及安立入界已次當說受等諸陰此中偈曰受陰領隨觸釋曰有三種領隨觸說名受陰何者為三謂能領隨樂苦不樂不苦觸是名三受復次若分別此受則成六受聚謂眼觸所生受乃至意觸所生受偈曰想陰別執相釋曰青黃長短男女親怨樂苦等相差別執是名想陰復次若分別此想有六如受偈曰異四名行陰釋曰除色受想識四陰餘有為法名行陰經中佛世尊說六故意聚名行取陰此說由勝故此故意聚是業性故於造作中最勝故佛世尊說能作功用起有為法故說此為有行取陰若不尒所餘心法及不相應法非陰攝則不可立為苦諦集諦於彼亦不可立為應知應離佛世尊說我不說未見未通一法決定至苦後際未除未滅亦尒是故諸有為法入行陰攝應信此義偈曰是受等三陰釋曰謂

受想行三陰若安立為入及界偈曰或名法入界并无教无為釋曰此七種法說名法入及法界偈曰識陰對對觀釋曰對對諸塵意識是名識陰復次若分別此識則成六識聚謂眼識乃至意識是所說識陰若安立入偈曰或說為意入釋曰若安立界偈曰或說為七界釋曰何者為七偈曰謂六識意根釋曰眼識界乃至意識界及意界此中五陰已說為十二入及十八界除无教色是色陰立為十入十界受想行陰無教無為立為法入法界是識陰即是意入及六識界并意界為不如此耶前說唯六識為識陰若尒異此六識何法名意界无別意界異六識雖然是諸識中偈曰六中無間謝說識名意根釋曰六識中隨一无間滅此識說名意界辟如一人先為子後為父又如先為果後成種子識亦如是先為六識後成意界若尒實物唯十七界或十二界何以故六識界及意界乎相攝故若尒云何安立為十八界雖然偈曰為成第六依故界

成十八釋曰是五種識界以眼等五界為依第六意識界无有別依為成立此依故說意界由如此安立依能依境界三六故界成十八若尒阿羅漢最後心應非意界无識在後生為此无間滅故成意界是義不然何以故此已住意性中故因緣不具故後識不生此中由陰攝一切有為由取陰攝一切有流由入由界攝一切法盡應知一切諸法復有略攝偈曰略攝一切法由一陰入界釋曰陰中以色陰入中以意入界中以法界應知攝一切法盡如來處處說攝其義應知如此偈曰同自性類故釋曰此攝由同性類相應故不由異性故何以故偈曰離餘法性類釋曰諸法與他性相離則此性與彼不相應是故不由此性得攝他辟如眼根由色陰由眼入眼界苦集二諦等攝以同性故不由餘陰等彼性不相應故若尒有處說由他攝他辟如由四攝類攝一切衆生此攝不恒應知是假名何故不成二十一界何以故眼耳鼻各有二故不應尒何以故偈曰類境識同故雖二成一界釋曰此中同類者此二同眼性類故同境者此二同緣色故同識者此二共為一眼識依止故是故眼根雖二共成一界於耳鼻應知亦尒偈曰若尒云何二為荘嚴生二釋曰若實如此眼等一界云何生二為荘嚴依止故若不尒一眼耳一依處生一鼻一孔生此身則大醜陋是義不然若本來如此及猫狸鵂鶹等生二眼耳鼻有何荘嚴若尒生二何為為助成識故如人閉一眼開一眼或開一眼半閉一眼見色皆不明了為荘嚴識令成就故三根各須二處說陰入界已應說此義陰入界其義云何偈曰聚來門性義陰入界三名釋曰隨所有色若過去未來現在若內若外若麁若細若鄙若美若遠若近此一切色攝聚一處說名色陰由此經言陰以聚義此義得成此中過去色者由无常已滅未來未生現在已生未滅於自相續為內異此名外或由入判內外有尋為麁无尋為細或由相待判麁細若汝言或由相待則麁細不成是義不然由待異故若此待彼成麁无方便待彼成細辟如父子有染汙為鄙无染汙為美過去未來為遠現在為近乃至識陰亦尒復有差別五根依止為麁心依止為細毗婆沙師依地判麁細有大德說五根所緣為麁異此名細非可愛名鄙可愛名美不可見處為遠可見處為近過去等自名所顯不須別釋應知受等亦尒由隨依止故有遠近麁細義如前入者心及心法來門義或說來增義能增長心及心法來界者別義如山處多有鐵銅金銀等差別故說名界如此於一依止中或相續中有十八種差別說名十八界此中別以本義本謂同類因此十八法同類相續為同類因故說名別若尒无為則非界是義不然此是心及心法同類因故復有餘師說界以種類義諸法種類有十八謂自性故說名界若陰以聚義陰應是假名有多物聚集故辟如聚及人是義不然一物

隣虛得陰名故若尒不應說陰以聚義何以故一物無聚義故復有餘師說能荷負事是陰義復有師說分分是陰義何以故如有諸說我應轉三陰物此執與經不相應何以故經但說聚是陰義如經言隨所有色過去未來現在等廣說如經若汝言隨一過去等色陰義於經中應知是故一切過去等色二皆名色陰不應作如此執是一切色攝聚一處說名為陰由此說故是故諸陰假名有如聚若尒有色諸入於汝應成假名有何以故多眼等隣虛成來門故是義不然聚集中一一成因故復次與塵共作故根亦非十二入故毗婆沙中說阿毗達磨師若觀假名陰說則說如此隣虛者一界一入一陰一分若不觀說則說如此隣虛者一界一入一陰此中於一分假說具分辟如衣一分被燒說衣被燒復次云何世尊由陰等門作三種正說弟子衆偈曰癡根樂三故故說陰入界釋曰阿毗達磨師說如此衆生癡有三種有諸衆

生於心法不明執聚為我故有諸衆生於色不明有諸衆生於色心不明根亦有三謂利中鈍樂亦有三謂樂略中廣文為此三人次第說三謂陰入界復有何因一切所餘心法佛世尊安置一行陰中分受想二法別立為陰偈曰爭根生死因立次第因故心法中受想分立為別陰釋曰爭根有二一貪著欲塵二貪著諸見受想二法次第為此二爭勝因由衆生著受味是故執著欲塵由隨顛倒想起執著諸見受想二法是生死勝因何以故衆生貪著受起倒想輪轉生死復有因為立次第後文當說此中由此次第因分受想二法別立為陰應知如此此因立次第中當說復次云何於界入中說无為陰中不說偈曰陰中除无為義不相應故釋曰若於五陰中說三无為不可安立令與陰相符何以故義不相應故云何不相應此無為安色中非色乃至非識可說為第六陰何以故不應陰義故陰是聚義前已說无為無過去未來

現在等異如色等由此異一切攝聚一處可立名無為陰為顯染汙依止故說取陰為顯離染清淨依止故說陰此二義於无為中無由義不相應故於陰中不立无為如瓶破壞非瓶如此陰滅壞不可立為陰餘師說如此若作此執於界入中成反質難說諸陰別義已偈曰復次第如麁染器等義界釋曰色者有㝵一切中最麁無色中受行相麁故世間有說我手痛我脚痛想麁於二男女等差別易分別故於識行麁欲瞋等相易分別故於中識最細由自性難分別故是故最麁於前說復次无始生死男女於色互相愛樂由貪著受味此貪由想顛倒此顛倒由煩惱此煩惱從染汙心生如此如染立次第復次由器等義立次第如器食肴厨人敢者色等五陰亦尒復次或由界立次第欲界欲塵色所顯諸定受所顯三無色界想所顯有頂唯行所顯此四即是識住於四中識能依住此陰次第為顯田種子次第義是故唯立五陰不多

不少由此立次第因於行中分受及想別立為陰曰此受想最麤染汙次第因受想欲食者能顯二界故別立為陰入界中眼等六應說次第何以故由隨此塵及識次第易知故此眼等六偈曰前五現塵故釋曰眼等五根緣現在塵是故先說意根境界不定有意根緣現在塵有緣三世及非三世塵偈曰四所造塵故釋曰前言流至此五中四在前說所造色為塵故身塵不定或身緣四大或緣所造或復俱緣偈曰餘遠急明事釋曰餘者謂前四根此次第前說由遠急明事故眼耳緣遠境於後二前說於前二中眼事最遠遠見江河不聞聲故故眼在前復有急緩事如先見人擊皷後方聞聲鼻舌无遠事鼻事急故前說如飲食未到舌鼻已知香故又鼻事明了能緣味細香故舌則不介偈曰復隨處次第釋曰復次於身中眼根依止在上耳根次下鼻又下耳舌又下鼻身多下舌意根依止其中无有的處故如處所立彼次第復次何因

十入皆色陰所攝於中唯一入名色入一切入皆法為自性於中唯一入名法入偈曰為簡別勝故攝多勝法故唯一入名色及一入名法釋曰云何為簡別欲令知如此十法各得入名由成立為根塵故不須聚集更由眼等差別是色不得眼等名亦是色性應知是色入故不立此別名復次色入於中勝故何以故有身礙故若手等物觸即便變壞復次體相顯現於此彼處易指示故有似影故復次世間同知說此入為色非知餘入為簡別故說一入名法入不說餘入復次於法入中攝受等多法為說多法攝非於餘入故偏受法名復有餘師故立通名又涅槃是最勝法入此中說三十種品類多餘色故內天聖慧三眼境故復有餘法陰入界同名於餘經中已顯由此三門攝彼皆盡為不盡由此攝盡无餘此中偈曰如來說法陰其數八十千此但言及名色行陰所攝釋曰有諸師執佛正教言音為性於彼師入色陰攝復有諸師

執文句為性於彼師入行陰攝此法陰數量云何偈曰說如法陰量釋曰有諸師說有一分阿毗達磨名法陰其量有六千偈八十千中一一法陰其量皆介復有諸師說偈曰陰等一一教釋曰陰入界緣生諦食定无量无色解脫制入遍入覺助通解願智无爭等正教隨一一皆名法陰偈曰實判行對治隨釋法陰介釋曰諸師實判如此衆生有八万煩惱行類謂欲瞋癡慢等差別故為對治此行世尊正說八万法陰如八万法陰於五陰中入色行二陰攝偈曰如此餘應理陰入及界等於前說中攝熟思彼性類釋曰若有餘陰入界等於餘經中說是彼如前所說陰入界中隨彼性類此論中所說應善簡擇攝入其中此中有別五陰謂戒陰定慧解脫解脫知見陰界陰入色陰攝餘四入行陰攝復有十遍入前八遍入无貪為自性故法入所攝若共伴類五陰為性故意法二入所攝制入亦介空遍入識遍入及空等四无邊入四陰

為性故意法二入所攝復有五解脫入智慧為性故法入所攝若共伴類聲意法三入所攝復有二入謂無想入非想非非想入第一入即无想天十入所攝除香味入故第二入意法一入所攝如此於多界經中佛說有六十二界此等諸界如理應知入十八界中攝彼中所說六界謂地界水火風空識界六中二界未說其相此无為空為應知即是空界耶一切識為應知即是識界耶彼說非云何非門風竅鼻口內等偈曰竅穴名空界釋曰若說竅穴應知是何法偈曰彼言謂光闇釋曰何以故无有竅穴離光闇可見故是故彼言空界唯光闇為性晝夜為位此空界說名隣㝵色彼說㝵色者謂聚集中色最易變壞故光闇與㝵色相隣故名隣㝵色復有餘師釋此亦是㝵他於此無㝵故與餘色相隣偈曰識界即是識有流釋曰云何不說无流由佛許六界偈曰生所依釋曰此六界從初託生心乃至死墮心生所依止若无流法不

阿毗達磨俱舍釋論卷第一　第二十七張

得如此如此六界中前四觸界攝等五色界攝第六七識界攝義已是前所說十八界於中幾有顯幾无顯偈曰於中一有顯謂色釋曰此色易可顯如言此色彼色由此言故應知義至所餘非顯幾是有㝵幾是無㝵偈曰十有㝵有色釋曰此十界色陰所攝是有㝵㝵是何法相障故名㝵此㝵有三種一障㝵二塵㝵三緣緣㝵此中障㝵者於自處對障他生如手於手自相對障石於石亦尒塵㝵者眼等諸根於色等塵如假名論說有眼於水有㝵非於陸地如魚等眼有眼於陸地有㝵非於水中從多如人等眼有眼二處有㝵謂於水陸如龜鼉蝦蟇鬼捕魚人等眼有眼二處无㝵除前三句有眼於夜有㝵非於晝時如蝙蝠鵂鶹等眼有眼於晝有㝵非於夜時從多如人等眼有眼於晝夜有㝵如狗野干馬豹猫狸等眼有眼於二時无㝵除前三句塵㝵相如此緣緣㝵者心及心法於自緣緣㝵有㝵塵㝵與緣緣㝵異相云何以法於

阿毗達磨俱舍釋論卷第一　第二十八張

㝵處有功能說是處為此法塵名為塵㝵心及心法所取之塵名緣緣㝵云何此根於自境相續生及識於緣緣生說名有㝵過此於彼不生故復次此中㝵者以到義謂於自境生此中由障㝵應知十界有㝵互相障故若法由塵㝵有㝵亦由障㝵有㝵不有四句第一句謂七心界及法界一分相應心法第二句謂五塵第三句謂五根第四句謂法界一分心不相應法若法由塵㝵有㝵亦由緣緣㝵有㝵不除後三句若法由緣緣㝵有㝵必由塵㝵有㝵有法由塵㝵有㝵不由緣緣㝵有㝵如五根大德鳩摩羅羅多說

是處心欲生　他㝵令不起　應知是有㝵
異此非有㝵

說有㝵已十八界中幾善幾惡幾无記偈曰八無記釋曰何者為八前所說十種有㝵中偈曰是諸除色聲釋曰五根香味觸界是八由善惡差別不可記故說無記有餘師說約果報不可記故名無記若尒於无流則

阿毗達磨俱舍釋論卷第一　第二十九張

成反質難偈曰餘三性釋曰餘十種界具善惡无記性此中七識界與无貪等相應是善性若與貪等相應是惡性所餘是无記性法界與无貪等善相應及發起擇滅皆是善性與貪等惡相應及發起是惡性所餘是無記性色界聲界善惡心發起是善惡性身口業所攝故若異此是無記性說諸界善等性已十八界中幾於欲界相應幾於色界无色界相應偈曰欲界一切有釋曰相應是有義不相離義於欲界中具足十八偈曰色界十四釋曰於色界中不具但有十四何者十四偈曰除香味及鼻舌識故釋曰於色界中无香味此二是段食類故由離欲段食於彼受生故由無此塵鼻舌二識亦不得生无緣緣故若尒於彼不應立有觸界觸亦是段食類故實尒若觸非段食類於彼可有若尒香味亦應然是義不然何以故離食无別用香味如觸觸有別用謂能成根能為依持及成衣服等故彼處衆生離欲段食是故香味无用

觸則不尒有餘師說依止定及三摩跋提或見色聞聲與輕安相應有觸勝類能益彼身是故此三於定生處得相隨生香味不尒若尒於彼不應有鼻舌二根是義不然何以故此二有用若離此二身則醜陋无二根故又言說不成若用如此但須鼻舌依止為莊嚴身及以言說不須鼻舌二根是義不然无但依止非根如男根依止於彼此不生可然以无用故鼻舌依止於彼有用是故若離根於彼此生則應理若有諸根无用亦生如於胎中定死衆生无用可生非无因可生此諸根從何因生於根有愛所有勝業若人離欲於塵於根決定離欲彼人若已離欲香味二塵鼻舌二根於彼不應得生若生鼻舌二根男根云何不生由生醜陋故若根藏如象王陰云何醜陋不必由有用故生云何生必由因故生雖復醜陋若有因必應生因既无此不生彼云何生是義不然與經相違故經言彼人具足根无闕少是義不然隨彼所有根

說无闕少有何相違若不尒於彼亦應有男根彼說如此於彼有鼻舌二根但无香味彼由內依門於六根生貪愛不由外塵門於男根生愛必由婬觸門起是故此義得成故於色界有十四界偈曰無色界相應意法意識界釋曰已離欲色界於彼受生十界色為性及五識界用彼為依境是故於無色界不得有幾界有流幾界无流意法識三界前所說偈曰諸有流無流是三釋曰若是三界中道諦无為所攝是無流異此是有流偈曰餘有流釋曰所餘十五界一向定有流幾界有覺有觀幾界无覺有觀幾界无覺無觀偈曰有覺亦有觀定是五識界釋曰是五識界恒與覺觀相應故言定為簡異餘界故偈曰後三有三義釋曰意界法界意識界是十八中最後故言後此具三品意界意識界與心相應法界除覺觀於欲界及初定有覺有觀於中間定无覺唯有觀從第二定以上乃至有頂無覺無觀一切心不相應法界及中間定觀

是覺恒无覺唯有觀无第二覺故唯與觀相應故於欲界及初定觀不入二品中說其名應云何无覺唯觀无第二觀故與覺相應故說如此有覺觀地有四品法　一有覺有觀謂覺觀所餘心相應法二無覺有觀謂唯是覺三无覺無觀謂心不相應法四無觀有覺唯是觀偈曰餘界二所離釋曰十有色界名餘此十界恒无覺觀與心不相應故若五識聚有覺觀云何說无分別偈曰顯示及憶念由二无分別釋曰彼說分別有三一自性分別二顯示分別三憶念分別五識唯有自性分別无餘二分別故說无分別如馬一足說言無足此中自性分別即是覺觀此後明心法中當說後二分別其相云何次第偈曰二是散心智諸念唯心地釋曰此智與意識相應故名心智非寂定故名散此智即是顯示分別一切憶念與意識相應若定若散名憶念分別幾界有緣緣幾界无緣緣偈曰七識有緣緣釋曰謂眼耳鼻舌身識意根意

識此七識界有緣緣能取塵故偈曰法界中有半釋曰此亦有緣緣以心法為體故餘十有色界及法界一分與心不相應法應知無緣緣幾有執幾无執偈曰九界非所執釋曰何者為九七有緣緣界并第八中半偈曰八聲釋曰此九是非所執謂七識界法界聲界偈曰餘有二釋曰餘有二謂或有執或无執此中根耳鼻舌身若現在則有執色香味觸現在若與根不相離亦有執所餘則无執如除根髮毛爪齒屎尿洟涶血等中及於地水等中有執无執此言何義心及心法攝彼為自依止由彼損益事相隨故是世間說有覺此名有執故執以覺義所餘名无執幾界四大為性幾界四大所造為性偈曰觸界有二種釋曰觸有四大及四大所造堅故四觸是四大軟滑等七觸是四大所造依四大生故名所造偈曰九有色所造釋曰五根界四塵界此九但是所造偈曰及法界一分釋曰法界中无教色彼說亦是所造所餘七識　界

法界中除無教非二種佛陁提婆說十入唯四大此執不然於經中由決了說四大及堅等四相故此四大唯是觸故此堅等四相非眼等所見色等四塵非身根所覺是故此執不如經中佛世尊說比丘眼根者是內入依四大是四大所造淨色有色无顯有㝵乃至身根亦介比丘色者是外入依四大是四大所造有色有顯有㝵比丘聲者是外入依四大是四大所造有色无顯有㝵乃至味亦介比丘觸者是外入是四大或依四大是四大所造有色无顯有㝵如此經中由觸一分攝四大皆盡所餘非四大此義明了可知復次經中說眼謂內丸於中是堅是堅類如此等經但說肉丸與眼相不相離不說眼根於入胎經中說比丘入者謂推六界此說為顯成就衆生根本復於此經由佛說六種觸入故若不介於汝亦應无受等心法若汝言心法即是心是義不然想受是心法依心生由此經言及說心為本故故此執不如由說心

與欲相應是故如前說諸界有四大及四大所造是義得成幾界微聚成幾界非微聚成偈曰十有色微聚釋曰是五根界及五塵界微聚所成隣虛聚所成故

阿毗達磨俱舍釋論卷第一

阿毗達磨俱舍釋論卷第一

校勘記

一　底本，金藏廣勝寺本。

一　七五五頁中一行、二行間，資、磧、普、南、徑、清有「沙門慧愷述」。

一　七五五頁中一四行第七字「止」，麗作「正」。

一　七五五頁下一行「後見」，資、磧、普、南、徑、清作「復見」。

一　七五六頁上四行「相係」，資、磧、普、南、徑、清作「相繼」。

一　七五六頁上六行第一一字「丙」，諸本（不含石，下同）作「仍」。

一　七五六頁上一五行第四字「絓」，徑、清作「繼」；麗作「經」。

一　七五六頁上一七行第八字「局」，南、徑、清作「局」。

一　七五六頁上一九行與二〇行之間，徑有「阿毗達磨俱舍釋論序」一行。

一　七五六頁上二二行「陳天竺三藏真諦譯」，資、磧、普、南、徑、清作「陳三藏真諦譯」。以下各卷同。

一　七五六頁上末行品名「釋論中分別界品第一」，資、磧、普、南作「中分別界品第一」；徑、清作「分別界品第一之一」。

一　七五六頁中六行第四字及第一〇字、八行第四字「暎」，資、磧、普、南、徑、清作「冥」。

一　七五六頁中一七行「沉著」，資、磧、普、南、徑、清作「躭著」。

一　七五六頁中二〇行第一三字「行」，徑、清無。

一　七五七頁上八行至九行「若離心說諸弟子」，資、磧、普、南作「若離心正說諸弟子」；徑、清作「若離此正諸說弟子」。

一　七五七頁中一〇行第三字「類」，麗無。

一　七五七頁下三行第二字「界」，資、磧、普、南、徑、清無。

一　七五七頁下六行「爲法」，資、磧、普、南、徑、清作「有爲法」。

一　七五七頁下二二行第一一字「論」，麗作「二論」。

一　七五七頁下末行首字「何」，麗無。

一　七五八頁上四行「此說」，資、磧、普、南、徑、清作「如此說」。次頁上一九行諸本同。

一　七五八頁上七行「生陰從取故」，諸本作「陰從取生故」。

一　七五八頁上八行「草火」，麗作「草木」。

一　七五八頁上一五行第四字「諸」，

麗作「諸見」。

一 七五八頁中一八行末字「影」，磧、普、南、徑、清作「顯」。

一 七五八頁下三行「二色」，南作「一色」。

一 七五八頁下八行「可受」，諸本作「可愛」。

一 七五八頁下一一行第一三字「名」，資、磧、普、南、徑、清作「名聲」。

一 七五八頁下一二行「非執」，諸本作「非執依」。

一 七五八頁下一九行「説名外塵色」，諸本無。

一 七五八頁下二〇行「未軟」，諸本作「柔軟」。

一 七五九頁上三行第一二字「觸」，麗作「諸觸」。

一 七五九頁上四行「聚集」，資、磧、普、南、徑、清作「集聚」。

一 七五九頁下一九行「喜彼」，資、磧、普、南、徑、清作「婁波」。

一 七六〇頁上末行第八字「塵」，資、磧、普、南、徑、清作「應」。

一 七六〇頁下一四行第一一字「識」，資、磧、普、南、徑、清無。

一 七六〇頁下一五行第二字「異」，資、磧、普、南、徑、清作「是」。

一 七六一頁上末行「二十一」，磧作「二十二」。

一 七六一頁下一四行「一義如」，諸本作「別義如一」。

一 七六二頁上六行「過去」，諸本作「若過去」。

一 七六二頁中八行「分立」，南作「分有」。

一 七六二頁中一八行「除无爲義」，資、磧、普作「除無爲陰義」；徑作「陰然爲陰」。

一 七六二頁下一五行「受味」，麗作「愛味」。

一 七六二頁下二一行第五字「頂」，磧作「預」。

一 七六二頁下末行首字「田」，資、磧、磧、南、徑、清作「由」。

一 七六三頁上二行第六字「曰」，諸本作「由」。

一 七六三頁上三行「受想」，資、磧、普、南、徑、清作「受相」。

一 七六三頁上一六行「復有急緩」，資、磧、普、南、徑、清作「復有急緣」；麗作「後有急緩」。

一 七六三頁上二一行第七字「次」，資、磧、普、南、徑、清作「在」。

一 七六三頁中三行第六字「爲」，南作「一爲」。

一 七六三頁中五行第九字「此」，資、磧、普、南、徑、清作「此此」。

一 七六三頁中一〇行「等物」，資、磧、普、南、徑、清作「物等」。

一 七六三頁中一七行「三十」，諸本作「二十」。

一 七六三頁下七行第一一字「通」，資、磧、普、南、徑、清作「道」。

一 七六三頁下一八行第五字「別」，資、徑、清作「別別」。

一 七六三頁下一九行第六字「界」，

資、磧、普、南、徑、清作「戒」。

一　七六四頁上六行「一入」，諸本作「二入」。

一　七六四頁上二〇行第五字「鱗」，磧作「憐」。

一　七六四頁中一行末字「等」，諸本作「第」。

一　七六四頁中二行「義已」，諸本作「說攝義已」。

一　七六四頁中二〇行「猫狸」，南作「貓猫」。

一　七六四頁中二一行「三何」，諸本作「三句」。

一　七六四頁中二二行至末行「緣㝵有㝵」，諸本作「緣境有礙」。

一　七六四頁中末行「以法」，諸本作「此法」。

一　七六四頁下一行首字「㝵」，資、磧、普、南、徑、清作「是」。

一　七六四頁下五行首字「次」，資、磧、普、南作「入」。

一　七六四頁下八行第八字「七」，資作「士」。

一　七六五頁下三行「內依」，資、磧、普、南、徑、清作「依內」。

一　七六六頁上三行首字「二」，諸本作「三」。同行「无覺唯觀」，資、磧、普、南作「無覺唯有觀」；徑、清、麗作「無觀唯有覺」。

一　七六六頁上四行「如此」，資、磧、普、南、徑、清作「如先」。

一　七六六頁上七行第三字「覺」，徑、清作「觀」。

一　七六六頁上八行第六字「唯」，諸本作「謂唯」。同行「是觀」，徑作「是覺」。

一　七六六頁中六行第七字「果」，資、南、徑、清作「界」。

一　七六六頁中九行第一〇字「根」，諸本作「眼」。

一　七六六頁中一二行「𡇼𡈅」，諸本作「屎尿」。

一　七六六頁中一四行「弔相」，諸本作「互相」。

一　七六六頁中一五行「此名」，南作「此言」。

一　七六六頁中一八行末字「故」，諸本作「等」。

一　七六六頁下一五行末字「內」，諸本作「肉」。

一　七六六頁下一七行第五字「相」，諸本作「根」。

一　七六六頁下一八行「北丘」，諸本作「比丘」。

一　七六七頁上一行第一二字「有」，資、磧、普、南、徑、清無。

阿毗達磨俱舍釋論卷第二　心

婆藪盤豆造

陳天竺三藏真諦譯

釋論中分別界品之二

於十八界中何法能斫何法所斫何法能燒何法所燒何法能稱何法所稱偈曰能斫及所斫謂是外四界釋曰色香味觸名斧名薪即是能斫所斫何法名斫聚流相應生斷隔其生起名斫身根等非所斫若斫則无餘不可令二故何以故諸根若分為多則不成根所斫諸分非根故亦非能斫如寶光清淨故如能斫所斫唯外四界偈曰所燒所稱亦釋曰唯外四界是所燒是所稱非諸根何以故微細清淨故猶如光明聲亦尒自性斷故偈曰爭能燒所稱釋曰有諸師說外四界是能燒是所稱有諸師說於中唯火大能燒唯重觸是所稱幾界從果報生幾界從增長生幾界從等流生幾界有實物幾界唯一剎那生偈曰果報增長生五內釋曰五內界

謂眼等五根從果報及增長生不從等流生離果報增長无別等流故此中從果報因生名果報生除中間因名故辟如牛車復次是業至果報熟時說名果報正能熟故從此生故說果報生果者名熟復次於因可立果名如果中立因名如經言此六種觸入應知是宿業飲食將養寢卧三摩提等勝緣所資益名增長生有餘師說由梵行故增長此言不然何以故梵行但不為損无有益義於果報相續增長相續能為護持猶如外城防守內城聲界或增長生或等流生偈曰聲非報釋曰云何不從果報生隨欲生故若尒於假名論中云何說由永離惡口善修不惡口戒故得梵音大人相生餘師說聲屬第三傳從業生霜佉四大從霜佉四大生聲復有餘師說聲屬第五傳從業生果報四大從果報四大生增長四大從增長四大生等流四大從等流四大生聲若尒身受從業所生四大生不應成果報若受如聲則違道理偈曰八種

无㝵界流生果報生釋曰何者為八七識界及法界是等流所生從同類因及遍行因所生故果報生者謂從果報因生此八界无增長生無㝵法无增長故偈曰餘三釋曰餘四界謂色香味觸或果報生或增長生或等流生偈曰一有物釋曰是无為法有貞實故成物此於法界中有故唯一法界有物偈曰後三一剎那釋曰意界法界意識界由文句次第故言後三此三於初无流苦法忍一剎那中非等流生故言一剎那此中苦法忍相應心謂意界意識界與彼共生相應法應簡擇此義若人不與眼界相應後至得相應為與眼識界相應不若人與眼識界相應為與眼界相應不偈曰眼根與識界獨俱得復有釋曰獨得者有與眼界相應不與眼識相應如人於欲界中次第至得眼根或從无色界墮於第二定等中生有與眼識相應不與眼界相應如人已生第二定已引眼識現前從彼退於下界生或俱得者有與眼界眼識界一

時相應如人從无色界墮生欲界或生初定或俱不得者除前三句若人與眼界相應為與眼識界相應不有四句第一句者若人於第二定等中已受生不引眼識令現前第二句者若人於欲界未得眼根及已失眼根第三句者若人於欲界已得眼根不失或生初定二定等中正見色第四句者除前三句眼界與色界眼識界與色界至得句義應如此思量為引如此思量故言復有幾界為我依幾界為我依外偈曰十二界我依釋曰何者十二偈曰除色等釋曰六識六根此十二界名我依色等六塵界名外我既是无云何說我依及我依外我㨍依止故假說心為我如偈言

我是我善依　異此何勝依　若我好調伏
智人得解脫

有餘處佛世尊說唯調伏心如偈言

調伏心寂勝　心調引樂故

是心世間說為我眼等為此依止及親近故是故說眼等名我依色等為境界故稱外若尒六識界應不成我

依何以故六識未至意界位不得為心依是時若作意界即六識作非餘故六識不離意界體若不尒意界唯過去非未來現在彼部許十八界有三世故若未來現在識无意界體相於過去中亦不可立為意界何以故相於三世无不定義故幾界有等分幾界非等分若一向有等分偈曰法界等分釋曰是塵於識定為境若識於中已生及定生為法是塵說名等分無一法界此中无邊意識非已生非應生何以故一切聖人心緣法界必如此生謂一切法无我此心離自性及共有法餘一切法悉為境界此剎那心於第二剎那心皆成境界於二剎那中一切法皆成境界是故法界恒是等分偈曰非等分餘釋曰除法界所餘界非等分亦有等分何法名非等分偈曰不作自事釋曰義至已說若作自事名有等分若眼界已見色正見色當見色說名有等分乃至意界亦尒由於塵自功能立名等分罽賓國師說非等分眼有四種若

眼根不見色已滅正滅當滅無生為法西方諸師說有五種無生為法分為二分一與識相應一與識不相應乃至身亦尒意根但无生為法名非等分色者若已見正見當見名有等分非等分有四種若色非所見已滅正滅當滅無生為法名非等分乃至觸亦尒由自根功能應知色等有等分非等分義是一人等分眼於一切人非等分乃至意亦尒色則不尒隨能見者於此人則成等分若不能見於此人則非等分何以故有如此義此色是一人所見亦可得為多人所見如觀看時中見月舞相撲等色无如此義由一眼根二人見色是故諸根不共得故就一相續分別等分非等分色由共得故不就一相續立等分非等分如色聲香味觸界應知如此聲界可許如此香等三界隨二人所得餘人不得何以故此三皆至到根故不共得別立似眼等應是道理雖不共得有如此道理可立共得何以故有如此義是香等能生一人鼻等

識亦可得生餘人鼻等識眼等則不尒是故香等如色可得例説眼等諸識等分非等分義由定生定不生故猶如意界等分者有何義根塵及識更互相應又共作一切能又同以一觸為事故非等分者是等分同類雖似彼非彼故名非等分幾界見諦所滅幾界修道所滅幾界非所滅偈曰十界修道滅五亦釋曰色等十界并五識界一向修道所滅偈曰後三三釋曰意界法界意識界此三各有三種八十八隨眠或與彼共有法是彼至得共彼伴類皆見諦滅所餘有流皆修道滅无流非所滅更有別法是見諦所滅為不尒何者別法凡夫性能感惡道身口二業與聖道相違故此非見諦滅此中略說見諦滅相偈曰非汙非見滅非色非六生釋曰見諦所滅隨一法无非染汙色亦非見諦滅凡夫性是无記無染汙斷善根凡夫及離欲人與此相應故身口二業是色故是故非見諦滅何以故不能違四諦理故若尒苦法忍生時凡夫

性應在則成違許難六謂意入若離此於餘處生名非六生謂從五根生此法亦非見諦滅十八界中幾界是見幾界非見偈曰眼法界一分名見釋曰何者為一分偈曰有八種釋曰身見等五見世間正見有學正見无學正見此八是法界一分名見所餘法界非見此中身見等五見分別惑品中時至當廣說世間正見者意識相應善有流慧有學正見者謂有學无流慧無學亦尒此四如有雲無雲夜晝見色有染汙無染汙世間有學無學見觀諸法亦尒云何說世間正見唯與意識相應由此義偈曰五識共生智非見不度故釋曰見者度決為體能起簡擇是非故五識相應智則不尒无分別故是故非見若彼有染汙无染汙悉非見若尒眼根亦无決度何故名見由能觀視色故云何知偈曰眼見色釋曰若眼見色與餘識相應人應得見色若非一切眼見色何者能見偈曰等分釋曰是時此眼有識是時能見異此則不能見若尒

應許依眼根識能見偈曰非能依眼識釋曰不可立眼識能見何以故偈曰由色非可見被障彼執尒釋曰是色壁等所障則不可見若識能見識无㝵故於壁等障則不為妨是故應見被障之色於被障色識既不生云何能見云何不生若人執唯眼見色於此人由眼有㝵於所障色無有功能識不得生與依共一境起故此義應然若尒云何眼不至境猶如身根由不見被障色以有㝵故若尒雲母瑠璃水精淨水所障色云何得見是故不由有㝵被障諸色眼不能見若尒何故不見是處光明相通無隔於被障色眼識得生若是處光明被隔不通於中眼識不生由不生故不能見被障色若尒云何經中說由眼見色此中明由依止得見是此經意如說由意根識法意不能識法以過去故何者能識唯是意識經說由眼見亦尒復次於所依中說能依事譬如樓叫復次如餘經說眼所識諸色可愛可欲悅心此色非眼所識復次有

餘經說婆羅門眼者唯門為見衆色由此等證故知藉眼為門以識見色此義是證所顯於能見眼則成門何以故若眼成見為見諸色是義不然若識能見何法能識此二何異何以故是色識即是色見譬如有解脫名見或名智如此有識或名見或名識復有餘師說若眼能見眼則成作者何法為別見事有如此過失此言非難如汝許識能識於中不立作者及事差別眼能見色亦尒復有餘師說眼識名見見依止故說眼能見譬如打依止故說鍾作聲若尒識依止故義至應言眼能識不應至何以故此眼識於世間成立名見云何知此識生時說色是所見不說是所識毗婆沙中自說如此若眼所至眼識所受乃說所見故說眼見不說眼識但由識在故名能識譬如說日作晝經部說何故共聚破空何以故依眼緣色眼識得生此中何法能見何法所見一切无事但唯有法謂因及果此中為手相解隨意假說如說眼能見識

能識於中不應執著佛世尊說汝等莫執著方言莫隨逐世間所立名字罽賓國毗婆沙師悉擅判如此眼能見耳能聞鼻能嗅舌能嘗身能觸意能識為用一眼見色為用二眼見色此中无定偈曰或由二眼見分明見色故釋曰亦由二眼根見色阿毗達磨師說如此何以故若開二眼見家明了若開一眼半閉一眼則見二月由隨一變異見則不明不可由依止處別分識為二識無住處故不同於色若眼能見耳能聞乃至意能識彼塵為至為不至耶偈曰眼耳及意根不至塵釋曰云何如此眼能見遠色若以藥塗眼則不能見耳能聞遠聲若眼耳緣至塵修觀行人天眼天耳不應得成猶如鼻等若尒云何不能見一切不至塵及寂遠塵并所障塵若尒云何磁石不吸一切不至之鐵若能緣至塵此難則齊云何不能見一切至塵謂眼藥及籌等如鼻等緣至塵不緣一切至不能取香等共有故如此眼塵不至非一切不至皆是

眼塵意无色故无有至能故不緣至塵有餘師說耳緣至不至塵由聞耳內聲故所餘鼻舌身偈曰三異釋曰以至到為塵云何知鼻緣至塵若斷息則不聞香至是何法生無間為至隣虛為手相觸為不相觸罽賓國師說不相觸何以故若由一切體相觸諸物則應相雜若由體一分相觸隣虛則有方分諸隣虛無方分故若尒云何發聲由无間故若言相觸二手相搕則應相著石投石亦尒若尒微聚相搕云何不散風界所持故何以故有風界能破散如劫末時有風界能合持如劫成時云何今說三根塵由无間至緣於至塵是彼无間義說名為至謂於中間無有別物復次微聚物有方分故若相觸則无失若作如此執毗婆沙中此文句得成是觸為以觸為因生為非觸為因生作如此問約因為答有時以觸為因非觸得生若物分散有時以非觸為因觸得生若物增長有時以觸為因觸得生若聚與聚共合有時以非觸為因

非觸得生如隙中微塵大德婆須蜜多羅說若隣虛相觸應得住至後剎那大德說隣虛不相觸於無間中世間假立觸名大德意可受若不如此隣虛則有間中間既空何法能斷其行說其有异是聚不異隣虛若聚相觸即是隣虛相觸如可變壞若汝言隣虛有方分若觸非觸皆成有分過失若无方分於汝不可許之為色若有觸可立此難眼等諸根取塵為稱其自量由事速疾故猶如旋火乃至遍見大山等色為能取等不等量塵是前所說緣至到塵偈曰三根謂鼻等許取如量塵釋曰如根量隣虛塵隣虛亦尒共合生鼻等識眼耳則无定有時取家小塵若見毛端有時取等量塵若見蒲桃子有時取家大塵若見大山即於閒時耳亦如此或聞蚉聲或聞雷聲意既无體不可說其形量眼等諸根隣虛形相云何可知眼根隣虛於眼童子中住如時羅花青色所覆是故不散有餘部說如聚重累住㸦不相障清徹如頗梨柯寶

耳根隣虛於耳中住如浮休閒皮鼻根隣虛於鼻頞中住前三根攢作行度无有高下舌根隣虛如半月彼說於舌中央如毛端量非舌根隣虛所覆身根隣虛如身相女根隣虛如鼓賴男根隣虛如大指此中眼根隣虛或時一切等分或時一切非等分或時有等分有非等分乃至舌根隣虛亦尒身根隣虛无一切等分若然焰地獄中所執駐众生有无量身隣虛亦非一切等分何以故若一切皆發身識則身散壞无唯一隣虛根一隣虛塵能生識五識以微聚為根塵故是故隣虛无顯不可見故是六識界如前所說謂眼識乃至意識於中五識塵唯現世家後識塵三世彼依為如此不說不尒云何不尒偈曰後界依過去釋曰意識界无間滅識為依偈曰五界依亦共釋曰亦言顯過去此中眼識依共有同一世故乃至身識亦尒彼過去依謂意根如此五識聚依二根生故說如此若法能為眼識依為能作彼次第緣不此中有四

句第一句謂眼根第二句謂次第已滅心法法界第三句謂次第已滅心第四句除前三句乃至身識自根亦應如此說於意識但无初句若法為依必為次第緣故若有法為次第緣非依謂无間滅心法法界識生隨屬二緣復有何因但說眼等為彼依不說色等偈曰隨根異識異故眼等成依釋曰由眼等根有老別故諸識亦有老別眼等根若有增損諸識隨之則有明昧不由色等老別諸識變異於識二緣中眼等勝故立為識依不說色等色等是識所識復有何因說為眼識乃至意識不說為色識乃至法識由眼等是彼依故約根說識復次偈曰由彼不共因故約根說識釋曰云何不共因此眼根不得為餘識依色可得為意識緣緣及為他眼識境乃至身亦尒由識依止及由不共因是故約根說識不約色等辟如鼓聲麦芽若人在此身中由眼見色是身眼色識為是一地為是別地一切皆異若人生欲界由自地眼見自地

色此四種同在自地若此人由初定眼見自地色身及色俱在自地眼及識屬初定若見初定色則三種屬初定若由二定眼見自地色身及色在自地眼屬二定識屬初定若見初定色色及識屬初定身在自地眼屬二定若見二定色眼及色屬二定身在自地識屬初定如此由三定四定眼若見自地及下地色應如理推合若人生在初定地由自地眼見自地色此四皆屬自地若見下地色則三種在自地若由二定眼見自地色則三種在自地若見欲界色身及識在自地色在下界眼屬二定若見二定色眼及色屬二定餘二在自地由三定等眼亦應如理推合若生二定等地由自地眼若見自地色亦應如理推合此中是決判偈曰眼无下身義釋曰身眼色有五地謂欲界地乃至第四定地眼識有二地謂欲界及初定此中隨身地眼根或等地或上地定無下地隨眼根地色或等地或下地是眼境界偈曰上色非下境釋曰未曾有上地色下地眼能見偈曰識釋曰識不得在眼上辟如色偈曰於此色遍於身二一切釋曰於此謂於前所說眼識一切色是其境界或上或下或等二謂識及色於身此二一切有如廣說眼根應知如此偈曰耳亦介釋曰耳无下身義上聲非下境識於此聲遍於身二一切如理廣說應知如眼偈曰餘三一切屬自地釋曰鼻舌身界身自塵及識皆屬自地如此已通立無差別後為簡別更立別言偈曰身識下自地釋曰身在欲界觸亦介此三恒在自地身識有處屬自地如人生欲界及初定有處屬下地如人生二定偈曰意根地不定釋曰有時意根與身意識法同在一地有時上下為地於五地身意等屬一切地謂入觀時及受生時如此道理於分別三摩跋提品中當廣說為離繁重言故不於此品中說何以故功多用少故前來往復與隨所欲說相開竟今應思量此義於十八界及六識界何界所知何識能知偈曰五外二所知釋曰色聲香味觸界如其次第眼耳鼻舌身識所識復為意識所知此外塵隨一二識所知餘十三界非五識境故唯一意識界所知此是義至所顯十八界中幾界常住幾界无常无一界具足常住雖介偈曰常住法无為釋曰無為是法界一分即是常住餘界皆是無常幾界是根幾界非根偈曰法界半名根及十二我依釋曰於經中說根有二十二何者是耶眼根耳根鼻根舌根身根意根女根男根命根樂根苦根喜根憂根捨根信根精進根念根定根慧根未知欲知根知根知已根阿毗達磨師破安立六內入次第次命根後說意根能緣境故此中法界半者命等十一根是三根分法界一分故十二我依者眼等五根如自名所說七心界名意根女根男根是身界一分後當說所餘五界并法界一分成立非根

俱舍釋論中分別根品第二之一

說二十二根已根義云何最勝自在為義於自事用中增上自在故復以

光餙為義於身中㝡明顯故是故以
㝡勝自在光餙為義於中何根何處
自在偈曰於四義五根增上釋曰眼
耳二根隨一於四義中增上一於光
餙自身增上若人盲聾形相則醜陋
故二於引護自身增上若見若聞能
離不安吉處故三於生眼耳識及共
相應法中增上由識及相應法隨其
增損有明昧故四於見色聞聲不共
因增上非意識他識因故鼻舌身根
光餙自身如前二根二於引護自身
增上由此三能用叚食故三於生鼻
等三識及共相應法中增上四於鼻
香嘗味覺觸不共因增上偈曰於二
二四根釋曰女根男根命根意根於
二於二隨一增上女根男根於衆生
差別及相貌不同增上差別謂分別
男女相貌不同謂乳等形狀音聲威
儀各異復有餘師說於染汙清淨增
上何以故尒自性黄門故作黄門及
二根人不護无間業斷善根等不有
守護至果離欲亦不有此二但於男
女有命根於衆同分相應及執持中

增上意根於託後有相應及隨從
自在中增上此中後有相應者如經
言是時乹闥婆於二意中隨一現前
或與欲相應或與瞋相應隨從者如
偈言
意引將世間　意轉令變異　是意根一法
一切法隨行
樂受等五根及信等八根增上云何
偈曰五及八於染汙清淨釋曰次第
應知彼增上樂受等五根於染汙增
上欲等諸惑於彼隨眠故信等八根
於清淨增上何以故一切清淨皆由
彼成故有餘師說樂受等於清淨亦
有增上由安樂故心則得定佛說信
以苦為資糧復次有六喜等受是出
離所依毗婆沙師作如此說復有餘
師說不由眼耳二根引護自身由先
已知得離不安吉處故此二但於識
是增上无有見色聞聲異於識是故
眼耳二根於不共因中不應更立增
上是故眼等不應有如此增上若尒
彼增上云何偈曰得自塵增上得一
切六根釋曰眼等五根於得自塵

中增上意根於得一切塵中增上是
故此六一一皆立為根若尒諸塵於
此中有增上云何不立為根无增上
何以故為㝡勝主故名增上眼於得
色中為主㝡勝是得一切色通因故
由其增損識隨明昧故色則不尒反
此二義故如此乃至意根及法應知
亦尒偈曰女男性增上從身立二根
釋曰復從身根更立女男二根此二
與身根不異是身根中有一分於下
門處次第得女男根名於女男性為
增上故女男性謂女相聲行欲樂是
名女性男相聲行欲樂是名男性由
此身分二性得成就及可了別於此
二性是增上故立為根偈曰住同分
染汙於清淨增上壽命及五受信等
立為根釋曰住衆同分中壽命為增
上於染汙五受為增上云何如此於
樂受欲隨眠於苦受瞋於不樂不苦
受无明經中說如此於清淨信等五
為增上云何如此諸惑是彼所伏不
能上起聖道由彼引生是故許立彼
一一為根偈曰未知欲知知知已立

根尒至得後後道涅槃等增上釋曰三中一一應立為根為顯此義故言尒未知欲知於至得知中增上故立為根知於至得知已中增上知已於至得涅槃增上故立為根何以故若人心未解脫无得涅槃義等言為顯別類義何者別義於見諦應除惑滅中未知欲知根為增上於修道應除惑滅中知根為增上於現世安樂住中知已為增上能證受解脫喜樂故若由增上義立根无明等惑亦應立為根何以故无明等諸分於行等中亦有增上是故應立無明等為根能言等亦尒謂舌手脚穀道男女陰皆應立為根於言說執捉離向棄捨戲樂中增上是故應立為根不可立為根何以故由根用如此偈曰心依此差別其住及染汙資粮并清淨如此量立根釋曰此中心依謂眼等六根衆生類以六入為根本故此六種依差別由女男二根此一期住由命根此染汙由五受根清淨資粮由信等五根寶清淨由三无流根是故不許立无

明等為根偈曰復有生依生生住生受用立十四後八約解脫立根釋曰復言為顯諸部別執餘部說生死依者所謂六根此依生由何法由女男二根此住由命根隨命根相續故受用由五受為顯此義故立十四根依此四義約解脫所餘亦立為根信等五是解脫依未知欲知是生知是住知已是受用是故根量如此不增不減是故次第亦尒不可顛倒舌不可於言說中立為根何以故觀學勝能故手脚不應於執捉及離向中立為根无異故此物由異相於餘處生說名執捉及離向離手離脚虵等亦能執捉能離向故手脚於此二不可立為根穀道不可於棄捨立為根重物在空中一切處落又由風引故出女男陰不可於戲樂中立為根女男戲樂不由自陰成乎相發起故喉齒眼瞼節解於呑嚼開閉屈申事中增上故應立為根一切因緣於其自事增上皆應立為根若不許如此舌等根義此亦不成此中眼根為初男根為

後前已廣釋命根是不相應行於不相應法中當廣釋信等五根於心法中當廣釋樂受等未知欲知等今當釋之即如次第釋偈曰苦根非所愛身受釋曰非所愛謂能損惱由苦故偈曰樂根者所愛釋曰樂根謂所愛身受能為利益故偈曰第三定心受名樂根釋曰於第三定是可愛受依心地起名樂根何以故於第三定中无有身受以無五識故偈曰此樂於餘處喜根釋曰除第三定於餘處謂欲界及初定二定中若在心地立名喜根於第三定由離欲喜故但成樂根不成喜根何以故喜麁濁故但得喜根名偈曰心地苦憂根釋曰非所愛受若在心地名憂根偈曰捨根者中釋曰非所愛非非所愛謂非樂非苦受故名中立為捨根此為是身受為是心受偈曰二釋曰或身受或心受何因為合此二受立為一根偈曰无別故釋曰心地苦樂多從分別生身受則不尒但隨塵生於阿羅漢生亦如此是故此二為根有差別捨受

者若人不分別由自性生或在身或在心地故合二為一根身樂利益有異心樂亦介苦亦如此身苦損害有異心苦亦介此分別於捨受中无對捨无此分別故是故不分為二根偈曰見修無學道九三釋曰意樂喜捨信等五是九根於三道中說名三根於見道中名未知欲知根於修道中名知根於無學道中名知已根云何如此於見道中為知所未曾知實境是故修行於修道中无境先未曾知即方應知是前所知令重知之為除所餘煩惱故於无學道中已知如此知復次能護已知故說已知護何以故由已得盡智无生智故苦我已離不應更離若人在此位所得根或名已知知根或名已知護根釋體性已根類差別今當說幾根有流幾根無流知是等此中是根无闇已說謂未知欲知等是根偈曰无垢三釋曰無流是无垢義垢者是流別名故偈曰有色命二苦有流釋曰有色七根命根苦根憂根一向有流何以故眼

等有色七根色陰攝故故是有流偈曰九二種釋曰意樂喜捨根及信等五根此九根或有流或无流有餘師說信等一向無流何以故佛世尊說若人一切種无有信等五根我說此人在正法外住凡夫衆類中此經不足為證依无流說此經云何知佛世尊安立聖人已方說此經若人一切種无信等五根廣說如經凡夫有二種一在正法内不斷善根二在正法外斷善根佛依此人故說此言謂我說此人在正法外住凡夫衆類中於經中佛說有諸衆生生於世間長於世間若利根中根軟根未轉无上法輪時是故知有有流信等五根佛復於經中說乃至我未如實知信等五根集生及滅滋味過失及出離我未能從此世間有天有梵廣說如經若諸法无流無如此簡擇品類幾根是果報幾根非果報一向是果報者偈曰命果報釋曰若介阿羅漢比丘引命行令住此命行亦是命根是何法果報於阿毗達磨藏中說云何引命

行令住阿羅漢比丘有聖如意成通慧至得心自在位或於大衆或於一人捨施若鉢若袈裟或隨一沙門命資粮因此發願入第四定遠際三摩提觀從此定起作如是心說如是言凡是我業應熟感富樂願此業熟生我壽命是時此阿羅漢業應感富樂轉生壽命復有餘師執殘業果報轉熟彼說宿生所作業有殘果報由修習力引取受用云何棄捨命行如此捨施發願入第四定遠際三摩提觀從此定起作如是心說如是言凡是我業應熟感壽命願此業熟生我富樂如彼欲樂如此轉熟大德瞿沙說於自依止中由定力引色界四大令現前能隨順壽命或相違四大由如此方便引命行令住及以棄捨應如此成諸阿羅漢有如此定自在力由此力宿業所生諸根四大引住時量皆悉迴轉先未曾有三摩提引住時量今則引換是故如此壽命非果報異此名果報從問更起別問阿羅漢人何因發願引命行令住或為利益

他或為令正法久住是諸阿羅漢已見自身壽命將盡於此二中不見他有此能復以何因棄捨壽命於有命時見利益他事少自身疾苦所逼如偈言

修梵行已竟　聖道已善修　由捨命歡喜
如人病得差

若尒此引壽行命住及棄捨應知何處何人能為此事於人道中於三洲於男女非時解脫阿羅漢俱解脫人得遠際三摩提何以故此人於諸定有自在其相續非惑所熏經中說世尊願留諸命行捨諸壽行命壽二行差別云何餘師說無有差別云何知經中說何者為命根謂三界壽復有餘師說宿業果報名壽行現世業果名命行復有師說若由此得住聚同分中名壽行若由此得暫時住名命行諸言者由願留多壽命行生起故何以故於一剎那生起无願留能故復有餘師說无有一物名壽命得暫時住為顯此義故有諸言復有餘師說於多行中假立壽命名无別一物名壽命若不尒佛不應說行問云何世尊捨棄壽行願留命行為顯於死有自在故棄捨為顯於壽命有自在故願留云何但三月不過受化弟子利益事畢竟故復次世尊建立義言若比丘修習數行四如意足若欲住可得一劫或過一劫為顯所建立義故留捨命壽毗婆沙師說於五陰及死為顯自勝能故先於菩提樹下已破煩惱魔及天魔得勝能隨應論且止所依本義今應說偈曰十二種

釋曰何者為十二偈曰除後八及憂根釋曰又除命根所餘十二有二種有是果報有非果報此中眼等七根若是增長果非果報所餘皆是果報意苦樂喜捨根若善若染汙非果報若威儀工巧變化相應亦非果報所餘是果報除命根及眼等十二根所餘非果報此義至得成若憂根非果報此經云何將經言有業於喜受好有業於憂受好有業於捨受好依相應好故說此言若業與憂受相應名於憂受好譬如觸與樂受相應說偏於樂受好若尒業於喜受捨受好亦應成如此如汝所欲我亦許之於相應无失於果報亦无失若尒由無能故皆許如此有何別道理能立憂非果報憂受由分別差別所生及分別所息果報則不然若尒於喜受亦應然不應立喜為果報若憂是果報作无間業人因无間業生憂受故此業應熟喜亦應尒若喜是果報作福業人因福業生喜受故是福業應熟是義不然復有別證諸離欲人无憂受故果報則不尒諸離欲人亦無無記喜根若尒果報有何相隨其相若有宿業應位雖復如此喜根可有幾果報憂根則无餘一切種不行起故故毗婆沙師說憂非果報以命根為第八於善道中善業果報於惡道中惡業果報意根於二道二業果報樂喜捨三根是善業果報苦根是惡業果報於善道二根人由惡業得如此位此論已說所餘應說幾根有果報幾根無果報此中憂根於前无間已說偈曰一定有報釋曰此一憂根有果

報定言為决憂根異於餘法此根无
无記亦無無流在散動地故是故憂
根無無果報偈曰十二種釋曰二種
謂有報无報何者為十偈曰意餘受
信等釋曰餘受者應知異憂根信精
進念定慧根此中意樂喜捨若是惡
若善有流則有果報苦根若善若惡
有果報若无記无果報信等五根若
有流有果報无流无果報所餘無果
報義至自成幾根是善幾根是惡幾
根無記此中若一向善偈曰八根善
釋曰信等五未知欲知等三偈曰二
種憂釋曰或善或惡偈曰意及餘受
三種釋曰此五根有三種善惡無記
偈曰餘一種釋曰何者為餘眼根為
第一命根為第八此八一向無記
何根何界相應於二十二根中偈曰
欲界有除淨釋曰於欲界相應相應
知除一向无流未知欲知等三根何
以故此三决定非三界相應故偈曰
色有除女男二苦釋曰如前除无流
二苦謂苦憂二根於色界人離欲婬
欲法故又令依止非可愛故是故彼

無女男二根若尒云何說彼為丈夫
何處說如經言无處無理女人作梵
有處有理丈夫作梵於彼別有丈夫
相於欲界但是丈夫所得於彼無苦
根依止淨妙故又无惡業故亦無憂
根奢摩他軟滑相續故又無限類境
界故偈曰无色有除二樂及色釋曰
除女男二根除二苦根及无流根所
餘幾根意命捨信等五根如此多根
應知於无色界相應无餘根幾根見
諦滅幾根修道滅幾根非所滅偈曰
意三受三種釋曰何者三受樂喜捨
根偈曰見修滅憂根釋曰憂根二道
滅見道修道所滅故偈曰九修道滅
釋曰眼根為第一命根為第八及苦根
由修道滅偈曰五或非滅釋曰信等
五根或修道滅或非所滅有有流無
流故偈曰三非釋曰未知欲知等三
根非見道修道所滅以无流故無過
失法不可除故
說諸根品類差別已諸根至得今當
說幾根於何界果報先所得偈曰欲
中初得二果報釋曰身根命根是果

報故正託胎時先得此二偈曰非化
生釋曰四生中由除化生胎卵濕三
生應知已許云何不說意捨二根正
受生時此二根必是染汙故若化生
初得果報有幾根偈曰彼得六釋曰
若彼无女男根如劫初生何者為六
眼耳鼻舌身命根偈曰七釋曰若彼
生二根如於天等生偈曰八釋曰若
彼生二根化生人可有二根耶若於
惡道可有於欲界初得如此於色界
无色界云何偈曰色中六釋曰由欲
勝故名欲界或但名欲由色勝故名
色界或但名色經中說是寂靜解脫
過於色非色於色界中初所得果報
有六根彼根同欲界无二根化生所
得偈曰餘一釋曰無色界異色界故
名餘由三摩跋提異故由生勝故此
中初得果報但有一命根餘根則非
說至得已棄捨今當說於何界正死
棄捨幾根偈曰正死人棄捨於無色
命意捨根釋曰若人在无色界正死
於最後心棄捨命意捨三根偈曰於
色八釋曰若人在色界正死於最後

心棄捨八根三如前又眼等五根何
以故一切化生衆生具根受生具根
死墮故偈曰欲界十九八釋曰若人
在欲界正死於最後心若具二根人
棄捨十根八如前又女男根若一根
人則棄捨九根若无根人但捨八根
若一時死道理則然偈曰次第死捨
四釋曰若人次第死於最後心一時
棄捨四根謂身命意捨根何以故此
四无相離盡故若染汙心及无記心
死應知道理如此若人於善心死是
時偈曰於善諸處五釋曰若人於善
心死一切處如前説若棄捨根復捨
信等五根何以故此信等五根於善
心必具足生如此於无色界棄捨
八根於色界棄捨十三根如此依前
次第應更廣數於根伽蘭他中簡擇
一切根法應如此知復次何沙門若
果由幾根能得偈曰九得邊二果釋
曰由九根至得前後際沙門若果何
者為邊須陀洹果及阿羅漢果前後
際所得故幾果在中際斯陀含果阿
那含果此中須陀洹果信等除知已

根并意根捨根由此九根得前際果
未知欲知根在次第道知根在解脱
道由此二根得須陀洹果次第能引
擇滅至得及能作彼依止故復有阿
羅漢果信等除未知欲知根意根樂
喜捨根中隨一由此九根得後際果
偈曰七八九中二釋曰斯陀含果阿
那含果觀前後故名中此二果一一
至得由七八九根云何如此斯陀含
果若人次第修方得若依世間道此
果由七根得信等五根并捨意二根
若依出世道此果由八根得七如前
知根為第八若先多離欲人方得此
果由九根得如得須陀洹果阿那含
果若人次第修方得若依世間道此
果由七根得如前所説得斯陀含果
若依出世道此果由八根得亦如前
所説得斯陀含果若先已離欲人方
得此果由九根得亦如前所説得斯
陀含果此果與前果有異謂樂喜捨
隨一根相應由依止差别故若次第
修人於第九解脱道若入根本定依
世間道是時由八根得阿那含果何

以故於第九解脱道中喜根為第八
於次第道則用捨根定由此二根得
阿那含果若人依出世道入第九解
脱道是人則由九根得阿那含果此
中知根為第九若尒阿毗達磨藏中
云何説如此彼藏中説由幾根能得
阿羅漢果彼中答由十一根云何此
中説由九根得定由九根偈曰十一
得羅漢説依一人成釋曰有如此道
理是一人已退已退由樂喜捨根更
得阿羅漢果是故説由十一根无有
是處樂受等三根於一時中俱得生
云何於阿那含人不論如此義此阿
那含不得如此何以故无先已退後
時由樂根更證本果故復次若先離
欲人无退墮義此人離欲二道所證
故此義應當思量與何根共相應有
幾根必定共相應此中偈曰捨命意
相應必與三相應釋曰若人與捨等根
隨一相應此人必與三根相應三根
者謂捨命意何以故此三更不無離
相應故與餘根相應則不定或相應
或不相應此中生无色界人與眼耳

阿毗達磨俱舍釋論卷第二　第三十七張　心

鼻舌根不相應於欲界亦尒謂若人未得及已失生无色界人與身根不相應生色无色界人與女根不相應於欲界亦尒謂若未得及已失與男根亦尒若凡夫人生第四定第二定處及无色界與樂根不相應若凡夫生第三定第四定及无色界與喜根不相應若凡夫生色無色界與苦根不相應若離欲人與憂根不相應若斷善根人與信等根不相應凡夫及至得果人與未知欲知根不相應凡夫及見道人無學道人與知根不相應凡夫及有學人與知已根不相應於非遮位中如前所說應知與餘根相應偈曰與四有樂身釋曰若人與樂根相應此人必與四根相應謂捨等三根及樂根若人與身根相應此人必與四根相應三如前并身根偈曰與五有眼等釋曰若人與眼根相應此人必與五根相應謂捨命意身及眼根與耳鼻舌相應應知亦尒偈曰有喜亦釋曰若人與喜根相應此人必與五根相應謂捨命意樂及喜根若

阿毗達磨俱舍釋論卷第二　第三十八張　心

人生第二定未得第三定與何樂根相應與第三定染汙樂根相應偈曰有苦與七釋曰若人與苦根相應此人必與七根相應謂身命意及餘四受相應偈曰有女等與八釋曰若人與女根相應此人必與八根相應七如前及女根等言七者攝男根憂根及信等根若人得如此根隨一一皆與八根相應七如前男根為第八若人與憂根相應七如前憂根為第八若人與信等根相應此人必與信等五根及與捨命意根相應偈曰與十一有知知已根釋曰若人與知根相應此人必與十一根相應謂樂喜捨命意五根又信等五根知根為第十一與知已根相應亦尒十根如前知已根為第十一偈曰未知欲知根與十三相應釋曰何者為十三謂意命身根女男根隨一及三受根信等五根未知欲知根為第十三復次若人與極少根相應與幾根相應偈曰極少無善八受意身命應釋曰若人斷善根說名无善極少與八根相應謂五受

阿毗達磨俱舍釋論卷第二　第三十九張　心

根及身意命根如斷善根人與極少根相應偈曰凡夫无色尒釋曰若凡夫生無色界與八根相應偈曰捨命意信等釋曰捨命意三根及信等五根信等一向善故除斷善根人一切處皆通若尒未知欲知等根於彼亦應立此難不然由立八根故依凡夫故若人極多與幾根相應偈曰極多與十九離三无流根二根釋曰除三無流根若人具女男根及具餘根則與十九根相應復有何別人與極多根相應偈曰有欲聖釋曰若未離欲有學聖人若與極多根相應亦與十九根相應偈曰一根除二淨釋曰除一根及除二無流根謂除知已根前二隨除一根諸根由分別界差別義所引來依廣分別義已說

阿毗達磨俱舍釋論卷第二

甲辰歲高麗國大藏都監奉
勅彫造

阿毗達磨俱舍釋論卷第二

校勘記

一　底本，麗藏本。
一　七七〇頁上四行品名，資、磧、普、南作「中分別界品之二」；徑、清作「分別界品第一之二」。
一　七七〇頁上一七行第四字「爭」，磧、普、南、徑、清作「淨」。
一　七七〇頁中一一行「无有」，磧作「無無」。
一　七七〇頁下八行「貞實」，南作「真實」。
一　七七〇頁下一四行「簡擇」，南作「簡釋」。
一　七七〇頁下二〇行第八字「二」，清作「一」。
一　七七一頁上一行「欲界」，南作「世界」。
一　七七一頁上八行「二定」，南作「一定」。
一　七七一頁上二〇行「調伏」，清作「調依」。
一　七七一頁下一〇行第一〇字「則」，磧作「剎」。
一　七七一頁下一四行「相攢」，諸本（不含石，下同）作「相攢」。
一　七七一頁下二一行第五字「別」，諸本作「若」。
一　七七二頁中一五行「度决」，諸本作「决度」。
一　七七二頁中一九行第九字「觀」，諸本無。
一　七七二頁中二〇行第四字「眼」，資、磧、普、南作「眼視」。
一　七七二頁下一九行第七字「意」，諸本作「意根」。同行「過去」，磧、普作「過云」。
一　七七二頁下二一行第五字「於」，諸本作「於此」。
一　七七二頁下二二行首字「樓」，南作「樓」。
一　七七三頁上一五行「成立」，諸本作「義立」。
一　七七三頁中八行第一三字「見」，諸本作「見色」。
一　七七三頁中一〇行第三字「一」，南無。
一　七七三頁下四行第二字「至」，諸本無。
一　七七五頁中二一行末字「閞」，諸本作「開」。
一　七七五頁下二一行「俱舍釋論中」，徑、清無。同行「第二之一」，資、磧、普、南作「第二」。
一　七七五頁下末行末字「以」，諸本作「次」。
一　七七六頁中三行「乹闥婆」，諸本作「乾闥婆」。
一　七七六頁中一一行第九字「眼」，諸本作「眠」。
一　七七七頁中一九行第一二字「喉」，諸本作「唯」。
一　七七七頁下六行第一一字「根」，清作「眼」。
一　七七七頁下一〇行第四字「受」，

諸本作「愛」。

一　七七七頁下一九行第七字「二」，磧、南無。

一　七七八頁上三行第六字「苦」，南作「若」。

一　七七八頁上八行第五字「名」，諸本作「説名」。

一　七七八頁上一七行「知知」，諸本作「知」。

一　七七八頁上二二行「七根」，磧、南作「十根」。

一　七七八頁中一〇行「二在」，磧作「一在」。

一　七七八頁中一四行第五字「根」，磧作「相」。

一　七七八頁中一五行第九字「信」，南作「言」。

一　七七八頁中一八行第五字「聞」，磧、南、徑、清作「聞」。

一　七七八頁中二一行第七字「若」，磧、普、南作「名」。

一　七七九頁上八行第七字「命」，諸本作「令」。

一　七七九頁中一一行第一一字「十」，磧作「得」。

一　七七九頁中一八行第一〇字「等」，諸本無。

一　七八〇頁上七行「果報」，諸本作「果報者」。

一　七八〇頁上一八行第一三字「相」，諸本作「根」。

一　七八〇頁中六行「無限」，諸本作「無恨」。

一　七八〇頁中一四行第三字「道」，諸本無。

一　七八〇頁下六行末字「六」，諸本作「六根」。

一　七八一頁上一六行「十三」，南作「十二」。

一　七八一頁中二二行第一〇字「入」，諸本作「人」。

一　七八二頁中七行第七字「七」，諸本無。

一　七八二頁中八行末字「八」，磧、南作「入」。

一　七八二頁下一七行第四字「依」，諸本無。

阿毗達磨俱舍釋論卷第三　心

婆藪盤豆造

陳天竺三藏真諦譯

釋論中分別根品之二

復次此義應當思量是諸有為法如彼自相更互不同為如此彼生亦不同為有諸法決定俱生亦有何以故一切法有五品一色二心三心法四不相應五无為此中無為法无生有色諸法今當決判偈曰於欲界八物無聲根隣虛釋曰極細色聚說名隣虛欲令知無餘物細於彼者此隣虛若在欲界離聲亦非根則八物俱生隨一不減八物謂地等四大及四大所造色香味觸若有根隣虛元聲則九物俱生或十物俱生此中偈曰有身根九物釋曰若身根隣虛此中有九物八如前身根為第九偈曰十物有餘根釋曰此隣虛中若有餘根則有十物九如前眼等五根中隨一為第十此隣虛若有聲俱生如次第九物十物十一物俱生何以故有聲與

根不相離謂執依四大為因聲若四大不相離云何有聚或見唯堅實或見唯流濕或見唯煗熱或見唯輕動此聚中隨一偏多或功力最勝故見一朋了辟如針鋒及綿觸又如麨鹽末味若尒云何於彼應知所餘亦有由事故可知事謂持攝熟引復次餘師說若得別緣堅等成軟濕等故於水中由極冷故或得熱觸雖不相離有冷勝別德如聲及受有勝別德復有餘師說於聚中由種子彼有不白自體相如經言於木聚中有種種諸界由此言故知由種子故有若尒云何於風知有顯色此義但可信不可比何以故由相雜能持香故於風四塵不定故色界香味不有此義於前已說是故由此說於色界有別隣虛復有由此說隣虛有六物七物八物此義已顯不須更說此中為約物說物為約入說物若尒何為若約物說物此說則少謂八物九物十物何以故此中必有形色是隣虛滋長故輕重觸隨一滑澁觸隨一有處有冷觸

有處有飢渴觸若約入說物此說則多謂八物等何以故應但說四物四大亦是觸入是義不然此中有處約物說物謂所依止物有處約入說物謂能依止物雖復如此四大物轉成多能依止物隨一依具四大故此中復有執取物類為物雖別類四大不過自性故何須作此功用為分別說如此義語言如意生起唯義應思量說色決定俱起已所餘品生起今當說此中偈曰心心法必俱釋曰何以故此心及心法更互相離則不得生偈曰一切共行相釋曰必言流不但心及心法必定俱起一切有為中若有應生或色心及心法等是名一切若起必共有為相俱起偈曰與得釋曰若衆生名是法必與至得俱起餘法不尒是故別立是法所說名心法何者是耶偈曰心法五大地等別故釋曰心法有五品一大地二善大地三惑大地四惡大地五小分惑地何法名地是所行處若法此法行處是法說為此法地此中諸法地大故

名大地若法於一切心有何法於一切心有偈曰受作意想欲觸慧念思惟相了定十法遍於一切心釋曰彼說此十法於一切心剎那皆聚集生此中受謂三種隨領樂苦非樂非苦作意謂心故為事想謂心執境差別相欲謂求作觸謂根塵識和合所生異法慧謂般若即是擇法念謂不忘所緣境思惟謂心迴向相了謂於所緣相有法能令心明了定謂心一心心法差別審細難可分別於相續尚難知何況剎那中有色藥草有多種味於中有藥其味差別可以根證亦難分別何況此法无色智慧所了是諸法善為大地說名善大地若諸法恒於善心中起何者為諸法偈曰信不放逸安捨著及慙愧二根非逼惱精進恒於善釋曰如是等法恒於善心中起此中信謂心澄淨有餘師說於諦實業果中心決了故名信不放逸謂修習善法有何修習異於善法恒在善法名不放逸於餘部經中說是心護名不放逸安謂心於事有能

此義可不如此於餘經說身於事有能名安非不說如身受應知此亦尒若尒云何於助覺立為分何以故於中是身於事有能說名身安應知若尒云何說此為覺分由隨順覺分故得覺分名何以故此身安能引心安覺分令生故於餘處曾見有如此說不曾有猶如經言喜及助善法世尊說名喜覺分復有別說瞋及瞋因名害蓋復有正見正思惟正精進此三說名般若分此資糧由隨順故得彼名如此身安隨順心安覺分故得彼名捨謂心平等无所偏對令此言云何相應何者前說思惟於心迴向為體令說捨於心無迴向為體此言云何相應為前不說耶謂心法義理難知有難知後方可知此寂難可知謂於相違立不相違有餘處迴向有餘處不迴向此中有何相違若尒一切相應法不應共緣一境如此種類所餘諸法此中應來此法道理汝等必應須知著及慙愧後當釋二根謂无貪无瞋二種善根無癡亦是善根此

善根以智慧為體前已立為大地故於善大地中不復重說非逼惱謂不欲違損他精進謂勇猛說十善大地已是地大故名大地惑是彼大地故說彼為惑大地是諸法恒於染汙心起何者為諸法偈曰癡放逸懈怠无信无安掉恒在染釋曰此中癡謂无明无智無顯放逸謂不修習善法此是修習善法對治懈怠謂心無勝能无信謂心無澄淨此是信對治法無安謂身重心重身心於事无能阿毗達磨藏中說无安有二種謂身無安心无安云何心法說名身法如說受為身受掉謂心不靜如此六法是名染汙大地於阿毗達磨藏中不說十法為惑大地耶彼中亦不說無安何者為十无信懈怠忘念心乱無明不了別不正思惟邪相了掉放逸天愛汝知至不知術此中何者為術忘念心乱不了別不正思惟邪相了此法已屬大地不可重安立為惑大地如无癡於善大地彼亦如此若念彼染汙說為忘念定被染汙說為心乱所餘

亦尒是故作如此說是大地法可即立為惑大地不此中有四句第一句謂受想作意欲觸第二句謂无信懈怠无明掉放逸第三句謂念等五法第四句謂除前三句所餘諸法復有諸師欲心乱異邪定於彼所說四句異此有餘師執无安與一切惑相應於惑大地中不說於誰有失彼荅應說由隨順定故是故不說何以故若人无安為行修觀速能得定掉行人不尒以无安為行非掉為行此人何相以掉為行非無安為行此人何相何以故此二法隨便不捨共生事故雖然此二法於人隨重成此人行是故立六法為惑大地何以故此六法恒於染汙心起餘處則不起偈曰若惡及无羞无慚釋曰於一切惡心無羞及无慚恒生起故立此二法為惡大地此二法相後當說偈曰嫉恨諂嫉妬恨覆及慳悋誑醉并逼惱是十小惑地釋曰以小惑為彼地故說彼為小惑地唯與修道所滅依心地所起无明相應故此十惑於小分煩惱

中當釋說五品心法已有餘心法不定謂覺觀惡作睡等於中應說何處心幾心法必定俱起於欲界中有五種心善心有一惡心有二謂獨行及與餘惑相應无記心有二謂有覆无覆此中欲界心必有覺有觀是故於中偈曰有覺有觀故於欲界善心二十二心法釋曰必定俱起何者二十二十大地十善大地并覺觀偈曰或處長惡作釋曰非於一切善心皆有惡作是處若有於中為長則心法成二十三何法名惡作於所作惡心生後燋此心法緣惡作起故名惡作此法即是後燋譬如緣空為境解脫門說名空解脫門又如无貪觀緣不淨相起說名不淨觀於世間亦曾見此事由處說有處如言一切縣郡來一切土地來此惡作是後燋處或於果假立因名如說六種觸入名宿業若尒此後燋若緣所未作事云何名惡作於未作假立作名如經言若我不作非我好作何者後燋名善由不作善及已作惡故後生燋是善後燋翻此

名惡後燋此二各緣二境起偈曰於獨行惡心見相應二十釋曰於獨行欲界惡心有二十心法俱起謂十大地六惑大地二惡大地并覺觀獨行心者此中唯一獨行无明無有欲等餘惑不但獨行惡心若與見相應惡心中亦有二十心法如獨行惡心中諸法若尒由長見故云何不立二十一不然是大地所攝智慧差別說名見故此中與見相應惡心於此心中若有邪見見取戒執取偈曰與四惑燋等惡作二十一釋曰此惡心與四惑相應謂欲瞋慢疑此心中有二十一心法此惑隨一并獨行惡心中所說二十若與嫉等小分惑相應心中亦有二十一心法小惑隨一并前二十若與惡作相應心中亦有二十一心法惡作為一并前二十若略說於獨行惡心及與見相應惡心但有二十若與餘惑及小分惑相應有二十一偈曰有覆心十八釋曰於欲界與身見邊見相應名有覆无記此中有十八心法大地十惑大地六并覺觀此二

見如前所釋故无長偈曰餘无記十二釋曰與有覆无記異即是无覆無記此中有十二心法大地十并覺觀罽賓國外諸師欲惡作無記於此諸師若心與惡作相應有十三心法偈曰睡遍不違故若有唯此長釋曰睡與如前所說一切心法不相違由是善惡无記性故於五品心中隨若有此應知為長若二十二并睡成二十三若二十三并睡成二十四如此等於欲界中是所說心法定量偈曰惡作睡諸惡於初定皆无釋曰於如前所說中惡作及睡初定一向無諸惡隨一辟如瞋離諂誑謂嫌等及无慙無著悉無所餘一切皆有此諸法於初定不有偈曰於中定無覺釋曰此法及覺於中間定亦如此無所餘亦如此有偈曰過此又无觀釋曰度中間定以上於第二定等乃至無色界如所速皆无觀及諂誑亦無所餘皆有何以故此諂由佛說乃至極大梵處與梵眾相應故上去則無此梵王於自大集中阿輸實比丘問是四

大何處滅无餘梵王不解作詭言答我是大梵自在作者化者起者一切所有我為本因說隨地如心法數量義已如毗婆沙中所立心法及異相今當說无著與无慙異相云何偈曰無著不重德釋曰於功德及有德人不尊重於他無自在心無敬畏心無隨屬他心說名无著此心對治尊重偈曰非讃不見怖无慙釋曰非讃謂若事善人所訶是名非讃於中不見怖是名无慙此中怖謂非所愛果能生怖畏故云何得知如此為不見怖名不見怖為是不怖名不見怖若尒何為若不見怖應成无明若見不怖應成智慧不見怖者我不說不見亦不說見何者為是有小或為此二因說名无慙有餘師說觀自身由過失不恥名無著觀他名無慙若尒二觀一時云何得成不說如此一時觀自觀他何者有非恥類若觀自身生起說名無著有非恥類若觀他生起說名无慙翻此名慙著由第一解顯有尊重有自在有敬畏有隨屬名有著

於非讃見有怖名有慙由第二解顯觀自他生起恥心說名慙著愛樂及信此二異相云何偈曰樂名信釋曰愛樂有二種一有染汙一无染汙此中若有染汙名愛樂如於妻子等若无染汙名信如於自師尊長及有德人處有信非愛樂是信緣苦集起有愛樂非信謂有染汙愛樂有具二謂緣滅道生信有非二謂除前二句有餘師說信謂於德決期以此為先後則生愛故信非愛復有餘師說偈曰重著釋曰如前說以重為著此何相不即重名著於他起自在心名重以此為先後則生恥說恥為著是故尊重異著偈曰欲色有釋曰於无色界无愛樂及尊重此義云何信及著是善大地故於彼既有前二云何无著信有二種一信法二信人尊重亦尒信及著若緣人起彼處則无此二名愛及重覺與觀異相云何偈曰覺觀謂麁細釋曰麁細屬何法謂心麁細心麁名覺心細名觀此二於一心云何俱起此中有餘師說辟如酥浮水

上於上為日光所觸非凝非釋如此由覺觀相應故心不過細亦不過麁是故此二於一心中俱有事用若尒此覺觀但是麁細因非自麁細譬如水及日光是酥凝釋因非自凝釋麁細由觀他成由地品類差別故乃至有頂應有覺觀復次同類生以麁細為差別此義不應成是故不可由麁細分別覺觀性異有餘師說言語行名覺觀如經言已覺已觀方有言說非未覺未觀此中若麁名覺若細名觀若於一心中有別法名麁有別法名細此有何妨无妨若有種類差別於一生類中下上二品不得俱起種類亦有異若尒汝今應說此不可說是故由上下品種類異則可顯示若尒則不可顯示各各自種類有上下故有餘師說覺觀於一心不竝起若尒云何初定說具五分約地說五分不由剎那慢與醉異相云何偈曰心高說為慢醉受著自法心起變異亂釋曰由隨類所分別勝德心高於他說名慢醉者此人於自法起愛著其

心亂昧如飲酒惛迷心歡喜差別從貪欲生說名醉餘師說如此說心法與心共別異已如是等法佛世尊假立來名於正法中由此說教故云何釋異偈曰心意識一義釋曰心以增長為義能解故名意能別故名識善惡諸界所增長故名心或能增長彼故名心此心為他作依止說名意若能依止說名識如心意識三名一義如此偈曰心及餘心法有依境界相相應釋曰此四種名亦通一義此心及心法或說有依由依根起故或說有境皆能取境故或說有相是所緣境隨類差別能分別故或說相應平等聚集故云何平等聚集名相應偈曰義有五釋曰有五種平等類為相應義謂依止境界取相時物平等等何法為物平等如心一物如此心法亦各各一物說心及心法廣義及差別義已偈曰不相應諸行至非至同分无想處二定壽命及諸相名聚等釋曰如此等有為法與心不相應非是色性說名不相應行偈曰於中至

得及同隨釋曰得有二種謂未至得已失得與正得同隨翻此名非至義至自成此至非至屬何法偈曰至非至屬帶自相續釋曰若法墮他相續无至非至何以故无眾生與他法相應及與非墮相續法相應何以故無有眾生與非眾生數法相應故於有為法如此決定若於無為法至非至云何偈曰二滅釋曰一切眾生皆與非擇滅得及同隨相應是故於阿毗達磨藏說如此言何者與无流法相應答一切眾生亦與擇滅相應除具縛及住初剎那人所餘一切聖人及所餘凡夫皆與擇滅相應无眾生與虛空相應於虛空何故无非至若法无至非至亦无所謂別法有別法名至非至此執從何生從經生何以故於經中說是十種无學法由生由得由同隨是聖人與五分相離若尒與非眾生數法至得亦應成何以故由經言比丘轉輪王與七寶相應謂得同隨此經中說自在名得同隨何以故是王於寶有自在謂如意作於轉

輪王經汝執自在名得同隨於彼經此中何執非道理是非道理此至非至自性不可知辟如色聲等又如欲瞋等其事亦不可知辟如眼耳等離實物法故立此法為有則非道理若汝執此至是諸法生因於无為此法應无若法未至及已捨由易地及離欲此法云何更生若汝說共有至得為生因令立生相復何所作及生生若此即是生因具縛衆生下中上惑生差別不應有至无差別故若由此法餘法有差別生可從其起是故至非生因有何人說此言謂至為生因汝說云何成立差別因何以故此至若无聖人及凡夫若同起世心此人是聖此人是凡此差別不可成立已滅未滅惑有差別故聖凡差別自成是義不然何以故此差別云何成此人惑已滅此人惑未滅若信有至如此等事則成由至非至永滅離故此事由依止差別故成諸聖人依上由見道脩道勝力故如此迴轉如不應

更生二道所滅諸惑辟如火所燋種子依止亦介不更為惑種子故說惑已滅惑由世間道損壞惑種子相續中說惑已滅翻此名未滅若法未滅與此法至得相應若此法已滅則无至得相應此言唯是假說善法有二種有不由功力生起有由功力生起是法說名生得及脩得此中不由功力所生起善於依止中善種子不破壞故說與至得相應由種子破壞故說无至得相應如斷善根人此人相續中由邪見應知善種子已破壞於彼相續中善法種子非永除滅若善法由功力所生起由彼正生故於彼生中相續自在无㝵故說與彼相應是故此種子未拔除非破壞增長自在特此種子得至得名无別物何法名種子是名色於生果有能或現時或當時由相續轉異類勝故何法名轉異是相續差別謂前後不同何法名相續生成因果三世有為法何者為勝類與果无間有生果能有處說如此若人與貪欲同隨則无復能脩

習四念處此經中安受貪愛說名同隨何以故此人隨安受貪愛時量无有功能脩習四念處如此至得同隨一切種皆是假名法非實有物麤此名非至得同隨毗婆沙師說此至非至實是有物何以故我等悉檀說如此彼說此至偈曰於三世三種釋曰過去諸法有過去至有未來至有現在至如是未來現在諸法各有三至偈曰於善等善等釋曰若法善惡無記性至亦次第隨法同善惡无記性偈曰隨法界同界釋曰若法隨與界相應至得與法同界若法在欲色無色界彼至得亦同在欲色无色界偈曰離三界四種釋曰離三界法謂一切无流法此無流法至得若略攝有四種謂三界相應及无流界相應此中非擇滅至得有三界擇滅至得或在色无色界及无流界道諦至得唯是無流故此至得若略攝成有四種有學法至得是有學無學法至得是無學非學非无學法至得有差別偈曰非學无學三釋曰非學非无學法

謂有流及无為由有學等差別此法至得成三種有流至得謂非學非無學法及非聖人所得非擇滅擇滅至得是擇滅學无學道所得此至得亦是學無學見修二道所應滅惑至得次第應為見修二道所破若非二道所滅法至得則有差別今當說偈曰非所滅二種釋曰非所滅法謂无流法此中非擇滅至得唯修道所斷及非聖人所得擇滅至得聖人所得擇滅至得唯是无流故非所滅道諦至得亦如此前說於三世三種此是捴說為簡別此捴說故說此偈偈曰無記至俱起釋曰若無覆無記法至得但有現在無過去未來此法力弱故此法若過去至得則過去此法若現在至得則現在一切无覆无記至得皆如此耶偈曰除二通變化釋曰二通慧是无記變化亦尒除此三所餘悉同此三勢力强故由加行勝類成就故故此至得通三世工巧處无記及別威儀无記極所數習有餘師欲此至得同三世唯無覆無記至得但

現在耶偈曰又覆无記色釋曰有覆無記有教色至得但現在何以故若最上品不能起長无教色故是故力弱如无記法至得有差別善惡法至得為有如此差別不咨有偈曰欲界色无前釋曰於欲界色過去一向無至得現在及未来皆有至得如至得非至得亦有如此差別不咨无何者偈曰非至無汙記釋曰一切非至唯無覆無記約世差別云何偈曰去来世三種釋曰現世法非至得但現世若過去未来法非至得各有三世偈曰欲等無垢有釋曰亦有三種非至欲界法非至得或在欲界或在色無色界如此色界无色界無流界非至得亦尒無有非至得是无流何故如此偈曰許聖道非至凡夫性釋曰如發慧阿毗達磨藏說何法名凡夫性非至得聖法非至得即是非至若非至聖法是凡夫性凡夫性不應成无流不得何聖法一切聖法不別說故非至得者離實有得若不尒佛世尊與聲聞獨覺性不相應故應不成聖

若尒應作决定說定非至得聖法不應說定言何以故是直文句能為决定辟如說人食水食風有餘師說不得苦法智忍及俱起法名凡夫性亦不可說由捨此還成凡夫何以故此苦法智忍及俱起法非至得永滅除故若尒苦法智忍及俱起法亦有三性非至得何法一切若尒如前難過失更至亦如前殺若尒立文句之功此復何用若立如此則為最勝如經部師所說經部執云何若未曾起聖法相續名凡夫性復次此非至云何滅是法是非至得偈曰由至度餘地則捨釋曰如非至得聖道名凡夫性由至得聖道即捨凡夫性或由度餘地所餘諸法非至應如此思非至非至若生起非至至若斷說捨非至非至及至為更有至非至不此二各各有二若尒於至非至有无窮過失無無窮過失更乎相應故法若生以自體為第三生第一本法第二本法至得第三至得至得此中由至得生相續與本法相應及與至得至得相應

由至得至得生相續但與至得相應若作如此是本法以自體為第三若善若染汙於第二剎那有三至得生復有三同隨至得俱生合成六於第三剎那第一第二剎那所生諸法有九大至得共同隨至得成十八物如此後後增長生故諸至得流一切過去未來大或小惑剎那一切生得善剎那共相應及俱生法至得无始無終輪轉生死衆生中隨一衆生剎那剎那起成无邊物隨二諸衆生身相續剎那亦如此今諸至得寂大集會希有生起唯有一德謂不相尋故得處所若不尒於一人虛空亦非其器何況第二何法名同分偈曰同分衆生等釋曰有物名同分謂衆生等類於阿毗達磨藏說此名謂聚同分此有不異異不異謂一切衆生與衆生同分隨一衆生同分於一切衆生恚有故異謂是一切衆生同分由界地道離生男女優婆塞比丘有學無學等差別各不相應故亦有法同分由陰入界等故不異如前若无聚同

分非別有實物於衆生由種種別類更互不同此亦衆生彼亦衆生如此同智及同言說不應得成陰等同智及同言說亦尒有退亦生不捨聚同分不得同分不立此成四句第一句者從此退於中更受生第二句者入正定聚何以故此人捨凡夫聚同分得聖人聚同分第三句者由度餘道第四句者除前三句若有實物名凡夫同分何用別立凡夫性何以故若離人同分無別人性可分別復次世間亦不曾見有人同分法以无色故智慧亦不能分別衆生生類不異但許如此衆生同分若實有於中何所能作復次云何不許非衆生有同分如舍利穀麥豆波那婆菴羅鐵金等自性類等故如此等同分更互有異云何可說不異同分若尒鞞世師外道由此執得顯成何以故此執即是鞞世師恚檀彼立六句義中此執是同異句義由此法於不同物中生起同智說名同異毗婆沙師說彼執有異彼謂同異唯是一物遍在多物衆生

同分則不尒若顯成若不顯成實有同分由經所證佛世尊說若此人還成此類謂於人聚同分實有如此說非說別有物若尒此經所顯同分是何法是有為法如此生起於中假說人天等如說舍利穀等同分如此義非毗婆沙師所讚許何法名无想有偈曰无想於彼天能滅心心法釋曰於無想衆生天中受生有法能遮滅彼心及心法此說名無想有由此法心及心法於未來中蹔時不起於生无有功能如堰遏江水此法一向偈曰果報釋曰此是何業果報無想定業於何處衆生有此无想天偈曰諸廣果釋曰有諸天名廣果於彼一處有衆生名无想天如切定中間彼衆生為一向無想為或蹔一時有想故名无想有時有想謂受生時退墮時於長時起想故彼衆生從此處方退墮經言如此於彼衆生如久時熟眠覺起即便退墮必欲界受生更無餘處由宿世定業功能盡故不能生長未曾有業故辟如放箭速疾勢盡故

即便墮地若衆生必應生彼天此衆生定有欲界後報業譬如北鳩婁必有生天後報業阿毗達磨藏說何者為二三摩跋提无想定及滅想受定何法名无想定如前所說无想有能滅心心法偈曰如此无想定釋曰無想觀行人定名無想定又此定無想名無想定此定能遮滅心及心法是如此言所引此定在何處偈曰後定釋曰寂後定謂第四定寂上品此定於中相應非於餘地何用修此定偈曰欲解脱釋曰諸外觀行人執此定為決定出離是故由求解脱故修習此定无想有是果報故成无記法此定偈曰善釋曰此無想定一向是善此定於無想天五陰為果報若善於三報位中是何位偈曰必有生報釋曰此定唯生報非現報及後報亦非不定報若人已生起此定後更退失彼說此人必還更得受無想天生是故若人得此定必不得入正定聚此定但凡夫所得偈曰非聖釋曰聖人不得修習此定彼見此定如見深坑

何以故若人於此定起解脱心乃修此定聖人於生死不起解脱心聖人若已得第四定為於過去未來得此定不猶如諸定非聖亦不得何以故此定若已曾數數所習大功用所成故又無心故偈曰一世得釋曰但一時得謂現在得如波羅提木叉戒得此定於第二刹那有過去至得乃至未捨此定無心故於未來無修令滅心定其相云何偈曰滅定亦如此釋曰如无想定无心定亦如此如此言引何義能滅心及心法此二定異相云何此定偈曰為静住釋曰寂静住想為思惟先故聖人修此定彼定解脱想為思惟先彼與第四定同地此定偈曰有頂釋曰此定以非想非非想為地此定偈曰善釋曰此定必是善无染汙故非無記雖復是善偈曰二報不定釋曰此定由二因有二報或生報或後報有時於果報不定有時無果報若得定人般涅槃此定於有頂以四陰為果報此定一向偈曰唯聖釋曰但聖人能得此定非凡夫

何以故凡夫不能得修此定怖畏斷絶故又由聖道力所生起故云何如此於中生現世涅槃願樂故此定雖是聖人所得非離欲所得云何得偈曰由修得釋曰此定由修習力得非過去得未來不可修由心力强故成若尒於佛世尊亦由修習得耶不云何偈曰菩提得釋曰諸佛世尊與盡智同時得此定何以故諸佛無有一德由功用得由一切圓德現前皆隨佛欲成故是故一切功德於佛急是離欲所得若尒先未生滅心定於盡智時佛世尊云何成俱解脱人得成如於已生此中得自在故西國諸師說菩薩在有學位先已生此定後方得菩提云何不許如此若尒與大德優波掘多所造道理足論彼順成證彼論說先已起滅想受定後方得盡智應說如來如此偈曰非前釋曰罽賓國毗婆沙師說先入无心定後得盡智是義不然何以故偈曰三十四念得故釋曰彼說三十四心刹那中菩薩得无上菩提在四諦觀有十六

心剎那於離欲有頂有十八心剎那為除有頂九分惑由修九品次第道九品解脫道故合此心足三十四剎那菩薩先已離欲无所有處後方入正定聚下地諸惑不復更除滅是故於此中間不同類心不生起故無道理得入滅心定此何所為若於中間不同類心生起現前有更起心諸菩薩无更起心實如此无更起心不由无流道不更起者尒立不更起云何佛說我未壞金剛座乃至未得諸流盡如此意無改故是故說無更起於一坐時一切事究竟故此義如前是外國諸師所說若此二定多種別異相偈曰二依欲色釋曰此二定謂无想定無心定依欲色二界修得若人不許於色界修得無色定是伽蘭他於此人相違或時色有不成有此中有五種剎一色界衆生二有想諸天住於不同分心三入無想定四入無心定五无想諸天已得無想天生各是彼有由此文句是故此二定決定依止欲色二界此中是二定差別偈

曰滅定初人道釋曰此滅心定初於人道中修得已昔經退人後方於色界修得於滅心定為退不說有若不尒則與大德優陁夷經相違經言淨命有諸比丘在正法内具清淨戒具清淨定具清淨慧是人數數入觀修滅想受定數數出觀則有是處應如實知此人於現法先若不得知已根及於臨死時由身破滅故過叚食諸天隨一意生諸天中或於中受生此人於中生已數數入無心定觀不更出此定無有是處應如實知此中意生天者世尊說是色界是定與有頂相應若人得此定不退云何得於色界受生有餘部執此滅心定以第四定為地於此部若離退墮是義亦成是義不得成謂无心定以第四定為地何以故由經言故經說有九種次第定若有如此決定超越定云何得成此定次第決定約初學人若觀行人已至定自在位超越亦得修如此二定約地有差別一以第四定為地一以有頂為地復由加行有異謂解

脫靜住想為思惟先所修習故復由相續有異謂生在凡夫聖人相續中故復由果有異謂无想有及有頂為果故復由受報有異謂定受報不定受報及二受報故復由初生有異謂於二界及於人道初生故云何此二定同滅離心及心法為自性說第一為无想定說第二為滅想受定由違逆想違逆想受故此二修觀得成辟如於他心通中亦知他受等但說名知他心通今云何從久久時滅心後更生心毗婆沙師說雖復過去以是有故是故前滅成後次第緣有餘師說云何於无色界生衆生色久久時斷盡後時更生色此色定從心生不從色生若尒心亦從此有根身更生不從心生何以故此二更互為種子謂心及有根身宿舊諸師皆說如此大德婆須蜜多羅於問中說若人執滅心定無心此人則有如此失我今執滅心定有心大德瞿沙說此執不然若識有從三和合有觸佛世尊說依觸生受想作意等是故於此定中想受

等法不應滅若汝言佛世尊說緣受生愛今有受於阿羅漢愛不生如此於无心定雖復有觸受想等不生是義不然有簡別故緣無明觸所生受則貪愛生起於生受中不簡別觸是故此義不平是故毗婆沙師說滅想受三摩跋提必定无心若無心云何成三摩跋提由成立四大平等義復由三摩跋提心故至此定此二定為由實物有為由假名有彼說實有物由能遮尋心相續生故是義不然由三摩跋提心此心相續斷故三摩跋提心與餘心相違生起由此心生起於中間時唯餘心不生起為相故無有別物此定能引與餘識相違相續為依止故名三摩跋提此定唯心法不起為相若觀行人出定此定先无後无故此定假說名有為復次此定唯能令依止如此平等故名三摩跋提應知無想有亦如此此定但心於此位中與心生起相違此心唯不起假說為無想有毗婆沙師不說如此彼執實有物

阿毗達磨俱舍釋論卷第三

阿毗達磨俱舍釋論卷第三

校勘記

一　底本，麗藏本。

一　七八五頁上四行品名，資、磧、普、南作「中分別根品之二」，徑、清作「分別根品第二之二」。

一　七八五頁中八行第一〇字「軟」，諸本(不含石，下同)作「煖」。

一　七八五頁中九行「熱觸」，南作「熱能」。

一　七八五頁中二二行「滋長」，諸本作「濕長」。

一　七八五頁下三行第七字「義」，南作「以」。

一　七八五頁下一三行第一〇字「必」，諸本作「不必」。

一　七八六頁中二一行第七字「來」，徑、清作「求」。

一　七八七頁上一行第一二字「法」，諸本無。

一　七八七頁中一行第三字「釋」，諸本作「廣釋」。

一　七八八頁中一行第一二字「詭」，資作「跪」。

一　七八八頁下八行第一二字「具」，南、徑、清作「是」。

一　七八九頁中九行「如心」，清作「如此」。

一　七八九頁中一七行末字「等」，諸本無。

一　七八九頁中末行第一一字「曰」，磧、普無。

一　七九〇頁上二二行第一三字「上」，諸本作「止」。

一　七九〇頁中八行第五字「生」，磧、徑、清作「至」。

一　七九一頁上三行第一一字「滅」，諸本作「滅及」。

一　七九一頁上一三行「偈偈」，諸本作「偈」。

一　七九一頁中一行第六字「又」，諸本作「有」。

一　七九二頁下一二行「功能」，南作

「能德」。

一　七九二頁下一八行「受生」，諸本作「受衆生」。

一　七九三頁中二一行第八字「人」，諸本作「入」。

一　七九三頁中二二行「一向」，徑、清作「云何」。

一　七九三頁下七行第一三字「不」，諸本作「不尒」。

一　七九四頁上一一行「未壞」，諸本作「未懷」。

一　七九四頁中一五行「心定」，南作「定心」。

一　七九五頁上四行第一三字「生」，諸本無。

一　七九五頁上五行第三字「愛」，南作「受」。

阿毗達磨俱舍釋論卷第四　心

婆藪盤豆造

陳天竺三藏真諦譯

釋論中分別根品之三

說二定已何法為命偈曰壽即命釋曰云何如此阿毗達磨藏中說何者為命根謂三界壽此非可知此壽是何法偈曰能持身暖及意識釋曰此偈是佛世尊所說壽暖及意識此三捨身時所捨身即眠如枯木无意是故此法能持暖及識為相續住因說名為壽若尒有何別法能持此壽此暖及識還持此壽若尒此三法互相持起故於中何法先謝由此法謝餘法後謝若執如此應立三法恒起无謝是義不然此壽以業為持如業所引相續隨生住故若尒是暖及識何故不許以業為持勿執諸識從始至終皆是果報若尒此暖應以業為持此識應以暖為持如此於无色界識應無持以暖觸无故此識於彼以業為持君不可隨意作或說暖為識持或說業為識持汝前已說何所說勿執諸識從始至終皆是果報若尒是故唯有壽於二為持我亦說此不無但非別實物若尒汝立壽是何法是三界業所引聚同分住時何以故此聚同分速疾隨宿業所作謂應住如量時是聚同分得如此時住說名為壽譬如稻等所引熟時又如放箭所引住時若有人執有別德名速疾生在箭上由隨此德故箭行乃至墮時於此人是德由唯一故及無㝵故於餘處急緩至時差別不應成若汝說由風此德有㝵是義不然放時即應墮或无墮時風不異故毗婆沙師強說如此此壽有實物今為但由壽盡死為別由餘法死於假名論中說有死由壽盡死由福盡此義有四句第一句者感壽命報業盡故第二句者感富樂報業盡故第三句者二業俱盡故第四句者由不離不平等事故若壽命已盡福業盡於死有何能於福業盡死中壽命盡亦尒是故於二盡死是名俱盡死又於發慧論中說

為應說壽隨相續起為一起便住彼答欲界衆生不入无想定无心定觀應說壽隨相續起若入二定觀及色無色界衆生應說壽一起便住此答顯何義若由依止傷害壽亦被傷害此壽隨相續起此是第一句義若壽依止不可傷害如起便住此是第二句義第一句顯有障㝵第二句顯无障㝵罽賓國師判義如此是故有夭枉死於經中說衆生所得身有四種一有衆生身於中自害得行他害不得行此義有四句唯自害得行者於欲界中如戲忘諸天恨汙諸天此二天由重喜恨從此處退墮不由餘緣說諸佛亦尒由自死故唯他害得行者如在胎卵中身二俱害者於欲界多非二害者一切中陰衆生色界无色界欲界隨一如地獄北鳩婁在見諦道慈悲滅心定无想定觀王仙佛使佛所記達磔羅鬱多羅强耆羅長者兒耶舍俱摩羅時婆等人一切後生菩薩母菩薩在胎時轉輪王轉輪王母王在胎時於此中俱非二害復

次於經中云何說此言婆檀多於何衆生自害不行他害亦不行舍利弗非想非非想受生衆生諸師解於餘定及餘無色處自害謂依自地聖道他害謂依上地近分定於中無此二若尒依餘地聖道於彼應成他害若不尒其義云何或由取後兼顯前或由取前兼顯後取前兼顯後者如經言如梵衆是第一樂生天取後兼顯前者如經言如光曜天是第二樂生天於彼經如言顯譬喻義是故於彼經此義可然謂取前兼後取後兼前何以故是譬喻法由顯一類所餘類例可知此舍利弗問中无有如言是故不可引彼經為此經證若汝執顯譬喻是如言義則此經中不應有如言經言有諸衆生身有別異想有別異如人及隨一諸天是故應知如言唯為顯不為譬勿過多言說壽命已

偈曰復有有為相生老住无常釋曰有為法唯此四相若於法中有此四相應知此法是有為與前相翻則是无為此中生者能生此法住者能安立此法老者能變異此法无常者能滅此法為不如此耶如經言有三種有為法有為相若具言於經中應說第四相此經中不說何相謂住若尒此經中說何法為住異此住異是老別名譬如起是生別名滅是无常別名住異亦尒是老別名若諸法能起唯為有為法行於世此法於經中說是有為相為起他厭怖心何以故生者從未來世能引有為法令入現在世老及無常能損其力從現在世遣入過去世譬如有人在棘稠林中有三怨家一能於稠林中牽令出外二能損其力三能斷其命三相於有為亦尒住者攝持有為法如欲不相離是故不立此住為有為相復有无為法於自相住故住相相濫有餘師執此經中住與老合為一故說三相何用如此此住於有為是愛著依止故佛顯此住如吉祥王位與灾横相應為令他於中不生愛著是故有為定有四相復有生等四相有為故更有別生等四相不說有偈曰生生等彼

相釋曰彼言顯四本相由諸法有本相故成有為本相亦尒由隨相故成有為故立本相更有四隨相謂生生住住老老无常无常若尒隨一一相應更有四相則有無窮過失此隨相更立別相故无有无窮過失何以故偈曰諸八一法事釋曰如此諸相於八法有事何法名事功能人功生生等諸相唯於一法有事云何如此一切有為法若生取自體為第九共本相及隨相八此中生者離自體能生八法生生者唯生本生辟如雌鷄有生多子有生一子二生亦尒住者離自體能安立八法住住者唯安立本住如此老及无常如前義應合之是故無有無窮過失經部師說此執即是破虛空事何以故生等諸法非實有物故如汝所分云何得知非實有物无量證故於四相實有物中无隨一量謂證量比量聖言量辟如於色等諸法若尒經中云何說有為法者若生可知及滅住異可知天愛汝今能誦伽蘭他不解伽蘭他義佛世尊

說義是量非文句何者為義無明所盲凡夫衆生有為法相續執為我及我所於中生愛著世尊為除彼愛著心欲顯行法相續是有為相及緣生相故說此經經言有三種有為法有為相非為顯一刹那有為四相是實有物若法不可知不堪立為相是故此經中說有為法若生可知等經說重有為名為令他知此相顯有為性勿如此為顯有為法類是有故立四相辟如於水白鷺及於好惡童女相此中相續初起名生終謝名滅此相續流名住前後老別名住異佛世尊顯示此義故約難陁說難陁善男子善知受生善知受住預善知受謝滅盡此中說偈

生謂相續初　斷名滅續住　住異此相續
是前後老別

復次偈言

非曽有名生　住相續无常　相續斷住異
相續前後異

復次偈言

若法刹那滅　離住即便滅　此常滅是故

分別住非理

是故定以相續為住若執如此義是阿毗達磨藏釋言則與道理相應阿毗達磨藏云何者為住已生有為法不滅此義云何何以故刹那滅法已生无不滅發慧論中說於一心中何法名生謂初起何法名滅謂死何法名住異謂老此論文中但是聚同分一心於此心中是如前復有別釋於刹那刹那有為法中此義亦成離分別有別物云何成隨一一刹那未有有名生有已不有名滅前前後後刹那相應名住此彼不相似名住異若尒有法生不異此義云何雖復如此不無別異云何得知擲不擲强力擲弱力擲金剛等物久速落時有老別故是彼四大變異老別則成諸有為法不由大老別異雖復別異顯現相似若尒是冣後聲及光明刹那於涅槃時是冣後六入後刹那无故無有住異相是故立此為相不遍有為若不說住為有為相何者謂住異若法有住此法必有住異是故立无不遍

於此經中若略說此經中世尊所顯有為法相必如此經云有為何相若先未有今有有已更不有此法相續名住此相續前後不同名住異於中何用立生等物云何此法是所相即立為能相大人相與大人不異云何立為相犛尾領蹄角於牛成相與牛不異復云何立為相辟如堅實等是地等大相與地不異又如上昇為烟相由此相故遠處知烟此相與烟不異於有為相道理亦尒色等有為法不由有故有為相可相若人已了別自性乃至未解先无後有相續老別相是故由此相不可相有為性復次諸相於有為法非別有實物若強執生等諸相別有實物更何非理義而應劇此何以故是一法於一時正生正住正老正滅云何為正諸相共起故是義不然由功能老別故生者正在未來世得作功能云何知由法已生不可生故若法生所生已住等正在現世得起功能是時法生非是時中住老无常此義應共思量未來法

為有為无後能生不能生此義應成若此法有於中生作功能此法云何成未來應說此法未來相功能已謝體已生云何成現在亦應說現在相住等俱在功能中於一剎那此法住老滅相俱成何以故是時住正安立此法是時老變異此法是時无常滅此法於一時此法為是住為是老為是滅有餘人說住等諸相功能次第不俱於此人則失剎那滅義若汝說我立剎那如此四相功能成名一剎那若尒住與餘二俱起先蹔安立法老不變異无常不滅此義云何成由住力強故云何住有強力猶无常滅住并本法住已起功能不能更起猶如生生不更起功能此義應理何以故應生法生已引至現在无更引義是義可然此法住所安立可求安立若不能安立則非道理何法為㝵老无常是㝵若此二有力應在前成若住功能已謝此二亦不住本法亦尒云何作功能何處作功能此二更有何別事可作何以故由住所攝故法

唯生則不滅若住所捨必定不住即是此法滅是故此二無事可作此義假設可然是一法已生未滅立名住滅名無常老於一法中一切種不可成何以故老謂前後不同及變異從此法此法異類不應成此中說偈

若如前无老　若異非前法　是故於一法
老相不得成

有餘部說至滅因緣無常能滅本法於彼部此義應至謂服下藥天來令利何用分別无常從此滅因自足立滅心及心法由信剎那滅此心及心法無常相不觀滅因緣故住及无常非於別時俱作功能故一法於一時中應立住滅俱成是故約相續世尊說有為法相若依此義彼經應立復次若生在未來能生應生法云何一切未來法不一時俱起由此義偈曰生能應生生不離因及緣釋曰若離因緣和合生不能生故未來法不俱起若尒我等見此是因緣功能若有和合生有故若无不有故則生不能生應生法是故應許唯因緣能生若一

切有云何可知謂此法已生此智不應有若生實无復次相應言亦不應成謂色家生若如汝所執應說色家色乃至老死如理應次第說若尒是故汝應許無我義亦尒數量各合離此彼有性如此等事外道所立言實有物汝等亦應信受何以故為成一大小別聚散自他有物等智故又成就相應言故如說色聚此相應言云何成是色自性是故此生等唯假名立為顯未有有義故假說名生此生先未有今有為相有多種類為簡別種類異故約色說生作相應言謂色生為令知此生但色非餘如說旃檀香等又如石子體如所論生住等如理應知亦尒若法離生相得生云何空等无為法不生汝解不生者未有有是名生无為恒有云何得生若由法尒汝許一切法無生如此則一切不生云何不執如此如一切有為同有生有餘因緣為生别法无有功能如此一切因緣為生无為无有功能由於生不同是故毗婆沙師說生等

四相實有別物何以故不可由有難者故棄背諸阿含如為有虛故而不種麦又如為多蠅附故而不敢果是故於過失中應起對治如本悉檀隨順修行

說八相已何者為名衆等偈曰名句及字聚号言文揔集釋曰此中名謂所立号如色聲等句謂所立言隨量能成就所欲說義如有為皆无常如是等若由此言事得時相應差別顯現此言稱句如偈言善友一時遇字謂无義文如阿阿伊伊等為不如此耶字者書類分別名君不為顯書類分故造立字為顯字故造立書類分若不聞說字此字由書方便云何應知為令知故立書類分是故字非非書類分名是名等三各揔集稱聚此中名聚者如色聲香味觸等句聚者如一切有為无常一切法無我涅槃寂靜如是等字聚者如迦佉伽伽餓等為不如此耶此名聚等言說為體即是音聲性屬色自性云何說是心不相應法此法不以言說為性何以

故音聲即是言說不由唯音聲諸義可解云何可解音聲起於名名能顯示義君不唯音聲稱言若由此音聲義可了知此音聲則稱言由何音聲而義可解若說者於義中已共立定法辟如瞿音聲於九義已立定法如尼六多論偈

言方地光平　金剛眼天水　於此九種義
智人說瞿名

若人作如此執謂名能顯義此人亦應信受此義若名於義已定顯立若以名顯義由唯音聲於義定立此用得成何用立名實有別法此義不可知云何音聲起於名為音聲生名說起為顯名說起若生者言語以音聲為自性故應生一切名唯音聲為體復次是音聲差別如汝所許能生起名唯應此能顯義若顯者言語以音聲為自性故應顯一切名唯音聲為體復次是音聲差別如汝所許能顯了名唯應此能顯義何用執名有別法復次諸聲無有聚集一法分分生是義不然若執言語能生名云何能

生名云何觀過去教色刹那最後教
色刹那能生无教色若尒於最後聲
名生故若人但聞最後一聲是人便
應能了知此義若汝執如此音聲生
字以字生名此中同前立難字无聚
集故若說音聲顯字此中亦同前立
難是字異音聲聰慧人安靜心約異
相亦不能分別是故不可執音聲能
生及能顯字復次若汝許名與義必
俱相應猶如生等此中過去未来義
現世名不應有云何父隨意立子名
云何名與无為法俱起是故此執不
成正術佛世尊所說
依名伽他成　工製造伽他
此中於義所立定法音聲稱名別莊
餝諸名稱伽他此莊餝即依名莊餝
是製置差別無有別物譬如物行及
心次第復次唯於字中分別有別物
是字等摠集說為名聚句聚字聚此
但假說無有正用毗婆沙師說實有
不相應行為性謂名句字聚何以故
非一切法皆是覺觀思惟所能通達名
聚等不相應行於何界中相應為是

眾生名為非眾生名為果報生為增
長生為等流生為善為惡為無記此
問應荅偈曰欲色眾生數等流無記
尒釋曰名等有欲界相應有色界相
應亦有說於無色界相應此不可言
說但思惟依止此名等即眾生名若
人能顯此此人與其相應非所顯義
此名但等流果是无覆无記尒言者
如名聚等眾生名等流果无覆無記
如此同分亦尒偈曰同分亦果報三
界有釋曰又此亦是果報果不但等
流果此通三界有或欲界或色界或
无色界有偈曰至二釋曰至得有二
種或等流果或果報果偈曰諸相亦
釋曰生等諸相亦有二種如至得偈
曰二定非至亦等流釋曰謂无想定
無心定及非至得此三一向是等流
果於中有所餘應說所餘謂無想有
及壽命於前已明故不重說云何說
至得為眾生名由說是眾生相應故
云何說諸相有是眾生名有非眾生
名與一切有為法俱起故
說一切非相應法已於前已說偈謂

生能生應生不離因及緣此中何法
名因何法名緣偈曰隨造及俱有同
類并相應遍行與果報主因有六種
釋曰因有六種一隨造因二俱有因
三同類因四相應因五遍行因六果
報因此中隨造因相云何偈曰除自
餘隨造釋曰所生有為法離自體以
一切法為隨造因對彼生住不為障
㝵故為不如此耶若人不解諸惑當
来應生由已知故此惑不得生此智
於彼生中能作障㝵日光於見星能
作障㝵云何一切法離自體於有為
法立為隨造因此中應知正欲起法
不能㝵生故立為隨造因於他生中
諸法有能為㝵而不㝵故立為隨造
因此亦可然譬如土主有強力不為
逼損土人說言我等由此主故得安
樂若土主无力為㝵云何成隨造因
又如涅槃及定无生法於一切法生
中及地獄等陰於无色界陰生中皆
无力為㝵云何成隨造因何以故若
彼非有如有不能為障㝵事若土主
无力亦有如前說此中是譬此是通

說若勝隨造因非但不遮亦有能生力如眼根及色於眼識生中飲食於身曰等於牙若有人作如此難一切法由不能㝵故於他成因云何一切法生不俱有於煞生中如煞者古何一切不共得同罪此不成難何以故由立一切法不能遮餘法生故名隨造因不由能作故立隨造因有餘師說一切隨造因於一切法有功力譬如涅槃於眼識云何有功力以涅槃為境界意識得生或善或惡因此次第方生眼識由因緣傳傳涅槃於眼識亦有因緣分故有功力於餘法亦應如此知此是其方說隨造因已有因相云何偈曰俱有互為果釋曰若法此彼互為果此法遞為俱有因其譬類云何偈曰如大心心法隨心相所相釋曰譬如地等四大此彼更互為因心於隨心法隨心法於心有為相於有為法有為法於有為相若立如此義一切有為如理皆成俱有因若離更互為果謂法於隨相為俱有因隨相於法則非應攝如此義何

法名隨心偈曰心法及二護彼法心諸相是名隨心法釋曰隨心法者一切與心相應法定戒及无流戒如是等法生等相此法心家法故說隨心法云何此法隨心生若略說偈曰時果善等故釋曰約時有四種謂與心俱生俱住俱滅及於三世中隨同一世故隨果者謂同功力果果報果等流果故隨善等者若心是善惡无記心法等隨心亦是善惡无記如此由十種因說名隨心法此中若心極少於五十八法為俱有因五十八者十大地四十本相自本相隨相八於此心五十四法為俱有因除四隨相餘師說但有十四十大地法自本四相毗婆沙師不立此義若立如此則違分別道理論論有法以身見為因不為身見因除身見及身見相應法生老住滅若有所餘染汙苦諦以身見為因亦作身見因是所除法有餘師除此文句謂與身見相應法生等相罽賓國師說彼師必應讀此文句或由義應憶此文句若法由俱有因故

因此法必俱有若法俱有此法或非俱有因謂於法中隨相此隨相於同類隨心法隨相於心此隨相於同類所造有㝵色於同類所造色於四大至得俱起於有至得俱起於有至得如是等法雖復俱起非俱有因何以故非一果一報一流故此至得與有得法或不俱起謂或在前生或在後生故如此一切今且許之雖然種子等餘法於因果中悉明了未曾見如此道理此義應說云何俱起諸法共一時互為因果不无此理譬如燈與光互與影此義應共詳辯為燈是光因為先有聚集於燈共光生中成因此義未可然何以故由此道理斯義自現隨有無故了別因果人說此因果相若此法有无彼法隨有無此法定是因彼法定是果俱有諸法中隨一无所餘皆无隨一有所餘皆有故因果此義成俱起因果此義可然互為因果義云何由此義若尒所造色定不相離於同類更互義亦然與四大義此又應同心隨相等於心等亦

尒如三杖乎有相持力故住俱起諸
法因果義成亦尒此執須更思量此
三杖為由俱起力故住為由先聚集
力故住此中亦有別物謂繩釘地能
持此等有餘因謂同類因等故俱有
因成同類因相云何偈曰同類因相
似釋曰是同類法於同類法為同類
因如善五陰於善五陰為同類因有
染汙於染汙有无記於無記亦尒色
是无記於五陰中四陰非色同類因
餘師說如此柯羅邏於柯羅邏等十
位是同類因頞浮陀於頞浮陀等如
此離前一一於一聚同分中為同類
因於所餘同類中是十位於十位亦
尒於外物類亦尒如麦於麦舍利穀
於舍利穀如此等應廣思量若有人
不許色為色同類因此文句即違彼
人所許意謂前四大是後四大因亦
是增上緣一切相似法於相似中悉
為同類因所說非何為偈曰自部地
釋曰自部有五種見苦所滅乃至修
道所滅地有九種欲界一四定四無
色此中見苦所滅法於見苦所滅法

中為同類因非於餘法乃至修道所
滅法亦尒若彼欲界法於欲界法為
同類因初定地於初定地乃至第四
定地於第四定地於所餘地亦尒此
同類因非一切法何者偈曰前生釋
曰若同類法前已生於後法已生及
未生是同類因若未来定非同類因
此義從何来從阿毗達磨藏来彼藏
云何者為同類因前已生善根於後
生善根及與彼相應法於自部自界
由同類因成因如此若過去於過去
現在若過去現在於未来應說如此
此亦是阿毗達磨藏文句彼藏云若
法於此法成因或時是法於此法不
成因不彼荅无時非因約俱有因相
應因果報因故有此言與前文句不
相違若人執如此未来諸法於正生
位中定成同類因是故約宲後位說
此言謂无時非因於此人前執不成
救義由此法於正生位前未作同類
因後方成因此問中說是法若於此
法成次第緣有時是法於此法非次
第緣不由前分別可得說如此无特

非緣云何說如此若此法不生為顯
二門故說此言如於彼於此亦尒如
於此於彼亦尒若尒得何功德若尒
此文顯法主非聡慧人是則此中於
前救義為勝復次若尒云何說此文
除未来身見及身見相應苦諦所餘
染汙苦諦此以身見為因非身見因
是所除此以身見為因亦是身見因
除未来身見及身見相應苦諦應作
如此文句若不作由義應憶知如此
文句若尒此假名論文句云何將彼
論云一切法於四義中定四義謂因
果依境此中因謂相應因果謂功力
果及增上果依謂眼等根境謂色等
塵若尒同類因先未成因後方成因
此義自至約位許如此非是約物何
以故聚集者是位果非物果若同類
因於未来世成因如果報因何所有
於發慧阿毗達磨中此因應顯現此
執未可然何以故是同類因有功能
能取與果此因於阿毗達磨中顯現
非餘無如此義何以故此同類因由
等流果說有聚此果若未来不相似

无前後故若已生於未生不應成等
流如過去於現世勿以果前因後故
无未来同類因若尒果報因於未来
亦不成因何以故是果報果若在因
前或與因俱非道理故於未来中无
前後故是義不然何以故同類若無
前後此法相似於相似徃成同類因
更互為因故更互等流此執應成更
互等流義此不應道理果報因不尒若
離前後亦不可立為更互因果因果
相異故是故同類因位所成果報因
相所成是故若於未来不可遮於前
已說同類謂於自地依何法有此決
但約有流作此決若无流云何偈曰
更互有九地道釋曰同類因義流於
非至地於中間定四色定三無色定
於此九地道諦更互為同類因何以
故此道於九地為客故不屬彼界彼
地貪愛不能取此為自境是故若法
同類雖不同地得作同類因此同類
因生何品果偈曰於等勝果釋曰此
為等品上品果因非下品果因如苦
法智忍為未来苦法智忍同類因或

為上品道乃至無生智同類因若无
生智但為无生智因無餘上品故見
修无學道為三二一同類因此中鈍
根道亦為鈍根道利根道因利根道
但為利根道因如信行信解脫時解
脫道或為六四二因法行見至非時
解脫道或為三二一因云何下地道
於上地道或等或勝一由根二由因
增長此中見道等下下品等於後後
由因增長勝若於一相續中信行法
行道不得俱有若已生於未生為因
為唯道於等勝果作同類因為更有
餘法世間法亦尒偈曰學得於一尒
釋曰不但無流法為等勝果同類因
學得有流法於二果亦尒或為等果
同類因或為勝果同類因非下類因
此學得是何法偈曰聞思等諸法釋
曰此法加行所得謂聞德思德修德
為等品勝品果因非下品因如欲界
聞慧為欲界聞思慧因若思慧但為
思慧因无修慧故色界聞慧為聞慧
修慧因无思慧故若修慧但為修慧
因如此等有九品差別故最下下品

為一切下中等八品因道理如此生
得善法一切皆有九品前為後同類
因染汙法亦尒若無覆无記有四種
謂果報生威儀相應工巧處變化心
共有此四種次第為四三二一同類
因於欲界變化心是四定果此中是
上地定果非下地定果同類因何以
故功力所造同類因无道理以下類
為果辟如舍利穀麦等勿作功力無
果是故諸師說如此言若无流已生
可得非未生无流因不有如已生苦
法智於未生苦法智忍一切勝於苦
非同類因先所得無流法定在一相
續中於後生無流可非因不有謂未
来苦法智忍於苦法智何以故果非
前故又未来无同類因故前已生无
流法於後已生無流法可非因不有
謂勝於下類如已退上果現證下果
復次苦法智忍至得後後剎那入觀人
所得苦法智忍至得下類故說同類
因已偈曰相應因何相心心法釋曰
一切心及心法共聚名相應因若尒
有別相續生心心法更互應成相應

因是義不然若一相一境得成相應因若尒則同前過失若尒同一時成相應因若尒於別相續生心心法應成相應因如衆人共見新月等是故偈曰同依釋曰若彼平同依止得名相應因同者謂不異如眼根剎那能作眼識依亦作眼識相應受等心法依乃至至意根剎那於意識及意識相應法依義亦尒相應因即是俱有因何義立為俱有因何義立為相應因譬如同宗平相於力故得行路俱有因亦尒由五種平等共同所作故立相應因譬如同宗共同食飲資用事是故得行於中若離一則一切不相應是故此二因共勢有異

說相應因已遍行因相云何偈曰遍行染汙因自地前遍行釋曰於自地先有諸法若遍處能行於後生染汙法立為遍行因此遍行法後分別惑品中當說由為一切染汙法通因故離同類因別立此因能為餘部染汙因故由彼威力別部諸惑亦得增長聖人染汙法亦以遍行為因不罰賓

國師說一切染汙法見諦所滅惑為因何以故於分別道理論說何法以見諦所滅惑為因諸染汙法及見諦所滅法果報何法以無記為因一切无記有為法及諸惡有法以苦為因以身見為因非身見因不廣說如彼論乃至云除身見及諸餘法生老住滅所有別染汙苦諦若尒云何會釋假名論文彼論云有法不善唯不善為因不有若聖人退離欲欲界染汙作意初起現前約未滅因說此言何以故見諦或是此因已滅是故不說

說遍行因已果報因相云何偈曰果報因非善及以有流善釋曰一切惡及有流善法是果報因果報為法故是故无記不能造果報由無功力故譬如陳朽種子若尒云何無流不生果報非貪愛所潤故譬如貞實種子无濕潤故此无流法不繫屬三界云何能生屬三界果報所餘諸法有二種故能生果報譬如貞實種子有潤濕此名云何可知為是果報家因為以果報為因若尒何有若執果報家因故說果報因果報生眼此文不應成若執果報為因是業果報此文亦不成此二悉得成已如前說復次果報是何義熟不似故名報何以故於欲界有時一陰果報因一果謂至得生等有二陰一果謂身口業生等有四陰一果謂善惡心心法生等於色界有一陰果報因一果謂至得及無想定生等有二陰一果謂初定教色生等有四陰一果謂散善心生等有五陰一果謂在定心生等於無色界有一陰果報因一果謂至得滅心定等生有四陰一果謂善心心法生等復次有業此業唯一法入為果報謂壽命為果報若業感意入果報此業生二入為果報謂意入法入如此若業感觸入果報亦尒若業感身入果報此業生三入為果報謂身觸及法入如此色香味亦尒若業感眼根果報此業生四入為果報謂眼身觸法入如此耳鼻舌亦尒有業感五六七八九十十一入果報何以故業有二種有多業一果報有一業多果報故譬如外種子

有多種果有一種果多種果者譬如蓮石榴匿瞿陁等一種果者譬如穀麦等一世業三世果報熟有是處二世業一世果報熟无是處勿果滅因如此一剎那業多剎那果報此義不可倒不得與業同時果報熟亦無無間次第熟何以故次第剎那次第緣所引故果報因觀次第剎那相續終方熟復次此六因定在何世彼定世由義已顯未以文說是故應更立言釋偈曰遍行及同類二世釋曰此二因若在過去現世則成因若未来不成因能證此義道理於前已說偈曰三世三釋曰俱有因相應因果報因此三因各有三世隨造因不說定世故是故應知通三世及無世說六因已何法為彼果約此彼成因偈曰有為擇滅果釋曰何者為果法一切有為法及擇滅阿毗達磨藏文如此若尒无為法由果故應有因若法以此為果此法成因故則應感果若法有為何立因果偈曰無為非因果釋曰无為法不可立為因果何以故非六因故非五果故云何不許聖道為擇滅隨造因由不能遮應起法生故立此為隨造因无為无生是故於無為不成因若尒是何法果云何為果是道果由道力至得故若尒但至得是道果於至得道有功能故擇滅則非有別義聖道於至得有功能有別義道於擇滅有功能於至得功能云何能令生於擇滅功能云何能令至是故聖道於擇滅非一向因擇滅於聖道非一向果可是增上果云何無為成隨造因不遮他生故成隨造因此法无果解脫法無取果與果時由無功能故何以故佛世尊不曾說无為因由別義亦說為因經部師說如此云何說是因是緣能令色生皆是無常若色依无常因緣生此色云何得常住乃至識亦尒若尒無為法不應成識所緣境由決能生皆是無常此義自至是因是緣能令識生皆是无常由此定說是識所緣亦是无常不說如此是故識所緣有常無常此義自至

阿毗達磨俱舍釋論卷第四

阿毗達磨俱舍釋論卷第四

校勘記

一　底本，金藏廣勝寺本。

一　七九七頁中四行品名，資、磧、普、南作「分別根品之三」；徑、清作「分別根品第二之三」。

一　七九七頁中末行第三字「君」，資、磧、普、南、徑、清作「若」。

一　七九七頁下一行「說何所說」，諸本(不含石，下同)作「許何所許」。

一　七九八頁上一〇行首字「枉」，資、磧、普、南、徑、清作「横」。

一　七九八頁上二〇行首字「使」，麗作「便」。

一　七九八頁中九行「梵衆」，諸本作「梵衆天」。

一　七九八頁下末行「別生……彼」十四字，麗無。

一　七九九頁下一二行「有巳」，資、磧、普、南、徑、清作「已有」。

一　八〇〇頁上七行第四字「壷」，資、磧、普、南、徑、清作「頡」。

一　八〇〇頁中六行首字「老」，磧作「者」。

一　八〇〇頁中一四行首字「住」，麗作「作」。

一　八〇〇頁下一九行「能應生生」，諸本作「能生應生」。

一　八〇一頁上五行「各合」，資、磧、普、南、徑、清作「各各」。

一　八〇一頁上一五行第八字「如」，諸本作「如前」。

一　八〇一頁中六行第一〇字「等」，徑、清無。

一　八〇一頁中一三行第七字「別」，麗無。同行第九字「君」，資、磧、普、南、徑、清作「若」。

一　八〇一頁中一六行末字「非」，資、磧、普、南、徑、清無。

一　八〇一頁下三行第三字「君」，資、磧、普、南、徑、清作「名」。

一　八〇一頁下七行末字「偈」，諸本作「偈說」。

一　八〇一頁下八行第五字「平」，磧、南、徑、清、麗作「牛」。

一　八〇一頁下一二行第七字「音」，資、磧、普、南、徑、清作「立」。

一　八〇二頁中六行第八字「名」，南作「色」。

一　八〇二頁下三行第一〇字「主」，諸本作「立」。

一　八〇三頁上三行第二字「曰」，諸本作「田」。

一　八〇三頁上一六行第一〇字「達」，資、磧、普、南、徑作「洒」。

一　八〇三頁上二二行第三字「離」，南作「立」。

一　八〇三頁中四行第九字「家」，資、磧、普、南、徑、清作「寂」。

一　八〇三頁中一七行第五字「論」，資、磧、普、南、徑、清無。

一　八〇三頁下五行第九字至末字「俱起於有至得」，資、磧、普、南、徑、清無。

一　八〇三頁下一八行第七字「是」，

一 八〇三頁下二一行「所造」，諸本作「所造有礙」。
一 八〇四頁上二〇行第五字「所」，諸本作「不」。
一 八〇四頁中二〇行第一一字「未」，南作「謂」。
一 八〇四頁下一四行第一〇字「根」，麗作「相」。
一 八〇四頁下二一行首字「能」，資、磧、普、南、徑、清無。
一 八〇四頁下末行第六字「聚」，資、磧、普、南、徑、清作「果」。
一 八〇五頁上六行「同類」，諸本作「同類因」。
一 八〇五頁上七行第一〇字「往」，諸本作「法」。
一 八〇五頁上八行第一二字「應」，南作「因」。
一 八〇五頁上一〇行末二字「因果」，磧、南作「因緣」。
一 八〇五頁中一三行第一三字「一」，諸本作「二」。
一 八〇五頁下一九行「得後」，諸本作「得於後」。
一 八〇六頁上二行第一〇字「尒」，麗無。
一 八〇六頁上八行第四字「至」，諸本無。
一 八〇六頁上一一行第九字「力」，諸本作「有力」。
一 八〇六頁下一三行「等生」，諸本作「生等」。
一 八〇七頁上三行末字「二」，諸本作「三」。
一 八〇七頁上四行「滅因」，資、磧、普、南、徑、清作「滅因」。
一 八〇七頁上二二行第二字「何」，諸本作「可」。
一 八〇七頁中九行第一三字「至」，資、磧、普、南、徑、清作「至得」。
一 八〇七頁中一五行首字「因」，諸本作「爲因」。

阿毗達磨俱舍釋論卷第五　心

婆藪盤豆造

陳天竺三藏真諦譯

釋論中分別根品之四

為不如此耶是因於他生有分皆是無常由此言此無為法唯不遮為能故立為因此義已撥於餘經中說所緣境不說不能遮為因於經中无為法因義不成以不說故雖復不說亦不正撥無量餘經能顯此義皆已磨滅云何决執此義非經所說若介何法名離滅為於前不已說耶擇滅謂永離各各對諸結於前問何法為擇滅答是離滅今問何法為離滅答是擇滅此釋更乎相依終不能顯自性是故應引別義顯其體性諸聖人能自證此法體性若欲說如此等相亦可得說謂常住善有別物若思量即是離滅擇滅經部師說一切无為法皆是无物何以故此法不如色受等有別體物云何无別物唯無有觸說名虛空何故如此於闇中彼人不得

导逆說為虛空由簡擇力現在隨眠惑及生離滅後餘集苦不更生說名擇滅離此簡擇由緣不具故諸法不更生說名非擇滅辟如聚同分殘於中間死不更生餘部師說於隨眠惑不更生中般若有功能唯此名擇滅此中後苦不更生由隨眠惑滅壞生緣不具故此法得成於中般若无功能說此滅名非擇滅此法若離簡擇則不得成是故此滅即是擇滅有餘師說若法先已生後滅是自本滅說名非擇滅於此執中非擇滅應成无常若法未滅未有非擇滅故為不如此耶是汝擇滅同前難不異以簡擇為先故若我等不執擇滅在簡擇後何以故非先簡擇後方未生諸法不得生所執云何先時已有諸法無生若離簡擇是法應生簡擇起時後永不生於此中是簡擇功能謂先未有生障今為生障若汝執唯不生為涅槃云何會釋此經文句經言若信等五根被事被修被數習為離滅過去未來現世眾苦故生起離滅即是涅

槃不生但約未來於過去現世无不生義實有如此雖然能緣三世惑滅故世尊說名苦滅云何判如此如別經言於色貪愛汝等應除滅若貪愛已滅此色於汝等則滅則離廣說如經乃至識亦介若介於三世苦離滅亦介若有如此執為除過去未來現世惑故說此經解釋道理悉應如此若有如此執過去惑在過去生現世惑在現世生辟如貪愛行中說十八貪愛行約過去世謂約過去生乃至現世亦介由此二世惑於今相續中已安立種子為生未來惑由種子滅故說彼亦滅辟如由果報盡故亦說業盡是未來苦及未來惑无種子故永不更生說名離滅若執異此過去及現世有何可滅於已滅及定向滅是滅功用復有何果若无為實无有物是佛世尊所說經云所有諸法謂有為無為於中說離欲法无等云何於無中無法說无等若我等不說无為無我說如此有如我所說如說聲有先不有有後不有雖有有言非有

物終不成有應知無為法亦尒有无
所有寂可稱歎謂一切灾撗永不復
有此不有於餘不有寂勝无等故可
稱歎為令應受化弟子樂求此法若
无為唯无所有滅離則非聖諦何以
故此無所有故若尒諦有何義為不
如此耶無倒為義此二亦無倒如聖
人所見苦如苦苦无所有如無所有
若尒於聖諦有何相違君云何無所
有成第三聖諦成聖諦義已說第二
次無間聖所見所說故成第三君若
無為唯无所有緣虛空涅槃為境識
應成无境界此義於過去未來實有
思量中當決判君若許无為法實有
別物有何所有復何所有毗婆沙本義
則便被護諸天應護若彼知此必應
可護此執非真實云何非真實此無
為不如色受等自性可證不如眼根
等可以事證此離滅是惑苦離滅如
此安立云何可成何以故此離滅與
惑等不相開因果等義不有故難遮
撥彼是義可然謂某甲某甲不有若
執實有別物由惑至得斷至得此離

滅故說此是惑離滅復有何因能決
定此法至得經中說比丘已至得現
法涅槃若无所有云何至得由至得
對治故至得煩惱及後生永相違依
止故故說至得涅槃諸阿含顯此法
唯无所有為義阿含云是衆苦无餘
滅棄捨无際盡離欲離滅寂靜斷没
不續餘苦不取不生是法寂靜美妙
謂捨一切餘愛盡離欲離滅名涅槃
云何不許如此於彼不生故名无生
我等見此義與理不相應此文何所
顯若與已有相應本來應无生涅槃
常住故若與已至得相應從此至得
可分別此法已有惑已得汝應許苦
不生是譬喻家與理相應

譬如光涅槃　心解脫亦尒

如光涅槃非有物世尊心解脫亦尒
阿毗達磨藏亦說如此彼藏云何者
無類法答无為法无類謂無體此言
顯無自性毗婆沙師說文句義不如
此若尒何義類有五種一自性類如
經言若已得此類是人必與其相應
二境類如經言一切法如類智慧所

知三結類如經言若於此類中與欲
結相應即與瞋結相應不四因類如
經言何者有類法一切有為法五攝
類如經言田類宅類等此文中是因以
類名顯之是故一切无為實有別物
毗婆沙師說如此無為法無因无果
說三無為已果有五種於中此果何
因此因何果偈曰後因果報果釋曰
果報因寂後說故稱後此因以果報
果為果偈曰前因增上果釋曰隨造
因寂初說故稱前此因以增上果為
果此因唯不能遮為性有何增上即
此是增上隨造因復有助功能譬如
於五識十入有功德又於器世界諸
業有功能耳等諸根於眼識生中傳
傳有增上由聞欲見生故如此等應
思偈曰同類及遍行等流釋曰此二
因果皆似因故恚以等流果為果偈
曰二功力釋曰二謂俱有因相應因
同以功力果為果不過丈夫能故名
功力此功力即是其果何法名功力
此法於餘法所有功能此功力如丈
夫能故名功力如世間言鵶足草藥

醉象將軍為餘因亦有功力果為唯此二餘因亦有餘果報因由功力果或俱生或无間生果報果不尒此果報因亦有遠功力果辟如農夫所應得稻何法名果報果乃至何法名增上果偈曰果報无記法釋曰是無覆無記法此果報為非衆生名耶偈曰衆生釋曰此法唯属内非共得故稱衆生名此法為增長為等流偈曰有記生釋曰善惡二法於果報可記故說有記從此後時生非無間生是名果報果報相如此非衆生名法亦從業生云何不名果報共所得故此法餘人亦能如此共用果報无共得何以故是彼所作業果報此得共用无有是處增上果亦是業所生云何共用從共業生故偈曰等流似自因釋曰若果與因相似是名等流果如同類遍行因果若同類遍行因果皆同類云何不許皆是同類因由此果約地約染汙同本因不由一切類若法由一切類與果相似故許此法是同類因為此義故立四句若法於此法

是同類因於此法亦是遍行因不有四句第一句者非遍行因但是同類因第二句者別部遍行因第三句者一部遍行因第四句者除前三句偈曰離滅由智盡釋曰盡謂永離滅智謂三道中三根因此智苦集次第盡故名永離滅即是擇滅說名離滅果偈曰若由法力生是果名功力釋曰若由此法功能彼法生彼法是此法功力果如下地加行心上地三摩提有流無流定心變化心如是等擇滅者由道功能應但說至得偈曰先未有有為有為增上果釋曰從先已生有為法別生有為法名增上果功力果與增上果其異云何能作所得果名功力果非能作所得果名增上果如工巧師所得名功力果亦增上果若餘所得但是增上果復次如此六因中何因何時能取果及能與果偈曰五現世取果釋曰離隨造因所餘五因在現世能取自果非過去果已取故亦非未來无功力故隨造亦尒此因不定有果是故不說偈曰二是

時與果釋曰俱有相應二因亦在現世能與果何以故此二因取果與果同在一時故偈曰二現世過去釋曰與果同類遍行二因此二因若過去與果此義可然云何此二因於現世與等流果由次第生故若果已生此二因即謝過去若與果已後不更與有同類因但能取果不與果不此中有四句第一句者若人斷善根最後所斷至得第二句者若人還接善根最初所得至得應說如此是人還接前至得第三句者不斷善人於所餘位第四句者除前三句若惡同類因第一句者是人正得離欲欲界最後所捨至得第二句者若人退欲界離欲最初所得至得應說如此是退人前至得第三句者不離欲欲界於所餘位第四句者除前三句如此有覆无記同類因至得阿羅漢果及退於中如理應思无覆无記無後句若因能與果必能取果有能取果不能與果如阿羅漢最後陰若約有境界同類因隨刹那判有善同類因但取果不與

果不此中有四句第一句者若從善心次第起染汙无記心現前第二句者翻前第三句者善心次第起善心第四句者除前三句如善不善等四句亦應如理思偈曰一過去與果釋曰果報因在過去能與果何以故果報无俱起无無間起故有餘師說有四種果一依止果辟如水輪為風輪果乃至草等為地果二加行果辟如不淨觀无生智三集果辟如眼等眼識等四修習果辟如色界道變化為果此四種果屬增上果功力果攝說因及果已何者為法由何因生由幾因生若略說法有四種一染汙法二果報生法三初无流法四前二殘法何者為殘法離果報所餘无記離初无流所餘善法此四種法偈曰染汙果報餘初無流次第除果報遍行二同類餘生釋曰染汙法除一果報因從餘五因生果報生法除一遍行因從餘五因生所餘法除果報遍行二因從餘四因生初無流法除果報遍行二因又除同類因從餘三因生此

四法是何法偈曰心及心法釋曰此四法從餘因生但是心心法若尒非相應法及色此云何偈曰如餘相應所離釋曰除一相應因是染汙等餘法如心心法如此生此中染汙法從四因生果報生法從四因生所餘法皆從三因生初无流法從二因生無一法從一因生廣解因究竟緣是何法有幾種偈曰說緣有四種釋曰何處說於經中說經云有四緣類一因緣類二次第緣類三緣緣類四增上緣類此中類者是緣自性此中因緣者偈曰因緣是五因釋曰除一隨造因所餘五因說名因緣偈曰心心法非後已生次第緣釋曰除阿羅漢最後心心法已生餘心心法名次第緣云何名次第緣此法等无間緣故名次第緣是故色非次第緣生不等故何以故從欲界色後時次第欲界色界无教色生後時欲界色無流色生後時三種色生是色現前乱過因生次第緣无過乱是緣生義大德婆須蜜多羅説於不相違一相續增長後二

生故大德說後從因最少最多生故後時從大色小色生辟如稻穰生灰或從小色大色生辟如貝多核中人次第生乃至垂條繁茂轉成尼瞿盧陁樹為不如此耶心心法有時生多有時生少謂於善惡无記位有覺觀等位於三定有如此約別類不約自類无時受多生想等亦尒為約自類立次第緣不无如此義何以故具足一聚於具足二為次第緣非從少受等法多受等生此義已如前說說相續同類部作如此執自類是次第緣非餘類辟如心為心次第緣受等亦尒如廣應知若從無染汙次第生染汙法以先滅染汙為今染汙次第緣如入無心定心於出定心今不引此執非相應行法亦由現前乱過因生故不成次第緣屬三界法及无繫屬法一時現前生故云何不許未來法為次第緣次第緣雜乱故未來世无前後差別故若尒云何世尊得如此智此未來法應在前生次此法應在後生約一切衆生乃至窮生死際次第

皆知由約過去現在比知故彼言佛
世尊見過去世從如此類業如此類
果報已生從法法生亦介今世亦有
如此類業從此類業如此類果報來
世當生從法法生亦介得知如此如
此是如來願智非比智由過去現世
比世尊於未來世衆物散乱相雜證
見已生如此智此入作如是業已必
應攝如是等未來果報若介世尊未
見前際應不能知後際有餘師說於
一切衆生相續中有與心相應有為
差別法為當來果相世尊觀此知未
來果若未現前諸定及通慧若介如
來則是觀相故知不能更證是故世
尊一切境界隨欲正遍知經部說如
此何以故世尊說諸佛境界不可思
議若未來法无次第成立云何世第
一法次後苦法智忍生非餘法生乃
至金剛譬心次後盡智生非餘法生
若法能引餘法生從此法无閒餘法
得生譬如從種子等芽等无次第緣
云何阿羅漢寂後心非次第緣不與
餘心相應故若介无閒滅心為意不

何以故无閒後識不生故若不立為
次第緣亦應不立寂後心為意意依
止性所顯非功能所顯故有依義由
餘緣不具故餘識不生不由彼非依
止故識不生次第緣是功能所顯若
有法此緣所取為果此法一切餘法
及諸衆生无能遮引令彼不生若法
與心有次第可說與心無閒不此中
有四句第一句者從无心定出觀心
及第二三摩跋提刹那等第二句者
初三摩跋提刹那於後心位及生等
第三句者初三摩跋提刹那及有心
位第四句者第二三摩跋提刹那等
及生等於出定心若法與心次第與
三摩跋提為次第不此中有四句前
第三第四句即是此中第一第二句
前第一第二句即是此中第三第四
句出滅定心於前心斷隔極遠時今
云何從前心說為次第无別心隔故
說次第緣已緣緣相云何偈曰緣緣
一切法釋曰一切法即五聚此中如
理應知緣緣相譬如眼識及相應法
以色為緣緣耳識聲鼻識香舌識味

身識觸意識一切法亦介若法是此
法緣緣此法无時非此法緣緣若非
所緣亦是緣緣體相一故譬如薪非
所燒亦名薪體相一故心及心法由
定入物刹那於如自所緣境定為由
依止定為不定介定若生必與依止
相應未生及已過去與依止相離餘師
說若過去亦依止所立說緣緣已偈
曰隨造增上緣釋曰隨造因即是增
上緣故增上緣即是緣緣何以故一
切法是緣緣故此二緣何者廣俱有
法為緣緣無有是處有是處得為增
上緣故增上緣廣由緣義廣故名增
上此緣於一切有為法離自性皆是
增上緣有法於餘法由四緣成緣不
有謂自性於自性他性於他性无為
於有為无為於無為此四緣若起功
能於何位法中起功能因緣者已說
五種偈曰於正滅二因作功能釋曰
正滅者謂現世法何以故現世法已
得生令向滅故此位中俱有因及相
應因作功能何以故於俱生果中此
因有功能偈曰三因於正生釋曰正

生者謂未來法何以故未來法未得生今向生故此位中同類因遍行因果報因作功能因緣功能如此偈曰二緣翻前有功能釋曰由功能道理分因緣為二翻此功能應知即是次第緣緣緣功能位次第緣於正生作功能為與彼位故緣緣於正滅作功能現世心心法所取故增上緣於一切位由不遮故成緣即是其功能說諸緣及功能已復次何者為法由幾緣得生偈曰由四緣心法釋曰此中心及心法因緣者有五因次第緣者在前心心法非餘心心法所間緣緣者如應色等五塵及一切法增上緣者離自性一切餘法偈曰二定由三緣釋曰滅心定无想定无緣緣此一定不緣境起故此中因緣者有二因謂俱有因即生等同類因即先已生同地善法次第緣者謂共相應法三摩跋提心增上緣如前此二定由心功用生故以心為次第緣由能遮心生故自外非次第緣偈曰餘法由二生釋曰餘法謂與心不相應法及有

色法由因緣增上緣生從如前所立六因四緣一切有生法得生一切世間不如自在我勝性等為一生因此中以何因為證若汝執一切成立事因緣所作為不如此耶由此執則乖棄汝所說本義謂一自在等為一切世間因復次偈曰非自在次故釋曰世間不從自在等生次第生故若汝執唯一自在是一切世間生因或執餘因一切世間應一時俱起一切次第生皆明了可見若汝執此次第隨自在欲成願此法於今生願此法於今滅願此法在後生滅由欲有異此義得成謂因不一是欲有異應一時俱起有欲自在非有異故若觀餘因差別故成則非自在為因是欲次第生中若觀別因則有无窮過失若不觀別因則無次第義是因傳傳无邊差別由信無始故此人樂執自在為因不過釋迦弟子所顯道理若汝言自在欲雖復俱起世間不俱起隨欲生故是義不然是自在欲於後世无所以故由如此大功用化生世間自

在得何利益若汝言常喜樂為用是義不然此樂若離方便自在則不能得故於樂自在非自在於餘亦尒復次若自在見地獄等世間多為枉苦之所逼惱由此故生樂此哉何用此麁惡自在依自在天世間首盧柯則成善哥

由能燒炊利　可畏恒苦他　樂食肉血髓
令啼稱律他

若汝信受自在等為世間一因有餘法以所證見人功為因則破棄捨若汝分別執自在共餘因成因此執但為愛敬故說何以故離衆因自在功能不可見故諸因必須與餘因和合故能作自在若尒則非自在復次若初化作以自在為因此不觀餘因故應成立如自在无初於我及勝性等立及破亦尒是故世間无一因義是自所造業於道於離能生世間不擧慧人良足可悲自受自果報果及自受功力果而起邪分別謂自在等為因此義已去前云餘法由二生此言云何若大於大成因緣偈曰二種大

大因釋曰若立四大為四大因則有二種因謂同類因俱有因偈曰於所造五種釋曰若四大是所造色因則成五種因云何成一能生故二能為依止故三能持故四令住故五令增長故是隨造因由此義分為五種一能生因從此生故二依止因已生隨逐此故三持因為此所持故譬如畫色與壁四住因此令彼相續不斷故五增長因此令彼圓滿故如此四大於所造色為生變異持住長因五義得顯偈曰所造互三種釋曰若所造色作所造色由三種因謂俱有因同類因果報因隨造因平等起故不恒數之此中俱有更互因者隨心變身口二業非餘所造色同類因者一切前生於後同類果報因者若身口二業感眼等根為果報偈曰所造大因一釋曰若所造色造四大但一因謂果報因若身業口業以四大為果報前已捻說心及心法為次第緣未說決定何心為次第緣何心從次第緣生今當說此義此中若略說有十二

心云何十二偈曰欲界心善惡有覆及无覆釋曰欲界中心有四種謂善惡有覆無記無覆無記偈曰於二界除惡餘有釋曰於色界无惡有餘三無色界亦尒如此十心皆是有流偈曰無流二釋曰謂有學無流无學无流由如此心合成十二此中偈曰於欲從善九釋曰次第言後應說於欲界中所有善心從此九心次第得生於自地有四心色無色界有二心若正入觀是善心若託生是有覆无記心無色界但有有覆无記心謂託生時寂遠故无善無色界由四遠於欲界寂為遠謂依止取相境界對治遠故及有學无學心偈曰此善從八生釋曰復次此欲界善心從八心次第生自地四心色界二心善心謂出定時有覆無記心謂為有染汙定所逼還依下地善心有學无學心謂出觀時偈曰從十惡心生釋曰除有學无學心何以故若人於欲界託生從一切欲界色界无色界心次第得生惡心偈曰從此四釋曰從欲界惡心

但自地四心次第生如說於欲界惡心偈曰覆尒釋曰欲界有覆無記心亦從三界十心次第生從欲界有覆無記心亦但自地四心次第生偈曰從五無覆心釋曰於欲界所有无覆無記心從五心次第生自地四心色界善心謂生欲界變化心偈曰復從此七心釋曰從欲界无覆無記心七心次第生自地四心色界二心善心謂從變化心次第生染汙心謂託生時无色界染汙心謂託生時偈曰從色善十一釋曰從色界所有善心十一心次第生除無色界無覆无記心偈曰從九此復生釋曰色界善心從九心次第生除欲界二染汙心及無色界无覆无記心偈曰從八有覆生釋曰色界有覆無記心從八心次第生除欲界二染汙心及有學无學心偈曰此六釋曰從色界有覆无記心六心次第生自地三心欲界三心除无覆无記偈曰三無覆釋曰色界無覆無記心但從自地三心次第生偈曰此六釋曰從色界無覆無記心六

心次第生自地三心欲界二染汙心無色界染汙心如說於色界无覆無記心於無色界道理亦尒偈曰無色如是理釋曰无色界无覆无記心於自地亦但從三心次第生從此六心次第生自地三心下地三染汙心偈曰從善九釋曰從无色界善心九心次第生除欲界善心及欲界色界無覆無記心所餘心得生偈曰此從六釋曰無色界善心從六心次第生自地三心色界善心有學无學心偈曰有覆七釋曰從無色界有覆无記心七心次第生自地三心色界善心及染汙心欲界二染汙心偈曰此尒釋曰此無色界有覆無記心從七心次第生除欲界色界染汙心及有學无學心從所餘心生偈曰從此四有學釋曰此有學心從四心次第生三界善心及有學心偈曰從此五釋曰從此有學心五心次第生即前四及无學心偈曰无學亦從五釋曰此无學心從如前所說五心次第生偈曰從无學四心釋曰從无學心四心次第

生三界善心及無學心說十二心已今復作偈曰十二作二十釋曰云何作偈曰加行及生得分三界善二釋曰於三界中善心各分為二心一加行得二生得偈曰果報及威儀工巧并變化欲界四無記釋曰欲界无覆無記心分為四一果報生心二作威儀心三工巧處心四變化心偈曰色界除工巧釋曰於色界无覆無記心分為三除工巧處心於彼無工巧故如此十二心更分成二十心善有六心無覆無記有八心威儀等心於无色界中無威儀等事故色香味觸四塵是三心境界工巧心亦以聲為境此四心唯是意識是五識於威儀工巧處亦加行心所引餘師說有意識威儀所引起以十二入為境界如此二十心中何心為次第緣何心從次第生欲界八心中從加行心十心次第生於自地有七心除變化心色界加行心及有學无學心此心從八心次第生從自地善心染汙心色界加行心染汙心有學无學心從生得心

九心次第生自地七心除通果心色無色界染汙心此心從十一心次第生從自地七心生如前色界加行心及染汙心有學無學心從惡心及有覆無記心七心次第生謂自地心如前此二心從十四心次第生自地七心色界四心除加行心及通果心無色界三心除加行心從威儀心果報心八心次第生自地六心除加行心及通果心色无色界二染汙心此二心從七心次第生謂自地七心如前從工巧心六心次第生謂自地六心除加行心及通果心此心從七心次第生謂自地七心除通果心從變化心二心次第生謂自地通果心及色界加行心此心亦從二心次第生即前二心今當約色界說六心次第從色界加行心十二心次第生欲界二善心通果心自地六心無色界加行心有學無學心此心從十心次第生欲界加行心通果心自地四心除威儀心果報心無色界加行心染汙心有學無學心從生得心八心次第生

欲界二染汙心自地五心除通果心无色界染汙心此心從五心次第生謂自地五心除通果心從染汙心九心次第生欲界四心善心染汙心自地五心除通果心此心從十一心次第生欲界生得心威儀心果報心自地五心除通果心無色界三心除加行心從威儀心七心次第生欲界二染汙心自地四心除加行心通果心无色界染汙心此心從五心次第生自地五心除通果心果報心亦尒從通果心二心次第生謂自地加行心通果心此心亦從二心次第生如前今當約无色界説四心次第從无色界加行心七心次第生色界加行心自地四心有學無學心此心從六心次第生色界加行心自地三心除果報心有學無學心從生得心七心次第生自地四心下地染汙心此心從四心次第生謂自地四心從染汙心八心次第生自地四心色界加行心染汙心欲界二染汙心此心從十心次第生自地四心欲界色界生得威

儀果報心從果報心六心次第生自地三心除加行心下地染汙心此心從四心次第生謂自地四心從有學心六心次第生三界加行心欲界生得心有學無學心此心從四心次第生三界加行心有學心從無學心五心次第生如有學五心除有學心此心從五心次第生三界加行心有學无學心復有何因從加行心次第生果報威儀工巧心而此心不從彼生由加行力能引威儀工巧故羸弱心相續不能引將加行故是故不隨從加行心出觀心不由功用起從加行心後此生可然若尒從染汙心不應得生加行心无德故雖然若人厭極或通行加行心能令相離故從染汙心後得生加行心欲界生得心由明了故從有學無學心色界加行心次第得生不由功用起故從此彼心不得生從色界染汙心欲界生得心得生由明了故從無色界染汙心色界生得心不得生由不明了故思惟有三種一自相思惟如色以變壞為相乃

至識以了別為相如是等名自相思惟二通相思惟謂四諦十六取相相應思惟三欲樂思惟不淨觀无量解脱制入遍入等思惟從三思惟次第能生聖道令現前從聖道生思惟亦尒若尒此言相應不相違謂觀行人修習念覺分與不淨觀相應餘師説通相思惟現前即是聖道從此亦得次第生三思惟若人由不淨觀調伏心已從通相思惟次第生聖道約此傳傳故説此言修習念覺分與不淨觀相應有餘師説從聖道次第但生通相思惟此義亦可然若依止非至等三地入正定聚從三地聖道次第生欲界通相思惟若依止第二定等入正定聚此義云何何以故此欲界心無能應此道以地寂遠故欲界地通相思惟非第二定地所得除決擇分能復次聖人更生決擇分能令現前无有是處何以故若人已至得果更令加行果向現前此義亦不相應若尒此言云何相應有别通相思惟與彼同類八聖道後之所修習謂一切

有為無常一切法无我涅槃寂靜必應令此現前毗婆沙師不說此義若人依止非至定得阿羅漢果後出觀心或以非至定為地或以欲界為地若依無所有處為地得阿羅漢果後出觀心或以無所有處為地或以有頂為地於所餘地出觀唯依自地於欲界有三種思惟一聞慧思惟二思慧思惟三生得慧思惟於色界亦有三種思惟謂聞脩生得無思慧何以故若彼入作功用思惟即入三摩提於無色界有二種思惟謂修得生得此中從五思惟得次第生聖道令現前除三生得由聖道屬加行故從聖道但得次第生一生得思惟謂欲界生得以明了故前所說十二心於中何心現前應得幾心偈曰三界染心中得六六二心釋曰欲界染汙心正起現前應得六心先與六心不相應後還得故欲界善心先已相離由疑惑還接善根故由退還下界更得不善心有覆無記心又得色界染汙心由退還故復由退定故又得無色界

染汙心及退定故又得有學心色界染汙心正起現前亦得六心得色界三心又得欲界無覆無記心由退還下界故又得无色界染汙心及有學心由退定故無色界染汙心正起現前得二心由退定故得染汙心及有學心偈曰於色界善三釋曰色界善心正起現前得三心得自地善心又得欲界色界无覆无記心偈曰學四釋曰有學心正起現前得四心謂有學心欲界色界無覆無記心無色界善心由聖道離欲欲界色界時偈曰餘准此釋曰若有處不說得心於中應知准得此心有餘師說不分別得心如偈言

染汙心起時　說得九種心　於善得六心
於無記准此

此中於善心應說得七心一得欲界善心由正見接善根時得欲界色界無覆無記心由得離欲故得色界無色界善心由得彼定故得有學無學心由入正定聚及證阿羅漢果時是所餘由此解釋應自思惟為攝前義

故說此偈

說生入觀時　離欲退定時　接善時得心
是非先所得

分別四緣義究竟

阿毗達磨俱舍釋論卷第五

甲辰歲高麗國大藏都監奉
勅彫造

阿毗達磨俱舍釋論卷第五

校勘記

一 底本，麗藏本。

一 八一〇頁上四行品名，資、磧、普、南作「分別根品之四」；徑、清作「分別根品第二之四」。

一 八一〇頁中一一行「味滅」，徑、清作「未滅」。

一 八一〇頁下一六行第一一字「異」，諸本（不含石，下同）作「果」。

一 八一一頁上九行第一〇字「君」，諸本作「若」。

一 八一一頁上一一行第一三字及一四行第七字「君」，諸本無。

一 八一一頁上二一行第五字「開」，諸本作「關」。

一 八一一頁下一四行「功德」，諸本作「功能」。

一 八一二頁中八行「由法」，諸本作「法由」。

一 八一二頁下一二行「善人」，諸本作「善根人」。

一 八一三頁上五行第六字「思」，資作「恩」。

一 八一三頁上一五行「二殘」，諸本作「三殘」。

一 八一三頁中七行第八字「流」，諸本無。

一 八一三頁下三行「貝多」，清作「具多」。同行末字「人」，南、徑作「仁」。

一 八一四頁中一一行第九字「後」，諸本作「有」。

一 八一四頁下七行「餘師」，磧、普作「論師」。

一 八一四頁下九行第一〇字「造」，資作「道」。

一 八一四頁下一三行第七字「廣」，諸本作「爲」。

一 八一五頁上一六行末字「一」，諸本作「二」。

一 八一五頁中三行「不如」，諸本作「不以」。

一 八一五頁中一七行末字「不」，資、磧、普、南作「通」。

一 八一六頁上二二行第一〇字「心」，南作「法」。

一 八一七頁上九行第一二字「此」，徑、清無。

一 八一七頁中一二行「八心」，資、磧、普、南作「七心」。

一 八一八頁上一四行第七字「説」，諸本作「記」。

一 八一八頁下二行「十六」，諸本作「十六行」。

一 八一八頁下一五行第七字「若」，資、磧、普作「苦」。

一 八一九頁中一二行第九字「界」，諸本無。

一 八一九頁中一三行第二字及一四行第三字、一七行第四字「准」，諸本作「唯」。

一 八一九頁下四行「分別四緣義究竟」，徑、清無。

阿毗達磨俱舍釋論卷第六　心

婆藪盤豆造

陳天竺三藏真諦譯

釋論中分別世間品第三

今當說此義由決定欲界色界无色界故已分別心等諸法此中何法名欲界色界無色界為荅此問故偈曰地獄鬼畜生人道及六天名欲界釋曰四道及六天聚六天者一四天王天二三十三天三唱樂天四善知足天五化樂天六他化自在天是名欲界及器世界此欲界復有幾處偈曰二十由地獄洲異釋曰云何十四成二十大地獄有八一更生二黑繩三衆磕四叫喚五大叫喚六燒然七大燒然八無間是名地獄異洲有四一剡浮洲二東勝身三西牛貨四北勝生是名洲異前說有六天合數欲界成二十處若約衆生世從他化自在天乃至無間地獄若兼取器世界乃至風輪從此欲界偈曰向上十七處名色界釋曰云何偈曰各各定三

地釋曰此中初定二定三定各各有三地偈曰於中四定有八地釋曰此中初定三地者一梵衆二梵先行三大梵二定三地者一小光二无量光三遍光三定三地者一小淨二無量淨三遍淨四定八地者一无雲二福生三廣果又一無大求二无熱三善現四善見五無下如此十七處名色界及於中住衆生罽賓國師說但有十六何以故於梵先行處有處高廣最勝如別層起唯有一主名大梵處非有別地偈曰无色界無處釋曰云何无處無色法無有處何以故過去未来有教等無色法不住於處此義決定偈曰由生有四種釋曰若无處云何有異由生差別故無色界成立四種一空無邊入二識無邊入三無有无邊入四非想非非想入此四不由處立為高下差別何以故是處得無色定人死墮即於此中生復從此後死墮於此處中陰即起如有色衆生依色色相續生於无色界何所依相續得生偈曰衆同分及命依此心

相續釋曰衆生衆同分及命根依此二彼心相續生阿毗達磨師說如此若尒有色衆生云何不依此二心相續生此力弱故彼力云何强從定差別生故何以故此定能伏滅色想若尒由定力最强依定心相續起何用立別依此義應說如有色衆生依色衆同分及壽命得生无色衆生依何法此二法得相續生此二乎相依若尒有色衆生此二何故不自相依生由二力弱故若尒於无色二法云何力强從定差別生故此二如前與心相續應同或同心及心法是故無色衆生心相續無別依止經部師說如此復次先所生能引心相續因於色未離愛欲此心相續必與色共起是故此相續依色得生起是先所生能引無色心相續因於色無復愛欲故心相續不觀色生以棄背色故云何說此三為欲界色界無色界界以持為義能持自相故或性為義如前此界與欲相應故名欲界與色相應故名色界除相應言譬如金剛耳璫及

弥梨遮飲於此界中色非有故不可顯現故不可變壞故是故名無色界復次此界是欲界家界能持欲故餘二界應知亦尒何法名欲若略說與段食相應欲與婬相應欲故於中名欲如偈言

世間希有不名欲　於中分別愛名欲
世間希有住不異　智人於中唯除欲

尼乹子對舍利弗說偈言

世間希有若非欲　汝說分別愛名欲
比丘恒應受塵欲　若起淨汙塵覺觀

大德舍利弗荅

世間希有若是欲　分別愛著若非欲
汝師恒應受塵欲　若見可愛色等塵

若有諸法於欲界色界无色界起行是諸法為與欲界色界無色界相應不非何者欲界等欲若於法隨眠名欲界等相應何法名欲界等欲是法能隨眠於欲色无色界中是名欲界等欲此荅同縛馬荅如問縛馬者誰是馬主馬主是誰是能縛此二恙不可解不同縛馬荅何以故此三處前已於欲界等中分別顯了於中未離

欲人所有欲是名欲界欲若欲界欲隨眠於此法中此法名欲界相應如此色無色界欲若人已離欲下界如理應知復次若欲有色以非寂靜為地名欲界欲於有色定及无色欲名色界无色界欲餘言如前於變化心變化於能變化人心上欲亦是欲界中所起欲云何名欲界欲於中若有欲則名為信由敢此味若退墮定隨欲復次若變化為香味即是欲界相應由此二非色界心所變化故為唯一三界耶三界無邊辟如虛空三界亦尒是故無先未有今有衆生生對對諸佛出世時无量衆生般涅槃无衆生有盡難辟如虛空世界云何住傍住經中說辟如車軸渧天雨時水渧從上空落無間無缺如此於東方世界正壞正成无間无缺亦尒如東方南方西方北方亦尒不說有上下方於別部經言有上有下從阿迦尼吒上更有欲界欲界下更有阿迦尼吒若人離欲一欲界是人即離欲一切欲界色無色界亦尒若人依初定

起通慧隨所生處世界起通慧由此通慧得往自世界梵王處非餘處如前所說三界偈曰於中地獄等名說有五道釋曰於三界中說有五道如前所立名謂地獄畜生鬼神天人由此自名說道有五欲界中有四道及第五道一分色界無色界中唯天道一分為有諸界出此道不由說於界中有諸道說有善染汙器世界中陰為性是界非道五道者偈曰是無覆無記衆生非中陰釋曰道以无覆無記為性若不尒道應相雜但衆生名是道亦非中陰為性假名論中說四生攝五道盡非五道攝四生盡何者非攝即是中陰法陰阿毗達磨說何者眼界依四大及四大所造清淨色是眼根眼入眼界謂地獄畜生鬼神天人修得及中陰於經中說於道却中陰此經何名七有經云有七有謂地獄有畜生有鬼神有天有人有業有中陰有此經中說五道共因共行是故道定唯無覆无記由却彼因業有出彼外故罽賓國師說經大德

舍利弗說淨命是地獄或流現前故即起即長地獄受報業淨命身口意諂曲憎忿麁澁業於地獄色受想行識果報熟果報已起得名地獄眾生淨命此中除色等法地獄眾生皆不可得是故五道定是無覆無記若尒應杖分別道理論彼論云於五道一切隨眠惑緣起託五道心有五種由共前分執道故是故不相違譬如說郊外為國土餘部說諸道不但無記有善有染汙是汝所說由於道起業有出外故不由別立業有於道成外譬如於五濁惑濁見濁亦有別說諸見非非惑如此業有亦入道攝亦有別說為顯道因故於中陰亦應如此論是義不然非道理故眾生往於彼是故彼名道中陰非所往即於死墮處起故若尒无色界不應成道即於死墮處起故若尒由中間有故故立中陰非道在二道中間故若此成道不應說為中有復次大德舍利弗說果報已起得名地獄眾生有說果報已起不說即是果報復說淨命此中

除色等法地獄眾生皆不可得此言但撥能行五道人故說除色等陰地獄人不可得不撥餘陰毗婆沙師說五道定是無覆無記果報為性有餘師說增長為自性於五道三界中此義次第應知偈曰身異及想異身異同一想翻此身想一復有三无色故識住有七釋曰經中說有有色眾生身異想異如人道及諸餘天是第一識住何者餘天欲界天初定天除劫初生天云何彼身異色相形不同故云何彼想異樂想苦想非樂非苦想不同故有色眾生身異想一如梵眾天劫初受生是第二識住何以故是劫初生一切梵眾同起一想謂我等是大梵所生大梵亦作此想謂彼是我所生由同思想大梵為一因故故言想一大梵王身量高大異於彼眾相貌威德言語光明衣著等亦異彼眾故言身異於經中說是諸梵眾有如此思想我等見此眾生長壽於久時住乃至起如此心願餘眾生於我同類中生是眾生起如此心願我等

即於此處受生是彼云何見此眾生餘師說彼住遍光天處見此眾生何以故是梵眾從彼處墮故梵眾已不得第二定三摩跋提云何能憶第二定地宿住事若得云何緣大梵為境起戒執取有餘師說諸梵眾在中陰得見是義不然於中陰无道理為得久住無障㝵故云何彼起如此心我等見此眾生長壽久住此中是故諸梵眾在此處憶昔時事昔時已見此眾生長壽久住後時更見是故起如此心有有色眾生身一想異如遍光天是第三識住此中復由執上邊處應知具足取二定若不尒小光无量光何處識住可得安立於彼天色相形不異故身一有樂想不樂不苦想故想異彼說是諸梵於根本定地厭極喜根從方便地引捨根令現前於方便地厭極捨根從根本地更引喜根令現前譬如大富人厭極欲樂別受法樂厭極法樂更受欲樂若尒於遍淨天為不同此義耶遍淨天由彼樂不生厭極何以故是樂寂寂靜喜

樂非寂靜為沒重心故經部師說有
經顯彼想不一經言有諸衆生於遍
光天上新得受生未明了世間壞聚
未明了世間成散見下地火光焰怖
畏起厭離心謂火光焰勿燒空梵王
處已從下至於我處有諸衆生於遍
光天上先舊受生已明了世間壞聚已
明了世間成散見彼衆生起驚怖心
慰喻之言勿畏淨仙勿畏淨仙昔時
此光燒空梵處竟自然滅靜是故於
火光有来不来想故怖不怖想故故
說想異不由樂不樂不苦想有有色
衆生身一想一如遍淨天是第四識
住想一者同一樂想此中於初定由
染汙想彼一想於第二定由善想彼
不一想於第三定由果報生想彼一
想无色界三識住如經所顯是七名
識住此中何名識住於七處相應五
陰及四陰如理應知是識住所餘何
故非識住偈曰所餘有變異釋曰所
餘是何法謂諸惡道第四定及有頂
何以故於中識有諸變異故非識住
云何變異於惡道中苦受是變異由

損害識故於第四定无想定是變異
於有頂滅心定是變異能斷識相續
故復說住於餘處衆生是欲住處若
住於此處不欲更動說名識住於惡
道無此二義於第四定中衆生恒有
動求出心若凡夫欲見无想天若聖
人欲見五淨居有頂心細昧故彼非
識住如所說是七識住偈曰有頂無
想天衆生居有九釋曰於九處中衆
生如欲得住偈曰不欲住餘非釋曰
何者為餘謂惡道何以故於中衆生
不欲住葉羅刹逼之令住不由自欲
住是故非衆生居譬如牢獄於餘經
說七種識住復有餘經說偈曰復有
四識住釋曰何者為四愛色識住愛
受識住愛想識住愛行識住此四體
相云何此次第偈曰謂有流四陰釋
曰是陰偈曰自地非餘地釋曰此四
陰是自地陰非餘地陰何以故住者
定著為義於不同地陰中識隨貪愛
故不能得住云何不說識為識住由
離能住立住故不說識住非能住為
住譬如非王為王所使復次若識乘榮

此法此法名識住由船人道理故說
諸法為識住非識自乘榮識故不說
識為住毗婆沙師說如此若尔經中
說於識食有愛有欲若於中有愛有
欲於中識即乘住此經云何七種識
住五陰為性此經復云何有如此雖
然不分別生處所攝五陰中有愛樂
識生時亦說識為識住若如色等各
各能起識染汙若單識不能為如此
是故於四識住不說單識為識住復
次佛世尊說四識住為田一切有取
識為種子不可安立種子為種子田
佛世尊意可了別如此偈曰住等衆
生名釋曰是法為共生識好冝勝田
是法說之為識住為以七識住攝四
識住不為以四識住攝七識住不偈
曰各異釋曰七不攝四四不攝七偈
曰四句攝釋曰若思量應知四句相
攝有法七所攝非四所攝等第一句
者七識住中識第二句者惡道第四
定有頂識所離諸陰第三句者謂七
識住四陰第四句者除前三句
前所說三界有五道等差別於中應

知偈曰於中有四雜衆生謂卵等釋曰卵生胎生濕生化生雜者何義雜生為義於中衆生相雜生由生等故何者卵生是衆生從卵出如鵝鶴孔雀鸚鵡舍利等何者胎生是衆生從胎出如象馬牛驢駝等何者濕生是衆生從四大氣所生如虫蚊蜻蛉等何者化生是衆生不減具根圓得身及身分一時俱生如天地獄中陰等復次於一一道中有幾種生偈曰人畜具四生釋曰人道有四生卵生者如世羅優波世羅二比丘從鸖鳥生又弥伽羅母三十二子又如般遮羅王生五百子胎生者如今世人濕生者如頂生王遮妻優波遮妻王迦冨多摩梨尼夫人菴羅夫人等化生者如劫初生人畜生亦有四種可見有三種若化生如龍伽婁羅鳥等偈曰地獄但化生中陰及諸天釋曰一切地獄衆生中陰衆生諸天皆是化生偈曰鬼神亦胎生釋曰亦言即顯有化生胎生者如女餓鬼白淨令目乹連云

我夜生五子　晝時亦生五　生已皆食盡
如此我无飽

何生於一切中最勝化生若尒云何最後生菩薩已至得生自在唯受胎生若作如此見大利益利益者由親屬相関故令無量大家釋迦種得入正法此人是轉輪王種姓但由此名欲生他恭敬尊重及背邪歸正在於人道亦得如此希有勝利我等今云何下心為起受化衆生正勤心若不尒家姓則不可識世間應作此計此衆生是何幻惑為天為鬼外道亦說此言一百劫盡如此幻惑人出於世作幻化事敢食世間為離此謗故受胎生有餘師說為安立身界尸履故受胎生於中人及餘衆生作供養事竟由此福德過於千遍恒受天生後得解脫何以故化生衆生无外種子故若死身不得住如燈光已滅靜無復餘化生亦尒若是人信世尊有成願通慧此救不然從別問更生別問若化生衆生屍骸不可得經中云何說化生伽婁羅取化生龍為食不解

故无失復有食乃至未死若死无復飽何生於一切中最多唯化生何以故此具二道三道中一分一切中間悉化生何法名中陰偈曰死有及生有在中間五陰釋曰前死有後生有於中間所得身為至餘處說此身名中有在二道中間故若身已有云何非生偈曰未至應至故未生名中有釋曰若至所應至處方得名生此衆生已離本生未至應至處於中間雖有未得名生何處是此衆生應往是處業所引果報明了顯現及究竟是所往處若至此處名生餘部說生有與死有斷絕此執非可許何以故由道理及阿含故此中依道理說偈曰似穀相續故无間於後生釋曰諸法次第相續生由不斷故於餘處生此可證見辟如穀相續是故衆生相續次第无斷絕於餘處生此義可然若尒諸法斷絕於餘處生此可證見辟如於鏡等中從本生影亦可證見如此從死有生有斷絕生此亦可然偈曰影非成實故不等故非辟釋曰影

是何法有別物生是色中一類是義不然非成實故若成實有物不相似故故亦不堪為譬云何非成實偈曰共一處二無釋曰於餘一處見鏡色及影色此一處中无道理二影俱有依止四大異故復次別方定故於一水處手向自面所有諸色手對生影於一色中二人共看不應有俱時各見此中餘色得生是義不然復次影及光不曾見於一處俱有曾見鏡在影中日光顯然若影是實有光不應得於中生以相違故復次共一處二无者何者為二謂鏡面及月圓於別處見鏡面於別處見鏡中月圓如井中水此月影若於中生不應見在餘處是故此影實無所有諸法聚集有如此勢力謂非有顯現似有何以故諸法功能差別難可思議如此不成實故不堪為譬云何由不相似故不堪為譬偈曰无相續釋曰影非本物相續與鏡相續相應故與本俱有故如生有約死有成相續无間無絕生於餘處故影無如此相續是故影譬不

等偈曰二生釋曰從二種因影得生謂從本物及鏡依此最勝二因影得生生有不尒從二因生謂從死有及從餘勝法復由此義影譬不等不應說如此有外色無意赤白為勝因若化生衆生於空中受生復分別何因如此由道理不可許從死陰斷絕无相續生陰得起由此道理是故有中陰偈曰由經釋曰由經知有中陰經中說七種有地獄有畜生有鬼神有天有人有業有中有此經非彼受誦復由別經說有中陰偈曰乹闥婆釋曰三處現前故於母胎中衆生得受生何者為三一母四大調適有時二父母平起愛心和合三乹闥婆正至欲論生若除中陰此中何法名乹闥婆若此經非彼所受誦故執如此云何陰壞得至其中復次若汝執無中陰云何會釋阿輸羅耶那經經云汝等能知不是乹闥婆正至於中為刹帝利為婆羅門為鞞舍為首陁羅為從東方来南西北方来廣說如經此中何法名乹闥婆五陰破壞云何

得来如此之經汝可不讀耶若汝言我不受此經此義復云何偈曰說五釋曰佛世尊說有五種阿那含中滅生滅无行滅有行滅上流滅若無中有云何得名中滅有諸天名中至於彼般涅槃故名中滅若尒亦應有天名生等至於彼般涅槃汝等亦應作如此執是故此非好執復次偈曰行經故釋曰於經中說有七種賢聖行於中說中滅人有三由時節處所勝負差別故譬如有鐵小火星繞出即滅初人亦尒譬如有鐵火星出遠方滅第二人亦尒譬如有鐵火星出去審遠墮未至地而滅第三人亦尒如汝所執若有天名中則无如此三品時節處所勝負差別是故此執唯漫分別有餘師說於壽量中間立三人或執近諸天邊若人滅盡諸惑說名中滅此人或行入界般涅槃或行入想般涅槃或行入覺般涅槃是故成三復次初人於色界中攝聚同分已般涅槃第二人受富樂已般涅槃第三人入誦法藏堂已般涅槃若尒

生滅何相此人入多時相應誦法藏
堂巳方般涅槃多故減壽命然後般
涅槃非初受生即般涅槃如此一切
與火星辟皆不相應行處所无勝負
差別故若介於無色界亦應說有中
滅人亦於壽量中間般涅槃故由不
說故是故此執唯自分別若汝不讀
誦如此等經我今何所作大師已般
涅槃正教無主巳多種分破乃至今
時於文於義隨欲分破此猶不息若
人受如此等阿含為證為量中陰於
此人得成若介云何說頭師魔由現
身入大阿毗指獄此魔正生未死地
獄火焰已來繞身方捨壽命由中有
身乃入地獄經意如此何以故若業
寂劇圓滿此業不得待捨身是故此
魔現報先熟生報後熟復次此義今
云何可會釋有五無間業若人已作
巳長次第无間必生地獄不往餘道
此是經意於中為顯此業必受生報
若如文分別但應稱五業不得說餘
句應至如此若作業无間命即應斷
无暫活義何人不許中有生義雖然

從死有無間由中有生於地獄趣向
生有故是故不說為生有若介云何
釋此偈

已度四位至衰耄　二生汝今近閻魔
於其中間必无住　路中資粮咄不有

此偈顯於人道中無中間住生滅次
第无身故復次於中有中无住為至
生處行无身故偈意如此若如此是
意若如此非意此分判依何道理得
成汝亦同此難是故於此二義如前
所說經無相違故不可偏以此偈
證無中陰義復次證名言者是行無
行何道是所應往中有若起有何相
偈曰由一業引此當先有相貌釋曰
此業能引生諸道此業能引顯中有
為至此道是故此道必所應往於此
道中是應來先有相此即中陰相若
介猶等衆生於一胎中應生五道中
陰若地獄中陰即燒母腹於先有時
地獄衆生火亦不恒然若行於園中
何況在中陰設許火燒然如不可見
亦不可觸由體性細故是故非難諸
中陰於胎中亦乐不相觸故為業遮

故故不能燒身量云何如六七歲小
兒而識解聰利於小兒若菩薩在中
陰如圓滿少壯人具大小相是故雖
在中有正欲入胎而能遍照百俱胝
剡浮洲若介云何菩薩母於夢中見
白象子欲入右脅母所見但是夢相
不關中有菩薩久已離畜生故辟如
柯枳王見十種夢謂象井麨栴檀林
小象衣争瓔珞蓮華於事前得此夢
中陰衆生非破腹入胎云何得入從
生門入是故雙生若在後生為大若
在前生為小若介大德達磨須部吼
底說偈云何會釋

變身作白象　六牙四足餝　入母胎卧住
念如仙入林

此言不必須會釋何以故此言非經
非律非阿毗達磨但是集言聰慧人
欲集義為論有餘諸法攝為增益若
言必須會釋此是母於夢中見子入
胎相大德說偈意如此色界中有身
量圓滿有衣共生慙羞最重故諸菩
薩中有衣者具足復有叔柯羅比丘
尼由本願力故於中有著衣入胎出

胎乃至般涅槃後共衣俱燒所餘皆裸欲界衆生死憋耆多故復次何法名先有偈曰復有先於死後於生剎那釋曰有者若約通義謂五取陰此有離為四分一中有如前說二生有謂於道託生初剎那三從此後除死剎那是別先有此中說名先有四死後剎那名死有從此後有中有若生有色衆生中此中有偈曰同生淨天眼可見釋曰若同生道中陰定互相見若人有天眼最清淨是一通慧類此人亦得見彼若生得天眼則不能見以最細故餘師說天道中陰能見一切中陰謂人鬼畜生地獄中陰除前除前得見偈曰業通疾釋曰通慧者謂行虛空此通從業得此通速疾云何不可及迴故名疾若人應生他方修得通慧人所不能及佛世尊亦不能遮迴由業力最强故偈曰具根无障㝵釋曰此有具足五根金剛等所不能㝵此義應然曾聞破燒赤鐵塊見虫於中生中有衆生若應生此道中從此道一切方便偈曰不轉釋

曰云何人道中陰无時可轉令成天道中陰及餘道中陰此衆生若為此道成中陰決定應生此道中不生餘道復次欲界中陰為食段食不答不食麁段何故偈曰此食香釋曰故名乾闥婆若福德小食臭氣若福德大食妙香衆生於此有中得住幾時大德說無定乃至未得生緣聚集此中壽命无別業引之一聚同分攝故若不介此中由命根盡應別立死有若有肉聚等須弥山此肉聚至夏時一切成虫彼中陰為住待夏時不復從何方來此問未曾至經中亦未曾至阿毗達磨中若介可然微細衆生貪著香味壽命短促无有邊際此衆生聞氣貪著香味於捨命時覺悟先業能感虫生報由此會愛受於虫生復次昔已有業能感彼道是時彼緣最多於生果報得具事能非餘時此義必然何以故已有宿業能感轉輪王報世間壽八万歲時或過此壽有多轉輪王生非餘時是故世尊說衆生業報不可思議大德婆須蜜多羅

說七日得住若不得生緣和合此中死墮死墮更生復有餘師說七七日住毗婆沙師說但促時住以樂受生故疾行結生若因緣聚集未具若其於此道中必應受生是時宿業自和合衆緣若不定生此處於餘處此道中皆得受生餘師說若於此衆生類中不得生則於餘相似類衆生中受生譬如牛於夏時欲事偏多狗於秋時熊於冬時馬於春時野牛野干豹等欲事無時是時此衆生應生牛中若非夏時則生野牛中若應生狗中非時則生野干中若應生馬中非時則生驢中若應生熊中非時則生豹中為不如此耶若衆生在別聚同分中陰中於餘聚同分則不得受生一業所引故是故此執有失可訶此中有為行至應生道處故起偈曰顛倒心行彼生處由欲戲釋曰此中有衆生由宿業勢力所生眼根雖住最遠處能見應生處於中見父母變異事若應成男於母則起男人欲心若應成女於父則起女人欲心到此心起

瞋於分別論中有如此文乾闥婆於二心中隨一心應起現前或欲相應起或瞋相應起此中有衆生由二起顛倒心故求欲戲住至生處是事樂得屬已是時中不淨已至胎處即生歡喜仍託彼生從此刹那是衆生五陰和合堅實中有五陰即滅如此方說受生若胎是男依母右脅面向背蹲坐若胎是女依母左脅面向母腹住若胎非男非女如欲類託生住亦如此無中有異男女皆具根故是故或女或男託生如處而住後時在胎中增長或作黃門此義應思為即以赤白四大成胎中衆生根及依止為由業力故別有四大宿業所生成根等但依止赤白四大有餘師說即是赤白四大何以故此赤白先無根共中陰俱滅有想後生由種子牙滅生道理故是時說此名柯羅邏若作如此思則善順此經經云父母不淨和合所生復有經云比丘汝等長夜增長貪愛攝取血滴餘師說別有四大譬如菜虫依止菜糞虫依止糞由說柯羅邏依止不淨生是故與柯羅邏經不相違若託胎卵生道理如此於餘生如理應說此中是道理應知偈曰餘愛樂香處釋曰若衆生欲受濕生由愛樂香故至生處此香或淨或不淨隨宿業故化生由愛樂處所故至生處若介地獄衆生云何愛樂處所由心顛倒故此衆生見寒風及冷雨觸惱自身見地獄火猛盛可愛欲得煗觸故往入彼復見自身為熱風熱光及火焰等所炙苦痛難忍見寒地獄清涼愛樂冷觸故往入彼如位造作能感如此生業見自身是如此位見彼衆生亦介是故往彼先舊諸師作如此說復次此中天中陰一向上昇如從坐起人畜生鬼神中陰如人等偈曰地獄脚向上釋曰如偈言

衆生墮地獄　脚上頭向下　誹謗諸仙人
讚精進行者

前已說顛倒心行彼為一切中陰衆生皆有此事入母胎為不皆介亦不無此經中說有四種託胎何者為四偈曰一正入有覺釋曰有衆生多善根聚集護持正念死時不失正念故有覺乃至入母胎亦不失正念住時出時則失正念故无覺偈曰餘住釋曰有衆生住母胎亦不失正念故有覺先入亦介偈曰復餘出釋曰復有衆生出母胎亦不失正念故有覺先入住亦介偈曰餘三位釋曰有餘衆生在三位中皆失正念故無覺若入无覺住出必無覺是名四種託胎此是逆說由隨順首盧柯結故說偈曰一切卵生則無覺釋曰若卵生衆生恒於三處無覺云何卵生衆生說名託胎此衆生亦先託胎或由當來名說如經言能作有為是故名行如世人言煮飯磨麨是故無失云何不覺悟入母胎及住出復云何覺悟入住出若衆生小名位正欲入母胎時即起顛倒想欲或見猛雨洪注疾風飄鼓或見大陰寒或見多人沸擾自謂我今入密草稠林草屋葉屋中我今匐行住樹根下壁根下若住亦起顛倒謂我今於此等中住若出亦起顛倒謂我今從此等中出若大名位衆

生亦起顛倒想欲我今當入園入遊戲處登上高樓及大殿堂坐於牀座若住謂住其中若出謂從此出如此不覺悟入住出若覺悟者了解分別謂我今正入母胎正住母胎正出母胎无顛倒想欲此中更分別說偈曰說託胎有三輪王及二佛釋曰轉輪王獨覺大正覺此三人次第應知託胎三義第一託胎謂轉輪王何以故此人正入胎時有覺悟非住出時第二託胎謂獨覺此人入住二時有覺悟非出時第三託胎謂大正覺此人入住出三時皆有覺悟此中三人悉由當來名所顯云何三事不同偈曰業智慧及二次第勝能故釋曰業勝能者能作大福德行人由福德有業勝能故立第一修習多聞多思人由智慧有勝能故立第二能作大福德行及修習多聞多思人由福慧有勝能故立第三是轉輪王等三人如此次第所餘為第四此義應尒

外道本執說我義於此中執我言爭事起彼言若汝立義衆生從別世度

餘世我等本義則謂實有我今破此義偈曰無我釋曰此我何相能捨此陰能受彼陰如彼所分別此我實无謂於内作者人何以故非二量境界故如色塵及眼等根佛世尊亦說有業有果報作者不可得由無故故不可說此我能捨此陰受彼陰若離法假名此中法假名者謂若此有彼有由此生彼生廣說十二緣生此我何相謂非所破偈曰唯諸陰釋曰若假說唯諸陰名我此我非所破若尒諸陰從此世到餘世此義應至諸陰不度餘世云何此諸陰偈曰煩惱業生起由中陰相續入母胎如燈釋曰諸陰剎那剎那滅彼於度无能煩惱所攝業所變異故唯有諸陰由中有相續往入母胎辟如燈雖念念滅由相續得至餘處諸陰亦尒是故無失實無有我但煩惱業所引諸陰相續得入母胎此義得成

阿毗達磨俱舍釋論卷第六

阿毗達磨俱舍釋論卷第六

校勘記

一　底本，麗藏本。金藏廣勝寺本原版多所殘缺，今採用其中可用者十一版（八二七頁上至八三〇頁中）。

一　八二一頁上四行品名，資、磧、普、南作「分別世間品第三」；徑、清作「分別世間品第三之一」。

一　八二一頁中末行首字「相」，諸本（不含石，下同）作「彼相」。

一　八二一頁下四行「從定」，諸本作「從空」。

一　八二一頁下六行第四字「力」，清作「於」。

一　八二二頁上一行「彌梨」，諸本作「珍黎」。

一　八二二頁中一〇行首字「欲」，徑作「次」。

一　八二二頁中一八行第八字「開」，磧作「門」。

一　八二二頁下一七行「是眼」，諸本作「是眼眼」。

一　八二二頁下一九行「有經」，諸本作「有經經」。

一　八二三頁上五行「除色」，諸本作「陰色」。本頁中一行，資、磧、普、南同。

一　八二三頁中一三行「異想」，磧作「身想」。

一　八二三頁下一四行「小光」，南、徑、清作「少光」。

一　八二三頁下末行第一〇字「樂」，諸本作「樂故」。

一　八二四頁下三行第三字「住」，諸本作「識住」。

一　八二四頁下五行「七種」，資作「十種」。

一　八二四頁下六行第五字「性」，諸本作「住」。

一　八二五頁上一行第七字「四」，磧作「四生」。

一　八二五頁上一四行第一二字「人」，南無。

一　八二五頁中四行首字「最」，磧、南、徑、清作「取」。

一　八二五頁中一六行「中人」，諸本作「人中」。

一　八二五頁下一三行「住處」，諸本作「往處」。

一　八二六頁上三行「故故」，諸本作「故」。

一　八二六頁下一六行末字「漫」，諸本作「謾」。

一　八二六頁下一八行第六字「邊」，諸本作「邊中」。

一　八二七頁上二行第九字「減」，資、磧、普、南、徑、清作「滅」。

一　八二七頁上一〇行第一一字「猶」，資、磧、普作「獄」。

一　八二七頁上一四行「繞身」，資、磧、普、南、徑、清作「燒身」。同行「由中」，資、磧、普、南作「中中」。

一　八二七頁上一九行「必生」，資、磧、普、南、徑、清作「必至」。

一　八二七頁中四行「衰耄」，資、磧、普、南、徑、清作「衰老」。

一　八二七頁中一一行第一一字「偏」，資、磧、普、南、徑、清作「徧」。

一　八二八頁上四行「若約」，資、磧、普、南、徑、清作「若次」。

一　八二八頁上七行第五字「先」，資、磧、普、南、徑、清作「生」。

一　八二八頁中一七行「會愛」，諸本作「貪愛」。

一　八二九頁上四行第八字「住」，諸本作「往」。

一　八二九頁上一七行末字「共」，資、磧、普、南、徑、清作「失」。

一　八二九頁上一八行第六字「想」，諸本作「根」。同行「牙減」，資、磧、普、南、徑、清作「滅互」；麗作「滅芽」。

一　八二九頁中四行「欲受」，資、磧、普、南、徑、清作「欲愛」。

一　八三〇頁中一行第七字「則」，諸本作「則成」。

趙城縣廣勝寺

阿毗達磨俱舍釋論卷第七　心

婆藪盤豆造

陳天竺三藏真諦譯

釋論中分別世間品之二

復次偈曰如引次第長相續由惑業更入於餘世釋曰一切陰相續牽引不平等能感壽命業有差別故此相續隨能引勢如此次第得增長何者次第如偈言

初名柯羅邏　次生頞浮陀　從此生俾尸
俾尸生伽那　伽那生捨佉　及髮毛爪等
并有色諸根　次第生身分

此五位皆在胎内謂柯羅邏頞浮陀俾尸伽訶那波羅捨佉此胎中剌由時節次第增長至成熟位於母腹中業報所生猛風吹之風轉胎剌安置令向母身門此胎如强糞聚過量難忍次從此處墮是時二苦不可為辟復次或時母飲食威儀執作過差或由宿業過失於胎内死是時有諸女人善識方便及諸醫師解養嬰兒方温以酥油及睒摩梨滑汁用以塗手手著小剌刀於胎内辟如糞坑穢劇臭闇不淨之器是無量千虫類住處穢汁常流恒須對治不淨及血垢膩洟液濕爛臭滑之所染汙鄙悪叵見穿漏薄皮以覆其上宿業所作身大創孔手内其中分分斷割牽出於外此胎中子由宿後報業引入餘道趣向難知復次若生无難是時或母愛子或餘女人能瞻視之此兒體似新創觸如刀仗及烈灰汁愛此兒身及以洗拭次唅以清酥飲以母乳漸次飴以細麁飲食令稍習之此子由次第增長由諸根成熟諸惑更起諸業由中有相續如前更入餘世偈曰故更生及更增長由此惑業捨命之後有輪无初釋曰由此道理生以惑業為因惑業以生為因生復以惑業為因如是應知生死輪无初何以故若分別執有初此初應成无因若初實無因所餘一切悉自然生皆應无因由處時定故火等諸因於熟等果亦現見此事於芽等中有種子等功能介是故无生無因說常住為因於前

已破是故生死必定无初是生死終由因盡可然由生屬因故辟如牙屬種子由種子壞故牙滅是陰相續所說三生為位偈曰如此緣生法十二分三節釋曰此中十二分者一無明二行三識四名色五六入六觸七受八愛九取十有十一生十二老死三節者一前際二後際三中際謂過去未來現世云何於三節安立十二分偈曰前後際二二於中八釋曰無明行在前際生老死在後際所餘八在中際此八分一切衆生於此生為具有不荅非若介何衆生具八偈曰具生釋曰若衆生觸一切位說名具生非於中陰死非託色无色界生何以故於大因緣經中但約欲界衆生說經言阿難若識不託母胎赤白為得變異成柯羅邏不不得世尊廣說如經有時說緣生有二種有屬前際攝緣生有屬後際攝緣生於中七分說名前際謂從无明乃至受所餘五分說名後際合前後際因果為二分故何法名無明等偈曰宿惑位无明釋曰於宿世中一切惑位於今名無明與無明共行故由無明力所餘得起故辟如於說王行中說導從行亦名王行偈曰及宿業名行釋曰位言次第流於宿世中福等業位於今名行若今有是彼果報偈曰託生陰名識釋曰於母胎中初託生剎那所有五陰名識偈曰此後稱名色先於六入生釋曰從託生心後乃至六入未生此位稱名色應說先於四入生云何言六六言者如此量立入故是時四生六圓滿故偈曰此先三和合釋曰若六入已生此位說名六入乃至根塵識三和合未起偈曰觸先樂苦捨能分別因智釋曰由三和合名觸此人乃至未能了別三受因異此位名觸若已能了別三受因偈曰受先婬欲愛釋曰受位者了別三受因為體乃至未起婬欲愛偈曰求婬樂具愛釋曰於欲塵及情色愛欲生起位名愛乃至未能尋求五塵偈曰四取謂生具為得故遍尋釋曰若於此位中著心尋覓五塵為得故於一切處馳求此位名取如此馳求偈曰當來有果報能造業名有釋曰此人因求得欲塵心馳求能生長感未來有報業此位名有由此業從今生更退於未來世正託生位偈曰更接有名生釋曰此位名更接何以故於今生是識分　於未來名生從此後偈曰老死乃至受釋曰除生從此後乃至受此位名老死是四分謂名色六入觸受於未來名老死分判十二分如此此緣生餘處說有四種一約剎那說二約多時說三約相應說四約位說云何約剎那說於一剎那中具有十二分辟如有人由随貪愛染汙斷衆生壽命此人一剎那具有十二分是中癡惑名無明作殺意名行了別塵類名識與識俱起四陰名名色約名色清淨根名六入六入相對和合名觸領觸名受是貪名愛所餘與愛相應上心惑名取彼所生身口二業名有如此等法起名生變異名老滅名死復說約剎那約相應如分別道理論說約位說者十二分皆有五陰無間生

相續名多時於四中今說何緣生偈曰此今約位說釋曰若分分具有五陰云何唯說無明等為分不說餘偈曰由勝說為分釋曰若於位中无明為勝說此位名無明若於中行勝說名行乃至老死勝說名老死是故无失復云何於經中說緣生有十二分於分別道理論說異彼論云何者為緣生謂一切有為法於經有別意故說十二於阿毗達磨約法相說復有別說緣生有六種謂約位說約刹那說約多時說約相應說約衆生名說約衆非衆生名說云何於經中但說衆生名偈曰於前後中際為除他无明釋曰是故說三節此中前際無明者從此生疑我於過去為已有為非有何我已有云何我已有後際無明者從此生疑我於未来為更有為不有廣說如前中際無明者從此生疑此何法此法云何今何我當来何我為除此三種無明是故約衆生名三節說為十二緣生於經中如次第說謂无明行乃至生老死云何得知如

此由經言比丘若比丘由如實正智能通達緣及緣生所生法是比丘不約擬耶思前際謂我於過去為已有為非有廣說如前復有餘師說愛取有為除後際無明何以故此三是未来果因故此十二緣生應知有三種自性一惑二業三類此中偈曰三惑釋曰三分以惑為性謂无明愛取偈曰二分業釋曰二分以業為性謂行及有偈曰七分類為果釋曰七分以類為性謂識名色六入觸受生老死惑業依故此類或說名果此七分於餘處說名果所餘諸分說名因惑業為性故何因緣於中際說果因廣類有五種差別故離惑為二分故於後際說果略離為二分故於前際說因略說惑一門故偈曰略果及略因由中可比二釋曰由廣說中際前際後際廣因廣果例此可知是故前後際不復廣說若復廣說此言無用若緣生唯十二分由不說無明因生死應至有始不說老死果故生死應至有邊若立無明因老死果應更說別分

若說此二別分則有無窮之過若不說別分又不免前難不應別立此中由佛世尊已顯此義故偈曰從惑惑業生從業更果類從類類惑生有分理如此釋曰從惑惑生者謂從愛取生從惑業生者謂從取有生從无明行生從業果類生者謂從行識生從有生生從類類生者謂從識名色生乃至從觸受生從生老死生從類惑生者謂從受愛生由世尊安立有分道理如此由無明是煩惱性故惑從類生惑從惑生此義自顯由老死類以受為邊故從此更生惑是故於中不可增減如此純大苦聚緣和合生由此言若不介此文有何義相應有餘師說於餘經中說無明以不正思惟為因不正思惟以無明為因於此經中不正思惟亦是所說由入取攝故云何不正思惟入四取攝若說由相應故亦應說入愛無明攝與彼相應故若在彼攝此中云何能證謂無明以不正思惟為因若但由位攝能證因果義愛及无明入取攝故不應

立為別分如不正思惟有餘師說於餘經說不正思惟為無明因此不正思惟說在觸時如經言依眼根緣色塵染濁思惟生能起无明於受時無明必生如經言緣無明觸所生受故愛得生由此別經故知不正思惟於觸時起能為受時所起無明作因緣是故无明無無因義故不須立別分無無窮之過此不正思惟由說復從無明生染濁思惟從癡生此經言為證於餘經不無此義若汝意欲立如此義此中則應更說彼文句不應說若不說云何知有由道理知有何者為道理若受无无明不能為愛因緣譬如於阿羅漢若觸不顛倒不能作染汙受因云何知不正思惟從無明生由於阿羅漢無無明故觸不顛倒若由此道理故不更說則成太甚過失若此義由道理可見不須別說自可得知不但不正思惟所餘諸分不說亦應可知則悉不須說故此執不成救義前所立難亦不成難謂度無明老死不說餘故故生死有初有邊

正說非不圓滿何以故受化衆生迷惑於有生去何從宿世現世起復從現世來世起此三世次第相應如来唯欲說如此多義此義於前已說如偈言於前後中際為除他無明佛世尊說比丘我今為汝等說緣生及緣生此所生諸法此二句其義何異若依阿毗達磨義此二無別義何以故此二是一切有為法故云何未来法未生說名所生若尒云何未来未是所作說名有為由能生故意所引故說名有為若尒無流云何是彼亦由善故意所引若尒於涅槃約至得亦應有如此義此有為是所生種類故雖復未生亦說名所生譬如色未變壞亦說名色由是變壞種類故是故無失

今當說經正意偈曰此中緣生因所生已名果釋曰是分正是因說名緣生從此生餘法生故是分正是果說名所生如此一切分皆二種成就由是因果故若尒安立不應成是義不然所觀有差別故若觀此分是分成

緣生不即觀此分更成所生譬如因果及父子彼言大德冨婁那捨說有法是緣生非緣生所生此有四句第一句謂一切未来法第二句謂過去現世阿羅漢寂後心第三句謂過去現世所餘諸法第四句謂無為法此中經部師曰此執為是要術為是經義若說是經義則非經義云何非是前所說緣生約位立十二分二位皆具五陰此執與經不相應何以故於經中分別十二分有別義故經云何者為无明謂於前際無知於後際无知於前後際無知廣說如經若經是了義不可引令入不了義攝是故此執非經義君非一切經但由分別故成了義有時諸經如勝分別作義如象迹譬經中說何者地界謂髮毛等於髮毛亦有色等餘物於此經中亦尒隨勝分別義此經不可引為證何以故於中不由地界分別髮毛等故成不具說於中由髮毛等分別地界非過髮毛等別有地界是故此言是具足說於此經中具說无

明等无復所餘為不如此耶過毛等於餘物中如淚洟唾等亦有地界淚等皆是所說如經言於身中若有所餘亦尒名地界我今亦得許如此無明所餘法若尒可得顯現別類諸法引入無明此攝有何義若於此位中必有五陰若此法有無彼法必定有无立此法為分若有五陰諸行未必有及識隨福非福不動行乃至愛等是故如經了別乃是經義前所說四句於中若謂未來法非緣生生此執與此經相違經云何者緣生所生法謂无明乃至老死復次生老死二分勿許未來世攝亦應破安立三節有餘部說緣生是無為法云何得知若如來出世若不出世此法如常住由此經言此言若如此意判可然若不如此則非云何如此不如此若如此意判若如來出世若不出世恒緣無明等行等得生无時不緣無緣餘法是故常住實尒此執可受若作如此執謂有別法名緣生此法常住此執應撥謂無如此何以故生是有為

法相故不曾見餘常住法應成無常法相生者是未有向有法相此與無明等有何相應而說彼為緣生句義亦不相應此法亦常住亦緣生本言至行集生此句有何義若合此句所顯義謂諸行法至因及緣由聚集未有成有是義至行集生所顯此句義不相應何以故若一作者於二事中於前事一義成於後事第二義成辟如浴已方食若法在至生前此法則無所有何法前至後生無事不依作者成故此中彼說偈能至先於生無有故不然言俱亦不然由事約前後无如此過失於此義中應問學聲論人此法若生在何位為在現世為在未來若尒何有若汝言生在現世云何在現世若未有若已生何用更生若已生更生有無窮過失若汝說於未來位生云何未有法成作者若无作者事云何成是故於此位若生即於此位去至何位得生未來正向生在此位中至於緣聲論師安立作者及事此立不成就能有名作者有名

事我今不見離能有法有別事名有是故於名言無復可難前所立名今更顯其義謂若此有彼有由此生彼生此二句義即是至行集生名義此中說偈

如不有得生　至於緣亦尒　若已生得生
無窮由已有

汝論中決判一作者於二事中於前事一義成於後事第二義成此判不定或見於一作者二事俱成辟如燈至闇滅又如開口眠若汝說眠在後云何非開時若別時作有餘師於此難中分別殺義波羅底以重為義一底也是不住法謂無常三以聚集為義讚波陁以生為義此句說如此義對種種因緣无常法由聚集故生故稱波羅底底也三物波拖如此分別於此經中立於餘處云何成如經言至於眼至於色眼識得生云何世尊約緣生說此二句謂若此法有彼法必有由此法生彼法必生為決定故令彼生此智故若无明有行必有非餘是故行緣無明生復次或為顯諸

分傳傳故說二句若此分有彼分必有由此分生彼分必生復次或為顯生傳傳故說二句若前際有中際亦有由中際生後際亦生復次或為顯證因傳因故說二句何以故有時從無明次第諸行生有時從无明諸行傳傳生有餘師說為除無因執常住因執故說二句若無因諸有不有亦不從无生生如彼所計常住謂自性我等若執如此立前句則無用但由此生彼生句破二偏執及說得成就故復次有餘道分別如此若我有為依止行等諸法必有由無明等生故行等得生為破此執是故世尊決判此義若由此生彼必生此法若有彼必有非餘謂諸行以无明為緣乃至云如此純大苦聚得生復有餘師說為顯不滅及生故說二句若無明不滅諸行不滅由無明生故諸行生復有餘師說為顯住及生故說二句乃至因緣相續有事相續必隨有由因緣生事必得生世尊正欲顯生說住有何相閡云何世尊破次第令顛倒

先說住後說生復有餘師說若此有彼有者若事有緣滅必有若尒此事應不由因生是義不然無無因義何以故由此生彼生故若經義如此唯應說前句若此有彼有復次先應說事生後說此有彼有若作此說文句不倒若不尒正問何者緣生說滅則非次第是故如此等執並非經意云何諸行以無明為緣乃至老死以生為緣此中我等應顯唯相應義於世間中諸嬰兒凡夫不知依因緣生唯是有為更無餘法由不知故我見我慢涂汙其心為自我得受樂及不苦不樂由身等作三種業為得未來樂故作福行為得受樂及不苦不樂故修不動行為得現世樂故作非福行此三種業說名緣无明生行由隨業引諸識相續與中陰相應受種種道猶如燈光行說名緣行生識若執如此應知此識已生於分別識分中云何者為識謂六種識聚以識為先次於此隨名色生具足五陰於分別中如此說故餘言如前次名色成熟故

次第六入生次於塵起乱心時由識生故從三和合生觸謂於樂受等勝次從此生三受次從此受生愛若人由苦所逼於樂受生欲愛於樂不苦不樂生色愛於不苦不樂生无色愛次由愛所樂受故取欲等四法此中欲者謂五欲塵見者謂六十二見如梵網經說戒者謂離惡戒執者謂心決執猶如執狗牛等行又如尼乾陁行如經言此人裸形不畜著衣廣說如經又如婆羅門波輪波多波立婆等外道執取杖烏鹿皮編髮灰囊三杖禿頭等我言者謂身此中有言說謂此是我故說身名我言有餘師說於身中由有我見及我慢說此二名我言云何此二成我言由此二說言有我故有餘師說由我不有故但有言說無實義故稱我言如經言比丘無聞嬰兒凡夫隨逐世間假名言墮於我執於中實无我及我所復次欲者離後三所餘諸法見取戒執取如前釋通三界我言但在色無色界所有諸法離前二於四中取是何法於

中貪欲名取何以故此義於一切處世尊皆作此釋如經言何者為取於中貪欲次以取為緣能引未來有此業生長說名有如經言阿難是業於未來能引後有此中說名有次以有為緣識更託生是未來生說名生具有五陰次若生已有老死等應知如經中說如此者謂離我我所故大者无初無邊故苦衆者由有流諸行聚集故緣和合生者無果單因緣所生故此道理是毗婆沙師所顯是故先說復次無明者何義非明是名无明若尒有過量失眼等亦應成无明若尒明無應是無明若尒應以無所有為無明此二執不相應故應以別法為無明別法者偈曰明翻別無明如非親實等釋曰翻親有別人是親對治說名非親非隨餘所有及非親無非實者如言說及不虛有言語能對治此說名非實非法非利非事等能對治法等餘法是名非法等非餘非無無明亦尒有別法能對治明名無明此義云何可知由說為因緣故

復次偈曰由說為結等釋曰有餘經說无明為結縛隨眠流相應若唯無所有不應說如此等義亦不可立為眼等故實有別法名无明若尒如世言惡婦說无婦惡子說無子無明亦應尒惡明名無明偈曰非惡明見故釋曰若汝言非者可訶義可訶諸明說名無明是義不然何以故若智可訶必有染汙此即以見為性故不應成无明若尒此智應即是无明不可立此智為無明何以故偈曰見共相應故釋曰若无明成惡慧性諸見不應與無明相應二智不得一時相應起故復次偈曰說能染智故釋曰經言由欲染汙心不解脫由無明染汙慧不清淨若此是慧不應成慧染汙如心有別染汙與心性異謂欲无明於慧亦尒云何不許如此由善慧與染汙慧相雜是故不清淨故說此為彼染汙是心欲所染汙說不解脫為決定欲所變異耶由欲所害故不得解脫若人治轉欲熏修即得解脫如此无明所染汙慧不清淨我等分別

由無明害故慧不清淨若欲分別何人相違諸師說无明與智別類如欲與心若有人執一切惑名無明應以前道理破此執何以故若無明是一切惑性類不應於結等義中立為別惑若即是見不應說與見相應餘惑與見等禾不相攝故亦應說无明染汙心故不解脫若汝言為分別差別故作此說於慧亦應分別無明差別我無明是別惑此無明以何為性不能了別諦實業果為性此不可解何法名不了別為非了別為了別无若尒二皆有失如無明若有別法是了別對治名非了別如此亦不可解是故此何物分別法性如此等類不無如經言何者為眼根謂清淨色是眼識依止復有法不可分別而不可說无辟如於慈觀中無貪性不淨觀中无瞋性等大德達磨多羅說我有如此計類名无明離我慢有何別法名類是經中所說經云我今由知如此由見如一切愛一切見一切類一切我執我所執我慢隨眠滅盡故不更

生故無影般涅槃有如此類云何決判此是無明由不可說此類為別惑為不如此所餘慢瞋等諸惑可非類耶此中若更思量有多言應說是故須止此論復次名色者何義色於前已廣說偈曰名者無色陰釋曰云何說為名隨屬名及根塵於義中轉變故故稱名所隨屬何名是世間所了別能目種種諸義謂牛馬人色聲等此能目義云何稱名於種種義由約用轉變故稱名有餘師說於此道中棄捨身已能轉變更作別生說為名謂无色陰六入於前已說觸今當說偈曰觸六釋曰謂眼觸乃至意觸此六觸是何法偈曰和合生釋曰從三法和合生謂根塵識此義可然五根與塵及識共和合同時起故意根已謝與未來現世法塵意識云何得和合即是此三和合謂因果成和合義者或成就一事為義是一切三於生起觸中寂有勝能此中諸師智慧種種起不同有諸師說但和合名觸彼亦引經為證經云是三法相會和合

聚集說名觸有餘師說有別法與心相應名觸彼亦引經為證云六六法門何者為法門內入有六外入有六識聚有六觸聚有六受聚有六愛聚有六何以故此經中從根塵識別說觸聚故此中若諸師說唯和合名觸彼投義如此君非為別說故諸法有別類勿從法入受愛等法成有別類无如此失異受愛等法入有故從三成觸无如此別三於中可執餘為是於中若有根塵無識為餘無有別識无有根塵為餘是故若已說三更說觸則無復義有餘師說非一切眼及色是眼識因非一切眼識是眼色事是故於中若有成因成果安立是諸為觸若諸師說觸異和合云何避此經經云是三法相會和合聚集說名觸彼誦經異復次由因說果名辟如天上樂地獄苦此言由多立破老別故則成湯說須止此論阿毗達磨師說觸定是別法於六觸中偈曰五是有㝵觸第六依言觸釋曰眼耳鼻舌身觸此五名有㝵觸依止有㝵根故

第六意觸稱依言觸何以故依言者謂名此名是意識長境界故意識得依言稱是故意觸稱依言如經言由眼識但識青不能識此是青若由意識識青亦能識此是青第一觸依止所顯第二觸境界所顯有餘師說意識依言於境生起非五識是故唯此一稱依言與此相應觸稱依言觸故第一依止所顯第二相應所顯復次此六觸更立成三觸偈曰明無明餘觸釋曰有明觸有無明觸有異於二觸謂非明非無明觸此觸次第應知偈曰無流染汙餘釋曰若无流說為明觸若染汙說為無明觸與明無明相應故何者為餘謂有流善及无覆無記復次無明觸由數數起故取一邊成二觸偈曰瞋恚貪欲觸釋曰由與瞋恚貪欲相應故復次由攝一切故偈曰樂苦捨領三釋曰復有三觸謂樂受所領觸苦受所領觸不苦不樂受所領觸於樂受等好故復次是領復易領說此名受此受於中有故

說為樂受觸如此苦受觸不苦不樂受觸應知亦尒若尒此觸應成十六說觸巳受今當說此中觸前巳說六種偈曰從此生六受釋曰六受者眼觸所生受耳鼻舌身意觸所生受於中偈曰五屬身餘心釋曰此受從眼觸乃至身觸生有五說名身受依止有色根故心觸生受此一名心受唯依止心故復次若受生為在觸後為與觸俱毗婆沙師說一時俱起乎為俱有因故云何俱生二法中能生所生老別得成云何不成无能故於巳生法餘法无復能此證與立義不異何以故是時說云何俱生二法中能生所生老別得成於此時中此義亦彼說謂於巳生法餘法無復能若尒更乎能生故有失是所許故有何失俱有因乎為果此實所許於此經中非所許謂觸與受乎為因果曾聞如此緣眼觸眼觸所生受生不曾聞緣眼觸所生受眼觸生復次是義不然由過能生家法故若法能生此法必別時不得俱辟如先有種後生芽先

乳後酪先擊後聲先意後識如此等非不成因果前後老別同時因果亦成辟如眼識等與眼色等四大及四大所造色此中先有根塵後方有識從先有四大及四大所造色後時所造色生若執如此復有何難若尒如芽影觸受亦然有餘師說從觸後受生何以故先有根塵次有識是三和合為觸緣觸後受生於第三剎那若尒於一切識不必有受亦非一切識有觸无如此失何以故以前觸為因於後觸中受生故一切觸有受今非道理更起此中云何非道理於二觸中各有境界以先觸為因於後觸受生別類境界觸所生受應緣別境界起此義云何可然復次是心共受相應此受與心不同境界此義復云何成若尒應立此義是時識成觸此識无受從此後識有受無觸因緣不相應故此執何失若尒大地定義即破謂於一切心十大地必俱此大地定義於何處立於阿毗達磨中立君我等以經為依不以阿毗達磨為依佛

世尊說汝等應依經行大地義不尒於一切心必有若尒大地義云何地有三謂有覺有觀地无覺有觀地无覺無觀地復有三地謂善地惡地无記地復有三地謂有學地無學地非有學非無學地是故於前三初地若有是名大地若法定於善地中有是法說名善大地若法定於染汙地中有是法說名惡大地此法如應相代有非一切時俱起餘師說如此善大地等者由應文句是故被引今說先不說若從觸後受生汝應救此經經云依眼緣色眼識生三和合有觸俱生受想故意等經中說俱生不說與觸俱生此何所救若俱必應觸此俱言亦曾見於次第中如經云何修習與慈俱起念覺分故俱言非證是義不然何以故於經中說是受是想是故意是識此法並相雜不相離是故无識與受不相雜此義應思量相雜是何義於此經中亦說如此是所受即是所思是所思即是所想是所想即是所識此義未可解為決四法境

界為決四法刹那壽命及暖觸俱起
中由說相離言決定刹那成復有經
說三和合名觸云何有識非三和合
有三和合非觸是故此義必定應然
謂一切識中有觸受等與觸俱起前
來多種爭論於事已足本所依義今
次當說於前已略說心受偈曰此復
成十八由心分別行釋曰此心受更
分成十八由分別十八意行故何者
十八心分別行有六喜分別行有六
憂分別行有六捨分別行此云何成
立若由自性應成三謂喜憂捨分別
行若由相應應成一與意識相應故
若由境界應成六緣色等六塵故若
成立十八必依三於中十五名色等
分別行非相離境界決定緣色等起
故三名法分別行有二種心分別行
界餘師說於六塵令意分別行由隨
此句何義彼說依意識喜等分別境
受故於境界中意數數分別行故云
何身受不說為意分別此受不依意
不能分別由五識無分別故是故不
應為分別行第三定樂云何不入分

別行中攝從初於欲界中无心地樂
根故能對治此苦分別行無故若彼
但依心地起此義云何經言由眼見
色已堪為喜處即分別行如是等依
五識所引意故說如此若實判十八
皆以意識為地辟如不淨觀眼識所
引在於心地復次見已乃至觸已由
此言說故不可為難若不見乃至不
觸起分別行此亦意分別行若不介
於欲界中緣色界於色等中不應有
分別行緣欲界香味觸於色界中分
別行亦不應成隨明了道理故如此
說若人見色於聲分別行此亦是分
別行隨不相濫故說由定判根塵故
為有如此色定為喜處乃至定為捨
處不有約相續決定非約境界於分
別行中幾與欲界相應於中幾種何
法為境界乃至於無色界亦應如此
問偈曰一切緣欲界釋曰於欲界中
具有十八是五為一切境界於中偈
曰有色十二境釋曰色界十二意分
別行境界除六香味分別於彼无此
二故偈曰三後釋曰境界從上流若

无色界但三法分別行境界於彼色
等無故說欲界相應已與色界相應
今當說偈曰於二定十二釋曰除六
憂分別行所餘十二與二定相應云
何如此偈曰行欲界釋曰若彼緣欲
界偈曰自八境釋曰此色界若為自
分別行境界但八分別行境界除香
味四分別行故偈曰無色二釋曰无
色界為二法分別行境界偈曰於二
定六釋曰於第三第四定但六捨分
別行無餘此六境界偈曰欲界六釋
曰若緣欲界此成六捨分別行境界
偈曰自四釋曰若緣自界但四捨分
別行境界无香味故偈曰餘界一境
界釋曰無色界異下二界故稱餘此
唯一法分別行境界說色界相應已
與無色界相應今當說偈曰有四於
色邊釋曰空無邊入道說此名色邊
於中有四分別行謂色聲觸法分別
行偈曰行色釋曰此四緣第四定為
境若人執如此則離四為境界若人
執合第四定為境界於中但一捴境
界謂法塵分別行偈曰一行上釋曰

若道分別行緣無色界起但一謂法塵分別行偈一於本釋曰若於根本无色界但一法塵分別行无餘此行偈曰自境釋曰但緣無色界何以故無色根本定不得取下界為境界故此義後當顯說如此等意分別行偈曰諸十八有流釋曰於中無一分別行是无流故言諸有流何人復幾意分別行共相應若人生於欲界未得色界善心與一切欲界分別行相應與初定二定地八分別行相應與三定四定四分別行相應恚有染汙除緣香味境故於無色界與一染汙分別行相應若人得色界心未得離欲與欲界一切分別行相應與初定有十分別行相應有四染汙喜分別行除能緣香味境故有六種捨分別行未来定為地第二第三第四定及無色界分別行相應應知如前由此道理所餘應自隨判若人已生定地於欲界與一捨法分別行相應謂欲界變化心有餘師說有如此意分別行義如毗婆沙師立於經中見分別行義異於此何以故若人從此地離欲此人不得緣此為境起分別行是故雖復有流非一切喜等是意分別行若尒以何為分別行若有染汙若意由彼能分別行於境界故彼名分別行云何分別行或愛著於境或增惡於境或不簡擇捨境為對治此三故如来說六恒住法門如經言由眼見色不生喜心不生憂心住捨心有念有智乃至由意知諸法亦如此云何知如此諸阿羅漢人不無世間善緣法喜根若有染汙為分別行應知此法門為對治復次喜等成三十六寂靜足由依愛著出離差別故此差別是阿毗達磨所說故此中依愛著皆恚染汙依出離皆恚是善如此有分名受應知有无量差別所餘諸分不復更說云何不說由此義故偈曰由已說當說釋曰此中有分於前已說有有分於後當說此中識者前已說如偈言

識陰對對覗　或說為意人　或說為七界

謂六識意根六入者前已說如偈言

此識依淨色　說名眼等根

行有於業俱舍中當說愛取於惑俱舍中當說

阿毗達磨俱舍釋論卷第七

阿毗達磨俱舍釋論卷第七

校勘記

一　底本，金藏廣勝寺本。

一　八三二頁中四行品名，資、磧、普、南作「分別世間品之二」；徑、清作「分別世間品第三之二」。

一　八三二頁下八行末字「愛」，麗作「乳」。

一　八三三頁中一一行第四字「言」，麗無。

一　八三三頁中一六行「因異」，南、徑、清作「因果」。

一　八三三頁中二二行「故遍尋」，資、磧、普、南、徑、清作「徧尋覓」。

一　八三三頁下七行首字「分」，資、磧、普、南、徑、清作「分分」。

一　八三三頁下一七行「名名」，麗作「名」。

一　八三三頁下末行首字至末字「約……生」，麗無。

一　八三四頁中五行第三字「除」，麗作「前際」。

一　八三四頁中一九行第七字「此」，南作「比」。

一　八三四頁下一四行第九字「苦」，磧、徑、清作「若」。八三九頁下二一行第七字普、南、同。

一　八三五頁下一五行第九字「君」，資、磧、普、南、徑、清作「若」。八三九頁中七行第六字及八四〇頁中二二行第一三字同。

一　八三六頁上一一行第一三字「生」，諸本（不含石，下同）作「所生」。

一　八三六頁中二一行第四字「去」，資、磧、普、南、徑、清無。

一　八三六頁下五行末字「偈」，磧、南、徑、清作「偈曰」。

一　八三六頁下一一行第一二字「眠」，麗作「眼」。

一　八三六頁下一七行「底底」，資、磧、普、南、徑、清作「底一底」。

一　八三七頁下六行第四字「所」，資作「處」。

一　八三七頁下一二行第一〇字「編」，資、磧、普、南、徑、清作「辯」。

一　八三八頁上三行「貪欲」，資、磧、普、南、徑、清作「謂貪欲」。

一　八三八頁上二〇行「非利」，資、磧、普、南作「非離」；徑、清作「非我」。

一　八三八頁下一〇行首字「我」，諸本作「我許」。

一　八三八頁下二二行第三字「如」，諸本作「如此」。

一　八三九頁上一〇行首字「此」，資、磧、普、南、徑、清作「此名」。

一　八三九頁中二行第一一字「云」，諸本作「經云」。

一　八三九頁中四行末字「聚」，資、磧、普、南、徑、清作「取」。

一　八四〇頁中一九行第八字「受」，資、磧、普、南、徑、清作「愛」。

一　八四〇頁下一二行「經經」，磧、南、徑、清作「緣經」。

一　八四一頁上一九行第八字「令」，資、磧、普、南、徑、清作「今」。

一　八四一頁中二〇行首字「具」，資、磧、普、南、徑、清作「俱」。

一　八四二頁上二行第五字「偈」，諸本作「偈曰」。

一　八四二頁中六行「增惡」，諸本作「憎惡」。

一　八四二頁中一三行第一〇字「成」，麗作「或」。

一　八四二頁中二二行第一〇字「人」，諸本作「入」。

趙城縣廣勝寺

阿毗達磨俱舍釋論卷第八　動

婆藪盤豆造

陳天竺三藏真諦譯

中分別世間品之三

行有於業俱舍中當說愛取於惑俱舍中當說如此緣生若略說唯三謂惑業果類此三義前已顯偈曰於中說諸惑如種子及龍如根樹及糠釋曰此惑與種子等云何相似譬如從種子芽葉等生如此從惑惑業類生又如池是龍所鎮住處恒不枯涸如此惑龍鎮住生池相續不斷又如樹未被拔根斫斫更生如此未拔除惑根諸道滅滅更起又如樹時時生花生子如此諸惑數數生惑業類又如米為糠所裹於生有功能非單米如此業為惑至得糠所裹於生別生有功能非單業如此諸惑應知如種子等偈曰如有糠米業及如稻并花釋曰於前已說惑似糠今說業如有糠米又如稻蕉等以菓熟位為邊如此諸業已熟不更生報又如花於生子

中是近因如此業於生果報中冣為近因偈曰如熟飲食類釋曰如已熟食及飲一向為受用不可更轉為生如此果報類不能於別生中更牽別果報若更牽報无得解脫義如此生相續依因依緣生不過四有謂中有生有先時有死有此四於前已釋偈曰於四種有中生有必染汙釋曰此中幾有定不定染汙若一向染汙唯是生有由何惑偈曰由自地諸惑釋曰若生有在此地一切同地惑皆為染汙於三界無有一惑由此衆生不結生阿毗達磨師說如此　染汙由大惑不由小分惑由自在故若此位冣昧鈍隨有惑先數數起或冣近是時於此位中此惑即起為染汙由先疾利故接中有為必應知如此染汙不偈曰餘三釋曰所餘三有即中有等各有三種謂善染汙無記於諸有中幾有於何界相應偈曰無色三釋曰除中有所餘有何以故无色界非隔別處為至彼故起中陰於欲色界不數故則知皆具四有如衆生依因

依緣生此義已廣說若衆生已生云何得住偈曰世間以食住釋曰有一法世尊自通自知為他正說謂一切衆生以食為住經言如此此食有幾種有四種偈曰段食釋曰段食者有麤有細細者是中有衆生食以香為食故及諸天刧初衆生食以无變織流故此食悉入彼身如油於沙復次若細衆生彼食亦細譬如蟣汙虫等觸食第二作意食第三識食第四此中段食者偈曰於欲界釋曰此食於色無色界无由離欲此於彼生故偈曰以三入為體釋曰於欲界香味觸入一切皆名段食作段吞故先以口鼻含之後分分吞故影光焰耀此等云何成食由從多故作如此說此等若非所食能令相續住亦入細食數譬如浴塗等云何色入非食若作段食必約於色偈曰非色入由此不利自根脫釋曰食是何法若能利益自根四大色入者於正食時不能利益自根及四大何況能利益餘根及四大非自境界故有時見色即起樂及

喜此色亦非食但緣此為境能生樂受等觸以此為食非色復次已得解脫人謂阿那舍阿羅漢見可愛飲食無利益故偈曰觸作意及識三有流通三釋曰觸者從三和合生作意者是心業識者是意識此三若有流必是食此三通三界有云何不立無流為食由立食以能滋長諸有為義无流生起能滅盡諸有毗婆沙師執如此復次於經中說食義食有四種為令已生衆生得住及為愈相續又為利益尋求生衆生無流法不介是故非食已生者於道中已生衆生此義易解何者尋求生偈曰意生尋求生乹闥婆中有對有釋曰世尊以此五名說中陰衆生何以故此衆生從意生故說意生不取不淨及血所有諸外為生依故尋求生者欲得生未得故處處尋求生乹闥婆者由食香故以香益身行向於道故對有者對向生處起故如經言對起有礙害自體生有礙害世間由此經言故對有名中陰復有別經言有衆生對有結

已盡非生有結此經中有四句復次已生者謂阿羅漢尋求生者謂有愛衆生復次幾種食令已生衆生住幾種食能滋益尋求衆生生毗婆沙師說一切食皆能為二事何以故段食亦於有愛衆生令得後有佛世尊說有四食為病根癰刺老死等緣作意食亦曽見令現生住先舊師說如此有一父遭飢餓難以滿囊灰掛置壁上慰喻二子語云是麨二子數思麨囊得多時安住後時有人為開彼知是灰失先作意即便命終復次於海中有多人舩敗見大浡聚思謂是岸隨往趣彼至已觸之方知是浡失先作意即便命終於別誦中說海中有大身衆生從水登岸於沙上生卵以沙覆之還入海中若毋於此卵憶念不忘卵則不壞毋若於中忘失憶念此卵即壞經部解不介卵由他食他食得成若釋應如此於中若卵緣毋憶念不忘卵則不壞若忘即壞有餘師說此憶在觸位中云何說食唯四為不如此耶一切有流法必能滋益

有雖然由勝故說偈曰為益此能依
所依二能引生別有次第說後二釋
曰所依者謂有根身為滋益此身段
食為勝能依者謂心及心法為滋益
此法觸食為勝如此二食於滋益現
世已生有中勝餘復立作意食者於
引後有為勝是所引有從業所薰修
識種子生如此後二於引生未生有
為勝是前二食如乳母能將養已生
故後二食如生母能生未生故由勝
餘故唯立四為一切所吞分段皆是
食不有分段是所吞而非段食此有
四句第一句者若吞此分段諸根壞
損害四大第二句者謂餘三食第三
句者是所吞分段能滋益諸根增長
四大第四句者除前三句如此與觸
等如理應各立四句為有緣觸等得
諸根滋益及四大增長是諸亦非食
不有謂別地及無流餘句應思若人
食此食損食者根大此物亦是食由
執初至故何以故段食於二時中作
食用若正食時對治本病若消時增
益身大毗婆沙師說如此於何道有

幾食於一切道有一切食於生於介
亦地獄云何有段食有燃赤鐵段為
食錫赤鐵汁為飲若能損害物亦是
食則違前四句亦違分別道理論彼
論云何者為段食若緣此分段滋益
諸根增長四大相續得愈及識亦介
廣說如論由約能增益食說故無相
違損害食於地獄中亦有食相何以
故此食有能為暫遮飢渴等病復次
有別處地獄如人道有段食故是故
段食遍五道中有此義應然佛世尊
說若有人施一百離欲欲界外仙人食
若有人施一凡夫人食此人在剡浮
容林中行於此前施後施福德百千
倍勝是何凡夫在剡浮容林中行餘
師說住於剡浮或云是有福凡夫此
執不然由說一故此中何所以施一凡
夫食福德多勝施多離欲凡夫若施
多凡夫食此福德勝施一凡夫是義
可然有餘師說是近佛地菩薩餘師
不說此義何以故若施此菩薩福德
最多不可稱數若施此人所得福德
乃至施百俱胝阿羅漢亦所不及毗

婆沙師說有凡夫已得四諦觀決擇
分能此中說名在剡浮容林中行此
名與義不相稱又不曾於餘處但假
安立此名謂經及阿毗達磨藏等中
說剡浮容林中行必得四諦觀決擇
分能是故此是自所分別若介云何
必約菩薩正在剡浮容林中行故說
此言何以故此菩薩於是時與凡夫
離欲欲界二義相應故於餘仙人分
別令異此菩薩於無邊衆生无量倍
勝而報百者由隨前所立此義必應
介何以故由除此人於外仙人挌量
須陁洹故若不介應以剡浮容林中
行挌量須陁洹說衆生依因依緣生
及衆生得住義已衆生死墮義亦已
說謂由福盡不由命盡等此義今當
說為於何識正起時衆生得死墮及
託生偈曰斷接善離欲退及死託生
此事於意識釋曰斷善根更接善根
離欲下界退失上界死生如此六法
於意識中成非於餘識由說生故託
中有義亦是所說若約受死生云何
偈曰於捨受死生釋曰捨命及受生

此二心在不苦不樂受中此受昧鈍故餘受則明了於明了識中死生不成於此意識中偈曰非一無心二釋曰死及生雖復在意識非一心及無心中何以故若人正在定心無死生義地非同分故功用所成故能為利益故於无心中亦不得死何以故若無心人則无損害是時依止若欲起變異是時隨屬依止心必定起現前後方捨命非餘若於受生時無心亦不應然心斷因不有故若離上心惑不得受生故是故於中無心不應道理死有有三種於前已說偈曰涅槃二无記釋曰於威儀心及果報心若於欲界中有果報名捨若无於威儀心般涅槃云何但於无記非餘心中此无記隨順心斷絕由力弱故若人正死於何身分中意識斷滅若一時死身根共意識一時俱滅若人次第死此中偈曰次第死脚齊於心意識斷下人天不生釋曰若人必往惡道受生及人道天道如此等人次第於脚於齊於心意識斷滅不更受生是名不生謂阿羅漢此人於心意識斷絕有餘部說於頭上何以故身根於此等處與意識俱滅故若人正死此身根如熱石上水漸漸縮減於脚等處次第而滅復次若衆生如此次第捨命於中多衆生為斫末摩苦受所逼方死云何斫末摩偈曰末摩水等釋曰末摩者於身有別處如偈言

於身有是處　由隨觸令死　若傷鉢羅花
鬚微塵所觸

故知身中有別處若於中被損觸能引令死此身分名末摩此末摩水風火中隨一大若起相乖似利刃斫之即便破壞此不如新等被斫即斷如被斫即無復動覺故說名斫云何不由地大第四病无故風熱淡三病如次第以風火水大為上首與外器世界三灾相似故是故於内身有三灾此斫末摩苦受死者多於此人起謂能數數行斫他末摩事此人必由斫末摩苦受死於諸天中無末摩苦受死雖然若諸天子應有退墮事先有五種小變異相現一衣服及莊嚴具出不可愛聲二身光闇昧三正浴時水渧住身四本心於塵馳動令住一塵五眼有瞬動此五或時不定復有五種大變異相現必不免死一衣服染著塵穢二花鬘萎燥三掖下汗出四臭氣入身五於自坐處不得安坐如此衆生世界如此生住退佛世尊安立屬三聚攝衆生聚有三種一正定聚二邪定聚三不定聚於此中偈曰正定邪定聚聖人無間作釋曰何者為正欲盡无餘瞋盡無餘癡盡无餘一切惑盡無餘故名為正經說如此聖者若此人相續中无流道已生故名聖云何名聖從惡墮法能遠出離故名聖由至得必定求離滅果故如此等人由於惑盡定故名正定若人已得解脫分能善根必定涅槃為法云何不立為正定此人後當墮於邪定此人不由時定定於正中辟如七勝等何者為邪地獄畜生鬼神道說此名邪此中作无間業人於地獄道中定故說名邪定若異二定所餘非定此義自成是三聚觀因緣屬

二不屬二

說衆生世界已器世界今當說偈曰此中器世界說於下依住深十六洛沙風輪廣无數釋曰三千大千世界諸佛說深廣謂依於空住下底風輪由衆生增上業所生此風輪厚十六洛沙由旬縱廣无復數堅實如此若大諾那力人以金剛杵懸擊擲之金剛砕壞而風輪无損於風輪上偈曰水輪深十一復有二十千釋曰於風輪上由衆生業增上諸雲聚集雨雨滴如大柱此水輪成深十一洛沙二万由旬云何於中水輪不傍流散由衆生業增上力故譬如所食所飲是諸食飲若未消時不墮熟藏餘師說如此或如食道理故由風所持故不流散餘部說如此復次此水由衆生業勝德所生有別風大吹轉此水於上成金如熟乳上生膏偈曰水厚八洛沙所餘皆是金釋曰所餘有幾許三洛沙二万由旬是名金地輪在水輪上水輪并金地輪厚量已說偈曰徑量有三千復有四百半有十二洛沙

水金輪廣尒釋曰此二輪徑量是同偈曰若周圍三倍釋曰若以邊量數則成三倍合三十六洛沙一万三百五十由旬金地輪在水上於此地中偈曰須弥婁山王由乹陁羅山伊沙陁羅山佉特羅柯山修騰婆那山阿輸割那山毗那多柯山尼旻陁羅山釋曰如此等山依金地輪上住八大山中央有須弥婁山所餘山繞須弥婁住一由乹陁羅二伊沙陁羅三佉特羅柯山四修騰婆那五阿輸割那六毗那多柯七尼旻陁羅此須弥婁山七山城所圍遶外山城名尼旻陁羅偈曰於四大洲外復有輪圍山釋曰於第七山外有四大洲於四大洲外復有鐵輪圍山由此山故世界相圓如輪於中偈曰七金此是鐵釋曰由乹陁羅等七山皆金所成此遶外圍山唯鐵所成偈曰四寶須弥婁釋曰約四邊次第金銀琉璃頗梨柯四寶所成諸邊隨能成寶類光明故於諸方中空色顯現似於本寶對剡浮洲須弥婁邊琉璃寶所成由此寶光

映故見空青色似於琉璃復次云何如此等寶得生於金地上復有諸雲雨水滴如車軸此水為種種種子胎藏有種種威德差別風次變此水轉成種種類寶如此轉變為生別種類事揔別由不先有及不並有道理能作因緣不同僧佉外道所立轉變義僧佉轉變者此物先已住轉成別法若尒有何失此有法不可解此法已住由有於中分別諸餘法何人說如此從法有法異此法類不異唯成異相說名轉變若尒亦非道理云何非道理此物即是即此不是先未曾有此言說道理如此方便金等諸寶已聚集生有別風由業威力所起此風能引取諸寶集在一處即成山成洲所取處成内外海須弥婁等山鐵輪圍為後偈曰入水八十千釋曰於金地上有水深八万由旬此中諸山次第入中偈曰此山出水上亦八万由旬釋曰如此須弥婁山高一十六万由旬偈曰八山半半下釋曰由乹陁羅山從水上高四万由旬半下須弥

婁山伊沙陁羅山半下由乾陁羅山如此於諸山應知次第半下乃至鐵輪圍山半下尼旻陁羅山高三百一十二半由旬偈曰高廣量平等釋曰如諸山從水上高量廣量亦尒偈曰其中間七海釋曰尼旻陁羅最為後於彼中間有七海遍滿八功德水此水冷美輕軟清香飲時不咽逆於喉飲已利益內界不損於腹此七海中偈曰初海八十千釋曰由乾陁羅內是第一海廣八万由旬偈曰說此名內海釋曰海有二種一內二外此二山內海偈曰三邊三倍釋曰已說此海廣八万由旬若約乾陁羅內邊數一一邊三倍此廣合成二洛沙四万由旬偈曰餘海半半狹釋曰由乾陁羅伊沙陁羅此二山中間是第二海半狹初海廣四万由旬半第二廣為第三由此半半狹應知餘廣量乃至第七廣一千二百五十由旬長量不說由多量差別出故偈曰所餘名外海釋曰何者為餘尼旻陁羅鐵輪圍二山中間名外大海此海醎遍滿醎烈味

水此海約由旬數廣偈曰三洛沙二万及二千釋曰大海量如此偈曰於中釋曰有四大洲對須弥婁四邊偈曰剡浮洲二千三邊相如車釋曰於此海中剡浮洲一邊二千由旬三邊等量其相似車於此洲中央從金地上起金剛座徹剡浮洲地與上際平一切菩薩皆於中坐修習金剛三摩提何以故更无餘依止及處能堪受此三摩提偈曰一三由旬半釋曰此第四邊廣量三由旬半是故此洲似車相偈曰東洲如半月釋曰從此洲向東對須弥婁邊有洲名弗婆毗提訶出海上其相如半月若約邊量偈曰三邊如釋曰此洲三邊如剡浮洲三邊量各二千由旬偈曰一邊三百半由旬釋曰是第四邊廣三百五十由旬偈曰瞿陁尼相圓七千半由旬釋曰從此洲向西對須弥婁邊有洲名阿婆羅瞿陁尼洲邊量七千五百由旬此洲相圓如滿月偈曰徑量二千半釋曰中央廣二千五百由旬偈曰鳩婁八千等釋曰從此洲向北對

須弥婁邊有洲名欝多羅鳩婁洲邊量八千由旬四角叓方其相似比陁訶四邊量等如一邊二千由旬餘邊亦尒無微豪增減隨諸洲相於中住衆生面相亦尒此四洲中間有諸別洲起諸洲何名何處偈曰二提訶鳩婁遮摩羅遮羅中間有八洲捨訶北牖陁釋曰此中有洲一提訶二毗提訶屬東毗提訶是彼類故又有二洲一鳩婁二高羅婆屬北鳩婁是彼類故復有二洲一捨陁訶二欝多羅牖陁屬西瞿陁尼是彼類故復有二洲一遮摩羅二阿婆羅遮摩羅屬剡浮洲是彼類故此諸洲皆是人所住處唯阿婆羅遮摩羅一洲是羅剎住處偈曰此中向北地九山邊雪山釋曰此剡浮洲中向北地有三黑山度三黑山復有三黑山度三黑山復有三黑山此山悉下故名蟻山九山北邊有雪山從雪山向北地偈曰香雪二山間五十由旬池釋曰雪山北邊香山南邊此處最勝其中有池名阿那婆恒多從此池流出四大河一恒伽

二辛頭三秋多四薄搜此池蹤廣各五十由旬遍滿八功德水非人所行處若有通慧人乃可得行此池南邊山高二十五由旬北邊山高五十由旬此二山雜物所成從香山北邊寂勝處有嚴名難陁七寶所成縱廣各五十由旬唯是爲王所住處從此度六國土及度七重林七重河度第七河更有二林形如半月此林北生剡浮樹此樹高百由旬此樹子若熟味美无等由此樹寂高子味寂美故洲因此立剡浮名地獄在何處其數量復云何偈曰向下二十千　阿毗指廣介釋曰於此剡浮洲下二十千由旬有地獄名阿毗指深廣各二十千由旬若從底向上四十千由旬於中苦受无間故名阿毗指何以故於餘地獄苦受有間如更活地獄中衆生身已被斫破及撞擣有冷風吹其還生故名更活地獄阿毗指中無如此事有餘師說於中无樂間苦故名無間何以故於餘地獄雖无樂果報不遮等流果故偈曰上有七地獄釋曰從此阿毗指地獄上有七種地獄次第重累一大燒二燒三大叫喚四叫喚五聚磕六黑繩七更活餘部說此七地獄在阿毗指地獄四邊此八地獄偈曰八十六園釋曰此一切地獄各各有十六園佛世尊說

如此八地獄　我說難可度　滿極惡業人
各有十六園　四面有四門　害具及量等
鐵城所圍繞　六方皆鐵板　鐵地恚爓熱
猛火恒洞燃　无數百由旬　遍滿焰交徹

何者為十六園偈曰熱灰及死屍刃路等烈江於彼四方釋曰此八地獄四面各各對門有四種園一熱灰園深皆沒膝衆生於中若下脚血肉即皆爛盡如臈滴赤鐵上舉脚血肉還生二死屍園此園死屍遍滿地皆是糞於中有虫名攘鳩多身白頭黑口利如針破彼衆生皮肉及骨噉食其髓三刀刃路園有大路遍密有利刀刃衆生於中若下脚血肉皆斷壞舉脚血肉還生復有劍葉林園於中有赤利劍等伏風吹墮落斫刺彼衆生身及身分復有鐵苫摩利林利刺長十六寸於中衆生或上或下若上刺頭則向下若下刺頭則向上刺彼衆生身血肉皆盡於中復有烏色及駮色狗各取彼衆生食之復有鐵嘴烏啄食彼衆生心眼此刀刃路等三衆生同為杖所害故合為一園四烈灰汁江園江名鞞多梨尼遍滿極熱烈灰汁水衆生若入其中於兩岸上有人捉劍槊叉等伏遮斷不令得上衆生在中或踊向上或沉入下或傍迴轉被蒸煮熟辟如大鑊滿其中水下燃猛火於中有米豆麻麦等被蒸煮熟彼衆生亦介此江園似大地獄壍此四園由方有異故成十六是寂極煞害困苦事處故名園有餘師說從地獄內出入彼更沒於苦故名園從問更生別問此地獄卒為是衆生為非衆生說非衆生若介彼云何行動由衆生業辟如成世界風等若介云何大德達摩須部吼底說偈言

恒瞋寂麁業　於惡起愛樂　見他苦生樂
必作閻摩卒

是彼獄卒由王教擲衆生於地獄中

故說彼為閻摩王羅剎非前能作煞害事立為眾生餘部說彼恙是眾生若尒此業復於何處受報當於此處受報何以故彼由宿惡業報故於此處生於中更作惡業即於中受報若尒作無間業眾生所受果報處彼在其中何法遮令不受此報云何彼在火中而不被燒汝作如此思不業為彼屬火故不被燒生於此中與餘不異云何為卒如此八種說名熱地獄偈曰八寒地獄頞浮等釋曰復有餘八寒地獄一頞浮陀二尼刺浮陀三阿吒吒四阿波波五漚睺睺(香侯反)六欝波羅七波頭摩八分陀利柯於此八中眾生極寒所逼由身聲創變異相故立此名此八是剡浮洲下大地獄傍剡浮洲如此廣量云何於中得容阿毗指等地獄處諸洲向下廣辟如穀聚是故大海次第漸深如此十六地獄一切眾生增上業所起有別處地獄由眾生自業所起或多人共聚或二人或一人此別地獄差別多種處所不定或在江邊或在山邊或在

曠野或在餘處地獄器本處在下畜生行處有三謂地水空大海為本處從海行於餘處鬼神以閻摩王處為本處此王處於剡浮洲向下深五百由旬有大國土縱廣亦五百由旬是鬼神本所住處從此本處散行餘處於鬼神道中有大福德業神通受用富樂如天上所餘諸鬼神如餓鬼本業經說復次月日在於何處在於風中何以故是風於空中由眾生共業增上所生繞須弥婁山轉如水洄洑能制持日月及星從此洲向上日月行高幾由旬偈曰日月弥婁半釋曰與由乾陁羅山頂齊彼行如此月日量云何偈曰五十一由旬釋曰月輪徑五十由旬日輪徑五十一由旬諸星輪量若最小徑一俱盧舍若最大徑十六由旬日輪下面外邊頗梨柯寶所成皆是火珠此寶能炙能照月輪下面外邊月愛寶所成皆是水珠此寶能冷能照由眾生業於眼身果花穀苗草樂等損益中如應有能於四洲中唯一月能作損益事一日亦尒此一日

於四洲為俱能作日所作事不尒云何不尒於中偈曰夜半日沒中日出同一時釋曰若於北鳩婁正半夜是時於東毗提訶日正沒於剡浮洲日正中於西瞿陁尼日正出於餘處例皆如此於此洲中由日行有差別夜剎那有時增有時減日剎那亦尒此中復偈曰雨際二後九夜則漸漸長釋曰雨時第二月第二半第九日從此去夜漸漸長偈曰寒際第四月夜短釋曰於冬時第四月第二半第九日從此去夜漸短偈曰日翻此釋曰是時夜若增是時日即減是時夜若減是時日即增幾量增幾量減偈曰日夜長羅婆釋曰夜若增增一羅婆日增亦尒此增次第應知偈曰日行南北時釋曰若日行剡浮洲南邊夜則長若日行剡浮洲北邊日即長於白半初云何見月輪不圓此有何因偈曰由自影近日故見月不圓釋曰若月宮殿行近日宮殿是時日光侵照月宮殿由此日影覆月餘邊是影顯月輪不圓分別世經說如此先

舊諸師説日月行相應有如此有時見不圓及半復次日等宮殿何衆生於中住四大天王所部天此諸天為唯住此中更有別處若住宮殿唯住此處若依地住在須弥婁山諸層中住此山有幾層一一層其量云何偈曰山王層有四相去各十千釋曰須弥婁山從水際取初層中間相去十千由旬乃至第四層相去亦介由此四層山王半量層層所圍繞此四層次第出復有幾量偈曰十六八四二千由旬傍出釋曰初層從須弥婁傍出十六千由旬第二八千第三四千第四二千由旬出何衆生得住此中偈曰俱盧多波㞐持鬘恒醉神諸四大王天釋曰有夜叉神名俱盧多波㞐住初層復有諸天神名持鬘住第二層復有天神名恒醉住第三層如此等皆是四大王天軍衆四天王自身及餘眷屬住第四層如於四層中四大王天眷屬住偈曰於餘山亦介釋曰於由乹陁羅等七山小大國土四大天王所餘眷屬住皆遍滿是故

四天王天衆皆依地住三十三天住須弥婁頂偈曰三十三住頂縱廣二十千釋曰於須弥婁山上帝釋及三十三天住此寂勝處此處縱廣云何有餘師説一一邊各八万由旬如下際此名寂勝處有餘師説於須弥婁頂中央一一邊各二万由旬周圍八万由旬為寂勝處三十三天於其中住偈曰方角有四峯金剛神所住釋曰須弥婁四維各有一峯此峯徑五百由旬高量亦介有夜叉神名金剛手於此中住守護諸天此須弥婁頂偈曰中央二千半高一由旬半有城名善見金軟多愛相釋曰須弥婁山王頂中央有大城名善見縱廣各二十千五百由旬高一由旬半皆金所成百一種類寶之所㽵餝城地亦介地觸柔軟猶如綿聚下足即没舉足還滿此城是帝釋所都之處偈曰一邊二百半皮闍延多殿釋曰天帝釋所住宮殿在大城中央名皮闍延多由種種寶類所㽵餝故此處寂勝能映奪諸天宮殿可愛相貌此殿縱廣

各二百五十由旬於大城内有如是等寂勝可愛相偈曰外衆車悪口雜喜園㽵嚴釋曰城外四面寂勝可愛處有四種園是諸天所遊戲處一衆車園二悪口園三相雜園四歡喜園此園於外㽵嚴大城偈曰中二十由旬四善地四方釋曰衆車等園四方各有別處名善地中間相去二十由旬是諸天寂勝希有遊戲處如手相姤生可愛想餘園所不及大城外邊偈曰東北波利園西南善法堂釋曰天中有樹名波利闍多是三十三天欲塵遊戲寂勝處樹徑五由旬高百由旬枝葉至杪四邊各出五十由旬周圍覆三百由旬住此樹花開敷時香順風薰滿百由旬香逆風薰滿五十由旬若順風薰此乃可然説逆風薰云何可信有餘師説不過樹界故故説此言何以故无香得逆風薰故有餘師説此一樹花香威德有如此事謂天上調和香風所遮隔此香猶相續不斷餘香若為風所吹則漸歇薄乃至都盡是故餘香去不得遠相

形於勝餘樹故說此言花香相續為依止自四大能薰餘處為但薰風不出餘處此中无定諸師許有二種若尒云何世尊說此偈

花香非能逆風薰　根實諸香亦皆尒
善人戒香逆風薰　正行芳流遍國界

是世間共知無如此能弥嬉沙塞部依人中香氣故說此偈何以故此香說此香順風薰百由旬逆風薰五十由旬有諸天集會堂名善法對大城西南角諸天於中坐論量世間應作不應作事四大天王及三十三天安立器世其相如此偈曰從此上宮殿天住釋曰三十三天上各有宮殿所餘諸天依其中住何者所餘謂夜摩兠師多化樂他化自在梵衆等如前所說合有十六處如此若略說合二十二部諸天所此等皆有別器世界偈曰六受欲釋曰於二十二中有六欲界天能受用塵欲非餘謂四大王天乃至他化自在天此六天偈曰身交抱捉手笑相視為婬釋曰依地住相應故皆二身交為婬謂四大王天

及三十三天與人道不異是諸天由風出故心熱即息以無不淨故夜摩天以相抱為婬心熱即息兠率陁天以捉手為婬化樂天以共笑為婬他化自在天以相視為婬一切欲天同以二身交為婬後相抱等四從辟時量得名分別世經說如此向上諸天如欲塵次第轉勝妙欲樂亦尒向上轉重於男天膝上及女天膝上若有童男童女天生此童男童女即是二天之子初生身量云何偈曰辟五年乃至辟十年初生生中釋曰次第於六欲天處第一天新生天子如人中五歲童子乃至第六天新生天子如人中十歲童子此新生天子速得身量圓滿成就偈曰皆具根有衣色界尒釋曰色界諸天具足身量衣裳被服自然著體以慙羞重故一切天同中國語說婆羅門言於欲界中此義應知偈曰於欲生有三欲界天及人釋曰云何三有諸衆生自然至得欲塵於自然得欲塵中作增上自在如諸人及諸餘天者謂前四部

天有諸衆生化作欲塵於化作塵中作增上自在謂化樂天有諸衆生他化作欲塵於他化作欲塵中作增上自在謂他化自在天此生由能受用如自然生塵故由能受用如意自所化作塵故由能受用如他化作塵故約此欲塵故欲界生有三於色界中偈曰樂生亦有三於三定九地釋曰於三定中有九地是名三種樂生何以故是諸天由離生樂由定生樂由離喜生樂長時安樂住无苦長時樂故故名樂生於初定中間生无喜樂故是樂生應思是諸天二十二處如前所說從下向上相去幾許是一切處不可皆以由旬數量其遠近雖然偈曰如此至彼量向上例皆尒釋曰從剡浮洲等向上處從此處向剡浮洲等如相去量從此處向上相去量亦尒如第四層四大天王所住處四万由旬從此如向剡浮洲相去量從此向三十三天亦尒從三十三天向剡浮洲相去量從此向夜摩天亦尒從夜摩天向剡浮洲相去量從此向

兜師多天亦尒如此一切廣例皆尒乃至從善見向剡浮洲相去量從此向阿迦尼師吒亦尒從阿迦尼師吒向上无復餘處由此義故此處勝於餘處无處勝於此處故名阿迦尼師吒有餘師說此處名阿伽尼師吒色聚集住名阿伽此處究竟名尼師吒復有餘師說此處名阿迦尼師吒謂所行究竟生下處衆生為得住上地見上地宮殿不冐日下天無能昇離通慧依他釋曰三十三天或由通慧得住夜摩天或由依他故得住謂有通慧人所引接或由上天所引接所餘諸天亦尒若諸天生在上地來下界下地得見上天若往上地則無所見以非其境界故如不能覺上地觸於見色亦尒是故彼不由自身來唯然由作下地化身故来下地故下地隨意得見上地隨意得見下地餘部說如此

阿毗達磨俱舍釋論卷第八

阿毗達磨俱舍釋論卷第八

校勘記

一　底本，金藏廣勝寺本。

一　八四四頁中四行品名，資、磧、普、南作「分別世間品之三」；徑、清作「分別世間品第三之三」。

一　八四四頁中八行「說諸」，資、磧、普、南、徑、清作「愛取」。

一　八四四頁中一七行「生別」，資、磧、普、南、徑、清作「一切」。

一　八四四頁下一三行第一〇字「此」，麗作「此此」。

一　八四五頁上九行第一二字「汙」，資、磧作「汗」。

一　八四五頁上一五行第一二字「糧」，資、磧、普、南、徑、清作「暉」。

一　八四五頁中五行第二字「三」，麗作「二」。

一　八四五頁中七行第一二字「立」，資、磧、普、南作「二」。

一　八四五頁下三行第一一至一二字「衆生」，資、磧、普、南、徑、清無。

一　八四五頁下八行第八字「住」，資、磧、普、南、徑、清作「位」。

一　八四五頁下一四行第一二字「淬」，麗作「濤」。

一　八四六頁上一行第一二字「此」，磧、普、南、徑、清作「此身心」。

一　八四六頁上二一行首字「執」，資、磧、普、南、徑、清作「報」。

一　八四六頁中一行第一三字「於」，諸本（不含石，下同）作「亦」。

一　八四六頁中二行首字「亦」，諸本作「於」。

一　八四六頁中三行第二字「錫」，資、磧、普、南、徑、清作「洋」。

一　八四六頁中一六行第六字「浮」，資、磧、普、南、徑、清作「浮洲」。

一　八四六頁下一一行第三字「報」，資、磧、普、南、徑、清作「執」。

一　八四六頁下一九行第二字「事」，資作「施」。

一　八四七頁中六行第一一字「苦」，

磧、普作「若」。

一 八四七頁中七行第一〇字「末」，資、磧、普、南、徑、清作「所末」。

一 八四七頁下二行第一二字「令」，麗作「令」。

一 八四八頁中六行第五字及一一行首字「特」，資、磧、普、南、徑、清作「持」。

一 八四八頁中六行第一一字及一一行第八字「婆」，資、磧、普、南、徑、清作「娑」。

一 八四八頁中七行首字及一一行第一二字「輪」，諸本作「輸」。

一 八四八頁下四行「風次」，諸本作「風吹」。

一 八四九頁上一行第三字「伊」，資、磧、普、南、徑、清作「半」。

一 八四九頁下二行第一〇字「其」，資、磧、普、南、徑、清無。

一 八四九頁下八行第八字「洲」，資、磧、普、南、徑、清作「八洲」。

一 八五〇頁中三行第二字「殪」，清作「殪」。

一 八五〇頁中五行第二字「八」，資、磧、普、南、徑、清作「此八」。

一 八五〇頁中一二行第八字「方」，諸本作「方異」。

一 八五〇頁中末行第八字「苫」，資、磧、普、南、徑、清作「鉆」。

一 八五〇頁下一行第三字「寸」，磧、普、南作「千」。

一 八五〇頁下一〇行第五字「踊」，徑、清作「涌」。

一 八五〇頁下二〇行第八字「吼」，麗無。

一 八五一頁上一一行「地獄」，資、磧、普、南作「獄」；徑、清無。

一 八五一頁中二二行首字「樂」，諸本作「藥」。

一 八五一頁下一行「不尒」，麗作「不不尒」。

一 八五一頁下一二行第一〇字「日」，磧、普、南作「日日」。

一 八五二頁中一六行首字「十」，諸本無。

一 八五三頁上八行「彌嬉」，資、磧、普、南作「妙彌」；徑、清作「如彌」。

一 八五三頁中一三行第九字「生」，資、磧、普、南、徑、清無。

一 八五四頁上八行第一〇字「迦」，資、磧、普、南、徑、清作「也」。

一 八五四頁上九行第一二字及一二行第二字、第一二字「住」，諸本作「往」。

一 八五四頁上一一行第四字「他」，資、磧、普、南、徑、清作「地」。

一 八五四頁上一七行末字「唯」，諸本作「雖」。

阿毗達磨俱舍釋論卷第九　勳

婆藪盤豆造

陳天竺三藏真諦譯

中分別世間品之四

復次夜摩等天宮其量云何上四天如須弥婁山量餘部說如此復有餘師說向上倍倍廣復有餘師說初定地量同一四洲世界第二定地量同小千世界第三定地量同二千世界第四定地量同三千世界復有餘師說初定等三地量同一千等世界第四定无復量復次何義名小千世界二千世界三千世界偈曰四洲及月日須弥婁欲界梵處各一千名小千世界釋曰一千剡浮洲乃至一千北鳩婁一千月日一千須弥婁山一千四大王天乃至一千他化自在天一千梵處說此名小千世界偈曰千倍此小千名二千中世界釋曰更千倍小千世界名二千中世界偈曰千倍三大千釋曰更千倍二千中世界名三千大千世界如此一切偈曰共同一壞

成釋曰如此等世界同有小大三災此大千世界同壞同成此義後當廣說如器世界量不同於中住衆生身量亦有差別不有此中偈曰剡浮洲人量四肘三肘半釋曰剡浮洲人從多身長三肘半或有人長四肘偈曰後後倍倍增東西北洲人釋曰東毗提訶人身長八肘西瞿陁尼人身長十六肘北鳩婁人身長三十二肘若天云何偈曰身量四分增乃至俱舍半欲界釋曰四大王天身長一俱盧舍四分之一三十三天身長四分之二夜摩天身長四分之三兜師多天身長四分化樂天身長五分他化自在天身長一俱盧舍半偈曰色界初半由旬次第釋曰色界諸天於初處梵衆天身長半由旬從此次第偈曰半半增釋曰於三處半半增梵先行天身長一由旬大梵天身長一由旬半少光天身長二由旬偈曰向上從少光上身倍倍增唯除無雲三由旬釋曰无量光天身長四由旬遍光天身長八由旬如此倍增由旬乃至遍淨

天身長六十四由旬無雲天倍增減三由旬身長一百二十五由旬從此後福生等天更倍增乃至阿迦尼師吒天身長十六千由旬身量向後有如此差別壽量亦有差別不有偈曰北鳩婁千年於二離半半釋曰北鳩婁人定壽千年於西東二洲壽量半半減西瞿陁尼壽五百年東毗提訶壽二百五十年偈曰此不定釋曰於剡浮洲壽量不定有時極多有時極少多少云何偈曰最後十歲釋曰此壽漸減最後唯有十歲偈曰初叵量釋曰劫初生眾生壽命不可量由千等數不能計量故說人壽已今當說天壽若先安立日夜方得計諸天壽天日夜云何偈曰人中五十年彼天一日夜欲下天釋曰人中五十年於欲界最下天謂四大王天是一日一夜偈曰以此彼壽五百年釋曰以此三十日夜立為一月以十二月立為一年以此五百年為彼天壽量偈曰向上後倍增釋曰上地諸天倍增為日夜以此日夜計彼壽量彼壽云何人

中一百年是三十三天一日一夜以此日夜一千年為彼天壽量應知夜摩天等次第如此人中二百四百八百十六百為彼一日一夜以此日夜二千四千八千十六千天年次第為上天壽量從由乹陁羅向上无日月諸天云何安立日夜用明光事云何得成由花開花合謂俱牟頭花波頭摩花等諸鳥有鳴不鳴睡有來去以此等事判日夜用光明事者身自然光不須外光說欲天壽量已偈曰色界无日月由劫判彼壽劫數如身量釋曰於色界中若有諸天身量半由旬壽量則半劫若身量一由旬壽量則一劫如此彼身隨由旬數彼壽量劫數皆隨身量乃至阿迦尼師吒天以六十大劫為壽量偈曰無色二十千劫後二增釋曰於空無邊入壽量二十千劫識无邊入更增二十千劫無所有入更增二十千劫有頂更增二十千劫此壽量二十四十六十八十千劫此中應知云何為劫為是別劫為是壞劫為是成劫為是大劫偈曰從少光大劫從此下半劫釋曰從少光

梵處應知壽量約大劫從此下半大劫說名劫以分別大梵等壽量云何如此是時世間二十別劫成二十別劫成已住二十別劫散集是六十別劫於大梵處說名一劫半分別如此已是半劫謂四十別劫立為一劫說彼壽量說善道壽量已惡道壽量今當說偈曰與欲界天壽日夜次第等於更活等六壽量如欲天釋曰如所說六欲天壽量於六地獄日夜應知次第皆等六者謂更活黑繩聚磕叫喚大叫喚燒然於彼由旬日夜等六欲天壽量應知於彼壽量亦等六天壽量云何如此所說四天王壽量於更活地獄是一日一夜以此日夜立月立年以此五百年為其壽量三十三天壽量於黑繩地獄是一日一夜以日夜於中壽量足一千年如此於餘處次第應知乃至他化自在天壽量於燒然地獄是一日一夜以此日夜於中壽量足十六千年偈曰於大燒半劫阿毗指別劫釋曰於大燒燃地獄壽量半別劫於无間地獄壽量足

一別劫於畜生壽量无定偈曰畜生極別劫釋曰若畜生中寂極長壽但一別劫謂諸龍難陁優波難陁阿輸多利等何以故佛世尊說比丘有八部龍名大龍皆一劫住持於地輪廣說如經偈曰鬼日月五百釋曰人中一月於鬼神是一日一夜以此日夜壽量五百年於寒地獄壽量云何偈曰從婆訶百年除麻盡為壽頞浮陁二十倍倍後餘壽釋曰約辟喻佛世尊說寒地獄壽量如經言比丘辟如此中二十佉梨是摩伽陁量一婆訶麻遍滿高出從此有人一百年度除一粒麻比丘如此二十佉梨一婆訶麻由此方便我說速得咸盡我未說於頞浮陁生衆生壽量得盡比丘如頞浮陁壽量更二十倍為尼剌浮地壽量乃至比丘二十倍波頭摩壽量為分陁利阿壽量如此等壽量為有未具足於中間死不一切處有偈曰除鳩婁中夭釋曰於北鳩婁洲一切人壽量皆定必用具量壽盡方得捨命於餘處壽命不定若約別人於中間

多不得死謂住境師多天一生補處菩薩最後生菩薩佛所記佛所使信行法行菩薩母轉輪王母正懷胎如此等由由旬量說處所及身量已由年量說壽命量已此二量未說如此一切用名分別此名窮量顯亦應說為說此三是故初立方便偈曰隣虛字剎那色名時寂極釋曰若分分析色極於隣虛故隣虛是色極量時量亦尒極於剎那名量亦尒極於輕字如伊短音復次剎那者何量若因緣已具足隨時法得　一生是時名剎那復次是法若行度一隣虛是時名剎那復次若有强力丈夫一彈指頃經六十五剎那阿毗達磨師說如此於此中偈曰七隣虛阿耨塵鐵塵水兔羊牛隙塵蟣虱麦指節應知後後七倍增釋曰以隣虛為初應知後後皆七倍增七隣虛為一阿耨七阿耨為一鐵塵七鐵塵為一水塵七水塵為一兔塵七兔塵為一羊塵七羊塵為一牛塵七牛塵為一隙光中塵七隙光中塵為一蟣七蟣為一虱七虱

為一麦七麦為指一節三節為一指是世間所解故偈中不說若横並指偈曰二十四指量一肘四肘一弓五百弓俱盧舍此名阿練若釋曰十二指為一磔手二十四指為一肘四肘名一尋亦名一弓五百弓為一俱盧舍亦名村亦名阿練若偈曰此八一由旬釋曰此八俱盧舍為一由旬說由旬量已年量今當說偈曰百二十剎那怛剎那釋曰一百二十剎那為一怛剎那偈曰六十說名一羅婆釋曰六十怛剎那說名一羅婆偈曰後三三十增是　一牟休多及一日夜月釋曰三十羅婆為一牟休多三十牟休多為一日夜夜有時長有時短有時等三十日夜為一月偈曰十二月一年一年共減夜釋曰寒際有四月熱際有四月雨際有四月如此十二月立為一年共減夜何以故有六減夜入一年中云何如此

寒熱雨三際中月半已度　於餘半月中
智人知減夜

說年量已劫量今當說偈曰說劫有

多種釋曰別劫壞劫成劫大劫此中偈曰壞劫地獄盡乃至器世滅釋曰於諸地獄中從無復衆生乃至器世界滅是名壞劫何以故壞有二種一道壞二界壞復有二種壞一衆生壞二器世界壞有如此時於此時中地獄衆生但死无復受生此時是壞劫之初是時世間二十別劫成已住此住劫應知已度更二十別劫世間應壞是壞此時應知次第復至若是時於地獄中无一衆生為餘由此時量世間已壞由地獄壞故於此時中若衆生有定業必應於地獄受報未盡業引此衆生於餘世界地獄受報畜生壞劫鬼神壞劫亦應作如此說住大海畜生先壞共人行畜生後壞復有如此時於人道中隨有一人自然無師法尒所得修入初定此人從初定出說如此言善人從離生喜樂寂美妙善友從離生喜樂微細寂靜餘人聞此言復各修學此定如此等人捨命後皆生梵處若是時於剡浮洲无一衆生為餘由此時量世間已壞由

剡浮洲壞故如此東毗提訶西瞿陁尼北鳩婁壞亦應作如此說若是時於人道无一人為餘由此時量世間已壞由人道壞故北鳩婁人捨命生欲界天於自他中無離欲故如此於四大王天修習初定已生於梵處若是時於四大王天無一天為餘由此時量世間已壞由四大王天壞故如此乃至他化自在天壞亦應作如此說若是時於欲界天無一天為餘由此時量世間已壞由欲界壞故於梵處隨一衆生法尒所得修入第二定從此定出說如此言此樂寂美妙謂定生喜樂此樂寂寂靜謂定生喜樂餘人聞此言復各修學此定如此等天捨命後皆生遍光天處若是時於梵處无一衆生為餘由此時量世間已壞由衆生壞故是時器世界皆空從此時初定道所起能感器世界業悉已謝滅七日次第出乃至燒大地及須弥婁山無復餘從此猛火風吹光焰上燒梵處如此光焰應知是初定地同類何以故若灾非同類則不能

壞由相應發故故說此火能燒何以故是欲界火能接色界火故此義於餘灾如理應知亦尒從地獄中由衆生死不更生乃至器世界盡經如此時說名壞劫偈曰成劫先於風乃至地獄有釋曰從初風起乃至於地獄有衆生是名成劫何以故世間如此已壞唯空為餘於長時住乃至後衆生業增上故諸世界器先相初起謂於空中有微細風漸漸而動是時世間二十別劫壞已住此壞劫應知已度更二十別劫世間應成此成是時應知次第復至從是時諸風漸漸增大乃至成就如前所說風輪如前所說次第事一切皆成謂水輪及大地輪金地輪乃至諸洲須弥婁山等初成大梵天宮殿次第乃至成夜摩天宮殿從此後風輪起由此時量應知世間已成由器世界成故是時隨有衆生應作大梵王從遍光天墮於大梵宮殿受生餘諸衆生從彼次第墮有生梵先行處有生梵衆處有生他化自在處如此次第乃至於北鳩婁

西瞿陁尼東毗提訶剡浮洲鬼神道
畜生道地獄道處受生此是法介謂
後世間壞先世間成是時若一衆生
於地獄處受生由此時量世間二十
別劫已成此成劫應知已度更二十
別劫世間應住此住是時應知次第
復至偈曰別劫從无量乃至成十歲
釋曰從世間初成十九別劫於無量
壽時中已度此无量壽衆生壽命漸
減乃至十歲世間已成及住是住初
別劫偈曰初下一別劫次上下十八
釋曰從此初住後有十八上十八下
為十八別劫云何如此從此十歲衆
生壽命若轉增上乃至八万歲復轉
減下乃至十歲是第二別劫如此乃
至十八偈曰後上一別劫釋曰冣後
一上別劫即住劫第二十別劫如此
若下從八万乃至十歲若介增上至
幾量為究竟偈曰乃至壽八万釋曰
過此无復上於十八劫中如一上一
下時量初住下劫時量亦介冣後上
劫時量亦介是故一切時量平等偈
日世間如此成住經二十劫釋日由

此別劫道理世間二十別劫成已住
如成住時量於如此等時偈曰劫成
及破壞壞住皆平等釋曰二十別劫
世間成二十別劫世間壞二十別劫
壞已空住雖於此三時無上下量劫
然此劫量皆平等若筭數平等故此
中由一別劫器世界成由十九別劫
此處成所住由一別劫器世界被離
由十九別劫器世界空無衆生如此
別劫有四種二十合成八十偈曰八
十名大劫釋曰若大劫其量如此此
劫以何法為自性五陰為自性於經
中說由劫三阿僧祇諸佛得无上菩
提果此三阿僧祇於四劫中為是何
劫此中所說是大劫以此偈曰大劫
三僧祇釋曰由三劫阿僧祇所求佛
果方成阿僧祇既無數邊三數云何
成不應如此知若介云何雖然有六
十數處名一阿僧祇於餘經中說如
此何者為六十有第一數无第二數
是處名第一十此第一名第二處十
第二處名百十百名千十千名万十
万名洛沙十洛沙名阿底洛沙十阿

底洛沙名俱胝十俱胝名末持訶十
末持訶名阿由多十阿由多名摩訶
由多十摩訶由多名那由多十那由
多名摩訶那由多十摩訶那由多名
波由多十波由多名摩訶波由多十
摩訶波由多名爵僧伽十爵僧伽名
摩剡僧伽十摩剡僧伽名婆訶那十
婆訶那名摩訶婆訶那十摩訶婆訶
那名知知婆十知知婆名摩訶知知
婆十摩訶知知婆名醯兜十醯兜名
摩訶醯兜十摩訶醯兜名柯羅婆十
柯羅婆名摩訶柯羅婆十摩訶柯羅
婆名因陁十因陁名摩頭陁十摩頭
陁名婆末多十婆末多名摩訶婆末
多十摩訶婆末多名伽知十伽知名
摩訶伽知十摩訶伽知名維婆十維
婆名摩訶維婆十摩訶維婆名物陁
十物陁名摩訶物陁十摩訶物陁名
婆羅十婆羅名摩訶婆羅十摩訶婆
羅名杜那十杜那名摩訶杜那十摩
訶杜那名毗休多十毗休多名摩訶
毗休多十摩訶毗休多名婆洛沙十
婆洛沙名摩訶婆洛沙十摩訶婆洛

沙名阿僧祇開中有八處忘失
阿毗達磨俱舍釋論卷第九　第十五張　勤字号
如此大劫次第數至第六十處說名一阿僧祇度一更如此數名第二第三亦尒故說三阿僧祇非一切方便所不能數故名阿僧祇衆生先已發願云何復須此最長時修行方得無上菩提如此事云何不應有何以故由大福德智慧資粮行由六波羅蜜百万難行道於大劫三阿僧祇中无上正覺果諸菩薩方得若由別方便有解脫理何用久修此大難行道為他故須如此大功用云何我等從大苦流有能為拔濟他由此意故　久修行由他利益於己有何自利是已自利謂他利益是已所樂故君此事令何人能信此事實難可信若人荷負自身為重於他无慈悲若具智慧慈悲人此事易信辟如於世間有諸餘人恒習惡過失於中雖无自利益欣樂他損惱事衆所共見如此復有餘人恒習大悲於中無自利益欣樂行利益他事是故此事可比復次辟如世間凡夫由長時數習故於諸行法實非自我不能了別諸行體相於
阿毗達磨俱舍釋論卷第九　第十六張　勤字号
諸行中生起我愛因此我愛恒荷負衆苦如此復有餘人於長時由數習慧於自相續棄捨自愛於他增長自愛因此愛故為他荷負衆苦是故應知此義不異復次有別性如此種類起由他苦故苦由他樂故樂不由自身故彼不見他益事異自利益此中說偈

下人求自樂　作種種方便　中人求滅苦
非樂苦依故　上人由自苦　樂他得安樂
及他苦永滅　他苦自苦故

為於劫上時諸佛出世為於劫下時至百釋曰世間人壽八万歲時壽減諸佛出世偈曰成佛於劫下減八万正發乃至人壽百歲於此中間諸佛世尊出現於世云何不於劫上時出於此時中衆生難教厭離云何不於百下時出於此時中五濁熾盛何者為五一命濁二劫濁三惑濁四見濁五衆生濁下劫將末命等五最麁最下已成滓故說名為濁由前二濁次第損減壽命及損減樂具復由二濁
阿毗達磨俱舍釋論卷第九　第十七張　勤字号
損減助善何以故因此二濁有諸衆生多修習欲塵樂行及自苦行能損在家出家助善由後一濁損減自身身量色無病力智念正勤不動此德壞故獨覺於何時出世偈曰上下時獨覺釋曰獨覺於上劫及下劫時皆得出世何以故獨覺有二種一部行二犀角喻此中部行者先是聲聞或名獨勝有餘師說有先是凡夫後成部行獨覺若此人於前世已修決擇分能善根今生自然覺悟聖道云何得知於本行經中說有一山處有五百外仙修難行苦行乃至有一獼猴與獨覺共住後至外仙所現獨覺威儀庄飭五百外仙皆成獨覺若先是聖人不得修難行苦行犀角喻者謂獨自住二種獨覺中偈曰犀角喻百劫釋曰足一百大劫修行菩提資粮方成犀角喻獨覺云何名獨覺離師正教於一自身如理覺悟故名獨覺何以故諸獨覺但調伏一身不調伏他故云何名犀角喻於人天道最勝品中真實无等故何因不覺悟他諸

獨覺非无能為他說法具得四無礙解故彼亦有能能憶持往昔諸佛所說正教及為他說故彼亦非無慈悲為利益他恒現通慧故不由衆生不感聖果故不為說何以故是時亦有修世道離欲諸仙雖然亦由宿世數習故由喜樂少求故是故不能說正教令他受甚深法何以故隨愛流行世間難可引濟令其逆流故為離雜行攝部衆故怖畏散乱雜談說故

復次轉輪王於二時中何時出世偈曰減八万歲時无轉輪王生釋曰人壽無量時乃至壽八万歲轉輪王生於世間不減八万時何以故若人壽減八万是人非此吉祥富樂器故由輪成王位為法故名轉輪王此王有四種偈曰金銀銅鐵輪釋曰若人以金為輪此人是上上品以銀為輪是上品以銅為輪是中品以鐵為輪是下品偈曰四隨下次第一二三四洲釋曰若人以鐵為輪此人為一洲王以銅為輪為二洲王以銀為輪為三洲王以金為輪為四洲王分別世中

說如此於經中由偏顯勝故但說金輪經言若王生刹帝利種已受灌頂位於布薩時白半十五日王從頭次第洗竟持八戒布薩昇上高樓大臣等集皆悉圍繞於東方有輪寶出現千輻具足有轂有輞一切莊嚴无不圓備如善巧工匠所作一切皆金来至王所應知此王必是轉輪王若餘轉輪王生亦尓偈曰非二俱如佛釋曰於經中說无處無位謂无前無後二如来阿羅呵三若三佛俱出現世間有處有位若一如来二如来二轉輪王亦尓此中是義應思是所許處為約大三千世界為約一切世界餘部說諸佛世尊但一處出餘處則无何以故為許諸佛世尊功能有關是一世尊於一切處具有能故若於一處一佛不能荷負一切受化弟子餘佛於中亦无有能於經中說云舍利弗若有一人來至汝所問汝言大德於今時為有沙門婆羅門與瞿曇沙門平等平等於无上菩提不汝若被問當云何荅世尊若有一人来至我所

作如此問我若被問應如此荅於今時无有沙門婆羅門與我世尊平等平等於无上菩提何以故世尊我從世尊吉祥口證聞此言證持此言无處无位謂無前无後二如来阿羅訶三若三佛俱出現世間有處有位若一若尓佛世尊於梵王經說此義云何經言梵王於三千大千世界中我自在成此言是不了說義說何義不了若如来約自性心不作別故意正說利益他等於此境界皆自然成若如来作別故意境界則隨意无邊有別部說於餘世界各有諸佛如来何以故是多人共俱修菩提資粮有多佛世尊於一處一時出現無如此理若出現餘處則无有礙是故必於餘世界等成正覺若尓此義中前所引經云無處无時謂無前无後二如来出現於世此義今云何將此義令應思量此經為約一世界說為約一切世界說若約一切世界說轉輪王不應出餘世界由遮俱生故辟如如来若汝忍如此此義云何不忍諸佛出

現世是大吉祥福若多佛出多世界无有過失於世間无量衆生得與大福德已利相應若尒於一佛田云何二如來不俱出世无用故隨本願故故諸菩薩發如此願於盲世間无將導无救無依願我於中成佛為眼及依為令敬恭及疾行故何以故若一佛則生他極重恭敬又令他思惟如此餘佛𡨥難可得是故如所立教速疾修行勿大師去已及般涅槃我等无依止復次是四種轉輪王由金輪等制伏天下云何能制伏次第偈曰他迎自往彼爭伏勝釋曰若王得金輪為具剎浮洲諸國王各自來迎候各云我等國土富樂平安豊壤遍多人衆皆屬天尊願天尊教勅我等皆是天尊翼從若王得銀輪為具王自往彼土諸王皆下心歸伏若王得銅輪為具王往近彼土遣使去還與共計爭然後諸王方下心歸伏若王得鐵輪為具王自往彼土擐甲捉杖示攻伐相然後諸王方下心歸伏一切轉輪王偈曰无害釋曰若捉仗制伏他土

尚無殺害何況餘王伏天下已一切衆生住王國土王悉教令受持十善法是故諸王必定生天經中說由轉輪聖王出現於世世間則有七寶現生何者為七一輪寶二象寶三馬寶四摩尼寶五女寶六長者寶七大臣寶為等諸寶是衆生類云何由他業生若无一衆生由他業生此人先共造諸業能感互相應報此人若受生餘衆生由自宿業生與此人相應此轉輪王與餘王為唯七寶有差別為更有餘差別有餘差別謂此四轉輪王有三十二大人相餘王則无辟如諸佛若尒王與佛何異於中偈曰處正明了圓佛相餘无等釋曰佛三十二相有三德與王相不同三德者一處極正不偏二極明了不隱昧三極圓滿无減缺劫初諸人為有王為無王雖然偈曰初生如色界釋曰劫初生人如色界衆生各自在住經中說劫初生人有色意生具身身分具根無減色形可愛自然光明能飛行空中喜樂為食依喜樂於久長時住偈曰

衆生漸貪味為嬾墮儲蓄由財雇守田釋曰衆生已如此成地味漸出其味甘美勝細蜂蜜於中有一人貪愛為性聞地味香試取嘗之遂便噉食餘人次第隨學此事初發段食在於此時是時諸人由數習此食於身生堅重二觸失先光明從此有黑暗起是時日月出現由貪味故是彼地味次第滅盡地皮乾起以此為食於中起貪又失此食次生林藤以此為食於中起貪又失此食次生舍利不由耕種自然而有以此為食此食𡨥麁變異有殘為除此殘生大小便道此道與男女根俱生相貌亦異是時彼人互相瞻視由隨先惑習氣起邪思惟由邪思惟羅剎所吞婬欲變異於心猛盛即便犯罪是婬欲鬼初發入心在於此時是時彼人晚時為晡食曉時為晝食相要共取舍利於中有一人嬾墮為性長取舍利儲宿為食餘人學之亦各儲宿是時於中即生我所因此我所後取舍利將已即盡不復更生是時彼人即共分田於自

分田生重貪惜於他所得作侵損事初發偷盜在於此時為遣此失皆共集聚其中有一勝人諸人各以所得六分之一共雇此人為守田主彼說此人為差（初知反）多羅莎米（亡履反）差多羅莎未故得剎帝利名大人眾所許能染世間心是故初主名摩訶先摩多王一切王相傳此王為初於中若有人心出家外是人得名婆羅門後時有一王由貪惜財物於民不行分施恩事諸人由貧乏故多行盜事王於此罪人好行刀杖治罰事初發煞害在於此時是時罪人覆藏說言我不作此事初發妄語在於此時偈曰次由十惡增壽減至十歲釋曰次第由此方便業道增長故壽命漸減於最後時一切人皆壽十歲是故一切災橫二法為根本謂貪味及嬾墮是時人壽十歲是別劫出盡云何出盡偈曰是劫由杖疾及餓災故出釋曰別劫有三因緣故出盡一刀杖二疾疫三飢餓別劫出盡時是十歲人非法欲所染不平等貪所逼邪法所遍是人

瞋毒轉增上若互相見即起極重瞋煞心譬如今時獵鹿人見野鹿是時諸人隨有所捉或木或草於彼人悉成極利刀杖彼人作是思惟我今必應在前是故更互相煞由此皆死復有別劫出盡時是十歲人由罪過多故鬼神起憎惡心於彼作諸災橫是故處處遭阿陸闍病由此皆死復有別劫出盡時是十歲人由罪過多故天神龍起憎惡心不復降雨是故處處飢餓窮困由此皆死是時有三粮一旃遮粮二白骨粮三籌粮名旃遮粮者此有二因今時聚集彼時名旃遮又奩子名旃遮是時諸人飢羸所逼聚集聚集皆飢餓死又為護惜來歲粮及憐愍眷屬於將來時藏舉少粮及種子置奩子中故名旃遮粮白骨粮者亦有二因是人身燥澁既久死後少時骨即白色又無食飢餓取此白骨煮汁飲之籌粮者亦有二因是時諸人由次第傳籌家家分張粮食今日家主食明日婦食如此次第復次昔時曾有穀處開坼以籌挑取

隨得穀粒以多水煮之飲以為粮於經中傳說如此若人能於一日護離煞生戒能施一訶梨勒或於大衆起恭敬心能施一食是人於刀杖疾疫飢餓劫時不於中生刀杖疾疫飢餓三災起各幾時偈曰七日及七月七年次第盡釋曰由杖煞害衆生災於七日內起疾疫災於七月七日內起飢餓災於七年七月七日內起是時於二洲人亦有似三災事起瞋恚於彼增長至重黑瘦惡色及身羸弱於彼亦起飢渴亦起是各各所說三災於諸災中應知次第皆有偈曰散集劫有三由火水風起釋曰於一一定處衆生下散上集故名散集劫由七日出故有火災由大雨水故有水災由大風相違故有風災由此三災器世界極細分皆盡無餘此中有餘外道師執說如此隣虛常住於此時中以此為餘云何彼樂執此義諸餘大物後更生時勿彼生無種子為不如此耶是衆生業勢力所生風由功能勝說為種子復次災頭風亦為種子

因弥嬉沙塞部經中說風從餘現成世界引載彼種子來雖然諸外道師不許芽等從種子生若尒彼執云何從自分生乃至自分從自隣虛生若尒種子等於芽等中有何功能離安立隣虛无別功能由芽隣虛從種子出故何因彼許如此從非同類因果生此不應理云何不應理若尒一切物生則應不定是義不然由功能定故无不定義譬如槃熱等若是義不然何以故求鄉法種種不同踚腊脾反蘖也法不尒若物欲生必從同類物生譬如從竹苴生從縷衣生今不相應義起此中何義不相應引不成就義竹衣異縷此義不成就何以故是竹證不成就義此中何義不成就苴異云何得知於一縷和合中不見衣故是縷如此聚集故得別名譬如蟻行何以故於中若衣實有何法能障令不顯現若不具有但有衣分此則非衣何以故唯聚集為衣故復有何一分衣異於此縷若由觀多依和合故衣成唯縷和合中已應見衣无見有

此衣物中後不對根故知離縷无有別衣若衣分分次第對根不應說由眼由身證得為有分由次第決證有分故是故衣智但緣分起譬如火輪若縷有別色類事衣无色等故則衣不可得若衣有種種色等別類不生別類此義不成於無種種色等別邊不應見衣或應即於此邊見種種色衣縷有種種事衣應无種種異是故知衣无有別物復次火光燒照等有差別此光於初中後不應有色觸及事等隣虛雖過根若聚集則可證如彼能作事眼等諸根若生瞖瞕等則不見散髮等何以故一髮等於彼過根故譬如隣虛是故知汝但於色等假立隣虛名由此義故色等滅時隣虛即同滅若隣虛是物實異色等不應與色同滅若同滅異義則不成隨愚智類不可分別此物是地水火風此物中色聲香味觸是德汝執言諸物是眼耳所證毛古貝紅花欝金若被燒彼智即無故知彼智但緣色等乖熱所生德起時由形貌相似故

瓶智更生譬如色行何以知然若人不見形貌不能知故於嬰兒言何足可重今且止破彼執復次於三災中何災何為顯偈曰三定二定等次第三災頭釋曰諸災有三火災以第二定為頭下地燒然水災以第三定為頭下地爛壞風災以第四定為頭下地散滅隨諸災上地說名災頭何因三定地由火水風破壞偈曰由等彼內災釋曰於初定地覺觀為內災此覺觀能起心燋熱外火同於第二定喜為內災此喜與輕安觸相應能令依止軟滑與外水同於此定中一切身遍遶觸滅故說是苦根滅處於第三定出入二息為內災此即是風於定於三摩跋提若如實有此內災於此定等必有如此外災云何無地災地名器世此地與火水風相違不與地相違若尒於第四定有何災偈曰四无不動故釋曰於第四定離內災故佛世尊說彼名不動是故於中水災不起故彼無災餘部說由淨居天威力故無災何以故彼无復能得入

无色界及住餘處愛生定於彼般涅槃故於彼無災若尒第四定器應是常住偈曰无常衆生共宮殿生滅故釋曰第四定不共一地相應云何各各地住與他不共辟如衆星於中若有衆生受死墮宮殿與彼俱生俱滅故此地非常住此三災起次第云何若无間偈曰七火一水災釋曰先七災由火起後一災方由水起如此次第更七災由火起隨七火災後各一水災起偈曰七水災已度後復七火災釋曰由此次第七水災已度後復七火災更次第起偈曰然後風災起釋曰從此後一風災起何因如此於彼衆生由定勝德如自身住差別所居處亦尒此住幾時經五十六火災一風災若作如此義分別立世論則被隨順彼論云六十四劫是遍淨天壽量

阿毗達磨俱舍釋論卷第九

阿毗達磨俱舍釋論卷第九

校勘記

一　底本，金藏廣勝寺本。

一　八五六頁中四行品名，資、磧、普、南作「分別世間品之四」；徑、清作「分別世間品第三之四」。

一　八五六頁中一九行第二字「名」，徑、清無。

一　八五六頁下一〇行「俱舍」，資、磧、普、南、徑、清作「俱盧舍」。

一　八五六頁下一一行「四大王」，資、磧、普、南、徑、清作「四天王」。

一　八五六頁下一三行「兆師」，資、磧、普、南、徑、清作「兆率」。八五八頁中一行同。

一　八五六頁下一五行第一三字「初」，徑、清作「初長」。

一　八五六頁下二一行「除無雲三由旬」，徑、清作「無雲减三」。

一　八五七頁上七行「二洲」，資、磧、普作「一洲」。

一　八五七頁中八行第六字「花」，資、磧、普、南、徑、清無。

一　八五七頁中一六行「六千」，諸本（不含石，下同）作「十六千」。

一　八五七頁中一七行「二增」，諸本作「二二增」。

一　八五七頁下一七行末字「以」，諸本作「以此」。

一　八五八頁上一七行「浮地」，諸本作「浮陀」。

一　八五八頁上一九行第四字「阿」，諸本作「柯」。

一　八五八頁上二一行第四字「夭」，徑、清作「天」。

一　八五八頁上二二行「用具量壽」，諸本作「具壽量」。

一　八五八頁中四行「由由」，資、磧、普、南、徑、清作「由」。

一　八五八頁中五行「二量」，諸本作「二齊量」。

一　八五八頁中六行「顯亦應說」，諸本作「亦應顯說」。

一八五八頁中一六行第一〇字「塵」，經、清無。

一八五八頁下三行「量一肘四肘一弓」，磧作「量一肘四肘一」；經、清作「肘四肘名一」。

一八五八頁下四行第二字「弓」，經無。

一八五八頁下一三行「十僧」，資、南、經、清、麗作「十增」。

一八五八頁下一四行「多三十」，南作「多二十」。

一八五九頁中一行第五字「故」，麗作「敗」。

一八五九頁中五行第六字「他」，諸本作「地」。

一八五九頁中二〇行末字「及」，諸本作「及諸」。

一八五九頁下九行第三字「增」，資、磧、普、南、經、清作「壞」。

一八五九頁下一六行「輪金」，資、磧、普、南、經、清作「金」；麗作「金輪」。

一八六〇頁中七行末字「劫」，麗作「切」。

一八六〇頁下一三行「頭陁十摩頭」，資、磧、普、南、經、清作「顯陁十摩顯」。

一八六一頁上一行「間中有」，資、磧、普、南、經、清作「中間」。

一八六一頁上一三行末字「久」，資、磧、普、南、經、清作「他久劫」；麗作「久劫」。

一八六一頁上一五行「故君」，資、磧、普、南、經、清作「故若」。

一八六一頁中四行首字「慧」，諸本作「智慧」。

一八六一頁中八行「他益」，諸本作「他利益」。

一八六一頁中一二行「永滅」，磧作「次滅」。

一八六一頁中一八行第一〇字「離」，諸本作「離故」。

一八六一頁中二〇行第二字「五」，諸本作「五濁」。

一八六一頁下末行「真實」，資、麗作「貞實」。

一八六二頁上八行第四字「受」，資、磧、普、南、經、清作「愛」。

一八六二頁中一行第八字「徧」，麗作「偏」。

一八六二頁中五行「圍繞」，資作「闉繞」。

一八六二頁中一二行第一〇字「來」，資、磧、普、南、經、清無。

一八六三頁上七行「敬恭」，資、磧、普、南、經、清作「恭敬」。

一八六三頁上一〇行第四字「勿」，南、經、清作「忽」。

一八六三頁上一五行「國土」，磧、普、南作「國王」。

一八六三頁上一七行第一三字「正」，諸本作「王」。

一八六三頁中三行第五字「必」，麗作「死」。

一八六三頁中七行首字「爲」，諸本作「象」。

一　八六三頁中一八行末二字「無王」，資、磧、普、南、徑、清無。

一　八六三頁下一〇行「林騰」，資、磧、普、南、徑、清作「林藤」；麗作「林騰」。

一　八六三頁下一八行「瞑食」，資、磧、南、徑、清作「冥食」。

一　八六四頁上五行「莎米」，諸本作「莎未」。

一　八六四頁上七行第八字「主」，南、麗作「生」。

一　八六四頁上一三行「此時」，徑、清作「此事」。

一　八六四頁中末行「開拆」，磧、南作「開拆」。

一　八六五頁上九行第三字「則」，磧、南、徑、清作「别」。

一　八六五頁上一〇行第八字「槃」，資、磧、普、南、徑、清作「聲」。

一　八六五頁上末行第一一字「衣」，諸本作「衣時」。

一　八六五頁中一行「衣物」，諸本作「衣初」。

一　八六五頁中一四行第六字「等」下，諸本有「但見聚髮等」五字。

一　八六五頁下四行第五字「顯」，諸本作「頭」。

一　八六五頁下一一行第八字「外」，諸本作「與外」。

一　八六五頁下二一行末字「水」，諸本作「諸」。

趙城縣廣勝寺

阿毗達磨俱舍釋論卷第十

婆藪盤豆造

陳天竺三藏真諦譯

動

中分別業品第四

前已說眾生世及器世差別有多種不同如此不同何因所作非隨一作者以知為先所造若尒云何諸眾生偈曰業生世多異釋曰若世間多種差別皆從業生云何因眾生業欝金旃檀等生極勝可愛而彼身不尒是彼業種類如此作雜業眾生彼身有九瘡門甚可厭惡外具生極可愛以對治此身諸天等不造雜業此二悉可愛若尒此業是何法偈曰故意及所作釋曰經中說業有二種一故意業二故意所造業此所造但故意所作非身口所作此二業或成三業謂身口意云何安立此三為由依止為由自性為由緣起若由依止但一身業一切依止身故若由自性但一口業於一切中但口是業故若由緣起但一意業一切皆故意所起故次第由此三因安立三業毗婆沙師說如此此中偈曰故意即心業釋曰心業者但故意故意何相謂心思已決偈曰故意生身口釋曰如此故意依身口門起即以身口還顯故意應知此名身口二業偈曰二有教无教釋曰是身口業應知一一各有二類謂有教無教為性此中偈曰說身有教相釋曰由隨故意是身如此如此相貌說名有教有餘師說行動名有教若身行動必由業行動故行動是身業對向彼說偈曰非動剎那故釋曰一切有為法與剎那相應何法名剎那得體无間滅是名剎那隨法有如此名剎尼柯譬如有杖人何以故一切有為法從得體後即不有是時生是時即壞故執此法得度餘處則非道理是故身業非行動此義亦可然若一切有為皆是剎尼柯汝今應知此義成實謂有為剎那剎那滅云何知偈曰最後滅盡故釋曰諸有為法滅不由因何以故因緣者為生有法滅非有法若非有此因何所作此滅既

無所有故不須因有法生時次若无滅後時亦應無有法无異故若汝言此法變異方有滅此法即非此變異故是義不然何以故此法自體由自體變異无如此理若證見薪等由火相應故滅故不顯現善友為與火相應薪等滅盡故不可見為自然滅餘不更生故不可見辟如與風相應故燈滅與手相應故鈴聲滅是故此義由比量得成此中何法為比量已說由滅非因所作故復次偈曰无不從因生釋曰若滅必由因則無滅无因所生故剎那生滅法如智聲光等見此滅无因是故知一切滅皆不觀因若有人執由別智故餘智滅由別聲故餘聲滅是義不然二智不俱起故疑智及決智無道理得俱起若樂瞋欲亦尒若明了智及聲生次第不明了智及聲生云何不明了等類法能滅明了等類法若有人執燈光於餘位中无依處故滅或由隨法非法故滅此執不然何以故此無不應成因所執法非法為生滅因无道理於

剎那中起如此功能於一切有為中可作如此分別餘因且置此諍若言薪等滅以火相應為因此執中熟所生德少熟中熟最熟生中偈曰生因成能滅釋曰此熟中生因即成滅因何以故由從火相應熟德生從此不異後中熟生時少熟即滅是彼生因即是滅因或此滅由因不異是義不然偈曰於決无證故釋曰從如此因彼先得生復從此因彼更成滅偈曰於地等寧有釋曰於光差別且得分別彼因有異於灰汁雪酢日水地相應故熟德差別生時於中何所分別是義不然何以故水被煮則減盡於中火相應何所作由此勢力生長火界由火界勢力水聚漸漸減少乃至極減位不更接後相續於中此事是火相應所作是故諸有法滅皆无有因是壞性故自然而滅若生即滅是故彼剎那剎那滅義得成由剎那滅故无行動諸有法於餘處无間生中世間起行動妄執辟如草光等行動既无相貌為身業此義得成經部師

說相貌非實有物何以故偈曰向一方聚生執色假說此相貌由比量約色相決判釋曰若色多生於一方假說名長觀此色於餘色少假說名短若於四方色多生假說名方若一切處色生等假說名圓所餘亦尒辟如火薪疾向一方於餘處見无間則執為長若於一切處見則執為圓是故相貌與色無別類何以故若有別類偈曰二根取無入決是意塵故釋曰若眼見此分別為長若身觸亦尒是故此相貌應成二根所取无有色入為二根所取偈曰由分別堅等長等智生故釋曰如於觸中執長等相貌汝於色中應知亦尒於相貌中唯有憶念起與觸相應故无有證取辟如人見火色於火熱觸生念聞花香於花色生念此中是義應理由彼實有不相離故是故不得相比偈曰於大聚集有復決定相貌不同相違故釋曰无有觸塵於相貌中定因此定故於二中更不得比知決定得成若無定相應取觸比相貌決定成於色比

亦定應成或如於色於相貌不定故此不應成故此二義悉不成是由觸比相貌是義不然於有衆多相貌物如氍毹等此二義悉不成衆多相貌故隨一所見是衆多相貌所成一分若是實物此義不成譬如顯色是故相貌無有實物復次隨有有㝵色此色必定有鄰虛相貌色無別鄰虛是故多色如此聚集假說長等名若汝言是相貌鄰虛聚集如此得長等名此執一向墮偏助相貌鄰虛不成就故若彼別相成就彼聚集可然相貌鄰虛如色等鄰虛自性既不成就云何得有聚集若汝言色同不異但見相貌有異謂土器等是義不然前為不已說耶若色起如此相於中假立為長等譬如蟻等无有差別而說有行輪等異相貌亦尒復次若汝言於闇中遠不見色如杌等但見長等相故相異色是義不然何以故是所見即是色於此中不明了故分別為長等譬如行軍等由如此理此義必應然有時不可分別差別唯衆物聚集見不明了若尒汝

等經部師除身行動及相貌此中汝立何法為身業但立相貌為身有教業不由實有故若汝假說相貌云何立為身業以身為依止此業為身業若故意能引身於種種即立此故意為身業如此口意二業如理應知若尒於前已說業有二種一故意業二故意所造業此二有何異分別故意先起謂我等應作如此如此是名故意業故意分別已後引事故意起能引身作種種事是名故意所造業若尒則无有教業是有教業於欲界亦無是故隨此執有大過失起若尒對此過失復有別對治起若无教業從如向所說名身業故意差別生何所有此應隨從故意起譬如定无教此過失不應有由隨本故意差別所引及依事故意差別生故若有教起亦觀本能引故意勢力故此方得生由昧鈍故何況無教毗婆沙師說身相貌實有物身有教業以此為體偈曰

言教語音聲

釋曰是聲言語為性是名有教言業无教於前已說經部師

說此亦非實有物何以故先已信永唯定不作為量故彼師依過去四大成立此義故過去四大已無為性故由執此色為相故毗婆沙師說此无教實有物云何得知偈曰

三無流色長　不作說道等

釋曰於經中說色有三種有三處能攝諸色有色有顯有㝵有色無顯有㝵有色无顯無㝵佛說有无流色如經言何者無流法若色過去現世未來於中欲不起瞋不起乃至於識亦尒說此名無流法若除无教色則無无顯無㝵色及无流色經中又說增長如經言若善男子善女人有信根與七種有攝福德業處相應若行若住若卧若覺恒時平等福德增長福德相續與无攝相應亦尒若離无教異緣心人福德業處不應有增長若人自不作但教他作若無无教業道不應成何以故令他教業非是業道非自所作業故若已作此性无差別故亦非佛世尊說比丘諸法是外入非十一入所攝謂無顯无㝵不說無色此言則成无用若

不見无教色在法入攝若離无教色聖道不成八分若人入觀正語正業正命不相應故若尒此經所說云何經言若人如此知如此見正見至脩習圓滿正覺正進正念正定先時正語正業正命已清淨離染汙此言約先脩世道離欲故作此說若无無教色波羅提木叉戒亦不應成何以故從受戒後此戒即無謂能成異緣心人為比丘比丘尼等於經中說遠離戒為塘能遮邪戒故若此无不應成塘由此等證故知實有无教色此中經部師說此證甚多種種希有理實不然何以故是汝所說由三種色故有无教色此中先舊觀行師說諸觀定有定境界色由定威力生起此色非眼境故說无顯不遮處所故說無导若汝言此云何名色此難於无教亦同是汝所說由說無流色故有无教色此義同前此色由定威力生在無流定中為境界故觀行人說彼无流色有餘師說阿羅漢色及外色名無流色非流依止故若尒經中云何說

何者有流法謂一切眼一切色廣說如經此色非流對治故說名有流由此別義此色可說有流可說无流若尒何有　相　雜過失由此相此色成有流不由此相更成無流於中有何相雜若色入一向有流此經中云何簡別說經言有流色者若色有取心堅覆藏所依廣說如經是汝所說由福德增長者此中先舊師說此是法尒如如施主所施財物受者受用如此如此由受者功德勝劣故由財物利益勝劣故若施主心異緣由先緣施故意所薰修故是時相續至得微細轉異勝類由此於未來時為生多少果報相續功能約此義故說福德增長福德相續若汝言由別相續勝劣於異緣心人別相續轉異今云何得成此執與无教同由別相續勝劣於別相續中有別法名无教此云何得成於無攝福德業處此云何有由數數修習能緣此為境故意故於夢時此亦得隨相續並起若人說有教於無攝福德業處於中既无有教

業云何得有无教有餘師說於有攝福德業處由數數修能緣此為境故意故无教得生若尒云何於經中說若比丘有戒有善法食施主一食已修无量心定由身證觸依此中住因此生能施施主無量福德无量善流安樂之食應信求如此此中是時有何故意差別是故相續轉異勝類此義如理是汝所說若人教他業道云何成者此中經部師說由此人立教損害他差別成故於能教人相續中微細轉異勝類得生由此轉異於未來中此相續為生人多少果報則有功能若人自作事果究竟時應知此義如前此相續轉異勝類說名業道於果立因名故說此為身口業者是身口二業果故譬如說有无教人於無教立身口業名大德說於所取陰中由三時故意起故此人為煞生罪所觸謂我今必應煞正煞已煞若此故意生由此量業道不得成就何以故勿自父母等未被害由妄分別煞故无間業成若自煞起如此等故意業

道則成若作如此意則應道理汝何憎嫉心徧撥无教信受相續轉異勝類二俱非所解無憎嫉心雖然由隨故意身加行業道究竟故若已成此別法異於二依能行人生此義不生愛樂若由故意起加行事生究竟因此事相續轉異勝類成此義則生愛樂從心心法相續未來果報生故是汝所說由無有教業故无教則無如此等義於前已荅是汝所說由不說法入非色此言已荅无顯無㝵是定境色即法入攝是汝所說八分聖道不應成者善友請汝為說此義若人入觀修道正語正業正命云何應有此人說言作業求覓衣食不不尒云何此人得如此相無流无教由得此分後時出觀則不更行邪語等事必能恒行正語等分是故由於因立果名說無教為正語等分若尒此中云何不執如此若人入觀修道離无教得如此相謂故意及依止由得此二後出觀時不更行邪語等事恒行正語等分是故由於因立果名故得安

立聖道八分有餘師說此中唯不作為量說名三分由此聖道勢力此人必得定不更作邪語等此定不作由得无流道為依止說名無流何以故於一切處不定應數實有體法辟如八世法一得二不得三好聞四惡聞五讚六毀七樂八苦此中不得衣服等非實有別物亦被數於餘處亦尒波羅提木叉戒等亦尒有信求心人由故意先作受方便於如所遮業護持身口若汝言心異緣時即无復戒是義不然由數習此故意欲犯惡事時是人憶本故意護持即起塘義亦有憶持先不作惡搪起慙羞心故不破禁戒此即塘義是故依師受不作惡若如汝所言唯无教業能遮斷犯戒失則應無人忘念破戒且止廣諍毗婆沙師說有別物色為性名无教此若有前已說此依止四大生為依有教四大生為不尒依別四大生何以故此一和合有細麁二果無如此義无教所依四大　　與有教四大同時起不一切所造色若現世若未

來多依過去四大生此所依云何偈曰剎那後无教欲過去大生釋曰從初剎那後欲界無教依止過去四大生是四大作此生依止是身現世四大為相續依止是二四大次第為此生流因故辟如輪行於地以手轉之以地為依處所依止四大是何地能依止身口業是何地偈曰依止自四大身口業有流釋曰欲界身口業但依欲界四大生如此乃至第四定身口業依止第四定四大生偈曰無流隨生處釋曰若无流身口業隨地受生人所得應知即依此地四大生由不墮於界故无流四大無故由彼力生故此中有教无教二業應知偈曰無教非心取流果衆生名流心取大生釋曰无教者其相云何非心心法果心心法所取四大依此無教生非依止等流果似因故衆生法故等流定地无教品類如此定地云何偈曰定生增長果无取異大生釋曰定無教无流無教皆從定心生依定所生增長非心所取不異四大生不異者

若依止此四大離煞生無教生即依此四大乃至離无義語無教生云何如此如心四大不異故於波羅提木叉戒中各依四大七無教戒生有教色等流若屬身是心所取此有教色若生為破前相貎相續起為不若尒何有若破前後生果報色已斷由更相續故則違毗婆沙執若不破而生云何於一四大聚中有二相貎起是時有別等流四大生依此有教色生若尒依隨一身分有教色生此分則應大本彼四大所遍滿故若不遍滿云何由具分起有教色由身空故故彼有處此業由別義說有二種三種五種此中无教有二種一善二惡偈日无無記无教釋曰云何如此無記心力弱是故不能引生有力業若因已滅此等流果恒相續起偈曰餘三釋曰餘業有三種謂善惡無記何者是餘謂有教及故意偈曰復不善欲中釋曰若惡業應知唯於欲界中非餘界三惡根及无慚無羞滅故若善无記一切處有以不遮故偈曰色無

教釋曰若色界有无教何況欲界於無色界无無四大故若是處有身口生此中有身口護戒若尒若人身在欲色界入四无色定應有無教辟如無流无教是義不然此不隨三界故通无色界無教不應依止不等類四大生背一切色故故无色界定不能引生色制伏色相故持戒為對治破戒破戒但是欲界法於欲界由四種遠无色界寂遠謂依止取相境界對治故是故於中无無教毗婆沙師說如此偈曰有教有覩二釋曰是有教色於有覩二地中有謂欲界及初定上去皆無偈曰欲无無記教釋曰於欲界无有覆無記有教於梵處則有何以故曾聞大梵王有語從諂曲生此於自大集中為避淨命阿輸實難讚歎自身若尒從第二定以上若無言說云何有聲入以外四大為因故有聲入餘師說於第二定等亦有言語但是无覆無記无善無染汙何以故若人生彼處如此類下地心不能引令現前為生身口有教業寂靜下

故已棄捨故前義是彼所說復有何因離梵處於上无有教業於欲界無有覆无記有教業偈曰緣起无有故釋曰若有覺觀心能起身口有教業此心於第二定等則無此若起必由修道所滅心起見諦所滅心依內門起故是故於欲界中無有覆无記身口二業為由隨發起應知諸法善惡性為不尒非云何由四種因一真實二自性三相應四發起此中偈曰解脫真實善釋曰涅槃者一切苦寂靜寂極平安故是真實善辟如无病偈曰自性根慙羞釋曰根謂三善根慙及羞此法由自性是善不觀別相應發起因故辟如良藥偈曰相應彼雜故釋曰與三善根及慙羞相應諸法由相雜故是善若彼不與此相應則无善性辟如良藥雜水偈曰發起有教等釋曰身業口業及心不相應諸行與善根等相應法所發起由發起故是善辟如煮良藥汁所成乳諸至得等非同類心所發起云何是善性由此義故善如所說四種善偈曰翻

此四名惡釋曰云何名四惡生死名真實惡生一切苦為體寂極不平安故譬如有疾三惡根及無慚无羞名自性惡不觀餘因成故譬如惡毒與彼相應諸法由相應故名惡譬如惡毒雜水彼法所發起身口二業生等及至得由發起故名惡譬如煮惡毒汁所成乳若尒無一有流法應成无記或成善皆入生死内故如汝所言實皆如此若有流法於果報不可記說名无記若有流法於可愛果報右記說名善若真實无記必應尋求偈曰實无記二常釋曰二種无為法非有別方便成無覆无記謂虛空及非擇滅此義應思若身口業由隨發起成善惡性四大云何非善惡性作者於業中有故意非於四大若尒入定觀人於无教無故意非寂靜心不能發起無教非同類故云何无教成善天耳天眼應立為善性於中故意所發起故此中汝應作功力是汝所說見諦所滅心不能發起身口有教業此義若尒云何佛世尊說從邪見邪

阿毗達磨俱舍釋論卷第十　第十八張　勤字号

覺觀生邪語邪業等亦尒如此等此義不相違何以故偈曰緣起有二種生因剎那起釋曰有教无教緣起有二種一生因緣起二共剎那緣起於一剎那共起故偈曰於二初能生第二隨彼起釋曰生因緣起者唯能生能引未有令有故共剎那緣起者唯能隨共生於事時不相離故此心於此事中有何能雖先被引若離此心事則不起譬如死人若尒若人無心於生無教戒此心云何有若人有心此身口業則明了起是此心功能此中偈曰能生見諦滅意識釋曰若見諦所應滅心能為身口業生因何以故能發起彼覺觀生資粮故不能隨起緣外門起心事時此心已無故是色若以見諦心為緣起生此色亦是見諦滅斯有何失則違阿毗達磨彼藏云與明无明不相違故無色見諦所滅此立未成何以故是四大應成見諦滅同心所起故此失不應有如其非善非惡若成如此復云何此亦不可何以故　此色無道理成見諦

阿毗達磨俱舍釋論卷第十　第十九張　勤字号

滅亦不成非所滅與明無明不相違故是故依生因緣起於經中說无相違偈曰修道滅生隨起具能釋曰若修道所滅意識有二種謂能生及能隨偈曰五識唯隨起釋曰五識無分別故但與身口業共一剎那起不能為引生因此中有四句見諦心但是生因緣起五識但是共剎那緣起修道所滅意識具二種一切無流无二種如能生緣起共剎那緣起亦尒不此義不定偈曰於能生善等隨起有三種釋曰生因緣起若善共剎那緣起或善惡无記生因緣起若惡無記亦尒偈曰於佛等或善釋曰於佛世尊一人生因緣起共剎那緣起此二必同若善同善若无記同無記或善者有時生因緣起無記共剎那緣起或善无時生因緣起是善共剎那緣起是無記何以故諸佛正說无時暫歇餘部師說諸佛世尊无無記心何以故佛世尊相續一向自性是善恒寂靜故於經中說

那伽行寂靜　那伽倚寂靜　那伽臥寂靜

阿毗達磨俱舍釋論卷第十　第二十張　勤字号

那伽坐寂靜
若不由諸佛意欲餘心不起故故說
如此非　有如來无記心謂果報威
儀變化毗婆沙師說如此前已說若
修道所滅意識能作生因緣起及作
共剎那緣起應知此一切善惡無記
偈曰果報生无二釋曰若果報心不
能作生因緣起亦不能作共剎那緣
起不由功用生及起相續故今為如
能生緣起身口業生為如共剎那緣
起若尒何有若如能生於欲界中應
有有覆无記有教業身見邊見所生
起故若尒一切見諦惑亦無但能生
此中應說差別道理若如共剎那若
人起惡心或無記心有教波羅提木
叉不應成善如能生有教亦尒不如
見諦所滅脩道所滅心為隣故若不
由隨共剎那緣起判有教善惡等不
應說如此於經中佛世尊依生因緣
起說非依共剎那緣起說是故於欲
界无有覆無記有教業若尒應說如
此依別法所攝生因緣起說此諍已
竟如前所說有二種无教今說偈曰

無教應知三護不護異二釋曰此无
教一名護二名不護三異此二謂非
護非非護能遮能滅破戒相續故說
名護偈曰護波羅提木叉定生及无
流釋曰此護有三品波羅提木叉護
者若生此界謂欲界戒定護者謂色
界戒无流護者謂無流戒偈曰木叉
戒八種釋曰何者為八比丘戒比丘
尼戒式叉摩那戒沙弥戒沙弥尼戒
優婆塞戒優婆夷戒優波婆娑戒此
八種護說名波羅提木叉戒由名此
護有八若約實物其數云何偈曰由
實物有四釋曰四者謂比丘戒沙弥
戒優婆塞戒優波婆娑戒此波羅提
木叉護若約實物唯有此四體相定
同故比丘尼戒與比丘戒不異式叉
摩那戒沙弥尼戒與沙弥戒不異優
婆夷戒與優婆塞戒不異何以知然
偈曰由根名異故釋曰根者是相能
別男女異故由此根故比丘比丘尼
等立有別名云何如此若轉根比丘
成比丘尼比丘尼成比丘沙弥成沙
弥尼若沙弥尼式叉摩那成沙弥優

婆塞成優婆夷優婆夷成優婆塞於
轉根時無有因緣為捨前戒无有因
緣更得新戒是故四種護體性不異
於三若人從優婆塞戒受沙弥戒從
沙弥戒受比丘戒為此護由遠離增
長故說各各不同辟如五十二十及
如陁那羅婆底羅等為諸護各各具
生偈曰彼各釋曰此三種戒不相雜
各有別相生起於三戒中有三種離
煞生護乃至三種離飲酒護所餘亦
尒三種遠離有何差別由緣起異故
遠離有差別如如求欲受持多種學
處如此如此遠離醉乱放逸處能遠
離窴多煞生等因緣於遠離緣起恒
能得住是故由緣起異遠離有差別
若无如此義若人捨比丘戒應即捨
三戒前二入第三攝故此義非所許
是故三護各有別體偈曰不相違釋
曰此三共生不由受後護棄捨前護
何以故勿由捨比丘所受護即非優
婆塞云何成優婆塞云何成優波婆
娑乃至云何成比丘偈曰五八十一
切惡處受離故優婆塞布薩沙弥及

比丘釋曰此說應知如次第於五種所應遠離法受持遠離故是人即住優婆塞護五所應遠離者謂煞生不與取邪婬行妄語飲酒顛醉處於八種所應遠離法受持遠離故是人即住優波婆娑護八所應遠離者謂煞生不與取非梵行妄語令醉飲著香花觀聽儛歌等眠坐高勝卧處非時食於十種所應遠離法受持遠離故是人即住沙弥護十所應遠離者是前所說八又受畜金銀等著香花觀聽儛歌等分為二故成十一切所應遠離身口二業由受持遠離故是人即住比丘護此波羅提木叉戒偈曰尸羅善行業或說守護等釋曰能平不平等事故名尸羅若依尼六多論由冷故名尸羅如佛說偈

受持戒寂樂　名色無燒熱

聰慧人所稱讚故名善行所造為性故名業於前為不說耶无教者稱無作云何名業由善受此有慙羞人約惡法說名无作此故意教業所作故說名業餘師說是業因業果故說名

業如此由通義立波羅提木叉護等別名復次偈曰初有教無教波木叉業道釋曰若人正善受戒初刹那有教无教說名波羅提木叉能受者因此解脫衆惡故解脫者棄捨為義此亦名波羅提木叉護從初乃至後時皆能遮防身口惡業故從第二刹那以去但名波羅提木叉護不得名波羅提木叉根本業名波羅提木叉非後分業業道亦尒復次如此等護何護何人與相應偈曰應波木叉八釋曰與波羅提木叉護相應有八部謂比丘比丘尼乃至優波婆娑住為第八外道為無所受戒耶有戒非波羅提木叉護何以故彼戒非一向為解脫衆惡起愛著三有故偈曰定生護得定釋曰從定生於定生是護名定生護若人與定相應是人必與定生護相應此中近分定立為定故說定生辟如郭邑近處亦名郭邑如世言於此郭邑有舍利田有餘穀田偈曰无流護聖人釋曰一切聖人與無流護相應聖人謂有學无學於前俱有

因中已說二護隨心生滅於彼說何二護於三中偈曰後二隨心起釋曰定護无流護隨心生住滅波羅提木叉護則不尒何以故若異緣心人此亦得生後二不尒復次此二或名滅護此名在何位偈曰於未來二滅九次第道生釋曰於未來定中定護无流護若在九次第道中說名滅護何以故此二能滅破戒及能滅發起破戒諸惑故是故有定護非滅護此有四句第一句者除未来定及无間道有流定護第二句者非至定及無間道无流護第三句者非至定及無間道有流護第四句者除非至定及無間道无流護如此有無流護非滅護亦有四句如理應知若尒佛世尊所說偈

由身護善哉　口護亦善哉　依意護善哉
一切護善哉

復有別說比丘眼根善護所守護住此意護根護自性云何此二非無教戒性云何偈曰合善慧正念各說意根護釋曰為顯二護各具二性故合

雜說欲顯次第意護以善慧正念為性根護亦介此義今應思何人與何有教無教幾時得相應此中偈曰若住波羅木叉與現應至捨與无教相應釋曰若人住波羅提木叉護乃至未捨無教於中間恒與現世无教相應偈曰前念後與過釋曰從初剎那後與過去無教亦得相應乃至棄捨此句應知一切處如說住波羅提木叉護人偈曰住不護亦介釋曰若人住於不護乃至未捨不護於中恒與現世不護无教相應從初剎那後亦與過去相應偈曰有定護相應與過去未來釋曰若得定生護恒與過去未來无教相應乃至未棄捨何以故若過去生中所棄捨過去定生護於初剎那中即得偈曰聖初非與過釋曰若聖人與無流護亦介此是聖人差別謂若初得无流護則不與過去相應於前世未曾得無流道故偈曰住定及聖道與現世相應釋曰若人與定護无流護相應若入定觀及聖道觀是人次第與現世無教相應若

出觀則不介若人住於護不護此事已說若約中住人云何偈曰中住若有二初中釋曰若人不住於護不護說此人名中住此人不必定有無教若有惡戒及戒分所攝无教於初與中相應此現世在過去未來中故名中偈曰後二時釋曰從初剎那後則與過去相應又與現世相應乃至棄捨若人住於不護為有時與善无教相應不若人住於護為有時與惡无教相應不若相應復幾時偈曰住不護與善住護復與惡與無教相應乃至淨汙疾釋曰若人住於不護由善信心強疾作礼塔等事則生善無教若人住於護由煩惱心強疾作打縛他等事則生惡無教此二乃至相續未斷无教於此時恒相續生此人於初剎那與現世无教相應於餘剎那與過去亦相應

阿毗達磨俱舍釋論卷第十

阿毗達磨俱舍釋論卷第十

校勘記

一　底本，金藏廣勝寺本。

一　八六九頁中四行品名，資、磧、普、南作「分別業品第四」，徑、清作「分別業品第四之一」。

一　八六九頁下四行「如此」，資、磧、普、南、徑、清作「此」。

一　八七○頁上六行第五字「故」，諸本（不含石，下同）無。

一　八七○頁上一二行「必由」，資、磧、普、南、徑、清作「必有」。

一　八七○頁中一行「剎那」，資、磧、普、南、徑、清作「剎那剎那」。

一　八七○頁中四行第七字「最」，資、磧、普、南、徑、清作「最後」。

一　八七○頁中一○行第九字「彼」，磧、普、南、徑、清作「教」。

一　八七○頁中一二行第一一字「曰」，資、磧、普、南、徑、清作「日」。

一　八七○頁下二二行第六字「得」，

麗作「相」。

一　八七一頁上二行第二字「故」，諸本無。同行第九字「是」，諸本作「是故」。

一　八七一頁上三至四行「此二義悉不成」，諸本作「由見」。

一　八七一頁上九行第五字「名」，資、磧、普、南、徑、清無。

一　八七一頁上一〇行第一三字「偏」，諸本作「徧」。八七三頁上二行第四字同。

一　八七一頁中五行「種種」，諸本作「種種處」。同行末字「意」，資、磧、普、南、徑、清作「立」。

一　八七一頁下八行末字「佛」，資、磧、普、南、徑、清作「有時佛」。

一　八七二頁中四行「有相」，資、磧、普、南、徑、清作「有有相相」。

一　八七二頁中九行第一一字「師」，資、磧、普、南、徑、清作「諸師」。

一　八七二頁下二行第八字「修」，資、磧、普、南、徑、清作「修習」。

一　八七二頁下一三行第七字「人」，麗無。

一　八七三頁上一四行末二字至一六行首字「應有……何」十七字，資、磧、普、南、徑、清無。

一　八七三頁中一〇行第二字「故」，資、磧、普、南、徑、清作「欲」。

一　八七四頁上一行「教生」，資、磧、普、南、徑、清作「殺生」。

一　八七四頁中五行「不墮」，南、徑、清作「不隨」。

一　八七五頁中末行「此色」，資、磧、普、南、徑、清作「以此色」。

一　八七六頁上三行第三字「非」，資、磧、普、南、徑、清作「非非」。

一　八七六頁中四行第八字「提」，徑、清無。

一　八七七頁中二行「波木叉」，資、磧、普、南、徑、清作「波羅提木叉」。

一　八七七頁中三行「受戒」，磧、普、南、徑、清作「受成」。

一　八七七頁中一一行「波木叉」，資、磧、普、南作「波羅木叉」；徑、清作「波羅提木叉」。

一　八七八頁上四行「波羅木叉」，諸本作「波木叉」。

一　八七八頁中末行第七字「釋」，資、磧、普、南無。以下各卷同。

阿毗達磨俱舍釋論卷第十一　勤

婆藪盤豆造

陳天竺三藏真諦譯

中分別業品之二

分別說無教已偈曰復一切與教正作與中應釋曰一切人於護不護及中住乃至造有教業未竟是時中與現世有教相應偈曰刹那後與過至捨釋曰從初刹那後乃至捨與過去有教相應偈曰非來應釋曰无人與未來有教相應偈曰與有覆无覆過去不相應釋曰若有教或有覆或無覆與過去不相應未來亦尒若法勢力弱至得亦弱不得相續此勢力弱何法所作心所作若尒心所作有覆無記勿勢力弱是義不然身口業昧鈍故依他成故心則不尒此无覆有教亦由弱力故意所起是故其力最弱於前已說有人住於不護何法名不護偈曰不護及惡行惡戒或業道釋曰如此等是不護衆名此中不能禁制惡中身口故名不護聰慧人所訶故得非可愛果報故故名惡行善戒對治故故名惡戒身口所造故名業根本所攝故名業道有人與有教相應不與无教相應此義有四句此中偈曰但與教相應中住下心作釋曰若故意弱或作善或作惡此人住於非護非不護但與有教相應不與無教相應何況作无記除有攝福德業處及業道偈曰捨未生有教餘無教聖人釋曰但與无教相應不與有教相應者若聖人已易生若未作身口業或已捨身口業與二相應者若人住波羅提木叉護起身口業或住非護非非護由寂上品故意或作善或作惡與二不相應者除前三句說住護不護及中人安立至得有教无教義已云何能得此護偈曰定生由定地得釋曰是時若得有流定地心或根本定或近分定是時即得定生護以一時俱起故偈曰由聖依此無流釋曰若得此定地无流所依即得无流護此中有六定地或皆無流謂四定非至中間此義後當說偈曰波

太又由牙令他等釋曰波羅提木叉護者由令他方得若他令彼彼亦令他此戒從大衆得或從一人得從大衆得者謂比丘比丘尼式叉摩那護從一人得者謂所餘諸護有毗那耶毗婆沙師說受大戒有十種為攝此故說等何者為十一由自然得大戒如佛婆伽婆及獨覺二由入正定聚得大戒如憍陳如等五比丘得苦法智忍時三由呼善来比丘得大戒如耶舍等四由信受大師得大戒如摩訶迦葉五由荅問難得大戒如須陁夷六由信受八尊法得大戒如大瞿毗弥七由遣使得大戒如達摩陳那比丘尼八由能持毗那耶為第五於邊地國得大戒九由十部於中國得大戒十由三說三歸得大戒如六十賢部共集受戒是諸人波羅提木叉護非定隨有教此波羅提木叉護若欲受幾時應受偈曰隨有命善受正護戒日夜釋曰七部所持波羅提木又護隨有命應受優波婆娑護一日一夜受時決定如此護時邊有二種

謂壽命邊日夜邊於日夜重說故成半月護何法名時此名顯有為法義於四洲是光位說名日闇位說名夜此義可然謂從命終後雖復有受護不得生依止非同分故由此依止於中不能起加行故不能令憶本行故若人一日一夜後或五日或十日受優波婆娑護於多優波婆娑護生中何法能遮應有法能遮由如来於經中說優波婆娑護但一日一夜此義今應思為如来見一日一夜後優波婆娑護不得生故但說優波婆娑護一日一夜為為安立難調伏根衆生正受優波婆娑護止於一日一夜中如此事云何可思度若時若護得生與何道理相違此事後不曾見如来為一人說故毗婆沙師非如来所說則不敢說不護決定時云何偈曰無日夜不護釋曰由此人樂一期作悪業是故不護生不得止一日一夜不如優波婆娑護何以故如彼執偈曰由不受如此釋曰無人受不護如受優波婆娑護願我一日一夜中受持不

護由此業是聡慧人所訶若尒亦无如此受持願我一期中受持不護是故勿一期得不護雖不受持如此由一向違善故意作此悪事故得不護不由暫時違善故意得是故皆得一生不護優波婆娑護雖心不一向由求受故意力是故一日一夜得隨所求故若有人求得不護暫時受不護必得不護此義非所曾見故不可立如此經部師說如護无教非有實物不護亦尒非有實物此不護以求悪事故意為體共随續事因此若人雖起善心猶說有不護以不棄捨此故復次此優波婆娑護若人欲一日一夜受受法云何偈曰晨朝從他受下坐隨後說布薩護具分離莊飾晝夜釋曰晨朝者謂日初出時此護時寂促唯一日一夜故若人先巳作求受意謂我恒於第八日等時必應受優波婆娑護若食巳亦得受亦應從他受不得自受由此觀他故若有犯因緣為不犯故下坐者或蹲或跪下心合掌除病時若人无恭敬心諸善護

則不生隨施戒人語後說勿前勿俱若尒可説從他受若不尒受施皆不成若受必須具分受不可減分離莊飾者離非舊莊餝何以故若常所用莊飾不生極醉乱心如新莊餝若受必須盡一日夜至明旦若不如此法受但生善行不得優波婆娑護此善行能感可愛果報若執如此行猶行邪淫人於夜於日受優波婆娑護必有果報不違道理優波婆娑者何義由此護此人近阿羅漢邊住由隨學阿羅漢法故又近隨有命護邊住故或說名布沙他生長單薄善根衆生復淨善根故名布沙他如偈言

由此能長養自他淨善心　故佛如来說此名布沙他

云何受此護必須具八分由此義偈曰戒分無放逸分修分次第前四一後三釋曰前四名戒分從離煞生乃至離語此四離性罪故次一名不放逸分謂離飲酒若人善受具戒由飲酒醉乱能擾動諸學處海由放逸故後三名修分乃至離非時食能隨助厭離心為功德故若不受无放逸分及修分有何過失偈曰由此失念醉釋曰若人飲酒即忘失是事非事念若人受用高勝卧處及倡歌音樂等心醉乱即生於此二中隨用一處破戒不遠若人依時食由離先所習非時食憶持優波婆娑護即起厭離心亦生若無第八此二則不有有餘人說唯離非時食於此八中說名優波婆娑所餘八為此分開觀聽倡歌著香花等分為二若執如此則為經所違經云由離非時食是第八分我今隨學隨行諸聖阿羅漢若尒何别法名優波婆娑以此八為分是聚處隨一一法說名分辟如車分及四分軍五分散應知八分優波婆娑亦尒毗婆沙師說離非時食是優波婆娑亦是優波婆娑分辟如正見是聖道亦是聖道分擇法覺分是覺亦是覺分三摩提是定亦是定分宿舊諸師說不可立正見等為彼分若前生正見等於後生成分初剎那生聖道不應成八分為唯優婆塞有優波婆娑護為餘人亦有亦有偈曰餘人有布薩若无三歸無釋曰若人非優婆塞於一日夜中歸依佛法僧巳後受優波婆娑護此人則得此護異此則不得除不知經中說佛言摩訶郁摩若人在家白衣丈夫與男根相應歸依佛歸依法歸依僧亦說此言願大德憶持我今是優婆塞摩訶郁摩唯由此量此人成優婆塞為由受三歸即成優婆塞為不尒外國諸師說非罽賓國師說離五戒則不成優婆塞若尒經中說云何此中无相違由此言五戒發故是故偈曰由稱優婆塞護釋曰由信受自稱名是優婆塞此人則發優婆塞護是時信受巳自稱言大德憶持我是優婆塞從今時隨有命我離命離奪命等事由除中間語故但言離命巳得戒人為令識可持非可持故後為說戒偈曰說如比丘護釋曰巳得具戒更令受學處沙弥亦尒為令識戒相從此從彼从今應護優婆塞亦尒離五護无别優婆塞偈曰一切若有護一處等云何釋曰若

一切優婆塞皆住優婆塞護云何佛婆伽婆說四種優婆塞一持一處二持處三持少多處四持具處偈曰能持故說介釋曰若人能持隨所應持於中說此人為能持故說一切優婆塞本有護今此執違經起云何違經由信受稱言即得五護謂彼說離命此言云何違經經言不介經言云何如摩訶那摩經說於中是明優婆塞相於餘處則无是處說如此文隨有命至於命我今專信願尊憶持於此文中見四諦人顯示見知種類由壽命信受正法若為救壽命我亦无義更捨正法此文不為顯優婆塞相如汝所說文句謂為離命於餘處非所曾見何人能從此不明了文持一處等文若依破戒人說此文句於中間亦不相應何况若何以故何人已解優婆塞護不解如此若人不破此戒是人持此戒若人不識優婆塞護量依能持如此護量人故問此問則應理問言世尊幾量為優婆塞持一處乃至幾量為優婆塞持具處毗婆沙師說若離護亦成優婆塞若不具受護亦應成比丘及沙弥猶如優婆塞優婆塞等護分量決定云何隨大師分別所立分別決判立優婆塞等異汝亦應許由隨大師分別所立何以故若未有護如世尊安立優婆塞安立沙弥比丘則不如此罽賓國師不許此義一切護偈曰下中上如意釋曰八部所持護有下中上品云何得成由求受故意有差別若作如此執阿羅漢波羅提木叉護應成下劣凡夫應成上品若唯受護不受三歸得成優婆塞不不得除无知若人歸依佛法僧此人歸依何法偈曰能成佛僧法无學及二種歸依及涅槃歸依佛法僧釋曰若人歸依佛必歸依能成佛无學諸法何者能成法由彼法勝故此身說為佛或由得彼法於一切覺中有勝能故說此人為佛此法何相盡智等共伴類色身前後无差別故若歸依佛為歸依一佛為歸依一切佛若依道理歸依一切佛道相不異故若人歸依僧此人即歸依能成僧有學無學諸法由得彼法八道果人成僧不可破故若歸依僧為歸依一僧為歸依一切僧若依道理歸依一切僧道相不異故經中說於未來世中當有名僧此人亦歸依此僧此言為顯現在僧寶最勝功德若人歸依法此人即歸依涅槃所謂擇滅自他相續中惑及苦寂靜為一相故若定以無學法為佛云何於如來邊起惡心出佛身血得无間業由損害依止故彼法亦被損害毗婆沙師說如此阿毗達磨藏不說如此唯無學法是名佛說云何成佛諸法名佛不遮依止為佛故是故此難不成難若不介佛在世心則不成佛僧亦應介唯戒能成比丘是故戒是比丘如人供養比丘則供養能成比丘戒如此若人歸依佛則唯歸依能成佛无學法有餘師說若人歸依佛此人即歸依十八不共法歸依體性云何有教言語為性歸依者何義救濟為義由依止此三求解脫一切苦故如佛世尊所說偈

多人衆歸依　諸山及叢林　園苑樹支提
怖畏所逼惱　此歸依非勝　此歸依非上
若至此歸依　不解脫衆苦　若人歸依佛
歸依法及僧　四種聖諦義　依慧恒觀察
苦及苦生集　一向過離苦　具八分聖道
趣向苦寂靜　此歸依寂勝　此歸依為上
若至此歸依　則解脫衆苦

是故信受歸依行於一切受護為入門復有何因佛於餘護中立遠離婬欲為學處於優婆塞護中立遠離邪婬為學處偈曰邪婬最可訶易作得不作釋曰邪婬於世間最可訶為侵壞他婦故能引惡道業故婬欲不尒若在家人遠離邪婬此事易作遠離婬欲此事難作由不能行難行事故不出家諸聖人於邪婬性得不作護於餘生自性不犯故於婬欲不尒是故於優婆塞護中立離邪婬為學處勿別轉生聖人犯優婆塞護分何以故決定不作名不作護若人已成優婆塞方取妻妾此人於彼為得護不說得勿於一處得護云何於彼不破壞護偈曰如受意得護非於相續得

釋曰如彼受護故意得護亦尒受護故意云何謂我今永離邪婬非於彼相續謂我今不應作婬欲是故受五戒人以彼為依止於離邪婬分得護不從於彼離婬欲得是故由成自婦行婬欲不違破護云何唯離妄語於優婆塞護立為學處不立離兩舌等由前三證謂妄語最可訶易作得不作偈曰通起妄語故過一切學處釋曰於一切違犯學處中若被撿問妄語即起謂我不作如此由妄語通起憶犯無更起義故大師約此義謂云何犯戒人如實發露顯示自失故立離妄語為護復有何因於假制罪中護不立為優婆塞學處彼說立偈曰假制罪中唯離酒釋曰何因唯離酒為戒不離餘偈曰為護餘釋曰何以故若人飲酒則不能守餘護分云何知飲酒是假制罪无自性罪相故性罪相者若起染汙心方犯此罪是名性罪有時唯作對治病意飲酒如量不令醉若尒此心已成染汙本知此能令醉而故飲非染汙由知如量不令

醉故飲一切毗那耶藏師說飲酒是性罪如律文言世尊云何應治病人佛言優波離除性罪何者性罪是我為優婆塞所立學處復次釋迦病時世尊不許飲酒復次經言比丘若人說我為師由茅端酒亦不應飲故知飲酒是性罪復次聖人已轉別性本性不犯此故如煞生等復次由說此是身惡行阿毗達磨師說不尒何以故有時為病人許開假制罪而重遮飲酒此何所以為離非所許應至故能令醉量不定故是故由茅端飲亦不許非聖人所犯者由諸聖人慙羞失念事因此失念是故一滴亦不許飲以量不定故譬如惡毒說身惡行者放逸依處故是故於中立放逸依處名於餘處不立彼處自性罪故若過量數習世尊說由此入惡道是義云何由愛習此數數惡行相續生故能引感惡道業故得生惡道酒酒類令醉放逸依處此句有何義酒謂飲酒酒類謂餘物酒此二有時未至及已度令醉位不名令醉為除此故說

令醉檳榔子及俱陁婆穀亦能令醉為除此故說酒及酒類雖是假制罪為顯因緣令勢重惡除故說放逸依處一切恶行所依故是三種戒謂波羅提木叉定生无流從此因若得一戒為得餘二戒不說非若尒云何偈曰欲從一切二現得木叉護釋曰欲界戒謂波羅提木叉護從一切者謂前分根本後分從二者謂衆生名非衆生名又性罪處假制罪處從現者謂現世五陰十二入十八界從此得波羅提木叉戒何以故緣衆生為境起故是故不從過去未来得去来二世非衆生數故偈曰從根本恒時得定无流護釋曰從根本業道得定生護及无流護不從前分及後分生何況從制罪生從一切時陰入界所得謂過去現世未来因此故立四句有陰入界從彼得波羅提木叉戒不得定生及無流戒應如此廣說第一句者從現世前分後分從制罪處第二句者從過去未来根本業道第三句者從現世根本業道第四句者從過去

未来前分後分此護不護為皆從一切境一切分一切因得為有異若約決定得偈曰於衆生得護由分因不定釋曰護從一切衆生得不從一分衆生得從分不定有人從一切分得護謂受比丘戒有人從四分得護謂受所餘諸戒業道是一切護分由因有義從一切得有義不從一切得若立無貪无瞋無癡為護生因即從一切得彼不相離故若立下中上故意為護生因則不從一切得三品不俱起故今定立後因為生因應論此義有住護人於一切衆生有護不由一切分不由一切因若人由下品或中上品故意受優婆塞及沙弥護有人於一切衆生有護由一切分不由一切因若人由下品或中上品故意受比丘戒有人於一切衆生一切分一切因得護若人由三品故意受三種護有人於一切衆生由一切因得護不由一切分若人由三品故意受五戒八戒十戒若不從一切衆生如此護則無何以故由此人隨遍一切衆

生於善故意中住方得護異此不得故云何如此恶意不絕故若人不作五種定分別乃得波羅提木叉護五定分別者謂衆生分處時緣於某衆生我離殺等是名衆生定分別於某分我持是名分定分別於某處我持是名處定分別我持此護乃至一月等是名時定分別除鬪戰事是名緣定分別若人作如此受唯得善行不得護於非所能境云何得護由不損害一切衆生命善故意受得故若從是所能境得護此護則有增減所能非所能平相轉故若尒離得捨護因緣得護捨護此義自成毗婆沙師說如此有餘師說此義不應尒何以故辟如草等未有有時或時枯滅護无增減義於所能非所能衆生平相轉時无增減義亦尒是義不然衆生前後有故草等不有若衆生般涅槃永不有云何護增減義不成是故此殺義不可然前言義則為善若尒於前佛所一切已般涅槃衆生後出世諸佛從彼不得波羅提木叉護故云何後佛戒

滅前佛戒此義不成從一切衆生得
故若彼衆生設在從彼亦應得説能
令得護因義已不護云何得偈曰不
護從一切一切分非因釋曰不護者
從一切衆生得從一切業道得何以
故无不護人由不具不護成不護不
由一切因一時下品等不俱起故若
人由下品心得不護此人由上品心
亦得斷衆生命此人與下品不護相
應亦與上品救生等無教相應由中
上品心亦介此中是人名不護人謂
教羊煞雞煞猪捕鳥捕魚獵鹿偷
盗行刑戮人獄卒縛象人煮狗人罥
捕人主將軍斷事人如此等人約義
皆是不護住於不護故名不護人彼
有不護故名不護人此義可然謂諸
護從一切衆生得於一切衆生由善利
故意受持故煞羊等人於毋父妻子
等中无損害心為救自壽命亦不樂
損彼云何言從一切衆生得至親等
若轉生成羊等彼亦能煞何以故知
彼未成彼等是故不煞若至親等成
聖人更為畜生無有是處從彼云何

得不護若由觀未来世事從現世相
續生不護羊等於未来應成兒等
從一向不煞云何於現世相續得不
護若人於衆生恒起損害意從彼无
不護此執有何義此義於至親等同
此人於彼無損害意而從彼得不護
此義復云何若有煞羊等人於一生
中不與不取於自妻知足於妄語瘖
瘂云何由一切分得不護善故意壞
故若義應由言語得顯彼能以身顯
示若介有人受學處或二或三此義
云何一向無不具分不護及一處不
護毗婆沙師説如此隨求受故意不
具分及一處皆得不護受護亦介除
八分護經部師説如此由如此量遮
防善戒惡戒故説從此得不護已云
何得不護此義未説今當説偈曰得
不護由二自作及求受釋曰不護由
二因得若生彼家由自行煞生等事
若生餘家由求受此業謂我等應行
此業為立資生由此二因故不護得
生偈曰得所餘无教由田受重行釋
曰有如此相田於中由唯施阿藍摩

等生善无教如有攝福徳業處説復
次自捨受善行若未礼佛我捨不貪
不眠若齋日及半月一月中我當恒
施他食如此等由此受善行无教恒
流有如此故重心行善悪諸業從此
更生无教説由此能得護不護已捨
護不護今當説此中偈曰捨護木叉
調由捨學處死由二根轉生由根斷
時盡釋曰木叉調者謂波羅提木叉
護能調伏身口業故有四因能捨波
羅提木叉護除優波婆娑護一由故
意於有解人邊捨所學處二由捨聚
同分故捨三由一時二根俱起故捨
四由善根斷故捨優波婆娑護由前
四因故捨復由夜盡故捨合此為五
故説捨因有五何因由此五故捨由
生有教與求受故意相違故依止不
住故依止變異故縁起斷故引如此
量故偈曰餘記感大燒釋曰有餘部
説有四種感大燒燃罪由隨犯一罪
即捨比丘及沙弥護偈曰或由正法
盡釋曰有餘師説由正法滅盡時一
切學處戒壇羯磨一切捨離偈曰滅

賓師說犯有二如負財釋曰罽賓國毗婆沙師執說如此若人犯根本罪不捨比丘戒何以故由動壞一處捨一切護此不應然犯別學處餘學處斷无如此義雖然此人有二種有戒有破戒辟如有人有財物而負他債發露顯示此罪已還得具清淨戒無復破戒辟如有人還他債已更具財若介云何佛世尊說此人非比丘非沙門非釋子從比丘護沙門義斷壞滅退故說名波羅夷約真實比丘故說此言今不計命大過事起何者不計命大過事是佛世尊立為了義汝翻此為不了義於破戒與緣於多煩惱人為作犯緣云何知此言是了義此言於毗鄃耶中是決判說毗鄃耶云比丘有四種一名比丘二自稱比丘三乞者比丘四破煩惱比丘於此義中白四羯磨受戒說為名比丘此人先是真實比丘後成非比丘無如此義是汝所言由犯一處所餘不失此中大師已與決判辟如多羅樹於頭被斫更不生義不應成老不應成

長不應成大世尊作如此辟欲顯何義如此由破一分根本故所餘護无更生起義若人犯根本罪最重能破一切比丘行與最重無慚羞相應故此人即斷一切護根本是故捨一切護此義應然何以故於大眾食及住處佛不許此人敢一叚食踐一脚跟地此人大師所擯出一切大眾事用外約此人佛復說言汝等應滅除甘蔗栽拔棄空腹樹擻却无實穀汝今應遮斷非比丘自稱為比丘於此人比丘法何相如相是相雖然不無比丘法何以故佛世尊說准陁沙門但四無有第五四者一道生二說道三道活四汙壞道有如此說此人唯相貌為餘故說為沙門辟如燒木枯池鸚鵡戰壞種子火輪死衆生等若由破戒成非比丘不應成與學比丘我等不說一切犯戒人由犯戒事即成波羅夷若波羅夷人必定非比丘有餘人由相續勝異雖犯而非波羅夷由一心不敢覆藏故法王安立律義如此若波羅夷非比丘云何不更許

出家由相續為最重無慚羞所壞於護不能感生故如燋種子不由觀有比丘法故何以故此人若已捨戒亦不許更出家故於此毀損功用何益若人已成如此猶名比丘勿然此為比丘義由正法滅盡毗鄃耶羯磨无故不更得新護若已得不捨復次定生護及無流護棄捨云何偈曰由度地及退棄捨定得善釋曰一切定得善法由二因緣捨離或由受上地生度餘地或由退上定墮下地或由捨聚同分復次如色界定得善由度餘地退及棄捨偈曰无色亦介釋曰於无色界定得善約度餘地及退亦介唯無定戒偈曰聖得果練根退釋曰无流善由三因緣故棄捨由得果棄捨前道由練根棄捨下劣根道由退棄捨上品道或果或於果勝道棄捨諸護法如此偈曰捨不護得護死二根生故釋曰有三因緣能斷除不護一由得護謂受持護或得定生護由昔因緣力故得定一切不護皆斷絕對治力大故二由死棄捨不護由依

止破滅故三由二根俱起棄捨不護
依止變異故若人捨杖網等由不欲
作意故雖捨離緣起若不受對治護
不護无斷義譬如離病緣起不服良
藥重病不差前義亦尒是不護人若
受優波婆娑護為從護入不護為從
護入非護非不護有餘師說還入不
護以捨意不定故譬如赤鐵更還青
色毗婆沙師說是義不然若人更行
先事還入不護由此至得隨屬有教
故復次異護不護无教云何棄捨偈
曰疾心受行物命根斷捨中釋曰由
善心强疾或由煩惱心强疾能引无
教生此心若斷無教即斷譬如陶師
轉輪及放箭等行由受心斷无教亦
斷若人捨受心謂勿如此受由行事
斷此亦斷如本所作事即若不更行
由具物斷此亦斷何者具物謂支提
園眠坐具延多羅網等具類由壽命
斷或由善根斷此亦即斷若人作斷
善根方便由此六種因即棄捨此中
无教偈曰欲界無色善根斷上生捨
釋曰若欲界中一切非色性善由二

種因棄捨謂善根斷及生色無色界
偈曰由對治生故捨无色染汙釋曰
一切非色性染汙由對治故棄捨是
惑種類應除是對治種類能滅由此
對治生即棄捨染汙及伴類不由別
方便復次何衆生中有不護有護偈
曰人道不護除二黄門二根鳩婁釋
曰唯人道有不護於餘道无於人道
中除生成黄門横成黄門二根及比
鳩婁偈曰護亦尒天亦釋曰護於人
道有除如前所除於天道亦有護故
二道有護云何得知黄門等无護由
經及律經言摩訶那摩若人在家白
衣丈夫與男根相應歸依佛歸依法
歸依僧亦說此言願大德憶持我今
是優婆塞摩訶那摩唯由此量此人
成優婆塞於律亦有文律言如此等
相人汝等必應除復由何因故於彼
無護二依止惑過量故正思簡擇相
續无能故下品慙羞亦無故是故無
護若尒何故无不護於惡中依止不
定實故若是處有護是處則有不護
二相對治故比鳩婁人求受及定心不

有故於惡无欲作故意故是故無護
亦無不護於惡道云何无護無不護
无極重慙羞故由與此二相應及壞
故方得護不護復次彼依止有如此
失轉成瘠田謂二黄門二根惡道衆
生於此依止護不生不護亦不生譬
如於醎澀瘠田苗嘉不生穢草亦不
生於經中云何言比丘有卵生龍於
半月八日從龍宮出受八分相應優
波婆娑此行但是善行於彼无護故
是故唯於人天道有護復於中偈曰
人具三釋曰人道中一切三護皆具
有謂波羅提木叉等三護偈曰生欲
色界天定護釋曰若諸天生欲色界
有定生護於上界則无偈曰復無流
除中定無想天及无色界釋曰无流
護生欲色界天有除中間定無想天
及无色界若生無色界諸天由至得
有定護及无流護不由現前有從此
向後由依分別說業故如經中略說
業今當廣分別說業有三種謂善惡
無記此中偈曰平不平異業善不善
異二釋曰此是善等相若業平安立

為善若果報可愛若能令至涅槃是名平安暫永二時能救濟苦故若不平安說名不善為對治平安故若業果報非可愛及能鄣解脫果前二業非平安非非平安故是故應知非善非非善此言何義以無記為義復次偈曰福非福不動苦受等復三釋曰復有三業謂福德業非福德業不動業復有三業謂有樂受業有苦受業有不樂不苦受業此中偈曰欲善業福德釋曰於欲界善業由能清淨故由能數引可愛報故故說名福德偈曰上界善不動釋曰色界無色界善業說名不動為不尒耶佛世尊說三定有動於中是覺是觀所餘諸行諸聖說名動廣說如經約彼定有過失故說如此是三定等於不動經中約能成不動善緣道或說名不動復有何因此定實有動有時說為不動偈曰由業於自地約報不可動釋曰若欲界業約果報有動義云何動報於處無定故是業已感別道於餘道亦得熟復有業已感別天聚同分於餘天聚同分亦得熟何以故是業能感量力色樂欲塵等於天上應熟此業有時由隨別緣於人畜生鬼神道中熟若色無色界業於餘地无因緣得熟由果報於處定故是故說名不動非福業者於世間明了謂非善若義世間所成於中何須作功用分別說福德等業已有樂受等業今當說偈曰樂善至三定釋曰若業是善說於樂受好此業乃至三定何以故樂受地但極於此是故欲界及三定是彼地過此偈曰向上善非二釋曰過第三定向上一切善業於不苦不樂好於中无苦樂果報故偈曰於欲界惡業立名有苦受釋曰欲界言為顯唯於欲界有餘處定无此等業不但受為果報受資粮亦是果報偈曰餘說下有中釋曰有師說是中業能感不苦不樂受從第四定以上有於下地亦有何因知有偈曰中間定報故釋曰若不尒中間定業應無果報或於中間定有別類業於中无苦無樂故中間定業於定樂根是其報餘師說如此復有餘師說此業決無受為報此執與阿毗達磨藏相違何以故於彼藏有如此文言為有如此不由此業以心法為體受為此業熟果報不有謂无覺善業偈曰無前後報熟由佛說三業釋曰於經中由說此文有三業果報熟无前無後不有有樂受業色熟為果報有苦受業心及心法熟為果報有不苦不樂受業非心相應法熟為果報是故於下地有不苦不樂業若離欲界於餘處此三業无一時俱熟此業為善為非善是善而體羸弱若尒前說樂善至三定復說若果報可愛若能令至涅槃是名善則與此言相違此說應知從多此業不以受為性云何說有樂受等於樂受等好故說有樂受等復次是此業樂必應受此受何法是樂報應受報樂於此業中有故復次由此業應受樂報故說此業有樂受譬如欲散有苦受業有不苦不樂受業應知亦尒偈曰自性及相應境界與果報或由令現前受義有五種釋曰受若約

義有五種一自性受謂苦樂等二相應受謂觸如經言應受樂觸三境界受謂六塵如經言由眼見色是人受色不受色欲如此等何以故由受故緣此境界故說受此境四果報受謂業受如經言現法受業生受業後受業不定受業五現前受謂隨與一相應如經言是時受樂受是時中二受皆滅離何以故是時樂受生餘受不得生由彼應受此受若現前可說能受此受是故由應受果報說應受樂業苦等亦尒偈曰此或定不定釋曰此應受樂受等三業應知各有定不定由此不必應受故偈曰復定受有三現等受報故釋曰定業有三謂現法應受生應受後應受此三種定業合不定受業故成四種

阿毗達磨俱舍釋論卷第十一

阿毗達磨俱舍釋論卷第十一

校勘記

一　底本，金藏廣勝寺本。

一　八八〇頁中四行品名，資、磧、普、南作「分別業品之二」；徑、清作「釋分別業品第四之二」。

一　八八〇頁中一五行第八字「若」，資、磧、普作「苦」。

一　八八〇頁下九行第五字「道」，麗作「遠」。

一　八八一頁上一一行第四字「牙」，資、磧、普、南、徑、清作「手」；麗作「互」。

一　八八一頁上二一行第二字「戒」，麗作「或」。

一　八八一頁中五行第五字「止」，資、磧、普、南、徑、清作「正」。

一　八八一頁中六行「本行」，資、磧、普、南、徑、清作「念行」。

一　八八一頁中一五行第一一字「若」，資、磧、普、南、徑、清無。

一　八八一頁中二二行首字「不」，資、磧、普、南、徑、清作「於」。

一　八八一頁下一二行第二字「故」，資、磧、普、南、徑、清作「如」。

一　八八一頁下一六行「晝夜」，資、磧、普、南、徑、清作「盡夜」。

一　八八二頁上五行第一〇字「新」，資、磧、普、南、徑、清作「親」。

一　八八二頁上二〇行「離語」，諸本（不含石，下同）作「離妄語」。

一　八八二頁下一三行第一三字「護」，徑、清無。

一　八八三頁上二行至三行「二持處二持少多處」，資、磧、普、南、徑、清作「二持二處三持多處」；麗作「二持少處三持多處」。

一　八八三頁上六行「經起」，磧、普、南、徑、清作「越經」。

一　八八四頁上七行首字「若」，磧、南作「苦」。

一　八八四頁上九行末字「婬」，磧、普、南、徑、清作「姓」。

一　八八四頁下七行「性本」，資、磧、普、南、徑、清作「生本」。
一　八八四頁下二二行第九字「二」，磧、南作「一」。
一　八八五頁上八行第二字「戒」，資、磧、普、南、徑、清作「戓」。
一　八八五頁上一〇行第四字「叉」，磧、南、徑作「入」。
一　八八五頁上末行第八字「道」，資、磧、普、南、徑、清無。
一　八八五頁下六行末字「名」，資、磧、普、南、徑、清無。
一　八八五頁下七行第六字「持」，資、磧、普、南、徑、清作「於」。
一　八八六頁上四行第二字「從」，資、磧、普、南、徑、清作「行」。
一　八八六頁中一六行第二字「善」，資、磧、普、南、徑、清作「義」。同行第一一字「不」，資、磧、普、南、徑、清無。
一　八八六頁下一一行「婆娑」，資、磧作「婆婆」。
一　八八六頁下一三行第三字「故」，資、磧、普、南、徑、清無。
一　八八六頁下一七行「依止」，磧、南作「依上」。
一　八八七頁上三行第一一字「壞」，資、磧、普、南、徑、清作「懷」。
一　八八八頁中一七行第六字及第一〇字「律」，諸本作「律」。
一　八八八頁下七行第八字「嘉」，資、磧、普、南、徑、清作「稼」。
一　八八九頁上五行第八字「故」，資、磧、普、南、徑、清作「不」。
一　八八九頁上一二行「故故」，麗作「故」。
一　八八九頁上末行第四字「復」，資、磧、普、南、徑、清無。
一　八八九頁下一行「無受」，麗作「無定」。
一　八八九頁下三行「文文」，資、磧、普、南、徑、清作「文」。
一　八八九頁下八行第九字「苦」，資、磧、普、南、徑、清作「業」。
一　八八九頁下末行第六字「受」，資、磧、南無。
一　八九〇頁上一四行「不必」，資、磧、普、南、徑、清作「不亦」。

阿毗達磨俱舍釋論卷第十二　動

婆藪盤豆造

陳天竺三藏真諦譯

中分別業品之三

偈曰復有五種業釋曰復有餘師說業有五種不定受業分為二謂於報或定於報或不定此中現法應受業者於此生造業即於此生熟生應受業者於此生造業於第二生熟後應受業者於此生造業從第二生後熟有餘師說現法應受業果報於餘生亦有由隨此功力立名故勿寂强力業果報劣薄毗婆沙師不許此義何以故彼說有業果報親近果報非勝有業翻此譬如外種子麥三半月結實麥等六月結實偈曰餘師說四句釋曰譬喻部師說有四句有業於位定於報不定若業現報於報不定有業於報定於位不定有業二處皆定若現報等於報亦定有業於二處皆不定若業不必應受於報亦不定於彼人此業成八種現報有二種定不

定乃至定不定亦尒彼說現報等為定第四不定於一剎那中得引四業俱起不得云何得於三教他自行邪婬此四若一時究竟是四業中偈曰引聚同分三釋曰何以故此現報業不能引聚同分現有同分故於何界何道中幾種業可引偈曰一切處四引釋曰於三界及一切道中四種業皆有引義此四或善或惡此引如相應此開令更立遮偈曰地獄引善三釋曰於地獄中三種善業有引現報無引於中无可愛報故偈曰凡於離欲處堅不引生報釋曰凡夫人若於此地已得離欲若堅住無退失於此下地中不得造生報業能造餘三偈曰聖不造餘報釋曰堅言流至此句若聖人於此地已得離欲无復退墮不能造二業謂生報及後報何以故此人不能更感下地生故但能造現報業及不定報業於隨現生處偈曰欲頂退不造釋曰若聖人有退墮已離欲欲界及有頂於此二界不得造生報及後報業何以故此人已退果無

捨壽義此義後當廣說於中陰有引業義不有偈曰二十二種業於欲中陰引釋曰若欲界中陰能引二十二種業此云何胎位有五謂柯羅邏頞浮陀俾尸伽訶那波羅捨佉已生位有五謂嬰兒童子少壯中老於此位中中陰衆生有時引柯羅邏受業或不定或定乃至老位應受及中陰中應受偈曰此業但現報釋曰此中陰所引業定有十一種應知必是現報何以故偈曰彼是一果報釋曰此聚同分唯有一一業所引故是中陰聚同分及中陰後類十位是故不說別業感中陰由此二同生報業所引故復有何相應知此業是定偈曰重惑及淨心或是恒所行於功德田定能損自父母釋曰是業由重惑心所造或由重善心所造或恒時所行或於有功德田所起應知此業必定此中有功德田謂三寶或人差別人差別者若人至果勝類或定勝類此中若无重惑心及重善心此業或善或惡必成定業若恒所行亦介復次若依自父母以率介心造隨類違損業此業亦必定受報餘業則不定復次現法應受業其相云何偈曰此業成現報由田意勝異釋曰現報業者或由田勝異成如傳說有一比丘於大衆中行女人言故現身即轉根成女此傳有文由故意勝異者如傳說有一黃門由解脫牛黃門事故現身即轉根成男復次偈曰永離欲地故釋曰若業或善或惡依此地生由永離欲此地此業則成現報業此業何相偈曰若業於報定釋曰若業於果報定於位不定此業是所說現報業若業於餘位中定此業定於餘位中與報有此業人无離欲故若不定云何此業無報由永離欲故此由何相於中所造業必定得現報若揔說大比丘衆以佛為現前上首若約人差別有五偈曰滅定無爭慈見羅漢果起於彼損益業果於現法受釋曰若人出无心定觀即得寂極心寂靜由此定似涅槃故此人因此定如往還於涅槃若人出无爭三摩提觀無量衆生无諍利益善意所隨逐寂猛盛無量福德薰修所變相續正起若人出无量慈觀无量衆生安樂善意所隨逐寂猛盛無量福德薰修所變相續正起若人出四諦觀見諦所破惑滅盡無餘故新得轉依清淨相續即起若人出阿羅漢果觀修道所破惑滅盡无餘故新得轉依清淨相續即起是故於此五人或作善利益事或作惡損惱事此業果報於現世必定應得餘人所修得道未究竟故若出未圓滿自性果觀新得轉依清淨不介是故彼不及前人福田若果報受為勝是故此義應思有業但以心受為果報非身受不有業但以身受為果報非心受不說有偈曰若善業無覺許受為果報此受是心法釋曰无覺業者從中間定乃至有頂此無覺善業唯以心受為果報云何非身受此身受必與覺觀俱起故偈曰若惡唯身受釋曰若惡業定以身受為果報云何心受非彼報此業以苦受為報若苦受在心地則成憂根此憂根非果報

於前已說若尒衆生有癲狂此癲狂於何心有復由何因生偈曰心癲於心心釋曰心心謂意識何以故若人在於五識則无癲乱事五識无分別故偈曰此從業報生釋曰此心癲乱從衆生業報生若人以物呪及增加所作散壞他心或不求欲衆生令飲毒飲酒或恐怖衆生於獵等時或在曠野等處縱火焚燒又以坑穽陷墜衆生或由餘業令衆生失念因此業報此衆生於未來世心則癲乱復有別因偈曰怖打不平憂釋曰怖者諸鬼神作可畏形相來逼此人見即驚怖打者諸鬼神因人惡行起增恚心於此人末摩作打拍事不平者風熱淡互相違反令身四大皆不調適憂者如婆師絺等若意識癲乱此心癲乱從業報生云何言心受非果報我等不說此心是果報何為四大違損是果報從此心起故說心從果報生由業所生四大不平等故心狂乱不自在失念說此心名癲狂若作如此四句得成有心狂故乱非散故乱廣

說應知狂乱非散乱者心不自在無染汙散乱非狂乱者心自在有染汙狂乱亦散乱者心不自在有染汙无狂乱亦無散乱者心自在無染汙何衆生有狂乱心偈曰欲界除鳩婁釋曰於欲界中有唯除北鳩婁何以故於天中亦有狂天何況於人畜生鬼神道中地獄衆生皆恒狂乱是彼衆生万種損惱恚害末摩寂重難忍苦受所逼於自身亦不了別何况能識是非等事何心何啼天地獄傅此中應說於聖人亦有心狂乱由四大不平等故除佛世尊若約先定業受報已畢若約不定業則无果報不由怖畏已度五怖畏故不由損害永无惡行能生鬼神憎恚心故不由憂惱證見法如實性故復次於經中說有三曲身曲口曲意曲復有三麁身麁口麁意麁復有三濁身濁口濁意濁此中次第應知偈曰說曲麁濁業諂曲瞋欲生釋曰若身業從諂曲生說名身曲業邪曲性類故口意曲業亦尒若身業從瞋恚生說名身麁業忿

怒性類故口意麁業亦尒若身業從貪欲生說名身濁業染汙性類故口意濁業亦尒偈曰黑白等差別復說業四種釋曰有黑業黑果報有白業白果報有黑白業黑白果報有不黑不白業不黑不白果報生能滅盡餘諸業故偈曰非善欲色有善次第應知黑白有二業能滅彼无流釋曰非善業者一向名黑本性黑故果報亦黑果報非可愛故此業唯欲界有色界善業一向白非黑所雜故果報亦白果報可愛故云何不說無色界業若是處有二種果報謂中陰生陰有三種業謂身口意此中說黑白業餘處不說有餘師云此亦於餘經中說欲界善業名黑白業非善所雜故果報亦黑白果報相雜故若分別此業須約相續不得約性何以故无一業如此種類及果報此業是黑即是白無如此義互相違故若尒惡業為善業所雜故應成白黑業惡為善所雜此義不成於欲界中惡力强故唯善可雜由力弱故無流業者若起能滅盡

此三何以故此業非黑無染汙故非白无白果報故此不白言是不了義說有别意故佛世尊於大空經中依無學法說阿難如此法一向白一向善一向無訶於阿毗達磨藏中說何者為白法善法及无覆無記法无果報者不墮於界故與生死相違故一切无流業　為悉能滅白等三業不不此云何偈曰於法忍離欲於八次第道十二種故意此能滅黑業釋曰於見諦道中有四法忍於離欲欲界中有八次第道於此中是故意有十二種此業一向能滅黑業偈曰於第九故意能滅黑白業釋曰於第九離欲欲界次第道故意能滅黑白業及黑業偈曰白業離欲定後次第道生釋曰若人定定作離欲是第九次第道此中有四種故意一向能滅白業云何但第九次第道能滅白業不由餘此善非自性滅已滅可更現前故雖然緣彼為境惑滅故說彼滅是故乃至餘一品惑猶以彼為境未滅未可說彼已滅偈曰餘說地獄報及欲受報二釋曰有餘師見應受地獄報業離地獄於欲界餘道應受報業次第應知是黑業是黑白業何以故唯地獄定是惡業報故說受地獄報業名黑業離地獄於欲界餘道中有善惡業報是故受彼報業名黑白業偈曰餘說見滅黑釋曰有餘師說見諦所滅業名黑業與善不相雜故偈曰餘欲業黑白釋曰欲界業異見諦所滅業名黑白業此異云何謂修道所滅何以故此業有善有惡於經中說有三牟尼謂身牟尼口牟尼意牟尼此中偈曰无學身口業意應知次第三牟尼釋曰无學身口二業名身口牟尼无學心名意牟尼非意業何以故心是真實聖者此由身口故定可比量復次此身口二業離惡為性意業但思非有教故不能比量為離故說牟尼是故唯心能離故說名牟尼云何說无學不說餘阿羅漢是真實聖者故一切惑言分別滅故偈曰三淨釋曰於經中說有三種清淨謂身清淨口清淨意清淨此三種清淨偈曰一切三善行釋曰一切身善行名身清淨一切口意善行名口意清淨能除遮惡行及惑汙故或暫或永此正說何為衆生信樂邪牟尼及邪清淨為令思量遠離故經中復說有三種惡行偈曰惡身口意業說名三惡行釋曰身口意業若不善次第應知名身口意惡行偈曰非業貪瞋等說意惡行三釋曰亦有惡行非業性謂三意惡行別類非故意故譬喻部說貪等名意業於故心作經中說若執如此惑業成一性若尒何有若惑成業无如此義於經中由故意因此門起故大師由彼顯故意毗婆沙師說如此若不尒惑業成一體十二緣生分則不成就故不許如此由此於果報非可愛聰慧人所訶故說身口意行名惡行偈曰翻此名善行釋曰由翻惡行應許為善行謂善身口意業及无貪無瞋正見无利益損惱他事故云何正見邪見行成善惡性為損益根本故是所說惡行及善行此中偈曰由攝彼麁品故說十業道如

理謂善惡釋曰前所說惡行及善行中由攝明了易知善惡二業是故經中說十業道如理應知若善從善行出若惡從惡行出於中何惡行及善行非所攝於惡業道中是身惡行一分非所攝謂前分後分所餘染汙亦尒此非麁顯故若身惡行能令他失離壽命財物妻妾說名業道欲令他分別離此故於惡行別立意惡行一分名故意於善業道中是身善行一分非所攝謂前後分及離飲酒等布施供養等口善行如愛語等意善行如故意如此業道中偈曰六惡有无教釋曰唯六不善業道定以無教為性謂煞盜妄語兩舌惡口无義語若教他作无根本有教故偈曰一二種釋曰邪婬恒以有教無教為性何以故此自身所成就故若令他作歡喜不如自作故偈曰自作釋曰是六種業道若自作亦各二種謂有教无教若正起有教時彼即死則具有教无教若起有教後方死但是無教若善業道偈曰七二種唯善釋曰善有色

七業道必定二種謂有教无教受所得戒依屬有教故偈曰無教從定生釋曰定所生定无流所攝諸護說名定生彼唯无教但依屬心故偈曰近方便有教釋曰業道前方便必有教為性偈曰無教或有无釋曰若最重上心惑所汙惑蜜味心清静作方便加行則有无教若異此則無偈曰後分則翻此前分三根生釋曰翻前分方便義應知是業道後分何以故此後分必無教為性有教或有或无若人已作業道後更起同類法則有有教異此悉無復次此業道前分根本後分從何位可得安立譬如有人欲煞禽獸從牀起捉直行往彼所檻觸其身即買牽還將入屠所欲就煞之即便捉杖與一下手或再下手乃至未令命斷名煞前分是事能令命斷此中是有教无教身業共一刹那起是名根本業道何以故由二種因緣是人為煞生罪所觸由作加行及果究竟故從此刹那後無教刹那悉是業道後分乃至治洗販賣或煑自食

稱讚其美如此等有教刹那悉成後分如此於餘六業道中前分根本後分義如理應知不平貪等三无前後分由現前起即成業道汝今應說此為是衆生正在死有有教無教成業道為已死成業道若尒何有若所煞衆生正在死有能煞及令煞人若共一時死應有犯煞生罪悉檀義不尒若已死成業道是悉檀所說謂若由此害事能令彼離壽命於中是有教身業及共一刹那起无教是名業道此言不應說復次於阿毗達磨藏中說為有如此義不是衆生已被煞是人未離煞生事有譬如已令此衆生離命根能煞加行未捨未息此中後分由前分名說此文句與毗婆沙義相違是根本此時中未滅故是故如无失道理應許如此云何無失此中用前分名說根本此則無失若尒如此相有教云何成根本業道云何不成无能故若尒無教云何成業道是故加行果成就時此二成業道業道者有時是餘業道前分或是餘業道

後分是煞生事位有時成業道有時成前分辟如有人欲煞怨家作惡方術煞禽獸祠鬼神或由偷他物或於彼婦作邪婬共彼人欲煞怨家或說妄語兩舌惡口軟語破彼親友隨多少能為救護者或於彼起不平貪或於彼生瞋或為煞彼增長邪見如此於餘業道如理應思貪等不應成前分何以故若由唯發起心是人正行前分無如此義若離行事經中說比丘煞生有三種一從貪欲生二從瞋恚生三從無明生乃至邪見亦介此經中如此煞生相云何煞從貪生者若為得彼身分為得物為戲樂等事令他失命或為救濟自身及自眷屬從瞋生者如為報怨從癡生者如大祠捨施人由行善法意故又如諸王隨法文句量故行重罰怨家及惡人諸王得生大福德又波尸國人煞二親老困及有重疾必應為捨命有業亦從癡生何以故彼說如此言若頻鄰柯外道說虵蜈蚣嚙毒等恒能傷害人此必應煞鹿羊烏牛等為供

人庖厨故受生若煞無失若煞生從邪見生亦是從癡生盜從貪生者隨其所求不與而取或為得別利養愛重好名為救濟自身及自眷屬從瞋生者如為報怨從癡生者如諸王由隨法文句量為罰惡人故奪其物又如婆羅門言一切物梵王已捨與婆羅門由婆羅門力弱諸蠻誘取受用是故若婆羅門奪取奪取自物若食食自物若衣衣自物若施施自物於彼無非他財想若盜從邪見生亦是從癡生邪婬從貪生者於他妻妾先起貪愛方行邪婬及為得利養愛重為救濟自身及自眷屬從瞋生者如為報怨從癡生者如波尸國人娶母等事又如於瞿娑婆祠中有餘女吸水嚙草是人行者其親或著姑姨姉妹同姓等又如頻鄰柯外道說女人如臼花菓熟食水渚道路等妄語等從貪瞋生如前妄語從癡生者如皮陁言

戲笑及女人　取婦并救命　救財故妄語
梵王說無害

若妄語從邪見生亦是從癡生兩舌等若從邪見生亦是從癡生一切從四皮陁所出邪論言皆是無義語不平貪等云何從貪等生偈曰從彼次第生貪等三根生釋曰從貪次第生故說彼從貪生從瞋次第生故說彼從瞋生從癡次第生故說彼從癡生說惡業道已善業道云何偈曰善業道前後無貪瞋癡生釋曰共前分後分一切善業道從無貪无瞋無癡生善故意所生故此善故意必定與無貪等三善根相應故前分等三共相云何此中若遠離惡業道前分即是善業道前分若遠離根本即是根本若遠離後分即是後分辟如沙弥欲受大戒入不共住札拜比丘請優波陁訶乃至說一羯磨及第二羯磨此名前分第三羯磨竟時是有教業共一剎那無教是根本業道從此後乃至說四依依此根本所有有教業及无教業乃至相續未斷是名後分是所說言非一切業道由貪等究竟此中何業道由何惡根得究竟偈曰煞

生瞋惡口成就皆由瞋釋曰煞生瞋恚惡口必由瞋得究竟捨心澁心現前此三得成故偈曰邪婬貪欲盜由貪故究竟釋曰由貪欲現前故邪婬貪欲偷盜得成就偈曰邪見由無明釋曰若人起最重品癡能成就邪見偈曰許所餘由三釋曰何者為餘謂妄語兩舌無義語此三由三惡根隨一成就或由貪或由瞋或由癡是業道約四節所說謂三三一三如此次第應知偈曰衆生受用依名色及名聚釋曰煞等依止衆生起邪婬等依止受用物起邪見依止名色起妄語等依止名聚起若人起定心為煞彼人或與彼同時死或在彼前死為有根本業道不偈曰俱死及前死無根釋曰是故顯此問若人行煞生事果亦究竟不犯煞生罪有如此義不有若能煞人或在前死或同時死若尒何因所煞人猶活未死煞者與煞生罪不相應若煞者同時死亦不相應云何不相應偈曰別依生釋曰由此依止於彼行煞事此依止已斷滅有別依止生異先聚同分此依止不行煞事故是故無與業道相應義復次若為煞他故集衆為軍或掘坑或獵或偷破多人聚集同為此事於中一人若行煞生事何人得煞生罪偈曰軍等同事故悉得如作者釋曰如作者犯罪如此一切人同犯一罪共一事故若由義此彼更互相教若人由他勢力所逼引令入中是人亦與此罪相應若人依此擯去謂隨有命為救自命我亦不煞唯除此人若人自作煞生事此行幾量成業道乃至邪見成業道此相應說偈曰煞生有故意他想不乱煞釋曰若人有故意我必應煞彼於彼有彼想唯煞彼不濁煞餘由此三義煞生成業道若尒有人心疑不決而煞生謂此為是衆生為非衆生為是彼為非彼此人於煞已決方煞謂若是若非我必須煞此人已作捨心若煞生得煞生罪於剎那剎那滅五陰中云何斷波羅那此名有何義以風為義此風依身依心起若人斷此風辟如風滅燈光手滅鈴聲斷此風亦尒是名斷波羅那或以命根為義是一剎那命根正欲生若遮礙此即犯煞生罪異此不犯此命屬何人由命斷彼死說此命屬彼人何物為彼此義於彼說我中當共思量佛世尊說

命根暖及識　若三棄捨身　彼捨即永眠
如枯木無覺

是故有命根身名活無命根身名死尼乾陁子說若不以知為先煞生煞者亦得罪辟如不以知為先觸火亦被燒於彼若遇見他婦及觸此義亦應然拔尼乾陁子髮教彼修苦行彼腹脹死施主應得罪母及胎子為因苦因故犯罪人由與煞事相應故如火燒自依若人教他煞不應得罪辟如教他觸火由教故自不被燒無意土木等亦應得罪如屋倒煞生故又於犯死罪理不應但由立辟得成說煞生罪已偈曰偷盜於他物力闇取屬已釋曰無乱言流若人由强力或由闇竊取他財物屬已於他物中若有取意由力由闇除乱取因此量成盜

業道若盜數抖波物從佛得罪何以故一切供養物於般涅槃時佛世尊悉已受有餘師說若人能護此物從此人得罪若掘窖得無主物從國王得罪若人偷迴轉物若已作羯磨從至不共住人得罪若未作羯磨從一切佛弟子得罪偈曰行非行邪婬說此有四種釋曰四種行不應行名邪婬一行不應行謂他所攝若母女父母親二行不應行謂非分若自婦於下道及口三行不應行謂非處若露處支提處修梵行處四行不應行謂非時若自婦有胎時飲兒時受護時若由夫聽許故得護此為非時餘部說如此不亂言流若往他婦所作自婦想不成業道若作他婦想往餘他婦所餘師說由行於他婦及受用此類故成業道別處欲作於別處行故無業道罪譬如煞生餘師說如此若於比丘尼行此事從何處得罪從國王得罪何以故此事非國主所忍許故若自婦有戒尚不可行何況比丘尼若於童女行此事於父母所許人

得罪若未許人於守護人得罪乃至於王得罪偈曰別想說此言於解義妄語釋曰是其所說義於此義中起別異想說言所依人若解此言義此言成妄語若所依人不解此言義此言云何此言則成無義語所說言者有時多文字成語於此語中何字成業道審後字共無教成業道或隨處彼人已解義前文字但是前分加行說解義者為得聞已解義為得聞能解義若尒何有若已解義語義是意識境界故言語與耳識俱滅故應但以無教為業道若能解義則无此失云何成能解解語人在於耳識此人為能解如執無失可許如此於經中說言說有十六種不見說見乃至不知說知見說不見乃至知說不知此八非聖言說不見說不見乃至不知說不知已見說見乃至已知說知此八是聖言說此中見聞覺知相云何偈曰眼耳及意識所證并餘三此名見聞知次第或說覺釋曰若眼識所證為見耳識所證為聞意識所證為

知鼻舌身識所證為覺何以故香味觸本性無記故譬如死屍是故緣彼識說為覺毗婆沙師說如此此中以何為證有二種證謂阿含及道理阿含云摩羅枳母汝意云何是色非汝眼昔所曾見非今正所見非汝作心我當應見汝為因此色得起欲起愛起喜起著起結起貪不不尒婆檀多是聲非汝耳昔所曾聞乃至是法非汝意昔所曾知廣說乃至不尒婆檀多摩羅枳母汝意云何為於此中於見唯有見生於聞唯有聞生於覺唯有覺生於知唯有知生於經中說如此既於三塵說見聞知故知於餘三塵同立覺名若不許如此此三在見等三外故於香等應無言說是名道理此經非證有別義故何以故於此經中非佛世尊欲判四言說相故說此言說何為佛言摩羅枳母於六境界中及於見等四種言說中為但見等言說起為更增足愛不愛等因於此說中見經義如此若尒何相為見乃至何相為知有餘師說五根所證

為見從他傳得為聞是時所籌量自意所許為覺自心所證為知是五塵隨一所見故因此義立見言說若事非自所證但從他傳得說此名聞若事約五塵由自思量所立自所許故說此名覺第六塵異五故但意識所證說此名知是故於香等無無言說是故汝所立道理不成道理先舊諸師說如此眼根所證說名見從他傳得說名聞是自所思說名覺對自身所受所得說名知勿廣論此更釋此論若人由身顯義異為有妄語不有是故阿毗達磨藏說為有不由身行煞生事犯煞生罪不有若由言行為有不由言行妄語事犯妄語罪不有若由身行為有不由身口行此事犯煞生妄語罪不有如由仙人心忿責此中引布薩辟為證若由身口不行無欲界无教不以有教為先故云何此無教成業道汝今於中應作功用說妄語已偈曰破語有染心所說壞他愛釋曰解義言无乱言流若有染汙心為壞他和合及相喜愛是名破

語偈曰惡語非他愛釋曰有染汙心解義不乱此三言流此三何義若人有染汙心於解義人是所欲說處是所欲說語即說是名惡語偈曰諸染非應語釋曰一切染汙言與義不相應故名非應語亦名散語於義不相攝故偈曰餘說異三染釋曰有餘師說從妄語等口業若有染汙口業異彼是名非應語偈曰佞悲歌倡曲邪論釋曰辟如邪命比丘為得利養作諂佞言復有人為別離憂所逼作悲思言復有人由欲染心故歌復有倡兒於倡時為染汙他作諸詞曲復有人執邪論起見弘說此論乃至俗話等言異妄語等三所有染汙言皆名非應語轉輪王時有歌云何非非應語是時彼人所歌一切與出離義相應不與邪味相應是時有求婦迎婦等語雖是非應語而非業道餘師說如此偈曰貪欲者他財不平欲釋曰於他財物非道理非平等求得為屬自己作是意願如此等物皆悉屬我或由力或由闇此貪欲名業道有餘

師說一切欲界愛欲皆是貪欲業道何以故於五蓋經依愛欲有如此言此人捨於世間貪欲蓋若一切愛皆是貪欲非一切悉是業道由攝重品惡故勿一切轉輪王及北鳩婁人有貪欲業道餘師說如此偈曰瞋恚捨衆生釋曰緣衆生過失起害捨心於損傷他事中心强疾故成業道偈曰於善惡無見邪見釋曰於善惡二業撥云無業是名邪見如經言无施無供養無嗅多无善行無惡行於世間無沙門婆羅門是阿羅漢此邪見具足謂撥業撥果撥聖人於經中有多種文句此偈但顯重是十業道體相如此業道是何義偈曰此後三唯道七業道釋曰貪欲等三是業家道故說業道發起故意依彼起故前七亦業亦道能顯本意故是彼種類故是故名業業道如前無貪等及離煞生等應知亦如此前後二分云何非業道由彼生為成此及依止此為根本故如蟲攝為業道故此如前說復次由彼增減於世間一切內外物勝劣顯現

故立彼為業道若尒辟喻部師執但貪愛等是意業此三於彼云何成業道汝應問彼師此亦可荅彼是業亦是惡趣道故彼名業道復次更牙相乘故皆名業道是所說十惡業道此一切與善法行相違故說名惡偈曰斷根由邪見釋曰於十惡中由何惡斷善根由㝡上上品圓滿邪見若尒於阿毗達磨藏中云何說言何者㝡上上品惡根是彼能斷滅善根若人正至離欲欲界位㝡初所除由邪見為惡根所引起故於惡根中立邪見事譬如火能燒國土刧能引火令起故說國土為刧所燒何者是所滅善根偈曰欲界生得善釋曰唯欲界中善根被斷與色無色界善根不相應故恭假名分別論云何將彼論云唯此量是人已斷三界善根上界善至得依㝡遠相離義故說此言由令相續非彼器故唯生得善根被斷故是一切加行得善已退失故此邪見能斷善根緣何境界偈曰謂撥無果釋曰此邪見若能撥因謂無善

惡行若撥果謂无善惡行業所有果報此二邪見似次第道及解脫道餘部師說如此緣有流為境不緣無流緣同分界不緣非同分界唯由相應隨眠故故彼力弱偈曰一切次釋曰諸師分別說如此一切邪見九品善根一時能斷譬如見諦滅或復有餘師說次第斷由九品邪見九品善根被斷譬如修道滅惑乃至㝡上上品邪見斷㝡下下品善根若執如此毗婆沙伽蘭他則被守護伽蘭他言何者善根㝡細恒隨是斷善根人㝡後所斷由彼斷滅此人得斷善根名若尒此伽蘭他義云何將伽蘭他言何者㝡上上品惡根若是惡根能除滅善根名㝡上上品約圓滿事故說此言何以故由此滅无餘故無一品類在不被斷為彼作生因如見諦道中間不出觀斷善根亦尒復有餘師說此事有二種復有餘師說先斷除護類善根後斷自性善根復有餘師說若護是心果由捨此心護亦被捨於何處善根可斷滅偈曰人道釋曰於

人道中非惡道有染无染智不堅牢故於天道證見業果報故於三洲非北鳩婁彼本來無惡意故餘師說唯剡浮洲人若執如此與伽蘭他相違伽蘭他云剡浮洲人若與㝡少根相應唯與八根相應東毗提訶西瞿耶尼亦尒此善根偈曰能斷唯男女釋曰若斷善根唯男女能斷餘師說智根精進根昧鈍故女人不斷若尒此執與伽蘭他則相違伽蘭他云若人與女根相應此人必定與八根相應於男女中貪愛行不能斷善根意地動弱故若尒何行人能斷偈曰見行釋曰此人惡意甚深堅牢故是故黃門等不能斷是貪愛行部類故猶如惡道此斷善根體相云何偈曰此非得釋曰是時善根至得斷不更生非至得生於非至得生時說善根已斷此善根已斷云何更相續偈曰接善疑有見釋曰此人於因果中若生疑心或生有見此名正見是時正見至得更起故說接善根昔時九品已斷今一時相接由次第現前譬如得無病

及力是彼人接善根偈曰今非作無
阿毗達磨俱舍釋論卷十二　第三十張　勤字號
間釋曰餘斷善根人於今生有接善根義若作無間業人今生無接善根義依此人故經中說此人不應今生得接善根此人或從地獄正退正生是時應接善根正生謂住中陰正退謂將死此中若由因力斷善根是退時接善根若由緣力斷善根是正生時接善根由自力由他力亦介復次若人由自意壞斷善根此人於現世得接善根若人由自意壞及他教壞斷善根此人於捨身後得接善根若人由見壞由見戒壞亦介有斷善根不墮邪定聚此義有四句第一句者如富樓郍等第二句者如未生怨王等第三句者如提婆達多等第四句者除前三句

阿毗達磨俱舍釋論卷第十二

阿毗達磨俱舍釋論卷第十二

校勘記

一　底本，金藏廣勝寺本。

一　八九二頁中四行品名，徑、清作「釋分別業品第四之三」。

一　八九二頁中一五行「半月」，資、磧、徑、麗作「月半」。

一　八九二頁下二二行「欲欲」，麗作「欲」。

一　八九三頁上一七行第一二字「心」，麗無。

一　八九三頁中一〇行第六字「依」，資、磧、普、南、徑、清作「要依」。

一　八九三頁中一六行第九字「由」，諸本（不含石，下同）作「田」。

一　八九四頁上一一行「復有」，資、磧、普、南、徑、清作「後有」。

一　八九四頁上一四行「增恚」，諸本作「憎恚」。

一　八九四頁中九行「最重」，麗作「量重」。

一　八九四頁下六行「餘諸」，資、磧、普、南、徑、清作「諸餘」。

一　八九五頁上八行「爲悉」，資、磧、普、南、徑、清作「無爲悉」。

一　八九五頁下二一行第九字「行」，諸本作「得」。

一　八九六頁中七行「清静」，諸本作「清淨」。

一　八九六頁中一六行第四字「買」，資、磧、普、南、徑、清作「置」。

一　八九六頁中二一行「加行」，磧、南、徑、清作「如行」。

一　八九六頁下七行末字「共」，磧、南、徑、清作「其」。

一　八九六頁下一〇行「於中」，諸本無。

一　八九七頁中二二行第一一字「救」，資、磧、普、南、徑、清作「求」。

一　八九七頁下二一行第四字「乃」，資、磧、普、南、徑、清作「及」。

一　八九八頁中八行「相教」，諸本作「相殺」。

一八九八頁中一〇行第九字「去」，磧、普、南、徑、清作「法」。

一八九八頁中一六行第二字「餘」，資、磧、普、南、徑、清作「事」。

一八九八頁下五行「彼說」，麗作「破說」。

一八九八頁下一六行第四字「依」，資、磧、普、南、徑、清作「衣」。

一九〇〇頁上一八行第七字「爲」，資、磧、普、南、徑、清作「如」。

一九〇〇頁下二一行第九字「止」，麗無。

一九〇一頁下二二行末字「令」，資、磧、普作「今」。

阿毗達磨俱舍釋論卷第十三　動

婆藪盤豆造
陳天竺三藏真諦譯

中分別業品之四

由分別安立業道此中是義應說幾種業道故意與彼相應俱起偈曰故意俱乃至與八惡業道釋曰有時故意與一惡業道俱起離餘業道若貪欲等起現前若人無染汙心由先教他作有色業道隨一成就時與二俱起者若人起瞋恚心煞生時或貪欲所染心行盜及邪婬時或說非應語與三俱起者若人起瞋恚心於他衆生俱時煞盜若尒是時偷盜不由貪欲成就若㐅心不異成就業道時應知前決義若人貪欲等所染由教他有色二業道成就時如此等與三與四俱起者若人有欲破他和合意說妄語惡語此中意業道隨一口業道有三有時貪欲等所染由教他別三成就時餘五六七應知合如此義與八俱起者於六教他自行邪婬若彼共一時俱成由惡業道義極於此偈曰若善乃至十釋曰若論故意與善業道相應不相應乃至得與十業道相應已作如此通說為簡擇此故更作別說偈曰不共一八五釋曰故意無與一八五業道相應義此中與二相應者於善五識起時入无色定盡智無生智起時與三相應者與正見相應意識起時與四相應者惡心无記心起時正受優婆塞及沙弥護與六相應者善五識起時受前二護與七相應者善意識起時受前二護或惡心或無記心起時受比丘護與九相應者善五識起時受比丘護若意識與盡智无生智相應是盡智無生智相應心與定相應與十相應者異此於餘處善意識起時受比丘護一切定護无流護相應故意離盡智無生智若與非護所攝亦得與一相應若人異心受一遠離分亦得與五八相應若人善意識起時一時受二遠離分或受五遠離分復於何道幾業道或惡或善由現前及至得俱

起偈曰非應語惡語瞋於地獄二釋曰是三種業道於地獄由二種義有一由現前有二由至得有由悲泣有非應語由手相罵有惡語由相續惱手相憎故有瞋恚偈曰由至得貪欲邪見釋曰若由至得有貪愛邪見不由現前有無可愛塵故證知業果故由業盡死故无煞生不攝財及婦故無偷盜邪婬无用故無妄語恒自無和合故无破語偈曰北洲三釋曰由至得言流貪欲瞋恚邪見不由現前有無我所无攝故相續軟滑故瞋恚類境无故無惡意故偈曰第七彼自有釋曰非應語於彼現前有何以故彼人有時起染汙心歌無惡意故无煞生等壽命定故不攝財及婦故無用故彼人云何作非梵行彼人若欲共此女人和合戲即執彼手俱往樹下此女若堪行樹即密覆便與交通若不堪行樹則不覆即相背去偈曰於餘欲十惡釋曰自有言流除地獄及北洲於餘處十種惡業道由現前亦有於畜生鬼神天道中有非不護業

道於人道中不護所攝業道亦有若天不能煞餘天能煞餘道衆生諸天若斬首斬腰即便捨命說惡業道已偈曰彼三一切有現前至得故釋曰於五道及三界一切處無貪無瞋正見由現前及至得皆有偈曰无色無想天由至得七釋曰身口七善業道於无色界及無想天中但由至得有聖人已生無色界與過去未来无流護至得相應故无想天與定護至得相應隨所依止地聖人所生及所捨無流護若生无色界與此過去護相應與依五地未来護亦相應偈曰餘由現前亦有除地獄北洲釋曰餘者謂別界別道於餘界餘道中是七種善業道由現前亦有餘地獄及北洲是餘者謂畜生鬼神於中唯有非護於色界但護所攝於餘處具有二種復次是十種惡業道及善業道偈曰一切皆能與增上流報果釋曰今且論惡由一切十惡所事脩習數起故生於地獄是名果報果若受地獄報竟得如此類謂人道等聚同分由斷

命故壽命短促由偷盜故有財物鄣難由邪婬故多怨憎於妻妾有鄣㝵由妄語故多被誹謗由破語故親友不和穆由惡語故恒聞不可愛聲由非應語故有理實言人不信受由貪欲故多重貪欲由瞋恚故多重瞋恚由邪見故闇鈍多癡此見多无明故是名十惡等流果於人道中壽命若短促亦是善業果此云何是煞生等流果不說人壽命是等流果何者由惡業令壽命減少煞生是人道壽命鄣㝵因此義應知增上果者由煞生所事修習數起一切外資生具无復勢味由偷盜故多霹靂多塵由邪婬故多塵垢由妄語故多臭穢由破語故外器有高深由惡語故其地惡味高燥相違不宜一切由非應語故時節不調適四大變異不平等由貪欲故一切所種菓實少弱由瞋恚故一切所生皆悉薟苦由邪見故一切資生或少果或无果是名十惡增上果為由此業今生壽命短促為由別業有餘師說即是此業何以故昔時此

阿毗達磨俱舍釋論卷第十三　第六張　勤字号

業果報果已成今時是其等流果有餘師說昔時由前分今時由根本由執共伴類故是所說煞生等等流果者非等流種類由相似差別故說如此復次云何十業道有三種果生若人作煞生事生被煞者苦故斷彼命故除彼勢味故是故彼偈曰由困苦除命滅勢味果三釋曰由困苦他故有果報果故於地獄受害困苦由行殺故故有等流果今生可愛壽命短促由滅他勢味故有增上果外草藥等勢味或無或弱所餘業道三果應知亦介善業道三果應知如此佛世尊所說有邪語邪業邪命有何邪命異於此二無異此二偈曰貪生身口業別立為邪命釋曰若於衆生從瞋癡生身口二業名邪語邪業異此二別立為邪命偈曰難治釋曰貪欲法通引衆生是故從彼所生業中心難可禁護是故正命不易可治於中為生他愍重心故今此二立為第三此中說偈

在家見難治　恒執種種見　比丘命難治

資生屬他故

阿毗達磨俱舍釋論卷第十三　第七張　勤字号

偈曰資貪生若執釋曰若有人執命資粮貪欲所生身口二業名邪命非餘何以故為自身遊戲於倡歌等不立為命資粮偈曰非經故釋曰是義不然何以故由經言於戒聚經中看象鬪等事佛世尊安立於邪命中何以故由邪受用塵故此義已竟先於前所說五種果於中何業由幾果有果偈曰於滅道有垢業有果由五釋曰為得滅故修此道復由此道故惑滅故說名滅道謂次第道此道若有流於中所有業有五種果為果何以故此業於自地中所得可愛果是名果報果後時或等或勝相似法是等流果相離果者謂擇滅心離諸結功力果者是道所引生諸法謂解脫道及俱起諸法未來應得餘法及此擇滅增上果者離自性所餘有為法除前生偈曰於無垢由四釋曰於无流滅道中業由四果有果除果報果偈曰有流餘善惡釋曰若善有流業異於滅道及惡業此二由四果有果除相

阿毗達磨俱舍釋論卷第十三　第八張　勤字号

離果偈曰所餘无流業由三无記介釋曰所有無流業若異滅道及无記業由三果有果除果報果及相離果偈曰四二及餘三善業善等果釋曰此義應知次第後當說之有時善業以善法為果則有四果除果報果若以惡法為果則有二果謂功力果增上果若以無記法為果則有三果除等流果及相離果偈曰若惡善等二三四如次第釋曰此義應知次第若惡業以善法為果則有二果謂功力果增上果若以惡法為果則有三果除果報果及相離果若以無記法為果則有四果除相離果等流果云何謂無記身見邊見是見苦諦所滅不善遍行或等流果偈曰無記有二三三復於善等釋曰若無記業以善法為果則有二果謂功力果及增上果若以惡法為果則有三果除果報果及相離果云何如此見苦諦所滅不善或是無記二見等流果若以無記法為果則有三果偈曰過去一切四釋曰一切謂三世法此法若為過去

業果各有四果除相離果偈曰中業來果亦釋曰若現世業以未來法為果則為四果如前偈曰中果二釋曰若現世法為現世業果但有二果謂功力果及增上果偈曰來業未來果有三釋曰若未來業以未來法為果則有三果除等流果及相離果偈曰同地法有四釋曰除相離果所餘皆有偈曰三二若異地釋曰異地業若無流則有三果除果報果及相離果由不憺界故若有流則有二果謂功力果及增上果偈曰有學三學等釋曰若有學業以有學法為果則有三果除果報果及相離果若以无學法為果亦尒若以非學非非學法為果則有三果除果報果及等流果偈曰無學業學等諸法但一果或三果及二釋曰若无學業以有學法為果則有一果謂增上果若以無學法為果則有三果除果報果及相離果若以非學非非學法為果則有二果謂功力果及增上果偈曰異此二學等二二及五果釋曰異學無學業謂非學

非無學業若以有學法為果則有二果謂功力果及增上果以无學法為果亦尒若以非學非無學法為果則有五果偈曰三四果及一見滅業彼等釋曰若見諦所滅業以見諦所滅法為果則有三果除果報果及相離果若以修道所滅法為果則有四果除相離果若以非所滅法為果則有一果謂增上果偈曰二果四及三修道所滅業釋曰若修道所滅業以見諦所滅法為果則有二果謂功力果及增上果若以修道所滅法為果則有四果除相離果若以非所滅法為果則有三果除果報果及等流果偈曰非滅業彼一二四果次第釋曰非所滅業若以見諦所滅法為果則有一果謂增上果若以修道所滅法為果則有二果謂功力果及增上果若以非所滅法為果則有四果除果報果更說次第言者應知於前中後為顯因果重重說諸義由分別業相應義故此業體相亦應問於阿毗達磨藏中說有三業謂非理作如理作非

理非非理作此業其相云何偈曰非理作有染餘說非方次釋曰若業有染汙說名非理作從不正思生故餘師說如此或有師說失方便次第名非理作若人應如此行應如此住應如此噉食應如此著衣如此等事若作不如此名非理作此業由非應理所造故悉名非理作一切善業名如理作及不失方便次第亦名如理作異此二名非理非非理作業為一業引一生為一業引多生復次為多業引一生為一業引一生若約此悉檀應說如此偈曰一業引一生釋曰但一生唯一業能引不能引多生生者是聚同分名若得彼說名生若尒大德阿尼婁馱云何說言我今由昔時所施一食果報故七反生三十三天七反作轉輪王巳乃至今猶於大富釋迦家生由此業果報得大富果及得憶持宿住事更生別業欲顯功能故說此言譬如有人由一金錢作功力得千金錢方說此言我今由一金錢故得大富復說此人以此時施食

阿毗達磨俱舍釋論卷第十五　第十二張　動字號

為依止諸故意相續最長大起於中
有諸故意能引攝果報不得多業感
一生勿分分所引聚同分成此聚同
分由一業所引許餘業偈曰多業能
圓滿釋曰辟如畫師由一色畫人形
貌以多色圓滿何以故於世間中有
衆生同人聚同分有具足根身及身
分色形貌量力端正等相圓滿故於
人聚中最分明可愛有餘人於中不
具分不但唯業能引生何為所餘有
果報法若一切種偈曰二定非能引
無心及至得釋曰二无心定亦有果
報不能引聚同分與業不俱起故至
得亦尒與業不同果故佛世尊說障
有三種謂業障煩惱障果報障此三
障體性云何偈曰無間等重業染住
惑惡道北洲無想天說此名三障釋
曰有五無間業等是名業障謂煞母
煞父煞阿羅漢破僧和合於如來身
有害意出血是名業障染住惑名煩
惱障或有二種一染住謂恒行二强
利謂重品此中染住惑名煩惱障辟
如黄門等惑强利惑非障何以故若

阿毗達磨俱舍釋論卷第十五　第十三張　動字號

惑由重品故强利此惑有時起不恒
故有時可滅非輕品惑恒起何以故
若惑恒起為滅此不得人切時此惑
依輕品成中品依中品成上品故此
惑是正障三種惡道名果報障善道
一分亦尒謂北洲人及無想天此三
障障何法能障聖道及障聖道加行
善根復有餘業於惡道等報定謂於
卵生濕生生女人身生第八有中定
亦應說為業障若業由五種因可了
可說立此業為障何者為五一由依
二由果三由道四由生五由人故但
說五於中惑障最麁業障次麁何以
故由此二於第二生是人不可治眠
婆沙師說後後能乘故故次第說無間
者何義於生果報中無別業及別生
果能遮礙復次作此業人若捨壽命
無間生地獄果无法能礙是人由與
此法相應於生地獄中無間故說為
無間辟如沙門復次此三種障應知
於何道中有若決定者偈曰於三洲
無間釋曰於北洲及餘道皆無何況
餘界於人道中男女二人能作此業

阿毗達磨俱舍釋論卷第十五　第十四張　動字號

偈曰黄門等不許釋曰何因是彼無
護因即是此因復有別因偈曰少恩
少慙羞釋曰次第父母於某某於父
母父母於某恩少由不具身分為增
上故愛念少故某於父母不起重品
慙羞由破此慙羞為無間罪所觸由
此因故畜生鬼神道中不許有無間
業大德說若智慧明了有五無間辟如
聡慧馬若人煞非人父母無無間業
說業障已偈曰餘障於五道釋曰何
者為餘謂惑障果報障果報障者於
人道中北洲人於天道中無想天此
無間業體性云何四身業為體一口
業為體三煞生為性一妄語為性一
煞生前分為性諸佛如来不可煞害
為法於因立果名故說僧和合破為
無間業僧由此因破故因得破名此
破其義云何偈曰僧破非和合性非
相應法無染無記法釋曰和合者謂
與心不相應行無覆無記僧破亦尒
此云何成無間業能破人與此不相
應何為偈曰衆與此相應釋曰何以
故是破屬所破不屬能破若尒能破

與何法相應偈曰依此妄語罪能破
與相應釋曰能破人與破僧和合罪
相應此罪謂妄語復次此妄語與僧
和合破俱起有教無教能破與此罪
相應偈曰毗指一劫熟釋曰一別劫
果報於阿毗指大地獄熟所餘無間
業不決定於阿毗指大地獄熟若人
多作無間業此多業悉無間熟由此
業是人何所得偈曰如增苦受增釋
曰此人由多無間業熟於阿毗指地
獄得㝡大㝡厚柔軟依止是苦惱事
㝡多種㝡難忍起由此二因所受苦
受二三四五分增何人能破僧和合
偈曰比丘見好行破釋曰在家不能
破比丘尼等亦不能破是比丘尼見
行非貪愛行住於正行由行不可訶
邪行不能破何以故此人教不可信
受故何處得破偈曰餘處釋曰若世
尊在此處異此處故得破不得親對
世尊諸佛如来不可輕逼故言教㝡
可信受故若破何人偈曰凡夫釋曰
但破凡夫僧和合不能破聖人自證
見正理法故是凡夫未得忍前餘師

說如此由幾量僧得破偈曰別師道
忍時已破釋曰是時彼僧忍受別師
異如来及信受別道異如来所說正
道由此量應說僧已破破已幾時得
住此夜偈曰不宿住釋曰大衆已破
不度此夜必定更和合是所說破僧
和合偈曰說此名破輪釋曰何以故
是時佛世尊法輪已破能障礙聖道
生起故故名輪破或說僧破此輪破
何處得成偈曰剡浮洲釋曰但於剡
浮洲破餘處則无由幾人得破偈曰
九等釋曰定取九為破過此無定八
比丘是名僧第九為能破何以故僧
必定應於二聚二助中住若尒得破
別有僧破從羯磨破成若於一別住
不和合作羯磨是名羯磨破此破偈
曰三洲有破業釋曰於三洲等若有
如来正教此由幾比丘成偈曰此由
八及餘釋曰此中但作羯磨不立十
四破類法故以八為定是破輪於六
時不得成偈曰初後頻浮前雙前師
滅時未結別住時破輪不得成釋曰
初者轉法輪未久後者世尊般涅

槃時此二時中大衆恭敬修同一味
故無破於中間在頻浮陁前僧不破
於正法中乃至戒頻浮陁見頻浮陁
未起時於雙前亦不破乃至二弟子
奢摩他毗鉢舍那雙未起時由已破
不經宿故由二更和合故若大師已
般涅槃時無相對立故无破乃至未
結別住時亦無破何以故若共一別
住安立二助則名僧破於此六時破
輪不成非一切佛皆有此破輪此事
依業成故云何煞母等事中有无間
業於餘處無偈曰有恩功德田由捨
離除故釋曰於煞父母中由捨有恩
人云何彼有恩是自身生本故云何
捨彼謂除彼命根功德田者謂阿羅
漢阿羅漢身是三界惑擇滅及戒等
陰器故故名功德田由除此身故成
無間業若父母轉根於此一依止中
偈曰別根障亦有釋曰是故經中說
云為有如此不令男人離命根非父
非阿羅漢而為無間罪所觸不有若
母轉根令女人離命根非母非阿羅
漢而為無間罪所觸不有若父轉根

有女人柯羅邏墮有別女人即取安置産門中此人以何女為母若煞於何女成無間業偈曰從血生是母釋曰若從此女人血成此入身此女是其生母於第二女人一切事中皆應問聽何以故此女能飲此兒及能長養教訓是非若人於母行煞害方便誤煞餘人无無間業不於自母行煞害方便誤煞自母亦無無間業因子欲煞方便母隱牀中父走餘處故死此人成無間業若人行一害事煞母及煞餘人二無教業並起有教唯无間業由此無間業力强故大德瞿沙說譬虛所成故有教亦有二種若不想是阿羅漢煞阿羅漢有無間業謂我今必煞於此依止意決定故若人煞父父是阿羅漢此人但得一無間業由依止一故若尒此阿婆陁那經云何將經云汝去語始看持汝令造二無間業由汝令父離命根亦令阿羅漢離命根顯此无間業由二因緣所成故說此言復次由此二門訶責彼人故說此言為決定於如來邊起

悪心出血故有無間業為不若由煞意故有無間業偈曰於佛打意无釋曰若人唯有打意故出佛血則無無間業若人於非阿羅漢行煞害事害後成阿羅漢得無間業不偈曰害後無學無釋曰於此人無無間業何以故此煞方便不於阿羅漢起故若人已作無間方便未轉方便時為先得離欲及聖果不偈曰行無間前人無離欲及果釋曰若人作無間業方便必定應成是方便時中無離欲及得聖果若不定則不如若人於餘業道作前方便道生時得離欲及聖果後業道不生何以故是令依止與彼業一向相違故於五無間中何無間業罪最重偈曰破僧和合妄語許最大重罪釋曰了別法非法人妄語是僧和合破因顯翻倒理故於一切邪行是最大重罪何以故能害諸如來法身故能障礙世間天道及涅槃道故何以故大衆正破時世間入正定聚證果離欲流盡等悉皆被遮修定讀誦一切正思事並不得起一切世間

及人天皆紛擾生憂惱乱心此事乃至僧未更和合復次由此業報於阿毗指地獄熟具滿一劫故說大重所餘無間業次第應知第五第三第一為重一切中第二最輕若尒佛世尊說於三種治罰中意治罰最重復說一切罪中邪見最勝於無間業中定判破僧為最重罪此言云何若約無間一劫果報无勝破僧妄語若決判三業意治罰最重餘治罰隨此故若決判諸見邪見最重非撥彼境界故復次依大果報依煞害多衆生依斷除善根故說此言次第應知於善行中何善行果報最大偈曰世有頂故意善中最大果釋曰於善業中非想非非想故意果報最大何以故於八万大劫微妙寂静是其果報故此言約果報果說若約相離果金剛三摩提故意於一切中為最大果一切結滅盡為果故是故說於世間為由無間業於地獄得無間生為亦由無間業同類由二種有餘師說唯由無間必定得无間生由同類不定何者為

無間同類偈曰汙母阿羅漢煞定地菩薩及有學聖人奪僧和合緣是无間同類五破佛支提釋曰如此五業與五无間業應知次第同類若人汙壞自母阿羅漢由行非梵行故若人煞至住定地菩薩若煞有學聖人若奪大衆和合因緣若起佛支提想破佛藪斗波此業說名無間同類有餘業若有果報於三時中最急起障何者三時偈曰忍鄣含羅漢位中業起障釋曰若人從頂思想忍是時一切引悪道果報業悉起為障由應過彼果報地故譬如有人應捨離自國土一切債主皆起諸業亦尒若人應至阿鄣含果一切欲界雜業悉起為障唯除現報業若人應至阿羅漢果一切色界無色界業悉起為障於前已說若人煞定地菩薩偈曰菩薩從何位釋曰取何位應說此是菩薩偈曰從作相業時釋曰從修行能感三十二相八十隨相果報業時何以故此人於此時中已入菩薩正定位云何如此此人從此時向後恒尒偈曰善

道貴家具男憶宿不退釋曰善道者最勝可讚故名善道由生於人天道中故復於善道中生剎帝利種姓婆羅門種姓大長者種姓於中生摩訶婆羅家此人已生貴家有貴家人具根有不具根此根有二種謂色根法根若不具此是從明向闇若具此是從明向明恒得丈夫身非女人身何況作黄門等此人憶一切生中一切宿住事由聞思二慧圓滿故於安樂利益衆生事中由一切苦品類由一切他違逆悪事不厭極故是世間所說非直買得陁婆應知是菩薩何以故是諸大士已至一切勝徳最上上品位無餘因緣唯由繫屬大悲故於一切衆生安立自身似彼僕使由無憍慢故於一切衆生能忍受一切最難永欲恒荷負一切苦行事由导他故不立自事是故說非直買得是所說能感相果報業者偈曰剡浮洲丈夫對佛佛故意思慧類百劫於餘得引此釋曰唯於剡浮洲菩薩修引相報業非餘洲何以故剡浮洲人智根最

利故唯丈夫非女人過女人位故此修於何時大師在現前時由緣佛為境故意故此業思慧為類非聞修慧於餘時謂百大劫量非於多餘一切佛皆尒唯釋迦牟尼世尊正勤最熾盛故能超九劫於九十一劫引所餘相業是故如来說上主我從此生前所經九十一劫不憶不見昔時於一家生中因施一熟食有開有損何況大事從此時自性念宿住故已出初阿僧祇菩薩除滅四種過失恒得二種最勝徳宿舊師說如此於菩薩諸相中偈曰一一百福生釋曰此福量云何除近行菩薩一切十方衆生能感富樂業為量餘師說如此如衆生業增上緣能感三千大千世界生如此量毗婆沙師說如此有餘師說唯諸佛能知此業數量復次今世尊昔在菩薩位中事幾諸佛於初阿僧祇事七十五千佛於第二阿僧祇事七十六千佛於第三阿僧祇事七十七千佛一一阿僧祇最後時何佛世尊出由逆時應知次第偈曰三僧祇後出

毗婆尸燃燈寶光釋曰於剌郝尸棄佛世尊第一阿僧祇究竟於燃燈佛世尊第二阿僧祇究竟於毗婆尸佛世尊第三阿僧祇究竟於一切佛偈曰先釋迦釋曰有佛世尊号釋迦牟尼昔已出世於此世尊所令佛世尊求修菩薩行初發菩提願願我成佛皆同如此相昔時世尊如今末世時生乃至世尊正法住唯一千年内菩薩在於何位圓滿何波羅蜜偈曰遍處施一切由大悲施滿釋曰是時於一切衆生平等一切所應施類若施財乃至眼及骨髓若施法無淺秘密若施無畏現在未來二世救濟唯有大悲無所求為由此量施波羅蜜得圓滿偈曰分斫身無恚有欲戒忍成釋曰若是時菩薩未得離欲法若被斬斫身分分斷於自他無愛憎故寂輕恚心亦不起是時戒忍波羅蜜二俱圓滿偈曰讚底沙精進釋曰昔有如來号底沙於寶山巖中入火界定令佛世尊昔在菩薩位以別意行遇見此如來一脚着地一脚未下於七

日七夜誦一偈讚歎已方坐偈曰

地天梵靜處皆無　三世十方未曾有
遍行尋此地山林　何人等尊由三德

是時精進波羅蜜已圓滿九大劫已超究竟偈曰定慧覺無間釋曰先無上菩提持訶郝波羅蜜般若波羅蜜已圓滿於金剛三摩提位此六云何名波羅蜜多由至自圓德際故復次波羅摩者謂菩薩寂上品故是彼正行名波羅美(眠履反)是彼正行聚名波羅美多禾不相離故經中說有三福業類一施性福業類二戒性福業類三修性福業類此三云何名福業類偈曰福業福業類此三如業道釋曰此施等三亦福亦業亦類如應次第辟如業道彼亦業亦道但業家道非業故說業道此三亦尒於施性福業類中身口業有三種能發起故意有二亦福亦業餘諸法共彼俱起但福非業非類於戒性中但身口業故唯有三種於修性中慈無量修但福亦是福業類與此相應故意由慈門所生起故與此觀俱起故意及戒亦福

亦業所餘信等相應法但福非餘復次造作福名福業謂福前分行此三是前分依止類為成就此三是故作福真實福業唯是故意此三是故意所緣福業類餘師說如此施者是何法或說所施名施此三中偈曰由此施是施釋曰若由此因施事得成說此因為施由怖畏求得愛欲等施事亦成此中不許彼為施因為簡別彼故說此言偈曰欲供養利意釋曰於他由欲作供養及利益事故施是故此二是施因若尒則施但因非業雖然若正由此法起故施得成此正是施此法何相偈曰身口及緣起釋曰緣起是何法是法聚能生起身口業此名緣起此中說偈

慧人由善心　若捨財於他　此剎那善陰
說此名施業

偈曰此大富為果釋曰是施性福業類能得大富樂果報此施復何為偈曰為利自他二不為二故施釋曰此中若未離欲聖人及未離欲凡夫於支提施物此施唯利益自身不為利

他他由此無利益故若已離欲聖人以物施他衆生除現報業此施但為利他他由此得利益故不為自身此業果報地永已過故若未離欲聖人及未離欲凡夫以物施他衆生此施為二利謂自他若已離欲聖人於支提施物除現報業此業不為二利謂自他此施唯為恭敬知恩故施若約通義說此施以大富樂為果報偈曰勝別由能施施類由勝故釋曰此中能施勝者偈曰由信等人勝釋曰由信戒聞等德相應故為勝此人所行施由施主有勝德於與果最勝若施主有如此德偈曰以敬重等施釋曰若敬重心行施自手行施應時行施不損惱行施是故偈曰得尊重大樂應時及難奪釋曰若施主能行四德施次第得四種可愛勝果謂得他恭敬尊重於大勝可愛塵起受用意樂應受用時即得財物不過受用時所得財物不可侵奪謂怨親水火等說施主勝德義已由施主有勝德故施有勝類復次所施物有勝德云何偈

曰色等德物勝釋曰若所施物色香味觸等德隨一相應此物由此德勝若施如此有德物此施何有次第應知偈曰妙々好名聞可愛相軟滑隨時樂觸身釋曰若施有色德物得端正可愛色報若施有香德物得大好名聞如香於四方名聞遍覆若施有味德物得報如美味為一切世間所愛若施有觸德物得柔軟細滑身復得隨時安樂觸身譬如寶女身田何德為勝偈曰由道苦恩德施田有勝德釋曰如世尊說若施物於畜生應受百倍果報若施物於人道破戒衆生應受千倍果報由苦差別田有勝德者如有攝福業類中說一於病人行施二於看治病人行施三於寒時行施說如此等施復說若與此有攝七種福業類相應有信善男子善女人所得福德不可校量由恩差別田有勝德者如父母及餘有恩人譬如熊鹿本生經說由德差別田有勝德者如經言若施物物於有戒人應受百千倍果報如此等物一切施中偈曰

脫人施脫勝釋曰若離欲人施物於離欲人此施於一切財施中佛世尊說最勝偈曰菩薩釋曰菩薩所行施此施是一切衆生安樂利益事因故此施若非離欲人所行及不於離欲人施此施於一切施最勝除菩薩施是佛世尊所說八種施於中偈曰及第八釋曰最勝何者為八一已至施二怖畏施三已施我施四當施我施五昔已施施謂父及先亡等六為得天道施七為得好名聞施八為莊嚴心施為心資粮施為應衆理施為得最上品已利施已至施者先舊師解於已至及親近人所行施怖畏施者此人見財物現前向滅壞若施勝自滅壞由此意故行施所餘易解故不分別若施物於須陁洹向人此施果報不可稱量若施物於須陁洹百倍無量如此廣說應知如經復次偈曰父母病說法人後生菩薩雖凡夫中施果報無數量釋曰此五人若皆是凡夫於彼行施約果報無數無量於中最後生菩薩說法人於四種勝田

中安立在何田入恩田攝何以故此人是善知識世間無明所闇能施慧眼能顯示平等不平等能生起無流法身若略說此人能作佛所應作事若人欲知諸業輕重相略說應知有六種因偈曰後分田及依前分故意願此下上品故故業有下上釋曰後分者若作此業已復更數數隨作由者是處行損行益依者謂業道前分者為得業道身口故意若由此業道究竟故意者如此如此我應作如此如此　我正作願者謂求當來用有人由屬後分故成重品業定安立果報故復有人由屬田故業成重品於田由屬依止此業成重品不由餘因依止謂業道譬如父母及餘眾生由煞生依止重不由偷盜等重所餘應知亦尒若人作業此六因一切皆是上品應知此業是最重品若人作業此六因一切皆是下品應知此業是最輕品經中說業有二種一所作二所長云何業是所長由五種因偈曰故意作圓滿無憂悔對治由伴類果報說業所增長釋曰云何由故意作此業故意所作非無意為先非忿促所作熟研尋簡擇然後方作云何由圓滿有人由一邪行墮惡道有人乃至由三有人由一業道墮惡道乃至有人由十墮惡道此中若人由此業量應墮惡道此量未圓滿此業但是所作未是所長若已圓滿方是所長云何由無憂悔對治若人作業於中無憂悔心不受善行為對治云何由伴類或作惡以惡為伴類云何由果報此業已定能與果報善業亦應如此思若異此相所作業但作非長前已說未離欲人於支提施物此施但為自利不為利他此中若無能受用施物云何此業成福福業有二種一弃捨為類若由捨物此福業生二受用為類若由受用所施物此福業生此中偈曰支提捨類福釋曰於中無受用類福彼若不受云何有福何因為證若有能受必有福若無能受則無福隨一無利益故此因不成證何以故若福由利他故成脩慈等無量及正見應無福是故應許此義於支提福唯捨為類偈曰如慈雖不受釋曰譬如於慈悲等觀中雖無能受及利益他事有無量福生從自心起如此若有德人已滅敬事心所作從自心起福若尒施恭敬等業應成無果是義不然何以故業生緣敬事心最勝故譬如有人欲煞怨家怨家先已死此人猶想怨家起故意造身口業生多非福不但由欲意如此大師已去世若人由敬事心起恭敬施等事最生多福不但由敬事心若於善田行施及起恭敬等業種子得可愛報若於惡田應得不可愛報偈曰惡田有好菓菓種不倒故釋曰於惡田見果從種子無倒謂從蒲桃種子唯蒲桃子生其味甘美從絍婆種子唯絍婆子生其味辛苦如此於惡田由安樂利益他意所生施業種子唯可受果報生非不可愛惡行亦尒由田過失此種子或少果或無果說施性福業類及有立破已戒性今當說偈曰邪戒謂惡色正戒離此二釋曰惡

性色謂身口業說名惡戒遠離此業說名善戒此遠離戒有二種有教身口業能遠離惡說名有教戒但是遠離性類說名無教戒不但遠離惡戒名善戒何者偈曰及是佛遮制釋曰此業雖非自性惡戒為守人及正法故佛世尊立遮制戒如非時食等遠離所遮制名善戒此戒有二種謂有教無教若人受此戒由犯事故得破戒罪若由略義戒性已說偈曰此清淨四德釋曰若具四德名清淨戒若翻四德名染汙戒云何具四德偈曰非邪戒因汙依對治寂滅釋曰非邪戒所汙者如前所說破戒相隨一所不毀犯貪等諸煩惱及利等染汙皆所不觸此戒依止破戒對治謂依念處等故此戒依止寂滅起不依止善道生勝類起為得涅槃所迴向故有餘師說由五因故得清淨一由根本業道清淨二由前分清淨三非邪覺觀所侵觸四四念處所攝持五於涅槃所迴向有餘師說戒有四種一怖畏戒由無貧粮憂惱重尋惡道怖畏

所得二望得戒謂生死樂具及他恭敬利養好名貪欲所得三順覺分戒謂能引解脫有正見人厭患生死求出離所得四無流戒能對治諸惑是無垢清淨說戒性已修性福業類今當說偈曰寂靜地善業修釋曰寂靜者謂法業與定地自性法俱起云何說此法名修偈曰能熏心故釋曰云何熏習此寂靜地善業最極能熏習心能令心與德成一性故及相續亦令辟如以花熏麻前已說此施以大富樂為果報戒修云何偈曰由勝戒感天修感相離果釋曰施亦能感天道戒由勝能能感天道亦能感相離果等修由勝能能感相離果亦能感天道等經中說有四人能生梵福業何法名梵福毗婆沙師說為挍量能感相報業故說梵福業隨一業菩薩所修能令得諸相中一相此業量說名梵福先舊諸師說偈曰四業名梵福劫生天樂故釋曰隨福業量能感一劫天道生及樂報此業名梵福說此業有四種何者為四一若此地處未

經建立如來支提於中造立如來藪斗波二若此地處未經建立僧伽藍於中造立僧伽藍三世尊弟子眾已破能更引攝令和合四於十方眾生修四無量心觀此四種人如梵先行壽量於天道中生受憙樂報梵先行天壽量一劫故佛說此人業同彼福業於別部中彼師說此偈

有信正見人　若修十勝行　即生梵福業
劫生天樂故

說財施已法施今當說偈曰法施如實理無染說經等釋曰修多羅等十二部正教如實道理無染汙心顯釋文義是名法施是故此人自作害廣大自福減失及損他福若人顛倒說法或有染汙心為求利養恭敬名聞故說法此人亦令說福業類差別已復有三種業類差別偈曰福解脫決擇能感善有三釋曰復有別三種業類差別一福德分能感人天可愛報二解脫分能若此業已起此人後時必定以涅槃為法若人聽聞生死過失諸法無我涅槃功德諸佛恩

德相應正說毛竪淚落悲讚等事起此人昔已有解脫分能善根應如此決辟如於夏月由見芽生知地坎圻中先有種子三決擇分能於暖等位有四種後當說是世間所說謂字印筭量文章數此五體相云何偈曰如理所成業共緣起有三字印及筭量文章數次第釋曰如理所成者正方便所生有三者謂身口意業此中字印若勝方便所作屬身業此共緣起筭量文章若勝方便所作屬口業亦共緣起此四五陰為性數若勝方便所作屬意業亦共緣起四陰為性此數即是心思諸法衆名今當說偈曰有訶覆下性染汙釋曰若法有染汙有時說名有訶或說為有覆或說為下劣性偈曰善無流美妙釋曰若善無流說名美妙異下性及美妙法應知此名中偈曰有為善應事釋曰若善有為說此名應事所餘不應事此義自成云何無為不應事不可數習增長故又無果故一切事皆為得果一切餘法皆有上何法獨無上偈曰

脫無上釋曰涅槃是出離一切生死法故名解脫此法於一切法无等何以故善真實常住故尚無法等涅槃何況有上

阿毗達磨俱舍釋論卷第十三

阿毗達磨俱舍釋論卷第十三
校勘記

一　底本，金藏廣勝寺本。

一　九〇四頁中四行品名，徑、清作「釋分別業品第四之四」。

一　九〇四頁中一八行「人有」，資、磧、普、南、徑、清作「有人」。

一　九〇四頁下七行末字「定」，麗作「定時」。

一　九〇五頁中四行第三字「彼」，麗作「後」。

一　九〇五頁中一六行第九字「餘」，諸本(不含石，下同)作「除」。

一　九〇六頁上七行第五字「味」，麗作「未」。

一　九〇六頁上一一行第三字「減」，資、磧、普、南、徑、清作「滅」。

一　九〇六頁上一三行「如此」，諸本作「亦如此」。

一　九〇六頁上二一行第七字「今」，資、磧、普、南、徑、清作「分」。

一　九〇七頁上三行第三字「爲」，諸本作「有」。

一　九〇七頁中二一行「重重」，諸本作「重」。

一　九〇八頁中一九行第二字「法」，南、徑、清作「決」。

一　九〇八頁下四行第五字及五行第七字「某」，資、磧、普、南、徑、清作「其」。

一　九〇八頁下九行第三字「馬」，諸本作「馬故」。

一　九〇九頁上八行「多作」，諸本作

「作多」。

一 九〇九頁上一五行「尼見」，諸本作「多見」。

一 九〇九頁中一二行第九字「破」，資、磧、普、南、徑、清作「初」。

一 九〇九頁中末行第一二字「狩」，諸本作「將」。

一 九〇九頁下一七行第一三字「故」，資、磧、普、南、徑、清作「故故」。

一 九一〇頁上八行首字及九行第四字「誤」，資、磧、普、南、徑、清作「設」。

一 九一〇頁上一二行第七字「教」，資、磧、普、南、徑、清作「殺」。

一 九一〇頁上一五行末字「謂」，資、磧、普、南、徑、清無。

一 九一〇頁上二〇行第七字「令」，資、磧、普、南、徑、清作「今」。

一 九一〇頁中三行「意故」，諸本作「故意」。

一 九一〇頁中一六行第七字「僧」，徑、清無。同行第九字「合」，麗無。

一 九一〇頁下三行「故説」，諸本作「故言」。

一 九一一頁上一五行第九字「雜」，資、磧、普、南、徑、清作「離」。

一 九一一頁中一八行首字「永」，諸本作「求」。

一 九一一頁下六行第三字「超」，資、磧、普、南、徑、清作「起」。

一 九一二頁上一三行「無淺」，諸本作「無師」。

一 九一二頁中三行「三德」，磧、南、徑、清作「二德」。

一 九一二頁中末行第一一字「及」，清作「是」。

一 九一二頁下一三行第一〇字「得」，資、磧、普、南、徑、清無。

一 九一二頁下一六行首字「此」，資、磧、普、南、徑、清無。

一 九一二頁下一七行第九字「於」，資、磧、普、南、徑、清作「施」。

一 九一三頁上九行第四字「此」，資作「比」。

一 九一三頁上一九行「受用」，資作「受明」。

一 九一三頁中二二行「物物」，諸本作「物」。

一 九一三頁中末行第八字「物」，諸本作「於」。

一 九一三頁下五行第三字「若」，資、磧、普、南、徑、清作「於」。

一 九一四頁下一〇行第一〇字「意」，諸本作「殺意」。

一 九一四頁下一七行第一〇字及一八行首字「紝」，麗作「維」。

一 九一五頁中一八行第二字「報」，磧、普、南、徑、清作「起」。

一 九一六頁上三行首字「決」，清作「次」。

一 九一六頁上七行第五字「共」，磧、徑作「若」。

趙城縣廣勝寺

阿毗達磨俱舍釋論卷第十四　動

婆藪盤豆造

陳天竺三藏真諦譯

中分別惑品第五

前已說世間多種異從業生諸業由隨屬惑故至得生長若離隨眠惑於生諸有諸業無復功能是故應知彼偈曰隨眠惑有本釋曰云何為有本若惑現在正起能作十種事一堅固根本二安立相續三數治自田四生起等流五能引生業有六圓滿自資粮七令迷境界八引將識相續九令離淨品善法類十成就縛義由不得過自界故彼隨眠惑有幾種若略說有偈曰六釋曰何者為六偈曰謂如欲瞋憍慢無明見心疑釋曰如欲者顯餘惑與欲同由境界隨眠故此義後當說偈曰復說彼六由欲別七釋曰於前偈中所說六隨眠惑於中分欲為二更說彼為七謂欲欲隨眠瞋隨眠有欲隨眠憍慢隨眠無明隨眠見隨眠　疑隨眠此義云何應知為

隨眠即是欲欲為隨眠異欲欲譬如石子體及提婆達多衣若尒何有若欲欲即是隨眠則違佛經經云世間有人非欲欲上心惑所染心數數長時住如實見知是欲欲上心惑出離義於此人是欲欲上心惑由根由力正所斷除及與隨眠永得滅離若汝執別欲別隨眠由立隨眠與欲不相應則與阿毗達磨藏相違彼藏云欲欲隨眠與三根相應毗婆沙師說欲欲即是隨眠乃至疑即是隨眠前不說與經相違耶無相違何以故經云及與隨眠永得滅離者與隨從法永得滅離復次於經中隨眠言是方便語或至得語譬如地獄苦天上樂及說火苦阿毗達磨藏言皆依直相起隨眠即是惑故一切隨眠皆與受相應云何得知由隨眠起心染汙故能為障故與善相違故由心為隨眠惑所染汙未生善不得生從已生善亦退故故知隨眠惑與心不相離若由不相應此義得成無時善法可得由彼恒在故由善法有時可得故知隨

眠與心相應經部師說此義非證若人執隨眠惑不與心相應此三義彼不執為隨眠所作但是上心所作若作如此執則無過失如經部執隨眠者是欲欲隨眠此隨眠不與心相應亦不與心相離由非別類故若惑眠說名隨眠若惑覺說名上心此惑眠何相不在現前種子隨逐惑覺何相正現前起何者惑種子是身相續功能從惑生能生惑說名種子譬如芽等從舍利子生能生舍利子若人執諸惑種子是別法謂隨眠不相應此人應立別法為念種子若說隨眠非相應非非相應於六六經中此義云何經言此惑　於此人樂受成欲隨眠由此等言此惑是時未得隨眠若尒於何時眠時是時惑於因說果名故稱隨眠且置此論應更顯本義於經中所說欲差別謂欲欲有欲此有欲是何法偈曰有欲二界生釋曰色界無色界中生欲說名有欲為何因作如此名偈曰內門起故說斷彼解脫想釋曰於彼二界人多起三摩

跋提欲此欲依內門起故說名有欲復次於此二界中有餘人起涅槃想為除彼涅槃想故說此欲名有欲有者謂身體即是五陰於彼衆生噉三摩跋提及依止味離欲欲界故是故此欲名有欲此六種隨眠於阿毗達磨藏中復分為十云何為十偈曰見五謂身見邊見及邪見見取戒執取由此復成十釋曰本立六為隨眠惑於中分見為五故成十於中五以見為自性謂身見邊見邪見見取戒執取五以非見為性謂欲瞋慢無明疑復次此十隨眠惑於阿毗達磨藏中更立為九十八於欲界中有三十六色界中有三十一無色界中有三十一若略說此隨眠惑名三界惑或說名見修所滅惑於中欲界見諦所滅有三十二何者三十二偈曰彼十七七八三二見所離次第俱斷滅見欲苦等故釋曰是所說十惑於欲界具十見苦所滅於中七見集所滅七見滅所滅除身見邊見戒執取故八見道所滅除身見邊見故如此欲界三

十二惑說名見諦所滅由唯見諦除滅故偈曰四惑名修滅釋曰四惑者謂欲瞋慢無明彼云何是修所滅若人先已見四諦後由數修習道方能滅除如此身見於中但一品見苦所滅邊見亦尒邪見有四品見苦集滅道所滅見取疑亦尒戒執取有二品見苦道所滅欲瞋慢無明有五品見四諦及修道所滅於中彼何相見苦所滅乃至何相修道所滅由見諦相彼滅及能緣彼故說見諦滅所餘名修道所滅若立如此見成十二疑成四欲五瞋五慢五無明五如此欲界惑合成三十六種偈曰合彼唯除瞋色惑釋曰除五品瞋如此名色界惑合三十一如色界惑偈曰無色亦釋曰無色界惑亦三十一偈曰故立九十八釋曰如此六隨眠惑所緣法相及對治并界差別故阿毗達磨師立為九十八隨眠惑是見諦所滅隨眠惑為決定唯由見四諦滅為非說非云何偈曰有頂忍所滅定見滅釋曰此隨眠惑於有頂生類智所滅是彼必定

見諦所滅非修道所滅偈曰餘生見修滅釋曰忍所滅此言流於所餘地如理法忍類忍所滅隨眠惑於聖人是見諦所滅於凡夫是修道所滅偈曰非忍滅必修道滅釋曰於一切地中惑凡是智所滅於二人恒修道所滅有餘師說見諦所滅惑非外凡夫所滅何以故於大分別業經中說分別前際人說常住或說隨一常住或說不由因生此三離欲人緣欲界起諸見說有通行若色界惑不能以欲界法為境由離欲欲界故是故知欲界相應諸見不得滅同諸見生時彼已退定猶如提婆達多毗婆沙師說如此此五見由名已說不由自性彼自性云何偈曰我我所常斷無於下勝見非因道此見是名五見性釋曰我及我所見名身見由刹那刹那壞故說滅由聚集故名身以陰為義此法亦壞亦聚故名滅身謂五取陰為除彼計常想及於聚執一想故說如此何以故彼我見於五陰以此想為先於滅及身不如執說名身見一切

見能緣有流法為境悉緣滅身而但立我我所見名滅身見者欲令彼知此見唯於滅於身起非於我我所如經言世間若有沙門婆羅門起見謂有我是彼一切唯於五陰起我見是類彼所許為我或執見為常或執見為斷是名邊見由執常邊斷邊故於實有苦等諦執見為無故名邪見一切見皆翻違理起悉是邪見但說一見為邪見者由此見最惡能斷善根故故說為邪見譬如臭穢及惡旃陁羅此一向非撥故所餘諸見但有增益於下品法執為最勝說名見取何法名下品謂一切有流法聖人所棄捨故執此法為最勝是名見取應說見等勝取見此中除等見言非因中因見非道中道見名戒執取見譬如摩醯首羅非世間因彼觀為因世主天所餘諸物亦介入火水等非生天因彼觀為因唯執僧佉踰伽智等非解脫道彼觀為道此中應知除等見言如此五見性應知若非因中起因見云何此見非見集所滅若有人見

自在及世主為因此人必執此為常為一我作者是故此偈曰於自在等處從常我倒生因等虛妄執是故見苦滅釋曰由見苦諦於自在等處常執我執俱滅非因執是二倒所作是故與此見共滅若人由入火水等方便起生天執由戒及執計得清淨此執亦見苦所滅阿毗達磨藏文言如此復言若有人執說如此是時善男子受持牛戒行鹿戒狗戒由此行清淨解脫出離過度苦樂得至過苦樂處若信非因為因戒執取見是苦所滅廣說如彼藏云何此執見苦所滅於苦乖違故此執太過為失一切緣有流境或於苦乖違與非因執因復有何相別戒執取見道所滅緣見道所滅法為境此於苦亦乖違若人緣道起邪見及疑或謂無解脫道或思此道為是解脫道為非依此二云何分別觀為清淨若彼執別有解脫道故撥無此解脫道是人由別解脫道執計為清淨不由邪見是故此執不成緣見道所滅或為境若人由見集

滅二諦所滅邪見計為清淨云何此戒執取非見集滅諦所滅是故汝所執義更須簡擇是前所說有常倒我倒為唯此名倒為更有餘說顛倒有四謂於無常常顛倒於苦樂顛倒於不淨淨顛倒於無我我顛倒此四種顛倒體相云何偈曰從二見半生四倒釋曰從邊見中取常見為常顛倒從見取立樂顛倒淨顛倒從身見立我見為我顛倒餘師說見取云何以我所為倒彼見我於是處自在故於是處起我所見是故此見皆是身見由二門起若汝計我是第一執我所是第二執若我與帶物稱我此二文應成別執云何不立餘惑為顛倒由以三因成立顛倒義故何者為三偈曰顛倒故決度增益故釋曰此二見半一向顛倒故於境界決定度故增益義故斷見邪見不能增益非有門起故戒執取非一向倒隨分量清淨為境界故所餘諸惑不能決度是故不立為顛倒若尒於經中說於無常執常是名想倒心倒見倒此中云何

唯見為倒偈曰想心隨見故釋曰由隨屬見倒與見倒相應想及心亦說為倒云何不說受等為倒見世間成故於世間說此人顛倒想顛倒心此義明了不說顛倒受如此顛倒於須陁洹人一切皆滅由諸見見諦所滅故餘相應法亦同滅顛倒有十二種於無常計常是想心見顛倒乃至於無我計我是想心見顛倒於中八倒見諦所滅四倒修道所滅謂於苦計樂是想心倒於不淨計淨是想心倒餘部說如此若不尒離樂想倒及淨想倒未離欲聖人云何婬欲欲得起毗婆沙師不許此義何以故彼言若由樂淨想心生起故於聖人立此二為顛倒衆生想心生起故云何不立此二為我顛倒何以故於女人及自身若離衆生想婬欲不應成復於經中說由多聞聖弟子是苦聖諦如實已見已知乃至此聖弟子於此時中於無常計常想倒心倒見倒皆悉永滅廣說如經是故若從見生想心則成顛倒非餘由暫時心乱故譬

如於火輪心乱及夜叉心乱若尒大德阿難依婆耆舍大德說言

由起想顛倒　故汝心燋熱

此言云何將是故一切八想倒及心倒於聖人未滅餘部說如此若尒云何不違佛經是八惑由如實見知四諦方皆滅盡離四諦觀無得滅義由說滅方便故故不相違為唯見倒有差別為餘惑亦有慢亦有云何有差別偈曰七慢釋曰何者為七一慢二過慢三過過慢四我慢五增上慢六下慢七邪慢若不分別但以心高為慢此心高由生起差別故成七種於下計自勝或與等計自同若人如此分別起高心名慢於等計自勝名過慢於上品計自勝名過過慢於五取陰分別計是我及我所名我慢未至勝德計自已得名增上慢於多量勝計自少量劣名下慢實自無德計自有德名邪慢若尒於阿毗達磨藏中說慢類有九種一我勝慢類二我等慢類三我下慢類四有勝我慢類五有等我慢類六有劣我慢類七無勝我

阿毗達磨俱舍釋論卷第十四　第十二張　剑字号

慢類八無等我慢類九無下我慢類此義云何此九從前七慢生偈曰九慢類從三釋曰何者為三謂從過慢慢下慢此中第一三慢依止見起即是三慢謂過慢慢下慢下慢慢過慢即是第二三慢慢過慢下慢即是第三三慢此義相應於多量為勝計自少量為劣立為慢有高處故計無他下劣於自此中何為高處有如此高處於自所樂寂下劣衆生聚中知自寂下於自起尊重心復次於發慧論中分明說此事如言我是王旃陁羅若依分別道理論說計我勝此慢或慢或過慢或過過慢由觀下等勝品人故復次此七種慢何法所滅故說偈曰見修滅釋曰由見及修故說彼滅一切七見諦修道所滅是修道所滅於聖人未滅為必定於聖人現前起為不起不定辟如偈曰煞等上心惑修滅如彼尒釋曰有上心惑能起故意為作煞生乃至說妄語此皆修道所滅緣修道所滅法為境界故復次偈曰非有愛聖人不起釋曰非有貪

阿毗達磨俱舍釋論卷第十四　第十三張　剑字号

愛亦修道所滅此非有是何法謂於三界不有於中起愛樂名非有愛如言顯有愛一分謂彼願我生成伊羅槃鄁為王等偈曰慢類等釋曰九慢類中有慢類修道所破我慢亦尒如此等於聖人不現前起九慢類非我慢由等言乃至攝非有愛何因如此等法未滅非現前起偈曰無見所圓故釋曰由見圓滿故故彼不起此義云何九慢類及我慢身見所圓由背折故不能更起煞生等上心惑邪見所圓滿故非有愛斷見所圓滿故有愛一分常見所圓滿故偈曰惡性憂亦無釋曰憂悔心若是惡性亦是修道所滅於聖人亦不得現前起疑惑所圓滿故復次於九十八惑中幾惑遍行幾惑非遍行偈曰遍行見苦集滅惑謂諸見疑共彼無明及獨行無明釋曰見苦集所滅諸見及疑惑與彼共相應起無明及獨行無明皆見苦集所滅此十一惑於非同類部界中說名遍行七見二疑二無明故成十一緣具自界生起故有何人以具

阿毗達磨俱舍釋論卷第十四　第十四張　剑字号

欲界計執為清淨以非因緣計執為因緣不說具由緣具自界及一時起雖不然能緣一切五品自界故說能緣具自界若尒不可立唯十一為遍行惑是處有我見必有我愛是處有勝見清淨見此中必有樂得由此等起高心是故愛及慢應成遍行惑若尒此二惑緣見滅修滅為境界此二何道所滅修道所滅離乱境界故復次惑執見諦所滅由見力所生立故此二是別相惑非通相惑是故非遍行毗婆沙師說如此於非同類部界是所說遍行惑有十一種於中偈曰九惑上地境於彼除二見釋曰於十一中除身見邊見所餘九惑說名遍行非同類界或有時能緣一不同類界為境或緣二界如向毗達磨藏云是惑於欲界相應有時能緣色界相應法為境是惑於欲界相應有時能緣無色界相應法為境是惑於欲界相應有時能緣色界無色界相應法為境由此文句應知此義若人生在欲界於梵王起衆生見及常見云何

身見及邊見不立緣不同類上界為境由不執為自我及自我所故邊見從此起故此是何見此二執非見但是邪智為一切遍行皆是惑邪説非偈曰離至得與彼俱起亦遍行釋曰與遍行惑俱起所餘諸法皆是遍行至得不尒果不一故是故説四句有遍行惑不由遍行因成因此中應立四句初句者謂未來世遍行惑第二句者過去現世俱起餘法第三第四應自思立於九十八惑中幾惑緣有流法為境幾惑緣無流法為境偈曰邪見疑與二應無明獨行見滅道所滅六無流為境釋曰見滅所滅三惑謂邪見疑與二相應無明及獨行無明見道所滅亦是此三如此六惑緣無流法為境所餘諸惑緣有流為境此義自成復次此中偈曰自地滅及道六地及九地緣無流惑境由道乖為因釋曰邪見等諸惑能緣滅諦為境自地滅是其境若行欲界欲界滅乃至行有頂有頂滅緣道為境行欲界惑一切六地法智類道為境諸色

無色界對治緣道為境行色界無色界八地惑一切九地類智類道為境何以故由道乖相因故雖復法智類智更乖相因類智非欲界對治故緣道為境行欲界惑不能緣類智類道為境若尒法智是色無色界對治故緣道為境行色無色界惑應成所緣境此法智類道非具對治苦集法智非色無色界對治故又非具色無色界惑對治故前後無故是故非境復次云何欲瞋慢見取戒執取不許彼緣無流為境偈曰非欲所離故釋曰欲者必應捨離若此緣無流為境則不應可離辟如欲樂善法偈曰非瞋非過故釋曰瞋者若起緣他過失起滅道諦既非過失故瞋不緣此起偈曰非慢非二取靜淨勝性故釋曰滅道二諦寂靜為性故必不由此二起於高心由此二是自已真實清淨故於二清淨執不成戒執取此二法於一切法中最勝於下劣法中起勝執説名見取是故如此等惑不應緣無流法為境於九十八隨眠惑中幾惑

由緣境隨眠幾惑由相應隨眠偈曰遍行隨眠惑具自地隨眠唯由緣緣故釋曰遍行諸惑於自地緣自部及他部得生起增長偈曰非遍行自部釋曰所餘非遍行惑於自地中但緣自部隨眠辟如見苦所滅惑緣見苦所滅惑部隨眠乃至修道所滅惑緣修道所滅惑部隨眠不緣餘部作通説已今更簡別偈曰非無流上境釋曰此惑若緣無流為境不由所緣境故隨眠緣上地為境亦尒何因如此是彼所緣法偈曰非自取對故釋曰若是法類我見我愛執取為自依於此中餘惑亦能緣彼隨眠辟如於濕衣埃塵及於濕田種子無流法不尒上地亦不尒是故緣彼為境或於彼無隨眠義若人在下界求得上地此是善法欲非惑涅槃及道是能緣諸惑對治上地亦是下地惑對治是故彼惑於此三境不得依住辟如於熱石蹠下不得住隨眠言者隨長為義雖可緣於中無有隨長不如風病服鹿澁藥若惑由緣境隨眠已説偈曰若

彼與相應於此由相應釋曰隨眠言流若惑與此法相應彼惑於此法由相應故得隨眠乃至未滅有諸惑不緣無流為境非遍行不同分界此惑但由相應得隨眠不由緣境不有謂遍行非同分地惑九十八惑中幾惑惡性幾惑無記性偈曰上界惑无記釋曰一切色界無色界惑無記為性何以故一切惡性染汙有苦受果報此苦報於彼無非他逼惱因故偈曰於欲界身見邊見共無明釋曰於欲界中身見邊見及與二相應無明此三無記為性何因如此與施等不相違故謂我於未來世必應受樂故今世行善持戒修定邊見既隨順解脫是故世尊說於外五見中此見冣勝謂我不有我所不有我當不有我所亦尒此二執無苦果報迷於自體故不逼惱他生起故若尒貪愛天上及我慢應同此義生得身見是無記若於禽獸等有若有分別則成惡先舊諸師說如此偈曰所餘惑惡性釋曰於欲界異此二諸惑皆不善幾惑非

善根幾惑非非善根偈曰於欲界惡根貪欲瞋無明釋曰於欲界中一切欲一切瞋一切無明除與身見邊見相應餘惑次第說為三不善根謂貪欲不善根瞋恚不善根無明不善根若惑非善又為非善法根許此法為不善根所餘諸惑非非善根此義自成幾法為無記根幾法非偈曰無記根有三釋曰何者為三偈曰愛無明及慧釋曰隨有無記貪愛無明及果報生慧如此等一切是無記根罽賓國師說如此偈曰二緣高生故餘非釋曰彼說疑者由二緣生不應成根以轉動故慢以高生為相由高生故非根異根法故何以故根者堅著下生此義世間所了疑慢無此義故不立為根偈曰外師說四釋曰罽賓國外諸師說無記根有四偈曰謂愛見慢癡釋曰此四但無記謂無記愛無記見無記慢無記無明何因此四成無記根偈曰三觀人由凝釋曰由修定人有三謂由愛見慢修上觀行此三人由依無明故得成三於經中所

說有十四種無記類為彼無記故說無記為由別義非云何若問應遮斷說名無記問有四種一應一向記二應分別記三應反問記四應置記此中次第應知偈曰一向記分別反問及置記譬如死生勝及我異等義釋曰若問一切衆生皆應死不應一向記定皆應死若問已死一切更生不應分別記若有惑則更生無惑則不生若問人道為勝為劣應反問記汝今依何問此若彼荅依天應記人劣若彼荅依惡道應記人勝若問衆生與五陰為一為異此應置記衆生非實有故譬如石女兒黑白等色云何此置成記此不可記有此記故復有餘師說此義亦一向應記謂非一切應生若有人問若衆生當死彼為更生不此應分別記於人道中有二種謂有劣有勝此二各有所觀是故此二一向應記譬如識亦因亦果若人一向問由不一向記應成分別記衆生與五陰為異不說非所記此非記不應成記此應置記問由置如此應

記此云何不成記阿毗達磨師說多
他阿伽覩婆伽婆阿羅訶三若三佛陁
此法正說弟子衆正行色無常乃至
識說若乃至說道如此等應一向記
由與利他相應故分別記者若有人
言請尊說法此人應問彼諸法多或
過去現世未來何法我所應說若彼
言應說過去法應問彼過去法多謂
色乃至識若彼言應說色應問彼色
有多種謂善惡無記若彼言應說善
色應問彼善色有七種謂離煞生乃
至離無義語若彼言應說離煞生應
問彼離煞生有三種謂從無貪無瞋
無癡生若彼言應說無貪應問彼從
無貪生有二種謂有教無教差別故
如此名分別記若諂曲心人作如此問
應如此分別記對彼應言諸法多不
應自分別乃至彼默然住及彼自記
此二人無所問一向乎請說此二人無
一有記一向乎相問云何彼成問此
成記此中二義皆成何以故若人言
請為說道此人為不問道耶由問彼
故記彼問若尒此云何非反問記耶

置記者謂世間有邊及無邊等復次
依經應見有四問記相大德摩訶僧
柢說經言比丘記問有四種何者為
四比丘有問應一向記乃至有問應
置記比丘何者問應一向記一切有
為無常比丘何者問應分別記若人
問若故意造業受何果報此問應分
別記比丘何者問應反問記若人問
想為即是我為想異我若彼此問應
反問彼長老汝依何我作如此問若
荅問麁我應記我異想異比丘是名
反問記比丘何者問應置記謂十四
非記類世間常非常亦常非常非常
非非常世間有邊無邊亦有邊无邊
非有邊非無邊如來異死不異死亦
異死不異死非異死非非異死命者
即是身命者異於身若人隨眠惑於
境界中生起此人由此惑於此境界
相應此義應說由過去惑於何境相
應乃至由現世惑於何境相應若略
說諸惑有二種一別相惑謂欲瞋慢
二通相惑謂見疑無明於中偈曰由
欲瞋高慢過去及現世是處起未滅

於此類相應釋曰過去現世欲瞋慢
是處已起乃至未滅於此處中三界
衆生與彼相應何以故此三是別相
惑非必一切一切處起偈曰一切中由
當心地釋曰已起未滅此言流由未
來欲瞋慢依心地起一切類中相應
謂於三世偈曰餘自世釋曰欲瞋慢
異心地惑在未來世但於未來境相
應云何為餘依五識起故定生為法
由彼惑偈曰不生一切中釋曰此三
惑若不生為法依五識起尚於一切
類相應謂三世偈曰一切餘中應釋
曰何者為餘謂見疑無明此三若三
世於一切境及一切世中與彼相應
彼是通相惑故乃至未滅此言流過
去未來為實有物為假名有若實有
於一切時有故一切有為法應成常
住若無於無中由無物云何相應及
解脫毗婆沙師成立一切有為法非
常住由與行相相應故彼成立此義
分明謂偈曰三世有釋曰何因為證
偈曰說故釋曰佛世尊說比丘過去
色若不有多聞聖弟子於過去色不

應成無所觀惜由過去色有是故多聞聖弟子於過去色成不觀惜未來色若不有多聞聖弟子於未來色不應成無所求欲由未來色有是故多聞聖弟子於未來色成無所求欲復次偈曰由二釋曰依二識生此義是經所說何者為二謂眼及色乃至意及法彼經云過去未來若無能緣彼識不由二生如此由阿含證得知過去未來是有若以道理為證偈曰有境釋曰若有塵識得生非無塵過去未來塵若無應有緣無為境識是故因此義識亦不應有所緣境無故復次偈曰果釋曰過去法若無善惡二業於未來云何有果何以故於果報生時果報因必不在是故知過去未來是有毗婆沙師立如此若人自說我是薩婆多部同學此義必應信受何以故偈曰由執說一切有許釋曰若人說一切有謂過去未來現世虛空擇滅非擇滅許彼為說一切有部復有餘人說現世法必有過去業若未與果是有若過去業已與果及未來

無果此皆是無若如此分別故說三世有此人非說一切有部攝是說分別部所攝說一切有部中有幾種人偈曰彼四種彼師有相位異異分別名釋曰大德達磨多羅分別有異故安立三世彼說若法行於世唯有有異非物類異譬如打破金器作別莊嚴具有別形相故有異不由物類異故異色等同故復次譬如乳變異成酪捨味力熟等不捨色法亦如此從未來世正行現世捨未來有相不捨自物類從現世正行過去世捨現世有相不捨自物類大德瞿沙說由相別異故立三世彼說若法行於世若過去與過去相相應與未來現世相亦不相離若未來與未來相相應與過去現世相亦不相離若現世與現世相相應與過去未來相亦不相離譬如有人愛著一婦於餘亦不離欲諸法亦尒大德婆須蜜多羅說由位別異故立三世彼說若法行於世至位位說為異異由位異故異不由物異故異譬如一畫安置一處說為一

若安置十印位說為十若安置百印位說為百若安置千印位說為千法於三世亦尒大德佛陁提婆說由異異故立三世彼說若法行於世觀前觀後說異異譬如一女或說為子或說為母法於三世亦尒是薩婆多部師中第一由說變異立世故引置僧佉義中於第二三世義相雜一切世與一切相相應故彼立人為譬謂此人於一婦起欲心於餘婦唯有至得此中何義為同於第四一世中三世俱至於過去世有前後刹那名過去未來中刹那名現世餘世亦尒是故於四師中偈曰第三可釋曰若師以位異立世於此人偈曰諸世由功能立故釋曰若是時諸法未作功能說為未來是時正作功能說為現在是時作功能已謝說為過去此師於功能執勝於法體與彼同彼執不過此義此義汝今應說若法已過去由物類實有未來亦尒云何說名過去未來為前不已說耶謂諸世由功能所安立若尒正現世非等分眼根有何

功能感果與果復次是未來同類等因由正感果故已立有功能或立半功能是故立世相相雜復次此義應說謂此法由自體恒有應恒作功能偈曰何㝵釋曰何法為㝵由此㝵故是法有時作功能有時不作偈曰緣不具非常釋曰若汝言因緣不具故是義不然由汝執彼體恒有故復次偈曰此云何釋曰由功能為因故說此法過去未來現世此功能於汝云何為更別有功能為無偈曰壞悉檀理故釋曰若汝言此功能非過去未來現世而有若尒此功能由非有為故義至恒有是故不應說此言謂是時諸法未作功能說為未來是時正作功能說為現世是時作功能已謝說為過去偈曰非能不異故釋曰無如此失若功能與法異可有此失由功能與法不異故無此失若尒終不免本失謂偈曰世義則不成釋曰若汝言法即是功能此法由體恒有云何有時說為過去有時說為未來是故安立三世不成此中何世義不成

若法未生是名未來世若法已生未滅是名現在世若法已謝滅是名過去世此中是義汝必應說若如現世法是實有物過去未來亦尒者偈曰未生滅云何釋曰若法由自體實有此言云何成謂此法未生此法已滅於前世何法先不有由此故說此法未生復由何法後不有由此故說此法已滅是故三世義一切種皆不成就若不信受此義謂未有有已有方無是汝所言由行相相應故是法不應成常住此言一向但有言與生滅不相應故此法恒有而非常住此言及理所未曾有此中說偈

法體性恒有　而不許法常　有法不異性
是真自在事

是汝等所說由佛說故三世是有我等亦說過去未來有過去者若法昔曾有未來者若有因法當有若如此立義可得說有不由實有故說何人說如此如現世有過去未來亦尒若異此云何有偈曰由去來體故釋曰由過去未來體故有此言今復來

云何說名過去未來是故先曾有因當應有果為令他解欲除彼撥因果邪見故佛世尊說有過去有未來如說有燈先無有燈後無於世間中有如此言復有世言如說有燈已滅非我所滅說過去未來有言亦如此若不尒過去未來義則不得成是汝所言佛世尊為杖勝外道說若業已謝滅盡過壞此業亦有為彼不許此業先時已有故說是有為已許若尒佛何故為彼更說有此中佛世尊依自相續有宿業功能與今後二世果報故說此言若不尒此業由自體性有則不成過去此義汝必應然由佛世尊於真實空經中說眼根若生無所從來若滅無所增集比丘如此眼根先未有有已後無若未來眼根是有則無此說謂未有有等若汝執此言謂於現世中未有有是義不然何以故世與法義不異故若汝執於自體未有有此義自成謂未來眼根無是汝所說由緣二識生故此言今應思依意根緣法塵是所生意識為

如意根於此識作生緣法塵亦尒為但作所緣境若諸法為識作生緣是未來法當來千刼應有或不有彼法云何能生今識復次涅槃能違一切生云何可立為意識生緣若執諸法但是所緣境我等亦說未來諸法唯是所緣境若無云何作境界此中我說如成境界如此有云何成境界已有當有何以故無有人憶念過去色受等翻此為有何為已有如人正受現世色若過去憶念亦如此如彼於現世應有諸佛如來見彼亦尒若彼法如今有應成現世若不如今有是故有緣無法為境識此義應成若汝執此法已散是義不然何以故已散不可知故若汝執彼色由隣虛分散若尒隣虛應成常住唯有隣虛和合及分散無有一物能生能滅汝今便信受倮形外道執而棄捨佛經經言是眼根若生無所從來廣說如經受等非隣虛聚成云何分散是彼如正生所受如此憶念若彼如昔今有義至應成常住若不有緣無法為境此

義自成若無所有亦是識境界應立為第十三入以攝此境若無第十三入此識以何入為境如此名即是境界若尒此智應緣名於名作無解若人緣聲先無為境於此人以何法為境聲為境若尒若人求得無聲此人必應作聲若汝言此境在未來位是義不然何以故此是有於中云何作無解若汝執未來無現世是義不然何以故此境一故復次是未來境差別未有有則成是故識境界成有二種謂有及無若尒菩薩所說經云何言若法於世間無我應知我應見無有是處此證不然非經意故經說諸外道起增上慢定相實未有彼見已有我今不尒若定相實有我則見有此是經意若不尒一切智以實有法為境故疑及簡擇云何成復有何老別復次此義由此證必定應尒於餘經中佛世尊說善來比丘為我弟子若我朝教汝暮至證勝得若暮教汝朝至證勝得若有汝應知有若無汝應知無若有上汝應知有上若無上

汝應知無上是故此言非證謂由識必有境故是汝所言由業有果報故過去世不無者此中今共論之何以故諸經部師不說從過去業果報得生此云何從昔相續轉異勝類生此義於破說我品中當顯示若人執過去未來實有物於此人果報恒有於此果報業有何能若汝說於生有能若尒生者以未有有義是故本無今有此義自成若如汝所執一切皆有今於何法何處應有功能若執如此婆沙乾若義則被隨順彼言若有必有若無必無若無不生若有不滅今成現世因有功能令成現世是何法引至於餘處若尒此法應成常住若無色於中云何是因引功能未有有此義自成若汝執自性差別是因功能未有有此義亦自然成是故於說一切有部法中此義不如道理謂一切過去未來有若如經中說一切有義若執如此此執最勝云何經中說一切有如經言婆羅門若說一切有唯十二入或唯三世若如道理應有

必如此有若過去未來無有實物云何衆生由此於此相應從彼生以彼為因或生故緣彼為境或隨眠生故故說於此二世類相應是故毗婆沙師說實有過去未来世義義證比聖言可得了達自愛人於中必應信受若不尒自愛人於中應作如此知是法如寂甚深非必定由自思量之所能解是故不應非撥有別義是生即是滅謂色生色滅有別義別生別滅謂未來生現世滅有別義世生正生世所攝故從世生未來世不同剎那故未來世應有未有從應有至現有

阿毗達磨俱舍釋論卷第十四

阿毗達磨俱舍釋論卷第十四

校勘記

一　底本，金藏廣勝寺本。

一　九一八頁中四行品名，徑、清作「釋分別惑品第五之一」。

一　九一八頁中一六行第三字「憍」，資、磧、普、南、徑、清作「高」。

一　九一八頁中二一行至末行「心見隨眠」，資、磧、普、南、徑、清作「見隨眠心」。

一　九一八頁下二行第九字「衣」，資、磧、普、南、徑、清作「依」。

一　九一九頁中二〇行末字「具」，磧、徑、清作「其」。

一　九二〇頁上一二行「欲欲界」，諸本(不含石，下同)作「欲界欲」。

一　九二〇頁中一二行第四字「向」，徑作「尚」。

一　九二〇頁中一九行首字「天」，諸本作「天等」。

一　九二〇頁中二〇行「智等」，麗作「等智」。

一　九二〇頁下一〇行第四字「牛」，資作「苦」。

一　九二〇頁下一五行第一三字「因」，資、磧、普、南、徑、清作「同」。

一　九二一頁上一〇行第一〇字「見」，資、磧、普、南、徑、清作「具」。

一　九二一頁上一三行第七字「計」，資作「許」。

一　九二一頁中三行第一一字「見」，諸本作「由」。

一　九二二頁中一〇行第一二字「圓」，諸本作「圓滿」。

一　九二二頁下四行「立唯」，諸本作「惟立」。

一　九二二頁下八行第九字「滅」，資、磧、普、南、徑、清作「所滅」。

一　九二三頁中九行第一一字「具」，資、磧、普、南、徑、清作「見」。

一　九二四頁中一八行「偈曰謂」，資、磧、普、南、徑、清作「謂偈曰」。

一　九二五頁上末行「反問」，南、徑、

清作「及問」。

一　九二五頁下二行末字「界」，麗作「是」。

一　九二六頁中一〇行第一三字「此」，資、磧、普、南、徑、清作「此此」。

一　九二六頁下末行「分眼」，資、磧、普、南、徑、清作「分明」。

一　九二七頁上五行「由此」，資作「由比」。

一　九二七頁下八行第六字「杖」，南、徑、清作「根」。

一　九二七頁下二二行第六字「由」，資、磧、普、南、徑、清作「因」。

一　九二八頁上一〇行第三字「翻」，諸本作「覩」。

一　九二八頁中六行「求得」，麗作「未得」。

一　九二九頁上五行「義義」，諸本作「若義」。同行第一三字「比」，南、徑、清作「此」。

趙城縣廣勝寺

阿毗達磨俱舍釋論卷第十五　動

婆藪盤豆造

陳天竺三藏真諦譯

中分別惑品之二

說世義已由相應故来今應思此義是類已滅衆生於中得相離不復次衆生於此類處已得相離此類為已滅不於中若已相離此類於此人必定已滅若類已滅於中衆生惑已相離惑未相離辟如偈曰滅苦下惑中由餘遍行應於前類已滅餘同境惑應釋曰苦智已生集智未生見苦所滅類聚皆已滅盡由見集諦所滅緣彼為境餘遍行惑於彼相應於脩道所滅類聚中有九品惑於先已滅品中由餘惑緣彼為境於彼相應此義應知於何類中幾惑能緣彼類生若句句荅此問應說無數法是故先舊師造略集毗婆沙彼云云何由少功力我等應度宬大問流若略說有十六種法謂欲色無色界相應各有五品及無流心亦有十六同此類於中何法為何心境界若人已了知如此於中如此多惑緣彼得生此義方可思量此中偈曰見苦集修滅是欲相應法自界三一色無垢識境界釋曰此法是自界法有三部故說自界三此法一部是色界法故說一色於欲界相應行法見苦集所滅及修道所滅皆是五識境於自界有三識謂是前三色界心一謂修道所滅及無流心偈曰自界下界三上一淨識境釋曰於色界相應行如前三部法是八心所緣境謂自界心三如前下界心三亦如前上界心一謂修道所滅心及無流心偈曰无色三界三無流識境界釋曰於无色界相應行三部法是十心所緣境謂三界心各三如前無流心一說三界見苦集所滅及修道所滅已偈曰見滅道所滅一切自長境釋曰見滅道所滅法中是自心謂見滅道所滅心此心為長應知彼法是此心境云何如此欲界相應見滅所滅法唯六識境界謂前所說五識及自長識見道所滅法亦尒謂前所

說五識及自長識如此色無色界見滅道所滅法是見滅道所滅自長識境界故是故為九識及十一識境說三界五部法已偈曰無流三界後三无流心境釋曰若無流法為十心境界謂三界後三部心即見滅道修所滅心及無流心復次為攝此義故造一偈半

見苦集修滅　於三界無流　五八及十識
十識所緣境　見滅道所滅　一切自長境

已解安立如此十六心於十六境隨眠正事於中云何思量我等為安立此義故顯唯方於緣樂根為境識中幾隨眠惑依彼得生若有如此問來應自思量樂根有七種於欲界中唯有修道所滅於色界五部及無流此樂根若略說是十二心境界欲界四心除見滅所滅心色界心有五無色有二心謂見道修道所滅心及無流心如此十二識能緣樂根為境於中如理欲界部惑色界部惑緣有為境無色界二部并遍行諸惑於中隨眠生應知如此於緣能緣樂根為境心中

幾隨眠惑依彼得生所說能緣樂根為境十二識復為何識境界即是前所說十二識類復次無色界有二部謂見苦集所滅心是十四心應知緣能緣受識為境此中更增無色界見苦集所滅心欲界有四心緣有為境色界有五心緣有為境依此十四心隨眠惑得生此義應知由此方所餘亦應知若由此惑心則有縛此諸惑於此心中皆隨眠不得隨眠若惑與心相應不滅及能緣彼為境亦不滅有不能隨眠若惑與心相應已滅若作如此義偈曰有縛心二種染無染由眠釋曰若心有染汙由惑能隨眠是故心有縛及由與心相應緣彼為境惑由不能隨眠惑與彼相應未滅乎相應故若無染汙心但由能隨眠惑及能緣彼為境惑不滅為縛復次十種惑生起云何從初者由癡相應故迷闇於諦境彼人不樂觀苦苦相於彼人不顯現乃至道亦介是故偈曰從癡疑釋曰若人已癡聞二義起疑惑謂此為是苦此為非苦乃至道

亦介偈曰邪見釋曰從疑惑起邪見若人有疑心由邪聞邪思故決定邪智起乃至撥無苦等偈曰從身見釋曰彼說從邪見身見生由苦除五陰由我我所執故偈曰邊見釋曰從身見邊見生由執我斷常二邊故偈曰從此戒執取釋曰從邊見戒執取見生何以故若人隨執一邊由此邊計執清淨故偈曰次見取釋曰從戒執取見見取生何以故若由此法計執清淨必執此法為最勝於下執勝為見取故偈曰自見欲慢釋曰於自見愛著心起故由自見高心起故是故從自見欲起慢起偈曰於他見瞋起釋曰若人愛著自見於他見能對治自見則起瞋恚有餘師說於自見已取已捨中起瞋恚偈曰如次第釋曰見諦所滅欲等諸惑緣依自相續見起故生起次第如此若惑欲生起必由三因緣得起能起因緣者偈曰從未滅隨眠及對根現塵由不正思惟起惑釋曰惑者譬如欲隨眠此未滅未永離欲惑相應塵對根顯現於中

起不正思惟由具三故欲惑得起此三次第謂因緣加行力偈曰具因緣釋曰若餘惑有具因生應知亦如此彼說有時由塵力惑亦生起不由因力譬如退法阿羅漢是隨眠惑於經中世尊說為三流謂欲流有流無明流或說為四暴河謂欲暴河有暴河見暴河無明暴河或說為四繫即是四河或說為四取謂欲取見取戒執取我言取於中偈曰欲界共倒起煩惱名欲流離癡釋曰除無明所餘欲界行惑共諸倒起惑應知名欲流有四十一物三十一隨眠惑除五種無明并十倒起惑此但惑非隨眠偈曰准隨眠色無色有流釋曰除無明言流一切色無色界行隨眠惑除無明名有流有五十二物色界惑二十六除五部無明无色界亦尒於上界為不有疲弱掉起二種倒起或邪如分別道理論說何者為有流除無明是所餘諸惑與色無色界相應謂結縛隨眠小惑倒起惑此中云何不攝罽賓國師云由不自在故復有何因緣色無色界合說一有流偈曰無記內門起依寂靜地生故合一釋曰是二界惑同無記性依內門起依定地生由此三法等是故合立為一由此因立有欲義更由此因立有流義今三界無明立為无明流此義自成有十五物云何別立此無明為流一切流偈曰為根立無明別流釋曰一切流无明為根是故別立無明為流如說流應知餘亦尒偈曰暴河繫亦尒別立見明故釋曰是所說欲流即是欲暴河及欲繫是所說有流即是有暴河及有繫除諸見彼言由了別故於暴河及繫立見為別品偈曰非於流無伴由非順流故釋曰能令流故名流流等名後當釋彼說若見獨無伴不隨順流由明了故是故於流不立為別品合立為流品是欲暴河有二十九物謂欲瞋慢有十五疑有四并十倒起惑有暴河有二十八物謂欲慢有二十疑八見暴河有三十六物無明暴河有十五物如暴河應知繫亦尒偈曰如所說共癡有二分見故名取釋曰是欲繫共无明立為欲取有三十四物謂欲瞋慢無明有二十疑有四并十倒起惑是有繫共無明立為我言取有三十八物謂欲慢無明有三十疑有八是見繫除戒執取立為見取有三十物是戒執取取有六物云何從諸見中離戒執取立為別取由對治聖道故由欺誑二部故在家部由此惑違誑計執自餓為天道故出家部由捨離可愛塵修習苦溢為道計應得解脫故欲取及見取者是在家出家二部鬪諍因故故立為二取在家由取五塵故與在家起鬪諍出家由取諸見各不同故與出家起鬪諍此二部取定及定果為解脫道及解脫果故故立二界惑為我言取云何合無明說取不別為取由能取生死故立為取偈曰由無明非能取故合釋曰無明以不了為相故昧鈍故故不能取是故共惑合為取於經中佛世尊說何者為欲繫廣說如經乃至於欲塵衆生欲染欲求欲愛欲喜欲欲乱欲著欲遍著欲樂

欲定欲貪此欲變異衆生心住說此名欲繫乃至有繫等亦如此於餘經中說愛欲亦名取是故知欲等取於欲等中唯愛欲為取此義已說於經中唯隨眠惑說名流暴河繫取復次隨眠名有何義乃至取名有何義偈曰微細隨逐故二種隨眠故非功用恒故故說彼隨眠釋曰此中微細者行相最細故故非他可知隨逐者由至得恒有故二種隨眠者隨流行衆生相續中能作二種縛謂境界縛相應縛非功用恒故者若不作功用為生彼若作對治為遮彼數數現前故由此三義故說彼惑名隨眠偈曰令住及令流能牽及能合能取故說彼名流暴河等釋曰令住不護中從六門漏能流生死從有頂至阿毗指故名流能牽引衆生令入苦海故名瀑河能合衆生令不離苦故名繫因此衆生取欲等及生生具故說名取又若如此解是為最勝由彼故相續於六塵中流故說彼名流如經言長老譬如船由大功用牽引逆流若捨功用

此船隨流而去則無復難諸惑亦介由隨經文句應知流義過量猛疾故說此惑名暴河何以故由此惑衆生漂逝唯得隨順不可違逆故若非過量行名繫能令與種種苦和合故或數數相應故能取欲等故取所生故能生取故名為取由如此義故說彼名流乃至名取偈曰由結等差別復說彼五種釋曰是隨眠惑由結縛隨眠染汙倒起差別更說五種此中結有九種謂隨順結違逆結慢結无明結見結取結疑結嫉妬結慳悋結此中隨順結者謂三界欲所餘諸結應如理思見結者謂三見取結者謂二見是故說此言為有此義不與見相應法中但由隨順結相應不由見結於中見結隨眠非非隨眠說有集智已生滅智未生於見滅道所滅法中與見取戒執取相應何以故彼法與隨順結相應與見結不相應遍行已滅故非遍行以彼為境界故相應見結無有故見隨眠於彼隨眠謂二取見但由相應故復有何因於結中合

三見立為別見結復以二見別立為取結偈曰物取平等故立見為別結釋曰三見唯十八物二取亦唯十八物是故彼言由物等故離見立為二結此二見以能取為性所餘不介但是所取由能取所取差別故立為二結去何嫉妬慳悋於諸結中立為二結不立餘倒起偈曰由一向不善由二自在故於中或妬悋別立為二結釋曰無餘倒起惑如此種性若二在於此處此處則一向不善此二又自在起不隨屬他若人執唯八是倒起於此人可有如此答若人立十為倒起於此人忿恨及覆藏亦有此二種性是故此救不成救難偈曰無貴重富財因故遍相故能損二部故別立妬悋結釋曰有餘師說於倒起中妬悋有二重失由嫉妬得輕賤報由慳悋得貧窮報如偈言

無貴重之財　非自親所敬

由憂喜相起故能顯示諸惑相由嫉妬能損他部由慳悋能損自部他得利益事不能忍故自不能為他作利

益事故是故立姤慳為二結後有餘處佛世尊說結偈曰五種下分結釋曰何者為五謂身見戒執取疑貪欲瞋恚云何說彼為下分結於下分好故下分者謂欲界此五惑於欲界隨順事故好云何為好偈曰由二不過欲由三更還下釋曰由貪欲瞋恚衆生不能出離欲界由身見等三若已出離更還欲界譬如守門及尋叛復由三不得過下分衆生所謂凡夫衆生由二不得過下分界所謂欲界故說此五為下分結若須陁洹人由三結滅盡故六煩惱已滅何因除三見但說滅三結謂身見戒執取疑若欲說應說一切令何為偈曰由執門根三釋曰諸惑有三類謂一種二種四種一切惑門此三能執復次邊見由身見生見取由戒執取生邪見由疑惑生是故彼為能執根有餘師說偈曰不欲去乱道疑道是三事是障解脫行故說滅三結釋曰若人欲行於餘處有三種障一不欲去二迷乱路由取異路故三於路心有疑若人欲行求

解脫即有如此三障此中由身見於解脫生怖畏心故不欲去由戒執取捨聖道取餘道故於道心迷乱由疑惑於世出世道起二道心故不得進由滅三解脫行障故得進至解脫道成須陁洹佛世尊為顯須陁洹德故說滅三結如世尊已說五種下分結復如此說偈曰上分結有五釋曰復有五結於上分好云何為五偈曰二色非色欲掉起慢無明釋曰應知此五是隨順上分結謂色界欲無色界欲掉起慢無明由未滅此五不能得出離上界故說此五於上界好分別結義已何者為縛縛有三一欲縛謂一切欲二瞋縛三無明縛謂一切無明云何說此三名縛偈曰因受說三縛釋曰由隨屬三受故說三縛何以故於樂受欲縛隨眠由緣緣及由相應故於苦受瞋於不苦不樂受無明隨眠欲瞋不尒復次以自相續為境界故定如此隨眠義於前已釋小分惑今當說是大分惑應說名煩惱能染汙心故小分惑亦尒何者為小分

惑偈曰餘染汙心法說名為行陰於煩惱小分說彼非煩惱釋曰有染汙餘法異大煩惱是行陰所攝是心相應法說名小分惑非是大惑是彼於廣類中所說此中倒起煩惱垢所攝我今當說何法為倒起煩惱亦名倒起由經中說欲欲倒起所變心於分別道理論說偈曰無羞及无慚姤慳及掉起憂悔疲弱睡倒起惑有八及忿覆釋曰若隨毗婆沙道理說有十種倒起八如前并忿恨及覆藏為十此中無羞無慚於前已釋於他圓得心不安喜名嫉姤與法財施聡解相違心執名慳悋心散不靜名掉起憂悔疲弱於前已釋於持身無能心細昧名睡安立彼必有染汙憂悔亦尒除瞋恚及逼惱於衆生非衆生心逆名忿恨隱秘可訶名覆藏是十種倒起惑偈曰欲生无著掉起慢釋曰此三小分惑是貪欲等流偈曰於覆諍釋曰有餘師說覆藏是愛欲等流有餘說是無明等流有餘說師是欲癡等流次第已知未知偈曰癡生疲弱睡

無慚釋曰此三小惑是無明等流偈曰憂悔從疑生釋曰若人於義不了故疑必生憂悔心偈曰忿姤瞋恚流釋曰此二小惑從瞋恚生如此十種由大惑流故說名小惑偈曰復餘六惑垢釋曰復有六種小惑說名惑姤謂偈曰誑諂醉如前不捨及結過逼惱釋曰此中於他假偽名誑心邪曲名諂曲此惑不能如實顯自意作方便為避不分明信受於前已釋醉亦如前釋堅執有何類說名不捨由此惑如實所教不受正教數思忿心所緣事名結過損辱他意名逼惱由此惑故行打罵等事困苦於他此六種惑姤中偈曰從欲生誑醉釋曰此二小惑由自愛故欺誑及不計他故是欲等流垢偈曰瞋恚生結過及逼惱釋曰此二小惑於他損心所生故故是瞋恚等流垢偈曰從見取不捨從見諂曲生釋曰若人於戒執取起見取此人有二僻執如理教捨由此二見不能捨此僻執故是二見等流垢如偈言

何法名邪曲　謂邪見等見

是故諂曲是諸見等流垢於中何惑何道所滅前所說十倒起惑偈曰此中無羞慚疲弱睡掉起有二釋曰是五法有二種或見諦所滅或修道所滅與二部惑相應故此惑隨與見諦所滅相應即由見此諦滅偈曰餘修滅釋曰餘倒起惑異此五必定修道所滅謂嫉妬慳悋憂悔忿恨覆藏偈曰及自在惑垢釋曰此五小分惑唯與無明相應故如嫉妬等五小分惑修道所滅自在惑垢亦尒是六種惑垢由自在故修道所滅如前所說一切小惑偈曰於欲惡釋曰若在欲界皆悉是惡偈曰三二釋曰疲弱掉起睡或惡或無記偈曰上界彼無記釋曰從欲界上隨所有小分惑皆是無記於中幾惑於何界有應知偈曰誑諂從欲界初定釋曰此二惑於欲界及初定有云何知於梵處有欺誑偈曰梵誑故釋曰於色界大梵王由不如顯示自體故欺誑淨命阿輸實於前已說諂曲由義相應今更說於中

亦說有諂曲由相應至故偈曰疲掉醉三界釋曰此三小惑於三界皆有偈曰餘惑唯欲界釋曰於十六中除五惑所餘十一小惑但行於欲界說惑及小惑已於中幾惑依意識地起幾惑依六識地起若略說偈曰見滅及慢睡依意識地生釋曰一切見諦所滅惑皆依意地起慢睡亦尒若此二修道所滅何以故此具起於心地偈曰自在小分惑釋曰隨有小分惑自在起若是修道所滅應知亦依心地起偈曰餘依六識起釋曰所餘大惑及小惑應知依六識地起何者為餘修道所滅欲瞋無明及餘小分惑與欲等相應又無羞无慚疲弱掉起及餘於惑大地所說是前所說樂受等五根於中與何根有何惑及小惑相應偈曰欲與喜樂應釋曰如理應知欲與樂喜二根相應偈曰瞋與憂苦應釋曰瞋與苦憂二根相應何以故此二惑由歡喜憂惱相起故由六識為地故偈曰無明一切應釋曰無明與一切惑相應故是故與五根相

應偈曰邪見憂喜應釋曰邪見依心地起故是故與憂喜相應如次第於有福行無福行人偈曰疑憂應釋曰若人有疑心求得決知是故由疑生憂偈曰餘惑與喜應釋曰所餘諸惑與喜相應何者為餘謂四見慢由歡喜相故如此分判已諸惑與何界相應偈曰欲生釋曰於欲界生諸惑應如此判說決定相應惑已通相應今當說偈曰一切與捨應釋曰一切隨眠惑與捨根相應相續斷時彼說諸惑必定依捨受起若尒上地惑云何判偈曰隨自自如地上地惑相應釋曰上地諸惑與自受根相應若於彼地隨根量多少如於彼地若惑依四識地起如理應知與四識地受相應說隨眠惑與根相應已小惑相應今當說偈曰憂根應悔嫉姤忿逼惱結過不捨耶釋曰如此等惑與憂根相應緣憂惱相起故依意地起故偈曰慳悋翻此義釋曰此惑與喜根相應由是貪愛等類故緣歡喜相生故偈曰欺誑及諂曲覆藏睡二種釋曰此四惑與喜憂二根相應何以故有時心歡喜欺誑他有時憂惱心乃至睡亦尒偈曰醉喜樂釋曰若醉在第三定與樂根相應若在下地與喜根相應若在上地與捨根相應何以故偈曰捨遍釋曰一切小分惑與捨受相應何以故捨根無遮處譬如無明偈曰餘四五根應釋曰無羞無慚疲弱掉起此四惑與五根相應屬惡大地故屬惑大地故經中所說五蓋謂貪欲瞋恚睡弱掉悔疑於此中為竝取三界所攝睡弱掉悔疑為但取欲界所攝是無雜圓滿惡聚是五蓋由經中說彼一向惡故偈曰欲界中五蓋釋曰於餘界不立五蓋故唯欲界中有五蓋復有何因立睡弱二小惑為一蓋合掉悔亦尒偈曰一對治食事合二一釋曰此二雙同一對治故同食故同一事故故合為一經中說睡弱一食一非食何法是睡弱蓋食有五種法謂惓不安頻申不節食心沉下何法非睡弱蓋食謂光明想彼事亦一謂此二小惑能令心沉下掉悔二小惑亦說同一食同一非食何法是掉悔蓋食有四法親屬覺國土覺不死覺數憶昔所受事謂遊戲安樂給侍何法非掉悔蓋食謂奢摩他此二亦同一事何以故此二同能令心不寂靜是故同一事治食事故合二立一蓋若一切惑皆是蓋云何唯說五為蓋偈曰能破法聚起疑故釋曰由貪欲瞋恚蓋戒法聚破壞由睡弱蓋慧法聚破壞由掉悔蓋定法聚破壞若定慧無則於四諦起疑惑心故解脫解脫知見破壞由此義故說五為蓋於此執中與定法聚相違掉悔蓋應在慧障前是故餘師說如其次第能破定聚及慧聚何以故經中說若人修行定觀怖畏睡弱若人修行簡擇法怖畏掉悔有餘師釋蓋義有異云何釋若人在六識行位於可愛可憎相塵中由執相故若在住位是貪欲瞋恚以彼為先因故起障初正欲入定相心次若已入定不如理修奢摩他毗鉢舍那故起睡弱掉悔疑如次第障奢摩他毗鉢舍那故解脫

解脫知見不得成是故說五為蓋今應思此義是遍行不同分界惑見滅道所滅緣有流法為境諸惑是時若觀察彼境是時彼不滅是彼滅時彼境不可觀察由此義彼云何可滅非必定唯由了別境界諸惑得滅何為由四種因諸惑得滅何者為四若約見諦所滅惑由三因偈曰由了別彼境能緣境滅故境界惑滅故釋曰此中由了別彼境者謂見苦集所滅惑能緣自地起及緣無流法為境能緣境滅故者謂遍行不同分界惑何以故遍行同分界惑是彼境若所緣為境惑滅能緣亦同滅境界惑滅故彼滅者謂見滅道所滅惑緣有流境起何以故緣无流境起惑是彼境界此惑若滅彼亦同滅修道所滅惑云何得滅偈曰對治起故盡釋曰此惑品若是對治道起此惑即滅何惑是所對治何道是能對治寂上上品惑是所對治寂下下品道是能對治此義後當廣說此對治有幾種偈曰滅持能遠離厭惡對治四說次異釋曰一

滅對治謂無間道二持對治謂次此後道由此道能持前道所得滅三遠離對治謂解脫道後所有諸道能令已斷滅惑至得遠相離故有餘師說此即是解脫此道能令惑至得寂遠相離四厭惡對治謂由此道觀察餘界所有過患於中起厭離心復次四對治應如此次第一厭惡對治謂緣苦集所修方便道二滅對治即是前无間道三持對治即是解脫道四遠離對治謂勝德道若惑正滅何處可滅偈曰應除惑於自境界釋曰何以故諸惑若正滅不可令與相續相離相應處不可知故可令與境界相離由此惑不能更緣境生若尒未來煩惱可令與境相離若已過去云何可令與境相離若汝言由了別境界此惑可令相離此義不必可定是故應說此義有幾量應說此惑已滅若惑依自相續生由至得斷絕若惑依他相續生一切色及一切無染汙法能緣彼等為境自相續惑滅故說彼永所遠離若尒遠義有幾種偈曰相異

對治故各處別時故四大戒處所世二如遠義釋曰相遠者譬如四大由相不同故雖共生說互相遠對治遠者譬如戒於破戒破戒於戒亦尒處遠者寂相去遠法由處各別故說名遠譬如東西海時遠者譬如說過去未來為遠此二於何世遠於現世若世別異故遠不由久已滅及久方生无間已滅及向生於現世云何遠由若尒亦應立現世為遠不尒由約切能故說遠若尒無為近義云何成於一切世中有至得故若尒於過去未來亦應如此虛空復云何若尒過去未來更互遠現世所隔故現世於二近故成近無為法无隔故近若尒過去未來於現世近故應具二義若作此執是義可然於法自體相未來世遠未得至故過去已謝滅故遠由急恒修故進勝道諸惑滅亦漸漸轉勝為不尒無如此何以故偈曰諸惑同一滅釋曰彼惑若應滅此道若是彼滅道由此道彼則同一滅偈曰重得彼永離釋曰有幾時中重得說於六

時何者為六偈曰對治生得果練根六時中釋曰對治生者此義中謂解脫道得果者謂四沙門果練根者謂修增勝根道於此六時中數得諸惑永離此得應如理知有餘人於六時得有餘人乃至二時得此永離於別別位中得永斷智名永斷有二種一智永斷二滅永斷智永斷謂无流智滅永斷唯滅合此名永斷智於果說因故為一切滅悉是永斷智不說云何為偈曰永斷九釋曰云何九此中偈曰欲界初二部惑滅一釋曰於欲界中初二部惑滅離謂見苦集諦所滅惑為一永斷智偈曰後二滅離二釋曰於欲界見滅所滅惑滅離為二見道所滅惑滅離為三如欲界相應見諦所滅惑有三永斷智偈曰上三亦尒釋曰色無色界相應見諦所滅惑滅離立三永斷智亦如此見苦集所滅惑滅離為一見滅所滅惑滅離為二見道所滅惑滅離為三如此三界見諦所滅惑滅離成六永斷智偈曰所餘下分色一切惑滅盡更三永

斷智釋曰下分惑滅離為一色流滅離為二謂色欲永斷一切流滅離為三謂一切結滅盡永斷云何色无色界修道所滅惑滅離立為別永斷智見諦所滅不尒修道所滅惑對治不同故如此九永斷智於前偈曰六忍果釋曰見諦所滅惑滅離為性是八忍果偈曰餘智果釋曰下分惑滅離等三永斷智是修道果故說名智果若尒云何說為忍果由忍是智伴類故是故約忍說智事辟如於王伴類說王事復次與智同果故偈曰非至果一切本定五或八釋曰若約毗婆沙意判一切九品永斷智是非至定果何以故依此地能滅三界見修所滅二部惑故若論根本定果有五謂色无色界相應惑滅離為性一切欲界惑滅離是非至定果故大德瞿沙意云八永斷智是根本定果何以故此師意明已離欲人若入四諦觀一切欲界見諦惑滅離是見道果依此定成因此定得無流相離果故此永斷智爲此地果下分惑滅離但是非至

定果中間定應知如定若約無色定偈曰無色定果一釋曰空遍入道果是一永斷智謂離欲色界永斷智偈曰本三無色一釋曰根本三无色定唯一永斷智為果謂一切結滅盡為果偈曰聖道果一切釋曰九永斷智皆是聖道果偈曰世道二釋曰若約世道論下分惑及色界惑滅離此二永斷智但是世道果偈曰類尒釋曰類智果亦有二謂寂後二偈曰法智三釋曰法智由通能對治三界修道所滅惑故以寂後三永斷智為果偈曰二類六五永斷智釋曰法智類道以六永斷智為果謂法忍法智果類智類道以五為果謂類忍類智果由說類故通攝忍及智云何不立一滅離為永斷智由安立忍果為滅故是故偈曰得無流離故損有頂分故拔除二因故斷智釋曰若於滅中具有三因可說為永斷智凡夫無有由無流得滅離亦无損有頂分是故凡夫所得滅不名永斷智若聖人有忍滅果於此滅中乃至在苦類忍有無流

永離至得未有損有頂分於苦類智具有此二義無拔除二因義見集所滅遍行因未滅故於餘法類智中具有三義是故於此位中所有滅離得永斷智名此滅是智果由前三因及第四因說名永斷智偈曰過界故釋曰若人出離界由離欲一切界故得二結相離彼說是第五因若於中與能緣彼為境別惑相離此義可然此出離界不異拔除二因故是故不須立出離界義為第五因何人得幾永斷智相應偈曰無與一至五在見位相應釋曰凡夫人與永斷智無相應若聖人在見諦道中乃至在集法忍亦不與此相應於集法智與一相應於集類智與二相應於滅法智與三相應於滅類智與四相應於道法智與五相應於道類忍亦與五相應未離見位故偈曰位修復與六乃至與一二釋曰若聖人在修位中謂道類智等與六相應乃至未離欲欲界及已退次從此位若至離欲欲界位或前或後與一下分惑滅離永斷智相應若

至阿羅漢果更與一相應謂一切結永斷智相應若退由色界上心惑但與一下分惑永斷智相應若至離欲色界位與二相應謂與下分惑及色界惑永斷智相應若退由無色界上心惑亦但與此二相應何因唯阿那含及阿羅漢安立與一一永斷智相應不立與多相應由此義偈曰竿彼由離界及至沙門果釋曰由二種因計筭永斷智安立為一何者為二由離欲諸界及得沙門果此二位中具有二因是故合一切滅離立為一一永斷智復次何人捨幾永斷智及得亦尒偈曰有人捨一二五六无得五釋曰捨一者若從阿羅漢果退及從離欲欲界退捨二者阿那含人離欲色界已後退離欲欲界捨五者若人先已離欲欲界後在道類智位何以故此人得下分惑滅離時捨前五永斷智捨六者若人次第修由離欲欲界如捨得亦尒有人得一若人得未曾得有德二若人退無色界離欲有得六若人退阿那含果無退六還得五論

永斷智竟

阿毗達磨俱舍釋論卷第十五

阿毗達磨俱舍釋論卷第十五

校勘記

一　底本，金藏廣勝寺本。

一　九三一頁中四行品名，徑、清作「釋分別惑品第五之二」。

一　九三一頁中八行第五字「若」，資、磧、普、南、徑、清作「苦」。

一　九三一頁下一一行第五字「應」，磧作「惡」。

一　九三二頁上二二行第八字「諸」，資、磧、普、南、徑、清作「諸識」。

一　九三二頁中二二行第一一字「聞」，資、磧、普、南、徑、清作「聞」。

一　九三二頁下二二行「起惑」，諸本（不含石，下同）作「惑起」。

一　九三三頁上一〇行首字及本頁下

六行第一三字「取」，諸本無。

一　九三三頁下九行末字「天」，磧、普、南、徑、清作「大」。

一　九三三頁下一八行第六字「立」，資、磧、普、南、徑、清作「云」。

一　九三三頁下二二行第一一字「染」，諸本作「染汙」。

一　九三四頁上一八行「瀑河」，資、磧、普、南、徑、清作「暴河」。

一　九三四頁中七行第四字「故」，諸本作「故故」。

一　九三四頁下二〇行第四字「乏」，資、磧、普、南作「之」。

一　九三五頁上一行「後有」，諸本作「復有」。

一　九三五頁中三行第一〇字「心」，資、磧、普、南、徑、清作「生」。

一　九三五頁下一二行末字「得」，諸本作「德」。

一　九三五頁下二二行第二字「説」，諸本作「師説」。同行「説師」，諸本作「師説」。

一　九三六頁上六行末字及一五行第二字「姤」，諸本作「垢」。

一　九三六頁下二〇行第八字「憂」，磧作「起」。

一　九三六頁下二一行「相起」，磧、南作「相憂」。

一　九三七頁上二行第七字「憂」，資、磧、普、南、徑、清作「愛」。

一　九三七頁上末行「二種」，麗作「三種」。

一　九三七頁下三行第九字「受」，諸本作「更」。

一　九三七頁下六行第九字「事」，諸本作「對」。

一　九三八頁上二行首字「應」，資、磧、普、南、徑、清作「當」。

一　九三八頁中六行末字「餘」，麗作「諸」。

一　九三九頁上一〇行末字「云」，資、磧、普、南、徑、清作「不」。

一　九三九頁上一二行第一〇字「一」，徑無。

一　九三九頁上一四行末字「二」，徑、清作「三」；本頁下一〇行第六、第一〇字，資、磧、普、南、徑、清同。

一　九三九頁上二二行「所滅」，資、磧、普、南、徑、清無。

一　九三九頁中六行末字「果」，徑、清無。

一　九三九頁中七行第一三字「八」，徑、清作「六」。

一　九三九頁中一二行「非至」，資、磧、普、南、徑、清作「未來」，下至末行同。

一　九三九頁下二二行末字至末行「滅果」，麗作「果滅」。

一　九四〇頁上四行第八字「位」，南、徑、清作「滅」。

一　九四〇頁上一九行第六字「位」，麗作「住」。

一　九四〇頁中二二行第三字「德」，諸本作「得」。

阿毗達磨俱舍釋論卷第十六　神

婆藪盤豆造

陳天竺三藏真諦譯

中分別聖道果人品第六

此義已說謂如滅得名永斷智復次此義偈曰煩惱滅已說由見修四諦釋曰諸煩惱有二種一由見諦所滅二由修道所滅此義於前已廣說彼滅亦尒見修二道今當說此二道為是有流為是無流是故說此言偈曰修道有二種見道唯無流釋曰云何修道有二種由依世修及依出世修故見道一向是出世能對治三界惑故復能一時滅見諦所滅九品惑故何以故世道無如此能由惑強道弱故前已說由見四諦何法名四諦偈曰已說諦有四釋曰何處說於分別有流無流法中云何說如偈言無流法聖道此約自名說滅諦亦已說如偈言擇滅謂永離各各對諸結苦諦集諦亦已說如偈言苦集諦世間見處及三有四諦次第為如前所說不說非雖然復有別義偈曰謂苦諦集諦滅道諦亦尒釋曰此中是彼次第如前所說四諦體性今說亦尒為顯此義故有尒言不復重釋偈曰對正觀次第釋曰若觀先緣此諦起依觀立此諦為先後三亦尒若不尒應先說因次後說果何以故有餘法隨生立次第譬如念處及定等有餘法隨顯相說次第如說正勤何以故無此定義謂先起欲為滅已生後起欲為令未生不生有餘法隨正說立次第譬如八分聖道等今說四諦隨修對正觀次第復有何因修觀有如此次第是愛著處於處能縛能所縛解脫因此求解脫觀察位中初發次觀次第如此故先簡擇苦此苦以何法為因故次簡擇集此苦以何法為滅故次簡擇滅此滅以何法為道故次簡擇道譬如先觀病次尋思病因緣及滅病藥於經中佛世尊所顯四諦譬如此於何經中醫譬經中經言若醫與四分德相應能拔治他刺何者四分德一識病二識病因緣三識病滅

四識治病藥廣說如經如觀察位中次第簡擇四諦修觀位中見四諦次第亦尒由先習利故譬如於已所見地無㝵繫馬令走對正觀者此句何義趣向正覺為義云何此唯無流非有流由此趣向於涅槃緣真實境起故名正未曾知知故名覺如實能通清淨境故此中是果取陰名苦諦因取陰名集諦從此聚集苦生故是故此二諦由果因義異故名有異不由物異滅道二諦不但由名異亦由物異於經中說有四聖諦此說有何義此法唯是聖人諦是故經說名聖諦若尒此四於餘人是妄不於一切人皆是諦以無顛倒故此中如聖人觀彼餘人不能如此觀故說此唯於聖人是諦於非聖人則非由顛倒觀故如偈言

聖人說是樂　餘人說為苦　餘人說是淨
聖人說為苦

有二諦唯聖諦有二諦聖非聖諦餘師說如此若受一分是苦自性云何說一切有為有流皆名苦諦偈曰

苦由三苦應如理皆無餘可愛非可愛及餘有流行釋曰苦類有三一苦苦類二行苦類三壞苦類無餘與三苦如理相應故是故一切有為有流皆是苦此中可愛由壞苦故苦非可愛由苦苦故苦異此二所餘由行苦故苦何者為可愛非可愛非二謂三受如次第由三受相應故一切有為有流得可愛非可愛等名何以故此樂受變異即是苦如經言樂受生時樂住樂壞時苦苦受由性故苦謂生時苦住時苦不苦不樂受由行故苦因緣所生起故如經言苦無常即是苦如受與受相應有為法亦應說如此有餘師說苦受唯由苦類故苦樂受唯由壞故苦乃至行苦亦尒由可愛非可愛不遍故故此二名不具分苦一切有為由行苦故皆是苦前二受亦由行苦故苦故此一名具分苦此苦唯聖人能見此中說偈

譬如一瞖毛　在掌人不覺　此若落眼中
作損及不安　凡夫如手掌　不覺行苦瞖
聖人如眼睛　由此生厭怖

何以故凡夫眾生於阿毗指五陰生苦怖意亦不及聖人於有頂諸陰生苦怖意若尒於道諦應立行苦義由是有為故是義不然何以故苦是違逆意為相故道非苦何以故此道生起不違聖人意故能引得一切苦滅盡故若聖人由寂靜相觀察涅槃是法由苦相聖人觀之為苦唯此法滅聖人觀為寂靜於諸法中若有樂受云何說唯苦聖諦由樂少故譬如烏豆聚中亦有綠豆而說為烏豆聚餘師說如此何以故何智慧人由以冷水稍稍澆癰所生輕樂計癰為樂此中餘部師說偈

由能為苦因　與眾苦雜故　由苦所愛故
故說樂為苦

一切有苦樂聖人觀為苦由行苦同一味故是故立苦為聖諦不立為樂云何以苦相觀喜樂自性受為苦由有流無常能違意故苦譬如彼以苦相觀色想等色等亦非苦如苦受是汝所言由苦因故苦是義不然何以故此執是集相非苦相諸聖人於色

無色界生中云何起苦想何以故於彼衆生五陰非復苦因故復次於經中説行苦何用若聖人於樂由无常故觀苦无常相苦相有何差別由生滅為法是故無常由有流能違意是故為苦若見無常此所見即能違意是故無常想能引苦想有餘部說決定無樂受一切受唯苦云何知然由阿含及道理云何由阿含佛世尊說隨所有受皆是苦別名復有別說應以苦相觀樂受復有別說於苦計執樂想說名顛倒由阿含證如此云何由道理樂因不定故何以故隨所有飲食冷熱等衆生計為樂因若過量用非時用此因復成苦因此義不應然謂由樂因增長或由平等於非時恙皆生苦是故彼從初皆為苦因非是樂因後時此苦漸漸增長方得顯了威儀差別亦應如此於苦對治及於苦差別由起樂想故何以故隨世間所有飲食等生具乃至未為別苦所逼若受則不計為樂別苦者謂飢渴寒熱疲惓愛欲所生苦是故愚人

於苦對治起樂想非於樂於苦差別亦介一切凡夫於中起樂想譬如擔重易肩是故由此道理定知無樂阿毗達磨師說決定有樂此執應理云何知然此中應問撥無樂人何法名苦若汝言逼惱為體名苦此樂云何逼惱若汝言損害為苦樂能增益云何損害若汝言非所愛為苦此即是所愛云何為苦是所愛後於聖人更非所愛謂於離欲時是故此樂不成就不成就故非所愛不由餘義何以故若受由自體性是所愛此愛由自體性無時無因成非所愛此義應然何以故由聖人以別過失相厭惡此受故彼見此受是放逸處大功力所成易變異无常由如此義故非所愛不由自體相若此受由自體本非所愛於中無有人生起愛欲不應為離欲此受以別道理觀察過失是故知由自體相定有樂受是汝所言佛世尊說隨所有受皆是苦別名此經世尊自顯了其義經云阿難陁我依諸行无常及有為變異故說隨所有受

皆是苦別名是故知不依苦苦說此經此義自然成復次若由自性一切受皆是苦何用淨命阿難陁問佛如此問云何世尊說受有三種謂樂苦不苦不樂世尊復說隨所有受皆是苦別名世尊依何義說此言謂隨所有受皆是苦別名若如汝所執是理淨命阿難陁應問佛如此世尊依何義說此言謂受有三佛世尊應荅阿難陁言阿難陁此說是由別意說謂受有三佛世尊既不說如此是故由體性實有三受故知此經言依別意說謂隨所有受皆是苦別名是汝所言應以苦相觀樂受是義不然何以故此受中有二性一有樂性由自性是所愛故二有苦性由別道理是變異无常法故若以樂相觀此受則生他繫縛由有欲衆生樂歎此味故若以苦相觀此受則能解脫有縛衆生由於此得離欲故如理所見能令解脫諸佛世尊隨如此理善教衆生令修學此觀云何得知此受由自性故樂由此偈言

已知行無常　復觀彼變異　故說諸受苦
正遍覺智者

是汝所言於苦計執樂想說名顛倒故知無樂是義不然何以故此言是不了義說世間有樂想於受欲塵及生處中此中樂受由別道理有苦若見此一向樂是見名顛倒欲塵少樂多苦一向觀有樂名顛倒生處亦尒是故由此證撥无樂此義不成若由自性一切受皆苦復說受有三此言有何功德若汝言由隨順世間故說是義不然何以故一切受皆苦此言由別意說故復次由說真實言如經云是樂根是喜根應見此名樂受是苦根是憂根應見此名苦受如此廣說已若人如此由如實正智觀察五根此人即滅離三結如此等云何世間分別苦受有三品若汝言於下上中品中如次第世間起樂受等意是義不然樂亦有三品故於輕品得苦中應起㝡上品樂意若人正受香味觸等勝類所生樂是時受何苦正受輕苦於輕苦中起樂心若尒此輕苦

受未生時及滅時應生㝡上品樂意由苦滅无餘故欲塵樂現前時應說如此復次此執云何與理相應謂於輕品苦受中明了㝡重領起於中品苦受中而不分明復次於三定樂受是輕苦從第四定已上非苦非樂受是中苦此執云何如理謂於輕品等苦中分別樂受等佛世尊說云摩訶那摩若色但苦非樂非樂所隨廣說如經是故知有樂受但不成就不可由如汝所引經無樂受義得成是汝所言由樂因不定故無樂是義不然由不解因義故說此言何以故諸塵觀依止位差別成為樂因或成苦因不但唯塵若至此依止位差別諸塵必成樂因無時至此不成樂因是故可立樂因為之辟如火勢觀應熟飲食位差別成為美熟因此火勢即是美熟因若至此應熟飲食位差別必成美熟因無時至此不成美熟因於定中樂因云何不定是汝所言於苦對治由起樂想者是義不然此執於前已破若人是時正用勝品香等差

別所生樂受是人於對治中生樂想若此苦未生及以滅此樂想應㝡分明起於定樂中若生樂想是何對治於擔重易肩中別位所生必有樂受乃至如此相身位未滅若不尒㝡後樂想應㝡重起如此疲極人轉威儀中應知亦尒是汝所言後時云何起苦想若不從初漸漸生苦是義不然由身變異差別辟如酒等初味甜後味酢是故樂受定有此義應成由三苦相應故一切有流皆苦是所說集諦即是苦諦此言與經相違何以故於經中說唯貪愛為集由貪愛勝故經中說為集不撥所餘諸法為集此義云何可知由於餘處亦說別法為集故佛世尊說偈云

業貪愛無明　此三於未來　能為諸有因

復有經說五種種子類是有取識別名地界是四識住別名是故經中此言由別意說故不了義阿毘達磨教中言依法相復次佛世尊欲說有為法相續恒有因故說貪愛為集佛欲說生因有因故於偈中說餘法謂業

貪愛无明如經言業於生是因貪愛於有是因復次由經中有因有緣有發起次第故佛世尊安立種子及田說識等亦為因何法名生何法名有界道生等品類差別故取此身名生無差別接續後有說名有此二次第以業及有愛為因譬如舍利麥等種子由品類有差別故能為差別牙生因水等無差別故通能為一切牙生因業及貪愛譬喻如此貪愛為有因此中有何道理為證無貪愛人不受生故何以故有愛無愛二人俱死唯見有愛更生不見無愛更生由離貪愛無生故是故知貪愛為有因復次由轉變相續故若是處中有貪愛見心相續於彼數數轉變是故於未來中由比量應知亦如此復次更無餘惑能執取此身猶如貪愛譬如浴散分中燥摩須羅屑無有餘因如此堅著如我愛此即道理有處佛世尊說諦品有處說諦有二謂俗諦真諦此二諦何相偈曰若破無彼智由智除餘尒俗諦如瓶水異此名真諦釋曰

若物分分被破物智則不起此物名俗有譬如瓶等此瓶若破成瓦緣此瓦瓶智則不起是故瓶等諸物由形相假有復次於此物中由智拼除餘法此物智亦不起此名俗有譬如水等此水若由智拼除色大等法水智則不起是故水等諸物由聚集假故有由名句字門顯示真實義緣名句字於真義起智若入觀時不能緣名等若出觀時不能緣真義是故名等及此智由顯示假故有於此三法以何法為俗但名所作無體是俗由隨順世間說有瓶水名等稱為實語不說為妄是故立此為俗諦離此三所餘名真諦若物分分被破物智起不異若由智拼除餘法物智亦不異若離若等於境界智亦不異說此法名真實譬如色等若約隣虛拼此色及由智除味等餘法緣色智起不異如色受等應知亦尒此名世間真諦如此等法由於世間實有故故立為真諦復有師餘說若法是出世智所緣或是出世後智所緣如此亦說名真諦

謂境界真果真道真若餘法異此三說名俗諦略說諸諦已若廣說應知如六勝智論說修何方便能入四諦觀應說此義是故從初發行次第今當說偈曰住善行有聞思後學修惠釋曰若人求欲觀四諦從初先學持戒次取學隨順四諦觀文句次聽文句正義聽聞已如理正思義無倒思已後修習觀行令成修慧此人依聞慧生思慧依思慧生修慧此三慧何相偈曰名二義境界聞思修三慧釋曰彼言聞慧緣名為境思慧緣名義為境有時由文句引義有時由義引文句修慧但緣義為境何以故此慧已成故不觀文字唯緣義起譬如有人未曾學泅不離浮物若已學未成或離或捉若學已成不依浮物自能得渡三慧譬如此毗婆沙師說如此於此分別中思慧不成就若思緣名起則成聞慧若緣義起則成修慧若立三慧相如此則無過失依聖言量所生决定智名聞慧依聖教簡擇道理所生決定智名思慧依三摩提所

生智名修慧此三慧皆約因得名因聞生名聞慧思修慧亦尒譬如說食為命說草為牛若人勇猛求得修觀此修觀云何得成是故應說此義次第偈曰有二離人釋曰若人由身由心能遠離住謂遠離群雜及蓋覺觀等惡法此二遠離於何人可易善成若人有知足有少欲偈曰無不知足大欲釋曰若人不知足有大欲於此人此二遠離則難得成若成亦不清淨此不知足及大欲別相云何偈曰前已得求多後未得求得釋曰彼說已得可愛衣服等緣更求多得說名不知足求得未得說名大欲阿毗達磨師說如此為不尒耶此求多得於未得起非於已得若尒此二何異汝等應說若執如此是義可然由已得非可愛非多衣服等緣心憂不安說名不知足未得可愛及多求得說名大欲偈曰翻此二對治釋曰翻此不知足及大欲應知二種法為對治謂知足及少欲偈曰或三界無流釋曰此二種對治或屬三界或屬無流界

不知足及大欲唯屬欲界此知足少欲自性云何偈曰無貪類釋曰無貪善根為性偈曰聖種釋曰是知足少欲無貪為性故是故入聖種攝由聖人從彼生故說彼為聖種是聖種已無貪為性故偈曰前三知足體釋曰前三謂隨得衣服飲食住處知足此三知足是前三聖種體第四聖種謂修滅樂戲云何此第四以無貪為性由背有欲欲生故復次由四聖種佛世尊顯示何義偈曰後顯第三生釋曰佛世尊既為法主弟子棄捨生具及業基出家依佛求解脫法主立二正事一生具二業基由前三聖種安立生具由第四聖種安立業基依此生具汝等作如此業基不久應至得解脫云何法主安立如此生具及業基偈曰愛生對治故釋曰於經中說貪愛生有四如經言比丘因衣服貪愛欲生生欲住住欲取取因飲食及住處貪愛欲生生欲住住欲取取比丘因如此有非有貪愛欲生生廣說如經為對治此四種貪愛故說四

聖種偈曰我所我類愛為暫永除滅釋曰是前所說義復有別意故須更說我所類謂衣服等三我類謂自身於此二生愛此中為暫滅我所類愛故立前三聖種為永滅四愛謂我所類愛我類愛故立第四聖種此義已說由因此義觀行人得善調伏後修觀得成若人已調伏堪為道器於修中緣何法門得入得觀偈曰入修由二因不淨觀息念釋曰何人因不淨觀入修何人因阿那波那念入修次第偈曰多欲多覺觀釋曰若人欲行恒起或重起此人由不淨觀得入於修若人由多覺觀行起散亂心此人由阿那波那念得入於修何以故此念由不緣多種境故是故生起能作滅離覺觀對治不淨觀由緣多種差別色形為境能引生覺觀餘師說如此又餘師說由不緣外門起故不生覺觀不淨觀如眼識緣外門起故生覺觀由觀察彼境故此中欲有四種一色欲二形貌欲三觸欲四威儀欲諸師說為對治第一欲修觀行人應

縁壞黒等色為境作不淨觀為對治第二欲應縁膖脹被食分散為境作不淨觀為對治第三欲應縁赤筋相連骨為境作不淨觀為對治第四欲應縁不動死屍為境作不淨觀諸師說若欲修通對治偈曰骨觀通欲治釋曰於相連骨聚中四種欲境品類皆悉不有若縁此骨聚為境修習不淨觀通能對治四種欲由不淨觀皆假想一處思量為體故不能永滅諸惑但能伏滅諸惑觀行人修習不淨觀有三種一初發觀行二已數習成行三已過思量行此中偈曰骨量遍至海增減名初發釋曰若觀行人欲修習不淨觀從初於自身分中安置於心或在脚指或在額上隨所樂處心已隨事後於身分作假想除皮肉血等次第治骨令淨心見具足骨聚相如見一骨聚假想見第二亦介如此次第漸漸增長滿於房寺伽藍國田乃至遍滿大地以海為邊假想見如此骨聚遍滿為增長意樂故後更縮減前觀乃至假想唯見自身骨聚為漸略麁廣心故心由如此量自在不淨觀得成於此位中是人名初發觀行偈曰除脚頭骨半說名數習成釋曰復為漸略細心量差別故於骨聚中除脚骨思惟餘骨是名中略如此次第乃至除半身及除半頭骨思惟餘半頭骨骨名中上二略由於略自在究竟故於此位中是人名已數習成行偈曰安心於眉間說名過思量釋曰此觀行人除所餘半頭骨唯安心於自眉間或縁骨及餘境一心得住於此位中是人名已過思量行有不淨觀由境界小故小不由自在小故小此中有四句已熟未熟思惟未熟已熟思惟縁自身及至海邊骨聚為境故復次此不淨觀何法為性幾地何法為境何處得生此義次第應知偈曰無貪性十地欲見境人生釋曰此觀無貪為性地有十謂四定及四近邊定中間定欲界以欲界所見法為境所見謂色及形是故此定以義為境此義可然此觀唯於人道中生餘道則無何況餘界於人道中除比鳩妻由如此義是故此觀名不淨觀隨觀世境界亦介若無生為法縁三世為境由假想思惟故但是有流有離欲得有加行得由曾得不曾得故說不淨觀相及差別已阿那波那念令當說偈曰阿那波那念慧五地風境依欲身釋曰若風向身入名阿那若風背身出名波那縁二為境憶持名阿那波那念此念以智慧為性而說為念者辟如念處此慧因念力得成故故說為念此念依五地生謂三近邊定初定中間及欲界由說與捨相應故由苦樂隨順覺觀起此定既是覺觀對治故與苦樂不相應復次苦樂是定心怨對故此觀是定心所成故與苦樂不相應有餘師執觀行人入四定觀皆有捨受於彼師此觀則有八地過此於餘地非入出息地故此定縁風為境從欲界依止生於人天有此觀或由離欲得或由加行得此觀是真實思惟屬正法内觀行人偈曰外道無釋曰於外道教無此觀無正說故自不能覺徹細正

法此觀偈曰六由數等釋曰此觀若具與六因相應方得圓滿六因者一數二隨三安四相五轉六淨此中於入出二息中不作功用與心捨身心相唯由念數一二乃至十由畏心略及乱是故不少不多於此數中有三失一減數謂若二數一二長數謂若一數二三雜乱數謂若入數出若出數入若離三失是名正數中間若乱更從初數乃至得定隨者不作功用隨逐入出息行此息入若遠出若遠如息行心亦隨行此息為遍行身內為行身一分如息行心亦隨行若息入行至喉心齊臍下髀脛由如此處所次第乃至脚心亦隨行息若出行或一磔手或一尋乃至風輪及鞞嵐婆風心亦隨行由此觀思惟真實故是義不然安者或於眉間或於鼻端隨所樂處乃至脚指堅念於住譬如摩尼依縷相者觀視此息為益為損為冷為熱等此觀不但以風大為境四大及所造色心及心法以彼為依具以五陰為境界轉者轉緣風境慧安置此念於上上品善根處乃至世第一法淨者此念已入見道修道中有餘師說從念處為初金剛心為後名轉盡智無生智名淨此中說偈

一數二隨行　三安四占相　五轉六清淨
說名息念觀

此中應知入出息法偈曰入出息隨身釋曰隨身所依地入出息與身同地由息是身一分故此息依上身心差別生起生無色界衆生及在柯羅邏等位於中不有故入無心定及在第四定於此人亦不有故何以故若身中已有空入出息地心若正現前此息必生起若人出第四定觀風則先入若死若入第四定觀風但出不入偈曰衆生名釋曰假立衆生法聚中一分故偈曰非取釋曰與根相離故非心心法所取為依止偈曰等流釋曰非增長非果報若身增長此不增長故非增長已斷更續故非果報何以故無果報色有如此相故是等流偈曰非下心所緣非餘心釋曰此二息同地心及上地心能緣此為境非下地心能緣亦非威儀及變化等心能緣說入修二法門已由此二法門若已得三摩提偈曰修觀已成就方修四念處釋曰為成就四諦觀故次說修四念處何以故四念處通攝一切法故能對治四倒故云何作四念處觀偈曰身受及心法由簡擇二相釋曰先由別通相簡擇身次簡擇受心法別相者是彼各各自性通相者譬如一切有為以无常為相一切有流以苦為相一切法以無我空為相復次身有何別相四大四大所造為相異前三名法復次彼說若人正入修觀觀身由隣虛分及刹那滅正見如此身念處得成餘念處亦尒復次念處復有何性念處有三謂自性念處相應念處境界念處此中自性念處者偈曰性慧釋曰是何慧偈曰聞思修釋曰聞思修三慧是自性念處故約慧念處成三偈曰餘相應境故釋曰所餘諸法若與慧共生說名相應念處與自性念處相應故能緣境界念處故是二念處境界說名境

界念處自性念處是惠云何可知於身觀身別通身相名身念處由此經言故何法名觀智慧何以故若人有慧於內身中能觀別通二相故云何說慧為念處毗婆沙師說由念多故說名念處義判云由念力安立成故譬如破木堅持於楔若執如此是義可然由慧念得住故慧名念處如所見不忘故如淨命阿屋婁駄說此觀行人若住觀中觀身別通二相念緣身為境即生住長佛世尊自說觀行人若住觀中觀身別通二相念住不忘由此經故知慧是自性念處是處說如此義比丘是四種念處云何生集云何滅離是食生集即是身生集是食滅離即是身滅離此經但說境界念處於中念止住故如境界彼名亦如此由緣自他及二相續為境界故四念處各有三種偈曰次第如生釋曰彼次第隨生生云何如此如麁先觀察故由身是塵愛欲依止此由受愛欲此由心不調伏此由惑不滅故立次第偈曰四對治倒等故釋曰能

對治淨樂常我是故說念處次第有四不增不減此四念處中前三境界無相雜第四有二種若但見法境界則不相雜譬如身等若通觀二三四同一道理同一境界此則相雜如此數數修習身等為境四種念處已偈曰此人法念中惣攝境界住觀法無常苦空無我相故釋曰此修觀人住相雜境界於法念處中一切身等四法惣攝為一境由四相觀察謂无常苦相空相無我相偈曰從此暖行生釋曰從此法念處如此次第數數修習至寂上上品有善根名暖行即生起如暖行名暖行是能燒惑薪四聖道火前起相故故說名暖偈曰具四諦為境有十六種行釋曰此暖善根由位長故具緣四諦為境有十六行以四相觀苦謂無常苦空無我以四相觀集謂因集生緣以四相觀滅謂滅靜妙離以四相觀道謂道如行出十六行差別後當說如於暖行前亦如此偈曰從暖頂亦尒釋曰是暖由軟中上品次第增長從暖上上品

有善根名頂即生起此善根應知如暖具緣四諦為境有十六行由是寂上上品勝彼故立別名由是善法頂故故說名頂何以故從此有墮有過故偈曰於二由法念安相釋曰於暖頂二善根中由法念處安相何法名安相於四諦初安立十六相偈曰長由餘釋曰此二善根已生更修四念處故得增長若人增長已於前所得無復現前由不恭敬故偈曰從彼忍釋曰從軟中上次第增長頂善根忍善根得生寂極能忍四聖諦理故無退墮故此忍亦有三種謂軟中上此中偈曰二忍同彼釋曰如前說頂軟中二忍亦尒由安尒由安相故一切忍偈曰法念長釋曰是三品忍同用法念處為增長不由餘念處偈曰欲界苦為境增上品釋曰是寂上品忍為引世第一法故故緣欲界苦起是故暖等善根緣三界苦等為境此義自成由不說決定義故是時能滅色界無色界對治一一諦相境界乃至由二剎那心思惟欲界苦如此一切

說名中忍若一剎那緣欲界苦為境此名上品忍偈曰一念釋曰此上品忍但一剎那無長時偈曰世第一亦尒釋曰如上品忍緣欲界苦為境一相一剎那世第一法亦尒緣欲界苦為境一相一剎那此法是世間法由有流故於世間法中最勝故說世第一勝者離同類因由此功力能引聖道故是故煖等念處為性故同是慧性偈曰諸五陰離至釋曰是一切皆以五陰為性由攝伴類故但離至得至得非煖等所攝何以故勿聖人由現前至得故更現前煖等善根此中緣三諦為境煖位安相中修法念處現在同類四若緣滅諦為境此有二種一切中諸行同類若於增長中四念處現世修隨一未來具四若緣滅為境增長中但修最後念處同類四復修四念處及一切行由已得性若安相於頂中雖緣四諦修最後念處緣滅諦增長中但修最後念處未來具四及一切行若緣三諦增長中四念處現世修隨一未來具四及一切

行若安相於忍中於一切位中修最後念處未來具四及一切行若安相於世第一中但修最後念處未來具四行亦四由無後分故由似見道故偈曰如此決擇分能四釋曰如此有四種決擇分能善根謂煖頂忍世第一於四中前二是軟品動故由有退墮故忍是中品世第一是上品決擇分能有何義決以無疑為義擇以分別法相為義此二即是聖道義由聖道能滅一切疑故能分別四聖諦相故謂此法是苦乃至此法是道是故一切聖道名決擇分者於見道中隨約一道故名分若法能引此今生說名決擇分能善根偈曰修慧類釋曰此四皆屬修位非聞思位故偈曰未來中間定地釋曰未來定中間定四根本定是此善根所依地六地所攝故於下地無以無定故於上地無由是見道伴類故故於彼無不緣欲界故此欲界應先知先滅離故由此六地乎不具奢摩他毗鉢舍那故此二是見道伴類於二地無故二地非決

擇分能善根所依處此四善根以色界中五陰為果報但能圓滿不能引生由背憎生死起故偈曰說二下地釋曰大德瞿沙說前二決擇分能善根以七地為依處或依欲界地起是一切煖等四善根偈曰欲依三釋曰前三於人道中生於三洲若先已生於天道亦得現前第四於天上亦得生前三男女二人得依男女身生偈曰第一女得由二依釋曰若女人得世第一必由二依方得若男人得但由男人依得何以故由先已得女人類非擇滅故云何捨決擇分能善根偈曰由捨地聖捨釋曰隨所依地聖人得此四善根若聖人捨此地即捨此善根不由別因捨地云何由得度勝地故不由餘因偈曰非聖捨由死釋曰若凡夫人必由捨聚同分故捨若有若無得度勝地偈曰初二由退捨釋曰前煖頂二善根凡夫人由退墮捨及由死捨聖人於二無退捨從忍及世第一凡夫人亦不退偈曰由本中見諦釋曰若人依根本定生煖等

善根於今生若未見四諦必見四諦厭惡心極重故偈曰退已得非先釋曰若人退前二後還得是得未曾得非得先所捨辟波羅提木叉護非曾熟修功用所成故若位各有餘從此餘更修接之若無從根本修

阿毗達磨俱舍釋論卷第十六

阿毗達磨俱舍釋論卷第十六

校勘記

一　底本，金藏廣勝寺本。

一　九四二頁中四行品名，徑、清作「釋分別聖道果人品第六之一」；麗作「分別聖道果人品第六之一」。

一　九四二頁中九行第一三字「道」，資、磧、普、南、徑、清作「前」。

一　九四二頁下四行「不復」，資、磧、普、南、徑、清作「無勞」。

一　九四二頁下一五行第一二字「次」，麗無。

一　九四三頁上二一行第八字「二」，麗作「三」。

一　九四三頁中三行第一三字「三」，麗作「二」。

一　九四三頁中一一行首字「住」，諸本(不含石，下同)作「住時」。

一　九四三頁中一三行第九字「苦」，諸本作「若」。

一　九四三頁下一七行第四字「苦」，資、磧、普、南、徑、清作「共」。

一　九四四頁上六行第七字「常」，清作「當」。

一　九四四頁上二二行第七字「計」，諸本作「許」。

一　九四四頁中七行第三字「若」，資、磧、普、南、徑、清作「苦」。

一　九四四頁中一二行第一二字「愛」，諸本作「受」。

一　九四四頁中一五行第四字「見」，諸本作「觀」。

一　九四四頁下二二行第九字「此」，清作「比」。

一　九四五頁上二行「遍覺智」，資、磧、普、南、徑、清作「覺徧知」。

一　九四五頁上二〇行第一三字「得」，資、磧、普、南、徑、清作「等」。

一　九四五頁上末行第二字「苦」，清作「故」。

一　九四五頁中一行第二字「未」，資、磧、普、南、徑、清作「味」。

一　九四五頁中一七行第六字「之」，

諸本作「定」。

一　九四五頁下一〇行第二字「酢」，資、磧、普、南、徑、清作「酸」。

一　九四六頁中五行第八字「此」，諸本作「此物」。

一　九四六頁中一七行首字「若」，麗作「名」。

一　九四六頁中二二行「師餘」，諸本作「餘師」。

一　九四六頁下二一行第二字「三」，清作「二」。

一　九四七頁上六行「學觀」，諸本作「覺觀」。

一　九四七頁中一〇行「欲欲欲」，麗作「欲」。

一　九四七頁中一一行「後顯第」，資、磧、普、南、徑、清作「復顯業」；麗作「後顯業」。

一　九四七頁中一六行「不久」，磧、南作「不名」。

一　九四七頁中末行第八字「四」，南、徑、清作「曰」。

一　九四七頁下三行第一〇字「我」，資、磧、普、南、徑、清作「我等」。

一　九四七頁下九行第八字「得」，諸本作「修」。

一　九四七頁下二〇行「故生」，資、磧、普、南、徑、清作「能引生」；麗作「故引生」。

一　九四八頁上一四行首字「至」，資、磧、普、南、徑、清作「如」。

一　九四八頁上二〇行末字「國」，南、徑、清作「園」。

一　九四八頁上二一行首字「田」，麗作「內」。

一　九四八頁中五行「中略」，諸本作「下略」。

一　九四八頁中七行「骨名」，諸本作「是名」。

一　九四八頁中一五行第一〇字「及」，諸本作「乃」。

一　九四八頁下一行第二字「比」，磧、南、徑、清、麗作「北」。

一　九四八頁下二一行末字「內」，南作「由」。

一　九四九頁上一七行「真實」，麗作「貞實」。

一　九四九頁上一九行第一一字「於」，諸本作「於中」。

一　九四九頁中九行「依上」，諸本作「依止」。

一　九四九頁下一一行「以無我空」，資、磧、普、南、徑、清作「無我以空」。

一　九五〇頁上四行「别通」，諸本作「通別」。

一　九五〇頁上一三行「自生」，磧、普、徑、清作「自往」。

一　九五〇頁上二一行第七字「塵」，資、磧、麗作「麁」；南、清作「麤」；徑作「麄」。

一　九五〇頁中一二行「次第數數」，資、磧、普、南、徑、清作「數數次第」。

一　九五〇頁中一四行第三字「如」，諸本作「是如」。

一　九五〇頁中一九行「生緣」，資、磧、普、南、徑、清作「有緣」。

一　九五〇頁下一三行第二字「隨」，諸本作「墮」。

一　九五〇頁下一五行「由安尒」，諸本無。

一　九五一頁上九行「爲性」，資、磧、普、南、徑、清作「性爲」。

一　九五一頁中一七行第三字「聞」，諸本作「闇」。

一　九五一頁中二〇行第四字「伴」，資、磧、普、南、徑、清作「種」。

一　九五一頁中二二行第一〇字「舍」，資、磧、普、南、徑、清無。

一　九五一頁下三行第四字「憎」，南作「增」。

一　九五二頁上四行第六字「辟」，資、磧、普、南、徑、清作「譬如」。

阿毗達磨俱舍釋論卷第十七

婆藪盤豆造

陳天竺三藏真諦譯

中分別聖道果人品之二

復次如此遠捨二退何法為性偈曰二退非至得釋曰此二退以非至得為性遠退必由罪過成捨退則不定已得煗人後若退墮必定以涅槃為法若尒此煗與解脫分能善根何異由於見四諦位窮近故若無障礙復次偈曰煗不受邪教釋曰若已得煗人後退於此位能不受邪教若不受邪教煗頂何異偈曰頂不斷善根釋曰若已得頂人後退於此位中不能斷善根有入惡道義亦得起無間業偈曰忍不墮惡道釋曰若由捨退忍無更入惡道義由已遠離行惡道惑業故何以故由得忍位於道離生依止有或所有別類皆已得無生法謂惡趣卵濕離生無想天北鳩婁大梵生黃門作黃門二根身第八有見修所滅惑此無生法於軟位何況於上是彼無生如應得故是故無入惡道義偈曰世第一離凡釋曰若人得世第一善根由退死二捨無有是處此人於此位中已得凡夫非擇滅無更墮凡夫位義何以故離功用於第二剎那中必證苦諦故是煗等四善根各有軟中上三品即成三性由聲聞等性差別故此中偈曰轉弟子性二成佛釋曰轉此煗頂二善根從聲聞性生起得成大正覺有如此義若得忍已則無此義何因故不得彼說由已過度諸惡道生故諸菩薩由化作他利益為自勝事故意能往諸惡趣受生此性不可迴轉故無此義偈曰轉三餘釋曰從聲聞性轉三吏擇分能善根成異大正覺謂成獨覺獨覺性不可迴轉何以故偈曰不求利他故餘轉性不遮釋曰若觀行人本發獨覺願後入修觀得煗頂二善根此善根則不可轉為菩薩善根何以故由彼不為利益他事故發願修觀故此二位雖復可轉於彼無可轉義以心願堅故若轉作聲聞不遮此義復

次偈曰至覺彼一坐後定佛獨覺釋曰大師佛世尊及犀角喻佛此二人於一坐中依止第四定由明了不動三摩提故從初發起四決擇分能善根乃至菩提唯於一坐得究竟菩提謂盡智無生智此義後當說有餘師說從修不淨觀乃至菩提於一坐得究竟若有人執有別獨覺異犀角喻獨覺於彼人轉二善根成菩薩此義無遮於過去生未修解脫分能善根但於今生作功力生決擇分能善根為有如此義不必定無如此義何以故偈曰前彼解脫分釋曰此義決定應知於過去生先生解脫分能善根已今生方得生決擇分能善根若人急疾修行經幾生修得成解脫分能及決擇分能善根偈曰速解脫三生釋曰第一生先生解脫分能善根第二生次修決擇分能善根第三生修得聖道譬如次第下種苗成結實何故如此次第於此法真理及教中應令自相續入住成熟解脫諸師說解脫分能善根偈曰聞思性釋曰此業

但是聞思慧類非修慧類此有幾業偈曰三業釋曰若論最勝但是意業由願所攝身口二業亦成解脫分能何以故有人施一食或守一學處樂解脫力所引故因此業引生解脫分能善根引此業於何處偈曰引生於人道釋曰人道中於三洲得引生此業於餘則無般若厭離二法如應無故由義相應說解脫分能已入四諦觀次第是今所說此中乃至世第一已說所餘今說故說此言偈曰世第一無間無流法智忍釋曰從世第一善根無間無流法智忍得生緣於何境偈曰欲界苦釋曰欲界苦是彼境界此忍說名苦法智忍為顯此無流故以等流果簡別此忍能得法智故名法智忍譬如華果樹說此忍名入正定聚何以故因此忍觀行人能入正定故正是何法經中說涅槃名正於中定者是一向不異義至得此決定故名入若此忍已生說此人名道人此法次一剎那未生時凡夫性已轉滅是此忍未來功能此義可然無

餘譬如燈生有餘師說以世第一滅凡夫性是義不然同世間法故此義無失此彼相違故譬如上怨家育煞怨家有餘師說由二故滅此二似無間解脫道故偈曰次中法智釋曰次苦智忍後無間於欲界苦中法智生說此為苦法智無流言應知流至一切處如於欲界苦中法智忍及法智生偈曰復介生於餘苦類忍及智釋曰苦法智後無間合色無色界苦為一所緣境類智忍生說此為苦類智忍次無間類智生說此為苦類智於初入觀由知法真實理故此理無壞若佛出世及不出世此理恒然故說名法由此後觀是前觀類後所緣境是前境類以後隨應前故說後名類如於苦有四忍智生偈曰三諦介釋曰苦類智後無間於欲界集法智忍生次無間集法智生如此無間次第於所餘集類智忍及集類智生於欲界滅法智忍及滅法智生於所餘滅類智忍及滅類智生於欲界苦對治道法智忍及道法智生於所餘道類

智忍及道類智生偈曰如此十六心觀四諦釋曰由此次第是四諦觀成有十六心有餘部說四諦觀唯有一心此觀於彼應知是不了義說何以故於彼經中說四諦觀類不分別故此四諦觀偈曰有三見境界及事釋曰見觀者由無流智了別諦相故境界觀者由與無流智相應同境界故事觀者由不相應法故謂戒生等若已見苦此三觀即成於集等餘諦有事觀由斷證修故若彼說約見觀立為一觀此說不然由四諦相有差別故若彼說由無我相見一切諦是義不然何以故此觀不從苦諦為初成故若尒與經相違經云聖弟子由苦相簡擇苦由集相集由滅相滅由道相簡擇道與無流思惟相應智說名擇法覺分若汝言此經為顯修道故說此言是義不然如見修故若汝言由見一諦於餘得自在故故說一時觀諦此義無失四諦觀中有說出觀有說不出觀此義應思若說如此是時正見苦則滅除集至得滅修習道

故說一時觀諦若執如此則無過失於一諦一見觀於餘諦說事觀故若約見觀於經中說四諦定次第觀此說可見經云長者非一時觀諸諦云何觀次第觀如此廣說有三經皆有譬喻若汝言若人於苦諦無疑無不決心於佛亦無疑无不決心由此經是故知有一時觀四諦是義不然依不更起必定應滅故說此言是所說有十六心觀偈曰世第一同地釋曰隨世第一所依地十六心觀同依此地世第一所依地有六於前已說云何必定應有此義先忍後智由此義偈曰忍智無間道解脫道次第釋曰忍謂無間道約煩惱至得斷不可間隔故故說無間道智謂解脫道是已解脫或至得人法故與滅離至得俱起故故說解脫道是故此二必定應有譬如牽却閉户若說第二解脫道與滅離至得一時俱起滅離疑惑智於此境界不應得生由忍能滅惑故此難不然若汝言九結聚由忍滅不由智故則與阿毗達磨藏相違是義不

然忍是智伴類故譬如臣事說為王事忍於智亦尒為一切十六心由見諦故皆是見道為不尒雖然偈曰由見未曾見見道十五心釋曰以苦法智忍為初乃至道類智忍是十五刹那心名見道何因得名見道由見所未曾見諦故於第十六心無未曾見今始見由重習所曾見故成修道為不如此耶此心亦見非自所曾見道類智忍所緣諦是義不然何以故今思約諦不約刹那復次不由第八刹那諦非所見譬如一區田餘一穗未被刈說未刈田無如此義屬果攝故八智十六行修故由道於先滅故修道是彼相續故是故立道類智屬修道此不退義由執持見諦或滅離故若汝言是故此屬見道是義不然由有太甚失故七智云何屬見道由見未究竟故此中見諦未圓滿由此七智在見中間是故數彼為見道已說此義謂能決判見修道生及差別復次已生聖道人所有差別今當分別說是前所說見道為性十五刹那此

中應知有二人偈曰鈍利根二人於中信法行釋曰若鈍根人行於彼中說名由信隨行若利根人說名由法隨行由信人故隨行於義故名由信隨行又由信根隨行為此人法故名由信隨行先由信他故尋思義由法隨行亦尒先由經等正法自尋思義為此義故說四量法為量非人義為量非文句了義為量非不了義智為量非識云何判此四由四種人差別故一由貢高人差別故二由路柯耶胝柯人差別故三由自見取住人差別故四由聞勝人差別故此中於貢高人以法為量非人由共論說思量為智所得故不但由威儀差別復次佛世尊有說人有說法此中法為量非人此法有二種文句及義此中義為量非文句由不愛著國土言說故何以故不應成取文句為勝決定應思量簡擇義佛世尊說經有二種有了義有不了義若人簡擇義應以了義經為量非不了義佛世尊說隨福行及不動行識為生善道說四諦智

為至得涅槃若人行於法似法以智為量非識復次於四時中有失無失故約四人立四量一讀誦時二憶持時三簡擇時四修行時此二人偈曰若已滅修惑於初果道向釋曰沙門果初者謂須陁洹果於一切果至得中為第一故由未得此果故若由實有義但名由信隨行由法隨行如先由世間道已滅修惑或是具縛說此為向須陁洹果偈曰乃至滅五品釋曰若此人先由世間道滅欲界修惑乃至五品盡如此說向初果偈曰向二滅九前釋曰若此二人從第五品後先滅六七八品已方入見道中說此二人向第二果謂斯陁含偈曰離欲欲色界則向第三果釋曰此人若已滅第九品離欲欲界惑已滅上界惑乃至無所有處說此二人向第三果謂阿那含偈曰十六二住果隨所向三人釋曰若第十六心起不可更說此人為由信法隨行亦不可說向果云何可說住果人住何果於前若向此果今即住此果或須陁洹果或斯

陁含果或阿那含果阿羅漢果異前三不可由見道如彼從初得何以故由見道能滅修道所滅惑故無道理先於見諦或滅離欲有頂故偈曰是時信樂得見至軟利根釋曰是時鈍根人先由信隨行今說名信樂得若利根人先由法隨行今說名見至由得冣上品信智故是故信樂及見所顯復有何因若人已斷五品修惑於第十六心但說為須陁洹人不說為斯陁含向由此義偈曰得果果勝道向釋曰若人正得果不得由果勝道由不能得故未修行勝道故住果非此義為定是故若人住果乃至未修行果勝道為得別果是時未可說為向別果於餘果亦尒若人離欲第三定更依下地入正定此人必定現前由果勝道若不尒從下生上界則不應與樂根相應安立多滅及離欲人入正定位中其義如此次第安立人今當說是故且安立此義如於欲界中說修惑有九品如此偈曰諸失有九品地地德亦尒釋曰如欲界中所

說有九品惑於色無色界地乃至有頂應知各有九品惑如惑德亦尒為對治此失名無間道及解脫道地地各有九九品云何如此偈曰軟中上三品更軟等差別釋曰根本有軟中上三品分別一一品更有軟中上三品差別故安立成九品此云何有軟軟品軟中品軟上品有中軟品中中品中上品有上軟品上中品上上品此中由軟軟品道上上品惑滅乃至由上上品道軟軟品惑滅何以故從初上上品道品不得生故於巳生上上品道人相續中上上品惑巳無故譬如浣衣先除麁塵垢後方除細又如麁闇由微細光滅微細闇由大光滅道或亦尒何以故白法勢力強故黑法勢力弱故是故由一剎那生軟軟聖道無始生死輪轉所增益成上上品諸惑皆得滅離譬如久時增長三病以一兩三角根散即能牽滅譬如一剎那小燈能破壞久時大闇如此於一切九品惑中偈曰未滅修惑品住果七生竟釋曰若人已住果未

滅一品修道所滅惑說此人名須陀洹唯能作七生故說七生勝此一切後何以故非一切皆作七生故故經中說七生為勝七反受生是彼圓滿生何以故勝言者極為義道者謂向涅槃流由此道行至涅槃故是人巳至此流故說名須陀洹云何至流若由得初道故名至流第八亦應成須陀洹若由得初果故名至流多滅修惑人及巳滅九品惑人亦應成須陀洹約得一切果人由得第一果立為須陀洹何因得初果立名須陀洹不立第八由得向果道故由得見修二道故由對證具足流故於道類智中是故此人得須陀洹名向人則非此人於人道中作七生有及七中有於天道亦尒此人受二十八生云何說七生為勝由七平等故故說七生為勝譬如七處勝智及七葉樹毗婆沙師說如此若尒經中云何說具見人應生第八有無有是處此經意但約一道若如文分別中陰亦不應有如此上流人至有頂為勝亦尒第八生不應

有由約欲界說此則無失此中何證有經及道理定以何證於人天各有七反非合二有七反經說於人天道唯有七反云何得知此義七反人道七反天道由經言七反於人及於天迦尸比部說有各各語謂七反於人七反於天應同此義若人於人道得須陀洹果後必還於人道得阿羅漢果於天道亦尒復有何因須陀洹不生第八有由如此量時相續成熟故道類亦尒譬如七步毒虵毒又如第四日瘧復次由七結為餘故下結餘二上結具五雖於中間修聖道現前不得般涅槃七生應受業勢力所持故下上二業所引故若諸佛不出世在家得阿羅漢果得阿羅漢巳必不住家法尒必得比丘威儀有餘師說或作別道人威儀云何此人不退善道為法行惡道業無增長故巳增長能生果報業於生果報中無復功能故由相續為家強力善根所鎮故行意二清淨故若有定感惡道業尚不能得忍善根何況須陀洹此中說偈

愚作小罪生惡道　智作大罪離惡道
如小團鐵必沉水　大鐵成鉢則得浮
經中說七生為勝作苦後邊何者為
苦邊度此七後無復有苦令苦不更
相續復次涅槃名苦後邊云何作涅
槃由能除障涅槃至得故譬如人說
為我作空有餘人七生為勝此亦不
定是故不說如此未滅修惑住果人
說名七生為勝偈曰若滅三四品二
二生家家釋曰是須陀洹人由三因
緣轉成家家一由滅惑故成三四品
惑滅故二由得惑對治無流根故三
由生二三生為餘故於偈中但顯二
因須陀洹人後得滅時得惑對治無
流根義不由說成故是生有時寂少
過此不應生故是故但說生云何不
立由滅第五品五品滅時第六品必
定滅故何以故非一品惑能障觀行
人所應得果如於一間人不度界故
是家家人有二種一天家家若人生
於天往二三家般涅槃或於此天或
於彼天二人家家於人道亦尒或於
此洲或於彼洲復次此得初果人偈

曰已滅至五品是向第二果釋曰若
人得果已已滅修惑一品乃至五品
心正在第六品應知此人向第二果
偈曰已滅第六品則成斯陀含釋曰
此得果人已滅第六品心正在第七
品說名至第二果由一往生天更一
來生人故說名斯陀含過此无生故
次瞋癡三品惑薄弱故今唯軟品為
餘故是得果人偈曰已滅七八品一
生名一間則向第三果釋曰由三種
因緣斯陀含人轉成一間人一由七
八品惑滅故二由得惑對治无流根
故三由一生為餘故云何一品惑能
障此人阿那含果由此人應度下界
故如前所說於三位中三種業起為
障如業能障應知惑亦尒由應度業
果報果及等流果地故故惑業皆為
障間者障義此障唯一在唯一生障
此人般涅槃故唯一惑障此人得阿
那含果故故名一間滅七八品其義
如此若未入四諦觀前已滅第三四
七八品惑後方證果不成家家亦非
一間乃至由果勝道未現前起偈曰

滅九阿那含釋曰得果人由滅第九
品惑應知名阿那含於欲界不更來
故由五下分結惑滅盡故此五滅由
合數故說何以故於前必已滅三後
滅二故偈曰此中生有行無行般涅
槃上流釋曰此人於中間般涅槃故
說名中滅如此已生即般涅槃故名
生滅不由行般涅槃由行般涅槃此
義應知此阿那含人有五種中間滅
者於中陰般涅槃生滅者唯已生不
久般涅槃由熟修運載道故此滅由
有餘涅槃有餘師說具二涅槃是義
不然此人於捨命無自在故彼說有
行滅者若人受生已於修不息加行
由多功用般涅槃恒修習運載道故
無行滅者不由多功用後般涅槃尊
重修運載道故餘師說由有為無為
道般涅槃故是義不然由太甚過失
故於經中先說非行滅後說行滅如
此次第與理相應運載非運載道由
熟修不熟修所成故是故滅不由功
用得由功用得生滅者寂能運載道及
寂上品道諸惑寂軟品上流者往上

受生是受生處於中不般涅槃流者行義偈曰此於定雜修行無下釋曰是上流人由因果有二種謂由因由果由因者有雜修定不雜修定為因故由果者阿迦尼師吒為勝有頂為勝故此中若人雜修定為因則往生阿迦尼師吒於彼般涅槃偈曰超出半超出遍退釋曰阿迦尼師吒為勝上流人有三種由超出等差別故此中超出者於欲界雜修定已退上二定由散初定味捨命生梵衆天由隨宿世串修故於中更雜修第四定從彼捨命生阿迦尼師吒此人於中間沒上出是名超出半超出者從初定生淨居已乃至超一別處方生阿迦尼師吒聖人必不生大梵處由是僻見處故於一切一生故遍退者若人行於一切處後入阿迦尼師吒無時阿那含人是所生處更受第二生由行增勝故若尒此人阿那含義則得圓滿於巳生處一向不更來故如此雜修定應知行阿迦尼師吒復次偈曰餘行頂釋曰非雜修定上流人以有頂為勝何以故此人隨定定品起散味心生一切處巳唯不入五淨居天由次第受三無色處生後往生有頂皆般涅槃此是奢摩他行人前是毗鉢舍那行人上流人於中間般涅槃我見此義不違理而說阿迦尼師吒及有頂勝者過此無行處故辟如說須陁洹七生為勝如此五人皆是行色界阿那含偈曰行無色餘四釋曰有別阿那含行於無色界若巳離欲色界捨色界生受無色界生此人復有四種由生滅等差別故如此阿那含人合成六人偈曰欲界滅復別釋曰有餘阿那含於今生即般涅槃此名現法般涅槃是名第七偈曰三人更分三應知九色行釋曰復次三種阿那含各有三差別故是故行色界阿那含有九人三種者謂中滅生滅上流云何各三差別中滅者速疾非速疾久時般涅槃故由三鐵星辟所分別故生滅者生无行有行般涅槃故何以故此三同受生巳後般涅槃故是故三人同稱生滅上流者起出等差別故故成三人一切三速疾非速疾久時般涅槃故是故更不有差別偈曰復彼人差別業惑根異故釋曰此三種九種阿那含人由業惑根差別故彼有差別此三人有報生報後報差別業故復次於彼相續軟中上惑數數行差別故復次此三人各有上中軟根差別故是故此三人如理各有差別是前二三由惑由根差別故有異後三由後報業差別故有異此九人由九種業惑根故是故阿那含人成九種若尒云何經中說有七種賢聖人行偈曰上流非差別說七賢聖行釋曰上流為法故名上流由說此人無分別故經中說七賢聖行云何依如此上流行說為七賢聖行不說餘有學人行唯此人於餘地有行餘人則不有此人但行善業不行不善業若人行此行唯往不來如所說三義於餘聖人皆無是故偈曰善惡行不行由往不更還釋曰故於上流立七賢聖行於餘不立若尒云何經中說何者為賢聖人有學人

興正見相應廣說如經於餘人亦有
賢聖義此由別意說有謂永至得不
作五種惡護又已多滅惡性惑故若
不由別意立賢聖人義彼人是此論
說復次已轉生阿那含為有如此差
別不不有由此義偈曰欲界轉生聖
不往生餘界釋曰於欲界中已轉別
生聖人必不得往生餘界何以故若
至阿那含於此生必定般涅槃故於
色界中若轉生聖人有時入無色界
若上流有頂為勝若尒云何天帝釋
說是所聞天名阿迦尼師吒世尊弟
子於我邊沒往彼受生毗婆沙師說
由不解阿毗達磨藏故說此言云何
佛世尊不遮此言為隨順帝釋喜心
是故不遮偈曰此及上生人無練根
并退釋曰此者是於欲界轉生聖人
及有別聖人往上界受生此等人無
練根修行又無因緣得退云何不許
欲界轉生人及往生色無色界人練
根及退事由轉別生宿住故根漸成
熟得勝類依止由此二義無練根及
退事復次未得離欲有學人云何不

成中滅由道未成熟故由思不即現
前故隨眠惑非劣品故欲界難出離
故毗婆沙師說如此此人所應作事
甚多一應滅惡無記性煩惱二應至
得第二第三沙門果三應出離三界
若在中陰不能成就如此事於前已
說若修雜定此人必生阿迦尼師吒
天此中何定應先雜修偈曰先雜修
後定釋曰若人欲雜修諸定必先雜
修第四定何以故此定隨一切事一
切樂行中最勝故若雜修必由如此
方便或阿羅漢人或阿那含人先修
習與多相續相應無流第四定出此
觀已次修習與多相續相應有流第
四定出此觀已更入無流第四定由
此次第漸漸減無流有流相續乃至
二剎那入無流觀二剎那入有流觀
更二剎那入無流觀此名雜修定加
行偈曰成由一念雜釋曰若人無流
剎那後無間現前修有流有流剎那
後無間現前修無流如此有流剎那
由二無流剎那雜故此雜修得成前
二剎那似無間道第三剎那似解脫

道如此方便得雜修第四定如此雜
修第四定已由此功能所餘諸定皆
可雜修此雜修於何處成於欲界三
洲先學雜修得已若退後於色界更
雜修復次雜修四定其用云何偈曰
為生及遊戲并怖畏或退釋曰由三
因緣聖人雜修諸定若利根阿那含
人求得淨居天生為於現法安樂住
若鈍根阿那含由怖畏諸惑欲極遠
出離散味相應諸定為不更退故若
阿羅漢人利根為於現法安樂住若
鈍根由怖畏諸惑求不更退故修此
定復次淨居天生云何唯五是所說
雜修第四定偈曰由雜修五品淨居
生有五釋曰此雜修唯有五品謂軟
中上上中上上差別故第一番修三
心令現前謂無流有流無流第二番
六心第三番九心第四番十二心第
五番十五心如此十五修以五淨居
天為果於中隨一切有流故得生彼
隨無流不得生下有餘師說由信等
諸根次第增上故得生五天偈曰得
滅定那含說名為身證釋曰滅至得

於此人有或成此人故說得滅若阿那含人得滅心定說名身證由身證似涅槃法故云何由身得證由心無故由依身生故於餘經說有十八有學人彼中云何不說身證由因緣無故無何因緣有三種無流學及無流學果由此二差別故安立有學人差別滅心定非有學非無學果亦尒是故由得此定不可立為有學人差別若如麁分別阿那含人差別應如前分別若依細分別分分開之數成多千此義云何中滅人有三由軟中上根差別由地差別成四退法等性差別成六由別處差別成十六由地離欲差別成三十六於欲界具縛聖人乃至於第四定得八品離欲別處性離欲根差別故成二千五百九十二云何如此於一處有六性性各有九人從具縛位乃至離欲八品或從自所得定六九成五十四十六五十四成八百六十四次由根差別復為三倍若作如此計於下定得九品離欲人此人於上地說為具縛若平等

計如中滅乃至上流亦尒若合數一切人四十滅十三千阿那含偈曰滅有頂八品成阿羅漢向釋曰阿那含義流至此阿那含人從於初定離欲一品惑乃至滅有頂八品惑此人成阿羅漢向偈曰弟九无間道釋曰能滅有頂第九品惑無間道中此人亦是阿羅漢向偈曰此名金剛定釋曰此者是能滅第九品惑無間道說名金剛譬三摩提能破一切惑無惑能破之此道不破一切惑由已破故能破一切惑一切無間道中寅上上品故餘師說金剛譬定有多種差別非至定所攝緣有頂苦集為境苦集類智行相應有八滅道法智行相應有八滅類智行相應緣初定滅為境有四乃至緣有頂滅為境有四道類智行相應有四合緣一切類智品為境故此金剛三摩提由智行境界差別故成五十二金剛三摩提如非至定所攝乃至第四定所攝亦尒空識無所有无邊入所攝如理應知有二十八二十四二十於無色界所依止法

智及緣下地滅為境類智無故下地對治道為境手為因故有餘師執道類智一一地對治亦是此三摩提所緣境於彼師非至定所攝金剛三摩提更增二十八故成八十金剛三摩提乃至第四定所攝亦尒於空處等依止次第有四十三十二二十四三摩提復次由性根差別此三摩提更成多種是所說有頂弟九品惑此由金剛三摩提所滅偈曰由得第九滅盡智釋曰與第九品惑滅離至得俱起智名盡智即是從金剛三摩提無間後所生解脫道是故名盡智由與一切流盡共起故由此智於初偈曰無學應釋曰此人於前是阿羅漢向盡智生時即成無學名阿羅漢由至得阿羅漢果故為得別果無有別學更應脩學故名無學是故為作他利益事相應故名阿羅漢一切有欲人所應恭敬故名阿羅漢是故此義自成謂所說七人名有學彼云何名有學為得流盡恒學三學為法謂依戒學依心學依慧學此三學戒定慧為性

若尒凡夫亦應成有學是義不然未如實見知四諦理故後時更作邪學故是故佛世尊於經中重説尸婆柯彼學三學學三學故説名有學此重説有何義若人正學非邪學若人如前學後學亦尒若尒自性住聖人云何以學為法由意欲故是有學辟如行人暫息學至得不相離復次何者為有學法一切有學人無流法何者為無學法一切無學人無流法涅槃云何非有學無學及凡夫與此相應故云何非無學有學及凡夫與此相應故合一切有學無學成八人向果道人有四至得果人有四一為證得須陁洹果行於道二證得須陁洹果乃至七為證得阿羅漢果行於道八證得阿羅漢果此人由名故成八若由實物唯五前一是向果道人後四是住果人所餘向人不出三果成立故屬三果攝此義依次第得復次若先多滅及離欲欲界人有三種於見道中成斯陁含向及阿那含向此非須陁洹斯陁含攝何以故於前已

説修道有二種一世道二出世道有學人由何道得離欲從何界得離欲偈曰由出世離欲有頂釋曰從有頂若得離欲必定是有學由出世道不由世道云何如此從有頂上無復世故依自地道非對治故自地道云何不能對治自地惑所隨眠故若惑於此道類中隨眠不可立此道類能滅此惑若道是此惑對治此惑則不得於此道中隨眠故依自地道不得為自地惑對治偈曰餘二種釋曰除有頂於一切地離欲中有二種由世出世道凡夫及學人皆得離欲此中偈曰由世道聖人離欲至得二釋曰由世間道若聖人至得離欲則有二種滅離至得起一　世間至得二出世至得偈曰餘説由出世釋曰由出世道若聖人得離欲滅離至得亦有二種餘師説如此何以故偈曰捨或不應故釋曰若聖人由聖道至得離欲若世間至得不生此義中若人由聖道離欲無所有無邊入依止諸定更修練根行此人由具捨前道果道一

向無故與上地惑滅離應不相應若捨此已應更与彼惑相應偈曰有頂半解脱如上生不應釋曰此人雖無世間滅離至得亦不得與彼惑相應譬如有學人於有頂惑以得半解脱於中必無世間滅離至得由修練根行故已捨出世至得與彼地惑亦不相應

阿毗達磨俱舍釋論卷第十七

阿毗達磨俱舍釋論卷第十七

校勘記

一 底本，金藏廣勝寺本。

一 九五五頁中四行品名，徑、清作「釋分別聖道果人品第六之二」；麗作「分別聖道果人品之二」。

一 九五五頁中一八行「雜生」，南、徑、清作「雜生」。

一 九五五頁下八行第一〇字「轉」，磧作「釋」。

一 九五六頁上二〇行末字「何」，資、磧、普、南、徑、清作「何以」。

一 九五六頁上二二行第六字「住」，磧、南作「在」。

一 九五六頁下一一行第一〇字「此」，南作「比」。

一 九五七頁上六行「三見」，資、磧、普作「二見」。

一 九五七頁下八行第五字「重」，資、磧、普、南、徑、清作「熏」。

一 九五八頁中三行「讀誦」，資、普作「讃誦」。

一 九五八頁中一八行「第三」，資作「第一」。

一 九五九頁上一行第一一字「地」，麗作「地地」。

一 九五九頁上末行第一二字「住」，資、磧、普、南、徑、清作「住於」。

一 九五九頁下一二行第三字「虐」，資、磧、普、南、徑、清作「瘧」。

一 九六〇頁上九行末字「二」，資、普、南、徑、清作「一」。

一 九六〇頁中八行首字「次」，諸本（不含石，下同）作「欲」。

一 九六〇頁下二一行「熟修」，資、徑、清作「熟後」；磧、普、南作「孰後」。

一 九六一頁上二行第八字「離」，諸本作「雜」。次頁下一〇行第二字資、磧、普、南、徑、清同。

一 九六一頁上一〇行末字「二」，諸本作「三」。

一 九六一頁上一七行第七字「生」，資、磧、普、南、徑、清作「主」。

一 九六一頁上一八行第四字「處」，資、磧、普、南、徑、清作「心」。

一 九六一頁上一九行「第二」，資、磧、普作「第五」。

一 九六一頁上二一行第二字「於」，資、磧、普、南、徑、清作「由」。

一 九六一頁中一行首字「頂」，資、磧作「頃」。

一 九六二頁中一六行第六字「減」，資、磧、普、南、徑、清作「滅」。

一 九六三頁上一四行第五字「別」，磧、南、徑、清作「加」。

一 九六三頁上一六行「別處」，諸本作「約處」。

一 九六三頁中一三行末字至次行首字「非至」，資、磧、普、南、徑、清作「未來」。

一 九六四頁上八行第一一字「離」，資、磧、徑、麗作「離故」。

一 九六四頁上一九行至二〇行「人所……依次」二十字，徑無。

一　九六四頁上二〇行第一二字「得」，諸本作「得説」。

一　九六四頁上二一行「三種」，資、磧、普、南、徑、清作「二種」。

一　九六四頁中九行「若道是」下，徑有「人所餘向人不出三果成立故屬三果攝此義依次」二十字。

一　九六四頁中二二行「依止」，麗作「依上」。

一　九六四頁中末行「修練」，磧、南作「修緣」。

趙城縣廣勝寺

阿毗達磨俱舍釋論卷第十八　神

婆藪盤豆造

陳天竺三藏真諦譯

中分別聖道果人品之三

復次如凡夫生初定地以上由捨欲界惑滅離至得與彼惑不更相應於彼亦尒是故此執非證復由何地從何地得離欲偈曰由無流非至離欲一切地釋曰若依非至定地修無流道能離欲一切地乃至有頂若人依近分定得下地離欲為如無間道一切解脫道亦從近分定起不非何為偈曰從定近分後脫道三地勝釋曰一切衆生生地有九種謂欲界四色定四無色定此中從欲界離欲乃至第二定離欲名三地勝於此三地中寂後解脫道或從近分定起或從根本定起偈曰非上近分釋曰從三地勝以上一切寂後解脫道皆從根本定起悉不從近分定起捨根平等故於三定中近分及根本由受根異故有餘人不能得入根本定通修行根難成故是故於離欲三地寂從解脫道亦得從近分定起由無流非至定得離欲一切地此義已說由餘地未說故今應說偈曰聖由八自上滅釋曰若由八種無流定得離欲謂色定中間定無色定從自地及上地皆得離欲非從下地先已離欲故此中出世無間道解脫道緣四諦為境故如諦十六相起此義自成偈曰解脫無間道世間如次第寂靜麁重等想上下地境釋曰解脫道起寂靜等為相无間道起麁重等為相此二道如其次第第一緣上地為境起第二緣下地為境起若解脫道思量上地則緣寂靜美妙出離隨一相故若無間道思量下地則緣麁重逼惱厚壁隨一相故由不寂靜故名麁重由大功用所成非美妙故名逼惱由多過失能違逆故不得出離此地故名厚壁辟如罪人不離窂獄重障故翻此相應知寂靜美妙出離相義說隨本應餘義已復次從盡智無間後何智得生偈曰若不壞盡智後無生不生盡

智或無學正見釋曰若人成不壞法阿羅漢從盡智無間後无生智必生非盡智無學正見生若非不壞法人從盡智更生盡智或生無學正見非無生智有退墮故復次此無學正見於不壞阿羅漢為必不生耶偈曰此通應釋曰若不壞法阿羅漢從無生智後有時無生智更生有時無學正見生何以故此正見於一切阿羅漢皆通無差別是前所說四果此果屬何法是沙門若果何法名沙門若偈曰沙門無垢道釋曰若道是無流稱為沙門若由此道人成沙門那由能寂靜或故如經言此人能寂靜多種惡法不應慧法染汙法隨順生死能感後有乃至老死故名沙門那凡夫非必定能寂靜衆惡故非真實沙門那復次此沙門若何法為果偈曰有為無為果釋曰有為無為法是沙門若果此果於前已說有四種謂須陀洹斯陀含阿那含阿羅漢如經言比丘沙門若果有四廣說如經復次此果有幾種偈曰彼一減九十釋曰此

沙門若沙門若果有為無為各八十九此是何法偈曰解脫道與滅釋曰為滅見惑有八無間道八解脫道為滅修惑於九地各有九品無間道各滅九品惑各有九品解脫道此中一切無間道名沙門若一切解脫道名有為沙門若果是無間道等流果及功力果故諸惑滅離名無為沙門若果由如此義有為無為果各有一減九十若尒於佛世尊此義應合分別不可分別若果甚多偈曰成立四種果由五因具有釋曰於滅道位中若具有五因於此位中佛世尊安立沙門若果何者五因偈曰捨前得別道得通滅果果及至得八智修習十六行釋曰一先捨離前道二至得未曾得道由捨離至得向道道果故三合數至得滅由一至得至得一切滅故四一時得八智故五四法智及類智修習十六諦相謂無常等相如此五因果果皆有此五因不可於佛果中立若唯無流道名沙門若云何世道所得二種果名沙門若果偈曰世道

得雜故得無流持果釋曰於二果中不唯以世道滅為果謂斯陀含果阿那含果云何見道果滅於中相離同一至得攝一切滅為一一果故是故經中說何者為斯陀含果謂三結滅離及欲瞋癡薄弱何者為阿那含果謂五下分結滅離由无流道至得滅離故故此道被持由無流道力至死不退失故是故此滅如理應成沙門若果是前所說名沙門若果復次此偈曰婆羅門梵輪說此梵轉故釋曰由能遣蕩諸惑故說名婆羅門或說名梵輪由梵轉故與无上梵法相應故說佛世尊名夫嵐摩如經中說世尊是夫嵐摩如此寂靜如此清凉廣說如經故佛世尊名夫嵐摩此輪是佛世尊輪故名梵輪唯佛世尊所轉故偈曰法輪名見道釋曰輪者何義因此得行故說名輪由見道似輪故說此法名輪云何相似偈曰疾行等輻等釋曰由疾行故似輪由捨此趣彼故由未伏能伏已伏鎮令不失故由從下向上從上向下故由此疾

行等義故言似輪由輻等義者八分聖道由輻等義似輪故大德瞿沙說此名輪正見正覺正進正念此四法似輻正語正業正命此三法似轂正定此一法似輞是故見道說名法輪立此見道為法輪以何法為證於聖憍陳如見道生時由說言世尊已轉法輪故云何三轉十二相此法是苦聖諦此諦必應知此法已知如此三轉於一一轉中法眼成智成明成慧成如此三轉及四相諦諦皆有由同三及十二故說三轉十二相譬如說聰慧於二處七處由此轉見道修道無學道如數已顯現毗婆沙師說如此若執如此不但見道有三轉十二相云何安立此為法輪是法門本名法輪此中亦具有三轉十二相若尒云何三轉於中三番轉四諦故云何十二相三番思想四聖諦故謂此法名苦聖諦及集滅道聖諦此法必應知必應滅必應證必應修此法已知已滅已證已修云何說名轉由行度他相續令彼解此義故復次一切聖

道皆是法輪由能行度於弟子相續故此法於他相續由生見道故正被轉說已轉復次於何界中得娑沙門若果偈曰欲三三界後釋曰唯於欲界中得三果於餘無寂後沙門若果謂阿羅漢此果於三界通得此前二果未離欲人所得故於上不得此義應理第三果云何於上不應得偈曰上界無見道釋曰於欲界上無見道若離此道已得離欲人至得阿那含果無有是處由此義是故但於欲界有三果由何因於上地無見道於无色界正聞無故不能緣下界境故故无見道於色界中偈曰無厭故此作彼究竟經故釋曰色界凡夫由愛著三摩跋提樂由無苦受故不生厭惡心若離厭惡無別道理能引生聖道如此等名道理亦有阿含為證經言有五人於此造作於彼究竟何者為五中滅乃至上流造作者謂初發修見道是涅槃正方便故究竟者謂至得阿羅漢果由此經故知於上界無見道前已說此義若不壞法阿羅漢

盡智後必生無生智阿羅漢有差別不說有偈曰阿羅漢有六釋曰於經中說阿羅漢有六性一退墮法二自害法三守護法四住不動法五應通達法六不壞法偈曰前五信樂性釋曰除不壞法一人所餘五人信樂得為先偈曰彼脫依時愛釋曰此五人應知彼解脫依時得成及寂所愛恒守護故是故說彼有時解脫彼觀時得解脫故由除觀字故說時解脫譬如蘇甕何以故彼人現前修三摩提必觀時成時者謂命緣無病住處時等觀此時彼俱解脫成故偈曰不壞法無壞釋曰若不壞阿羅漢所得解脫則恒成无破壞由無退墮故偈曰故非時解脫釋曰是故說此人不依時解脫何以故此人不觀時恒解脫如意能現前修習三摩提故復次由暫時永時解脫故立彼為有時解脫無時解脫由有退失不退失義故偈曰此先見至類釋曰此不壞法阿羅漢於學位中應知見至為性此六阿羅漢為從初有六性為後得六性

偈曰有餘本得性有餘練根得釋曰有人從初本以退墮為性有人從初本以自害為性所餘性亦尒復次有人先以退墮法為性後由修練根行更進得自害法為性乃至進得不壞法為性應知亦尒此中退墮法者若人必定從所得法退墮不能得自害法為性自害法者若人必定應煞害自身守護法者若人隨自所得必定應守護住不動法者若人離寂強退墮因緣雖不恒守必定應住於所得不動無退墮故離加行故不得增進通達法者若人後時必定通達不壞法為性不壞法者若人必定不如前人有退墮前二人於有學位中無恒修及尊重修但根有異第三人恒修加行根鈍第四人尊重修加行根利第五人具二修但根鈍第六人具德二修慧根寂利第一退墮法人非必定應有退墮乃至通達法人非必定應通達不壞法但約有義故說此名若人執如此於三界中皆具六阿羅漢此義不相違若人執彼必定有退

等事乃至通達於彼人欲界中有六阿羅漢色無色界唯有二謂住不動法及不壞法此二人更退自害修練根行此事不有故此六人中何人得退從何法退為從果為從性偈曰退性有四人五退果釋曰自害等四人從性退何以故退墮法人無更從自性退墮退墮法等五人皆從果退此五人雖退偈曰非先釋曰若人先所得性此人不從此性退由有學無學道成就令堅實故若有學性世出世道所成就亦無有退由修練根行後所得性此性有退若人得初果此人從初果無退從餘果得退是故從須陁洹果无有退墮若作如此執退法有三人一在退墮性中般涅槃二修練根所得性退三退墮有學自害有四三如前第四更還退性如此餘三增一一品如次第應知成五六七人是本所得性若退成有學人於中得住不住餘性若不尒由得增長性轉增不成退復有何因從初果不退偈曰見惑無類故釋曰云何無類一切見

諦所滅惑依我生起故彼以身見為根本故此所依我必定永無故說無類若尒彼應成緣無為境非緣無為境由緣諦為境故於諦中不如分別為境若尒何惑不然有差別何以故我見於色等類由作者受者自在者分別故增益非實有我性起以身見為依止所餘邊見等惑生起是故說無類修道所滅惑欲瞋慢無明於色等類中愛增上起不了為自性生起是故說有類何以故彼有微淨等境由緣此故彼得起我等皆无[illegible][illegible]復次隨道所滅惑有境類各各相對謂可愛不可愛等一切見諦所滅惑通以我等相為境是故無各相對境類復次見道所緣境謂無常苦無我空真實是有故非世道所緣故於無始生死先未曾所證見故是故初果無退事復次聖人若不至心觀察由念忘失修惑則起若至心觀察則不得起譬如於藤起虵想若人不至心觀察我見等惑則不得生起諸見由明了決度故是故聖人從見諦惑無有

退義經部師說從阿羅漢果无有退義此義真實可然云何可知由阿含及道理此中是何阿含經云比丘此是真滅若由聖智所滅復次偈曰說無放逸事釋曰經云有學人於無放逸中我說必有無放逸事於阿羅漢我不說若汝言於阿羅漢亦有無放逸事如經言阿難於阿羅漢人利養讚歎等事我說亦能為障㝵是義不然此經所說退但說從現法安樂住退是不壞心解脫本來身所證我說從此无別因緣能令阿羅漢退墮若汝言從依時解脫有退是義可然我等亦說如此此依時解脫義應須思量為是阿羅漢果為是九定是根本定及根本三摩提去何知依時現前故說名時解脫為於現世安樂住數數所尋修故說名所愛有餘師說是應所暾味故說名所愛阿羅漢解脫恒相隨逐故不可立為依時非復所愛故不可立為所愛若從阿羅漢果有退墮理云何佛世尊說唯從依心學現世安樂住有退是故應知此義

謂一切阿羅漢解脫必是不壞法從現世安樂住阿羅漢有退由利養讚歎等心散乱故由自在退失故由根鈍故有人亦不退若利根人此中若有退說名退法阿羅漢若不退說名不退法阿羅漢自害法等義應如此思不退法住不動法不壞法此三人有何異不退法者非練根至不壞法者由練根至此三人隨所修得三摩跋提差別從此无退墮住不動者彼於隨所得功德中住從此功德必定不退亦不增進生餘功德若生餘功德從此得動如此應知三人差別偈曰時解脫瞿提柯釋曰淨命瞿提柯在學位中由數數暾定味故由根鈍故從依時解脫退墮生憂悔心欲捨身命執仗自害於將死時得阿羅漢即般涅槃是故瞿提柯非退阿羅漢果於十增經中說此言有一法必定應生謂依時所愛心解脫復有一法必定應證謂不壞法心解脫若依時所愛心解脫是阿羅漢果云何於十中作兩番說於餘處不曾聞說阿羅漢

後更應生云何文必定可證若汝言鈍根所攝阿羅漢果必應更生此經文欲證何義若汝言欲顯於生果有能故以此文為證若介於餘果亦可以此為證若汝言此果應生故故說應生餘果亦應生是故依時解脫非阿羅漢果若介云何說阿羅漢依時解脫若阿羅漢人由鈍根故現前修三摩提觀時得成說此為依時解脫翻此為非時解脫阿毗達磨藏說有由三處欲界隨眠欲生起上心何者為三一欲界隨眠欲未得滅離二隨欲界上心欲法對根現前三於中起不如思惟若汝言此文依具因生惑故說何惑由不具因得生依阿含證不退義如此去何由道理若阿羅漢人已得如此對治由此一切惑至得永不生為法云何更退若此對治未生云何諸流得盡由未永拔除惑種子更生為法若流未盡云何稱阿羅漢依道理證不退義如此偈曰由火聚辟退釋曰若介火聚辟經汝宜應救此經言多聞聖弟子如此行如此

住有時有處由念忘失故更生惡不應慧覺觀是義不然何以故此文中不定顯現阿羅漢云何知由此經言阿羅漢心長時歸向空寂乃至垂憶涅槃由此言故知前非證復有餘經中說阿羅漢有如此力由一切流處諸法阿羅漢恒時清涼恒時寂靜由此言故前非證有如此言乃至未棄捨行若介有學人在行中亦有此義於或生中火聚辟經由依有學位說故於阿羅漢無如此失毗婆沙師說諸阿羅漢人從果得退為唯阿羅漢有六性餘人亦有偈日凡學人六性釋日不但阿羅漢有六性凡夫及有學人皆有六性何以故是阿羅漢六性以彼次第為前復次偈日見道无練根釋日於異見道處有修練根行於見道中則無修加行不及故有人於凡夫住中修度餘根有人於信樂得位中修練根行經中說言是人所得四種依心現法安樂住從此隨一我說有得退墮是不壞心解脫唯一阿羅漢人本来身所證我說無別因

緣能令阿羅漢從此退墮云何不壞法阿羅漢從現世安樂住得退偈日退墮有三種已得未得用釋日已得退者若人從已得功德退墮未得退者若人不能得應得功德受用退者若人所得功德不令現前此三種退墮中偈日最後佛不壞中間餘有三釋日佛世尊但有受用退无餘由如来一向行利益他事不壞法阿羅漢有受用退及未得退謂從勝人法差別未至得故餘諸阿羅漢亦有已得退未得退受用退此二可知由經依受用退說退立不壞法阿羅漢不退此不違經是故一切無流解脫皆不可壞如所說安立不壞法阿羅漢義此義如非不如是故此義不可難謂阿羅漢皆以不壞為法此名顯不壞義復次如毗婆沙言若有阿羅漢退阿羅漢果此阿羅漢為更受生不不更受生云何得知偈日退位不死故釋日無有一人從聖果退在退位中捨命何以故如經言比丘聖弟子若忘失憶念皆悉遅緩雖然若滅此忘

失速得滅盡由此經言是故無有死義若不介正梵行非可安息若人從此果退是昔所住果非所作事為更作不偈日不作非所作釋日若人已退不更作與本果相違事辟如健人雖跌不躃若人修練根行有幾无間道及解脫道偈日無間解脫九不壞釋日若人求通達不壞法性是通達法人所修有九無間道九解脫道辟如人求得阿羅漢果無間解脫道太何如此是軟根性偈日由久事釋日此人於長時已數習軟根性此根由少分功用不可迴轉由有學無學道所成堅實故偈日於見至一一釋日若人欲通達見至性修無間道唯一解脫道亦一於中方便道亦是一切無閒道解脫道偈日无流釋日何以故由有流道修練根行無有是處根無流故道所緣境皆真如故何處根可練令增進偈日人道增釋日於人道中得修練根行於餘處則無無退墮故復次何人依何地得修練根行偈日無學依九地有學但依六釋日

若無學人依止九地修練根行謂未至地中間定四色定及三無色定若有學人依六地修練根行離三無色何以故由此義偈曰捨有差別果得勝果道增釋曰若人修練根行捨果及果勝軟根道即得利根性果及道無阿那含果是無色界攝由此因故有學於无色界無練根行是故一切阿羅漢唯有九人由根差別故云何如此偈曰二佛聲聞七有九由九根釋曰何者七聲聞退墮法等人有五不壞法人有二一由練根至二從本是不壞法性於本不壞性中有差別謂二佛一獨覺二大正覺此九人由軟軟中軟上軟等根差別故是故成九阿羅漢一切聖人唯有七人謂由信隨行由法隨行信樂得見至身證慧解脫二分解脫如此七人偈曰加行根滅定解脫二故成七人釋曰若由加行成二人謂由信隨行由法隨行於前由信受他教及由法修行於義修加行故若由根成二人謂信樂得見至由軟鈍堅利根故一由信樂勝二由般若勝若由三摩跋提成一人謂身證由身證得滅心定故若由解脫成二人謂慧解脫二分解脫由慧及定解脫惑障及定障故此人由名成七偈曰或六人三道人雙故釋曰若由實義唯有六人何以故於見道中有二人謂由信隨行由法隨行此二人若於修道中成別二人謂信樂得見至此二人若於无學道中成別二人謂時解脫非時解脫此中若由根差別由信隨行人成三人若由性更成五人若由道成十五人住於八忍及七智故若由離欲成七十三人一具縛人於離欲欲界有九人乃至離欲無所有無色處各有九人由依處有九謂三洲及六欲天生由根性道離欲依處合數成百千四十七千八百二十五人所餘諸聖人如義及理應如此數見所說名二分解脫何人慧解脫復是何人偈曰得滅定俱脫餘人慧解脫釋曰若人先得滅心定後於无學位名二分解脫由般若及三摩提解脫惑鄣及八解脫鄣故所餘但由般若力一向解脫惑障故佛世尊所說偈

若捨此五經　不壞法具學

有類量此人成具分有學偈曰由定根果故說圓滿有學釋曰有學人由三義故稱具學一由果二由根三由三摩跋提但由果者謂信樂得阿那含人非身證但由根者謂見至未離欲由果由根者謂見至阿那含未得身證由果由三摩跋提者謂信樂得阿那含已得身證由果根三摩跋提具學者謂見至身證阿那含但由三摩跋提及但由根三摩跋提不由果為具有學人无有是處偈曰無學圓滿德由二釋曰圓滿無學者唯由二一由根二由三摩跋提若果未圓滿成无學無有是處是故於果不論圓滿不圓滿但由根圓滿不由三摩跋提者謂非時解脫惠解脫人若但由三摩跋提圓滿不由根者謂依時解脫二分解脫人由根及三摩跋提圓滿者謂非時解脫二分解脫人所說道差別有多種謂世出世道見道修

道無學道或說加行道無間道解脫道增進道等若略說此道有幾種偈曰略說道四加行無間解脫增進道釋曰加行道者若從此道无間道生无間道者若由此道能除惑障解脫道者從巳解脫无間道所滅惑障後次最初所生道增進道者從解脫道後所生餘道謂三摩提通練根等道此四種云何說名道由此法是般涅槃路故說名為道若人發行此路必定得至涅槃故復次由此法觀行人尋求涅槃故說名道解脫增進云何名道由是前道種類故由最上品故由能令至彼有故說前為後道由是入無餘涅槃方便故故此四皆是道復次此道有時說名行由此行至涅槃故此行有四種如經言有行苦遲智有行苦速智有行樂遲智有行樂速智此中偈曰依定道樂行釋曰於四定中此四種道說名樂行由攝分故奢摩他毗鉢舍那平等起故此道不由功用成故說名樂行偈曰於餘地苦行釋曰於餘地謂非至定中間定無色定中此道說名苦行由不攝分故奢摩他毗鉢舍那不具故大功用所成故說名苦行何以故非至定及中間定此定由奢摩他不具未至初定及二定故無色定由毗鉢舍那不具思惟心細故此樂苦行復有二種偈曰遲智軟根人速智約利根釋曰若人根鈍或樂或苦行此行名遲智若人根利此行名速智復次於此行中智遲故說名遲智速智亦爾復次此行是遲人行故說名遲智速智亦爾復次此道或名覺助覺助法有三十七品謂四種念處四正勤四如意足五根五力七覺分八聖道分此中偈曰盡無生二智菩提釋曰是盡智無生智由人差別故成三種菩提一聲聞菩提二獨覺菩提三無上正遍菩提由無餘無明滅故是巳利如實能覺巳作不應更作故偈曰由順此三十七覺助釋曰由彼法為菩提生方便生住處用故故三十七得覺助名偈曰由名實義十釋曰此覺助法若由名說三十七若由實物一切菩提助法則唯有十何者為十偈曰信精進憶念三摩提智慧喜捨及輕安戒覺釋曰信者於七處心澄淨精進者於境界心勇猛念者於所緣境心明不忘定者於境界一心寂靜慧者如理解喜者心安樂捨者心無功用輕安者身心隨事戒者能平身口覺者能思量如此十物云何安立於七處偈曰慧念處精進名正勤如意足名定釋曰於中四念處正勤如意足智慧精進定為自性次說五根如根力亦介由執名有異何以故信精進念定惠五物是根即是力於中念處擇法覺分正見即是慧正勤精進覺分正精進即是精進如意足定覺分正定即是定覺分正念即是念何法為餘喜輕安捨覺分正覺及戒分此五為餘如此助覺法唯有十物若依毗婆沙師執有十一物身口二業不相通故是故戒分成二物是前所說四念處等智慧精進定為自性此中應知偈曰由隨勝立名一切加行得釋曰於中由隨勝故說如此名一

切加行所得法皆是念處正勤如意足云何說精進名正勤由彼能安立身口意業念勝云何說三摩提名如意足一切勝德以彼為依止故若有人說唯三摩提名如意足謂欲等於彼人道品成十三物長欲心故若執如此即與經相違經云比丘我今為汝說如意及如意足乃至言何者為如意於正法中有比丘證用多種如意境界謂本是一即成多種廣說如經云何前說名根後說名力由軟上差別故由可勝伏不可勝伏故根者雖於修觀中增上在下劣位中所對治或能勝伏故故是根非力力者於修觀中在勝上位所對治惑不能勝伏故故是力非根云何立次第若人信此行有勝果為求得此果故修正勤若人恒修正勤憶念得住若人專念境界心不散亂故即便得定若心得定則見知如實因如此義故立次第復次於何位中何菩提助法所應顯現偈曰初發行決擇分中所分別於修位見位七部次第知釋曰初

發行位中為了持身等境界是故先修四念處由為得增勝生長精進故故於暖位修四正勤由能入不應退善根故於頂位修四如意足由不更退故至增上位是故於忍位修五根非惑可勝伏故是故於世第一位修五力又世間餘法亦不能勝伏由近菩提位故是故於修道中修覺分由發行所顯故是故於見道中修聖道是彼所隨逐故為隨數次第故先說七後說八若隨修次第先修八解修七此中擇法覺分者此是覺亦是覺分正見是道亦是道分毗婆沙師說如此有餘師不破此文第說助覺法次第初發行者為制伏於多種境界散亂偏倒諸智故修四念處四念處是觀行人繫録心處為滅除一切依貪憶念分別由此經言故知四念處為發行初由念處力故能生長精進為成四事故能正安立心令勝故次四念處修四正勤由此正勤心安無憂悔故治心成三摩提故次四正勤修四如意足由依止定信等諸

根成出世法增上緣故次四如意足修五根此根寂能制伏所對治法起行由自功能離同類因能生出世法故次五根修五力於見道中修覺分於見修道中修聖道分何以故經中說此言於八分聖道中一切應修至修圓滿謂四念處至修圓滿乃至七覺分至修圓滿復有經言比丘宣示如實言者謂為四聖諦觀辟如自所行路更如此行為修八分聖道辟是故應知於二位中修八分聖道此等次第皆成說次第已此義今當說於覺助法中幾法是有流幾法是無流偈曰无流覺道分釋曰由安立彼於修道見道中是故覺分道分皆是無流於世間亦有正見等法此法不得聖道名偈曰餘法有二種釋曰所餘覺助法有有流有无流復次於何地有幾覺助法偈曰於初定具足釋曰於初定地中具有一切三十七菩提助法偈曰非至定除喜釋曰云何無喜諸近分定勢力所將故復於下地疑怖未息故偈曰第二定離覺釋曰

於第二定中正覺所離唯有三十六於彼無覺觀故偈曰於二二所離釋曰第三第四定中覺助法喜覺二法所離唯有三十五偈曰及中定釋曰於中間定亦二所離同三十五偈曰離戒前二三無色釋曰於三无色界正語正業正命喜正覺所離唯有三十二偈曰於欲界有頂離覺聖道分釋曰於此二處唯有二十二菩提助法何以故於此二處非無流道器故若人正在三十七覺助法觀位中於何位應知得正解淨信偈曰見三諦得戒及法正解信於見道信佛及信弟子衆釋曰若人正見苦集滅聖諦於法得正解淨信及得聖所愛戒由見道聖諦於佛世尊及聖弟子衆得正解淨信何以故是於二正解淨信即於能成佛无學獨得法中生正解淨信於能成僧有學無學法中生正解淨信復得戒及於法正解淨信偈曰法謂三諦及菩薩獨覺道釋曰是故若人正觀四諦於法得正解淨信此法由信依處及名差別故

說四正解淨信偈曰若約物唯二信戒釋曰佛法僧正解淨信信為自性是一法聖所愛戒是戒一法故約實物彼唯二物此二為有流為無流一切正解淨信一向偈曰皆無流釋曰正解淨信有何義如實覺了四諦已於四處得无流信說名正解淨信此信由無流智所成通於二人此人正出觀時如現前生起四信如此次第云何出觀現前生起知世尊是正覺遍知是世尊正法正教於正說中第一是世尊聖弟子衆於正行中無等似醫師方藥安養病人三類故是心淨信所作名戒淨信或說第四云若人得淨信已如此正行名戒淨信此似無病類故或說此四似道路師似路似宗侶似乘經中說有學人與八分相應无學人為十分相應云何不說有學人有正解脫正解脫知見偈曰解脫非學分有繫故二種釋曰有學位中人正有繫由未能免離煩惱縛故若正有繫云何立彼為解脫若解脫一分縛不可說為已解脫若

無解脫云何得立解脫知見无學人已永解脫一切煩惱縛故可說有解脫由依自二證智所顯故此言如理何法名解脫此解脫有二種一有為二無為此中偈曰或滅是無為心淨了有為釋曰無為解脫謂諸惑滅盡有為解脫謂无學心淨了偈曰此分釋曰此有為解脫說名無學分諸分有為故偈曰即二脫釋曰此有為解脫經中說為二種解脫謂心解脫及慧解脫應知此二於無學人是解脫分若尒於餘經中云何說此言毗耶伽何者為解脫謂心永圓淨此中有比丘於欲心離欲及解脫於瞋癡心離欲及解脫如此若未圓滿解脫聚為圓滿若已圓滿為攝持是欲及精進等廣說如經是故不應但以心了為解脫此云何眞慧已遣欲等諸惑是心一向無垢餘師說名解脫說正解脫已正解脫知見異於正見此是何類偈曰慧如說菩提釋曰是前所說名菩提此法於今應知說名正解脫知見謂盡智無生智復次何心

得解脫為是過去現在未來偈曰解脫正生心無學從惑障釋曰未來心說名正生此心屬無學人從諸惑障得解脫阿毗達磨云知此此心何法為障煩惱至得為障能礙彼生故何以故於金剛譬定時此至得即滅滅時此無學心正生此生時即是解脫此至得已滅此无學心已生說名已解脫若今未生心及世間心此心亦解脫云何說正生及無學若生必定解脫此心是今所說世間心從何惑解脫從障生解脫若人未解脫解脫心為不生耶生不如今所論解脫心此心何如與惑至得相應故此道在何位能除自生障偈曰正滅道能滅能障道諸惑釋曰若道正在現世能損前或為未來或作次第緣力於未來或引擇滅為永遮令不更生是故道正在現世損現在遮未來將起時是前所說無為解脫經中所說界有三種謂滅界離欲界永除界此法有何界偈曰無為脫說異釋曰此無為解脫即是三界此中偈曰離欲謂欲滅釋曰欲煩惱滅說名離欲界偈曰滅界餘惑滅釋曰異欲餘煩惱滅說名滅界偈曰永除別類滅釋曰離惑類所餘諸法滅說名永除界此三界即是無為解脫若由此類心起厭惡為由此類心得離欲不此中有四句云何作四句偈曰厭離由苦集忍智故釋曰由苦集忍及智心但生厭惡不由餘法何以故此二是憂惱境界類故偈曰離欲釋曰由滅道忍及智心但得離欲不由餘法何以故此二是喜樂境界類故偈曰二由一切滅釋曰是一切苦集滅道忍及智能滅諸惑由彼心得厭惡亦得離欲非二由餘法若彼不能滅或此中若已離欲人重觀四諦由法智忍不能滅惑若智加行解脫增進道所攝此智亦不能滅惑偈曰此中立四句釋曰是故應知四句義如此

阿毗達磨俱舍釋論卷第十八

阿毗達磨俱舍釋論卷第十八

校勘記

一　底本，金藏廣勝寺本。

一　九六七頁中四行品名，徑、清作「釋分別聖道果人品第六之三」；麗作「分別聖道果人品之三」。

一　九六七頁中一三行第八字「脫」，資、磧、普、南、徑、清作「解脫」。

一　九六七頁下一行「最從」，諸本（不含石，下同）作「最後」。

一　九六七頁下四行第九字「聖」，徑、清無。

一　九六七頁下一〇行「最静」，諸本作「寂静」。

一　九六八頁下一行第二字「雜」，麗作「離」。

一　九六八頁下三行第一三字「離」，資、磧、普、南、徑、清作「雜」。

一　九七〇頁上一八行末字「德」，資、磧、普、南、徑、清作「得」。

一　九七〇頁中二一行「增長」，資、

磧、普、南、徑、清作「增進」。
一 九七〇頁中二二行「復有」，資、磧、普、南、徑、清作「後有」。
一 九七〇頁下一三行第二字「隨」，資、磧、普、南、徑、清作「修」。
一 九七〇頁下一九行末字「念」，資、磧、普、南、徑、清作「念念」。
一 九七一頁上四行第四字「若」，資、磧、普、南、徑、清作「各」。
一 九七一頁上一七行第四字「時」，諸本作「依時」。
一 九七一頁中九行「三人」，諸本作「二人」。
一 九七一頁中末行「两番」，資、磧、普、南、徑、清作「二番」。
一 九七一頁下九行第八字「説」，資、磧、普、南、徑、清作「就」。
一 九七二頁上一九行第四字「住」，諸本作「位」。
一 九七二頁下二行第五字「正」，諸本作「此正」。
一 九七二頁下六行第一一字「有」，資、磧、普、南、徑、清作「者」。
一 九七三頁上二行首字「至」，資、磧、普、南、徑、清作「来」。
一 九七三頁上一二行第一一字「至」，資、磧、普、南、徑、清無。
一 九七三頁中三行「二分」，資、磧、普、南、徑、清作「由二分」。
一 九七三頁中一三行首字「八」，資、磧、普、南、徑、清作「人」。
一 九七三頁中一九行第五字「見」，諸本作「是」。同行「何人」，諸本作「此是何人」。
一 九七三頁中二〇行「得滅定俱脱」，資、磧、普、南作「得滅定俱解脱」；徑、清作「俱由得滅定」。
一 九七三頁下三行「五經」，諸本作「五結」。
一 九七三頁下五行第七字「有」，諸本作「具」。
一 九七四頁上一四行第五字「彼」，諸本作「後」。
一 九七四頁中二一行第六字「處」，麗作「受」。
一 九七四頁下一六行「定覺」，資、磧、普、南、徑、清作「定念覺」。
一 九七五頁上三行第五字「念」，諸本作「令」。
一 九七五頁上一七行第五字「有」，南、徑、清作「者」。
一 九七五頁中一一行末字「解」，諸本作「後」。
一 九七五頁中一四行「助覺」，資、磧、普、南、徑、清作「覺助」。
一 九七五頁中二〇行「令勝」，資、磧、普、南、徑、清作「念勝」。
一 九七五頁中二一行首字「故」，資、磧、普、南、徑、清作「故故」。
一 九七五頁下二二行第九字「將」，南、徑、清作「特」。
一 九七六頁中七行「信説」，資、磧、普、南、徑、清作「説信」。
一 九七六頁中一〇行第八字「生」，資、磧、普、南、徑、清作「正」。
一 九七七頁上三行「後諸」，麗作「從

此」。

一　九七七頁上四行「知此」，資、磧、普、南、徑、清作「如此」。

一　九七七頁上六行第八字「時」，資、磧、普、南、徑、清作「滅時」。

一　九七七頁上二二行「何界」，諸本作「何異」。同行「脱説異」，資、磧、普、南、徑、清作「脱説界」；麗作「解脱界」。

阿毗達磨俱舍釋論卷第十九　神

婆藪盤豆造

陳天竺三藏眞諦譯

中分別慧品第七

已說諸忍及諸智已說正見及正智諸忍為非智正智為非正見耶偈曰無垢忍非智釋曰是前所說八種無流忍非智是所應滅隨眠疑惑未滅故可說彼名見決度尋覓為體性故如忍但是見性非智如此偈曰盡無生非見釋曰盡智無生智非見非決度尋覓為性故偈曰異彼聖智二釋曰異於忍及盡智無生智所餘無流般若亦見亦智偈曰餘智釋曰世間般若一切皆是智偈曰見有六釋曰五見及世間正見此六種世間般若名見亦智所餘非見但智由幾量能攝一切智由十智若略攝十智唯有二智偈曰有流無流智釋曰一切智不出二性謂世智出世智此二中偈曰第一名俗智釋曰有流智說名世俗智何以故此智由多緣瓶衣男女等俗類為境故偈曰無流智有二法智及類智釋曰無流分為二智謂法智類智以此二智合前成三智謂世俗智法智類智此中偈曰俗智一切境釋曰一切有為無為法皆是俗智境偈曰欲苦等為境法智釋曰法智者於欲界中以苦苦集苦滅苦滅對治為境偈曰若類智上苦等為境釋曰類智者於色無色界中以苦苦集苦滅苦滅對治為境偈曰此二由諦異成四釋曰法智類智由諦有差別故成四智謂苦智集滅道智由緣四諦起故偈曰四更二名盡無生智釋曰法智類智由境已成四種於中若非無學正見為性名盡智無生智偈曰此智復初生苦集類智性釋曰此二智若初生名盡智無生智以苦集類智為性由苦集各四行相緣有頂陰為境界故金剛譬三摩提與此二所緣境同不若金剛譬三摩提緣苦集為境則與二智同境若緣滅道為境則與二智不同偈曰從四他心智釋曰他心智從四智成謂法類道世俗

十智謂法智類智世俗智他心智苦智集智滅智道智盡智無生智此中世俗智是一智一智分法智是一智七智分類智亦尒苦智是一智四智分集智滅智亦尒道智是一智是五智分他心智是一智四智分盡智是一智六智分無生智亦尒云何智唯三安立為十偈曰由自性對治行相行相境加行作事辦因圓故說十釋曰彼說由七種因緣安立智成十一由自性故安立世俗智非能知真實義故二由對治故安立法類二智由能對治欲界上界故三由所緣相異故安立苦集二智不由境界體異故四由所緣相及境界體異故安立滅道二智五由加行異故安立他心智何以故由此智他心法非所知故唯欲知他心故修加行人得他心智六由作事已辦故安立盡智由事已辦人相續初生故七由因緣圓滿故安立无生智以一切无流法為因故是一切三界具對治故於前已說法智唯能對治欲界復次偈曰法智於滅

得知若犀角喻獨覺欲知見道中他心得知三剎郁心謂前二心及第八集類智心由加行軟故餘師說知第一二第十五心佛世尊一切見道剎郁不由加行心知但以自性心知復次盡智無生智此二有何差別偈曰盡智於四諦已知等決知不更應知等說名無生智釋曰阿毗達磨藏云何者盡智苦諦我已知猒集諦我已断除滅諦我已證得道諦我已修習以此義是知見明覺慧解先正對觀是名盡智何者無生智苦諦我已知猒不更知猒乃至道諦我已修習不更修習以此義是知乃至正對觀是名無生智云何由無流智得知如此由無流智後智出觀已得知如此由後智有差別故立盡无生智有差別罽賓國阿毗達磨師說如此有餘師說由無流智得知此義說盡无生智為見者為以一切名釋此義故復次由證智為性故名見是故阿毗達磨藏中說若法是智即此法是見復次為顯今所說見異前所說見如此名

智此他心智更須決判偈曰過地根人上釋曰若過地心下地不能知下謂下地定心不能知上地定心若過根軟根不能知上謂信樂得人及時解脫人道不能知見至得人及非時解脫人道若過人下人不能知上人心謂阿郁舍阿羅漢聲聞獨覺佛道下不能知上偈曰滅未生不知釋曰若過去未来他心他心智則不能知以現在他心為境界故復有何非所知偈曰法類下不知釋曰法智種性他心智不能知類智種性他心類智種性他心智不能知法智種性他心何以故此二以欲界上界對治為境界故於見位中无他心智通以時促故見位得為他心智境此中若人由他心智欲知見道心先作加行已偈曰見位初二念聲聞犀喻三佛自然具知釋曰若聲聞修他心智欲知見道中他心得知前二剎郁心謂法智忍法智知類智種性境別加行所成故是時於中修彼他心智方便此修觀人已度至第十六心於中間不能

諦及道諦修道是三界對治釋曰滅道二法智若修道所攝能對治三界偈曰類智非欲治釋曰類智一向不能對治欲界此智異二故說具對治此十種智中幾智有行相復有幾行相偈曰法智及類智有十六行相釋曰此二智二皆具十六行相此行相後當說偈曰俗智如不如釋曰世俗智有十六行相有別相能緣一切法通相別相等故偈曰由自諦相四釋曰苦集滅道智由緣自諦行相起故一一有四行相偈曰他心智亦介無垢釋曰無流他心智亦如此由緣自諦行相故亦成四行相唯道智故偈曰復有垢如應知自相釋曰若有流他心智是自所應知心及心法如如彼相思想亦介能取別相為境故此二種偈曰緣一物為境釋曰是時若緣心為境不能緣心法為境若緣受不能緣想如此等若介云何佛世尊說若心有欲如實能知此心有欲如此等心及心法不得一時取譬如衣及衣垢非俱時取故有欲心者有欲有二種一相雜有欲二相應有欲此中若心與欲相雜由二義有欲若異此有流心由相應義是故有欲此經中所說有欲是相應有欲若欲對治說名無餘師說如此何以故若與欲相應說名無欲何有與別惑相雜亦應成无欲是義不然何以故此心非欲對治故若無染汙心非有欲非無欲不應成无欲知此等是故與欲相應心此中說名有欲乃至有癡无癡等應知亦介略心者是善心由境界少故散心者是染汙心與散乱相應故復次略心者與睡眠相應散心者所餘有染汙心西國諸師說如此毗婆沙師不許作此說彼說此一心亦略亦散染汙睡眠相應故若介則與阿毗達磨藏相違彼藏云若如實知略心此智成四智謂法智類智世俗智道智下劣心者是染汙心與嬾墮相應故上勝心者是善心與精進相應故小行心者是染汙心或善小淨品所治故大行心者翻於前心由根價伴類隨從力少多故何以故若有染汙心則與二根相應若善心則與三善根相應若染汙心則少價不由功用所成故若善心則大價由多功用所成故若染汙心无未來同類修故無多伴類若善心有過去未來同類修故有多伴類若染汙心則少隨從三陰所隨從故若善心則多隨從四陰所隨從故染汙心力少彼所斷善根更相續故善心力多由一刹那善法智忍生能煞害十惑永不生故是故有染汙心說名小善心說名大動心者是染汙心與掉起相應故不動心者是善心能對治彼故非寂靜心寂靜心亦介非定心者是染汙心與散乱相應故定心者是善心能對治彼故非修心者是染汙心非生修及事修所修故修心者是善心生事二修所修故非解脫心者是染汙心由非自性解脫相續解脫所解脫故解脫心者是善心由二解脫所解脫故毗婆沙師說如此若作此解則不隨順經亦不能釋如此文句差別義云何不隨順經如經言云何心於內

成略若心與羸弱睡眠相應或於內攝持相應不與毗鉢舍那相應云何心於外成散若心於五欲塵倒乱馳動故於前不已說耶此心亦略亦散已說不應理說睡眠相應染汙心不立為散故於前不已說耶與阿毗達磨藏相違阿毗達磨藏相違此亦可然但勿與經相違云何不能釋文句差別義不說散下劣動不寂靜不定非修非解脫心差別義故略上勝等亦尒若非不已說諸文句差別義同是染汙心由顯彼過失差別故同是善心由顯彼功德差別故是故彼義差別已說不被經相違故此所說義非文句義若於經中許此心是下劣心即是動心汝釋可然經中不說此義經言是時若心下劣或疑欲下劣於此時中輕安三摩提捨覺分非是修時是時若心馳動或疑欲馳動於此時中擇法精進喜覺分非是修時諸覺分為有散心修不思量彼此中說名修由能令現前故是故無失此中若心嬾墮勝說名下劣若心由掉

起勝說名馳動是故无失如此等或共生故是故我等說若心下劣即有馳動此語與寄意相應我亦不遮於經中意不尒故我說如此是汝所說一切欲相應心說名有欲何心與欲相應若汝言欲至得相應故說與欲相應无流心應成有欲謂有學心若言緣欲為境界說名有欲阿羅漢心亦應有欲何以故此心有時緣有流心分別有欲由緣欲為境界故是心云何得成有流若汝言緣通或為境故是故說有欲若尒是心但有癡非是有欲由緣癡為境界故緣他心為境界心不緣至得為境界非此心境界緣欲為境界是故不由欲相應故心有欲此中應知若尒有欲心云何與欲相雜是名有欲不與欲相雜是名无欲見經意如此餘經中所說是人心无欲無瞋無癡不迴轉為法於欲界色界無色界依欲等至得滅故說此文若尒於前為不已說耶若心與別惑相雜由但不與欲相雜故應成無欲由此經意則无過失不得取

此心為無欲云何不取由經已說此心有瞋有癡等故勿復廣論應說本悉檀為取他心行相為取他心所緣境不取此二為境不觀行相境界起故但知此心有欲不能知色等境是心生欲處若不尒此心則緣色等為境界若取他心緣色等為境他心智應成取自性一切他心智知物別相謂心及心法現世他相續欲色相應不相應為境界於見位被遮於修位中得非空无相不相應法盡智無生智所攝無間道所遮此義應知說他心智已偈曰後二十四相空無我所雜釋曰後二者謂盡智无生智此二智行相有十四離空無我二行相故此二雖緣真如多緣虛假知我生已盡我不見從此後更受別有由觀中智力故出觀說如此言為有無流別相行相心為無若依罽賓國師說偈曰無淨出十六行相釋曰彼說无无流行相出四諦十六行相心偈曰餘師有釋曰西國師說阿毗達磨藏中說異十六心別有無流心云何得知

彼蔵云若不相應心為得知與欲界相應法不得知由无常苦空无我或由因集有緣得知或有是處有是義由道理相應故得知无是處無是義由道理不相應故得知此執非彼蔵義謂有是處有是義由道理相應故得知等此何為有是處有是義由无常等相故得知是彼蔵義是義不然何以故於餘文中不說此義故如此執若是彼蔵義此文句於餘處亦必定應說彼蔵云由見諦所滅心為知與欲界相應法不得知由我由我所由斷由常由無因由無事由非撥由勝由上由無等由極由淨由解脫由出離由不決由二心由疑由愛著由瞋恚由高慢由不了由如此非理相應得知若為結前此文句中應說前文句謂有是處有是義等由不說故是故知非是此義四諦十六行相為由名有十六為由實物有十六餘師說由實物唯有七由名有十六集滅道行相各共顯一物故毗婆沙師說不尒彼說云何偈曰實物有十六釋

曰此中隨屬緣故无常逼惱為性故苦對治我所執故空對治我見故非我同種子法道理故因和合顯現行故集生所顯故有相應能成故緣譬如土聚成輪繩水等聚集故能成瓶等果此法亦尒諸陰斷絕故滅能燃三火故靜無災横故妙出一切過失外故離由行義故道與理相應故如正所成就故行一向過度故出復次一向不定故無常負重故苦由人所離故空不如意作故非我來義故因生起故集行相應故有為勝依故緣無相應相應斷故滅三有為相所離故靜真實善故妙極至止息故離能對治邪道故道能對治不如故如順趣涅槃土故行一切有對治故出如我等所信受今當說生滅為法故无常違意故苦我所離故空自非我故非我因集有緣如經中說是五取陰依欲為根依欲為集依欲為生依欲為有有名應在後說此四於欲有何老別愛欲有四種於自體稱我起愛欲名自體无老別愛欲謂我應生名

無老別後有愛欲謂我應生如此如此名有老別後有愛欲結生愛欲名愛生愛欲此中第一是苦初因似根譬如於果種子故名因第二由前所引譬如果初出牙等故名集第三是如此種類苦緣譬如於果田水土等為緣何以故由隨田等緣於果中香味力熟威德老別得成故名緣第四即是生從此生成故譬如於果華終故名有於愛欲行經中有二五三各四有四欲生起事盡故滅无苦故靜如經言比丘如此諸行皆苦唯涅槃寂靜無上故妙不更迴轉故離由成路故道如實生起故如定淨故行如經偈言唯此道无餘能清淨見故永破有故出復次為對治常樂我所我見行故修无常苦空無我行相為對治無因一因轉變因知先因見行故修因集有緣行相為對治无解脫見行故修滅行相為對治計解脫為苦見行故修靜行相為對治於定起美妙見行故修妙行相為對治數數退故解脫非極定見行故修離行相為對

治無道邪道有餘道此道更迴轉見行故修道如行出行相行相是何法偈曰行相謂智慧釋曰若尒行相不成智慧智慧與別智慧不相應故若執如此則應道理謂一切心及心法於境界中取差別名行相為但智慧能取境差別耶非云何偈曰共此緣境法釋曰般若及一切有境界法皆能取境差別偈曰所取別有法釋曰若法是有一切必定取差別所取若如此執此義則成智慧是行相復由取差別能觀有法復為餘法所觀所餘有境界法由取差別能觀有法復為餘法所觀若无境界法但是取差別所觀從此後是十種智今當說善等差別偈曰初智三餘善釋曰是一初智謂世俗智宷先所說故言初此智有三性謂善惡无記所餘九智唯是善性偈曰此智通諸地釋曰一切地者謂欲界乃至有頂偈曰法智六地釋曰法智於四定及非至中間定所得偈曰類九地釋曰類智於前六地及三无色所得偈曰復六智釋曰苦集滅道盡无生此六智若通論亦於九地所得若別論法智所攝則於六地得若類智所攝則於九地得偈曰四定他心智釋曰他心智但於四定得非餘處偈曰欲色身依止釋曰於他心智此欲色界得修令現前偈曰法智依欲身釋曰法智但依欲界身現前非於色無色界身可令現前偈曰餘智依三界釋曰何者為餘智除他心智及法智所餘八智分別諸智地及依止已以四念處攝諸智今當說偈曰念處一滅智釋曰是一滅智名法念處偈曰他心智三念釋曰他心智若緣他心起必定緣受想行等偈曰所餘四念處釋曰除滅智他心智所餘八智通四念處攝何智幾智為所緣境偈曰法智境九智釋曰法智緣九智為境除類智偈曰類道智境九釋曰類智亦緣九智為境除法智道智亦緣九智為境除世俗智偈曰苦集智境二釋曰世俗智若他心智是有流此二智是苦集智境偈曰四智十釋曰世俗智他心智盡智无生智此四智緣十智為境偈曰非一釋曰唯一滅智不緣智為境緣無為法為境故偈曰應合法有十釋曰為分別智境於十種法中應合十智何者十法偈曰三界无流法无為二二種釋曰有為法分為八欲界色界无色界无流界與心相應與心不相應差別故無為分為二善无記差別故是名十法此云何合何智緣幾法為境此中世俗智緣一切十法為境法智緣五法為境欲界及无流四法善無為法類智緣七法為境色界無色界及無流六法善无為法苦智集智緣欲界色界無色界六法為境滅智但緣善无為一法為境道智緣无流二法為境他心智緣三法為境欲界色界及無流相應法盡智无生智緣九法為境除无記无為由一智能知一切法不不得雖不得偈曰世智除類初刹那一智由無我釋曰世俗智除自類初刹那一切餘法由无我相能解謂一切法无我是自體及自體共生諸法名自類不能緣此法有境

界及境界有差別故共一境界故寂近同時故此智若是欲界智是聞思二慧若是色界智但是聞慧非修慧修慧緣別地為境故此義已度是義今當說何人與幾智相應若凡夫人但與一世俗智相應若離欲凡夫人與他心智相應復次若聖人偈曰一智應有欲於无流初念釋曰若未離欲聖人苦法智忍初生剎那與一切世俗智相應忍非智故偈曰第二三應釋曰於苦法智剎那與三智相應世俗智法智苦智偈曰上於四一一增釋曰從第二剎那上第四剎那應知一一智增苦類智剎那苦類智增集滅道法智剎那集滅道智增是故於道法智與七智相應若先離欲人應知一切位中他心智增相應復次於何位中修習得智有幾偈曰如生彼所修忍智於見位未來釋曰於見道中若忍若智正生此二同類於未來被修是彼行相有四亦被修於見道中云何唯修同類智及行相未通達餘性故偈曰於中介世智於三類

釋曰於見道中世俗智是所修於苦集滅三類智時非法智時不能對觀一切諦故故偈曰名對觀後智釋曰是故此世俗智說名對觀後智於一一諦對觀寂後時所修故云何於道類智不修此智此道先由世道未曾對觀故對觀不遍故何以故一切苦可得遍知一切集可得遍除一切滅可得圓證道則不介不可圓修故是故無對觀後於中不得修對觀後智若介是時一切集未皆滅除集類智亦无對觀後不應得修對觀後智是義不然何以故見集諦所應滅集皆已滅盡故道者是見諦所滅惑對治不可一切皆修令盡由性多故是故道有別異有餘師說由見道伴類故此執不可取為證不成就故對觀後世俗智有時可令現前不一向无時可令現前此云何偈曰此无生為法釋曰此智於在觀及出觀位一向不生為法若入觀不得生此約以相違故若出觀亦不得生此智以心處故若介此云何可修先未曾得今始得

故今時云何得若不可令現前生由至得故得由得故得此釋所未曾聞是故如此修必定不成若執如此修義得成如宿舊師說彼說云何由出世法功力故此對觀後智則是所修云何已修觀後出觀人緣四諦為境寂勝世間智今得現前即彼是修如此修即是至得若得能現前彼依止相續何以故若得性已性果必可得毗婆沙師不樂受此義復次此世俗智為依幾地修隨見道地偈曰自下地釋曰隨見道所依止地或即依此地或依此地之下地修世俗智若見道依止未至定地生所修世俗智有二地或依未至定地或依欲界地乃至若見道依止第四定地生所修世俗智或同或下有此世俗智幾念處攝偈曰滅後釋曰若觀滅諦已後所得世俗智是寂後念處攝謂法念處由決判一世俗智所餘應知皆是四念處攝此觀後世俗智偈曰共諦相釋曰隨正對觀諦所得此智行相則同此諦行相由說與對觀同行相則

已說此智與彼所緣同諦由見道所得故偈曰用得釋曰世俗智有二種一性法得二修習得由執此智共同類起於欲界色界四陰五陰為自性偈曰十六有欲釋曰所修此言流若未離欲人於第十六道類智剎那中有二智現在修有六智未來修謂法智類智苦集滅道智偈曰離欲人有七釋曰若人先已離欲於道類智中他心智是第七所修偈曰有欲修道中從此上七修釋曰從第十六剎那上於修道中乃至未得離欲於一切加行无間解脫增進道中修七智謂法智類智苦集滅道智世俗智若修世間道世俗世智是現在修若修出世道四種法智中隨一是現在修餘六智是未來修偈曰七地勝通解得不壞雜修於无間道釋曰七智所修此言流七地者四定三无色於彼離欲故名為勝於五通慧通達不壞性時若有學人於雜修定位並論在一切無間道中則修七智如前所說若修世俗道現在修世俗智若修出世道四種類智及二種法智中隨一現在修通達不壞性時不修世俗智非有頂對治故此中應知盡智為第七偈曰上諸八解脫道釋曰從離欲七地上離欲有頂於諸八解脫道中修七智謂法智類智苦集滅道智及他心智不修世俗智非有頂對治故若現在修四種類智及二種法智中隨順一智偈曰學練根解脫六七智修餘釋曰若有學人修練根時於解脫道中若有欲人但修六智謂法智類智苦集滅道智若離欲人修七智以他心智為第七有餘師說世俗智於二位中所修此二道於前加行中得修世俗智偈曰无間道六修釋曰若已離欲未離欲有學人修練根无間道中但修六智如前不得修世俗智似見道故不得修他心智一切无間道中所遮故云何遮非惑對治故偈曰有頂勝亦尒釋曰若離欲有頂時於諸無間道中如此修六智偈曰於盡智修九釋曰離欲有頂時第九解脫道即名盡智此中修九智除无生智偈曰得不壞修十釋曰若人本以不壞法為性此人於盡智位中得修十智得无生智故偈曰練不壞解脫釋曰若人練根至不壞性此人於寂後解脫道中亦得修十智偈曰所說餘修八釋曰何者為餘離欲欲界時第九解脫道中離欲七地五通慧有學雜修定中一切解脫道為通達不壞性諸八解脫道中一切離欲人加行及增進道於此一切道中得修未來八智除盡智无生智若有學判如此若无學人五通慧雜修定加行解脫道增進道中或修九智或修十智五通慧雜修定无間道中或修八智或修九智一通慧解脫道中由无記故無未來修若凡夫人欲界及三定離欲寂後解脫道中依定地修加行三通慧解脫道无量等功德攝於時世俗智未來修他心智亦尒除決擇分能善根見道伴類故於餘處得未曾得道時但世俗智未來修復次於何道中所修智有幾地世俗者隨道所依地此地或由道初得以此地

為依止未來修世俗智无流道者非一向隨道所依地未來修此云何偈曰為離此地欲是得此下修釋曰若為離欲此地修二種道謂加行道等隨地由離欲初所得或以此地為依止或以下地為依止一切无流智必定是所修偈曰有流於盡智釋曰於盡智生時一切地諸有流功德凡是盡智所應得皆是所修謂不淨觀阿那波那念處无量八解脫等譬如同時繩斷諸被絞人一時氣通復次此人已至心自在王位一切善根由至得故並皆起迎譬如有人得大王位由貢獻財物說國土迎隨有所得皆是所修不於前若未得則是所修何以故偈曰先曾得非修釋曰若法退已還得此非所修已修所棄捨故為但得為修為復有餘非唯得何以故修有四種一得修二習修三對治修四治淨修此中偈曰淨修及習修是善有為修對治治淨修有流諸法修釋曰得習修者謂修一切有為善法於未來有一修於現在有二修此二修依前二正勤成未生令生已生令長對治修治淨修者謂修諸有流法此二修依後二正勤成未生令不生已生令滅若今有流善法則具四修若无流法但有前二修若染汙及無記法但有後二修西國阿毗達磨師說有六種修四修同前五守修六擇修守修是六根修擇修是身修如經言是六根已善調伏已善修復次經言於身中有如此物謂髮齒爪毛等廣說如經如此於身簡擇故自愛不起劉賓國師說此二修入對治修及治淨修攝

阿毗達磨俱舍釋論卷第十九

阿毗達磨俱舍釋論卷第十九

校勘記

一　底本，金藏廣勝寺本。

一　九八〇頁中四行品名，徑、清作「釋分別慧品第七之一」；麗作「分別慧品第七之一」。

一　九八〇頁下九行末字「集」，資、磧、普、南、徑、清作「業」。

一　九八一頁上一四行第五字「二」，麗作「二心」。

一　九八一頁上一八行第一一字「三」，麗作「二」。

一　九八一頁中五行首字「那」，諸本（不含石，下同）作「那心」。

一　九八一頁下五行第一三字「是」，徑、清無。

一　九八二頁上七行第五字「二」，諸本作「一一」。

一　九八二頁中五行第三字「無」，諸本作「無欲」。

一　九八二頁中九行「知此」，諸本作

「如此」。

一　九八三頁上一五行第四字「義」，資、磧、普作「差」。

一　九八三頁下一四行首字「離」，資、磧、普、南、徑、清作「離」。

一　九八三頁下一九行首字「相」，麗無。

一　九八四頁上八行第一二字「義」，磧、南作「善」。

一　九八四頁中五行第四字「成」，諸本作「戈」。

一　九八四頁下三行首字「愛」，諸本作「受」。

一　九八四頁下八行「第四」，麗作「等四」。

一　九八四頁下一〇行第一四字「各」，諸本無。

一　九八五頁上二一行「非至」，諸本作「未至」。

一　九八五頁中六行第二字「於」，諸本作「此」。同行第六字「此」，諸本作「於」。

一　九八六頁上六行末字「人」，徑、清作「又」。

一　九八六頁上九行末字「切」，徑、清、麗無。

一　九八六頁中一行第一〇字「是」，磧、南作「見」。

一　九八六頁中三行「故故」，資、磧、普、南、徑、清作「故」。

一　九八六頁中二一行「此宿」，諸本作「此智」。

一　九八七頁上三行第八字「得」，資、磧、普、南、徑、清作「得此智但是修習得」。

一　九八七頁上一五行第七字「世」，徑、清無。

一　九八七頁上一七行「六智」，南、徑、清作「七智」。

一　九八七頁中九行「隨順」，諸本作「隨修」。

一　九八七頁下一五行「一通」，諸本作「二通」。

一　九八七頁下一八行末字「於」，資、磧、普、南、徑、清作「修」。

一　九八七頁下二二行第一三字「者」，諸本作「智者」。

一　九八八頁上二〇行第九、十字「净修」，諸本作「得修」。

一　九八八頁上二二行「得習」，諸本作「得修習」。

阿毗達磨俱舍釋論卷第二十　神

婆藪盤豆造

陳天竺三藏真諦譯

分別慧品之二

說一切凡夫及聖人由通義於一切智修諸德已十八不共得佛法謂力等此法唯佛世尊一人於盡智生時已至得得修非於餘人今當說何者十八偈曰十八不共得佛法謂力等釋曰十力四無畏三念處大悲是名十八此中解十力有七義何者為七一自性二分別三獨得四平等五作事六次第七差別此義應知此中偈曰處非處十智釋曰處非處中智力具十智偈曰業力有八智釋曰於業及果報中智力具八智除滅智道智偈曰定根欲性力九智遍行道或十智釋曰定解脫三摩提三摩跋提智力轉轉根智力種種欲智力種種性智力各九智力除滅智遍行道智力或十智或九智何以故若執此道共果說名遍行道智力則具十智若執

不共果但有九智除滅智偈曰世智於二釋曰宿住念智力及死生智力但是世俗智偈曰六十滅釋曰流盡智力或六智為性謂法智類智滅智盡智无生智世俗智若執唯滅智名流盡智力其義如此若執流盡相續中智說名流盡智力則具十智說十智力性已彼地今當說偈曰宿住退生力於定釋曰宿住智力及死生智力依四定為地偈曰所餘力於諸地釋曰所餘八智力一切地所攝一切地有十一謂欲界未至定中間定四色定四無色定一切十智力依止剡浮洲界人身起離佛世尊不出世時此十種智力於餘人不說名力但於佛相續說名力於他有對然及尋故不說名力偈曰云何力由此無尋釋曰唯佛滅一切流及無明習氣等皆盡於一切境界智生无尋是故於佛威力於餘人有尋何以故彼欲知此境於境中智不生故是故不應受力名曾聞大德舍利弗棄捨求欲出家人復次曾聞鵂所怖鳥大德舍利弗不

能知其受生初及受生終如此由智無對然及尋故佛世尊心力如境界無有邊際若心力如此身力云何偈曰身那羅延力釋曰復次有餘師說佛世尊身那羅延力偈曰或節節釋曰有餘師說於一一節中具那羅延力大德說如佛心力无邊際佛身力亦尒何以故若不尒此身則不堪受無邊際智力何以故一切佛世尊獨覺轉輪王節節中有龍結鏁鉤骨故那羅延力其量云何偈曰百增象等七種力釋曰人道中百香象力敵一白象王力百白象王力敵一摩訶諾那力百摩訶諾那力敵一鉢娑建提力百鉢娑建提力敵一婆郎伽力百婆郎伽力敵一遮㝹羅力百遮㝹羅力敵一那羅延力如此百百增香象白象摩訶諾那鉢娑建提婆郎伽遮㝹羅力成那羅延力有餘師說二倍此力名那羅延力隨轉增為勝何以故佛力無量故偈曰此觸入為性釋曰此身力應知觸入為自性是四大勝類所造色異七種觸餘師說如此

偈曰无畏有四種釋曰依經文說無畏有四種偈曰前二初十力後二第二七釋曰處非處智力如第一無畏如經言我今已成三若三佛陀廣說如經應知是第一无畏流盡智力如第二無畏如經言我今諸流已盡廣說如經應知是第二無畏屬業智力如第三无畏如經言是我所說於弟子衆與障㝵相應法廣說如經應知是第三无畏遍行道智力如第四無畏如經言是我所說於弟子衆為出離生死諸淨品道廣說如經應知是第四無畏如此四法應知是四无畏無畏以无怖為性云何說智慧為無畏由此四法故諸佛於大集中无復疑心故說彼名无畏此無疑是智慧所成故於智說无畏非智此四顯何義顯自利利他義前二是自利後二是利他復次此四唯是利益他事能除說者垢及所說垢故說四無畏已念處者由弟子衆差別故有三如經說此念處偈曰三念念慧性釋曰此三念處念慧為性是時若弟子衆恭

敬心聽及修行不恭敬心聽及修行復有具二於中佛世尊无愛欲心无瞋恚心无雜汙心云何說此三為佛不共得法此三顯如來習氣滅盡復次若自弟子衆於師教恭敬受行不恭敬受行及具二事中喜憂等事如於佛一向不生於他不尒此三不生於佛是希有法餘人則无故立此法為不共得大悲今當說偈曰大悲世俗智釋曰大悲以世俗智為性若不尒則不應成緣一切衆生為境界亦不得以三苦為行相譬如聲聞悲云何名大悲偈曰由資粮行相境平等冣上釋曰一由資粮大能生長大福德智慧資粮故二由行相大以三苦為行相緣衆生起故三由境界大通緣三界衆生為境故四由平等大於一切衆生平等起利益事故五由冣上大无餘悲上此故大悲與悲有何差別偈曰差別有八種釋曰一性差別由无瞋无癡為性故二行相差別由一苦三苦為行相故三境界差別由緣一界三界為境起故四地差別

由依四定第四定為地故五相續差別由依聲聞等相續佛相續生故六至得差別由離欲欲界有頂所得故七救濟差別由欲救濟欲成救濟故八悲差別由不同同悲故已說諸佛由十八法不與他共為與諸佛一向共不與諸佛有共不共此云何偈曰由資粮法身及行他利益一切佛平等非壽姓量等釋曰由三因緣一切諸佛一切平等一因圓滿平等由昔行福德智慧資粮同圓滿故二果圓滿平等由所得法身同具足成就故三利益他平等由對背證轉利益他事同究竟故由此三義諸佛平等不共者謂差別由壽命種姓身量等所成壽命有長短前世後世生有異故婆羅門刹帝利種不同故迦葉波瞿多摩等姓不同故身量光明有大小故等言者法住身壞不壞等故如此由隨時生故有差別若聰明人思惟諸佛三種圓滿勝德於佛世尊所必能得生冣極愛念尊重之心謂圓滿因勝德圓滿果勝德圓滿恩勝德此

中圓滿因勝德有四種一一切福德智慧皆數習行二長時行三无間行四尊重行圓滿果勝德有四種一智勝德二斷勝德三威力勝德四色身勝德圓滿恩勝德有四種謂永解脫三惡道生死恩德或安立善道及三乘恩德智勝德復有四種一無師智二一切智三一切種智四無功用智斷勝德亦有四種一一切解脫障滅二一切定障滅三一切智障滅四永時滅威力勝德亦有四種一於外塵化生轉變願成合散自在威力二於壽命捨取安自在威力三於障及虛空寂遠寂速行於少令多入自在威力四種種自性希有法圓德威力威力勝德復有四種一難化能化二答難必能斷疑三立教決定出離四能制伏惡魔外道等色身勝德有四種一大相勝德二小相勝德三力勝德四金剛真實骨身勝德諸佛勝德若總說有如此等若分別此勝德差別則无有邊此勝德唯有諸佛如來能具知具說若諸佛如來攝持壽命无數

阿僧祇劫說乃可盡如此諸佛如來是无邊希有功德智德斷德恩德大寶之池凡夫衆生由自德貧乏損害信樂雖證聞如此等圓滿勝德於佛不起尊重心於如來正法亦尒若聰明人聞此功德起歸依心徹於骨髓於佛正法亦尒此人由一向淨信心則已制伏不定報惡業聚已受人天道吉祥樂報寂後趣般涅槃為勝是故諸佛如來出世為一切衆生無上福田由能生不空可愛勝疾善後果故云何得知佛世尊自說偈以顯此義偈曰

若人當來世　於佛行少善　受諸天生已
必得不死足

說諸佛如此等不共德已偈曰有餘佛法共弟子及凡夫釋曰諸佛如來有功德與弟子共得或與凡夫共得是何功德如次第偈曰無諍及願智無导解等德釋曰諸德謂无諍三摩提願智四無导解通慧定无色三摩提無量解脫制入遍入等此中無諍三摩提者有諸阿羅漢比丘已知衆

生衆苦是惑所生起欲令自身於他成无上福田欲制伏他緣自身煩惱生起生如此相智由此智他人不得生起一切種諍由此智無有他人緣觀行人或起欲心或起瞋心或起高慢心等由此正行必不發動隨餘一人所應起煩惱故名無諍此三摩提體相云何偈曰世俗智無諍釋曰此是三摩提自性謂世俗智偈曰後定釋曰後定謂第四定最後分此定雖通以第四定為地但是樂速智偈曰不壞法釋曰但於不壞法阿羅漢相續中生非餘阿羅漢何以故餘阿羅漢於自相續有時不能令離餘諍生起偈曰人道生釋曰此定在人道中修得唯於三洲此定緣何境生偈曰未生欲有類惑境釋曰未來欲界有類或為此定境願他諸惑勿生依此門生故无類惑者不可遮離諸遍行惑緣與界地生起故如說无諍偈曰願智亦如此釋曰此亦世俗智為性依後定為地依不壞法相續生於人道修得若尒差別云何偈曰但緣一切

境釋曰願智緣一切法為境起故此異於彼無色界法由願智不可證知雖然由等流行差別則可比知毗婆沙師說此中行田人為辟願智所修法門云何是自已所求欲知衆事為此故入遠際第四三摩提願我必知此事即於此事如實而知隨此定近遠行力知近遠亦介偈曰於法義方言巧辯無㝵解釋曰无㝵解有四種一法无㝵解二義无㝵解三方言无㝵解四巧辯無㝵解此無㝵解應知如無諍三摩提云何如依不壞法相續生於人道修得此二同彼境界地自性差別說此異彼偈曰前三名義言次第無㝵解釋曰於名句字聚中於義中於言語中不可迴轉智是名法義方言無㝵解次第應知偈曰第四中理脫於言道自在釋曰不可迴轉智此言流中理雖障失言中定道自在顯現中不可迴轉智說名巧辯無㝵解偈曰此緣言道境釋曰正說及道是此智境界偈曰九智釋曰此解以九智為性謂巧辯道自在无㝵解

除滅智偈曰一切地釋曰此解依一切地起謂欲界乃至有頂由緣言道隨一為境故偈曰十或六義解釋曰義中無㝵解若以一切法為義此解以十智為性若唯涅槃為義但以六智為性謂法智類智滅智盡智无生智世俗智偈曰遍處釋曰此義无㝵解依一切地起偈曰餘世智釋曰所餘法方言二無㝵解以世俗智為性緣名句等言語為境故偈曰欲界定法解釋曰法无㝵解有五地欲界及四定所攝故於上無名等聚故偈曰於言欲初定釋曰方言无㝵解依欲界初定為地於上无覺觀故於分別假名論中分別四無㝵解云於名句字中於彼所目義中此義一二多三時男女等差別說中此說无障失中不可迴轉智名法等無㝵解是故彼次第得成方言者因理釋言辟如由有㝵故名色等言於立破勝言說名巧辯餘師說此四無㝵解乍數佛世尊言聲論因緣論次第是此四解先加行法門何以故若人於四處未修

明了加行不能得生此解有餘師說於佛世尊正法中彼一切加行皆圓滿成若人得一是人必定具得四何以故偈曰若不具未得釋曰若得彼不具足不可說此人得四無㝵解是所說無諍等功德偈曰六遠際定得釋曰此六由遠際定力所得故說彼為遠際定偈曰此六釋曰是第四定名遠際六法為體謂无諍三摩提願智三無㝵解及遠際三摩提方言無㝵解雖由遠際定力得不依第四定為地起是故不取何法名遠際三摩提偈曰㝡後定隨順一切地此至增究竟釋曰此定唯以第四定為地云何隨順一切地先從欲界善思心入初定從初定入二定如此次第乃至入非想非非想定復次從非想非非想定次第逆修乃至至欲界心復次從欲界心更次第順修乃至第四定如此修隨順一切地云何名至增究竟如此修第四定從軟修中從中修上此三更各分為三故成九品㝡後品名至增究竟如此定名遠際定際者或差別為

阿毗達磨俱舍釋論卷第二十　第十三張　神

義或增極為義辟如四際及實際如此六功德偈曰唯佛非行得釋曰異佛所餘諸人必由修行方得不由離欲得唯佛世尊无功德是修行得一切功德皆是離欲得何以故唯一世尊法王於一切法得自在故是故一切功德隨如來意欲皆悉現前如此諸德皆與弟子共得若通慧等亦與凡夫共得何法名通慧偈曰如意成耳心宿住死生盡智證名通解六種釋曰如意成境智證通慧天耳他心差別宿住念死生流盡智證通慧此六名通慧於中前五與凡夫共得一切六通慧偈曰解脫道釋曰以解脫道智為性辟如沙門果偈曰此四世俗智釋曰除他心差別通慧及流盡通慧餘四皆以世俗智為體偈曰他心慧五智釋曰他心通慧以五智為體謂法智類智道智世俗智他心智偈曰盡通慧如力釋曰如前所說流盡智力此通慧應知亦尒或六智或十智為體彼以一切地為依止應知此亦尒偈曰餘五於四定釋曰所餘

阿毗達磨俱舍釋論卷第二十　第十四張　神

五以四定地為依止此云何不以无色定地為依止於中三通慧緣色為境故不得依无色定地起他心差別通慧色門所生故亦不以無色定地為依止宿住念通慧憶持位差別次第所生故亦不以無色定地為依止此以處所姓名住等為境界故若人欲知他心於自相續先觀身心二相謂我身相如此心相如此如觀自身心相於他相續亦起如此相思惟由此即知他心是故通慧得生若此通慧已成不觀色自知他心若人欲憶持宿住從前次第觀察滅自識相已如此逆次第思惟諸位差別乃至託胎心次由憶持中陰一剎那故此通已成如憶持自宿住憶持他宿住亦尒若此通已成亦得起憶宿住若此事昔已經受此事是所憶餘則非若尒於他事云何亦如此若尒云何憶持五淨居天宿住由聽聞所曾受故得憶持若人從無色界退生於此界由以他相續為依止故得憶無色宿住通慧所餘依止自相續得知如意成

阿毗達磨俱舍釋論卷第二十　第十五張　神

通慧等觀察輕相音聲光明是彼加行復次此五通慧偈曰自下地境通解釋曰隨所依止地如意成通慧性由此得行此地及化生等諸物或於下地非於上地如此由天耳通慧得聞自地聲及下地聲不得聞上地聲由他心差別通慧不得知上地他心由宿住念通慧不得憶上地宿住由死生通慧不得見上地死生是故依止無色地心由他心通慧宿住念通慧皆不得取由地上故此諸通慧云何得若未曾悉由修行所得偈曰曾悉離得釋曰此五通慧若餘生所數習則由離欲得若別勝由修行得一皆由修行得生偈曰第三三念處釋曰他心差別通慧三念處攝謂受心法念處心及心法為境界故偈曰意成耳眼初釋曰如意成天耳天眼通慧初念處攝謂身念處緣色為境界故如意成通慧以四外入為境界除聲天耳天眼通慧以聲色為境界若尒死生通慧云何能知如此如經言是彼眾生與身邪行相應口意邪行

相應誹謗聖人起邪見受邪見法及業故由此捨身命必受无行惡道墮負黑闇處生所餘廣說如經由天眼不得知如此有別智是天眼通慧伴類於聖人相續中生能知如此由不決定故所餘通慧以四念處為性此義自成偈曰天耳眼无記餘通慧皆善釋曰天耳天眼通慧是无記性此通慧以耳識眼識相應智為體若尒此二以四定地為依止云何得成由隨依止地說為彼地故不相違眼耳根是此識依止以四定為地復次由隨无間道立彼地所餘四皆是善性若尒於分別道理論中云何說何者為通慧謂善慧此文或約勝義說或約多義說於六通慧中偈曰三明得釋曰宿住念死生流盡通慧說此三為无學明得云何唯此三名明得所餘非偈曰前際等无明對治釋曰此三能次第斷除前際後際中際无明故是故唯三名明得三中若真實无學偈曰寂後无學釋曰流盡證智定是無學偈曰二同名彼續生釋曰所餘二通慧由生於無學相續中故說名无學此二自性非有學非無學若尒云何不許此二通慧名有學偈曰於學不說明續有无明故釋曰由佛不說此二通慧是有學法云何不說若相續有無明於中安立明得則不應理更為無明所制伏故於六通慧中偈曰一三六是導釋曰如意成他心差別流盡通慧此三如次第即是三導謂如意成導記心導正教導此三各從初寂能引受化人意故有增上心未信心不欲修心此受化人由此三起歸向心信受心修行心故說此三為導偈曰三中正教勝釋曰於三導中正教導為寂勝何以故偈曰非不決定故生善愛果故釋曰如意成導記心導由明可作有明處名乾陁梨誦此明呪即能飛行空中復有明處名伊叉尼柯誦此明處能知他心如實正教不可由別方便作由此非不決定故勝前二由前二導但能迴轉事成由正教導一能生善果二能生可愛果由此能顯正方便故勝前二前已說如意成此是何法若順毗婆沙道理偈曰如意成定釋曰由彼如意事成就故定名如意成何事由彼成應說此事偈曰中行空及化生釋曰此中行空有三種一引將身行二願成行三心疾行此中偈曰心疾行唯佛釋曰此行寂迅速如心唯佛世尊有如此行餘人則无於寂遠處由發一行心時即至彼故故佛世尊說諸佛境界難可思議所餘二不由說於佛自成偈曰餘將身願成釋曰聲聞獨覺有引將身行如鳥次第引將身行願成行者是極遠處願令寂近故由此疾彼行化生如意成有二種一欲界相應二色界相應此中偈曰欲界化外入四入類二種釋曰欲界中化生以色香味觸入為體此有二種或與自身相應或與他身相應偈曰色二釋曰色界相應化生唯以二入為體謂色入觸入於彼无香味故此亦有二種如前如於欲界化生有四種於色界亦尒是故略說化生有八若生色界人化生欲界物云

何不至得香味譬如衣及莊嚴具无有至得化生物亦尒有餘師說彼所生物唯有二入為由化生通慧化生諸物為不尒非此云何由通慧果此是何法偈曰由化心此心有十四釋曰有通慧果是生化心能生一切所化物此心有十四偈曰如次第定果二至五釋曰初定地通慧果心有二一欲界地二初定地第二定地通慧果心有三謂欲界初定二定地如此第三第四定地通慧果心有四有五應知此義變化心應知是諸定果屬自地及下地偈曰非上釋曰無有上地變化心為下地定果第二定果欲界變化心從初定地彼果由道為勝偈曰得如定釋曰此變化心至得如定至得為唯從變化心即出觀為不無如此義是故說此義偈曰淨定自生二從彼釋曰從清淨定次第生變化通慧從變化通慧次第生變化果心從變化果心生無量變化果心不從餘心生次從變化果心生變化通慧從變化通慧生淨定或生變化果心

何以故若人住定果不更入本定無有從定果即出觀義一切所化物偈曰由自地化生釋曰隨化生物地化生心地則與此同地何以故由別地變化心不能化生別地諸物偈曰言說由餘地釋曰由同地心亦得言說若所化人在欲界或初定地由同地心可得令言說若所化人在上地但由初定心令言說於上地无發起有教業心故若令多所化人言說為同為不同偈曰與能化非佛釋曰離佛世尊所化人餘一切人所化人與能化人俱同言說若能化人有言說與多所化人俱同言說如偈言

一人正說言　諸所化俱說　一人若默然
諸所化亦尒

唯佛世尊如所意欲或前或後所化衆人或彼問佛荅或佛問彼荅是時若起言說心是時即無變化心應無所化云何能化人令所化言說偈曰立願已別作釋曰由欲令所化久住故先發化生願然後入觀更由別心發起有教業故令彼同有言說為人生

在所願事皆隨意成為死後亦成偈曰已死願事成釋曰由聖大德迦葉願力故骨身住不壞故知死後願事亦得成此願偈曰非虛餘說无釋曰若物非堅實相續不久於中願事不成聖大迦葉不願留皮肉等身分故有餘師說若人已死無復願事若尒聖大迦葉骨身云何得住由大德弟子諸天威力護持故得住為由一心化生一物為由多心化生一物偈曰初一由多心已成翻此能釋曰初修學時隨一所化物起多變化心化生事方成若化生通慧已成由一變化心化生非一物隨量欲化生為一切變化心皆是无記不偈曰修得是无記釋曰若變化心是修得果必定是無記偈曰若生得有三釋曰若變化心由生得則有善惡无記謂天龍鬼神等生得變化心所作或於自身化生或於他身化生此九入為性有色入除聲故不各離根生故譬如紀美蟲及伊師迦草如意成有二種一修得二生得此復有二種偈曰意成由咒

樂業生故五種釋曰若略說如意成有五種一修果二生得三呪成四藥成五業成業成者譬如頂生王等及中陰衆生是所說天耳及天眼此二為是天種類故說天為如天故說天此義應思如天耳天眼者謂菩薩轉輪王寶長者若是天種類耳眼偈曰

天耳及天眼　清淨色定地

釋曰若人入四定緣音聲光明修加行為方便故依四定地四大有二種清淨色起遍耳眼邊為聞聲見色依止由依定地生故此耳眼是天種類復次此二偈曰

等分具恒故　遠細等境界

釋曰天耳天眼无非等分恒與識相應故無不具根无盲乱等失故譬如色界衆生上細障遠等色及聲皆是彼境若肉眼如偈說遠住彼障細遍覆色不見肉眼見對色天眼則翻此若由天眼見色所見色近遠云何道人隨眼所見色近遠亦尒聲聞獨覺佛世尊若不作功用心欲見能見一千二千三千世界若作功用心欲見偈曰

二三千无數　應供獨覺佛

釋曰若大

聲聞由天眼欲見作大功用心能見中二千世界若犀角喻獨覺由天眼欲見作大功用心能見大三千世界若佛世尊由天眼欲見能見阿僧祇世界隨佛所欲見何以故如智能於法天眼能於色亦尒為但如意成有生得為餘亦生得偈曰

有餘生得

釋曰天眼等四亦有生得一切生所得不得通慧名偈曰

眼中陰非彼境

釋曰是生得天眼不能見中陰衆生色何以故此色但是通慧眼所見非生得天眼所見除彼同類偈曰

他心智有三

釋曰生得言流若生得應知三種謂善惡无記偈曰

觀明呪所作

釋曰不但生得有三種學伊叉尼柯論能觀相人所得他心智由思惟分別所成或由明呪所作此應知亦有三種謂善惡无記不如修得一向是善由生所得他心智及宿住念智偈曰

地獄初能知

釋曰地獄衆生初受生乃至未為苦受所逼於中能了達他心及能憶持宿住若生住餘道由此二恒知偈曰

於人無生得

釋曰唯於

人道如前所說如意成等五无生所得若尒云何得有自性憶持宿住人此從業差別所作何以故於彼亦有三種宿住念智有修得果有生得有業所作

阿毗達磨俱舍釋論卷第二十

甲辰歲高麗國大藏都監奉
勅彫造

阿毗達磨俱舍釋論卷第二十

校勘記

一　底本，麗藏本。

一　九九〇頁上四行品名，資、磧、普、南作「中分別慧品之二」；徑、清作「釋分別慧品第七之二」。

一　九九〇頁上一六行「智力」，諸本(不含石，下同)作「智中」。

一　九九〇頁中一九行末字「威」，諸本作「成」。

一　九九〇頁下一五行第一〇字「婆」，諸本作「娑」。一六行首字及一八行第一一字同。

一　九九一頁上二行末字「第」，諸本作「等」。

一　九九一頁中四行「習氣」，諸本作「智氣」。

一　九九一頁下末行第一一字「息」，磧、普、南作「思」。

一　九九二頁上二〇行「真實」，諸本作「貞實」。

一　九九三頁上四行第六字「田」，南、徑、清作「由」。

一　九九三頁中一六行第六字「目」，南、徑、清作「自」。

一　九九三頁中一九行「因理釋言」，諸本作「以因理釋義」。

一　九九四頁中一四行末字「託」，諸本作「托」。

一　九九五頁中一一行末字「增」，諸本作「憎」。

一　九九五頁下一五行「二色界」，磧、南作「一色界」。

一　九九六頁中一行「不更」，諸本作「更不」。

一　九九六頁中二〇行「化人」下，諸本有「猶欲令所化久住故先發化生願」十三字。

一　九九六頁下一四行第八字「欲」，諸本作「次」。

一　九九七頁上六行末字「轉」，諸本無。

一　九九七頁上一一行「聞聲見色」，諸本作「見色聞聲」。

一　九九七頁上二一行末字「二」，磧、普、南作「大」。

一　九九七頁中一九行「由生」，資、磧、普作「由牛」。

趙城縣廣勝寺

阿毗達磨俱舍論卷第二十一　神

婆藪盤豆造

陳天竺三藏真諦譯

中分別三摩跋提品第八

由依止智慧一切功德謂智慧種類分別說已別性類功德今當分別說是故最初依定應作分別說由一切功德依止彼故偈曰四定有二種釋曰若略說定有二種由生得定修得定差別故復次此定唯有四種謂初定二定三定四定此中受生中定不應更說於分別世間品中偈曰生得定已說釋曰云何說各定三地四定有八地修得定必定應說故說此言偈曰修定善一類釋曰若不分別唯心善一類名定是三摩提性故偈曰共伴類五陰釋曰若分別諸定共隨行相應法應知五陰為性何法名一類謂一境等若尒唯心一境成定非別類心法成定不說諸心是定由彼法諸心成一類故說彼法為定彼法名一類為不如此耶一切心剎那滅故皆是一類若汝言第二心從此境不散故是一類是義不然於相應法中定大地應無用由此是三摩提是故諸心共緣一境汝何故不許此義若言由定大地故諸心成一類應立一切心皆成一類此亦成失是義不然由此定勢力弱故經部師說是心同一類故說名定何以故三摩提者謂依心學心清淨為勝經中說名四定餘師說如此定者名持訶那持訶那是何義由此得知得見故名持訶那何以故若心得定則能如實知見此名以思量為義思者即是般若此悉檀作如此說若尒一切三摩提皆應名持訶那由一類能令如實知見故是義不然於勝類中立彼名故譬如作光名曰於中與何勝法類相應若定與分相應此定則與勝類相應何以故此共奢摩他毗鉢舍那雙生起故故說為現法安樂住及遲速樂行由彼最明了思量故故彼是勝類若善一類名持訶那有染汙云何名持訶那由邪思惟故若尒則有大過之失是義不然於相似中由但立名

故辟如壞種子故佛世尊亦說悪法為持訶那復次是善一類有何相名初定乃至是善一類有何相名第四定偈曰有觀及喜樂釋曰覺觀喜樂相應善一類說名初定由說觀覺即彼說覺觀如烟及火相應行故有不相離相離故無有觀有喜樂與覺相離所餘三定偈曰前前分所離釋曰善一類言流覺觀所離但有喜樂是第二定覺觀喜所離但有樂是第三定覺觀喜樂所離但有捨是第四定如說四定偈曰無色亦釋曰無色有幾種義與定同彼亦有二種由修得生得故亦有四種由減損想故是彼生得於前已說謂無色界無處由生有四種聚同分及命依此心相續修得無色定若不分別但以善一類為性由此義無色定與四定同偈曰四陰釋曰若分別諸定共隨行相應法應知四陰為性無隨行色故偈曰寂離下地生釋曰空遍入從寂離第四定生識遍入從寂離空遍入生無所有遍入從寂離識遍入生非想非非

想遍入從寂離無所有遍入生無色定由此故成四何法名寂離由此道彼解脫他地故說此道名寂離彼定至得離欲故是四無色定偈曰制伏色想名共三種近分釋曰空遍入近分定緣第四定為境界故未得制伏色想名何以故於中制伏色想未竟故未得滅離是前所說無色界但有四陰此言不成就謂於無色界無色若無色界有色云何說為無色界由色細故辟如阿寶伽羅執彼所有色其相云何若唯有身口護色身口既無云何得有身口護色若無四大說有四大所造色無如此義若汝言如無流護是義不然由有流四大有故於說彼三摩跋提中乃至有撥言謂無色等想若彼有身必定有色根云何許彼有細色若汝執由身量極細故說無色於不　可見色水虫應成無色若汝執彼色極淨故說無色於中陰及色界亦應立為無色若汝執由無勝彼淨色故說無色則但有頂成無色所餘應非何以故如修三摩

跋提三摩跋提生差別亦介彼定生色由非下地根所取故於彼有何差別若汝言二界名隨義立第三界名非隨義立此中以何道理為證由說壽命煖觸相應故如二蘆束互相依持名色及識由說互相依故於十二緣生中說依識名色生依名色識生復有別證離色乃至離行由撥識去來故是故於無色界有色義成是義不然應更思量故此義必定應共思量謂說壽命煖觸相應義此言為依欲界壽命說為依一切壽命說名色及識互相依言為依欲界色界識說為依一切識說說名色依識生言說識依名色生言此中為一切識以名色為依一切名色以識為依為不皆介此中說離色等撥識去来言為離一切色等撥識去来義為隨離一若汝言由佛不分別故不可自分別思量是義不然有太過之失故是外煖觸不應成與壽命相離復次外色應依止名由不分別說故由佛說四識住及四食於色無色界應有段食及

色識住若汝言說過用段食諸天及說喜食諸天由此言故無太過之失於無色亦應介不應立有色由佛說無色是一切色出離故如經言是寂靜解脫過一切色是無色復有說有衆生無色復有說由過一切色想及有㝵想故知無色界中無色何以故若彼實有色彼必定應生想分別自色若汝執觀下地麁色故說無色是義不然何以故於段食中此義應同四定出離下地故於中應立無色云何不說彼是受等出離由是下地受等出離故彼已過一切種色類不過一切種受等類是故說彼但是色出離非受等由有不說出離有者由有不得出離有故不能出離一切有及永出離有故復次佛世尊於色定中說言於色定中若有色類乃至識類於無色定中說言於無色定中若有受類乃至識類於無色界若有色類云何不說若有色類言耶是故偈曰無色定無色釋曰由此二證應知於無色界必定無色說有色者此是邪

言與理相違故若介於彼中無量刧色相續已斷絕後從彼退時色云何更生偈曰更生色從心釋曰色從心更生昔時色報因所熏習故此心有功能生於今色若不依止色心云何得生起云何不得生起此中非所曾見故若介離段食於色界中不應得生起何以故此中非所曾見故於前已說此依止能令彼心相續生起說此義已復次此義今當說為空無邊入等必定以空等為境界故說彼以此名為不介非此云何前三者偈曰空無邊及識無邊無所有由加行立名釋曰空無邊識無邊無所有彼作如此思惟得修觀行因此加行是故彼如次第得此三名偈曰昧故非想非釋曰由想軟昧故說名非想非非想何以故彼想不明了非全無想若彼於中修如此觀行想即是病想即是癰想即是剌無想即是癡闇是寂靜是美妙謂非想非非想入雖然不由此加行立名云何彼執如此觀行决定應釋曰相微細故此義於前已

說偈曰如此根本定八物釋曰根本定若約實法唯有八物謂四色定四無色定此中偈曰有三種七釋曰除有頂所餘七定各有三種何者為三偈曰有噉清淨無流釋曰此七定有与噉味相應有清淨有無流偈曰第八二釋曰第八是有頂此定有二種有與噉味相應有清淨無無流復次此中偈曰噉味相應定有愛釋曰噉味謂貪愛味是定所有功德緣此起愛欲心愛欲即是能噉故說貪愛所涂汙定名與噉味相應偈曰世間淨清淨釋曰世間定法若善為性說名清淨與無貪等白淨法相應故復次此中何定是噉味相應所噉偈曰是堪噉釋曰是所堪噉即是清淨三摩跋提法此法是彼所噉必從一剎那等已滅若是所噉則已出彼能噉即是所修觀偈曰出世定無流釋曰出世三摩跋提法是名無流此三摩跋提法中唯四持訶那有分四無色定無分此中偈曰於初有五分釋曰初持訶那中有五分五者偈曰覺觀喜

樂住釋曰覺觀喜樂善一類此五於定能引治安依體故說為五分此五分中第五彼說亦定亦分所餘但分非定若實說如四分單五分持訶那亦尒偈曰憙等及內淨於第二四分釋曰於第二持訶那有四分一內澄淨二憙三樂四善一類此四應知如前偈曰第三有五分捨念惠樂住釋曰於第三持訶那有五分一捨二念三慧四樂五住住即是善一類何以故住是三摩提別名故如經言何者為三摩提是心住於正境於正位由此經故知住是三摩提別名偈曰寂後有四分中受捨念住釋曰第四持訶那是寂後於中有四分謂非苦非樂受捨清淨念清淨善一類若依如此丈定分有十八初定三定各有五分二定四定各有四分故如此數由名立若由實物偈曰實物有十一釋曰初定分有五於第二內澄淨增於第三捨念慧樂增於第四非苦非樂受增由此義故有十一是故說若分在於初定於第二為是分不有四句

第一句是覺觀第二句是內澄淨第三句是喜樂善一類第四句除前所說是餘法如此一切定分皆應以四句更互相攝云何於第三定中說樂為別物由此樂於第三定成受樂於前二定中偈曰輕安樂前二釋曰於第一第二定是輕安說名樂於前二種安樂於第三是受樂此義云何成前二持訶那與樂根不相應故何以故於前二定中所說樂不應成身樂入觀人五識不有故不可立為心樂已說為喜故喜者謂心踊躍喜樂二種一時俱生無如此義喜樂或於定中遞互生起此不可執由說定有五分故有餘師說於前三定中心地樂根皆悉不有但安立身樂根以為彼分若尒經中云何說如此經云何者為樂根緣能起樂觸身心受樂所愛勝受類記此名樂根此文不知何人所增加何以故於一切部中唯有身樂文故文言修觀人由身正受樂此義由自名所說故若汝執由心身受者若作此說得何功德於第四定輕

安寂極不說為樂故若汝言是輕安隨順樂受故亦得說名樂是義不然第三定中何故不說輕安名樂若汝言由為捨所損害故是義不然由捨彼增進故品類勝前二故復次由經輕安與樂有差別如經言是時聖弟子從輕安生喜由身證已生起此已於其中住於此經中由別說輕安及樂是故知輕安非樂若汝言正入觀人身識云何生此不相違何以故有風從三摩提生名輕安與樂受相符依內起遍滿身故若汝言由外散乱即便退定是義不然從定生依內身起由此身樂與定相隨故無有退義若汝言身識起時觀行人即出定是義不然由前言所成故若汝言由欲界所生身根色界相應觸識不應得生是義不然自輕安識生故若尒身根所領觸及身識應成無流勿有一分有流一分無流由說身輕安為覺分是義可然若汝言由隨順覺分故說為覺分無流義亦應尒若汝言此執與經相違經云何者名有流法一

切眼根乃至觸塵是故相違是義不然由依別觸身識別意說故若汝言於無流法無一分有流一分無流是義不然不俱時起故於中復有何失若汝言樂及喜不並起故初定應無五分是義不然依應有義說故譬如說覺觀若汝言此義未成由辯不成就故是義不然由麁細二心一時相違故由汝不說此義中過失故是故於初定五分中由減二三四分故安立第二定等由此義故於初定說有五分為欲減前安立後定故是故不減想等若不介云何唯五為分若汝言由有益故立別分是義不然覺觀二法於念慧中寂有益故有諸部師作如此爭論宿舊諸師不說如此不隨可知所有法立為定分是故彼執應須思量何法名內澄淨覺觀散動滅離故相續清淨流說名內澄淨何以故如江有浪由覺觀散動故此相續生起不得清淨若介此非別物云何由實物定分有十一是故偈曰信根內淨釋曰有別物謂信根此人由得第二定地故於出離寂靜地中生起決信故此中說信根為內澄淨有餘師說覺觀三摩提內澄淨悉非別物若彼非實別物云何成心法心位差別有時說為心法由心成故阿毗達磨悉檀不說如此是汝所說喜者是適心此義云何可知若不介欲以何法為別如別部所許別部云何許彼執有別心法名喜適心是三定中樂若非於三定中樂應成適心偈曰喜適心由二證釋曰佛世尊於毗波利多經中說第三定已於中先生適心根滅盡無餘於第四定中樂根滅盡無餘佛復於餘經中說由樂根苦根滅故於前憂根適心根滅故廣說如經由此二證於第三定中必定無有適心根是故喜根即是適心根非樂如清淨定中所說分於染汙定為有不不有何分於彼不有偈曰染汙無喜樂內澄淨念慧及捨念清淨釋曰若定有染汙初定无寂離生喜樂不能寂離惑故第二定無內澄淨由惑所染濁故第三定無念慧由染汙樂所乱故第四定無捨清淨念清淨由與惑相應故有餘師說唯如此偈曰餘說無輕捨釋曰有餘師說初定二定若有染汙則無輕安第三第四定若有染汙則無捨由此二法是善大地故佛世尊說三定有動變由有過失故偈曰離八過失故說第四不動釋曰何者為八過失偈曰覺觀及二息餘樂等四種釋曰覺觀樂苦喜憂出息入息此八是諸定過失此八過失中隨一過失於第四定中無是故唯說第四定為不動覺觀喜樂等所不能動變故故經中說第四定為不動辟如內密室無風燈光餘師說如此於前三定說有適心受由與喜相應故第三樂第四捨如修觀定中受於生得定中受為如此不非此云何偈曰喜受樂捨受捨受及喜受樂捨及捨受生得定諸受釋曰於初生得定中有三受一樂受與三識俱起二喜受以意識為地三捨受與四識相應起於第二生得定中有二受謂喜及捨此二以意識為地無樂餘識不

有故於第三生得定中有二受謂樂捨此二以意識為地於第四生得定中唯有捨受由如此義生得定受與修得定受不同於第二定等若無三識及覺觀彼衆生云何得見聞觸彼復云何得起有教身口業不說於彼受生衆生眼識等不有雖有不屬二定等地此云何偈曰眼耳身三識身口業緣起二等初定得釋曰眼等三識及能起有教業識於第二定等雖不有彼能令現前辟如變化心彼由此識能見聞觸及能起有教業偈曰此無染無記釋曰此四識無染汙亦無記第二定等衆生所引四識令現前此四識應知以初定為地非有染汙由彼離欲下地故非善下劣品故說定事已復次清淨等四色定及四無色定至得云何偈曰不得得清淨由離欲及生釋曰若人不至得彼此人能得清淨四色定及四無色定或由離欲下地或由受生下地除有頂何以故清淨有頂不由受生得故不得者此言云何若人未曾得及捨至得

由加行能得清淨或得決擇分清淨由退故得退分定是故毗婆沙中說此言為有如此不成由離欲至得清淨定或由離欲棄捨清淨定由退墮及受生亦尒說有約退墮分初定論此六義何以故由離欲得此故由離欲大梵處棄捨此故由退墮大梵處離欲得此故由退墮離欲欲界棄捨此故由捨上大梵處受生得此故由從此退墮受生欲界棄捨此故偈曰無流由離欲釋曰不得得此言流若人已曾得由盡智更得無學無流若由修練根道或得有學或得無學為不如此耶由入正定聚初得無流次第修觀人不必定由未曾得得此无流定如必定應得是今所說偈曰染汙退生得釋曰不得得此言流由退得者若人退此離欲更還得此由受生得者從上地更生下地復次從何定法後幾種定次第得生從無流初定後有六定無間得生於自地清淨定無流定為二於第二第三定亦各有二從無所有入後次第生有七於

自地清淨無流為二識無邊入空無邊入亦各有二於有頂但有清淨無无流從第二定後次第生有八於自地清淨無流為二於第三第四及初定亦各有二從識無邊入後次第生有九自地有二空無邊入及第四定有四無所有入及有頂有三由如此方所餘色無色定次第十十定法應如此知此中是略攝偈曰從第三上下無流後善生釋曰由說善性清淨及無流皆被攝同是善性故無流定法後次第或依自地二種定法生謂清淨無流或上地下地乃至第三亦尒何以故起修觀人過第三處求起不得成云何如此由過遠故從類智次第能修無色定觀從法智次第不得如此以下地依止為境界故如說從無流次第生諸定所餘應知亦尒偈曰從淨生亦尒長染汙自地釋曰此中生自地染汙定長於前此從清淨定後次第得生所餘諸義如無流何以故無流定後染汙不得生故偈曰從汙自地淨染釋曰從染汙定後次

第於自地清淨及染汙定得生偈曰一下地淨釋曰若人為感所逼下地若清淨於中亦生尊重若人已了別此定謂此定染汙行於下地定則從善行於善不從染汙若不分別云何得行於下地清淨定由前引心力何以故此人於前有如此欲樂謂寧得下地清淨不用上地染汙是先意欲眾生相續亦能隨逐辟如人先發願方眠如所要期時即覺若無流從染汙後一切種次第不得生此言約修觀時說謂從清淨定及染汙定後次第自地染汙定生非於餘地偈曰退時從淨染一切釋曰死墮時從生得清淨定後次第一切地染汙定生偈曰染非上釋曰從染汙四色定四無色定後死墮時次第自地下地染汙定生非上地復次非從一切清淨定後無流定生若尒此義云何偈曰清淨定有四退分等釋曰退墮分安住分增進分決擇分清淨定有此四種有頂有三種除決擇分故此四其相云何偈曰次第或至自上地無流隨

得故釋曰若此定功德隨順煩惱生名退墮分若此定功德隨順自地名安住分若此定功德隨順上地名增進分若此定功德隨順無流名決擇分是故說此定名無流此四種定中幾定從幾定後次第生偈曰二三三及一從退等次第釋曰退墮分定後次第二定得生謂退墮分及安住分安住分定後次第三定得生除決擇分增進分定後次第三定得生除退墮分所餘次第得生決擇分定後次第一定得生謂決擇分定修超定觀云何得成偈曰去來於二類八地密起一修超諸定觀行非等分三釋曰去者謂次第修觀來者謂逆修觀於二類者謂有流無流八地者謂四色定四無色定密者謂上下次第超一者謂過一一地先於有流八地或順或逆修觀修觀成熟已次於七無流地修觀亦尒修觀成熟已後時為成就於修自在故從有流初定超入有流第三定從有流第三定超入空無邊入從空無邊入起入無所有入次

更如此逆超若此修已成熟後於無流定修順逆超一亦尒應如此次第修順逆觀為超定加行是時若從有流初定能入無流第三定從無流第三定能入有流空無邊入從有流空無邊入能入無流無所有入次修逆超亦如此是時非等分第三定中去來成故超修定得成由過遠故第四不可超修此修於三洲中是非時解脫阿羅漢所修得或滅盡故於定有自在故見至聖人彼根雖利於定若有自在彼惑未盡故不得修時解脫阿羅漢惑雖已盡於定不得自在亦不得修由何依止有幾色定無色定可令現前偈曰自下地依止色無色釋曰有頂定於有頂處可修令現前於下地乃至欲界皆能修令現前如判有頂所餘諸定於自地及下地皆得修令現前云何如此若人生於上地不能令下地諸定現前何以故於此人偈曰非下釋曰生上地人下地定於彼無毫釐用由下劣被輕故說通義已此中更說別義偈曰聖現無

所有入於有頂流盡釋曰若聖人已生有頂由現前修無流無所有入至得流盡云何已生有頂能現前修無流無所有入於自地無故此熟所恙故得現前修復次色定無色定所緣何境偈曰有愛自有境釋曰若定與啾味相應說名有愛緣自地有起有言者顯取有流境不能緣下地已離欲故不能緣上地由諸地貪愛各所隔㝵故不能緣無流為境應成清淨故偈曰善定遍有境釋曰若定以善為性謂清淨及無流此定以一切法為境彼境實有物謂有為无為偈曰本善色無色非有流下境釋曰根本清淨色定及無色定下地有流法非彼境界緣自地及上地為境界故若無流為境界一切類智種類是彼境界非法智種類非下地滅若近分定及無間道以下地為境界此三種色定無色定中何定能滅惑偈曰由無流惑滅釋曰惑滅不由清淨定何況由染汙定由此下界惑不得滅於下未離欲故自不能對治自故是故不能

自地惑由寂勝故不能滅上地惑但由無流定得滅復次偈曰及諸定近分釋曰由色無色近分清淨定諸惑亦得滅是下地對治故此近分有幾種偈曰彼定近分八釋曰隨一一定近分亦介依近分得入根本故分為如根本有三種不近分受為如根本受不非偈曰清淨非苦樂釋曰彼近分定但是清淨一類與捨根相應由功用所引故未離下地厭怖故離欲為果故是故唯捨受無啾味偈曰初聖釋曰寂初近分定名非至定此有二種有清淨有無流若由近分心結生即有染汙若入觀必無染汙由前已遮故偈曰餘說三釋曰有餘師說非至近分定亦與啾味相應此中有說名近分定有說名中間定此二名為一義為有別義有別義何以故近分者是離欲道偈曰無覺中間定釋曰此定與覺不相應說名中間定與二定異故由勝初定故於初定中不立於第二定等中亦非所立由無勝類故復次此中間定有幾種有幾受偈曰

三種無苦樂釋曰此定或與啾味相應或清淨或無流是無苦無樂受與捨根相應故不與喜根相應大功用所引故故說為苦遲速行此中間定果差別云何偈曰大梵王為果釋曰若人修習上品中間定受大梵王報復次攝一切諸定於經中說有三定一有覺有觀三摩提二無覺有觀三摩提三無覺無觀三摩提此中中間定即是無覺有觀三摩提由此經第二言所證但遮覺故從此定偈曰有覺觀此下釋曰從此向下所有諸定悉名有覺有觀謂初定及依初定餘定偈曰此上定無二釋曰於彼中無二謂過中間定向上餘定無覺觀二從第二定近分乃至有頂皆無二復次經中說三摩提有三種謂空定無願定無相定此中偈曰無相應靜相釋曰與滅諦行相相應定說名無相定此定有四行相何以故涅槃者由離十相說名無相此定以涅槃為境故名無相十相者謂五塵男女三有為相是名十相偈曰空定無我空釋曰

與無我空二行相相應定說名空定此定有二行相偈曰無願定所餘諦相相應故釋曰與所餘諸諦行相相應定說名無願定此定有十行相何以故於無常苦及彼因生厭背故於通由栰喻義必定應棄捨觀行人於彼生過背意故彼皆不可願以彼為境故名無願於無我空中無厭背義由與涅槃相似故此三定有二偈曰彼清淨無垢釋曰此三定以清淨及無流為種類屬世出世故若世間定依十一地成若出世定隨無流道地偈曰淨三解脫門釋曰此三定若無流說名三解脫門謂空解脫門無願解脫門無相解脫門由彼是解脫門故由別義於彼更說別名偈曰空空等名定復有三別定釋曰有空空定有無願無願定有無相無相定以空定等為境界故彼名空空定等於中偈曰二定緣無學由空無常相釋曰有二別定緣無學諸定為境空空定緣无學空定為境由空行相故無願無願定緣無學無願定為境由無常

行相故不由苦及因等行相無流法不以彼為相故不由道諦行相彼所應厭背故偈曰無相無相定靜相非擇滅釋曰無相無相定緣無學無相定非擇滅為境由寂靜行相故不由滅妙離行相何以故與無常滅同故無記性故非求出離故此三別定一向偈曰有流釋曰由背捨聖道故彼是有流若無流則不尒此定是何道所得偈曰人釋曰於人道中非於天道於何人相續中生偈曰不壞釋曰唯不壞相阿羅漢能得此定由事究竟故非餘阿羅漢此定依幾地生偈曰七近分所離釋曰除七近分定於十一地謂欲界非至定中間定四色定四無色定復有經說有四三摩提修經云有三摩提修若修若事若習成為得現世安樂住廣說如經此中偈曰有別修四定淨初為現樂釋曰若初定是善性類或清淨或無流此三摩提必定能得現世安樂住初定既尒餘定應知亦然不必定得未來安樂住或退墮或生上地或入涅槃

於中未來安樂住或不成就故偈曰為知見眼通釋曰第二三摩提修為得知見三摩提修謂天眼通慧修偈曰為別慧行生釋曰第三三摩提修為得老別慧三摩提修一切勝德皆從加行生謂三界無流諸德若定能得此德說此定修為老別惠三摩提修偈曰金剛辟後定能滅有流修釋曰於第四定有三摩提名金剛辟修此定能得一切流盡彼言佛世尊說四三摩提修依佛自修行說此義云何可知由依第四定約時分別故說諸三摩提巳一切德依止三摩提成說時巳至是故今說偈曰無量定有四釋曰四無量定謂慈悲喜捨無量以無量衆生為境界故感無量果報故云何立四偈曰由瞋等對治釋曰多行煞害瞋逼惱瞋嫉妬瞋愛起憎瞋衆生為滅此行是故次第應修此四無量定不淨觀及捨無量定若同對治欲界愛欲有何差別毗婆沙師說色欲對治是不淨觀婬欲對治是捨無量觀若執如此則與理相應婬

欲對治是不淨觀能除色形貌觸威儀欲故母父及兒親等欲對治是捨此四定性類云何偈曰慈無瞋及悲釋曰慈以无瞋善根為性悲亦如此偈曰喜定謂適心釋曰於他懽適事心隨彼懽適說名為喜偈曰捨無貪釋曰捨以無貪善根為性若尒云何對治瞋由瞋是貪愛所引故若尒此定應以二善根為性此義應理此慈等無量定行相云何偈曰行相有樂及有苦得喜及衆生釋曰若衆生安樂是慈定境界於彼起行相思惟謂衆生安樂由此得修慈無量觀若衆生有苦是悲定境界於彼起行相思惟謂衆生有苦由此得修悲無量觀若衆生得喜是喜定境界於彼起行想思惟謂衆生得喜由此得修喜無量觀若不分別但衆生衆生是捨定境界於彼起行思惟謂衆生衆生由此得修捨無量觀由是中心故觀若彼無樂於彼樂觀樂云何此觀不成顛倒由願得意故非是顛倒復由意無顛倒故復由是願樂想定故復次

若如此顛倒有何過失若汝言非善性為過失是義不然彼以善根為性故又能對治瞋等惡法故說彼行相已若彼緣衆生為境緣何衆生為境偈曰彼欲衆生境釋曰欲界衆生是彼所緣境能對治緣彼為境瞋恚等故若尒經中所說約一方起慈等心此義云何此言由顯器在器中亦是所顯此四无量依幾地生偈曰於二定善釋曰於前二定修喜無量觀適心為性故偈曰餘六地釋曰所餘三無量觀於六地中修謂非至定中間定及四定偈曰餘說五釋曰有餘師說除非至定但於五地修復有餘師說於十地謂欲界及四近分由攝不定加行根本故是前所說彼能對治瞋恚等為由彼惑得滅不偈曰由彼惑不滅釋曰根本定為地故假願思惟為體故緣衆生為境故由修彼加行能制伏瞋恚等故說彼是瞋恚等對治已滅能令遠故有慈等觀以欲界及非至定為地有以根本定為地由前制伏諸惑已後由滅道滅除諸惑

次於離欲位中由得根本無量定故若得定强力緣時非復彼所能逼故初學人云何修慈無量觀如計自身所得勝樂或見聞他得勝樂謂佛菩薩獨覺聲聞於衆生起如此至得勝樂願樂想謂願諸衆生得如此樂若不能等發此心由惑衆强盛故先於親屬分為三品於最上品親起得勝樂願想於彼若已成次於中及下親觀行亦尒於三品若得平等慈觀色次於中人觀行應知皆如前說次於怨人復分為三品於最下怨願彼得勝次於中怨及上怨亦尒於最上怨願得勝樂想若起不更退失如於最上品親不異次　第於家聚落方土中起得勝樂願想乃至緣一方及遍一切世界起願得勝樂想由慈無量心周普無餘若人於一切衆生恒樂取德此人必定速得成就慈觀何故於斷善根人若取彼德亦可得於犀角喻獨覺若取彼過亦可得由能顯苦福非福果故於悲及喜修觀行亦尒觀彼衆生沒多灾橫流內願彼解脫

衆苦願彼衆生恒得歡喜若人作如此願想得入悲喜定觀捨觀從中境成但以衆生衆生為行相故四無量定是何道能修偈曰人道生釋曰若修彼必定在於人道非於餘道若人與一無量定相應必定與一切相應不不定與一切相應此何為偈曰三應定釋曰若人生第三第四定與喜不相應若人得無量定恒與三相應偈曰解脫八釋曰於內有色想於外觀色是第一解脫於内無色想於外觀色是第二解脫淨解脫由身證已於修中住是第三解脫無色定為四解脫滅受想定為第八解脫於彼偈曰前二不淨觀釋曰前二解脫不淨觀為體性以黑爛等想為行相故是故於此二應知如不淨觀中觀行義此前二偈曰二定釋曰於前二定中此二解脫是所修非於餘地次第是欲界及初定地色欲對治故偈曰三後定無貪釋曰第三淨解脫但於第四定修此亦以無貪善根為體性非不淨觀為體性由淨想為行相故若

攝彼共伴類五陰為體性無色解脫者偈曰淨無色定地釋曰若善若定地四無色觀是四無色解脫非不定地辭如於死有中餘部師說無色定有時非定如目乹連所修復次無色近分定解脫道彼亦得解脫名若是善及定地非無間道緣下地為境故何以故背捨義即是解脫偈曰滅心定解脫釋曰滅受想定即是第八解脫此定於前已說由背受想故名解脫復由背捨一切有為法故復有餘師說由此八能解脫一切定障故若人修滅心定偈曰最後細微成釋曰有頂者由想最細故此定更修令最細方得入滅心定若人已入滅心定云何得出偈曰自地淨下聖心從彼出觀釋曰或由於有頂清淨心從彼得出或由無所有入為地清淨心及無流心從彼得出如此依有流心入無心定出心通有流無流於此八解脫中偈曰欲界中見境前三釋曰於前三解脫通以欲界色入為境或可增或可愛如次第偈曰四無色是類智

種類自上地諦境釋曰無色解脫緣上地及自地苦苦集苦滅為境一切類智種類道及非擇滅虛空為境云何於第三定不立解脫於第二定地色欲不有故復於清凉樂有動故云何彼修淨解脫觀為安樂先不淨觀損羸自相續故復次為欲觀察自能不能故謂於前二解脫為成不成若介則知前二成若更由淨相觀淨境先惑不起何以故修觀人由二種因故修解脫等觀一為令諸惑極遠相離二為於定中得自在為能引取無爭等諸德及能引取聖通恵此通慧能變異物類成就所願延促壽等事云何於第三第八說身證於餘不說由二勝故復由在界地窮際故偈曰制入有八種釋曰於内有色想於外觀色小量或好或悪制修此色我見我知作如此想是第一制入無量亦介於内无色想於外觀色此二如前二合此成四通無内色想觀青黄赤白色我見我知作如此想合此成八偈曰二如初解脫釋曰如初解脫應知

二制入亦尒偈曰後二如第二釋曰如第二解脫應知第三第四制入亦尒偈曰餘如淨解脫釋曰如淨解脫應知後四制入亦尒若尒此彼有何異由前八但背捨由後八制修境界令隨自意樂顯現及令惑不起偈曰十遍入釋曰能普覆起一類無間隙故名無邊何法為無邊謂地水火風青黃赤白此色相普覆空無邊入識無邊入此二亦普覆於中偈曰無貪八釋曰前八以无貪為性偈曰後定釋曰第四定是彼所依地偈曰彼境欲釋曰欲界色入是彼境有餘師說風無邊入觸為境界復有餘師說前四觸為境界後四色為境界偈曰二淨無色釋曰最後二無邊入以清淨無色定為性偈曰自地四陰境釋曰自地四陰是後二無邊入境界八制入是入解脫法門十无邊入是入制入法門前前於後後勝故此解脫等以一切凡夫聖人相續為依止唯除滅心解脫偈曰滅心定已說釋曰滅心定解脫於前已說由一切義差別

偈曰餘離欲行得釋曰異滅心定所餘解脫等或離欲所得或加行所得由前悉前未悉故偈曰三界依無色餘人道修得釋曰無色解脫無色無邊入此法以三界身為依止三界人所修得故所餘諸解脫及諸制入無邊入依止人道相續得成由止教力緣所生故云何於色無色界修得色定無色定差別由三種因緣四持訶耶无色三摩跋提得生由因業法尒力故此中偈曰因業力二界生色無色定釋曰於二界謂色無色界生無色界定或由因力謂近修及數修或由業力謂上界分後報業果報欲至故何以故若人於下界不生欲於上界不能得生偈曰於色界色定由二法尒得釋曰於色界中生差別定必由二力謂因力業力或由法尒力世界欲壞時一切衆生是時來下地生四色定是時善法最成就豊饒起故是佛世尊正法應更幾時住於中如此等諸法品類明了可知可見偈曰世尊正法二教修得為體釋曰此中

正教者即是諸阿含謂修多羅毗那耶阿毗達磨正修得者謂阿地伽摩此是三乘人所修菩提助法及三乘果如此名二種正法此中有幾人偈曰於中有能持能說及能行釋曰於阿含有二人一能正持二能正說於阿地伽摩但有一人謂能正修得隨此三人相傳住時正法亦隨此時得住何以故有二因緣能令正法久住謂正說正受有餘師說佛般涅槃後一千年正法得住此說約正修得不約阿含若約阿含則有多時何以故於末世中若能此正法諸人有二種諸天一隨聞得信二隨正解得信皆擁護彼人令阿含及正修得於世不速隱沒是故於中如文如義應急修正行此論中佛世尊阿毗達磨是我所說為如經部中所顯為如毗婆沙中所顯偈曰罽賓毗婆沙理成我多隨彼說此論正法偏執是我失判法正理佛為量釋曰罽賓國毗婆沙師二證所成就此阿毗達磨我今多隨彼義說於中若有偏執是我過失離

證能正判正法唯佛世尊為最勝量何以故由證見一切法故若佛聖弟子離阿含及道理判正法亦非中量

阿毗達磨俱舍釋論卷第二十一

阿毗達磨俱舍釋論卷第二十一

校勘記

一 底本，金藏廣勝寺本。

一 九九九頁中四行品名，徑、清作「釋分別三摩跋提品第八」；麗作「分別三摩跋提第八」。

一 九九九頁中一九行末字「定」，資作「是」。

一 九九九頁下一四行至一五行「說若……一類」共十七字，資無。

一 一〇〇〇頁上五行第三字「善」，資、磧、普、南、徑、清作「喜」。

一 一〇〇〇頁上六行「如烟及火」，麗作「如火及烟」。

一 一〇〇〇頁中三行末字「定」，資作「室」。

一 一〇〇〇頁中一一行第六字「阿」，徑作「何」。

一 一〇〇〇頁中一八行第二字「許」，資作「訝」。

一 一〇〇〇頁中一九行第六字「不」，資作「不不」。

一 一〇〇〇頁中二〇行「極淨」，資作「極清」；磧、普、南、徑、清作「極清淨」。

一 一〇〇〇頁中二二行第五字「淨」，資、磧、普、南、徑、清作「清」。

一 一〇〇一頁上一九行第一二字及中七行第一一字「中」，資作「十」。

一 一〇〇一頁中一五行「如此」，資、磧、普、南、徑、清作「知此」。

一 一〇〇一頁中一八行第六字「想」，資作「相」。

一 一〇〇一頁中二〇行「癡闇」，資、作「瘕闇」。

一 一〇〇一頁中末行「相微」，磧、普、南、徑、清作「由想微」。

一 一〇〇一頁下六行「敢味」，資作「敢未」。

一 一〇〇一頁下二一行第五字「四」，資作「罪」。

一 一〇〇二頁上四行第五字「說」，磧、普、南、徑、清作「記」。

一 一〇〇二頁上五行第八字「內」，資作「曰」。

一 一〇〇二頁中八行首字「種」，南、徑、清、麗作「輕」。

一 一〇〇二頁中一九行第四字「記」，磧、普、南、徑、清、麗作「說」。

一 一〇〇二頁中末行第五字「說」，資作「記」。

一 一〇〇三頁上四行第七字「起」，

資無。

一　一〇〇三頁上一〇行第七字「減」，資、磧、普、南、徑、清作「減」。

一　一〇〇三頁上二二行首字「由」，麗作「由此」。

一　一〇〇三頁中四行末字「差」，麗作「者」。

一　一〇〇三頁中一〇行第四字「三」，徑、清無。

一　一〇〇三頁中一八行「定爲」，資、磧、普、南、徑、清作「定知」。

一　一〇〇三頁下二一行「爲地」，資作「爲也」。

一　一〇〇四頁上五行第四字「觀」，諸本(不含石，下同)無。

一　一〇〇四頁中三行「成由」，諸本作「或由」。

一　一〇〇四頁中九行第四字「捨」，資、磧、普、南、徑、清作「於」。

一　一〇〇四頁下三行首字「无」，磧、普、南、徑、清無。

一　一〇〇四頁下八行「十十」，磧、普、南、徑、清作「十七」。

一　一〇〇五頁上四行「染汙」，資作「若汙」。

一　一〇〇五頁上末行第八字「至」，麗作「生」。

一　一〇〇五頁中六行「二三三」，南作「三三三」。

一　一〇〇五頁中一五行第一一字「逆」，磧、南、清、麗作「逆」。

一　一〇〇五頁下八行「過遠」，麗作「最遠」。

一　一〇〇五頁下一二行第一一字「修」，資、磧、普、南、徑、清作「彼」。

一　一〇〇六頁上一行第四字「於」，徑、清無。

一　一〇〇六頁上七行第九字「緣」，資、磧、普、南、徑、清無。

一　一〇〇六頁上一〇行首字「㝵」，磧、普、南、徑、清作「得」。

一　一〇〇六頁上末行末二字「不能」，南、徑、清、麗作「不能滅」。

一　一〇〇六頁中二行第四字「定」，資、磧、普、南、徑、清無。

一　一〇〇六頁中六行第一二字「分」，麗作「近分」。

一　一〇〇六頁中九行「捨根」，麗作「捨受」。同行「由功」，徑作「曰功」。

一　一〇〇六頁中一七行「中間」，資作「聞」。

一　一〇〇六頁下七行第三字「攝」，徑作「復」。

一　一〇〇六頁下一四行第一〇字「曰」，南作「白」。

一　一〇〇六頁下一六行第一〇字「頂」，資作「餘」。

一　一〇〇六頁下一九行第三字「與」，資、磧、普、南、徑、清無。

一　一〇〇七頁上六行首字「通」，磧、南、徑、清、麗作「道」。

一　一〇〇七頁中七行第六字「求」，諸本作「永」。

一　一〇〇七頁下一六行第一〇字「感」，資、磧、南作「惑」。

一　一〇〇八頁上一七行首字「想」，南、徑、清、麗作「相」。

一　一〇〇八頁上一九行第六字「行」，磧、南、徑、清、麗作「行相」。

一　一〇〇八頁中一〇行第二字「善」，諸本作「喜」。

一　一〇〇八頁中一四行第二字「除」，資作「際」。

一　一〇〇八頁中一八行首字「惑」，資無。

一　一〇〇八頁中二二行「及非」，磧、普、南、徑、清作「及末」。

一　一〇〇八頁下一〇行末字「色」，磧、南、徑、清、麗作「巳」。

一　一〇〇八頁下一三行首字「勝」，麗作「勝樂」。

一　一〇〇八頁下一五行「次第於家」，資作「次次第於家」；磧、普、南、徑、清作「次第於處」。

一　一〇〇八頁下一九行「何以故」，資、普作「何以」。

一　一〇〇八頁下二一行末字「苦」，磧、普、南、徑、清、麗作「昔」。

一　一〇〇九頁中四行第四字「死」，資、磧、普、南、徑、清作「無」。

一　一〇〇九頁中一三行「最後細微」，資、磧、普、南、徑、清作「最後細後」；麗作「最微細後」。

一　一〇〇九頁中二一行第六字「中」，麗作「可」。

一　一〇〇九頁中二二行末字「增」，諸本作「憎」。

一　一〇〇九頁下五行「清涼」，磧、普、南、徑、清作「清浄」。

一　一〇〇九頁下六行末字「捐」，南、徑、清作「損」。

一　一〇〇九頁下九行第三字「前」，麗作「彼」。

一　一〇〇九頁下一四行第九字「延」，資作「近」。

一　一〇〇九頁下一七行「色想」，資、麗作「色相」。

一　一〇一〇頁上一六行「二無」，徑作「無二」。

一　一〇一〇頁中七行「由止教」，磧、普、南、徑、清、麗作「由正教」。

一　一〇一〇頁中一八行「二力」，普、南作「一力」。

一　一〇一〇頁中末行「二教」，麗作「一教」。

一　一〇一〇頁下七行「一人」，資作「二人」。

一　一〇一〇頁下一三行第七字「此」，麗作「持此」。

一　一〇一〇頁下一四行「諸天」，麗無。同行末字「皆」，麗作「諸天皆」。

阿毗達磨俱舍釋論卷第二十二

婆藪盤豆造

陳天竺三藏真諦譯

破說我品第九

大師世間眼已閉　又證教人稍滅散
不見實義無制人　由不如思動乱法
自覺已入寂如靜　荷負教人隨入滅
世間無主能壞德　無鉤制惑隨意行
若知佛法壽　將盡已至喉　是惑力盛時
求脫勿放逸

離此法於餘法為無得解脫耶無云何如此非如我見誑於心故何以故彼人不於五陰相續中假立我言故何為由彼分別有別實物名我一切或以我執為生本故於餘法無解脫義云何得知如此但於五陰相續中假起我言非於餘義由我非證比二量所知故餘法若實有若無障㝵必定由證量得知譬如六塵及心或由比量得知譬如五根此中如此比知若有因緣餘因緣不有故不見事生若有則見事生色塵等緣若具有能

障㝵法若悉不有盲聾等人及非盲聾等人於色等塵眼等識不生生故可得比量別因不有有義別因即是眼等根如此證量及比量於我不有故是故說決定無我是跋私弗多羅部所說必定有我與五陰不一不異此言宜應簡擇為彼執由實物故有由假名故有實有相云何假有相云何若如色等別有名實有物若如乳等但聚集有名假名有若由實物有與陰別性故應說與陰有異譬如別陰必定須說此我因若無因即是無為則同外論師說亦無別用若汝執由假名有故有此說最勝我等亦說如此我等立我有不由實有說有亦不由假名有說有此何為約內所取現世諸陰執說為我令此別言於義復不開顯非我等所解此約言顯何義若義如此謂緣諸陰於諸陰中假名說我此義應成譬如緣色等物假名說乳復次若義如此謂因諸陰故我言成諸陰是說我言因故此執亦同前失我等說我不如此若不尒云

何如約薪執說火約陰執說人亦尒云何約薪執說火若離薪火不可執說不可立火與薪有異與薪無異若火異薪薪應不熱若火不異薪所燒應即是能燒如此離諸陰不可執說人亦不可說人異諸陰由有常過失故亦不可說人與諸陰不異由有斷過失故善友願汝為我說何物為薪何物為火後我當得知約薪執說火義此中何所應說所燒是薪能燒是火若有應說必如此說此中汝須更決說何物是所燒何物是能燒於世間中可然物說名薪亦名所燒若然能燒光最熱說名火何以故此物能然彼能燒彼由能變異彼相續後不如本故此二各有八物所成緣薪火得生譬如緣乳酪生緣摩偷酢生是故言約薪熱說火若尒則知火與薪異由不同時故若人如火必定緣陰生異於陰則成無常復次若於然薪中是熱觸說名火所餘三大與此共生許此名薪此二示有差別明了易知由相有異故約薪有火義汝今

阿毘達磨俱舍釋論卷第二十二　第四張　神

應說云何約薪熱說火何以故此薪
非是火因亦非熱說火因何以故但
火是熱說火因若汝說約言是依止
義或共有義若尒諸陰於人應成依
止應成共生彼乎差別亦明了易知
復次若陰滅人應即滅譬如薪滅火
即滅是汝所說若火異薪薪應不熱
此中何物名熱若汝說熱性名熱薪
應不熱別火性故復次若汝說若有
熱性名熱此物雖與熱性火異此復
成熱与熱性相應故是故於別異無
過失復次若汝言正然物說名薪亦
說名火是故約義汝今應說若是陰
即是人此不異義即至不可遮是故
此譬不成如前云約薪執說火約陰
執說人亦尒復次若不可說人與陰
異所知有五種謂過去未來現在無
為不可言此應不可說何以故此所
知於過去等不可說為第五及非第
五故是時汝等執說人為觀諸陰執
說人為觀人執說人若觀諸陰執說
人名但約陰中執說人名由人不可
得故若觀人執說人云何言約陰執

阿毘達磨俱舍釋論卷第二十二　第五張　神

說人何以故此執說但人是所緣境
故若汝言諸陰若有人則可知是故
言約陰執說有人若尒眼根思惟光
明等若有是時此色方可知亦應約
眼根等執說色是有此義汝應說人
於六識中是何識所知彼說由六識
所知此義云何若緣眼所知色分別
觀人應說此人是眼所知不可說即
色非即色乃至若緣意所知法分別
觀人應說此人是意所知不可說即
法非即法若尒此人應成與乳等同
若緣眼所知色分別觀乳或觀水等
應說乳水是眼所知不可說即色非
即色如此應說鼻舌身所知亦尒乃
至不可說即觸非即觸勿乳水等非
四物所成此非所許義是故如色等
具物假說名乳及水等如此亦應具
諸陰假說名人此義應成是汝所說
緣眼所知色分別觀人此言有何義
為色是觀察人智因為正證知色即
證知人若色是人智因亦不可說人異
於彼若尒色與光明眼根覺觀等亦
應不可說異彼是色智因故若正證

阿毘達磨俱舍釋論卷第二十二　第六張　神

知色即證知人為即由色證智證知
人為由別智若即由色證智證知人
人與色不應成異性或於色但假說
人若不尒若由一智所證知此人非
色此色非人此二云何可分別若不能
如此分別云何強立此言謂色是有
人亦是有何以故由隨證知可說彼
有如色乃至於法亦應說如此若由
別智分別此二別時所得故人應成
異色譬如黃色異青等又如前後剎
那乃至於法亦應說如此若汝言如
色及人一異不可說能證知此二智
一異亦不可說是故此智亦不可說
是有為則破自悉檀若說人是有但
不可說即色非即色云何佛世尊說
色無我乃至識亦無我是汝所說眼
識能證見人此識為緣色生為緣人
生為緣二生若尒何有若緣色生則
不能緣人生譬如聲等何以故若緣
此塵此識得生唯此塵是此識緣緣
若緣人及二此執與經不相應故則
為佛經所違何以故經中已決判此
義唯依緣二法諸識得生復有別經

阿毗達磨俱舍釋論卷第三 第七張 竹

亦違此執經云比丘眼是因色是緣能生眼識何以故一切所有眼識唯因眼緣色生若如汝所執此人應成無常何以故是因是緣能生眼識彼皆無常由此經言故若汝執人非眼識境入則非眼識所知復次若汝立義人是六識所知此人由耳識所知故應成異色譬如聲由眼識所知故應成異聲譬如色於餘塵應知亦如此復次此經文句違汝所執經云婆羅門是五根各別行處各別境界是因自行處境界彼各各受用非別根能受用別根行處境界謂眼根耳根鼻根舌根身根心能受用五根行處境界是故心是彼所依止人非境界若非境界不應是六識所知若尒意根應成別不通經云有六種根各別行處各別境界樂欲自行處境界此言於六眾生我譬中說是義不然於此經中不定說六根為根是五根樂欲見等事不有故彼識亦尒彼增上處所引意識立此為根故說名根是獨類心增上緣所引意識此識非能樂

阿毗達磨俱舍釋論卷第三 第八張 竹

欲受用餘根行處境界是故無失復次佛世尊說比丘我今為汝等說一切所應知一切所應識法門眼根是所應知是所應識色眼識眼觸由眼觸因緣於內生受謂苦樂不苦不樂等乃至由意觸因緣於內生受謂苦樂不苦不樂等是名一切所應知一切所應識法門由此經若有所應知及所應識決唯此量不出於此於中不說人是故人決定非所應知智及識境界同故執我諸人說云我等由眼見人於非我所見有我故彼則墮我見處深坑於經中佛世尊自了義說云但於五陰說假名人於人經中說依眼緣色生眼識由三和合生觸共生受想作意等是四種無色陰及眼根并色唯如此量說名人於此中立諸名謂薩埵那羅摩㝹闍摩那婆弗伽羅時婆布灑善斗於中立言我由眼見色於中有世傳云此命者如此名如此姓如此種類如此食如此受苦樂如此長壽如此久住如此壽際比丘如此事唯名為量唯言為

阿毗達磨俱舍釋論卷第三 第九張 竹

量唯傳為量如此等一切法無常有為故意所造由因緣生如此了義經於此執中佛世尊說為依為量此經不可更別思量復次有別經說婆羅門若說一切有唯是十二入若人非入所攝此人必定不有此義則成若入入攝非不可言於彼部中有如此經經言比丘若所有眼若所有色廣說如經由唯此量比丘諸佛如來說一切有窮顯一切說又頻毘娑羅經中說比丘嬰兒無聞凡夫隨逐假名我言此中無我無我所唯苦欲生得生廣說如經有阿羅漢比丘尼名世羅對魔王說此偈言

如從和合分　於中說車名　如此依諸陰
假名說眾生

於少分阿含中為波遮利婆羅門說此偈言

波遮利汝聽　能解諸結法　由此心有染
復由此心淨　我者無我體　顛倒故分別
無我無眾生　唯法謂因果　有分唯十二
唯有陰入界　熟思尋此法　人實不可得
如觀內是空　觀外亦如是　此二不可得

能除及空義
復有經說我執中有五種過失謂起
我見衆生見墮於見處與外道不異
僻行邪道心不入空義不生淨信心
於中不住於此人聖法不得清淨彼
不以此文為依量何以故此文於我
部中非所誦說為以部為依量為以
佛言為依量若取部為依量佛世尊
於彼則非正教師彼便非釋迦種子
若取佛言為依量如此等文句云何
不取為依量彼云如此等文句非是
佛言云何非佛言於我部中非昔所
誦故於今非理事起此中有何非理
此文句是一切餘部所讀誦此文句
不違佛經及法尒由我等不讀誦故
此非佛言此言一向非正思量但由
強作於彼為無此經耶謂一切法無
我若汝言不說人是法不說人異法
若尒此人應成非意識所知緣二識
得生由經文決故於此文中汝云何
分別救難經言於無我我執是想倒
心倒見倒於无我我執是顛倒非於
我何者非我諸陰入界汝於前云不

可說我是色非色此言亦不可忍何
以故於餘經說比丘若有沙門婆羅
門觀執有我彼一切但依五取陰起
此觀執是故一切不於我起我執復
有經說若有諸人能憶種種宿住已
憶正憶當憶彼一切唯依五陰若尒
此經云何說此言我如此色等於宿
世已生此言為顯能憶宿住人能憶
多種宿住若見人有色應隨身見過
失若不說我一切色等則無屬處故
說此言不為顯我是故人是假名有
譬如聚流等若尒佛世尊不應成一
切智人何以故無有心及心法能知
一切法剎那剎那生滅故是故人能
知若尒心滅時由執人不滅故汝則
已信許人是常住我等不說於一切
境由智一時現前佛世尊是一切智
若不尒此云何是相續稱為佛有如
此勝能於隨所欲知境中唯由迴心
生智無倒故稱一切智此中說偈

由相續有能　稱火食一切　說遍知亦然
不由俱悉解

此義云何可知由說過去等世故如

偈曰

是過去諸佛　是未來諸佛　是現在世佛
能除衆生憂

汝等但許五陰有三世非許人若唯
五陰名人云何說此經經云我今為
汝說重擔取重擔捨重擔荷負重擔
云何此言不可說重擔不能自荷負
重擔故云何不能此事非所曾見故
不可言亦不可言此事非所曾見故
復次應立取重擔非陰所攝為成此
義故佛世尊分別荷負重擔人是命
者如此名如此姓乃至如此久住及
壽際應知是名荷負重擔勿作別物
意知或執為常住或執為不可言諸
陰自能滅諸陰謂前陰於後陰為
顯荷負重擔義故說此文必定有
人何以故由此經言无自然生衆生
此執是邪見何人說無自然生衆生
如佛世尊分別衆生我說亦尒是故
若人撥無於餘生中自然生五陰相
續世一間立名自然生衆生說此人起
邪見謂無自然生衆生由有諸陰自然
生故是汝所說撥人邪見見何諦所

滅此邪見不應由見諦滅亦不應由修道滅何以故人不屬四諦攝故若汝言有別經為證顯人非陰經言一人於世間向生生為利益安樂多人廣說如經由此經言故人非陰是義不然由於聚中假說一故譬如說一麻一米或於一聚說一言如說一山一屋應說人即是有為由汝許有生故如陰先未有後有人生不尒不尒云何生由取別陰故譬如延若師生毗伽羅論師生由取明處故說名生又如比丘生道人生由取相故說名生又如老者已生病者已生由取別位故說名生是義不然由被撥故於經中佛世尊已撥此義何經於真實空經經云比丘如此有業有果報作者不可得實無有故是能棄捨此陰往取彼陰唯除於法世流布語所立人又於頗求那經中說我亦不說衆生能取陰唯諸法相續起由此經是故知無有一人能取諸陰能捨諸陰汝今信執何延若師生乃至病者生立為人譬若執我此不成就非有故若執心

及心法彼刹那刹那未曾有有故不可為譬若執身亦如心如身明相陰及人應成差別老病此二是別身是僧佉所立變異義於前已破是故延若師等不成譬若汝執諸陰有未有有義人則不尒若尒人應異陰亦是常住此義分明所顯汝說陰五人一云何不說人與陰異汝云何說四大色一色不異四大如此是立義過失何者立義立唯有大義雖然如唯四大是色如此唯五陰是人此義已許若唯陰名人云何佛世尊不記命者即是身命者異於身由觀問人意是故不記此問人執有一別實物名命者於內是作者彼人依此為問此物必定實无云何可記是一是異譬如龜毛強澁軟滑此結宿舊諸師先已解釋有大德鄉伽斯鄉阿羅漢旻隣陁王至大德所說云我今欲問大德沙門多湯言如我所問若大德直荅我當問大德大德言王但問王即問命者為即是身為命者異身異大德言此義非所記王言大德我先為不令

大德立撦耶謂不應說別語我有別語此義非可語大德言我今欲問大王諸王多湧言如我所問王若直荅我當問王王言大德但問大德即問於王內中菴羅樹此子為酸為甜王言我內中無菴羅樹大德言大王我先為不令王立撦耶謂不應說別語王言我說何別語我內中無菴羅樹既無云何得記子味酸甜大王如此命者既無我云何能記異身不異身云何佛世尊不直記無我由佛觀問人意故不直記何以故是諸陰相續立名命者勿問人由執此不有墮於邪見是故不說由彼未通達十二緣生理故是故彼非受此正說器復次由此道理應決此義為是由世尊說此言阿難跋娑同姓外道問我我為有為不有我不荅若說此言為非相應耶謂一切法無我阿難若我荅跋娑同姓外道問說一切法無我此外道於先已在癡闇為不更過前量入癡闇耶昔時我有我今時永無我若執有我則墮常見若執无我則墮斷見廣

說如經此中說偈

觀見手傷身　及棄捨善業　諸佛說正法
如雌虎銜子　若信說有我　見手傷徹身
若棄假名我　善子即墮落

復說偈言

由人實無故　佛不記一異　亦不得說无
勿執無假我　是陰相續中　有善惡果理
說命者撥無　由說無命者　彼人未堪受
正說真空理　問有我无我　故不答我無
若由觀問意　於有何不記　同前無涅槃
墮難故不記

世間常住等問佛亦不記由觀問人意故若彼執我為世間此無故四答不應理若彼執一切生死名世間答此亦不應理何以故若世間常住無一人得般涅槃若非常住則一切皆斷滅自然般涅槃若具二必定一分不得涅槃一分自得若非二應成非得涅槃非非得涅槃由涅槃至得墮屬道故是故不可定為四答譬如不記尼乾弟子握中之雀由此義世間有邊等四問佛亦不記此四問同前四義故何以知然有外道名郁胝柯

以此四問佛復問為一切世間由此道得出離為世間一分大德阿難言郁胝柯是義汝於初已問世尊今何故復以方便更問此義如來有異死等四問由觀問人意故佛亦不記何以故彼人執已解脫我名如來故為此問於執有我人應作如此問云何世尊記生存人有不記於異死人有為離墮常過失故此事云何記佛言弥底（知履反）履也今汝於未來當成如來阿羅訶三藐三佛陀復云何聲聞過世已死於後生記彼言某甲某處受生如此亦應墮常過失若世尊先時見眾生存在般涅槃已則不復見故不記者此應由無明故不記則撥大師一切智德汝或應信受此義謂由我不有故佛不記若佛見人不記雖不記此人是有亦是常住此義自成若汝說此義亦不可言謂佛見及不見若尒汝應漸漸成此義令皆不可言佛世尊是一切智不可言非一切智亦不可言我必定有由此言依實依住撥我無我說名見處說有亦

是見處是故此言不可以為證阿毗達磨師說此二皆是邊見斷常二邊見所攝故此言是理如跋婆經中言阿難若說有我此人則墮常見若說無我此人則墮斷見若汝言人無何物往還生死何以故生死自往還此義不可言佛世尊說諸眾生以無明為蓋貪愛為縛往還此彼或於地獄或於畜生餓鬼人天道中如此長夜受於眾苦增益貪愛常聚血滴若尒此人云何往還生死由捨此陰受彼別陰汝今所立義於前已破若尒離人生死云何自往還譬如火剎那剎那滅由相續故說行如此陰聚說名眾生以貪愛為取約相續說名往還若世間唯是陰聚云何佛世尊說今我於昔時曾作世師名曰善目云何不應說如此由諸陰異故若尒何者有人若昔人即是今人人則常住是故今我是昔世師此言顯一相續譬如有言是於彼火燒然至此若我實有唯諸佛如來能明了見見已世尊即立我執令成堅實我既是有我所

阿毗達磨俱舍釋論卷第二十二　第十九張　神

亦成由佛說經為顯此義衆生於五陰中生我所執則成堅實是彼於五陰則成身見我所見有已彼我所愛復成堅實彼以我所愛為堅實繫縛則於解脫轉成極遠若汝言於我不生我愛此言應何道理謂於無我由信有我起我愛於實我不起我愛是故於如來正法中無因緣起見瘡疱謂有諸人撥無我起有我執復有諸人撥有執一切無是諸外道計執我實有別物正法內人起有我執及執一切無如此等人同不得解脫由无差別故若由一切種我實不有心既剎那剎那生滅久遠時所曾更事今云何憶云何更知從憶念境界相類差別心念及更知生從此想類差別心無間念得生其相云何由與於彼迴向覺觀同有相應及想等無依止差別憂悲散乱等損其勢力何以故此想類差別心若同境非同類不能生此念若同類非同境亦不能生此念若二同但一剎那亦不能生此念若異此三則能生此念若念生必由

阿毗達磨俱舍釋論卷第二十二　第二十張　神

此生不見餘物於念有功能故今云何別心所見餘心得憶何以故天與心所見祠與心不應得憶是義不然不相應故天與心祠與心此二不相應非因果故如一相續心有相應彼則不尒我等不說別心所見別心能憶此云何從見心有別憶念心生由相續變異故如前所說若尒有何失從憶念心更知心生若無我孰能憶能憶是何義由念能取境此取境為異念不異此念能作取故是我前所說因緣能生此念謂想類差別心復次是汝所說及多憶念從此相續稱名及多見憶念生說名憶念若無我此念是誰念又第六別言是何義主為義譬如人問此以何為主譬如婆羅門牛云何婆羅門為此牛主由乘將使等事屬婆羅門故若尒此念於何處可使由此以我為彼主於應憶境中於中何用使彼為憶境故希有樂自在人作此言說謂使此為生此云何此可使為生彼名使為遣彼名使由念无行故曰生說使若尒主應成財因財應成

阿毗達磨俱舍釋論卷第二十二　第二十一張　神

主果何以故由因於果果有增上由果因有所得是因能生念此念屬此因是故主以因為義諸行聚相續攝在一處立名天與立名牛主此假名人於餘處牛變異生中思量為因緣故說名牛主於中無一人名天與無一物名牛是故於中若離因義不可立為主何物能識此識是誰識應如念釋此識因緣謂根塵覺觀思惟如理應知是此差別若有人說我有由有觀有者故一切有等事必定觀有者等譬如天與行此中有事名行必定觀行者天與識事亦尒是物能識此識必應依彼生應問此人汝所說天與是何物若說我為天與此我於前已破不可成立若汝說世流布所顯此人不成一物諸行聚得如此名此中如說天與行說天與識亦尒云何說天與行諸行剎那剎那生滅相應無別異說名天與諸凡夫執彼許為一衆生彼於別處作自相續因世間於彼說天與行於餘處生說名行譬如光聲相續於別處生說名行

是彼正作識因說名天與識聖人由世流布所立亦說彼事為與言說相應故於經中說識識境此中識何所作悉無所作如識果隨似因悉無所作但由得相似體故說如此說識識境亦尒悉無所作但由得相似體識相似有何義體生似彼是故此識雖從根生但說識塵不說識根復次此中識相續由於後識是因故說識識境此言無失由於因中立作者名故譬如說鈴正鳴復次譬如燈行識識境亦尒云何燈行於光相續假名說燈此相續正生於餘處說燈行餘處如此於心相續假名說識此心相續於餘塵中生識此識彼塵復次譬如世間說色有色生色住此中能有等不異有等亦有二言於識二言亦尒若從識識生不從我生云何生不恒似本又不由決定次第生譬如茅節葉等由住異諸行相故一切有為法性皆如此必定相續不同若不尒入如意得定觀人身心相似生故一切相續與初剎那不異故後時不應自

然出定亦有決定次第心生若心應從此心生從此彼必定生故亦有別心同相有功能生同相心由性差別故譬如從女人心次第若織汙身心生或此夫及子等心生復於後時由相續變異故更生女人心此心於織汙身心生中或於此夫及子等心生中有功能由同性故若異此則無功能復次從此女人心由別因緣生无量別心於此衆心中若心多生明了生最近生從此心次第先生是彼修習力最強故除現時身外因緣差別此心修習力強云何不恒受果由此心有住異相故此住異相於別修習果生中隨順功德故此法相於一切心種類中是方無間因智中諸佛世尊有自在此中說偈

於孔雀一尾　具一切相因　餘人不能知
此智是佛力

何況無色諸心差別我等能知有餘外道執從我心生此二難於彼外道最明了成云何心不恒生同一相云何不決定次第生譬如茅節葉等若

汝執由觀心和合差別故異是義不然由別和合不成就故由二和合物有定量故彼說和合相者非至為先後至說名和合由彼所執和合相則應立我有定量遍義則不成是故由心有行亦應說我有行及滅若汝執由於一分和合是義不然此一物無分故我亦許汝有和合雖然若心恒不異云何和合有差別若汝說由觀智有差別是故心有差別是義不然智與心同難故我既無差別智云何有差別若汝執觀功用差別從我和合智差別生是義不然云何不執但從功用差別相應心智差別生何以故此中無有我功能隨一可知得故譬如藥事成時有誰或醫說部莎訶言若汝說由我有此二得成此執但有語言若汝言此我是彼依止若尒於中何者是所依何者是能依何以故此二非所持譬如畫色及婆陁羅子亦非能持譬如壁及瓶由有相㝵俱有二過失故若我為彼依止不如此若不尒云何如地大是香等依止我

今大喜此辟乃證我義謂我無如離
阿毗達磨俱舍釋論卷第二十二 第二十五張 神
香等別地大不可得於香等假名說地大如此於功用及心無有別我但於此二假名說我何人能決了有地異於香等汝今應知辟如無自在人有第二頭異色等五塵若離香等无別地云何說於地有四德為各分別彼令他得知香等得地等名無別地等辟如說木像身形雖然若由觀功用差別故智有差別云何不一時生一切智若功用寂強是功用遮餘功用若尒是寂強功用云何不恒生果是彼道理是彼道理即是彼修分別我則無復用必定應信受有我念等由求鄰性故此求鄰必定依止物故是故念係我是我德若執彼依止餘物則不相應離我餘物無覺故是義不然彼求鄰性不成就故是汝所立念等是求鄰性於我不成就我等執一切所有皆名陁孅脾（又毗耶）由經言沙門果者唯有六物是故彼依止陁孅脾為性不成何以故是依止義前已簡擇不成就故是故此言但是濁說若我實

無造業何用我當受樂我當受苦為
阿毗達磨俱舍釋論卷第二十二 第二十六張 神
此故造業我是何物我計執境界我計執何法為境界諸聚為境界汝云何知由於彼生愛故與白黑等智同依止故如說我白我黑我肥我瘦我老我少等見此計執我與白黑等智恙同依止汝不許於我有如此等差別是故此我計執但約陰起於我有恩故於身假名說我辟如世言彼臣即是我此於我有恩假立我言我計執則不尒若但緣身為境界云何不緣他身為境界是義不然不相應故此我計執隨所有法共相應或身或心於中起我計執非於餘處於無始生死所數習故何者為相應謂因果道理若無我此我計執是誰計執又第六別言是何義此問已去今復更來荅亦如此乃至若法是此計執因此計執屬此法若尒何法為計執因昔我計執所薰習緣自相續為境界有垢穢心若無我誰受苦誰受樂是依止中或苦生或樂生辟如樹有花林有菓此苦樂以何法為依止內六入隨一如前

所說應知如此若執我無誰造作業
[illegible]俱舍釋論卷第二十二 第二十七張 神
誰受用果造作及受用此言有何義先未有能今有名作正得先業果名受用此言說別名非顯別義解判法相師說於事有自在名作者見世間有人於餘事中有自在能辟如天與於住食行等事中汝今說何法為天與若汝說我為名天與我前已破此不成有若說五陰是作者則無自在業有三種謂身口意此中於身業者是身為作事必繫屬心是心事於身亦繫屬自因緣心於自事亦尒是故隨一無自在一切有法皆繫屬因緣故生起悲無自在汝法中是所執我若不觀餘因緣不許為作者故是故此自在不成由無此相是故隨立一為作者皆不得成於事中若因由功能勝假名說為作者於餘事不見我有一功能故不可立我為作者何以故意欲從憶念生覺觀從意欲生功用從覺觀生風從功用生從風起業於中我作何功能受用果何相若我正用此事說我為受者是受用果相

此言何義若汝說覺知為受是義不然我於覺知無功能由已破於識我功能故若我無云何不以非衆生為依止所有善惡業生長非受等依止故以何為依止六入為依止非我此義前已說我既無從已謝滅業於未來果云何生若我有從已謝滅業於未來果云何生從能依法非法生如汝所言有何能依及所依此語前已破是故法非法無所依止復次我等不說從已謝滅業於未來中果報得生若介云何從業相續轉異勝類果生譬如種子果如世間說從種子果生此果不從已謝滅種子生非無間生云何生從種子相續轉異勝類生謂芽節葉等次第所生花及花後此果既從花生云何說為種子果由轉轉於花中生果功能是種子所作故是事後花功能若不以種子功能為先此花無功能得生如此等流果如此從此業說果報生不異此義果報不從已謝滅業生亦非無間生若介云何從業相續轉異勝類果生此中相續是何法

轉異是何法勝類是何法以業為先後後心生說名相續此相續後後異前說名轉異於此轉異中若有轉異無間最能生果說名勝類此於餘轉異最勝故譬如有取死心於後有生有功能雖以種種業為先若業重最近數習是三所生功能此中明了顯現非餘業如偈言

若重近數習　及昔作諸業　先先後熟
於輪轉有續

此中果報因所立於果報果中功能生果報已即便謝滅同類因所立於等流果中功能若有染汙法對治生時即便謝滅若無染汙法由心相續永謝滅故此功能即滅謂般涅槃時復次云何從果報別果報不更生譬如從種子果更生種子果此中一切所立義與譬義不必悉同此中不從果更生別果若介云何生從濕脹轉異勝類所生此中四大種類能生芽等是果種子非餘復次是前相續由當有名說為種子以相似故此中亦介從此果報聽聞正邪二法等因緣

差別所生或有流善或不善心轉異若生從此更生別果報不由別理故此譬與立義同復次由此譬更應知此義譬如從勒荷汁所點摩東籠伽花相續轉異所生於果內赤色纔得生從餘不生如此從業所生果報別果報不得生若由如前所說道理此則得生隨麁如我智慧所知此理已顯由種種勝能有差別諸業所熏習相續至如此位能生如此如此果報此義難諸佛世尊境界此中說偈

業熏習勝類　果報位及淨　由一切種理
離佛餘不知　佛經理平應　解真義勝量
依二說無傷　何用難墮負

如此善立理清淨　已見諸佛教法介
盲闇種種邪見行　願捨外執得明行
此涅槃土一廣道　諸佛日言光所照
衆聖行熟無我理　雖開眯眼人不見
佛世尊告富婁那　汝等正勤持此法
若人依此修觀行　必定皆得五五德
如此已顯正義方　為開智人智毒門
願彼捨離外邪執　為自及他得實義

阿毗達磨俱舍釋論卷第二十二

阿毗達磨俱舍釋論卷第二十二
校勘記

一　底本，麗藏本。
一　一〇一四頁上三行譯者，資、磧、普、南作「陳三藏法師真諦譯」；徑、清作「陳三藏真諦譯」。
一　一〇一四頁上四行品名，資、磧、普、南作「中破說我品第九」；徑、清作「釋破執我品第九」。
一　一〇一四頁上七行「如静」，諸本（不含石，下同）作「妙静」。
一　一〇一四頁上八行「無主」，諸本作「無生」。
一　一〇一四頁上九行「惑力」，資、磧、普、南作「感力」。
一　一〇一四頁上末行第一一字「若」，資作「苦」。
一　一〇一四頁中一一行「別別」，諸本作「別」。
一　一〇一四頁中一四行「最勝」，諸本作「最精」。
一　一〇一四頁中一五行第一三字「有」，清作「不」。
一　一〇一四頁下一四行「熱說」，諸本作「執說」。下至次頁上三行同。
一　一〇一四頁下二一行「是熱」，諸本作「是執」。同行「三大」，諸本作「三火」。
一　一〇一五頁上一〇行第八字「與」，諸本作「興」。
一　一〇一五頁上末行第三字「若」，諸本作「但」。
一　一〇一五頁中二一行第一〇字「亦」，諸本無。
一　一〇一五頁中二二行「覺觀」，諸本作「學觀」。
一　一〇一五頁下五行第一〇字「可」，諸本無。
一　一〇一六頁上四行「無常」，資、磧、普作「無學」。
一　一〇一六頁上七行「六識所知」，資作「六知」。
一　一〇一六頁中一九行第一〇字「斗」，磧、普、南、徑、清作「升」。
一　一〇一六頁下六行首字「人」，南、徑、清作「入」。
一　一〇一六頁下七行首字「入」，南、徑、清作「人」。一〇一八頁下二一行第一二字同。
一　一〇一六頁下一〇行「頻毘娑羅」，資、磧、普、南、清作「佛毘娑羅」；徑作「佛毘婆羅」。
一　一〇一六頁下二〇行首字「復」，徑作「須」。
一　一〇一七頁上七行第四字「所」，諸本作「不」。
一　一〇一七頁上一二行「云何非佛言」，諸本無。
一　一〇一七頁上二一行第六字「言」，諸本作「云」。
一　一〇一七頁中一九行「唯由」，徑作「唯有」。
一　一〇一七頁下二行「世佛」，諸本作「諸佛」。
一　一〇一七頁下一六行「荷負」，諸

本作「荷負荷負」。

一　一〇一七頁下二一行第三字「一」，諸本無。同行第一三字「此」，資、磧、普無。

一　一〇一七頁下末行第八字「人」，諸本作「無」。

一　一〇一八頁上七行「如說一」，資無。

一　一〇一八頁上一三行「別位」，諸本作「別住」。

一　一〇一八頁上一八行第九字「語」，諸本作「論」。

一　一〇一八頁中四行「僧佉」，資作「僧法」。

一　一〇一八頁中八行「四大」，資、磧、普、南、徑、清作「大四」。

一　一〇一八頁中一三行第七字「於」，諸本無。

一　一〇一八頁中一六行「一是」，諸本作「一身」。

一　一〇一八頁中末行第五字「記」，諸本作「說」。本頁下一二行第四字及次頁上六行第八字同。

一　一〇一八頁下八行至九行「我內……何得」十三字，諸本作「菴羅樹既無若樹無云何」十字。

一　一〇一九頁中一一行「三獲」，資、磧、普、南作「三若」。

一　一〇一九頁下三行「跋婆」，諸本作「跋娑」。

一　一〇一九頁下一一行「陰受」，諸本作「陰愛」。

一　一〇一九頁下一七行「善目」，諸本作「善自」。

一　一〇一九頁下二〇行「一相」，徑作「一行」。

一　一〇二〇頁上一五行「相類」，清作「想類」。

一　一〇二〇頁中一行「功能」，資作「功德」。

一　一〇二〇頁中一九行「彼主」，資作「彼王」。

一　一〇二〇頁中二二行「爲生」，資、磧、普、南作「爲生此云何此可使爲生」。

一　一〇二一頁上四行第八字「果」，諸本作「異」。

一　一〇二一頁中一四行第三字「住」，諸本無。

一　一〇二一頁下二一行第一二字「有」，諸本無。

一　一〇二一頁下二二行「二過」，資作「二邊」。

一　一〇二二頁上八行第八至九字「地等」，諸本無。

一　一〇二二頁上一三行「是彼道理」，諸本無。

一　一〇二二頁上二一行第九字「依」，資、普、南無。

一　一〇二二頁上末行「是故」，資、磧、普、南無。同行「漫說」，資、磧、普、南、徑、清作「謾說」。

一　一〇二二頁中三行「諸聚爲境界」，資、磧、普、南無。

一　一〇二二頁中七行「不許」，諸本作「不計」。

一　一〇二二頁中一〇行末字「執」，諸本無。

一　一〇二二頁中一八行至次行「因此計執」，資、磧、普、南無。

一　一〇二二頁中二〇行「境界」，諸本作「地界」。

一　一〇二二頁下三行「正得」，諸本作「止得」。

一　一〇二二頁下四行第五字「說」，諸本作「記」。

一　一〇二三頁上一六行第一〇字「花」，諸本無。

一　一〇二三頁上一八行「功能」，資作「功德」。

一　一〇二三頁上二〇行末字「此」，諸本無。

一　一〇二三頁上二一行「此義果」，諸本無。

一　一〇二三頁中四行第六字「果」，資作「異」。

一　一〇二三頁下一行「差別」，資、磧、普、南作「若別」。

一　一〇二三頁下八行「所知此理已」，資無；磧、普、作「所知」。

一　一〇二三頁下一四行首字「依」，諸本作「從」。同行末字「負」，諸本作「身」。

一　一〇二三頁下一八行「昧眼」，徑作「眛眼」。

阿毗達磨俱舍論本頌 說一切有部

神

世親菩薩造

三藏法師玄奘奉　詔譯

分別界品第一 四十四頌

諸一切種諸冥滅　拔衆生出生死泥
敬礼如是如理師　對法藏論我當說
淨慧隨行名對法　及能得此諸慧論
攝彼勝義依彼故　此立對法俱舍名
若離擇法定無餘　能滅諸惑勝方便
由惑世間漂有海　因此傳佛說對法
有漏無漏法　除道餘有為　於彼漏隨增
故說名有漏　無漏謂道諦　及三種無為
謂虛空二滅　此中空無礙　擇滅謂離繫
隨繫事各別　畢竟礙當生　別得非擇滅
又諸有為法　謂色等五蘊　亦世路言依
有離有事等　有漏名取蘊　亦說為有諍
及苦集世間　見處三有等　色者唯五根
五境及無表　彼識依淨色　名眼等五根
色二或二十　聲唯有八種　味六香四種
觸十一為性　亂心無心等　隨流淨不淨
大種所造性　由此說無表　大種謂四界
即地水火風　能成持等業　堅濕煖動性

阿毗達磨俱舍論本頌　第二張　袖

地謂顯形色　隨世想立名　水火亦復然
風即界亦尒　此中根與境　即說十處界
受領納隨觸　想取像為體　四餘名行蘊
如是受等三　及無表無為　名法處法界
識謂各了別　此即名意處　及七界應知
六識轉為意　由即六識身　無間滅為意
成第六依故　十八界應知　總攝一切法
由一蘊處界　攝自性非餘　以離他性故
類境識同故　雖二界體一　然為令端嚴
眼等各生二　聚生門種族　是蘊處界義
愚根樂三故　說蘊處界三　諍根生死因
及次第因故　於諸心所法　受想別為蘊
蘊不攝無為　義不相應故　隨麁染器等
界別次第立　前五境唯現　四境唯所造
餘用遠速明　或隨處次第　為差別取勝
攝多增上法　故一處名色　一名為法處
牟尼說法蘊　數有八十千　彼體語或名
此色行蘊攝　有言諸法蘊　量如彼論說
或隨蘊等言　如實行對治　如是餘蘊等
各隨其所應　攝在前說中　應審觀自相
空界謂竅隙　傳說是明闇　識界有漏識
有情生所依　一有見謂色　十有色有對
此除色聲八　無記餘三種　欲界繫十八

阿毗達磨俱舍論本頌　第三張　神

色界繫十四　除香味二識　無色繫後三
意法意識通　所餘唯有漏　五識唯尋伺
後三二餘無　說五無分別　由計度隨念
以意地散慧　意諸念為體　七心法界半
有所緣餘无　前八界及聲　无執受餘二
觸界中有二　餘九色所造　法一分亦然
十色可積集　謂唯外四界　能斫及所斫
亦所燒能稱　能燒所稱諍　內五有熟養
聲無異熟生　八无㝵等流　亦異熟生性
餘三實唯法　剎那唯後三　眼與眼識界
獨俱得非等　內十二眼等　色等六為外
法同分餘二　作不作自業　十五唯修斷
後三界通三　不染非六生　色定非見斷
眼法界一分　八種說名見　五識俱生慧
非見不度故　眼見色同分　非彼能依識
傳說不能觀　被障諸色故　或二眼俱時
見色分明故　眼耳意根境　不至三相違
應知鼻等三　唯取等量境　後依唯過去
五識依或俱　隨根變識異　故眼等名依
彼及不共因　故隨根說識　眼不下於身
色識非上眼　色於識一切　二於身亦然
如眼耳亦然　次三皆自地　身識自下地
意不定應知　五外二所識　常法界無為

法一分是根　并內界十二

分別根品第二　七十四頌

傳說五於四　四根於二種　五八染淨中
各別為增上　了自境增上　總立於六根
從身立二根　女男性增上　於同住雜染
清淨增上故　應知命五受　信等立為根
未當知已知　具知根亦尒　於得後後道
涅槃等增上　心所依此別　此住此雜染
此資粮此淨　由此量立根　或流轉所依
及生住受用　建立前十四　還滅後亦然
身不悅名苦　即此悅名樂　及三定心悅
餘處此名喜　心不悅名憂　中捨二無別
見脩無學道　依九立三根　唯無漏後三
有色命憂苦　當知唯有漏　通二餘九根
命唯是異熟　憂及後八非　色意餘四受
一一皆通二　憂定有異熟　前八後三無
意餘受信等　一一皆通二　唯善後八根
憂通善不善　意餘受三種　前八唯無記
欲色無色繫　如次除後三　兼女男憂苦
并餘色喜樂　意三受通三　憂見脩所斷
九唯脩所斷　五脩非三非　欲胎卵濕生
初得二異熟　化生六七八　色六上唯命
正死滅諸根　無色三色八　欲頓十九八

漸四善增五　九得邊二果　七八九中二
十一阿羅漢　依一容有說　成就命意捨
各定成就三　若成就樂身　各定成就四
成眼等及喜　各定成五根　若成就苦根
彼定成就七　若成女男憂　信等各成八
二無漏十一　初無漏十三　極少八無善
成受身命意　愚生無色界　成善命意捨
極多成十九　二形除三淨　聖者未離欲
除二淨一形　欲微聚無聲　無根有八事
有身根九事　十事有餘根　心心所必俱
諸行相或得　心所且有五　大地法等異
受想思觸欲　慧念與作意　勝解三摩地
遍於一切心　信及不放逸　輕安捨慚愧
二根及不害　勤唯遍善心　癡逸怠不信
惛掉恒唯染　唯遍不善心　無慚及無愧
忿覆慳嫉惱　害恨諂誑憍　如是類名為
小煩惱地法　欲有尋伺故　於善心品中
二十二心所　有時增惡作　於不善不共
見俱唯二十　四煩惱忿等　惡作二十一
有覆有十八　無覆許十二　睡眠遍不違
若有皆增一　初定除不善　及惡作睡眠
中定又除尋　上兼除伺等　無慚愧不重
於罪不見怖　愛敬謂信慚　唯於欲色有

尋伺心麤細　慢對他心舉　憍由染自法
心高無所顧　心意識體一　心心所有依
有緣有行相　相應義有五　心不相應行
得非得同分　無想二定命　相名身等類
得謂獲成就　非得此相違　得非得唯於
自相續二滅　三世法各三　善等唯善等
有繫自界得　無繫得通四　非學無學三
非所斷二種　無記得俱起　除二通變化
有覆色亦俱　欲色無前起　非得淨無記
去來世各三　三界不繫三　許聖道非得
說名異生性　得法易地捨　同分有情等
無想無想中　心心所法滅　異熟居廣果
如是無想定　後靜慮求脫　善唯順生受
非聖得一世　滅盡定亦然　為靜住有頂
善二受不定　聖由加行得　成佛得非前
三十四念故　二定依欲色　滅定初人中
命根體即壽　能持煖及識　相謂諸有為
生住異滅性　此有生生等　於八一有能
生能生所生　非離因緣合　名身等所謂
想章字總說　欲色有情攝　等流無記性
同分亦如是　并無色異熟　得相通三類
非得定等流　能作及俱有　同類與相應
遍行并異熟　許因唯六種　除自餘能作

俱有互為果　如大相所相　心於心隨轉
心所二律儀　彼及心諸相　是心隨轉法
由時果善等　同類因相似　自部地前生
道展轉九地　唯等勝為果　加行生亦然
聞思所成等　相應因決定　心心所同依
遍行謂前遍　為同地染因　異熟因不善
及善唯有漏　遍行與同類　二世三世三
果有為離繫　無為無因果　後因果異熟
前因增上果　同類遍等流　俱相應士用
異熟無記法　有情有記生　等流似自因
離繫由慧盡　若因彼力生　是果名士用
除前有為法　有為增上果　五取果唯現
二與果亦然　過現與二因　一與唯過去
染汙異熟生　餘初聖如次　除異熟遍二
及同類餘生　此謂心心所　餘及除相應
說有四種緣　因緣五因性　等無間非後
心心所已生　所緣一切法　增上即能作
二因於正滅　三因於正生　餘二緣相違
而興於作用　心心所由四　二定但由三
餘由二緣生　非無次第故　大為大二因
為所造五種　造為造三種　為大唯一因
欲界有四心　善惡覆無覆　色無色除惡
無漏有二心　欲界善生九　此復從八生

染從十生四　餘從五生七　色善生十一
此復從九生　有覆從八生　此復生於六
無覆從三生　此復能生六　無色善生九
此復從六生　有覆生從七　無覆如色辯
學從四生五　餘從五生四　十二為二十
謂三界善心　分加行生得　欲無覆分四
異熟威儀路　工巧處通果　色界除工巧
餘數如前說　三界染心中　得六六二種
色善三學四　餘皆自可得

分別世界品第三　九十九頌

地獄傍生鬼　人及六欲天　名欲界二十
由地獄洲異　此上十七處　名色界於中
三靜慮各三　第四靜慮八　無色界無處
由生有四種　依同分及命　令心等相續
於中地獄等　自名說五趣　唯無覆無記
有情非中有　身異及想異　身異同一想
翻此身想一　并無色下三　故識住有七
餘非有損壞　應知兼有頂　及無想有情
是九有情居　餘非不樂住　四識住當知
四蘊唯自地　說獨識非住　有漏四句攝
於中有四生　有情謂卵等　人傍生具四
地獄及諸天　中有唯化生　鬼通胎化二
死生二有中　五蘊名中有　未至應至處

故中有非生　如穀等相續　處無間續生
像實有不成　不等故非辟　一處無二並
非相續二生　說有健達縛　及五七經故
此一業引故　如當本有形　本有謂死前
居生剎那後　同淨天眼見　業通疾具根
無對不可轉　食香非久住　倒心趣欲境
濕化染香處　天首上三橫　地獄頭歸下
一於入正知　二三兼住出　四於一切位
及卵恒無知　前三種入胎　謂輪王二佛
業智俱勝故　如次四餘生　無我唯諸蘊
煩惱業所為　由中有相續　入胎如燈焰
如引次第增　相續由惑業　更趣於餘世
故有輪無初　如是諸緣起　十二支三際
前後際各二　中八據圓滿　宿惑位無明
宿諸業名行　識正結生蘊　六處前名色
從生眼等根　三和前六處　於三受因異
未了知名觸　在婬愛前受　貪資具婬愛
為得諸境界　遍馳求名取　有謂正能造
牽當有果業　結當有名生　至當受老死
傳許約位說　從勝立支名　於前後中際
為遣他愚惑　三煩惱二業　七事亦名果
略果及略因　由中可比二　從惑生惑業
從業生於事　從事事惑生　有支理惟此

此中意正說　因起果已生　明所治無明
如非親實等　說為結等故　非惡慧見故
與見相應故　說能染慧故　名無色四蘊
觸六三和生　五相應有對　第六俱增語
明無明非二　無漏染汙餘　愛恚二相應
樂等順三受　從此生六受　五屬身餘心
此復成十八　由意近行異　欲緣欲十八
色十二上三　二緣欲十二　八自二無色
後二緣欲六　四自一上緣　初無色近分
緣色四自一　四本及三邊　唯一緣自境
十八唯有漏　餘已說當說　此中說煩惱
如種復如龍　如草根樹莖　及如糠裹米
業如有糠米　如草藥如花　諸異熟果事
如成熟飲食　於四種有中　生有唯染汙
由自地煩惱　餘三无色三　有情由食住
段欲體唯三　非色不能益　自根解脫故
觸思識三食　有漏通三界　意成及求生
食香中有起　前二益此世　所依及能依
後二於當有　引及起如次　斷善根與續
離染退死生　許唯意識中　死生唯捨受
非定无心二　二無記涅槃　漸死足齊心
寂後意識滅　下人天不生　斷末摩水等
止邪不定聚　聖造無間餘　安立器世間

風輪最居下　其量廣无數　厚十六洛叉
次上水輪深　十一億二万　下八洛叉水
餘凝結成金　此水金輪廣　徑十二洛叉
三千四百半　周圍此三倍　蘇迷盧處中
次踰健達羅　伊沙馱羅山　朅地洛迦山
蘇達梨舍那　頞濕縛羯拏　毗那怛迦山
尼民達羅山　於大洲等外　有鐵輪圍山
前七金所成　蘇迷盧四寶　入水皆八万
妙高出亦然　餘八半半下　廣皆等高量
山間有八海　前七名為內　最初廣八万
四邊各三倍　餘六半半陝　第八名為外
三洛叉二万　二千踰繕那　於中大洲相
南贍部如車　三邊各二千　南邊有三半
東毗提訶洲　其相如半月　三邊如贍部
東邊三百半　西瞿陁尼洲　其相圓無缺
徑二千五百　周圍此三倍　北俱盧畟方
面各二千等　中洲復有八　四洲邊各二
此北九黑山　雪香醉山內　無熱池縱廣
五十踰繕那　此下過二万　無間深廣同
上七捺落迦　八增皆十六　謂煻煨屍糞
鋒刃烈河增　各住彼四方　餘八寒地獄
日月迷盧半　五十一五十　夜半日沒中
日出四洲等　雨際第二月　後九夜漸增

寒第四亦然　夜減晝翻此　晝夜增臘縛
行南北路時　近日自影覆　故見月輪缺
妙高層有四　相去各十千　傍出十六千
八四二千量　堅手及持鬘　恒憍大王眾
如次居四級　亦住餘七山　妙高頂八万
三十三天居　四角有四峰　金剛手所住
中宮名善見　周万踰繕那　高一半金城
雜飾地柔濡　中有殊勝殿　周千踰繕那
外四苑莊嚴　眾車麁雜喜　妙地居四方
相去各二十　東北圓生樹　西南善法堂
此上有色天　住依空宮殿　六受欲交抱
執手笑視淫　初如五至十　色圓滿有衣
欲生三人天　樂生三九處　如彼去下量
去上數亦然　離通力依他　下無昇見上
四大洲日月　蘇迷盧欲天　梵世各一千
名一小千界　此小千千倍　說名一中千
此千倍大千　皆同一成壞　贍部洲人量
三肘半四肘　東西北洲人　倍倍增如次
欲天俱盧舍　四分一一增　色天踰繕那
初四增半半　此上增倍倍　唯無雲減三
北洲定千年　西東半半減　此洲壽不定
後十初叵量　人間五十年　下天一晝夜
乘斯壽五百　上五倍倍增　色無晝夜殊

劫數等身量　無色初二万　後後二二增
少光上下天　大全半為劫　等活等上六
如次以欲天　壽為一晝夜　壽量亦同彼
極熱半中劫　無間中劫全　傍生極一中
鬼月日五百　頞部陀壽量　如一婆訶麻
百年除一晝　後後倍二十　諸處有中夭
除北俱盧洲　極微字剎那　色名時極少
極微微金水　兎羊牛隙塵　蟣虱麦指節
後後增七倍　二十四指肘　四肘為弓量
五百俱盧舍　此八踰繕那　百二十剎那
為怛剎那量　臘縛此六十　此三十須臾
此三十晝夜　三十晝夜月　十二月為年
於中半減夜　寒熱雨際中　一月半已夜
於所餘半月　智者知夜減　應知有四劫
謂壞成中大　壞從獄不生　至外器都盡
成劫從風起　至地獄劫生　中劫從無量
減至壽唯十　次增減十八　後增至八万
如是成已住　名中二十劫　成壞壞已空
時皆等住劫　八十中大劫　大劫三无數
減八万至百　諸佛現世間　獨覺增減時
麟角喻百劫　輪王八万上　金銀銅鐵輪
一二三四洲　逆次獨如佛　他迎自往伏
諍陣勝無害　相不正圓明　故與佛非等

劫初如色天　後漸增貪味　由惰貯賊起
為防雇守田　業道增壽減　至十三災現
刀疾飢如次　七日月年止　三災火水風
上三定為頂　如次內災等　四無不動故
然彼器非常　情俱生滅故　要七火一水
七水火後風

分別業品第四　一百三十一頌

世別由業生　思及思所作　思即是意業
所作謂身語　此身語二業　俱表無表性
身表許別形　非行動為體　以諸有為法
有剎那盡故　應無無因故　生因應能滅
形亦非實有　應二根取故　無別極微故
語表許言聲　說三無漏色　增非作等故
此能造大種　異於表所依　欲後念无表
依過大種生　有漏自地依　無漏隨生處
無表無執受　亦等流情數　散依等流性
有受異大生　定生依長養　無受無異大
表唯等流性　屬身有執受　無表記餘三
不善唯在欲　無表遍欲色　表唯有伺二
欲無有覆表　以無等起故　勝義善解脫
自性慚愧根　相應彼相應　等起色業等
翻此名不善　勝無記二常　等起有二種
因及彼剎那　如次第應知　名轉名隨轉

見斷識唯轉　唯隨轉五識　修斷意通三
無漏異熟非　於轉善等性　隨轉各容三
牟尼善必同　無記隨或善　無表三律儀
不律儀非二　律儀別解脫　靜慮及道生
初律儀八種　實體唯有四　形轉名異故
各別不相違　受離五十八　一切所應離
立近事近住　勤策及苾芻　俱得名尸羅
妙行業律儀　唯初表无表　名別解業道
八成別解脫　得靜慮聖者　成靜慮道生
後二隨心轉　未至九無間　俱生二名斷
正知正念合　名意根律儀　住別解無表
未捨恒成現　剎那後成過　不律儀亦然
得靜慮律儀　恒成就過未　聖初除過去
住定道成中　住中有无表　初成中後二
住律不律儀　起染淨无表　初成中後二
至染淨勢終　表正作成中　後成過非未
有覆及無覆　亦成就現在　惡行惡戒業
業道不律儀　成表非無表　住中劣思作
捨未生表聖　成无表非表　定生得定地
彼聖得道生　別解脫律儀　得由他教等
別解脫律儀　盡壽或晝夜　惡戒無晝夜
謂非如善受　近住於晨旦　下座從師受
隨教說具支　離嚴飾晝夜　戒不逆禁支

四一三如次　為防諸性罪　失念及憍逸
近住餘亦有　不受三歸无　攝近事發戒
說如苾芻等　若皆具律儀　何言一分等
謂約能持說　下中上隨心　歸依成佛僧
無學二種法　及涅槃擇滅　是說具三歸
邪行㝡可訶　易離得不作　得律儀如誓
非捴於相續　以開虛誑語　便越諸學處
遮中唯離酒　為護餘律儀　從一切二現
得欲界律儀　從根本恒時　得靜慮无漏
律從諸有情　支因說不定　不律從一切
有情支非因　諸得不律儀　由作及誓受
得所餘无表　由田受重行　捨別解調伏
由故捨命終　及二形俱生　斷善根夜盡
有說由犯重　餘說由法滅　迦濕弥羅說
犯二如負財　捨定生善法　由易地退等
捨聖由得果　練根及退失　捨惡戒由死
得戒二形生　捨中由受勢　作事壽根斷
捨欲非色善　由根斷上生　由對治道生
捨諸非色染　惡戒人除北　二黃門二形
律儀亦在天　唯人具三種　生欲天色界
有靜慮律儀　無漏并无色　除中定無想
安不安非業　名善惡無記　福非福不動
欲善業名福　不善名非福　上界善不動

約自地處所　業果無動故　順樂苦非二
善至三順樂　諸不善順苦　上善順非二
餘說下亦有　由中招異熟　又許此三業
非前後熟故　順受捴有五　謂自性相應
及所緣異熟　現前差別故　此有定不定
定三順現等　或說業有五　餘師說四句
四善容俱作　引同分唯三　諸處造四種
地獄善除現　堅於離染地　異生不造生
聖不造生後　并欲有頂退　欲中有能造
二十二種業　皆順現受攝　類同分一故
由重惑淨心　及是恒所造　於功德田起
害父母業定　由田意殊勝　及定招異熟
得永離地業　定招現法果　於佛上首僧
及滅定無諍　慈見修道出　損益業即受
諸善無尋業　許唯感心受　惡唯感身受
是感受業異　心狂唯意識　由業異熟生
及怖害違乖　除北洲在欲　說曲穢濁業
依諂瞋貪生　依黑黑等殊　所說四種業
惡色欲界善　能盡彼無漏　應知如次第
名黑白俱非　四法忍離欲　前八無間俱
十二無漏思　唯盡純黑業　離欲四靜慮
第九無間思　一盡雜純黑　四令純白盡
有說地獄受　餘欲業黑雜　有說欲見滅

餘欲業黑俱　無學身語業　即意三牟尼
三清淨應知　即諸三妙行　惡身語意業
說名三惡行　及貪瞋邪見　三妙行翻此
所說十業道　攝惡妙行中　麁品為其性
如應成善惡　惡六定無表　彼自作婬二
善七受生二　定生唯无表　加行定有表
無表或有无　後起此相違　加行三根起
彼無間生故　貪等三根生　善於三位中
皆三善根起　煞麁語瞋恚　究竟皆由瞋
盜邪行及貪　皆由貪究竟　邪見癡究竟
許所餘由三　有情具名色　名身等處起
俱死及前死　無根依別故　軍等若同事
皆成如作者　煞生由故思　他想不誤煞
不與取他物　力竊取屬已　欲邪行四種
行所不應行　染異想發言　解義虛誑語
由眼耳意識　并餘三所證　如次第名為
所見聞知覺　染心壞他語　說名離間語
非愛麁惡語　諸染雜穢語　餘說異三染
佞歌邪論等　惡欲他財貪　憎有情瞋恚
撥善惡等見　名邪見業道　此中三唯道
七業亦道故　唯邪見斷善　所斷欲生得
撥因果一切　漸斷二俱捨　人三洲男女
見行斷非得　續善疑有見　頓現除逆者

（阿毗達磨俱舍論本頌　第十九張　相　習存）

業道思俱轉　不善一至八　善悉開至十
別遮一八五　不善地獄中　麁雜瞋通二
貪邪見成就　北洲成後三　雜語通現成
餘欲十通二　善於一切處　後三通現成
無色無想天　前七唯成就　餘處通成現
除地獄北洲　皆能招異熟　等流增上果
此令他受苦　斷命壞威故　貪生身語業
邪命難除故　執命資具生　違經故非理
斷道有漏業　具足有五果　無漏業有四
謂唯除異熟　餘有漏善惡　亦四除離繫
餘無漏無記　三除前所除　善等於善等
初有四二三　中有二三四　後二三三果
過於三各四　現於未亦介　現於現二果
未於未果三　同地有四果　異地二或三
學於三各三　無學一三二　非學非無學
有二二五果　見所斷業等　一一各於三
初有三四一　中二四三果　後有一二四
皆如次應知　染業不應作　有說亦壞軌
應作業翻此　俱相違第三　一業引一生
多業能圓滿　二無心定得　不能引餘通
三障無間業　及數行煩惱　并一切惡趣
北洲无想天　三洲有無間　非餘扇搋等
少恩少羞恥　餘障通五趣　此五無間中

（阿毗達磨俱舍論本頌　第二十張　神　侍）

四身一語業　三煞一誑語　一煞生加行
僧破不和合　心不相應行　無覆無記性
所破僧所成　能破者唯成　此虛誑語罪
无間一刧熟　隨罪增苦增　苾芻見淨行
破異處愚夫　忍異師道時　名破不經宿
贍部洲九等　方破法輪僧　唯破羯磨僧
通三洲八等　初後皰雙前　佛滅未結界
於如是六位　无破法輪僧　弃壞恩德田
轉形亦成逆　母謂因彼血　誤等无或有
打心出佛血　害後无學无　造逆定加行
无離染得果　破僧虛誑語　於罪中最大
感第一有思　世善中大果　汙母无學尼
煞住定菩薩　及有學聖者　奪僧和合緣
破壞窣堵波　是無間同類　將得忍不還
無學業為障　從修妙相業　菩薩得定名
生善趣貴家　具男念堅固　贍部男對佛
佛思思所成　餘百刧方修　各百福嚴飾
於三無數刧　各供養七万　又如次供養
五六七千佛　三無數刧滿　逆次逢勝觀
然燈寶髻佛　初釋迦牟尼　但由悲普施
被析身無忿　讚歎底沙佛　次无上菩提
六波羅蜜多　於如是四位　一二又一二
如次修圓滿　施戒修三類　各隨其所應

（阿毗達磨俱舍論本頌　第二十一張　神）

受福業事名　差別如業道　由此捨名施
謂為供為益　身語及能發　此招大富果
為益自他俱　不為二行施　由主財田異
故施果差別　主異由信等　行敬重等施
得尊重廣愛　應時難奪果　財異由色等
得妙色好名　衆愛柔軟身　有隨時樂觸
田異由趣苦　恩德有差別　脫於脫菩薩
第八施最勝　父母病法師　最後身菩薩
設非證聖者　施果亦無量　後起田根本
加行思意樂　由此下上故　業成下上品
由審思圓滿　无惡作對治　有伴異熟故
此業名增長　制多捨類福　如慈等無受
惡田有愛果　種果無倒故　離犯戒及遮
名戒各有二　非犯戒因壞　依治滅淨等
等引善名修　極能薰心故　戒修勝如次
感生天解脫　感刧生天等　為一梵福量
法施謂如實　無染辯經等　順福順解脫
順決擇分三　感愛果涅槃　聖道善如次
諸如理所起　三業并能發　如次為書印
筭文數自體　善無漏名妙　染有罪覆劣
善有為應習　解脫名無上

分別隨眠品第五　六十九頌

隨眠諸有本　此差別有六　謂貪瞋亦慢

無明見及疑　六由貪異七　有貪上二界
於內門轉故　為遮解脫想　六由見異十
異謂有身見　邊執見邪見　見取戒禁取
六行部界異　故成九十八　欲見苦等斷
十七七八四　謂如次具離　三二見見疑
色無色除瞋　餘等如欲說　忍所害隨眠
有頂唯見斷　餘通見修斷　智所害唯修
我我所斷常　撥無劣謂勝　非因道妄謂
是五見自體　於大自在等　非因妄執因
從常我倒生　故唯見苦斷　四顛倒自體
謂從於三見　唯倒推增故　想心隨見力
慢七九從三　皆通見修斷　聖如煞纏等
有修斷不行　慢類等我慢　惡作中不善
聖有而不起　見疑所增故　見苦集所斷
諸見疑相應　及不共無明　遍行自界地
於中除二見　餘九能上緣　除得餘隨行
亦是遍行攝　見滅道所斷　邪見疑相應
及不共無明　六能緣無漏　於中緣滅者
唯緣自地滅　緣道六九地　由別治相因
貪瞋慢二取　並非無漏緣　應離境非怨
靜淨勝性故　未斷遍隨眠　於自地一切
非遍於自部　所緣故隨增　非無漏上緣
無攝有違故　隨於相應法　相應故隨增

上二界隨眠　及欲身邊見　彼俱癡無記
此餘皆不善　不善根欲界　貪瞋不善癡
無記根有三　無記愛癡慧　非餘二高故
外方立四種　中愛見慢癡　三定皆癡故
應一向分別　反詰捨置記　如死生殊勝
我蘊一異等　若於此事中　未斷貪瞋慢
過現若已起　未來意遍行　五可生自世
不生亦遍行　餘過未遍行　現正緣能繫
三世有由說　三有境果故　說三世有故
許說一切有　此中有四種　類相位待異
第三約作用　立世取為善　何㝵用云何
無異世便壞　有誰未生滅　此法性甚深
於見苦已斷　餘遍行隨眠　及前品已斷
餘緣此猶繫　見苦集修斷　若欲界所繫
自界三色一　無漏識所行　色自下各三
上一淨識境　無色通三界　各三淨識緣
見滅道所斷　皆增自識行　無漏三界中
後三淨識境　有隨眠心二　謂有染無染
有染心通二　無染局隨增　無明疑邪身
邊見戒見取　貪慢瞋如次　由前引後生
由未斷隨眠　及隨應境現　非理作意起
說惑具因緣　欲煩惱并纏　除癡名欲漏
有漏上二界　唯煩惱除癡　同無記內門

定地故合一　無明諸有本　故別為一漏
瀑流軛亦然　別立見利故　見不順住故
非於漏獨立　欲有軛并癡　見分二名取
無明不別立　以非能取故　微細二隨增
隨逐與隨縛　住流漂合執　是隨眠等義
由結等差別　復說有五種　結九物取等
立見取二結　由二唯不善　及自在起故
纏中唯嫉慳　建立為二結　或二數行故
為賤貧因故　遍顯隨惑故　惱亂二部故
又五順下分　由二不起欲　由三復還下
攝門根故三　或不欲發起　迷道及疑道
能障趣解脫　故唯說斷三　順上分亦五
色無色二貪　掉舉慢無明　令不起上故
縛三由三受　隨眠前已說　隨煩惱此餘
染心所行蘊　纏八無慚愧　嫉慳并悔眠
及掉舉惛沉　或十加忿覆　無慚慳掉舉
皆從貪所生　無愧眠惛沉　從無明所起
嫉忿從瞋起　悔從疑覆諍　煩惱垢六惱
害恨諂誑憍　誑憍從貪生　害恨從瞋起
惱從見取起　諂從諸見生　纏無慚愧眠
惛掉見修斷　餘及煩惱垢　自在故唯修
欲三二餘惡　上界皆无記　諂誑欲初定
三三界餘欲　見所斷慢眠　自在隨煩惱

皆唯意地起　餘通依六識　欲界諸煩惱
貪喜樂相應　瞋憂苦癡遍　邪見憂及喜
疑憂餘五喜　一切捨相應　上地皆隨應
遍自識諸受　諸隨煩惱中　嫉悔忿及惱
害恨憂俱起　慳喜愛相應　諂誑及眠覆
通憂喜俱起　憍喜樂皆捨　餘四遍相應
蓋五唯在欲　食治用同故　雖二立一蓋
障蘊故唯五　遍知所緣故　斷彼能緣故
斷彼所緣故　對治起故斷　對治有四種
謂斷持遠猒　應知從所緣　可令諸惑斷
遠性有四種　謂相治處時　如大種尸羅
異方二世等　諸惑無再斷　離繫有重得
謂治生得果　練根六時中　斷遍知有九
欲初二斷一　二各一合三　上界三亦尒
餘五順下分　色一切斷三　於中忍果六
餘三是智果　未至果一切　根本五或八
無色邊果一　三根本亦尒　俗果二聖九
法智三類二　法智品果六　類智品果五
得無漏斷得　及缺第一有　滅雙因越界
故立九遍知　住見諦位無　或成一至五
修成六一二　無學唯成一　越界得果故
二處集遍知　捨一二五六　得亦然除五

分別賢聖品第六　八十三頌

已說煩惱斷　由見諦修故　見道唯無漏
修道通二種　諦四名已說　謂苦集滅道
彼自體亦然　次第隨現觀　苦由三苦合
如所應一切　可意非可意　餘有漏行法
彼覺破便无　慧析餘亦尒　如瓶水世俗
異此名勝義　將趣見諦道　應住戒勤修
聞思修所成　謂名俱義境　具身心遠離
無不足大欲　謂已得未得　多求名所无
治相違界三　無漏無貪性　四聖種亦尒
前三唯喜足　三生具後業　為治四愛生
我所我事欲　暫息永除故　入修要二門
不淨觀息念　貪尋增上者　如次第應修
為通治四貪　且辯觀骨璅　廣至海復略
名初習業位　除足至頭半　名為已熟修
繫心在眉間　名超作意位　無貪性十地
緣欲色人生　不淨自世緣　有漏通二得
息念慧五地　緣風依欲身　二得實外無
有六謂數等　入出息隨身　依二差別轉
情數非執受　等流非下緣　依已修成止
為觀修念住　以自相共相　觀身受心法
自性聞等慧　餘相雜所緣　說次第隨生
治倒故唯四　彼居法念住　總觀四所緣
修非常及苦　空非我行相　從此生煗法

具觀四聖諦　修十六行相　次生頂亦然
如是二善根　皆初法後四　次忍唯法念
下中品同頂　上唯觀欲苦　一行一剎那
世第一亦然　皆慧五除得　此順決擇分
四皆修所成　六地二或七　依欲界身九
三女男得二　第四女亦尒　聖由失地捨
異生由命終　初二亦退捨　依本必見諦
捨已得非先　二捨性非得　煗必至涅槃
頂終不斷善　忍不墮惡趣　第一入離生
轉聲聞種性　二成佛三餘　麟角佛無轉
一坐成覺故　前順解脫分　速三生解脫
聞思成三業　殖在人三洲　世第一無間
即緣欲界苦　生無漏法忍　忍次生法智
次緣餘界苦　生類忍類智　緣集滅道諦
各生四亦然　如是十六心　名聖諦現觀
此總有三種　謂見緣事別　皆與世第一
同依於一地　忍智如次第　無間解脫道
前十五見道　見未曾見故　名隨信法行
由根鈍利別　具修惑斷一　至五向初果
斷次三向二　離八地向三　至第十六心
隨三向住果　名信解見至　亦由鈍利別
諸得果位中　未得勝果道　故未起勝道
名住果非向　地地失德九　下中上各三

未斷修斷失　住果極七返　斷欲三四品
三二生家家　斷至五二向　斷六一來果
斷七或八品　一生名一間　此即第三向
斷九不還果　此中生有行　無行般涅槃
上流若雜修　能往色究竟　超半超遍歿
餘能往有頂　行無色有四　住此般涅槃
行色界有九　謂三各分三　業惑根有殊
故成三九別　立七善士趣　由上流無別
善惡行不行　有往无還故　經欲界生聖
不往餘界生　此及往上生　無練根并退
先雜修第四　成由一念雜　為受生現樂
及遮煩惱退　由雜修五品　生有五淨居
得滅定不還　轉名為身證　上界修惑中
斷初定一品　至有頂八品　皆阿羅漢向
第九無間道　名金剛喻定　盡得俱盡智
成無學應果　有頂由無漏　餘由二離染
聖二離八修　各二離繫得　無漏未至道
能離一切地　餘八離自上　有漏離次下
近分離下染　初三後解脫　根本或近分
上地唯根本　世無間解脫　如次緣下上
作麁苦障行　及靜妙離三　不動盡智後
必起無生智　餘盡或正見　此應果皆有
淨道沙門性　有為無為果　此有八十九

解脫道及滅　五因立四果　捨曾得勝道
集斷得八智　頓修十六行　世道所得斷
聖所得雜故　無漏得持故　亦名沙門果
所說沙門性　亦名婆羅門　亦名為梵輪
真梵所轉故　於中唯見道　說名為法輪
由速等似輪　或具輻等故　三依欲後三
由上無見道　無間無緣下　無猒及經故
阿羅漢有六　謂退至不動　前五信解生
捴名時解脫　後不時解脫　從前見至生
有是先種性　有後練根得　四從種性退
五從果非先　學異生亦六　練根非見道
應知退有三　已未得受用　佛唯有最後
利中後鈍三　一切從果退　必得不命終
住果所不為　慙增故不作　練根无學位
九无間解脫　久習故學一　無漏依人三
無學依九地　有學但依六　捨果勝果道
唯得果道故　七聲聞二佛　差別由九根
加行根滅定　解脫故成七　此事別唯六
三道各二故　俱由得滅定　餘名慧解脫
有學名為滿　由根果定三　無學得滿名
但由根定二　應知一切道　略說唯有四
謂加行無間　解脫勝進道　通行有四種
樂依本靜慮　苦依所餘地　遲速鈍利根

覺分三十七　謂四念住等　覺謂盡無生
順此故名分　此實事唯十　謂慧勤定信
念喜捨輕安　及戒尋為體　四念住正斷
神足隨增上　說為慧勤定　實諸加行善
初業順決擇　及修見道位　念住等七品
應知次第增　七覺八道支　一向是無漏
三四五根力　皆通於二種　初靜慮一切
未至除喜根　二靜慮除尋　三四中除二
前三無色地　除戒前二種　於欲界有頂
除覺及道支　證淨有四種　謂佛法僧戒
見三得法戒　見道兼佛僧　法謂三諦全
菩薩獨覺道　信戒二為體　四皆唯无漏
學有餘縛故　無正脫智支　解脫為无學
謂勝解惑滅　有為無學支　即二解脫蘊
正智如覺說　謂盡无生智　無學心生時
正從障解脫　道唯正滅位　能令彼障斷
無為說三界　離界唯離貪　斷界斷餘結
滅界滅彼事　猒緣苦集慧　離緣四能斷
相對不廣狹　故應成四句

分別智品第七　六十一頌

聖慧忍非智　盡無生非見　餘二有漏慧
皆智六見性　智十捴有二　有漏无漏別
有漏稱世俗　無漏名法類　世俗遍為境

法智及類智　如次欲上界　苦等諦為境
法類由境別　立苦等四名　皆通盡無生
初唯苦集類　法類道世俗　有成他心智
於勝地根位　去來世不知　法類不相知
聲聞麟喻佛　如次知見道　二三念一切
智於四聖諦　知我已知等　不應更知等
如次盡無生　由自性對治　行相行相境
加行辦因圓　故建立十智　緣滅道法智
於修道位中　兼治上修斷　類无能治欲
法智及類智　行相俱十六　世俗此及餘
四諦智各四　他心智無漏　唯四謂緣道
有漏自相緣　俱但緣一事　盡無生十四
謂離空非我　淨無越十六　餘說有論故
行相實十六　此體唯是慧　能行有所緣
所行諸有法　性俗三九善　依地俗一切
他心智唯四　法六餘七九　現起所依身
他心依欲色　法智但依欲　餘八通三界
諸智念住攝　滅智唯後　他心智後三
餘八智通四　諸智互相緣　法類道各九
苦集智各二　四皆十滅非　所緣揔有十
謂三界無漏　無為各有二　俗緣十法五
類七苦集六　滅緣一道二　他心智緣三
盡无生各九　俗智除自品　揔緣一切法

為非我行相　唯聞思所成　異生聖見道
初念定成一　二定成三智　後四一一增
修道定成七　離欲增他心　无學鈍利根
定成九成十　見道忍智起　即彼未來修
三類智兼修　現觀邊俗智　不生自下地
苦集四滅後　自諦行相境　唯加行所得
修道初剎那　修六或七智　斷八地无間
及有欲餘道　有頂八解脫　各修於七智
上无間餘道　如次修六八　無學初剎那
修九或修十　鈍利根別故　勝進道亦然
練根無間道　學六无學七　餘學六七八
應八九一切　離修通無間　學七應八九
餘道學修八　應九或一切　聖起餘功德
及異生諸位　所修智多少　皆如理應思
諸道依得此　修此地有漏　為離得起此
修此下无漏　唯初盡遍修　九地有漏德
生上不修下　曾所得非修　立得修習修
依善有為法　依諸有漏法　立治修遣修
十八不共法　謂佛十力等　力處非處十
業八除滅道　定根解界九　遍趣九或十
宿住死生俗　盡六或十智　宿住死生智
依靜慮餘通　贍部男佛身　於境无㝵故
身那羅延力　或節節皆然　為等七十增

此觸處為性　四無畏如次　初十二七力
三念住念慧　緣順違俱境　大悲唯俗智
資粮行相境　平等上品故　異悲由八因
由資粮法身　利他佛相似　壽種姓量等
諸佛有差別　復有餘佛法　共餘聖異生
謂无諍願智　無㝵解等德　無諍世俗智
後靜慮不動　三洲緣未生　欲界有事惑
願智能遍緣　餘如無諍說　无㝵解有四
謂法義詞辯　名義言說道　無退智為性
法詞唯俗智　五二地為依　義十六辯九
皆依一切地　但得必具四　餘如無諍說
六依邊際得　邊際六後定　遍順至究竟
佛餘加行得　通六謂神境　天眼耳他心
宿住漏盡通　解脫道慧攝　四俗他心五
漏盡通如力　五依四靜慮　自下地為境
聲聞麟喻佛　二三千無數　未曾由加行
曾修離染得　念住初三身　他心三餘四
天眼耳无記　餘四通唯善　第五二六明
治三際愚故　後真二假說　學有暗非明
第一四六導　教誡導為尊　定由通所成
引利樂果故　神體謂等持　境二謂行化
行三意勢佛　運身勝解通　化二謂欲色
四二外處性　此各有二種　謂似自他身

阿毗達磨俱舍論本頌　第三十四張

能化心十四　定果二至五　如所依定得
從淨自生二　化事由自地　語通由自下
化身與化主　語必俱非佛　先立願留身
後起餘心語　有死留堅體　餘說无留義
初多心一化　成滿此相違　修得無記攝
餘得通三性　天眼耳謂根　即定地淨色
恒同分無缺　取障細遠等　神境五修生
呪藥業成故　他心修生呪　又加占相成
三修生業成　除修皆三性　人唯無生得
地獄初能知

分別定品第八　三十九頌

靜慮四各二　於中生已說　定謂善一境
并伴五蘊性　初具伺喜樂　後漸離前支
无色亦如是　四蘊離下地　并上三近分
揔名除色想　無色謂無色　後色起從心
空無邊等三　名從加行立　非想非非想
昧劣故立名　此本等至八　前七各有三
謂味淨無漏　後味淨二種　味謂愛相應
淨謂世間善　此即所味著　无漏謂出世
靜慮初五支　尋伺喜樂定　第二有四支
內淨喜樂定　第三具五支　捨念慧樂定
第四有四支　捨念中受定　此實事十一
初二樂輕安　內淨即信根　喜即是喜受

阿毗達磨俱舍論本頌　第三十五張

染如次從初　無喜樂內淨　正念慧捨念
餘說無安捨　第四名不動　離八灾患故
八者謂尋伺　四受入出息　生靜慮從初
有喜樂捨受　及喜捨樂捨　唯捨受如次
生上三靜慮　起三識表心　皆初靜慮攝
唯無覆无記　全不成而得　淨由離染生
無漏由離染　染由生及退　無漏次生善
上下至第三　淨次生亦然　兼生自地染
染生自淨染　并下一地淨　死淨生一切
染生自下染　淨定有四種　謂即順退分
順住順勝進　順决擇分攝　如次順煩惱
自上地无漏　展相生如次　生二三三一
二類定順逆　均間次及超　至間超為成
三洲利无學　二類定順逆　非上无用故
唯生有頂聖　起下盡餘惑　味定緣自繫
淨無漏遍緣　根本善無色　不緣下有漏
無漏能斷惑　及諸淨近分　近分八捨淨
初亦聖或三　中靜慮无尋　具三唯捨受
初下有尋伺　中唯伺上无　空謂空非我
無相謂滅四　無願謂餘十　諦行相相應
此通淨無漏　無漏三脫門　重二緣無學
取空非常相　後緣无相定　非擇滅為靜
有漏人不時　離上七近分　為得現法樂

阿毗達磨俱舍論本頌　第三十六張

修諸善靜慮　為得勝知見　修淨天眼通
為得分別慧　修諸加行善　為得諸漏盡
修金剛喻定　無量有四種　對治瞋等故
慈悲无瞋性　喜喜捨无貪　此行相如次
與樂及拔苦　欣慰有情等　緣欲界有情
喜初二靜慮　餘六或五十　不能斷諸惑
人起定成三　解脫有八種　前三無貪性
二二一一定　四無色定善　滅受想解脫
微微无間生　由自地淨心　及下無漏出
三境欲可見　四境類品道　自上苦集滅
非擇滅虛空　勝處有八種　二如初解脫
次二如第二　後四如第三　遍處有十種
八如淨解脫　後二淨無色　緣自地四蘊
滅定如先辯　餘皆通二得　无色依三界
餘唯人趣起　二界由因業　能起無色定
色界起靜慮　亦由法尒力　佛正法有二
謂教證為體　有持說行者　此便住世間
迦濕弥羅議理成　我多依彼釋對法
少有貶量為我失　判法正理在牟尼
大師法眼久已閉　堪為證者多散滅
不見真理無制人　由鄙尋思乱聖教
自覺已歸勝寂靜　持彼教者多隨滅
世無依怙喪衆德　無鈎制惑隨意轉

既知如來正法壽　漸次淪亡如至喉
是諸煩惱力增時　應求解脫勿放逸

阿毗達磨俱舍論本頌　第三十七張　神

說一切有部俱舍論本頌一卷

甲辰歲高麗國大藏都監奉
勑彫造

阿毗達磨俱舍論本頌

校勘記

一　底本，麗藏本。

一　一〇二七頁上一行小字「說一切有部」，資、磧、普、南無；徑、清作「卷上」。

一　一〇二七頁上二行「世親菩薩造」，諸本(不含石，不同)作「尊者世親造」。

一　一〇二七頁上三行「三藏」，徑、清作「唐三藏」。

一　一〇二七頁中一三行「不攝」，諸本作「不說」。

一　一〇二七頁中一四行「四境」，磧作「因境」。

一　一〇二七頁中二一行「明闇」，諸本作「光闇」。

一　一〇二七頁下二行第一三字「唯」，諸本作「有」。

一　一〇二七頁下三行第三字「二」，諸本作「三」。

一　一〇二七頁下四行「諸念」，諸本作「識念」。

一　一〇二八頁中三行「樂身」，南、徑、清作「樂根」。

一　一〇二八頁下一三行第六字「後」，清作「從」。

一　一〇二九頁上四行「加行」，磧、南作「九行」。

一　一〇二九頁上五行「聞思」，磧作「聞心」。

一　一〇二九頁上二〇行「次第」，諸本作「次等」。

一　一〇二九頁中四行「生從七」，諸本作「從七生」。

一　一〇二九頁中一一行第五字「鬼」，清作「思」。

一　一〇三〇頁上末行首字「止」，諸本作「正」。同行「世間」，諸本作「世界」。

一　一〇三〇頁中六行第一三字「恒」，諸本作「恒」。

一　一〇三〇頁中一二行首字「三」，

磧、南、徑、清作「二」。下一三行第三字清同。

一　一〇三〇頁下一一行「受欲」，資、磧、南作「欲受」。

一　一〇三〇頁下一四行第一〇字「他」，徑作「地」。

一　一〇三〇頁下二一行「千年」，諸本作「千歲」。同行「西東」，資、磧、普、南作「西洲」。

一　一〇三一頁上五行「月日」，諸本作「日月」。

一　一〇三一頁上六行第五字及次頁上一三行末字「晝」，諸本作「盡」。

一　一〇三一頁上一二行「夜月」，磧、南、徑、清作「夜日」。

一　一〇三一頁上一三行末字「夜」，徑、清作「度」。

一　一〇三一頁上一五行「中大」，南、徑、清作「中夭」。

一　一〇三一頁上一六行「劫生」，諸本作「初生」。

一　一〇三一頁中一五行「地衣」，諸本作「地依」。

一　一〇三一頁中一九行第八字「遍」，諸本作「通」。

一　一〇三一頁下一行末字及一〇三四頁中九行第六字「三」，諸本作「二」。

一　一〇三一頁下二行「無漏異熟非」，諸本作「俱非修所成」。

一　一〇三一頁下六行「五十八」，諸本作「五八十」。

一　一〇三二頁上七行第三字「於」，諸本作「有」。

一　一〇三二頁上二〇行第八字「具」，諸本作「俱」。

一　一〇三二頁下八行「三根」，資、磧、普、南作「三相」。

一　一〇三二頁下一九行第一一字「增」，諸本作「憎」。

一　一〇三三頁中一六行第八字「念」，諸本作「命」。

一　一〇三三頁中一八行第二字「三」，資、磧、普作「二」。一〇三四頁下一四行第四字磧同。

一　一〇三三頁下二行「富果」，徑作「福果」。

一　一〇三三頁下七行首字「田」，資、磧、普、南作「由」。同行「恩德」，諸本作「恩得」。

一　一〇三三頁下八行「後身」，諸本作「後生」。

一　一〇三三頁下一一行「有伴」，諸本作「有住」。

一　一〇三三頁下二一行「解脱名無上」，至此，清卷上終，卷下始。

一　一〇三三頁下二二行末字「頌」，資、磧、普、南作「行」。一〇三五頁上末行末字同。

一　一〇三四頁上一四行第二字「有」，徑、清作「者」。

一　一〇三四頁上二一行「一切」，資、磧、普、南作「十劫」。

一　一〇三四頁中三行「癡慧」，徑、清作「癡恚」。

一　一〇三四頁中六行「事中」，諸本

作「中事」。

一〇三四頁中一九行「邪身」，諸本作「邪見」。

一〇三四頁中末行「内門」，諸本作「對治」。

一〇三四頁下九行「貧困」，磧、南、徑、清作「貧因」。

一〇三四頁下一一行「發起」，諸本作「發趣」。

一〇三五頁上一行第五字「起」，諸本作「生」。

一〇三五頁上二行第一〇字「遍」，資、磧、普作「通」。

一〇三五頁上七行第六字「食」，諸本作「貪」。

一〇三五頁中一行「諦修」，諸本作「修道」。同行「唯無漏」，諸本作「見聖諦」。

一〇三五頁中二行「通二種」，諸本作「修九品」。

一〇三五頁下末行「失德」，諸本作「失得」。

一〇三六頁中末行第三字「本」，諸本作「四」。

一〇三六頁下一〇行「證净」，資、磧作「證静」。

一〇三六頁下一七行第八字「唯」，磧、南、徑、清作「謂」。

一〇三六頁下一八行「四能」，磧、南、徑、清作「由能」。

一〇三六頁下一九行「廣狭」，資、磧作「廣陿」。

一〇三七頁上八行「因圓」，南、徑、清作「因緣」。

一〇三七頁上二〇行「滅非」，諸本作「滅罪」。

一〇三七頁中八行「七智」，磧作「十智」。

一〇三七頁下一七行第五字「得」，南作「等」。

一〇三八頁上五行「成滿」，清作「成漏」。

一〇三八頁上一五行「色想」，資、磧、南作「色相」。

一〇三八頁中三行第三字「謂」，諸本作「爲」。

一〇三八頁中一二行「自上」，資、磧、普、南作「自下」。

一〇三八頁中一四行「二類定順逆」，諸本作「諸定依自下」。

一〇三八頁下一五行「二界」，磧、南、徑、清作「三界」。

一〇三九頁上二行首字「是」，諸本作「定」。

一〇三九頁上卷末經名徑、清作「阿毗達磨俱舍論本頌卷下」。

中華大藏經(漢文部分)

校勘凡例

一　《中華大藏經》(漢文部分)的底本以《趙城金藏》爲主；《趙城金藏》缺佚，則以《高麗藏》等作底本。各卷所用底本的名稱及涉及底本的其他問題，均在校勘記的第一條中説明。

一　《中華大藏經》(漢文部分)選用的參校本共八種，即《房山雲居寺石經》(石)、宋《資福藏》(資)、《影印宋磧砂藏》(磧)、元《普寧藏》(普)、明《永樂南藏》(南)、明《徑山藏》(徑)、《清藏》(清)、《高麗藏》(麗)。

一　校勘記中的「諸本」，若底本爲金藏，即包括石、資、磧、普、南、徑、清、麗全部八種校本；若底本爲麗藏，則包括石、資、磧、普、南、徑、清全部七種校本。其他情況若用「諸本」，校勘記中則另加説明。

一　校勘採用底本與校本逐字對校的办法，只勘出經文中的異同及字句錯落，一般不加評注。參校本若有缺卷，或有殘缺、漫漶等字迹無可辨認者，則略去不校，校勘記亦不作記録。

一　一經多卷，經名、譯者、品名出現同樣性質的問題，一般只在第一卷出校，並注明以下各卷同；分卷不同時，以底本爲主出校。

一　古今字、異體字、正俗字、通假字及同義字，一般不出校。如：

古今字：宍(肉)；猗(倚)；距(跛)；鉾(矛)；誼(義)等。

異體字：脎(槃)；剎(刹)；皃(貌)；惱(惱)；㝵(碍、礙、閡)等。

正俗字：恠(怪)；滴(渧)；軆(體)；剌(刾)；閑(閒)等。

通假字：惟(唯)；嫉(疾)；頻(嚬、顰)；揣(摶)；尠(鮮)等。

同義字：言(曰)；如(若)；弗(不)等。